Texte, Themen und Strukturen

Deutschbuch für die Oberstufe

Herausgegeben von
Deborah Mohr und Andrea Wagener

Erarbeitet von
Lisa Böcker, Gerd Brenner, Hans-Joachim Cornelißen, Christine Eichenberg, Heiko Eichenberg, Klaus Eilert, Dietrich Erlach, Karlheinz Fingerhut, Margret Fingerhut, Heinz Gierlich, Cordula Grunow, Susanne Holmes, Lucie Küppers, Markus Langner, Angela Mielke, Deborah Mohr, Norbert Pabelick, Frank Schneider, Bernd Schurf, Marlene Stahl-Busch, Angelika Thönneßen und Andrea Wagener

Cornelsen

Texte, Themen und Strukturen auf einen Blick

Das Buch teilt sich in vier große Bereiche:

Jedes Kapitel in **Teil A und B** besteht aus drei aufeinander aufbauenden Teilkapiteln.
Im jeweils **dritten Teilkapitel** trainieren Sie im **Kompetenzbereich Schreiben** für eine mögliche **Klausur**, wie sie auch im Abitur vorkommen könnte.

Teil C bietet anhand zahlreicher Textbeispiele einen Überblick über alle **Epochen und Strömungen der deutschen Literaturgeschichte** vom Mittelalter bis hin zur Gegenwart. **Informationskästen** am Ende der jeweiligen Kapitel fassen das **Epochenwissen** zusammen.
Teil D bietet einen Wiederholungskurs zu **Grammatik, Rechtschreibung und Zeichensetzung** und informiert über wichtige **Arbeitstechniken und Methoden.**

Merk- und Methodenwissen finden Sie in gelben bzw. blauen Kästen zusammengefasst: **Information** und **Methode**. Die **Checkliste** hilft beim Überarbeiten von Texten.

Zusatzaufgaben **2** geben Anregungen zur Weiterarbeit. Sie signalisieren u. a. Aufgaben zur vertiefenden Auseinandersetzung (Differenzierung), Rechercheaufträge, Referate und Facharbeiten, Transferaufgaben zur Verknüpfung mit anderen Werken.

A Einführung: Grundlagen des Deutschunterrichts

Kompetenzschwerpunkte

Texte/Medien: literarische und pragmatische Texte erschließen (hier: Drama; programmatische und wissenschaftliche Texte) • literaturgeschichtliche Kenntnisse, v. a. über die Epoche der Aufklärung, anwenden • Textvorlagen szenisch umsetzen • sich mit Wertvorstellungen in literarischen und pragmatischen Texten auseinandersetzen • Textverständnis textgestützt formulieren • Fachbegriffe verwenden (Dramenanalyse u. a.)

Sprechen/Zuhören: literarische Texte sinngebend und der Form entsprechend vortragen

Sprache: Signale für Macht- und Dominanzverhältnisse identifizieren • sprachliche Handlungen in fiktiven Kommunikationssituationen analysieren • sprachliche Strukturen und ihre Bedeutungen erläutern

Schreiben: erklärend schreiben (hier: materialgestützt informierend schreiben)

A2 Liebe und Natur – Motivverwandte Gedichte verschiedener Epochen __49

Kompetenzschwerpunkte

Texte/Medien: literarische Texte erschließen (hier: Gedichte) • Motive vergleichen und in die Texterschließung einbeziehen • literaturgeschichtliche Kenntnisse zur Entwicklung eines erweiterten Textverständnisses anwenden • sich mit Wertvorstellungen in literarischen Texten auseinandersetzen • Textverständnis textgestützt formulieren • Fachbegriffe verwenden (Gattungsmerkmale und Gestaltungsmittel von Gedichten u.a.)

Sprechen/Zuhören: literarische Texte sinngebend und der Form entsprechend vortragen

Sprache: sprachliche Strukturen erläutern

Schreiben: erklärend und argumentierend schreiben (hier: Gedicht interpretieren) • gestaltend schreiben (hier: produktiv mit Gedichten umgehen, Gestaltungsmittel wirkungsbezogen einsetzen)

A3 „Das Parfum" – Roman und Literaturverfilmung __72

Kompetenzschwerpunkte

Texte/Medien: literarische und pragmatische Texte erschließen (hier: Roman, Drehbuch, Rezension) • Filme sachgerecht analysieren • Grundbegriffe der Filmanalyse verwenden • Fachbegriffe anwenden (Romananalyse, Intertextualität u.a.) • Gestaltungsmittel von Filmsequenzen mit denen epischer Texte vergleichen • sich bei der Rezeption von Filmen mit eigenen Welt- und Wertvorstellungen auseinandersetzen • Literaturverfilmungen als Textinterpretation erfassen und beurteilen • die Bedeutung unterschiedlicher Medien beurteilen • sich mit medienkritischen Positionen auseinandersetzen • Textverständnis textgestützt formulieren

Schreiben: erklärend und argumentierend schreiben (hier: Romanauszug interpretieren)

A4 Medienwelten und Sprachvarietäten – Mit Sachtexten umgehen __99

Kompetenzschwerpunkte

Texte/Medien: pragmatische Texte erschließen (hier: lineare und nichtlineare Sachtexte) • pragmatische Texte unter Berücksichtigung von Darstellungsweise und Wirkungsabsichten analysieren (hier: journalistische Textsorten) • sprachlich-stilistische Gestaltung analysieren • Fachbegriffe verwenden (Merkmale von Sachtexttypen, Leserlenkung, Stilebenen u. a.) • sich mit Wertvorstellungen in pragmatischen Texten auseinandersetzen • sich mit Mediennutzung und -verhalten Jugendlicher auseinandersetzen • die Bedeutung unterschiedlicher Medien beurteilen

Sprache: Phänomene des Sprachwandels (Jugend-, Kiezsprache) reflektieren • Strukturen und Funktionen von Sprachvarietäten beschreiben

Sprechen/Zuhören: Gesprächsverhalten beobachten und reflektieren • einen Standpunkt differenziert und begründet vertreten, auf Gegenpositionen eingehen • Diskussionen leiten und moderieren

Lesen: Lesestrategien und -techniken gezielt einsetzen

Schreiben: erklärend und argumentierend schreiben (hier: Sachtexte analysieren; textgebunden erörtern)

B Qualifikation: Erweiterung und Vertiefung

B1 Traum und Fantasie – Romantik als Gegenbewegung zur Aufklärung __129

Kompetenzschwerpunkte

Texte: literarische und pragmatische Texte erschließen (hier: Gedichte, Romane, Briefe, Anekdoten, Novelle, wiss. Sekundärtexte) • Motive literarischer Schriften vergleichen und in die Texterschließung einbeziehen • Mehrdeutigkeit literarischer Texte erkennen und erläutern • poetischen Anspruch und ästhetische Qualität eines literarischen Textes erfassen und erläutern • Textverständnis durch gattungspoetologische und literaturgeschichtliche Kenntnisse stützen • Fachbegriffe verwenden (Merkmale romantischer Literatur u.a.) • wissenschaftliche Sekundärtexte heranziehen • sich mit Fremdheitserfahrungen auseinandersetzen und geistesgeschichtliche Entwicklungen einbeziehen

Sprache: sprachliche Strukturen und Bedeutungen erläutern • mit grammatischen und semantischen Kategorien argumentieren

Schreiben: erklärend und argumentierend schreiben über strittige Sachverhalte unter Bezug auf literarische/pragmatische Texte (hier: literarische Erörterung verfassen)

B2 Drama und Kommunikation – Dramen vergleichen 159

Kompetenzschwerpunkte

Texte/Medien: literarische und pragmatische Texte erschließen (hier: Dramen, programmatische und sprachwissenschaftliche Texte u.a.) • Theaterinszenierungen analysieren, als Textinterpretationen erfassen und beurteilen • sich bei der Rezeption von Theaterinszenierungen mit eigenen Welt- und Wertvorstellungen auseinandersetzen • Fachbegriffe verwenden (Dialoganalyse, Dramentheorie, Kommunikationstheorie u.a.) • Textvorlagen szenisch umsetzen • kreativ Texte im Sinne literarischen Probehandelns gestalten (hier: szenisch interpretieren)

Sprache: Verständnis der kognitiven und kommunikativen Funktion von Sprache formulieren • Äußerungen kriterienorientiert analysieren • Bedingungen gelingender Kommunikation analysieren, auch auf der Basis theoretischer Modelle • Gestaltungsmittel in kommunikativen Zusammenhängen analysieren, ihre Funktion beschreiben und Angemessenheit bewerten • Signale für Macht- und Dominanzverhältnisse identifizieren

Schreiben: erklärend und argumentierend schreiben (hier: Dramenszene interpretieren) • für unterschiedliche Medien gestaltend schreiben (hier: szenisches Interpretieren u.a. mit audiovisuellen Mitteln)

B3 Literatur und Sprache um 1900 – Krise und Erneuerung des Erzählens 192

Kompetenzschwerpunkte

Texte/Medien: literarische und pragmatische Texte erschließen (hier: Romane, Gedichte, Brief, Parabeln; programmatische Texte, wissenschaftliche Texte) • Textverständnis durch gattungspoetologische und literaturgeschichtliche Kenntnisse stützen • Fachbegriffe verwenden (Erzählstrategien und -techniken, Literaturmodelle, Gattungsmerkmale Parabel u. a.) • wissenschaftliche Sekundärtexte heranziehen • sich mit Wertvorstellungen in Texten auseinandersetzen • sich mit den in literarischen Texten enthaltenen Fremdheitserfahrungen auseinandersetzen und eigene Wertvorstellungen reflektieren

Sprache: sprachliche Strukturen und Bedeutungen erläutern • mit grammatischen und semantischen Kategorien argumentieren

Schreiben: erklärend und argumentieren schreiben (hier: Erzählung interpretieren; materialgestützt informierend schreiben)

Kompetenzschwerpunkte

Texte/Medien: literarische Texte erschließen (hier: Gedichte) • Textverständnis textgestützt formulieren und durch gattungspoetologische und literaturgeschichtliche Kenntnisse stützen • Motive, Themen und Strukturen einbeziehen • Mehrdeutigkeit literarischer Texte erkennen und erläutern • kreativ im Sinne literarischen Probehandelns gestalten • poetischen Anspruch und ästhetische Qualität erfassen und erläutern • sich mit in literarischen Texten enthaltenen Fremdheitserfahrungen auseinandersetzen und geistesgeschichtliche Entwicklungen einbeziehen • Fachbegriffe verwenden (Gestaltungsmittel lyrischer Texte, rhetorische Figuren u.a.)

Sprache: sprachliche Strukturen und Bedeutungen erläutern • mit grammatischen und semantischen Kategorien argumentieren

Schreiben: erklärend und argumentierend schreiben (hier: Gedichte interpretieren und vergleichen) • gestaltend schreiben (hier: produktiv mit Gedichten umgehen, Gestaltungsmittel wirkungsvoll einsetzen)

Kompetenzschwerpunkte

Texte/Medien: literarische Texte erschließen (hier: Kurzgeschichten, Romane u.a. Erzähltexte) • Mehrdeutigkeit literarischer Texte erkennen und erläutern • sich mit Fremdheitserfahrungen kritisch auseinandersetzen und eigene Wertvorstellungen reflektieren • literarische Texte bewerten und dabei textexterne Bezüge berücksichtigen • Textverständnis textgestützt formulieren • Fachbegriffe verwenden (Textsortenmerkmale, Figurencharakteristik u.a.) • kreativ im Sinne literarischen Probehandelns gestalten

Sprache: sprachliche Strukturen und Bedeutungen erläutern • mit grammatischen und semantischen Kategorien argumentieren

Schreiben: erklärend und argumentierend schreiben (hier: Erzähltext interpretieren) • gestaltend schreiben (hier: gestaltendes Interpretieren von Erzähltexten)

B 6 Reflexion über Sprache und Sprachgebrauch – Tendenzen der deutschen Gegenwartssprache __295

Kompetenzschwerpunkte

Texte/Medien: pragmatische Texte erschließen (hier: sprach- und populärwissenschaftliche Texte, lineare und nichtlineare Texte) • sich mit Medien, Aspekten der Mediengeschichte und der Mediennutzung auseinandersetzen

Sprache: grundlegendes Verständnis der kognitiven und kommunikativen Funktion von Sprache formulieren • auf Grundlage sprachkritischer Texte Entwicklungstendenzen der Gegenwartssprache beschreiben und bewerten • Strukturen und Funktionen von Sprachvarietäten beschreiben • Auswirkungen der Sprachenvielfalt und der Mehrsprachigkeit analysieren • persuasive und manipulative Strategien analysieren und kritisch bewerten • Bewusstsein für die Funktion von Sprache bei der Reflexion über Wirklichkeit entwickeln • Phänomene des Sprachwandels theoriegestützt beschreiben • sprachliche Äußerungen kriterienorientiert analysieren

Schreiben: erklärend und argumentierend schreiben (hier: materialgestützt informierend schreiben; Sachtexte analysieren und vergleichen)

B7 Medien im Wandel – Medien untersuchen und Sachtexte erörtern __332

Kompetenzschwerpunkte

Texte unterschiedlicher medialer Form: pragmatische Texte erschließen (hier: wissenschaftliche und journalistische Texte, lineare und nichtlineare Sachtexte) • mediale Produkte analysieren (hier: Nachrichtenformate in Fernsehen und Internet, unterhaltende Medienformate) • sich mit Medien, Aspekten der Mediengeschichte und der Mediennutzung auseinandersetzen • sich mit verschiedenen medienkritischen Positionen auseinandersetzen • die Bedeutung unterschiedlicher Medien beurteilen • eigene audiovisuelle Präsentationsformen erstellen

Sprache: sprachliche Äußerungen kriterienorientiert analysieren • persuasive und manipulative Strategien analysieren und kritisch bewerten • mit grammatischen und semantischen Kategorien argumentieren

Schreiben: erklärend und argumentierend schreiben (hier: textgebunden erörtern) • gestaltend schreiben (hier: Serienfolge entwerfen)

C Epochen der deutschen Literatur

Kompetenzschwerpunkte im Buchteil C: S. 14/15

C1 Mittelalter, Frühe Neuzeit und Barock 367

Texte/Medien

Literarische Texte: Inhalt, Aufbau und sprachliche Gestaltung analysieren, Sinnzusammenhänge herstellen • Textverständnis unter Einbeziehung persönlicher Leseerfahrungen und alternativer Lesarten formulieren und begründen • Textverständnis durch gattungspoetologische und literaturgeschichtliche Kenntnisse über die Literaturepochen stützen • relevante Motive, Themen und Strukturen literarischer Schriften vergleichen und einbeziehen • Mehrdeutigkeit literarischer Texte erkennen und erläutern • poetischen Anspruch und ästhetische Qualität eines literarischen Textes erfassen • sich mit den in literarischen Texten enthaltenen Herausforderungen und Fremdheitserfahrungen kritisch auseinandersetzen und eigene Wertvorstellungen reflektieren • literarische Texte auf der Basis von nachvollziehbaren Kriterien bewerten und dabei textexterne Bezüge wie Produktions-, Rezeptions- und Wirkungsbedingungen berücksichtigen • wissenschaftliche Sekundärtexte für ein vertieftes Textverständnis nutzen • kreativ Texte im Sinne literarischen Probehandelns gestalten

Fortsetzung: S. 15

C2 Von der Aufklärung zum Sturm und Drang __383

Kompetenzschwerpunkte im Buchteil C: (Fortsetzung)

Pragmatische Texte: komplexe Texte terminologisch präzise, sachgerecht und strukturiert zusammenfassen • umfassendes Textverständnis formulieren • in pragmatischen Texten enthaltene sprachliche Handlungen ermitteln • Funktionen und Wirkungsabsichten eines pragmatischen Textes bestimmen • Aufbau, ggf. Argumentationsstrukturen und sprachlich-stilistische Gestaltung analysieren und Wirkungsweise erläutern • Zusammenhänge zu weiteren Texten herstellen • themengleiche Texte methodisch fachgerecht vergleichen • sich mittels pragmatischer Texte mit eigenen Welt- und Wertvorstellungen, auch in interkultureller Perspektive, auseinandersetzen • Beziehungen zwischen pragmatischen Texten und ihren Produktionsbedingungen ermitteln

Sprache: mit grammatischen und semantischen Kategorien argumentieren (z. B. bei der Analyse und Interpretation von Texten)

C3 Klassik und Romantik __410

Kompetenzschwerpunkte im Buchteil C: S. 14/15

C5 Die Moderne – Vom Naturalismus bis zur Neuen Sachlichkeit __466

Kompetenzschwerpunkte im Buchteil C: S. 14/15

Kompetenzschwerpunkte im Buchteil C: S. 14/15

D Richtig schreiben, Arbeitstechniken und Methoden

D1 Wiederholungskurs – Grammatik, Rechtschreibung, Zeichensetzung __552

Kompetenzschwerpunkte

Schreiben: Texte orthografisch und grammatisch korrekt verfassen

Sprache: sprachliche Strukturen und ihre Bedeutungen auf der Basis eines gesicherten Grammatikwissens erläutern

D2 Sprechen, Zuhören, Lesen und Schreiben __562

Kompetenzschwerpunkte

Schreiben: aus Informationsquellen relevante Aspekte für die eigene Textproduktion auswählen und diese in geeigneter Form aufbereiten

Sprechen/Zuhören: sich sachangemessen und artikuliert, situations- und adressatengerecht äußern • Gesprächsverhalten beobachten und reflektieren • kontextangemessen, funktional und kreativ Medien und Präsentationstechniken einsetzen

Lesen: Lesestrategien und -techniken zur Erschließung von Texten selbstständig nutzen • umfangreiche und komplexe Texte erschließen

Texte/Medien: wesentliche Aspekte von Texten im funktionalen Zusammenhang erschließen

Operatoren für das Fach Deutsch: Definitionen und Anforderungsbereiche (AFB)

Operator	Definition	AFB
analysieren	einen Text als Ganzes oder aspektorientiert unter Wahrung des funktionalen Zusammenhangs von Inhalt, Form und Sprache erschließen und das Ergebnis der Erschließung darlegen	I/II/III
begründen	ein Analyseergebnis, eine Meinung, eine Argumentation, ein Urteil oder eine Wertung methodisch korrekt und sachlich fundiert durch Belege, Beispiele absichern	II/III
(be)nennen	Informationen ohne Kommentierung bezeichnen	I
beschreiben	Sachverhalte, Situationen, Vorgänge, Merkmale von Personen bzw. Figuren sachlich darlegen	I/II
beurteilen	einen Sachverhalt, eine Aussage, eine Figur auf Basis von Kriterien bzw. begründeten Wertmaßstäben einschätzen	II/III
bewerten	zu einem Sachverhalt bzw. Problem eine eigene, nach vorgegebenen oder selbst gewählten Werten bzw. Normen betont subjektiv formulierte Ansicht vertreten	II/III
charakterisieren	die jeweilige Eigenart von Figuren und Sachverhalten herausarbeiten	II/III
darstellen	Inhalte, Probleme, Sachverhalte und deren Zusammenhänge aufzeigen	I/II
einordnen	eine Aussage, einen Text, einen Sachverhalt unter Verwendung von Kontextwissen begründet in einen vorgegebenen Zusammenhang stellen	I/II
entwerfen	zu einer literarischen oder pragmatischen Textvorlage nach vorhergehender Analyse unter vorgegebenen oder selbst gewählten zentralen Aspekten in wesentlichen Zügen ein Konzept oder eine eigene Produktion ohne anschließende Erläuterung skizzieren	II/III
erläutern	Materialien, Sachverhalte, Zusammenhänge, Thesen mit zusätzlichen Informationen und Beispielen veranschaulichen	II/III
erörtern	auf der Grundlage einer Materialanalyse oder -auswertung eine These oder Problemstellung unter Abwägung von Argumenten hinterfragen und zu einem Urteil gelangen	I/II/III
gestalten	literarische oder pragmatische Textvorlagen ggf. unter Berücksichtigung textimmanenter bzw. textsortenspezifischer Vorgaben im Anschluss an eine Analyse bzw. Interpretation produktiv erschließen	I/II/III
in Beziehung setzen	Zusammenhänge unter vorgegebenen oder selbst gewählten Gesichtspunkten begründet herstellen	II/III
interpretieren	auf der Grundlage einer Analyse im Ganzen oder aspektorientiert Sinnzusammenhänge erschließen und unter Einbeziehung der Wechselwirkung zwischen Inhalt, Form und Sprache zu einer schlüssigen (Gesamt-)Deutung kommen	I/II/III
(kritisch) Stellung nehmen	zu einzelnen Meinungen, Textaussagen, Problemstellungen eine in der Sache fundierte, differenzierte und wertende Einsicht formulieren	II/III
sich auseinandersetzen mit	eine Aussage, eine Problemstellung argumentativ und urteilend abwägen	II/III
(über)prüfen	Aussagen und Behauptungen kritisch hinterfragen und ihre Gültigkeit kriterienorientiert und begründet einschätzen	II/III
verfassen	auf der Grundlage einer Auswertung von Materialien wesentliche Aspekte eines Sachverhalts oder Problems in informierender oder argumentierender Form adressatenbezogen und zielorientiert darlegen	I/II/III
vergleichen	nach vorgegebenen oder selbst gewählten Gesichtspunkten Gemeinsamkeiten, Ähnlichkeiten und Unterschiede herausarbeiten und gegeneinander abwägen	II/III
wiedergeben	Inhalte bzw. einzelne Textgehalte (Kernaussagen/Handlungsschritte) in eigenen Worten, linear und sprachlich angemessen referieren	I/II
zusammenfassen	Inhalte oder Aussagen komprimiert und sprachlich angemessen wiedergeben	I/II

farblich hervorgehoben: Operatoren, die über die Operatorenliste des IQB (Institut zur Qualitätsentwicklung im Bildungswesen) für die schriftliche Abiturprüfung hinausgehen und der niedersächsischen Tradition entsprechen

A Einführung: Grundlagen des Deutschunterrichts

1 Sammeln Sie in Gruppen Ihre Erwartungen an den Deutschunterricht in der Oberstufe. Nutzen Sie die **Placemat-Methode** (▸ S. 599):

a Ideensammlung: Notieren Sie jeweils für sich in eins der vier äußeren Felder auf einem DIN-A3-Papier, welche Erwartungen Sie an den Deutschunterricht in der Oberstufe haben.

b Vergleich der Ergebnisse und Einigung in der Gruppe: Lesen Sie die Ergebnisse Ihrer Mitschüler/innen durch. Einigen Sie sich dann auf der Grundlage Ihrer Ideen begründet auf Erwartungen an den Deutschunterricht. Tragen Sie diese in das mittlere Feld ein.

c Präsentation: Bereiten Sie die Präsentation Ihrer Ergebnisse vor. Organisieren und strukturieren Sie einen Kurzvortrag. Halten Sie dazu Ihre Ergebnisse auf Folie fest.

2 Verschaffen Sie sich einen Überblick darüber, was Sie im Deutschunterricht in der Einführungsphase erwartet. Sehen Sie sich dafür das Inhaltsverzeichnis des Buchteils A genau an. Was hatten Sie erwartet? Was überrascht Sie? Was freut Sie?

3 Orientieren Sie sich im Buch, indem Sie die folgenden Fragen beantworten. Nutzen Sie dafür auch den Buchteil C (Epochen) und den Buchteil D (Richtig schreiben, Arbeitstechniken und Methoden).
- Sie möchten ein Referat halten. Wo finden Sie Informationen zum Vorgehen?
- Sie lesen Lessings „Nathan der Weise“. Wo können Sie sich über die Epoche der Aufklärung informieren?
- Sie machen in Klausuren öfter Zeichensetzungsfehler. Wo können Sie die Regeln wiederholen?

1 Lessings „Nathan der Weise“ – Ein Drama der Aufklärung

„Nathan der Weise“, Schauspielhaus Zürich, 2016 (Regie: Daniela Löffner); v. l. n. r.: Julia Kreusch (Sittah), Johannes Sima (Tempelherr), Elisa Plüss (Recha), Robert Hunger-Bühler (Nathan), © Tanja Dorendorf / T+T Fotografie

1 Betrachten Sie das Szenenbild einer Aufführung des „Nathan“ und tauschen Sie sich über Ihre ersten Eindrücke aus. Lässt das Bühnenbild eher eine traditionelle oder eine innovative Inszenierung des Dramas von 1779 erwarten?

2 Auf der Bühne sieht man rechts Recha mit ihrem Vater Nathan, in der Mitte den Tempelherrn, der sie zuvor aus einem brennenden Haus gerettet hat, und links Sittah, die Schwester des Sultans Saladin.
Deuten Sie vor diesem Hintergrund die eingesetzten Mittel, z. B. die Kostümierung der Schauspieler/innen und die Requisiten auf der Bühne.

3 Tauschen Sie sich in der Gruppe über Ihre Theatererfahrungen aus. Wo liegen Ihre Vorlieben, wo haben Sie noch keinen Zugang gefunden?

In diesem Kapitel erwerben Sie folgende Kenntnisse und Kompetenzen:

- Dramenszenen analysieren, interpretieren und vergleichen,
- Handlungs-, Figuren-, Dialog- und Situationsanalysen zu dramatischen Texten ausarbeiten,
- das szenische Interpretieren als Möglichkeit der Interpretation einsetzen,
- literaturgeschichtliche Kenntnisse über die Epoche der Aufklärung erarbeiten und bei der Interpretation literarischer Texte anwenden,
- sich mit der Wirkung des Theaters auseinandersetzen,
- Gotthold Ephraim Lessing im Hinblick auf sein Werk und auf seine zentralen Aussagen als bedeutenden Vertreter der Aufklärung kennen lernen,
- materialgestützt informierende Texte schreiben.

1.1 Zwischen Vernunft und Glauben – Ein Drama interpretieren

Dialoge untersuchen und Figuren charakterisieren

Das Drama „Nathan der Weise“ von Gotthold Ephraim Lessing spielt in der Zeit des Dritten Kreuzzugs (1189–1192) während eines Waffenstillstands in Jerusalem. Dort regiert der mächtige Sultan Saladin nach der Eroberung der Stadt. In den Armeen der gegen Saladin kämpfenden Kreuzfahrer spielt der Templerorden eine wichtige Rolle. Tempelherren sind junge Adlige, die sich dem Papst unterstellt und das Gelübde abgelegt haben, Jerusalem von der muslimischen Herrschaft zu befreien.
In diesem Spannungsfeld bewegt sich der jüdische Kaufmann Nathan, der wegen seiner Lebensklugheit den Beinamen „der Weise“ erhalten hat. Zu Beginn der Handlung kehrt er von einer Geschäftsreise zurück und hat gerade erfahren, dass während seiner Abwesenheit Feuer in seinem Haus ausgebrochen ist, seine Tochter Recha und deren Erzieherin und Gesellschafterin Daja jedoch unverletzt geblieben sind. Recha wurde von einem Tempelherrn gerettet, den die beiden Frauen als gottgesandten Engel sehen.

Gotthold Ephraim Lessing: **Nathan der Weise** (1779) – **1. Aufzug, 2. Auftritt** (V. 288–367)

[...]
Daja: Was schadet's – Nathan, wenn ich sprechen darf –
Bei alledem, von einem Engel lieber
Als einem Menschen sich gerettet denken?
Fühlt man der ersten unbegreiflichen
Ursache seiner Rettung nicht sich so
Viel näher?
Nathan: Stolz! und nichts als Stolz! Der Topf
Von Eisen will mit einer silbern Zange
Gern aus der Glut gehoben sein, um selbst
Ein Topf von Silber sich zu dünken[1]. – Pah! –
Und was es schadet, fragst du? was es schadet?
Was hilft es? dürft' ich nur hinwieder fragen. –
Denn dein „Sich Gott um so viel näher fühlen“
Ist Unsinn oder Gotteslästerung. –
Allein es schadet; ja, es schadet allerdings. –
Kommt! hört mir zu. – Nicht wahr? dem Wesen, das
Dich rettete, – es sei ein Engel oder
Ein Mensch, – dem möchtet ihr, und du besonders,
Gern wieder viele große Dienste tun? –
Nicht wahr? – Nun, einem Engel, was für Dienste,
Für große Dienste könnt ihr dem wohl tun?
Ihr könnt ihm danken; zu ihm seufzen, beten;
Könnt in Entzückung über ihn zerschmelzen;
Könnt an dem Tage seiner Feier fasten,
Almosen spenden. – Alles nichts. – Denn mich
Deucht[2] immer, dass ihr selbst und euer Nächster
Hierbei weit mehr gewinnt, als er. Er wird
Nicht fett durch euer Fasten; wird nicht reich
Durch eure Spenden; wird nicht herrlicher
Durch eu'r Entzücken; wird nicht mächtiger
Durch eu'r Vertraun. Nicht wahr? Allein ein Mensch!
Daja:
Ei freilich hätt ein Mensch, etwas für ihn
Zu tun, uns mehr Gelegenheit verschafft.
Und Gott weiß, wie bereit wir dazu waren!
Allein er wollte ja, bedurfte ja
So völlig nichts; war in sich, mit sich so
Vergnügsam[3], als nur Engel sind, nur Engel
Sein können.
Recha: Endlich, als er gar verschwand ...
Nathan: Verschwand? – Wie denn verschwand? – Sich untern Palmen
Nicht ferner sehen ließ? – Wie? oder habt
Ihr wirklich schon ihn weiter aufgesucht?
Daja: Das nun wohl nicht.

1 **sich dünken:** glauben, sich vorkommen
2 **mich deucht:** mir scheint
3 **vergnügsam:** zufrieden

NATHAN: Nicht, Daja? nicht? – Da sieh
Nun was es schad't! – Grausame Schwärmerinnen!
Wenn dieser Engel nun – nun krank geworden! …
RECHA: Krank!
DAJA: Krank! Er wird doch nicht!
RECHA: Welch kalter Schauer
Befällt mich! – Daja! – Meine Stirne, sonst
So warm, fühl! ist auf einmal Eis.
NATHAN: Er ist
Ein Franke, dieses Klimas ungewohnt;
Ist jung; der harten Arbeit seines Standes,
Des Hungerns, Wachens ungewohnt.
RECHA: Krank! krank!
DAJA: Das wäre möglich, meint ja Nathan nur.
NATHAN:
Nun liegt er da! hat weder Freund, noch Geld
Sich Freunde zu besolden.
RECHA: Ah, mein Vater!
NATHAN:
Liegt ohne Wartung, ohne Rat und Zusprach,
Ein Raub der Schmerzen und des Todes da!
RECHA: Wo? wo?
NATHAN: Er, der für eine, die er nie
Gekannt, gesehn – genug, es war ein Mensch –
Ins Feu'r sich stürzte …
DAJA: Nathan, schonet ihrer!
NATHAN:
Der, was er rettete, nicht näher kennen,
Nicht weiter sehen mocht, – um ihm den Dank
Zu sparen …
DAJA: Schonet ihrer, Nathan!
NATHAN: Weiter
Auch nicht zu sehn verlangt', – es wäre denn,
Dass er zum zweiten Mal es retten sollte –
Denn g'nug, es ist ein Mensch …
DAJA: Hört auf, und seht!
NATHAN:
Der, der hat sterbend sich zu laben, nichts –
Als das Bewusstsein dieser Tat!
DAJA: Hört auf!
Ihr tötet sie!
NATHAN: Und du hast ihn getötet! –
Hättst so ihn töten können. – Recha! Recha!
Es ist Arznei, nicht Gift, was ich dir reiche.
Er lebt! – komm zu dir! – ist auch wohl nicht krank;
Nicht einmal krank!
RECHA: Gewiss? – nicht tot? nicht krank?
NATHAN:
Gewiss, nicht tot! Denn Gott lohnt Gutes, hier
Getan, auch hier noch. – Geh! – Begreifst du aber,
Wie viel a n d ä c h t i g s c h w ä r m e n leichter, als
G u t h a n d e l n ist? wie gern der schlaffste Mensch
Andächtig schwärmt, um nur, – ist er zuzeiten
Sich schon der Absicht deutlich nicht bewusst –
Um nur gut handeln nicht zu dürfen?
RECHA: Ah,
Mein Vater! lasst, lasst Eure Recha doch
Nie wiederum allein! – Nicht wahr, er kann
Auch wohl verreist nur sein? –
[…]

1 **a** Formulieren Sie das Thema der Auseinandersetzung zwischen Nathan, Recha und Daja.
Es geht um den Glauben an Wunder …

b Tauschen Sie sich über Ihr erstes Textverständnis aus. Halten Sie die genannten Aspekte für eine spätere Überprüfung fest.

2 Nehmen Sie eine **Figurenanalyse** vor:

a Verdeutlichen Sie die Konstellation der Figuren in einem Standbild (► S. 184).

b Charakterisieren Sie die Figuren und wählen Sie für die jeweilige Haltung ein treffendes Zitat aus der vorliegenden Szene aus. Begründen Sie Ihre Auswahl.

3 Nehmen Sie eine **Dialoganalyse** vor. Untersuchen Sie Nathans Gesprächsführung genau:

a Auf welche Weise hat Nathan zu Beginn eine positive Gesprächsatmosphäre geschaffen?

b Mit welchen Argumenten kritisiert er die Auffassungen und das Handeln Dajas und Rechas?
Rechas Rettung erscheint ihm auch dann als Wunder, wenn ein Mensch statt eines Engels …

c Wie geht er vor in seinem Bemühen, Recha zur Infragestellung ihrer Position zu führen?
– direkte Kritik an Rechas Haltung: „Stolz! Nichts als …“ (V. …); – rhetorische Fragen: …

4 Daja bittet Nathan eindringlich, Recha zu schonen, und Nathan weist ihre Kritik entschieden zurück. Diskutieren Sie, welche Seite eher beanspruchen kann, das Beste für Recha im Sinn zu haben.

5 Die Vertreter der Aufklärung Kant, Wieland und Lichtenberg dachten darüber nach, wie Menschen zu gesicherten Einsichten gelangen können. Lesen Sie ihre Texte (▸ S. 383–386) und prüfen Sie, inwieweit sich in Nathans Redestrategie aufklärerische Denkweisen zeigen.

Vergleichsaspekt	*Kant, Wieland, Lichtenberg*	*Lessings Nathan*
Denken oder Glauben	*– Wieland: „Geschehene Dinge werden aufgeklärt, wenn man …“ (S. 385, Z. 26 ff.)* *– Kant: „Habe Mut, dich …“ (S. 385, Z. 10 f.)* *– Lichtenberg: …*	*– will genau wissen, wie sich alles zugetragen hat und was man über den Retter weiß* *– kritisiert Glauben an rettenden Engel als …*
Verantwortung für das eigene Handeln	…	…

Information **Aspekte der werkimmanenten Dramenanalyse**

Das Drama (Schauspiel) ist die dritte Literaturgattung neben der Epik (erzählende Literatur) und der Lyrik (Gedichte). Ihr unterscheidendes Merkmal besteht darin, dass **ein Konflikt auf einer Bühne unmittelbar vor den Augen des Publikums ausgetragen** wird. Dieser kann gesellschaftlicher und/oder persönlicher Natur sein. Das Schaubild zeigt Elemente des Dramas, die für eine Analyse wichtig sind: Die vier in Wechselbeziehung zueinander stehenden Felder stehen für die werkimmanente Ebene. Auf dieser wird zunächst betrachtet, was im Text steht. Werkübergreifend ist das Drama eingebettet in den historischen Kontext seiner Entstehung.

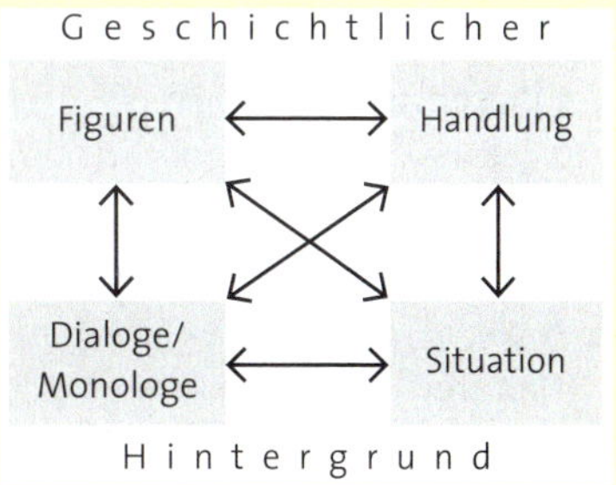

Die vier Analysekategorien der werkimmanenten Ebene

- Die **Handlungsanalyse** untersucht die Art der Handlung (z. B. Intrige, Verschwörung, Gefangennahme) und ihren Verlauf bzw. ihre Entwicklung (z. B. Aufbau eines Konflikts, Höhepunkt und etwaige Lösung, aber auch Ursachen und Auswirkungen).
- Die **Figurenanalyse** fragt nach „Charaktereigenschaften“ einer Figur (z. B. Überzeugungen, Verhalten, Gewohnheiten) und berücksichtigt auch ihre gesellschaftliche und private Stellung. Werkübergreifend können zeittypische und schichtenspezifische Eigenheiten der Figuren eine Rolle spielen.
- Die **Dialoganalyse** (▸ S. 163) untersucht die Standpunkte und Argumente der Figuren, das kommunikative Verhalten (z. B. Gesprächsanteil, Aufeinander-Eingehen bzw. Aneinander-Vorbeireden), die Gesprächsentwicklung sowie die Sprache (z. B. Sprachebene, rhetorische Mittel).
- Bei der **Situationsanalyse** geht es auf werkimmanenter Ebene um die Voraussetzungen oder Bedingungen der aktuellen Szene. Darüber hinaus spielen auch werkübergreifende Aspekte (z. B. epochentypische Herrschaftsstrukturen) eine besondere Rolle.

1 Die Analyseebenen sind unterschiedlich ertragreich für die Interpretation, je nachdem, ob eher eine komplexe Handlungsentwicklung oder die Dialoge das Geschehen bestimmen. Bei „Nathan“ sind vor allem die Figuren- und die Dialoganalyse hilfreich. Erläutern Sie dies an Szene I, 2 (▸ S. 25 ff.).

Szenisch interpretieren

Nathan will sich beim Tempelherrn für die Rettung seiner Tochter bedanken. Da dieser die Bitte um ein Treffen entschieden ablehnt, nutzt Nathan ein zufälliges Zusammentreffen, um ihn anzusprechen.

Gotthold Ephraim Lessing: **Nathan der Weise** (1779) – **2. Aufzug, 5. Auftritt** (V. 1191–1323)

Nathan und bald darauf der Tempelherr.

NATHAN: Fast scheu ich mich des Sonderlings. Fast macht
Mich seine raue Tugend stutzen. Dass
Ein Mensch doch einen Menschen so verlegen
Soll machen können! – Ha! er kömmt. – Bei Gott!
Ein Jüngling wie ein Mann. Ich mag ihn wohl
Den guten, trotz'gen Blick! den prallen Gang!
Die Schale kann nur bitter sein: der Kern
Ist's sicher nicht. – Wo sah ich doch dergleichen? –
Verzeihet, edler Franke ...
TEMPELHERR: Was?
NATHAN: Erlaubt ...
TEMPELHERR: Was, Jude? was?
NATHAN: Dass ich mich untersteh,
Euch anzureden.
TEMPELHERR: Kann ich's wehren? Doch
Nur kurz.
NATHAN: Verzieht[1], und eilet nicht so stolz,
Nicht so verächtlich einem Mann vorüber,
Den Ihr auf ewig Euch verbunden habt.
TEMPELHERR:
Wie das? – Ah, fast errat ich's. Nicht? Ihr seid ...
NATHAN:
Ich heiße Nathan; bin des Mädchens Vater,
Das Eure Großmut aus dem Feu'r gerettet;
Und komme ...
TEMPELHERR:
Wenn zu danken: – spart's! Ich hab
Um diese Kleinigkeit des Dankes schon
Zu viel erdulden müssen. – Vollends Ihr,
Ihr seid mir gar nichts schuldig. Wusst ich denn,
Dass dieses Mädchen Eure Tochter war?
Es ist der Tempelherren Pflicht, dem Ersten
Dem Besten beizuspringen, dessen Not
Sie sehn. Mein Leben war mir ohnedem
In diesem Augenblicke lästig. Gern,
Sehr gern ergriff ich die Gelegenheit,
Es für ein andres Leben in die Schanze[2]
Zu schlagen: für ein andres – wenn's auch nur
Das Leben einer Jüdin wäre.
NATHAN: Groß!
Groß und abscheulich! – Doch die Wendung lässt
Sich denken. Die bescheidne Größe flüchtet
Sich hinter das Abscheuliche, um der
Bewundrung auszuweichen. – Aber wenn
Sie so das Opfer der Bewunderung
Verschmäht: was für ein Opfer denn verschmäht
Sie minder? – Ritter, wenn Ihr hier nicht fremd
Und nicht gefangen wäret, würd ich Euch
So dreist nicht fragen. Sagt, befehlt: womit
Kann man Euch dienen?
TEMPELHERR: Ihr? Mit nichts.
NATHAN: Ich bin
Ein reicher Mann.
TEMPELHERR: Der reichre Jude war
Mir nie der bessre Jude.
NATHAN: Dürft Ihr denn
Darum nicht nützen, was dem ungeachtet
Er Bessres hat? nicht seinen Reichtum nützen?
TEMPELHERR:
Nun gut, das will ich auch nicht ganz verreden;
Um meines Mantels willen nicht. Sobald
Der ganz und gar verschlissen; weder Stich
Noch Fetze länger halten will: komm ich
Und borge mir bei Euch zu einem neuen,
Tuch oder Geld. – Seht nicht mit eins so finster!
Noch seid Ihr sicher; noch ist's nicht so weit
Mit ihm. Ihr seht; er ist so ziemlich noch

1 **verzieht:** verweilt, wartet

2 **in die Schanze schlagen:** aufs Spiel setzen

Im Stande. Nur der eine Zipfel da
Hat einen garst'gen Fleck; er ist versengt.
Und das bekam er, als ich Eure Tochter
Durchs Feuer trug.

NATHAN (*der nach dem Zipfel greift und ihn betrachtet*): Es ist doch sonderbar,
Dass so ein böser Fleck, dass so ein Brandmal
Dem Mann ein bessres Zeugnis redet, als
Sein eigner Mund. Ich möcht ihn küssen gleich –
Den Flecken! – Ah, verzeiht! – Ich tat es ungern.

TEMPELHERR: Was?

NATHAN: Eine Träne fiel darauf.

TEMPELHERR: Tut nichts!
Er hat der Tropfen mehr. – (Bald aber fängt
Mich dieser Jud' an zu verwirren.)

NATHAN: Wärt
Ihr wohl so gut, und schicktet Euern Mantel
Auch einmal meinem Mädchen?

TEMPELHERR: Was damit?

NATHAN:
Auch ihren Mund auf diesen Fleck zu drücken.
Denn Eure Knie selber zu umfassen,
Wünscht sie nun wohl vergebens.

TEMPELHERR: Aber, Jude –
Ihr heißet Nathan? – Aber, Nathan – Ihr
Setzt Eure Worte sehr – sehr gut – sehr spitz –
Ich bin betreten – Allerdings – ich hätte ...

NATHAN:
Stellt und verstellt Euch, wie Ihr wollt. Ich find
Auch hier Euch aus. Ihr wart zu gut, zu bieder,
Um höflicher zu sein. – Das Mädchen, ganz
Gefühl; der weibliche Gesandte, ganz
Dienstfertigkeit; der Vater weit entfernt –
Ihr trugt für ihren guten Namen Sorge;
Floht ihre Prüfung[3] ; floht, um nicht zu siegen.
Auch dafür dank ich Euch –

TEMPELHERR: Ich muss gestehn,
Ihr wisst, wie Tempelherren denken sollten.

NATHAN:
Nur Tempelherren? sollten bloß? und bloß
Weil es die Ordensregeln so gebieten?
Ich weiß, wie gute Menschen denken; weiß,
Dass alle Länder gute Menschen tragen.

TEMPELHERR:
Mit Unterschied, doch hoffentlich?

NATHAN: Jawohl;
An Farb', an Kleidung, an Gestalt verschieden.

TEMPELHERR:
Auch hier bald mehr, bald weniger, als dort.

NATHAN:
Mit diesem Unterschied ist's nicht weit her.
Der große Mann braucht überall viel Boden;
Und mehrere, zu nah gepflanzt, zerschlagen
Sich nur die Äste. Mittelgut, wie wir,
Find't sich hingegen überall in Menge.
Nur muss der eine nicht den andern mäkeln[4].
Nur muss der Knorr[5] den Knuppen hübsch vertragen.
Nur muss ein Gipfelchen sich nicht vermessen,
Dass es allein der Erde nicht entschossen.

TEMPELHERR: Sehr wohl gesagt! – Doch kennt Ihr auch das Volk,
Das diese Menschenmäkelei zuerst
Getrieben? Wisst Ihr, Nathan, welches Volk
Zuerst das auserwählte Volk[6] sich nannte?
Wie? wenn ich dieses Volk nun, zwar nicht hasste,
Doch wegen seines Stolzes zu verachten,
Mich nicht entbrechen könnte? Seines Stolzes;
Den es auf Christ und Muselmann vererbte,
Nur sein Gott sei der rechte Gott! – Ihr stutzt,
Dass ich, ein Christ, ein Tempelherr, so rede?
Wenn hat, und wo die fromme Raserei,
Den bessern Gott zu haben, diesen bessern
Der ganzen Welt als Besten aufzudringen,
In ihrer schwärzesten Gestalt sich mehr
Gezeigt, als hier, als itzt? Wem hier, wem itzt
Die Schuppen nicht vom Auge fallen ... Doch
Sei blind, wer will! – Vergesst, was ich gesagt;
Und lasst mich! (*Will gehen.*)

NATHAN: Ha! Ihr wisst nicht, wie viel fester
Ich nun mich an Euch drängen werde. – Kommt,
Wir müssen, müssen Freunde sein! – Verachtet

3 Ihr floht ihre Prüfung: Ihr erspartet ihr die Versuchung

4 mäkeln: kleinlich kritisieren
5 Knorr: Ast, Baumstumpf
6 das auserwählte Volk: jüdische Glaubensüberzeugung, die auf dem Bundesschluss mit Gott beruht

Mein Volk so sehr Ihr wollt. Wir haben beide
Uns unser Volk nicht auserlesen. Sind
Wir unser Volk? Was heißt denn Volk?
Sind Christ und Jude eher Christ und Jude
Als Mensch? Ah! wenn ich einen mehr in Euch
Gefunden hätte, dem es g'nügt, ein Mensch
Zu heißen!

Tempelherr:
Ja, bei Gott, das habt Ihr, Nathan!
Das habt Ihr! – Eure Hand! – Ich schäme mich
Euch einen Augenblick verkannt zu haben.

Nathan:
Und ich bin stolz darauf. Nur das Gemeine[7]
Verkennt man selten.

Tempelherr: Und das Seltene
Vergisst man schwerlich. – Nathan, ja;
Wir müssen, müssen Freunde werden.

Nathan: Sind
Es schon. –Wie wird sich meine Recha
freuen! –
Und ah! welch eine heitre Ferne schließt
Sich meinen Blicken auf! – Kennt sie nur erst!

Tempelherr: Ich brenne vor Verlangen. […]

7 **das Gemeine:** das Gewöhnliche

1 Setzen Sie Ihre vorläufige Lesart der Szene im szenischen Lesen um:
a Bilden Sie Arbeitsgruppen und verteilen Sie die Sprecherrollen; die anderen wirken beratend mit.
b Experimentieren Sie mit Sprechweisen, Tempo, Lautstärke, Betonungen, Pausen.
Tipp: Markieren Sie zu betonende Wörter, Pausen usw. auf einer Textkopie.
c Geben Sie sich gegenseitig eine Rückmeldung zur Sprechweise hinsichtlich der Wirkung.
d Stellen Sie einige Ergebnisse im Plenum vor. Vergleichen Sie die unterschiedlichen Lesarten.

2 Im Verlauf der Begegnung wendet sich die ablehnende Haltung des Tempelherrn – bis hin zum Freundschaftsangebot. Analysieren Sie, welche Aussagen und Handlungen Nathans den Wandel bewirken:
a Gliedern Sie den Dialog in Abschnitte. Notieren Sie die Wendepunkte des Dialogs (Versangaben).
b Halten Sie in einer Tabelle fest, wie Nathan die Abwehr des Tempelherrn überwindet:
– Beschreiben Sie, wie sich Dominanz und Unterlegenheit im Dialogverlauf mischen.
– Charakterisieren Sie das Gesprächsverhalten der beiden Protagonisten.

Tempelherr	*Nathan*	*Verse*
reagiert abweisend, schroff	*bleibt hartnäckig und freundlich, wirbt für sein Anliegen*	1198–1207
– weist Dank zurück, wertet eigene Tat ab, bewertet sie als reine Pflichthandlung – verwendet herabsetzende antisemitische Formulierung	*– stellt eigene Bewertung der Rettung als edle Tat dagegen, interpretiert Haltung des Tempelherrn als Bescheidenheit – ignoriert die antisemitische Äußerung*	1208–1224
…	…	…

3 Erläutern Sie Lessings Toleranzgedanken anhand von Nathans zentraler Aussage: „Sind Christ und Jude eher Christ und Jude / Als Mensch?“ (V. 1310 f.).

4 Vergleichen Sie die im Tempelherr-Dialog zu Tage tretende Haltung Nathans mit der Botschaft, die er an den Sultan Saladin mit der „Ringparabel“ (3. Auftritt, 7. Szene, ► S. 392) adressiert. Erläutern Sie Parallelen im Hinblick auf den Toleranzgedanken.

Helmut Göbel: **Lessings „Nathan“** (1977) – Auszug

Eine vernunftgeleitete Auseinandersetzung mit der Religion war in der Epoche der Aufklärung von zentraler Bedeutung. Nicht nur Theologen verfassten religionsphilosophische Schriften, sondern alle, die sich aus juristischer oder künstlerischer Perspektive mit den zeitgenössischen Zuständen beschäftigten.

Das Programm der Aufklärung spricht vor allem den Bürger in den Städten und auf dem Lande an, der lernen soll (und will?), um am „Licht“ der Vernunft teilzuhaben, um aus den „finsteren“ Zeiten des Mittelalters und seinen dogmatischen Vorstellungen, die sich vor allem noch in der feudalen Fürsten- und Kirchenherrschaft erhalten hatten, herauszukommen.

Die neue Vernunftphilosophie richtet ihre Kritik daher auch gegen Rechts- und Staatsphilosophie und Theologie. Dem aufgeklärten, vernünftigen Menschen müssen Recht und Religion einsichtig werden, blinder Glaube und blinder Gehorsam sind widervernünftig, verleiten zu Gewalt, Leichtgläubigkeit und zu Aberglauben, Andächtelei und Schwärmerei.

Eine der bedeutendsten Konsequenzen dieser Philosophie ergab sich aus der Annahme der allgemeinen Verbindlichkeit der Vernunftgesetze. Aus ihnen folgt, dass sie überall und in allen Lebensgebieten schlechthin gelten müssen. Das heißt ferner, dass sie für alle Menschen gleichwertig gültig sein müssen und dass aus dieser Gleichheit auch die für alle Menschen gleichen Rechte und Pflichten zu entwickeln sind. Hierin lag angesichts der tatsächlichen Ungleichheit die politische Brisanz der Aufklärung: Warum sollen für den Landesherrn andere Rechte gelten als für den Kaufmann, Handwerker oder Bauern? Ist es nicht auch wider die Vernunft, dass ein Christ mehr Rechte hat als ein Jude? Worauf gründen sich denn die unterschiedlichen Rechte? Sind sie mit der Vernunft vereinbar? Ja, sind die Offenbarungsschriften, Altes Testament, Neues Testament und Koran mit der Vernunft vereinbar? Muss nicht auch die Religion den Maßstäben der Vernunft unterworfen werden? Sind es nicht allgemeine vernünftige Maßstäbe, die das Zusammenleben aller Menschen garantieren müssen?

Diesen Fragen ging man nun nach.

1 **a** Göbel schreibt über die historisch-politische Bedeutung der Propagierung der Vernunft als Grundprinzip. Formulieren Sie zusammenfassend seine Kernaussage.

b Bewerten Sie vor diesem Hintergrund die zeitgenössische Wirkungsabsicht des „Nathan“.

2 Lessing gestaltete literarisch seine Forderung nach Vernunftorientierung und Humanität. Diskutieren Sie, inwiefern diese Form – die Literatur – auch heutzutage das Denken und Handeln verändern kann.

3 **a** Entwickeln Sie auf der Grundlage des vertieften Verstehens arbeitsteilig eine szenische Umsetzung des Dialogs Nathan – Tempelherr (▸ Dramenauszug S. 28 ff., Methode S. 184 und unten).

b Präsentieren Sie im Kurs Ihre Ergebnisse und werten Sie sie aus.

Methode **Szenische Lesung – Szenisches Spiel**

- Schreiben Sie zu dem Text **Regieanweisungen,** die angeben, wie er zu sprechen ist.
- Setzen Sie Ihre Regieanweisungen um. Wählen Sie eine der beiden Möglichkeiten:
  A Sie **tragen** den Text mit verteilten Rollen so **vor,** dass der Sinn der Szene verdeutlicht wird. Proben Sie mehrmals, bis Sie die gewünschte Wirkung erzielt haben.
  B Sie **spielen** die Szene (nach kurzer Vorbereitung). Dazu können Sie Ihre Regieanweisungen noch erweitern, z. B. durch Hinweise, wie die Figuren sich bewegen, zueinander stehen usw.

Macht und Dominanz – Eine Dramenszene analysieren

Im weiteren Verlauf erfährt der Tempelherr vertraulich von Daja, dass Recha christlicher Herkunft und als Nathans Pflegetochter aufgewachsen ist. Da er mittlerweile eine tiefe Zuneigung zu Recha gefasst hat und die Situation ihn verunsichert, sucht er Rat beim obersten christlichen Würdenträger, dem Patriarchen von Jerusalem. Er trifft im Kloster auf den Patriarchen, der sich mit Prunk und Gefolge nähert.

Gotthold Ephraim Lessing: **Nathan der Weise** (1779) – **4. Aufzug, 2. Auftritt** (V. 2454–2567)

Der Patriarch, welcher mit allem geistlichen Pomp den einen Kreuzgang heraufkömmt, und die Vorigen.

TEMPELHERR: Ich wich' ihm lieber aus. –
Wär nicht mein Mann! –
Ein dicker, roter, freundlicher Prälat!
Und welcher Prunk!

KLOSTERBRUDER: Ihr sollt ihn erst sehn,
Nach Hofe sich erheben. Itzo[1] kömmt
Er nur von einem Kranken.

TEMPELHERR: Wie sich da
Nicht Saladin wird schämen müssen!

PATRIARCH: *(indem er näher kommt, winkt dem Bruder).* Hier! –
Das ist ja wohl der Tempelherr. Was will
Er?

KLOSTERBRUDER:
Weiß nicht.

PATRIARCH: *(auf ihn zugehend, indem der Bruder und das Gefolge zurücktreten).*
Nun, Herr Ritter! Sehr erfreut,
Den braven jungen Mann zu sehn! – Ei, noch
So gar jung! – Nun, mit Gottes Hülfe, daraus
Kann etwas werden.

TEMPELHERR: Mehr, ehrwürd'ger Herr,
Wohl schwerlich, als schon ist. Und eher noch,
Was weniger.

PATRIARCH: Ich wünsche wenigstens,
Dass so ein frommer Ritter lange noch
Der lieben Christenheit, der Sache Gottes
Zu Ehr' und Frommen[2] blühn und grünen möge!
Das wird denn auch nicht fehlen, wenn nur fein
Die junge Tapferkeit dem reifen Rate
Des Alters folgen will! – Womit wär sonst
Dem Herrn zu dienen?

TEMPELHERR: Mit dem nämlichen,
Woran es meiner Jugend fehlt: mit Rat.

PATRIARCH:
Recht gern! Nur ist der Rat auch anzunehmen.

TEMPELHERR: Doch blindlings nicht?

PATRIARCH: Wer sagt denn das? – Ei freilich
Muss niemand die Vernunft, die Gott ihm gab,
Zu brauchen unterlassen, wo sie hin-
Gehört. – Gehört sie aber überall
Denn hin? – O nein! – Zum Beispiel: wenn uns Gott
Durch einen seiner Engel, – ist zu sagen,
Durch einen Diener seines Worts, – ein Mittel
Bekannt zu machen würdiget, das Wohl
Der ganzen Christenheit, das Heil der Kirche,
Auf irgendeine ganz besondre Weise
Zu fördern, zu befestigen: wer darf
Sich da noch unterstehn, die Willkür des,
Der die Vernunft erschaffen, nach Vernunft
Zu untersuchen? und das ewige
Gesetz der Herrlichkeit des Himmels, nach
Den kleinen Regeln einer eiteln Ehre
Zu prüfen? – Doch hiervon genug. – Was ist
Es denn, worüber unsern Rat für itzt[1]
Der Herr verlangt?

TEMPELHERR: Gesetzt, ehrwürd'ger Vater,
Ein Jude hätt ein einzig Kind, – es sei
Ein Mädchen, – das er mit der größten Sorgfalt
Zu allem Guten auferzogen, das
Er liebe mehr als seine Seele, das
Ihn wieder mit der frömmsten Liebe liebe.
Und nun würd unsereinem hinterbracht,
Dies Mädchen sei des Juden Tochter nicht;
Er hab' es in der Kindheit aufgelesen,
Gekauft, gestohlen, – was Ihr wollt; man wisse,
Das Mädchen sei ein Christenkind, und sei
Getauft; der Jude hab' es nur als Jüdin
Erzogen; lass' es nur als Jüdin und
Als seine Tochter so verharren: – sagt,

1 **itzo/itzt:** jetzt
2 **zu Ehr' und Frommen:** zu seinem Glück

Ehrwürd'ger Vater, was wär hierbei wohl
Zu tun?
PATRIARCH:
Mich schaudert! – Doch zu allererst
Erkläre sich der Herr, ob so ein Fall
Ein Faktum[3] oder eine Hypothes'[4].
Das ist zu sagen: ob der Herr sich das
Nur bloß so dichtet, oder ob's geschehn,
Und fortfährt zu geschehn.
TEMPELHERR: Ich, glaubte, das
Sei eins, um Euer Hochehrwürden Meinung
Bloß zu vernehmen.
PATRIARCH: Eins? Da seh' der Herr
Wie sich die stolze menschliche Vernunft
Im Geistlichen doch irren kann. – Mitnichten!
Denn ist der vorgetragne Fall nur so
Ein Spiel des Witzes: so verlohnt es sich
Der Mühe nicht, im Ernst ihn durchzudenken.
Ich will den Herrn damit auf das Theater
Verwiesen haben, wo dergleichen pro
Et contra sich mit vielem Beifall könnte
Behandeln lassen. – Hat der Herr mich aber
Nicht bloß mit einer theatral'schen Schnurre[5]
Zum Besten; ist der Fall ein Faktum; hätt'
Er sich wohl gar in unsrer Diözes'[6],
In unsrer lieben Stadt Jerusalem,
Ereignet: – ja alsdann –
TEMPELHERR: Und was alsdann?
PATRIARCH:
Dann wäre an dem Juden fördersamst[7]
Die Strafe zu vollziehn, die päpstliches
Und kaiserliches Recht so einem Frevel,
So einer Lastertat bestimmen.
TEMPELHERR: So?
PATRIARCH:
Und zwar bestimmen obbesagte[8] Rechte
Dem Juden, welcher einen Christen zur
Apostasie[9] verführt, – den Scheiterhaufen, –
Den Holzstoß –
TEMPELHERR: So?
PATRIARCH: Und wie viel mehr dem Juden,
Der mit Gewalt ein armes Christenkind
Dem Bunde seiner Tauf' entreißt! Denn ist
Nicht alles, was man Kindern tut, Gewalt? –
Zu sagen: – ausgenommen, was die Kirch'
An Kindern tut.
TEMPELHERR: Wenn aber nun das Kind,
Erbarmte seiner sich der Jude nicht,
Vielleicht im Elend umgekommen wäre?
PATRIARCH: Tut nichts! der Jude wird
verbrannt! – Denn besser,
Es wäre hier im Elend umgekommen,
Als dass zu seinem ewigen Verderben
Es so gerettet ward. – Zudem, was hat
Der Jude Gott denn vorzugreifen? Gott
Kann, wen er retten will, schon ohn' ihn retten.
TEMPELHERR: Auch trotz ihm, sollt' ich
meinen, – selig machen.
PATRIARCH:
Tut nichts! der Jude wird verbrannt.
TEMPELHERR: Das geht
Mir nah'! Besonders, da man sagt, er habe
Das Mädchen nicht sowohl in seinem, als
Vielmehr in keinem Glauben auferzogen,
Und sie von Gott nicht mehr nicht weniger
Gelehrt, als der Vernunft genügt.
PATRIARCH: Tut nichts!
Der Jude wird verbrannt ... Ja, wär' allein
Schon dieserwegen wert, dreimal verbrannt
Zu werden! Was? ein Kind ohn allen Glauben
Erwachsen lassen? – Wie? die große Pflicht,
Zu glauben, ganz und gar ein Kind nicht
lehren?
Das ist zu arg! – Mich wundert sehr, Herr
Ritter,
Euch selbst ...
TEMPELHERR: Ehrwürd'ger Herr, das Übrige,
Wenn Gott will, in der Beichte. *(Will gehn.)*
[...]

3 **Faktum:** Tatsache
4 **Hypothese:** ausgedachte Sache
5 **Schnurre:** Scherz
6 **Diözese:** Amtsgebiet eines Bischofs
7 **fördersamst:** in sinnvoller Weise
8 **obbesagt:** angesprochen
9 **Apostasie:** Abfall vom christlichen Glauben

1 Formulieren Sie Stichworte für eine knappe Inhaltsangabe zur Szene.
– Patriarch nähert sich mit … und fragt …
– Tempelherr erklärt …

2 Entscheiden Sie, welche der folgenden Aussagen auf die Szene IV, 2 zutreffen. Begründen Sie Ihre Einschätzung anhand von Textbelegen.
A Der Patriarch steht dem Tempelherrn positiv und zugewandt gegenüber.
B Es geht dem Patriarchen vor allem um die Verteidigung der christlichen Religion und Kirche.
C Der Patriarch handelt wie ein autoritärer Machtmensch.

3 Gleichen Sie Ihren ersten Eindruck vom Tempelherrn mit den folgenden Szenenfotos aus Aufführungen der jüngsten Zeit ab.

Schauspielhaus Bochum (Spielzeit 2010/11). Szenenfoto mit Krunoslav Šebrek (Tempelherr) und Andreas Grothgar (Saladin)

Landestheater Coburg (Spielzeit 2012/13). Szenenfoto mit Thomas Straus (Patriarch) und Sönke Schnitzer (Tempelherr)

4 Wählen Sie ein bis zwei markante, charakterisierende Aussagen für jede der beiden Figuren aus. Begründen Sie Ihre Wahl.
Patriarch: „Tut nichts! der Jude wird verbrannt." (V. 2553)
...

5 Analysieren Sie den Dialog Tempelherr – Patriarch:
a Gliedern Sie den Dialog in Sinnabschnitte.
V. 2461–2494: Kontaktaufnahme → Tempelherr kommt auf sein Anliegen zu sprechen (benötigt Rat)
V. 2431 ...
b Untersuchen Sie, ob bzw. inwiefern unterschiedliche Gesprächsanteile Hinweise auf die Beziehung der Figuren (Dominanz/Unterordnung) geben.
c Notieren Sie die beidseitigen Standpunkte und Argumente zum Problem des Tempelherrn:

Tempelherr	Vers		Patriarch	Vers
– verwahrt sich dagegen, „blindlings" allem zu vertrauen	*2476*	→	*– verneint Geltung des Vernunftprinzips in religiösen Fragen*	*2479 ff.*
– erbittet Rat und Auskunft: getauftes Christenkind wird von einem Juden „mit der größten Sorgfalt" und Liebe aufgezogen, ohne seine Herkunft zu kennen; wie urteilt die christliche Kirche?	*2495 ff.*	→	*– falls tatsächlich so geschehen, sei der Jude mit dem Tode zu bestrafen, da er das Kind zum Abfall vom christlichen Glauben gebracht habe*	*2531 ff.*
– das Kind wäre ohne seinen Ziehvater vielleicht im Elend umgekommen	*2543 ff.*	→	*– dies ändere nichts am Urteil*	*2546*
– ...		→	*...*	

d Beschreiben Sie das Gesprächsverhalten der Figuren.

Tempelherr

– erweist dem Würdenträger sprachlich den erwarteten Respekt („ehrwürd'ger Herr", V. …)
– weicht direkten Nachfragen aus, …
– argumentiert mit kurzen Einwürfen
– …

Patriarch

– dringt sofort auf Nennung von „Ross und Reiter", setzt den Ratsuchenden unter Druck
– nimmt seine Position schnell und ohne nähere Kenntnis der Umstände ein und …
– …

e Notieren Sie rhetorische Besonderheiten (▶ S. 242 ff.). Beschreiben Sie die erzielte Wirkung.

rhetorisches Mittel	***Wirkung***
– mehrere rhetorische Fragen (V. 2479 ff.)	*– steigert die Ausdruckskraft, sichert die Aufmerksamkeit des Gesprächspartners*
– Alliteration („dem reifen Rate", V. 2471)	*– klingt eindringlich*
– Wiederholungen („Tut nichts, der Jude wird verbrannt", V. 2546, 2553)	*– sehr nachdrücklich und entschieden*
– …	*– …*

6 Notieren Sie Stichworte für die Figurenanalyse:

a Welche Charaktereigenschaften zeigen die Figuren durch ihr Gesprächsverhalten?
Patriarch: versucht den Tempelherrn auszuhorchen, taktiert, …

b An welchen Stellen werden die Figuren durch den Nebentext (hier: Regieanweisungen) charakterisiert?
Patriarch: tritt mit prunkvoller Kleidung und mit Gefolge auf …

7 Führen Sie Teilergebnisse zu Interpretationsthesen zusammen.
Der Patriarch zeigt sich in seinem Verhalten als Dogmatiker, der widerstreitenden Argumenten …

8 Notieren Sie Stichworte zum Stellenwert der Szene im Handlungszusammenhang. Informieren Sie sich dazu bei Bedarf über die vorausgegangene und nachfolgende Handlung.

Methode Eine Dramenszene analysieren

Im Drama wird über den Dialog der Figuren ein Konflikt ausgetragen. In der detaillierten Analyse einer Szene

- wird sie in die Handlung eingeordnet **(Situation),**
- werden der Aufbau der Szene und die Entwicklung der **Handlung** beschrieben (Aufbau des Konflikts, Wendepunkte, ...),
- werden die Charaktereigenschaften der **Figuren** untersucht und Schlüsse auf zu Grunde liegende Haltungen und Motivationen gezogen,
- werden die Argumente und das kommunikative Verhalten der Figuren im **Dialog** betrachtet (Gesprächsinitiative, -anteile, Dominanz und Unterordnung, Störungen und Missverstehen ...) und dabei auch die sprachlich-rhetorische Gestaltung und ihre Wirkung beschrieben.

Die Analyse baut auf einer kurzen, orientierenden **Inhaltsangabe** (Handlung der beteiligten Figuren) der Szene auf. Diese kann vorangestellt oder mit der Analyse verbunden werden. Dabei ist der Stellenwert der Szene für die Handlung insgesamt zu verdeutlichen.

1 Entwerfen Sie eine Gliederung für einen Schreibplan, indem Sie die Übersicht vervollständigen.

Einleitung

– Titel, Autor …

– Einordnung der Szene

Hauptteil

– Inhalt und Aufbau der Szene

– …

Schluss

Zusammenfassung der Untersuchungsergebnisse, abschließende Deutung

2 Vor der Analyse der Szene wird sie in den Zusammenhang des Gesamtdramas eingeordnet. Untersuchen Sie, welche der folgenden Stichpunkte (A oder B) sich besser als Vorarbeit hierfür eignen. Begründen Sie Ihre Entscheidung.

A

Tempelherr hat Recha, Tochter des jüdischen Kaufmanns Nathan, aus brennendem Haus gerettet → Dankbarkeit der Familie, Anbahnung von Freundschaft mit Nathan und Verbindung mit Recha; Tempelherr erfährt vertraulich, dass Recha nicht Nathans leibliche Tochter ist und überdies als Christin getauft → Verunsicherung → sucht Rat beim Oberhaupt der Kirche

B

– Tempelherr ist in Recha verliebt

– lernte Recha kennen bei Rettung aus dem brennenden Elternhaus

– Rechas Erzieherin Daja sieht Tempelherrn als Engel, was Rechas Vater Nathan scharf kritisiert

– Nathan sucht dankbar Nähe des Tempelherrn, will ihn mit Geschenken überhäufen

– Tempelherr erfährt, dass Recha als Adoptivtochter Nathans aufwuchs, obwohl getauft

– sucht in dieser Situation das Oberhaupt der Kirche auf, erhofft sich einen weisen Rat

3 Verfassen Sie nun basierend auf Ihrer Gliederung Ihre Szenenanalyse.

a Formulieren Sie einen Einleitungssatz und ordnen Sie die Szene in den Handlungszusammenhang ein. Nutzen Sie Ihre Ergebnisse aus Aufgabe 2.
Das Drama … von … aus dem Jahr … spielt in … zur Zeit der …
Dieses Schauspiel thematisiert die … Haltung von Angehörigen der verschiedenen … zu den …
Hierbei kommt der vorliegenden Szene (4. Aufzug, 2. Auftritt) eine besondere Bedeutung zu: Ein junger … trifft auf … Der Tempelherr …

b Formulieren Sie eine knappe Inhaltsangabe, die einen orientierenden Überblick über Figuren und Handlungsverlauf gibt. Verdeutlichen Sie den Stellenwert der Szene im dramatischen Geschehen.
Der Tempelherr trägt sein Anliegen vor, ohne … zu nennen. Der Patriarch drängt jedoch auf … und plädiert zum … des Tempelherrn entschieden dafür, …

c Verbinden Sie Ihre Untersuchungsergebnisse zu den Standpunkten und Argumentationsweisen, zum Sprechhandeln der Figuren und zur Wirkung der sprachlich-rhetorischen Gestaltung.
Der Patriarch beantwortet den Einwand des Tempelherrn, das Mädchen hätte ohne Nathans Fürsorge wohl nicht überlebt (vgl. V. 2543 ff.), auf eine … und … Weise.
Seine dogmatische Entschiedenheit wird deutlich in der stereotypen Wiederholung der Sätze: „Tut nichts! der Jude wird verbrannt." (V. 2546, …).
Der Tempelherr reagiert darauf …

d Formulieren Sie abschließend eine Interpretation des Konflikts und des Gesprächsverlaufs.
Der Tempelherr sieht seine Hoffnung auf Verständnis und Rat in der schwierigen Situation … Er …

4 **a** Überprüfen Sie in Partnerarbeit gegenseitig Ihre Aufsätze und geben Sie eine Rückmeldung.

b Überarbeiten Sie Ihre Texte mit Hilfe der Verbesserungsvorschläge.

1.2 Gotthold Ephraim Lessing – Ein Autor in seiner Epoche

Daniel Chodowiecki: Aufklärung (Radierung 1791)

1 Daniel Chodowiecki (1726–1801), als verfolgter Protestant aus Frankreich nach Preußen geflüchtet, gab seiner Darstellung einer lichtdurchfluteten Landschaft den Titel „Aufklärung".

a Beschreiben Sie die Bildkomposition und die mit dem Bild vermittelte Atmosphäre.

b Erläutern Sie, welche Beziehungen sich zwischen Darstellung und Titel herstellen lassen.

Georg Christoph Lichtenberg: **Die Aufklärung** (1792)

Der Göttinger Aufklärer, Naturwissenschaftler und Philosoph Lichtenberg (1742–1799) kommentierte Chodowieckis Werk und dessen Namensgebung:

Dieses höchste Werk der Vernunft [die Aufklärung] […] hat bis jetzt noch kein allgemeines verständliches allegorisches Zeichen (vielleicht weil die Sache selbst noch neu ist) als die aufgehende Sonne. Es wird wohl auch lange das schicklichste bleiben, wegen der Nebel, die immer aus den Sümpfen, Rauchfässern und von Brandopfern auf Götzenaltären aufsteigen werden, die sie so leicht verdecken können. Indessen, wenn die Sonne nur aufgeht, so schaden Nebel nicht.

2 Vergleichen Sie Ihre Interpretation des Bildtitels mit den Erläuterungen Lichtenbergs.

3 Diskutieren Sie: Nimmt Lichtenberg eine eher positive oder eher ablehnende Bewertung vor?

4 Prüfen Sie, inwieweit das Bild der aufgehenden Sonne als Symbol der Epoche der Aufklärung akzeptiert werden kann. Greifen Sie dazu auf folgende Texte zurück:
- Immanuel Kant: „Beantwortung der Frage: Was ist Aufklärung?" (▸ S. 385),
- Christoph Martin Wieland: „Sechs Antworten auf sechs Fragen zur Aufklärung" (▸ S. 384),
- Georg Christoph Lichtenberg: Aphorismen aus den „Sudelbüchern" (▸ S. 391).

Lessing als Aufklärer

Gotthold Ephraim Lessing (▶ Porträtbild S. 389) wurde 1729 als Sohn eines Pfarrers in der Oberlausitz geboren. Nach dem Besuch der Fürstenschule Meißen ging er mit 17 Jahren an die Universität Leipzig und studierte nacheinander Theologie, Medizin, Philosophie, schließlich Literaturwissenschaft und Sprachen. Bereits 1752 promovierte er in Wittenberg zum Magister der freien Künste. Mehrere Jahre lebte er als freier Schriftsteller in Berlin und pflegte zahlreiche Kontakte zu Künstlern und Philosophen. Zur Zeit des Siebenjährigen Krieges (1756–1763) arbeitete er fünf Jahre lang als Sekretär des Generals von Tauentzien in Breslau. 1767 folgte Lessing einem Ruf an das neu gegründete Hamburger Nationaltheater als Dramaturg und Kritiker. Nach der Schließung des Theaters wurde er 1770 Bibliothekar der großen und renommierten Herzog August Bibliothek in Wolfenbüttel (▶ Bild) im Dienste des Herzogs von Braunschweig. Im Jahr 1776 heiratete Lessing die verwitwete Eva König, die jedoch bereits ein Jahr später bei der Geburt des gemeinsamen Sohnes am Kindbettfieber starb. 1781, im Alter von 52 Jahren, starb auch Lessing.

Augusteerhalle in der Herzog August Bibliothek in Wolfenbüttel (2004)

G. E. Lessing: **Die Nachtigall**

Zu Lessings Aufgaben in Wolfenbüttel gehörte die Erfassung der umfangreichen Bestände der herzoglichen Bibliothek. Dort fand er Abschriften einer Flugschrift aus dem Jahr 1567, die auf richterliche Anordnung hin öffentlich auf dem Marktplatz in Leipzig verbrannt worden war. Darin wurden Ungerechtigkeiten und Willkürakte der Würzburger Bischöfe scharf kritisiert. Lessing sorgte dafür, dass die Streitschrift wieder öffentlich zugänglich war. In seinen Aufzeichnungen kommentierte er den Bericht über die Veröffentlichung des Fundes abschließend:

Hoffentlich bin ich der Meinung nicht allein, dass es auf alle Weise erlaubt ist, ein von Obrigkeit wegen, auch aus den triftigsten Gründen, verbranntes Buch wiederherzustellen. Denn ein solches Verbrechen hat die Absicht nicht, das Buch gänzlich zu vernichten: Es soll diese Absicht nicht haben; es kann sie nicht haben. Es soll und kann allein ein öffentlicher Beweis der obrigkeitlichen Missbilligung, eine Art von Strafe gegen den Urheber sein. Was *einmal* gedruckt ist, gehört der ganzen Welt auf ewige Zeiten. Niemand hat das Recht, es zu vertilgen. Wenn er es tut, beleidiget er die Welt unendlich mehr, als sie der Verfasser des vertilgten Buches, von welcher Art es auch immer sei, kann beleidiget haben. Er stürzt sie vorsätzlich in Ungewissheit und Zweifel; er beraubt sie des einzigen Mittels, selbst zu sehen, selbst zu urteilen; er verlangt, auf eine ebenso vermessene als lächerliche Art, dass sie ihm blindlings glauben, ihn blindlings für einen ebenso ehrlichen als einsichtsvollen Mann halten soll.

1 **a** Erläutern Sie, warum Lessing sich dieser Flugschrift so engagiert annahm.
b Wählen Sie aus dem Textauszug denjenigen Satz, der Lessings Ansicht besonders prägnant verdeutlicht. Begründen Sie Ihre Auswahl.

2 Recherchieren Sie, in welchen Zeiten der deutschen Geschichte öffentliche Buchverbrennungen als Mittel zur Unterdrückung kritischer Positionen und zur Ausgrenzung missliebiger Personen dienten.

3 Diskutieren Sie, inwieweit die Position und die Argumentation Lessings auch heute noch aktuell sind.

G. E. Lessing: **Über die Wahrheit** (1777) – Auszug

Immer wieder äußerte Lessing sich zur Bedeutung des stetigen Suchens nach Zusammenhängen, letztlich der Konfrontation aller menschlichen Überzeugungen mit den Ansprüchen der Vernunft:

Ein Mann, der Unwahrheit unter entgegengesetzter Überzeugung in guter Absicht ebenso scharfsinnig als bescheiden durchzusetzen sucht, ist unendlich mehr wert als ein Mann, der die beste, edelste Wahrheit aus Vorurteil, mit Verschreiung seiner Gegner, auf alltägliche Weise verteidigt.

Will es denn eine Klasse von Leuten nie lernen, dass es schlechterdings nicht wahr ist, dass jemals ein Mensch wissentlich und vorsätzlich sein selbst verblendet habe? Es ist nicht wahr, sag ich; aus keinem geringeren Grunde, als weil es nicht möglich ist. Was wollen sie denn also mit ihrem Vorwurfe mutwilliger Verstockung, geflissentlicher Verhärtung, mit Vorbedacht gemachter Plane, Lügen auszustaffieren, die man Lügen zu sein weiß? Was wollen sie damit? Was anders, als – Nein; weil ich auch ihnen diese Wahrheit muss zugutekommen lassen; weil ich auch von ihnen glauben muss, dass sie vorsätzlich und wissentlich kein falsches verleumderisches Urteil fällen können: so schweige ich und enthalte mich alles Widerscheltens.

Nicht die Wahrheit, in deren Besitz irgendein Mensch ist oder zu sein vermeinet, sondern die aufrichtige Mühe, die er angewandt hat, hinter die Wahrheit zu kommen, macht den Wert des Menschen. Denn nicht durch den Besitz, sondern durch die Nachforschung der Wahrheit erweitern sich seine Kräfte, worin allein seine immer wachsende Vollkommenheit besteht. Der Besitz macht ruhig, träge, stolz. –

Wenn Gott in seiner Rechten alle Wahrheit und in seiner Linken den einzigen immer regen Trieb nach Wahrheit, obschon mit dem Zusatze, mich immer und ewig zu irren, verschlossen hielte, und spräche zu mir: Wähle! Ich fiele ihm mit Demut in seine Linke und sagte: Vater, gib! Die reine Wahrheit ist ja doch nur für dich allein!

G. E. Lessing: **Briefe, die neueste Literatur betreffend – Elfter Brief** (25.01.1759) – Auszug

Der größte Fehler, den man bei der Erziehung zu begehen pflegt, ist dieser, dass man die Jugend nicht zum eigenen Nachdenken gewöhnet [...]. Das große Geheimnis, die menschliche Seele durch Übung vollkommen zu machen [...], bestehet einzig darin, dass man sie in steter Bemühung erhalte, durch eigenes Nachdenken auf die Wahrheit zu kommen. Die Triebfedern dazu sind Ehrgeiz und Neubegierde; und die Belohnung ist das Vergnügen an der Erkenntnis der Wahrheit. Bringt man aber der Jugend die historische Kenntnis gleich anfangs bei, so schläfert man ihre Gemüter ein; die Neubegierde wird zu frühzeitig gestillt und der Weg, durch eignes Nachdenken Wahrheiten zu finden, wird auf einmal verschlossen.

1 Erläutern Sie anhand der beiden Texte, warum Lessing den Weg zur Erkenntnis und das eigenständige Denken höher bewertet als die Erkenntnis selbst.

2 Tauschen Sie sich darüber aus, inwieweit Sie Position und Argumentation Lessings teilen.

3 Diskutieren Sie, welche Folgerungen für schulisches Lernen aus Lessings Auffassung abzuleiten sind.

4 Untersuchen Sie mit Blick auf Lessings Ausführungen die Gesprächsstrategien der Titelfigur in „Nathan der Weise“:
– Nathan im Dialog mit Recha und Daja (I, 2, ▶ S. 25 f.),
– Nathan im Dialog mit Saladin (III, 7/ Ringparabel, ▶ S. 392).

5 Johann Wolfgang von Goethe äußerte 1825 in einer Gedenkrede: „Ein Mann wie Lessing täte uns not!“ Überlegen Sie, ob diese Aussage noch aktuell ist. Erläutern Sie, welche Aspekte von Lessings Denken und Schaffen Sie besonders hervorheben würden.

Lessing als Erneuerer des Theaters

Franz Anton Maulbertsch: Komödienbühne mit Hanswurst, Scharlatan und Quacksalber (1785)

In der ersten Hälfte des 18. Jahrhunderts war es um die Theaterkunst in Deutschland schlecht bestellt: Zwar gab es anspruchsvolle Hof- und Residenztheater, deren Aufführungen – zumeist in französischer oder italienischer Sprache – jedoch Adligen und Hofbeamten vorbehalten waren. Das Kulturangebot für das breite Volk beschränkte sich auf Wanderbühnen, die oft nur derbe Unterhaltung boten. Meist wurden keine Stücke mit klarer Handlungsfolge und Textvorlage aufgeführt, sondern Sketche. Zum Figurenrepertoire gehörte die derb-komische Figur des Hanswurst. Ein Theaterabend kam einer Klamaukveranstaltung gleich.

Lessing lebte 1767–1769 in Hamburg und unterstützte als Dramaturg und Berater den Versuch, ein vom Adel unabhängiges, privat finanziertes Nationaltheater aufzubauen. In diesen Jahren verfasste er zahlreiche dramentheoretische Abhandlungen und Theaterkritiken, die zusammenfassend „Hamburgische Dramaturgie" genannt werden. Lessing und andere Aufklärer setzten große Hoffnungen in ein deutsches Nationaltheater: Die Bühne sollte eine Plattform werden für die umfassende Bildung der Bürgergesellschaft, für eine „Erziehung" zu Humanität und Toleranz, zur Eigenständigkeit im Denken und zu ästhetischer Urteilsfähigkeit. Dabei entwickelte sich eine heftige Kontroverse zwischen Lessing und dem Schriftsteller und Literaturtheoretiker Johann Christoph Gottsched (1700–1766), der ebenfalls in aufklärerischer Absicht für eine Reform des Theaters eintrat.

Johann Christoph Gottsched: **Versuch einer kritischen Dichtkunst** (1730)

Der Poet wählet sich einen moralischen Lehrsatz, den er seinen Zuschauern auf eine sinnliche Art einprägen will. Dazu ersinne er sich eine allgemeine Fabel, daraus die Wahrheit eines Satzes erhellet. Hiernächst sucht er in der Historie solche berühmten Leute, denen etwas Ähnliches begegnet ist: Und von diesen entlehnet er die Namen für die Personen seiner Fabel, um derselben also ein Ansehen zu geben. Er erdenket sodann alle Umstände dazu, um die Hauptfabel recht wahrscheinlich zu machen [...].

Dieses teilt er dann in fünf Stücke ein, die ungefähr gleich groß sind, und ordnet sie so, dass natürlicherweise das letztere aus dem vorhergehenden fließet. [...]

Diese Fabel ist nun geschickt, Schrecken und Mitleiden zu erwecken, und also die Gemütsbewegungen der Zuschauer auf eine der Tugend gemäße Weise zu erregen [...].

Ich komme nunmehr auf die Charaktere der Tragödie [...]. Sogleich bei dem ersten Auftritte, den sie [die Figur] hat, muss sie ihr Naturell, ihre Neigungen, ihre Tugenden und Laster verraten, dadurch sie sich von andern Menschen unterscheidet. [...]

Ein widersprechender Charakter ist ein Ungeheuer, das in der Natur nicht vorkommt: Daher muss ein Geiziger geizig, ein Stolzer stolz, ein Hitziger hitzig, ein Verzagter verzagt sein und bleiben [...].

Nichts ist von Charakteren mehr übrig zu sagen, als dass nur die Hauptpersonen dergleichen haben müssen. [...] [D]ie Bedienten [...] dürfen keine besondere Gemütsart haben: zum Wenigsten haben sie selten Gelegenheit, dieselbe blicken zu lassen.

G. E. Lessing: **Briefe, die neueste Literatur betreffend – Siebzehnter Brief** (16.02.1759) – Auszug

„Niemand", sagen die Verfasser der ‚Bibliothek' [der schönen Wissenschaften und der freien Künste], „wird leugnen, dass die deutsche Schaubühne einen großen Teil ihrer ersten Verbesserung dem Herrn Professor Gottsched zu danken habe."

Ich bin dieser Niemand, ich leugne es geradezu. Es wäre zu wünschen, dass sich Herr Gottsched niemals mit dem Theater vermengt hätte. Seine vermeintlichen Verbesserungen betreffen entweder entbehrliche Kleinigkeiten oder sind wahre Verschlimmerungen.

Als die Neuberin[1] blühte und so mancher den Beruf fühlte, sich um sie und die Bühne verdient zu machen, sah es freilich mit unserer dramatischen Poesie sehr elend aus. Man kannte keine Regeln; man bekümmerte sich um keine Muster. Unsere Staats- und Heldenaktionen waren voller Unsinn, Bombast, Schmutz und Pöbelwitz. Unsere Lustspiele bestanden in Verkleidungen und Zaubereien; und Prügel waren die witzigsten Einfälle derselben. Diese Verderbnis einzusehen, brauchte man eben nicht der feinste und größte Geist zu sein. Auch war Herr Gottsched nicht der Erste, der es einsah; er war nur der Erste, der sich Kräfte genug zutraute, ihm abzuhelfen. Und wie ging er damit zu Werke? Er verstand ein wenig Französisch und fing an zu übersetzen; er ermunterte alles, was reimen und Oui Monsieur verstehen konnte, gleichfalls zu übersetzen; er verfertigte, wie ein Schweizer Kunstrichter sagt, mit Kleister und Schere seinen „Cato"; [...] er legte seinen Fluch auf das Extemporieren[2]; er ließ den Harlekin feierlich vom Theater vertreiben, welches selbst die größte Harlekinade war, die jemals gespielt worden; kurz, er wollte nicht sowohl unser altes Theater verbessern, als der Schöpfer eines ganz neuen sein. Und was für eines neuen? Eines französierenden; ohne zu untersuchen, ob dieses französierende Theater der deutschen Denkungsart angemessen sei oder nicht.

1 **Friederike Caroline Neuber (1697–1760):** Die wichtigste Vertreterin und Erneuerin des deutschen Wandertheaters wirkte als Theaterdirektorin, Schauspielerin und Dramenautorin unter anderem in Leipzig, Lübeck, Hamburg und Petersburg. Sie trotzte zeitlebens der gesellschaftlichen Verachtung v. a. der fahrenden Schauspieler.

2 **extemporieren:** improvisieren ohne Textvorlage

1 **a** Untersuchen Sie die Positionen Gottscheds und Lessings im Hinblick auf Gemeinsamkeiten und Unterschiede.

Gemeinsamkeiten

– Theater soll ein Ort der Bildung sein, nicht …

– …

Unterschiede

– Lessing lehnt die starren … ab, die Gottsched …

– …

b Formulieren Sie mit eigenen Worten, was Lessing an Gottsched kritisiert.

G. E. Lessing: **Hamburgische Dramaturgie, Vierzehntes Stück** (16.06.1767) – Auszug

Die Namen von Fürsten und Helden können einem Stücke Pomp und Majestät geben; aber zur Rührung tragen sie nichts bei. Das Unglück derjenigen, deren Umstände den unsrigen am nächsten kommen, muss natürlicherweise am tiefsten in unsere Seele dringen; und wenn wir mit Königen Mitleid haben, so haben wir es mit ihnen als mit Menschen und nicht als mit Königen. Macht ihr Stand schon öfters ihre Unfälle wichtiger, so macht er sie darum nicht interessanter. Immerhin mögen ganze Völker darein verwickelt werden, unsere Sympathie erfordert einen einzelnen Gegenstand, und ein Staat ist ein viel zu abstrakter Begriff für unsere Empfindungen.

G. E. Lessing: **Hamburgische Dramaturgie, Fünfundsiebzigstes Stück** (19.01.1768) – Auszug

[W]enigstens ist es unleugbar, dass Aristoteles entweder muss geglaubt haben, die Tragödie könne und solle nichts als das eigentliche Mitleid, nichts als die Unlust über das gegenwärtige Übel eines anderen erwecken, welches ihm schwerlich zuzutrauen; oder er hat alle Leidenschaften überhaupt, die uns von einem anderen mitgeteilt werden, unter dem Wort Mitleid begriffen.

Denn er, Aristoteles, ist es gewiss nicht, der die mit Recht getadelte Einteilung der tragischen Leidenschaften in Mitleid und Schrecken gemacht hat. Man hat ihn falsch verstanden, falsch übersetzt. Er spricht von Mitleid und Furcht, nicht von Mitleid und Schrecken; und seine Furcht ist durchaus nicht die Furcht, welche uns das bevorstehende Übel eines anderen für diesen andern erweckt, sondern es ist die Furcht, welche aus unserer Ähnlichkeit mit der leidenden Person für uns selbst entspringt; es ist die Furcht, dass die Unglücksfälle, die wir über sie verhängt sehen, uns selbst treffen können, es ist die Furcht, dass wir der bemitleidete Gegenstand selbst werden können. Mit einem Worte: Diese Furcht ist das auf uns selbst bezogene Mitleid.

1 **a** Wie interpretiert Lessing die aristotelischen Begriffe „Furcht“ und „Mitleid“?
b Welche Konsequenzen hat dies für die Gestaltung der Charaktere?

2 Erläutern Sie, worin Lessing die Wirkungsabsicht und Wirkungsweise eines Dramas sieht. Beziehen Sie dabei den Brief Lessings an Friedrich Nicolai von 1756 ein (► S. 174).

3 Analysieren Sie die Sprache und Gedankenführung Lessings und beschreiben Sie deren Wirkung.

Sprache

– ausdrucksstark („Pomp und Majestät“, S. 41, Z. 2; „am tiefsten in unsre Seele dringen“, S. 41, Z. 5 f.)

– …

Gedankenführung

– 14. Stück:
Vergleich des bisherigen Theaters mit …
Argumentation anhand eines Beispiels: …

– 75. Stück:
Untersuchung der Begrifflichkeit bei Aristoteles,
Überlegungen zu Begriffsdeutungen …

4 Prüfen Sie: Hat Lessing seine Ansichten zu grundlegenden Gestaltungsaspekten in der Figurengestaltung und Konfliktentwicklung im Drama „Nathan der Weise“ konkretisiert?

Figurengestaltung

Die Zuschauerin / Der Zuschauer kann sich in … hineinversetzen … Denn …
Die von Lessing beschriebene „Ähnlichkeit mit der leidenden Person“ (S. 42, Z. 19 f.) …

Konflikt

Seine Überlegungen zum „Unglück derjenigen, deren Umstände den unsrigen am nächsten kommen“ (S. 41, Z. 3 ff.), hat er im „Nathan“ … umgesetzt, indem …

5 Diskutieren Sie: Hat diese Sicht auf die Wirkung dramatischer Konflikte auch für die Literatur, das Theater und den Film in unserer heutigen Zeit noch Gültigkeit?

6 Erörtern Sie, inwiefern ein Widerspruch zwischen Lessings Vernunftorientierung und seiner Betonung der Emotionalität in der Wirkung der Kunst besteht.

7 **a** Tauschen Sie sich in Ihrer Arbeitsgruppe über Ihre gewonnenen Erkenntnisse zur Epoche der Aufklärung aus. Ergänzen Sie ggf. durch weitere Recherchen: wichtige Vertreter, zentrale Themen und Aussagen.
b Gestalten Sie eine Wandzeitung zu dieser Epoche.

1.3 Klausurtraining: Materialgestützt einen informierenden Text verfassen

Aufgabenbeispiel

Die Theater-AG Ihrer Schule plant eine Aufführung des Dramas „Nathan der Weise". Sie möchte dem Publikum (Mitschüler/innen und Eltern) in einem Programmheft Informationen zu Lessing und seiner Zeit zur Verfügung stellen.

Verfassen Sie dafür auf Grundlage der Materialien 1 bis 4 sowie Ihrer Kenntnisse aus dem Unterricht einen informierenden Text über die Situation der Schriftsteller zur Zeit Lessings. Erläutern Sie darin die Bedeutung der Zensur zu Lessings Zeit im Zusammenhang mit der Entwicklung des literarischen Markts. Setzen Sie diese Informationen in Beziehung zur speziellen Situation Lessings und zur Entstehung seines Dramas „Nathan der Weise".

M 1 Dieter Breuer: **Zensur im 18. Jahrhundert: die Rechtslage** (1982)

Das 18. Jahrhundert gilt uns als das Jahrhundert der Aufklärung. Die Abkehr von der theologischen Begründung des staatlichen und gesellschaftlichen Lebens, die Hinwendung zu einer freiheitlich-naturrechtlichen Begründung [...] scheinen diese Bezeichnung zu bestätigen. Mit ihr verbindet sich allzu leicht die Assoziation der unerschrockenen freien Meinungsäußerung in Wort, Schrift und Druck, der Freiheit von Lehre, Forschung und Kunst, des tatsächlichen „Ausgangs des Menschen aus seiner selbst verschuldeten Unmündigkeit". Leider ist nahezu das Gegenteil richtig [...]. Das 18. Jahrhundert ist ebenso ein Jahrhundert der literarischen Zensur und der unablässigen Versuche der Autoren, die Zensur zu umgehen, wie das 16. und 17. Jahrhundert. [...]

Der Handel mit Büchern muss insgesamt nicht unbedingt unter der Zensur leiden. Buchproduktion und Buchhandel nehmen im 18. Jahrhundert tatsächlich einen ganz außergewöhnlichen Aufschwung. Aber damit ist noch nichts über eine freie oder unfreie Schreibsituation der Autoren, insbesondere der Poeten, ausgemacht, eher lässt dieser Befund auf eine fortgeschrittene Selbstzensur der Autoren im Interesse der Marktgerechtigkeit schließen, und ebendies ist ja ein längerfristiges Ziel jeder Zensurgesetzgebung. Je weiter die Selbstzensur fortgeschritten ist, desto mehr erübrigt sich die staatliche Zensur, und der Buchhandel kann auch dann florieren, wenn die Verleger sozusagen zu Funktionsträgern des Staates geworden sind und interne Zensur üben [...].

Die praktische Wirksamkeit [der] Zensurvorschriften ist auf Reichsebene gering. Die alte kaiserliche Bücherkommission etwa beschränkte sich auf die Kontrolle der Frankfurter Messe. Wegen ihrer einseitigen konfessionellen Zensurpolitik hatte sie schon während des 17. Jahrhunderts den Buchhandel mehr und mehr nach Leipzig, zum kursächsischen Messeplatz, abgedrängt, auf den der Kaiser keinen direkten Zugriff hatte. [...]

Die in den älteren Zensurgesetzen angedrohten Strafen bleiben in Kraft. Zwar kommen Todesurteile nicht mehr vor, aber Geld-, Haft- und Ehrenstrafen[1] für Autoren, Drucker und Verleger sind durchaus üblich; sie werden jeweils von der örtlichen Obrigkeit vollstreckt. Gleichsam ein Ersatz für die Hinrichtung des Verfassers und Verbreiters von verbotener Literatur ist auch im 18. Jahrhundert noch die öffentliche Bücherverbrennung durch den Henker.

1 **Ehrenstrafen:** Strafen, die den Verurteilten demütigen und ihm so sein gesellschaftliches Ansehen nehmen

M 2 Friedrich G. Hoffmann, Herbert Rösch: Die Schaffung einer literarischen Öffentlichkeit (1996)

Die Schaffung einer literarischen Öffentlichkeit ist das große Verdienst des 18. Jahrhunderts. Der Absolutismus schenkte der privaten Sphäre des bürgerlichen Lebens geringe Beachtung. Die schreibenden und lesenden Professoren, Lehrer, Pfarrer, Ärzte und Offiziere pflegten untereinander Verbindungen. So entstanden in vielen Städten im Laufe des Jahrhunderts Lesegesellschaften. [...] Lesegesellschaften bildeten eine „Art Selbsthilfeorganisationen Erwachsener zum Zweck der Bildung und Fortbildung“. Diese Vereinigungen waren ein erstes Forum, auf dem das aufstrebende Bürgertum sich mit reformwilligen Adligen traf, die ständischen, beruflichen und konfessionellen Schranken durchbrach und mit der praktizierten Gleichberechtigung ihrer Mitglieder die Gleichheitsforderungen der Aufklärung öffentlich sichtbar machte. Ihr Hauptinteresse richtete sich auf die neue Literatur. Deshalb hatten periodisch erscheinende Zeitschriften einen entscheidenden Anteil am Lesestoff. [...]

Buchmarkt und Verlagswesen nahmen einen starken Aufschwung. An die Stelle der Erbauungsliteratur[1] der vergangenen Jahrhunderte trat jetzt die schöngeistige[2], die in der Mitte des Jahrhunderts die lateinischen Werke überflügelte. Die weltliche Literatur verdrängte die geistliche. Statistiken belegen diesen Wandel. Die Bücherproduktion auf einzelne Stoffgebiete verteilt:

	1700	1750	1775	1800
Theologie	421	374	376	234
Philosophie	197	346	645	1557
Geschichte	156	280	307	613
Jura	84	104	117	137
Medizin	59	104	123	19
Poesie	27	113	271	1066

Der freie Schriftsteller. Bis in die Mitte des 18. Jahrhunderts standen Autoren in festen sozialen Bindungen. Sie waren Hofpoeten oder Standesdichter und lebten von der Gunst ihrer Mäzene, deren Lobreden sie mit regelpoetischen Normen folgen mussten. Im Laufe des Jahrhunderts befreiten sich Schriftsteller von diesem Zwang und pochten darauf, ihre Schöpfungen als ihr geistiges Eigentum zu betrachten. Danach war auch der Nachdruck von Werken, der bis dahin gesetzlich nicht verboten war, geistiger Diebstahl. Einen Urheberschutz gab es nicht. Mit diesem Anspruch veränderten sich die Beziehungen zu ihren Verlegern und Buchhändlern: Der Schriftsteller wurde gleichberechtigter Geschäftspartner. Das Honorar („Ehrengabe“) reichte allerdings nicht aus, um davon leben zu können. [...]

1 **Erbauungsliteratur:** volksnahe Literatur, die zum tugendhaften und christlichen Leben anleitet
2 **schöngeistige Literatur:** nichtreligiöse poetische Texte

M 3 Gotthold Ephraim Lessing – wichtige Lebensdaten

1729	Geburt in Kamenz (Oberlausitz) als drittes von zwölf Kindern in einem protestantischen Pfarrhaus; später Hausunterricht durch den Vater, anschließend Besuch einer Lateinschule
1741–1746	Besuch der Internatsschule St. Afra in Meißen; erste schriftstellerische Versuche
ab 1746	Studium der Theologie, später der Medizin und Philosophie in Leipzig
1748	Abbruch des Studiums, Übersiedlung nach Berlin; Arbeit als Rezensent und Redakteur in neu gegründeten Zeitschriften; Beginn der Arbeit an dramatischen Texten
1750	Rückkehr an die Universität Leipzig infolge finanzieller Schwierigkeiten und väterlicher Ermahnungen
1752	Abschluss des Studiums mit der Ernennung zum Magister der Philosophie

1752–1760	Versuch des Lebens als freier Schriftsteller in Berlin mit Reisen in europäische Städte; beständige finanzielle Not
1755	bürgerliches Trauerspiel „Miss Sarah Sampson“; Vielzahl an Fabeln; gemeinsam mit Moses Mendelssohn und Friedrich Nicolai Herausgabe der „Briefe zur neuesten Literatur“, in denen aufklärerisches Denken mit Rezensionen und poetologischen Beiträgen präsentiert wird
1766	Drama „Minna von Barnhelm"
1767–1770	Dramaturg am Hamburger „Nationaltheater“; Versuch der Etablierung eines vom Hamburger Bürgertum getragenen Theaters, das sich in der Wahl der Stücke und Themen von den dominierenden Hoftheatern absetzen sollte
1770	Schließung des „Nationaltheaters“ aus finanziellen Gründen; Anstellung als Bibliothekar an der berühmten Herzoglichen Bibliothek in Wolfenbüttel
1772	Freistellung von der Zensur mit Erlass des Herzogs von Braunschweig (13.02.1772); Erlaubnis zur eigenständigen Veröffentlichung von Texten aus dem Bestand der Bibliothek; Drama „Emilia Galotti“
1776	Heirat mit Eva König
1778	Eva stirbt kurz nach Geburt und Tod des ersten Kindes, herzoglicher Erlass (13.07.1778) mit Rücknahme der Befreiung von der Zensur für alles, was Lessing veröffentlicht
1779	Drama „Nathan der Weise“ (uraufgeführt 1783 in Berlin)
1781	Am 15. Februar 1781 stirbt Lessing im Alter von 52 Jahren in Braunschweig.

M 4 Friedrich G. Hoffmann, Herbert Rösch: **Lessings Streit mit der orthodoxen Theologie** (1996)

Lessing entfaltete als Wolfenbütteler Bibliothekar eine rege publizistische Tätigkeit. Zeitlebens kämpfte er für das uneingeschränkte Recht, auch Fragen der religiösen Wahrheit öffentlich zu diskutieren. Er selbst sah eine Schwierigkeit darin, Offenbarung und Vernunft in ein tragfähiges Verhältnis zueinander zu bringen. Sein Freund Samuel Reimarus (1694 bis 1768), der Hamburger Gymnasialprofessor für orientalische Sprachen, hatte eine Schrift verfasst, in der er den Offenbarungscharakter der Bibel und die Göttlichkeit Christi leugnete. Um die Angehörigen zu schützen, veröffentlichte Lessing Teile des Werks als angeblichen Fund der Wolfenbütteler Bibliothek unter dem Titel „Fragmente eines Ungenannten“ (1772). Die Schrift erregte in theologischen Kreisen großes Aufsehen und führte zu erbitterten Angriffen des Hamburger Hauptpastors Johann Melchior Goeze gegen den Herausgeber. Lessing fühlte sich herausgefordert, weil er die Gefahr sah, dass das Recht auf öffentliche Erörterung unbequemer Fragen verhindert werden sollte. [...]

Lessing benutzt für seine elf Erwiderungen, den „Anti-Goeze“ (1778), die Briefform. Sie ermöglicht es, einen persönlichen Ton anzuschlagen, zwanglos und systematisch Fragen zu erörtern. Daneben erleichtert sie dem Polemiker, die Angriffe auf die unzureichend gesicherten Argumente des Gegners zu richten. Lessing setzte alle Mittel seiner polemischen Rhetorik ein, um den Pastor mit einer gezielten Fragetaktik in die Ecke eines skrupellosen geistlichen Tyrannen zu drängen. Goeze wandte die Auseinandersetzung ins Politische, wenn er besorgt nach den Auswirkungen dieses Streits auf Gläubige und Untertanen fragte. [...]

Die machtgeschützte protestantische Orthodoxie[1] erreichte beim Herzog von Braunschweig ein Verbot der Lessing'schen Entgegnungen. Der Bibliothekar wurde wieder der Zensur unterstellt; deshalb verlegte der Gemaßregelte die Auseinandersetzung auf eine andere Ebene: „Ich muss versuchen, ob man mich auf meiner alten Kanzel, auf dem Theater wenigstens, noch ungestört will predigen lassen.“

1 **Orthodoxie:** Strenggläubigkeit, reine Lehre

Die Aufgabenstellung verstehen

1 Wenn Sie die Aspekte der Aufgabenstellung genau erfassen, können Sie bei der Analyse der Materialien gezielt zu Ergebnissen gelangen und wichtige von irrelevanten Informationen abgrenzen. Beantworten Sie dafür folgende Fragen in Stichworten:
- Was soll das Thema Ihres Textes sein und welche inhaltlichen Aspekte werden konkret benannt?
  - *Thema: Informationen über den Autor … im Kontext …*
  - *inhaltliche Aspekte: Bedeutung der Zensur, Zusammenhang mit …*
- Welche Art von Text soll geschrieben werden? Was ist dabei zu beachten?
- Welcher Adressatenkreis soll mit dem Text angesprochen werden? Welche Erwartungen haben die Adressaten bezüglich des Inhalts und der Schreibweise an den Text?
  - *Schüler/innen, aber auch …*
  - *Damit der Text für sie verständlich ist,…*
- Welche Operatoren (▸ S. 255) enthält die Aufgabenstellung und was genau meinen diese jeweils?

Erstes Textverständnis und Ideen formulieren

2 **a** Verschaffen Sie sich einen Überblick über die Materialien 1 bis 4:
- Überfliegen Sie die Texte.
- Klären Sie, worüber die Statistik in Material 2 informiert:
  Entwicklung der … zwischen … und …

b Notieren Sie, in welchen Materialien Sie Informationen zu welchem notierten Aspekt vermuten.
M 1: Bedeutung der literarischen …, Zusammenhang mit …
M 2: …
…

3 Notieren Sie in Stichworten Ihr Vorwissen zu den in der Aufgabenstellung genannten Aspekten.

Die Materialien gezielt lesen

4 Lesen Sie die Materialien 1 bis 4 nun gezielt unter der Fragestellung, welche Informationen mit Blick auf die in der Aufgabenstellung genannten Aspekte relevant sind.
Tipp: Fertigen Sie eine Kopie der Texte an. Markieren Sie die verschiedenen Aspekte in unterschiedlichen Farben und arbeiten Sie mit Randbemerkungen. Beispiel zu M1:

Text	Randbemerkung
Das 18. Jahrhundert ist ebenso ein Jahrhundert der literarischen Zensur und der unablässigen Versuche der Autoren, die Zensur zu umgehen, wie das 16. und 17. Jahrhundert. […]	*hohe Bedeutung der Zensur*
Der Handel mit Büchern muss insgesamt nicht unbedingt unter der Zensur leiden. Buchproduktion und Buchhandel nehmen im 18. Jahrhundert tatsächlich einen ganz außergewöhnlichen Aufschwung. Aber damit ist noch nichts über eine freie oder unfreie Schreibsituation der Autoren, insbesondere der Poeten, ausgemacht,	*dennoch: ansteigende Buchproduktion*
eher lässt dieser Befund auf eine fortgeschrittene Selbstzensur der Autoren im Interesse der Marktgerechtigkeit schließen, und ebendies ist ja ein längerfristiges Ziel jeder Zensurgesetzgebung.	*Erklärung: Umgehung der Zensur durch Selbstzensur*

5 Stellen Sie Verbindungen zwischen den Informationen her und ziehen Sie Ihr Wissen aus dem Unterricht heran. Beantworten Sie dafür in Stichpunkten die folgenden Fragen:
Worin besteht der Zusammenhang zwischen literarischer Zensur und der Entwicklung des literarischen Marktes?
– harte Zensurgesetze sorgen dafür, dass Schriftsteller … (M1)
– dennoch entwickelt sich der Markt so, dass … (M1, M2)
Was sagt die Tabelle in M2 über die Entwicklung des literarischen Marktes aus?
– vor allem in der Zeit von 1775 bis … vervierfacht sich …
In welchem Verhältnis stehen die Zahlen in der Tabelle zu den übrigen Informationen in M1 und M2?
– die Zahlen in der Tabelle bestätigen/widersprechen …, weil …
Wodurch zeichnet sich Lessings Situation vor dem Verfassen des „Anti-Goeze" aus? Wie unterscheidet diese sich von der Situation anderer Schriftsteller?
– für Lessing gelten ab 1772 … (M3, M4)
– er kann … veröffentlichen und somit seine Ideen der Aufklärung … (M4, Wissen aus dem Unterricht)
Welche Folgen hat das Verfassen des „Anti-Goeze" für Lessing?
– 1778: … (M3, M4)
Was meint Lessing mit seiner Aussage „Ich muss versuchen, ob man mich auf meiner alten Kanzel, auf dem Theater wenigstens, noch ungestört will predigen lassen" (M4, Z. 44 ff.)
– Lessing möchte nun versuchen, in seinem „Nathan"… (M4)
– diese Ideen spiegeln sich vor allem in der „Ringparabel", in der … (Wissen aus dem Unterricht)

Den Schreibplan erstellen und den Text schreiben

6 Planen Sie die gedankliche Struktur (▸ Information, S. 48) für den Hauptteil Ihres Textes.

a Überlegen Sie, welche gedankliche Struktur für Ihren Text geeignet ist. Begründen Sie Ihre Entscheidung.

b Ordnen Sie die Informationen, die Sie den Materialien entnommen haben, den einzelnen Teilen Ihrer Struktur zu. Ergänzen Sie auch weitere Informationen aus dem Unterricht, z. B. zu den Ideen der Aufklärung in Lessings „Nathan". Beispiel:

Problem:
– harte Zensurgesetze: …
– Zusammenhang zur Entwicklung des literarischen Marktes: …, aber Selbstzensur
– speziell für Lessing: zunächst …
– aber dann Verbot des „Anti-Goeze", außerdem …
Lösung:
– Lessing versucht, … zu umgehen, indem er seine Ideen …
Umsetzung:
– Lessings „Nathan", in dem …
– Uraufführung …

7 Ergänzen Sie Ihre Gliederung um Stichpunkte zu Einleitung und Schluss.

a Überlegen Sie, wie die Einleitung so formuliert werden kann, dass sie Interesse weckt, z. B.:
– auf die Aktualität der Thematik verweisen: religiöse Intoleranz …
– auf interessante Hintergründe der Entstehung des Dramas verweisen: …

b Notieren Sie, wie Sie am Schluss ein Fazit ziehen oder einen Ausblick auf das Theaterstück geben können, z. B. *passendes Zitat aus dem „Nathan": …*

Information **Gedankliche Struktur und Gliederung informierender Texte**

Informierende Texte weisen in der Regel eine übergeordnete **gedankliche Struktur** auf. Wenn alle Informationen in diese Struktur eingeordnet sind, wird für die Leserinnen und Leser klar, wie die einzelnen Informationen zusammenhängen.
Mögliche gedankliche Strukturen können sein:
- **Ursachen** → **Wirkungen** → **Folgen,** z. B. *Ursache: Unzufriedenheit der Schriftsteller mit der politischen Situation → Wirkung: Veröffentlichung von ... → Folgen: Zensur*
- **Problem** → **Lösung** → **Umsetzung,** z. B. *Problem: harte Zensurgesetze → Lösung: Umgehung der Zensur durch versteckte Kritik in literarischen Werken → Umsetzung: aufklärerische Gedanken in Lessings ...*
- **Frage** → **Antwort** → **Folgerung,** z. B. *Frage: Warum literarische Zensur? → Antwort: Angst der Obrigkeit vor ... → Folgerung: harte Strafen für alle, die ...*

Manchmal kann es sinnvoll sein, die Struktur zu verändern, z. B. *Folgen → Wirkungen → Ursachen.*
Auch informierende Texte unterliegen in der Regel der formalen **Gliederung** des Textaufbaus in **Einleitung, Hauptteil** und **Schluss** und haben eine **Überschrift.**

8 Verfassen Sie auf der Grundlage Ihrer Gliederung Ihren Informationstext.
– Schreiben Sie in einer sachlichen, für Ihren Adressatenkreis gut verständlichen Sprache.
– Beim Wiedergeben von Aussagen aus den Materialien beachten Sie die Regeln zum Zitieren (▸ S. 606) und zum Paraphrasieren (▸ S. 362) und nennen Sie kurz die Quelle. Zeilenangaben sind dabei nicht notwendig, z. B.:
So zeigt eine Statistik zur Anzahl der ... im 18. Jahrhundert, dass im Zeitraum ...
Dieter Breuer verweist in seiner Abhandlung „Geschichte der literarischen Zensur in Deutschland“ darauf, dass ...

9 Formulieren Sie abschließend eine interessante und treffende Überschrift, die das Thema umreißt.

Den eigenen Text überarbeiten

10 Überarbeiten Sie Ihren Text mit Hilfe der folgenden Checkliste.

11 Notieren Sie sich abschließend die Aspekte, auf die Sie bei der nächsten Klausur achten wollen.

Checkliste **Materialgestützt einen informierenden Text verfassen**

- Wurden **alle relevanten Informationen** zum Thema aufgenommen und korrekt wiedergegeben?
- Wurde **zusätzliches Wissen aus dem Unterricht** ergänzt?
- Wurde **auf Aspekte verzichtet,** die für das Thema nicht relevant sind?
- Weist der Text eine klare **gedankliche Struktur** auf?
- Hat der Text eine informative **Überschrift?**
- Gliedert sich der Text klar in **Einleitung, Hauptteil** und **Schluss?**
- Ist der Text **sachlich** formuliert?
- Ist der Text für die Leserinnen und Leser **verständlich?**
- Werden die **Informationsquellen** kurz vorgestellt und korrekt zitiert bzw. paraphrasiert?
- Ist der Text **sprachlich richtig** (Rechtschreibung, Grammatik, Zeichensetzung)?

2 Liebe und Natur – Motivverwandte Gedichte verschiedener Epochen

Udo Lindenberg: **Ein Herz kann man nicht reparier'n** (2011) – Auszug

Ein Herz kann man nicht reparier'n, ist es
einmal entzwei, dann ist alles vorbei.
Ein Herz kann man nicht reparier'n, niemand
weiß, wie das geht, es ist meistens zu spät.
Ein Herz kann man nicht reparier'n, da hilft
keine Kur, da rinnen Tränen nur.
Ein Herz kann man nicht reparier'n, alles
bleibt leer und auch der Arzt hilft nicht
mehr.

Frida Kahlo: Selbstbildnis mit Diego in meinem Herzen (1935–54)

1 Lesen Sie den Auszug aus Lindenbergs Song. Fühlen Sie sich durch den Text angesprochen? Begründen Sie.

2 Unzählige Popsongs befassen sich mit dem Thema Liebe. Welche haben sich Ihnen besonders eingeprägt? Zitieren Sie Textpassagen, die Ihnen in Erinnerung geblieben sind. Erläutern Sie, warum Sie sich diese gemerkt haben.

3 Fassen Sie in eigenen Worten zusammen, was Songs zu lyrischen Texten macht.

In diesem Kapitel erwerben Sie folgende Kenntnisse und Kompetenzen:

- Liebes- und Naturgedichte aspektorientiert vergleichen,
- sprachliche und inhaltliche Gestaltungsmittel untersuchen und in Beziehung zum Inhalt des Gedichts setzen,
- Fachbegriffe zur Analyse und Interpretation von Gedichten anwenden,
- Verfahren des gegliederten schriftlichen Erschließens beherrschen,
- Gedichte sinngebend und der Form entsprechend vortragen,
- durch gestaltendes Schreiben das Textverständnis vertiefen,
- intertextuelle Bezüge sowie Vergleichsmöglichkeiten zwischen Gedichten erkennen und für das Textverständnis nutzen,
- literaturgeschichtliche Kenntnisse zur Entwicklung eines erweiterten Textverständnisses anwenden.

2.1 Liebeslyrik – Motivgleiche Gedichte untersuchen und gestaltend zu Gedichten schreiben

Grunderfahrungen der Liebe – Das lyrische Ich

Steffen Jacobs: **Begegnung** (1996)

Zwischen uns ist was. Das bringts:
Zwei Körper aufs Schärfste verzahnt.
Gleich als ich dich sah, habe ich es geahnt:
Zwischen uns ist was. Da wird noch was draus.

Zwischen uns war was. Das wars:
Wir haben uns kaum in die Augen geschaut.
Nur unter den Nägeln ein Abrieb von Haut.
Zwischen uns war was. Das war dann wohl nichts.

War da noch etwas? Ach was.
Wer redet mir hier ins Gewissen?
Ich weiß nichts von dir und will auch nichts wissen.
Da wär was gewesen? Das wüsste ich aber.

Bertolt Brecht: **Erinnerung an die Marie A.** (1920)

An jenem Tag im blauen Mond September
Still unter einem jungen Pflaumenbaum
Da hielt ich sie, die stille bleiche Liebe
In meinem Arm wie einen holden Traum.
Und über uns im schönen Sommerhimmel
War eine Wolke, die ich lange sah
Sie war sehr weiß und ungeheuer oben
Und als ich aufsah, war sie nimmer da.

Seit jenem Tag sind viele, viele Monde
Geschwommen still hinunter und vorbei.
Die Pflaumenbäume sind wohl abgehauen
Und fragst du mich, was mit der Liebe sei?
So sag ich dir: Ich kann mich nicht erinnern
Und doch, gewiß, ich weiß schon, was du meinst.
Doch ihr Gesicht, das weiß ich wirklich nimmer
Ich weiß nur mehr: ich küßte es dereinst.

Und auch den Kuß, ich hätt ihn längst vergessen
Wenn nicht die Wolke dagewesen wär.
Die weiß ich noch und werd ich immer wissen
Sie war sehr weiß und kam von oben her.
Die Pflaumenbäume blühn vielleicht noch immer
Und jene Frau hat jetzt vielleicht das siebte Kind
Doch jene Wolke blühte nur Minuten
Und als ich aufsah, schwand sie schon im Wind. R

1 Vergleichen Sie den Liedtext auf der vorigen Seite und die Gedichte auf dieser Seite. Welcher Text gefällt Ihnen am besten? Begründen Sie Ihre Wahl.

2 Die Texte auf Seite 49 f. thematisieren das Ende einer Liebesbeziehung bzw. die Erinnerung an eine vergangene Beziehung. Welche Vorstellung entwickeln Sie von den Sprechern (Geschlecht, Alter, Charakter ...)? Begründen Sie Ihre Einschätzung.

3 **a** Tragen Sie sich die Gedichte gegenseitig vor:
- Machen Sie sich mit dem Text des ausgewählten Gedichts (▸ Aufg. 1) vertraut, klären Sie unbekannte Wörter.
- Markieren Sie auf einer Textkopie: betonte Wörter, laut/leise gesprochene Wörter, Pausen usw.
- Üben Sie den Text entsprechend den Markierungen ein, damit Sie möglichst frei sprechen können.

b Geben Sie sich gegenseitig ein Feedback: Passt die Vortragsweise zu den in Aufgabe 1 erarbeiteten Vorstellungen von den Sprechern?

Information Der lyrische Sprecher / Das lyrische Ich

Wie zu jedem Erzähltext ein Erzähler gehört, so gehört zu jedem Gedicht **eine Sprecherin / ein Sprecher** – nicht gleichzusetzen mit dem Autor / der Autorin. Sie/Er kann in der 1., 2. oder 3. Person Singular oder im Plural vorkommen.
Werden Gedanken, Gefühle und Beobachtungen in der Ich-Form mitgeteilt, spricht man von einem **lyrischen Ich.** Die Erlebnis- und Gefühlswelt des lyrischen Ichs ist nicht erst seit dem 20. Jahrhundert Thema der Lyrik. Schon in vielen Texten des Sturm und Drang (etwa 1770–1785, ▸ S. 409) spielen die Gefühle und die manches Mal schmerzhaften Erlebnisse des lyrischen Ichs eine entscheidende Rolle. So können z. B. die Gedichte von Jakob Michael Reinhold Lenz (1751–1792) oder des jungen Johann Wolfgang Goethe (1749–1832) als Ausdruck persönlichen Erlebens gelesen werden; in ihnen werden eine bis dahin in der Lyrik nicht gekannte spontane Gefühlsaussage und intensive Naturerfahrung wiedergegeben.

4 Schreiben Sie produktiv-gestaltend zu einem Gedicht. Wählen Sie eine der folgenden Aufgaben.

a Antworten Sie auf einen der Texte von Seite 49 f.: Schreiben Sie aus der Perspektive des im Text angesprochenen (ehemaligen) Partners einen Brief an das lyrische Ich (▸ Information).

b Schreiben Sie Ihre Gedanken zu den einzelnen Versen als Zwischenrede auf (▸ Information).

Information Gestaltend zu einem Gedicht schreiben

Das produktiv-gestaltende Schreiben ist ein hilfreicher Zugang zur Interpretation literarischer Texte (▸ Information, S. 266). Folgende Möglichkeiten bieten sich bei Gedichten an:
- **Anschlusstext:** Dem Gedicht werden Verse oder Strophen hinzugefügt, die den Inhalt weiterführen. Die äußere Form wird beibehalten.
- **Brief:** Eine im Gedicht angesprochene Figur (das lyrische Du oder eine andere Figur) antwortet dem lyrischen Ich und formuliert ihre Sichtweise auf die jeweilige Thematik.
- **Dazwischenreden:** Nach jedem Vers des Originalgedichts werden Gedanken dazu aufgeschrieben, am besten hervorgehoben durch eine andere Farbe oder Schrift.
- **Dialog:** Zwei Gesprächspartner/innen kommunizieren über ihre Gedanken und Gefühle (z. B. das lyrische Ich und das lyrische Du oder eine andere im Gedichttext genannte Figur).
- **Parallelgedicht:** Zum Gedicht wird eine inhaltliche Variation verfasst. Neben der Form werden auch Textbausteine des Originalgedichts beibehalten, das damit erkennbar bleibt.
- **Gegengedicht:** Hier wird die Form beibehalten, jedoch ein Gedicht mit gegensätzlichem Inhalt verfasst (kann als Sonderform des Parallelgedichts gesehen werden).

Herz – Ein Motiv vergleichen

Johann Wolfgang Goethe: **Neue Liebe, neues Leben** (1774/75)

Herz, mein Herz, was soll das geben?
Was bedränget dich so sehr?
Welch ein fremdes, neues Leben!
Ich erkenne dich nicht mehr.
Weg ist alles, was du liebtest,
Weg, worum du dich betrübtest,
Weg dein Fleiß und deine Ruh –
Ach, wie kamst du nur dazu!

Fesselt dich die Jugendblüte,
Diese liebliche Gestalt,
Dieser Blick voll Treu und Güte
Mit unendlicher Gewalt?
Will ich rasch mich ihr entziehen,
Mich ermannen, ihr entfliehen,
Führet mich im Augenblick
Ach, mein Weg zu ihr zurück.

Und an diesem Zauberfädchen,
Das sich nicht zerreißen lässt,
Hält das liebe, lose Mädchen
Mich so wider Willen fest;
Muss in ihrem Zauberkreise
Leben nun auf ihre Weise;
Die Verändrung, ach, wie groß!
Liebe! Liebe!, lass mich los!

Jakob Michael Reinhold Lenz: **An das Herz** (1776)

Kleines Ding, um uns zu quälen,
Hier in diese Brust gelegt!
Ach, wer's vorsäh', was er trägt,
Würde wünschen, tätst ihm fehlen!

Deine Schläge, wie so selten
Mischt sich Lust in sie hinein!
Und wie augenblicks vergelten
Sie ihm jede Lust mit Pein!

Ach! und weder Lust noch Qualen
Sind ihm schrecklicher als das:
Kalt und fühllos! O ihr Strahlen,
Schmelzt es lieber mir zu Glas!

Lieben, hassen, fürchten, zittern,
Hoffen, zagen bis ins Mark,
Kann das Leben zwar verbittern;
Aber ohne sie – wär's Quark!

1 **a** Geben Sie mit eigenen Worten wieder, wie sich das lyrische Ich in Goethes Gedicht fühlt.

b Erläutern Sie die sprachlichen Bilder, mit denen diese Gefühle vor allem in der dritten Strophe ausgedrückt werden.

„Zauberfädchen, / Das sich nicht zerreißen lässt" (V. 17 f.): übernatürliche Kraft, keine Gegenwehr …

2 **a** Untersuchen Sie, an wen sich das lyrische Ich wendet. Achten Sie dabei besonders auf die Pronomen und Satzarten.

– Fragesätze unterstreichen, dass das lyrische Ich …
– …sätze bringen … zum Ausdruck, …
– Durch die Personalpronomen in der 2. Person Singular wird deutlich, dass …
– Von dem geliebten Mädchen spricht das lyrische Ich hingegen …; dies zeigt …

b Fassen Sie Ihre Ergebnisse in wenigen Sätzen zusammen, z. B.:

Ich verstehe das Gedicht als Hilferuf einer verliebten Person, die der Übermacht der eigenen Gefühle nicht entkommen kann. Dabei wendet sich das lyrische Ich an …

3 In den beiden Gedichten von Goethe und Lenz (▸ S. 52) spielt das Motiv (▸ Information) des Herzens eine zentrale Rolle. Vergleichen Sie die beiden Texte unter folgenden Aspekten:
– Wie spricht das lyrische Ich in beiden Texten mit seinem Herzen bzw. über sein Herz?
– Welche Schlussfolgerungen zieht das lyrische Ich aus seinen Gefühlen?

4 Gestalten Sie Ihre Ergebnisse in einem eigenen Text. Verfassen Sie einen Dialog (▸ Information, S. 51) zwischen den beiden Sprechern der Gedichte, in dem sich diese über ihre Gefühle austauschen.

Information **Literarisches Motiv**

Als **literarisches Motiv** wird allgemein ein thematisches Element eines Textes verstanden, das im Text selbst wiederholt auftritt oder einem Schema entspricht, das bereits in anderen literarischen Werken vorkommt (**Intertextualität** ▸ S. 76), wie z. B. das Motiv der Dämmerung, des Liebesleids, des Doppelgängers, der Heimkehr oder Trennung.
Mit der Verwendung eines solchen Motivs stellt der/die Schreibende oder der/die Lesende Beziehungen zu anderen motivgleichen Texten her. Diese Beziehungen wirken sich auf den Aussagegehalt und das Verständnis der Texte aus.

Joseph von Eichendorff: **Neue Liebe** (1837)

Herz, mein Herz, warum so fröhlich,
So voll Unruh und zerstreut,
Als käm' über Berge selig
Schon die schöne Frühlingszeit?

Weil ein liebes Mädchen wieder
Herzlich an dein Herz sich drückt,
Schaust du fröhlich auf und nieder,
Erd' und Himmel dich erquickt.

Und ich hab' die Fenster offen,
Neu zieh' in die Welt hinein
Altes Bangen, altes Hoffen!
Frühling, Frühling soll es sein!

Still kann ich hier nicht mehr bleiben,
Durch die Brust ein Singen irrt,
Doch zu licht ist's mir zum Schreiben,
Und ich bin so froh verwirrt.

Also schlendr' ich durch die Gassen,
Menschen gehen her und hin,
Weiß nicht, was ich tu' und lasse,
Nur, dass ich so glücklich bin.

1 **a** Beschreiben Sie die Stimmung des lyrischen Ichs in Eichendorffs Gedicht. Erläutern Sie dabei Textstellen und sprachliche Gestaltungsmittel, durch die diese Stimmung zum Ausdruck kommt.
– lyrisches Ich beschreibt sein Herz als „fröhlich“, „voll Unruh“, „zerstreut“ (V. 1 f.) ...
– zahlreiche Adjektive („fröhlich“, „selig“ ...) und Verben („an sich drückt“, „erquickt“, ...), die ... vermitteln

b Inwiefern nimmt Eichendorff Bezug auf Goethes Gedicht „Neue Liebe, neues Leben“ (▸ S. 52)?
inhaltliche Bezüge: Titel ...
formale Bezüge: ...

2 Informieren Sie sich über die Epoche der Romantik (▸ S. 433 f.).
Wäre Eichendorffs Gedicht geeignet, in ein Schulbuch als typisches Beispiel für die romantische Lyrik aufgenommen zu werden? Verfassen Sie dazu eine Stellungnahme.

Sprachliche Bilder genauer untersuchen

Reiner Kunze: **Die Liebe ist eine Rose** (1963)

Die liebe
ist eine wilde rose in uns
Sie schlägt ihre wurzeln
in den augen,
wenn sie dem blick des geliebten begegnen
Sie schlägt ihre wurzeln
in den wangen,
wenn sie den hauch des geliebten spüren
Sie schlägt ihre wurzeln
in der haut des armes,
wenn ihn die hand des geliebten berührt
Sie schlägt ihre wurzeln,
wächst wuchert
und eines abends
oder eines morgens
fühlen wir nur:
sie verlangt
raum in uns

Die liebe
ist eine wilde rose in uns,
unerforschbar vom verstand
und ihm nicht untertan
Aber der verstand
ist ein messer in uns
Der Verstand
ist ein messer in uns,
zu schneiden der rose
durch hundert Zweige
einen himmel

1 Klären Sie, welche Vorstellung von der Liebe in Kunzes Gedicht deutlich wird. In welchem Verhältnis stehen Liebe und Verstand?
Die Liebe …
Der Verstand ist nicht in der Lage, die Liebe …
Aber er …

2 Analysieren Sie das im Gedicht entfaltete Bildfeld (▸ Information, S. 56) genauer: Erläutern Sie anhand folgender Tabelle, welche Übertragungen vorgenommen werden und was sie jeweils bedeuten.

Metapher *(Information)*	***Bildspender*** *(Herkunftsbereich)*	***Bildempfänger*** *(Übertragungsbereich)*	***Mögliche Vorstellung bei Leser/in***
„Die liebe ist eine wilde rose" (V. 1 f.)	*Rose: auffällig schöne Blüten, dorniger Stiel; Wildrosen: robust, besonders schnell wachsend*	*Liebe entwickelt sich wie eine Rose: schlägt Wurzeln …*	*Schönheit, Naturwüchsigkeit, aber auch Eigengesetzlichkeit, Gefahr der Vereinnahmung …*
„schlägt ihre wurzeln in den augen …" (V. 3 f.)	…	…	…
…	…	…	…

Rainer Maria Rilke: **Liebes-Lied** (1907)

Wie soll ich meine Seele halten, dass
sie nicht an deine rührt? Wie soll ich sie
hinheben über dich zu andern Dingen?
Ach gerne möcht ich sie bei irgendwas
Verlorenem im Dunkel unterbringen
an einer fremden stillen Stelle, die
nicht weiterschwingt, wenn deine Tiefen
schwingen.
Doch alles, was uns anrührt, dich und mich,
nimmt uns zusammen wie ein Bogenstrich,
der aus zwei Saiten *eine* Stimme zieht.
Auf welches Instrument sind wir gespannt?
Und welcher Geiger hat uns in der Hand?
O süßes Lied.

Gustav Klimt: Der Kuss (1907/08)

1 Wie nimmt das lyrische Ich seine Liebeserfahrung wahr? Erläutern Sie, welches Bedürfnis des lyrischen Ichs im ersten Teil des Gedichts (V. 1–7) deutlich wird.

2 Analysieren Sie das sprachliche Bild, das in der zweiten Gedichthälfte (V. 8 ff.) ausgeführt wird.

3 Betrachten Sie das Bild „Der Kuss". Vergleichen Sie die Darstellung von Liebe im Bild (Klimt) und im Gedicht (Rilke).

Gedicht (Rilke)	*Bild (Klimt)*
Titel „Liebes-Lied": lässt … erwarten	*Titel „Der Kuss": …*
zwei Figuren: lyrisches Ich und …	*zwei Figuren: …*
Geschlechtszugehörigkeit …	…
…	…

Eva Strittmatter: **Liebe** (1980)

Wie furchtbar auch die Flamme war,
In der man einst zusammenbrannte,
Am Ende bleibt ein wenig Glut.
Auch uns geschieht das Altbekannte.
Dass es nicht Asche ist, die letzte Spur von
Feuer,
Zeigt unser Tagwerk. Und wie teuer
Die kleine Wärme ist, hab ich erfahren
In diesem schlimmsten Jahr
Von allen meinen Jahren.
Wenn wieder so ein Winter wird
Und auf mich so ein Schnee fällt,
Rettet nur diese Wärme mich
Vom Tod. Was hält
Mich sonst? Von unserer Liebe bleibt: dass
Wir uns halten. Kein Gras
Wird auf uns sein, kein Stein,
Solange diese Glut glimmt.

Solange Glut ist,
kann auch Feuer sein.

1 Benennen Sie die Liebes- bzw. Beziehungserfahrungen, die in dem Gedicht „Liebe" von Eva Strittmatter veranschaulicht werden.

2 Analysieren Sie, wie der Bildbereich „Feuer" zur Beschreibung von „Liebe" eingesetzt wird.

3 Finden Sie selbst Sprachbilder, die für Sie „Liebe“ symbolisieren. Verfassen Sie ein eigenes kurzes Gedicht ohne Reim.

4 Informieren Sie sich über die Verwendung von Metaphern im Barock (► S. 378). Erläutern Sie Ihre Erkenntnisse exemplarisch an Christian von Hofmannswaldaus Gedicht „Vergänglichkeit der Schönheit“ (► S. 378).

Karoline von Günderrode: **Liebe** (1804)

O reiche Armut! Gebend, seliges Empfangen!
In Zagheit Mut! in Freiheit doch gefangen.
In Stummheit Sprache,
Schüchtern bei Tage,
Siegend mit zaghaftem Bangen!

Lebendiger Tod, im Einen selges Leben
Schwelgend in Not, im Widerstand ergeben,
Genießend schmachten,
Nie satt betrachten
Leben im Traum und doppelt Leben.

5 *„Hallo, ich brauche dringend eure Hilfe, ich verstehe überhaupt nicht das Gedicht ‚Liebe‘ von Karoline von Günderrode ...“* – mit diesen Worten sucht eine Schülerin in einem Internetforum Hilfe bei ihrer Hausaufgabe. Entwerfen Sie eine Antwort, die für die Schülerin beim Verfassen der Gedichtinterpretation hilfreich sein könnte.

Information **Bildfeld, Metapher und Vergleich**

In lyrischen Texten findet sich häufig ein entfaltetes Bildfeld (z. B.: „Rose“, „Feuer“), das sich aus mehreren Sprachbildern (Vergleichen, Metaphern) zusammensetzt.

- Bei einer **Metapher** wird ein Begriff ohne Vergleichswort aus einem Vorstellungsbereich in einen anderen übertragen. Man spricht vom Bildspender (z. B. *Feuer*) und vom Bildempfänger (z. B. *Feuer* ► Bild für Leidenschaft). Die verglichenen Gegenstände/Bereiche haben mindestens eine Eigenschaft gemeinsam, die diesen Vergleich ermöglicht, das so genannte Tertium Comparationis (lat. „Das Dritte des Vergleichs“), hier z. B.: zerstörerische Kraft, Vereinnahmung (Feuer/Leidenschaft).
- Von einem **Vergleich** spricht man, wenn zwei Gegenstände/Bereiche durch ein Vergleichswort (z. B. *wie, als ob*) miteinander verbunden werden, z. B.: *weiß wie Schnee, als ob die Sonne schiene.*
- Eine Sonderform der Metapher ist die **Personifikation,** bei der Gegenstände oder Begriffe vermenschlicht werden, z. B.: *Schläft ein Lied in allen Dingen ...*
- In lyrischen Texten werden seit Ende des 19. Jahrhunderts immer häufiger **kühne Metaphern** verwendet. Sie verknüpfen Bereiche, die eigentlich als unvereinbar gelten, z. B.: die *Asche des Meeres.*
- Von **Chiffren** spricht man, wenn es keinen erkennbaren Vergleichspunkt (kein Tertium Comparationis) gibt. Ihr Sinn ergibt sich in der Regel nur aus dem Text- oder Werkzusammenhang, z. B.: *schwarze Milch der Frühe* (► Paul Celan, S. 508).

Die Versstruktur untersuchen

Friederike Mayröcker: **falsche Bewegung** (1981)

gestern
beim Auseinander-
gehen haben wir uns
beide Hände
gegeben –
aber nicht die Lippen
zum Kusz –
: eine plötzlich erstarrte
Umarmung?
frage ich mich
ruhelos
und in Tränen/
du blickst
ohne Lächeln
über die Schulter zurück

Ulla Hahn: **Ein Gedicht für dich?** (2004)

Ein Gedicht
für dich?
So einfach ist das
nicht. Jetzt
wo du wirklich da bist.
Kein Mann: mein Wort
Mein Mann: kein Wort
Gingest du fort so
fort gäb es wieder ein Wort
für Wort und eines
das andere.
Bleib!
Ich versprech dir
dich nie zu zer
reib
en
zwischen den Zei
len
in
ein Gedicht
für dich
sind sie alle.

1 Erstellen Sie ein Standbild zu der im Gedicht „falsche Bewegung" dargestellten Situation.

2 Erklären Sie die starke Reaktion des lyrischen Ichs („ruhelos / und in Tränen", V. 11 f.).

3 **a** Beschreiben Sie die äußere Form des Gedichts (▸ Information). Welche Wirkung wird dadurch erzielt? *Die Zeilenenden …*

b Stellen Sie Bezüge zum Titel und zum Inhalt her.
Geben Sie in eigenen Worten wieder, worum es in Ulla Hahns Gedicht geht.

4 **a** Schreiben Sie „Ein Gedicht für dich?" als fortlaufenden Prosatext in Ihre Kursmappe.

b Vergleichen Sie die Fassungen. Beschreiben Sie die unterschiedliche Wirkung beider Texte.

5 Schreiben Sie ein paar eigene Verse, bei denen die äußere Form den Inhalt widerspiegelt, z. B. mit einem Titel wie „Hin und Her", „Zerrissen", „Wechseldusche".

Information **Verhältnis von Vers und Satz im Gedicht**

Lyrische Texte sind meist in **Versen** abgefasst, d. h., die Zeilen enden an einer festgelegten Stelle. Diese Unterbrechung des Leseflusses hebt Wörter durch ihre Stellung (Versanfang/-ende) hervor. Neben den horizontalen Bezügen (Wort-/Satzfolge) stellt die Versanordnung vertikale Bezüge her, die durch klangliche oder optische Mittel verstärkt werden können.

- **Zeilenstil:** Satzende und Versende stimmen überein; der Vers schließt mit einer Pause.
- **Enjambement** (frz. „Zeilensprung"): Der Satz überspringt das Versende und setzt sich im folgenden Vers fort. Am Versende bzw. beim „Sprung" entsteht keine Pause.
- **Hakenstil:** In einer Folge von Enjambements erscheinen die Verse durch die übergreifenden Satzbögen gleichsam verhakt.

Epochenwissen einbeziehen: Neue Sachlichkeit

Mascha Kaléko: **Großstadtliebe** (1933)

Man lernt sich irgendwo ganz flüchtig kennen
Und gibt sich irgendwann ein Rendezvous.
Ein Irgendwas, – 's ist nicht genau zu nennen –
Verführt dazu, sich gar nicht mehr zu trennen.
Beim zweiten Himbeereis sagt man sich „du“.

Man hat sich lieb und ahnt im Grau der Tage
Das Leuchten froher Abendstunden schon.
Man teilt die Alltagssorgen und die Plage,
Man teilt die Freuden der Gehaltszulage,
... Das Übrige besorgt das Telephon.

Man trifft sich im Gewühl der Großstadtstraßen.
Zu Hause geht es nicht. Man wohnt möbliert.
– Durch das Gewirr von Lärm und Autorasen,
– Vorbei am Klatsch der Tanten und der Basen
Geht man zu zweien still und unberührt.

Man küßt sich dann und wann auf stillen Bänken,
– Beziehungsweise auf dem Paddelboot.
Erotik muß auf Sonntag sich beschränken.
... Wer denkt daran, an später noch zu denken?
Man spricht konkret und wird nur selten rot.

Man schenkt sich keine Rosen und Narzissen,
Und schickt auch keinen Pagen sich ins Haus.
– Hat man genug von Weekendfahrt und Küssen,
Läßt mans einander durch die Reichspost wissen
Per Stenographenschrift ein Wörtchen: „aus“!

R

Tamara de Lempicka: Idylle (1931)

1 Spiegelt das Gedicht eher eine männliche oder eine weibliche Perspektive auf die Liebe wider? Begründen Sie Ihre Einschätzung.

2 Beschreiben Sie die Lebensumstände der Liebenden, wie sie im Gedicht dargestellt werden. Welche Bedeutung haben sie für den Verlauf der Beziehung?

3 Erläutern Sie Funktion und Wirkung von sprachlichen Besonderheiten des Gedichts.
– Anapher „Man“ → wirkt unpersönlich ...
– Indefinitpronomen „irgendwo“, „irgendwann“ → ...

4 Kalékos Lyrik wird der Neuen Sachlichkeit (▸ S. 498) zugeordnet. Informieren Sie sich über diese literarisch-künstlerische Strömung und zeigen Sie, inwiefern das Gedicht als zeittypisch gelten kann.

5 Betrachten Sie das Bild von Tamara de Lempicka mit dem Titel „Idylle“, das zur gleichen Zeit entstanden ist wie das Gedicht. Stellen Sie Bezüge zwischen Bild und Text her.

2.2 Naturlyrik – Gedichte interpretieren und vergleichen

Das Verhältnis von Mensch und Natur im Wandel der Zeiten

1 Welche Bedeutung hat für Sie Natur?

a Verfassen Sie einen kurzen Text, in dem Sie Ihr Verständnis von Natur und Ihr persönliches Verhältnis dazu reflektieren.
Mit dem Begriff „Natur“ verbinde ich …
Vorstellungen von …, aber auch …

b Tauschen Sie sich untereinander über Ihre Ergebnisse aus.

2 Lesen Sie die Gedichte auf den Seiten 59–62 und notieren Sie jeweils Ihre ersten Eindrücke zum Verhältnis des lyrischen Ichs zur Natur. Erläutern Sie Ihre Einschätzungen anhand ausgewählter Textstellen.

Johann Wolfgang von Goethe: **Früh, wenn Tal, Gebirg und Garten …** (1828)

Früh, wenn Tal, Gebirg und Garten
Nebelschleiern sich enthüllen
Und dem sehnlichsten Erwarten
Blumenkelche bunt sich füllen,

Wenn der Äther, Wolken tragend,
Mit dem klaren Tage streitet,
Und ein Ostwind, sie verjagend,
Blaue Sonnenbahn bereitet,

Dankst du dann, am Blick dich weidend,
Reiner Brust der Großen, Holden,
Wird die Sonne, rötlich scheidend,
Rings den Horizont vergolden.

1 Fassen Sie den Inhalt des Gedichts strophenweise mit eigenen Worten zusammen. Was fällt in der letzten Strophe auf?
Strophe 1: Am frühen Morgen …
Strophe 2: …

2 Analysieren Sie den Satzbau. Zeigen Sie Übereinstimmungen zwischen Form und Inhalt auf.
Das ganze Gedicht besteht aus einem einzigen …
→ inhaltliche Entsprechung: Das Gedicht umfasst den Ablauf eines …

J. W. von Goethe über das Verfassen von Gedichten

Was von meinen Arbeiten durchaus und so auch von den kleineren Gedichten gilt, ist, dass sie alle, durch mehr oder minder bedeutende Gelegenheit aufgeregt, im unmittelbaren Anschauen irgendeines Gegenstandes verfasst worden, deshalb sie sich nicht gleichen, darin jedoch übereinkommen, dass bei besonderen äußeren, oft gewöhnlichen Umständen ein Allgemeines, Inneres, Höheres dem Dichter vorschwebte.

1 Geben Sie mit eigenen Worten wieder, was Goethe über seine Arbeitsweise äußert. Stellen Sie Bezüge zum Gedicht „Früh, wenn Tal, Gebirg und Garten ...“ (► S. 59) her.
Goethe lässt sich beim Dichten anregen von konkreten …
Sein Gedicht …

2 Informieren Sie sich über das Kunstprogramm der Klassik (► S. 413).
Erläutern Sie, inwiefern das Gedicht auf Seite 59 als epochentypisch eingeordnet werden kann.
– Kunstverständnis der Klassik: die Natur nicht nur in ihrer Schönheit abbilden, sondern …
– Ziel: Annäherung an ein Idealbild …

3 Recherchieren Sie im Internet oder in einem fachwissenschaftlichen Nachschlagewerk Goethes Symbolbegriff. Beziehen Sie die Informationen bei der Deutung des Gedichts auf Seite 59 ein.

4 Formulieren Sie auf der Grundlage Ihrer Arbeitsergebnisse in wenigen Sätzen die Grundaussage des Gedichts. Sie können z. B. so beginnen:
Das Gedicht gibt nicht nur die Erfahrung eines schönen Sonnenaufgangs wieder, sondern …

Bertolt Brecht: **Über das Frühjahr** (1928)

Lange bevor
Wir uns stürzten auf Erdöl, Eisen und Ammoniak
Gab es in jedem Jahr
Die Zeit der unaufhaltsam und heftig grünenden Bäume.
Wir alle erinnern uns
Verlängerter Tage
Helleren Himmels
Änderung der Luft
Des gewiß kommenden Frühjahrs.
Noch lesen wir in Büchern
Von dieser gefeierten Jahreszeit
Und doch sind schon lange
Nicht mehr gesichtet worden über unseren Städten
Die berühmten Schwärme der Vögel.
Am ehesten noch sitzend in Eisenbahnen
Fällt dem Volk das Frühjahr auf.
Die Ebenen zeigen es
In alter Deutlichkeit.
In großer Höhe freilich
Scheinen Stürme zu gehen:
Sie berühren nur mehr
Unsere Antennen.

R

1 Das Gedicht kontrastiert die Wahrnehmung des Frühlings früher und heute.

a Stellen Sie die unterschiedlichen Erfahrungen in einer Tabelle gegenüber.

Erinnerung/Vergangenheit	*Gegenwart*
– „unaufhaltsam und heftig grünenden Bäume“ (V. 4) *– …*	*„schon lange / Nicht mehr gesichtet worden über unseren Städten / Die …“ (V. 12ff.)*

b Welche Umstände scheint das lyrische Ich als ursächlich für die Veränderungen anzusehen? Begründen Sie anhand von Textstellen.

2 Verstehen Sie das Gedicht eher als Ausdruck der Resignation des Autors oder eher als gesellschaftskritischen Appell? Begründen Sie Ihre Einschätzung mit Textbelegen.

3 Vergleichen Sie die Formen der Naturerfahrung bei Goethe (► S. 59 f.) und Brecht. Beziehen Sie Ihr Wissen über die Entstehungszeit des Brecht-Gedichts mit ein (► S. 498).

Sarah Kirsch: **Im Sommer** (1976)

Dünnbesiedelt das Land.
Trotz riesigen Feldern und Maschinen
Liegen die Dörfer schläfrig
In Buchsbaumgärten; die Katzen
Trifft selten ein Steinwurf.

Im August fallen Sterne.
Im September bläst man die Jagd an.
Noch fliegt die Graugans, spaziert der Storch
Durch unvergiftete Wiesen. Ach, die Wolken
Wie Berge fliegen sie über die Wälder.

Wenn man hier keine Zeitung hält
Ist die Welt in Ordnung.
In Pflaumenmuskesseln
Spiegelt sich schön das eigne Gesicht und
Feuerrot leuchten die Felder.

Max Clarenbach: Blick in den Garten im Sommer (undatiert)

1 Lesen Sie das Gedicht aufmerksam. Welche der folgenden Adjektive treffen die Atmosphäre des Gedichts? Begründen Sie Ihre Entscheidung anhand des Textes.

friedlich – geordnet – rückständig – idyllisch – bedroht – harmonisch – verklärt – melancholisch

2 An einigen Stellen wirkt die sommerliche Idylle gefährdet und brüchig. Analysieren Sie, welche Gestaltungsmittel hier eingesetzt werden.
„Trotz riesigen Feldern und Maschinen / Liegen die Dörfer schläfrig“ (V. 2f.) → impliziert Gegensatz: Dörfer müssten wachsam sein, sind es aber nicht (Personifikation: „liegen schläfrig“) …

3 Sarah Kirsch ist eine der bekanntesten Lyrikerinnen der DDR. Das Gedicht entstand kurz vor ihrer Übersiedlung in den Westen. Informieren Sie sich über die zeitgeschichtlichen Hintergründe (► S. 532) und beziehen Sie Ihre Kenntnisse bei der Deutung des Gedichts mit ein.

4 Betrachten Sie das Bild. Vergleichen Sie die darin vermittelte Stimmung mit der des Gedichts.

Volker Braun: Durchgearbeitete Landschaft (1975)

Hier sind wir durchgegangen
Mit unsern verschiedenen Werkzeugen

Hier stellten wir etwas Hartes an
Mit der ruhig rauchenden Heide

Hier lagen die Bäume verendet, mit nackten
Wurzeln, der Sand durchlöchert
Bis in die Adern, umzingelt der blühende Staub

Mit Stahlgestängen, aufgerissen die Orte
Überfahren mit rohen Kisten, abgeteuft[1] die teuflischen Schächte mitleidlos

Ausgelöffelt die weichen Lager, zerhackt, verschüttet, zersiebt, das Unterste gekehrt nach oben und durchgewalkt und entseelt und zerklüftet alles

Hier sind wir durchgegangen.

Und bepflanzt mit einem durchdringenden Grün
Der Schluff[2], und kleinen Eichen ohne Furcht

Und in ein plötzliches zartes Gebirge
Die Bahn, gegossen aus blankem Bitum[3]

Das Restloch mit blauem Wasser
Verfüllt und Booten: der Erde
Aufgeschlagenes Auge

Und der weiße neugeborene Strand
Den wir betreten

Zwischen uns.

1 **abteufen:** senkrechte Hohlräume zum Erschließen von (Rohstoff-)Lagerstätten schaffen
2 **Schluff:** Bodenart
3 **Bitumen:** im Straßenbau verwendetes Stoffgemisch

1 Formulieren Sie in eigenen Worten, welche Vorgänge im Gedicht sprachlich gestaltet werden. Achten Sie auf die inhaltliche Zweiteilung des Textes.
Thema des Gedichts „Durchgearbeitete Landschaft" ist der Abbau von …
Es wird geschildert, wie …

2 Untersuchen Sie, wie die sprachliche Gestaltung die Haltung des lyrischen Ichs zur Natur und zum Eingriff des Menschen ausdrückt. Berücksichtigen Sie vor allem die Wortwahl und die sprachlichen Bilder.
- *Darstellung der Natur als leidend, getötet: „ruhig rauchenden Heide" (V. 4) → Alliteration, „Bäume verendet" (V. 5), „Sand durchlöchert bis in die Adern" (V. 6) → Personifikation …*
- *Darstellung des Eingriffs mit Wörtern, die mit … konnotiert sind: „stellten wir etwas Hartes an" (V. 3) …*

Abend – Motivgleiche Gedichte verschiedener Epochen untersuchen

Joseph von Eichendorff: **Der Abend** (1826)

Schweigt der Menschen laute Lust:
Rauscht die Erde wie in Träumen
Wunderbar mit allen Bäumen,
Was dem Herzen kaum bewusst,
Alte Zeiten, linde Trauer,
Und es schweifen leise Schauer
Wetterleuchtend durch die Brust.

Joseph Wright of Derby: See bei Mondschein (1780–82)

1 Formulieren Sie mit eigenen Worten, welche Stimmung in Eichendorffs Gedicht zum Ausdruck gebracht wird.

2 Der Abend wird im Gedicht als die Zeit des Tages dargestellt, an der man zur Ruhe kommt. Stellen Sie Bezüge zwischen dem Gedicht und dem Gemälde „See bei Mondschein" her.
– Tageszeit: …
– Stimmung: …

Joseph von Eichendorff: **Zwielicht** (1815)

Dämmrung will die Flügel spreiten,
Schaurig rühren sich die Bäume,
Wolken ziehn wie schwere Träume –
Was will dieses Grau'n bedeuten?

Hast ein Reh du, lieb vor andern,
Lass es nicht alleine grasen,
Jäger ziehn im Wald' und blasen,
Stimmen hin und wider wandern.

Hast du einen Freund hienieden,
Trau ihm nicht zu dieser Stunde,
Freundlich wohl mit Aug' und Munde,
Sinnt er Krieg im tück'schen Frieden.

Was heut müde gehet unter,
Hebt sich morgen neugeboren.
Manches bleibt in Nacht verloren –
Hüte dich, bleib' wach und munter!

1 **a** Auch im Gedicht „Zwielicht" beschäftigt sich Eichendorff mit der Abenddämmerung. Nennen Sie inhaltliche Hinweise, an denen erkennbar ist, dass es nicht um die Morgendämmerung geht.

b Vergleichen Sie die Stimmung in den beiden Eichendorff-Gedichten. Stellen Sie tabellarisch gegenüber, wie durch Inhalte und Wortwahl unterschiedliche Wirkungen erzeugt werden.

	Der Abend	*Zwielicht*
Höreindrücke	*„Schweigt" (V. 1), „Rauscht … Wunderbar" (V. 2 f.), „schweifen leise …" (V. 6 f.) → Ruhe, Frieden …*	*„Jäger … blasen" (V. 7), „Stimmen hin und wider wandern" (V. 8) → …*
Natur (Personifikation)	*Erde „[r]auscht … wie in …" (V. 2) → …*	*„schaurig rühren sich …" (V. 2) → …*

c Das lyrische Ich wendet sich mit Ratschlägen und Warnungen an das lyrische Du. Fassen Sie mit eigenen Worten zusammen, was dem lyrischen Du vermittelt werden soll.

Andreas Gryphius: Abend (1650, hier Fassung von 1663)

DEr schnelle Tag ist hin / die Nacht schwingt ihre Fahn /
Und fuͤhrt die Sternen auff. Der Menschen muͤde Scharen
Verlassen Feld und Werck / wo Thir und Voͤgel waren
    Traurt itzt die Einsamkeit. Wie ist die Zeit verthan!
    Der Port[1] naht mehr und mehr sich zu der Glider Kahn.
Gleich wie diß Licht verfil / so wird in wenig Jahren
Ich / du / und was man hat / und was man siht / hinfahren.
    Diß Leben koͤmmt mir vor als eine Renne-Bahn.
Laß, hoͤchster Gott / mich doch nicht auff dem Lauffplatz gleiten /
Laß mich nicht Ach / nicht Pracht / nicht Lust nicht Angst verleiten!
    Dein ewig-heller Glantz sey vor und neben mir /
Laß / wenn der muͤde Leib entschlaͤfft / die Seele wachen
Und wenn der letzte Tag wird mit mir Abend machen /
    So reiß mich aus dem Thal der Finsternuͤß zu dir.

1 Port: Hafen

1 Beschreiben Sie die Sicht auf das menschliche Dasein, die in Gryphius' Text zum Ausdruck kommt.
Das menschliche Leben wird verglichen mit …
Das lyrische Ich empfindet das Leben wie …

2 Gryphius bedient sich einer sehr bildhaften Sprache. Benennen Sie zentrale sprachliche Bilder im Gedicht und erläutern bzw. deuten Sie diese.

Sprachliche Bilder	**Erläuterung/Deutung**
– Personifikation: „die Nacht schwingt ihre Fahn" (V. 1)	*– Assoziation: Siegeszug, Übernahme der Herrschaft*
– Metapher: „Der Port naht mehr und mehr sich zu der Glider Kahn …" (V. …)	*– Kahn/Boot steht für den Körper des Menschen, der Hafen steht für …*
– Vergleich: …	*– …*

3 **a** Analysieren Sie die formale Gestaltung des Gedichts. Arbeiten Sie mit einer Kopie des Textes und nutzen Sie die Informationen auf Seite 238 unter anderem zur besonderen Form des Sonetts.

x x́ x x́ x x́ / x …
DEr schnelle Tag ist hin / die Nacht schwingt ihre Fahn / *a*
Und fuͤhrt die Sternen auff. Der Menschen muͤde Scharen *b*
Verlassen Feld und Werck / wo Thir und Voͤgel waren *b*
    Traurt itzt die Einsamkeit. Wie ist die Zeit verthan! *a*

– 14 Verse …
– Metrum: 6-hebiger Jambus …
– Reimschema: abba, abba, … (zwei Quartette und …) → umarmender Reim und …

b Erläutern Sie Bezüge zwischen Form und Inhalt.
Erster Teil des Gedichts (V. 1–8): zwei Quartette mit umarmendem Reim (abba);
Inhalt: Schilderung …
Zweiter Teil des Gedichts (V. 9–14): zwei …: Wechsel des Reimschemas: …;
inhaltlicher Wechsel: …

4 Informieren Sie sich über die Zeit des Barock (▶ S. 377, 381). Zeigen Sie auf, inwiefern Gryphius' Text zeittypische Gedanken und Gestaltungsmerkmale aufweist.
– „memento mori" als Schlüsselmotiv der Barocklyrik: …

5 Vergleichen Sie Gryphius' Text mit Eichendorffs Gedicht „Der Abend" (▶ S. 63) im Hinblick auf
– die Gestaltung des Abendmotivs,
– die im Gedicht vermittelte Stimmung.
Beziehen Sie Ihre Kenntnisse über die Epochen Barock (▶ S. 381) und Romantik (▶ S. 433) mit ein.
– Gemeinsamkeiten zwischen der Lyrik des Barock und der Lyrik der Romantik: Motiv des …

Theodor Storm: **Meeresstrand** (1856)

Ans Haff[1] nun fliegt die Möwe,
und Dämmrung bricht herein;
Über die feuchten Watten
Spiegelt der Abendschein.

Graues Geflügel huschet
Neben dem Wasser her;
Wie Träume liegen die Inseln
Im Nebel auf dem Meer.

Ich höre des gärenden Schlammes
Geheimnisvollen Ton,
Einsames Vogelrufen –
So war es immer schon.

Noch einmal schauert leise
Und schweiget dann der Wind;
Vernehmlich werden die Stimmen,
die über der Tiefe sind.

1 **Haff:** Küstengewässer, das durch Sand oder Inseln vom Hauptteil des Meeres getrennt ist

1 Untersuchen Sie das Gedicht im Hinblick auf die Gestaltung der Wahrnehmungen des lyrischen Ichs.

a Was sieht, was hört das lyrische Ich? Welche Wirkung wird durch die Wortwahl erzielt?
Strophe 1: fliegende Möwe, feuchtes Watt, der Abendschein spiegelt das Wasser → idyllisches Bild
Strophe 2: „Graues Geflügel huschet" (V. 5), „Wie Träume liegen die Inseln" (V. 7) → klingt …

b Wie verändert sich die Wahrnehmung im Verlauf des Gedichts? Beachten Sie in diesem Zusammenhang besonders die vierte Strophe.

2 Formulieren Sie in eigenen Worten, welche Erfahrung in diesem Gedicht zum Ausdruck gebracht wird.
Das lyrische Ich erlebt die Abendstimmung am Meer. Sehr anschaulich werden …

3 **a** Auf den Seiten 63–65 haben Sie Gedichte kennen gelernt, in denen der Abend eine besondere Rolle spielt. Wählen Sie eines davon aus, das Ihnen besonders gut gefällt oder einen besonderen Eindruck auf Sie gemacht hat. Begründen Sie Ihre Wahl.

b Bereiten Sie einen Vortrag des von Ihnen gewählten Gedichts vor (▶ S. 51, Aufg. 3).

Mondgedichte – Eine lyrische Tradition kennen lernen

1 Das Mondmotiv spielt in der Lyrik eine wichtige Rolle. Informieren Sie sich über den Mond und seine Bedeutung für das Leben auf der Erde sowie über seine mythologischen und symbolischen Bedeutungen. Stellen Sie Ihre Ergebnisse in Form einer Mindmap dar.

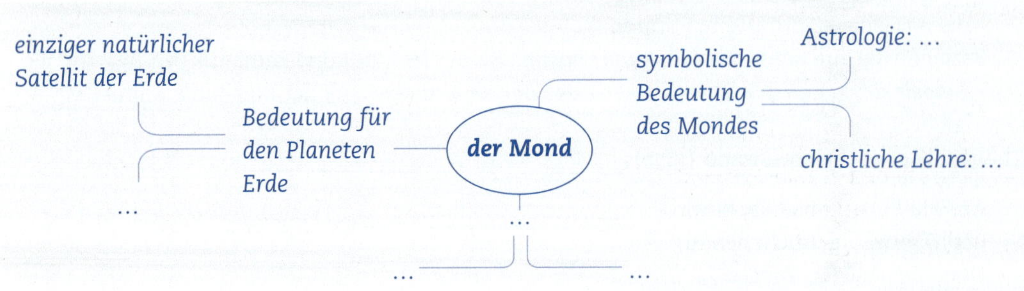

2 **a** Lesen Sie das Gedicht „Abendlied" von Matthias Claudius (► S. 395). Formulieren Sie einen zusammenfassenden Satz zum Inhalt.
Ausgehend von der Schilderung ... stellt das lyrische Ich Überlegungen über ... an.

b Das „Abendlied" gehört zu den berühmtesten deutschen Gedichten. Vor allem die erste Strophe wurde als Schlaflied bekannt, doch war der Text ursprünglich keineswegs als Lied gedacht: Claudius wählte vielmehr einen Gattungsbegriff, der das Gedicht in den Kontext einer literarischen Tradition stellte. Informieren Sie sich über den Gedichttypus „Lied" im Internet oder in einem Fachlexikon.

Matthias Claudius: **Wir Menschen gehen doch wie im Dunkeln** (um 1780)

[...] Wir Menschen gehen doch wie im Dunkeln, sind doch verlegen in uns und können uns nicht helfen, und die Versuche der Gelehrten, es zu tun, sind nur brotlose Künste. Auch ist das Gefühl eigner Hilflosigkeit zu allen Zeiten das Wahrzeichen wirklich großer Menschen gewesen, ist überdem ein feines Gefühl und vielleicht der Hafen, aus dem man auslaufen muss, um die Nordwestpassage zu entdecken.
Der Mensch hat einen Geist in sich, den diese Welt nicht befriedigt, der die Treber der Materie, die Dorn und Disteln am Wege mit Gram und Unwillen wiederkäut und sich sehnet nach seiner Heimat. Auch hat er hier kein Bleiben und muss bald davon. So lässt es sich an den fünf Fingern abzählen, was ihm geholfen sein könne mit einer Weisheit, die bloß in der sichtbaren und materiellen Natur zu Hause ist. Sie kann ihm hier auf mancherlei Weise lieb und wert sein, nachdem sie mehr oder weniger Stückwerk ist; aber sie kann ihm nicht genügen. Wie könnte sie das, da es die körperliche Natur selbst nicht kann und sie ihn auf halbem Wege verlässt, und wenn er weggetragen wird, auf seiner Studierstube zurückbleibt wie sein Globus und seine Elektrisiermaschine[1]?
Was ihm genügen soll, muss in ihm, seiner Natur, und unsterblich wie er sein; muss ihn, weil er hienieden einhergeht, über das Wesen und den Gang dieser körperlichen Natur und über ihre Gebrechen und Striemen weisen und trösten und ihn in dem Lande der Verlegenheit und der Unterwerfung in Wahrheit unverlegen und herrlich machen; und wenn er von dannen zieht, mit ihm ziehen durch Tod und Verwesung und ihn wie ein Freund zur Heimat begleiten. [...]

1 **Elektrisiermaschine:** mechanische Vorrichtung zur Erzeugung elektrischer Spannung

3 Interpretieren Sie das „Abendlied" vor dem Hintergrund Ihrer bisherigen Kenntnisse. Beziehen Sie auch den oben stehenden Text von Claudius ein.

Hubert Weinzierl: **„Die Welt liegt schwarz und schweiget“** (1975)

„Die Welt liegt schwarz und schweiget
Und aus den Trümmern steiget
Ein gelber Nebel – sonderbar!
Wie ist die Erde stille
In ihrer Todeshülle
und traurig und verkohlt:
Dass man vor lauter Jammer
– sich selbst vergessen wollt!
Herr, schick uns viele Strafen;
wir dürfen nicht mehr schlafen,
wir haben es gewollt!“

1 Hubert Weinzierls Gedicht stellt den Versuch einer Aktualisierung von Claudius' „Abendlied“ dar. Benennen Sie Elemente, die das Gedicht als Parallelgedicht (► S. 51) zum „Abendlied“ auszeichnen.

2 Formulieren Sie das Welt- und Selbstverständnis, das in diesem Text zum Ausdruck kommt.
Der Zustand der Welt wird als … geschildert.
Die Natur erscheint im Gegensatz zum Originaltext …

Günter Kunert: **Mondnacht** (1977)

Lebloser Klotz
Mond eisiger Nächte
der an bittere Märchen erinnert
an fremdes Gelebtwordensein
fern
wo die Menschen heulten
anstelle der Wölfe
über dem blassen Schnee
bis zum Verstummen darunter
Geborstenes Geröll
auf dem unsere Schatten
gelandet sind
und sich taumelnd bewegen
viel zu leicht
für die Last unserer Herkunft

auch dort sind wir hingelangt
wie immer dorthin
wo Leben unmöglich ist;

In Gleichnisse ohne Erbarmen

1 **a** Lesen Sie Kunerts Gedicht. Erläutern Sie, welche Sicht auf den Mond, aber auch auf das menschliche Leben zum Ausdruck gebracht wird.
Das Gedicht bringt eine ausgesprochen … Sichtweise auf … zum Ausdruck.
Dies wird eindrücklich sprachlich vermittelt mit Adjektiven wie „leblos[ ]“ (V. 1), „eisig[ ]“ (V. 2) …

b Vergleichen Sie das Gedicht mit Goethes Gedicht „An den Mond“ (► S. 402). Zwischen den beiden Gedichten liegen zweihundert Jahre. Finden Sie in den Texten Belege für den zeitlichen Abstand?
– Wörter/Wendungen, die auf die Entstehungszeit schließen lassen: …
– …

c Es ist anzunehmen, dass Kunert das berühmte Goethe-Gedicht kannte. Welche Ansichten über Goethe, dessen Sicht auf die Natur und die menschlichen Verhältnisse erkennen Sie im Kunert-Gedicht?

d Schreiben Sie einen fiktiven Dialog zwischen Goethe und Kunert, in dem deren unterschiedliche Perspektiven deutlich zur Sprache kommen.

2.3 Klausurtraining: Ein Gedicht interpretieren

Aufgabenbeispiel
Interpretieren Sie Joseph von Eichendorffs Gedicht „Lied“ hinsichtlich des Motivs der Untreue und ihrer Folgen.

Joseph von Eichendorff: **Lied**[1] (1813)

In einem kühlen Grunde
Da geht ein Mühlenrad,
Mein' Liebste ist verschwunden,
Die dort gewohnet hat.

Sie hat mir Treu versprochen,
Gab mir ein'n Ring dabei,
Sie hat die Treu gebrochen,
Mein Ringlein sprang entzwei.

Ich möcht als Spielmann reisen
Weit in die Welt hinaus
Und singen meine Weisen
Und gehn von Haus zu Haus.

Ich möcht als Reiter fliegen
Wohl in die blutge Schlacht,
Um stille Feuer liegen
Im Feld bei dunkler Nacht.

Hör ich das Mühlrad gehen,
Ich weiß nicht, was ich will –
Ich möcht am liebsten sterben,
Da wär's auf einmal still.

1 Das Gedicht wurde später auch unter dem Titel „Das zerbrochene Ringlein“ veröffentlicht.

Die Aufgabenstellung verstehen

1 Notieren Sie, welche der folgenden Arbeitsschritte die Aufgabenstellung von Ihnen verlangt. Bedenken Sie dabei, dass nicht jeder Arbeitsschritt in der Aufgabenstellung erwähnt wird.
– Ich muss eine Einleitung, einen Hauptteil und einen Schluss verfassen.
– Unabhängig vom Inhalt soll ich Form und Sprache des Gedichts analysieren.
– Ich sollte Inhalt und Aufbau des Gedichts kurz beschreiben.
– Die formale und sprachliche Gestaltung soll ich im Hinblick auf das Thema untersuchen.
– Ich muss das Gedicht mit anderen mir bekannten Liebesgedichten vergleichen.
– Meine Ergebnisse sollte ich durch Textzitate belegen.

Erstes Textverständnis und Ideen formulieren

2 Notieren Sie Ihre ersten Leseeindrücke, Assoziationen und Ideen zum Text stichwortartig, z. B.:
Trauer über Verlust der Geliebten, Untreue, Todessehnsucht …

3 Lesen Sie den Text nun noch einmal unter dem angegebenen thematischen Aspekt.

a Welcher der folgenden Schüleraussagen stimmen Sie zu?
- *Das Gedicht macht deutlich, wie sich der betrogene Partner immer weiter in seine Verzweiflung hineinsteigert und an nichts anderes mehr denken kann.*
- *Das lyrische Ich ist eifersüchtig und hegt Rachegedanken.*
- *Die Erfahrung der Untreue stürzt das lyrische Ich in eine innere Krise, es hat sogar Todesfantasien.*

b Prüfen Sie, ob Sie Textbelege für Ihre Deutung des thematischen Aspekts finden.

Den Text analysieren und interpretieren

4 Fassen Sie zusammen, wie das Motiv der Untreue und ihrer Folgen strophenweise entfaltet wird.
1. Strophe: Das lyrische Ich erinnert sich an …
2. Strophe: Die Geliebte hat ihr Treueversprechen …

5 Analysieren Sie formale und sprachliche Merkmale des Gedichts.
Arbeiten Sie mit einer Textkopie. Unten finden Sie beispielhafte Textmarkierungen.

Joseph von Eichendorff: **Lied** (1813)

x x́ x x́ x x́ x
In einem kühlen Grunde, *a*
Da geht ein Mühlenrad, *b*
Mein' Liebste ist verschwunden, *a*
Die dort gewohnet hat. *b*

Sie hat mir Treu versprochen,
Gab mir ein'n Ring dabei, — *Treueversprechen der Geliebten* / *Symbol: Ring*
Sie hat die Treu gebrochen,
Mein Ringlein sprang entzwei. — *Bruch des Versprechens* / *…*

Ich möcht als Spielmann reisen
Weit in die Welt hinaus
Und singen meine Weisen
Und gehn von Haus zu Haus.

Ich möcht als Reiter fliegen
Wohl in die blut'ge Schlacht,
Um stille Feuer liegen
Im Feld bei dunkler Nacht.

Hör ich das Mühlrad gehen,
Ich weiß nicht, was ich will –
Ich möcht am liebsten sterben,
Da wär's auf einmal still. — *Todessehnsucht …*

6 Setzen Sie die in der Vorlage begonnene Kennzeichnung formaler und sprachlicher Merkmale fort und benennen Sie diese. Verwenden Sie dabei die folgenden Fachbegriffe (▶ Information, S. 238, 242 f.).

Kreuzreim – Jambus – Anapher – lyrisches Ich – Antithese – Symbol – Alliteration – unreiner Reim

7 Erläutern Sie die Bezüge zwischen den markierten formalen und sprachlichen Merkmalen des Gedichts und dem Gedichtinhalt. Notieren Sie Stichworte dazu.

– *Gedanken des lyrischen Ichs kreisen beständig um seinen Schmerz; veranschaulicht durch …*
– *Anaphern wie … (V. …) bringen Verzweiflung und Unrast des lyrischen Ichs zum Ausdruck*
– *durch antithetische Verknüpfung von Treueversprechen und Treuebruch …*
– *die Alliteration … (V. …) unterstreicht Gefühl der Ausweglosigkeit*
– …

Den Schreibplan erstellen und den Text schreiben

8 Ordnen Sie Ihre wichtigsten Ergebnisse in einer Mindmap.

9 **a** Verfassen Sie eine Einleitung für Ihren Aufsatz. Machen Sie darin Angaben zu Autor, Titel, Textsorte, Entstehungszeit und zum thematischen Aspekt, unter dem Sie das Gedicht untersuchen sollen, z. B.:
In dem Gedicht … von …, veröffentlicht …, wird das Thema … lyrisch entfaltet.

b Entwickeln Sie im Sinne eines Leitfadens für den Hauptteil Ihres Aufsatzes ein Flussdiagramm (▶ S. 570). Legen Sie darin die Reihenfolge Ihrer Untersuchungsaspekte fest. Verfassen Sie dann einen zusammenhängenden Text. Belegen Sie dabei Ihre Aussagen mit Zitaten.

c Fassen Sie in einem Schlussteil Ihr wichtigstes Ergebnis noch einmal zusammen. Schließen Sie gegebenenfalls mit einer eigenen Bewertung, z. B.:
Das Gedicht vermittelt …, wie der Trennungsschmerz einen Menschen …, dass sogar der Gedanke an … als Erlösung aufkommt.

Den eigenen Text überarbeiten

10 Überarbeiten Sie den folgenden Auszug aus einem Schülertext mit Hilfe der Information zum Zitieren.

In dem Gedicht „Lied“ von J. Eichendorff geht es um die Erfahrung der Untreue und deren mögliche Auswirkungen. Das lyrische Ich erinnert sich an seine Geliebte, die es verlassen hat. Zwar hat „sie ihm Treue versprochen“, dieses Versprechen aber nicht gehalten. Die Liebesbeziehung ist vorbei, was durch das Symbol des zerbrochenen Rings verdeutlicht wird. Der Verlust der Geliebten stürzt das lyrische Ich in tiefe Verzweiflung. Es möchte „weit in die Welt hinaus“ reisen. Auch äußert es den Wunsch: „Ich möcht als Reiter fliegen wohl in die blutge Schlacht, um stille Feuer liegen im Feld bei dunkler Nacht.“ Die Aussage „Ich weiß nicht, was ich will“ (V. 18) steht im Gegensatz zu der Wunschäußerung. Die Alliteration verstärkt die Wirkung der Aussage: Das lyrische Ich ist so verzweifelt, dass es keinen Ausweg aus seiner Lage sieht.

Das Geräusch des Mühlrads, in dessen Nähe die Geliebte gewohnt hat, erinnert das lyrische Ich immer wieder an seinen Verlust, wodurch sein Schmerz verstärkt wird. Um dem ein Ende zu bereiten, „möchte das lyrische Ich am liebsten sterben“, denn dann „wär’s auf einmal still“.

11 Überarbeiten Sie Ihren eigenen Text mit Hilfe der Checkliste unten.

Information Fehlerquellen beim Zitieren

- **falsches Zitieren:** Ein Textbeleg wird nicht im Wortlaut oder sinngerecht wiedergegeben; Zeilenangaben fehlen.
  falsch: *die Textstelle „sie hat mir Treue versprochen“ …*
  richtig: *die Textstelle „Sie hat mir Treu versprochen“ (V. 5) …*
- **fehlende Zitate:** Eine Aussage zum Text wird nicht nachgewiesen.
- **zu lange Zitate:** Der Textnachweis wird nicht „auf den Punkt gebracht“.
- **keine sinnvolle Integration von Zitaten:** Zitate und Aussagen zum Text stehen unverbunden bzw. ohne ausreichende Erläuterung und Bezugnahme nebeneinander.
  falsch: *Der Sprecher möchte „[w]eit in die Welt hinaus“ reisen. Außerdem äußert er den Wunsch …*
  richtig: *Sein Wunsch „als Spielmann [zu] reisen / Weit in die Welt hinaus“ (V. 9 f.) zeigt, dass er am liebsten sein bisheriges Leben hinter sich lassen und an einem anderen Ort vollkommen neu anfangen würde. Ähnlich ist auch zu verstehen …*

Checkliste Ein Gedicht interpretieren

- Hat Ihr Aufsatz einen klaren Aufbau mit **Einleitung, Hauptteil** und **Schluss?**
- Haben Sie sämtliche **Untersuchungsaspekte** (Schreibplan) berücksichtigt?
- Haben Sie die **sprachlichen und formalen Merkmale** des Gedichts zu dessen **Inhalt** in Beziehung gesetzt?
- Haben Sie Ihre Aussagen durch **Zitate** belegt? Haben Sie korrekt zitiert?
- Ist Ihr Text **orthografisch korrekt** verfasst?
- Haben Sie wertende Formulierungen nur in der **Schlussbewertung** verwendet?

3 „Das Parfum“ – Roman und Literaturverfilmung

1 **a** Beschreiben Sie Buchcover und Filmplakat in ihren Übereinstimmungen und Unterschieden.
b Stellen Sie begründete Vermutungen darüber an, wie eng sich wohl der Film an den Roman hält.

2 Was kennzeichnet Ihrer Meinung nach einen guten Film, was eine gute Literaturverfilmung?

In diesem Kapitel erwerben Sie folgende Kenntnisse und Kompetenzen:

- Romanauszüge in ihren wesentlichen Merkmalen analysieren und interpretieren,
- Intertextualität als Kennzeichen postmodernen Erzählens verstehen,
- im konkreten Vergleich von Film und Roman erfassen, wie beide Medien Figuren, Handlung und Thematik sowie die Erzählstrategie gestalten,
- die filmsprachlichen Mittel bei der Analyse von Filmszenen beschreiben und bewerten: Kamera, Mise en Scène, Schnitt und Montage, Ton und Musik,
- über wesentliche Kategorien und Methoden der Filmanalyse verfügen,
- die filmische Adaption analysieren und Filmrezensionen bewerten,
- grundlegende Arten der Literaturverfilmung kennen und diese in der Analyse anwenden,
- einen Romanauszug schriftlich analysieren und interpretieren.

3.1 Patrick Süskind: „Das Parfum" – Ein Roman des 20. Jahrhunderts

Der Romananfang – Merkmale postmodernen Erzählens

Patrick Süskind: **Das Parfum** (1985) – Romananfang

Patrick Süskinds Roman ist ein Beispiel für postmodernes Erzählen im späten 20. Jahrhundert. In über 40 Sprachen übersetzt, war er schnell ein Welterfolg.

Die Geschichte spielt im Frankreich des 18. Jahrhunderts. Jean-Baptiste Grenouille, ein typischer Außenseiter, wächst unter widrigen Umständen auf, ist extrem hässlich und kann keine Liebe empfinden. Sein außerordentliches Talent, ein ausgeprägter Geruchssinn, treibt ihn wie besessen an, ein absolutes Parfum herzustellen. Das Parfum gewinnt das Geruchsgenie aus den Körpern schöner, junger Mädchen, die es ermordet.

Der Roman galt lange als unverfilmbar, Süskind gab die Rechte erst 2001 frei.

Im achtzehnten Jahrhundert lebte in Frankreich ein Mann, der zu den genialsten und abscheulichsten Gestalten dieser an genialen und abscheulichen Gestalten nicht armen Epoche gehörte. Seine Geschichte soll hier erzählt werden. Er hieß Jean-Baptiste Grenouille, und wenn sein Name im Gegensatz zu den Namen anderer genialer Scheusale, wie etwa de Sades, Saint-Justs, Fouches, Bonapartes usw., heute in Vergessenheit geraten ist, so sicher nicht deshalb, weil Grenouille diesen berühmteren Finstermännern an Selbstüberhebung, Menschenverachtung, Immoralität, kurz an Gottlosigkeit nachgestanden hätte, sondern weil sich sein Genie und sein einziger Ehrgeiz auf ein Gebiet beschränkte, welches in der Geschichte keine Spuren hinterläßt: auf das flüchtige Reich der Gerüche.

Zu der Zeit, von der wir reden, herrschte in den Städten ein für uns moderne Menschen kaum vorstellbarer Gestank. Es stanken die Straßen nach Mist, es stanken die Hinterhöfe nach Urin, es stanken die Treppenhäuser nach fauligem Holz und nach Rattendreck, die Küchen nach verdorbenem Kohl und Hammelfett; die ungelüfteten Stuben stanken nach muffigem Staub, die Schlafzimmer nach fettigen Laken, nach feuchten Federbetten und nach dem stechend süßen Duft der Nachttöpfe. Aus den Kaminen stank der Schwefel, aus den Gerbereien stanken die ätzenden Laugen, aus den Schlachthöfen stank das geronnene Blut. Die Menschen stanken nach Schweiß und nach ungewaschenen Kleidern; aus dem Mund stanken sie nach verrotteten Zähnen, aus ihren Mägen nach Zwiebelsaft und an den Körpern, wenn sie nicht mehr ganz jung waren, nach altem Käse und nach saurer Milch und nach Geschwulstkrankheiten. Es stanken die Flüsse, es stanken die Plätze, es stanken die Kirchen, es stank unter den Brücken und in den Palästen. Der Bauer stank wie der Priester, der Handwerksgeselle wie die Meistersfrau, es stank der gesamte Adel, ja sogar der König stank, wie ein Raubtier stank er, und die Königin wie eine alte Ziege, sommers wie winters. Denn der zersetzenden Aktivität der Bakterien war im achtzehnten Jahrhundert noch keine Grenze gesetzt, und so gab es keine menschliche Tätigkeit, keine aufbauende und keine zerstörende, keine Äußerung des aufkeimenden oder verfallenden Lebens, die nicht von Gestank begleitet gewesen wäre.

Und natürlich war in Paris der Gestank am größten, denn Paris war die größte Stadt Frankreichs. Und innerhalb von Paris wiederum gab es einen Ort, an dem der Gestank ganz besonders infernalisch herrschte, zwischen der Rue aux Fers und der Rue de la Ferronnerie, nämlich den Cimetière des Innocents. Achthundert Jahre lang hatte man hierher die Toten des Krankenhauses Hôtel-Dieu und der umliegenden Pfarrgemeinden verbracht, achthundert Jahre lang Tag für Tag die Kadaver zu Dutzenden herbeigekarrt und in lange Gräben geschüttet, achthundert Jahre lang in den Grüften und Beinhäusern Knöchelchen auf Knöchelchen geschichtet. Und erst später, am Vorabend der Französischen Revolution, nachdem einige der Leichengräben gefährlich eingestürzt waren und der Gestank des überquellenden Friedhofs die Anwohner nicht mehr zu bloßen Protesten, sondern zu wahren Aufständen trieb, wurde er endlich geschlossen und aufgelassen, wurden die Millionen Knochen und Schädel in die Katakomben von Montmartre geschaufelt, und man errichtete an seiner Stelle einen Marktplatz für Viktualien.

Hier nun, am allerstinkendsten Ort des gesamten Königreichs, wurde am 17. Juli 1738 Jean-Baptiste Grenouille geboren. Es war einer der heißesten Tage des Jahres. Die Hitze lag wie Blei über dem Friedhof und quetschte den nach einer Mischung aus fauligen Melonen und verbranntem Horn riechenden Verwesungsbrodem in die benachbarten Gassen. Grenouilles Mutter stand, als die Wehen einsetzten, an einer Fischbude in der Rue aux Fers und schuppte Weißlinge, die sie zuvor ausgenommen hatte. Die Fische, angeblich erst am Morgen aus der Seine gezogen, stanken bereits so sehr, daß ihr Geruch den Leichengeruch überdeckte. Grenouilles Mutter aber nahm weder den Fisch- noch den Leichengeruch wahr, denn ihre Nase war gegen Gerüche im höchsten Maße abgestumpft, und außerdem schmerzte ihr Leib, und der Schmerz tötete alle Empfänglichkeit für äußere Sinneseindrücke. Sie wollte nur noch, daß der Schmerz aufhöre, sie wollte die eklige Geburt so rasch als möglich hinter sich bringen. Es war ihre fünfte. Alle vorhergehenden hatte sie hier an der Fischbude absolviert, und alle waren Totgeburten oder Halbtotgeburten gewesen, denn das blutige Fleisch, das da herauskam, unterschied sich nicht viel von dem Fischgekröse, das da schon lag, und lebte auch nicht viel mehr, und abends wurde alles mitsammen weggeschaufelt und hinübergekarrt zum Friedhof oder hinunter zum Fluß. So sollte es auch heute sein, und Grenouilles Mutter, die noch eine junge Frau war, gerade Mitte zwanzig, die noch ganz hübsch aussah und noch fast alle Zähne im Munde hatte und auf dem Kopf noch etwas Haar und außer der Gicht und der Syphilis und einer leichten Schwindsucht keine ernsthafte Krankheit; die noch hoffte, lange zu leben, vielleicht fünf oder zehn Jahre lang, und vielleicht sogar einmal zu heiraten und wirkliche Kinder zu bekommen als ehrenwerte Frau eines verwitweten Handwerkers oder so ... Grenouilles Mutter wünschte, daß alles schon vorüber wäre. Und als die Preßwehen einsetzten, hockte sie sich unter ihren Schlachttisch und gebar dort, wie schon vier Mal zuvor und nabelte mit dem Fischmesser das neugeborene Ding ab. Dann aber, wegen der Hitze und des Gestanks, den sie als solchen nicht wahrnahm, sondern nur als etwas Unerträgliches, Betäubendes – wie ein Feld von Lilien oder wie ein enges Zimmer, in dem zuviel Narzissen stehen –, wurde sie ohnmächtig, kippte zur Seite, fiel unter dem Tisch hervor mitten auf die Straße und blieb dort liegen, das Messer in der Hand. Geschrei, Gerenne, im Kreis steht die glotzende Menge, man holt die Polizei. Immer noch liegt die Frau mit dem Messer in der Hand auf der Straße, langsam kommt sie zu sich.

Was ihr geschehen sei?

„Nichts.“

Was sie mit dem Messer tue?

„Nichts.“

Woher das Blut an ihren Röcken komme?

„Von den Fischen.“

Sie steht auf, wirft das Messer weg und geht davon, um sich zu waschen.

Da fängt, wider Erwarten, die Geburt unter dem Schlachttisch zu schreien an. Man schaut nach, entdeckt unter einem Schwarm von Fliegen und zwischen Gekröse und abgeschlagenen Fischköpfen das Neugeborene, zerrt es heraus. Von Amts wegen wird es einer Amme gegeben, die Mutter festgenommen. Und weil sie geständig ist und ohne weiteres zugibt, daß sie das Ding bestimmt würde haben verrecken lassen, wie sie es im übrigen schon mit vier anderen getan habe, macht man ihr den Prozeß, verurteilt sie wegen mehrfachen Kindermords und schlägt ihr ein paar Wochen später auf der Place de Grève den Kopf ab. R

1 **a** Äußern Sie in Form eines Brainstormings erste Leseeindrücke.
b Stellen Sie begründete Vermutungen darüber an, wie der Lebensweg Grenouilles im Romananfang vorgezeichnet wird. Berücksichtigen Sie dabei, wie die Figuren eingeführt werden.

2 Untersuchen Sie die Erzählstrategie. Wie steht der Erzähler zum Geschehen und zu den Figuren?
Der … Erzähler führt uns unmittelbar ins … ein. Er vermittelt die Geschichte in der …-Form und steuert die Sicht der … durch sein … So stellt er … z.B. in eine Reihe mit …
Viele wertende Begriffe färben seine …, z.B.: … Mit dem Pronomen „wir“ (Z. 19:….) schließt der Erzähler …

3 Der Roman ist besonders für seine sprachliche Qualität gelobt worden. Schreiben Sie unter Verwendung von Zeilenangaben die rhetorischen Mittel heraus, mit denen der Erzähler das zentrale Thema einführt. Notieren Sie auch, wie er die Welt der Gerüche sinnlich lebendig werden lässt.

Heinrich von Kleist: **Michael Kohlhaas** (1810)

An den Ufern der Havel lebte, um die Mitte des sechzehnten Jahrhunderts, ein Rosshändler namens Michael Kohlhaas, Sohn eines Schulmeisters, einer der rechtschaffensten zugleich und entsetzlichsten Menschen seiner Zeit. – Dieser außerordentliche Mann würde, bis in sein dreißigstes Jahr, für das Muster eines guten Staatsbürgers haben gelten können. Er besaß in einem Dorfe, das noch von ihm den Namen führt, einen Meierhof, auf welchem er sich durch sein Gewerbe ruhig ernährte; die Kinder, die ihm sein Weib schenkte, erzog er, in der Furcht Gottes, zur Arbeitsamkeit und Treue; nicht einer war unter seinen Nachbarn, der sich nicht seiner Wohltätigkeit oder seiner Gerechtigkeit erfreut hätte; kurz, die Welt würde sein Andenken haben segnen müssen, wenn er in einer Tugend nicht ausgeschweift hätte. Das Rechtgefühl aber machte ihn zum Räuber und Mörder.

E. T. A. Hoffmann: **Das Fräulein von Scuderi** (1819)

Gerade zu der Zeit war Paris der Schauplatz der verruchtesten Gräueltaten, gerade zu der Zeit bot die teuflischste Erfindung der Hölle die leichtesten Mittel dazu dar. […]

René Cardillac war damals der geschickteste Goldarbeiter in Paris, einer der kunstreichsten und zugleich sonderbarsten Menschen seiner Zeit. […]

Doch lasst mich fortfahren, der Verfolg wird euch die Geheimnisse des verruchtesten und zugleich unglücklichsten aller Menschen aufklären.

1 **a** Vergleichen Sie den Anfang der Novelle „Michael Kohlhaas“ mit dem ersten Absatz des Romans „Das Parfum“ (► S.73) und die drei Auszüge aus der Erzählung „Das Fräulein von Scuderi“ mit den ersten beiden Sätzen: Welche Ähnlichkeiten hinsichtlich Figuren, Ort und Erzähler entdecken Sie?
b Erläutern Sie, inwiefern Süskind mit der literarischen Tradition spielt.

2 **a** Recherchieren Sie zu „Michael Kohlhaas“ und „Das Fräulein von Scuderi“:
- Welchen Lebensweg gehen die Figuren Michael Kohlhaas und René Cardillac jeweils?
- Welche Konflikte tragen sie aus?
- Welche positiven und welche negativen Eigenschaften charakterisieren sie?

b Erklären Sie, inwiefern die Kenntnis der beiden literarischen Werke die Leseerwartung bei der Lektüre von „Das Parfum“ steuert.

Information **Intertextualität und postmodernes Erzählen**

Mit **Intertextualität** bezeichnet man konkrete Bezüge zwischen einzelnen literarischen Werken. Die Literatur der Gegenwart bezieht sich z. B. durch Anspielungen, stilistische Nachahmung oder Parodie auf andere Texte oder bildet deren erzählerische Strukturen nach. Dadurch verschwimmen die Grenzen zwischen den Texten und das einzelne Werk wird als Teil eines umfassenden Textgefüges verstanden. Autoren stellen bewusst intertextuelle Bezüge her, z. B. um bestimmte Leseerwartungen zu wecken oder um eine Figur indirekt zu charakterisieren. Intertextualität ist ein Merkmal postmodernen Erzählens (► S. 542).

Der erste Mord – Grenouilles Charakter

Patrick Süskind: **Das Parfum** (1985) – Auszug

Grenouille wächst – von anderen gemieden – als Waisenkind heran. In allem ist er zurückgeblieben, nur sein Geruchssinn ist übernatürlich. Bei einem seiner Streifzüge durch Paris erfasst er den betörenden Duft eines jungen Mädchens.

Hunderttausend Düfte schienen nichts mehr wert vor diesem einen Duft. Dieser eine war das höhere Prinzip, nach dessen Vorbild sich die andern ordnen mußten. Er war die reine Schönheit.

Für Grenouille stand fest, daß ohne den Besitz des Duftes sein Leben keinen Sinn mehr hatte. Bis in die kleinste Einzelheit, bis in die letzte zarteste Verästelung mußte er ihn kennenlernen; die bloße komplexe Erinnerung an ihn genügte nicht. Er wollte wie mit einem Prägestempel das apotheotische[1] Parfum ins Kuddelmuddel seiner schwarzen Seele pressen, es haargenau erforschen und fortan nur noch nach den inneren Strukturen dieser Zauberformel denken, leben, riechen.

Er ging langsam auf das Mädchen zu, immer näher, trat unter das Vordach und blieb einen Schritt hinter ihr stehen. Sie hörte ihn nicht. Sie hatte rote Haare und trug ein graues Kleid ohne Ärmel. Ihre Arme waren sehr weiß und ihre Hände gelb vom Saft der aufgeschnittenen Mirabellen. Grenouille stand über sie gebeugt und sog ihren Duft jetzt völlig unvermischt ein, so wie er aufstieg von ihrem Nacken, ihren Haaren, aus dem Ausschnitt ihres Kleides, und ließ ihn in sich hineinströmen wie einen sanften Wind. Ihm war noch nie so wohl gewesen. Dem Mädchen aber wurde es kühl.

Sie sah Grenouille nicht. Aber sie bekam ein banges Gefühl, ein sonderbares Frösteln, wie man es bekommt, wenn einen plötzlich eine alte abgelegte Angst befällt. Ihr war, als herrsche da ein kalter Zug in ihrem Rücken, als habe jemand eine Türe aufgestoßen, die in einen riesengroßen kalten Keller führt. Und sie legte ihr Küchenmesser weg, zog die Arme an die Brust und wandte sich um.

Sie war so starr vor Schreck, als sie ihn sah, daß er viel Zeit hatte, ihr seine Hände um den Hals zu legen. Sie versuchte keinen Schrei, rührte sich nicht, tat keine abwehrende Bewegung. Er seinerseits sah sie nicht an. Ihr feines sommersprossenübersprenkeltes Gesicht, den roten Mund, die großen funkelndgrünen Augen sah er nicht, denn er hielt seine Augen fest geschlossen, während er sie würgte, und hatte nur die eine Sorge, von ihrem Duft nicht das geringste zu verlieren.

Als sie tot war, legte er sie auf den Boden mitten in die Mirabellenkerne, riß ihr Kleid auf, und der Duftstrom wurde zur Flut, sie überschwemmte ihn mit ihrem Wohlgeruch. Er stürzte sein Gesicht auf ihre Haut und fuhr mit weitgeblähten Nüstern von ihrem Bauch zur Brust, zum Hals, in ihr Gesicht und durch die

1 **apotheotisch:** zum Göttlichen erhoben

Haare und zurück zum Bauch, hinab an ihr Geschlecht, an ihre Schenkel, an ihre weißen Beine. Er roch sie ab vom Kopf bis an die Zehen, er sammelte die letzten Reste ihres Dufts am Kinn, im Nabel und in den Falten ihrer Armbeuge.

Als er sie welkgerochen hatte, blieb er noch eine Weile neben ihr hocken, um sich zu versammeln, denn er war übervoll von ihr. Er wollte nichts von ihrem Duft verschütten. Erst mußte er die innern Schotten dicht verschließen. Dann stand er auf und blies die Kerze aus. R

1 Charakterisieren Sie Grenouille in diesem Romanauszug. Erklären Sie dabei, welche Handlungsmotive ihn antreiben und was sein Verhältnis zu den Menschen auszeichnet.

Im „inneren Imperium" – Grenouille als Zerstörer und Schöpfer

Patrick Süskind: **Das Parfum** (1985) – Auszug

Grenouille hat sich nach den Lehrjahren als Parfümeur auf seiner Wanderschaft in eine Berghöhle zurückgezogen. Hier verharrt er sieben Jahre – äußerlich isoliert, innerlich in seinen Fantasien erblühend.

Schauplatz dieser Ausschweifungen war – wie könnte es anders sein – sein inneres Imperium, in das er von Geburt an die Konturen aller Gerüche eingegraben hatte, denen er jemals begegnet war. Um sich in Stimmung zu bringen, beschwor er zunächst die frühesten, die allerentlegensten: den feindlichen, dampfigen Dunst der Schlafstube von Madame Gaillard; das ledrig verdorrte Odeur ihrer Hände; den essigsauren Atem des Pater Terrier; den hysterischen, heißen mütterlichen Schweiß der Amme Bussie; den Leichengestank des Cimetière des Innocents; den Mördergeruch seiner Mutter. Und er schwelgte in Ekel und Haß, und es sträubten sich seine Haare vor wohligem Entsetzen.

Manchmal, wenn ihn dieser Aperitif der Abscheulichkeiten noch nicht genügend in Fahrt gebracht hatte, gestattete er sich auch einen kleinen geruchlichen Abstecher zu Grimal und kostete vom Gestank der rohen, fleischigen Häute und der Gerbbrühen, oder er imaginierte den versammelten Brodem von sechshunderttausend Parisern in der schwülen lastenden Hitze des Hochsommers.

Und dann brach mit einem Mal – das war der Sinn der Übung – mit orgastischer Gewalt sein angestauter Haß hervor. Wie ein Gewitter zog er her über diese Gerüche, die es gewagt hatten, seine erlauchte Nase zu beleidigen. Wie Hagel auf ein Kornfeld drosch er auf sie ein, wie ein Orkan zerstäubte er das Geluder und ersäufte es in einer riesigen reinigenden Sintflut destillierten Wassers. So gerecht war sein Zorn. So groß war seine Rache. Ah! Welch sublimer Augenblick! Grenouille, der kleine Mensch, zitterte vor Erregung, sein Körper krampfte sich in wollüstigem Behagen und wölbte sich auf, so daß er für einen Moment mit dem Scheitel an die Decke des Stollens stieß, um dann langsam zurückzusinken und liegenzubleiben, gelöst und tief befriedigt. Er war wirklich zu angenehm, dieser eruptive Akt der Extinktion[1] aller widerwärtigen Gerüche, wirklich zu angenehm ... Fast war ihm diese Nummer das liebste in der ganzen Szenenfolge seines inneren Welttheaters, denn sie vermittelte das wunderbare Gefühl rechtschaffener Erschöpfung, das nur den wirklich großen, heldenhaften Taten folgt.

Er durfte nun eine Weile lang guten Gewissens ruhen. Er streckte sich aus; körperlich, so gut es eben ging im engen steinernen Gelaß. Innerlich jedoch, auf den reingefegten Matten seiner Seele, da streckte er sich bequem der vollen Länge nach und döste dahin und ließ sich feine Düfte um die Nase spielen: ein würziges Lüftchen etwa, wie von Frühlingswiesen hergetragen; einen lauen Maienwind, der durch die er-

1 **Extinktion:** Aussterben

sten grünen Buchenblätter weht; eine Brise vom Meer, herb wie gesalzene Mandeln. Es war später Nachmittag, als er sich erhob – sozusagen später Nachmittag, denn es gab natürlich keinen Nachmittag oder Vormittag oder Abend oder Morgen, es gab kein Licht und keine Finsternis, es gab auch keine Frühlingswiesen und keine grünen Buchenblätter ... es gab überhaupt keine Dinge in Grenouilles innerem Universum, sondern nur die Düfte von Dingen. (Darum ist es eine *façon de parler*[2], von diesem Universum als einer Landschaft zu sprechen, eine adäquate freilich und die einzig mögliche, denn unsere Sprache taugt nicht zur Beschreibung der riechbaren Welt.) – Es war also später Nachmittag, will sagen ein Zustand und Zeitpunkt in Grenouilles Seele, wie er im Süden am Ende der Siesta herrscht, wenn die mittägliche Lähmung langsam abfällt von der Landschaft und das zurückgehaltne Leben wieder beginnen will. Die wutentbrannte Hitze – Feindin der sublimen Düfte – war verflogen, das Dämonenpack vernichtet. Die inneren Gefilde lagen blank und weich in der lasziven Ruhe des Erwachens und warteten, daß der Wille ihres Herrn über sie käme.

Und Grenouille erhob sich – wie gesagt – und schüttelte den Schlaf aus seinen Gliedern. Er stand auf, der große innere Grenouille, wie ein Riese stellte er sich hin, in seiner ganzen Pracht und Größe, herrlich war er anzuschauen – fast schade, daß ihn keiner sah! –, und blickte in die Runde, stolz und hoheitsvoll:

Ja! Dies war sein Reich! Das einzigartige Grenouillereich! Von ihm, dem einzigartigen Grenouille erschaffen und beherrscht, von ihm verwüstet, wann es ihm gefiel, und wieder aufgerichtet, von ihm ins Unermeßliche erweitert und mit dem Flammenschwert verteidigt gegen jeden Eindringling. Hier galt nichts als sein Wille, der Wille des großen, herrlichen, einzigartigen Grenouille. Und nachdem die üblen Gestänke der Vergangenheit hinweggetilgt waren, wollte er nun, daß es dufte in seinem Reich. Und er ging mit mächtigen Schritten über die brachen Fluren und säte Duft der verschiedensten Sorten, verschwenderisch hier, sparsam dort, in endlos weiten Plantagen und kleinen intimen Rabatten, den Samen faustweise verschleudernd oder einzeln an eigens ausgewählten Plätzen versenkend. Bis in die entlegensten Regionen seines Reiches eilte der Große Grenouille, der rasende Gärtner, und bald war kein Winkel mehr, in den er kein Duftkorn geworfen hätte.

Und als er sah, daß es gut war und daß das ganze Land von seinem göttlichen Grenouillesamen durchtränkt war, da ließ der Große Grenouille einen Weingeistregen herniedergehen, sanft und stetig, und es begann allüberall zu keimen und zu sprießen, und die Saat trieb aus, daß es das Herz erfreute. Schon wogte es üppig auf den Plantagen, und in den verborgenen Gärten standen die Stengel im Saft. Die Knospen der Blüten platzten schier aus ihrer Hülle.

Da gebot der Große Grenouille Einhalt dem Regen. Und es geschah. Und er schickte die milde Sonne seines Lächelns über das Land, worauf sich mit einem Schlag die millionenfache Pracht der Blüten erschloß, von einem Ende des Reichs bis zum anderen, zu einem einzigen bunten Teppich, geknüpft aus Myriaden von köstlichen Duftbehältern. Und der Große Grenouille sah, daß es gut war, sehr, sehr gut. Und er blies den Wind seines Odems über das Land. Und die Blüten, liebkost, verströmten Duft und vermischten ihre Myriaden Düfte zu einem ständig changierenden und doch in ständigem Wechsel vereinten universalen Huldigungsduft an Ihn, den Großen, den Einzigen, den Herrlichen Grenouille, und dieser, auf einer goldduftenden Wolke thronend, sog den Odem schnuppernd wieder ein, und der Geruch des Opfers war ihm angenehm. Und er ließ sich herab, seine Schöpfung mehrmals zu segnen, was ihm von dieser mit Jauchzen und Jubilieren und abermaligen herrlichen Duftausstößen gedankt wurde. Unterdessen war es Abend geworden, und die Düfte verströmten sich weiter und mischten sich in der Bläue der Nacht zu immer phantastischeren Noten. Es stand eine wahre Ballnacht der Düfte bevor mit einem gigantischen Brillantduftfeuerwerk.

Der Große Grenouille aber war etwas müde ge-

2 façon de parler: Art zu reden (frz.)

worden und gähnte und sprach: „Siehe, ich habe ein großes Werk getan, und es gefällt mir sehr gut. Aber wie alles Vollendete beginnt es mich zu langweilen. Ich will mich zurückziehen und mir zum Abschluß dieses arbeitsreichen Tages in den Kammern meines Herzens noch eine kleine Beglückung gönnen."

Also sprach der Große Grenouille und segelte, während das einfache Duftvolk unter ihm freudig tanzte und feierte, mit weitausgespannten Flügeln von der goldenen Wolke herab über das nächtliche Land seiner Seele nach Haus in sein Herz. R

1 **a** Beschreiben und erläutern Sie Grenouilles innere Erlebnisse in der Bergeinsamkeit des Plomb du Cantal. Gehen Sie dabei auch auf den Ort und seine Atmosphäre ein.

b Erklären Sie, wie sich Grenouilles Charakter inzwischen weiterentwickelt hat: Welches Selbstbild hat er? In welcher Beziehung steht er zu den Menschen?

2 Wie steht der Erzähler zu seiner Figur? Beschreiben und deuten Sie die Erzählstrategie.

3 Untersuchen Sie die sprachliche Gestaltung des Romankapitels und erklären Sie, in welcher Weise sie die inhaltliche Aussage unterstreicht.

4 Der Autor spielt in diesem Kapitel mit Anspielungen auf andere Texte.

a Recherchieren Sie den Bibeltext „Das Buch Genesis. Die Erschaffung der Welt". Vergleichen Sie das Motiv der Schöpfung in beiden Texten. Erklären Sie die Funktion der Ähnlichkeiten und Unterschiede.

b Lesen Sie Joseph von Eichendorffs Gedicht „Mondnacht" (▸ S. 130) und vergleichen Sie es mit den Zeilen 162–165: Welche Motive werden aufgegriffen? Wie werden sie verändert? Welche Wirkung wird dadurch erzeugt?

5 Beurteilen Sie abschließend, inwiefern Grenouille ein genialer Schöpfer ist.

6 Fassen Sie Ihre Arbeitsergebnisse in einem Interpretationsaufsatz zusammen. Nutzen Sie dazu die folgende Information und gliedern Sie Ihren Text in Einleitung, Hauptteil und Schluss:

Information **Analyse und Interpretation von Romanauszügen – Grundlegende Fragen**

- Was ist das **Thema** des Romans bzw. des Romanauszugs (z. B. Liebe) und welches sind seine zentralen **Motive** (z. B. Blume, Duft)?
- In welchem **Kontext** steht der Romanauszug (Stellung im Romanganzen)? Was sind die entscheidenden **Ereignisse?** Wie verläuft die (äußere/innere) Handlung? (▸ S. 200)
- Welche **Figuren** kommen vor und in welcher **Beziehung** stehen sie zueinander? Welche **Charaktereigenschaften** und Fähigkeiten besitzen sie? (▸ S. 197)
- Wie sind **Ort, Zeit** und **Atmosphäre** gestaltet? Gibt es Besonderheiten in der **Zeitstruktur,** z. B. Rückblenden oder Vorausdeutungen? (▸ S. 200)
- Wer ist der **Erzähler** / die **Erzählerin** der Geschichte? Handelt es sich um eine **Ich-Erzählung** oder um eine **Er-/Sie-Erzählung?** Welches **Erzählverhalten** herrscht vor: auktorial (kommentierend, bewertend), personal (an eine Figur gebunden) oder neutral? Gibt es Mischformen? Wie werden Äußerungen und Gedanken einer Figur wiedergegeben, z. B. durch direkte oder indirekte Rede, durch inneren Monolog oder erlebte Rede? (▸ S. 200 ff.)
- Gibt es Besonderheiten in der **Sprache,** z. B. Satzbau und Wortwahl, verschiedene Stilebenen, sprachliche Bilder, rhetorische Mittel usw.? Wie wirken sie? (▸ S. 242 ff.)

Interpretation: Alle formalen Aspekte sollten hinsichtlich ihrer Bedeutung für die inhaltliche Aussage ausgewertet und im Sinnzusammenhang gedeutet werden. Fragen Sie sich dazu jeweils, welche Wirkung sie in Bezug auf den Inhalt erzeugen.

3.2 Tom Tykwer: „Das Parfum" – Die filmische Umsetzung eines Romans

Die filmische Exposition – Annäherung an eine schwierige Figur

Andrew Birkin, Bernd Eichinger, Tom Tykwer: **Das Drehbuch** (2005)

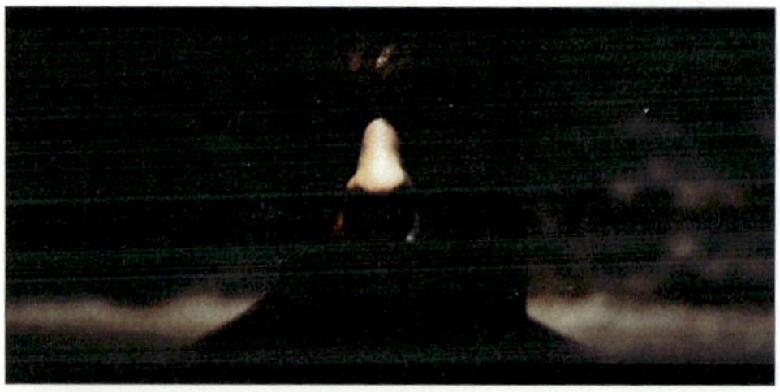

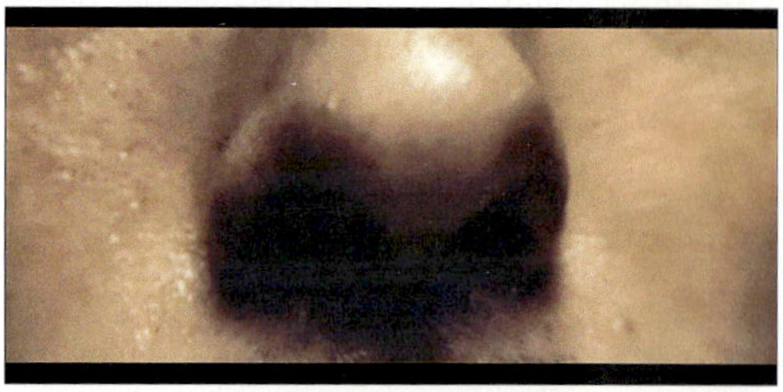

[...]

Richter: Das Urteil des Gerichts lautet: Der Parfümeurgeselle Jean-Baptiste Grenouille soll binnen zwei Tagen auf ein hölzernes Kreuz gebunden werden – mit dem Gesicht dem Himmel zugewandt.

Infernalisches Gebrüll der Zustimmung fegt wie eine Welle quer über den Platz.

Richter: Er erhält bei lebendigem Leibe zwölf Schläge mit einer eisernen Stange ...

Wiederaufbrandender Jubel. [...] Während das wütende Geschrei allmählich verebbt, bewegen wir uns auf Grenouilles Gesicht zu.

Erzählerstimme: Im 18. Jahrhundert lebte in Frankreich ein Mann, der zu den genialsten und zugleich berüchtigtsten Gestalten jener Epoche gehörte ...

Wir nähern uns dem Gesicht des Verurteilten ...

Erzählerstimme: Er hieß Jean-Baptiste Grenouille, und wenn sein Name heute in Vergessenheit geraten ist, so nur aus dem einen Grund, weil sich sein Genie und sein einziger Ehrgeiz auf ein Gebiet beschränkte, welches in der Geschichte keine Spuren hinterlässt ...

... und werden in den dunklen Tunnel seines Nasenloches hineingesogen ...

Erzählerstimme: ... das flüchtige Reich der Gerüche.

Haupttitel auf schwarzem Grund:

DAS PARFUM

Die Geschichte eines Mörders

1 Beschreiben Sie, welche Wirkung das erste Filmbild (► S. 80) auf Sie ausübt.

2 Lesen Sie im Drehbuchauszug nur die kursiv gesetzten Hinweise für die Kamera und vollziehen Sie deren Bewegung nach:
Welche Einstellungsgrößen spielen eine Rolle?
Was passiert mit dem Betrachter?
Der Film eröffnet mit einer ... auf ... Aus dem Dunkel taucht hell ausgeleuchtet ... auf.
Damit wird das Leitmotiv des Films ... Der Blick ... in die Kamera suggeriert ...
Die Düsternis der Umgebung knüpft an die ... Stimmung des Romans an.

3 **a** Sehen Sie sich den Filmanfang an und erläutern Sie das Zusammenspiel von Bild, Bewegung, Musik und Sprache im Hinblick auf die Wirkung.
b Welche Funktion hat diese – vom Roman abweichende – Exposition?

4 Transferaufgabe: Untersuchen Sie die Exposition eines Films, mit dem Sie sich beschäftigen.

Information **Filmisches Erzählen**

Die Kamera übernimmt im Film die **Funktion der Erzählerin;** ihre Sprache ist die Bildsprache, die sich aus **Kameraeinstellungen** (z. B. Panorama, Halbtotale, Detail), **Kameraperspektiven** (Normalsicht, Vogel- oder Froschperspektive) und **Kamerabewegungen** (Bewegung der Objekte vor der Kamera, Bewegung der Kamera selbst) zusammensetzt. Diese bestimmen die Haltung zum gezeigten Geschehen und zu den Filmfiguren.
Die Einstellungsgröße ist der **Bildausschnitt,** den die Kamera zeigt. Mit ihr kann unsere emotionale **Beziehung zum Gezeigten** beeinflusst werden. Extreme Nähe zwingt in der Regel zu Teilnahme, genauer Beobachtung und zu gesteigerter Aufmerksamkeit, während zunehmende Entfernung auch emotional distanziert.
Beim **Voice-over** kommentiert eine **Erzählstimme** aus dem **Off** die Bilder, die zu sehen sind. Der Erzähler wendet sich aus seiner subjektiven Ich-Perspektive unmittelbar an das Publikum. Was zu sehen ist, wird als Sicht des Erzählenden wahrgenommen.

Fischmarkt – Paris

Ein Fischer trägt einen Korb Heringe zu einem lebhaften Markt, wo Männer und Frauen schreiend ihre Waren feilbieten, während sie von Fliegen umschwirrte Fische aufschlitzen. Die Fischhändler werfen die Innereien achtlos zu Boden und waten förmlich in Blut und Dreck. Hunde, Katzen und Möwen reißen sich um die Reste.

Erzählerstimme: Zu der Zeit, von der wir reden, herrschte in den Städten ein für uns moderne Menschen kaum vorstellbarer Gestank. Und natürlich war in Paris der Gestank am größten, denn Paris war die größte Stadt Europas. Und nirgendwo in Paris war dieser Gestank so über alle Maßen widerlich wie auf dem Fischmarkt der Stadt.

Der Fischer bringt seinen Korb zu einem Stand, wo eine stämmige, ungepflegte Frau Fische ausnimmt. Dies ist Grenouilles Mutter: Sie ist hochschwanger und steht kurz vor der Niederkunft.

Erzählerstimme: Hier nun, am allerstinkendsten Ort des ganzen Königreichs, wurde am 17. Juli 1738 Jean-Baptiste Grenouille geboren.

Grenouilles Mutter wird von Presswehen überwältigt. Sie bricht hinter ihrem Stand zusammen und versteckt sich unter einem hohen Schlachtertisch. Während sie die Beine anzieht, presst sie ihr Kind heraus. Dann durchtrennt sie die Nabelschnur mit ihrem Fischmesser. Anschließend kommt sie erschöpft hinter dem Tisch zum Vorschein. Ein Kunde schaut sie an.

Erzählerstimme: Für seine Mutter war es bereits die fünfte Geburt. Alle hatte sie hier an der Fischbude absolviert, und alle waren Totgeburten oder Halbtotgeburten gewesen.

Kunde: Was ist denn?

Grenouilles Mutter reagiert nicht auf ihn.

Erzählerstimme: Abends war alles zusammengeschaufelt und mit den Fischabfällen in den Fluss geworfen worden. So sollte es auch heute sein ...

Das Neugeborene liegt atmend inmitten von Fischabfällen.

Erzählerstimme: ... doch Jean-Baptiste entschied anders.

Kurze Schnitte auf: Innereien, Fleisch, ein Korb Fische, ein fressender Hund, Ratten, fallende Schlachterbeile, ein Messer mit Innereien, ein herabhängendes Schwein, ein Mann, der sich übergibt. Die Nasenflügel des Babys weiten sich. Sein Geschrei dringt unter dem Tisch hervor, während Grenouilles Mutter schwer atmend vor sich hinstarrt. Passanten werden auf das Schreien aufmerksam, bleiben stehen und nehmen den Fischstand in Augenschein.

Eine Frau schaut unter den Schlachtertisch, wo sich die Fischabfälle türmen. Zwischen all dem Gedärm und dem Dreck lässt sich das Gesicht des Neugeborenen ausmachen. Ein Polizeioffizier kommt näher.

Frau 1: Was ist das für ein Geschrei? Ein Kindchen! Ein Neugeborenes!

Polizeioffizier: Wo ist die Mutter?

Sie schauen sich um, aber Grenouilles Mutter ist verschwunden.

Kunde: Sie war eben noch da.

FRAU 2: Sie lässt es einfach liegen – ihr eigenes Kind!

FRAU 1: Sie wollte ihr eigenes Kind umbringen!!

Der Kunde entdeckt Grenouilles Mutter, die versucht, in der Menge zu verschwinden.

KUNDE: Da ist sie! Da ist die Mutter!

Die Frau zeigt anklagend auf Grenouilles Mutter.

POLIZEIOFFIZIER: Halt!! Bleib stehen!

FRAU 2: *schreiend* Mörderin!!

Grenouilles Mutter dreht sich zu uns, sie wirkt noch immer verwirrt. Das Baby-Geschrei geht durch Mark und Bein.

ERZÄHLERSTIMME: So brachte Grenouilles erster Schrei ...

Place de Greve – Paris

Ein Galgenstrick legt sich um ihren Hals.

ERZÄHLERSTIMME: ... seine Mutter an den Galgen ...

Sie fällt nach unten aus dem Bild. Der Strick strafft sich.

1 Mit dieser Szene beginnt auch der Roman.

a Betrachten Sie die Filmbilder aufmerksam und beschreiben Sie, wie historischer Ort und Atmosphäre gestaltet werden. Welche Wirkung wird durch das Zusammenspiel unterschiedlicher Einstellungsgrößen erzielt?
Der historische Ort des Fischmarkts in Paris um 1738 wird ... Insbesondere durch den Wechsel von Groß- und Detailaufnahmen entsteht ...

b Sehen Sie sich den Filmausschnitt mehrfach hintereinander an und notieren Sie, wie die sinnliche Wahrnehmung – insbesondere das Riechen – inszeniert wird.
Der Geruchssinn kann im Medium des Films nur indirekt ... Auf der visuellen Ebene ...

2 Vergleichen Sie die Szene „Fischmarkt", wie sie im Drehbuch entfaltet wird, mit dem Romananfang (▸ S. 73 f.). Zeigen Sie Analogien auf und untersuchen Sie, inwieweit sich epische und filmische Sprache unterscheiden (▸ Information, S. 242 ff.).
epische Gestaltungsmittel: *Parallelismen/Anaphern = ..., ...*
filmische Gestaltungsmittel: *Schnitt = ..., ...*

3 Transferaufgabe: Vergleichen Sie die unterschiedlichen Sprachen der Medien anhand eines anderen epischen Textes (Roman, Novelle usw.) und dessen Verfilmung.

Information **Formen des Filmanfangs – Die Exposition**

Der Filmanfang, die **Exposition**, ist aus Sicht der Wahrnehmungspsychologie von außerordentlicher Bedeutung, da hier die Aufmerksamkeit des Publikums besonders hoch ist. Die Exposition stimmt emotional auf den Film ein und gibt Informationen zu Figuren, Motivationen und Situationen. Oft ist mit den ersten Bildern schon das Genre des Films präsent.
Im Film sind (wie auch in der Literatur) als Extremformen die deduktive und die induktive Exposition zu unterscheiden. Die **deduktive Informationsvermittlung** führt vom Allgemeinen zum Besonderen, von der Weit-Einstellung zu immer kleineren Bildausschnitten. Die Zuschauer und Zuschauerinnen erhalten so einen genauen Überblick darüber, wo sie sich in der erzählten Welt befinden.
Die **induktive Informationsvermittlung** führt vom Besonderen zum Allgemeinen. Dabei nimmt die Kamera den entgegengesetzten Weg. Sie beginnt mit einer Detail-/Großaufnahme und entfernt sich zunehmend vom Protagonisten und seiner (psychischen) Verfassung. Die Kamera verschafft dem Publikum erst langsam einen Überblick über die größeren Zusammenhänge. Die subjektive Wahrnehmung der Figur steht im Vordergrund und bindet das Publikum an sie.
Häufig gibt es Mischformen zwischen beiden Typen der Exposition.

Das Mirabellenmädchen – Der erste Mord in Film, Drehbuch und Roman

Film

Drehbuch

Nur Zentimeter hinter ihr steht Grenouille und blickt sie an. Einen Moment ist sie fassungslos, dann öffnet sie die Lippen, um zu schreien, aber Grenouille legt seine Hand auf ihren Mund. Grenouille wendet den Kopf zu einer Treppe, von der Schritte kommen, begleitet von Gelächter. Nach Luft ringend, versucht das Mädchen, Grenouilles Hand zu entfernen, die sich über Nase und Mund geschoben hat. Sie wehrt sich – er drückt fester und zieht sie mit sich in den Schatten einer Mauer.
Ein Liebespaar kommt die Treppe hinab in den Innenhof. Sie verharren in einem innigen Kuss. Grenouille beobachtet die beiden und hält das rothaarige Mädchen umklammert. Schließlich geht das Pärchen weiter in Richtung Gasse und verschwindet. Grenouille wendet sich dem Mädchen in seinem Arm zu und schaut in ihre leblosen Augen. Er nimmt die Hand von ihrem Mund. Sie atmet nicht mehr.
Völlig fassungslos lässt er sie langsam zu Boden sinken. Einen Moment lang steht er nur da und versucht zu begreifen, was geschehen ist [...], dann kniet er neben ihr und atmet ihren Duft ...

1 Vergleichen Sie die Szene in den verschiedenen Medien: Roman (► S. 76), Film und Drehbuch.
- **a** Untersuchen Sie besonders die Gestaltung der Figuren und ihrer Beziehung. Welche Motivation lenkt jeweils Grenouilles Handeln?
- **b** Inwieweit nehmen Film und Roman unterschiedliche Bewertungen der Figur vor?
- **c** Erläutern Sie, ob die Szene als Schlüsselszene in Film und Roman betrachtet werden kann.

2 Sehen Sie sich die gesamte Sequenz mehrfach an (ab 17. Minute) und analysieren Sie die filmsprachlichen Mittel (► S. 89 f.), mit denen der Film andere Akzente setzt als der Roman.

Der Film als Ganzes – Handlungsgefüge im Vergleich zum Roman

Methode **Sequenzplan**

Mit einem **Sequenzplan** kann man sich einen Gesamtüberblick über einen Film verschaffen. Eine **Sequenz ist eine Handlungseinheit**, die durch Ortswechsel oder Veränderung der Figurenkonstellation von anderen inhaltlichen Einheiten abgegrenzt ist. Handlungsführung und Figurenkonstellation werden dabei in ihrer Abfolge festgehalten.

1 Sehen Sie sich den gesamten Film an und erfassen Sie seine Handlungsstruktur:

a Erstellen Sie einen Sequenzplan zum Film – am besten arbeitsteilig in Gruppen zu jeweils ca. 30 Filmminuten. Gestalten Sie Ihren Plan so, dass rechts eine Spalte für Kommentare steht:

Sequenz	*Dauer*	*Inhalt*	*Kommentar*
...	...	...	...
Baldinis Scheitern	*29.–31. Minute*	*Baldini allein im Büro: Versuch, Duft zu entschlüsseln*	*groteske Überzeichnung, Karikatur*

b Vergleichen Sie Ihre Notizen und erstellen Sie einen endgültigen Plan.

2 Besorgen Sie sich eine Übersicht des Romaninhalts. Setzen Sie den Handlungsverlauf in Beziehung zum Sequenzplan:

a Halten Sie fest, welche Szenen der Film übernimmt, verschiebt, auslässt, neu hinzufügt.

b Erklären Sie an ausgewählten Szenen, warum der Film andere Akzente setzt bzw. setzen muss.

c Nutzen Sie die unten aufgeführten „Fachaspekte“, die sich sowohl auf literarische Texte als auch auf Filme anwenden lassen, um Ihre Vergleiche zwischen Text und Film begrifflich zu präzisieren.

3 Setzen Sie Ihre Ergebnisse zur Handlungsmotivation der Filmfigur Grenouille in der Szene „Mirabellenmädchen“ in Beziehung zu Ihrem Gesamtüberblick von Film und Roman.

4 **a** Diskutieren Sie, inwieweit die filmische Umsetzung des Romans gelungen ist.

b Halten Sie die wichtigsten Argumente auf Pro- und Kontra-Karten fest. Prüfen Sie die Argumente:
- Überlegen Sie, welche filmischen Notwendigkeiten hinter bestimmten Entscheidungen stehen.
- Berücksichtigen Sie die unterschiedlichen Rezeptionsweisen von Roman und Film.

Information **Fachspezifische Aspekte, die sich beim Medium Film anwenden lassen**

- Handlungsdramaturgie (geschlossene, offene Form), Handlungsstränge, Vor- und Rückblenden
- Erzählerische Funktion der Kamera (Erzählperspektive, Erzählhaltung)
- Stoff (Story, Plot, Thema, Genre)
- Leitmotive und ihre Konnotation
- Figuren (Rolle, Verhalten, Motivation, Entwicklung, Konstellation, Konflikt)
- Zeitgestaltung (Verhältnis von Erzählzeit und erzählter Zeit: z. B. Dehnung oder Raffung des Erzählten durch Schnitt, Zeitlupe und Zeitraffer)
- Raumgestaltung (z. B. Handlungsraum, Stimmungsraum, Symbolraum)
- Sprache im Film (z. B. Dialoge) sowie Texte zum Film (z. B. Drehbuch, Filmkritik)

Der Mythos vom einsamen Genie – Narrative Strukturen im Film

1 **a** In welchen Zusammenhängen ist Ihnen der Begriff „Mythos“ bisher begegnet? Einigen Sie sich auf eine gemeinsame Definition des Begriffs.
b Vergleichen Sie Ihre Definition mit den Angaben in der Information unten.

2 Der Film „Das Parfum“ bedient sich des Mythos vom einsamen Genie. Verfolgen Sie den dafür typischen Weg des Helden im Film:
a Welche Stationen durchlebt er, die Sie auch aus anderen Geschichten kennen? Beginnen Sie so: *frühkindliche Trennung von den Eltern/Verstoßenwerden …*
b Erklären Sie, inwiefern man von einer erfolgreichen Entwicklung des Helden sprechen kann.

3 **a** Stellen Sie die oben gezeigten Schlüsselszenen des Films in ihren erzählerischen Kontext.
b Mythen sind Erzählmuster (z. B. Aufstieg und Fall eines Helden), in denen für das menschliche Dasein wesentliche Motive wie etwa Verrat (der z. B. zum Fall des Helden beiträgt) wirksam werden. Welche Motive innerhalb des Mythos vom einsamen Genie werden in den Szenen oben jeweils thematisiert?

4 **a** Erklären Sie, inwiefern der Film insgesamt bestimmte Mythen und Motive menschlicher Grundsituationen aufnimmt, z. B.: *Einsamkeit, Liebe …*
b Könnte der Film auf eines der Motive verzichten? Begründen Sie.

Information **Mythen und Motive als narrative Strukturen filmischen Erzählens**

Als **Mythen** bezeichnet man narrative Muster, in denen bestimmte Handlungen, Charaktere und Motive als feste Bestandteile verwendet werden. Mythen sind uralte Erzählmuster, die von der Antike bis heute mit leichten Variationen unverändert geblieben sind. Dazu gehören z. B. das Auflehnen gegen eine Autorität, die Heldenreise, der Erlöser, die heilende Macht der Liebe usw.
In Mythen verdichten sich **Motive menschlichen Daseins**, wie z. B. Liebe, Tod, Macht, Wahrheit, Täuschung, Angst. Solche Motive begleiten stets das menschliche Leben.
Wirkungsvolle Geschichten bedienen sich bis heute dieser narrativen Grundmuster und der in ihnen wirksamen Motive. Sie rühren an kollektive, meist unbewusste Inhalte im Seelenleben der Zuschauer. Im Kino können diese intensiv durchleben, was sie im Alltag niemals erleben möchten bzw. können.

5 Vergleichen Sie die Gestaltung Grenouilles mit der Gestaltung anderer einsamer Genies in Filmen, Romanen oder Erzählungen, z. B. Frankenstein.

6 **a** Transferaufgabe: Verfolgen Sie mythische Muster in anderen Filmen, mit denen Sie sich beschäftigen, z. B.: der Mythos des Erlösers/Auserwählten, der Mythos des genialischen menschlichen Monsters, der Mythos der Liebe als Erlösung/Verwandlung.
b Untersuchen Sie auch die Gestaltung verschiedener Themen und Motive, wie z. B. Liebe, Tod, Macht und Angst, in unterschiedlichen Filmen. Orientieren Sie sich bei der Auswahl der Filme z. B. am Filmkanon der Bundeszentrale für politische Bildung (bpb).

Die Grammatik der Bilder – Elemente der Filmsprache

Der Film im Detail – Inszenierte Bilder

Durch eine detaillierte Analyse ausgewählter Einstellungen oder Sequenzen wird das inszenierte Zusammenwirken der einzelnen filmischen Gestaltungsmittel, die Grammatik der Bilder, erkennbar. Die Detailanalyse der filmsprachlichen Struktur schärft die Wahrnehmung der mehrdimensionalen Beziehungen zwischen den verschiedenen Zeichensystemen Bild, Bewegung und Ton.

Mise en Scène (In-Szene-Setzen)

1 **a** Die Bilder zeigen beispielhaft die besondere ästhetische Gestaltung von Figuren und Landschaft. Wie werden je Bild Figuren und Objekte in Szene gesetzt? Untersuchen Sie dazu die Filmbilder auf die Farb- und Lichtgestaltung sowie auf die Komposition hin. Verwenden Sie Begriffe, die Sie aus dem Kunstunterricht kennen (z.B. Farbkontraste, Goldener Schnitt, Raumgestaltung).

b Sehen Sie sich die Filmszenen an, aus denen die Einstellungen stammen (im Anwesen Richis', Lavendelfelder, bei Madame Arnulfi). Beurteilen Sie die ästhetische Qualität der Einstellungen in ihrem unmittelbaren szenischen Kontext.

2 **a** Vergleichen Sie die Einstellungen mit denen aus der Exposition und der Szene „Mirabellenmädchen" (► S. 84). Notieren Sie, auf welche Weise diese Filmbilder gestaltet wurden.
Die Filmbilder aus der Exposition und … stehen in … Kontrast zu … Die Szenen spielen in … Umgebung und zeigen die … der Stadt. In der Fischmarktszene werden … assoziiert …

b Ordnen Sie die Bilder in die Handlungsfolge des Films ein: Inwieweit markiert der Wechsel in der Bildästhetik eine inhaltliche Veränderung?
Die Filmbilder in der Provence markieren einen deutlichen … in der Dramaturgie …

Information **Die Bildinszenierung – Mise en Scène**

Der französische Begriff **„Mise en Scène"** wird für die filmische Bildinszenierung verwendet. Figuren und Objekte werden wie in der Kunst auf einem Gemälde oder Foto für den Blick des Betrachters bzw. für die Kamera im Raum inszeniert.
Neben Perspektive, Achsenverhältnissen und Kameraführung sind Kategorien der **Bildästhetik** hilfreich: statischer (vertikale, horizontale Strukturen) und dynamischer (diagonale Strukturen)

Bildaufbau, offene und geschlossene Form, Symmetrie und Asymmetrie, Flächeneinteilung, Lichtführung, Farbe, Raumgestaltung, Tiefenwirkung, Schärfegrad. Diese **Mittel der Malerei** weisen dem Geschehen über die erzählte Geschichte hinaus weitere Bedeutungsebenen zu. Zur Bildgestaltung gehören auch die Wahl des Drehorts (Location), die Ausstattung, Requisiten und Kostüme.

Schnitt und Montage

Schnitt und Montage (Information, ► S. 89 f.) sind die wichtigsten filmischen Gestaltungsmittel. Bei Filmproduktion und Filmanalyse ist es daher entscheidend, sich ihre Wirkungsweise „vor Augen zu führen“.

1 **a** Sehen Sie sich die Filmsequenz an, die mit Lauras Versteckspiel beginnt und mit der vermeintlichen Gefangennahme des Mörders (Predigt des Bischofs) endet (82.–92. Filmminute).

b Untersuchen und beschreiben Sie die Montagetechnik, die Abfolge und Kombination der Bilder. Achten Sie auch auf den Ton (Sprache und Musik).
Welche Wirkung wird erzielt?

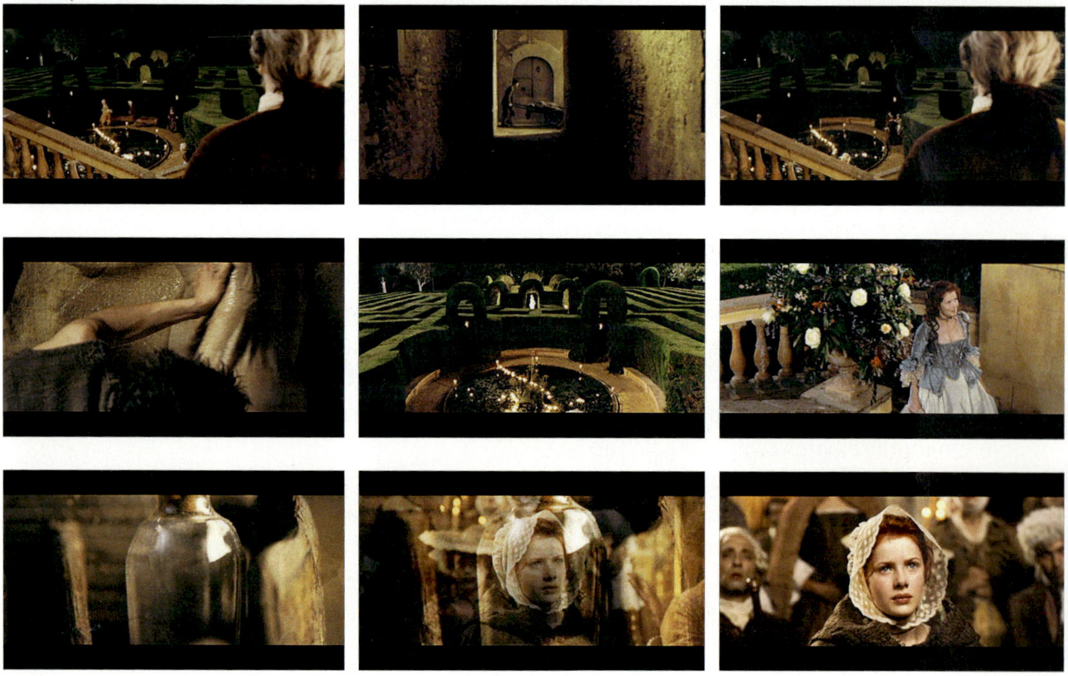

2 **a** Laura in Gefahr: Sehen Sie sich die ersten sechs Filmbilder vom Beginn der Sequenz in ihrer Abfolge an. Erklären Sie die Funktion der Montageform.
Es wechseln Einstellungen von … und …
Die Form der … suggeriert, dass …

b Die letzten drei Bilder gegen Ende der Sequenz haben eine besondere Funktion. Erläutern Sie die Funktion, indem Sie die Bilder auf den Kontext des gesamten Films beziehen.
Grenouille hat bereits zwölf Essenzen aus …
Durch die Überblendung mit … assoziieren die Zuschauer …

Information **Die Montage**

Die Montage, die „Organisation der Bilder in der Zeit" (André Bazin), manipuliert Zeit und Raum. Sie schafft Sinnzusammenhänge und steuert die Bedeutung der Filmbilder. Die Filmsprache kennt verschiedene Formen der Bildverknüpfung. Sie können durch **harten Schnitt** (das übliche Verfahren) oder durch **weichen Schnitt** (z. B. Überblendung) erzeugt werden.

Man unterscheidet:

- **Erzählende Montage:** Die Einstellungen sind inhaltlich so aufeinander bezogen, dass die erzählerische Kontinuität gewahrt wird. Die Schnitte sind kaum wahrnehmbar. Man spricht auch vom unsichtbaren Schnitt.
- **Parallelmontage:** Getrennt verlaufende Handlungen werden zur Erzeugung von Spannung wechselnd zusammengeschnitten. Das Publikum weiß mehr als die Filmfiguren.
- **Analogmontage:** Distanzen in Raum und Zeit werden überbrückt, indem eine gemeinsame Form/Handlung aus unterschiedlichen Zusammenhängen übernommen wird.
- **Kontrastmontage:** Die Kombination konträrer Bilder fordert zu einer Stellungnahme auf, z. B. das prunkvolle Leben am Hof im Gegensatz zum Elend der übrigen Bevölkerung.
- **Assoziationsmontage:** Die Folge von zwei verschiedenen Bildern erzeugt ein drittes, eine Assoziation, z. B.: Gesicht + Messer = Mörder; Gesicht + Essen = Hunger.
- **Realitätsbrechung:** Der Wechsel von Filmformaten (z. B. Film, Zeichentrick, digital manipulierte Bilder) bricht die Illusion und betont die mediale Fiktion.
- **Schuss – Gegenschuss:** Mit dem Wechsel der Kameraposition zwischen miteinander sprechenden Figuren wird die unmittelbare Teilnahme des Publikums suggeriert.

3 **a** Betrachten Sie erneut die letzten beiden Filmbilder aus der Exposition (Fischmarkt, ▸ S. 82). Welche Funktion hat die Montage der Bilder hier?

b Welche weiteren Montageformen konnten Sie im Film entdecken? Beschreiben Sie Art und Wirkung.

Information **Filmsprache – Fachbegriffe und Funktionen im Überblick**

Die Filmsprache ist ein **komplexes Zeichengefüge** aus Bild, Bewegung, Sprache und Musik, das die Sinne simultan und intensiv anspricht; gleichzeitig können die Schauspieler/innen, Drehort und Story unmittelbar zur Identifikation einladen.
Die **Kamera als Erzählerin** bestimmt die Haltung zum Geschehen und zu den Filmfiguren (▸ S. 81). Der gestaltete Raum im Film wird mit dem Begriff **„Mise en Scène"** (▸ S. 87 f.) bezeichnet.

Filmisches Erzählverhalten

- **Allwissende Kamera:** verfügt über das Geschehen und kommentiert, z. B. durch die Perspektive
- **Subjektive Kamera:** Der Kamerablick deckt sich mit dem der Figuren, z. B. Point-of-View-Shot.
- **Mindscreen:** innere Bilder der Filmfigur, wie z. B. Erinnerungen, Teilnahme an deren Wahrnehmung
- **Neutrale Kamera:** sachlich-objektive Distanz auf Augenhöhe, Beobachtung der handelnden Figuren

Einstellungsgrößen

- **Panorama/Weit:** Überblick über den Ort des Geschehens → Vermittlung von Atmosphäre
- **Totale:** Übersicht über den Schauplatz → räumliche Orientierung
- **Halbtotale:** Figuren in ihrer gesamten Körperlänge → Wahrnehmung der unmittelbaren Umgebung
- **Halbnah/Amerikanisch:** Figuren in kommunikativen Situationen, etwa vom Knie an aufwärts
- **Nah:** Figuren von der Brust an, häufig in Sprechsituationen → Gestik und Mimik im Vordergrund
- **Groß:** z. B. nur das Gesicht → Nähe und genaue Beobachtung des mimischen Ausdrucks
- **Detail:** extremste Nähe → Steigerung der Aufmerksamkeit, besondere Bedeutung der Dinge

Kameraperspektiven

- **Normalsicht:** normale menschliche Perspektive in Augenhöhe → Objektivität und Authentizität
- **Vogelperspektive:** Blick von einem erhöhten Punkt → Distanz, häufig Gefühl der Verlorenheit
- **Froschperspektive:** niedriger Standpunkt → Figuren bzw. Objekte wirken mächtig, bedrohlich

Kamerabewegung

- **Handlungsachse:** Bewegung der Objekte vor der stehenden Kamera → distanzierte Beobachtung
- **Kameraachse:** Bewegung der Kamera → Nachahmung der menschlichen Bewegung, Authentizität; horizontales **Schwenken,** vertikales **Neigen,** sich von der Stelle bewegende **Kamerafahrt**
  Die gemeinsame Bewegung von Objekt und Kamera bietet eine hohe Identifikationsmöglichkeit.

Schnitt, Montage (► S. 89), **Zeitgestaltung**

Schnitt und Montage beeinflussen das **Zeitgefühl** des Zuschauers.

- **Zeitraffung:** Die **Ellipse** (Auslassung von Handlungsteilen) lässt Unwichtiges zu Gunsten des Bedeutsamen aus; auch der **Zeitraffer** und die **Analogmontage** raffen bzw. verkürzen die Zeit.
- **Zeitdehnung:** Bedeutsames wird wiederholt, aus unterschiedlichen Perspektiven oder in der **Zeitlupe** gezeigt; auch die **Parallelmontage** dehnt bzw. verlängert die Zeit.
- **Zeitdeckung (Plansequenz):** Identität von Filmzeit und real verstreichender Zeit ohne Schnitt

Ton: Filmmusik und Geräusche

- **Musik:** ein unterschwellig im **Unbewussten** wirkendes Gestaltungsmittel; sie erzeugt und verdichtet **Emotionen.** Bestimmte Klänge können Gefühlslagen erzeugen (z. B. sinfonische Streichmusik: Liebe; Popmusik: Lebensfreude; atonale Musik: Gefahr; hallende Musik: Träume). Figuren, Gegenständen oder Situationen wird durch **musikalische Leitmotive** eine besondere Bedeutung zugewiesen. Filmmusik kann atmosphärisch **historische, soziale oder kulturelle Authentizität** suggerieren. Sie rhythmisiert und strukturiert Filmbilder und beeinflusst das **Zeitempfinden** des Zuhörers und Zuschauers.
- **Geräusche** sind meistens unmittelbar präsent und steigern die **Wirklichkeitsillusion. Geräuschverstärkung** oder Plötzlichkeit können alarmieren und schockieren.
- **On-Ton/Synchronton:** Die Quelle des Tons ist sichtbar oder ergibt sich aus dem Zusammenhang.
- **Off-Ton:** Die Quelle des Tons ist im Bild nicht sichtbar (z. B. Voice-over, ► S. 81).

Verfilmung von Literatur – Filmrezension und Filmtheorie

Peter Körte: **Du spürst kaum einen Hauch** (2006)

Bernd Eichinger, unser größter und mutigster Produzent, hat „Das Parfum“ verfilmt – an der Unsterblichkeit muss er aber noch arbeiten.

[...] Es gibt eine ungeschriebene Regel, ein Buch nicht gegen seine Verfilmung auszuspielen. Doch leider hat man hier ganz schnell das Gefühl, die Filmemacher selbst hätten diese Regel umgangen, weil sie zu sehr am Buch kleben, weil schon in den ersten Minuten Otto Sander aus dem Off Süskinds Sätze rezitiert, weil es Momente gibt, in denen der Film den Roman auf groteske Weise wörtlich nimmt. Wenn es etwa am Ende bei Süskind heißt, Grenouille sei „von Schönheit übergossen gewesen wie von strahlendem Feuer“, umgibt ihn der Film allen Ernstes mit einer kleinen Aura. [...]

Wer fünfzig Millionen Euro investiert, der muss halt Rücksichten nehmen. Der kann zwar Süskind gelegentlich wörtlich nehmen, aber keine Bilder machen, wie man sie bei Süskinds Prosa vor Augen hat. Wo aus Satzfolgen Sequenzen für eine Mainstream-Produktion werden, denkt man an andere Dinge. Wo liegt die Ekelgrenze? Wie viel Schmutz und Blut und Grausamkeit darf es sein? Wie hässlich darf ein Hauptdarsteller sein, der den amoralischen Grenouille spielt? Wie lassen sich Morde an unschuldigen Mädchen inszenieren?

Ben Whishaw als Grenouille ist keine schlechte Wahl: kein Schönling, nicht zu derb – und leider ohne den leisesten Anflug von Dämonie. Er beschwört sie eher hilflos, wie überhaupt „Das Parfum“ von Anfang an eine Abfolge beschwörender Gesten ist. Es ist nicht nur die Off-Stimme, es sind auch die Bilder all der geruchsintensiven Dinge, die der Film wie ein Leporello ausbreitet. Grenouille riecht an einer toten Ratte – und die Kamera zoomt durchs Rattenfell auf die Würmer, die ihre Arbeit tun. Und doch wirkt alles chemisch gereinigt. [...]

Und dann tut der Film etwas, was ein Verrat an seinem Helden ist, dessen Weg von Paris nach Grasse, vom Gerbergehilfen zum Duftgenie, von Mord zu Mord er fast zweieinhalb Stunden lang ziemlich schleppend nachbuchstabiert hat: Grenouille vergießt ein paar Tränen, als er auf dem Höhepunkt seiner Macht die Bilder seines ersten Opfers, des „Mirabellenmädchens“, vor sich sieht, und diese Regung bringt eine klebrige Sentimentalität ins Spiel, die alles, was man bis dahin gesehen hat, dementiert. Mit solchen Einfällen kann man einen Film ruinieren; man kann sie auch verstehen als ein Zeichen tiefster Verunsicherung: Trotz aufwändigen Produktionsdesigns, trotz leuchtender Lavendelfelder und optischer Tricks sind Eichinger und Tykwer gegen die Faszination des genialisch Bösen immun. Sie dämpfen den Schrecken, und sie filmen, als müsste ständig beglaubigt werden, dass es sich tatsächlich um Süskinds Romanvorlage handelt. Nicht weil das Buch unverfilmbar ist, ist „Das Parfum“ gescheitert, sondern weil es den Roman zu sehr verfilmt.

Michael Althen: **Ich will doch nur, dass ihr mich liebt** (2006)

Tom Tykwer entlockt Patrick Süskinds „Parfum“ in atemberaubenden Bildern einen ganz eigenen Duft.

Identifikation ist zwar nicht alles im Kino, aber es war klar, dass es um mehr gehen müsste als nur einen Serienmörder, der seiner schönen Kunst grausige Opfer darbringt. Wenn man so will, dann mussten sie hinter seinem blutigen Weg den verzweifelten Aufschrei hörbar machen: „Ich will doch nur, dass ihr mich liebt!“ Dazu mussten sie die Temperatur des Romans ein paar Grad hochfahren [...]. In einem Gerangel ohnegleichen um die ersten Plätze im Meinungsstreit wurde dem Film schon Wochen vor dem Start vorgeworfen, er rücke dauernd die Nase des Helden ins Bild. [...] Darum geht es doch, und die stets behände und lyrische Kamera von Frank Griebe fährt natürlich immer wieder darauf zu, lässt sich geradezu aufsaugen, um sich dann davontragen zu lassen wie die Düfte im Wind. Und natürlich ist es eine Augenweide zu sehen, wie die Gerüche in leuchtenden Farben ins Bild gesetzt werden, wie der Lavendel auf den Feldern blüht und die Mirabellen golden leuchten. Einmal rast die Kamera im Flug über die südfranzösische Landschaft dem Duft einer Rothaarigen hinterher, die auf dem Pferde flieht, ein andermal lässt sie sich vom Geruchswirrwarr einer Pariser Straße von einer Sensation zur nächsten tragen. Man ist jedenfalls im Nu sensibilisiert für die Perspektive eines Wesens, das die Welt immer nur durch die Nase wahrnimmt und blind ist für jede andere Form von Schönheit.

In einer der schönsten Szenen tastet sich Grenouille als kleiner Junge mit dem Geruchssinn aus dem Hof des Waisenhauses hinaus in die Welt, erschnüffelt Gras und Holz und Apfel und schnuppert sich später über einen warmen Flusskiesel in Gedanken in ein Flüsschen, wo er unter Wasser sogar noch die Frösche und ihren Laich wahrzunehmen glaubt.

Wie im Roman wechselt die Geschichte geschickt zwischen dieser mikroskopischen Annäherung an die Dinge und einem Erzählerton aus großer Höhe, und der Kontrast zwischen des Helden Sensibilität und seiner Herzenskälte ist ihr unwiderstehlicher Motor. Dass ihr Autor Patrick Süskind vor dem Erfolg in die Unsichtbarkeit geflohen ist, lädt natürlich dazu ein, die wilde Lust eines Mannes, der sich nur in seinen Duftwerken materialisieren kann, mit ihm zu identifizieren. Und auch wenn Tom Tykwer auf ganz andere Weise im Rampenlicht steht und es auch genießt, ist genau dies der Punkt, wo seine Identifikation mit dem Stoff womöglich beginnt. Als wahrhaft obsessiver Filmfan, der seine Jugend nächtelang nur im Kino verbracht hat, ist ihm jenes Bedürfnis vertraut, man möge an seinen filmischen Vorlieben erkannt werden, mit denen man sich wie mit Spiegeln umstellt, und als Regisseur lebt er ohnehin von dem Traum, seine Filme könnten zum einen dem Leben auf dieselbe Weise ihre Essenz abringen, wie das dem Parfümeur mit den Blüten gelingt, und zum anderen tatsächlich als Spiegel taugen, der sichtbar macht, was sonst nur blinder Fleck bleibt. [...]

Und so sucht nun eben auch Jean-Baptiste Grenouille nach dem einen Duft, in den er dann schlüpfen kann, um zu verbergen, dass dahinter nur Leere herrscht. Oder zumindest eine gewaltige Angst, emotional nicht zu genügen. Tykwer inszeniert den Moment der Erkenntnis als furioses Finale, bei dem der Held wie ein Popstar sich die Massen gefügig macht, sie mit seinem Dufthauch in Verzückung stößt, um dann ernüchtert festzustellen, dass all die Liebe nicht ihm gilt und er daran niemals teilhaben wird. Die Erinnerung an den verpassten Moment durchfährt ihn, an das Mädchen mit den Mirabellen, und die Idiotie seines Strebens wird ihm bewusst, dass er glauben konnte, für die wahre Liebe gebe es einen Ersatz. Als Filmregisseur und Kinobesessener bewegt sich Tykwer da auf Messers Schneide, weil dieser Augenblick natürlich auch mit dem Missverständnis, das Kino könne ein Ersatz fürs wahre Leben sein, Ernst macht.

1 **a** Untersuchen Sie, wie Körte und Althen ähnliche Filmszenen und Filmbilder bewerten.
b Vergleichen Sie: Welche Aspekte werden bei der Filmbesprechung jeweils berücksichtigt?
c Stimmen Sie mit einem der Kritiker überein? Welche Argumente überzeugen Sie?

2 Verfassen Sie selbst eine Rezension zum Film „Das Parfum“. Gehen Sie sowohl auf die filmische Umsetzung der Romanvorlage ein als auch auf die rein medienspezifischen Qualitäten.

3 Roman und Film wurden von den einen hoch gelobt, von anderen heftig kritisiert. Nehmen Sie Stellung zu folgender Aussage: „Süskinds Roman reiht sich ein in eine Tradition: Ein Frauenmörder wird literarisch überhöht, indem er als faszinierend, ja genial dargestellt wird. Seinen Opfern bleibt die Rolle der Statistinnen. Die Verfilmung bringt mit ihren reißerischen Bildern der Ermordung junger Mädchen noch stärker die Frauenfeindlichkeit zum Ausdruck, die im Roman schon angelegt ist.“.

Ralf Schnell: **Literarischer Film** (2000)

Die Bilder, die eine Literaturverfilmung zeigt, sind jene, die ein Drehbuchautor oder ein Regisseur aus der Lektüre eines Textes entwickelt haben. Die Umsetzung einer Romanvorlage, beispielsweise, in den Erzählzusammenhang eines Films legt die Optionen der Fantasie auf die individuelle Ausgestaltung von Vorstellungswelten fest. Figuren bekommen Stimme, Gestalt und Gesicht, Räume erhalten ein Interieur, Handlungsfäden werden gebündelt oder gekappt. Zeitschichten umgebaut oder kanalisiert, Offenheiten vereindeutigt und optisch festgeschrieben. Innenansichten von Figuren werden ans Licht gezerrt, ganze Reflexionspassagen entfallen, der „plot" rückt in den Vordergrund. Der Film reicht an die Vorlage nicht heran, zumindest nicht an die durch Lektüre geweckten Fantasien der Leserinnen und Leser, und diese, soweit sie liebende sind, erfahren eine narzisstische Kränkung. Noch einmal in den anschaulichen Worten Barbara Sichtermanns: „Der Film [...] veräußerlicht und objektiviert, was zuvor eine inwendige und höchst persönliche Angelegenheit war. Er raubt der Fantasie ein Spielfeld und dem individuellen Zugriff ein Objekt. Wer eine Romanverfilmung sieht, nachdem er zuvor das Buch gelesen hat, kennt diese nur schwer zu bestimmende Enttäuschung, die häufig daher rührt, dass die äußeren Filmbilder an die inneren nicht heranreichen, vielleicht aber auch nur daher, dass sie mit ihnen nicht übereinstimmen. Die Vorstellungskraft fühlt sich durch den Kinofilm über den Haufen gerannt und spielt beleidigt, so was ergreift das ganze Gemüt." Verhalten optimistisch fügt die Kritikerin hinzu: „Aber es muss nicht so sein. Es gibt ja auch das Gefühl der Erfüllung nach dem Anschauen einer Romanverfilmung: dann, wenn der ‚äußere' Film Bilder aufgeboten hat, die den inneren ähnlich oder überlegen sind." Doch hier ist Skepsis geboten, denn wann wäre das je der Fall gewesen? Luchino Viscontis vielgelobtes Ausstattungsstück „Der Tod in Venedig" (1971) – ein Äquivalent für „innere Bilder", die Thomas Manns Novelle hervorruft? Das Anschauen von „Der Name der Rose" (1985/86) mit dem facettenreichen einstigen James-Bond-Darsteller Sean Connery – verbunden mit einem „Gefühl der Erfüllung"? [...] „Literaturverfilmung" ist immer und zuerst Film, Literatur nur in abgeleiteter Form. Deshalb bedarf verfilmte Literatur der Analyse als Film eher als des Vergleichs mit dem Text. Der Text ist immer nur Vorlage für den Film – was dieser aus dem Text macht, wenn er etwas genuin Filmisches aus ihm macht, besitzt immer eine eigenständige kinematografische Qualität, die nicht den Gesetzen der Literatur, sondern denen des Films gehorchen muss. Es kann nicht verwundern, wenn der Vergleich von Filmen mit ihren literarischen Vorlagen so häufig zu Ungunsten der kinematografischen Adaption ausfällt. Das Übertragen von Erzählstrukturen, wie die Literatur sie bietet, in die Erzählformen, die dem Film eigen sind, wirkt fast notwendig defizitär, vergleicht man die filmische Adaption mit dem literarischen Original. Dort aber, wo der Film die Vorlage filmästhetisch, mit seinen eigenen Mitteln, aufnimmt, kann er auch eine eigene Qualität gewinnen. Alfred Hitchcocks „Die Vögel" (1963) nach der Vorlage von Daphne du Maurier bietet hierfür ein ebenso treffendes Beispiel wie Francis Ford Coppolas „Apocalypse Now" (1976/79) nach dem Roman „Heart of Darkness" von Joseph Conrad. Das heißt: Es geht bei der Verfilmung von Literatur nicht allein, nicht einmal in erster Linie um das Problem „Literaturverfilmung", sondern es geht um die Frage nach der Äquivalenz von Texten und Bildern, Schreibweisen und Ansichten, literarischen und filmischen Wahrnehmungsweisen, darum, ob die filmischen Bilder den literarischen Texten gewachsen sind, ihnen standhalten oder sie gar überbieten können. Und auch die Gegenprobe lässt sich machen: Die Literarisierung von Filmen, die sich inzwischen zu einem eigenen Genre ausgebildet hat, muss dann misslingen, wenn sie sich, wie meist, ihrerseits auf die sprachlich illustrierende Wiedergabe des „plots" beschränkt, anstatt eigenständige literarische Ansprüche zu realisieren.

Knut Hickethier: **Der Film nach der Literatur ist Film** (1989)

Von „Literaturverfilmung“ zu reden, heißt, den ersten Schritt in die falsche Richtung tun: denn im Begriff der Verfilmung steckt bereits die erlittene Verformung des Kunstwerks, eines Originals, das dabei seine Originalität verliert. Das Ergebnis kann nur eine schlechte Kopie, ein unvollständiger Ersatz im anderen Medium sein. [...]

Der Film aber ist immer zuerst Film, und dass seinem Drehbuch, ohnehin nur eine Zwischenstufe im Arbeitsprozess, einmal ein Roman zu Grunde gelegen hat, ist für das Filmische an ihm von peripherer[1] Bedeutung. Wir verstehen den Film, auch ohne den Roman zuvor gelesen zu haben.

Zwar kann, wer wollte das bestreiten, die vorangegangene Romanlektüre dem Filmesehen zusätzlichen Genuss (oder Enttäuschung) im Wiedererkennen von Erzähltem verleihen. Und ein Film, der sich von Titel, Handlungsstruktur und Figuren explizit auf einen Roman bezieht, fordert dazu auch in besonderer Weise heraus. Aber das rechtfertigt noch keine Sonderstellung literarisch fixierter Betrachtungsweise, die zwangsläufig das Erzählen in den Vordergrund stellt und darüber die präsentativen Aspekte des Films vernachlässigt. Wie jeder Text nur vor dem Hintergrund des gesamten bisherigen Geschriebenen zu denken ist, steht auch jeder Film im Kontext anderer Filme und enthält ungleich mehr Anspielungen und Verweise, unbewusst entlehnte Motive, Metaphern und assoziiert visuelle Erinnerungen, als sich in der Textvorlage erkennen lässt. Genrezusammenhänge, Verweise der Darsteller auf andere Rollen, die sie in anderen Filmen verkörpert haben, Kamera-, Regie- und Lichtstile, Architekturbedeutungen, Kleidungsstile etc. eröffnen eine Fülle anderer Bezugsebenen. Der spezielle Vergleich mit der literarischen Vorlage (noch nicht einmal mit dem Drehbuch) erscheint deshalb als eine unzulässige Verengung des Blicks.

1 **peripher:** am Rande liegend

1 Kennen Sie das Gefühl, dass Ihre „Vorstellungskraft beleidigt spielt“ (vgl. Schnell, S. 93, Z. 31 ff.), wenn Sie die Verfilmung eines von Ihnen gelesenen Romans sehen? Berichten Sie davon.

2 Erarbeiten und vergleichen Sie die Positionen Schnells und Hickethiers zur Literaturverfilmung.

3 Beurteilen Sie die beiden Rezensionen zu „Das Parfum“ (► S. 91 f.) vor dem Hintergrund der Thesen Schnells und Hickethiers und der drei Arten der Literaturverfilmung (► Information).

Information – Literaturverfilmungen – Drei Arten der Adaption

- Die **stofforientierte Adaption** übernimmt nur einzelne Motive oder Handlungselemente einer literarischen Vorlage. Der Film steht als eigenständiges Werk im Vordergrund.
- Die **illustrierende Adaption** ist im Gegensatz zur stofforientierten bemüht, den Text möglichst genau in filmische Bilder umzusetzen. Hier steht die Literatur im Vordergrund.
- Die **interpretierende Adaption** möchte Literatur durch filmspezifische Mittel auslegen. Sie befreit sich durch die Eigenständigkeit der filmischen Möglichkeiten einerseits von der literarischen Vorlage, ist aber dennoch eine konkrete Interpretation des Textes. Film und Text stehen auf einer Ebene. Mögliche Formen: die historische Aktualisierung, die Umsetzung des Geschehens in ein anderes soziales Umfeld, die Darstellung der persönlichen Rezeption des Textes durch die Regisseurin oder durch den Regisseur.

4 Diskutieren Sie: Welche Art von Literaturverfilmung sagt Ihnen am ehesten zu? Überlegen Sie, welche Funktion die Verfilmung von Literatur Ihrer Ansicht nach haben kann und soll. Was soll sie für das Verständnis der Vorlage leisten?

3.3 Klausurtraining: Einen Romanauszug interpretieren

Aufgabenbeispiel

1. Interpretieren Sie den Auszug aus der Hinrichtungsszene in Patrick Süskinds Roman „Das Parfum" im Hinblick auf das Selbstbild Grenouilles und sein Verhältnis zu den Menschen. Berücksichtigen Sie dabei besonders das Zusammenspiel von inhaltlichen Aspekten (Figur, Handlung), Erzählstrategie und sprachlicher Gestaltung.
2. Erläutern Sie, inwiefern der Bezug auf Goethes „Prometheus" die Leseerwartungen beeinflusst.

Patrick Süskind: **Das Parfum** (1985) – Auszug

Grenouille stand und lächelte. Vielmehr erschien es den Menschen, die ihn sahen, als lächle er mit dem unschuldigsten, liebevollsten, bezauberndsten und zugleich verführerischsten Lächeln der Welt. Aber es war in Wirklichkeit kein Lächeln, sondern ein häßliches, zynisches Grinsen, das auf seinen Lippen lag und das seinen ganzen Triumph und seine ganze Verachtung widerspiegelte. Er, Jean-Baptiste Grenouille, geboren ohne Geruch am stinkendsten Ort der Welt, stammend aus Abfall, Kot und Verwesung, aufgewachsen ohne Liebe, lebend ohne warme menschliche Seele einzig aus Widerborstigkeit und der Kraft des Ekels, klein, gebuckelt, hinkend, häßlich, gemieden, ein Scheusal innen wie außen – er hatte es erreicht, sich vor der Welt beliebt zu machen. Was heißt beliebt! Geliebt! Verehrt! Vergöttert! Er hatte die prometheische Tat vollbracht. Den göttlichen Funken, den andre Menschen mir nichts, dir nichts in die Wiege gelegt bekommen und der ihm als einzigem vorenthalten worden war, hatte er sich durch unendliches Raffinement ertrotzt. Mehr noch! Er hatte ihn sich recht eigentlich selbst in seinem Innern geschlagen. Er war noch größer als Prometheus. Er hatte sich eine Aura erschaffen, strahlender und wirkungsvoller, als sie je ein Mensch vor ihm besaß. Und er verdankte sie niemandem – keinem Vater, keiner Mutter und am allerwenigsten einem gnädigen Gott – als einzig *sich selbst*. Er war in der Tat sein eigener Gott, und ein herrlicherer Gott als jener weihrauchstinkende Gott, der in den Kirchen hauste. Vor ihm lag ein leibhaftiger Bischof auf den Knien und winselte vor Vergnügen. Die Reichen und Mächtigen, die stolzen Herren und Damen erstarben in Bewunderung, indes das Volk im weiten Rund, darunter Väter, Mütter, Brüder, Schwestern seiner Opfer, ihm zu Ehren und in seinem Namen Orgien feierten. Ein Wink von ihm, und alle würden ihrem Gott abschwören und ihn, den Großen Grenouille anbeten.

Ja, er *war* der Große Grenouille! Jetzt trat's zutage. Er war's, wie einst in seinen selbstverliebten Phantasien, so jetzt in Wirklichkeit. Er erlebte in diesem Augenblick den größten Triumph seines Lebens. Und er wurde ihm fürchterlich.

Er wurde ihm fürchterlich, denn er konnte keine Sekunde davon genießen. In dem Moment, da er aus der Kutsche auf den sonnenhellen Platz getreten war, angetan mit dem Parfum, das vor den Menschen beliebt macht, mit dem Parfum, an dem er zwei Jahre lang gearbeitet hatte, dem Parfum, das zu besitzen er sein Leben lang gedürstet hatte ... in diesem Moment, da er sah und roch, wie unwiderstehlich es wirkte und wie mit Windeseile sich verbreitend es die Menschen um ihn her gefangennahm, – in diesem Moment stieg der ganze Ekel vor den Menschen wieder in ihm auf und vergällte ihm seinen Triumph so gründlich, daß er nicht nur keine Freude, sondern nicht einmal das geringste Gefühl von Genugtuung verspürte. Was er sich immer ersehnt hatte, daß nämlich die andern Menschen ihn liebten, wurde ihm im

Augenblick seines Erfolges unerträglich, denn er selbst liebte sie nicht, er haßte sie. Und plötzlich wußte er, daß er nie in der Liebe, sondern immer nur im Haß Befriedigung fände, im Hassen und Gehaßtwerden.

Aber der Haß, den er für die Menschen empfand, blieb von den Menschen ohne Echo. Je mehr er sie in diesem Augenblick haßte, desto mehr vergötterten sie ihn, denn sie nahmen von ihm nichts wahr als seine angemaßte Aura, seine Duftmaske, sein geraubtes Parfum, und dies in der Tat war zum Vergöttern gut.

Er hätte sie jetzt am liebsten alle vom Erdboden vertilgt, die stupiden, stinkenden, erotisierten Menschen, genauso wie er damals im Land seiner rabenschwarzen Seele die fremden Gerüche vertilgt hatte. Und er wünschte sich, daß sie merkten, wie sehr er sie haßte, und daß sie ihn darum, um dieses seines einzigen jemals wahrhaft empfundenen Gefühls willen widerhaßten und ihn ihrerseits vertilgten, wie sie es ja ursprünglich vorgehabt hatten. Er wollte sich *ein* Mal im Leben entäußern. Er wollte ein Mal im Leben sein wie andre Menschen auch und sich seines Innern entäußern: wie sie ihrer Liebe und ihrer dummen Verehrung, so er seines Hasses. Er wollte ein Mal, nur ein einziges Mal, in seiner wahren Existenz zur Kenntnis genommen werden und von einem anderen Menschen eine Antwort erhalten auf sein einziges wahres Gefühl, den Haß. [R]

Die Aufgabenstellung verstehen

1 Haben Sie die Anforderungen der Aufgabenstellung richtig verstanden? Überlegen Sie in Partnerarbeit, wie Sie bei der Aufgabe vorgehen sollten.
- *Interpretieren bedeutet: …*
- *Erläutern bedeutet: …*

Erstes Textverständnis und Ideen formulieren

2 Formulieren Sie Ihr erstes Textverständnis und gehen Sie von da aus schrittweise in die Tiefe:
a Lesen Sie den Text zügig und machen Sie sich erste Notizen zu den thematischen Schwerpunkten, z. B.: *Triumph …*
b Lesen Sie den Text ein zweites Mal, nun unter dem Aspekt des Selbstbilds Grenouilles und seines Verhältnisses zu den Menschen. Markieren Sie auf einer Textkopie aussagekräftige Stellen.

3 **a** Rekapitulieren Sie das Menschen- und Gottesbild in Goethes „Prometheus“ (► S. 405 f.).
b Markieren Sie Textstellen im Romanauszug, die auf den Prometheus-Mythos verweisen.

Den Text untersuchen und die Interpretation vorbereiten

4 Machen Sie sich klar, an welche Stelle des Romanganzen der Auszug gehört. Notieren Sie, was kurz zuvor geschah und wie es weitergeht.

5 Analysieren Sie den Romanauszug nun aspektorientiert, indem Sie die in der Aufgabe genannten Analyseaspekte systematisch abarbeiten und in ihrer Wirkung aufeinander beziehen.
a Charakterisieren Sie die Figur Grenouille (Selbstbild, Beziehung zu den Menschen).
b Untersuchen Sie die innere Handlung: Wie verändert sich Grenouilles Wahrnehmung?
c Erläutern Sie die Erzählstrategie: Wie steht der Erzähler zu seiner Figur?
Der Erzähler gibt sich als … zu erkennen, indem er zu Beginn … aufdeckt („…“, Z. 5 ff.).
Dann gewährt er uns als … Erzähler … in Form der … Einblick in …
So lässt er die Leser/innen z. B. durch …

d Sammeln Sie auffällige sprachliche Gestaltungsmittel, die Ihre bisherigen Beobachtungen zu Inhalt und Erzählstrategie unterstützen:
Satzbau: kurze Hauptsätze – komplexe …
rhetorische Mittel: Parallelismen …, Superlative …, …
→ Wirkung auf die Leser/innen: …

6 Formulieren Sie Sätze, in denen Sie auf den Inhalt-Form-Bezug eingehen:
In dem Romanauszug wird durch … dargestellt, wie …: „…“ (Z. …).
Die rhetorischen Mittel lassen … auf … wirken …

7 **a** Machen Sie sich die Ähnlichkeiten und Unterschiede zwischen Prometheus und Grenouille klar:
Wie Prometheus stellt sich Grenouille … Beide Figuren sind geniale …
Prometheus erschafft … → Grenouille … – Prometheus will … → Grenouille will die Menschen …
Der intertextuelle Bezug zu … weckt bei den Lesern die Erwartung … Während man den Ähnlichkeiten … nachspürt, zeigen sich auch … und entlarven Grenouille als …

b Beurteilen Sie, inwiefern Grenouille als „prometheischer Schöpfer“ angesehen werden kann.

Den Schreibplan erstellen und den Text schreiben

8 Gliedern Sie Ihre Arbeitsergebnisse in einem Schreibplan.
Einleitung = *Fakten und Thema: In dem Auszug aus … Roman … aus dem Jahr … geht es um …*
Hauptteil = *Aufgabe 1 (Textanalyse)*
- *kurze Textbeschreibung (Kontext, Inhalt)*
- *zentrale Motive (Thema, Figur, innere Handlung)*
- *Erzählstrategie*
- *sprachliche Gestaltung (Satzbau, rhetorische Mittel …)*

(zu den drei vorigen Punkten:) *zueinander in Beziehung setzen: Wechselwirkung; Entwicklung aufzeigen*
- *Fazit: abschließende Gesamtdeutung*

Schluss = *Aufgabe 2 (intertextueller Bezug)*

9 Schreiben Sie nun Ihre Analyse des Romanauszugs entlang Ihres Schreibplans.

Den eigenen Text überarbeiten

10 Überarbeiten Sie Ihre Texte in Partnerarbeit. Nehmen Sie die folgende Checkliste zu Hilfe.

11 Notieren Sie sich abschließend die Aspekte, auf die Sie bei der nächsten Klausur achten wollen.

Checkliste **Romanauszüge interpretieren**

- Hat Ihr Aufsatz einen klaren Aufbau, der durch Absätze gekennzeichnet ist (vgl. Schreibplan)?
- Haben Sie sämtliche in den Aufgaben genannten Aspekte der Analyse berücksichtigt (Figur, Handlung, Erzählstrategie, sprachliche Gestaltung)?
- Haben Sie Besonderheiten in der sprachlichen Gestaltung untersucht.
- Unterstreichen Sie in Ihrem Text Formulierungen, in denen Sie Bezüge zwischen inhaltlichen und formalen Aspekten aufzeigen (Wie wird das Thema sprachlich gestaltet?).
- Haben Sie Bezüge zwischen Goethes „Prometheus“ und Grenouilles Selbstbild aufgezeigt und erläutert, inwiefern diese die Lesererwartung beeinflussen?
- Ist Ihr Aufsatz sachlich geschrieben? Sind Ihre Beobachtungen mit Textzitaten belegt?
- Sehen Sie Ihren Text auf Fehler durch. **Tipp:** Lesen Sie ihn Satz für Satz von hinten.

4 Medienwelten und Sprachvarietäten – Mit Sachtexten umgehen

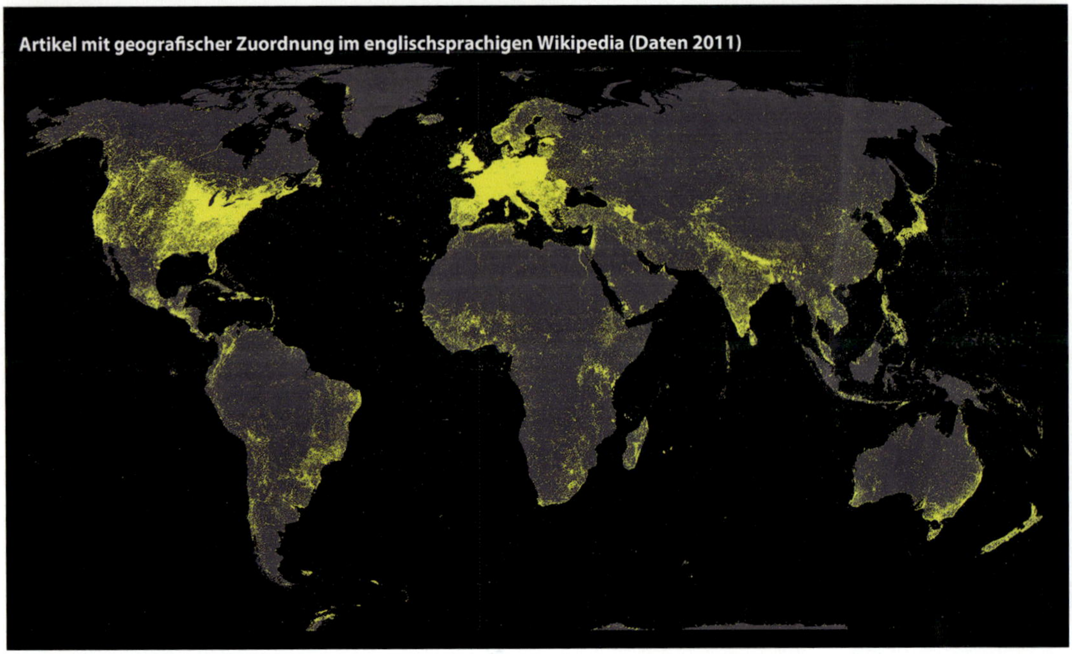

Quelle: Graham, M., De Sabbata, S., Zook, M. (2015): Towards a study of information geographies: (im)mutable augmentations and a mapping of the geographies of information. Geo: Geography and Environment. 2(1) 88–105. doi:10.1002/geo2.8

1 Wikipedia ist die meistgenutzte Online-Enzyklopädie. Artikel nennt man „geotagged", wenn sie sich eindeutig auf einen bestimmten Ort beziehen. Auf der abgebildeten Karte markieren gelbe Punkte die Orte, auf die sich Artikel im englischsprachigen Wikipedia beziehen.

a Tauschen Sie sich zu zweit darüber aus, wie Sie die Karte verstehen und welche Auffälligkeiten Sie entdecken.

b Stellen Sie Vermutungen an, ob eine Karte für das deutschsprachige oder für ein südamerikanisches Wikipedia ein anderes Bild ergäbe.

2 **a** Klären Sie zu zweit, inwieweit Sie „Wikipedia" als Teil der Medien verstehen.

b Diskutieren Sie: Inwiefern beeinflussen Medien unsere Weltsicht?

In diesem Kapitel erwerben Sie folgende Kenntnisse und Kompetenzen:

- lineare und nichtlineare Sachtexte inhaltlich erschließen,
- den Zusammenhang von Darstellungsweise und Intention von Sachtexten untersuchen,
- journalistische Textsorten unterscheiden,
- sich in Gesprächen und Diskussionen auf andere beziehen und sach- und adressatengerecht eigene Positionen vertreten,
- Sachtexte schriftlich analysieren,
- ausgehend von Sachtexten zentrale Fragen textgebunden erörtern.

4.1 Medien – Sachtexte analysieren

Mediennutzung in Deutschland und weltweit – Nichtlineare Sachtexte auswerten

Selbsttest: Mediennutzung

1. Wie viel Zeit verbringen Sie pro Tag im Internet?
   a) weniger als 2 Stunden
   b) zwischen 2 und 3 Stunden
   c) zwischen 3 und 4 Stunden
   d) mehr als 4 Stunden

2. Wie viel Zeit verbringen Sie pro Tag mit Fernsehen?
   a) weniger als 2 Stunden
   b) zwischen 2 und 3 Stunden
   c) zwischen 3 und 4 Stunden
   d) mehr als 4 Stunden

3. Notieren Sie die drei Websites, die Sie am häufigsten besuchen.

4. Notieren Sie Ihre drei hauptsächlichen Aktivitäten am Computer, z. B.: Spiele, Kommunikation, Filme/Musik, Arbeit für die Schule, Information, Shopping, Sonstiges: ...

1 **a** Schreiben Sie Ihre Antworten zu den Fragen in Ihr Kursheft.
b Bilden Sie Vierergruppen, in denen beide Geschlechter vertreten sind. Prüfen Sie, ob es Unterschiede in Ihrer Mediennutzung gibt.
c Prüfen Sie anhand des Diagramms unten für alle Gruppenmitglieder, ob Ihre Nutzungsdauer verschiedener Medien (Testfragen 1 und 2) typisch ist für Ihre Altersgruppe.

2 Formulieren Sie drei Aussagen, die sich aus dem Diagramm ablesen lassen.
Junge Menschen (14–29 Jahre) schauen im Durchschnitt mehr/weniger Fernsehen als …
In der Gesamtbevölkerung wird im Durchschnitt etwa doppelt so viel Zeit mit …

Tägliche Nutzungsdauer verschiedener Medien 2015
Nach Altersgruppen, Nutzungsdauer in Minuten/Tag

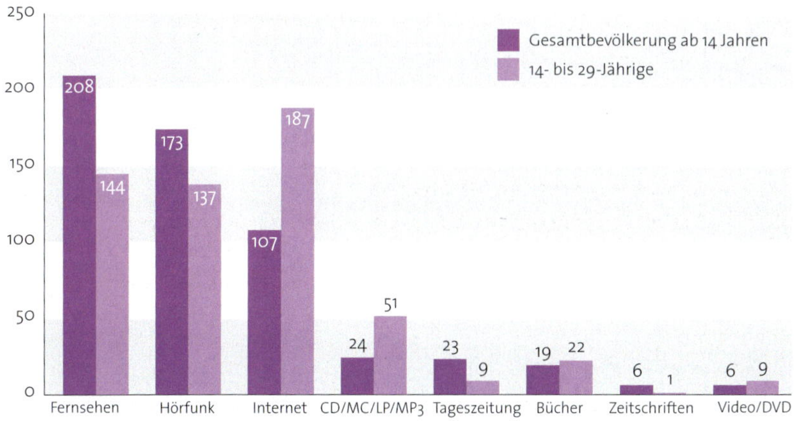

Basis: n=4300 Personen ab 14 Jahren in Deutschland, Mo-So, 05:00–24:00 Uhr

Quelle: ARD/ZDF-Langzeitstudie Massenkommunikation, 2015

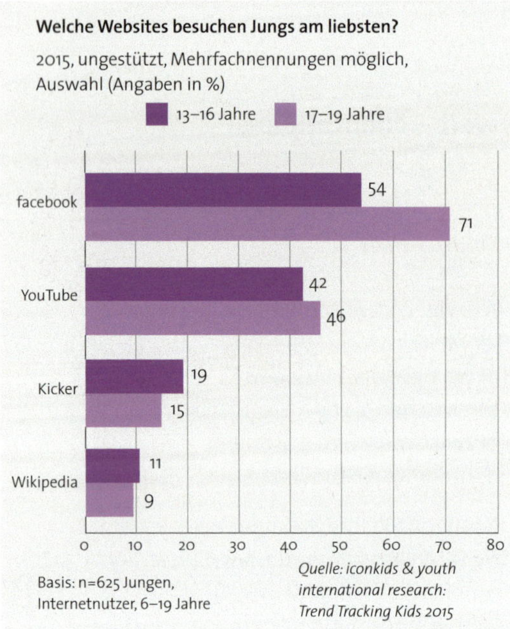

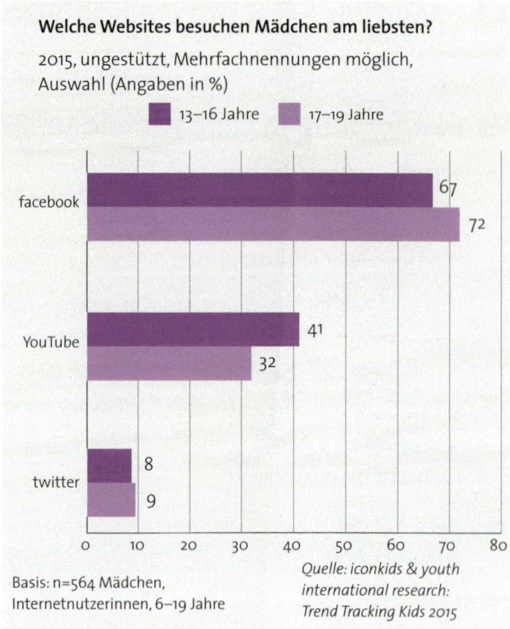

1 **a** Vergleichen Sie Ihre Aussagen aus dem Selbsttest (S. 99) mit den Grafiken.
b Nennen Sie mindestens drei Unterschiede zwischen Mädchen und Jungen.
c Ein Vater entdeckt die Grafiken und behauptet: „Wie wenig ihr jungen Leute euch für wirkliches Wissen interessiert, sieht man am geringen Stellenwert von Wikipedia!" – Diskutieren Sie, inwieweit die Grafiken diese Interpretation zulassen.

2 **a** Klären Sie mit Hilfe des Methodenkastens das Thema der Grafiken und untersuchen Sie Details.
b Fassen Sie die Kernaussagen der beiden Grafiken thesenartig zusammen.
c Nehmen Sie kritisch Stellung zur Aussagekraft der Grafiken.

Methode Nichtlineare Texte auswerten

Darstellungen von Zahlen, Informationen und Sachverhalten, die grafische Elemente enthalten, bezeichnet man als **nichtlineare Texte** (oder diskontinuierliche Texte).
Die folgenden Leitfragen helfen Ihnen, solche Texte systematisch auszuwerten.

1. Thema klären
- Wozu trifft das Diagramm, die Tabelle oder das Schaubild Aussagen?
- Gilt es für eine bestimmte Personengruppe?
- Wurde eine Zeitspanne oder der Zustand zu einem bestimmten Zeitpunkt untersucht?

2. Details untersuchen
- Falls Zahlen angegeben werden: Handelt es sich um absolute Zahlen oder um Prozentangaben?
- Werden Farben und Symbole erklärt?
- Gibt es einen Begleittext, der z. B. die Erhebungsmethode erläutert?
- Falls die Zahl der Befragten angegeben wird. Wie repräsentativ ist diese?
- Werden Quellen angegeben?

3. Kernaussagen in eigenen Worten zusammenfassen

Meistbesuchte Website von Ländern

gewichtet nach Internetnutzung

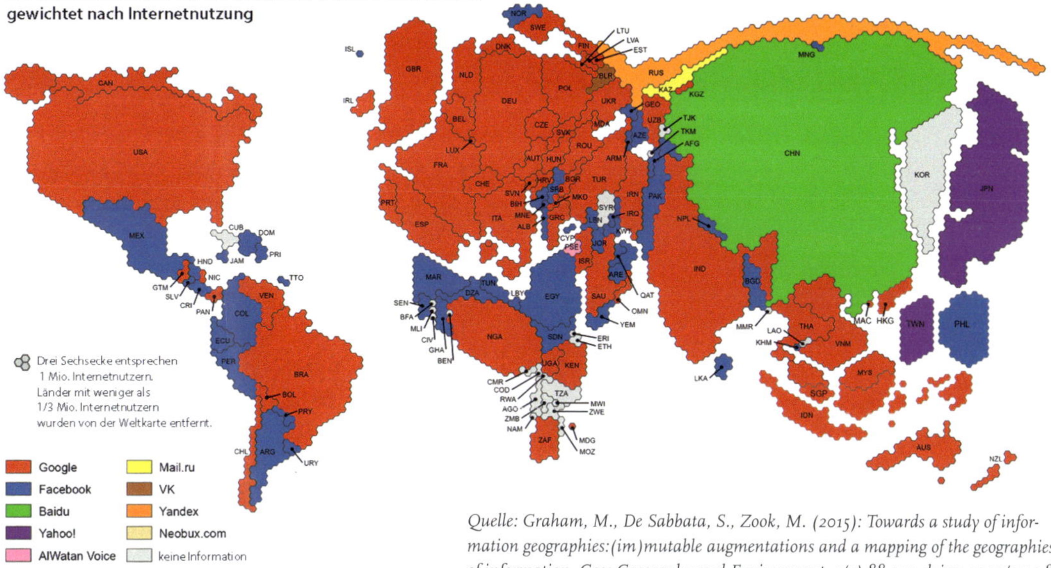

Quelle: Graham, M., De Sabbata, S., Zook, M. (2015): Towards a study of information geographies: (im)mutable augmentations and a mapping of the geographies of information. Geo: Geography and Environment. 2(1) 88-105. doi:10.1002/geo2.8

1 **a** Betrachten Sie das Schaubild und notieren Sie, was Ihnen auffällt.
b Tauschen Sie sich zu zweit aus und versuchen Sie, die notierten Auffälligkeiten zu erklären.
c Nehmen Sie Stellung zur Aussagekraft dieser Darstellung.

Wikipedia Deutschland: Häufigste Suchbegriffe 2014

Platz Nr.	Suchbegriff	Zahl der Aufrufe
1.	Nekrolog 2014	5 943 668
2.	Deutschland	4 761 273
3.	Fußball-Weltmeisterschaft 2014	4 159 838
4.	Wikipedia	3 726 640
5.	Game of Thrones	3 575 024
6.	Rufnummernmitnahme	2 763 865
7.	Fußball-Weltmeisterschaft	2 392 770
8.	The Big Bang Theory	2 276 223
9.	Ukraine	2 205 182
10.	Helene Fischer	2 088 953

2 **a** Klären Sie, was ein *Nekrolog* ist, und werten Sie die „Top Ten“ mit den Leitfragen (► Methode, S. 100) aus.
b Recherchieren Sie entsprechende Daten für das aktuelle Jahr.
c Schreiben Sie einen kurzen Zeitungsartikel zu den meistbesuchten Artikeln bei Wikipedia, etwa mit der Überschrift „Wikipedia als Seismograf einer Zeit?“.
Erläutern Sie darin, inwiefern sich in den Zugriffen ein Zeitgeist zeigt. Beginnen Sie z. B. so:
Auch 2014 wollten die Deutschen vor allem wissen, wer gestorben ist. Am häufigsten …
Dann aber wird die Top-Ten-Liste spannend: …

3 Recherchieren Sie Informationen zu Suchbegriffen in Suchmaschinen. Stellen Sie diese grafisch dar.

Ende des Gutenberg-Zeitalters? – Inhalt, Darstellungsweise und Intention von Sachtexten untersuchen

Markus Günther: **Nur noch Analphabeten** (2014)

Die Welt von morgen braucht keine Menschen mehr, die lesen oder schreiben können. Das Ende der Schriftkultur hat längst begonnen.

Über die Zukunft von Buch und Zeitung wird seit Jahr und Tag debattiert. Nur eine simple Frage wird erstaunlicherweise nie gestellt: Kann der Mensch der Zukunft überhaupt noch lesen? Die Antwort lautet: Nein. Nicht das Papier wird überflüssig, sondern die alphabetisierte Gesellschaft schlechthin. Die Welt von morgen wird kaum noch Menschen brauchen, die lesen und schreiben können.

Bei dieser Prognose kann man sich auf Widerspruch verlassen. Baut nicht unsere Arbeitswelt, ja, unser ganzes Leben auf der Kulturtechnik von Lesen und Schreiben auf? Wie sollten Lesen und Schreiben bedroht sein, wenn doch beides in den Schulen gelehrt wird?

Die Einwände klingen überzeugend, aber kurzsichtig. Die revolutionäre Veränderung nimmt gerade erst Fahrt auf. Die entfesselten Kräfte der vernetzten und audiovisuell organisierten Welt lassen keinen Stein auf dem anderen. Die fast vollständige Alphabetisierung der Gesellschaft war ein kurzlebiges Phänomen – auch wenn das heute noch so schwer vorstellbar ist wie anno 1900 eine Welt, in der Autos die Pferdekutsche überflüssig machen.

Dass das Ende der Schriftkultur so schwer vorstellbar ist, liegt daran, dass die geschriebene Sprache allgegenwärtig ist. Nie zuvor ist – dank Smartphone, E-Mail und SMS – so viel geschrieben worden. Keine Arbeit, keine Ausbildung, kein Leben als Mensch unter Menschen kommt ohne Schriftkultur aus. Doch bei genauerem Hinsehen hat die Erosion schon begonnen. Wer heute einen Einkaufszettel, eine E-Mail oder Textnachricht „schreiben“ will, kann das auch mündlich tun. Die Programme, die jedes Smartphone bietet, nehmen Diktate ganz passabel auf. Und es versteht sich von selbst, dass der Empfänger die Nachricht nicht lesen muss. Er kann eine Taste drücken und sie sich von einer sehr sympathischen Stimme, wahlweise Mann oder Frau, vorlesen lassen. [...]

Aber kann, was im Privatleben funktionieren mag, auch in der Arbeitswelt klappen?

Es klappt schon jetzt. An vielen Stellen, an denen früher eine Gebrauchsanweisung in Bibelumfang studiert werden musste, ersetzt heute ein Kurzvideo die Erklärungen. [...]

Dass Google die größte Suchmaschine der Welt ist, weiß jedes Kind. Weniger bekannt ist, dass YouTube die zweitgrößte ist. Komisch, oder? Suchen die alle Musikvideos? Mitnichten. Auf YouTube finden sich Antworten auf alle möglichen Fragen, von der Hämorrhoidenbehandlung bis zur Schlauchbootreparatur. Der Segelkurs, die Vorzüge der neuen Waschmaschine, die Mailänder Sommermode, archäologische Funde, Erste Hilfe – YouTube hat alle. Und lesen können muss hier niemand [...].

Dennoch ist es nicht allein, ja nicht einmal in erster Linie die neue Technologie, die das Lesen und Schreiben bedroht. Es ist eine Wechselwirkung aus neuen Möglichkeiten und alten Triebkräften, aus Effizienzsteigerungen und Wettbewerbsdruck.

Der Kapitalismus ist eine Kraft, die auf maximale Wertschöpfung abzielt. Sie fördert jede Produktivitätssteigerung und bekämpft jedes Wachstums- und Handelshemmnis. Die größten Hemmnisse sind unterschiedliche politische und rechtliche Systeme, sodann Währungs- und Sprachunterschiede sowie die Unter- und Überqualifizierung der Arbeiter und Konsumenten. Man muss weder Marxist[1] noch Volkswirt sein, um zu verstehen, dass der Kapitalismus an gebildeten Menschen kein Interesse haben kann. Er bemisst die Qualifikation der Menschen funktional und nicht kultu-

1 **Marxist:** Anhänger der wirtschaftlichen und politisch-sozialen Lehre von Karl Marx und Friedrich Engels

rell. Eliten braucht es natürlich, Juristen zum Beispiel, denn auch in Zukunft werden Rechtsetzung und Rechtsprechung jede wirtschaftliche Tätigkeit regeln. Aber das heißt nicht, dass alle Welt in der Lage sein muss, zu lesen und zu schreiben. [...] [E]in globaler audiovisueller Markt, in dem durch Sprechen, Sehen und Hören die Frequenz jeder Interaktion gesteigert werden kann und Sprachunterschiede nur noch ein Problem der Übersetzungssoftware sind – das wäre Gold wert. [...]
Wer meint, eine aufgeklärte Gesellschaft werde sich nicht für dumm verkaufen lassen und die mühsam errungene Lesefähigkeit nicht aufs Spiel setzen, könnte sich täuschen. Dass die Menschen mit Leib und Seele an der Schriftkultur hängen, dass sie Literatur und Journalismus zum Leben brauchen und sich einer schleichenden Enteignung ihrer Lesefähigkeit widersetzen werden, ist vorerst nicht erkennbar. Die manipulativen Kräfte der Märkte und der Monopole haben die Menschen der Gegenwart gut im Griff.

1 **a** Werten Sie den Text mit der 1-1-1-Methode aus: Notieren Sie 1 Textaussage, der Sie zustimmen, 1 Textaussage, der Sie widersprechen möchten, und 1 Frage, die der Text für Sie aufwirft.
b Tauschen Sie sich zu zweit aus und einigen Sie sich auf eine wichtige Frage zum Text.
c Wählen Sie aus den Fragen der Partnergruppen solche aus, die Sie im Kurs diskutieren wollen.

2 **a** Sachtexte zu verstehen und wiederzugeben ist eine Schlüsselfähigkeit. Bringen Sie die folgenden Lesestrategien in eine sinnvolle Reihenfolge:
Fragen an den Text stellen – den Text abschnittsweise rekapitulieren – den Titel nutzen – sich einen Überblick verschaffen – gründlich und aktiv lesen
b Machen Sie sich an dem Beispiel klar, was aktives und gründliches Lesen heißt:

Einordnung des Textes in den Kontext einer Diskussion	Über die Zukunft von Buch und Zeitung wird seit Jahr und Tag debattiert. Nur eine simple Frage wird erstaunlicherweise nie gestellt:	
Formulierung der Leitfrage des Artikels	Kann der Mensch der Zukunft überhaupt noch lesen?	rhetorische Frage
zentrale These in Kurzform	Die Antwort lautet: Nein.	Doppelpunkttechnik
Erläuterung der zentralen These	Nicht das Papier wird überflüssig, sondern die alphabetisierte Gesellschaft schlechthin. Die Welt von morgen wird kaum noch Menschen brauchen, die lesen und schreiben können.	Correctio
Überleitung: Nennung der Gegenargumente	Bei dieser Prognose kann man sich auf Widerspruch verlassen.	dialogischer Textstil

c Tauschen Sie sich in Partnerarbeit über weitere hilfreiche Lesestrategien aus.
d Erschließen Sie die zentralen Aussagen des Textes mit Hilfe geeigneter Lesestrategien.

3 **a** Stellen Sie die Inhalte des Textes grafisch dar, beispielsweise als Tabelle oder Schaubild:

Abschnitt	Thema des Abschnitts	Aussage
Z. … – Z. …	…	…
…	…	…

These: *Menschen, die lesen …*
→ **Denkbare Gegenargumente:**
Entkräftung: ←

b Formulieren Sie drei Fragen, die eine Grafik zum Text beantworten sollte.

c Prüfen Sie Ihre Grafiken in Partnerarbeit daraufhin, ob sie die Fragen aus Aufgabe b beantworten.

4 a Autoren nutzen unterschiedliche Darstellungsweisen, um Wirkungsabsichten zu verfolgen (► Information). Geben Sie für die folgenden Zitate aus der Fortsetzung des Textes von Seite 102 f. jeweils die Darstellungsweise und die Wirkungsabsicht an. Erörtern Sie Zweifelsfälle im Kurs.

> (1) In Deutschland überschritt die Alphabetisierungsquote in der zweiten Hälfte des 19. Jahrhunderts die 90-Prozent-Marke.
> (2) [W]er genau hinsieht, merkt, dass das Ende dieser Schriftkultur längst begonnen hat. Die Fähigkeit, einen passablen Brief zu schreiben, ist selbst unter Akademikern selten geworden.
> (3) Amazon-Gründer [...] Jeff Bezos zum Beispiel krempelt gerade die „Washington Post" um, die er sich zum Spaß gekauft hat. Nach sechsmonatiger Analyse hat er die Schwachstelle der Zeitung entdeckt: Es müssen mehr Videos her.

b Suchen Sie im Text (S. 102 f.) Beispiele für deskriptive, argumentative und narrative Darstellungen.

c Formulieren Sie die Hauptintention des Textes. Begründen Sie Ihr Ergebnis.

Information Darstellungsweisen und Intentionen von Sachtexten

- **Sachtexte** werden literarischen oder fiktionalen Texten gegenübergestellt. Sie werden auch als **nichtfiktionale, pragmatische** oder **Gebrauchstexte** bezeichnet. Die Geburtsurkunde gehört ebenso zur Gattung Sachtext wie der Essay oder der Aufsatz in einer Fachzeitschrift. Zu den **journalistischen Sachtexten** (► Information, S. 111) zählen u. a. Nachricht, Bericht, Reportage, Kommentar, Glosse und Rezension. Sachtexte haben oft ein großes Lesepublikum, das je nach Leseinteresse z. B. Zusammenhänge verstehen, Fähigkeiten erwerben und sich ggf. auch eine Meinung bilden will.
- Um Sachtexte genauer zu beschreiben und richtig zu verstehen, sind zwei Kategorien besonders wichtig: die **Darstellungsweise** und die **Wirkungsabsicht (Intention).** Beide Kategorien bedingen sich gegenseitig. Ein Autor / Eine Autorin bedient sich einer bestimmten Darstellungsweise, weil er/sie eine bestimmte Intention verfolgt.

Darstellungsweisen	**Wirkungsabsichten (Intentionen)**	**Sprache, Stil (rhetorische Mittel)**	**Sachtexttypen**
deskriptiv	informieren	sachlich-nüchtern	Nachricht, Bericht, wissenschaftlicher Artikel, Lexikonbeitrag
argumentativ	überzeugen	objektiv-ausgewogen	Erörterung, Antrag
		subjektiv-einseitig	Leserbrief, Kommentar, Glosse, Rezension
	aufrufen/appellieren		Rede, Werbung
narrativ	unterhalten	ausschmückend, anreichernd, farbig	Reportage, populärwissenschaftlicher Text

Verschiedene Darstellungsweisen können in einem Text durchaus nebeneinanderstehen. Für manche Textsorten, etwa die Reportage, ist das sogar typisch. Dennoch lassen sich bei vielen Sachtexten ein Hauptanliegen und eine vorherrschende Darstellungsweise bestimmen.

Hauke Goos und Claudia Voigt: **Lesen und lesen lassen** (2014)

Die wichtigste Kulturtechnik der Menschheit ist im Umbruch, seit Computer, Tablets, Smartphones neben das bedruckte Papier getreten sind. Die Revolution ist nicht Grund zur Sorge, sondern Aufruf zum Umdenken.

Die Zukunft des Lesens wiegt 75 Gramm, misst 17,3 mal 5,8 mal 16,8 Zentimeter, sie hat die Form einer Skibrille, ist aber klein genug, um noch bequem in Handtaschen und Schulranzen zu passen. Ein Siebenjähriger kann das Gerät ebenso spielend bedienen wie eine Siebzigjährige: Aufsetzen ist das Wichtigste, dann tun Kameras, Mikrofon, Lautsprecher, Monitore und vernetzte Software ihr Werk.

Die Kameras, winzig, direkt vor den Augen in den Rahmen montiert, halten die Bewegungen der Iris beim Lesen fest. Das Gerät weiß in jedem Sekundenbruchteil, wo der Leser gerade hinschaut, wie und wohin sein Blick schweift und springt; was sein Interesse weckt, was weniger – oder was er schlicht nicht versteht. Die Brille versucht zu erkennen, was und wie wir lesen. Sie findet heraus, wo genau die Fixationen sind. Wie lang die Sakkaden.

Sakkaden? Fixationen? Hätten wir den vorigen Absatz durch die Lesebrille der Zukunft gelesen, sie hätte registriert, dass wir Probleme mit diesen Wörtern haben, dass unser Lesefluss stockt. Die Kameras nehmen es wahr, auch dass wir vielleicht beim Wort „Iris“ schon kurz irritiert waren, weil wir vergessen haben, was genau die Iris ist. Und dann geht's los: Dem Leser wird geholfen.

Auf dem inneren Monitor der Brille erscheint – in den Lesefluss hinein – ein kurzer, hoffentlich hilfreicher Lexikoneintrag, in klarer, leuchtend grüner Schrift, der rasch und im Vorübergehen erklärt, dass die Iris das Farbige im Auge ist, die Blende, die den Lichteinfall reguliert.

Das Gerät wird wieder aktiv, wenn es um „Fixationen“ und „Sakkaden“ geht. Wir stocken, und die Brille springt uns bei: Fixationen sind jene Punkte in einer Zeile, auf denen unser Blick verweilt. Sakkaden sind die Sprünge zwischen den Fixationen, die wir als geübte Leser ständig machen.

Fast alles ist möglich: Statt simpler Worterklärungen sind, je nach Thema, auch Landkarten denkbar, oder Aussprachehilfen, Info-Grafiken, ein 3-D-Bild vielleicht. [...]

Das Lesen der Zukunft, die Zukunft des Lesens: Wer darüber redet, redet derzeit vor allem über das digitale Lesen – auf Bildschirmen, Smartphones, Tablets, auf Displays am Handgelenk oder eben mit neuartigen Lesebrillen. [...] Aber die Zukunft des Lesens hat viel mehr Gestalten, sie kann auch weiterhin 300 oder 800 Gramm wiegen und ihren Umfang wie seit Jahrhunderten in Seiten zählen, gedruckt auf Papier, gesetzt in schönen Schriften schwarz auf weiß.

Nun ist es länger schon in Mode, das Ende der Lesekultur vorherzusagen. Das Lesen werde überflüssig, die Menschen verlernten zunächst das Schreiben und anschließend die Fähigkeit, Texte zu lesen, Geschriebenes zu begreifen. Die gute Nachricht ist: Das Lesen wird nicht überflüssig, im Gegenteil, es war noch nie in der Geschichte der Menschheit so unentbehrlich wie heute. [...]

[W]ir verlernen aber nicht das Lesen, weil auch

künftig lesen können muss, wer an der Welt teilhaben will. Verändern wird sich das Lesen: einschneidender, als wir es uns vorstellen können, und ähnlich radikal wie zuletzt 1450, als Johannes Gutenberg in Mainz den Buchdruck mit beweglichen Lettern erfand. Aber es wird gelesen werden.

Die oben beschriebene Brille, die den Namen „SMI Eye Tracking Glasses" trägt, liegt auf dem Schreibtisch von Professor Andreas Dengel, der in Kaiserslautern das Deutsche Forschungszentrum für Künstliche Intelligenz leitet. Dengel kennt die Klagen der Feuilletons, der Schreiber und Verleger: Junge Menschen würden nicht mehr lesen – keine Zeitungen, kaum Bücher, keine komplizierten Sätze.

Die Schriftkultur [...] verschwindet, sie wird durch eine Bildkultur verdrängt. Die alphabetisierte Gesellschaft werde dadurch überflüssig, dies wiederum habe das Ende der Bibliotheken zur Folge, von Wissen, von Austausch und Streit. Das Ende von Demokratie also, das Ende von fast allem.

Was das Lesen angeht, ist Dengel, an seinem Schreibtisch in Kaiserslautern, beneidenswert optimistisch, beinahe euphorisch. Das Lesen habe eine großartige Zukunft, sagt er, tatsächlich stehen wir gerade an einem Technologiesprung. „Lesen mit allen Sinnen", das ist das, was Dengel als die Zukunft des Lesens ausgemacht hat – und wenn er Recht hat, dann werden wir künftig schneller und gleichzeitig intensiver lesen. Wir werden das, was wir lesen, ständig ins Verhältnis setzen zu dem, was wir an Vorwissen mitbringen, was es uns wiederum ermöglicht, das, was wir lesen, in Handlungen umzusetzen. [...]

1 **a** Setzen Sie den Text in Beziehung zum Titelbild des *Spiegel*, indem Sie Textstellen passende Bildteile zuordnen.

b Versetzen Sie sich in Ihre eigene Zukunft: Was an der neuen Art des Lesens wäre für Sie selbst von Nutzen? Sehen Sie auch Probleme oder Risiken?

c Tauschen Sie sich in Partnerarbeit aus. Einigen Sie sich auf einen Aspekt, den Sie im Kurs vorstellen, oder auf eine offene Frage.

2 Wird Lesen unwichtiger oder nur vollkommen anders? Bilden Sie sich anhand der Texte (S. 102–106) eine Meinung und positionieren Sie sich. Gehen Sie so vor:

a Sammeln Sie aus den Texten und aus Ihren privaten Erfahrungen Argumente, die für ein Verschwinden der Lesekultur oder für eine Veränderung des Lesens sprechen.

b Bilden Sie im Kurs eine Meinungslinie:

◄―――――――――――――――――――――	―――――――――――――――――――――►
Hier stehen diejenigen, die von einem Verschwinden des Lesens ausgehen.	Hier stehen diejenigen, die von einer Veränderung des Lesens ausgehen.

c Begründen Sie die Position, die Sie eingenommen haben.

3 **a** Lesen Sie die Information zur Leserlenkung in Sachtexten (► S. 107) und finden Sie mindestens drei Beispiele der Leserlenkung im Text „Lesen und lesen lassen".

b Formulieren Sie einen kurzen Text zur Leserlenkung, z. B.:

Hauke Goos und Claudia Vogt nutzen in ihrem Text verschiedene Mittel, um die Aufmerksamkeit der Leser/innen zu lenken. So werden diese über Wir-Formeln angesprochen und sollen die Behauptungen zum Lesen an ihrem eigenen ... (Z. ...)

Zuvor wurden die Leser/innen gewissermaßen in ein Experiment verwickelt: ...

4 Untersuchen Sie die Funktion des kursiv gedruckten ersten Absatzes des Textes und erörtern Sie, inwieweit Sie darin auch eine Leserlenkung sehen.

– *Bewertung des Lesens als „wichtigste ..." (Z. ...)*
– *Einstufung des Erscheinens der digitalen Medien als ...*

Information **Leserlenkung in Sachtexten**

In Sachtexten werden verschiedene sprachliche und formale Mittel genutzt, um die Wahrnehmung der Leser/innen zu lenken:

Leserlenkung durch	Beispiel
direkte Ansprache	*Kennen Sie das Gefühl, unruhig zu werden, wenn das Handy in einem anderen Raum liegt?*
Wir-Formeln	*Wir glauben oft, nicht ohne unser Smartphone auszukommen.*
Strukturierungshilfen	*Für diese Behauptung gibt es drei zentrale Argumente.*
rhetorische Fragen	*Ist es nicht naheliegend, andere wegen ihres Handyverhaltens zu kritisieren?*
Kontrastierungen	*Es ist heute üblich zu glauben, dass ... Tatsächlich aber ...*

5 Untersuchen Sie in Partnerarbeit sprachliche Besonderheiten des Textes (▸ Methode) und stellen Sie Bezüge zur beabsichtigten Wirkung her.

a Teilen Sie die Schwerpunkte der Untersuchung auf. Sammeln Sie Ihre Ergebnisse in einer Tabelle:

Partner/in A			*Partner/in B*		
Stil/Darstellungsweise	*„Die Zukunft des Lesens wiegt […]" (Z. 6 ff.): narrativ*	*Leserinteresse soll durch anschaulichen Beginn geweckt werden*	***rhetorische Mittel***	*– „Die Zukunft des Lesens wiegt […]" (Z. 1 ff.): Paradoxon* *– „Das Lesen der Zukunft, die Zukunft des Lesens" (Z. 51): Chiasmus*	*– Leseraufmerksamkeit wird durch kleine Denkhürde geweckt* *– Leitthema wird durch einen Chiasmus einprägsam betont*
…	…	…	…	…	…

b Sichten Sie Ihre Ergebnisse und einigen Sie sich auf Thesen, die die sprachliche Darstellung insgesamt erläutern:
Die Autoren gestalten den Text sprachlich so, dass eine hohe Anschaulichkeit …

Methode **Sprachliche Besonderheiten untersuchen**

- **Stil und Darstellungsweise:** Welcher Sprachstil und welche Darstellungsweise dominieren: informierend (sachlich-nüchtern), argumentierend (objektiv-ausgewogen, subjektiv-beeinflussend), narrativ (ausschmückend, anschaulich)? (▸ Information, S. 104)
- **Wortwahl:** Stammen viele Wörter aus einem Wortfeld (Natur, Sport ...)?
- **Satzbau:** Sind die Sätze überwiegend komplex (Hypotaxe) oder einfach (Parataxe) gebaut?
- **rhetorische Mittel:** Finden sich sprachliche Bilder (Vergleiche, Metaphern)? Gibt es auffällige Wiederholungen, Aufzählungen, Steigerungen?
- **sprachliche Bewertung:** Gibt es auf- bzw. abwertende Formulierungen?

Medialer Wandel – Journalistische Textsorten unterscheiden

Die Wochenzeitung „Die Zeit" besucht jede Woche eine Vorlesung in Deutschland und berichtet darüber:

Anna Katharina Bernzen: **„Vertrauen in Medien", mit der Kommunikationswissenschaftlerin Kristina Juraite an der Universität Mannheim** (2015)

Was dem Theaterbesucher der Gong, ist dem Studenten das Pusten des Professors ins Mikrofon. Erstes Pusten: Bitte nehmen Sie Ihre Plätze ein. Zweites Pusten: Die Vorstellung beginnt. Heute auf dem Spielplan der Vorlesung „Vertrauen in Medien" an der Uni Mannheim: ein Vortrag der litauischen Kommunikationswissenschaftlerin Kristina Juraite.

„Media, Trust and Social Change", das ist ein großes Thema für eine Vorlesung. Die alltägliche Mediennutzung habe sich in letzter Zeit dramatisch gewandelt, erklärt die Professorin. Dennoch: „Es ist eines unserer Grundbedürfnisse, zu vertrauen." Auch den Medien. Viele Studenten vertrauen derweil dem Second Screen. Mediales Multitasking, das heißt in Reihe zehn: Notizen machen und nebenbei online durch die Herbstkollektion klicken. Ein paar Reihen dahinter sucht einer bei Airbnb nach einem Apartment für den nächsten Urlaub.

Medienkonsumenten seien oft faul und würden nur das lesen, was ihnen Spaß mache, sagt Juraite. Infotainment würde immer beliebter. Die Folge: Das Vertrauen in die Medien als Wächter des öffentlichen Interesses nehme überall auf der Welt ab. In der Airbnb-App ist derweil eine passende Wohnung aufgetaucht. Anerkennendes Kopfnicken der Sitznachbarin. Schön möbliert!

Doch wer vertraut welchen Medien? Deutsche vor allem dem öffentlichen Rundfunk, regionalen und überregionalen Zeitungen. 80 Prozent verfolgen täglich die Nachrichten. „Die Deutschen besitzen eine große Medienkompetenz", lobt Juraite. Amerikaner und Briten sähen in Freunden und Familie besonders verlässliche Informationsquellen, Russen vertrauten vor allem den großen Fernsehsendern.

Die Feinheiten des Vortrags gehen unter, in Reihe zehn werden Mäntel begutachtet. „Ich hoffe, Sie haben noch Anmerkungen", sagt Kristina Juraite. Doch der Hörsaal schweigt. Der Vorhang fällt, eine Viertelstunde zu früh.

1 **a** Notieren Sie nach dem ersten Lesen die aus Ihrer Sicht zentrale Textaussage in Ihrem Kursheft.
b Lesen Sie genauer und notieren Sie: (1) was über die Professorin gesagt wird, (2) was über die Studierenden gesagt wird, (3) welche Textstellen Wertungen der Autorin des Artikels enthalten.

2 Was ist aus Ihrer Sicht die hauptsächliche Intention des Textes? Nachfolgend finden Sie drei mögliche Antworten. Wählen Sie die für Sie schlüssigste (oder mehrere) und begründen Sie am Text:

A Der Text kritisiert das Verhalten der Studierenden in der Vorlesung.
B Der Text kritisiert das Verhalten der Professorin in der Vorlesung.
C Der Text soll auf die Situationskomik in der Vorlesung aufmerksam machen.

3 Untersuchen Sie die Sprache (▸ Methode, S. 107) im Hinblick auf die beabsichtigte Wirkung:
„Die Vorstellung beginnt" (Z. 4) – der Leser soll die Vorlesung als Theatervorstellung sehen (Ironie) …

4 Geben Sie an, welche Merkmale einer Reportage (▸ Information, S. 111) der Text aufweist.

5 Diskutieren Sie, ausgehend von Text und Foto: In welchen Situationen finden Sie die Nutzung des Smartphones angemessen bzw. sinnvoll, in welchen finden Sie dies unangemessen, störend oder kontraproduktiv? Nennen Sie entsprechende Beispiele und begründen Sie Ihre Ansicht.

Deutsche Computerspiele auf Welttournee: Goethe-Institut und Stiftung Digitale Spielekultur kooperieren (2015)

Computerspiele sind als Kulturgut anerkannt und werden nicht nur wirtschaftlich, sondern auch kulturell immer bedeutender. Längst spielen sie im internationalen Austausch eine große Rolle. Das Goethe-Institut und die Stiftung Digitale Spielekultur starten daher eine Kooperation, um die Bedeutung digitaler Spiele „Made in Germany" weltweit zu stärken.

Ab sofort stellt die Stiftung Digitale Spielekultur den 159 Goethe-Instituten in 98 Ländern eine Auswahl der besten deutschen Spiele kostenfrei zur Verfügung […]. Die Stiftung vermittelt dem Goethe-Institut auch Kontakte zu den Spieleentwicklern, die ihre Spiele weltweit vorstellen können. Veranstaltungen an den Auslandsinstituten können die Vielfalt deutscher Produktionen zeigen und wozu Entwicklerinnen und Entwickler in Deutschland handwerklich und kreativ in der Lage sind.

Peter Tscherne, Geschäftsführer der Stiftung Digitale Spielekultur, sagte anlässlich der Kooperationsvereinbarung: „Als modernes Kulturgut vereinen Computerspiele Inhalte, Grafik und Sound und bieten damit eine hervorragende Grundlage für den interkulturellen Austausch. Als willkommener Nebeneffekt bieten gute Computerspiele zudem immer Spaß und Unterhaltung."

Der Generalsekretär des Goethe-Instituts Johannes Ebert betonte die Bedeutung für die Auswärtige Kultur- und Bildungspolitik: „Digitale Spiele sind ein wichtiger Teil der deutschen Kulturlandschaft und Leitmedium unter Jugendlichen und jungen Erwachsenen. Sie können nicht nur gute Geschichten erzählen, sondern auch Werte und Wissen vermitteln. Damit werden sie im internationalen Kulturaustausch immer wichtiger. […]"

Christian Schiffer: **Computerspiele als Kulturgut?** (2012)

„Kultur", das klingt edel und erhaben, nach etwas, das man schützen und fördern muss, etwas, das mehr ist als Zeitverschwendung oder flüchtige Unterhaltung. […] Der Kulturbegriff wertet auf, Stigmata verschwinden. Aus einem belächelten, manchmal umstrittenen Hobby wird eine Errungenschaft mit intellektuellem Touch.

Groß war deswegen der Jubel in der Games-Industrie, als Computerspielen 2008 offiziell der Status eines Kulturgutes zuerkannt wurde […]. Endlich sollte interaktive Unterhaltung gleichberechtigt stehen neben Filmen, Büchern, Theaterstücken und der Musik. Man rief einen Deutschen Computerspielpreis ins Leben, analog zum Deutschen Filmpreis, veranstaltete Kongresse und Tagungen. Computerspiele wurden sogar finanziell gefördert […].

Doch auf Augenhöhe mit anderen Medien sind Computerspiele heute trotzdem nicht. Die Filmförderung beträgt in einem Bundesland wie Bayern 28 Millionen Euro, die für Computerspiele 470 000 Euro. […]

Dabei ist es doch völlig klar, dass Computerspiele ein Kulturgut sind. Was sollen sie denn sonst sein? In vielen Fällen kann man sogar sagen: Computerspiele sind das Kulturgut schlechthin. Denn kein anderes Medium verbindet so gekonnt verschiedene Kunst- und Kulturformen wie das digitale Spiel. […]

Dass manche Spiele billig und pubertär daherkommen, mag sein, aber auch im Kino laufen nicht nur französische Kunstfilme […].

Warum also muss man immer noch darüber diskutieren, ob Computerspiele Kultur oder gar Kunst sein können? Ein Grund: die Zeit. Computerspiele sind ein junges Medium, gerade mal ein paar Jahrzehnte alt. Auch die Fotografie wurde lange als Pseudokunst angesehen, als billiger Abklatsch der Malerei. […]

Die Voraussetzung, dass Games genauso als

Kulturgut angesehen werden wie Filme, Bücher, Theater und Musik, ist also zunächst einmal, dass anders über sie gesprochen wird. Dass weniger über Grafik als über Ästhetik gesprochen wird, weniger über die künstliche Intelligenz der Computergegner als darüber, welche politischen und gesellschaftlichen Botschaften das Spiel vermittelt. [...]

1 a Erklären Sie anhand der beiden Texte (S. 109), inwiefern sich bei Computerspielen ein medialer Wandel zeigt.
b „Computerspiele als Kulturgut" – Arbeiten Sie die Argumente für diese These aus den Texten heraus.
c Positionieren Sie sich: Inwiefern ist für Sie ein Computerspiel ein Kulturgut wie eine Oper?

2 a Weisen Sie nach, dass es sich beim Text auf Seite 109 oben am ehesten um einen Bericht handelt (▶ Information, S. 111). Nennen Sie auch Teile, die dieser Textsorte weniger entsprechen.
b Zeigen Sie, dass der Text „Computerspiele als Kulturgut?" (S. 109 unten) am ehesten ein Kommentar ist. Untersuchen Sie ihn auf Stellen, die dieser Textsorte weniger entsprechen.

Benedict Mülder: **Holt eure Kinder da raus!** (2011)

[...] Ehrlich, mir sträuben sich jedes Mal die Nackenhaare, wenn es im öffentlich-rechtlichen Fernsehen heißt, in politischen Magazinen oder solchen der Unterhaltung, „gehen Sie doch bitte auf unsere Facebook-Seite, werden Sie unser Freund". Niemand wäre vor Jahren auf die Idee gekommen, sich mit Coca-Cola anzufreunden oder mit dem Bertelsmann-Buchclub zu gehen. Da hätte der rein kommerzielle Zweck auf der Hand gelegen. Es ist eine von interessierter Seite gern und häufig wiederholte Legende, die von der Facebook-Revolution in Tunesien oder Ägypten spricht. Tatsächlich sind die beschleunigten Kommunikationswege des Internets ein Hilfsmittel beeindruckender Veränderungen im Nahen Osten, aber sie sind keineswegs ihr Anlass, schon gar nicht die Voraussetzung gewesen. Dazu gehörten vielfältige soziale Prozesse im Vorfeld, die oft jahrelang zurückliegen. Niemand hätte 1989 den Umbruch in Mittel- und Osteuropa als Fax- oder Kopier-Revolution bezeichnet. Dabei waren diese Geräte wichtige Hilfsmittel, aber eben nur dies.

Wer hat nur die euphemistische[1] Rede von den sozialen Netzwerken erfunden? In Wirklichkeit sind es gewaltige digitale Fangflotten, die sich die Idee von der angeblichen Schwarmintelligenz zu Nutze machen. Es geht ihnen um Daten, um den Einzelnen noch genauer zu erfassen. Mit den virtuellen Doubletten lassen sich ganz neue Werbewelten gestalten – sie bringen letztlich Milliarden. Sie wollen vernetzen, aber in Wirklichkeit zersetzen und ersetzen sie die Privatsphäre, die Voraussetzung individuellen, autonomen Handelns und Denkens. Die Tyrannei der Intimität, wie wir sie aus der Betroffenheitskultur der 1980er-Jahre noch kennen, ist gegen den heute tobenden Sturm, den Angriff auf den Einzelnen, ein reines Säuseln. Selbst ein dem Internetwahn verfallener Sascha Lobo macht inzwischen das Recht auf Meinungslosigkeit geltend. Das Netz produziert Unrat aus den Katakomben des Unterbewusstseins. Hier lässt jeder die Sau raus und den Verstand draußen. Nichts schadet Letzterem mehr als die dauernde Außensteuerung, das reflexhafte Reagieren auf jeden neuen Eintrag. Diskussionen sind nicht fruchtbar, landen im eigenen Milieu. Man bestätigt sich in den jeweiligen (Hass-)Ansichten. Joseph Weizenbaum nannte das Internet einmal einen Misthaufen: „90 Prozent sind Schrott, es finden sich aber auch ein paar Perlen und Goldgruben." Dem ist nichts hinzuzufügen.

Wenn sich heute schon Erwachsene in die Einsamkeit des Computers flüchten – ich surfe, also bin ich –, dann stellt sich erst recht die Frage, wie Jugendliche und Kinder verantwortlich da-

1 **Euphemismus:** Beschönigung

mit umgehen sollen. Dieses Problem schafft Arbeit für Medienexperten, die Eltern in die Kunst des Internets einführen. Damit geht man den asozialen Medien auf den Leim. Persönlichkeitsbildung verträgt sich nicht mit dem allzu frühen Umgang mit dem Netz, schon gar nicht Herzensbildung, Empathie. Was die Gesellschaft braucht, sind nicht Eltern, die ihre Kinder am Ende des Tages fragen: Wie war's im Netz? Sondern: Vergiss das Netz. [...]

1 **a** Lesen Sie den Text. Begründen Sie, warum bzw. inwiefern es sich um eine Glosse handelt.
b Formulieren Sie mit eigenen Worten die Thesen, die der Autor vertritt.
c Machen Sie an Beispielen deutlich, inwiefern der Text polemisch ist. Nehmen Sie dazu Stellung, ob die Polemik die Überzeugungskraft des Textes erhöht oder mindert.

2 **a** Der Autor spricht von „digitalen Fangflotten" statt von „sozialen Netzwerken" (Z. 26 f). Erläutern Sie, wie er seine Begriffswahl begründet.
b Diskutieren Sie, inwieweit Sie die Forderung teilen, Eltern sollten ihre Kinder vor allzu frühem Umgang mit dem Internet schützen.

Information **Eine Auswahl journalistischer Textsorten**

Bei journalistischen Texten unterscheidet man verschiedene Sorten, die jedoch kaum noch in Reinform vorkommen. Typisch ist vielmehr eine Mischung verschiedener Textsorten.

- Die **Nachricht** informiert knapp und sachlich über ein aktuelles Ereignis. Der Nachrichtenstil ist geprägt durch die Beschränkung auf Tatsachen. Nachrichten sind oft im Lead-Stil aufgebaut, d. h.: Die wichtigsten Informationen stehen am Textanfang, dann folgen Detailinformationen. Der **Bericht** ist in der Regel eine umfangreichere Nachricht.
- Eine **Reportage** ist ein namentlich gekennzeichneter Text, der in besonders lebendiger und anschaulicher Weise über ein Ereignis und seine Hintergründe berichtet. Das entscheidende Merkmal: Der Reporter / Die Reporterin berichtet aus unmittelbarer Anschauung. Die Schilderung konkreter Situationen, die Wiedergabe wörtlicher Aussagen und die Darstellung persönlicher Umstände dienen oft der Veranschaulichung allgemeiner Hintergründe und Sachverhalte. Die Reportage beginnt in der Regel mit der Schilderung einer Szene, durch die das persönliche Erleben des Autors deutlich wird und die das Lesepublikum emotional mit einbeziehen soll.
- Der **Kommentar** ist ein namentlich gekennzeichneter, subjektiv wertender Text, in dem zu einem aktuellen Thema Stellung bezogen wird, um die Meinungsbildung zu beeinflussen. Er ist also überwiegend argumentativ formuliert mit dem Ziel, zu überzeugen und zu appellieren. Häufig werden im Kommentar Nachrichtenmeldungen in Zusammenhänge eingeordnet und die Hintergründe beleuchtet.
- Die **Glosse** ist ein ironisch-witziger, zuweilen auch polemischer Kurzkommentar. Sie kann sich großen Themen widmen, aber auch kleine Ereignisse in den Blick nehmen. Das Kommentieren geschieht manchmal nicht direkt, sondern durch eine sprachlich-stilistisch zugespitzte Beschreibung.
- Die **Rezension** kommentiert Aktuelles aus Kunst, Literatur, Film, Theater und Musik mit dem Ziel, eine Empfehlung oder eine Warnung auszusprechen. Das begründete Urteil des Rezensenten / der Rezensentin soll das Publikum also in seiner Entscheidung (Buchkauf, Theaterbesuch ...) beraten und beeinflussen.
- Der **Essay** (der oder das; frz. *essai*: Versuch) ist ein subjektiv reflektierender Text über ein Thema, das aus den unterschiedlichsten Bereichen stammen kann. Er enthält neben erörternden Passagen oft auch beschreibende, schildernde oder erzählende Elemente.

4.2 Varietäten der Sprache – Argumentieren und Diskutieren

In Uni und Büro – Sprachvarietäten unterscheiden

Kathrin Langhans: **Juhu, niemand versteht mich!** (2012)

In meinem zweiten Semester an der Uni hatte ich genug von trockenen Vorlesungen und freute mich auf Seminare mit lebhaften Diskussionen. Im Seminarraum wäre ich dann am liebsten unsichtbar gewesen, als ein Kommilitone erklärte, dass das Individuum erst in örtlicher Diskrepanz zum Ursprungsland den Hiatus zwischen dem Eigenen und dem Fremden erfassen könne.

Ich rutschte tiefer in meinen Stuhl und versuchte, wissend in die Luft zu starren und den Blickkontakt mit der Professorin zu vermeiden. War ich die Einzige, die keinen Schimmer hatte, was ein Hiatus ist? „Der kennt sich aus", raunte mir meine Nachbarin mit einer Mischung aus Abneigung und Neid zu.

Gerade in der Uni erlebte ich es oft, wie Studenten einfache Inhalte in komplexe Sätze kleiden und dafür Anerkennung ernten. Mein Kommilitone beeindruckte, weil er wusste, dass Hiatus so viel wie „Kluft" heißt. Oft denken wir, wer komplizierte Fremdwörter benutzt, muss was auf dem Kasten haben. Dabei war die Aussage meines Kommilitonen eigentlich ganz simpel: Kulturelle Unterschiede werden uns erst auf Reisen bewusst.

Der Psychologe Alex Bavelas ist bekannt für seine Kommunikationsforschung in Kleingruppen. In den 1950er-Jahren untersuchte er die Wirkung von Erklärungskonzepten an der Stanford Universität: Zwei Versuchspersonen mussten gesunde von kranken Gewebezellen unterscheiden und dafür Kriterien entwickeln.

Eine der Personen bekam dabei richtige Rückmeldungen auf ihre Annahmen. Die andere bekam falsche Hinweise und entwickelte ein kompliziertes und verworrenes Konzept. Im Anschluss trafen beide Probanden aufeinander und diskutierten. Dabei einigten sie sich auf die komplexere, falsche Antwort, obwohl sie lückenhaft und kaum verständlich war. Der Grund: Die einfache Erklärung erschien zu simpel. Beide beeindruckte die Komplexität der falschen Antwort. Je absurder die Erklärung war, desto überzeugter waren die Versuchspersonen, dass sie korrekt ist.

Jochen Leffers: **Bürosprech** (2012)

Gut, da sind diese Bürokasper, die beinah jeden Satz anreichern mit Floskeln von „Zum Bleistift" bis „Alles in Dortmund", von „Schankedön" über „Wirsing" bis zu „Dagegen bin ich algerisch". [...] Aber das wäre eine zu leichte Beute für Matthias Nöllke. Er suchte eine andere Art von Sprache: Redewendungen, ganz ernsthafte wie auch ironiegetränkte, die sich fest im Hirn von Büromenschen eingenistet haben und ihnen jeden Tag wie selbstverständlich über die Lippen gehen.

Gefunden hat Nöllke eine Menge schrecklich schöner Phrasen und ein Buch daraus gemacht: „Vielen Dank an das gesamte Team – 111 unvermeidliche Sätze für das Berufsleben". Mit diesen Textbausteinen kommt man locker durch den Bürotag und wird sie immer wieder hören. Oder selbst benutzen. „Nennen Sie mal eine Hausnummer", sagt etwa der Personaler zum Bewerber, wenn es ums Geld geht. „Das ist aber nicht der Brüller", meckert ein Kollege oder flötet: „Alles im grünen Bereich." Typische Meeting-Formulierungen sind zum Beispiel „Da bin ich ganz bei Ihnen, aber ..." oder auch „Da muss ich mich erst mal aufschlauen".

1 Ordnen Sie die in den Texten (S. 112) beschriebenen Sprachvarietäten den im Informationskasten beschriebenen Formen zu. Nennen Sie weitere Sprachvarietäten und ordnen Sie diese ein.

2 Langhans erzählt von einer eigenen Seminarerfahrung und von einem psychologischen Experiment. Geben Sie beides wieder und erläutern Sie den Zusammenhang.

3 Schreiben Sie die im Text „Bürosprech“ genannten Phrasen heraus und ergänzen Sie ggf. eigene Beispiele. Lassen sich auf dieser Grundlage typische Merkmale dieser Varietät benennen?

4 Welcher Stilebene im „Haus der Stile“ (▸ Information) lassen sich „Bürosprech“ und die von Langhans beschriebene „Seminarsprache“ zuordnen?

Information **Sprachvarietäten**

Mit dem Begriff **Sprachvarietäten** (lat. *varietas*: Verschiedenheit) werden Erscheinungsweisen einer Sprache bezeichnet, die sich durch Merkmale von anderen Varietäten dieser Sprache abgrenzen lassen. Solche Sprachvarietäten existieren auf verschiedenen Ebenen:

- durch Unterschiede zwischen **geschriebener** und **gesprochener** Sprache,
- in Form der **Dialekte** in verschiedenen Regionen, z. B. des deutschsprachigen Raums,
- in Form von **Fachsprachen,** z. B. der Sprache der Mathematik oder der Medizin,
- durch Sprachverwendung je nach sozialer Gruppe **(Soziolekte)**, z. B. Jugendsprache,
- durch das **Medium** bedingte Besonderheiten (z. B. SMS-, Chat-Sprache),
- durch die – unter dem Einfluss der eigenen Muttersprache – von den Regeln abweichende Sprachverwendung von Sprechern, für die die **Sprache eine Zweitsprache** ist.

Der Übergang von einer Sprachvarietät oder Sprache in eine andere innerhalb eines Gesprächs wird als **Codeswitching** bezeichnet. Genauso bezeichnet man den Wechsel zwischen Sprachen im Gespräch, also z. B. von Deutsch zu Türkisch und wieder zu Deutsch.

Information **Haus der Stile**

bildungssprachlich:	gebildete, gewisse Kenntnisse voraussetzende Ausdrucksweise, z. B.: *fundieren* (statt: *mit Argumenten untermauern*), *postulieren* (statt: *behaupten*), *Resümee* (statt: *Zusammenfassung*), *evaluieren* (statt: *bewerten* oder *beurteilen*)
gehoben:	gepflegt wirkende, in Alltagsgesprächen oft überheblich klingende, in anspruchsvollen Textsorten verwendete Ausdrucksweise, z. B.: *wandeln* (für *spazieren gehen*), *etwas verhehlen* (*etwas verschweigen*)
amtssprachlich:	unpersönlich wirkende, steif-offizielle Ausdrucksweise, z. B.: *Indienststellung* (für *Einstellung*), *Verausgabung* (für *Ausgabe*)
normalsprachlich:	allgemein verwendete Ausdrucksweise, die in den meisten Kommunikationssituationen am wenigsten auffällt, z. B.: *behaupten, Ergebnis, Beispiel*
umgangssprachlich:	locker wirkende, im Alltag verwendete Ausdrucksweise, die in offizielleren Gesprächen unangebracht ist und in den meisten Textformen vermieden wird, z. B.: *meckern* (für *kritisieren*), *es geregelt kriegen* (statt: *etwas bewältigen*)
jargonhaft:	Ausdrucksweise, die an eine bestimmte soziale Gruppe oder Altersgruppe gebunden ist (z. B. Jugendsprache), z. B.: *supergeil, fett* (für *sehr gut*)

Jugendsprache und Kiezdeutsch – Positionen diskutieren

Astrid Herbold: **Wenn Jugendliche einfach nur noch „kp“ haben** (2013)

Lupenreines Deutsch? Vollständige Sätze? Grammatik? Voll ungeil. Jugendliche haben ihre eigene Sprache, die Eltern häufig nicht verstehen. Und das soll auch so sein. Wissenschaftler loben sogar die Kreativität.

Am liebsten würde man ihnen kollektiv Nachhilfe in Redekunst verordnen. Wenn man mal wieder Zeuge einer Unterhaltung wird, in der es von „Ey Alter, ich schwör, voll krass“ nur so wimmelt. Wenn man ihnen zuhört, in der U-Bahn, im Schwimmbad, auf der Straße, wenn sie mit „Hammer“ und „Mega“ um sich schmeißen. Wenn man ihnen zu Hause im Wohnzimmer über die Schulter schaut beim Chatten, wo sie ihre Hausaufgaben am liebsten mit einem kurzen „kp“ (kein Plan) kommentieren. Was ist nur passiert? Waren das nicht neulich alles noch süße, plappernde Grundschüler, die ihre Anliegen in langen, komplizierten Sätzen vorbringen konnten? Warum reden die jetzt auf einmal alle, als wäre ihr IQ mit Beginn der Pubertät um 40 Punkte abgesunken?

Jugendliche scheinen große Freude daran zu haben, mit ihrer Muttersprache ähnlich rabiat umzugehen, wie sie manchmal in dieser Lebensphase auch mit ihren Eltern umgehen. Grammatik? Ist dazu da, ignoriert zu werden. Artikel? Kann man auch weglassen. Englische Ausdrücke? Lassen sich wunderbar eindeutschen. Die Normen der Standardsprache? Stulle, lame, ungeil. Stattdessen schallt einem überall ein fröhliches „YOLO“ entgegen. Yolo? [...]

Es gibt nicht die eine Jugendsprache, da sind sich Sprachwissenschaftler einig. Es gibt regionale Moden, die sich massiv voneinander unterscheiden und sehr schnell verändern. Jugendliche in Steglitz reden möglicherweise anders als Jugendliche in Hellersdorf, Jugendliche, die in Sportvereinen aktiv sind, benutzen andere Ausdrücke als Jugendliche aus der Computerspielszene. [...]

Lange Zeit hat sich die Sprachwissenschaft hauptsächlich damit beschäftigt, das Vokabular der Jugendsprache zu sammeln und lexikalisch zu dokumentieren. Doch Jugendsprache besteht nicht nur aus seltsamen Wörtern und Ausdrücken. Jugendsprache ist auch mit einem besonderen grammatischen Stil verbunden. Hans-Norbert Dittmar, Professor für Linguistik an der Freien Universität Berlin, wollte diesem Stil näher auf die Spur kommen. „Wir wollten zum Beispiel herausfinden, welche Satzformen Jugendliche bevorzugt benutzen“, erzählt er. „Und welche Rolle Vulgarismen spielen, also obszöne und derbe Ausdrücke.“ Außerdem fragten sich Dittmar und sein Team, ob junge Frauen möglicherweise anders sprechen als junge Männer.

Von 2008 bis 2011 leitete Dittmar an der FU ein großes Forschungsprojekt zur Jugendsprache. Die erste Herausforderung damals zu Beginn der Forschungsarbeit bestand darin, zunächst überhaupt einmal authentische Jugendsprache zu finden. Auf Kommando benutzen die wenigsten Teenager ihren Slang, schon gar nicht, wenn fremde Erwachsene mit im Raum sind. Auf Medienberichte oder nicht ausreichend belegte Lexikoneinträge wollten sich die Forscher ebenfalls nicht verlassen.

Was also tun? Die Wissenschaftler beschlossen, die Dialoge von Jugendlichen auf Band aufzunehmen. Nicht heimlich, sondern selbstverständlich mit deren Erlaubnis. Nils Bahlo, Dittmars damaliger Mitarbeiter, heute Dozent an der Universität Münster, fuhr dazu drei Jahre lang jeden Sommer mit Berliner Jugendlichen in ein Ferienlager in Bayern. Dort waren an vielen Stellen Mikrofone angebracht. Sie zeichneten zum Beispiel auf, wie ein Betreuer namens Sascha die Jugendlichen abends ermahnte, jetzt endlich leise zu sein und zu schlafen. Die Reaktion, die ihm aus einem der Zelte entgegenschallte, klang so: „Sascha, du Toy." / „Sascha, du Troll." / „Sascha, du keck." / „Sascha, du Gockel." Aber Sascha entpuppte sich als schlagfertiges Gegenüber. Er erwiderte nur: „Al Bundy Kinder."

Jugendliche beschimpfen auf lustig-liebevolle Art ihren Betreuer, der kontert mit dem Hinweis auf eine beliebte Fernsehfigur, den Verlierertyp Al Bundy aus der Serie „Eine schrecklich nette Familie". Verben kommen nicht vor, generell wird nicht viel gesagt. Aus Sicht der Wissenschaftler ist das Ganze trotzdem eine hochinteressante Unterhaltung. Ein kleiner sprachlicher Ringkampf, fast ein Rap. Frech und lautmalerisch: Aus Toy wird Troll, aus keck Gockel.

„Ein typisches Merkmal von Jugendsprache ist die Bricolage", erklärt Dittmar. Bricolage meint die Sprachbastelei, das Zusammenzimmern: Bekannte Ausdrücke aus den Medien oder der Popmusik werden verfremdet, man spielt mit Bruchstücken aus Werbeslogans ebenso wie mit berühmten Film- oder Songzitaten. Kurze Anspielungen, die aber nur diejenigen verstehen, die denselben kulturellen Hintergrund haben, die dieselbe Musik hören, die gleichen Fernsehserien gucken. „Für die Bricolage braucht es Schnelligkeit, Medienwissen, Witz und Erfindungsreichtum", so Dittmar.

Es geht darum, vor den Freunden Eindruck zu machen. Vor allem männliche Jugendliche handeln mit teils heftigen Wortgefechten ihre Stellung in der Gruppe aus. Manchmal versuchen sie auch, das Gegenüber mit wilden Anekdoten zu beeindrucken. „Das funktioniert allerdings ganz anders als bei Erwachsenen", erklärt Dittmar. „Kein Jugendlicher stellt sich hin und sagt: So, ich erzähle dir jetzt mal 15 Minuten lang, wie es neulich zu meinem Fahrradunfall kam." Stattdessen sind die Sätze kurz, es wird viel dramatisiert und übertrieben. Intensivierung nennen die Wissenschaftler dieses Stilmittel. Das spiegelt sich auch in vielen Adjektiven wider, die Jugendliche benutzen. Nichts ist einfach nur unangenehm, es ist mindestens „total krank" oder „krass nervig". […]

Dass Mädchen dabei weniger offensiv sind als Jungen, konnten Dittmar und sein Team nicht feststellen. „Die Mädchen der heutigen Jugendgeneration nehmen kein Blatt mehr vor den Mund." Aber könnten sich, wenn es drauf ankomme, besser zurückhalten als die Jungs.

Dass viele Erwachsene sich von diesen direkten sexuellen Ausdrücken vor den Kopf gestoßen fühlen, ist Sinn und Zweck der Übung. Jugendsprache ist Teil eines provokanten Abgrenzungsprozesses: Wir wollen nicht zu eurer langweiligen, ordentlichen Welt dazugehören, lautet – oft unbewusst – die Botschaft. […]

Überhaupt ist die Gruppenzugehörigkeit das zentrale Motiv der Jugendsprache. Jugendliche wollen dieselbe Sprache wie ihre Freunde sprechen. Sie wollen Teil einer Gemeinschaft sein, sich mit einer Clique identifizieren können. Umso wichtiger ist es, in den eigenen Kreisen glaubhaft und authentisch zu wirken. Das leicht prollig klingende „Ich schwör" hat dabei seinen festen Platz in der Jugendrhetorik. „Damit unterstreicht man gegenüber den anderen sein eigenes Standing, seine Sicherheit", sagt Dittmar. „Deshalb steht es oft am Anfang eines Satzes." […]

Erwiesen ist aber, dass Jugendliche im Übergang zum Erwachsenenalter aus der Phase der sprachlichen Dramatisierung herauswachsen. Dass sie sich einfügen in die Normsprache, dass sie wieder in längeren Sätzen sprechen und weniger provokante Wörter benutzen. Oft passiert das, wenn sie ins Berufsleben eintreten oder selbst eine Familie gründen. „Der Wunsch, sich vom Rest der Sprachgemeinschaft abzugrenzen, lässt dann nach." […]

1 **a** Listen Sie in Ihrem Kursheft auf, welche Formen von Jugendsprache Herbold nennt. Notieren Sie jeweils Beispiele aus dem Text und ergänzen Sie eigene.

b Erläutern Sie, in welchem Sinne man die Jugendsprache als Sprachvarietät (▸ S. 113) sehen kann.

2 **a** Dass Erwachsene sich durch manche Elemente der Jugendsprache „vor den Kopf gestoßen" fühlten, sei gewollt, behauptet der Text (Z.135 ff.). Untersuchen Sie, wie der entsprechende argumentative Gedanke im Text entfaltet wird (► Information):
These: *Es sei durchaus gewollt, dass …*
Argument: *Im Text wird diese Behauptung damit begründet, dass die Jugendsprache Teil …*
Erläuterung: *Damit, so die Autorin, machten die Jugendlichen deutlich, dass sie …*

b Nennen Sie weitere Motive für die Verwendung von Jugendsprache, die im Text aufgeführt werden.

c Schreiben Sie einen kurzen Text, in dem Sie einzelne argumentative Gedanken wiedergeben und darstellen, inwieweit Sie die Behauptungen über die Motive für Jugendsprache teilen.

Information **Typischer Aufbau eines argumentativen Gedankens**

Ein argumentativer Gedanke besteht meist aus drei Elementen:

1. These (Behauptung, Standpunkt)
Jugendsprache ist eine Bereicherung für die Sprache, …

2. Argument
… denn die Kreativität der Jugendlichen schafft neue sprachliche Möglichkeiten.

3. Stützung des Arguments etwa durch:
- Erläuterung, z. B.: *Jugendliche nutzen nämlich in ihrer Jugendsprache bestehende sprachliche Mittel und wandeln diese kreativ um.*
- Beispiel, z. B.: *So ist das Wort „Chillen" eine kreative Nutzung eines Anglizismus und heute schon in die Umgangssprache übernommen.*
- Expertenzitate, Fakten, Studien usw., z. B.: *Der Sprachwissenschaftler Peter Schlobinski sieht die Jugendsprache als „Motor des Sprachwandels".*

Ulrike von Leszczynski: **„Gehst du Bus?" Kiezdeutsch gibt's bald ohne Kiez** (2014)

„Kommst du mit Klo?" oder „Ich war Fußball" – solche Sätze sind an manchen Berliner Schulen Alltag. Eine neue Umgangssprache entsteht, sagen Sprachforscher und glauben: Bald könnten wir alle so reden.

Der neue Sprachtrend bei Jugendlichen klingt noch gewöhnungsbedürftig. „Ich komm mit Fahrradmahrrad" oder „Ich bring Colamola". Das heißt so viel wie: Ich komme mit dem Fahrrad. Und ich bringe dann auch Cola mit, erklärt Heike Wiese, Sprachwissenschaftlerin an der Universität Potsdam.

Ihre Germanistikstudenten haben Teenagern diese Sätze in türkisch geprägten Stadtvierteln Berlins abgelauscht. Das spielerische Wiederholen eines Wortes mit einem „m" davor habe seinen Ursprung im Türkischen, ergänzt Wiese. Für sie sind die Jugendlichen in Berlins Migrantenvierteln wie Kreuzberg und Wedding sprachlich sehr kreativ.

Die Meinungen über das „Kiezdeutsch" (Kieze nennt man in Berlin einzelne Stadtviertel), das bei mehrsprachigen Jugendlichen besonders dynamisch und wandlungsfähig ist, gehen aber noch immer weit auseinander. Als Wiese vor zwei Jahren ein Buch zur Dialektgrammatik in Kreuzberg veröffentlichte und Sätze wie „Machst du rote Ampel?" nicht verwerflich, sondern eher innovativ fand, kochte die Volksseele hoch. Gelegt haben sich die Anfeindungen immer noch nicht ganz, berichtet sie. „Sprache ist wohl einer der wenigen Bereiche, in denen man noch offen rassistisch sein kann." Gettosprech oder Türkendeutsch sind dann noch die netteren Bezeichnungen.

Dabei hat Kiezdeutsch weder in Berlin noch in anderen deutschen Städten automatisch etwas mit Migration zu tun. Das hat jüngst die Berliner Soziolinguistin Diana Marossek in ihrer Doktorarbeit belegt […].

„Auf das Thema Kiezdeutsch bin ich gekommen, als ich gehört habe, wie seltsam meine jüngere Schwester und ihre Freunde miteinander geredet haben", erinnert sich die Linguistin. „Heute weiß ich, dass es auch die Sprache von Schülern ohne Migrationshintergrund ist."

Nur von türkischen Klassenkameraden hätten diese Teenager ihr Kiezdeutsch dabei nicht abgekupfert, ist Marossek überzeugt. Denn auch die „Berliner Schnauze" liebe das Verkürzen und Weglassen von Artikeln und Präpositionen. „Auf Schicht sein" kennt aber auch das Ruhrgebiets-Deutsch. Dort sind Grammatikkonstruktionen wie „Tu ma die Mama winken" oder „Meine Oma ihre Tasche" nicht nur ein Fall fürs Kabarett. Für Marossek haben sich damit zwei ähnliche Trends – deutsche Dialektgrammatik und Übernahmen aus der Muttersprache von Migranten – gefunden und verbunden.

„Kiezdeutsch verstärkt, was ohnehin schon da war", sagt auch Forscherin Heike Wiese. Im gesprochenen Deutsch gebe es schon seit Langem den Trend, Artikel und Präpositionen zu verkürzen oder wegzulassen. „Darüber haben sich die Leute schon in den 1930er-Jahren aufgeregt", sagt sie. Gebremst hat das die Entwicklung nicht. Mit Bildung hat es auch nichts zu tun. Haltestellen-Sprache wie „Ich bin jetzt Zoo" brüllen in der U-Bahn und S-Bahn auch Akademiker ungeniert in ihr Handy. [...]

Diana Marossek geht davon aus, dass Sätze wie „Gehst du Bus oder bist du mit Auto?" in Zukunft zur ganz normalen Hauptstadtsprache gehören werden.

Forscherin Wiese meint, Kiezdeutsch stehe bei vielen Jugendlichen für das entspannte Plaudern unter Freunden – und manchmal auch für Provokation. Schüler wüssten dabei meist genau, wie ein Satz im Standard-Deutsch laute. Das glaubt Diana Marossek nicht. „Am Gymnasium ja, aber an anderen Schulen war ich mir da nicht immer sicher", sagt sie.

Doch selbst Lehrer, die sich zuerst über Kiezdeutsch amüsierten, hätten später unwillkürlich Artikel weggelassen. Dazu gibt es Kostproben in der Doktorarbeit. Schüler Sebastian sagt: „Ich brauche Locher!" Und seine Lehrerin antwortet: „Ist Locher nicht vorne drin?"

1 **a** Untersuchen Sie, inwieweit Kiezdeutsch als eine Form von Jugendsprache gesehen werden kann.

b Listen Sie auf, welche Argumente in den Texten dafür angeführt werden, dass Jugendsprache und Kiezdeutsch Bereicherungen der deutschen Sprache sind. Was könnte man kritisch einwenden?

c Arbeiten Sie zu dritt oder viert: Tauschen Sie sich über Ihre Ergebnisse zu Aufgabe 1b aus.

d Diskutieren Sie in Ihrer Gruppe mit verteilten Rollen: A vertritt die Position, dass Jugendsprache und Kiezdeutsch Bereicherungen der deutschen Sprache sind. B vertritt die Gegenseite. Beide entkräften Argumente des anderen (▶ Methode). C (und ggf. D) beobachten mit Blick auf die Plausibilität der Argumentation und die Entkräftung von Gegenargumenten.

Methode **In Diskussionen Argumente entkräften**

Oft beginnen Entkräftungen mit einem Zugeständnis: *Natürlich ist es richtig, dass …*
Erst dann folgt der Einwand: *Aber dieses Argument überzeugt nicht ganz, denn …*

Typische Strategien der Entkräftung

- logische Schwächen aufzeigen — *Wenn Ihre Argumentation zuträfe, dann müsste doch …*
- Verallgemeinerung prüfen — *Soll denn alles gut sein, was die Sprache einfacher macht?*
- ein Gegenbeispiel anführen — *Dass Ihr Argument nicht …, erkennt man schon an …*
- ein stärkeres Argument nennen — *Viel entscheidender ist aber doch …*

Jugendsprache: eine Erfindung? – Eine Diskussion durchführen

Bernd Matthies: **„Smombie" gibt es nicht – Es ist eine Erfindung** (2015)

Niemand bestreitet, dass es im Deutschen eine Jugendsprache gibt. Aber woran erkennen wir sie? Am Tonfall, an modischen Formulierungen, an schwer erkennbaren Nebenbedeutungen? Oder an einzelnen Begriffen? Der Langenscheidt-Verlag ist 2008 auf die – aus seiner Sicht – geniale Idee gekommen, alljährlich ein „Jugendwort des Jahres" bestimmen zu lassen. Das bringt ihm jedes Mal kostengünstige Werbung. Und uns Sprachnutzer stellt es immer wieder vor die Situation, dass uns außer einem langen, ratlosen „Häääh?" dazu nichts einfällt. Also: Das Jugendwort des Jahres lautet „Smombie". Es ist ein so genanntes Kofferwort wie „Brunch", zusammengebaut aus „Smartphone" und „Zombie", und soll nun also für jene stehen, die das Leben, glotzend aufs Display, stumm an sich vorüberziehen lassen. Oh, denkt man als älterer Mensch, da ist mir wieder was entgangen, sicher ist dieses Internetz prallvoll vom Jugendwort.

Doch dann stellt sich heraus: Nichts. Sämtliche Fundstellen beziehen sich auf die Jugendwort-Wahl, und auch bei Twitter ist es vorher nie benutzt worden. Mündlich hat es sowieso nie je-

mand gehört, und folglich ist wieder einmal klar: Hier hat sich einer was ausgedacht für die Jury, und die Jury dachte, hey, warum nicht mal ein Kofferwort? Man muss dieser antriebsarmen Jugend auch mal was in den Mund legen! Manchmal geht dieses Kalkül sogar auf. „Hartzen", 2009 für „arbeitslos rumhängen" gekürt, kommt sehr selten nun auch in der Wirklichkeit vor, ebenso wie das anerkennende „Läuft bei dir" von 2014. Von der Erdoberfläche getilgt ist dagegen der „Niveaulimbo", und der „Babo" war ohnehin nur ein schwaches Hip-Hop-Späßchen. [...]

Ein Wort fiel übrigens schon in der Vorauswahl durch: „Alpha-Kevin" für anerkannte Volltrottel galt als kevinfeindliche Diskriminierung. Aber wenn die Jugend nicht mal herzhaft jemanden diskriminieren darf – wofür braucht sie dann überhaupt eigene Worte?

1 **a** Erläutern Sie, wie der Autor begründet, dass das Jugendwort die Erfindung einer Jury sei.

b Recherchieren Sie, welche Wörter der Langenscheidt-Verlag in den letzten Jahren als „Jugendwort des Jahres" gewählt hat. Prüfen Sie bei sich und Freunden, ob Sie diese Wörter als Teil der Jugendsprache kennen.

c Sammeln Sie weitere sprachliche Beispiele, die als typisch für die Jugendsprache gelten.

2 Als eigenständige Sprachvarietät kann die Jugendsprache nur gelten, wenn einige ihrer Merkmale für die allgemein verwendete Sprache – insbesondere die der Erwachsenen – nicht zutreffen.

a Prüfen Sie anhand der Beispiele (▶ Aufg. 1), ob die Jugendsprache eine abgrenzbare Sprachvarietät ist oder ein bloßes Konstrukt bzw. eine Erfindung.

b Suchen Sie Mitschüler/innen, die die gleiche Position wie Sie vertreten wollen. Bereiten Sie sich in der Gruppe auf eine Diskussion „Jugendsprache – nur eine Erfindung?" vor, indem Sie Diskussionskarten schreiben.

Diskussionskarte

These:
Es gibt keine abgrenzbare Jugendsprache.
Argument:
Die als Beispiele für Jugendsprache genannten Wörter sind Teile der Netzsprache, die auch Erwachsene …
Beispiel/Stützung:
So ist das Wort …

3 **a** Entscheiden Sie, welche Form der Diskussion (▶ Methode) im Kurs für dieses Thema geeignet ist.
b Bestimmen Sie, wer die Diskussion leitet, wer teilnimmt und wer beobachtet (▶ Methode).
c Führen Sie die Diskussion durch. Nutzen Sie dafür Ihre Diskussionskarten (▶ Aufg. 2).
d Werten Sie die Diskussion aus. Was ist Ihnen gelungen? Was ist optimierbar?
e Beurteilen Sie, inwieweit die von Ihnen gewählte Form der Diskussion geeignet war.

Methode Diskussionsformen

Diskussionsformen

Plenumsdiskussion

Diskussion im gesamten Kurs:
- Die Sitzordnung sollte so sein, dass sich alle sehen können.
- Es sollten 2 Diskussionsleiter/innen ernannt und einige Beobachter/innen (s. u.) bestimmt werden.
- Zu Beginn sollte die Diskussionsleitung möglichst gegenteilige Positionen zu Wort kommen lassen.

Podiumsdiskussion

6–8 Teilnehmer/innen (meist Expertinnen/Experten) diskutieren miteinander und beantworten ggf. auch Publikumsfragen.

Fishbowl-Diskussion

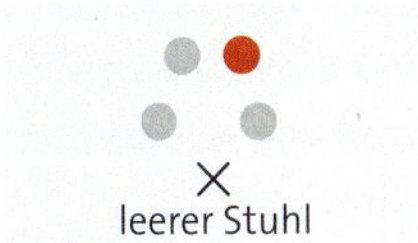

Ein kleiner Kreis von Personen diskutiert im Innenkreis; die anderen beobachten im Außenkreis. Auf einem leeren Stuhl kann ein/e Zuhörer/in Platz nehmen und sich in die Diskussion einschalten, muss den Stuhl jedoch rasch wieder frei machen.

Debatte

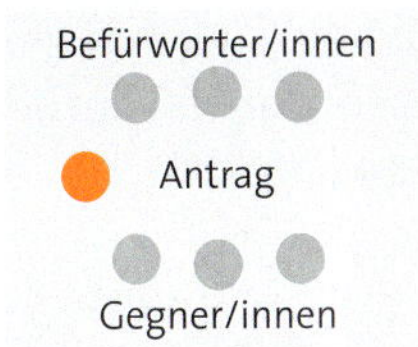

- Im Mittelpunkt steht meist ein Antrag (wie im Bundestag), der von der/dem Vorsitzenden erläutert wird.
- Es gibt klare Statements. Die Pro- und Kontra-Positionen werden von zwei etwa gleich großen Gruppen in Rede und Gegenrede vertreten.
- Das Rederecht wechselt nach jedem Redebeitrag auf die Gegenseite und ist oft zeitlich begrenzt (z. B. 30 Sekunden).
- Alle Diskussionsteilnehmer/innen sollten auch auf Gegenargumente eingehen.

● Teilnehmer/innen ● Diskussionsleiter/in ● Vorsitzende/r

Methode Eine Diskussion beobachten

Notieren Sie zu der Person, die Sie beim Diskutieren beobachten,
- welche zentrale These sie vertritt und welche wichtigen Argumente sie nennt,
- mit welchen Beispielen, Zitaten, Erläuterungen sie ihre Argumente stützt,
- auf welche Gegenargumente sie in welcher Weise eingeht,
- wie sie sich in der Diskussion verhält: sachlich/unsachlich, vermittelnd/konfrontativ usw.

4.3.1 Klausurtraining: Einen Sachtext analysieren

Aufgabenbeispiel
Analysieren Sie den Text „Chats belegen das Gegenteil von Sprachverfall" im Hinblick auf Thesen, Gedankengang, sprachliche Gestaltung und Leserlenkung.

Astrid Herbold: **Chats belegen das Gegenteil von Sprachverfall** (2013)

[...] Alle haben allen etwas mitzuteilen, ständig, dauernd, überall. Über WhatsApp werden stündlich 41 Millionen Mitteilungen verschickt. 100 Millionen Menschen sind weltweit bei Twitter angemeldet. Facebook hat gerade die Milliardenmarke geknackt. Und selbst die SMS ist beliebt wie nie: 55 Milliarden Botschaften verschickten allein deutsche Nutzer im letzten Jahr. [...]

Es ist, als habe die Menschheit das Schreiben neu entdeckt. Und als hätte sie dabei vor lauter Begeisterung die genormte Schriftsprache über Bord geworfen.

Kleinschreibung, Abkürzungen, fehlende Artikel und verkürzte Syntax zeichnen die schriftlichen Unterhaltungen aus, geschmückt sind die Dialoge dafür mit grinsenden Gesichtern oder auf der Seite liegenden Gefühlsbekundungen. Ich schenk dir mein Herz? Das schreibt man jetzt so: <3. Müssen Lehrer, Ausbilder, Bildungsbürger sich Sorgen machen?

Bislang gibt es keine einzige Studie, die den oft vermuteten Sprachverfall beweisen würde. Dabei ist die Internetkommunikation gut erforscht. Ende der 1990er-Jahre begannen erste Sprachwissenschaftler sich für das komische Geschreibsel in den anonymen Chatforen zu interessieren.

Smileys führen ein ästhetisches Eigenleben

Unter die Lupe haben die Linguisten im letzten Jahrzehnt so ziemlich alles genommen: Was passiert mit der Satzstellung, was mit den Zeitformen, was mit der Rechtschreibung? Welche Rolle spielen Inflektive, also endungslose Verben wie *heul* oder *tröst*? Wann und wozu werden lachende, zwinkernde oder weinende Smileys – die so genannten Emoticons – eingesetzt? „Eine Zeit lang ging man davon aus, dass in der Chatkommunikation im Gegensatz zum mündlichen Gespräch etwas fehlt", erklärt Georg Albert von der Universität Landau, „und dass diese fehlende Verständigungsebene von den Nutzern unter anderem mit Emoticons aufgefüllt werden müsse." Aber ganz so eindeutig, meint der Wissenschaftler, sei die Sache nicht. Smileys und Konsorten führen längst ein ästhetisches Eigenleben.

Eine andere gängige Forschungsmeinung lautete: Es ist alles der Geschwindigkeit geschuldet. Typische Merkmale wie Kleinschreibung, Wortabkürzungen oder unvollständige Sätze entstünden vor allem aus Platzmangel. Oder weil die Schnelligkeit der Dialoge keine Zeit lässt für korrekte Schreibweisen. Albert, der seit Jahren Internetunterhaltungen analysiert, glaubt das nicht. „Viele Stilmerkmale sprechen gegen die Geschwindigkeitsthese." Die Nutzer lieben es zum Beispiel, ellenlang Ausrufezeichen oder Buchstabenwiederholungen aneinanderzureihen. „Andere schreiben absichtlich im Dialekt, obwohl es länger dauert, die Worte zu tippen. Und sie auch für das Gegenüber schwerer lesbar sind." Schwerer zu entziffern – aber möglicherweise unterhaltsamer. Und darum scheint es zu gehen.

Markierungen zeigen, wie ein Text verstanden werden soll

Vielen Nutzern macht das Experimentieren mit den Buchstaben und Zeichen schlicht Spaß. „Da wird Kreativität mit der Tastatur ausgelebt", sagt Albert. Von wilder Regellosigkeit kann trotzdem keine Rede sein. „Ihre jeweiligen Konventionen handeln die verschiedenen sozialen Gruppen permanent neu aus." Jeder Ort im Netz hat andere Gepflogenheiten, jede Gruppe ihre eigenen Codes und Vorlieben. Und diese

Moden kommen und gehen. Was alle benutzen, wird langweilig. Stilmittel wie *grins* gelten heute als altbacken, seit zwei, drei Jahren sind die Sternchen-Ausdrücke größtenteils verschwunden. [...]

Wunsch nach vorteilhafter Selbstdarstellung

„Die Schriftsprache differenziert sich zunehmend aus", erklärt Beate Henn-Memmesheimer, Linguistikprofessorin an der Universität Mannheim. Die meisten Nutzer wechseln mühelos zwischen unterschiedlichen Stilen und Schreibweisen hin und her. Morgens im Büro korrektes Hochdeutsch, nachmittags auf Twitter kurzsilbige Pointen, abends im Chat schluderiger Redeschwall. „Man könnte deshalb sogar von einer gestiegenen Schriftkompetenz sprechen", so Henn-Memmesheimer. Mal wird mehr, mal weniger regelkonform geschrieben, je nachdem, was die Nutzer in der jeweiligen Situation als angemessen empfinden. Von den Schreibenden erfordert das viel Fingerspitzengefühl und eine hohe soziale und sprachliche Kompetenz. [...]

Ganz folgenlos bleiben die Spielarten der Internetsprache trotzdem nicht. Manche Begriffe wie „dissen" schaffen es bis in den Duden. Syntaktische Kurzformen wie der veränderte Einsatz von Modalverben schwappen ins Fernsehen und Feuilleton über („Ich kann Kanzler"). Aber wird das die deutsche Standardsprache langfristig wirklich verändern? Henn-Memmesheimer bezweifelt es. „Es gibt sehr starke Regulative, die dagegenwirken." Bei offiziellen schriftlichen Texterzeugnissen werden Abweichungen von Rechtschreibung und Orthografie nach wie vor nicht geduldet, weder in der Schule noch an den Universitäten oder im Berufsalltag. [...]

Die Aufgabenstellung verstehen

1 Notieren Sie, welche der folgenden Teilaufgaben in der Aufgabenstellung enthalten sind:

A Obwohl in der Aufgabe nicht gefordert, muss ich in gewohnter Weise eine Einleitung schreiben.

B Die zentralen Thesen des Textes muss ich in einem zweiten Teil meiner Arbeit erörtern.

C Im Hauptteil kann ich mich auf die genannten Schwerpunkte beschränken.

D Zur „sprachlichen Gestaltung" gehören auch die Darstellungsweisen.

E Die Leserlenkung soll ich nur beschreiben, nicht über die Wirkung mutmaßen.

Erstes Textverständnis formulieren

2 Notieren Sie Stichworte zu Ihrem ersten Textverständnis. Beachten Sie Überschrift und Zwischentitel.

3 Markieren Sie auf einer Kopie Thesen, Argumente, Auffälligkeiten der Sprache und der Leserlenkung (▸ Information, S. 107):

Alle haben allen etwas mitzuteilen, ständig, dauernd, überall.	*Akkumulation*
Über WhatsApp werden stündlich 41 Millionen Mitteilungen verschickt. 100 Millionen Menschen sind weltweit bei Twitter angemeldet. Facebook hat gerade die Milliardenmarke geknackt. Und selbst die SMS ist beliebt wie nie: 55 Milliarden Botschaften verschickten allein deutsche Nutzer im letzten Jahr. [...]	*informierende Darstellung: drei Fakten*
Es ist, als habe die Menschheit das Schreiben neu entdeckt.	*Pathos*
Und als hätte sie dabei vor lauter Begeisterung die genormte Schriftsprache über Bord geworfen.	*Konjunktiv: Gegenthese, die widerlegt wird* *Ironie*

Den Text analysieren

4 Ihre Analyse können Sie in vier Arbeitsschritte aufteilen und dazu Notizen anfertigen:

a **1. Schritt: Thesen herausfiltern**
Wenden Sie hilfreiche Strategien an: Titel und Zwischenüberschriften nutzen, Signalwörter beachten

b **2. Schritt: Gedankengang nachvollziehen**
Suchen Sie im Text argumentierende Textteile. Achten Sie auf Textsignale: Konjunktionen/Adverbien *(denn ...)*.

c **3. Schritt: Sprache/Form untersuchen**
Notieren Sie Auffälligkeiten und beziehen Sie diese immer auf den Inhalt, d.h. auf die beabsichtigte Wirkung.

d **4. Schritt: Leserlenkung untersuchen**
Notieren Sie Aspekte der Leserlenkung. Beschreiben Sie die beabsichtigte Wirkung.

Argument:
These wird belegt durch Beispiele / wird plausibel gemacht durch ...

Sprache/Form	***Wirkung***
ironische Formulierungen (z.B. Z. ...) ...	*dienen offenbar der Leserunterhaltung*
...	...

Leserlenkung	***Wirkung***
Leser/in wird jeweils mit Thesen konfrontiert, die dann von Experten widerlegt werden (Z. ... – ...)	*Das Naheliegende wird erwähnt, aber dann ...*
...	...

Den Schreibplan erstellen und den Text schreiben

5 Planen Sie den Aufbau des Textes. Legen Sie einen stichpunktartigen Schreibplan an.

6 Schreiben Sie eine erste ausformulierte Fassung des Textes. Für die spätere Überarbeitung kann es hilfreich sein, sofort am Rechner zu schreiben.

a **Einleitung:** Denken Sie an
- die Textvorstellung im Einleitungssatz:
Der vorliegende Zeitschriftenartikel „...“ erschien ... in ... und ...
- die Darstellung des Zusammenhangs, in dem der Text steht:
Hintergrund des Artikels sind die typischen Klagen über ...
- eine kurze Übersicht über Inhalt und Aufbau:
Es lassen sich (drei, vier ...) zentrale Textteile unterscheiden: Zunächst ... (Z. ... – ...)

b **Hauptteil:** Strukturieren Sie den Hauptteil nach den Schwerpunkten der Aufgabenstellung:
- Untersuchung der „Thesen“: *Die Hauptthese des Textes wird bereits in .... erkennbar: Demnach sei ... Sie ist im Text in verschiedene Unterthesen aufgespalten, nämlich ...*
- Untersuchung des Gedankengangs: *Zur Stützung der Thesen wird ...*
- Unterscheidung der Darstellungsmodi:
These und Erläuterung werden sachlich informierend vorgetragen ...
Deutlich erkennbar ist aber auch die Unterhaltungsabsicht ...
- Klärung von Adressatenkreis und Intention: *Die Autorin will offenbar ... und wendet sich an ...*
- „sprachliche Gestaltung“: Analyse der Sprache und der Form:
Die Gegenposition wird sprachlich überzeichnet dargestellt („von wilder Regellosigkeit kann trotzdem keine Rede sein“, Z. 71 f.), um die Entkräftung noch wirksamer ...
- Leserlenkung: *Auffällig ist das lenkende Muster, zunächst stets die Gegenposition ...*

c **Schluss:** Verfassen Sie eine kritische Bewertung des Sachtextes und/oder ordnen Sie den Text in größere Zusammenhänge ein: *Die von ... vorgetragene Darstellung beruft sich in vielfältiger Weise auf sprachliche Studien und weist damit überzeugend nach, ... Jedoch ...*

Den eigenen Text überarbeiten

7 Übertragen Sie die Checkliste auf ein Blatt und prüfen Sie damit den eigenen Text. Sie können auch in Partnerarbeit Ihre Texte gegenseitig prüfen.

8 Prüfen Sie, welche Verbesserungen Sie vornehmen wollen, und schreiben Sie eine Endfassung.

Checkliste **Einen Sachtext analysieren**

			10 = voll erfüllt 0 = gar nicht erfüllt	Verbesserungsidee
Einleitung		**Textvorstellung:** Werden Autor/in, Titel, Textsorte, Erscheinungsjahr, Medium (z. B. Name der Zeitung) genannt? **Kontext:** Wird der Zusammenhang genannt, in dem der Text steht? Wird deutlich, um welche Fragestellung es geht? **Inhaltsübersicht:** Gibt es eine Übersicht über den Inhalt und Aufbau des Textes?		
Hauptteil: Schwerpunkte der Aufgabenstellung beachten	**Thesen/ Position**	Werden die Kernaussagen des Textes mit eigenen Worten wiedergegeben? Wird die indirekte Rede beachtet?		
	Argumentations-/ Gedankengang	Ist der Gedankengang klar nachgezeichnet?		
	Darstellungsweisen	Wird deutlich gemacht, wo argumentiert, wo erläutert/erklärt und wo erzählt wird?		
	Sprache/ Form	**Sprachliche Gestaltung:** Werden sprachliche Besonderheiten mit Blick auf ihre Wirkung untersucht? **Stil:** Wird die Mischung von Sprachstilen (nüchtern, subjektiv, objektiv ...) beschrieben? **Leserlenkung:** Werden die Mittel der Leserlenkung untersucht?		
	Adressatenkreis/ Intention	Gibt es Ausführungen zu den vermuteten **Adressaten** und **zur Intention** des Textes? Sind sie begründet?		
Schluss		Findet **abschließend** eine kritische Bewertung oder Einordnung statt?		

4.3.2 Klausurtraining: Eine textgebundene Erörterung schreiben

Aufgabenbeispiel

1. Geben Sie den Gedankengang des Textes wieder, indem Sie darstellen, welche „Neuen Lesegewohnheiten“ Hauschild beschreibt und worin sie Vor- und Nachteile dieser Veränderungen ausmacht.
2. Erörtern Sie anschließend die Frage, inwieweit das neue Lesen am Bildschirm insgesamt eher vorteilhaft oder eher nachteilig ist.

Jana Hauschild: **Neue Lesegewohnheiten: In F-Form durch Texte springen** (2014)

Das Internet hat das Lesen verändert, viele hüpfen durch die Texte – neue Gewohnheiten haben sich etabliert. Verlernen wir, uns in Themen zu vertiefen?

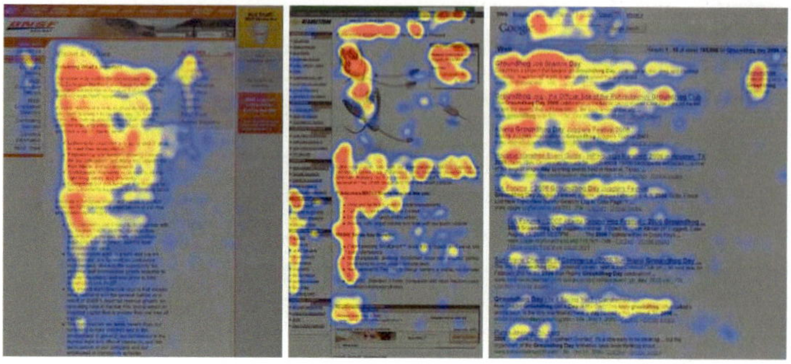

Man nimmt einen Roman, schlägt ihn auf, liest die erste Zeile, springt zum nächsten Absatz, liest dort die ersten Worte und überfliegt den Rest des Kapitels nur noch am linken Textrand. So könnte die Zukunft des Lesens aussehen, befürchten Wissenschaftler.

Der dänische Webseiten-Forscher Jakob Nielsen hat in zahlreichen Studien die Blickbewegung von Menschen beim Betrachten von Webseiten analysiert. „Sie tun es nicht. Sie scannen nur die Seiten“, so lautete seine Antwort. Internetseiten würden nicht Wort für Wort gelesen, sondern der Blick fährt in Form eines F über den Text: Er wendet sich der ersten Zeile zu, springt zu einem späteren Absatz, um dort zumeist ebenfalls nur eine Zeile lang zu verharren, und durchforstet dann nur noch die Anfangsworte der Zeilen. [...]

In Befragungen geben junge Leser zu, dass sich ihr Leseverhalten in den vergangen Jahren verändert hat. Etwa, dass sie in Texten eher von Stichwort zu Stichwort hüpfen und ausgewählte Passagen lesen, als den gesamten Text von vorne nach hinten durchzugehen – vor allem, wenn sie diesen auf einem Bildschirm und nicht auf Papier vor sich haben.

Abdriften im Internet

Dazu kommt, dass am Bildschirm zahlreiche Ablenkungsmöglichkeiten vom linearen Lesen abhalten, fand die Linguistin Naomi Baron vom *College of Arts & Science* der American University in Washington in einer aktuelleren Untersuchung unter Studenten heraus. Neun von zehn Studienteilnehmern gaben an, dass sie ins Web abdriften, während sie auf dem PC [...] eigentlich einen Text lesen. Nur einer von 100 tat das bei der Lektüre von gedruckten Worten.

Das Springen von Abschnitt zu Zwischenüberschriften weiter zu Links oder gefetteten Wörtern beunruhigt die US-amerikanische Neurowissenschaftlerin Maryanne Wolf vom *Center for Reading and Language Research* an der Tufts University. Sie befürchtet, durch das verbreitete Schnelllesen im Internet würde das vertiefte Lesen verlernt.

„Meine größte Sorge ist, dass viele neue und auch einige ältere Leser angesichts der digitalen Fülle an unmittelbaren Informationen, die immer weniger intellektuelle Anstrengung erfordern und enthalten, weder die Zeit noch die

Motivation haben, die möglichen Bedeutungen von dem, was sie lesen, zu durchdenken", erklärt sie in einem Essay für die Harvard University.

Vorteile des Digitalen

Und da die Fähigkeit zu lesen keine angeborene sei, sondern durch Training erlernt würde, könne sie sich auch schnell verändern, so die Theorie von Wolf. Wer früh im Leben überwiegend online liest, werde in Multitasking oder schnellen Aufmerksamkeitswechseln bestärkt statt darin, etwas vertieft zu reflektieren. „Wir züchten da vielleicht eine Kultur heran, die so an Ton- und Gedankenhäppchen gewöhnt ist, dass sie in ihren Mitgliedern weder kritische Analysen noch das Nachdenken fördert", schreibt die Leseforscherin im Fachjournal „Educational Leadership".

Grund zu allzu großer Sorge sieht der Leseforscher Sascha Schroeder vom Max-Planck-Institut für Bildungsforschung in Berlin nicht. „Tatsächlich wissen wir sehr wenig darüber, was beim Lesen im Gehirn abläuft und ob die neuen Medien und Leseplattformen überhaupt etwas verändern. Das sind bislang vor allem Spekulationen", betont Schroeder. [...]

Schroeder sieht in den neuen Geräten sogar eine Chance – für all jene, die bislang wenig gelesen haben. „Wenn die Technik fortschreitet und zum Beispiel die Abstände zwischen den Zeilen oder den Buchstaben auf den E-Book-Readern veränderbar werden, dann profitieren davon all jene, denen das Lesen von herkömmlichen Schriftformen schwerfällt", sagt er. Die digitale Welt ermögliche generell mehr Menschen einen Zugang zum Lesen.

Die Aufgabenstellung verstehen

1 Lesen Sie die Information. Geben Sie an, welche Teile einer Sachtextanalyse in der Aufgabenstellung oben (S. 124) *nicht* gefordert sind.

2 Nennen Sie Fehler, die man bei der Gestaltung der textgebundenen Erörterung machen könnte.

Information **Die textgebundene Erörterung**

Die **textgebundene Erörterung** besteht aus zwei Teilen:

1. Textwiedergabe
Im ersten Teil wird der zu Grunde liegende Text wiedergegeben. Eine vollständige Analyse ist nicht erforderlich. Oft sind in der Aufgabe die Aspekte benannt, die in der Textwiedergabe zum Schwerpunkt gemacht werden sollen.

2. Erörterung
Hier sind Sie aufgefordert, zu einer aus dem Text abgeleiteten Problemstellung eine eigene Stellungnahme zu schreiben. Es gibt unterschiedliche Möglichkeiten, diesen eigenständigen Gedankengang zu entwickeln. Wählen Sie einen der drei **Grundtypen:**

I. Begründeter Widerspruch
Sie entkräften argumentativ zentrale Behauptungen des Textes, indem Sie Gegenargumente und Gegenbeispiele anführen.

II. Begründete Zustimmung
Sie stärken die im Text vertretene Position, indem Sie weitere Argumente und Beispiele anführen. Dabei sollten Sie mögliche Gegenargumente entkräften.

III. Teilweise Übereinstimmung
Sie wägen ab, in welchen Punkten Sie der Textposition zustimmen und welchen Sie widersprechen. Beides begründen Sie argumentativ.

Erstes Textverständnis und Ideen formulieren

3 Notieren Sie nach dem ersten Lesen Stichworte zu Ihrem ersten Textverständnis.

4 Machen Sie eine Kopie des Textes und markieren Sie in unterschiedlichen Farben die Stellen, an denen es um die neuen Lesegewohnheiten und deren Vor- und Nachteile geht.

5 Überlegen Sie, ob das neue Lesen für Sie eher Vorteile oder eher Nachteile hat. Notieren Sie ggf. Stichworte zu ersten Gegenargumenten.

Die Argumentation analysieren und Argumente entwickeln

6 Notieren Sie in Stichpunkten, was die von Hauschild beschriebenen neuen Lesegewohnheiten ausmacht. Nutzen Sie dafür Ihre Ergebnisse aus Aufgabe 4.

7 Halten Sie die Vor- und Nachteile aus dem Text in einer Tabelle fest und ergänzen Sie eigene Vor- und Nachteile. Nutzen Sie dafür Ihre Ergebnisse aus Aufgabe 4 und 5.

	Vorteil	*Nachteil*
Argumente aus dem Text	*… (Z. …)*	*… (Z. …)*
eigene Argumente	*…*	*…*

Information **Struktur einer Erörterung**

Die **Argumente** für und gegen Ihre Position können Sie unterschiedlich **anordnen,** z. B.:

- die **Argumente, Belege und Beispiele für Ihre Position aneinanderreihen (linearer Aufbau),** dabei mögliche Gegenargumente entkräften;

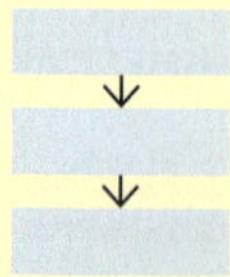

- oder **Argumente für und gegen Ihre Position abwägend im Wechsel anführen (Pingpong-Prinzip),** dabei die Gegenposition jeweils entkräften;

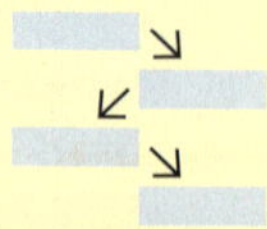

- oder **blockweise gebündelt** erst sämtliche Argumente für die Gegenposition (das schwächste am Ende) anführen und dann alle Argumente für Ihre eigene Position (das stärkste am Ende) **(Sanduhr-Prinzip).**

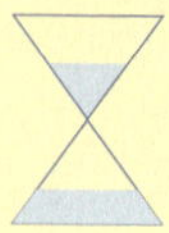

Den Schreibplan erstellen und den Text schreiben

8 Entscheiden Sie sich für einen sinnvollen Aufbau Ihrer Erörterung. Bringen Sie die Gliederungspunkte in eine sinnvolle Reihenfolge, ergänzen Sie ggf. Stichworte für die Gliederungspunkte:

Nennen der Erörterungsfrage • Argumente gegen meine Position (mit Entkräftung) • Zusammenfassung in einem Fazit • von Hauschild genannte Vor- und Nachteile der neuen Lesegewohnheiten • Klärung des Begriffs „Neue Lesegewohnheiten“ • Einleitungssatz • eigene Position zur Erörterungsfrage • Argumente für meine Position

9 Schreiben Sie eine erste Fassung Ihres Textes, möglichst am Computer.

a Formulieren Sie den Text zu Aufgabenteil 1 anhand Ihrer Tabelle (Aufg. 6). Denken Sie an eine Einleitung.
Im vorliegenden Text „…“, der …, beschreibt die Autorin …
Auf Grund des Lesens am … macht Jana Hauschild verschiedene Facetten … aus.
Zum einen gebe es … Zum anderen sei … Schließlich …
Dieses veränderte Leseverhalten bringe gleichermaßen Vor- und Nachteile mit sich: …

b Schreiben Sie den zweiten Teil Ihres Textes. Vielleicht sind folgende Formulierungen hilfreich:
Erörterungsfrage:
Der Text von Jana Hauschild wirft die Frage auf, …
Standpunkt:
Hierzu scheint mir eine vermittelnde Position am tragfähigsten: Zwar …, aber …
Auf diese Frage scheint eine einfache Antwort nicht möglich, denn zum einen …, zum anderen … Insofern …
Argumente (Pingpong):
Einmal trifft es wohl zu, dass … Zugleich aber gilt die Einschränkung, dass …
Argumente (Sanduhr):
Zunächst scheint es einige Argumente zu geben, die … All diese Argumente haben eine gewisse Überzeugungskraft, ihnen stehen aber gewichtigere Gegenargumente gegenüber …
Argumente (Entkräftung von Gegenargumenten in linearem Aufbau):
Das von Jana Hauschild vorgetragene Argument, es sei …, scheint zunächst plausibel, zu bedenken ist aber …
Fazit:
So scheint es zwar für beide Seiten überzeugende … Auf Grund von … ist aber …

Den eigenen Text überarbeiten

10 Lassen Sie Ihre Analyse und Ihre Erörterung mit der Checkliste von einer Mitschülerin / einem Mitschüler prüfen. Diskutieren Sie mögliche Verbesserungen und erstellen Sie eine Endfassung.

Checkliste **Eine textgebundene Erörterung schreiben**

Analyse
- Wird der untersuchte Text in der **Einleitung** kurz vorgestellt?
- Sind die in der Aufgabe benannten **Aspekte** angemessen erfasst?

Erörterung
- Wird die **Erörterungsfrage** deutlich gemacht?
- Ist eine **klare Position** erkennbar?
- Wird die Position durch eine **schlüssige Argumentation** begründet?
- Wird auf **Gegenargumente** eingegangen?
- Ist die Erörterung sinnvoll **aufgebaut?**
- Ist der Text durch den **Schluss** abgerundet?
- Haben Sie Ihren Text auf **Rechtschreib-, Grammatik-** und **Zeichensetzungsfehler** geprüft?

B Qualifikation: Erweiterung und Vertiefung

1 Stellen Sie Vermutungen darüber an, was man im Deutschunterricht lernen muss, um erfolgreich das Abitur zu bestehen.

2 Die Qualifikationsphase sieht im Fach Deutsch bestimmte Themen, Kompetenzen und Aufgabenarten vor.

a Schauen Sie sich in arbeitsteiliger Gruppenarbeit alle Kapitel des Buchteils B an. Berücksichtigen Sie jeweils vor allem
- Überschriften,
- Kompetenzlisten auf den Auftaktseiten der Kapitel,
- Materialien (Texte und Abbildungen),
- Themen, Materialien und Aufgabenarten des jeweils abschließenden Klausurentrainings.

b Stellen Sie sich Ihre Untersuchungsergebnisse gegenseitig im Plenum vor. Welche Anforderungen werden an Sie gestellt? Worin sehen Sie besondere Herausforderungen?

1 Traum und Fantasie – Romantik als Gegenbewegung zur Aufklärung

Caspar David Friedrich: Der Mönch am Meer (Öl auf Leinwand, 1808–10, Zustand nach Restaurierung 2016)

1 **a** Caspar David Friedrich nannte sein Gemälde „Der Mönch am Meer". Schildern Sie aus Sicht des Mönchs, was er wahrnehmen (sehen, hören ...) könnte.

b Beschreiben Sie das Bild: Aufbau, Positionierung der Figur, Darstellung der Natur, Verteilung von Hell und Dunkel usw.

2 **a** Setzen Sie das Bild in Beziehung zum Begriff „Romantik" und notieren Sie Ihre Assoziationen dazu.

b Tauschen Sie sich in Ihrem Kurs über Ihre Assoziationen aus.

3 Informieren Sie sich über die Lichtmetaphorik in der Epoche der Aufklärung und betrachten Sie das Bild von Chodowiecki dazu (▸ S. 37). Stellen Sie Friedrichs Gemälde als Bild der Romantik gegenüber: Welche Rolle spielen Licht und Dunkelheit jeweils?

In diesem Kapitel erwerben Sie folgende Kenntnisse und Kompetenzen:

- ein Verständnis für die prägenden Themen und Haltungen der Schriftsteller in der Epoche der Romantik entwickeln, auch als Gegenbewegung zur Aufklärung,
- die Gefühlsbetonung als Kennzeichen romantischer Literatur kennen und für die Interpretation nutzen,
- die literarische Gestaltung von Gegenwelten als Reaktion auf gesellschaftlichen Umbruch verstehen,
- Mehrdeutigkeit als Merkmal literarischer Texte erkennen,
- literarische Erörterungen ausarbeiten.

1.1 Abkehr vom Licht der Aufklärung? – Motive der Romantik

Nacht als romantisches Motiv

In der Epoche der Aufklärung waren das philosophische Denken wie das künstlerische Schaffen geprägt von der Metaphorik des Lichts und dem Lob der Vernunft. Die Fähigkeit des Menschen, Zusammenhänge zu erkennen und logische Schlüsse zu ziehen, sollte genutzt werden, um die Dunkelheit des Nichtwissens bzw. Nichtbegreifens zu vertreiben und die Auslieferung an Aberglauben jeder Art zu beenden. Erkenntnis galt als Erleuchtung. Die Romantiker hingegen stellten in Frage, dass alle Phänomene der Welt und des Lebens mit den Mitteln vernünftigen Denkens begriffen werden können. Sie waren fasziniert vom Unerklärlichen und Rätselhaften, vom Dunklen und Mystischen. Die Motive der Romantik bewegen sich im Unscharfen und Unwirklichen.

Joseph von Eichendorff: **Mondnacht** (1837)

Es war, als hätt' der Himmel
die Erde still geküsst,
dass sie im Blütenschimmer
von ihm nun träumen müsst'.

Die Luft ging durch die Felder,
die Ähren wogten sacht,
es rauschten leis die Wälder,
so sternklar war die Nacht.

Und meine Seele spannte
weit ihre Flügel aus,
flog durch die stillen Lande,
als flöge sie nach Haus.

1 Formulieren Sie erste Eindrücke zu Eichendorffs Gedicht.
- *Atmosphäre: …*
- *Wahrnehmungen und Emotionen des lyrischen Ichs: …*
- *Gestaltung von Räumen, Bewegungen, Handlungen: …*
- *Thema: …*

2 Untersuchen Sie, inwieweit der Titel „Mondnacht" das Verstehen des Gedichts beeinflusst.

3 Stellen Sie Bezüge zu den zeitgenössischen Bildern von Füssli, Friedrich und Wagner her (▶ S. 131). In welchen Aspekten finden Sie Entsprechungen?
- *Tageszeit: …*

4 Analysieren Sie, wie Form (äußere Form, Metrum, Reim) und Sprache die Gedichtaussage unterstreichen.
- *Regelmäßigkeit in Strophenform und Metrum (6-hebiger Jambus) → Wirkung: …*
- *Klang der Wörter unterstreicht … (Lautmalerei)*

5 Vergleichen Sie den Text mit Eichendorffs Gedicht „Wünschelrute" (▶ S. 430) hinsichtlich der Wahrnehmung der realen Dinge in der Welt.
- *Motiv des Traums in beiden Gedichten: „Mondnacht" V. 4, „Wünschelrute" V. 2 …*

Clemens Brentano: Der Spinnerin Nachtlied (1818)

Es sang vor langen Jahren
Wohl auch die Nachtigall,
Das war wohl süßer Schall,
Da wir zusammen waren.

Ich sing und kann nicht weinen
Und spinne so allein
Den Faden klar und rein,
Solang der Mond wird scheinen.

Da wir zusammen waren,
Da sang die Nachtigall,
Nun mahnet mich ihr Schall,
Dass du von mir gefahren.

So oft der Mond mag scheinen,
Denk ich wohl dein allein,
Mein Herz ist klar und rein,
Gott wolle uns vereinen.

Seit du von mir gefahren,
Singt stets die Nachtigall,
Ich denk bei ihrem Schall,
Wie wir zusammen waren.

Gott wolle uns vereinen,
Hier spinn ich so allein,
Der Mond scheint klar und rein,
Ich sing und möchte weinen!

Novalis: Hymnen an die Nacht
(e. 1799/1800) – Beginn der 2. Hymne

Muss immer der Morgen wiederkommen?
Endet nie des Irdischen Gewalt?
Unselige Geschäftigkeit verzehrt
Den himmlischen Anflug der Nacht?
Wird nie der Liebe geheimes Opfer
Ewig brennen?
Zugemessen ward
Dem Lichte Seine Zeit
Und dem Wachen –
Aber zeitlos ist der Nacht Herrschaft,
Ewig ist die Dauer des Schlafs.

Johann Heinrich Füssli: Die Feenkönigin erscheint Prinz Arthur (1785/1788)

Caspar David Friedrich: Mann und Frau in Betrachtung des Mondes (um 1824)

Carl Wagner: Bei Mondschein (1820)

Karoline von Günderrode: **Der Kuss im Traume** (1802)

Karoline von Günderrode (1780–1806) trat früh in ein evangelisches Damenstift für unverheiratete Töchter wohlhabender Familien ein. Dort studierte sie Geisteswissenschaften und begann Gedichte zu schreiben, die sie unter Pseudonym veröffentlichte. Im Alter von 26 Jahren nahm sie sich das Leben.

Es hat ein Kuss mir Leben eingehaucht,
Gestillet meines Busens tiefstes Schmachten.
Komm, Dunkelheit! mich traulich zu umnachten,
Dass neue Wonne meine Lippe saugt.

In Träume war solch Leben eingetaucht,
Drum leb' ich, ewig Träume zu betrachten,
Kann aller andern Freuden Glanz verachten,
Weil nur die Nacht so süßen Balsam haucht.

Der Tag ist karg an liebesüßen Wonnen,
Es schmerzt mich seines Lichtes eitles Prangen
Und mich verzehren seiner Sonne Gluten.

Drum birg dich Aug' dem Glanze ird'scher Sonnen!
Hüll' dich in Nacht, sie stillet dein Verlangen
Und heilt den Schmerz, wie Lethes[1] kühle Fluten.

Karl Friedrich Schinkel: Die Nacht zieht über den Golf von Neapel (1834)

1 Lethe: in der griech. Mythologie Fluss in der Unterwelt. Die Seele, die daraus trank, verlor die Erinnerung an das irdische Leben.

1 Wählen Sie für eine detaillierte Textanalyse und Interpretation eines der Gedichte (▸ S. 130 f.) aus.
– Notieren Sie die Gründe für Ihre Wahl.
– Formulieren Sie Ihre ersten Eindrücke von dem Gedicht:
In dem Gedicht geht es für mich um …

2 Analysieren Sie (ggf. zu zweit oder in Teams) das ausgewählte Gedicht.
Nutzen Sie dazu die methodischen Hinweise auf den Seiten 68 ff. und die Informationskästen auf den Seiten 56, 238 und 242 ff. Vorschläge zur Organisation der Arbeit:

1. Schritt: Textanalyse *(arbeitsteilig durchzuführen)*	– formaler Aufbau (Gedichtform und Strophenbau; Wiederholungen und Ringstrukturen; Versbau, Metrum und Verhältnis von Vers und Satz; Satzformen) – inhaltlicher Aufbau (Gliederung in Sinnabschnitte; Anordnung von Wahrnehmungen, Gedanken und Gefühlen; Motive und ihre Verflechtung) – Stilmerkmale (auffallende Metaphern und Vergleiche und deren Konstruktion; weitere auffallende rhetorische Figuren; Synästhesien; Klangfiguren wie Assonanzen und Dominanz von Vokabeln)
2. Schritt: Textdeutung *(im Gesamtteam; protokollieren)*	– Analyseergebnisse zueinander in Beziehung setzen – Zusammenspiel von Form und Inhalt erläutern – Gesamtaussage und Gesamtwirkung des Gedichts ausformulieren

3. Schritt: Ergebnispräsentation *(Gesamtteam)*	– auf einem hinreichend großen Plakat Analyse- und Deutungsergebnisse übersichtlich und gut lesbar anordnen – ein zu dem Gedicht passendes Bild aus diesem Kapitel oder aus einem Bildband zur Romantik hinzufügen und mit einer kurzen Begründung versehen
4. Schritt: Sichtung der Präsentationen *(Plenum)*	– Herumgehen und Sichten aller Präsentationen mit Schreibblock und Stift; Notizen zu: auffallenden Übereinstimmungen, offengebliebenen Fragen, wichtigen Entdeckungen/Erkenntnissen – gemeinsame Reflexion der Ergebnis-Präsentationen im Plenum anhand der Notizen

3 Nehmen Sie die kleine Sammlung von Gedichten (▸ S. 130–132) insgesamt in den Blick und entwerfen Sie eine Art Gesamtbild der romantischen Nacht in Form einer Mindmap. Tragen Sie dazu die Formulierungen zusammen, die das Bild der Nacht in besonderer Weise prägen bzw. lebendig machen.

Nacht

Sinneswahrnehmungen:
- *Hören: „da sang die Nachtigall“ (Brentano, V. 10)*
- …

Kontrastierung – Tag und Morgen:
- *„unselige Geschäftigkeit“ (Novalis, V. 3)*
- …

Personifizierungen:
„Nacht […] stillet dein Verlangen“ (Günderrode, V. 13)
- …

Mythisierungen:
„der Himmel die Erde still geküsst“ (Eichendorff, V. 1)
- …

Situationen und Befindlichkeiten des Menschen:
- *„meine Seele spannte / weit ihre Flügel aus“ (Eichendorff, V. 9/10)*
- …

4 **a** Untersuchen Sie zwei weitere romantische Gedichte (▸ S. 425 ff.) im Hinblick auf die Frage, welche romantischen Motive es noch gibt.
b Erläutern Sie, inwiefern man auch bei diesen Gedichten von einer Abkehr vom „Licht der Aufklärung“ sprechen kann.

Weiterführende Aufgaben:

5 Setzen Sie sich gruppenweise um ein Blatt und schreiben Sie einzelne Verse aus den Gedichten auf, die Ihnen besonders typisch für die Darstellung der Nacht in der Romantik erscheinen. Verfassen Sie auf diese Weise ein neues Gedicht, dem Sie den Titel „Romantische Nacht“ geben.

6 Beschreiben Sie die Bilder von C. D. Friedrich, J. H. Füssli und C. Wagner (▸ S. 131) und die Stimmung, die sie vermitteln. Ordnen Sie ihnen dann Textauszüge aus den Gedichten zu und begründen Sie Ihre Zuordnungen.

7 Suchen Sie in Lyrikanthologien und Bildbänden weitere Gedichte und Bilder aus der Zeit der Romantik, in denen das Nacht-Motiv aufgegriffen wird, und stellen Sie Ihre Funde mit einem erläuternden Kommentar vor.

Traum und Wahn – Menschenbilder in der Romantik

Ernst Theodor Amadeus Hoffmann: **Die Elixiere des Teufels** (1815/16)

E.T.A. Hoffmann (1776–1822) war Jurist, zugleich Musiker, Musikkritiker, Zeichner und Karikaturist.

In seinem Schauerroman „Die Elixiere des Teufels" lässt sich der junge Mönch Medardus von zwei Fremden dazu verleiten, ein geheimnisvolles Elixier, das sich in der Reliquienkammer seines Klosters befindet, zu trinken. Es stärkt ihn auf wunderbare Weise und beflügelt seine Fantasie. Als er sich in eine unbekannte Frau, die ihn zur Beichte aufsucht, leidenschaftlich verliebt, schickt ihn sein Prior[1] in einer Klosterangelegenheit nach Rom. Auf seiner Wanderung trifft er auf einen Mann, der am Rande eines Abgrunds schläft. Infolge von Medardus' Anruf stürzt dieser in die Tiefe. Auf Grund einer verblüffenden Ähnlichkeit hält man Medardus für den im Abgrund verschwundenen Grafen Viktorin. Medardus nimmt dessen Rolle an und erlebt so etwas wie eine Ich-Spaltung. Er gerät an einen Fürstenhof, über den die dämonische Geliebte Viktorins, eine Baronesse, wie über eine Marionettenwelt herrscht. Auch Medardus-Viktorin verfällt ihr zunächst, glaubt dann aber in ihrer Stieftochter Aurelie die Frauenerscheinung aus dem Beichtstuhl zu erkennen. Die dramatisch verwickelten Ereignisse enden damit, dass Medardus in einem Anfall von Wahnsinn die Baronesse und Aurelies Bruder ermordet. In wilder Flucht reist er weiter nach Süden.

In einer finstern Nacht fuhr ich durch einen dichten Wald, der sich bis über die nächste Station ausdehnen sollte, wie mir der Postmeister gesagt und deshalb geraten hatte, bei ihm den Morgen abzuwarten, welches ich, um nur so rasch als möglich ein Ziel zu erreichen, das mir selbst ein Geheimnis war, ausschlug. Schon als ich abfuhr, leuchteten Blitze in der Ferne, aber bald zogen schwärzer und schwärzer die Wolken herauf, die der Sturm zusammengeballt hatte und brausend vor sich herjagte: Der Donner hallte furchtbar im tausendstimmigen Echo wider, und rote Blitze durchkreuzten den Horizont, so weit das Auge reichte; die hohen Tannen krachten, bis in die Wurzel erschüttert, der Regen goss in Strömen herab. Jeden Augenblick liefen wir Gefahr, von den Bäumen erschlagen zu werden, die Pferde bäumten sich, scheu geworden durch das Leuchten der Blitze, bald konnten wir kaum noch fort; endlich wurde der Wagen so hart umgeschleudert, dass das Hinterrad zerbrach. So mussten wir nun auf der Stelle bleiben und warten, bis das Gewitter nachließ und der Mond durch die Wolken brach. Jetzt bemerkte der Postillon, dass er in der Finsternis ganz von der Straße abgekommen und in einen Waldweg geraten sei; es war kein anderes Mittel, als diesen Weg, so gut es gehen wollte, zu verfolgen und so vielleicht mit Tagesanbruch in ein Dorf zu kommen. Der Wagen wurde mit einem Baumast gestützt, und so ging es Schritt vor Schritt fort. Bald bemerkte ich, der ich voranging, in der Ferne den Schimmer eines Lichts und glaubte, Hundegebell zu vernehmen; ich hatte mich nicht getäuscht, denn kaum waren wir einige Minuten länger gegangen, als ich ganz deutlich Hunde anschlagen hörte. Wir kamen an ein ansehnliches Haus, das in einem großen, mit einer Mauer umschlossenen Hofe stand.

[Der Hof gehört einem Förster, der die Fremden gastfreundlich beherbergt.]

Ich warf mich auf das Lager und fiel, ermüdet wie ich war, bald in tiefen Schlaf, aber es folterte mich ein entsetzliches Traumbild. – Auf ganz wunderbare Weise fing der Traum mit dem Bewusstsein des Schlafs an, ich sagte mir nämlich selbst: „Nun, das ist herrlich, dass ich gleich eingeschlafen bin und so fest und ruhig schlummere, das wird mich von der Ermüdung ganz erlaben; nur muss ich ja nicht die Augen öffnen." Aber dem unerachtet war es mir, als könne ich das nicht unterlassen, und doch wur-

1 **Prior:** Klostervorsteher bzw. Stellvertreter des Abtes

T. Hosemann: Illustration zu Hoffmanns „Gesammelte Schriften" (1844)

de mein Schlaf dadurch nicht unterbrochen; da ging die Türe auf, und eine dunkle Gestalt trat hinein, die ich zu meinem Entsetzen als mich selbst, im Kapuzinerhabit[2], mit Bart und Tonsur erkannte. Die Gestalt kam näher und näher an mein Bett, ich war regungslos, und jeder Laut, den ich herauszupressen suchte, erstickte in dem Starrkrampf, der mich ergriffen. Jetzt setzte sich die Gestalt auf mein Bett und grinste mich höhnisch an. „Du musst jetzt mit mir kommen", sprach die Gestalt, „wir wollen auf das Dach steigen unter die Wetterfahne, die ein lustig Brautlied spielt, weil der Uhu Hochzeit macht. Dort wollen wir ringen miteinander, und wer den andern herabstößt, ist König und darf Blut trinken." – Ich fühlte, wie die Gestalt mich packte und in die Höhe zog, da gab mir die Verzweiflung meine Kraft wieder. „Du bist nicht ich, du bist der Teufel", schrie ich auf und griff wie mit Krallen dem bedrohlichen Gespenst ins Gesicht, aber es war, als bohrten meine Finger sich in die Augen wie in tiefe Höhlen, und die Gestalt lachte von Neuem auf in schneidendem Ton. In dem Augenblick erwachte ich, wie von einem plötzlichen Ruck emporgeschüttelt. Aber das Gelächter dauerte fort im Zimmer. Ich fuhr in die Höhe, der Morgen brach in lichten Strahlen durch das Fenster, und ich sah vor dem Tisch, den Rücken mir zugewendet, eine Gestalt im Kapuzinerhabit stehen. – Ich erstarrte vor Schreck, der grauenhafte Traum trat ins Leben. – Der Kapuziner stöberte unter den Sachen, die auf dem Tische lagen. Jetzt wandte er sich, und mir kam aller Mut wieder, als ich ein fremdes Gesicht mit schwarzem, verwildertem Barte erblickte, aus dessen Augen der gedankenlose Wahnsinn lachte. [...]

[Von dem Förster erfährt Medardus, dass der seltsame Mönch im Wald aufgefunden und wegen seines wilden, von Wahnsinnsanfällen bestimmten Verhaltens in einem Turm eingesperrt worden sei. Schließlich habe man ihn aber im Haus aufgenommen und durch die mitleidige Pflege der Försterfamilie habe sich sein Zustand gebessert. Auf einem Spaziergang habe er dem Förster seine Geschichte erzählt, die dieser nun an Medardus weitergibt.]

„‚Sie fanden mich', fuhr der Mönch nach einigem Stillschweigen fort, ‚in einem ganz entarteten Zustande und ahnen auch jetzt gewiss nicht, dass ich einst ein von der Natur reich ausgestatteter Jüngling war, den nur eine schwärmerische Neigung zur Einsamkeit und zu den tiefsinnigsten Studien ins Kloster brachte.

[Auch dieser Mönch hat von einem geheimnisvollen Elixier getrunken. Unter Einfluss dieses Getränks begann er ein lasterhaftes Leben und wurde im Kloster eingesperrt.]

Als ich schon mehrere Wochen in dem dumpfen, feuchten Kerker zugebracht hatte, verfluchte ich mich und mein Dasein, ich lästerte Gott und die Heiligen, da trat im glühend roten Scheine der Satan zu mir und sprach, dass, wenn ich meine Seele ganz dem Höchsten abwenden und ihm dienen wolle, er mich befreien werde. Heulend stürzte ich auf die Knie und rief: ›Es ist kein Gott, dem ich diene, du bist

2 **Kapuzinerhabit:** in der Kleidung eines Kapuzinermönchs

mein Herr, und aus deinen Gluten strömt die Lust des Lebens. ‹ – Da brauste es in den Lüften wie eine Windsbraut, und die Mauern dröhnten, wie vom Erdbeben erschüttert, ein schneidender Ton pfiff durch den Kerker, die Eisenstäbe des Fensters fielen zerbröckelt herab, und ich stand, von unsichtbarer Gewalt hinausgeschleudert, im Klosterhofe. Der Mond schien hell durch die Wolken, und in seinen Strahlen erglänzte das Standbild des heiligen Antonius, das mitten im Hofe bei einem Springbrunnen aufgerichtet war. – Eine unbeschreibliche Angst zerriss mein Herz, ich warf mich zerknirscht nieder vor dem Heiligen, ich schwor dem Bösen ab und flehte um Erbarmen; aber da zogen schwarze Wolken herauf, und aufs Neue brauste der Orkan durch die Luft, mir vergingen die Sinne, und ich fand mich erst im Walde wieder, in dem ich, wahnsinnig vor Hunger und Verzweiflung, umhertobte und aus dem Sie mich erretteten.' – So erzählte der Mönch, und seine Geschichte machte auf mich solch einen tiefen Eindruck, dass ich nach vielen Jahren noch so wie heute im Stande sein werde, alles Wort für Wort zu wiederholen. Seit der Zeit hat sich der Mönch so fromm, so gutmütig betragen, dass wir ihn alle lieb gewannen, und umso unbegreiflicher ist es mir, wie in voriger Nacht sein Wahnsinn hat aufs Neue ausbrechen können."

1 **a** „Die Elixiere des Teufels" gilt als ein Höhepunkt in der Gattung des romantischen Schauerromans. Stellen Sie die Textmerkmale zusammen, die hier den Schauer erregen. Berücksichtigen Sie dabei folgende Rubriken:

Ort und Atmosphäre	***Figuren und ihre Beziehungen***	***Handlungsablauf***
dichter Wald in finsterer Nacht …	*der junge Mönch …*	*Medardus flieht entgegen dem Rat des …*
…	…	…

b Wie unterstützt die Erzählstrategie (► S. 200 f.) die Wirkung des Romanauszugs?

2 **a** Vergleichen Sie die Darstellung der Nacht und ihre Funktion mit der in den romantischen Gedichten (► S. 130–132).

b Auch in der Lyrik der Romantik werden mitunter die dunklen Seiten der Nacht thematisiert. Lesen Sie z. B. in einer Lyrikanthologie Eichendorffs „Zwielicht" und arbeiten Sie heraus, welche Eigenschaften der Nacht hier zugeschrieben werden.

c Vervollständigen Sie Ihre Mindmap zur romantischen Nacht (► S. 133).

Weiterführende Aufgaben:

3 Ein immer wiederkehrendes Motiv der romantischen Epik ist der Doppelgänger. Arbeiten Sie heraus, wie dieses Motiv in den Auszügen aus „Die Elixiere des Teufels" entfaltet wird. Erläutern Sie, welche Bedeutung das Doppelgängermotiv hat. Informieren Sie sich dazu über Stichworte wie „Persönlichkeitsspaltung" und „multiple Persönlichkeit". Gehen Sie auch der Frage nach, warum dieses Motiv gerade in den Erzählungen der Romantik eine so große Rolle spielt.

4 Im Element des Fantastischen schufen die Romantiker eine Gegenwelt zur Realität. Diskutieren Sie, ob eine vergleichbare Funktion in der heutigen Zeit dem Fantastischen in der Literatur bzw. in Fantasy-Filmen zukommt.

E.T.A. Hoffmann: **Der goldne Topf** (1814) – Romananfang

Am Himmelfahrtstage, nachmittags um drei Uhr, rannte ein junger Mensch in Dresden durchs Schwarze Tor und geradezu in einen Korb mit Äpfeln und Kuchen hinein, die ein altes, hässliches Weib feilbot[1], sodass alles, was der Quetschung glücklich entgangen, hinausgeschleudert wurde und die Straßenjungen sich lustig in die Beute teilten, die ihnen der hastige Herr zugeworfen. Auf das Zetergeschrei, das die Alte erhob, verließen die Gevatterinnen ihre Kuchen- und Branntweintische, umringten den jungen Menschen und schimpften mit pöbelhaftem Ungestüm auf ihn ein, sodass er, vor Ärger und Scham verstummend, nur seinen kleinen, nicht eben besonders gefüllten Geldbeutel hinhielt, den die Alte begierig ergriff und schnell einsteckte. Nun öffnete sich der fest geschlossene Kreis, aber indem der junge Mensch hinausschoss, rief ihm die Alte nach: „Ja, renne – renne nur zu, Satanskind – ins Kristall bald dein Fall – ins Kristall!“ – Die gellende, krächzende Stimme des Weibes hatte etwas Entsetzliches, sodass die Spaziergänger verwundert stillstanden und das Lachen, das sich erst verbreitet, mit einem Mal verstummte. – Der Student Anselmus (niemand anders war der junge Mensch) fühlte sich, unerachtet er des Weibes sonderbare Worte durchaus nicht verstand, von einem unwillkürlichen Grausen ergriffen, und er beflügelte noch mehr seine Schritte, um sich den auf ihn gerichteten Blicken der neugierigen Menge zu entziehen. Wie er sich nun durch das Gewühl geputzter Menschen durcharbeitete, hörte er überall murmeln: „Der arme junge Mann – Ei! – über das verdammte Weib!“ – Auf ganz sonderbare Weise hatten die geheimnisvollen Worte der Alten dem lächerlichen Abenteuer eine gewisse tragische Wendung gegeben, sodass man dem vorhin ganz Unbemerkten jetzt teilnehmend nachsah. Die Frauenzimmer verziehen dem wohlgebildeten Gesichte, dessen Ausdruck die Glut des innern Grimms noch erhöhte, sowie dem kräftigen Wuchse des Jünglings alles Ungeschick sowie den ganz aus dem Gebiete aller Mode liegenden Anzug. Sein hechtgrauer Frack war nämlich so zugeschnitten, als habe der Schneider, der ihn gearbeitet, die moderne Form nur von Hörensagen gekannt, und das schwarzatlasne[2], wohlgeschonte Unterkleid gab dem Ganzen einen gewissen magistermäßigen[3] Stil, dem sich nun wieder Gang und Stellung durchaus nicht fügen wollten. – Als der Student schon beinahe das Ende der Allee erreicht, die nach dem Linkischen Bade führt, wollte ihm beinahe der Atem ausgehen. Er war genötigt, langsamer zu wandeln; aber kaum wagte er den Blick in die Höhe zu richten, denn noch immer sah er die Äpfel und Kuchen um sich tanzen, und jeder freundliche Blick dieses oder jenes Mädchens war ihm nur der Reflex des schadenfrohen Gelächters am Schwarzen Tor. So war er bis an den Eingang des Linkischen Bades gekommen; eine Reihe festlich gekleideter Menschen nach der andern zog herein. Musik von Blasinstrumenten ertönte von innen, und immer lauter und lauter wurde das Gewühl der lustigen Gäste. Die Tränen wären dem armen Studenten Anselmus beinahe in die Augen getreten, denn auch er hatte, da der Himmelfahrtstag immer ein besonderes Familienfest für ihn gewesen, an der Glückseligkeit des Linkischen Paradieses teilnehmen, ja er hatte es bis zu einer halben Portion Kaffee mit Rum und einer Bouteille Doppelbier treiben wollen und, um so recht schlampampen[4] zu können, mehr Geld eingesteckt, als eigentlich erlaubt und tunlich war. Und nun hatte ihn der fatale Tritt in den Apfelkorb um alles gebracht, was er bei sich getragen. An Kaffee, an Doppelbier, an Musik, an den Anblick der geputzten Mädchen – kurz! – an alle geträumten Genüsse war nicht zu denken; er schlich langsam vorbei und schlug endlich den Weg an der Elbe ein, der gerade ganz einsam war. Unter einem Holunderbaume, der aus der Mauer hervorge-

1 **feilbieten:** anbieten
2 **Atlas:** Seidenstoff
3 **Magister:** Lehrer, Dozent
4 **schlampampen:** ausgiebig essen, schlemmen

sprossen, fand er ein freundliches Rasenplätzchen; da setzte er sich hin und stopfte eine Pfeife von dem Sanitätsknaster[5], den ihm sein Freund, der Konrektor Paulmann, geschenkt. – Dicht vor ihm plätscherten und rauschten die goldgelben Wellen des schönen Elbstroms, hinter demselben streckte das herrliche Dresden kühn und stolz seine lichten Türme empor in den duftigen Himmelsgrund, der sich hinabsenkte auf die blumigen Wiesen und frisch grünenden Wälder, und aus tiefer Dämmerung gaben die zackichten Gebirge Kunde vom fernen Böhmerlande. Aber finster vor sich hinblickend, blies der Student Anselmus die Dampfwolken in die Luft und sein Unmut wurde endlich laut [...].

Bekümmert lässt Anselmus vor seinem inneren Auge eine lange Reihe seiner Ungeschicklichkeiten und ungenutzten Chancen Revue passieren und beklagt sein Schicksal.

Hier wurde der Student Anselmus in seinem Selbstgespräche durch ein sonderbares Rieseln und Rascheln unterbrochen, das sich dicht neben ihm im Grase erhob, bald aber in die Zweige und Blätter des Holunderbaums hinaufglitt, der sich über seinem Haupte wölbte. Bald war es, als schüttle der Abendwind die Blätter, bald, als kos'ten Vögelein in den Zweigen, die kleinen Fittige im mutwilligen Hin- und Herflattern rührend. – Da fing es an zu flüstern und zu lispeln, und es war, als ertönten die Blüten wie aufgehangene Kristallglöckchen. Anselmus horchte und horchte. Da wurde, er wusste selbst nicht wie, das Gelispel und Geflüster und Geklingel zu leisen halb verwehten Worten: „Zwischendurch – zwischenein – zwischen Zweigen, zwischen schwellenden Blüten, schwingen, schlängeln, schlingen wir uns – Schwesterlein – Schwesterlein, schwinge dich im Schimmer – schnell, schnell herauf – herab – Abendsonne schießt Strahlen, zischelt der Abendwind – raschelt der Tau – Blüten singen – rühren wir Zünglein, singen wir mit Blüten und Zweigen – Sterne bald glänzen – müssen herab – zwischendurch, zwischenein schlängeln, schlingen, schwingen wir uns Schwesterlein." –

So ging es fort in Sinne verwirrender Rede. Der Student Anselmus dachte: „Das ist denn doch nur der Abendwind, der heute mit ordentlich verständlichen Worten flüstert." – Aber in dem Augenblick ertönte es über seinem Haupte wie ein Dreiklang heller Kristallglocken; er schaute hinauf und erblickte drei in grünem Gold erglänzende Schlänglein, die sich um die Zweige gewickelt hatten und die Köpfchen der Abendsonne entgegenstreckten. Da flüsterte und lispelte es von Neuem in jenen Worten, und die Schlänglein schlüpften und kos'ten auf und nieder durch die Blätter und Zweige, und wie sie sich so schnell rührten, da war es, als streue der Holunderbusch tausend funkelnde Smaragde durch seine dunklen Blätter. „Das ist die Abendsonne, die so in dem Holunderbusch spielt", dachte der Student Anselmus, aber da ertönten die Glocken wieder, und Anselmus sah, wie eine Schlange ihr Köpfchen nach ihm herabstreckte. Durch alle Glieder fuhr es ihm wie ein elektrischer Schlag, er erbebte im Innersten – er starrte hinauf, und ein Paar herrliche dunkelblaue Augen blickten ihn an mit unaussprechlicher Sehnsucht, sodass ein nie gekanntes Gefühl der höchsten Seligkeit und des tiefsten Schmerzes seine Brust zersprengen wollte. Und wie er voll heißen Verlangens immer in die holdseligen Augen schaute, da ertönten stärker in lieblichen Akkorden die Kristallglocken, und die funkelnden Smaragde fielen auf ihn herab und umspannen ihn, in tausend Flämmchen um ihn herflackernd und spielend mit schimmernden Goldfaden. Der Holunderbusch rührte sich und sprach: „Du lagst in meinem Schatten, mein Duft umfloss dich, aber du verstandest mich nicht. Der Duft ist meine Sprache, wenn ihn die Liebe entzündet." Der Abendwind strich vorüber und sprach: „Ich umspielte deine Schläfe, aber du verstandest mich nicht, der Hauch ist meine Sprache, wenn ihn die Liebe entzündet." Die Sonnenstrahlen brachen durch das Gewölk, und der Schein brann-

5 **Sanitätsknaster:** minderwertiger Tabak

te wie in Worten: „Ich umgoss dich mit glühendem Gold, aber du verstandest mich nicht; Glut ist meine Sprache, wenn sie die Liebe entzündet."

Und immer inniger und inniger versunken in den Blick des herrlichen Augenpaars, wurde heißer die Sehnsucht, glühender das Verlangen. Da regte und bewegte sich alles, wie zum frohen Leben erwacht. Blumen und Blüten dufteten um ihn her, und ihr Duft war wie herrlicher Gesang von tausend Flötenstimmen, und was sie gesungen, trugen im Widerhall die goldenen, vorüberfliehenden Abendwolken in ferne Lande. [...]

Als die Sonne untergeht, ertönt eine tiefe Stimme, die Schlangen entschwinden und stürzen sich in die Elbe. Anselmus geht am Ufer entlang und versucht, das Erlebte abzuschütteln. Er trifft auf seinen väterlichen Freund, den Konrektor Paulmann, begleitet von dessen Töchtern und einem Bekannten. Die Gruppe unternimmt eine Kahnfahrt auf der Elbe.

Der Student Anselmus saß in sich gekehrt bei dem rudernden Schiffer, als er nun aber im Wasser den Widerschein der in der Luft herumsprühenden und knisternden Funken und Flammen erblickte, da war es ihm, als zögen die goldnen Schlänglein durch die Flut. Alles, was er unter dem Holunderbaum Seltsames geschaut, trat wieder lebendig in Sinn und Gedanken, und aufs Neue ergriff ihn die unaussprechliche Sehnsucht, das glühende Verlangen, welches dort seine Brust in krampfhaft schmerzvollem Entzücken erschüttert. „Ach, seid ihr es denn wieder, ihr goldenen Schlänglein, singt nur, singt! In eurem Gesange erscheinen ja wieder die holden, lieblichen dunkelblauen Augen – ach, seid ihr denn unter den Fluten!" – So rief der Student Anselmus und machte dabei eine heftige Bewegung, als wolle er sich gleich aus der Gondel in die Flut stürzen. „Ist der Herr des Teufels?", rief der Schiffer und erwischte ihn beim Rockschoß. Die Mädchen, welche bei ihm gesessen, schrien im Schreck auf und flüchteten auf die andere Seite der Gondel; der Registrator Heerbrand sagte dem Konrektor Paulmann etwas ins Ohr, worauf dieser mehreres antwortete, wovon der Student Anselmus aber nur die Worte verstand: „Dergleichen Anfälle – noch nicht bemerkt?" – Gleich nachher stand auch der Konrektor Paulmann auf und setzte sich mit einer gewissen ernsten, gravitätischen Amtsmiene zu dem Studenten Anselmus, seine Hand nehmend und sprechend: „Wie ist Ihnen, Herr Anselmus?" Dem Studenten Anselmus vergingen beinahe die Sinne, denn in seinem Innern erhob sich ein toller Zwiespalt, den er vergebens beschwichtigen wollte. Er sah nun wohl deutlich, dass das, was er für das Leuchten der goldenen Schlänglein gehalten, nur der Widerschein des Feuerwerks bei Antons Garten war; aber ein nie gekanntes Gefühl, er wusste selbst nicht, ob Wonne, ob Schmerz, zog krampfhaft seine Brust zusammen, und wenn der Schiffer nun so mit dem Ruder ins Wasser hineinschlug, dass es, wie im Zorn sich emporkräuselnd, plätscherte und rauschte, da vernahm er in dem Getöse ein heimliches Lispeln und Flüstern: „Anselmus! Anselmus! Siehst du nicht, wie wir stets vor dir herziehen? – Schwesterlein blickt dich wohl wieder an – glaube – glaube – glaube an uns." – Und es war ihm, als säh' er im Widerschein drei grün glühende Streife. Aber als er dann recht wehmütig ins Wasser hineinblickte, ob nun nicht die holdseligen Augen aus der Flut herausschauen würden, da gewahrte er wohl, dass der Schein nur von den erleuchteten Fenstern der nahen Häuser herrührte. Schweigend saß er da und im Innern mit sich kämpfend; aber der Konrektor Paulmann sprach noch heftiger: „Wie ist Ihnen, Herr Anselmus?" Ganz kleinmütig antwortete der Student: „Ach, lieber Herr Konrektor, wenn Sie wüssten, was ich eben unter einem Holunderbaum bei der Linkeschen Gartenmauer ganz wachend mit offnen Augen für ganz besondere Dinge geträumt habe, ach, Sie würden mir es gar nicht verdenken, dass ich so gleichsam abwesend." – „Ei, ei, Herr Anselmus", fiel der Konrektor Paulmann ein, „ich habe Sie immer für einen soliden jungen Mann gehalten, aber träumen –

mit hellen offenen Augen träumen und dann mit einem Mal ins Wasser springen wollen, das – verzeihen Sie mir, können nur Wahnwitzige oder Narren!“ – Der Student Anselmus wurde ganz betrübt über seines Freundes harte Rede, da sagte Paulmanns älteste Tochter Veronika, ein recht hübsches, blühendes Mädchen von sechzehn Jahren: „Aber, lieber Vater, es muss dem Herrn Anselmus doch was Besonderes begegnet sein, und er glaubt vielleicht nur, dass er gewacht habe, unerachtet er unter dem Holunderbaum wirklich geschlafen und ihm allerlei närrisches Zeug vorgekommen, was ihm noch in Gedanken liegt.“ „Und, teuerste Mademoiselle, werter Konrektor“, nahm der Registrator[6] Heerbrand das Wort, „sollte man denn nicht auch wachend in einen gewissen träumerischen Zustand versinken können? So ist mir in der Tat selbst einmal nachmittags beim Kaffee in einem solchen Hinbrüten, dem eigentlichen Moment körperlicher und geistiger Verdauung, die Lage eines verlornen Aktenstücks wie durch Inspiration eingefallen, und nur noch gestern tanzte auf gleiche Weise eine herrliche große lateinische Frakturschrift vor meinen hellen, offenen Augen umher.“ – „Ach, geehrtester Registrator“, erwiderte der Konrektor Paulmann, „Sie haben immer solch einen Hang zu den Poeticis gehabt, und da verfällt man leicht in das Fantastische und Romanhafte.“ Aber dem Studenten Anselmus tat es wohl, dass man sich seiner in der höchst betrübten Lage, für betrunken oder wahnwitzig gehalten zu werden, annahm […].

6 Registrator: Verwaltungsbeamter

1 Untersuchen Sie die Figur des Anselmus (► Information, S. 197). Tauschen Sie sich über folgende Aspekte aus: Was kennzeichnet ihn, wie verhält er sich, wie wirkt er auf seine Umgebung?

2 Wie geht Anselmus mit seinen Wahrnehmungen um? Stellen Sie sein Erlebnis unter dem Holunderbaum als mehrstufigen Prozess grafisch dar. Visualisieren Sie auch, wie sich die Gewichtung von Realem und Übernatürlichem dabei verändert.

Wahrnehmung von Übernatürlichem	***rationale Erklärungsversuche***
– es flüstert und lispelt im Holunderbaum (Z. 111 ff.)	*– Wind streift durch die Äste … (Z. …)*
– Blüten tönen wie Kristallglöckchen (Z. …)	*– …*

3 Benennen Sie die sprachlichen und rhetorischen Besonderheiten der Textauszüge auf den Seiten 137 ff. und erläutern Sie ihre Funktion bzw. Wirkung. Nutzen Sie die Information auf den Seiten 242 ff.

sprachliches Mittel	***Textstelle(n)***	***Funktion bzw. Wirkung***
Lautmalerei	*„plätscherten und rauschten die goldgelben Wellen des schönen Elbstroms“ (Z. …)*	*vermittelt eindrücklich Amselmus’ Naturerlebnis*
Alliteration	*„sonderbares Rieseln und Rascheln“ (Z. …)*	*betont das Geheimnisvolle*
Vergleich	*„es war, als ertönten die Blüten wie aufgehangene Kristallglöckchen“ (Z. …)*	*…*
Synästhesie	*„Blumen und Blüten dufteten um ihn her, und ihr Duft war wie herrlicher Gesang von tausend Flötenstimmen“ (Z. …)*	*…*
Superlativ	*„nie gekanntes Gefühl der höchsten Seligkeit und des tiefsten Schmerzes“ (Z. …)*	*…*
Metapher	*…*	*…*

4 Analysieren Sie die Erzählstrategie und erläutern Sie ihre Wirkung. Nutzen Sie dabei den Informationskasten auf den Seiten 201 f.

Information **Volksmärchen und Kunstmärchen**

Volksmärchen wurden in vielen Sprachen über Jahrhunderte anonym und mündlich überliefert. Im frühen 19. Jahrhundert erfassten die Gebrüder Grimm viele in Deutschland verbreitete Märchen zur schriftlichen Veröffentlichung. Kennzeichnend für Volksmärchen sind weitgehend schematisch und einsträngig angelegte Handlungen ohne Realitätsbezug, in der Regel mit glücklichem Ausgang. Die Figuren besitzen festgelegte Charaktereigenschaften und agieren ohne zeitlich-räumliche Einbettung, neben Menschen agieren oft auch sprechende Tiere und Fabelwesen. Symbolische Zahlen und Farben sowie magische Gegenstände spielen oft eine Rolle. Die Wortwahl ist einfach, verständlich und anschaulich.
Ein **Kunstmärchen** hingegen ist eine künstlerisch gestaltete Erzählung einer Autorin / eines Autors. Die Handlung ist komplexer konzipiert als beim Volksmärchen, Ort und Zeit werden oft detailliert beschrieben und die Figuren in ihren Motivationen und Wandlungen ausgeleuchtet.

5 **a** Benennen Sie realistische Darstellungen und Märchenelemente (▸ Information) in „Der goldne Topf".

realistische Darstellung	***Märchenelemente***
– Beschreibung der Örtlichkeit (Dresden) *– Marktszene: Anselmus' Missgeschick* …	*– sprechender Busch* …

b Untersuchen Sie, ob „Der goldne Topf" als Kunstmärchen (▸ Information) bezeichnet werden kann.

6 **a** Charakterisieren Sie die Figuren in den Textauszügen auf den Seiten 137 ff.
b Untersuchen Sie mit Hilfe des folgenden Informationskastens, welche der Figuren in besonderer Weise philisterhafte Züge trägt und welche Figuren romantische Züge tragen.

Information **Menschenbilder in der Romantik: Romantiker und Philister**

Die Romantiker bezeichnen als **„Philister"** jene Menschen, die vor allem auf die Nützlichkeit der Dinge und die Effizienz der Handlungen Wert legen, hingegen Wunderbares und Geheimnisvolles als Spinnerei abtun oder einer rationalen Erklärung zuführen. Einem Philister ist jeder Mensch suspekt, der seiner Fantasie Raum und Bedeutung gibt.
Der **Romantiker** hingegen wendet sich von der Orientierung an der Regelhaftigkeit des gesellschaftlichen Lebens ab. Er sucht etwas, das ein vertieftes, außerordentliches Erleben eröffnet: das Erhabene, das Wunderbare und Magische, auch das Exzentrische. Den Romantiker fasziniert das Geheimnis hinter den Dingen, das nur erahnt werden kann.

7 Vergleichen Sie die Ausschnitte aus E.T.A. Hoffmanns Werken „Die Elixiere des Teufels" (▸ S. 134) und „Der goldne Topf" (▸ S. 137). Nennen Sie Gemeinsamkeiten in der Figuren- und Motivgestaltung.

Figurengestaltung
– Protagonist: junger Mann, der …

Der Epochenbegriff „Romantik“ – Ausdruck einer Krisenerfahrung

Hans-Jürgen Schmitt: **Romantik** (1974) – Auszug

Die komplexe Leistung der Generation um 1800, die man als „Romantiker“ etikettiert hat, obwohl sie sich selbst nie so genannt haben, wird heute mehr in der Einheit ihrer Gegensätze begriffen als in der Verabsolutierung einzelner Phänomene. Zu fragen ist darum nach Reaktion und Fortschritt, nach Idealismus und Realismus, nach subjektivem und objektivem Geist. [...]

Die deutsche romantische Bewegung mit ihrem Schwerpunkt zwischen 1798 und 1826 (in ihrer Weiterführung und in ihren Ausläufern bis 1835) wird als geistesgeschichtlich letzte Stufe des deutschen Idealismus[1] angesehen. Das Romantische an dieser Bewegung ist zunächst vorwiegend die Auffassung, Realität hauptsächlich im Medium der Kunst zu reflektieren und darzustellen. „Romantisch“ enthielt und meinte vor allem ein ästhetisches Bekenntnis, eine ästhetische Einstellung zum Leben selbst. Obschon man sich [...] zu Freundeskreisen und Gruppen zusammengeschlossen hatte, blieben die Äußerungen individualistisch-literarisch, und wo ein politischer Gemeingeist sich andeutete, war dies in späterer Zeit ein Rückfall hinter die frühromantischen Prämissen. Friedrich Schlegel spricht angesichts der politischen Umwälzungen nach der Französischen Revolution vom fehlenden Zentrum als Halt für den Menschen (für die Alten sei es einmal die Mythologie gewesen), und in positiver Hinwendung auf die Gegenwart meint er: „Mich deucht, wer das Zeitalter, das heißt jenen großen Prozess allgemeiner Verjüngung, jene Prinzipien der ewigen Revolution verstünde, dem müsste es gelingen können, die Pole der Menschheit zu ergreifen und das Tun der ersten Menschen, wie den Charakter der Goldnen Zeit, die noch kommen wird, zu erkennen und zu wissen. [...]“

Ein Europa, das sich also einem goldenen Zeitalter nähert? Wilhelm Emrich sieht von daher die „Romantik“ positiv zu ihrer Zeit stehen, während Hans Robert Jauß sagt: „[...][D]as Ungenügen an der eigenen, unvollendeten Gegenwart ist der gemeinsame Nenner der konservativen wie der progressiven Romantiker.“

Um diesen Aspekt richtig zu verstehen, muss bedacht werden, dass nach dem Tod Friedrichs des Großen (1786) und Josephs II. (1790) und der Auflösung des Systems von Tilsit[2] Deutschland und das Reich innen und außen einen politischen Niedergang ohnegleichen hinnehmen mussten, nicht nur bedingt durch die Auswirkungen der Französischen Revolution und Napoleons Herrschaft.

1 **deutscher Idealismus:** Epoche der dt. Philosophie 1781–1831. Ihre Vertreter (Kant, Fichte, Hegel, Schelling u. a.) teilten die Überzeugung, dass die Wirklichkeit stark durch Bewusstsein und Denken bestimmt sei, und versuchten, die Welt umfassend (Logik, Ethik, Staatslehre u. a.) und „wissenschaftlich“ darzustellen.
2 **System von Tilsit:** 1807 verhandeltes Vertragswerk zur Beendigung des Dritten Napoleonischen Krieges. Das Abkommen wurde als Diktatfrieden empfunden. Preußen verlor fast die Hälfte seines Territoriums, war zu hohen Kriegsentschädigungen verpflichtet und verlor an Status in Europa.

1 **a** Arbeiten Sie aus dem Text die Kennzeichen der Epoche „Romantik“ heraus. Notieren Sie Stichworte.
– Epochenname: Vertreter nannten sich nicht „Romantiker“
– Zeit: um ...

b Ziehen Sie ergänzend die Informationen zur Epoche auf den Seiten 433 f. heran. Werten Sie beide Texte aus mit Blick auf die Frage: „Romantik – Ausdruck einer Krisenerfahrung“? Formulieren Sie Ihre Ergebnisse in eigenen Worten.

2 **a** Lesen Sie Conradys Ausführungen zum Epochenbegriff auf Seite 366.

b Nehmen Sie anhand der bisher gelesenen Texte Stellung zu der Frage: „Inwiefern kann man überhaupt von der Epoche der Romantik sprechen?“

Aufklärung und Romantik im Vergleich

Bezugspunkt der unterschiedlichen Bewertungen der Romantik war immer wieder die Aufklärung. Kann man das ästhetische Programm der Romantik als Abwehrreaktion auf die Aufklärung lesen oder lässt es sich vielmehr als deren Fortschreibung und Erweiterung begreifen?
Die folgende Doppelseite gibt Ihnen Gelegenheit, literaturwissenschaftliche Thesen zur Romantik kennen zu lernen und auf Basis Ihrer Epochenkenntnis zu hinterfragen.

Hermann Hettner: **Über das Verhältnis von Kunst und Wirklichkeit in der deutschen Klassik und Romantik** (1850)

Das 18. Jahrhundert [die Aufklärung] hatte zwar das einst vorzeitig abgebrochene Werk der Reformation weitergeführt und den herrschenden Zwiespalt zwischen Geist und Sinnenleben, Gott und Mensch, Pfaffentum und freier Weltlichkeit zu schlichten gestrebt, aber alle diese großen und gewaltigen Kämpfe der Aufklärung blieben der idealistischen Natur der Deutschen gemäß durchaus auf die Bildung des Individuums eingeschlossen, auf Sitte und Religion, auf Kunst und Wissenschaft. Über das Privatleben gehen sie nicht hinaus, in Staat und Öffentlichkeit vermögen sie nicht durchzubrechen. [...] An der Spitze der Idealisten, die das Ideal hoher und echter Kunst in sich tragen und es nach Kräften und Möglichkeiten zu verwirklichen suchen, stehen nun Goethe und Schiller [...].
Es sind innerhalb dieser gemeinsamen idealistischen Grundlage [...] zwei verschiedene Wege möglich. Und hier ist der Punkt, wo beide Richtungen auseinandergehen, hier zeigt es sich, warum die Romantiker, trotzdem dass sie mit Goethe und Schiller auf gleichem Boden stehen, so unendlich weit hinter diesen zurückgeblieben sind und warum die Goethe-Schiller'sche Richtung zu ihnen in offene Opposition treten musste. Davon nämlich hängt es ab, ob diese Idealistik in mehr objektiver Weise durchgeführt wird oder rein subjektiv. [...] Goethe und Schiller flüchten aus *ihrer* Wirklichkeit, aber nicht aus der Wirklichkeit überhaupt. [...] Jene jüngeren Dichter [...] verlassen aus Verzweiflung über die empirische Natur, die sie umgibt, Natur und Wirklichkeit ganz und gar; sie suchen nicht aus dieser zu schöpfen, sondern kämpfen mit der Imagination gegen sie. Sie verschmähen [...] Gegenständlichkeit der Gestaltung aus Prinzip; dithyrambisch[1] wiegen sie sich in dem elementaren Gefühlsleben lyrisch-musikalischer Innerlichkeit.

1 **dithyrambisch:** begeistert, überschwänglich

Georg Lukács: **Die Romantik als Wendung in der deutschen Literatur** (1945)

Die Romantik ist das umstrittenste Gebiet der deutschen Literatur. Von Anfang an kämpfen hymnisches Lob und erbittertes Verwerfen miteinander. [...] Ihre Haupttendenz ist der Bruch mit der Aufklärung. Das trat freilich nicht sofort klar hervor. Die ältere Generation der Romantik ist noch unter dem Einfluss der Ideologie des achtzehnten Jahrhunderts, der vorrevolutionären Zeit aufgewachsen. Aber alles Dunkle in den Anfängen der Romantik hellt sich unschwer auf, wenn wir darüber im Klaren sind, dass diese Anfänge eben einen Lösungsprozess von der Aufklärung vorstellen. Dabei ist es wichtig zu wissen, dass dieser Vorgang – teils zugleich mit dem Kampf gegen die Aufklärung, teils in seinen zwangsläufigen Folgen – die Loslösung von der deutschen Klassik bedeutet. In diesen ideologischen Kämpfen wird die Romantik sich ihrer selbst bewusst und gründet sich als geistige Strömung. [...] Die Romantik übernimmt von der klassischen Philosophie und Dichtkunst den Grundsatz der Aktivität des Subjekts im Erkennen und Gestalten des Lebensstoffes, verwandelt ihn jedoch durch bewusste Überspannung ins Entgegengesetzte. Für die Klassik war der aktive Anteil der Subjektivität eben nur wichtiger Teil, ausschlaggebendes Moment eines Erkenntnis- oder Gestaltungsprozesses, dessen Ziel das getreue Erfassen und Herausstellen des Wesens der objektiven Wirklichkeit war. Dieser Grundsatz verwandelt sich in den Händen der Romantiker zu einem Selbstzweck.

Inge Stephan: **Romantik als Lebens- und Schreibform** (1994)

Die Aufklärung hatte sich darauf konzentriert, für das bürgerliche Individuum im Medium der Literatur ein Modell von Subjektivität und Identität zu entwerfen, das durch Abgrenzungen gegen innere und äußere Natur bestimmt war. Die Romantiker hingegen brachten archaische Wunsch- und Triebstrukturen zum Sprechen. [...] Dabei ist die Romantik aber nicht so sehr Opposition als Ergänzung der Aufklärungsbewegung um die Dimensionen, die im Rationalitätsdiskurs blinde Flecken geblieben waren. [...] Die Romantik ist die historisch notwendige Antwort auf eine starr gewordene Aufklärung. Sie kritisiert diese, ergänzt sie und führt sie zugleich weiter.

[...] Das Gemeinsame der romantischen Literatur bestand in der Erweiterung der künstlerischen Ausdrucksweisen und der Freisetzung der Fantasie, die sowohl in der Aufklärung als auch in der Klassik der Rationalität bzw. dem klassischen Stilwillen unterworfen gewesen waren. In der Freisetzung der Fantasie lag [...] indirekt auch das gesellschaftskritische Moment der Romantik. [...] Der Rekurs auf die Fantasie, auf die schöpferischen Kräfte im Menschen stellte unter diesen Umständen überall dort eine potenzielle Gefährdung der bürgerlichen Gesellschaft und der ihr eigenen Moral dar, wo er sich mit aufklärerischer Humanität verband.

1 **a** Stellen Sie Hettners, Lukács' und Stephans Thesen zur Aufklärung, zur Klassik und zur Romantik in einer Tabelle einander gegenüber. Rekapitulieren Sie auch, was Sie über die Zeit und Literatur der **Aufklärung** gelernt haben (▸ S. 24 ff., 394).

b Arbeiten Sie Gemeinsamkeiten und Unterschiede in der Bewertung der Romantik bei Hettner, Lukács und Stephan heraus. Wie sehen sie jeweils das Verhältnis der Romantik zur Aufklärung?

2 Überprüfen Sie die Aussagen auf Grundlage Ihrer Kenntnis von Literatur aus Aufklärung und Romantik (▸ Texte auf den Seiten 38 f., 391–393 und 429–432).

3 Erörtern Sie ausgehend von Novalis' Gedicht „Wenn nicht mehr ..." (▸ S. 429) die These, die „Haupttendenz" der Romantik sei der „Bruch mit der Aufklärung" (Lukács).

Information **Aufklärung und Romantik**

Eine genaue Betrachtung der literaturhistorischen Epoche der Romantik offenbart eine große Vielfalt an Strömungen. Die **frühromantische Strömung,** die ihr Zentrum in Jena hatte (Tieck, Novalis, Friedrich und August Wilhelm Schlegel), setzt dem vom aufklärerischen Rationalismus geprägten Welt- und Menschenbild der Klassik die Betonung des Irrationalen, der Fantasie und Gefühlsintensität entgegen. Für die Aufklärung stehen die Symbole des Lichts und des hellen Tages, die Erkenntnis bringen. Die Romantiker sind fasziniert von der Nacht, die ihnen magische Entgrenzung, Wunsch- und Traumwelt bedeutet (▸ S. 130–136). In der **Strömung der „Heidelberger"** (Brentano, von Arnim, Chamisso, Gebrüder Grimm) und der **Spätromantik** (Eichendorff, Hoffmann) findet eine stärkere Hinwendung zum Religiösen und zur Idealisierung der mittelalterlichen Welt statt. Damit wird einerseits deutlich ein Kontrapunkt zur Philosophie des aufklärerischen Denkens gesetzt. Andererseits wird das Denken der Aufklärung von den meisten Romantikern nicht strikt abgelehnt, sondern um die Dimension des Gefühls und der Fantasie als Mittel der Erkenntnis erweitert.

1.2 Ein „gefährlicher Romantiker"? – Heinrich von Kleist

Heinrich von Kleist (1777–1811) verlor früh seine Eltern und trat – der soldatischen Tradition seiner preußischen Adelsfamilie folgend – mit 14 Jahren ins 1. Garderegiment ein. Er kämpfte gegen die französische Armee und wurde mehrfach befördert. Dennoch verließ er 1799 als junger Offizier das Militär und begann ein Studium der Philosophie und Kulturgeschichte, das er nach drei Semestern abbrach. Er unternahm viele Reisen und kämpfte beständig mit finanziellen Nöten. In der Folge versuchte er, eine Stelle in der staatlichen Verwaltung oder im Militärdienst zu bekommen, er war als Verleger und Herausgeber von Zeitschriften tätig, doch alle Pläne scheiterten oder wurden verworfen. In den Briefen an seine Verlobte Wilhelmine und seine Jugendfreundin Adolfine legte er offen, was ihn bewegte.

Heinrich von Kleist: **Brief an Wilhelmine von Zenge** (22. März 1801) – Auszug

Ich hatte schon als Knabe [...] mir den Gedanken angeeignet, dass die Vervollkommnung der Zweck der Schöpfung wäre. Ich glaubte, dass wir einst nach dem Tode von der Stufe der Vervollkommnung, die wir auf diesem Sterne erreichten, auf einem andern weiter fortschreiten würden und dass wir den Schatz von Wahrheiten, den wir hier sammelten, auch dort einst brauchen könnten. Aus diesen Gedanken bildete sich so nach und nach eine eigne Religion, und das Bestreben, nie auf einen Augenblick hienieden still zu stehen und immer unaufhörlich einem höhern Grade von Bildung entgegenzuschreiten, ward bald das einzige Prinzip meiner Tätigkeit. *Bildung* schien mir das einzige Ziel, das des Bestrebens, *Wahrheit* der einzige Reichtum, der des Besitzes würdig ist. – Ich weiß nicht, liebe Wilhelmine, ob Du diese zwei Gedanken: *Wahrheit* und *Bildung*, mit einer solchen Heiligkeit denken kannst als ich – Das freilich, würde doch nötig sein, wenn Du den Verfolg dieser Geschichte meiner Seele verstehen willst. Mir waren sie so heilig, dass ich diesen beiden Zwecken, Wahrheit zu sammeln und Bildung mir zu erwerben, die *kostbarsten* Opfer brachte – Du kennst sie. – Doch ich muss mich kurz fassen.

Vor Kurzem ward ich mit der neueren so genannten kantischen Philosophie bekannt – und Dir muss ich jetzt daraus einen Gedanken mitteilen, indem ich nicht fürchten darf, dass er Dich so tief, so schmerzhaft erschüttern wird als mich. Auch kennst Du das Ganze nicht hinlänglich, um sein Interesse vollständig zu begreifen. Ich will indessen so deutlich sprechen als möglich.

Wenn alle Menschen statt der Augen grüne Gläser hätten, so würden sie urteilen müssen, die Gegenstände, welche sie dadurch erblicken, *sind* grün – und nie würden sie entscheiden können, ob ihr Auge ihnen die Dinge zeigt, wie sie sind, oder ob es nicht etwas zu ihnen hinzutut, was nicht ihnen, sondern dem Auge gehört. So ist es mit dem Verstande. Wir können nicht entscheiden, ob das, was wir Wahrheit nennen, wahrhaft Wahrheit ist, oder ob es uns nur so scheint. Ist das Letzte, so *ist* die Wahrheit, die wir hier sammeln, nach dem Tode nicht mehr – und alles Bestreben, ein Eigentum sich zu erwerben, das uns auch in das Grab folgt, ist vergeblich –

Ach, Wilhelmine, wenn die Spitze dieses Gedankens Dein Herz nicht trifft, so lächle nicht über einen andern, der sich tief in seinem heiligsten Innern davon verwundet fühlt. Mein einziges, mein höchstes Ziel ist gesunken, und ich habe nun keines mehr –

Seit diese Überzeugung, nämlich, dass hienieden keine Wahrheit zu finden ist, vor meine Seele trat, habe ich nicht wieder ein Buch angerührt. Ich bin untätig in meinem Zimmer umhergegangen, ich habe mich an das offne Fenster gesetzt, ich bin hinausgelaufen ins Freie, eine innerliche Unruhe trieb mich [...].

Heinrich von Kleist: **Brief an Adolfine von Werdeck** (28./29. Juli 1801) – Auszug

Liebe Freundin, sagen Sie mir, sind wir da, die Höhe der Sonne zu ermessen oder uns an ihren Strahlen zu wärmen? Genießen! *Wo* genießen wir? Mit dem Verstande oder mit dem Herzen? Ich *will* es nicht mehr binden und rädern, frei soll es die Flügel bewegen, ungezügelt um seine Sonne soll es fliegen, flöge es auch gefährlich, wie die Mücke um das Licht – Ach, dass wir ein Leben bedürfen, zu lernen, wie wir leben müssten, dass wir im Tode erst ahnden, was der Himmel mit uns will! [...]

Ich möchte so gern in einer *rein menschlichen* Bildung fortschreiten, aber das Wissen macht uns weder besser noch glücklicher. Ja, wenn wir den ganzen Zusammenhang der Dinge einsehen könnten! Aber ist nicht der Anfang und das Ende jeder Wissenschaft in Dunkel gehüllt? Oder soll ich alle diese Fähigkeiten und alle diese Kräfte und dieses ganze Leben nur dazu anwenden, eine Insektengattung kennen zu lernen oder einer Pflanze ihren Platz in der Reihe der Dinge anzuweisen? Ach, mich ekelt vor dieser Einseitigkeit! Ich glaube, dass *Newton* an dem Busen eines Mädchens nichts anderes sah als seine krumme Linie und dass ihm an ihrem Herzen nichts merkwürdig war als sein Kubikinhalt. Bei den Küssen seines Weibes denkt ein echter Chemiker nichts, als dass ihr Atem Stickgas und Kohlenstoffgas ist. Wenn die Sonne glühend über den Horizont heraufsteigt, so fällt ihm weiter nichts ein, als dass sie eigentlich noch nicht da ist – Er sieht bloß das Insekt, nicht die Erde, die es trägt, und wenn der bunte Holzspecht an die Fichte klopft oder im Wipfel der Eiche die wilde Taube zärtlich girrt, so fällt ihm bloß ein, wie gut sie sich ausnehmen würden, wenn sie ausgestopft wären. Die ganze Erde ist dem Botaniker nur ein großes Herbarium[1], und an der wehmütigen Trauerbirke wie an dem Veilchen, das unter ihrem Schatten blüht, ist ihm nichts merkwürdig als ihr linnéischer[2] Name.

1 **Herbarium:** Sammlung getrocknet/gepresster Pflanzen
2 **Carl von Linné:** 1707–1778, schwed. Botaniker

Heinrich von Kleist: **Brief an Wilhelmine von Zenge** (10. Oktober 1801) – Auszug

Die Wissenschaften habe ich ganz aufgegeben. Ich kann Dir nicht beschreiben, wie ekelhaft mir ein wissender Mensch ist, wenn ich ihn mit einem handelnden vergleiche. Kenntnisse, wenn sie noch einen Wert haben, so ist es nur, insofern sie vorbereiten zum Handeln. Aber unsere Gelehrten, kommen sie wohl, vor allem Vorbereiten, jemals zum Zweck? Sie schleifen unaufhörlich die Klinge, ohne sie jemals zu brauchen, sie lernen und lernen und haben niemals Zeit, die Hauptsache zu tun.

1 Wahrheit und Bildung, die Ideale der Aufklärung und Klassik, sind Kleist suspekt geworden.

a Erläutern Sie, welches Problem Heinrich von Kleist seiner Verlobten Wilhelmine von Zenge am Beispiel der grünen Brillengläser verdeutlichen möchte (► S. 145, Brief vom 22. März, Z. 37 ff.).

b Analysieren Sie die Briefausschnitte detailliert und arbeiten Sie heraus,
- in welchen Aspekten Kleist eine kritische Sicht auf aufklärerische Positionen einnimmt,
- welche Haltungen bzw. Zielsetzungen er als erstrebenswert ansieht.

Kritik an den Idealen von Aufklärung und Klassik	*neue Zielsetzungen*
– wissenschaftliche Erkenntnis erfasst nicht wahres … *– wissenschaftliches Denken hemmt …*	*– Genuss; Schönheit der Natur bewusst wahrnehmen* *– …*

c Stellen Sie einen Bezug zu den Einstellungen der „Romantiker“ (► Information, S. 141) her.

2 **a** Analysieren Sie die Besonderheiten von Kleists Sprache und deren Wirkung.
- *Vokabular aus dem religiösen Bereich: „mit einer solchen Heiligkeit denken" (Z. ...), „Mir waren sie so heilig" (Z. ...), „die kostbarsten Opfer brachte" (Z. ...) → Wirkung: betont Erhabenheit der Gedanken ...*
- *Superlative: „die kostbarsten Opfer" (Z. ...), ... → Wirkung: ...*
- *Überspitzung: „nie auf einen Augenblick [...] still zu stehen" (Z. ...), ... → Wirkung: ...*

b Stellen Sie einen Bezug zu den erarbeiteten Merkmalen romantischer Literatur her.

Heinrich von Kleist: **Anekdote aus dem letzten preußischen Kriege** (1810)

In einem bei Jena liegenden Dorf erzählte mir, auf einer Reise nach Frankfurt, der Gastwirt, dass sich mehrere Stunden nach der Schlacht, um die Zeit, da das Dorf schon ganz von der Armee des Prinzen von Hohenlohe verlassen und von Franzosen, die es für besetzt gehalten, umringt gewesen wäre, ein einzelner preußischer Reiter darin gezeigt hätte; und versicherte mir, dass, wenn alle Soldaten, die an diesem Tage mitgefochten, so tapfer gewesen wären wie dieser, die Franzosen hätten geschlagen werden müssen, wären sie auch noch dreimal stärker gewesen, als sie in der Tat waren. Dieser Kerl, sprach der Wirt, sprengte, ganz von Staub bedeckt, vor meinen Gasthof und rief: „Herr Wirt!", und da ich frage: Was gibt's?, „ein Glas Branntewein!", antwortet er, indem er sein Schwert in die Scheide wirft, „mich dürstet." Gott im Himmel!, sag ich: Will er machen, Freund, dass er wegkömmt? Die Franzosen sind ja dicht vor dem Dorf! „Ei, was!", spricht er, indem er dem Pferde den Zügel über den Hals legt. „Ich habe den ganzen Tag nichts genossen!" Nun er ist, glaub ich, vom Satan besessen –! He! Liese!, rief ich, und schaff ihm eine Flasche Danziger herbei, und sage: da! und will ihm die ganze Flasche in die Hand drücken, damit er nur reite. „Ach, was!", spricht er, indem er die Flasche wegstößt und sich den Hut abnimmt: „wo soll ich mit dem Quark hin?" Und: „schenk er ein!", spricht er, indem er sich den Schweiß von der Stirn abtrocknet: „denn ich habe keine Zeit!" Nun er ist ein Kind des Todes, sag ich. Da!, sag ich und schenk ihm ein; da!, trink er und reit er! Wohl mag's ihm bekommen: „Noch eins!", spricht der Kerl, während die Schüsse schon von allen Seiten ins Dorf prasseln. Ich sage: Noch eins? Plagt ihn –! „Noch eins!", spricht er und streckt mir das Glas hin – „Und gut gemessen", spricht er, indem er sich den Bart wischt und sich vom Pferde herab schneuzt, „denn es wird bar bezahlt!" Ei, mein Seel, so wollt ich doch, dass ihn –! Da!, sag ich, und schenk ihm noch, wie er verlangt, ein zweites und schenk ihm, da er getrunken, noch ein drittes ein und frage: Ist er nun zufrieden? „Ach!" – schüttelt sich der Kerl. „Der Schnaps ist gut! – Na!", spricht er und setzt sich den Hut auf, „was bin ich schuldig?" Nichts, nichts!, versetz ich. Pack er sich, ins Teufelsnamen; die Franzosen ziehen augenblicklich ins Dorf! „Na!", sagt er, indem er in seinen Stiefel greift: „so soll's ihm Gott lohnen", und holt aus dem Stiefel einen Pfeifenstummel hervor und spricht, nachdem er den Kopf ausgeblasen: „Schaff er mir Feuer!" Feuer?, sag ich: Plagt ihn –? „Feuer, ja!", spricht er, „denn ich will mir eine Pfeife Tabak anmachen." Ei, den Kerl reiten Legionen –! He, Liese, ruf ich das Mädchen!, und während der Kerl sich die Pfeife stopft, schafft das Mensch[1] ihm Feuer. „Na!", sagt der Kerl, die Pfeife, die er sich angeschmaucht[2], im Maul, „nun sollen doch die Franzosen die Schwerenot[3] kriegen!" Und damit, indem er sich den Hut in die Augen drückt und zum Zügel greift, wendet er das Pferd und zieht von Leder[4]. Ein Mordkerl!, sag ich; ein verfluchter, verwetterter Galgenstrick! Will er sich ins Henkers Namen scheren, wo er hingehört? Drei Chasseurs[5] – sieht er nicht? halten ja

1 **das Mensch:** veraltet für: Mädchen
2 **schmauchend:** rauchend, qualmend
3 **Schwerenot:** Bedrängnis
4 **vom Leder ziehen:** das Schwert ziehen
5 **Chasseur:** berittener Soldat der französischen Armee

schon vor dem Tor? „Ei was!", spricht er, indem er ausspuckt; und fasst die drei Kerls blitzend ins Auge. „Wenn ihrer zehn wären, ich fürcht mich nicht." Und in dem Augenblick reiten auch die drei Franzosen schon ins Dorf. „Bassa Manelka!"[6], ruft der Kerl und gibt seinem Pferde die Sporen und sprengt auf sie ein; sprengt, so wahr Gott lebt, auf sie ein und greift sie, als ob er das ganze Hohenlohische Korps hinter sich hätte, an; dergestalt, dass, da die Chasseurs, ungewiss, ob nicht noch mehr Deutsche im Dorf sein mögen, einen Augenblick, wider ihre Gewohnheit, stutzen, er, mein Seel, ehe man noch eine Hand umkehrt, alle drei vom Sattel haut, die Pferde, die auf dem Platz herumlaufen, aufgreift, damit bei mir vorbeisprengt und: „Bassa Teremtetem!"[6] ruft, und: „Sieht er wohl, Herr Wirt?" und „Adies!" und „auf Wiedersehn!" und: „hoho! hoho! hoho!" – So einen Kerl, sprach der Wirt, habe ich zeit meines Lebens nicht gesehen.

6 **Bassa Manelka, Bassa Teremtetem:** lautmalerische Soldatenflüche

1 Äußern Sie Ihre ersten Eindrücke zum Text.

2 Notieren Sie Stichworte zur Charakterisierung des Wirts und des preußischen Reiters.

Wirt	*Reiter*
– besorgt um das Leben des Reiters *– vernunftbetont, schätzt die Situation vorausschauend ein* *– …*	*– furchtlos* *– leichtsinnig, draufgängerisch …* *– …*

3 Untersuchen Sie, wie Erzählperspektive (▸ Information, S. 201 f.) und sprachlich-stilistische Gestaltung (▸ S. 242 ff.) die Textaussage und -wirkung unterstreichen.

Erzählperspektive

– Anekdote wird aus der … – Perspektive erzählt → Wirkung: …

Sprachliche Gestaltung

– Satzstruktur: lang, hypotaktisch verschachtelt … → Wirkung: …

– Wiedergabe wörtlicher Rede (teils indirekte Rede, noch mehr direkte Rede) …

4 Lesen Sie den Text sinngestaltend so vor, dass die Atemlosigkeit und Dramatik des Geschehens deutlich werden.

5 Erläutern Sie, inwiefern in der Anekdote Kritik an der Aufklärung deutlich wird.

Heinrich von Kleist: **Mutterliebe** (1811)

Zu St. Omer im nördlichen Frankreich ereignete sich im Jahr 1803 ein merkwürdiger Vorfall. Daselbst fiel ein großer toller Hund, der schon mehrere Menschen beschädigt hatte, über zwei unter einer Haustür spielende Kinder her. Eben zerreißt er das jüngste, das sich unter seinen Klauen, im Blute wälzt; da erscheint aus einer Nebenstraße, mit einem Eimer Wasser, den sie auf dem Kopf trägt, die Mutter. Diese, während der Hund die Kinder loslässt und auf sie zuspringt, setzt den Eimer neben sich nieder; und außer Stand zu fliehen, entschlossen, das Untier mindestens mit sich zu verderben, umklammert sie, mit Gliedern gestählt von Wut und Rache, den Hund: Sie erdrosselt ihn und fällt, von grimmigen Bissen zerfleischt, ohnmächtig neben ihm nieder. Die Frau begrub noch ihre Kinder und ward, in wenig Tagen, da sie an der Tollwut starb, selbst zu ihnen ins Grab gelegt.

1 Geben Sie die Handlung in knapper, sachlicher Form wieder. Vergleichen Sie Ihre Zusammenfassung mit der Textvorlage hinsichtlich der Sprache und ihrer Wirkung.

2 **a** Stellen Sie dar, inwiefern man das Verhalten der Mutter als unvernünftig bezeichnen kann.
b Erläutern Sie die Beweggründe der Mutter. Berücksichtigen Sie den Titel der Anekdote.
c Formulieren Sie eine zusammenfassende Deutung des Textes.
In dem Text wird deutlich, dass ein rationales Verhalten nicht immer …

3 Untersuchen Sie, ob beide Prosatexte (▸ S. 147 f.) Anekdoten (▸ Information) sind.

Information **Die Anekdote**

Die Anekdote ist eine **epische Kleinform** mit folgenden Merkmalen:
- Oftmals geht es um historische Persönlichkeiten und Ereignisse, aber auch um allgemein **menschliche Situationen, Einstellungen und Verhaltensweisen.**
- Es gibt eine **überraschende Steigerung oder Wendung** (Pointe).
- In **verdichteter sprachlicher Form** (oftmals mit Rede und Gegenrede) wird ein Moment dargestellt, in dem Charakterzüge einer Figur hervortreten, das Merkwürdige an einem Ereignis oder tiefere Zusammenhänge sichtbar werden.

Rüdiger Safranski: **Heinrich von Kleist und die Romantik** (2009) – Auszug

Man rechnet ihn gewöhnlich nicht zu den Romantikern. Aber legt man die Definition Carl Schmitts zu Grunde, wonach Romantiker Leute sind, welche die jeweilige Wirklichkeit […] zum Anlass nehmen, um ihr eigenes Ich imaginär zu entfesseln, dann war Kleist, insbesondere in jenen politisch erregten Zeiten[1], mit dem Extremismus seiner Gefühle und dem Absolutismus seines Ichs einer der genialen Romantiker. Aber auch ein gefährlicher Romantiker. Denn es zeigt sich an seinem Beispiel, wie eine ganz imaginäre Welt, die im Werk vollkommenen Ausdruck gefunden hat, unvermittelt in die politische Sphäre durchbricht und dort einen beklemmenden Fanatismus erzeugt. Der Hass ist ein starkes Gefühl, wie Kleist überhaupt ein Meister der starken und überwältigenden Gefühle ist. Das müssen nicht nur die zerstörerischen, es können auch die zärtlichen, sanften, träumerischen Gefühle sein. […] Kleist ist ein Meister darin, die Gefühle bis zum Siedepunkt oder zur absoluten Gelöstheit zu treiben. Im Werk werden sie wie das Insekt im Bernstein eingeschlossen und so gemeistert. Nicht so im Leben, und schon gar nicht in der Politik. […] [1809] verfasst Kleist das Theaterstück „Die Herrmannsschlacht", eine einzige leidenschaftliche Verherrlichung des totalen Vernichtungskrieges. Unter dem Schutz der politischen Gesinnung schwelgt Kleist in Vernichtungsfantasien, die unverständlich bleiben müssen, wenn man sie nur einem politischen Motiv, einer politischen Leidenschaft zuschreiben wollte. […]

Kein anderer Schriftsteller des 19. Jahrhunderts hat so lustvoll genau den Akt des Tötens dargestellt wie Kleist.

1 **politisch erregte Zeiten:** hier: Zeit der Kämpfe gegen Napoleon

1 **a** Arbeiten Sie heraus, mit welcher Begründung Rüdiger Safranski Heinrich von Kleist zu einem „genialen Romantiker" erklärt.
b Vergleichen Sie Heinrich von Kleist und E. T. A. Hoffmann: Wo finden sich Gemeinsamkeiten, wo Gegensätze in der Gestaltung von literarischen Gegenwelten zur Wirklichkeit?

2 Nach Safranski ist Kleist ein „gefährlicher Romantiker" (Z. 10). Erläutern Sie diese Wertung im Kontext der Texte auf den Seiten 145–148 und positionieren Sie sich dazu.
– Briefe an Wilhelmine: extreme Gefühle von …
– Anekdote „Mutterliebe": Tötungsfantasien …

Heinrich von Kleist: **Das Erdbeben in Chili** (1807) – Anfang der Novelle

Heinrich von Kleist lokalisierte seine Novelle zwar in Südamerika und nahm Bezug auf ein reales Ereignis im 17. Jahrhundert, doch hat die Kleist-Forschung die These erhärtet, dass die historische Vorlage vielmehr das große Erdbeben von Lissabon am 1. November 1755 war. Dieses Erdbeben war eine der verheerendsten Naturkatastrophen der europäischen Geschichte und löste eine philosophisch-theologische Debatte darüber aus, wie angesichts eines solchen Unglücks der Glaube an einen gütigen Gott Bestand habe könne.

In St. Jago, der Hauptstadt des Königreichs Chili, stand gerade in dem Augenblicke der großen Erderschütterung vom Jahre 1647, bei welcher viele Tausend Menschen ihren Untergang fanden, ein junger, auf ein Verbrechen angeklagter Spanier namens *Jeronimo Rugera* an einem Pfeiler des Gefängnisses, in welches man ihn eingesperrt hatte, und wollte sich erhenken. *Don Henrico Asteron*, einer der reichsten Edelleute der Stadt, hatte ihn ungefähr ein Jahr zuvor aus seinem Hause, wo er als Lehrer angestellt war, entfernt, weil er sich mit *Donna Josephe*, seiner einzigen Tochter, in einem zärtlichen Einverständnis befunden hatte. Eine geheime Bestellung, die dem alten Don, nachdem er die Tochter nachdrücklich gewarnt hatte, durch die hämische Aufmerksamkeit seines stolzen Sohnes verraten worden war, entrüstete ihn dergestalt, dass er sie in dem Karmeliterkloster unsrer lieben Frauen vom Berge daselbst unterbrachte.

Durch einen glücklichen Zufall hatte Jeronimo hier die Verbindung von Neuem anzuknüpfen gewusst und in einer verschwiegenen Nacht den Klostergarten zum Schauplatze seines vollen Glückes gemacht. Es war am Fronleichnamsfeste und die feierliche Prozession der Nonnen, welchen die Novizen folgten, nahm eben ihren Anfang, als die unglückliche Josephe bei dem Anklange der Glocken in Mutterwehen auf den Stufen der Kathedrale niedersank.

Dieser Vorfall machte außerordentliches Aufsehn; man brachte die junge Sünderin, ohne Rücksicht auf ihren Zustand, sogleich in ein Gefängnis, und kaum war sie aus den Wochen erstanden, als ihr schon, auf Befehl des Erzbischofs, der geschärfteste Prozess gemacht ward. Man sprach in der Stadt mit einer so großen Erbitterung von diesem Skandal und die Zungen fielen so scharf über das ganze Kloster her, in welchem er sich zugetragen hatte, dass weder die Fürbitte der Familie Asteron noch auch sogar der Wunsch der Äbtissin selbst, welche das junge Mädchen wegen ihres sonst untadelhaften Betragens lieb gewonnen hatte, die Strenge, mit welcher das klösterliche Gesetz sie bedrohte, mildern konnte. Alles, was geschehen konnte, war, dass der Feuertod, zu dem sie verurteilt wurde, zur großen Entrüstung der Matronen und Jungfrauen von St. Jago, durch einen Machtspruch des Vizekönigs, in eine Enthauptung verwandelt ward.

Man vermietete in den Straßen, durch welche der Hinrichtungszug gehen sollte, die Fenster, man trug die Dächer der Häuser ab, und die frommen Töchter der Stadt luden ihre Freundinnen ein, um dem Schauspiele, das der göttlichen Rache gegeben wurde, an ihrer schwesterlichen Seite beizuwohnen.

Jeronimo, der inzwischen auch in ein Gefängnis gesetzt worden war, wollte die Besinnung verlieren, als er diese ungeheure Wendung der Dinge erfuhr. Vergebens sann er auf Rettung: Überall, wohin ihn auch der Fittig[1] der vermessensten Gedanken trug, stieß er auf Riegel und Mauern, und ein Versuch, die Gitterfenster zu durchfeilen, zog ihm, da er entdeckt ward, eine nur noch engere Einsperrung zu. Er warf sich vor dem Bildnisse der heiligen Mutter Gottes nieder und betete mit unendlicher Inbrunst zu ihr als der Einzigen, von der ihm jetzt noch Rettung kommen könnte.

Doch der gefürchtete Tag erschien und mit ihm in seiner Brust die Überzeugung von der völligen Hoffnungslosigkeit seiner Lage. Die Glocken, welche Josephen zum Richtplatz begleiteten, ertönten, und Verzweiflung bemächtigte sich seiner Seele. Das Leben schien ihm ver-

1 **Fittig:** Flügel

hasst und er beschloss, sich durch einen Strick, den ihm der Zufall gelassen hatte, den Tod zu geben. Eben stand er, wie schon gesagt, an einem Wandpfeiler und befestigte den Strick, der ihn dieser jammervollen Welt entreißen sollte, an eine Eisenklammer, die an dem Gesimse[2] derselben eingefugt war, als plötzlich der größte Teil der Stadt mit einem Gekrache, als ob das Firmament einstürzte, versank und alles, was Leben atmete, unter seinen Trümmern begrub. Jeronimo Rugera war starr vor Entsetzen; und gleich als ob sein ganzes Bewusstsein zerschmettert worden wäre, hielt er sich jetzt an dem Pfeiler, an welchem er hatte sterben wollen, um nicht umzufallen. Der Boden wankte unter seinen Füßen, alle Wände des Gefängnisses rissen, der ganze Bau neigte sich, nach der Straße zu einzustürzen, und nur der seinem langsamen Fall begegnende Fall des gegenüberstehenden Gebäudes verhinderte durch eine zufällige Wölbung die gänzliche Zubodenstreckung desselben. Zitternd, mit sträubenden Haaren und Knien, die unter ihm brechen wollten, glitt Jeronimo über den schief gesenkten Fußboden hinweg der Öffnung zu, die der Zusammenschlag beider Häuser in die vordere Wand des Gefängnisses eingerissen hatte.
Kaum befand er sich im Freien, als die ganze schon erschütterte Straße auf eine zweite Bewegung der Erde völlig zusammenfiel. Besinnungslos, wie er sich aus diesem allgemeinen Verderben retten würde, eilte er über Schutt und Gebälk hinweg, indessen der Tod von allen Seiten Angriffe auf ihn machte, nach einem der nächsten Tore der Stadt.

2 Gesimse: tragender Balken

1 Teilen Sie sich gegenseitig Ihre ersten Leseeindrücke mit.

2 Fassen Sie die Handlung in chronologischer Reihenfolge zusammen.

3 Analysieren Sie den Anfang der Novelle unter folgenden Aspekten: Erzählstrategie, Textaufbau, Sprache und Stil. Gehen Sie jeweils auf die Wirkung ein.

Erzählstrategie

– fließender Wechsel von auktorialem Erzählen (Z. 1– …) und personalem Erzählen (Z. … ff.) → …

Textaufbau

– Hinweise, die Spannung aufbauen („gerade im Augenblicke der großen Erderschütterung", …)

Sprache und Stil

– Satzbau: lange, verschachtelte Sätze mit vielen Einschüben (z. B. Einleitungssatz) → viele Informationen in gedrängter Form → Wirkung: Atemlosigkeit, Spannung wird erzeugt bzw. aufrechterhalten

Heinrich von Kleist: **Das Erdbeben in Chili** (1807) – Auszug

Durch eine glückliche Fügung findet Jeronimo die geliebte Josephe und den gemeinsamen Sohn Philipp im allgemeinen Chaos: Sie begegnen einander in einem unversehrt gebliebenen Tal vor der Stadt. Dort schildern sie sich gegenseitig tief bewegt die jeweiligen Umstände ihrer Flucht und kommen zur Ruhe.

Indessen war die schönste Nacht herabgestiegen, voll wundermilden Duftes, so silberglänzend und still, wie nur ein Dichter davon träumen mag. Überall längs der Talquelle hatten sich im Schimmer des Mondscheins Menschen niedergelassen und bereiteten sich sanfte Lager von Moos und Laub, um von einem so qualvollen Tage auszuruhen. Und weil die Armen immer noch jammerten; dieser, dass er sein Haus, jener, dass er Weib und Kind, und der Dritte, dass er alles verloren habe: So schlichen Jeronimo und Josephe in ein dichteres Gebüsch, um durch das heimliche Gejauchz ihrer Seelen niemand zu betrüben. Sie fanden einen prachtvollen Granatapfelbaum, der seine Zweige voll duftender Früchte weit ausbreitete; und die Nachtigall flötete im Wipfel ihr wollüstiges Lied. Hier ließ sich Jeronimo am Stamme nieder, und Josephe in seinem, Philipp in Josephens Schoß, saßen sie, von seinem Mantel bedeckt, und ruhten. Der Baumschatten zog mit seinen verstreuten Lichtern über sie hinweg und der Mond erblasste schon wieder vor der Morgenröte, ehe sie einschliefen. Denn Unendliches hatten sie zu schwatzen vom Klostergarten und den Gefängnissen und was sie umeinander gelitten hätten; und waren sehr gerührt, wenn sie dachten, wie viel Elend über die Welt kommen musste, damit sie glücklich würden!

Sie beschlossen, sobald die Erderschütterungen aufgehört haben würden, nach La Conception zu gehen, wo Josephe eine vertraute Freundin hatte, sich mit einem kleinen Vorschuss, den sie von ihr zu erhalten hoffte, von dort nach Spanien einzuschiffen, wo Jeronimos mütterliche Verwandten wohnten, und daselbst ihr glückliches Leben zu beschließen. Hierauf, unter vielen Küssen, schliefen sie ein.

Als sie erwachten, stand die Sonne schon hoch am Himmel und sie bemerkten in ihrer Nähe mehrere Familien, beschäftigt, sich am Feuer ein kleines Morgenbrot zu bereiten. Jeronimo dachte eben auch, wie er Nahrung für die Seinigen herbeischaffen sollte, als ein junger, wohlgekleideter Mann mit einem Kinde auf dem Arm zu Josephen trat und sie mit Bescheidenheit fragte: Ob sie diesem armen Wurme, dessen Mutter dort unter den Bäumen beschädigt liege, nicht auf kurze Zeit ihre Brust reichen wolle? [...]

In Jeronimos und Josephens Brust regten sich Gedanken von seltsamer Art. Wenn sie sich mit so vieler Vertraulichkeit und Güte behandelt sahen, so wussten sie nicht, was sie von der Vergangenheit denken sollten, vom Richtplatze, von dem Gefängnisse und der Glocke; und ob sie bloß davon geträumt hätten? Es war, als ob die Gemüter seit dem fürchterlichen Schlage der sie durchdröhnt hatte, alle versöhnt wären.

1 Beschreiben Sie die Atmosphäre in dem Tal außerhalb der Stadt und das Verhalten der Figuren, die dem Erdbeben entronnen sind.

2 **a** Analysieren Sie, welche inhaltlichen und metaphorischen Elemente ein Bild von Harmonie erzeugen.

Inhalt
- *Menschen beklagen den Verlust geliebter Menschen*
- *Josephe stillt ein fremdes Kind*
- ...

Bild der Natur
- *Geborgenheit für die Menschen: „sanfte Lager von Moos und Laub" (Z. 6 f.)*
- *paradiesische Bilder, wunderbare Sinneseindrücke: Nacht „voll wundermilden Duftes" (Z. 2), „silberglänzend" (Z. 2 f.)*
- ...

b Erläutern Sie, welche Elemente kennzeichnend für einen Text aus der Epoche der Romantik sind.

Heinrich von Kleist: **Das Erdbeben in Chili** (1807) – Auszug

Jeronimo und Josephe schöpfen nach diesen positiven Erfahrungen die Hoffnung, dass mit dem Erdbeben auch die alten gesellschaftlichen Verhältnisse und die über sie verhängten Schuldsprüche nicht mehr gültig sind. Sie hoffen auf eine Zukunft als Familie in ihrer Heimat und kehren in die Stadt zurück, um an einem Dankgottesdienst teilzunehmen. Der Priester jedoch interpretiert in seiner Predigt das Erdbeben als Strafe Gottes, ausgelöst durch den Sittenverfall, der sich im Vergehen des Paares dokumentiere. Die aufgewühlten und aufgehetzten Menschen stürzen sich auf die beiden und ermorden sie grausam. Nur der junge Vater aus dem Tal, Don Fernando, der den kleinen Philipp und seinen eigenen Sohn Juan auf dem Arm hält, stellt sich der Menge entgegen:

Don Fernando, dieser göttliche Held, stand jetzt, den Rücken an die Kirche gelehnt; in der Linken hielt er die Kinder, in der Rechten das Schwert. Mit jedem Hiebe wetterstrahlte[1] er einen zu Boden; ein Löwe wehrt sich nicht besser. Sieben Bluthunde lagen tot vor ihm, der Fürst der satanischen Rotte selbst war verwundet. Doch Meister Pedrillo[2] ruhte nicht eher, als bis er der Kinder eines bei den Beinen von seiner Brust gerissen und, hochher im Kreise geschwungen, an eines Kirchpfeilers Ecke zerschmettert hatte. Hierauf ward es still, und alles entfernte sich. Don Fernando, als er seinen kleinen Juan vor sich liegen sah mit aus dem Hirne vorquellenden Mark, hob voll namenlosen Schmerzes seine Augen gen Himmel.

[...]

Don Fernando und Donna Elvire nahmen hierauf den kleinen Fremdling zum Pflegesohn an; und wenn Don Fernando Philippen mit Juan verglich und wie er beide erworben hatte, so war es ihm fast, als müsst er sich freuen.

1 wetterstrahlen: wie ein Blitz (ein-)schlagen
2 Don Pedrillo: der Anführer der Meute

1 Interpretieren Sie den Ausgang der Novelle mit Blick auf folgende Fragen: Was bewegt die junge Familie zur Rückkehr in die Stadt? Was führt zur Feindseligkeit der Stadtbewohner?

2 **a** Erweitern Sie Ihre Interpretation, indem Sie Hintergrundinformationen zur Epoche (▸ S. 394) einbeziehen und den Blick auf die Hoffnungen vieler Aufklärer richten: So vertrat z. B. Jean-Jacques Rousseau die These, dass der Mensch moralisch gut handeln werde, wenn er nur wieder in den Naturzustand zurückkehre. Rousseau kritisierte damit auch die christliche Lehre von der Erbsünde des Menschen.
- *Rousseau: Naturzustand führt zu moralisch gutem Handeln*
- *Kleists Novelle: „Natur" zunächst als unerbittliche, zerstörerische Macht (Erdbeben), die jedoch den Protagonisten vor dem drohenden Tod aus Menschenhand rettet; „Naturzustand" vor den Toren der Stadt: ...*

b Welches Bild vom Menschen gestaltet Kleist in seiner Novelle? Formulieren Sie Thesen dazu.
- *Kleist skizziert nicht das Bild von „dem" Menschen, sondern sehr unterschiedliche Charaktere: ...*
- *Die Menschen handeln in der Novelle dann am unmenschlichsten, wenn sie sich auf die herrschenden Konventionen und Sitten berufen: ...*

3 Untersuchen Sie vergleichend den Ausschnitt aus der Novelle „Die Verlobung von St. Domingo" von Heinrich Kleist (▸ S. 428). In welcher Hinsicht finden Sie Parallelen?
- *Thematik: Liebe führt in einer feindlich gesinnten Umwelt jeweils zum ...*
- *Inhalt/Handlung: Protagonist ist jeweils bedroht durch ...*
- *Figuren: Einzelne gegen ...*
- *Motive: „Liebe" und ...*
- *Sprache: Das unpersönliche „man" steht jeweils für ...*
- *...*

4 Vergleichen Sie Kleists Novelle „Das Erdbeben in Chili" mit Lessings „Nathan der Weise" (▸ S. 24 ff.). Halten Sie Gemeinsamkeiten im Hinblick auf Thematik, Handlung und Figuren in einer Tabelle fest.

	Nathan der Weise	**Das Erdbeben in Chili**
Thematik	*Toleranz und Menschlichkeit stehen gegen ...*	...
Handlung	...	...
Figuren	...	...

1.3 Klausurtraining: Eine literarische Erörterung schreiben

Aufgabenbeispiel

1. Fassen Sie die im Text ausgeführte Kritik an der Dichtkunst E.T.A. Hoffmanns knapp zusammen.
2. Erörtern Sie, ob diese Kritik aus heutiger Sicht Bestand haben kann. Beziehen Sie sich in Ihrer Argumentation auf die Novelle „Der goldne Topf" von E.T.A. Hoffmann und nutzen Sie Ihre Kenntnisse über die Merkmale der Literaturepochen Aufklärung, Klassik und Romantik.

Walter Scott (Übersetzer: J. W. von Goethe): **Das Übernatürliche in fabelhaften Erzählungen** (1827)

Das Werk E.T.A. Hoffmanns wurde in Deutschland von zahlreichen Zeitgenossen als „krank" angesehen. Zu den schärfsten Kritikern gehörte Johann Wolfgang von Goethe. Seine ablehnende Haltung verdeutlichte er in einem Aufsatz zur zeitgenössischen Dichtung, der posthum 1833 veröffentlicht wurde. Darin verwendete er die folgenden von ihm frei übersetzten Aussagen des schottischen Schriftstellers Walter Scott zu E.T.A. Hoffmanns Novellen.

Es ist unmöglich, Märchen dieser Art irgendeiner Kritik zu unterwerfen; es sind nicht die Gesichte[1] eines poetischen Geistes, sie haben kaum so viel scheinbaren Gehalt, als den Verrücktheiten eines Mondsüchtigen allenfalls zugestanden würde; es sind fieberhafte Träume eines leicht beweglichen kranken Gehirns, denen wir, wenn sie uns gleich durch ihr Wunderliches manchmal aufregen oder durch ihr Seltsames überraschen, niemals mehr als eine augenblickliche Aufmerksamkeit widmen können. Fürwahr, die Begeisterungen Hoffmanns gleichen oft den Einbildungen, die ein unmäßiger Gebrauch des Opiums hervorbringt und welche mehr den Beistand des Arztes als des Kritikers fordern möchten. [...] Blutentleerungen und sonstige Reinigungen, verbunden mit gesunder Philosophie und überlegter Beobachtung, würden unsern Hoffmann [...] zu einem gesunden Geisteszustand wieder zurückgebracht haben und seine Einbildungskraft, in einem gleichen und stetigen Flug sich bewegend, hätte vielleicht das höchste Ziel poetischer Kunst erreicht. – Seine Werke jedoch, wie sie gegenwärtig liegen, dürften nicht als Muster der Nachahmung aufzustellen sein, vielmehr als Warnungstafeln, die uns anschaulich machen, wie die fruchtbarste Einbildungskraft erschöpft werden kann durch einen leichtsinnigen Verschwendungsbetrieb des Besitzers.

1 **die Gesichte:** hier: die Fantasien

Die Aufgabenstellung verstehen

1 Analysieren Sie die Aufgabenstellung:

a Notieren Sie die mit den Operatoren verbundenen Anforderungen. Achten Sie auf differenzierende Hinweise:
Aufgabe 1: zusammenfassen: in eigenen Worten …, dabei inhaltlich …; Hinweis: knapp
Aufgabe 2: Erörtern, ob …: argumentativ abwägen und zu einer eigenen, gut begründeten …

b Notieren Sie weitere Hinweise zur erwarteten Leistung.
Bezug nehmen auf …
Wissen über … einbeziehen

c Begründen Sie, auf welchem Aufgabenteil der Schwerpunkt Ihrer Arbeit liegen soll.

Information **Die literarische Erörterung**

Eine **literarische Erörterung** erfordert eine argumentative Auseinandersetzung mit einer **Problemstellung der Literatur bzw. der Literaturwissenschaft.** Sie kann sich speziell auf Fragen beziehen, die ein bestimmter literarischer Text aufwirft, z. B. auf bestimmte Aspekte seiner **Interpretation,** auf seine **literaturgeschichtliche** Einordnung, eine **gattungstheoretische** Besonderheit oder seine **Rezeption** und Bewertung.

2 Klären Sie die Erörterungsfrage:
- Geht es (nur) um eine Reflexion des Sachverhalts oder (auch) um eine Entscheidungsfrage?
- Sie sollen sich mit der Kritik an der Dichtkunst von E.T.A. Hoffmann auseinandersetzen. Welche Konkretisierungen und näheren Hinweise gibt die Aufgabenstellung hierzu vor und was folgt daraus für Ihre Arbeit?
  - *Beurteilung aus heutiger Sicht → Reflexion ...*
  - *Bezug auf Novelle „Der goldne Topf" → Interpretation ..., Informationen zum ...*
  - *Kenntnisse der literarischen Epochen Aufklärung, ... → Vergegenwärtigung der Charakteristika der ...*

Erstes Textverständnis und Ideen formulieren

3 Erschließen Sie den Text. Notieren Sie Stichworte in Ihrer Kursmappe:

a Welche Informationen zum Autor (bzw. zu den Autoren) und zur Textart liegen vor?
Übersetzung eines ... des schottischen Schriftstellers ... durch ...

b Was ist das Thema des Textes? Wählen Sie die zutreffende Aussage aus.
A Es geht um Märchen.
B Es geht um die Folgen des Drogenmissbrauchs bei einem Autor.
C Es geht um die Novellen von Walter Scott.
D Der Text beschäftigt sich mit dem Werk von E.T.A. Hoffmann insgesamt.
E Der Text kritisiert die Novellen von E.T.A. Hoffmann.
F Der Text beschreibt die bemerkenswerte Einbildungskraft E.T.A. Hoffmanns.

c An wen richtet sich Goethe mit dem Text? Stellen Sie Vermutungen anhand des einleitenden Vorspanns und des Inhalts an.
- *siehe Vorspann: Goethes Text als Beitrag zur zeitgenössischen Kritik an ...*
- *...*

Den Text analysieren und die Erörterung vorbereiten

4 Welche der folgenden Aussagen trifft den Kern des Textes am besten? Begründen Sie Ihre Einschätzung.

A Hoffmanns Gedankengänge sind schwer zu verstehen und eignen sich nicht als Muster zur Nachahmung. Man kann sie wegen ihrer Besonderheit jedoch nicht einer Kritik unterwerfen wie andere Texte.
B Hoffmanns Werk wird als im Kern gehaltlose Ausgeburt eines kranken Gehirns abgestempelt.
C Hoffmann werden poetisches Talent und eine ungewöhnlich hohe Einbildungskraft bescheinigt. Sein krankhafter geistiger Zustand wird als Hindernis zur vollen poetischen Entfaltung des Dichters beschrieben.

5 Bereiten Sie die Zusammenfassung des Textes vor (► S. 154, Teilaufgabe 1).

a Fertigen Sie eine Kopie des Textes an und markieren Sie zentrale Aussagen.

b Klären Sie unbekannte Begriffe und Wendungen.

c Fassen Sie die markierten Aussagen unter Oberbegriffen bzw. Überschriften zusammen. Sie können die Aussagen auch paraphrasieren. Notieren Sie sich dabei jeweils die Zeile.

– Hoffmanns Novellen sind „nicht die Gesichte eines poetischen Geistes“ (Z. 2 f.) *– ohne Gehalt, ohne Tiefe (Z. 4 f.)*	*Hoffmanns Novellen sind nicht kritikwürdig / keine ernst zu nehmende Literatur*
– „fieberhafte Träume eines leicht beweglichen kranken Gehirns“ (Z. 6 f.) *– „gleichen oft den Einbildungen, die ein unmäßiger Gebrauch an …“ (Z. 12 f.)* *– …*	*dichterisches Werk wird als Ausdruck von krankhaften … oder …*
– „Blutentleerungen und sonstige Reinigungen“ (Z. 17) werden angeraten *– …*	*…*

d Erfassen Sie die Tonlage des Textes. Wählen Sie zutreffende Ausdrücke aus dem Wortspeicher.

ablehnend – abschätzig – abwertend – amüsiert – distanziert – gehässig – heiter – ironisch – sachlich – scharf – unsachlich – verletzend – wertschätzend – zynisch

6 Entwickeln Sie Ihren eigenen Standpunkt zur Erörterungsfrage (► S. 154, Teilaufgabe 2). Sammeln Sie Aspekte, die für die Auseinandersetzung relevant sind:

Kritik an Hoffmanns Novellen

- *Zeitgebundenheit des Urteils der Kritiker: Kunstverständnis in der Epoche der …*
- *persönliche Angriffe auf …*
- *…*
- *eigene Bewertung der Sprache und Figurengestaltung Hoffmanns*
- *literarische Bedeutung der Romantik aus heutiger Sicht*
- *heutige …*

7 Beantworten Sie folgende Fragen stichpunktartig in Ihrem Kursheft und beziehen Sie dabei Ihr Epochenwissen mit ein.

a Goethe beharrt entschieden darauf, dass märchenhafte, mit fantastischen Elementen spielende Literatur „nicht als Muster der Nachahmung“ gelten darf. Erklären Sie seine Haltung mit Blick auf das Kunst- und Literaturverständnis der Aufklärung (► S. 394) und der Klassik (► S. 413).
Goethe vertritt
– Rationalismus der Aufklärungsepoche: Literatur soll Erkenntnis über die … vermitteln
– Idealismus der Klassik: Kunst und Literatur sollen v. a. das „Wahre und Gute“ gestalten

b Welches Kunstverständnis führt einen Romantiker wie E. T. A. Hoffmann dazu, die Grenzen des rational Verständlichen zu überschreiten?
– Innerlichkeit und Gefühlserleben statt einseitige Verstandeskultur
– Literatur soll Sehnsuchts- und Fantasiewelten öffnen …

8 Prüfen Sie, ob Sie der zentralen These und den stützenden Argumenten der Kritik zustimmen, indem Sie folgende Fragen beantworten:

A Sind Texte, die in der Figurengestaltung Abgründiges und in der Handlungsentwicklung Märchenhaftes und Fantastisches gestalten, zur ernst zu nehmenden Literatur zu zählen?
B Besitzen nur diejenigen Werke literarische Qualität, die auf „überlegter Beobachtung" beruhen und mit „gesunder Philosophie" verbunden sind?
C Ist eine literarische Wertung, die mit Kategorien von „krank" und „gesund" operiert, aus heutiger Sicht vertretbar?

9 Entwickeln Sie eine eigene Argumentation:

a Formulieren Sie zentrale Thesen und Argumente der Kritik stichpunktartig mit eigenen Worten und überprüfen Sie deren Gültigkeit; hier am Beispiel einer ablehnenden Position:

Thesen/Argumente	***Überprüfung***
Novellen wie „Der goldne Topf" entspringen krankhaft übersteigerter Fantasie	*Dominanz des Fantastischen richtig benannt, aber die Abwertung als „krankhaft" ist …*
derartige Literatur bedeutungslos, ohne bleibenden Wert	*eindeutiges Fehlurteil: Literatur der Romantik erreicht bis heute ein … Lesepublikum, auch in modernen Varianten wie …*
Vergeudung erzählerischer Begabung	*bornierte Verengung in der Anerkennung erzählerischer Begabung: Formsprache, Figurengestaltung und … der Epochen Aufklärung/Klassik werden als allein gültig gesetzt;* *Sprache Hoffmanns besticht durch …, zum Beispiel in der Figurengestaltung des Anselmus*

b Notieren Sie entsprechend Ihrer Position weitere unterstützende Argumente mit Textbelegen aus der Novelle „Der goldne Topf" von E.T.A. Hoffmann.

Den Schreibplan erstellen und den Text schreiben

10 Legen Sie einen Schreibplan für Ihren Aufsatz an. Ordnen Sie die erarbeiteten Aspekte zu:

Einleitung:
- *Autor: …*
- *Titel: …*
- *…*

Hauptteil:
1. *Teilaufgabe: Zusammenfassung …*
2. *Teilaufgabe: Erörterung …*
   - *Aspekt 1: …*
   - *eigene Position: …*
   - *Aspekt 2: …*
   - *eigene Position: …*
   - *…*

Schluss:
- *Fazit: …*

11 Formulieren Sie Ihre Stichpunkte zur ersten Teilaufgabe aus, d. h., schreiben Sie eine Einleitung und die knappe Inhaltszusammenfassung des Textes. Achten Sie dabei auf eine korrekte Zitierweise (▶ Information, S. 606) und die Verwendung des Konjunktivs in der indirekten Rede (▶ Information, S. 556 f.).
Im vorliegenden Textauszug übersetzt Goethe frei eine Passage aus einem kritischen Essay von …
Der Text setzt sich in sehr … Form mit den Erzählungen E.T.A. Hoffmanns auseinander, denen er abspricht, …

12 Verfassen Sie im Anschluss die Erörterung (▶ S. 154, Teilaufgabe 2). Gehen Sie dabei schrittweise vor:

a Vervollständigen Sie die Sätze so, dass sie eine sinnvolle Überleitung zwischen den beiden Teilaufgaben bilden.
Die Kritik an Hoffmanns Novellen ist also ausgesprochen …
Im Folgenden soll geprüft werden, inwiefern …
Dazu werde ich …, um anschließend …

b Formulieren Sie Ihre Argumentation aus. Nutzen Sie dabei Ihre Ergebnisse von Seite 156 f., Aufgaben 6–8.
Nutzen Sie die Formulierungshilfen auf Seite 362.
Goethes bzw. Scotts Urteil, Hoffmanns Novellen seien keine ernst zu nehmende Literatur, ja nicht einmal kritikwürdig, ist zu erklären mit …
Diese Einschätzung ist … zu sehen. Denn …
…

13 Formulieren Sie ein abschließendes Fazit. Vervollständigen Sie einen der folgenden Sätze entsprechend Ihrer eigenen Position.
Insgesamt kann man sagen, dass …
Im Ergebnis sind Hoffmanns Novellen also …
Somit muss man den Kritikern klar entgegenhalten, dass …
Somit muss man den Kritikern darin zustimmen, dass …

14 Überarbeiten Sie Ihren Text anhand der folgenden Checkliste:

Checkliste **Eine literarische Erörterung schreiben**

- Ist der eigene Text klar gegliedert?
- Enthält die **Einleitung** korrekte Angaben zu Autor/in, Titel, Textsorte, Erscheinungsdatum und Thema des untersuchten Textes?
- Erfolgt die **Wiedergabe** der zu erörternden Position in knapper, prägnanter und inhaltlich zutreffender Weise (erste Teilaufgabe)?
- Wurde korrekt **zitiert** (▶ S. 606 f.) und bei **Paraphrasen** der Konjunktiv in der indirekten Rede verwendet?
- Stellt die **Überleitung** Bezüge zwischen der ersten und der zweiten Teilaufgabe her und kündigt das weitere Vorgehen an?
- Geht die **Erörterung** auf die geforderten Aspekte ein (zweite Teilaufgabe)?
- Ist die Argumentation logisch und gut nachvollziehbar aufgebaut? Ist die eigene Position widerspruchsfrei hergeleitet und klar formuliert?
- Wurden die Ausführungen mit einem **zusammenfassenden Fazit** abgeschlossen?
- Ist der Text **stilistisch** angemessen und korrekt im Hinblick auf **Grammatik, Rechtschreibung** und **Zeichensetzung?**

2 Drama und Kommunikation – Dramen vergleichen

Kabale und Liebe, Ludwigsburger Schlossfestspiele 2009

Der gute Mensch von Sezuan, Schauspiel Köln 2013

1 Schildern Sie Ihre persönlichen Eindrücke vom Theater. Was fasziniert Sie? Was stört Sie?

2 Notieren Sie in Stichpunkten, inwiefern sich die Textgattung Drama von der Gattung Epik, also z.B. von Erzählungen und Romanen, unterscheidet.

3 Vergleichen Sie die beiden Inszenierungsfotos. Welche Unterschiede in Bezug auf Kostüme, Requisiten und Bühnenelemente fallen Ihnen auf?

In diesem Kapitel erwerben Sie folgende Kenntnisse und Kompetenzen:

- Dramenszenen systematisch analysieren und vergleichen,
- kommunikationstheoretische Kenntnisse zur Dialoganalyse nutzen,
- Möglichkeiten des szenischen Interpretierens erproben,
- anhand von Inhaltsübersichten unterschiedliche Dramenstrukturen erfassen,
- Grundmuster des geschlossenen und des offenen Dramas kennen und unterscheiden,
- Goethes „Faust“ als Sonderform des Dramas erkennen,
- literaturtheoretische Positionen zu Wirkungsabsicht und Wirkungsweise des Theaters kennen und sich damit auseinandersetzen,
- eine Dramenszene schriftlich analysieren und interpretieren.

2.1 Schillers „Kabale und Liebe", Brechts „Der gute Mensch von Sezuan" – Liebesszenen vergleichen

Schiller und Brecht: Figuren und Konflikte im gesellschaftlichen Umfeld

Friedrich Schiller: Kabale und Liebe – Ein bürgerliches Trauerspiel (1784) – I/4

[In Schillers bürgerlichem Trauerspiel „Kabale und Liebe" geht es um die gesellschaftlich nicht akzeptierte Liebesbeziehung zwischen dem adligen Ferdinand und der Bürgerstochter Luise. In der 4. Szene des ersten Aktes treten die beiden zum ersten Mal gemeinsam auf die Bühne.]

Ferdinand von Walter. Luise.
(Er fliegt auf sie zu – sie sinkt entfärbt und matt auf einen Sessel – er bleibt vor ihr stehn – sie sehen sich eine Zeit lang stillschweigend an. Pause.)

FERDINAND: Du bist blass, Luise?

LUISE: *steht auf und fällt ihm um den Hals* Es ist nichts. Nichts. Du bist ja da. Es ist vorüber.

FERDINAND: *ihre Hand nehmend und zum Munde führend* Und liebt mich meine Luise noch? Mein Herz ist das gestrige, ist's auch das deine noch? Ich fliege nur her, will sehn, ob du heiter bist, und gehn und es auch sein – Du bist's nicht.

LUISE: Doch, doch, mein Geliebter.

FERDINAND: Rede mir Wahrheit. Du bist's nicht. Ich schaue durch deine Seele wie durch das klare Wasser dieses Brillanten. *Er zeigt auf seinen Ring.* Hier wirft sich kein Bläschen auf, das ich nicht merkte – kein Gedanke tritt in dies Angesicht, der mir entwischte. Was hast du? Geschwind! Weiß ich nur diesen Spiegel helle, so läuft keine Wolke über die Welt. Was bekümmert dich?

LUISE: *sieht ihn eine Weile stumm und bedeutend an, dann mit Wehmut* Ferdinand! Ferdinand! Dass du doch wüsstest, wie schön in dieser Sprache das bürgerliche Mädchen sich ausnimmt.

FERDINAND: Was ist das? *befremdet* Mädchen! Höre! Wie kommst du auf das? – Du bist meine Luise. Wer sagt dir, dass du noch etwas sein solltest? Siehst du, Falsche, auf welchem Kaltsinn ich dir begegnen muss? Wärest du ganz nur Liebe für mich, wann hättest du Zeit gehabt, eine Vergleichung zu machen? Wenn ich bei dir bin, zerschmilzt meine Vernunft in einen Blick – in einen Traum von dir, wenn ich weg bin, und du hast noch eine Klugheit neben deiner Liebe? – Schäme dich! Jeder Augenblick, den du an diesen Kummer verlorst, war deinem Jüngling gestohlen.

LUISE: *fasst seine Hand, indem sie den Kopf schüttelt* Du willst mich einschläfern, Ferdinand – willst meine Augen von diesem Abgrund hinweglocken, in den ich ganz gewiss stürzen muss. Ich seh in die Zukunft – die Stimme des Ruhms – deine Entwürfe – dein Vater – mein – Nichts. *Erschrickt und lässt plötzlich seine Hand fahren* Ferdinand! ein Dolch über dir und mir! – Man trennt uns!

FERDINAND: Trennt uns! *Er springt auf* Woher bringst du diese Ahndung, Luise? Trennt uns? – Wer kann den Bund zweier Herzen lösen, oder die Töne eines Akkords auseinanderreißen? – Ich bin ein Edelmann – Lass doch sehen, ob mein Adelbrief älter ist als der Riss zum unendlichen Weltall? oder mein Wappen gültiger als die Handschrift des Himmels in Luisens Augen: Dieses Weib ist für diesen Mann? – Ich bin des Präsidenten Sohn. Eben darum. Wer als die Liebe kann mir die Flüche versüßen, die mir der Landeswucher meines Vaters vermachen wird?

Luise: O, wie sehr fürcht ich ihn – diesen Vater!

Ferdinand: Ich fürchte nichts – nichts – als die Grenzen deiner Liebe. Lass auch Hindernisse wie Gebirge zwischen uns treten, ich will sie für Treppen nehmen und drüber hin in Luisens Arme fliegen. Die Stürme des widrigen Schicksals sollen meine Empfindung emporblasen, Gefahren werden meine Luise nur reizender machen. – Also nichts mehr von Furcht, meine Liebe. Ich selbst – ich will über dir wachen, wie der Zauberdrach über unterirdischem Golde – Mir vertraue dich! Du brauchst keinen Engel mehr – Ich will mich zwischen dich und das Schicksal werfen – empfangen für dich jede Wunde – auffassen für dich jeden Tropfen aus dem Becher der Freude – dir ihn bringen in die Schale der Liebe. *Sie zärtlich umfassend.* An diesem Arm soll meine Luise durchs Leben hüpfen; schöner, als er dich von sich ließ, soll der Himmel dich wiederhaben und mit Verwunderung eingestehn, dass nur die Liebe die letzte Hand an die Seelen legte –

Luise: *drückt ihn von sich, in großer Bewegung* Nichts mehr! Ich bitte dich, schweig! – Wüsstest du – Lass mich – du weißt nicht, dass deine Hoffnungen mein Herz wie Furien anfallen. *Will fort.*

Ferdinand: *hält sie auf* Luise? Wie! Was! Welche Anwandlung?

Luise: Ich hatte diese Träume vergessen und war glücklich – Jetzt! jetzt! von heut an – der Friede meines Lebens ist aus – Wilde Wünsche – ich weiß es – werden in meinem Busen rasen. – Geh – Gott vergebe dir's – Du hast den Feuerbrand in mein junges, friedsames Herz geworfen, und er wird nimmer, nimmer gelöscht werden. *Sie stürzt hinaus. Er folgt ihr sprachlos nach.*

Bertolt Brecht: **Der gute Mensch von Sezuan** (1943) – Bild 3

[Drei Götter sind auf die Erde herabgestiegen, um einen „guten Menschen" zu finden, müssen jedoch feststellen, dass außer der Prostituierten Shen Te, die ihnen Obdach gewährt, alle Menschen egoistisch sind. – Im dritten Bild rettet Shen Te den arbeitslosen Flieger Sun, womit die große Liebe Shen Tes zu Sun ihren Anfang nimmt.]

Sun: *ruft ihnen nach* Aasgeier! *Zum Publikum:* Selbst an diesem abgelegenen Platz fischen sie unermüdlich nach Opfern, selbst im Gebüsch, selbst bei Regen suchen sie verzweifelt nach Käufern.

Shen Te: *zornig* Warum beschimpfen Sie sie? *Sie erblickt den Strick.* Oh.

Sun: Was glotzt du?

Shen Te: Wozu ist der Strick?

Sun: Geh weiter, Schwester, geh weiter! Ich habe kein Geld, nichts, nicht eine Kupfermünze. Und wenn ich eine hätte, würde ich nicht dich, sondern einen Becher Wasser kaufen vorher. *Es fängt an zu regnen.*

Shen Te: Wozu der Strick? Das dürfen Sie nicht!

Sun: Was geht dich das an? Scher dich weg!

Shen Te: Es regnet.

Sun: Versuch nicht, dich unter diesen Baum zu stellen.

Shen Te: *bleibt im Regen stehen* Nein.

Sun: Schwester, laß ab, es hilft dir nichts. Mit mir ist kein Geschäft zu machen. Du bist mir auch zu häßlich. Krumme Beine.

Shen Te: Das ist nicht wahr.

Sun: Zeig sie nicht! Komm schon, zum Teufel, unter den Baum, wenn es regnet! *Sie geht langsam hin und setzt sich unter den Baum.*

Shen Te: Warum wollen Sie das tun?

Sun: Willst du es wissen? Dann werde ich es dir sagen, damit ich dich loswerde. *Pause.* Weißt du, was ein Flieger ist?

Shen Te: Ja, in einem Teehaus habe ich Flieger gesehen.

Sun: Nein, du hast keine gesehen. Vielleicht ein paar windige Dummköpfe mit Lederhelmen,

Burschen ohne Gehör für Motore und ohne Gefühl für eine Maschine. Das kommt nur in eine Kiste, weil es den Hangarverwalter schmieren kann. Sag so einem: Laß deine Kiste aus 2000 Fuß Höhe durch die Wolken hinunter abfallen und dann fang sie wieder auf, mit einem Hebeldruck, dann sagt er: Das steht nicht im Kontrakt. Wer nicht fliegt, daß er seine Kiste auf den Boden aufsetzt, als wäre es sein Hintern, der ist kein Flieger, sondern ein Dummkopf. Ich aber bin ein Flieger. Und doch bin ich der größte Dummkopf, denn ich habe alle Bücher über die Fliegerei gelesen auf der Schule in Peking. Aber eine Seite eines Buches habe ich nicht gelesen und auf dieser Seite stand, daß keine Flieger mehr gebraucht werden. Und so bin ich ein Flieger ohne Flugzeug geworden, ein Postflieger ohne Post. Aber was das bedeutet, das kannst du nicht verstehen.

Shen Te: Ich glaube, ich verstehe es doch.

Sun: Nein, ich sage dir ja, du kannst es nicht verstehen, also kannst du es nicht verstehen.

Shen Te: *halb lachend, halb weinend* Als Kinder hatten wir einen Kranich mit einem lahmen Flügel. Er war freundlich zu uns und trug uns keinen Spaß nach und stolzierte hinter uns drein, schreiend, daß wir nicht zu schnell für ihn liefen. Aber im Herbst und im Frühjahr, wenn die großen Schwärme über das Dorf zogen, wurde er sehr unruhig, und ich verstand ihn gut.

Sun: Heul nicht.

Shen Te: Nein.

Sun: Es schadet dem Teint.

Shen Te: Ich höre schon auf.

Sie trocknet sich mit dem Ärmel die Tränen ab. An den Baum gelehnt, langt er, ohne sich ihr zuzuwenden, nach ihrem Gesicht.

Sun: Du kannst dir nicht einmal richtig das Gesicht abwischen.

Er wischt es ihr mit einem Sacktuch ab. Pause.

Sun: Wenn du schon sitzen bleiben mußtest, damit ich mich nicht aufhänge, dann mach wenigstens den Mund auf.

Shen Te: Ich weiß nichts.

Sun: Warum willst du mich eigentlich vom Ast schneiden, Schwester?

Shen Te: Ich bin erschrocken. Sicher wollten Sie es nur tun, weil der Abend so trüb ist.

Zum Publikum:

In unserem Lande
Dürfte es trübe Abende nicht geben
Auch hohe Brücken über die Flüsse
Selbst die Stunde zwischen Nacht und Morgen
Und die ganze Winterzeit dazu, das ist
 gefährlich.
Denn angesichts des Elends
Genügt ein Weniges
Und die Menschen werfen
Das unerträgliche Leben fort.

1 Bevor die Liebe zwischen Luise und Ferdinand an den Standesschranken der Zeit zerbricht, zeigt uns Schiller das Paar hin- und hergerissen zwischen Hoffnungen und Ängsten.
- **a** Schildern Sie die Gefühle der beiden Figuren.
- **b** Versuchen Sie anhand der Szene eine Charakterisierung von Ferdinand und Luise.

2
- **a** Setzen Sie den Dialog zwischen Ferdinand und Luise in einer szenischen Lesung oder einem szenischen Spiel um (▸ Methode, S. 184).
- **b** Diskutieren Sie, welche Sprech- und Verhaltensweisen dem Text angemessen sind.

3
- **a** „Ein Flieger ohne Flugzeug" – Stellen Sie mit eigenen Worten dar, welche Lebensumstände Sun zu seinem Selbstmordversuch treiben.
- **b** Was erfahren Sie über Shen Te? Beschreiben Sie ihre Eigenschaften stichwortartig.

4 Vergleichen Sie die Dialoge der Protagonisten in beiden Szenen unter folgenden Gesichtspunkten:
- Gesprächsverlauf,
- Sprechakte,
- Subtexte,
- Sprachschicht und Sprachstil.

Tipp: Nutzen Sie die Hinweise aus dem ▸ Methodenkasten.

5 Untersuchen Sie die Rolle des Publikums in Brechts Theaterstück. Gehen Sie dabei v. a. auf die Zeilen 86 ff. ein.
In Brechts „epischem Theater" wird das Publikum direkt …
Damit will Brecht …
In Shen Tes Worten wird diese Intention deutlich, wenn sie …

6 Diskutieren Sie, inwiefern sich die beiden Liebesbeziehungen vergleichen lassen.

Methode Analyse von Dramenszenen – Dialoganalyse

- **Gesprächsgegenstand/Inhalt der Szene:** Bühnenhandlung, Inhalt des Gesprächs, Positionen, Argumente, …
- **Gesprächssituation:** Ort, Zeit, Atmosphäre, …
- **Figuren:** Motive, persönliche Situation, Weltanschauung, Verhaltensweisen, Eigenschaften, …
- **Figurenkonstellation:** Beziehungen zueinander, gesellschaftlicher Kontext, …
- **formaler Aufbau:** Gliederung, Verteilung von Dialog und Monolog, Regieanweisungen, …
- **Gesprächsverlauf:** Art des Beginns und des Endes, Konfliktentwicklung, Wendepunkt(e), …
- **Gesprächsart:** Diskussion, Verhör, Streit, Entscheidungssuche, Plauderei, …
- **Sprechakte:** Sprechhandlungen, z. B. Aufforderung, Befehl, Behauptung, Beschuldigung, Bitte, Frage, Feststellung, Rechtfertigung, Versprechen, …
- **Subtext:** Gedanken und Gefühle der Figuren, die nicht ausgesprochen werden
- **Sprachschicht, Sprachstil** (▸ S. 113): Hochsprache – Alltagssprache – Jargon, geschlechtsspezifisch, zeittypisch, sprachliche Brüche
- **rhetorische Figuren und ihre Funktion** (▸ S. 242 ff.): Antithesen, Ellipsen, Euphemismen, Hyperbeln, Ironie, Metaphern, …
- **Adressatenbezug:** Adressaten in und außerhalb der Szene, Art der Ansprache
- **Kontextuierung der Szene:** Stellung im Dramenzusammenhang und -aufbau, Vorgeschichte, Bedeutung der Szene für den weiteren Verlauf, Vorerwartungen des Publikums, …

7 Transferaufgabe: Erläutern Sie die Sprechweisen der Figuren in einem anderen Ihnen bekannten Drama.

Kommunikationsmodelle – Kommunikation in Dramen

Wie in vielen Theaterstücken spielen Beziehungs- und Kommunikationsprobleme auch in Schillers „Kabale und Liebe“ und Brechts „Der gute Mensch von Sezuan“ eine zentrale Rolle. Bei der Inszenierung sind nicht nur die Wörter und Sätze, sondern auch **nonverbale** (Gestik, Mimik, Körperhaltung) und **parasprachliche** Elemente (Intonation, Lautstärke usw.) von Bedeutung. Kommunikationstheoretiker wie **Friedemann Schulz von Thun** (*1944) oder **Paul Watzlawick** (1921–2007) haben das Zusammenspiel der einzelnen Faktoren bei Kommunikationsprozessen beschrieben. Diese können im Alltag hilfreich sein bei der **Metakommunikation** (Kommunikation über Kommunikation), etwa zur Thematisierung eines bestimmten Sprechverhaltens. Im Folgenden finden Sie in knapper Form die Modelle dargestellt.

Das Kommunikationsquadrat (schulz-von-thun.de)

Das Kommunikationsquadrat ist das bekannteste und inzwischen auch weit verbreitete Modell von Friedemann Schulz von Thun. Bekannt geworden ist dieses Modell auch als „Vier-Ohren-Modell“. Die vier Ebenen der Kommunikation haben nicht nur Bedeutung für das private Miteinander, sondern auch und vor allem für den beruflichen Bereich, wo das Professionelle und das Menschliche ständig miteinander „verzahnt“ sind.

Wenn ich als Mensch etwas von mir gebe, bin ich auf vierfache Weise wirksam. Jede meiner Äußerungen enthält, ob ich will oder nicht, vier Botschaften gleichzeitig:

- eine Sachinformation (worüber ich informiere) – **blau**,
- eine Selbstkundgabe (was ich von mir zu erkennen gebe) – **grün**,
- einen Beziehungshinweis (was ich von dir halte und wie ich zu dir stehe) – **gelb**,
- einen Appell (was ich bei dir erreichen möchte) – **rot.**

Schulz von Thun hat daher 1981 die vier Seiten einer Äußerung als Quadrat dargestellt und dementsprechend dem Sender „vier Schnäbel“ und dem Empfänger „vier Ohren“ zugeordnet. Psychologisch gesehen sind also, wenn wir miteinander reden, auf beiden Seiten vier Schnäbel und vier Ohren daran beteiligt, und die Qualität des Gespräches hängt davon ab, in welcher Weise diese zusammenspielen.

Auf der **Sachebene** des Gesprächs steht die Sachinformation im Vordergrund, hier geht es um Daten, Fakten und Sachverhalte. Dabei gilt zum einen das Wahrheitskriterium wahr oder unwahr (zutreffend/nicht zutreffend), zum anderen das Kriterium der Relevanz (sind die aufgeführten Sachverhalte für das anstehende Thema von Belang/nicht von Belang?) und zum Dritten erscheint das Kriterium der Hinlänglichkeit (sind die angeführten Sachhinweise für das Thema ausreichend oder muss vieles andere auch bedacht sein?).

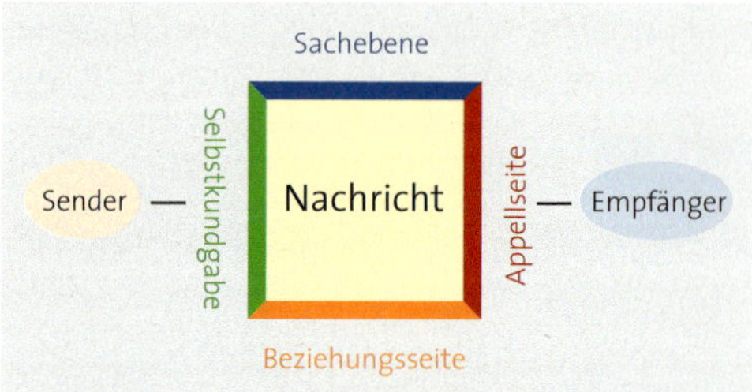

Für den Sender gilt es also, den Sachverhalt klar und verständlich zu vermitteln. Der Empfänger, der das Sachohr aufgesperrt hat, hört auf die Daten, Fakten und Sachverhalte und hat entsprechend den drei genannten Kriterien viele Möglichkeiten einzuhaken.

Selbstkundgabe: Wenn jemand etwas von sich gibt, gibt er auch etwas von sich preis. Jede Äußerung enthält auch, ob ich will oder nicht, eine Selbstkundgabe, einen Hinweis darauf, was in mir vorgeht, wie mir ums Herz ist, wofür ich stehe und wie ich meine Rolle auffasse. Dies kann explizit („Ich-Botschaft“) oder implizit geschehen. Dieser Umstand macht jede Nachricht zu einer kleinen Kostprobe der Persönlichkeit, was dem Sender nicht nur in Prüfungen und in der Begegnung mit Psychologen einige Besorgnis verursachen kann.

Während der Sender also mit dem Selbstkundgabe-Schnabel, implizit oder explizit, Informationen über sich preisgibt, nimmt der Empfänger diese mit dem Selbstkundgabe-Ohr auf: Was sagt mir das über den anderen? Was ist der für einer? Wie ist er gestimmt? Etc.

Die Beziehungsseite: Ob ich will oder nicht: Wenn ich jemanden anspreche, gebe ich (durch Formulierung, Tonfall, Begleitmimik) auch zu erkennen, wie ich zum anderen stehe und was ich von ihm halte – jedenfalls bezogen auf den aktuellen Gesprächsgegenstand. In jeder Äußerung steckt somit auch ein Beziehungshinweis, für welchen der Empfänger oft ein besonders sensibles (über)empfindliches Beziehungs-Ohr besitzt. Aufgrund dieses Ohres wird entschieden: „Wie fühle ich mich behandelt durch die Art, in der der andere mit mir spricht? Was hält der andere von mir und wie steht er zu mir?"

Appellseite: Wenn jemand das Wort ergreift und es an jemanden richtet, will er in der Regel auch etwas bewirken, Einfluss nehmen; den anderen nicht nur erreichen, sondern auch etwas bei ihm erreichen. Offen oder verdeckt geht es auf dieser Ebene um Wünsche, Appelle, Ratschläge, Handlungsanweisungen, Effekte etc. Das Appell-Ohr ist folglich besonders empfangsbereit für die Frage: Was soll ich jetzt machen, denken oder fühlen?

1 Übertragen Sie die Schemazeichnung Schulz von Thuns (▶ S.164) in Ihr Heft und vervollständigen Sie diese mit Hilfe der folgenden Begriffe:
Sprecher/in, Hörer/in, gesendete Nachricht, aufgenommene Nachricht.

2 **a** Erläutern Sie, wie die beiden Äußerungen aus dem Cartoon auf den vier Ebenen nach Schulz von Thun jeweils gemeint bzw. verstanden werden können.

b Verfassen Sie jeweils zwei kurze Alltagsszenen zu *„Da ist was Grünes in der Suppe", „Willst du das anziehen?", „Ist das dein neuer Freund?", „Sind die Perlen echt?".*

c Vergleichen Sie Ihre Alltagsszenen und erklären Sie mit Hilfe des Kommunikationsmodells Schulz von Thuns, welche Seiten der Nachricht in Ihren Szenen eine besondere Rolle spielen.

3 Wählen Sie eine der folgenden Aussagen aus den beiden Dramenszenen aus, die Sie mit Hilfe der vier Seiten einer Nachricht genauer analysieren:
- *Kabale und Liebe:* „Es ist nichts. Nichts. Du bist ja da. Es ist vorüber." (Z. 6 f.), „Ich fürchte nichts – nichts – als die Grenzen deiner Liebe." (Z. 65 f.)
- *Der gute Mensch von Sezuan:* „Was glotzt du?" (Z. 8), „Es regnet." (Z. 18), „Du kannst dir nicht einmal richtig das Gesicht abwischen." (Z. 75 f.)

Paul Watzlawick u. a.: **Menschliche Kommunikation. Formen, Störungen, Paradoxien** (1969)

Folgende Auszüge dürfen als zentral für die Theorie Watzlawicks bezeichnet werden:

1 […] Es muss […] daran erinnert werden, dass das „Material" jeglicher Kommunikation keineswegs nur Worte sind, sondern auch paralinguistische Phänomene (wie z. B. Tonfall, Schnelligkeit oder Langsamkeit der Sprache, Pausen, Lachen und Seufzen), Körperhaltung, Ausdrucksbewegungen (Körpersprache) usw. innerhalb eines bestimmten Kontextes umfasst – kurz, Verhalten jeder Art.

2 […] Verhalten hat vor allem eine Eigenschaft, die so grundlegend ist, dass sie oft übersehen wird: Verhalten hat kein Gegenteil, oder um dieselbe Tatsache noch simpler auszudrücken: Man kann sich nicht *nicht* verhalten. Wenn man also akzeptiert, dass alles Verhalten in einer zwischenmenschlichen Situation […] Mitteilungscharakter hat, d. h. Kommunikation ist, so

folgt daraus, dass man, wie immer man es auch versuchen mag, nicht *nicht* kommunizieren kann. Handeln oder Nichthandeln, Worte oder Schweigen haben alle Mitteilungscharakter: Sie beeinflussen andere, und diese anderen können ihrerseits nicht *nicht* auf diese Kommunikation reagieren und kommunizieren damit selbst.

3 [...] Wenn man untersucht, was jede Mitteilung enthält, so erweist sich ihr Inhalt vor allem als Information. Dabei ist es gleichgültig, ob diese Information wahr oder falsch, gültig oder ungültig oder unentscheidbar ist. Gleichzeitig aber enthält jede Mitteilung einen weiteren Aspekt, der viel weniger augenfällig, doch ebenso wichtig ist – nämlich einen Hinweis darauf, wie ihr Sender sie vom Empfänger verstanden haben möchte. Sie definiert also, wie der Sender die Beziehung zwischen sich und dem Empfänger sieht, und ist in diesem Sinn seine persönliche Stellungnahme zum anderen. Wir finden somit in jeder Kommunikation einen *Inhalts- und einen Beziehungsaspekt*. [...]

4 Sie [die symmetrische und die komplementäre Interaktion] stehen für Beziehungen, die entweder auf Gleichgewicht oder auf Unterschiedlichkeit beruhen. Im ersten Fall ist das Verhalten der beiden Partner sozusagen spiegelbildlich und ihre Interaktion daher *symmetrisch*. Dabei ist es gleichgültig, worin dieses Verhalten im Einzelfall besteht, da die Partner sowohl in Stärke wie Schwäche, Härte wie Güte und jedem anderen Verhalten ebenbürtig sein können. Im zweiten Fall dagegen ergänzt das Verhalten des einen Partners das des anderen, wodurch sich eine grundsätzlich andere Art von verhaltensmäßiger Gestalt ergibt, die *komplementär* ist. Symmetrische Beziehungen zeichnen sich also durch Streben nach Gleichgewicht und Verminderung von Unterschieden zwischen den Partnern aus, während komplementäre Interaktionen auf sich gegenseitig ergänzenden Unterschiedlichkeiten basieren. [...]

1 **a** Geben Sie die Aussagen mit eigenen Worten wieder. Formulieren Sie je Abschnitt eine Überschrift. *1. Kommunikation umfasst ...*

b Schildern Sie alltägliche Situationen, die Watzlawicks Thesen veranschaulichen.

c Überlegen Sie, inwiefern sich durch Watzlawicks Theorie das Kommunikationsmodell Schulz von Thuns ergänzen lässt.

2 Vergleichen Sie die Kommunikation der Protagonisten in beiden Dramenszenen. Gehen Sie dabei auf folgende Aspekte ein: nonverbales Verhalten, Entwicklung des Kommunikationsverhaltens, Kommunikationsstörungen.

Methode – Kommunikationstheoretische Erkenntnisse für die Dialoganalyse nutzen

Literarische Texte, gerade Dramen, zeigen die Gefühle, Wünsche und Haltungen ihrer Protagonisten vor allem in deren Kommunikation. Die Dialoganalyse ist Voraussetzung für ein Verständnis der Figuren und ihrer Beziehungen. Dabei sind folgende Aspekte interessant:

- **Kommunikationsverhalten:** Redeanteil, Sprecherwechsel, Gesprächsbeteiligung, Redeinitiative, symmetrisch (gleichberechtigt), komplementär (sich ergänzend), überlegen, unterlegen, ...
- **nonverbales Verhalten:** Bewegungen, Gestik, Mimik, Körperhaltungen, ...
- **Kommunikationsstörungen:** Missverständnisse, Widersprüche, Täuschungen, ...
- Kommunikationsmodelle wie das von **Friedemann Schulz von Thun** (▶ S. 164) und das von **Paul Watzlawick** (▶ S. 165), die sich eigentlich auf Alltagskommunikation beziehen, können auch zur Analyse fiktiver Kommunikationssituationen genutzt werden. Damit lässt sich besonders gut erschließen, was über die Inhalte hinaus über die Beziehung zwischen Figuren offenbart wird.

Strukturen des klassischen und des modernen Dramas

Friedrich Schiller: **Kabale und Liebe – Ein bürgerliches Trauerspiel** (1784)

Akt/Szene		Ort	Bühnengeschehen
I	1.–4.	Zimmer beim Musikus (dem Vater von Luise)	Der alte Stadtmusikant Miller ist gegen die Verbindung seiner Tochter Luise zu Ferdinand, dem Sohn des Präsidenten. Wurm, der Sekretär des Präsidenten, möchte Luise für sich gewinnen und schmiedet Pläne, die die Verbindung zwischen Ferdinand und Luise verhindern sollen. Ferdinands Liebesschwüren begegnet Luise zurückhaltend. Ferdinand bleibt verwirrt zurück.
	5.–7.	Saal beim Präsidenten	Wurm informiert den Präsidenten über Ferdinands Liebe zu Luise. Dieser hat Lady Milford, die Geliebte des Herzogs, als Braut für seinen Sohn ausersehen, um seinen Einfluss am Hof zu mehren. Hofmarschall von Kalb soll Tatsachen schaffen, indem er die Verlobung in der ganzen Residenz bekannt gibt. Der Versuch des Präsidenten, Ferdinand zu einer Liaison mit Lady Milford zu überreden, endet mit der Verfluchung des Vaters durch seinen Sohn.
II	1.–3.	Ein Saal im Palais der Lady Milford	Ferdinand will Lady Milford zum Verzicht auf die geplante Verbindung bewegen, indem er ihr den moralischen Spiegel vorhält. Zu seiner Überraschung erweist sich die Lady als edelmütige, vom Schicksal geschlagene Frau, die die Verbindung zum Herzog nutzt, um dessen Willkürherrschaft zu mildern. Sie zeigt echte Liebe zu Ferdinand, aber Ferdinand bekennt seine Liebe zu Luise.
	4.–7.	Zimmer beim Musikus	Ferdinand erneuert sein Bekenntnis zu Luise. Als der Präsident in der Wohnung Millers erscheint und der Familie mit Verhaftung und Pranger droht, greift Ferdinand zum Degen und droht damit, dem Fürsten zu verraten, dass sein Vater durch einen Mord an seinem Vorgänger in sein Amt gekommen ist. Daraufhin lässt der Präsident von seinem Vorhaben ab.
III	1.–3.	Saal beim Präsidenten	Wurm schlägt dem Präsidenten eine Intrige vor: Der alte Miller und seine Frau sollen wegen angeblicher Beleidigung des Fürsten in den Kerker geworfen werden. Außerdem wird Luise gezwungen, einen Liebesbrief an den Hofmarschall von Kalb zu schreiben, um ihren Vater vor dem Schafott zu retten. Dieser Brief soll Ferdinand in die Hände gespielt werden. Alle Beteiligten sollen durch Drohungen gefügig gemacht und zum Schweigen verpflichtet werden. Wurm setzt die Intrige mit der Verhaftung von Luises Eltern in Gang.
	4.–6.	Zimmer in Millers Wohnung	Ferdinand versucht Luise in einer hitzigen Aussprache zur Flucht zu bewegen. Auch ihre Eltern will er retten. Luise lehnt jedoch aus Furcht vor einer Hinrichtung des Vaters ab. Ferdinand glaubt nun, dass sie einen Liebhaber hat. Voller Angst um die Eltern bleibt Luise zurück. Wurm erpresst sie, den Liebesbrief an den Hofmarschall zu schreiben. Sein Angebot, sie trotz der unausweichlichen Beschädigung ihres guten Rufs zu heiraten, weist Luise entschieden zurück.

IV	1.–5.	Saal beim Präsidenten	Ferdinand wird der Brief zugespielt. Er fühlt sich betrogen und will sich mit dem Hofmarschall duellieren. Dieser weicht aus und will die Intrige offenbaren. Doch Ferdinand glaubt ihm nicht. Er will Luises „Untreue" rächen. Sein Vater stimmt heuchlerisch seiner Heirat mit Luise zu und stürzt Ferdinand dadurch in neue Verwirrung.
	6.–9.	Ein sehr prächtiger Saal bei der Lady	Lady Milford bietet Luise erfolglos den Posten der Kammerdienerin an. Sie erkennt die lautere Gesinnung und den edlen Charakter Luises und kommt zu dem Entschluss, ihre Beziehung zum Herzog zu beenden und dem Hofleben zu entsagen.
V	1.–8.	Zimmer beim Musikus	Miller ist aus der Haft entlassen. Er muss seine ganze Kraft aufwenden, um Luise von dem geplanten Selbstmord an Ferdinands Seite abzuhalten. Ferdinand glaubt immer noch an die Schuld Luises. Er schüttet Gift in die Limonade, von der er und Luise trinken. Sterbend enthüllt Luise die Intrige. Ferdinand will seinen herbeieilenden Vater töten, der die Schuld zunächst auf Wurm schiebt. Sterbend verzeiht Ferdinand seinem Vater, der sich daraufhin reuevoll der Justiz stellt.

Bertolt Brecht: **Der gute Mensch von Sezuan** (1943)

Szene	Ort	Bühnengeschehen
Vorspiel	Eine Straße in der Hauptstadt von Sezuan	Der Wasserverkäufer Wang berichtet dem Publikum, er habe gehört, einige Götter seien zur Erde herabgestiegen, um nach dem Rechten zu sehen. Er erwartet sie am Abend am Eingang der Stadt. Die drei Götter wollen beweisen, dass es gute Menschen gibt und dass trotz aller Klagen die Welt so bleiben kann, wie sie ist. Sie sind fürs Erste damit zufrieden, wenigstens einen guten Menschen gefunden zu haben: die Prostituierte Shen Te, die bei Wangs Suche nach einem Nachtlager für die Fremden als Einzige bereit ist, sie aufzunehmen. Zwar hält sie sich nicht immer an die Gebote der Götter, doch sie rechtfertigt das damit, dass sie anders ihre Miete nicht bezahlen könne. Daraufhin geben ihr die Götter als Dank für das Nachtquartier 1000 Silberdollar.
1	Ein kleiner Tabakladen	Mit dem Geld der Götter hat sich Shen Te einen Tabakladen gekauft, um mit ihm Gutes zu tun. Doch sie versorgt bald so viele Arme, dass ihr der Bankrott droht. Auch wird sie vom Schreiner, der ihr die Ladenregale baute, und der Vermieterin unter Druck gesetzt. In ihrer Not erfindet sie einen Vetter Shui Ta, der ihre Schulden übernehmen soll.
Zwischenspiel	Unter einer Brücke	Die Götter beauftragen Wang, nach Shen Te zu sehen und ihnen von ihr zu berichten.
2	Der Tabakladen	Am nächsten Morgen tritt Shen Te in Gestalt von Shui Ta auf und lässt die Armen aus ihrem Laden von der Polizei hinauswerfen. Den Schreiner, dem Shen Te Geld schuldet, speist Shui Ta mit einer geringen Summe ab und die Vermieterin beruhigt er dadurch, dass er eine Heiratsannonce für Shen Te aufgibt.

3	Abendlicher Stadtpark	Der arbeitslose Flieger Sun will sich im Park erhängen. Shen Te kommt herbei und hält ihn davon ab.
Zwischen-spiel	Wangs Nachtlager in einem Kanal-rohr	Wang berichtet den erbosten Göttern von Shui Tas Vorgehen.
4	Platz vor Shen Tes Tabakladen	Shen Te wendet sich an das Publikum und schildert begeistert die morgendliche Stadt. Einige Arme haben sich erneut vor ihrem Laden eingefunden. Glück hat sie, weil ein altes Teppichhändlerpaar ihr 200 Silberdollar für die Halbjahresmiete leiht. Sie gibt dieses Geld jedoch weiter an Suns Mutter, da der Sohn Aussicht hat, für 500 Silberdollar eine Postfliegerstelle zu erhalten.
Zwischen-spiel	Vor dem Vor-hang	Shen Te tritt auf, in den Händen die Maske und den Anzug Shui Tas. Sie singt das „Lied von der Wehrlosigkeit der Götter und Guten“. Während des Liedes setzt sie Shui Tas Maske auf und singt mit dessen Stimme weiter.
5	Der Tabak-laden	Shui Ta steht im Laden, als Sun erscheint. Er versichert Shui Ta, dass er Shen Te heiraten und mit ihr in Peking eine neue Existenz aufbauen wolle. Der Laden soll an die Vermieterin verkauft werden, die 300 Silberdollar dafür zahlen würde, genau das Geld, das Sun noch für seine Fliegerstelle fehlt. Als Sun jedoch eröffnet, dass er zunächst allein nach Peking gehen wolle, wird Shui Ta misstrauisch und jagt ihn davon. Um den Laden zu retten, verspricht er dem reichen Barbier Shu Fu seine Kusine Shen Te. Da kommt Sun zurück, und als Shen Te erscheint, gewinnt er wieder ihr Herz. Sie verlässt mit Sun den Laden.
Zwischen-spiel	Vor dem Vor-hang	Shen Te erzählt dem Publikum, dass sie dem alten Paar die geliehenen 200 Silberdollar zurückzahlen und den Laden weiterführen will. Sun würde aus Liebe zu ihr sicher auf die Fliegerstelle verzichten.
6	Neben-zimmer eines billigen Restaurants in der Vor-stadt	Shen Te und Sun befinden sich im Kreis ihrer Hochzeitsgesellschaft. Sun wartet auf Shui Ta und auf die 300 Silberdollar aus dem Verkauf des Ladens für seine Fliegerstelle. Er hat zwei Fahrkarten nach Peking gekauft im Glauben, er könne damit Shui Tas Widerstand gegen die Verbindung brechen. Mit der Trauung will er warten, bis Shui Ta mit dem Geld kommt. Dabei hört er nicht auf Shen Te, die Shui Tas Kommen bezweifelt. Zudem brauche sie 200 Silberdollar für das alte Paar. Die Hochzeit fällt aus.
Zwischen-spiel	Wangs Nachtlager	Wang fordert die Götter auf, Shen Te zu helfen, was diese aber ablehnen.
7	Hof hinter Shen Tes Tabakladen	Shen Te muss den Laden endgültig verkaufen. Dem Publikum verrät sie ihre Schwangerschaft; das Kind solle wie der Vater Flieger werden. Den Blankoscheck, den ihr der Barbier Shu Fu, beeindruckt von ihrer Güte, anbietet, zögert sie anzunehmen. Erneut greift Shui Ta ein. Er trägt in den Scheck 10 000 Silberdollar ein und eröffnet eine Tabakfabrik in den Baracken, die der Barbier den Armen als Bleibe angeboten hatte. Die Armen dienen ihm als billige Arbeitskräfte.

Zwischen-spiel	Wangs Nachtlager	Wang bittet die Götter, ihre Erwartungen an Shen Te zu verringern. Dies verweigern sie.
8	Shui Tas Tabakfabrik	In Shui Tas Fabrik werden die Arbeiter rücksichtslos ausgebeutet. Auch Sun stellt er ein, dem er gleich die von Shen Te erhaltenen 200 Silberdollar vom Lohn abzieht. Sun schmeichelt sich jedoch bei Shui Ta ein und wird Aufseher, der die Arbeiter gnadenlos antreibt.
9	Shen Tes Tabakladen	Der dick gewordene Shui Ta kann die Nachfragen von Wang und anderen über Shen Tes Verbleib kaum mehr beantworten. Als Sun erfährt, dass Shen Te bei ihrem Weggang schwanger war, stellt er sich auf die Seite der skeptischen Frager. Wegen des Verdachts, Shen Te ermordet zu haben, wird Shui Ta verhaftet.
Zwischen-spiel	Wangs Nachtlager	Die Götter finden keine weiteren guten Menschen. Alle ihre Hoffnungen ruhen auf Shen Te.
10	Gerichtslokal	In den Richterroben stecken die drei Götter. Der von den Zeugen in die Enge getriebene Shui Ta bittet darum, den Saal räumen zu lassen, woraufhin er sich als Shen Te zu erkennen gibt. Sie erklärt, dass man in einer schlechten Welt nicht gut sein könne, wenn man überleben will. Die Götter wollen jedoch in ihr weiter nur den guten Menschen sehen und schweben mit Gesang auf einer rosa Wolke empor zum Himmel.
Epilog		Ein Schauspieler tritt vor den Vorhang und entschuldigt sich beim Publikum, dass man keinen rechten Schluss gefunden habe. So sei der Vorhang nun zu und „alle Fragen offen". Vielleicht brauche man andere Götter oder gar keine, um etwas zu ändern. Das Publikum solle sich selbst einen Schluss denken.

1 Arbeiten Sie mit Hilfe der Tabelle Unterschiede in der Struktur der Stücke heraus.

Vergleichsaspekte	***„Kabale und Liebe"***	***„Der gute Mensch von Sezuan"***
Äußerer Aufbau/Gliederung	…	…
Handlungsführung und Spannungsaufbau	…	…
Gestaltung von Anfang und Schluss	…	…
Orte und Zeiträume/zeitliche Zusammenhänge	…	…
Figuren (Herkunft/Stand, Lebensumstände, Eigenschaften) und ihre Konstellation	…	…

2 Erläutern Sie, welche mögliche Wirkung auf das Publikum sich aus der jeweiligen Struktur der Stücke ergibt.

3 Begründen Sie, welches der beiden Stücke Sie für einen Theaterbesuch auswählen würden.

Dramentheorien – Das klassische Drama und die geschlossene Form

Information **Das klassische Drama**

Das europäische Drama hat seinen Ursprung im **antiken Griechenland**. Das zeigen schon einige gattungsspezifische Bezeichnungen, die aus dem Griechischen stammen: **Drama** (Handlung, Schauspiel), **Theater** (Zuschauerraum, Schauspielhaus), **Szene** (Bühne, Teil der Bühnenhandlung), **Dialog** (Wechselrede) und **Monolog** (Einzelrede), **Tragödie** (Trauerspiel) und **Komödie** (Lustspiel). Das Drama hat religiöse Wurzeln und entwickelte sich aus kultischen Handlungen mit Umzügen, Verkleidungen, Gesang und Tanz. Aus diesen volkstümlichen Traditionen schufen drei der berühmtesten attischen Dichter, **Aischylos** (ca. 525–456 v. Chr.), **Sophokles** (497/96–406/405 v. Chr.) und **Euripides** (480–406 v. Chr.), eine künstlerische Ausdrucksform, die als „klassische“ Tragödie oder Komödie Eingang in die Literatur des Abendlandes gefunden hat. Inhalte der griechischen **Tragödien** waren **Mythen** (Geschichten von Göttern und Heroen) und historische Ereignisse. Die Tragödien thematisierten den – angesichts ethischer Maßstäbe und göttlicher Schicksalsmächte – beschränkten menschlichen Willen. Die **Komödien** beschäftigten sich dagegen hauptsächlich mit gesellschaftlichen Themen, die auch Raum zur persönlichen Auseinandersetzung boten. **Aristophanes** (ca. 445–385 v. Chr.) ist der einzige attische Dichter, von dem einige Komödien vollständig erhalten sind. Der Erste, von dem eine Theorie des Dramas überliefert wurde und der dabei Grundsätzliches zu dessen Funktion und Struktur beschrieb und festlegte, war der griechische Philosoph **Aristoteles** (384–321 v. Chr.). Seine nur in Bruchstücken erhaltene **„Poetik“** (Lehre von Wesen, Form und Wirkung der Dichtung) führt Maßstäbe und Regeln auf, die in der Geschichte des europäischen Theaters lange Zeit als verbindlich galten. Auch moderne Theaterschriftsteller, wie z. B. **Bertolt Brecht** (1898–1956), setzten ihre theoretischen Überlegungen meist bei Aristoteles an, um das Neue und Andersartige ihrer Stücke aufzuzeigen.

Aristoteles: **Kennzeichen der Tragödie** (um 335 v. Chr.)

Die Tragödie ist die Nachahmung einer edlen und abgeschlossenen Handlung von einer bestimmten Größe in gewählter Rede, derart, dass jede Form solcher Rede in gesonderten Teilen erscheint und dass gehandelt und nicht berichtet wird und dass mit Hilfe von Mitleid und Furcht eine Reinigung (Katharsis) von eben derartigen Affekten bewerkstelligt wird. Es dürfen also Handlungen, die gut aufgebaut sind, weder an einem beliebigen Punkte beginnen noch an einem beliebigen Punkte aufhören. Die Teile der Handlungen müssen so zusammengesetzt sein, dass das Ganze sich verändert und in Bewegung gerät, wenn ein einziger Teil umgestellt oder weggenommen wird. Wo aber Vorhandensein oder Fehlen eines Stückes keine sichtbare Wirkung hat, da handelt es sich gar nicht um einen Teil des Ganzen.

Die Tragödie versucht so weit wie möglich, sich in einem einzigen Sonnendurchlauf oder doch nur wenig darüber hinaus abzuwickeln.

1 Verfassen Sie zu zweit einen Dialog, in dem durch Frage und Antwort die wesentlichen Merkmale der aristotelischen Poetik wiedergegeben, erläutert und ggf. auch begründet werden.

2 **Referat/Facharbeit:** Lesen Sie ein Drama („Antigone" oder „König Ödipus“) des Sophokles und stellen Sie Leben und Werk des Dichters vor.
Vergleichen Sie ein antikes Drama mit einer modernen Bearbeitung (z. B.: **Sophokles:** Antigone, **J. Anouilh:** Antigone oder **R. Hochhuth:** Berliner Antigone; **Euripides:** Medea, **H. Müller:** Verkommenes Ufer. Medeamaterial; **Aristophanes:** Lysistrata, **R. Hochhuth:** Lysistrata und die NATO).

Information **Die geschlossene Form**

Das klassische Drama, das den Regeln des **Aristoteles** folgt (► S. 171), wird als Drama der geschlossenen Form bezeichnet. Der Schriftsteller und Literaturwissenschaftler **Gustav Freytag** (1816–1895) hat diese Form in dem folgenden Schema auf idealtypische Weise veranschaulicht:

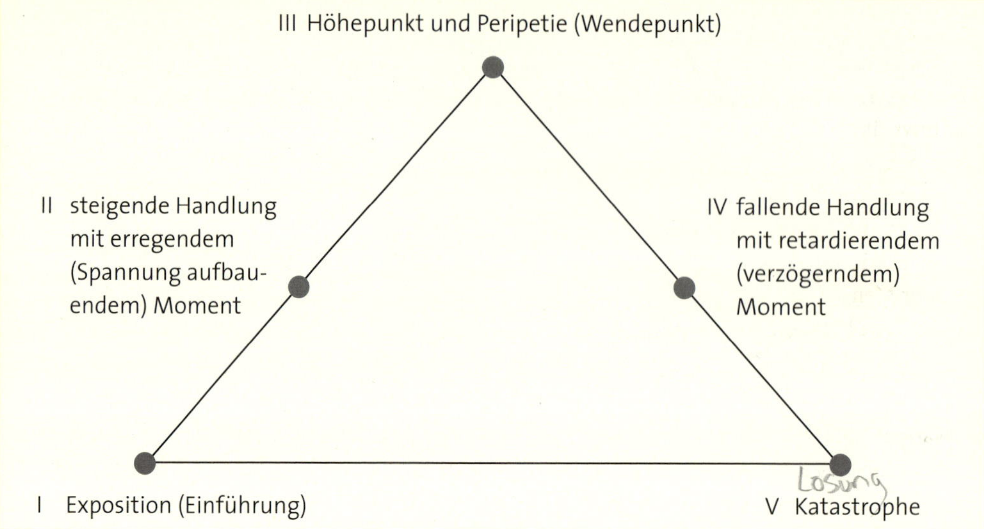

In Anlehnung an Aristoteles fordert Freytag für das klassische Drama auch die **Einheit der Handlung, der Zeit und des Ortes** sowie das **Prinzip der durchgängigen Kausalität**.

1 Versuchen Sie, das Schema Freytags mit eigenen Worten zu beschreiben. Sie können sich dabei zusätzlich an der Verlaufsübersicht zu „Kabale und Liebe" (► S. 167 f.) orientieren.

2 **a** Erläutern Sie, inwiefern die Einheit von Handlung, Zeit und Ort auf Aristoteles zurückgeht.
b Untersuchen Sie, ob die drei Einheiten in Schillers „Kabale und Liebe" eingehalten werden.

3 Diskutieren Sie den Wert solcher Regelwerke, wie Aristoteles und Freytag sie für das Drama aufgestellt haben. Was ist mit ihnen gewonnen? Wo liegen Grenzen und Gefahren?

4 **Transferaufgabe:** Wählen Sie ein Ihnen bekanntes Drama und erläutern Sie, inwieweit es der geschlossenen Form entspricht.

Das epische Theater und die offene Form

Information **Das Drama der offenen Form**

Erst im 20. Jahrhundert gewannen Spielarten eines nicht aristotelischen Dramas der offenen Form an Bedeutung und entfalteten eine immer größer werdende Wirkungsgeschichte. Die wohl wichtigste Variante entwickelte seit Ende der 1920er-Jahre **Bertolt Brecht** (1898–1956) mit seinem **epischen Theater**. Unter „episch" verstand er eine Art der Darbietung des Geschehens, wie sie der Erzähler/die Erzählerin in der epischen Gattung verwendet. Dem Publikum sollte die Illusion genommen werden, dass es – unbemerkt von den Schauspielern auf der Bühne – ein unmittelbares Geschehen miterlebe. Damit verfolgte Brecht eine ganz andere Wirkungsabsicht als das Theater aristotelischer Prägung.

Bertolt Brecht: Die dramatische und die epische Form des Theaters (1938)

Aristotelische Form des Theaters	Epische Form des Theaters
Die Bühne verkörpert einen Vorgang	sie erzählt ihn
verwickelt den Zuschauer in eine Aktion	macht den Zuschauer zum Betrachter
verbraucht seine Aktivität	weckt seine Aktivität
ermöglicht ihm Gefühle	erzwingt von ihm Entscheidungen
es wird mit Suggestion gearbeitet	es wird mit Argumenten gearbeitet
die Empfindungen werden konserviert	bis zu Erkenntnissen getrieben
der Mensch wird als bekannt vorausgesetzt	der Mensch ist Gegenstand der Untersuchung
der unveränderliche Mensch	der veränderliche und verändernde Mensch
Spannung auf den Ausgang	Spannung auf den Gang
eine Szene für die andere	jede Szene für sich
die Geschehnisse verlaufen linear	in Kurven
die Welt, wie sie ist	die Welt, wie sie wird
was der Mensch soll	was der Mensch muß
das Denken bestimmt das Sein	das gesellschaftliche Sein bestimmt das Denken

R

1 **a** Wählen Sie drei Gegenüberstellungen aus und erläutern Sie diese in Ihrem Kurs. Verwenden Sie zur Veranschaulichung Beispiele aus den beiden Verlaufsübersichten zu „Kabale und Liebe" und „Der gute Mensch von Sezuan" (► S.167 ff.).

b Fassen Sie Ihre Erkenntnisse in wenigen Sätzen zusammen. Sie können so beginnen: *In Brechts epischem Theater sollte es nicht mehr wie im aristotelischen Theater um Gefühlserlebnisse …*

2 Suchen Sie aus „Der gute Mensch von Sezuan" (► S.161 f., S.188 f.) Beispiele für Verfremdungseffekte (► Information) und erläutern Sie deren Funktion.

Information Verfremdungseffekt

Prinzip der Historisierung: Die Handlung, an der gegenwärtige, vertraute gesellschaftliche Verhältnisse gezeigt werden sollen, wird in andere historische bzw. geografische Räume verlegt.

Dialektisches Prinzip: Das Publikum stößt immer wieder auf Widersprüche:

a im Aufbau der Handlung, indem Szenen mit gegensätzlichen Aussagen einander folgen;

b im Verhalten der Figuren, deren Sagen und Handeln nicht übereinstimmen.

Prinzip der Demonstration und Desillusionierung:

a Die Darstellerinnen und Darsteller identifizieren sich nicht mit ihren Rollen, sondern treten aus diesen Rollen heraus, indem sie sich plötzlich an das Publikum wenden. Sie treten dabei an die Rampe, um einen Text (z. B. ein Lied) vorzutragen, der die Handlung kommentiert, oder sie legen erst auf der Bühne ihre Kostüme an. Sie *sind* nicht die darzustellende Figur, gehen also nicht völlig in ihr auf, sondern sie *zeigen* sie.

b Das Bühnenbild bietet keinen vermeintlich realen Schauplatz bzw. keine stimmungsvolle Kulisse; vielmehr werden durch Tafeln, Projektionen und andere Mittel der Bühnentechnik zusätzliche Informationen zur Handlung sowie Kommentare abgegeben.

Prinzip verschiedener „Sprachebenen": Die Sprache ist weder die gehobene literarische Sprache des traditionellen Theaters noch Alltagssprache, sondern eine eigene Kunstsprache mit verschiedenen Sprachebenen. Dabei wechseln die Figuren z. T. sprunghaft ihre Sprachebene und verwenden – häufig unangemessen – Sprichwörter oder Zitate.

Dramentheorien – Wirkungsabsichten des Theaters

Gotthold Ephraim Lessing: **Brief an Friedrich Nicolai über das Trauerspiel** (1756)

Wenn es also wahr ist, dass die ganze Kunst des tragischen Dichters auf die sichere Erregung und Dauer des einzigen Mitleidens geht, so sage ich nunmehr, die Bestimmung der Tragödie ist diese: Sie soll *unsere Fähigkeit, Mitleid zu fühlen*, erweitern. Sie soll uns nicht bloß lehren, gegen diesen oder jenen Unglücklichen Mitleid zu fühlen, sondern sie soll uns so weit fühlbar machen, dass uns der Unglückliche zu allen Zeiten und unter allen Gestalten rühren und für sich einnehmen muss. Und nun berufe ich mich auf einen Satz, den Ihnen Herr Moses[1] vorläufig demonstrieren mag, wenn Sie, Ihrem eignen Gefühl zum Trotz, daran zweifeln wollen. *Der mitleidigste Mensch ist der beste Mensch*, zu allen gesellschaftlichen Tugenden, zu allen Arten der Großmut der aufgelegteste. Wer uns also mitleidig macht, macht uns besser und tugendhafter, und das Trauerspiel, das jenes tut, tut auch dieses, oder – es tut jenes, um dieses tun zu können. Bitten Sie es dem Aristoteles ab, oder widerlegen Sie mich.

1 **Moses Mendelssohn (1729–1786):** Publizist und Philosoph; gilt als Wegbereiter der jüdischen Aufklärung

Friedrich Schiller: **Die Schaubühne als moralische Anstalt betrachtet** (1784)

Die Gerichtsbarkeit der Bühne fängt an, wo das Gebiet der weltlichen Gesetze sich endigt. Wenn die Gerechtigkeit für Gold verblindet und im Solde der Laster schwelgt, wenn die Frevel der Mächtigen ihrer Ohnmacht spotten und Menschenfurcht den Arm der Obrigkeit bindet, übernimmt die Schaubühne Schwert und Waage und reißt die Laster vor einen schrecklichen Richterstuhl. Das ganze Reich der Fantasie und Geschichte, Vergangenheit und Zukunft stehen ihrem Wink zu Gebot. Kühne Verbrecher, die längst schon im Staub vermodern, werden durch den allmächtigen Ruf der Dichtkunst jetzt vorgeladen und wiederholen zum schauervollen Unterricht der Nachwelt ein schändliches Leben. Ohnmächtig, gleich den Schatten in einem Hohlspiegel, wandeln die Schrecken ihres Jahrhunderts vor unsern Augen vorbei, und mit wollüstigem Entsetzen verfluchen wir ihr Gedächtnis. [...]

So gewiss sichtbare Darstellung mächtiger wirkt als toter Buchstabe und kalte Erzählung, so gewiss wirkt die Schaubühne tiefer und dauernder als Moral und Gesetze. Aber hier unterstützt sie die weltliche Gerechtigkeit nur – ihr ist noch ein weiteres Feld geöffnet. Tausend Laster, die jene ungestraft duldet, straft sie; tausend Tugenden, wovon jene schweigt, werden von der Bühne empfohlen. Hier begleitet sie die Weisheit und die Religion. Aus dieser reinen Quelle schöpft sie ihre Lehren und Muster und kleidet die strenge Pflicht in ein reizendes, lockendes Gewand. Mit welch herrlichen Empfindungen, Entschlüssen, Leidenschaften schwellt sie unsere Seele, welche göttlichen Ideale stellt sie uns zur Nacheiferung aus! [...]

Nicht bloß auf Menschen und Menschencharakter, auch auf Schicksale macht uns die Schaubühne aufmerksam und lehrt uns die große Kunst, sie zu ertragen. [...]

Die Schaubühne ist die Stiftung, wo sich Vergnügen mit Unterricht, Ruhe mit Anstrengung, Kurzweil mit Bildung gattet, wo keine Kraft der Seele zum Nachteil der andern gespannt, kein Vergnügen auf Unkosten des Ganzen genossen wird. Wenn Gram an dem Herzen nagt, wenn trübe Laune unsre einsamen Stunden vergiftet, wenn uns Welt und Geschäfte anekeln, wenn tausend Lasten unsre Seele drücken und unsre Reizbarkeit unter Arbeiten des Berufs zu ersticken droht, so empfängt uns die Bühne – in dieser künstlichen Welt träumen wir die wirkliche hinweg, wir werden uns selbst wiedergegeben, unsre Empfindung erwacht, heilsame Leidenschaften erschüttern unsre schlummernde Natur und treiben das Blut in frischeren Wallungen. Der Unglückliche weint hier mit fremdem Kummer seinen eigenen aus – der Glückliche wird nüchtern und der Sichere besorgt. Der empfindsame Weichling härtet sich zum Manne, der rohe Unmensch fängt hier zum ersten Mal zu empfinden an. Und dann endlich – welch ein Triumph für dich, Natur! – so oft zu Boden getretene, so oft wieder auferstehende Natur! – wenn Menschen aus allen Kreisen und Zonen und Ständen, abgeworfen jede Fessel der Künstelei und der Mode, herausgerissen aus jedem Drange des Schicksals, durch *eine* allwebende Sympathie verbrüdert, in *ein* Geschlecht wieder aufgelöst, ihrer selbst und der Welt vergessen und ihrem himmlischen Ursprung sich nähern. Jeder Einzelne genießt die Entzückungen aller, die verstärkt und verschönert aus hundert Augen auf ihn zurückfallen, und seine Brust gibt jetzt nur *einer* Empfindung Raum – es ist diese: ein Mensch zu sein.

Bertolt Brecht: **Was ist mit dem epischen Theater gewonnen?** (1939)

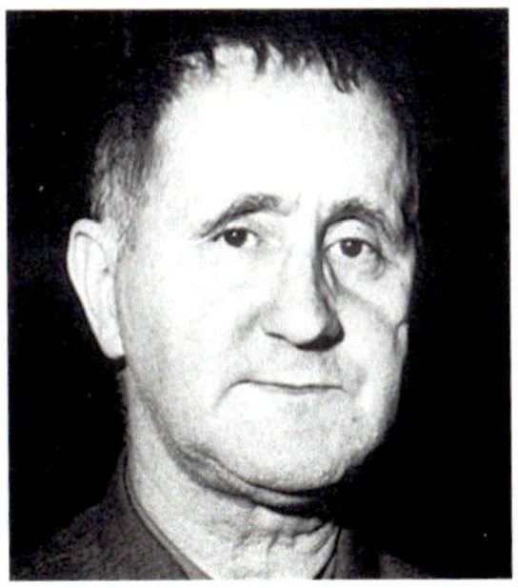

Damit ist gewonnen, daß der Zuschauer die Menschen auf der Bühne nicht mehr als ganz unveränderbare, unbeeinflußbare, ihrem Schicksal hilflos ausgelieferte dargestellt sieht. Er sieht: dieser Mensch ist so und so, weil die Verhältnisse so und so sind. Und die Verhältnisse sind so und so, weil der Mensch so und so ist. Er ist aber nicht nur so vorstellbar, wie er ist, sondern auch anders, so wie er sein könnte, und auch die Verhältnisse sind anders vorstellbar, als sie sind. Damit ist gewonnen, daß der Zuschauer im Theater eine neue Haltung bekommt. Er bekommt den Abbildern der Menschenwelt auf der Bühne gegenüber jetzt dieselbe Haltung, die er als Mensch dieses Jahrhunderts der Natur gegenüber hat. Er wird auch im Theater empfangen als der große Änderer, der in die Naturprozesse und die gesellschaftlichen Prozesse einzugreifen vermag, der die Welt nicht mehr nur hinnimmt, sondern sie meistert. Das Theater versucht nicht mehr, ihn besoffen zu machen, ihn mit Illusionen auszustatten, ihn die Welt vergessen zu machen, ihn mit seinem Schicksal auszusöhnen. Das Theater legt ihm nunmehr die Welt vor zum Zugriff. R

1 **a** Was soll das Theater zeigen und was soll es bewirken? Geben Sie die Antworten der Autoren mit eigenen Worten wieder.

b Nennen Sie Übereinstimmungen und Unterschiede:
- ***Wirkungsabsicht des Theaters bei Lessing:*** *Erweiterung der Fähigkeit …; Mitleid als …*
- ***Wirkungsabsicht bei Schiller:*** *Theater als Gericht über …; moralische Lehren …*
- ***Wirkungsabsicht bei Brecht:*** *Aufzeigen des …; Hinweis auf …*

2 **a** Begründen Sie, welche Wirkungsabsicht Sie mehr anspricht. Welches Theater bevorzugen Sie?

b Inwieweit wollen heutige Spielfilme oder Fernsehserien gemäß diesen Theorien wirken? Vergleichen Sie Ihre diesbezüglichen Rezeptionserfahrungen.

2.2 Eine Sonderform des Dramas – Goethe: „Faust I“

Will Quadflieg (Faust) und Gustaf Gründgens (Mephisto) in der verfilmten Inszenierung des Hamburger Schauspielhauses von 1960 (Regie: Peter Gorski)

Johann Wolfgang Goethe: **Faust I** – Prolog im Himmel (V. 293–329)

Der Herr. Die himmlischen Heerscharen. Nachher Mephistopheles. Die drei Erzengel treten vor.

Der Herr: Hast du mir weiter nichts zu sagen?
Kommst du nur immer anzuklagen?
Ist auf der Erde ewig dir nichts recht?
Mephistopheles: Nein Herr! ich find' es dort, wie immer, herzlich schlecht.
Die Menschen dauern mich in ihren Jammertagen,
Ich mag sogar die armen selbst nicht plagen.
Der Herr: Kennst du den Faust?
Mephistopheles: Den Doktor?
Der Herr: Meinen Knecht!
Mephistopheles: Fürwahr! er dient Euch auf besondre Weise.
Nicht irdisch ist des Toren Trank noch Speise.
Ihn treibt die Gärung in die Ferne,
Er ist sich seiner Tollheit halb bewusst;
Vom Himmel fordert er die schönsten Sterne
Und von der Erde jede höchste Lust,
Und alle Näh und alle Ferne
Befriedigt nicht die tiefbewegte Brust.
Der Herr: Wenn er mir jetzt auch nur verworren dient,
So werd' ich ihn bald in die Klarheit führen.
Weiß doch der Gärtner, wenn das Bäumchen grünt,
Dass Blüt' und Frucht die künft'gen Jahre zieren.
Mephistopheles: Was wettet Ihr? den sollt Ihr noch verlieren,
Wenn Ihr mir die Erlaubnis gebt,
Ihn meine Straße sacht zu führen!
Der Herr: Solang er auf der Erde lebt,
Solange sei dir's nicht verboten.
Es irrt der Mensch, solang' er strebt.
Mephistopheles: Da dank' ich Euch; denn mit den Toten
Hab' ich mich niemals gern befangen. [...]
Der Herr: Nun gut, es sei dir überlassen!
Zieh diesen Geist von seinem Urquell ab,
Und führ' ihn, kannst du ihn erfassen,
Auf deinem Wege mit herab,
Und steh beschämt, wenn du bekennen musst:
Ein guter Mensch in seinem dunklen Drange
Ist sich des rechten Weges wohl bewusst.

Johann Wolfgang Goethe: **Faust I** – Studierzimmer (V. 1548–1706)

[Faust, ein überaus angesehener Mediziner und Wissenschaftler, befindet sich in einer Erkenntniskrise, die ihn fast in den Selbstmord treibt. Als Mephistopheles, also der Teufel, seine Nähe sucht, klagt er diesem sein Leid.]

Faust: [...]
Was kann die Welt mir wohl gewähren?
Entbehren sollst du! sollst entbehren!
Das ist der ewige Gesang,
Der jedem an die Ohren klingt,
Den, unser ganzes Leben lang,
Uns heiser jede Stunde singt.
Nur mit Entsetzen wach' ich morgens auf,
Ich möchte bittre Tränen weinen,
Den Tag zu sehn, der mir in seinem Lauf
Nicht *einen* Wunsch erfüllen wird, nicht *einen*,
Der selbst die Ahnung jeder Lust
Mit eigensinnigem Krittel mindert,
Die Schöpfung meiner regen Brust
Mit tausend Lebensfratzen hindert.
Auch muss ich, wenn die Nacht sich niedersenkt,
Mich ängstlich auf das Lager strecken;
Auch da wird keine Rast geschenkt,
Mich werden wilde Träume schrecken.
Der Gott, der mir im Busen wohnt,
Kann tief mein Innerstes erregen;
Der über allen meinen Kräften thront,
Er kann nach außen nichts bewegen;
Und so ist mir das Dasein eine Last,
Der Tod erwünscht, das Leben mir verhasst.
[...]
So fluch' ich allem, was die Seele
Mit Lock- und Gaukelwerk umspannt,
Und sie in diese Trauerhöhle
Mit Blend- und Schmeichelkräften bannt!
Verflucht voraus die hohe Meinung,
Womit der Geist sich selbst umfängt!
Verflucht das Blenden der Erscheinung,
Die sich an unsre Sinne drängt!
Verflucht, was uns in Träumen heuchelt
Des Ruhms, der Namensdauer Trug!
Verflucht, was als Besitz uns schmeichelt,
Als Weib und Kind, als Knecht und Pflug!
Verflucht sei Mammon, wenn mit Schätzen
Er uns zu kühnen Taten regt,
Wenn er zu müßigem Ergetzen
Die Polster uns zurechtelegt!
Fluch sei dem Balsamsaft der Trauben!
Fluch jener höchsten Liebeshuld!
Fluch sei der Hoffnung! Fluch dem Glauben,
Und Fluch vor allen der Geduld!
[...]
Mephistopheles: [...]
Hör auf, mit deinem Gram zu spielen,
Der, wie ein Geier, dir am Leben frisst;
Die schlechteste Gesellschaft lässt dich fühlen,
Dass du ein Mensch mit Menschen bist.
Doch so ist's nicht gemeint,
Dich unter das Pack zu stoßen.
Ich bin keiner von den Großen;
Doch willst du, mit mir vereint,
Deine Schritte durchs Leben nehmen,
So will ich mich gern bequemen,
Dein zu sein, auf der Stelle.
Ich bin dein Geselle,
Und mach' ich dir's recht,
Bin ich dein Diener, bin dein Knecht!
Faust: Und was soll ich dagegen dir erfüllen?
Mephistopheles: Dazu hast du noch eine lange Frist.
Faust: Nein, nein! der Teufel ist ein Egoist
Und tut nicht leicht um Gottes willen,
Was einem andern nützlich ist.
Sprich die Bedingung deutlich aus;
Ein solcher Diener bringt Gefahr ins Haus.
Mephistopheles: Ich will mich h i e r zu deinem Dienst verbinden,
Auf deinen Wink nicht rasten und nicht ruhn;
Wenn wir uns d r ü b e n wiederfinden,
So sollst du mir das Gleiche tun.
Faust: Das Drüben kann mich wenig kümmern;
Schlägst du erst diese Welt zu Trümmern,
Die andre mag darnach entstehn.
Aus dieser Erde quillen meine Freuden,
Und diese Sonne scheinet meinen Leiden;
Kann ich mich erst von ihnen scheiden,
Dann mag, was will und kann, geschehn.

Davon will ich nichts weiter hören,
Ob man auch künftig hasst und liebt,
Und ob es auch in jenen Sphären
Ein Oben oder Unten gibt.
Mephistopheles: In diesem Sinne kannst du's wagen.
Verbinde dich; du sollst, in diesen Tagen,
Mit Freuden meine Künste sehn,
Ich gebe dir, was noch kein Mensch gesehn.
Faust: Was willst du armer Teufel geben?
Ward eines Menschen Geist, in seinem hohen Streben,
Von deinesgleichen je gefasst?
Doch hast du Speise, die nicht sättigt, hast
Du rotes Gold, das ohne Rast,
Quecksilber gleich, dir in der Hand zerrinnt,
Ein Spiel, bei dem man nie gewinnt,
Ein Mädchen, das an meiner Brust
Mit Äugeln schon dem Nachbar sich verbindet,
Der Ehre schöne Götterlust,
Die, wie ein Meteor, verschwindet?
Zeig mir die Frucht, die fault, eh' man sie bricht,
Und Bäume, die sich täglich neu begrünen!
Mephistopheles: Ein solcher Auftrag schreckt mich nicht,
Mit solchen Schätzen kann ich dienen.
Doch, guter Freund, die Zeit kommt auch heran,
Wo wir was Guts in Ruhe schmausen mögen.
Faust: Werd' ich beruhigt je mich auf ein Faulbett legen,
So sei es gleich um mich getan!
Kannst du mich schmeichelnd je belügen,
Dass ich mir selbst gefallen mag,
Kannst du mich mit Genuss betrügen,
Das sei für mich der letzte Tag!
Die Wette biet' ich!
Mephistopheles: Topp!
Faust: Und Schlag auf Schlag!
Werd ich zum Augenblicke sagen:
Verweile doch! du bist so schön!
Dann magst du mich in Fesseln schlagen,
Dann will ich gern zugrunde gehn!
Dann mag die Totenglocke schallen,
Dann bist du deines Dienstes frei,
Die Uhr mag stehn, der Zeiger fallen,
Es sei die Zeit für mich vorbei!

1 Lesen Sie die beiden Auszüge aus „Faust I". Um welche Themen scheint es in diesem Drama zu gehen?

2 Charakterisieren Sie Faust anhand der beiden Szenenauszüge.
- **a** Arbeiten Sie heraus, was der Herr und Mephistopheles über Faust sagen.
- **b** Untersuchen Sie, was Faust über sich selbst sagt.
- **c** Fassen Sie Ihre Ergebnisse in einer Rollenbiografie (▸ Methode, S. 184) zusammen.

3 Lesen Sie die beiden Auszüge szenisch (▸ Methode, S. 184).

4 Halten Sie das Teufelsbündnis in einem Vertrag fest:
1. Pakt – §1 Mephisto verpflichtet sich …
§2 …

5 Stellen Sie Parallelen zwischen Goethes „Faust I" und Brechts „Der gute Mensch von Sezuan" her. Denken Sie dabei vor allem an die Haltung der Götter gegenüber den Menschen.

6 Referat/Facharbeit: Stellen Sie die Tradition der Faust-Figur in der Literatur vor Goethe dar.
Beziehen Sie sich dabei auf das Volksbuch des Buchdruckers Johann Spies, Christopher Marlows Drama „Die tragische Historie vom Doktor Faustus" und ggf. auch auf Goethes „Urfaust".

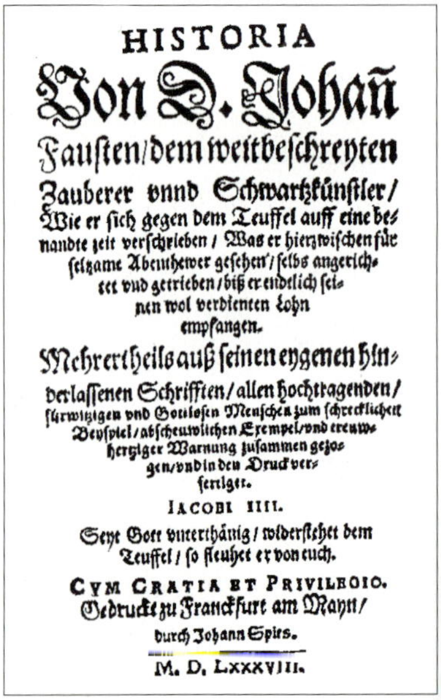
HISTORIA
Von D. Johañ
Fausten/dem weitbeschreyten
Zauberer vnnd Schwartzkünstler/
Wie er sich gegen dem Teuffel auff eine benandte zeit verschrieben / Was er hierzwischen für seltzame Abentheuwer gesehen/selbs angerichtet vnd getrieben/biß er endlich seinen wol verdienten Lohn empfangen.
Mehrertheils auß seinen eygenen hinderlassenen Schrifften/allen hochtragenden/fürwitzigen vnd Gottlosen Menschen zum schrecklichen Beyspiel/abscheuwlichen Exempel/vnd treuwhertziger Warnung zusammen gezogen/vnd in den Druck verfertiget.
IACOBI IIII.
Seyt Gott vnterthänig/widerstehet dem Teuffel/so fleuhet er von euch.
CVM GRATIA ET PRIVILEGIO.
Gedruckt zu Franckfurt am Mayn/
durch Johann Spies.
M. D. LXXXVIII.

„Faust I“ im Überblick – Die Struktur des Dramas

Szene/Handlungsort	**Inhalt/Bühnengeschehen**
Zueignung	Lyrische Reflexion über Dichtung und den Schaffensprozess
Vorspiel auf dem Theater	Theaterdirektor, Dichter und Schauspieler diskutieren kontrovers über Kunst und die Erwartungen des Publikums.
Prolog im Himmel	Mephisto tritt anklagend vor den Herrn und wettet, dass es ihm gelinge, Faust vom rechten Wege abzubringen.
Der Tragödie erster Teil – Beginn der eigentlichen Faust-Handlung	
Nacht *Gotisches Zimmer*	Von Wissenschaft und Magie gleichermaßen enttäuscht, will Faust sich das Leben nehmen. Doch das Einsetzen der Kirchenglocken und des Osterchors bewahren ihn davor.
Vor dem Tor	Osterspaziergang durch die Menge feiernder Dorfbewohner; Faust schildert seinem Schüler Wagner seine innere Zerrissenheit. Ein mysteriöser Pudel erscheint.
Studierzimmer	Faust versucht das Johannes-Evangelium neu zu übersetzen. Der Pudel entpuppt sich als Mephisto.
Studierzimmer	Faust sieht die Chance, seine Lebensgier mit Hilfe des Teufels zu stillen. Es kommt zu Pakt und Wette mit Mephisto. Mephisto fertigt einen Schüler satirisch ab.
Auerbachs Keller in Leipzig	Faust ist von der ersten Station seiner Lebensfahrt gelangweilt. Während Studenten sich in Auerbachs Keller hemmungslos betrinken, drängt Faust zur Weiterreise.
Hexenküche	Faust wird um 30 Jahre verjüngt und sieht in einem Zauberspiegel ein schönes Frauenbild. Mephisto prophezeit: „Du siehst [...] bald Helenen in jedem Weibe“ (V. 2603 f.).
Straße	Erste Begegnung zwischen Faust und Gretchen. Fausts Begierde wird geweckt. Mephisto soll ein Treffen arrangieren.
Abend *Ein kleines reinliches Zimmer*	Mephisto stiehlt ein Schmuckkästchen. Faust und Mephisto deponieren den Schmuck heimlich in Gretchens Zimmer. Diese singt das Lied vom „König in Thule“, in dem es um Liebe und ewige Treue geht. Gretchen findet das Schmuckkästchen und ist verwirrt.
Spaziergang	Auf Betreiben der Mutter wird der Schmuck der Kirche übergeben. Faust verlangt neuen Schmuck für Gretchen: Mephisto soll dafür die Nachbarin Marthe einbeziehen.
Der Nachbarin Haus	Mephisto besorgt erneut Schmuck. Gretchen zeigt Marthe den neuen Schmuck. Diese wird von Mephisto vom angeblichen Tod ihres Mannes unterrichtet. Faust soll diesen Tod bezeugen.
Straße	Faust lehnt den von Mephisto geplanten Meineid zunächst ab, ist aber schließlich bereit zu lügen, um Gretchen zu sehen.

Garten *und* Ein Gartenhäuschen	Gretchen erzählt Faust, dass ihr Vater verstorben und dass sie für ihre kleineren Geschwister und den Haushalt verantwortlich ist. – Faust und Gretchen bekennen ihre Liebe.
Wald und Höhle	Trotz seiner Sehnsucht nach Gretchen kommen Faust Zweifel: „Sie, ihren Frieden musst ich untergraben!" (V. 3360)
Gretchens Stube	Gretchen singt am Spinnrad: „Meine Ruh' ist hin,/Mein Herz ist schwer" (V. 3374 f.).
Marthens Garten	Mephisto gibt Faust einen Schlaftrunk für Gretchens Mutter. Die „Gretchenfrage" wird gestellt: „Nun sag, wie hast du's mit der Religion?" (V. 3415). Faust beschwichtigt Gretchen. Eine Liebesnacht wird verabredet. Faust händigt Gretchen einen Schlaftrunk für deren Mutter aus.
Am Brunnen	Liebesnacht. Gretchen erfährt von einem Mädchen, das unehelich schwanger geworden ist und seine „verbotene" Liebe nun büßen muss.
Zwinger	Tod der Mutter wegen des Schlaftrunks. Schwangerschaft Gretchens. Gretchen wendet sich an eine Muttergottesfigur, die Mater Dolorosa: „Hilf, rette mich vor Schmach und Tod!" (V. 3616)
Nacht. *Straße vor Gretchens Türe*	Gretchen ist ins Gerede gekommen. Valentin, Gretchens Bruder, sinnt auf Rache. Es kommt zum Kampf mit Faust, bei dem Mephisto den Degen führt. Valentin verhöhnt seine Schwester noch sterbend.
Dom	Todesvisionen Gretchens
Walpurgisnacht *und* Walpurgisnachttraum	Gretchen hat ihr Kind ertränkt, wird inhaftiert und zum Tode verurteilt. Faust feiert ausschweifend mit Mephisto und zahlreichen Hexen auf dem Blocksberg die Walpurgisnacht. Faust sieht in einer Vision das hingerichtete Gretchen.
Trüber Tag. Feld *und* Nacht. Offen Feld	Faust hat von Gretchens Schicksal erfahren und will sie – mit Mephistos Hilfe – aus dem Kerker befreien.
Kerker	Mephisto bereitet die Flucht vor. Fausts Versuch, Gretchen zu retten, scheitert. In den letzten Versen (V. 4611 ff.) sagt Mephisto: „Sie ist gerichtet!" Eine Stimme von oben erwidert: „Ist gerettet!"

Beginn von „Faust II" mit dem „Heilschlaf des Vergessens". Faust kann sich an nichts erinnern.

1 Tauschen Sie sich über den Handlungsverlauf von „Faust I" aus. Sehen Sie Möglichkeiten, die Handlung z. B. nach auftretenden Figuren oder Schauplätzen zu gliedern? Welche Handlungsstränge lassen sich separieren?

2 Zeigen Sie anhand der Verlaufsübersicht, dass „Faust I" Elemente der offenen Dramenform (► Information, S. 172) aufweist.

3 Untersuchen Sie den Aufbau der „Gretchentragödie".

a Nutzen Sie das pyramidale Schema Freytags (► Information, S. 172) und ordnen Sie einzelne Handlungsschritte entsprechend zu.

b Erläutern Sie, inwiefern die „Gretchentragödie" als Drama der geschlossenen Form innerhalb von „Faust I" bezeichnet werden kann.

Die Gretchentragödie – Die erste Begegnung

1 Vergleichen Sie die erste Begegnung zwischen Faust und Gretchen in der Inszenierung von Gründgens (1960) und Dorn (1987). Berücksichtigen Sie dabei Kostüm und Maske, Requisiten und Bühne, Haltung der Figuren und Bewegung.

2 Erläutern Sie, welches Bild der Frau in beiden Inszenierungen gezeichnet wird.

Johann Wolfgang Goethe: **Faust I** – Straße (V. 2605–2638)

Faust. Margarete vorübergehend.
FAUST: Mein schönes Fräulein, darf ich wagen,
Meinen Arm und Geleit Ihr anzutragen?
MARGARETE: Bin weder Fräulein, weder schön,
Kann ungeleitet nach Hause gehn.
Sie macht sich los und ab.
FAUST: Beim Himmel, dieses Kind ist schön!
So etwas hab' ich nie gesehn.
Sie ist so sitt- und tugendreich,
Und etwas schnippisch doch zugleich.
Der Lippe Rot, der Wange Licht,
Die Tage der Welt vergess' ich's nicht!
Wie sie die Augen niederschlägt,
Hat tief sich in mein Herz geprägt;
Wie sie kurz angebunden war,
Das ist nun zum Entzücken gar!
Mephistopheles tritt auf.
FAUST: Hör, du musst mir die Dirne schaffen!
MEPHISTOPHELES: Nun, welche?
FAUST: Sie ging just vorbei.
MEPHISTOPHELES: Da die? Sie kam von ihrem Pfaffen,
Der sprach sie aller Sünden frei;
Ich schlich mich hart am Stuhl vorbei,
Es ist ein gar unschuldig Ding,
Das eben für nichts zur Beichte ging;
Über die hab' ich keine Gewalt!
FAUST: Ist über vierzehn Jahr doch alt.
MEPHISTOPHELES: Du sprichst ja wie Hans Liederlich,
Der begehrt jede liebe Blum' für sich,
Und dünkelt ihm, es wär' kein' Ehr'
Und Gunst, die nicht zu pflücken wär';
Geht aber doch nicht immer an.
FAUST: Mein Herr Magister Lobesan,
Lass' Er mich mit dem Gesetz in Frieden!
Und das sag' ich Ihm kurz und gut:
Wenn nicht das süße junge Blut
Heut Nacht in meinen Armen ruht,
So sind wir um Mitternacht geschieden.

1 Ordnen Sie die Szene in den Handlungskontext ein.

2 Führen Sie eine **Rollenbefragung** (▸ Information, S. 184) mit Faust unmittelbar nach seiner ersten Begegnung mit Gretchen durch. Faust sollte in seinen Antworten auf die abgedruckte Szene zurückgreifen, aber auch auf seine Vorgeschichte eingehen. Mögliche Fragen könnten sein:
- *Wie fühlen Sie sich nach Ihrer Begegnung mit Gretchen?*
- *Welchen Eindruck macht die junge Frau auf Sie?*
- *Gibt diese Begegnung Ihrem Leben den erhofften Sinn?*
- *Was erwarten Sie von Mephisto?*

3 **a** Was erfahren Sie über Gretchen? Notieren Sie Stichworte.
b Nennen Sie Textstellen, an denen deutlich wird, dass die Beziehung zwischen Faust und Gretchen konfliktträchtig ist.

4 **Referat/Facharbeit:** Susanna Margaretha Brandt als historische Vorlage für die Gretchenfigur

Der Schluss des Dramas – Eine Katastrophe?

Johann Wolfgang Goethe: **Faust I** – Kerker (V. 4506–4612)

[…]
FAUST: Komm! Komm! Schon weicht die tiefe Nacht.
MARGARETE: Meine Mutter hab' ich umgebracht,
Mein Kind hab' ich ertränkt.
War es nicht dir und mir geschenkt?
Dir auch. – Du bist's! Ich glaub' es kaum.
Gib deine Hand! Es ist kein Traum!
Deine liebe Hand! – Ach aber sie ist feucht!
Wische sie ab! Wie mich deucht,
Ist Blut dran.
Ach Gott! Was hast du getan!
Stecke den Degen ein,
Ich bitte dich drum!
FAUST: Lass das Vergangene vergangen sein,
Du bringst mich um.
MARGARETE: Nein, du musst übrigbleiben!
Ich will dir die Gräber beschreiben.
Für die musst du sorgen
Gleich morgen;
Der Mutter den besten Platz geben,
Meinen Bruder sogleich darneben,
Mich ein wenig beiseit',
Nur nicht gar zu weit!
Und das Kleine mir an die rechte Brust.
Niemand wird sonst bei mir liegen!
Mich an deine Seite zu schmiegen,
Das war ein süßes, ein holden Glück!
Aber es will mir nicht mehr gelingen;
Mir ist's, als müsst' ich mich zu dir zwingen,
Als stießest du mich von dir zurück;
Und doch bist du's und blickst so gut, so fromm.
FAUST: Fühlst du, dass ich es bin, so komm!
MARGARETE: Dahinaus?
FAUST: Ins Freie.
MARGARETE: Ist das Grab drauß,
Lauert der Tod, so komm!
Von hier ins ewige Ruhebett
Und weiter keinen Schritt –
Du gehst nun fort? O Heinrich, könnt' ich mit!
FAUST: Du kannst! So wolle nur! Die Tür steht offen!
MARGARETE: Ich darf nicht fort; für mich ist nichts zu hoffen.
Was hilft es, fliehn? Sie lauern doch mir auf.
Es ist so elend, betteln zu müssen,
Und noch dazu mit bösem Gewissen!
Es ist so elend, in der Fremde schweifen,
Und sie werden mich doch ergreifen!
FAUST: Ich bleibe bei dir.
MARGARETE: Geschwind! Geschwind!
Rette dein armes Kind.
Fort! immer den Weg
Am Bach hinauf,
Über den Steg,
In den Wald hinein,
Links, wo die Planke steht,
Im Teich.

Fass es nur gleich!
Es will sich heben,
Es zappelt noch!
Rette! rette!
Faust: Besinne dich doch!
Nur *einen* Schritt, so bist du frei!
Margarete: Wären wir nur den Berg vorbei!
Da sitzt meine Mutter auf einem Stein,
Es fasst mich kalt beim Schopfe!
Da sitzt meine Mutter auf einem Stein
Und wackelt mit dem Kopfe;
Sie winkt nicht, sie nickt nicht, der Kopf ist ihr schwer,
Sie schlief so lange, sie wacht nicht mehr.
Sie schlief, damit wir uns freuten.
Es waren glückliche Zeiten!
Faust: Hilft hier kein Flehen, hilft kein Sagen,
So wag' ich's, dich hinwegzutragen.
Margarete: Lass mich! Nein, ich leide keine Gewalt!
Fasse mich nicht so mörderisch an!
Sonst hab' ich dir ja alles zu Lieb' getan.
Faust: Der Tag graut! Liebchen! Liebchen!
Margarete: Tag! Ja, es wird Tag! der letzte Tag dringt herein;
Mein Hochzeittag sollt' es sein!
Sag niemand, dass du schon bei Gretchen warst.
Weh meinem Kranze!
Es ist eben geschehn!
Wir werden uns wiedersehn;
Aber nicht beim Tanze.
Die Menge drängt sich, man hört sie nicht.
Der Platz, die Gassen
Können sie nicht fassen.
Die Glocke ruft, das Stäbchen bricht.
Wie sie mich binden und packen!
Zum Blutstuhl bin ich schon entrückt.
Schon zuckt nach jedem Nacken

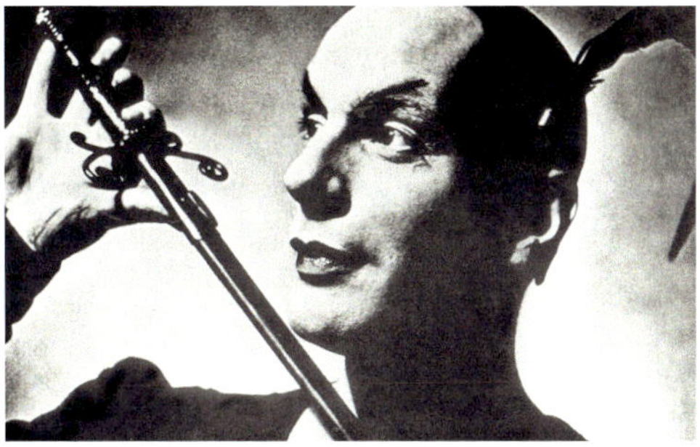

Gustaf Gründgens als Mephisto (1941)

Die Schärfe, die nach meinem zückt.
Stumm liegt die Welt wie das Grab!
Faust: O wär' ich nie geboren!
Mephistopheles *erscheint draußen:*
Auf! oder ihr seid verloren.
Unnützes Zagen! Zaudern und Plaudern!
Mein Pferde schaudern,
Der Morgen dämmert auf.
Margarete: Was steigt aus dem Boden herauf?
Der! der! Schick' ihn fort!
Was will der an dem heiligen Ort?
Er will mich!
Faust: Du sollst leben!
Margarete: Gericht Gottes! dir hab' ich mich übergeben!
Mephistopheles *zu Faust:* Komm! komm! Ich lasse dich mit ihr im Stich.
Margarete: Dein bin ich, Vater! Rette mich!
Ihr Engel! Ihr heiligen Scharen,
Lagert euch umher, mich zu bewahren!
Heinrich! Mir graut's vor dir.
Mephistopheles: Sie ist gerichtet!
Stimme von oben: Ist gerettet!
Mephistopheles *zu Faust*: Her zu mir!
Verschwindet mit Faust.
Stimme von innen, verhallend: Heinrich! Heinrich!

1 „Sie ist gerichtet!“ – „Ist gerettet!“ Diskutieren Sie: Endet die Gretchentragödie mit einer Katastrophe?

2 Nutzen Sie Möglichkeiten des szenischen Interpretierens (▶ Methode, S. 184): Bauen Sie **Standbilder,** entwerfen Sie eine **Stimmenskulptur** für Gretchen, verfassen Sie ein **Regieheft**.

3 Hören Sie sich die Szene im Hörspiel der Gründgens-Inszenierung aus dem Jahr 1954 an. Vergleichen Sie das Hörspiel mit Ihren szenischen Interpretationen.

Methode **Möglichkeiten des szenischen Interpretierens**

- **Rollenbiografien schreiben – Rollenbefragungen durchführen**
  Schreiben Sie auf der Grundlage einer Figurenanalyse in der Ich-Form ein Selbstporträt zu einer Figur. Es geht darum, ein möglichst komplexes Bild von dieser Figur zu entwickeln (Herkunft, Erziehung und Bildung, Lebensweg, Beruf, Beziehungen, Einstellungen, Wünsche, Befürchtungen und Ängste usw.), wobei Sie über den Text hinaus Vorstellungen von der Persönlichkeit der Figur entwickeln müssen. Sie können diese Information zu einer Figur auch in Gestalt eines Interviews, einer Rollenbefragung, herausarbeiten und präsentieren.
- **Standbilder bauen**
  Standbilder visualisieren die Beziehungen zwischen Figuren. Wählen Sie z. B. einen Szenenmoment aus und lassen Sie durch einen Regisseur/eine Regisseurin die Figuren die geplante Position einnehmen. Die Figuren sollen sich wie Gliederpuppen bewegen lassen und in der fertigen Haltung für kurze Zeit wie eingefroren verharren. Das fertige Standbild wird dann von den übrigen Kursmitgliedern beschrieben und mit Bezug auf den Dramentext gedeutet. Anschließend geben die Darsteller/innen ihren Kommentar ab. Möglich ist auch, dass Einzelne hinter eine Figur des Standbilds treten, ihr eine Hand auf die Schulter legen **(STOPP-Technik)** und in der Ich-Form als Alter Ego der Figur sagen, was sie in diesem Augenblick denken, fühlen, sehen usw. Zuletzt können die Kursmitglieder das Standbild nach ihren Vorstellungen verändern, um ihre Interpretation des Szenenmoments zu verdeutlichen.
- **Stimmenskulptur**
  Sprechen Sie mit mehreren Schülerinnen und Schülern Sätze, die einer Figur in einer bestimmten Situation durch den Kopf gehen könnten. Dabei können gerade auch widerstreitende Gedanken und Gefühle gleichzeitig zum Ausdruck kommen. Sie können diese inneren Stimmen im Raum verschieden anordnen und in Sprechtempo und Lautstärke variieren.
- **Eine Szene filmisch umsetzen**
  Die Verfilmung einer Szene bietet Ihnen die Möglichkeit, Ihre Interpretation mit Hilfe filmgestalterischer Mittel (▶ S. 87–90) zu unterstreichen: Kameraeinstellungen, -perspektiven, -bewegungen, Mise en Scène, Schnitt und Montage, Ton (Musik und Geräusche). Drehen Sie einzelne Einstellungen mehrfach hintereinander. Experimentieren Sie dabei mit unterschiedlichen filmgestalterischen Mitteln (z. B. Aufnahme in Groß und in Halbnah). Wählen Sie beim Schnitt die wirkungsvollste Einstellung aus.
- **Szenisches Lesen und szenisches Spiel**
  Üben Sie in Kleingruppen das Lesen oder Spielen einzelner Szenen oder -abschnitte. Experimentieren Sie mit Sprechweisen, Haltungen, Bewegungen, Gebärden usw. Stellen Sie die einstudierten Szenen in Ihrem Kurs vor und lassen Sie sich eine Rückmeldung geben.
- **Szenen improvisiert spielen**
  Spielen Sie ohne Textbuch vor Augen Szenen oder Szenenausschnitte. Achten Sie dabei auf Ihre Haltung, Gestik und Mimik und sprechen Sie den Text in freier Improvisation.
- **Ein Regieheft (Nebentext) zu einer Szene schreiben**
  In der Regel besteht ein Drama aus einem Haupttext (Text der Figurenrede) und einem Nebentext (Regieanweisungen zum Verhalten der Figuren, zu Bühnenbild und Requisiten). Schreiben Sie diese Regieanweisungen zu einem umfassenden Paralleltext um, in dem Sie Ihre Sicht des Szenenverlaufs ausdrücken. Bedenken Sie Bühnenbild, Beleuchtung, Geräusche, Musik, Kostüme, Masken, Frisuren, Figurenpositionen, Gänge über die Bühne, Haltungen, Sprechweisen, Mimik usw.

Bühneninszenierungen – Interpretationen im Kontext ihrer Zeit

aust I und II am Schauspiel Essen (2013)

Gustaf Gründgens als Mephisto

1 „Jede Inszenierung ist eine Interpretation.“

a Belegen Sie diese Aussage mit Hilfe der Szenenfotos aus verschiedenen Faust-Inszenierungen.

b Erläutern Sie, inwiefern durch die Bilder deutlich wird, dass Inszenierungen dem zeitlichen Kontext ihrer Entstehung verhaftet sind.

c Diskutieren Sie, welche Möglichkeiten ein Theaterregisseur/eine Theaterregisseurin hat, um seine/ihre Interpretation eines Dramas zu verdeutlichen. Welche Entscheidungen sind dabei Ihrer Ansicht nach von besonderer Bedeutung?

Tipp: Sie können für Ihre Diskussion die Information auf Seite 187 nutzen.

2 **a** Erklären Sie mit eigenen Worten, warum die Figur des Faust sich für verschiedene Interpretionen besonders eignet.

b Wie sehen Sie selbst die Figur des Faust?

Welt: **Der Regisseur Peter Stein im Interview** (2007) (Auszug)

WELT: Und die reiche deutsche Theaterlandschaft?

STEIN: Da wird so blödes Zeug veranstaltet, das mich überhaupt nicht interessiert. Irgendwelcher Quark, irgendwelche besserwisserischen Ideechen. Anstatt die Werke zu interpretieren. Das ist eben meine Vorstellung von Theater, dass man Interpret eines Werks ist und sich als solcher für die Absichten des Autors interessiert, der dieses Werk geschaffen hat.

WELT: Aber die Zeiten ändern sich und mit ihnen die Interpretationen.

STEIN: Mittlerweile glauben die Regisseure, sie seien die eigentlichen Autoren. Sie nutzen das Material von den wirklichen Autoren nur noch als Steinbruch.

3 **a** Formulieren Sie Steins Kritik an den modernen Regisseuren aus. Welcher Vorwurf verbirgt sich hinter seiner Behauptung, die Regisseure interpretierten nicht ein Werk, sondern nutzten es lediglich als Steinbruch?

b Sammeln Sie Argumente für und gegen Steins Position und nehmen Sie zu ihr Stellung.

Gründgens und Dorn – Faust-Inszenierungen im Vergleich

1 **a** Vergegenwärtigen Sie sich die Kerkerszene (▶ S. 182 f.), indem Sie sie noch eimal mit verteilten Rollen lesen.

b Vergleichen Sie die beiden Inszenierungen von Gründgens und Dorn anhand der Szenenfotos. Übertragen Sie dafür die folgende Tabelle und füllen Sie sie stichwortartig aus.

Kerkerszene		*Gründgens*	*Dorn*
Gretchen	*– Mimik* *– Gestik* *– Größe der Figur im Raum* *– Präsenz in den 5 Bildern* *– Gesamteindruck/Wirkung*	*in den Bildern 1–4 gleich, …*	
Faust	*– Mimik* *– Gestik* *– Präsenz in den 5 Bildern* *– Gesamteindruck/Wirkung*	*in drei Szenenfotos*	*keine* *schattenhaft, …*
Bühne			*enger, kahler Raum, der im 5. Bild …*
Requisiten			*eine übergroße, fast schon bedrohliche …*
Licht und Farbe			

2 Stellen Sie in einem zusammenhängenden Text dar, wie die beiden Regisseure die Gretchenfigur in der Kerkerszene deuten. Greifen Sie dabei auf Ihre Ergebnisse aus Aufgabe 1 zurück und erläutern Sie, inwiefern die Faust-Figur, Bühne, Licht und Requisiten einen Beitrag zu dieser Deutung leisten.

3 Gründgens' Inszenierung ist 1957 in der eher unpolitischen Adenauer-Ära entstanden, Dorns Inszenierung 30 Jahre später. Tauschen Sie sich darüber aus, inwieweit die Inszenierungen der Kerkerszene sich aus ihrer Entstehungszeit verstehen lassen und welche Interpretation Sie eher anspricht.

4 Schauen Sie sich – wenn möglich – die Verfilmungen beider Inszenierungen vergleichend an. Überprüfen und ergänzen Sie dabei Ihre Ergebnisse aus den Aufgaben 1 bis 3.

Information **Theatrale Realisierungen – Interpretationen im Kontext ihrer Zeit**

Bühneninszenierungen von Dramen sind immer **Interpretationen**, d.h., sie spiegeln die Textauffassung einer bestimmten Regisseurin/eines bestimmten Regisseurs. Diese/r verbindet mit der Inszenierung darüber hinaus häufig auch eine bestimmte **Aussage- und Wirkungsabsicht**. Fast jede Inszenierung ist zudem mehr oder weniger stark der Zeit verhaftet, in der sie entsteht. Viele moderne Inszenierungen nehmen unmittelbar **Bezug auf aktuelle politische oder gesellschaftliche Ereignisse** und transponieren die Handlung eines Dramas entsprechend in ihre jeweilige Gegenwart. Interpretatorische Akzente lassen sich u.a. bei der **Bearbeitung der Textfassung** (Kürzung, Ergänzung, Umstellung), in der **Darstellung der Figuren** (Gestik, Mimik, Kostüm, Maske) und der **Gestaltung des Bühnenraums** (Requisiten, Licht, Ton, Anordnung des Publikums) setzen.

2.3 Klausurtraining: Eine Dramenszene interpretieren

Aufgabenbeispiel

1. Interpretieren Sie die Szene „Zwischenspiel, Wangs Nachtlager“ aus Bertolt Brechts „Der gute Mensch von Sezuan“ im Hinblick auf die geschilderte Situation und das Menschenbild der Götter. Berücksichtigen Sie dabei auch die Sprache und die Dramenform.
2. Stellen Sie wesentliche Aspekte des Gesprächs zwischen dem Herrn und Mephisto im „Prolog im Himmel“ in Goethes „Faust I“ dar. Vergleichen Sie anschließend die Rolle der Götter in „Der gute Mensch von Sezuan“ mit der Rolle des Herrn in „Faust I“.

Bertolt Brecht: **Der gute Mensch von Sezuan** (1943)

Zwischenspiel, Wangs Nachtlager

Musik. Zum letztenmal erscheinen dem Wasserverkäufer im Traum die Götter. Sie haben sich sehr verändert. Unverkennbar sind die Anzeichen langer Wanderung, tiefer Erschöpfung und mannigfaltiger böser Erlebnisse. Einem ist der Hut vom Kopf geschlagen, einer hat ein Bein in einer Fuchsfalle gelassen, und alle drei gehen barfuß.

Wang: Endlich erscheint ihr! Furchtbare Dinge gehen vor in Shen Tes Tabakladen, Erleuchtete! Shen Te ist wieder verreist, schon seit Monaten! Der Vetter hat alles an sich gerissen! Er ist heute verhaftet worden. Er soll sie ermordet haben, heißt es, um sich ihren Laden anzueignen. Aber das glaube ich nicht, denn ich habe einen Traum gehabt, in dem sie mir erschien und erzählte, daß ihr Vetter sie gefangen hält. Oh, Erleuchtete, ihr müßt sogleich zurückkommen und sie finden.

Der erste Gott: Das ist entsetzlich. Unsere ganze Suche ist gescheitert. Wenige Gute fanden wir, und wenn wir welche fanden, lebten sie nicht menschenwürdig. Wir hatten schon beschlossen, uns an Shen Te zu halten.

Der zweite Gott: Wenn sie mir immer noch gut sein sollte!

Wang: Das ist sie sicherlich, aber sie ist verschwunden!

Der erste Gott: Dann ist alles verloren.

Der zweite Gott: Haltung.

Der erste Gott: Wozu da noch Haltung? Wir müssen abdanken, wenn sie nicht gefunden wird! Was für eine Welt haben wir vorgefunden, Elend, Niedrigkeit und Abfall überall! Selbst die Landschaft ist von uns abgefallen. Die schönen Bäume sind enthauptet von Drähten, und jenseits der Gebirge sehen wir dicke Rauchwolken und hören Donner von Kanonen, und nirgends ein guter Mensch, der durchkommt!

Der dritte Gott: Ach, Wasserverkäufer, unsere Gebote scheinen tödlich zu sein! Ich fürchte, es muß alles gestrichen werden, was wir an sittlichen Vorschriften aufgestellt haben. Die Leute haben genug zu tun, nur das nackte Leben zu retten. Gute Vorsätze bringen sie an den Rand des Abgrunds, gute Taten stürzen sie hinab. *Zu den beiden anderen Göttern:* Die Welt ist unbewohnbar, ihr müsst es einsehen!

Der erste Gott *heftig*: Nein, die Menschen sind nichts wert!

Der dritte Gott: Weil die Welt zu kalt ist!

Der zweite Gott: Weil die Menschen zu schwach sind!

Der erste Gott: Würde, ihr Lieben, Würde! Brüder, wir dürfen nicht verzweifeln. Einen haben wir doch gefunden, der gut war und nicht schlecht geworden ist, und er ist nur verschwunden. Eilen wir, ihn zu finden. Einer genügt. Haben wir nicht gesagt, daß alles noch gut werden kann, wenn nur einer sich findet, der diese Welt aushält, nur einer!

Sie entschwinden schnell.

R

Die Aufgabenstellung verstehen

1 Lesen Sie die erste Teilaufgabe gründlich und notieren Sie, im Hinblick auf welche Aspekte (▶ Information, S. 163), die Szene aus „Der gute Mensch von Sezuan" untersucht werden soll.

Zu untersuchende Aspekte
- *geschilderte Situation: Ort, …*
- *…*

2 Schreiben Sie heraus, was die zweite Teilaufgabe von Ihnen verlangt.

Ich soll …
- *… die zweite Teilaufgabe mit einer Einleitung beginnen.*
- *… eine Überleitung zum zweiten Aufgabenteil verfassen.*
- *… den Inhalt von „Faust I" zusammenfassen.*
- *… das Gespräch im „Prolog im Himmel" zusammenfassen.*
- *… Sprache und Form der beiden Dramen vergleichen.*
- *… die Rolle der Götter in den beiden Dramen vergleichen.*

Erstes Textverständnis und Ideen formulieren

3 Entscheiden Sie, welche der folgenden Aussagen auf die Szene aus „Der gute Mensch von Sezuan" zutreffen. Belegen Sie Ihre Überlegungen am Text.

A Wang ist verzweifelt, weil Shen Te seit Monaten nicht mehr da ist.
B Die Götter sind darüber irritiert, dass ihre Gebote auf Erden kaum befolgt werden können.
C Wang will die Götter überreden, ihm Geld zu geben.
D Die Götter halten ein Leben auf der Erde unter den gegebenen Umständen für nicht lebenswert.
E Die Götter diskutieren, warum es auf der Welt so wenige gute Menschen gibt.
F Die Götter bemängeln die zunehmende Umweltzerstörung durch die Menschen.
G Am Ende begnügen sich die Götter mit der Aussicht, dass sie in Shen Te den einen guten Menschen gefunden haben.

A trifft zu: „Shen Te ist wieder verreist, schon seit Monaten!" (Z. 11); „ihr müßt sogleich zurückkommen und sie finden." (Z. 18f.)

4 Begründen Sie, welche der folgenden Aussagen zu „Der gute Mensch von Sezuan" und welche zu „Faust I" passen.

Aussage 1: Das irdische Leben ist in einer göttlichen Ordnung aufgehoben, ohne dass das menschliche Dasein von einer göttlichen Instanz konkret beeinflusst werden muss.
Aussage 2: Himmlische und irdische Welt und Werte stehen sich unversöhnlich gegenüber.
Aussage 3: Eine himmlische Wette bildet den Ausgangspunkt für eine irdische Handlung.

Den Text analysieren und interpretieren

5 Notieren Sie in Stichpunkten, welche Situation geschildert wird und was Sie über das Menschenbild der Götter erfahren. Beachten Sie dabei die verschiedenen Sprechhandlungen (▶ Information, S. 163).

Situation
Die Götter erscheinen …; Feststellung Wangs, dass Shen Te …; Bitte an die Götter …; Klage der Götter, dass die Welt …; Die Götter streiten darüber, warum …

Menschenbild der Götter
Es gibt nur wenige …, weil …; Die meisten Menschen …; Nur Shen Te …

6 **a** Ordnen Sie den folgenden Zitaten die jeweils passenden rhetorischen Figuren und die entsprechende Wirkung zu. Ergänzen Sie die Tabelle um weitere Zitate.

Zitat	rhetorische Figur	Wirkung
I) „Wozu da noch Haltung?“ (Z. 31)	*Anapher*	*schwierige Lage der (guten) Menschen wird betont*
II) „Elend, Niedrigkeit und Abfall überall!“ (Z. 34)	*Metapher*	*Eindringlichkeit der Götter am Ende der Szene wird hervorgehoben*
III) „Rand des Abgrunds“ (Z. 45 f.)	*pathetischer Ausruf*	*Ratlosigkeit der Götter wird verdeutlicht*
IV) „weil …“ – „weil …“ (Z. 51 ff.)	*rhetorische Frage*	*Verzweiflung der Götter wird verdeutlicht*

b Notieren Sie in Stichworten, welche Bedeutung die Dramenform in der vorliegenden Szene hat. Beginnen Sie z. B. so:
„Zwischenspiel“ unterbricht … → Wirkung auf die Zuschauer/innen: …

c Fassen Sie zusammen, welche Wirkung die Sprache und die Dramenform in Bezug auf den Inhalt haben. Wählen Sie dazu geeignete Formulierungsbausteine aus.

Formulierungsbausteine: Inhalt, Sprache und Form in Beziehung setzen (Drama)
- *Durch die rhetorische Frage „…“ (Z. …), welche die … stellen, wird deren Verzweiflung/ Neugier/Kritik zum Ausdruck gebracht. Auch die pathetischen Ausrufe „…“ (Z. …) unterstreichen …*
- *Die Häufung von Anaphern am Anfang/Ende der Szene macht deutlich, dass …*
- *Durch die Metapher / die Personifikation / den Vergleich „…“ (Z. …) wird betont / wird besonders anschaulich, dass …*
- *Die Dramenform zeichnet sich dadurch aus, dass … Das hat … zur Folge. Hinzu kommt außerdem, dass …*

7 Fassen Sie wesentliche Aspekte des Gesprächs zwischen dem Herrn und Mephisto zusammen. Lesen Sie dazu ggf. noch einmal die Szene auf Seite 176.
Position Mephistos: *Die Menschen sind … Auch Faust wird …*
Position des Herrn: *Fausts Unzulänglichkeit ist positiv zu deuten, weil …; Faust wird …*
Gemeinsamer Entschluss: *Wette, dass …*

8 Stellen Sie die Rolle der Götter bei Brecht und des Herrn bei Goethe in einer Tabelle gegenüber.

Rolle der Götter (Brecht)	Rolle des Herrn (Goethe)
gehen davon aus, dass …	*geht davon aus, dass …*
durch ihre Gebote … *haben außerdem Einfluss auf die Handlung, weil sie …*	*Bedeutung der Wette besteht darin, dass Mephisto …*

Den Schreibplan erstellen und den Text schreiben

9 Erstellen Sie für Ihren Aufsatz eine Gliederung (▸ Information, S. 224), indem Sie die folgenden Gliederungspunkte in die richtige Reihenfolge bringen:
Vergleich der Rolle der Götter / des Herrn – Einleitung – Rolle der Götter in „Der gute Mensch von Sezuan“ – Fazit mit Blick auf das Zwischenspiel – Aussagen zur Situation auf Erden – Besonderheiten der Dramenform – Einordnung in den Handlungszusammenhang – sprachliche Auffälligkeiten – kurze Darstellung der Rahmenhandlung von „Faust I“ – Überleitung zu Aufgabe 2

10 Formulieren Sie nun auf Grundlage Ihrer Gliederung Ihren Aufsatz.

a Verfassen Sie eine Einleitung, in der die folgenden Bausteine vorkommen:
Zwischenspiel – Bertolt Brecht – „Der gute Mensch von Sezuan“ – Stück – 1940 vollendet, 1943 uraufgeführt – Frage, ob der Mensch in einer schlechten (ausbeuterischen) Welt gut sein kann

b Verfassen Sie die Analyse und Interpretation des Zwischenspiels. Nutzen Sie dazu Ihre Vorarbeiten (S. 189, Aufgabe 5 und S. 190, Aufgabe 6).
Hinweis: Achten Sie darauf, korrekt zu zitieren (▸ Information, S. 225).

c Führen Sie Aufgabe 2 der Klausur aus. Nutzen Sie dazu Ihre Überlegungen aus Aufgabe 7 und 8 (▸ S. 190). Beginnen Sie mit einer Überleitung, z. B.:
In … im Jahr … erschienenen Drama „…“ spielt auch ein … eine wichtige Rolle … Allerdings hat der Herr in „Faust I“ im Gegensatz zu den Göttern in …

Information **Eine Überleitung formulieren**

Eine Überleitung greift die **Untersuchungsaspekte** auf, die in der zweiten Teilaufgabe in den Blick genommen werden sollen. Wird dazu ein weiteres Werk herangezogen, werden in der Überleitung auch dessen **Autor/in**, **Titel**, **Erscheinungsjahr** und **Textsorte** genannt.

d Verfassen Sie abschließend ein Fazit. Vervollständigen Sie u. a. den folgenden Satz:
Abschließend lässt sich sagen, dass bei Brecht im Gegensatz zu Goethe die Götter …

Den eigenen Text überarbeiten

11 Überarbeiten Sie Ihren Text mit Hilfe der folgenden Checkliste.

12 Tauschen Sie sich in Partnerarbeit darüber aus, worauf Sie bei Ihrer nächsten Szenenanalyse besonders achten sollten.

Checkliste **Eine Dramenszene interpretieren**

- Hat Ihr Aufsatz einen klaren **Aufbau**, der durch Absätze gegliedert ist?
- Haben Sie **einleitend** Textsorte, Titel, Autor/in, Entstehungsjahr und Thema genannt?
- Haben Sie alle in der Aufgabe genannten **Untersuchungsaspekte** berücksichtigt (Situation, Menschenbild, Sprache, Dramenform) und **Inhalt, Sprache und Form in Beziehung gesetzt**?
- Haben Sie nach einer **Überleitung** die Rolle der Götter in „Der gute Mensch von Sezuan“ mit der Rolle des Herrn in „Faust I“ **verglichen**?
- Endet Ihr Aufsatz mit einem zusammenfassenden **Fazit**?
- Haben Sie sachlich formuliert und Ihre Beobachtungen durch **Verweise** und **Textzitate** belegt? Haben Sie korrekt zitiert bzw. paraphrasiert (▸ Information, S. 225, 362)?
- Ist der Text **sprachlich richtig** (Rechtschreibung, Grammatik, Zeichensetzung)?

3 Literatur und Sprache um 1900 – Krise und Erneuerung des Erzählens

Wilhelm Leibl (1844–1900): Kopf eines Bauernmädchens (1880)

Pablo Picasso (1881–1973): Frau mit Hut (1935)

1 **a** Sammeln Sie Ihre Eindrücke zu den Portraits von Wilhelm Leibl und Pablo Picasso: Was erscheint Ihnen vertraut, was befremdlich?

b Beschreiben Sie, wie beide Künstler Farbe, Formen und Raumdarstellung einsetzen.

2 **a** Überlegen Sie, was die Künstler jeweils an der Darstellung des Menschen interessiert haben mag.

b Welche Auffassungen von Realität spiegeln sich Ihrer Ansicht nach in den Bildern?

3 Diskutieren Sie, welche Aufgabe die Kunst jeweils haben soll.

In diesem Kapitel erwerben Sie folgende Kenntnisse und Kompetenzen:

- erzähltheoretische Grundkenntnisse aktivieren, erweitern und systematisieren,
- Erzählstrategien kennen und sie zur Analyse sowie zur Produktion von Erzähltexten nutzen,
- Besonderheiten der Autor-Rezipienten-Kommunikation erläutern,
- die Merkmale fiktionaler Texte anhand von Fiktionalitätssignalen erläutern,
- die Epoche um 1900 als Zeit großer kultureller Veränderungen kennen lernen,
- mentalitätsgeschichtliche Hintergründe des Themas „Sprachkrise“ in der Literatur aufzeigen,
- die poetische Verarbeitung des Motivs der Sprachnot in unterschiedlichen Texten vergleichen,
- deutungsoffene Parabeln interpretieren,
- schriftlich einen Erzählanfang von Kafka analysieren,
- materialgestützt einen Text verfassen, der über die Aktualität von Kafkas Werk informiert.

3.1 Realismus und Moderne – Romane im Spiegel ihrer Zeit

Romananfänge interpretieren und vergleichen

Information **Epik**

Im Mittelpunkt des heutigen Leseinteresses auf dem Gebiet der Belletristik, also der so genannten schönen Literatur, steht eindeutig die Gattung Epik. Ihr Name leitet sich vom antiken griechischen **Epos** her, der in Versen verfassten und mündlich vorgetragenen Geschichte von Göttern und Helden. Beispiele dafür sind in der „Ilias" und „Odyssee" des **Homer** (vermutlich Ende 8. Jh. v. Chr.) überliefert. In den Ritterromanen des Mittelalters und in vereinzelten späteren Verserzählungen, wie z. B. **Johann Wolfgang Goethes** Tierepos „Reineke Fuchs" (1794) oder **Heinrich Heines** „Deutschland – ein Wintermärchen" (1844), blieb die **Versform** bestehen. Im Übrigen aber setzte sich mit der Wende zur Schriftkultur, besonders seit dem Buchdruck in der zweiten Hälfte des 15. Jh.s (► S. 373–375) und der damit verbundenen Literaturrezeption durch Einzelleserinnen und -leser die **Prosa** in allen Verzweigungen der Gattung Epik durch.

Theodor Fontane: **Effi Briest** (1895) – Romananfang

In Front des schon seit Kurfürst Georg Wilhelm[1] von der Familie von Briest bewohnten Herrenhauses zu Hohen-Cremmen fiel heller Sonnenschein auf die mittagsstille Dorfstraße, während nach der Park- und Gartenseite hin ein rechtwinklig angebauter Seitenflügel einen breiten Schatten erst auf einen weiß und grün quadrierten Fliesengang und dann über diesen hinaus auf ein großes, in seiner Mitte mit einer Sonnenuhr und an seinem Rande mit Canna indica[2] und Rhabarberstauden besetztes Rondell[3] warf. Einige zwanzig Schritte weiter, in Richtung und Lage genau dem Seitenflügel entsprechend, lief eine ganz in kleinblättrigem Efeu stehende, nur an einer Stelle von einer kleinen weiß gestrichenen Eisentür unterbrochene Kirchhofsmauer, hinter der der Hohen-Cremmener Schindelturm mit seinem blitzenden, weil neuerdings erst wieder vergoldeten Wetterhahn aufragte. Fronthaus, Seitenflügel und Kirchhofsmauer bildeten ein einen kleinen Ziergarten umschließendes Hufeisen, an dessen offener Seite man eines Teiches mit Wassersteg und angekettelten Boot und dicht daneben einer Schaukel gewahr wurde, deren horizontal gelegtes Brett zu Häupten und Füßen an je zwei Stricken hing – die Pfosten der Balkenlage schon etwas schief stehend. Zwischen Teich und Rondell aber und die Schaukel halb versteckend standen ein paar mächtige alte Platanen.

Auch die Front des Herrenhauses – eine mit Aloekübeln[4] und ein paar Gartenstühlen besetzte Rampe – gewährte bei bewölktem Himmel einen angenehmen und zugleich allerlei Zerstreuung bietenden Aufenthalt; an Tagen aber, wo die Sonne niederbrannte, wurde die Gartenseite ganz entschieden bevorzugt, besonders von Frau und Tochter des Hauses, die denn auch heute wieder auf dem im vollen Schatten liegenden Fliesengange saßen, in ihrem Rücken ein paar offene, von wildem Wein umrankte Fenster, neben sich eine vorspringende kleine Treppe, deren vier Steinstufen vom Garten aus in das Hochparterre des Seitenflügels hinaufführten. Beide, Mutter und Tochter,

1 Georg Wilhelm (1595–1640): von 1620 bis 1640 Kurfürst von Brandenburg
2 Canna indica: tropisches Staudengewächs mit großen roten und gelben Blüten
3 Rondell: rundes Beet
4 Aloe: tropische Pflanzenart

waren fleißig bei der Arbeit, die der Herstellung eines aus Einzelquadraten zusammenzusetzenden Altarteppichs galt; ungezählte Wollsträhnen und Seidendocken lagen auf einem großen, runden Tisch bunt durcheinander, dazwischen, noch vom Lunch her, ein paar Dessertteller und eine mit großen, schönen Stachelbeeren gefüllte Majolikaschale[5]. Rasch und sicher ging die Wollnadel der Damen hin und her, aber während die Mutter kein Auge von der Arbeit ließ, legte die Tochter, die den Rufnamen Effi führte, von Zeit zu Zeit die Nadel nieder und erhob sich, um unter allerlei kunstgerechten Beugungen und Streckungen den ganzen Kursus der Heil- und Zimmergymnastik durchzumachen. Es war ersichtlich, dass sie sich diesen absichtlich ein wenig ins Komische gezogenen Übungen mit ganz besonderer Liebe hingab, und wenn sie dann so dastand und, langsam die Arme hebend, die Handflächen hoch über dem Kopf zusammenlegte, so sah auch wohl die Mama von ihrer Handarbeit auf, aber immer nur flüchtig und verstohlen, weil sie nicht zeigen wollte, wie entzückend sie ihr eigenes Kind finde, zu welcher Regung mütterlichen Stolzes sie voll berechtigt war. Effi trug ein blau und weiß gestreiftes, halb kittelartiges Leinwandkleid, dem erst ein fest zusammengezogener, bronzefarbener Ledergürtel die Taille gab; der Hals war frei und über Schulter und Nacken fiel ein breiter Matrosenkragen. In allem, was sie tat, paarte sich Übermut und Grazie, während ihre lachenden braunen Augen eine große, natürliche Klugheit und viel Lebenslust und Herzensgüte verrieten. Man nannte sie die „Kleine", was sie sich nur gefallen lassen musste, weil die schöne, schlanke Mama noch um eine Handbreit höher war.

Eben hatte sich Effi wieder erhoben, um abwechselnd nach links und rechts ihre turnerischen Drehungen zu machen, als die von ihrer Stickerei gerade wieder aufblickende Mama ihr zurief: „Effi, eigentlich hättest du doch wohl Kunstreiterin werden müssen. Immer am Trapez, immer Tochter der Luft. Ich glaube beinah, dass du so was möchtest."

„Vielleicht, Mama. Aber wenn es so wäre, wer wäre schuld? Von wem hab ich es? Doch nur von dir. Oder meinst du von Papa? Da musst du nun selber lachen. Und dann, warum steckst du mich in diesen Hänger, in diesen Jungenskittel? Mitunter denk ich, ich komme noch wieder in kurze Kleider. Und wenn ich die erst wieder habe, dann knicks ich auch wieder wie ein Backfisch[6], und wenn dann die Rathenower herüberkommen, setze ich mich auf Oberst Goetzes Schoß und reite hopp, hopp. Warum auch nicht? Drei Viertel ist er Onkel und nur ein Viertel Courmacher[7]. Du bist schuld. Warum kriege ich keine Staatskleider? Warum machst du keine Dame aus mir?"

„Möchtest du's?"

„Nein." Und dabei lief sie auf die Mama zu und umarmte sie stürmisch und küsste sie.

„Nicht so wild, Effi, nicht so leidenschaftlich. Ich beunruhige mich immer, wenn ich dich so sehe …"

5 **Majolikaschale:** getöpferte Schale bzw. Steingut mit Zinnglasur
6 **Backfisch:** eine heute eher veraltete Bezeichnung für Mädchen im Teenager-Alter
7 **Courmacher:** jemand, der einem Mädchen „den Hof macht", mit ihm flirtet

1 Entwerfen Sie ein Storyboard (die zeichnerische Darstellung eines Drehbuchs), mit dem Sie verdeutlichen, wie der Leser/die Leserin in die Welt des Romans eingeführt wird.

2 **a** Schildern Sie Ort und Atmosphäre der Eingangsszene mit eigenen Worten und ohne noch einmal im Text nachzulesen.

b Untersuchen Sie die Darstellung des Ortes. Welche Bedeutung hat der Ort für das Gesamtverständnis der Eingangsszene? Ziehen Sie die Hinweise im Informationskasten „Ort und historische Zeit" heran (▸ Information, S. 195).

3 Bestimmen Sie den historischen Zeitabschnitt, in dem der Roman zu spielen scheint, und begründen Sie Ihre Einordnung mit Indizien aus dem Text.

4 Der Roman gilt als typisches Beispiel für die Literatur des bürgerlichen oder poetischen Realismus, dem es um eine poetisch-verklärende Nachahmung der Wirklichkeit geht (▸ Epochenüberblick, S. 463 ff.). Prüfen Sie, inwiefern der Roman Merkmale dieses Literaturkonzepts aufweist.

5 **a** Schreiben Sie die für die Kommunikation zwischen Effi und ihrer Mutter bezeichnenden verbalen und nonverbalen Äußerungen aus dem Text heraus. Analysieren Sie die Kommunikation mit Hilfe des Modells von Schulz von Thun (▸ S. 164 f.).

b Verfassen Sie in der Rolle Effis einen Tagebucheintrag, in dem sie ihr Verhältnis zu ihrer Mutter reflektiert.

Information **Ort und historische Zeit**

Der **Ort** oder der Schauplatz des Geschehens gehört z. B. zu einer bestimmten Landschaft oder zu einem bestimmten Lebensraum und wird von seiner je eigenen **Atmosphäre** geprägt. Immer erweckt er bestimmte Vorstellungen und Assoziationen beim Leser / bei der Leserin und trägt daher zum Textverständnis wesentlich bei. Es kann sich um einen realen Ort handeln, der die erzählte Geschichte in der Wirklichkeit verankert und ihr ein bestimmtes Lokalkolorit gibt, oder um einen Fantasieort, der sich auf keiner Landkarte findet. Der Ort kann der Hauptgegenstand des Erzählens sein, wie zum Beispiel im Genre des Großstadtromans (Beispiel: Alfred Döblins „Berlin Alexanderplatz", ▸ S. 198 f., 492 f.) oder im Genre des Heimatromans. Es gibt bestimmte Orte in der Literatur, die in ihrer idealtypischen Gestaltung mehr oder minder feste Traditionen herausgebildet haben, wie zum Beispiel die ländlich-dörfliche Idylle, der unheimliche Wald, das wilde Meer, die erhabene Bergwelt usw. Häufig erhält der Ort über seine reine Gegenständlichkeit hinaus Bedeutung, indem seine Atmosphäre mit dem Gang der Handlung und/oder mit den Gefühlslagen und Stimmungen der Figuren korrespondiert und diese verdeutlicht. Im Extremfall kann die Darstellung des Ortes reine Projektion der Stimmung oder des Lebensgefühls einer Figur sein, sodass man von einer „Seelenlandschaft" spricht. Der Ort mit seiner Atmosphäre kann aber auch im Gegensatz zur Befindlichkeit einer Figur stehen und diese damit ironisch brechen. Im Hinblick auf die **Zeit** ist zu fragen, ob und inwieweit die erzählte Geschichte **historisch verortet** ist, ob sie sich also klar erkennbar einer historischen Situation oder einer Epoche zuordnen lässt und welche Bedeutung der historische Bezugspunkt für das erzählte Geschehen hat. Wie der Ort kann auch die Zeit im Zentrum des Erzählinteresses stehen, so geht es im so genannten Zeitroman um die Darstellung eines Abschnitts der Geschichte, häufig mit kritischer Intention. Direkt erkennbar wird der Zeitbezug einer Erzählung durch das Nennen von Jahreszahlen oder das Einbeziehen allgemein bekannter historischer Ereignisse bzw. Personen, indirekt erkennbar wird er durch die Darstellung der Lebensumstände der Figuren, ihrer Verhaltensweisen, Kleidungsstile, Wohnungen usw.

Franz Kafka: **Der Prozess** (1914/1915) – Romananfang

Jemand musste Josef K. verleumdet haben, denn ohne dass er etwas Böses getan hätte, wurde er eines Morgens verhaftet. Die Köchin der Frau Grubach, seiner Zimmervermieterin, die ihm jeden Tag gegen acht Uhr früh das Frühstück brachte, kam diesmal nicht. Das war noch niemals geschehen. K. wartete noch ein Weilchen, sah von seinem Kopfkissen aus die alte Frau, die ihm gegenüber wohnte und die ihn mit einer an ihr ganz ungewöhnlichen Neugierde beobachtete, dann aber, gleichzeitig befremdet und hungrig, läutete er. Sofort klopfte es und ein Mann, den er in dieser Wohnung noch niemals gesehen hatte, trat ein. Er war schlank und doch fest gebaut, er trug ein anliegendes schwarzes Kleid, das, ähnlich den Reiseanzügen, mit verschiedenen Falten, Taschen, Schnallen, Knöpfen und einem Gürtel versehen war und infolgedessen, ohne dass man sich darüber klar wurde, wozu es dienen sollte, besonders praktisch erschien. „Wer sind Sie?“, fragte K. und saß gleich halb aufrecht im Bett. Der Mann aber ging über die Frage hinweg, als müsse man seine Erscheinung hinnehmen, und sagte bloß seinerseits: „Sie haben geläutet?“ „Anna soll mir das Frühstück bringen“, sagte K. und versuchte, zunächst stillschweigend, durch Aufmerksamkeit und Überlegung festzustellen, wer der Mann eigentlich war. Aber dieser setzte sich nicht allzu lange seinen Blicken aus, sondern wandte sich zur Tür, die er ein wenig öffnete, um jemandem, der offenbar knapp hinter der Tür stand, zu sagen: „Er will, dass Anna ihm das Frühstück bringt.“ Ein kleines Gelächter im Nebenzimmer folgte, es war nach dem Klang nicht sicher, ob nicht mehrere Personen daran beteiligt waren. Obwohl der fremde Mann dadurch nichts erfahren haben konnte, was er nicht schon früher gewusst hätte, sagte er nun doch zu K. im Tone einer Meldung: „Es ist unmöglich.“ „Das wäre neu“, sagte K., sprang aus dem Bett und zog rasch seine Hosen an. „Ich will doch sehen, was für Leute im Nebenzimmer sind und wie Frau Grubach diese Störung mir gegenüber verantworten wird.“ Es fiel ihm zwar gleich ein, dass er das nicht hätte laut sagen müssen und dass er dadurch gewissermaßen ein Beaufsichtigungsrecht des Fremden anerkannte, aber es schien ihm jetzt nicht wichtig. Immerhin fasste es der Fremde so auf, denn er sagte: „Wollen Sie nicht lieber hierbleiben?“ „Ich will weder hierbleiben noch von Ihnen angesprochen werden, solange Sie sich mir nicht vorstellen.“ „Es war gut gemeint“, sagte der Fremde und öffnete nun freiwillig die Tür. Im Nebenzimmer, in das K. langsamer eintrat, als er wollte, sah es auf den ersten Blick fast genau so aus wie am Abend vorher. Es war das Wohnzimmer der Frau Grubach, vielleicht war in diesem mit Möbeln, Decken, Porzellan und Photographien überfüllten Zimmer heute ein wenig mehr Raum als sonst, man erkannte das nicht gleich, umso weniger, als die Hauptveränderung in der Anwesenheit eines Mannes bestand, der beim offenen Fenster mit einem Buch saß, von dem er jetzt aufblickte. „Sie hätten in Ihrem Zimmer bleiben sollen! Hat es Ihnen denn Franz nicht gesagt?“ „Ja, was wollen Sie denn?“, sagte K. und sah von der neuen Bekanntschaft zu dem mit Franz Benannten, der in der Tür stehen geblieben war, und dann wieder zurück. Durch das offene Fenster erblickte man wieder die alte Frau, die mit wahrhaft greisenhafter Neugierde zu dem jetzt gegenüberliegenden Fenster getreten war, um auch weiterhin alles zu sehen. „Ich will doch Frau Grubach –“, sagte K., machte eine Bewegung, als reiße er sich von den zwei Männern los, die aber weit von ihm entfernt standen, und wollte weitergehen. „Nein“, sagte der Mann beim Fenster, warf das Buch auf ein Tischchen und stand auf. „Sie dürfen nicht weggehen, Sie sind ja verhaftet.“ „Es sieht so aus“, sagte K. „Und warum denn?“, fragte er dann. „Wir sind nicht dazu bestellt, Ihnen das zu sagen. Gehen Sie in Ihr Zimmer und warten Sie. Das Verfahren ist nun einmal eingeleitet, und Sie werden alles zur richtigen Zeit erfahren. Ich gehe über meinen Auftrag hinaus, wenn ich Ihnen so freundschaftlich zurede. Aber ich hoffe, es hört es niemand sonst als Franz, und der ist selbst gegen alle Vorschrift freundlich zu Ihnen. Wenn Sie auch weiterhin so viel Glück haben wie bei der Bestimmung Ihrer Wächter, dann können Sie zuversichtlich sein.“ K. wollte sich setzen, aber nun sah er, dass im ganzen Zimmer keine Sitzgelegenheit war, außer dem Sessel beim Fenster. „Sie werden noch einsehen, wie wahr das alles ist“, sagte Franz und ging gleichzeitig mit dem andern Mann auf ihn zu.

[...]

Was waren denn das für Menschen? Wovon sprachen sie? Welcher Behörde gehörten sie an? K. lebte doch in einem Rechtsstaat, überall herrschte Friede, alle Gesetze bestanden aufrecht, wer wagte, ihn in seiner Wohnung zu überfallen? Er neigte stets dazu, alles möglichst leicht zu nehmen, das Schlimmste erst beim

Eintritt des Schlimmsten zu glauben, keine Vorsorge für die Zukunft zu treffen, selbst wenn alles drohte. Hier schien ihm das aber nicht richtig, man konnte zwar das Ganze als Spaß ansehen, als einen groben Spaß, den ihm aus unbekannten Gründen, vielleicht weil heute sein dreißigster Geburtstag war, die Kollegen in der Bank veranstaltet hatten, es war natürlich möglich, vielleicht brauchte er nur auf irgendeine Weise den Wächtern ins Gesicht zu lachen, und sie würden mitlachen, vielleicht waren es Dienstmänner von der Straßenecke, sie sahen ihnen nicht unähnlich – trotzdem war er diesmal, förmlich schon seit dem ersten Anblick des Wächters Franz, entschlossen, nicht den geringsten Vorteil, den er vielleicht gegenüber diesen Leuten besaß, aus der Hand zu geben.

1 a Beschreiben Sie, wie sich die Einführung des Lesers / der Leserin in Kafkas Roman von der in Fontanes Roman (▶ S. 193 f.) unterscheidet.

b Analysieren Sie im Hinblick darauf die sprachliche Gestaltung des ersten Satzes in Kafkas Roman.

2 a Durchsuchen Sie den Text nach Hinweisen zu Ort und Zeit des erzählten Geschehens.

b Deuten Sie in Partnerarbeit die Ergebnisse Ihrer Suche.

3 a Entwerfen Sie in Einzelarbeit eine grafische Darstellung der Figurenkonstellation.

b Stellen Sie Ihre Entwürfe vor und verständigen Sie sich auf eine gemeinsame Darstellung.

4 a Untersuchen Sie, ob die Interaktion zwischen Josef K. und seinen Wächtern eher als komplementär oder als symmetrisch zu bezeichnen ist (vgl. die Auszüge aus der Kommunikationstheorie von Paul Watzlawick ▶ S. 165 f.).

b Verfassen Sie eine Charakteristik der Hauptfigur Josef K. (▶ Information **Figuren und ihre Konstellation**).

5 Skizzieren Sie Ihre Erwartungen hinsichtlich des weiteren Verlaufs der Geschichte und tauschen Sie sich darüber aus. Beachten Sie dabei die Fragen, die sich Josef K. stellt (▶ Z. 102–107).

Information Figuren und ihre Konstellation

Zum Verstehen eines epischen Textes trägt ganz wesentlich das Erfassen der Figuren und ihrer Beziehungen untereinander bei. Der Gesamteindruck von einer Figur wird durch die **direkten Charakterisierungen** vermittelt, die der Erzähler vornimmt: einerseits durch seine Beschreibungen aus der **Außensicht**, andererseits durch die Wiedergabe von Gedanken und Gefühlen aus der **Innensicht** der Figur. Hinzu kommen **indirekte Charakterisierungen**: die Beobachtungen und Urteile anderer Figuren und die Rückschlüsse, die der Leser / die Leserin aus dem Verhalten und den Reden einer Figur ziehen kann. In einer **Charakteristik** oder einem **Figurenporträt** kann der Gesamteindruck von einer Figur festgehalten werden. Einzugehen ist dabei auf folgende Aspekte:

- äußeres Erscheinungsbild und Art und Weise des Auftretens (Habitus),
- Herkunft (Familie, Milieu, Ort bzw. Region), Bildungsgang,
- berufliche und soziale Stellung,
- Charaktereigenschaften,
- religiöse und weltanschauliche Vorstellungen,
- Fähigkeiten und Schwächen,
- Wünsche und Ziele,
- Beziehungen und Verhalten gegenüber anderen Figuren.

Um einen Überblick über die **Figurenkonstellation** in einem epischen Text zu gewinnen, ist es hilfreich, sie in einer grafischen Darstellung zu visualisieren.

Alfred Döblin: **Berlin Alexanderplatz. Die Geschichte vom Franz Biberkopf** (1929) – Romananfang

Mit der 41 in die Stadt

Er stand vor dem Tor des Tegeler Gefängnisses und war frei. Gestern hatte er noch hinten auf den Äckern Kartoffeln geharkt mit den andern, in Sträflingskleidung, jetzt ging er im gelben Sommermantel, sie harkten hinten, er war frei. Er ließ Elektrische[1] auf Elektrische vorbeifahren, drückte den Rücken an die rote Mauer und ging nicht. Der Aufseher am Tor spazierte einige Male an ihm vorbei, zeigte ihm seine Bahn, er ging nicht. Der schreckliche Augenblick war gekommen [schrecklich, Franze, warum schrecklich?], die vier Jahre waren um. Die schwarzen eisernen Torflügel, die er seit einem Jahre mit wachsendem Widerwillen betrachtet hatte [Widerwillen, warum Widerwillen], waren hinter ihm geschlossen. Man setzte ihn wieder aus. Drin saßen die andern, tischlerten, lackierten, sortierten, klebten, hatten noch zwei Jahre, fünf Jahre. Er stand an der Haltestelle.

Die Strafe beginnt.

Er schüttelte sich, schluckte. Er trat sich auf den Fuß. Dann nahm er einen Anlauf und saß in der Elektrischen. Mitten unter den Leuten. Los. Das war zuerst, als wenn man beim Zahnarzt sitzt, der eine Wurzel mit der Zange gepackt hat und zieht, der Schmerz wächst, der Kopf will platzen. Er drehte den Kopf zurück nach der roten Mauer, aber die Elektrische sauste mit ihm auf den Schienen weg, dann stand nur noch sein Kopf in der Richtung des Gefängnisses. Der Wagen machte eine Biegung, Bäume, Häuser traten dazwischen. Lebhafte Straßen tauchten auf, die Seestraße, Leute stiegen ein und aus. In ihm schrie es entsetzt: Achtung, Achtung, es geht los. Seine Nasenspitze vereiste, über seine Backe schwirrte es. „Zwölf Uhr Mittagszeitung“, „B.Z.“, „Die neuste Illustrirte“, „Die Funkstunde neu“, „Noch jemand zugestiegen?“ Die Schupos haben jetzt blaue Uniformen. Er stieg unbeachtet wieder aus dem Wagen, war unter Menschen. Was war denn? Nichts. Haltung, ausgehungertes Schwein, reiß dich zusammen, kriegst meine Faust zu riechen. Gewimmel, welch Gewimmel. Wie sich das bewegte. Mein Brägen[2] hat wohl kein Schmalz mehr, der ist wohl ganz ausgetrocknet. Was war das alles. Schuhgeschäfte, Hutgeschäfte, Glühlampen, Destillen[3]. Die Menschen müssen doch Schuhe haben, wenn sie so viel rumlaufen, wir hatten ja auch eine Schusterei, wollen das mal festhalten. Hundert blanke Scheiben, lass die doch blitzern, die werden dir doch nicht bange machen, kannst sie ja kaputt schlagen, was ist denn mit die, sind eben blankgeputzt. Man riss das Pflaster am Rosenthaler Platz auf, er ging zwischen den andern auf Holzbohlen. Man mischt sich unter die andern, da vergeht alles, dann merkst du nichts, Kerl. Figuren standen in den Schaufenstern in Anzügen, Mänteln, mit Röcken, mit Strümpfen und Schuhen. Draußen bewegte sich alles, aber – dahinter – war nichts! Es – lebte – nicht! Es hatte fröhliche Gesichter, es lachte, wartete auf der Schutzinsel gegenüber Aschinger[4] zu zweit oder zu dritt, rauchte Zigaretten, blätterte in Zeitungen. So stand das da wie die Laternen – und – wurde immer starrer. Sie gehörten zusammen mit den Häusern, alles weiß, alles Holz.

Schreck fuhr in ihn, als er die Rosenthaler Straße herunterging und in einer kleinen Kneipe ein Mann und eine Frau dicht am Fenster saßen: die gossen sich Bier aus Seideln in den Hals, ja was war dabei, sie tranken eben, sie hatten Gabeln und stachen sich damit Fleischstücke in den Mund, dann zogen sie die Gabeln wieder heraus und bluteten nicht. Oh, krampfte sich sein Leib zusammen, ich kriege es nicht weg, wo soll ich hin? Es antwortete: Die Strafe.

Er konnte nicht zurück, er war mit der Elektrischen so weit hierhergefahren, er war aus dem Gefängnis entlassen und musste hier hinein, noch tiefer hinein.

Das weiß ich, seufzte er in sich, dass ich hier rin muss und dass ich aus dem Gefängnis entlas-

1 **Elektrische:** Straßenbahn
2 **Brägen:** Hirn von Schlachtvieh
3 **Destille:** Kneipe
4 **Aschinger:** Gastronomiebetrieb in Berlin

sen bin. Sie mussten mich ja entlassen, die Strafe war um, hat seine Ordnung, der Bürokrat tut seine Pflicht. Ich geh auch rin, aber ich möchte nicht, mein Gott, ich kann nicht.
Er wanderte die Rosenthaler Straße am Warenhaus Tietz vorbei, nach rechts bog er ein in die schmale Sophienstraße. Er dachte, diese Straße ist dunkler, wo es dunkel ist, wird es besser sein. Die Gefangenen werden in Einzelhaft, Zellenhaft und Gemeinschaftshaft untergebracht. Bei Einzelhaft wird der Gefangene bei Tag und Nacht unausgesetzt von andern Gefangenen gesondert gehalten. Bei Zellenhaft wird der Gefangene in einer Zelle untergebracht, jedoch bei Bewegung im Freien, beim Unterricht, Gottesdienst mit andern zusammengebracht. Die Wagen tobten und klingelten weiter, es rann Häuserfront neben Häuserfront ohne Aufhören hin. Und Dächer waren auf den Häusern, die schwebten auf den Häusern, seine Augen irrten nach oben: wenn die Dächer nur nicht abrutschten, aber die Häuser standen grade.
Wo soll ick armer Deibel hin, er latschte an der Häuserwand lang, es nahm kein Ende damit. Ich bin ein ganz großer Dussel, man wird sich hier doch noch durchschlängeln können, fünf Minuten, zehn Minuten, dann trinkt man einen Kognak und setzt sich. Auf entsprechendes Glockenzeichen ist sofort mit der Arbeit zu beginnen. Sie darf nur unterbrochen werden in der zum Essen, Spaziergang, Unterricht bestimmten Zeit. Beim Spaziergang haben die Gefangenen die Arme ausgestreckt zu halten und sie vor- und rückwärts zu bewegen.

1 **a** Beschreiben Sie die Situation, in der Franz Biberkopf sich befindet, und seine damit verbundenen Gedanken und Gefühle.
b Erläutern Sie, inwiefern die Darstellung Berlins zu Biberkopfs Gedanken und Gefühlen passt.

2 Untersuchen Sie, wie die Figuren charakterisiert werden: Franz Biberkopf und „die andern".

3 **a** Tauschen Sie sich über Ihre ersten Eindrücke zum Stil des Textes aus.
b Erläutern Sie den Stil genauer. Verwenden Sie folgende Begriffe: Dialekt/Umgangssprache, Sachtext/Behördensprache, gehobene Sprache, Zitate, Ausrufe, Fragen.
c Erläutern Sie den Stil des Romans und dessen Wirkung mit Hilfe der Information.

4 Untersuchen Sie, mit welchen sprachlichen Mitteln die Reizüberflutung ausgedrückt wird:
– Vergleich, z. B.: „Das war zuerst, als wenn man beim Zahnarzt sitzt …" (Z. 25 ff.)
– Steigerung, z. B.: „der Schmerz wächst, der Kopf will platzen" (Z. 27 f.)
– …

5 Sehen Sie sich die Gemälde von Grosz, Meidner und Dix an (▶ S. 483, 486, 492). Erklären Sie, inwiefern die Wahrnehmung und Gestaltung der Großstadt zu der in Döblins Roman passen.

Information **Montagetechnik**

Bei der **Montagetechnik** handelt es sich um eine komplexe Erzählstruktur modernen Erzählens. Die Montage kann in unterschiedlicher Form stattfinden:

- Auf der **Handlungsebene** können parallele Handlungen und Ereignisse auf unterschiedlichen Zeitebenen sowie innere und äußere Handlung (Wirklichkeits- und Bewusstseinsfragmente) verbindungslos ineinander verschachtelt werden.
- Auf der **Stilebene** lässt sich unterschiedliches Sprachmaterial mischen, indem andere Textteile in die Erzählhandlung hineinmontiert werden, z. B. aus Presse, Werbung, Sachtexten.

Die Montagetechnik ermöglicht die **simultane Wahrnehmung** verschiedener Sinneseindrücke. Sie ist Ausdruck der Wahrnehmung moderner Wirklichkeit wie z. B. Reizüberflutung und Orientierungslosigkeit.

6 Untersuchen Sie die Darstellung der Handlung und der Zeitgestaltung: Gibt es eine Chronologie? Welche Ebenen lassen sich unterscheiden? Wie ist das Verhältnis von Erzählzeit und erzählter Zeit?

Information Handlung und Zeitgestaltung

Die Handlung eines epischen Textes kann **chronologisch**, d.h. kontinuierlich (linear) in ihrer zeitlichen Abfolge erzählt werden oder diskontinuierlich in Form von **Rückblenden** und **Vorausdeutungen**. Zu unterscheiden ist auch zwischen verschiedenen **Handlungsebenen**. Neben der Ebene der **äußeren Handlung**, der Kette der Ereignisse, in der von den Aktionen der Figuren berichtet wird, gibt es die Ebene der **inneren Handlung**, dem Geschehen, das im Bereich der Erinnerungen, Zukunftspläne, Fantasien, Träume usw. der Figuren abläuft. Eine Komplexität im Handlungsgefüge kann nicht nur durch die Kombination dieser Ebenen erreicht werden, sondern auch durch den **Zusammenschnitt mehrerer Parallelhandlungen** auf der äußeren Handlungsebene oder durch die Verschachtelung von **Rahmenerzählung** und **Binnenerzählung**. Dabei erzählt eine Figur, die Teil der zunächst erzählten Handlung ist, ihrerseits eine Geschichte. Ein wichtiger erzähltechnischer Aspekt in Bezug auf die Darstellung der Handlung ist schließlich noch das Verhältnis von **Erzählzeit** (die Zeit, in der die Geschichte erzählt bzw. gelesen werden kann) und **erzählter Zeit** (der Zeitraum, in dem sich das erzählte Geschehen abspielt). Das Verhältnis, in dem beide zueinander stehen, trägt zur Rhythmisierung einer Erzählung und damit zur Spannung und zum Erhalt des Leseinteresses wesentlich bei. Drei Möglichkeiten sind hierbei zu unterscheiden:

- **Zeitdeckung:** Erzählzeit und erzählte Zeit sind ungefähr deckungsgleich, z.B. im szenischen Erzählen;
- **Zeitraffung:** die Erzählzeit ist kürzer als die erzählte Zeit, z.B. im Erzählbericht, wenn Zeitspannen übersprungen oder Vorgänge stark zusammengefasst wiedergegeben werden;
- **Zeitdehnung:** die Erzählzeit ist länger als die erzählte Zeit, z.B. wenn Gedanken und Gefühle einer Figur in einem kurzen Handlungsmoment ausführlich wiedergegeben werden oder der Erzähler längere Kommentare und Reflexionen einfügt.

Aufgaben zu den drei Erzählbeispielen:

1 Jeder epische Text hat eine Erzählerin oder einen Erzähler. Diese erzählende Instanz wählt beim Erzählen eine bestimmte Vorgehensweise, die so genannte Erzählstrategie.

a Erarbeiten Sie sich ein genaues Verständnis der drei in der Information beschriebenen Erzählstrategien (▶ S. 201 f.), indem Sie zu jeder ein Schaubild erstellen. Zeichnen Sie die Strategien auf eine Folie und stellen Sie sie im foliengestützten Vortrag in Ihrem Kurs vor.

b Ordnen Sie die drei Erzählbeispiele je einer der Strategien zu und begründen Sie Ihre Zuordnung.

c Wählen Sie eines der Erzählbeispiele aus und verfassen Sie dazu eine genaue Analyse der Erzählstrategie.

Information Der Erzähler / Die Erzählerin und seine/ihre Strategien

Das entscheidende gattungsspezifische Merkmal, das die Epik von allen anderen literarischen Gattungen trennt, ist **der Erzähler / die Erzählerin**. Der Erzähler / die Erzählerin darf nicht mit dem Autor / der Autorin eines epischen Werkes verwechselt werden. **Er/Sie** ist eine **fiktive Figur**, die als **vermittelnde Instanz** erfunden worden ist, um die Geschichte zu präsentieren. Bei der Vermittlung der Geschichte kann der Erzähler auf ganz unterschiedliche Weise vorgehen.

Er kann verschiedene **Erzählstrategien** wählen. Da diese Erzählstrategien außerordentlich komplex sind und dabei viele Komponenten zu beachten sind, lassen sie sich in all ihren Spielarten nicht systematisch in einem Überblick darstellen. Bis heute gibt es kein allgemein anerkanntes Modell mit allen Varianten des Erzählens. Daher kann der folgende Versuch, die Fülle der erzählerischen Möglichkeiten auf drei idealtypische Erzählstrategien zu reduzieren, keinerlei Anspruch auf Vollständigkeit und Verbindlichkeit erheben. Es handelt sich um Konstrukte, die drei Grundmöglichkeiten erzählerischen Vorgehens zusammenfassen. Gedacht sind sie hauptsächlich als ein wichtiger Aspekt bei der Analyse von Erzähltexten. In längeren Erzählgattungen wie Romanen oder Novellen können Erzählstrategien wechseln und in unterschiedlicher Weise kombiniert werden. Als Ansatz der Konstruktion dient die **Kategorie des Erzählverhaltens**, das auktorial, personal oder neutral sein kann.

Die drei idealtypischen Erzählstrategien

Auktoriales Erzählen

Beim **auktorialen Erzählen** erscheint der Erzähler als souveräner Schöpfer (lat. *auctor:* Urheber) der erzählten Welt, durch die er die Lesenden sicher leitet. Häufig wählt er einen **Erzählstandort,** der als „olympisch“ bezeichnet wird, d. h., der Erzähler thront göttergleich über der erzählten Welt, ist prinzipiell allwissend und allgegenwärtig.
Er kennt Zusammenhänge und kann jederzeit in die Köpfe und Herzen der Figuren schauen, also bei der **Perspektive** zwischen **Außensicht** und **Innensicht** wechseln.
Von dieser Allwissenheit macht er jedoch nicht durchgehend Gebrauch, um nicht immer zu viel zu verraten und um die Spannung zu erhöhen.
Der auktoriale Erzähler gibt den Lesenden dadurch Orientierung, dass er z. B. die Figuren direkt charakterisiert, Vorausdeutungen und Rückblenden einfügt und das Geschehen oder das Verhalten der Figuren kommentiert. Dabei kann er Zustimmung und Wohlwollen oder kritische Distanz ausdrücken (**Erzählhaltung**).
Da der Erzähler nicht zu den Handlungsträgern der Geschichte gehört, also nicht primär von sich selbst erzählt, bedient er sich in der Regel der **Er-/Sie-Erzählform.** Dabei herrscht als **Darbietungsform** der **Erzählbericht** vor, in dem der Erzähler das Wort behält und Beschreibungen, Reflexionen und Kommentare einwebt. Er lässt aber auch die Figuren zu Wort kommen: Diese **Figurenrede** kann in Form der direkten oder indirekten Rede, des Redeberichts oder der zusammenfassenden Gedankenwiedergabe erfolgen.

Personales Erzählen

Beim **personalen Erzählen** schlüpft der Erzähler in die Rolle einer der Figuren der erzählten Welt, aus deren Sicht er dann in diese Welt blickt. Der **Erzählstandort** liegt häufig in einer relativ geringen Distanz zum erzählten Geschehen, was seinen Überblick einschränkt. Der Erzähler sieht und hört nichts anderes als die Figur, deren Sicht er gewählt hat, und weiß auch nicht mehr als diese. So kann er die Gedanken und Gefühle anderer Figuren auch nicht unmittelbar wiedergeben, sondern muss sie aus deren Verhalten und deren Äußerungen schließen. Dennoch ist das personale Erzählen von der **Perspektive** der **Innensicht** geprägt, nämlich von der Innensicht des miterlebenden Erzählers, seinen Gedanken und Gefühlen.
In der **Erzählhaltung** ergibt sich dieselbe Bandbreite wie beim auktorialen Erzählen.
Sehr häufig ist die personale Erzählstrategie mit der **Ich-Erzählform** verbunden. Das Ich erzählt dabei von eigenen Erlebnissen und gehört somit zu den Handlungsträgern der Geschichte.

In einer im modernen Erzählen nicht seltenen Variante kann der Erzähler jedoch auch die **Er-/Sie-Erzählform** wählen und gleichwohl aus der Sicht einer Figur erzählen, nimmt dann trotz der Er-/Sie-Erzählform ganz die Position einer Figur ein und erlebt die erzählte Welt mit den Gedanken und Empfindungen dieser Figur. Es handelt sich dann um die **Darbietungsform der erlebten Rede** (z.B.: *Er wusste nicht mehr, was er machen sollte. Sollte er sich getäuscht haben?).* Werden die Gedanken, Wahrnehmungen und Gefühle (Bewusstseinsstrom) dagegen in der Ich-Erzählform dargeboten, spricht man von einem **inneren Monolog.**

Neutrales Erzählen

Beim **neutralen Erzählen** steht der Erzähler wie beim auktorialen Erzählen außerhalb der Figurenwelt. Im Gegensatz zum auktorialen Erzählen fehlen aber Kommentare und Reflexionen sowie direkte Figurencharakterisierungen und Erläuterungen von Zusammenhängen zur Orientierung. Der **Erzählstandort** liegt in der Distanz, in der ein um Objektivität bemühtes Registrieren der Vorgänge möglich ist. Eine Form der neutralen Erzählstrategie ist es auch, die Geschehnisse **multiperspektivisch** darzubieten, d.h., sie aus Sicht verschiedener Figuren unvermittelt und unkommentiert aneinanderzureihen. Im Übrigen dominiert als **Perspektive** die **Außensicht** auf die Figuren. Die **Erzählhaltung** ist neutral, also weder affirmativ noch kritisch. Es herrscht die **Er-/Sie-Erzählform** vor, unterbrochen von Passagen, in denen die Figuren zu Wort kommen und dann natürlich in der Ich-Form über sich sprechen. Überhaupt nimmt unter den **Darbietungsformen** neben dem referierend-sachlichen **Erzählbericht** die **Figurenrede** einen breiten Raum ein, da der neutrale Erzähler es vorzieht, dass sich die Figuren selbst präsentieren.
Daher ist die favorisierte **Darbietungsform** neben dem unkommentierten Referieren der Geschehnisse **das szenische Erzählen,** die Wiedergabe der **Wechselrede der Figuren** ohne erläuternde Zwischenbemerkungen des Erzählers.

1 Vergleichen Sie die Romananfänge von Fontane, Kafka und Döblin. Erläutern Sie, inwiefern sich Kafka und Döblin durch eine Erneuerung des Erzählens von Fontane abheben. Berücksichtigen Sie dabei Thema und Motive, Figuren, Ort und Atmosphäre, Erzähler sowie sprachliche Gestaltung.
In „Effi Briest" deutet sich ein Konflikt zwischen … und … in Bezug auf das Thema Individuum und … an. Das Motiv des Schaukelns steht hier für Effis Bedürfnis nach … Bei Kafka und Döblin sind Freiheit und Gefangenschaft ein Thema, das sich synchron vergleichen lässt: …
Während Effi eine (noch) integrierte Figur ist, sind die modernen Protagonisten …
Ort und Atmosphäre sind bei Fontane durch … geprägt … Kafka und Döblin vermitteln …
Der auktoriale Erzähler bei Fontane … In den modernen, personal erzählten Romanen …
Sprachlich bilden Kafka und Döblin nicht die Wirklichkeit nach, sondern …

Information **Thema und Motiv – Texte vergleichen**

Das **Thema** ist der Gegenstand oder Hauptgedanke eines Werks, z.B. das Thema „Liebe", das Thema „Ehebruch", das Thema „Freiheit". Das **Motiv** (▸ Information, S.53) ist ein zum Thema gehörendes Element, z.B. das Motiv der Rose, das Motiv des Duells, das Motiv Gefängnis. Themen und Motive können **diachron** verglichen werden (epochenübergreifend, z.B. von der Antike bis zur Gegenwart) oder **synchron** (z.B. die Behandlung des universelen Themas „Liebe" in zeitgleich entstandener Literatur).

1 Döblins Roman „Berlin Alexanderplatz“ entstand in der Zeit der Weimarer Republik, in der sich viele Stilrichtungen durchmischten.

a Informieren Sie sich über Weltbild und Lebensauffassung dieser Zeit (▸ S. 498) und erläutern Sie, inwiefern sie Niederschlag in dem Romananfang finden. Beziehen Sie auch Informationen zu den Gegenströmungen zum Naturalismus (▸ S. 479) und zum Expressionismus (▸ S. 491) in Ihre Überlegungen ein.

Die Untertanenmentalität zur Zeit der Weimarer Republik äußert sich z. B. im Zitieren …

b Untersuchen Sie, inwiefern die von Döblin gefundenen neuen Ausdrucksformen sich als Aufkündigung der konventionellen Formsprache lesen lassen und als Spiegel gesellschaftlicher Veränderungen gelten können. Nutzen Sie die Information unten.

Information **Vom Realismus zur Moderne – Neue Ausdrucksformen**

Die **Wende zum 20. Jahrhundert** bedeutete nicht nur den zeitlichen Wechsel der Jahrhunderte, sondern einen **kulturellen Umbruch.** In der wachsenden Spannung zwischen fortschrittlicher Entwicklung zur Industriegesellschaft und starr-konservativen politischen und gesellschaftlichen Verhältnissen machten sich in der jungen Generation Gefühle von Sinnentleerung, Langeweile und nicht zuletzt Untergangsstimmung breit. Mit dem Ende des bürgerlichen Zeitalters gerieten auch überkommene künstlerische Gestaltungsmittel in die Kritik der jungen Dichter, Maler und Musiker.

Die **realistischen Darstellungsformen des 19. Jahrhunderts** beherrschten noch die Praxis der verschiedenen Künste: Es galt, die wahrgenommene Wirklichkeit möglichst naturgetreu nachzubilden. Sie wurde dabei jedoch auch idealistisch überhöht, um harmonisch und schön zu wirken und edle, große Gefühle zu vermitteln.

Mit der **Jahrhundertwende** änderten sich die ästhetischen Kategorien im Bereich der Literatur, der Kunst und der Musik radikal. Das neue Bewusstsein passte nicht mehr in die bisher geltenden gefälligen Darstellungsformen des schönen Scheins. Dichter, bildende Künstler und Musiker suchten auf unterschiedlichste Weise nach neuen Wegen, um ihr inneres Erleben, das Gefühl der Desorientierung, adäquat auszudrücken. Die Darstellung der Welt, die nicht mehr als schön erlebt wurde, äußerte sich im Zerbrechen der harmonischen Formen, in Provokation und Schock sowie im **Finden neuer Ausdrucksformen.**

Vielfalt, Unterschiedlichkeit und Widersprüchlichkeit prägten die Literatur und Kunst um die Jahrhundertwende. Die ambivalente Welterfahrung und die Ablehnung bestehender Werte äußerten sich einerseits in Angst und Orientierungslosigkeit, in der Rückbesinnung auf alte Werte (Mythen, Geschichte) sowie im Rückzug ins Subjektive (Visionen, Traum, Unbewusstes), andererseits in Aufbruchstimmung, Offenheit, Pluralität und Experiment (fortschrittliche Suche nach neuen sprachlichen und künstlerischen Mitteln). Die **Stilvielfalt** der künstlerischen und literarischen Reaktionen auf die Wahrnehmungs- und Bewusstseinsänderung am Ende des 19. Jahrhunderts bezeichnet man als den Beginn der **Moderne.** Für die unterschiedlichen, aber zeitgleichen Strömungen in Literatur und Kunst gibt es etliche Bezeichnungen: Naturalismus, Impressionismus, Symbolismus, Décadence, Fin de Siècle, Jugendstil, Neuromantik, Expressionismus (▸ S. 470, 479, 491).

2 Informieren Sie sich in arbeitsteiligen Gruppen über die verschiedenen Stilbezeichnungen der beginnenden Moderne. Veranschaulichen Sie Ihre Ergebnisse möglichst durch das Vortragen von Texten, durch Bild- und Musikbeispiele.

Zwischen Fiktion und Wirklichkeit – Modelle literarischer Kommunikation

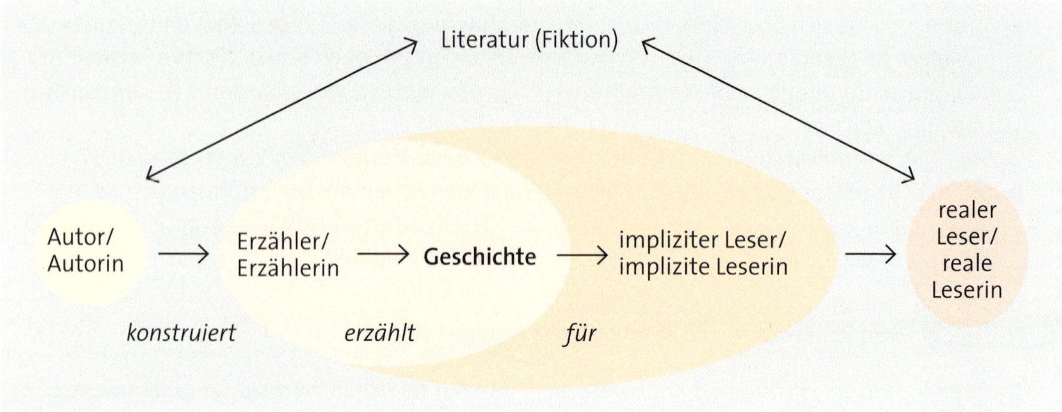

1 **a** Setzen Sie das Schaubild in einen erläuternden Text um. Beginnen Sie z. B. so:
Das Grundmodell literarischen Erzählens besagt, dass eine Autorin oder ein Autor eine Geschichte konstruiert, wobei auch … zur Fiktion bzw. Konstruktion gehört.
Ebenso zu unterscheiden sind die Leserin bzw. der Leser, welche die Autorin oder der Autor sich vorgestellt hat, also …

b Erarbeiten Sie sich in Kleingruppen ein gemeinsames Verständnis des Schaubildes.

2 Erläutern Sie das Modell literarischen Erzählens an einem der drei Erzählbeispiele auf den Seiten 193–199. Beantworten Sie dazu z. B. die folgenden Fragen:
- Wer ist der Autor von „Effi Briest“ und wie unterscheidet er sich vom Erzähler?
- Welches implizite Lesepublikum könnte der Autor von „Effi Briest“ vor Augen gehabt haben?
- Welche Leerstellen (▶ Information) in der Darstellung der Außenwelt, der Innenwelt oder in der Verknüpfung der Handlungsmomente füllen Sie als realer Leser / reale Leserin?

3 **Transferaufgabe:** Erläutern Sie die Kommunikation zwischen Autor/in und Leser/in anhand eines anderen Ihnen bekannten Erzähltextes.

Information **Literarisches Erzählen – Kommunikation zwischen Autor/in und Leser/in**

Ein **Autor** oder eine **Autorin** stellt sich mehr oder weniger bewusst eine Leserschaft vor und lässt auf dieser Basis den **Erzähler,** der die **Geschichte** erzählt, mit einem **impliziten Lesepublikum** kommunizieren. Der Erzähler kann seine Leser direkt ansprechen. Aber auch ohne solche Ansprachen ist der implizite Leser im Text präsent. Das erkennt man daran, dass der Erzähler einen Leser mit einer bestimmten Bildung bzw. mit bestimmten Kenntnissen voraussetzt, der z. B. Anspielungen oder intertextuelle Bezüge versteht.

Das **reale Lesepublikum** sind die Personen, die den Erzähltext in einer ganz bestimmten konkreten Situation, z. B. in ihrem Wohnzimmer oder auf einer Bahnfahrt, lesen. Dabei füllen sie in ihrer Vorstellung die **Leerstellen** des Textes, die der Erzähler in der Darstellung der Außenwelt (Orte, Situationen, Aussehen der Figuren), der Innenwelt (Gedanken und Gefühle der Figuren) und in der Verknüpfung der Handlungsmomente offenlässt. Beispielsweise stellen sich Leser/innen zu einer Kutsche in der Regel ein oder mehrere Pferde vor, auch wenn diese im Text nicht erwähnt werden, oder sie vermuten bei einer Figur auf Grund ihrer Handlungen bestimmte Gefühle, die der Text nicht explizit beschreibt. Dementsprechend wird das Lesen zu einer kreativen Tätigkeit.

Fiktionalitätstheorien (2014)

Unter Fiktion versteht man in der Regel das Gegenteil von Wirklichkeit. Bei Literatur, die im Gegensatz zu Sachtexten erfundene Geschichten vermittelt, spricht man auch von Fiktionalität. Handlung und Figuren eines literarischen Werks werden als fiktiv bezeichnet.

Gewissermaßen eine übergeordnete **Fiktionalitätstheorie** ist die **pragmatische**. Sie besagt, dass die Kommunikation zwischen Autor und Leser im Fall von Literatur ganz anders abläuft als bei einem Sachbuch. Bei einem Sachbuch gehen wir selbstverständlich davon aus, dass uns Tatsachen vermittelt werden. Wir halten die Informationen, die wir bekommen, für wahr und im Idealfall auch für nützlich. Ganz anders bei der literarischen Kommunikation zwischen Autor und Leser. Meist wissen wir schon vor der Lektüre, dass wir im Begriff sind, eine erfundene Geschichte zu lesen. Wir kennen z. B. den Autor oder lesen auf dem Cover des Buches, dass es sich um einen Roman handelt, und erwarten entsprechend keine Wiedergabe von Tatsachen, sondern eine kunstvoll gestaltete Fiktion. Wir beurteilen das Buch dann auch nicht nach seinem Gehalt an überprüfbaren Fakten, sondern nach ästhetischen Kriterien, d. h. nach der Art und Weise, in der der Inhalt künstlerisch geformt ist.

Semantische oder **inhaltsbezogene Fiktionalitätstheorien** nehmen an, dass in fiktionalen Texten bestimmte fiktive Inhalte wie erfundene Figuren, Gegenstände oder Ereignisse auftauchen. Das ist bei einer Geschichte, die im Jahr 3000 auf einem fremden Planeten spielt, auch zweifellos richtig. Problematisch ist jedoch, dass fiktive Inhalte auch in nicht-fiktionalen Texten vorkommen können, z. B. in spekulativen Mathematik-Aufgaben oder in rein theoretischen juristischen Fällen. Fiktivität kann also nicht auf fiktionale Texte begrenzt werden.

Andererseits enthalten fiktionale Texte nicht nur fiktive Elemente. So vermischen sich in historischen Romanen faktische und fiktive Ereignisse, treten reale Personen der Zeitgeschichte neben erfundenen Figuren auf.

Drei Möglichkeiten der Realitäts-Fiktions-Unterscheidung

Pragmatische Fiktionalitätssignale
Kommunikation Autor – Leser
Unterscheidung Fiktion – Nicht-Fiktion

Semantische Fiktionalitätssignale
fiktive – nicht-fiktive Inhalte

Darstellungsbezogene Fiktionalitätssignale
realistische – nicht-realistische Form

In den **darstellungsbezogenen Fiktionalitätstheorien** wird davon ausgegangen, dass fiktionale Texte an bestimmten Signalen zu erkennen sind. Dazu gehören z. B. das epische Präteritum, die erlebte Rede und so genannte Verben der inneren Vorgänge (z. B. „denken“ und „fühlen“). Allerdings tauchen diese Signale längst nicht in allen fiktionalen Texten auf. Zudem wird oft behauptet, dass der Unterschied zwischen Fiktion und Nicht-Fiktion daran zu erkennen ist, dass der Autor in fiktionalen Texten nicht mit dem Erzähler gleichzusetzen ist. Aber auch hier kann die Unterscheidung – so wichtig sie für die Analyse epischer Texte ist – zuweilen schwierig sein und nur mit Hilfe zusätzlicher Informationen zum Autor getroffen werden.

Bei anderen darstellungsbezogenen Kriterien wie der literarischen oder poetischen Qualität eines Textes zeichnen sich ebenfalls Schwierigkeiten ab. Qualität ist nämlich, wie man an Trivialliteratur oder Groschenromanen erkennen kann, kein Kriterium für einen fiktionalen Text. Auch mit einer sehr einfachen Sprache kann man Romane schreiben.

Da also weder semantische noch darstellungsbezogene Kriterien eine sichere Unterscheidung zwischen Fiktion und Nicht-Fiktion zulassen, müssen beide in Verbindung mit pragmatischen Fiktionssignalen betrachtet werden.

1 Erläutern Sie den Unterschied zwischen „fiktional“ und „fiktiv“ an einem Beispiel.
Die Bücher um den jungen Zauberer „Harry Potter“ sind … Die Figuren …

2 Ordnen Sie den drei genannten Fiktionalitätstheorien die folgenden Thesen zu:

- Fiktionale Geschichten zeichnen sich durch bestimmte formale Merkmale aus, z. B. durch eine besondere Erzählweise oder Sprache.
- Der Autor, der bewusst eine fiktionale Geschichte schreibt, setzt beim Leser voraus, dass dieser die Geschichte als erfunden identifiziert.
- Man kann eine fiktionale Geschichte daran erkennen, dass darin fiktive Figuren, Ereignisse und/oder Orte auftauchen.

3 Erläutern Sie mit Hilfe der **pragmatischen Fiktionalitätstheorie** die Unterschiede zwischen literarischer und außerliterarischer Kommunikation. Nutzen Sie dazu die drei Erzählbeispiele (▸ S. 193–199) und die Sachtexte aus Kapitel B 6 (▸ S. 295 ff.), z. B.:
Bei „Effi Briest“ steht im Untertitel, dass es sich bei dem Text um … handelt. Darum nimmt der Leser an, dass … Der Leser kennt Theodor Fontane außerdem als … Bei „Der Prozess“ …

4 **a** Schreiben Sie aus dem Text **darstellungsbezogene Signale** für fiktionale Texte heraus. Notieren Sie dahinter, wenn möglich, ein Beispiel aus den Auszügen aus „Effi Briest“, „Der Prozess“ oder „Berlin Alexanderplatz“ (▸ S. 198 f.), z. B.:
episches Präteritum: „Effi Briest“, z. B. „fiel heller Sonnenschein“ (Z. 3 f.); erlebte Rede: …

b Erläutern Sie mit Hilfe der Beispiele aus dem Text, warum darstellungsbezogene Indikatoren kein hinreichendes Kriterium für einen fiktionalen Text darstellen.

5 **a** Schreiben Sie aus dem Text Fiktionalitätssignale auf der **semantischen Ebene** heraus und erklären Sie anhand der Beispiele aus dem Text, warum diese problematisch sind.

b Prüfen Sie, an welchem der drei Erzählbeispiele (▸ S. 193 ff.) sich Fiktionalitätssignale auf der semantischen Ebene am besten nachweisen lassen.

c Diskutieren Sie Möglichkeiten und Grenzen semantischer Fiktionalitätstheorien. Berücksichtigen Sie dabei die folgende Information zu Fontanes Erzähltext:

Fontanes „Effi Briest“ geht auf eine wahre Begebenheit zurück: In der Berliner Gesellschaft hatte 1886 die Ehebruchs- und Duell-Affäre der Familie Ardenne für Aufsehen gesorgt.

Information **Fiktionsvertrag und Fiktionalitätssignale**

Der **Fiktionsvertrag** betrifft die **Kommunikation zwischen Autor/in und Leser/in** (Rezipient/in) auf ganz grundsätzliche Weise. Der Leser weiß zwar, dass er eine erfundene Geschichte liest oder lesen wird, akzeptiert die erfundene Welt aber gleichzeitig als wahr. Er bewegt sich also durch die erfundene Welt so, **als ob** sie wahr sei. – Das Fiktionsbewusstsein hängt dabei vom Welt- und Medienwissen des/der Lesenden ab (z. B. von Kenntnissen über Autoren und Genres).
Fiktionale und nichtfiktionale Texte kann man anhand von **Fiktionalitätssignalen** unterscheiden: **Pragmatische** Fiktionalitätstheorien gehen davon aus, dass ein Autor bewusst eine fiktionale Geschichte schreibt und der Leser diese auf Grund seines Wissens über Autoren und Genres als erfunden identifizieren kann. **Darstellungsbezogene** (z. B. Präteritum, erlebte Rede, innerer Molog, Verben der inneren Vorgänge, Poetizität) und **semantische** Fiktionalitätssignale (z. B. fiktive Figuren, Ereignisse, Orte) sind Indikatoren, die nicht in jedem fiktionalen Text auftauchen müssen und bisweilen auch in nichtfiktionalen Texten zu finden sind.

Was darf Literatur? – Programmatische Texte vergleichen

Theodor Fontane: Was soll ein Roman? (1875) – Auszug aus Fontanes Rezension zu G. Freytags „Die Ahnen“

[...] *Was soll ein Roman?* Er soll uns, unter Vermeidung alles Übertriebenen und Hässlichen, eine Geschichte erzählen, an die wir *glauben*. Er soll zu unserer Fantasie und unserem Herzen sprechen, Anregung geben, ohne aufzuregen; er soll uns eine Welt der Fiktion auf Augenblicke als eine Welt der Wirklichkeit erscheinen, soll uns weinen und lachen, hoffen und fürchten, am Schluss aber empfinden lassen, teils unter lieben und angenehmen, teils unter charaktervollen und interessanten Menschen gelebt zu haben, deren Umgang uns schöne Stunden bereitete, uns förderte, klärte und belehrte. Das etwa soll ein Roman. [...]

[...] „Was soll der *moderne* Roman? Welche *Stoffe* hat er zu wählen? Ist sein Stoffgebiet unbegrenzt? Und wenn *nicht*, innerhalb welcher räumlich und zeitlich gezogenen Grenzen hat er am ehesten Aussicht, sich zu bewähren und die Herzen seiner Leser zu befriedigen?“

Für uns persönlich ist diese Fragenreihe entschieden. Der Roman soll ein Bild der Zeit sein, der wir selber angehören, mindestens die Widerspiegelung eines Lebens, an dessen Grenze wir selbst noch standen oder von dem uns unsere Eltern noch erzählten. [...]

Der moderne Roman soll ein Zeitbild sein, ein Bild *seiner* Zeit. Alles Epochemachende, namentlich alles Dauernde, was die Erzählungsliteratur der letzten 150 Jahre hervorgebracht hat, entspricht im Wesentlichen dieser Forderung. Die großen englischen Humoristen dieses und des vorigen Jahrhunderts schilderten *ihre* Zeit; der französische Roman, trotz des älteren Dumas, ist ein Sitten- und Gesellschaftsroman; Jean Paul, Goethe [...] haben aus *ihrer* Welt und *ihrer* Zeit heraus geschrieben.

So die Regel. Aber, wie schon angedeutet, die Regel erleidet Ausnahmen. Wir zählen dahin den *dramatischen* Roman, den *romantischen* Roman und unter Umständen (aber freilich mit starken Einschränkungen) auch den *historischen* Roman. Diese haben das Vorrecht, die Frage nach dem Jahrhundert ignorieren und ihre Zelte allerorten und allerzeiten aufschlagen zu dürfen. [...]

1 Was soll ein (moderner) Roman und was soll er nicht? Stellen Sie in einer Tabelle Fontanes Antworten auf diese Fragen gegenüber.

Was soll ein (moderner) Roman?	***Was soll ein Roman nicht?***
– eine glaubhafte Geschichte erzählen (Z. 1 ff.) *– ...*	*– ...*

2 Erklären Sie, inwieweit sich im vorliegenden Text Fontanes Realismuskonzept spiegelt, wie er es in „Was verstehen wir unter Realismus?“ (▸ S. 451) ausführt.
Fontane betont in seinem programmatischen Text ..., dass die Literatur des ... nicht ... Stattdessen soll sie ... Diese Aussagen stehen in enger Beziehung zu Fontanes „Was soll ein Roman?“: ...

3 Prüfen Sie, inwiefern Fontane in seinem Roman „Effi Briest“ sein Realismuskonzept umsetzt. Beziehen Sie unter Umständen Ihre Ergebnisse aus Aufgabe 4 (▸ S. 195) ein.

4 Setzen Sie sich mit der Frage auseinander, inwiefern sich Fontanes Literaturprogramm von denen anderer epochaler Strömungen am Ende des 19. Jahrhunderts unterscheidet. Lesen Sie dazu die Texte von Alberti, Zola, Bölsche, Holz und Bahr und bearbeiten Sie die dazugehörigen Aufgaben (▸ S. 469 und S. 470, Aufgabe 1 und 3; S. 473, Aufgabe 1a und 2).

Alfred Döblin: Jeder Roman hat einen Fonds[1] Realität nötig (1936) – Auszug aus „Der historische Roman und wir“

[W]enn im simplen Roman die Dinge nicht so erzählt werden, als ob sie sich richtig ereignet hätten, nicht so erzählt werden, dass sie sich haben ereignen können, wenn die Handlungen unglaubhaft, (verglichen mit der Realität) unwahrscheinlich sind, so lehnen wir diesen Roman ab. Es ist ein schlechter Roman. [...]

Der einfache erfundene Roman also, schon er hat, damit wir ihn überhaupt annehmen, einen Fonds Realität nötig. [...]

[W]ir wollen in dem zugestandenermaßen erfundenen Roman die Dinge glauben können, und Dinge, wenn sie nicht historisch sind, müssen wenigstens möglich sein. Damit ist dem heutigen Autor eine doppelte Aufgabe zugefallen: einmal erkenntlich und überzeugend Realität zu geben, wenn auch nicht zeitlich, räumlich bestimmte, und das andere Mal aus diesen Realitätsbestandteilen etwas zu machen, wodurch das Ganze ein Roman wird. Sie müssen zugeben, dass hier eine kuriose Sache erfolgt. Im geheimen Einverständnis setzen Autor und Hörer sich hin, und der Autor fängt an, einen Wunsch des Hörers zu befriedigen, und er setzt ihm dazu Tatsachen der Welt vor, interessante und wichtige, aber reichlich allgemeine und keineswegs so, wie sie irgendwo wirklich verlaufen wären, aber so, wie es dem Hörer gefällt. [...]

Es gibt keine Art der Erzählung, der epischen Dichtung, wo solch Anschein der Realität, wie wir ihn noch im heutigen Roman aufdeckten, nicht gefordert wird. [...]

Wir verlangen eine uns entsprechende Wahrscheinlichkeit und Glaubwürdigkeit auch im Roman. Unser Realitätsanspruch schließt enorm viel ein, nicht nur eine physikalische und kausale Richtigkeit oder Möglichkeit, sondern auch eine politische, gesellschaftliche und psychologische Richtigkeit oder Möglichkeit. Und sind diese Dinge erfüllt, so kann der Erzähler anfangen, und jetzt beginnt sein Reich, also mit Einverständnis von Autor und Leser, gewissermaßen nach ihrer Verabredung, das Reich eines Als-ob, einer Scheinrealität, die uns erfreut, entspannt, kräftigt und steigert.

Also eine Realität dieser Art, eine Scheinrealität bauen wir im Roman auf, und dies allgemein und im Ganzen.

1 **Fonds:** Grundlage, Basis

1 **a** Stellen Sie gegenüber, wie Döblin die Frage beantwortet, welche Aufgabe ein Roman hat und welche nicht.

b Stellen Sie mit Hilfe des Modells literarischer Kommunikation (► S. 204) dar, was Döblin als „eine kuriose Sache“ (Z. 21) bezeichnet.

2 Erläutern Sie, inwiefern Döblin seine Ansprüche an einen Roman beim Anfang von „Berlin Alexanderplatz“ umsetzt.

3 Vergleichen Sie Fontanes und Döblins Konzept hinsichtlich Gemeinsamkeiten und Unterschieden.
Beide Schriftsteller legen Wert darauf … Dies bedeutet für sie jedoch nicht …
Fontane setzt bei dem, wovon ein Roman handeln sollte, jedoch engere Grenzen. So …
Für Döblin hingegen …

3.2 Krise der Wahrnehmung – Krise der Sprache

Sprachnot in der Literatur

Die Frage, inwieweit Menschen mittels Sprache die Wirklichkeit erkennen und gestalten können, ist ein zentrales Thema der Literatur um 1900. Während die Literatur der Klassik etwa hundert Jahre zuvor noch die Ideale des „Wahren, Guten und Schönen" versprachlichte, werden diese Ideale in der gewandelten Welt der Moderne brüchig und mit ihnen werden die „großen" Begriffe, die sie bezeichnen, leere Sprachschablonen. In der Kritik an den Möglichkeiten der Sprache, die Wirklichkeit zu erfassen, drückt sich das Unbehagen an der Kultur und ihren erstarrten Konventionen aus.

1 Kennen Sie das Gefühl, dass Ihnen in bestimmten Situationen die Worte fehlen? Setzen Sie den Satz fort: *Mir fehlen die Worte, wenn …*

2 Lesen Sie den Beginn des Songtextes von Tim Bendzko: Erklären Sie, wie Sie den Titel verstehen. Wie wird das Thema in den ersten beiden Strophen entfaltet?

Tim Bendzko: **Wenn Worte meine Sprache wären** (2011)

Wenn Worte meine Sprache wären
Ich hätt dir schon gesagt
in all den schönen Worten
wie viel mir an dir lag
ich kann dich nur ansehen
weil ich dich wie eine Königin verehr
doch ich kann nicht auf dich zugehen
weil meine Angst den Weg versperrt

Mir fehlen die Worte ich
hab die Worte nicht
dir zu sagen was ich fühl'
ich bin ohne Worte ich
finde die Worte nicht
ich hab keine Worte für dich
…

Robert Musil: **Die Verwirrungen des Zöglings Törleß** (1906) – Auszug

In seiner autobiografisch gefärbten Erzählung erzählt Musil vom Erwachsenwerden des jungen Schülers Törleß, der eine tiefe Sinn- und Sprachkrise erlebt.

„… Ich habe vielleicht noch zu wenig gelernt, um mich richtig auszudrücken, aber ich will es beschreiben. Eben war es wieder in mir. Ich kann es nicht anders sagen, als dass ich die Dinge in zweierlei Gestalt sehe. Alle Dinge; auch die Gedanken. Heute sind sie dieselben wie gestern, wenn ich mich bemühe, einen Unterschied zu finden, und wie ich die Augen schließe, leben sie unter einem anderen Lichte auf. […] So wie ich fühle, dass ein Gedanke in mir Leben bekommt, so fühle ich auch, dass etwas in mir beim Anblicke der Dinge lebt, wenn die Gedanken schweigen. Es ist etwas Dunkles in mir, unter allen Gedanken, das ich mit den Gedanken nicht ausmessen kann, ein Leben, das sich nicht in Worten ausdrückt und das doch mein Leben ist …"

„… Jetzt ist das vorüber. Ich weiß, dass ich mich doch geirrt habe. Ich fürchte nichts mehr. Ich weiß: Die Dinge sind die Dinge und werden es wohl immer bleiben; und ich werde sie wohl immer bald so, bald so ansehen. Bald mit den Augen des Verstandes, bald mit den anderen … Und ich werde nicht mehr versuchen, dies miteinander zu vergleichen …"

1 **a** Törleß sieht die „Dinge in zweierlei Gestalt". Erläutern Sie diesen Gedanken.
b Kennen Sie dieses Gefühl? Erzählen Sie von eigenen, vergleichbaren Erfahrungen.

2 Vergleichen Sie Törleß' Wahrnehmung der Wirklichkeit mit der des Malte Laurids Brigge in Rilkes gleichnamigem Roman (▶ S. 475).

3 **a** Setzen Sie das nebenstehende Vexierbild in Beziehung zu Törleß' Aussagen.

b Informieren Sie sich über Vexierbilder. Stellen Sie Beispiele in Ihrem Kurs vor.

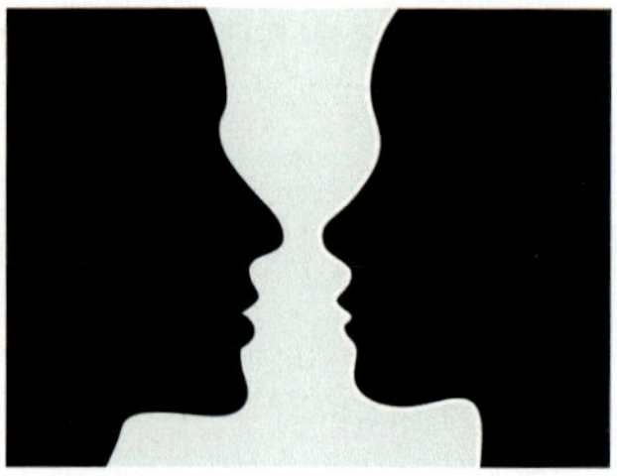

Hugo von Hofmannsthal: **Ein Brief** (1902)

Dies ist der Brief, den Philipp Lord Chandos, jüngerer Sohn des Earl of Bath, an Francis Bacon[1], später Lord Verulam und Viscount St. Albans, schrieb, um sich bei diesem Freunde wegen des gänzlichen Verzichtes auf literarische Betätigung zu entschuldigen. [...]

Um mich kurz zu fassen: Mir erschien damals in einer Art von andauernder Trunkenheit das ganze Dasein als eine große Einheit: Geistige und körperliche Welt schienen mir keinen Gegensatz zu bilden, ebenso wenig höfisches und tierisches Wesen, Kunst und Unkunst, Einsamkeit und Gesellschaft; in allem fühlte ich Natur, in den Verirrungen des Wahnsinns ebenso wohl wie in den äußersten Verfeinerungen eines spanischen Zeremoniells; in den Tölpelhaftigkeiten junger Bauern nicht minder als in den süßesten Allegorien; und in aller Natur fühlte ich mich selber; wenn ich auf meiner Jagdhütte die schäumende laue Milch in mich hineintrank, die ein struppiges Mensch einer schönen, sanftäugigen Kuh aus dem Euter in einen Holzeimer niedermolk, so war mir das nichts anderes, als wenn ich, in der dem Fenster eingebauten Bank meines Studio sitzend, aus einem Folianten[2] süße und schäumende Nahrung des Geistes in mich sog. Das eine war wie das andere; keines gab dem andern weder an traumhafter überirdischer Natur noch an leiblicher Gewalt nach, und so gings fort durch die ganze Breite des Lebens, rechter und linker Hand; überall war ich mittendrinnen, wurde nie ein Scheinhaftes gewahr: Oder es ahnte mir, alles wäre Gleichnis und jede Kreatur ein Schlüssel der andern, und ich fühlte mich wohl den, der im Stande wäre, eine nach der andern bei der Krone zu packen und mit ihr so viele der andern aufzusperren, als sie aufsperren könnte.

[...] Mein Fall ist, in Kürze, dieser: Es ist mir völlig die Fähigkeit abhandengekommen, über irgendetwas zusammenhängend zu denken oder zu sprechen.

Zuerst wurde es mir allmählich unmöglich, ein höheres oder allgemeineres Thema zu besprechen und dabei jene Worte in den Mund zu nehmen, deren sich doch alle Menschen ohne Bedenken geläufig zu bedienen pflegen. Ich empfand ein unerklärliches Unbehagen, die Worte „Geist“, „Seele“ oder „Körper“ nur auszusprechen. Ich fand es innerlich unmöglich, über die Angelegenheiten des Hofes, die Vorkommnisse im Parlament, oder was Sie sonst wollen, ein Urteil herauszubringen. Und dies nicht etwa aus Rücksichten irgendwelcher Art, denn Sie kennen meinen bis zur Leichtfertigkeit gehenden Freimut: sondern die abstrakten Worte, deren sich doch die Zunge naturgemäß bedienen muss, um irgendwelches Urteil an den Tag zu geben, zerfielen mir im Munde wie modrige Pilze. [...]

Allmählich aber breitete sich diese Anfechtung aus wie ein um sich fressender Rost. Es wurden mir auch im familiären und hausbackenen Gespräch alle die Urteile, die leichthin und mit schlafwandelnder Sicherheit abgegeben zu werden pflegen, so bedenklich, dass ich aufhören musste, an solchen Gesprächen irgend teilzunehmen. [...] Mein Geist zwang mich, alle Dinge, die in einem solchen Gespräch vorkamen, in einer unheimlichen Nähe zu sehen: So wie

1 **Francis Bacon:** engl. Philosoph und Naturwissenschaftler (1561–1626). Bacons Überlegungen zum Zusammenhang von Sprache und Wirklichkeit inspirierten v. Hofmannsthal beim Verfassen des Chandos-Briefes (Zitat Bacon: „So wie die Hieroglyphen den Buchstaben vorausgehen, so auch die Bilder den Begriffen“).

2 **Foliant:** großformatiges Buch

ich einmal in einem Vergrößerungsglas ein Stück von der Haut meines kleinen Fingers gesehen hatte, das einem Blachfeld[3] mit Furchen und Höhlen glich, so ging es mir nun mit den Menschen und ihren Handlungen. Es gelang mir nicht mehr, sie mit dem vereinfachenden Blick der Gewohnheit zu erfassen. Es zerfiel mir alles in Teile, die Teile wieder in Teile, und nichts mehr ließ sich mit einem Begriff umspannen. Die einzelnen Worte schwammen um mich; sie gerannen zu Augen, die mich anstarrten und in die ich wieder hineinstarren muss: Wirbel sind sie, in die hinabzusehen mich schwindelt, die sich unaufhaltsam drehen und durch die hindurch man ins Leere kommt. [...]
Seither führe ich ein Dasein, das Sie, fürchte ich, kaum begreifen können, so geistlos, so gedankenlos fließt es dahin; ein Dasein, das sich freilich von dem meiner Nachbarn, meiner Verwandten und der meisten landbesitzenden Edelleute dieses Königreiches kaum unterscheidet und das nicht ganz ohne freudige und belebende Augenblicke ist. Es wird mir nicht leicht, Ihnen anzudeuten, worin diese guten Augenblicke bestehen; die Worte lassen mich wiederum im Stich. Denn es ist ja etwas völlig Unbenanntes und auch wohl kaum Benennbares, das in solchen Augenblicken, irgendeine Erscheinung meiner alltäglichen Umgebung mit einer überschwellenden Flut höheren Lebens wie ein Gefäß erfüllend, mir sich ankündet. Ich kann nicht erwarten, dass Sie mich ohne Beispiel verstehen, und ich muss Sie um Nachsicht für die Albernheit meiner Beispiele bitten. Eine Gießkanne, eine auf dem Felde verlassene Egge, ein Hund in der Sonne, ein ärmlicher Kirchhof, ein Krüppel, ein kleines Bauernhaus, alles dies kann das Gefäß meiner Offenbarung werden. Jeder dieser Gegenstände und die tausend anderen ähnlichen, über die sonst ein Auge mit selbstverständlicher Gleichgültigkeit hinweggleitet, kann für mich plötzlich in irgendeinem Moment, den herbeizuführen auf keine Weise in meiner Gewalt steht, ein erhabenes und rührendes Gepräge annehmen, das auszudrücken mir alle Worte zu arm scheinen. [...]

In diesen Augenblicken wird eine nichtige Kreatur, ein Hund, eine Ratte, ein Käfer, ein verkrümmter Apfelbaum, ein sich über den Hügel schlängelnder Karrenweg, ein moosbewachsener Stein mir mehr als die schönste hingebendste Geliebte der glücklichsten Nacht mir je gewesen ist. Diese stummen und manchmal unbelebten Kreaturen heben sich mir mit einer solchen Fülle, einer solchen Gegenwart der Liebe entgegen, dass mein beglücktes Auge auch ringsum auf keinen toten Fleck zu fallen vermag.
Es erscheint mir alles, was es gibt, alles, dessen ich mich entsinne, alles, was meine verworrensten Gedanken berühren, etwas zu sein. Auch die eigene Schwere, die sonstige Dumpfheit meines Hirnes erscheint mir als etwas; ich fühle ein entzückendes, schlechthin unendliches Widerspiel in mir und um mich, und es gibt unter den gegeneinander spielenden Materien keine, in die ich nicht hinüberzufließen vermöchte.
Es ist mir dann, als bestünde mein Körper aus lauter Chiffern[4], die mir alles aufschließen. Oder als könnten wir in ein neues, ahnungsvolles Verhältnis zum ganzen Dasein treten, wenn wir anfingen, mit dem Herzen zu denken. Fällt aber diese sonderbare Bezauberung von mir ab, so weiß ich nichts darüber auszusagen; ich könnte dann ebenso wenig in vernünftigen Worten darstellen, worin diese mich und die ganze Welt durchwebende Harmonie bestanden und wie sie sich mir fühlbar gemacht habe, als ich ein Genaueres über die inneren Bewegungen meiner Eingeweide oder die Stauungen meines Blutes anzugeben vermöchte. [...]
Und das Ganze ist eine Art fieberisches Denken, aber Denken in einem Material, das unmittelbarer, flüssiger, glühender ist als Worte. Es sind gleichfalls Wirbel, aber solche, die nicht wie die Worte der Sprache ins Bodenlose zu führen scheinen, sondern irgendwie in mich selber, und in den tiefsten Schoß des Friedens. [...]

3 **Blachfeld:** flaches Feld, ebene Gegend; Begriff vor allem in der Bibel gebräuchlich
4 **Chiffern:** geheime Zeichen, welche nur diejenigen, die sie miteinander verabredet haben, entziffern können

Sie waren so gütig, Ihre Unzufriedenheit darüber zu äußern, dass kein von mir verfasstes Buch mehr zu Ihnen kommt, „Sie für das Entbehren meines Umgangs zu entschädigen".
Ich fühlte in diesem Augenblick mit einer Bestimmtheit, die nicht ganz ohne ein schmerzliches Beigefühl war, dass ich auch im kommenden und im folgenden und in allen Jahren dieses meines Lebens kein englisches und kein lateinisches Buch schreiben werde [...]: nämlich weil die Sprache, in welcher nicht nur zu schreiben, sondern auch zu denken mir vielleicht gegeben wäre, weder die lateinische noch die englische, noch die italienische und spanische ist, sondern eine Sprache, von deren Worten mir auch nicht eines bekannt ist, eine Sprache, in welcher die stummen Dinge zu mir sprechen, und in welcher ich vielleicht einst im Grabe vor einem unbekannten Richter mich verantworten werde.
Ich wollte, es wäre mir gegeben, in die letzten Worte dieses voraussichtlich letzten Briefes, den ich an Francis Bacon schreibe, alle die Liebe und Dankbarkeit, alle die ungemessene Bewunderung zusammenzupressen, die ich für den größten Wohltäter meines Geistes, für den ersten Engländer meiner Zeit im Herzen hege und darin hegen werde, bis der Tod es bersten macht.
A. D. 1603, diesen 22. August. Phi. Chandos

1 a Beschreiben Sie mit eigenen Worten die Situation Chandos' und die Folgen seiner „Krankheit".
b Überlegen Sie, welche Schwierigkeiten sich für Künstler/innen und Dichter/innen bei der Wahrnehmung und Darstellung von Wirklichkeit ergeben.

2 Untersuchen Sie die sprachliche Gestaltung des Textes:
a Welche Funktion haben die verwendeten Vergleiche, Metaphern und Beispiele?
b Erörtern Sie, aus welchem Grund Hofmannsthal die Briefform und einen fiktiven Sprecher des 17. Jahrhunderts für seinen Text wählt.
c Klären Sie das „Paradox" des Briefes auf inhaltlicher und formaler Ebene.
Hofmannsthal nutzt virtuos die Möglichkeiten der ..., in die er ...

3 Wie beurteilen Sie vor dem Hintergrund des Briefs die Verbindung von Ding, Bedeutung und Wort?

4 Der Sprachkritiker Fritz Mauthner (1849–1923) schrieb 1901:

„Das abstrakteste Wort ist das vieldeutigste. Wollte man – nicht etwa alle Menschen – sondern nur alle von einer Konfession zwingen, von sich zu geben, was sie sich z. B. unter ihrem Gott vorstellen, es würden die wahnsinnigsten Fantastereien aller Völker und Zeiten zu Tage treten. Und doch ist das ein Wort, worüber sie alle einig zu sein glauben. Mut, Liebe, Wissen, Freiheit sind ebenso zerfahrene Worte. Durch die Sprache haben es sich die Menschen für immer unmöglich gemacht, einander kennen zu lernen."

Vergleichen Sie die Position Mauthners mit der Sprachreflexion im Chandos-Brief.

Max Frisch: **Das Unaussprechliche (Stiller)** (1954)

Schreiben ist nicht Kommunikation mit Lesern, auch nicht Kommunikation mit sich selbst, sondern Kommunikation mit dem Unaussprechlichen. Je genauer man sich auszusprechen vermöchte, umso reiner erschiene das Unaussprechliche, das heißt die Wirklichkeit, die den Schreiber bedrängt und bewegt. Wir haben die Sprache, um stumm zu werden. Wer schweigt, ist nicht stumm. Wer schweigt, hat nicht einmal eine Ahnung, wer er nicht ist. R

1 Beziehen Sie Frischs Text auf die Aussagen von Törleß und Lord Chandos.

Rainer Maria Rilke: **Ich fürchte mich so vor der Menschen Wort** (1898)

Ich fürchte mich so vor der Menschen Wort.
Sie sprechen alles so deutlich aus:
Und dieses heißt Hund und jenes heißt Haus,
und hier ist Beginn und das Ende ist dort.

Mich bangt auch ihr Sinn, ihr Spiel mit dem Spott,
sie wissen alles, was wird und war;
kein Berg ist ihnen mehr wunderbar;
ihr Garten und Gut grenzt grade an Gott.

Ich will immer warnen und wehren: Bleibt fern.
Die Dinge singen hör ich so gern.
Ihr rührt sie an: Sie sind starr und stumm.
Ihr bringt mir alle die Dinge um.

1 Erklären Sie, welchen Aspekt der menschlichen Sprache das lyrische Ich in Rilkes Gedicht beklagt. Nutzen Sie folgende Formulierungsbausteine: *Sowohl die gegenständlichen Dinge (z.B. …) als auch die abstrakten … scheinen dem lyrischen Ich … Die Dinge verlieren durch … ihre …*

2 Untersuchen Sie die formale und sprachliche Gestaltung. Verwenden Sie dazu u.a. folgende Fachbegriffe: Wiederholung, Alliteration, Gegenüberstellung, Anapäst (▶ S. 238., 242 ff.).

Gottfried Benn: **Ein Wort** (1941)

Ein Wort, ein Satz –: aus Chiffren steigen
erkanntes Leben, jäher Sinn,
die Sonne steht, die Sphären schweigen,
und alles ballt sich zu ihm hin.

Ein Wort – ein Glanz, ein Flug, ein Feuer,
ein Flammenwurf, ein Sternenstrich –
und wieder Dunkel, ungeheuer,
im leeren Raum um Welt und Ich.

Vincent van Gogh: Sternennacht (1889)

1 Eine **Chiffre** ist ein symbolhaftes, „verrätseltes“ Wort in der modernen Lyrik, dessen Bedeutung sich nur aus dem Text-/Werkzusammenhang ergibt.

a Setzen Sie aus folgenden Begriffen Chiffren zusammen, z.B.: *silberner Gesang der Nacht:*
dunkel silbern spitz Gedanke Atem Blick Stille Worte Ich glitzernd bläulich weich Gesang Säuseln Schrei Nacht Himmel Welt schimmern

b Lesen Sie die Chiffren Ihrer Partner/innen. Welche Bilder entstehen in Ihrem Kopf?

c Verfassen Sie mit Ihren Chiffren poetische Verse zum Thema „Wahrnehmen – Sprechen – Denken“, z.B.: *Ich höre den silbernen Gesang der Nacht. Er hat das Dunkel zum Schimmern …*

2 Untersuchen Sie das Gedicht „Ein Wort“. Nutzen Sie auch die folgenden Anregungen: *Die Wortwahl entstammt dem Bildbereich … Damit wird der poetischen Sprache, den Chiffren, … Das poetische Wort wird zum Mittel der …*

3 Nehmen Sie Stellung zu folgender These: Lord Chandos entdeckt in der poetischen Sprache eine Möglichkeit, sich auszudrücken. Benn bestätigt dies mit seinem Gedicht.

4 Bringen Sie Bilder aus Benns Gedicht in Verbindung mit van Goghs Gemälde. Beginnen Sie z.B. so: *Ungewöhnliche Himmelskörper und -bewegungen stehen auch im Zentrum …*

Paul Celan: **Weggebeizt** (1967)

Weggebeizt vom
Strahlenwind deiner Sprache
das bunte Gerede des An-
erlebten – das hundert-
züngige Mein-
gedicht, das Genicht.

Aus-
gewirbelt,
frei
der Weg durch den menschen-
gestaltigen Schnee,
den Büßerschnee, zu
den gastlichen
Gletscherstuben und -tischen.

Tief
in der Zeitenschrunde,
beim
Wabeneis
wartet, ein Atemkristall,
dein unumstößliches
Zeugnis.

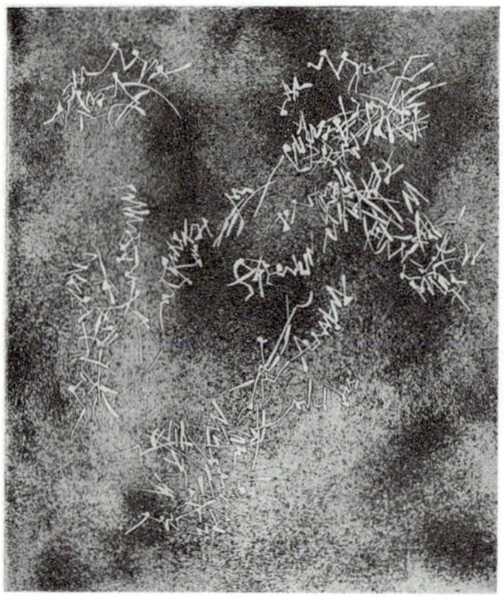

Gisèle Celan-Lestrange: Écriture-Schrift (1966)

1 a Tauschen Sie sich über die Wirkung des Gedichts „Weggebeizt" aus.

b Schreiben Sie Chiffren aus dem Gedicht heraus und erklären Sie, wie sie gestaltet sind, z. B.: *„Strahlenwind deiner Sprache": Strahlenwind = Neologismus*

2 Untersuchen Sie, wie Celan das Thema „Sprachnot" gestaltet:

a Stellen Sie die Eigenschaften und Wirkungen der poetischen Sprache („deine Sprache") denjenigen der Alltagssprache („buntes Gerede") gegenüber. Wählen Sie dazu Wörter und Wendungen aus dem Gedicht aus und notieren Sie in Klammern mögliche Bedeutungen:

Poetische Sprache	Alltagssprache
„beizt weg" (ätzende, vernichtende Kraft) *…*	*„buntes Gerede des …" (…)* *„hundertzüngiges Mein-gedicht" (…)*

b Analysieren Sie die formale und sprachliche Gestaltung. Gehen Sie dabei auf deren Besonderheiten ein: Chiffren, Neologismen, Zeilenumbruch.

c Beziehen Sie Inhalt und Form des Gedichts aufeinander. Nutzen Sie dazu folgende Formulierungsbausteine: *Die Gestaltung des Gedichts ist sehr … Schon auf den ersten Blick fällt auf, dass … Die Form wirkt insgesamt … So spiegelt sich in der … Wortwahl und den … die inhaltliche Aussage: Eine neue, poetische Sprache hat die Kraft, …*

3 „Weggebeizt" – Erläutern Sie inhaltliche Beziehungen zwischen dem Gedicht und dem Bild „Écriture-Schrift", einer so genannten Ätzradierung, von Gisèle Celan-Lestrange.

4 Ordnen Sie die drei Gedichte literaturgeschichtlich ein. Zeigen Sie anhand der Gedichte auf, wie sich das Motiv der Sprachnot entwickelt hat.

5 Bringen Sie Stimmung und Sinngehalt der drei Gedichte in einem Vortrag zum Ausdruck.

Harald Weinrich: **Linguistische Bemerkungen zur modernen Lyrik** (1971)

Paul Celan erfährt die Ohnmacht der Worte. Was Celan findet, sind Wortsand, Worthaufen, Wortaufschüttungen oder – in anderer Metaphorik – vergällte, verkrüppelnde, entmündigte, umröchelte Worte, und die Namen sind „Unnamen". Man muss sie mit dem „Messer des Schweigens" beschneiden. „Das Namengeben hat ein Ende." In seiner Büchner-Rede hat Celan das 1960 so ausgedrückt: „Das Gedicht heute [...] zeigt, das ist unverkennbar, eine starke Neigung zum Verstummen." So sind auch in radikaler Konsequenz Celans späte Gedichte gebaut. [...]

Die Frage ist, ob die solcherart an den Rand des Verstummens geführten Gedichte damit nur an die Grenze geführt werden, wo Poesie anfängt oder wo sie aufhört. Für unsere Überlegungen aber zu den Beziehungen von Lyrik und Linguistik wollen wir festhalten, dass auch der Zweifel und die Verzweiflung an der Zeichenkraft der Sprache genuine Möglichkeiten der linguistischen Reflexion sind.

1 Beurteilen Sie auf der Grundlage Ihrer Gedichtanalysen Weinrichs These, dass die literarische Auseinandersetzung mit der Sprachnot eine Möglichkeit der Sprachreflexion sei.

2 Vergleichen Sie die poetische Verarbeitung des Motivs der Sprachnot in den Gedichten mit den Prosatexten von Musil, Hofmannsthal und Frisch.

3 Schreiben Sie selbst ein Gedicht zum Thema „Sprache und Schweigen". Sammeln Sie als Vorarbeit Metaphern und Chiffren zu den beiden Begriffen. Entscheiden Sie sich für eine gebundene oder freie Form.

4 **Referat:** Recherchieren Sie die epochalen und mentalitätsgeschichtlichen Hintergründe der Sprachkrise um 1900 (z. B. Nietzsche) und in der Nachkriegszeit (z. B. Celan, Benn).

5 **Referat:** Auch in anderen Bereichen des Lebens erschütterten um 1900 fundamentale Veränderungen bisher als sicher geltende Annahmen. Recherchieren Sie z. B. zu den Bereichen Kunst, Musik, Physik, Biologie und Religion.

Information **Krise der Wahrnehmung – Krise der Sprache**

Die **Beziehung von Sprache, Denken und Wahrnehmung** ist Gegenstand einer grundlegenden Kulturkritik. Mit dem **Beginn der Moderne um 1900** wird der Problemzusammenhang von Sprache und Wahrnehmung der Wirklichkeit zu einer programmatischen Fragestellung der Literatur. Schriftsteller wie **Hugo von Hofmannsthal** (1874–1929) formulieren eine **fundamentale Sprachkritik**. Einerseits entlarven die Autorinnen und Autoren verlogene konventionelle Sprachgewohnheiten, andererseits äußern sie grundsätzliche Zweifel, ob die Sprache ein geeignetes Medium der Verständigung und der Weltwahrnehmung darstellt. Die These von der **Sprachnot** im Hinblick auf die Versprachlichung von Gedanken und auf zwischenmenschliche Kommunikation wird zugleich verknüpft mit der Suche nach einer **neuen poetischen Sprache**, die als Metasprache eine Reflexion über die Sprache, das Denken und die Wirklichkeit erst möglich macht.
Autoren wie **Rainer Maria Rilke** (1875–1926) und **Robert Musil** (1880–1942) entwerfen um die Jahrhundertwende eine **Ästhetik der Sprachskepsis**, die den literarischen Diskurs bis in die Gegenwart bestimmt, z. B. in den Werken von **Paul Celan** (1920–1970), **Max Frisch** (1911–1991), **Hilde Domin** (1909–2006), **Ingeborg Bachmann** (1926–1973), **Peter Handke** (*1942), **Ulla Hahn** (*1946) und **Juli Zeh** (*1974).

Auf der Suche nach Sinn und Wahrheit – Parabeln

Franz Kafka: **Vor dem Gesetz** (1914)

Vor dem Gesetz steht ein Türhüter. Zu diesem Türhüter kommt ein Mann vom Lande und bittet um Eintritt in das Gesetz. Aber der Türhüter sagt, dass er ihm jetzt den Eintritt nicht gewähren könne. Der Mann überlegt und fragt dann, ob er also später werde eintreten dürfen. „Es ist möglich", sagt der Türhüter, „jetzt aber nicht." Da das Tor zum Gesetz offen steht wie immer und der Türhüter beiseitetritt, bückt sich der Mann, um durch das Tor in das Innere zu sehn. Als der Türhüter das merkt, lacht er und sagt: „Wenn es dich so lockt, versuche es doch, trotz meines Verbotes hineinzugehn. Merke aber: Ich bin mächtig. Und ich bin nur der unterste Türhüter. Von Saal zu Saal stehn aber Türhüter, einer mächtiger als der andere. Schon den Anblick des dritten kann nicht einmal ich mehr ertragen." Solche Schwierigkeiten hat der Mann vom Lande nicht erwartet; das Gesetz soll doch jedem und immer zugänglich sein, denkt er, aber als er jetzt den Türhüter in seinem Pelzmantel genauer ansieht, seine große Spitznase, den langen, dünnen, schwarzen tatarischen Bart, entschließt er sich doch, lieber zu warten, bis er die Erlaubnis zum Eintritt bekommt. Der Türhüter gibt ihm einen Schemel und lässt ihn seitwärts von der Tür sich niedersetzen. Dort sitzt er Tage und Jahre. Er macht viele Versuche, eingelassen zu werden, und ermüdet den Türhüter durch seine Bitten. Der Türhüter stellt öfters kleine Verhöre mit ihm an, fragt ihn über seine Heimat aus und nach vielem andern, es sind aber teilnahmslose Fragen, wie sie große Herren stellen, und zum Schlusse sagt er ihm immer wieder, dass er ihn noch nicht einlassen könne. Der Mann, der sich für seine Reise mit vielem ausgerüstet hat, verwendet alles, und sei es noch so wertvoll, um den Türhüter zu bestechen. Dieser nimmt zwar alles an, aber sagt dabei: „Ich nehme es nur an, damit du nicht glaubst, etwas versäumt zu haben." Während der vielen Jahre beobachtet der Mann den Türhüter fast ununterbrochen. Er vergisst die andern Türhüter, und dieser erste scheint ihm das einzige Hindernis für den Eintritt in das Gesetz. Er verflucht den unglücklichen Zufall, in den ersten Jahren rücksichtslos und laut, später, als er alt wird, brummt er nur noch vor sich hin. Er wird kindisch, und da er in dem jahrelangen Studium des Türhüters auch die Flöhe in seinem Pelzkragen erkannt hat, bittet er auch die Flöhe, ihm zu helfen und den Türhüter umzustimmen. Schließlich wird sein Augenlicht schwach und er weiß nicht, ob es um ihn wirklich dunkler wird oder ob ihn nur seine Augen täuschen. Wohl aber erkennt er jetzt im Dunkel einen Glanz, der unverlöschlich aus der Türe des Gesetzes bricht. Nun lebt er nicht mehr lange. Vor seinem Tode sammeln sich in seinem Kopfe alle Erfahrungen der ganzen Zeit zu einer Frage, die er bisher an den Türhüter noch nicht gestellt hat. Er winkt ihm zu, da er seinen erstarrenden Körper nicht mehr aufrichten kann. Der Türhüter muss sich tief zu ihm hinunterneigen, denn der Größenunterschied hat sich sehr zu Ungunsten des Mannes verändert. „Was willst du denn jetzt noch wissen?", fragt der Türhüter. „Du bist unersättlich." – „Alle streben doch nach dem Gesetz", sagt der Mann, „wieso kommt es, dass in den vielen Jahren niemand außer mir Einlass verlangt hat?" Der Türhüter erkennt, dass der Mann schon an seinem Ende ist, und um sein vergehendes Gehör noch zu erreichen, brüllt er ihn an: „Hier konnte niemand sonst Einlass erhalten, denn dieser Eingang war nur für dich bestimmt. Ich gehe jetzt und schließe ihn."

1 Klären Sie vor dem Hintergrund des Titels „Vor dem Gesetz" das Thema der Erzählung.
Der Titel … legt zunächst ein juristisches Verständnis … nahe.
Im Leseprozess wird schnell deutlich, dass …

2 Untersuchen Sie in Partnerarbeit:
- die Figuren (Charakterisierung, Beziehung, Entwicklung, Handlungsmotive, Gesprächsverhalten),
- die Erzählstrategie (Erzählform, Erzählverhalten, Darbietungsform),
- sprachliche Besonderheiten (Motive, Schlüsselbegriffe, Metaphorik).

3 **a** Deuten Sie die Erzählung vor dem Hintergrund des Motivs „Wahrheit und Täuschung“.
Der Mann vom Lande unterliegt auf der Suche nach …
Die investierte Lebenszeit führt auf Grund … nicht …
Erst zu spät …

b Beziehen Sie folgendes Zitat in Ihre Interpretation der Geschichte ein: „Manches Buch wirkt wie ein Schlüssel zu den fremden Sälen des eigenen Schlosses“ (Franz Kafka an Oskar Pollak, 8.11.1903).

4 Die Geschichte ist eine Parabel, in der Sie Bildteil (Gesagtes) und Sachteil (Gemeintes) aufeinander beziehen können. Füllen Sie das nebenstehende Schema in Ihrem Kursheft entsprechend aus.

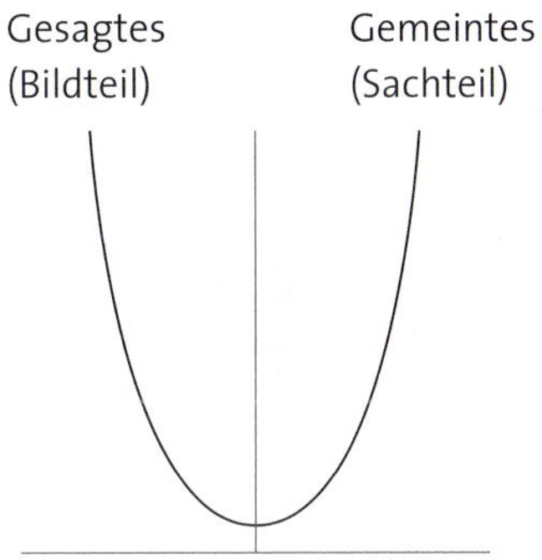

5 **Referat:** Im neunten Kapitel in Kafkas Roman „Der Prozess“ führen der Protagonist Josef K. und der Gefängnisgeistliche ein Deutungsgespräch über die Parabel „Vor dem Gesetz“. Das Gespräch endet mit der Bemerkung des Geistlichen: „Richtiges Auffassen einer Sache und Missverstehen der gleichen Sache schließen einander nicht vollständig aus.“
Stellen Sie den Roman vor und erklären Sie die Funktion der Parabel und ihrer Deutung im Roman.

Martin Buber: **Die Legende des Baalschem** (1907)

Der Baalschem[1] erzählte: Ein König baute einst einen großen und herrlichen Palast mit zahllosen Gemächern, aber nur ein Tor war geöffnet. Als der Bau vollendet war, wurde verkündet, es sollten alle Fürsten vor dem König erscheinen, der in dem letzten der Gemächer throne. Aber als sie eintraten, sahen sie: Da waren Türen offen nach allen Seiten, von denen führten gewundene Gänge in die Fernen, und da waren wieder Türen und wieder Gänge, und kein Ziel erstand vor dem verwirrten Auge. Da kam der Sohn des Königs und sah, dass all die Irre eine Spiegelung war, und sah seinen Vater sitzen in der Halle vor seinem Angesicht.
Das Geheimnis der Gnade ist nicht zu deuten. Zwischen Suchen und Finden liegt die Spannung eines Menschenlebens, ja tausendfacher Wiederkehr der bangen wandernden Seele. Und doch ist der Flug des Augenblicks langsamer als die Erfüllung. Denn Gott *will* gesucht werden und wie könnte er nicht gefunden werden wollen?

1 **Baalschem:** hebr. „Herr des göttlichen Namens“, Beiname des Mystikers Rabbi Israel Ben Elieser (1699–1760), Stifter des Chassidismus, einer religiösen Erweckungsbewegung, die von weiten Kreisen russischer und polnischer Juden enthusiastisch aufgenommen wurde. Seine mündlich weitergegebenen Lehren wurden erst zu Beginn des 19. Jh.s literarisch fixiert. Martin Buber hat die Baalschem-Legenden zu Beginn des 20. Jh.s im Sinne freier dichterischer Nacherzählung übersetzt. Auch Kafka kannte die chassidischen Legenden sehr genau.

a Erläutern Sie die Parabelstruktur und die Funktion des Sachteils.
b Vergleichen Sie die Texte Kafkas und Bubers. Weisen Sie Analogien und Differenzen nach. Achten Sie besonders auf Kafkas Veränderung der Parabelstruktur.

M. C. Escher: Relativität (1953)

2 Setzen Sie Kafkas und Bubers Text jeweils in Beziehung zu Eschers Bild „Relativität“ (Bedingtheit). Vergleichen Sie einzelne Motive und Besonderheiten in der Gestaltung in Bezug auf Fiktionalitätssignale (▶ S. 206).

Franz Kafka: **Der Kreisel** (1920)

Ein Philosoph trieb sich immer dort herum, wo Kinder spielten. Und sah er einen Jungen, der einen Kreisel hatte, so lauerte er schon. Kaum war der Kreisel in Drehung, verfolgte ihn der Philosoph, um ihn zu fangen. Dass die Kinder lärmten und ihn von ihrem Spielzeug abzuhalten suchten, kümmerte ihn nicht, hatte er den Kreisel, solange er sich noch drehte, gefangen, war er glücklich, aber nur einen Augenblick, dann warf er ihn zu Boden und ging fort. Er glaubte nämlich, die Erkenntnis jeder Kleinigkeit, also zum Beispiel auch eines sich drehenden Kreisels, genüge zur Erkenntnis des Allgemeinen. Darum beschäftigte er sich nicht mit den großen Problemen, das schien ihm unökonomisch. War die kleinste Kleinigkeit wirklich erkannt, dann war alles erkannt, deshalb beschäftigte er sich nur mit dem sich drehenden Kreisel. Und immer wenn die Vorbereitungen zum Drehen des Kreisels gemacht wurden, hatte er Hoffnung, nun werde es gelingen, und drehte sich der Kreisel, wurde ihm im atemlosen Laufen nach ihm die Hoffnung zur Gewissheit, hielt er aber dann das dumme Holzstück in der Hand, wurde ihm übel und das Geschrei der Kinder, das er bisher nicht gehört hatte und das ihm jetzt plötzlich in die Ohren fuhr, jagte ihn fort, er taumelte wie ein Kreisel unter einer ungeschickten Peitsche.

Bertolt Brecht: **Weise am Weisen ist die Haltung** (1930)

Zu Herrn K. kam ein Philosophieprofessor und erzählte ihm von seiner Weisheit. Nach einer Weile sagte Herr K. zu ihm: „Du sitzt unbequem, du redest unbequem, du denkst unbequem.“ Der Philosophieprofessor wurde zornig und sagte: „Nicht über mich wollte ich etwas wissen, sondern über den Inhalt dessen, was ich sagte.“ – „Es hat keinen Inhalt“, sagte Herr K. „Ich sehe dich täppisch gehen, und es ist kein Ziel, das du, während ich dich gehen sehe, erreichst. Du redest dunkel, und es ist keine Helle, die du während des Redens schaffst. Sehend deine Haltung, interessiert mich dein Ziel nicht.“ R

1 **a** Wählen Sie eine der vorliegenden Parabeln (▶ S. 217 f.) aus, um dann in Kleingruppen je einen Text unter folgenden Gesichtspunkten zu analysieren:
- Durch welche Motive wird das gemeinsame Thema der Suche nach Sinn und Erkenntnis inhaltlich gestaltet?
- Klären Sie die Parabelstruktur im Hinblick auf Bildteil (Gesagtes) und Sachteil (Gemeintes).
- Welche sprachlichen Mittel werden verwendet?
- Formulieren Sie in eigenen Worten die mögliche Aussageabsicht des Textes.
- Beziehen Sie nach Möglichkeit den literatur- und mentalitätsgeschichtlichen Hintergrund in Ihre Untersuchung ein.

b Präsentieren Sie Ihre Arbeitsergebnisse in anschaulicher Form, z. B. auf Folie, Plakat, Tafel.

2 Beziehen Sie Ihre Ergebnisse auf Ihre Interpretation der Parabel „Vor dem Gesetz" (▶ S. 216). Erläutern Sie intertextuelle Bezüge (▶ S. 53). Beachten Sie dabei die historische Entwicklung.

3 Verfassen Sie selbst eine Parabel zum Thema „Suche nach Sinn und Erkenntnis" als Paralleltext.

Information Die Parabel

Die bereits in der Antike bekannte literarische Gattung der Parabel steht in der Tradition des **veranschaulichenden Erzählens.** Anhand eines bildhaften Beispiels, das mit der Parabel vorgetragen wird, soll das Lesepublikum angeregt werden, einen dazu passenden allgemeinen Sachverhalt zu finden. Dabei muss die Leserin oder der Leser durch den Denk- bzw. Übertragungsvorgang der Analogiebildung (Finden von Ähnlichkeiten bzw. eines Vergleichspunkts) den dargestellten **Bildteil** der Parabel (metaphorischer Bereich) mit einem **Sachteil** (thematischer Bereich, Deutungsebene) verknüpfen.

Inhaltlich gehört insbesondere die Suche nach Wahrheit, d. h. die Erkenntnis sinnvollen Handelns, zu den wesentlichen Themen der Gattung. Der **Appellcharakter** der Texte wird oft durch eine Einkleidung der Parabelerzählung in eine Gesprächssituation (situative, kommunikative Ebene) unterstützt, wie sie schon in den **Gleichniserzählungen** der Bibel angelegt ist (siehe z. B. das „Gleichnis vom Sämann", Lukas 8, 4–15, das Christus seinen Jüngern erzählt und in dem das Bild des Samens auf der Sachebene ausdrücklich als das Wort Gottes zu deuten ist).

In der Epoche der Aufklärung (18. Jahrhundert) kam es zu einer Erneuerung der Formen parabolischen Schreibens vor allem durch **Gotthold Ephraim Lessing** (1729–1781). Zu Beginn des 20. Jahrhunderts machte der Philosoph und Schriftsteller **Martin Buber** (1878–1965) die Parabeln und Legenden der Chassidim bekannt, einer religiösen Bewegung, die eine Verinnerlichung des jüdischen Glaubens gegenüber einer starren orthodoxen Gesetzestreue anstrebte („Die Legende des Baalschem", ▶ S. 217). Das Werk **Franz Kafkas** (1883–1924) wird z. T. aus dieser jüdischen Tradition verstanden. Seine Türhüter-Parabel („Vor dem Gesetz", ▶ S. 216) lässt sich mit den chassidischen Erzählungen verbinden. In den Erzählungen Kafkas drückt sich eine rätselhafte und als unzuverlässig erfahrene Wirklichkeit aus. Entsprechend bieten seine Parabeln oft keinen klaren Ansatzpunkt für eine Deutung. Die Leser/innen sind aufgefordert, eigene Sinngebungen vorzunehmen.

Bertolt Brecht (1898–1956) hat im Exil, das er zur Zeit des Nationalsozialismus in verschiedenen Ländern fand, mit den „Geschichten vom Herrn Keuner" eine Erzählform geschaffen, die am gleichnishaften Beispiel konventionelle Erwartungshorizonte in Frage stellt und die Leser/innen zur Überprüfung der eigenen Denkgewohnheiten auffordert.

Zu den wichtigen parabolischen Erzählern der Gegenwart zählen **Günter Kunert** (*1929) und **Botho Strauß** (*1944).

3.3.1 Klausurtraining: Einen Erzählanfang interpretieren

Aufgabenbeispiel

1. Interpretieren Sie den Anfang von Kafkas Erzählung „Die Verwandlung" im Hinblick auf Gregors bisherige und aktuelle Situation und sein Verhältnis zum Arbeitgeber und zur Familie. Gehen Sie auf erzählerische und sprachliche Gestaltungsmittel ein.
2. Stellen Sie wesentliche Aspekte des Romananfangs von Kafkas „Der Prozess" dar. Vergleichen Sie Josef K. und Gregor in Bezug auf ihre Situation und ihre Beziehungen zu anderen Figuren.

Franz Kafka: **Die Verwandlung** (1912)

Als Gregor Samsa eines Morgens aus unruhigen Träumen erwachte, fand er sich in seinem Bett zu einem ungeheueren Ungeziefer verwandelt. Er lag auf seinem panzerartig harten Rücken und sah, wenn er den Kopf ein wenig hob, seinen gewölbten, braunen, von bogenförmigen Versteifungen geteilten Bauch, auf dessen Höhe sich die Bettdecke, zum gänzlichen Niedergleiten bereit, kaum noch erhalten konnte. Seine vielen, im Vergleich zu seinem sonstigen Umfang kläglich dünnen Beine flimmerten ihm hilflos vor den Augen.

„Was ist mit mir geschehen?", dachte er. Es war kein Traum. Sein Zimmer, ein richtiges, nur etwas zu kleines Menschenzimmer, lag ruhig zwischen den vier wohlbekannten Wänden. Über dem Tisch, auf dem eine auseinandergepackte Musterkollektion von Tuchwaren ausgebreitet war – Samsa war Reisender – hing das Bild, das er vor Kurzem aus einer illustrierten Zeitschrift ausgeschnitten und in einem hübschen, vergoldeten Rahmen untergebracht hatte. Es stellte eine Dame dar, die mit einem Pelzhut und einer Pelzboa versehen, aufrecht dasaß und einen schweren Pelzmuff, in dem ihr ganzer Unterarm verschwunden war, dem Beschauer entgegenhob.

Gregors Blick richtete sich dann zum Fenster, und das trübe Wetter – man hörte Regentropfen auf das Fensterblech aufschlagen – machte ihn ganz melancholisch. „Wie wäre es, wenn ich noch ein wenig weiterschliefe und alle Narrheiten vergäße", dachte er, aber das war gänzlich undurchführbar, denn er war gewöhnt, auf der rechten Seite zu schlafen, konnte sich aber in seinem gegenwärtigen Zustand nicht in diese Lage bringen. Mit welcher Kraft er sich auch auf die rechte Seite warf, immer wieder schaukelte er in die Rückenlage zurück. Er versuchte es wohl hundertmal, schloss die Augen, um die zappelnden Beine nicht sehen zu müssen, und ließ erst ab, als er in der Seite einen noch nie gefühlten, leichten, dumpfen Schmerz zu fühlen begann.

„Ach Gott", dachte er, „was für einen anstrengenden Beruf habe ich gewählt! Tagaus, tagein auf der Reise. Die geschäftlichen Aufregungen sind viel größer als im eigentlichen Geschäft zu Hause, und außerdem ist mir noch diese Plage des Reisens auferlegt, die Sorgen um die Zuganschlüsse, das unregelmäßige, schlechte Essen, ein immer wechselnder, nie andauernder, nie herzlich werdender menschlicher Verkehr. Der Teufel soll das alles holen!" Er fühlte ein leichtes Jucken oben auf dem Bauch; schob sich auf dem Rücken langsam näher zum Bettpfosten, um den Kopf besser heben zu können; fand die juckende Stelle, die mit lauter kleinen weißen Pünktchen besetzt war, die er nicht zu beurteilen verstand; und wollte mit einem Bein die Stelle betasten, zog es aber gleich zurück, denn bei der Berührung umwehten ihn Kälteschauer.

Er glitt wieder in seine frühere Lage zurück. „Dies frühzeitige Aufstehen", dachte er, „macht einen ganz blödsinnig. Der Mensch muss seinen Schlaf haben. Andere Reisende leben wie Haremsfrauen. Wenn ich zum Beispiel im Laufe des Vormittags ins Gasthaus zurückgehe, um die erlangten Aufträge zu überschreiben, sitzen diese Herren erst beim Frühstück. Das sollte ich bei meinem Chef versuchen; ich würde auf der Stelle hinausfliegen. Wer weiß übrigens, ob das nicht sehr gut für mich wäre. Wenn ich mich nicht wegen meiner Eltern zurückhielte, ich hätte längst gekündigt, ich wäre vor den Chef hingetreten und hätte ihm meine Meinung von Grund des Herzens aus gesagt. Vom Pult hätte er fallen müssen! Es ist auch eine sonderbare Art, sich auf das Pult zu setzen und von der Höhe herab mit dem Angestellten zu reden, der überdies wegen der Schwerhörigkeit des Chefs ganz nahe herantreten muss. Nun, die Hoffnung ist noch nicht gänzlich aufgegeben; habe ich einmal das Geld beisammen, um die Schuld der Eltern an ihn abzuzahlen – es dürfte noch fünf bis sechs Jahre dauern –, mache ich die Sache unbedingt. Dann wird der große Schnitt gemacht. Vorläufig allerdings muss ich aufstehen, denn mein Zug fährt um fünf."

Und er sah zur Weckuhr hinüber, die auf dem Kasten tickte. „Himmlischer Vater!", dachte er. Es war halb sieben Uhr, und die Zeiger gingen ruhig vorwärts, es war sogar halb vorüber, es näherte sich schon drei viertel. Sollte der Wecker nicht geläutet haben? Man sah vom Bett aus, dass er auf vier Uhr richtig eingestellt war; gewiss hatte er auch geläutet. Ja, aber war es möglich, dieses möbelerschütternde Läuten ruhig zu verschlafen? Nun, ruhig hatte er ja nicht geschlafen, aber wahrscheinlich desto fester. Was aber sollte er jetzt tun? Der nächste Zug ging um sieben Uhr; um den einzuholen, hätte er sich unsinnig beeilen müssen, und die Kollektion war noch nicht eingepackt, und er selbst fühlte sich durchaus nicht besonders frisch und beweglich. Und selbst wenn er den Zug einholte, ein Donnerwetter des Chefs war nicht zu vermeiden, denn der Geschäftsdiener hatte beim Fünfuhrzug gewartet und die Meldung von seiner Versäumnis längst erstattet. Er war eine Kreatur des Chefs, ohne Rückgrat und Verstand. Wie nun, wenn er sich krank meldete? Das wäre aber äußerst peinlich und verdächtig, denn Gregor war während seines fünfjährigen Dienstes noch nicht einmal krank gewesen. Gewiss würde der Chef mit dem Krankenkassenarzt kommen, würde den Eltern wegen des faulen Sohnes Vorwürfe machen und alle Einwände durch den Hinweis auf den Krankenkassenarzt abschneiden, für den es ja überhaupt nur ganz gesunde, aber arbeitsscheue Menschen gibt. Und hätte er übrigens in diesem Falle so ganz unrecht? Gregor fühlte sich tatsächlich, abgesehen von einer nach dem langen Schlaf wirklich überflüssigen Schläfrigkeit, ganz wohl und hatte sogar einen besonders kräftigen Hunger.

Als er dies alles in größter Eile überlegte, ohne sich entschließen zu können, das Bett zu verlassen – gerade schlug der Wecker drei viertel sieben. „Gregor", rief es – es war die Mutter –, „es ist drei viertel sieben. Wolltest du nicht wegfahren?" Die sanfte Stimme! Gregor erschrak, als er seine antwortende Stimme hörte, die wohl unverkennbar seine frühere war, in die sich aber, wie von unten her, ein nicht zu unterdrückendes, schmerzliches Piepsen mischte, das die Worte förmlich nur im ersten Augenblick in ihrer Deutlichkeit beließ, um sie im Nachklang derart zu zerstören, dass man nicht wusste, ob man recht gehört hatte. Gregor hatte ausführlich antworten und alles erklären wollen, beschränkte sich aber bei diesen Umständen darauf, zu sagen: „Ja, ja, danke Mutter, ich stehe schon auf." Infolge der Holztür war die Veränderung in Gregors Stimme draußen wohl nicht zu merken, denn die Mutter beruhigte sich mit dieser Erklärung und schlürfte davon.

Aber durch das kleine Gespräch waren die anderen Familienmitglieder darauf aufmerksam geworden, dass Gregor wider Erwarten noch zu Hause war, und schon klopfte an der einen Seitentür der Vater, schwach, aber mit der Faust. „Gregor, Gregor", rief er, „was ist denn?" Und nach einer kleinen Weile mahnte er nochmals mit tieferer Stimme: „Gregor! Gregor!"

Die Aufgabenstellung verstehen

1 Lesen Sie die erste Teilaufgabe gründlich und besprechen Sie in Partnerarbeit, im Hinblick auf welche Aspekte (▸ Information) der Erzählanfang von „Die Verwandlung“ untersucht werden soll.

Information **Aspektorientierte Aufgabenstellungen**

Eine aspektorientierte Aufgabenstellung gibt bestimmte Untersuchungsaspekte vor.
Man unterscheidet:

- **inhaltliche Aspekte** (z. B. Situation, Verfassung oder Gestaltung einer Figur, Figurenbeziehungen, Handlungsaufbau, Entfaltung eines Themas oder Motivs),
- **gestalterische Aspekte** (z. B. Erzählweise, erzählerische/sprachliche Gestaltungsmittel),
- **weiterführende Aspekte** (z. B. Blick auf das gesamte Werk oder die Epoche).

2 Was verlangt die zweite Teilaufgabe von Ihnen? Wählen Sie jeweils die richtige Alternative aus.
Ich soll den Inhalt des Romans „Der Prozess“ / Romananfangs von „Der Prozess“ zusammenfassen. Außerdem soll ich in den beiden Erzählanfängen den Handlungsverlauf / die Situation von Gregor Samsa und Josef K. und die Figurenbeziehungen der beiden Protagonisten / erzählerische und sprachliche Gestaltungsmittel vergleichen.

Erstes Textverständnis und Ideen formulieren

3 Machen Sie sich auf einer Kopie des Textes Notizen zu Ihrem ersten Textverständnis.
a Kennzeichnen Sie am Rand in unterschiedlichen Farben die Stellen, in denen es um Gregors Situation und um seine Beziehung zu anderen Figuren geht.
b Markieren Sie im Text erste auffällige erzählerische und sprachliche Gestaltungsmittel.

4 Notieren Sie in Stichworten Ihr Vorwissen zu Josef K. im Romananfang von „Der Prozess“. Lesen Sie dazu ggf. noch einmal den Textauszug (▸ S. 195 f.).
Josef. K. befindet sich …; er wacht am Morgen auf, wird unerklärlicherweise von … verhaftet; er erfährt von … nicht …, sie reagieren, indem sie …; seine Vermieterin Frau Grubach …

Den Text analysieren und interpretieren

5 Untersuchen Sie den Anfang von „Die Verwandlung“, indem Sie zunächst die in der Aufgabe genannten inhaltlichen Untersuchungsaspekte in den Blick nehmen.
a Notieren Sie in Stichpunkten, was Sie über Gregors bisherige und aktuelle Situation erfahren.
Bisherige Situation: „anstrengende[r] Beruf“ (Z. 45 f.): …
Aktuelle Situation: erwacht in …, ist verwandelt in ein …, ist körperlich nicht in der Lage, … wird „melancholisch“ (Z. 31), …
b Notieren Sie nun Informationen zu Gregors Verhältnis zu seinem Arbeitgeber und seiner Familie.
Verhältnis zum Arbeitgeber: Chef verlangt von ihm …; …
Verhältnis zur Familie: will und muss für seine Eltern …; Mutter: „sanfte Stimme“ (Z. 134) …; …
c Setzen Sie die untersuchten Aspekte in Beziehung. Beantworten Sie dazu z. B. folgende Fragen:
- Welchen Einfluss hat Gregors Verhältnis zu seinem Chef auf seine berufliche Situation?
- Inwiefern hat Gregors Beziehung zu seiner Familie Auswirkungen auf seine aktuelle Situation, z. B. auf seine Stimmung?
- Wie wird Gregors aktuelles Denken und Handeln durch seine berufliche Situation beeinflusst?

6 **a** Notieren Sie Stichpunkte zu Erzählstrategie, Handlungsaufbau und sprachlichen Besonderheiten:

Erzählstrategie: personales Erzählen, …
Handlungsaufbau: Rückblenden, …
Sprache: sachlich-genaue Beschreibungen durch Verwendung vieler …, hypotaktischer Satzbau mit zahlreichen Einschüben

b Fassen Sie zusammen, welche Wirkung die gestalterischen Besonderheiten in Bezug auf den Inhalt haben. Wählen Sie dazu geeignete Formulierungsbausteine aus.

Formulierungsbausteine: Inhalt, Sprache und Form in Beziehung setzen (Erzähltexte)
Durch diese Erzählstrategie werden die Gefühle der Figur unmittelbar deutlich / werden die Gefühle und Gedanken unterschiedlicher Figuren erfahrbar / soll Distanz zu den Ereignissen und Figuren erzeugt werden. Diese Darbietungsform ermöglicht eine geordnete und kommentierende Darstellung des Geschehens / legt eine Identifikation mit der Figur nahe.
Durch … kann der Leser sich ein eigenes Urteil bilden / wird die Sicht des Lesers gesteuert.
Durch die Rahmenhandlung / diesen Handlungsaufbau erfährt der Leser … / wird Spannung erzeugt. Weil vor allem die innere/äußere Handlung dargestellt wird, wird deutlich / bleibt unklar …
Eine sprachliche Besonderheit ist der … Satzbau. Dieser korrespondiert auf der inhaltlichen Ebene mit der Situation des Protagonisten, der … Durch die detaillierten Beschreibungen / rhetorischen Figuren / Wortwahl … Der … Stil charakterisiert die Figur als …

Methode: Gestalterische Besonderheiten in Beziehung zum Inhalt setzen

Bei der Untersuchung eines literarischen Textes wird häufig verlangt, auch auf gestalterische Besonderheiten einzugehen.

- Zu **erzählerischen Gestaltungsmitteln** gehören die Erzählstrategie, also Erzählverhalten, Erzählhaltung, Erzählform, Erzählperspektive und Darbietungsform (► Information, S. 201 f.), aber auch Handlungsaufbau und Zeitgestaltung (► Information, S. 200).
- Zu **sprachlichen Gestaltungsmitteln** zählen z. B. Wortwahl, Syntax (Parataxen/Hypotaxen), rhetorische Figuren (► Information, S. 242 ff.), Modus und Stil (► Information, S. 104).

Man sollte gestalterische Besonderheiten nicht nur einfach benennen, sondern immer auch deren **Wirkung mit Bezug auf den Inhalt** erläutern.

7 **a** Stellen Sie Situation und Beziehungen der beiden Protagonisten in einer Tabelle gegenüber.

Vergleichsaspekt	*Gregor Samsa*	*Josef K.*
Situation	*erwacht, ist in ein … verwandelt, …*	*erwacht, … tritt ein und …*
Beziehungen	*sein Chef …* *seine Mutter …* *sein Vater …*	*die Wächter …* *seine Kollegen …*

b Markieren Sie in der Tabelle Gemeinsamkeiten und Unterschiede.

Den Schreibplan erstellen und den Text schreiben

8 Ordnen Sie die erarbeiteten Aspekte in Stichpunkten einer Gliederung zu (▶ Information). Beispiel:

Einleitung:	–	*Autor: Franz Kafka*
	–	*Titel: …*
Hauptteil:	–	*Situation Gregor Samsas: …*
	–	*…*
	–	*Überleitung: …*
	–	*…*
Schluss:	–	*Fazit: Gregor Samsa und Josef K. …*

Information **Gliederung der Interpretation eines literarischen Textes**

Bei der Interpretation eines literarischen Textes ist die folgende Gliederung sinnvoll:

- Die **Einleitung** nennt neben Angaben zu Autor/in, Titel, Textsorte und Erscheinungsjahr auch das Thema des Textes. Im Gegensatz zum Inhalt eines Textes meint ein Thema die übergeordneten, abstrakten Fragen, Ideen oder Probleme, um die es im Text insgesamt geht.
- Im **Hauptteil** erfolgt zunächst eine knappe Zusammenfasssung des Inhalts und bei Textauszügen eine kurze Einordnung in die Gesamthandlung. Dann beginnt die aspektorientierte Untersuchung, wobei beschreibende, erklärende und deutende Teile aufeinander bezogen werden müssen. Nach einer Überleitung schließen sich, falls die Aufgabe es fordert, Ausführungen zum weiterführenden Schreibauftrag (Aufgabe 2) an.
- Wenn Sie zwei Aufgaben zu bewältigen haben, sollten Sie am Ende der ersten Schreibaufgabe ein **vorläufiges Resümee** ziehen und dann in der **Überleitung** den zu vergleichenden zweiten Text durch Angabe von Titel, Autor/in, Textsorte und Thema kurz vorstellen. Zudem sollten Sie mit Blick auf die Aufgabe die nun folgenden Untersuchungsaspekte kurz benennen.
- Am **Schluss** formulieren Sie als Fazit eine abschließende Deutung des Textes bzw. der Texte.

9 Verfassen Sie nun auf Grundlage Ihrer Gliederung Ihren Aufsatz.

a Formulieren Sie einen Einleitungssatz. Nutzen Sie dazu ggf. die Formulierungshilfen.

Formulierungsbausteine: Einleitung

- *Im vorliegenden Anfang/Textauszug aus der Erzählung / dem Roman / der Kurzgeschichte / der Novelle „…“ aus dem Jahr … geht es um …*
- *Der Anfang / Auszug aus der Erzählung / dem Roman / der Kurzgeschichte / der Novelle „…“ von …, die / der … veröffentlicht wurde, handelt von …*
- *Im vorliegenden Auszug / vorliegenden Anfang (aus) der Erzählung/dem Roman / der Kurzgeschichte / der Novelle „…“, erschienen … von … wird … thematisiert.*

b Verfassen Sie die Untersuchung des Erzählanfangs. Achten Sie dabei auf eine sachliche Sprache und darauf, Deutungen durch Verweise oder Zitate (▶ Information, S. 225) zu belegen, z. B.:
Der Handelsreisende Gregor Samsa hat sich über Nacht in ein „Ungeziefer“ (Z. 3) verwandelt. Überraschenderweise stellt er diese Verwandlung kaum in Frage, sondern nimmt sie als gegeben hin. „Es war kein Traum“ (Z. 13 f.), stellt er fest. Schon körperlich ist Gregor von seiner Verwandlung überfordert. Hilflos wie ein Käfer liegt er „auf …“ (Z. 4 ff.) …

Information **Richtiges Zitieren**

- Zitate sind **wörtliche Übernahmen** eines Wortes, mehrerer Wörter, ganzer Sätze oder auch ganzer Abschnitte. Wortlaut und Rechtschreibung eines Zitats dürfen nicht verändert werden.
- Zitate werden am Anfang und Ende durch **Anführungszeichen** kenntlich gemacht.
- Nach jedem Zitat ist in runden Klammern die **Zeilen- oder Versangabe** anzugeben.
- **Auslassungen** werden durch drei Punkte in eckigen Klammern kenntlich gemacht: *[...]*.
- Zitiert man einen Text, in dem sich selbst wiederum ein Zitat oder wörtliche Rede befindet, wird dies durch **eingestrichene Anführungszeichen** kenntlich gemacht, z. B. *„‚Gregor', rief es – es war die Mutter –, ‚es ist drei viertel sieben. Wolltest du nicht wegfahren?'" (Z. 132 ff.)*
- Zitate, die in den eigenen Satzbau integriert sind, werden **grammatisch angepasst**, wobei die **Veränderungen in eckigen** Klammern kenntlich zu machen sind, z. B.: *Gregor Samsa ist in ein „ungeheure[s] Ungeziefer" (Z. 3) verwandelt, das sechs „kläglich dünne[ ] Beine" (Z. 11) hat.*

c Formulieren Sie eine Überleitung zum zweiten Aufgabenteil.
Auch in … Roman … aus dem Jahr … geht es um einen Mann, der … Allerdings …

d Führen Sie den weiterführenden Schreibauftrag (Aufgabe 2) aus. Vervollständigen Sie dazu u. a. die folgenden Sätze:
In beiden Texten steht die Erfahrung eines … im Mittelpunkt, der …
Beim Blick auf die Situation der Protagonisten fallen aber einige Unterschiede auf: Während Gregor Samsa …, ist Josef K. …

e Ziehen Sie am Schluss ein Fazit. Wählen Sie dazu einen der folgenden Formulierungsbausteine:

Formulierungsbausteine: Schlussgedanken
- *Alles in allem ergibt die Untersuchung des Textauszugs / der Textvergleich, dass ...*
- *Als Resümee der Untersuchung / des Textvergleichs ergibt sich, dass ...*
- *Zusammenfassend lässt sich feststellen, dass ...*

Den eigenen Text überarbeiten

10 Überarbeiten Sie Ihren Text mit Hilfe der folgenden Checkliste.

Checkliste **Einen Erzählausschnitt interpretieren**

- Hat Ihr Aufsatz einen klaren **Aufbau**, der durch Absätze gegliedert ist?
- Haben Sie einleitend **Textsorte, Titel, Autor/in, Erscheinungsjahr** und **Thema** genannt?
- Haben Sie sämtliche in der Aufgabe genannten **Untersuchungsaspekte** berücksichtigt (Situation der Figur, Verhältnis zu anderen Figuren, erzählerische und sprachliche Gestaltungsmittel) und dabei **Inhalt, Sprache und Form in Beziehung gesetzt**?
- Haben Sie nach einer **Überleitung** die beiden Protagonisten im Hinblick auf ihre Situation und ihr Verhältnis zu anderen Figuren **verglichen**?
- Endet Ihr Aufsatz mit einem zusammenfassenden **Fazit**?
- Haben Sie **sachlich** formuliert und Ihre Beobachtungen durch **Verweise** und **Textzitate** belegt?
- Ist der Text **sprachlich richtig** (Rechtschreibung, Grammatik, Zeichensetzung)?

3.3.2 Klausurtraining: Materialgestützt einen informierenden Text verfassen

Aufgabenbeispiel

1. Ihre Schule soll in „Franz-Kafka-Gymnasium" umbenannt werden. Aus diesem Anlass erstellt Ihr Deutschkurs eine Broschüre über Kafka, die Ihre Mitschülerinnen und Mitschüler, Eltern und Lehrkräfte über den neuen Namensgeber informiert. Sie sind gebeten worden, für diese Broschüre einen Text zur Aktualität von Kafkas Werk zu schreiben.

   Verfassen Sie auf Grundlage der Materialien 1 bis 5 und Ihrer Kenntnisse aus dem Unterricht einen informativen Text, in dem Sie die Aktualität von Kafkas Werk erläutern und darstellen, inwiefern sich diese auch auf dem Buchmarkt und in der Theaterszene spiegelt.

M1 Kafka – Ein sehr moderner Autor? Interview mit Klaus Wagenbach[1] (2007)

ARTE: Warum sollte man heute Kafka lesen?

WAGENBACH: Da würde ich mit Elias Canetti[2] antworten. Canetti hat gesagt, Kafka hat unvergessliche Bilder der Macht entworfen – und wenn man sich dafür interessiert, dann hält er diese Bilder bereit: Botschaften, die nicht ankommen, unerklärliche oder unauffindbare Wege zum Schloss, unverständliche Urteile oder ein Prozess, der aus unergründlichen Motiven geführt wird. Also alles das, was die Bürokratie ausmacht, in der sich die Macht in einem undurchsichtigen Dickicht teilweise auch verlieren kann – das ist seine Welt.

ARTE: Und wohl auch unsere Welt heute?

WAGENBACH: Ich kann jedenfalls nicht sehen, dass die Bürokratie und diese Strukturen in den letzten achtzig Jahren durchsichtiger geworden wären – eher das Gegenteil, und insofern ist Kafka ein sehr moderner Autor. [...]

1 **Klaus Wagenbach:** Kafka-Experte, Gründer des Wagenbach-Verlags, in dem zahlreiche Werke von und über Kafka erschienen
2 **Elias Canetti:** 1905–1995, Literatur-Nobelpreisträger

M2 Kersten Knipp: Franz Kafka – Ein literarisches Rätsel (2013)

Er zählt heute zu den wichtigsten Autoren deutscher Sprache. Dabei sind die Werke von Franz Kafka wenig zugänglich. Sie bleiben rätselhaft und vielleicht genau deswegen 130 Jahre nach Kafkas Geburt immer noch aktuell.

Da liegt er, der hilflose Mensch. Sein Rücken ist panzerartig hart. Hebt er den Kopf, sieht er seinen gewölbten, braunen Bauch, und seine kläglich dünnen Beine flimmern ihm hilflos vor Augen. Ist das der Körper eines Menschen? Nein. Es ist der eines gewaltigen Ungeziefers. Eines abstoßenden Käfers, der am Abend zuvor noch ein Mensch war. „Die Verwandlung" heißt Kafkas Geschichte aus dem Jahr 1912 und sein vielleicht berühmtester erzählerischer Text überhaupt. Ein schauriger, beunruhigender Text über die Verwundbarkeit des Menschen und seine prekäre[1] Stellung in der Welt, die ihn über Nacht zum Außenseiter machen kann. [...]

Für den an der Universität Marburg lehrenden Germanisten Thomas Anz, der über Kafkas Leben und Werk eine Studie geschrieben hat, ist dieser ein großartiger Dichter der Absurdität. Kafkas verschlossene, rätselhafte Literatur, so meint Anz, sei womöglich die formale Entsprechung all der undurchschaubaren Gerichtsbehörden oder Respektspersonen, denen sich seine Figuren gegenübersähen. Das gelte beson-

1 **prekär:** schwierig, unerfreulich

ders für staatliche Instanzen, die Kafka in Romanen wie „Der Prozess“ oder in noch viel härterer Fassung in der Erzählung „In der Strafkolonie“ beschreibt. Beide Texte erzählen von der Ohnmacht des Einzelnen angesichts anonymer Mächte – eines Zivilgerichts im „Prozess“ und eines Militärgerichts in der „Strafkolonie“. Beide Gerichte erheben offenbar völlig willkürlich Anschuldigungen, deren jeweilige Gründe dem Angeklagten nicht im Ansatz erkennbar sind. Warum sind die Angeklagten schuldig geworden? Sie wissen es nicht. „Kafkaesk“ nennt man diese Situation der Hilflosigkeit, die eine zentrale Erfahrung in modernen Massengesellschaften ist. [...]

In Kafkas Texten, so der Germanist Michael Braun, Leiter des Literaturreferats der Konrad-Adenauer-Stiftung, drücke sich die Nervosität seiner Zeit angesichts der damaligen Modernisierung aus. Das Wachstum der Städte, neue Verkehrsmittel wie die Eisenbahn und vor allem das Auto, neue Produktionstechniken und ein ausufernder Staat – all das war neu und beunruhigte die Menschen. Diese Unruhe, sagt Braun, empfänden die Menschen auch heute noch. „Darum wird Kafka gerne als Prophet in Anspruch genommen: als einer, der nach 1900 vorweggenommen hat, was in der Mitte des letzten Jahrhunderts und danach Realität wurde – also etwa der rundum kontrollierte oder auch der gefolterte Mensch.“

Das von Kafka beschriebene Gefühl der Hilflosigkeit hat sich – zumindest teilweise – bis heute erhalten. Paradoxerweise bergen auch Gesellschaften, in denen die Menschen sehr große Freiheiten genießen, einen gewissen Schrecken. Das gelte etwa angesichts des Verlustes von tradierten Autoritäten, sagt Thomas Anz. Das Phänomen, das Kafka immer wieder beschäftigt habe, beunruhige die Menschen auch heute noch. „Autoritäten werden teils als bedrohlich erfahren, teils aber auch verspottet. All dies sorgt für eine gewisse Desorientierung. Das sind Erfahrungen der Moderne, die bis heute anhalten und die ein Autor wie Kafka in glänzender und exemplarischer Weise dargestellt hat.“

M3 Kristin Becker: **Looking for Kafka** (2009)

2009 reist die Autorin Kirstin Becker zum Berliner Theatertreffen. Dabei treibt sie die Frage um, warum ausgerechnet eine Kafka-Inszenierung zu diesem Treffen eingeladen wurde. Ist Kafka noch aktuell?

[...] Muss man Kafka heute noch lesen, frage ich meine Berliner Gastgeberin. Die nickt überraschend heftig und findet, dass der Autor zeitlos treffend Miss- und Unverständnisse in der menschlichen Kommunikation beschreibe und auch für die Zwänge und Abgründe von gesellschaftlichen Systemen eine hervorragende Quelle sei. Das Relevanzbarometer steigt und ich merke mir, dass Kafka aktuell ist, weil er heutig ist. [...]

[Im Internet] stelle ich [...] fest, dass die gebundene Billigausgabe von „Der Prozess“ (2006) am 8. Mai 2009, 16.01 Uhr, den Amazon-Verkaufsrang 277 einnimmt, was mir nicht schlecht erscheint. Die Gesamtheit der Alternativvarianten würde Kafkas Roman sicher noch ein ganzes Stück weiter nach vorne pushen. [...]

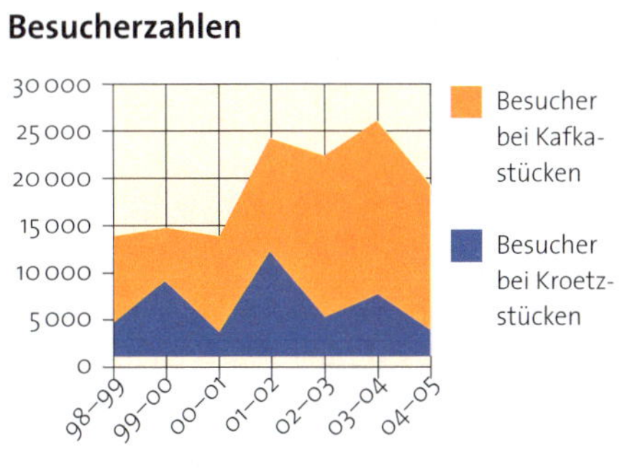

In der Stabi[1] lasse ich mir kiloweise die Werkstatistik des Deutschen Bühnenvereins kommen und stelle fest, dass Kafka in den letzten zehn Jahren zwar nicht besonders viel im Theater vorgekommen ist, aber immerhin öfter als der ebenfalls beim diesjährigen Theatertreffen vertretene Dramatiker Franz Xaver Kroetz[2]. [...]

1 **Stabi:** Abkürzung für Staatsbibliothek
2 **Franz Xaver Kroetz:** *1946, deutscher Regisseur, Schriftsteller

M4 Mairowitz, Montellier: **Der Process: Nach Franz Kafka** (2013) – Auszug aus der Graphic Novel

M5 David Hugendick: **Buch-Magazin: Gregor Samsa hat Rücken** (2013)

Muss man sich erst mal trauen: Das neue „Buch als Magazin“ widmet seine erste Ausgabe der Aktualität von Franz Kafkas „Die Verwandlung“. […] Man weiß selbst ohne die Lektüre seiner wohl berühmtesten Erzählung ungefähr Bescheid, dass sie von einem gewissen Gregor Samsa handelt, der eines Morgens als Ungeziefer aufwacht. Ferner, dass er mit Äpfeln beworfen wird und dass es im Allgemeinen trübselig und verstörend surreal zugeht, ganz so, wie es Journalisten meinen, wann immer sie die Phrase „kafkaesk“ bemühen.

Über die Interpretation des Werks herrscht in Kritik und Wissenschaft herrliche Uneinigkeit. Einigkeit existiert da aber so weit, dass es eines der wichtigsten Werke der deutschen Literatur ist. Zeitlos und unbedingt aktuell.

Was sich vom Feldmarschallhügel des Kritikers leicht dahersagen lässt, versucht ein Magazin nun zu beweisen. Hundert Jahre nach Vollendung der Erzählung widmet sich die erste Ausgabe von „Das Buch als Magazin“ ganz ihrer Gegenwartsanbindung, auf edlem Papier und mit einigem gestalterischen Aufwand. Hälfte eins gehört dem Originaltext mit heiteren, aufschlussreichen Randbemerkungen. In Hälfte zwei schreiben Autoren „Geschichten, die aus dem Alltag dazu passen“. […] Manche Geschichten handeln von Insektenexperten (wegen der Käfer) und dem Verlust der Mutter, eine äußerst komische Fotoserie zeigt „die unterschätzte Gefährlichkeit von Gemüse und Obst“ (wegen der Äpfel), also Rettichraketen und Bomben aus Melonen. In einem Interview wird ein schwieriges Vater-Sohn-Verhältnis auf dem Bauernhof geschildert (wegen Vater und Sohn in der Wohnung), ein Physiotherapeut erzählt vom Elend der Rückenschmerzen (wegen des unruhigen Schlafs) und Elke Heidenreich davon, was ihr bei Kafkas Text so alles einfällt. Nämlich ein Plädoyer gegen das Verrotten. Bildlich überwiegt die Insektenthematik, die anderen Beiträge entspringen dem größeren Motivkreis von Kafkas Text: Entfremdung, Geld, Isolation, Eltern. Obwohl die Bezüge teilweise recht großzügig ausgelegt werden, mancher Beitrag etwas angestrengt wirkt: Die hinassoziierten Verbindungen zu Kafka sind eine hübsche Idee. Sie sollen „Die Verwandlung“ nicht auf eine gültige aktuelle Deutung zurechtbiegen oder manches noch immer Rätselhafte der Erzählung ein für alle Mal lösen. Der Zugang ist spielerisch und verblüffend luftig, gemessen an der Beklommenheit, die von der Erzählung ausgeht. […]

Die Aufgabenstellung verstehen

1 Lesen Sie die Aufgabenstellung gründlich und machen Sie sich klar, was genau von Ihnen verlangt wird. Beantworten Sie dafür die Fragen im Methodenkasten.

2 Beim materialgestützten Schreiben kann ein Text überwiegend informierenden oder argumentativen Charakter haben. Erläutern Sie, was für einen Text die Aufgabenstellung von Ihnen verlangt.
Der Text soll vorwiegend … Charakter haben, weil … Das heißt, dass …

Methode Die Aufgabenstellung verstehen

Beim materialgestützten Verfassen eines Textes ist es besonders wichtig, die **Aufgabenstellung** gründlich zu lesen: Nur wenn Sie sich klarmachen, was die Aufgabenstellung von Ihnen verlangt, können Sie die Materialien strategisch lesen und Ihren Text sinnvoll gliedern. Die folgenden Leitfragen helfen Ihnen, die Aufgabenstellung genau zu verstehen:

- Was ist das **Thema** des informierenden Textes?
- Welche **Textsorte** wird verlangt? Was wissen Sie über diese Textsorte?
- Was sind **Anlass und Ziel** des geforderten Textes?
- Wer sind die **Adressaten** des Textes? Welche Erwartungen haben die Adressaten bezüglich des Inhalts und der Schreibweise an den Text?
- Welche **Operatoren** kommen in der Aufgabenstellung vor und was ist damit gemeint?
- Auf welche **Aspekte** sollen Sie in dem Text eingehen?

Erstes Textverständnis und Ideen formulieren

3 **a** Verschaffen Sie sich einen ersten Überblick über die Materialien 1 bis 5, indem Sie die Überschriften lesen, die Texte überfliegen und die Abbildung und die Grafik anschauen.
b Notieren Sie, welche Materialien sich auf die Aktualität von Kafkas Werk beziehen lassen, in welchen es um die Situation auf dem Buchmarkt bzw. im Theater geht und in welchen Materialien beide Aspekte in den Blick genommen werden.

4 Greifen Sie auf Ihr Vorwissen zurück. Was spricht für Kafkas Aktualität? Notieren Sie Stichworte. Beispiel:

Kafkas Werk	***Aktualität?***
Die Verwandlung	– *Gregor Samsa befindet sich in der Situation, dass … → auch heute …* – *Kommunikation Gregors mit seiner Familie: … → heute wird in Familien …* – *Gregors Beruf: … →* – *…*
Der Prozess	– *Josef K. wird plötzlich mit dem Problem konfrontiert, dass … → auch heute kann es passieren, dass Personen …, ohne dass ihnen klar ist, …* – *Die Wärter verhalten sich gegenüber Josef K. … → heute begegnet man manchmal Personen, die einen …*

Die Materialien gezielt lesen

5 Lesen Sie die vier Texte gezielt und arbeiten Sie die Informationen zur Aktualität Kafkas und zur Situation auf dem Buchmarkt bzw. im Theater heraus. Achten Sie dabei auch auf versteckte Informationen.
Tipp: Sie können die Texte auch kopieren und die Informationen in unterschiedlichen Farben markieren und mit Randbemerkungen zu ersten Ideen und Fragen versehen. Beispiel:

Aktualität Kafkas	überraschend heftig und findet, dass der Autor zeitlos treffend Miss- und Unverständnisse in der menschlichen Kommunikation beschreibe und auch für die Zwänge und Abgründe von gesellschaftlichen Systemen eine hervorragende Quelle sei. Das Relevanzbarometer steigt und ich merke mir, dass Kafka aktuell ist, weil er heutig ist. [...]	*Beispiel: Kommunikation Gregors mit seiner Familie* *Beispiel: Umgang mit Josef K.* *Was ist hier mit „heutig" gemeint?*
Buchmarkt	[Im Internet] stelle ich [...] fest, dass die gebundene Billigausgabe von „Der Prozess" (2006) am 8. Mai 2009, 16.01 Uhr, den Amazon-Verkaufsrang 277 einnimmt, was mir nicht schlecht erscheint.	*hohe Verkaufszahlen!*

6 Untersuchen Sie die Grafik (Material 3) genauer. Beachten Sie dabei auch den dazugehörigen Text.
- **a** Worüber informiert das Kurvendiagramm? Worauf beziehen sich die Achsen?
  Das Diagramm informiert über die Zahl der Besucher von … und … Es wird dargestellt, wie viele Besucher in der Zeit von … bis …
- **b** Welche der beiden Kurven ist für Ihren Text relevant, welche enthält eine eher versteckte Information? Begründen Sie.
- **c** Notieren Sie, welche Teile der Grafik für welche Aspekte Ihres Themas relevant sind, z. B.:
  Bezüglich der Situation im Theater kann man feststellen, dass Kafka … Dabei lässt sich eine Entwicklung der Besucherzahlen …
- **d** Untersuchen Sie, wie das Diagramm im Text gedeutet wird. Können Sie weitere Deutungsmöglichkeiten ergänzen, z. B. im Hinblick auf die Entwicklung der Besucherzahlen?

7 Untersuchen Sie die Abbildung (Material 4).
- **a** Was ist abgebildet?
- **b** Was sagt die Abbildung über die Aktualität Kafkas bzw. das Interesse an Kafka aus?
  Wenn ein Autor sich im Jahr 2013 entschließt, einen Roman aus dem Jahr 1914/15 in eine Graphic Novel umzuschreiben, …

8 Machen Sie sich klar, in welcher Beziehung die Materialien 1 bis 5 stehen. Gibt es Übereinstimmungen? Ergänzen sie sich? Gibt es Widersprüche?

Methode **Gezielt lesen**

Bei materialgestütztem Schreiben ist es wichtig, die Materialien **mit Blick auf die Aufgabenstellung gezielt zu lesen**. Das bedeutet, dass Sie nicht alle Materialien systematisch analysieren, sondern schauen, welche offensichtlichen, aber auch versteckten oder widersprüchlichen Informationen Sie für das Verfassen Ihres Textes nutzen können. Dabei sollten Sie bedenken, dass einige Informationen möglicherweise für Ihren Text gar nicht relevant sind.

Den Schreibplan erstellen und den Text schreiben

9 Planen Sie die gedankliche Struktur des Hauptteils Ihres Textes.

a Überlegen Sie, welche gedankliche Struktur (▸ Information) für Ihren Text geeignet ist. Begründen Sie Ihre Entscheidung.

b Ordnen Sie die Informationen, die Sie den Materialien entnommen haben, den einzelnen Teilen Ihrer Struktur zu. Ergänzen Sie auch weitere Informationen aus dem Unterricht. Beispiel:

Frage: – *Warum ist Kafka heute noch aktuell?*
Antwort: – *Die Themen in seinen Werken …*
… – *…*

c Planen Sie, in welcher Reihenfolge Sie die einzelnen Teile Ihrer Struktur anordnen möchten. Begründen Sie.

10 Entwickeln Sie die Gliederung (▸ Information) Ihres gesamten Textes. Beispiel:

Einleitung: – *Anlass des Textes: Schule soll …*
Hauptteil: – *…*
– *…*
Schluss: – *…*

Information **Gedankliche Struktur und Gliederung informierender Texte**

Informierende Texte weisen in der Regel eine übergeordnete gedankliche Struktur auf. In diese Struktur muss man die Informationen einordnen, damit die Fakten nicht ohne Bezug nebeneinanderstehen und sich für die Leserinnen und Leser ein Sinn ergibt. Mögliche gedankliche Strukturen können sein:

- **Ursachen** → **Wirkungen** → **Folgen / Vergangenheit** → **Gegenwart** → **Zukunft**, z. B.: *Ursache: Kafkas Verhältnis zu seiner Familie → Wirkung: Bedürfnis, das Verhältnis aufzuarbeiten → Folge: Aufarbeitung des Themas in verschiedenen Werken*
- **Problem** → **Lösung** → **Umsetzung**, z. B.: *Problem: Kafkas Werk bietet vielfältige Deutungsmöglichkeiten → Lösung: sich nicht auf eine Deutung festlegen → Umsetzung: unterschiedliche Deutungsansätze heranziehen: psychoanalytisch, sozialhistorisch, biografisch usw.*
- **Frage** → **Antwort** → **Folgerung**, z. B.: *Frage: Ist Kafka heute noch lesenswert? → Antwort: Themen wie … machen Kafka lesenswert. → Folgerung: Kafka wird noch immer viel gelesen, im Theater aufgeführt, taucht in Abiturvorgaben auf, …*

Manchmal ist es sinnvoll, die Struktur zu verändern, z. B.: *Folgen → Wirkungen → Ursachen.*
Auch informierende Texte unterliegen in der Regel der formalen Gliederung des Textaufbaus:

- **Überschrift**, die das Thema auf den Punkt bringt,
- **Einleitung**, die die Adressaten für das Thema interessiert und ggf. auch über Anlass und/oder Funktion des Textes informiert,
- **Hauptteil**, der die Informationen gemäß der gedanklichen Struktur präsentiert,
- **Schluss**, in dem ein Fazit gezogen oder ein Ausblick gegeben wird.

11 Verfassen Sie nun auf Grundlage Ihrer Gliederung Ihren Informationstext.

a Wecken Sie in der Einleitung das Interesse Ihrer Leserinnen und Leser, z.B.:
Unsere Schule soll demnächst … Dafür gibt es gute Gründe, denn Kafka …

b Verfassen Sie den Hauptteil Ihres Textes. Achten Sie dabei auf eine sachliche Sprache, die für Ihre Leserinnen und Leser gut verständlich ist. Berücksichtigen Sie auch den Informationskasten zum Umgang mit Ihren Informationsquellen und nutzen Sie die folgenden Formulierungshilfen.

Formulierungsbausteine: Informieren
Kafka nimmt in seinem Werk Themen in den Blick, die ...
Ein weiteres aktuelles Thema ist ...
Hinzu kommt, dass Menschen auch heute noch ...
Erinnert sei auch an ...
Wie in der Entstehungszeit von Kafkas Werk ... gegenwärtig ...

c Ziehen Sie am Schluss ein Fazit. Gehen Sie z.B. darauf ein, warum Ihre Schule in „Franz-Kafka-Gymnasium“ umbenannt werden sollte, z.B.:
Zusammenfassend lässt sich feststellen, dass Frank Kafka ein Schriftsteller ist, der …
Unsere Schule …

d Formulieren Sie eine interessante und treffende Überschrift, die das Thema umreißt.

Information **Umgang mit den Informationsquellen**

Wenn Sie fremde Darstellungen mit eigenen Worten, in indirekter Rede oder als Zitat wiedergeben, sollten Sie Ihre Informationsquellen benennen und kurz vorstellen. Zeilenangaben müssen allerdings nicht gemacht werden, z.B.:
Der Verleger Klaus Wagenbach erklärt in einem Interview auf ARTE: „Ich kann jedenfalls nicht sehen ...“
Der Germanist Thomas Anz weist darauf hin, dass es eine zentrale Erfahrung sei, sich gegenüber anonymen Mächten wie z.B. Gerichten hilflos zu fühlen.

Den eigenen Text überarbeiten

12 Überarbeiten Sie Ihren Text mit Hilfe der folgenden Checkliste.

13 Notieren Sie, worauf Sie beim Verfassen des nächsten Textes besonders achten sollten.

Checkliste **Materialgestützt einen Text verfassen**

- Wurden **alle relevanten Informationen** mit Blick auf das Thema ausgewählt, korrekt wiedergegeben und um **zusätzliches Wissen aus dem Unterricht** ergänzt?
- Wurde **auf Aspekte verzichtet**, die für das Thema nicht relevant sind?
- Weist der Text eine klare **gedankliche Struktur** auf?
- Gliedert der Text sich in informative **Überschrift, Einleitung, Hauptteil** und **Schluss**?
- Ist der Text **sachlich** und für die Leserinnen und Leser **verständlich** formuliert?
- Werden die **Informationsquellen** kurz vorgestellt und korrekt zitiert bzw. paraphrasiert?
- Ist der Text **sprachlich richtig** (Rechtschreibung, Grammatik, Zeichensetzung)?

4 Was ist der Mensch? – Die Vielfalt lyrischen Sprechens

Gustav Klimt:
Die drei Lebensalter (1905)

1
a Betrachten Sie das Bild und notieren Sie Assoziationen, die Ihnen dazu durch den Kopf gehen.
b Ergänzen Sie Ihre Notizen mit weiterführenden Begriffen und Gedanken zum Thema „Die drei Lebensalter“.
c Verfassen Sie anhand Ihrer Notizen einige Verse oder ein kleines Gedicht.

In diesem Kapitel erwerben Sie folgende Kenntnisse und Kompetenzen:

- einen Zugang zu Gedichten unterschiedlicher Epochen finden, Ideen für die Interpretation entwickeln und ausarbeiten,
- sprachliche Mittel in Gedichten erkennen und zum Inhalt in Beziehung setzen,
- formale Gedichtmerkmale benennen und in ihrer Funktion für Wirkung und Aussage erläutern,
- Gedichte in ihrem literarhistorischen Zusammenhang deuten,
- intertextuelle Bezüge zwischen Gedichten und Vergleichsmöglichkeiten erkennen und für das Verständnis nutzen,
- die Mehrdeutigkeit literarischer Texte benennen und sich über Lesarten verständigen,
- gestaltend zu literarischen Texten schreiben,
- einen Gedichtvergleich an einem Beispiel üben.

4.1 Welt- und Menschenbilder – Gedichte aus verschiedenen Epochen

Das Menschsein – Motivgleiche Gedichte untersuchen

Hermann Hesse: **Stufen** (1942)

Wie jede Blüte welkt und jede Jugend
Dem Alter weicht, blüht jede Lebensstufe,
Blüht jede Weisheit auch und jede Tugend
Zu ihrer Zeit und darf nicht ewig dauern.
Es muß das Herz bei jedem Lebensrufe
Bereit zum Abschied sein und Neubeginne,
Um sich in Tapferkeit und ohne Trauern
In andre, neue Bindungen zu geben.
Und jedem Anfang wohnt ein Zauber inne,
Der uns beschützt und der uns hilft, zu leben.

Wir sollen heiter Raum um Raum durchschreiten,
An keinem wie an einer Heimat hängen,
Der Weltgeist will nicht fesseln uns und engen,
Er will uns Stuf' um Stufe heben, weiten.
Kaum sind wir heimisch einem Lebenskreise
Und traulich eingewohnt, so droht Erschlaffen,
Nur wer bereit zu Aufbruch ist und Reise,
Mag lähmender Gewöhnung sich entraffen.

Es wird vielleicht auch noch die Todesstunde
Uns neuen Räumen jung entgegen senden,
Des Lebens Ruf an uns wird niemals enden ...
Wohlan denn, Herz, nimm Abschied und gesunde!

1 **a** Notieren Sie Ihre Eindrücke zum Gedicht „Stufen".
b Vergleichen Sie die Wirkung des Gedichts mit derjenigen des Bildes „Die drei Lebensalter" von Gustav Klimt (► S. 233).
c Erläutern Sie, wie Hesse das menschliche Leben in sprachlichen Bildern erfasst.
d Assoziieren Sie selbst ähnliche oder andere Bilder zu diesem Thema? Notieren Sie Stichworte dazu.
e Tauschen Sie sich in Ihrem Kurs darüber aus, wie Sie über den Lauf des Lebens denken.

Matthias Claudius: **Der Mensch** (1783)

Empfangen und genähret
Vom Weibe wunderbar,
Kömmt er und sieht und höret
Und nimmt des Trugs nicht wahr;
Gelüstet und begehret
Und bringt sein Tränlein dar;
Verachtet und verehret;
Hat Freude und Gefahr;
Glaubt, zweifelt, wähnt und lehret,
Hält nichts und alles wahr;
Erbauet und zerstöret;
Und quält sich immerdar;
Schläft, wachet, wächst und zehret;
Trägt braun und graues Haar etc.
Und alles dieses währet,
Wenn's hoch kommt, achtzig Jahr.
Denn legt er sich zu seinen Vätern nieder,
Und er kömmt nimmer wieder.

Bertolt Brecht: **Von der Freundlichkeit der Welt** (1927)

1
Auf die Erde voller kaltem Wind
Kamt ihr alle als ein nacktes Kind.
Frierend lagt ihr ohne alle Hab
Als ein Weib euch eine Windel gab.

2
Keiner schrie euch, ihr wart nicht begehrt
Und man holte euch nicht im Gefährt.
Hier auf Erden wart ihr unbekannt
Als ein Mann euch einst nahm an der Hand.

3
Und die Welt, die ist euch gar nichts schuld:
Keiner hält euch, wenn ihr gehen wollt.
Vielen, Kinder, wart ihr vielleicht gleich.
Viele aber weinten über euch.

4
Von der Erde voller kaltem Wind
Geht ihr all bedeckt mit Schorf und Grind.
Fast ein jeder hat die Welt geliebt
Wenn man ihm zwei Hände Erde gibt. [R]

Rose Ausländer: **Kindheit I** (1965)

Vor vielen Geburtstagen
als unsre Eltern
den Engeln erlaubten
in unsern Kinderbetten zu schlafen –
ja meine Lieben
da ging es uns gut

In jedem Winkel
war ein Wunder untergebracht:
Heinzelwald Berg aus Marzipan
Fächer in dem der Himmel
gefaltet lag

Ja meine Lieben
da hatten wir viele Freunde
Begüterte wir konnten's uns leisten
einen Stern zu verschenken
eine Insel
sogar einen Engel

Vor vielen Geburtstagen
als die Erde noch rund war
(nicht eckig wie jetzt)
liefen wir um sie herum
auf Rollschuhen
in einem Schwung
ohne Atem zu schöpfen

1 In den Gedichten auf den Seiten 234 f. wird das Thema „Mensch sein" in unterschiedlicher Weise thematisiert. Sammeln Sie Assoziationen, Erfahrungen, Begriffe und Bilder zum Thema in einer Mindmap oder Collage.

2 Lesen Sie die Gedichte und finden Sie Beziehungen zwischen den Texten (Gemeinsamkeiten, Ähnlichkeiten, Unterschiede). Stellen Sie diese in einem Schaubild dar oder integrieren Sie sie in Ihrer Mindmap/Collage (▸ Aufg. 1).

Claudius, Brecht: Erinnerung an nährende Mutter am Lebensanfang … — *Geburt* — **Mensch sein** — *Vergänglichkeit des Lebens*
- *positive Grundstimmung: Hesse: Leben als Abfolge von Aufbrüchen und Neubeginn …*
- *negative Grundstimmung: Claudius: …*

3 Wählen Sie ein Gedicht aus, das einen besonderen Eindruck auf Sie macht. Begründen Sie Ihre Wahl und bereiten Sie einen Vortrag des Gedichts vor (▸ S. 51, Aufg. 3).

4 Vergänglichkeit und Tod sind zentrale Motive (▸ Information, S. 53) der Gedichte. Interpretieren Sie einen der Texte mit Blick auf diese Motive. Nutzen Sie folgenden Hinweis:
Formulieren Sie eine Deutungsthese und notieren Sie Textbelege (▸ Information, S. 258):
Zentrale Aussage des Gedichts ist … Deutlich wird dies an folgenden Textstellen: …

Nora Bossong: **Besuch** (2014)

Die alte Frau sitzt tagelang am Fenster
und hält ein Taschentuch, zu träg,
hinaus in eine Welt zu winken,
die sie nicht mehr betritt. Das Draußen
ist ein Fernsehbild. Wie es mir glückt,
von dort ihr Zimmer zu betreten,
bleibt ihr ein Rätsel,
sie fragt mich nicht danach,
sagt nur: Es gibt so vieles,
das ich nicht versteh,
ach Mädchen, weißt,
die Klügste bin ich eben nicht.
Und hinter ihrem Schatten klafft
die Wohnung,
die zu große Schale einer Muschel, vergraben
in dem Zeitschlick, der nicht mehr zur Stadt gehört.
Es begann damit, dass sie verzwergte
Jahr um Jahr, nicht mehr zu finden
ihr mondäner Gang, ihr Blinzeln,
als brenne ihr verrauchte Luft
eines Kasinos in den Augen.
Vielleicht, sagt sie und irgendwann
und will nicht weg von ihrem Fenster,
sie ist so dünn geworden,
dass sie keinen Tag mehr spürt.
Ach Mädchen, sagt sie,
weißt, wir ham ja Zeit.

1 Formulieren Sie Ihre Leseeindrücke zu Nora Bossongs Gedicht. Verstehen Sie die Aussage „wir ham ja Zeit“ im letzten Vers positiv oder negativ?

2 Interpretieren Sie das Gedicht hinsichtlich der Darstellung verschiedener Generationen. Sie können folgende Fragen als Hilfestellung nutzen und sich dazu Notizen machen:
- Wer ist das lyrische Ich und mit wem interagiert es?
- Welche Rolle spielen Ortsangaben wie „am Fenster“ (V. 1), „Das Draußen (V. 4)“ usw.?
- Welche Rolle spielt die Zeit?
- Welche sprachlichen Mittel setzt Bossong ein, um die geschilderte Lebenslage eindrücklich darzustellen?

Wortschöpfungen: „Zeitschlick“ (V. 16) …

3 Die Dichterin Annette von Droste-Hülshoff reflektierte in ihrer Lyrik unter anderem die Lebensumstände von Frauen im 19. Jahrhundert.

a Lesen Sie das Gedicht „Am Turme“ (▶ S. 448). Untersuchen Sie, was über die Sprecherin ausgesagt wird.

Die Sprecherin äußert ihre sehnsüchtigen Wünsche: … Sie vergleicht ihre Situation mit …

b Vergleichen Sie das Gedicht von Droste-Hülshoff mit dem Gedicht von Bossong. Was wird jeweils über die Lebenssituation der Frauenfiguren ausgesagt?

4 **a** Betrachten Sie das Gemälde „Hotelfenster“ von Edward Hopper. Beschreiben Sie die Stimmung, die darin zum Ausdruck kommt.

b Deuten Sie das Bild mit Blick auf den Titel und die Entstehungszeit.

c Setzen Sie Hoppers Bild in Beziehung zu den Gedichten von Bossong und Droste-Hülshoff. Wo sehen Sie Gemeinsamkeiten und Unterschiede?

5 Geben die Gedichte von Bossong und Droste-Hülshoff sowie das Bild von Hopper Lebenssituationen speziell von Frauen wieder? Nehmen Sie Stellung.

Edward Hopper: Hotelfenster (1955)

Form, Sprache und Inhalt zueinander in Beziehung setzen

Johann Wolfgang Goethe:
Gesang der Geister über den Wassern
(1779; veröffentlicht 1789)

Des Menschen Seele
Gleicht dem Wasser:
Vom Himmel kommt es,
Zum Himmel steigt es,
Und wieder nieder
Zur Erde muss es,
Ewig wechselnd.

Strömt von der hohen,
Steilen Felswand
Der reine Strahl,
Dann stäubt er lieblich
In Wolkenwellen
Zum glatten Fels,
Und leicht empfangen,
Wallt er verschleiernd,
Leisrauschend,
Zur Tiefe nieder.

Ragen Klippen
Dem Sturz entgegen,
Schäumt er unmutig
Stufenweise
Zum Abgrund.

Im flachen Bette
Schleicht er das Wiesental hin,
Und in dem glatten See
Weiden ihr Antlitz
Alle Gestirne.

Wind ist der Welle
Lieblicher Buhler;
Wind mischt vom Grund aus
Schäumende Wogen.

Seele des Menschen,
Wie gleichst du dem Wasser!
Schicksal des Menschen,
Wie gleichst du dem Wind!

Joseph Anton Koch: Der Schmadribachfall im Lauterbrunnertal (1790/92)

1 Wie ergeht es dem Menschen? Fassen Sie mit eigenen Worten zusammen, wie in Goethes Gedicht diese Frage beantwortet wird.

2 Bestimmen Sie die Gedichtform (► Information, S. 238 f.) und erörtern Sie, inwiefern diese Form dem Gedichtgegenstand angemessen ist.
Nutzen Sie zum Vergleich das Gemälde von J. A. Koch.

3 **a** Nennen Sie auffällig gestaltete Stellen und beschreiben Sie deren sprachliche Form und Wirkung.

b Ordnen Sie, soweit möglich, mit Hilfe der Information auf den Seiten 242 ff. den beschriebenen sprachlichen Besonderheiten den passenden rhetorischen Fachbegriff zu. Überprüfen Sie auch, ob Sie im Gedicht noch weitere rhetorische Mittel erkennen können.

4 Vergleichen Sie die Gestaltung und die Bedeutung des Motivs „Fluss" in „Gesang der Geister über den Wassern" und in „An den Mond" (► S. 402) sowie in „Im Ilmtal" (► S. 403).

Information **Reim, Metrum, Strophen- und Gedichtformen**

Reim

- **Endreim:** Der genaue Gleichklang der Reimworte am Ende des Verses vom letzten betonten Vokal an („See" – „Schnee"; „Wasser" – „blasser"). Endreimschemata können sein:
  - **Paarreim:** aa
  - **Kreuzreim:** abab
  - **umarmender Reim:** abba
  - **Schweifreim:** aabccb
  - **dreifache Reimreihe:** abcabc
  - **Haufenreim:** aaa...
- **Binnenreim:** Zwei oder mehrere Wörter in ein und demselben Vers reimen sich.
- **Anfangsreim:** Reim der ersten Wörter zweier Verse
- **Schlagreim:** Zwei unmittelbar aufeinanderfolgende Wörter reimen sich.
- **Unreiner Reim,** auch **Assonanz:** Nur die Vokale, nicht aber die Konsonanten stimmen überein („sagen" – „Raben").
- **Stabreim,** auch **Alliteration:** Mehrere Wörter beginnen mit demselben Anfangslaut.
- **Verswaise:** reimloser Vers innerhalb einer gereimten Strophe
- **Kadenz** (Silbenfall am Versschluss). Man unterscheidet:
  - **männlich**/stumpf: einsilbiger Reim, Vers endet mit Hebung („... und fallend gießt"),
  - **weiblich**/klingend: zweisilbiger Reim, Vers endet mit Hebung und Senkung („... das andre überstéigend").

Metrum (Versmaß)

Die Abfolge von betonten und unbetonten Silben bestimmt in der gesprochenen deutschen Sprache den Rhythmus oder Sprachfluss. Klingt diese Abfolge – wie in vielen Gedichten – regelmäßig, wird von einem Versmaß oder einem Metrum gesprochen. Die Lehre vom Versmaß heißt **Metrik.** Die kleinste rhythmische Einheit einer geregelten Abfolge von betonten (x́: Hebung) und unbetonten Silben (x: Senkung) nennt man Versfuß (Takt):

- **Jambus** (steigend): xx́ z. B. Gedícht
- **Trochäus** (fallend): x́x z. B. Díchter
- **Anapäst** (steigend): xxx́ z. B. Anapä́st
- **Daktylus** (fallend): x́xx z. B. Dáktylus

Strophenformen

- **Distichon** (Plural: Distichen): besteht aus zwei meist daktylischen Versen mit jeweils sechs Hebungen. Im zweiten Vers folgen die dritte und die vierte Hebung unmittelbar aufeinander.
- **Einfache Liedstrophe:** vierzeilige Strophe mit Tendenz zu alternierendem Metrum (Hebung/Senkung wechseln regelmäßig) und Reimbindung von mindestens zwei Versen, z. B. abac.
- **Sestine:** sechszeilige Strophe mit regelmäßigem Reimschema, z. B. aabbcc oder ababcc
- **Verspaarkette:** eine Folge von Verspaaren, oft durch einen Paarreim verbunden

Gedichtformen

- **Ballade:** strophisch regelmäßig gegliederte längere Gedichtform mit Reim und Tendenz zu festem Metrum. Wesentlich für die Ballade ist ihr erzählender und dramatischer Charakter.
- **Elegie:** drückt zumeist eine resignierend wehmütige Stimmung aus (oft in Form von Distichen).
- **Haiku:** kurze Gedichtform, die in Japan entstanden ist, besteht aus drei Versen zu 5 – 7 – 5 Silben. Der strenge Aufbau zwingt zu extremer Verdichtung.
- **Hymne:** ein der Ode verwandter feierlicher Preis- und Lobgesang. Ausdruck hoher Begeisterung. Dem ekstatischen Ausdruck entsprechend kennt die Hymne keine formalen Regelmäßigkeiten: kein Reim, freie Rhythmen, kein fester Strophenbau.
- **Lied:** strophisch gebaute Gedichtform mit relativ kurzen Versen und Reimbindung. Reim und Metrum werden oft nicht streng durchgehalten. Zuweilen ist ein **Refrain (Kehrreim)** zu finden, d. h. die regelmäßige Wiederholung eines oder mehrerer Verse.

- **Ode:** reimlose, strophisch gegliederte, lange Gedichtform, die einem festen Metrum folgen kann, aber nicht muss. Typisch für die Ode ist der hohe und pathetische Sprachstil zum Ausdruck der Würde und Größe des behandelten Themas.
- **Sonett:** Zwei vierzeiligen Strophen (Quartetten), meist mit dem Reimschema abba/abba, folgen zwei dreizeilige Strophen (Terzette), wobei Letztere in der Regel im Reimschema verbunden sind, z. B. cdc/dcd oder cde/cde oder ccd/eed. Mit der formalen Zäsur (Einschnitt) zwischen Quartetten und Terzetten geht in der Regel auch ein inhaltlicher Kontrast oder Schnitt einher.

Andreas Gryphius: **Menschliches Elende** (1637)

Was sind wir Menschen doch! Ein Wohnhaus grimmer Schmerzen,
Ein Ball des falschen Glücks, ein Irrlicht dieser Zeit,
Ein Schauplatz herber Angst, besetzt mit scharfem Leid,
Ein bald verschmelzter Schnee und abgebrannte Kerzen.

Dies Leben fleucht[1] davon wie ein Geschwätz und Scherzen.
Die vor uns abgelegt des schwachen Leibes Kleid
Und in das Totenbuch der großen Sterblichkeit
Längst eingeschrieben sind, sind uns aus Sinn und Herzen.

Gleich wie ein eitel Traum leicht aus der Acht[2] hinfällt
Und wie ein Strom verscheußt[3], den keine Macht aufhält,
So muss auch unser Nam, Lob, Ehr und Ruhm verschwinden.

Was itzund[4] Atem holt, muss mit der Luft entfliehn;
Was nach uns kommen wird, wird uns ins Grab nachziehn.
Was sag ich? Wir vergehn wie Rauch von starken Winden.

Pieter Claesz: Vanitas-Stillleben (1656)

1 **fleucht:** flieht
2 **Acht:** Aufmerksamkeit
3 **verscheußt:** mächtig dahinfließt
4 **itzund:** heute

1 Notieren Sie Ihre ersten Eindrücke zum Gedicht „Menschliches Elende“. Überlegen Sie, inwieweit Sie dem dort vermittelten Menschenbild zustimmen können, und begründen Sie Ihre Haltung.

2 **a** Informieren Sie sich über das Menschenbild in der Epoche des Barock (► S. 377, 381 f.).
b Untersuchen Sie, wie das Stillleben von Pieter Claesz das Vanitas-Motiv bildlich aufgreift.
c Inwiefern treten die barocken Leitvorstellungen „carpe diem“, „Vanitas“ und „Memento mori“ (► S. 377) im Gedicht von Gryphius auf? Notieren Sie entsprechende Textstellen.
d Formulieren Sie eine Deutungsthese. Nutzen Sie Ihr Wissen über die Epoche des Barock.
Der Titel des Gedichts verweist deutlich auf Stimmung und Aussage des Gedichts: …

3 Untersuchen Sie das Gedicht genauer: äußere Form, Metrum (► S. 238), rhetorisch-stilistische Gestaltung (► S. 242 ff.). Beziehen Sie die Ergebnisse in Ihre Deutung ein: Wie unterstützt die Form den Inhalt? Wo gibt es möglicherweise Widersprüche und wie lassen sich diese erklären?

äußere Form
strenge Gedichtform des … mit zwei … und zwei …; im Gegensatz zu … jedoch ohne inhaltlichen Kontrast zwischen … → Strenge der Form korrespondiert mit der Strenge des Naturgesetzes …

Metrum
6-hebiger …; Regelmäßigkeit an wenigen Stellen unterbrochen, die dadurch betont werden: V. 9 …

rhetorisch-stilistische Gestaltung
– Titel „Menschliches Elende“: drastischer Ausdruck verweist auf …
– Ausruf („Was sind wir Menschen doch!“, V. 1): wie ein Seufzer angesichts der Unerbittlichkeit …

Friedrich Nietzsche: Vereinsamt (1887)

Die Krähen schrein
Und ziehen schwirren Flugs zur Stadt:
Bald wird es schnein –
Wohl dem, der jetzt noch – Heimat hat!

Nun stehst du starr,
Schaust rückwärts, ach! wie lange schon!
Was bist du Narr
Vor Winters in die Welt – entflohn?

Die Welt – ein Tor
Zu tausend Wüsten stumm und kalt!
Wer das verlor,
Was du verlorst, macht nirgends Halt.

Nun stehst du bleich,
Zur Winter-Wanderschaft verflucht,
Dem Rauche gleich,
Der stets nach kältern Himmeln sucht.

Flieg, Vogel, schnarr
Dein Lied im Wüsten-Vogel-Ton! –
Versteck, du Narr,
Dein blutend Herz in Eis und Hohn!

Die Krähen schrein
Und ziehen schwirren Flugs zur Stadt:
Bald wird es schnein,
Weh dem, der keine Heimat hat!

1 In Nietzsches Gedicht wird ein „Du“ angesprochen und als „Narr“ bezeichnet. Welcher Vorwurf wird ihm gemacht und von wem, d.h., wer ist das lyrische Ich? Begründen Sie Ihre Einschätzung.

2 Untersuchen Sie die Ebenen der Zeit im Gedicht (Vergangenheit, Gegenwart, Zukunft).
1. Strophe: Gegenwart (Beobachtung der …) und Ausblick auf …

3 Interpretieren Sie das Gedicht. Stellen Sie Bezüge zwischen Inhalt und Form (▸ S. 238, 242 ff.) her.

4 Vergleichen Sie die Gedichte „Menschliches Elende“ (▸ S. 239) und „Vereinsamt“. Erläutern Sie, inwiefern sowohl Gryphius als auch – über 200 Jahr später – Nietzsche menschliches Elend schildern und dabei Metaphern aus dem Bereich der Natur verwenden.

Joseph von Eichendorff: Die zwei Gesellen (1818)

Es zogen zwei rüst'ge Gesellen
Zum ersten Mal von Haus,
So jubelnd recht in die hellen,
Klingenden, singenden Wellen
Des vollen Frühlings hinaus.

Die strebten nach hohen Dingen,
Die wollten, trotz Lust und Schmerz,
Was Recht's in der Welt vollbringen,
Und wem sie vorübergingen,
Dem lachten Sinnen und Herz. –

Der erste, der fand ein Liebchen,
Die Schwieger kauft' Hof und Haus;
Der wiegte gar bald ein Bübchen
Und sah aus heimlichem Stübchen
Behaglich ins Feld hinaus.

Dem zweiten sangen und logen
Die tausend Stimmen im Grund,
Verlockend' Sirenen, und zogen
Ihn in der buhlenden Wogen
Farbig klingenden Schlund.

Und wie er auftaucht' vom Schlunde,
Da war er müde und alt,
Sein Schifflein, das lag im Grunde,
So still war's rings in der Runde,
Und über die Wasser weht's kalt.

Es singen und klingen die Wellen
Des Frühlings wohl über mir;
Und seh ich so kecke Gesellen,
Die Tränen im Auge mir schwellen –
Ach Gott, führ uns liebreich zu Dir!

1 Wovon „erzählt“ Eichendorffs Gedicht? Fassen Sie den Inhalt der ersten fünf Strophen zusammen.

2 Die letzte Strophe ist das Gegenstück zur ersten. Deuten Sie Inhalt und Funktion der Strophe.

Mascha Kaléko: **Interview mit mir selbst** (1933)

Anno Zwounddreißig

Ich bin als Emigrantenkind geboren
In einer kleinen, klatschbeflißnen Stadt,
Die eine Kirche, zwei bis drei Doktoren
Und eine große Irrenanstalt hat.

Mein meistgesprochnes Wort als Kind war „Nein".
Ich war kein einwandfreies Mutterglück.
Und denke ich an jene Zeit zurück –
Ich möchte nicht mein Kind gewesen sein.

Im Ersten Weltkrieg kam ich in die achte
Gemeindeschule zu Herrn Rektor May.
Ich war schon sechs, als ich noch immer dachte,
Daß, wenn die Kriege aus sind, Frieden sei.

Zwei Oberlehrer fanden mich begabt,
Weshalb sie mich, zwecks Bildung, bald entfernten.
Doch was wir auf der Hohen Schule lernten,
Ein Volk „Die Arier" ham wir nicht gehabt.

Beim Abgang sprach der Lehrer von den Nöten
Der Jugend und vom ethischen Niveau.
Es hieß, wir sollten jetzt ins Leben treten.
Ich aber leider trat nur ins Büro.

Acht Stunden bin ich dienstlich angestellt
Und tue eine schlechtbezahlte Pflicht.
Am Abend schreib ich manchmal ein Gedicht.
Mein Vater meint, das habe noch gefehlt.

Bei schönem Wetter reise ich ein Stück
Per Bleistift auf der bunten Länderkarte.
An stillen Regentagen aber warte
Ich manchmal auf das sogenannte Glück.

R

Mascha Kaléko: **Post scriptum** (1946)

Anno Fünfundvierzig

Inzwischen bin ich viel zu viel gereist,
Zu Bahn, zu Schiff, bis über den Atlantik.
Doch was mich trieb, war nicht Entdeckergeist,
Und was ich suchte, keineswegs Romantik.

Das war einmal. In einem andern Leben.
Doch unterdessen, wie die Zeit verrinnt,
Hat sich auch biographisch was ergeben:
Nun hab ich selbst ein Emigrantenkind.

Das lernt das Wörtchen „alien" buchstabieren
Und spricht zur Mutter: „Don't speak German, dear."
Muß knapp acht Jahr alt Diskussionen führen,
Daß er „allright" ist, wenn auch nicht von hier.

Grad wie das Flüchtlingskind beim Rektor May!
Wenn ich mir dies Dacapo[1] so betrachte ...
Er denkt, was ich in seinem Alter dachte:
Daß, wenn die Kriege aus sind, Frieden sei.

R

1 **Dacapo (Musik):** Wiederholung

1 **a** Zwischen Kalékos autobiografischen Gedichten liegen dreizehn Jahre. Fassen Sie zusammen, was das lyrische Ich erlebt. Beziehen Sie Informationen über die Weimarer Republik (▶ S. 498) und die Exilliteratur (▶ S. 500 f., 504) ein.

b Deuten Sie die Verse 3–5 in „Post scriptum". Erläutern Sie, wie die äußeren Umstände sich in der Dichtung widerspiegeln.

2 Vergleichen Sie die Gedichte von Kaléko und Eichendorff (▶ S. 240).

a Stellen Sie die Gedichtaussagen gegenüber: *Das Thema „Lebenswege" …*

b Gehen Sie auf den Bezug zwischen äußerer Form und Gedichtinhalt ein. *Alle drei Gedichte sind regelmäßig … Der erzählende Charakter …*

3 Erarbeiten Sie einen Überblick über den Wandel des Menschenbilds über die literarischen Epochen hinweg.

Rhetorische Figuren – Beispiele und Definitionen

Die nachfolgend aufgeführten rhetorischen Figuren werden keineswegs nur in der Lyrik, sondern in Texten aller Gattungen eingesetzt. Besonders bedeutend ist ihr Gebrauch zum Beispiel in der öffentlichen Rede (bei Gericht, in der Politik) oder in der Werbung. Hier wie dort werden diese Mittel gezielt eingesetzt, um eine bestimmte Wirkung zu erreichen.
Ein Großteil der Stilmittel ist seit der Antike definiert, was sich noch heute an den meist griechischen Fachbegriffen ablesen lässt. Wichtiger als die bloße Kenntnis dieser „Vokabeln“ ist es, ein Gespür für den Umgang mit solchen sprachlichen Mitteln zu entwickeln. Bei einem Vers wie „Aufsteigt der Strahl und fallend gießt / Er voll der Marmorschale Rund“ (► C.F. Meyer) ist es z.B. die ungewöhnliche Stellung der Satzglieder. Diese Besonderheit kann man umschreiben oder auch mit dem Fachbegriff „Inversion“ benennen. Letzteres ist häufig unkomplizierter und kürzer. Es beweist zudem das Verständnis dafür, dass von solch einer rhetorischen Figur auch immer eine vom Kontext abhängige Wirkung ausgeht. Diese Funktion zu erkennen und zu benennen ist ein zentrales Ziel der sprachlichen Analyse.

Information **Rhetorische Figuren**

Rhetorische Figur	Beispiel	Definition
Akkumulation, die	„Lieben, hassen, fürchten, zittern, / Hoffen, zagen bis ins Mark“ (J. M. R. Lenz)	Reihung von Begriffen zu einem – genannten oder nicht genannten – Oberbegriff
Allegorie, die	„Gott Amor“ für „Liebe“, der „Staat“ als „Schiff“	konkrete Darstellung abstrakter Begriffe, oft durch Personifikation
Alliteration, die	„Ein Vers, [...] / Der unbemerkt verhallt, verlischt, verblüht“ (Hofmannsthal, ► S. 254)	Wiederholung des Anfangslauts benachbarter Wörter
Anapher, die	„Was ist die Welt und ihr [...]? Was ist die Welt und ihre [...]?“ (Hofmannswaldau, ► S. 254)	Wiederholung eines oder mehrerer Wörter an Satz- oder Versanfängen
Antithese, die	„Was dieser heute baut / reißt jener morgen ein“ (Gryphius)	Entgegenstellung von Gedanken oder Begriffen
Apostrophe, die	„Seele des Menschen, / Wie gleichst du dem Wasser!“ (Goethe, ► S. 237)	feierliche oder betonte Anrede, Anruf
Chiasmus, der	„Ich schlafe am Tag, in der Nacht wache ich“	symmetrische Überkreuzstellung von semantisch oder syntaktisch einander entsprechenden Satzgliedern
Ellipse, die	„Zu viel Abendland, / verdächtig.“ (Eich, ► S. 252)	unvollständiger Satz; Auslassung eines Satzteils/Wortes
Epipher, die	„Vom Himmel kommt es, / Zum Himmel steigt es, / Und wieder nieder / Zur Erde muss es“ (Goethe, ► S. 237)	Wiederholung gleicher Wörter am Satz- oder Versende

Rhetorische Figur	Beispiel	Definition
Euphemismus, der	„entschlafen" statt „sterben"	Beschönigung
Hyperbel, die	„ein Meer von Tränen"	starke Übertreibung
Inversion, die	„Aufsteigt der Strahl" (C.F. Meyer)	Umkehrung der geläufigen Wortstellung im Satz
Ironie, die	„Du bist mir ein schöner Freund!"	unwahre Behauptung, die erkennen lässt, dass das Gegenteil gemeint ist
Klimax, die	„Veni, vidi, vici" (Ich kam, sah und siegte; Julius Cäsar)	Steigerung (häufig dreigliedrig)
Litotes, die	„nicht unschön"	Bejahung durch Verneinung des Gegenteils
Metapher, die (▸ S. 56)	„Was ist die Welt? [...] / Ein buntes Feld, da Kummerdisteln grünen, / Ein schön Spital, so voller Krankheit steckt" (Hofmannswaldau, ▸ S. 254)	Bedeutungsübertragung; sprachliche Verknüpfung zweier semantischer Bereiche, die gewöhnlich unverbunden sind; ohne Vergleichswort (z. B. „wie")
Metonymie, die	„Er hat den ganzen Goethe gelesen"	Ersetzung eines gebräuchlichen Wortes durch ein anderes, das zu ihm in unmittelbarer Beziehung steht, z. B. Autor für Werk, Ort für Person
Neologismus, der	„Wolkenpelztier" (Bachmann, ▸ S. 515)	Wortneuschöpfung
Onomatopoesie, die	„So jubelnd recht in die hellen, / Klingenden, singenden Wellen" (Eichendorff, ▸ S. 240)	Lautmalerei
Oxymoron, das	„Und strömt und ruht" (C.F. Meyer)	Verbindung zweier Vorstellungen, die sich ausschließen
Paradoxon, das	„Was ich niemals besaß, wird mir entrissen. / Was ich nicht lebte, werd ich ewig missen" (Braun, ▸ S. 536)	Scheinwiderspruch
Parallelismus, der	„Dies ist meine Mütze, dies ist mein Mantel" (Eich, ▸ S. 510)	Wiederholung gleicher syntaktischer Fügungen
Personifikation, die	„Liegen die Dörfer schläfrig" (Kirsch, ▸ S. 61)	Vermenschlichung
Pleonasmus, der	„bei schwarz gewölkter Nacht" (Hofmannswaldau, ▸ S. 254)	Wiederholung eines charakteristischen Merkmals des Bezugswortes

Rhetorische Figur	Beispiel	Definition
rhetorische Frage, die	„Wer ist schon perfekt?“	scheinbare Frage, bei der jeder die Antwort kennt
Symbol, das	„Taube“ als Symbol für Frieden, „Ring“ als Symbol der Treue und der Ewigkeit	Sinnbild, das auf etwas Allgemeines verweist; meist ein konkreter Gegenstand, in dem ein allgemeiner Sinnzusammenhang sichtbar wird
Synästhesie, die	„Laue Luft kommt blau geflossen“ (Eichendorff)	Verbindung unterschiedlicher Sinneseindrücke
Synekdoche, die	„Sie leben alle unter einem Dach“	ein Teil steht für das Ganze oder umgekehrt
Tautologie, die	„Der Mond scheint klar und rein“ (Brentano, ► S. 131); „in Reih und Glied“	Wiederholung eines Begriffs bzw. Ersetzung durch ein sinnverwandtes Wort („Zwillingsformeln“)
Tropus, der / **Trope,** die (Pl. Tropen)	vgl. Begriffe rechte Spalte	Figur des **uneigentlichen Sprechens** wie ► Ironie, Metapher, Metonymie, Synekdoche
Vergleich, der	„kam ihre Liebe plötzlich abhanden. / Wie andern Leuten ein Stock oder Hut“ (Kästner, ► S. 496)	Verknüpfung zweier semantischer Bereiche durch ein Vergleichswort „wie“, „gleich“, veraltet: „als“ zur Hervorhebung des Gemeinsamen (Tertium Comparationis)
Wiederholung, die	„Seele des Menschen, / Wie gleichst du dem Wasser! / Schicksal des Menschen, / Wie gleichst du dem Wind!“ (Goethe, ► S. 237)	ein sprachliches Element kommt in identischer oder ähnlicher Form mehrmals nacheinander vor; vgl. ► Alliteration, ► Anapher, ► Epipher, ► Parallelismus, auch: ► Refrain
Zeugma, das	„Er saß ganze Nächte und Sessel durch“ (Jean Paul)	ungewohnte Beziehung eines Satzteils auf mehrere andere; meist des Prädikats auf ungleichartige Objekte

Die Bestimmung rhetorischer Figuren ist wichtig für die Erkenntnis ihrer Funktion und Wirkung. Rhetorische Mittel können unterschiedliche Wirkungen erzielen, z. B.:
- Zugewinn von Anschaulichkeit, Vorstellbarkeit,
- Schaffung von Sinnlichkeit, ästhetischem Reiz,
- Nachdruck, Betonung, Eindringlichkeit,
- Erhöhung der Spannung, Erwartung,
- Kommunikationsgewinn bzw. Einbezug der Leserin / des Lesers.

1 Bestimmen Sie, welche Wirkung mit den oben aufgelisteten rhetorischen Figuren jeweils erreicht wird. Beachten Sie: Endgültige Aussagen über die Wirkung bestimmter Figuren sind nur mit Blick auf den Kontext möglich.

Friedrich Hölderlin: **Hälfte des Lebens** (1805)

Mit gelben Birnen hänget
Und voll mit wilden Rosen
Das Land in den See,
Ihr holden Schwäne,
Und trunken von Küssen
Tunkt ihr das Haupt
Ins heilignüchterne Wasser.

Weh mir, wo nehm ich, wenn
Es Winter ist, die Blumen, und wo
Den Sonnenschein,
Und Schatten der Erde?
Die Mauern stehn
Sprachlos und kalt, im Winde
Klirren die Fahnen[1].

1 **Fahnen:** Wetterfahne; zeigt die Windrichtung an

Friedrich Hölderlin (1770–1843)

Rainer Maria Rilke: **Herbsttag** (Erstdruck 1906)

Herr: es ist Zeit. Der Sommer war sehr groß.
Leg deinen Schatten auf die Sonnenuhren,
und auf den Fluren lass die Winde los.

Befiehl den letzten Früchten voll zu sein;
gib ihnen noch zwei südlichere Tage,
dränge sie zur Vollendung hin und jage
die letzte Süße in den schweren Wein.

Wer jetzt kein Haus hat, baut sich keines mehr.
Wer jetzt allein ist, wird es lange bleiben,
wird wachen, lesen, lange Briefe schreiben
und wird in den Alleen hin und her
unruhig wandern, wenn die Blätter treiben.

Heinrich Vogeler: Herbstgarten (1903)

1 Das vielleicht wichtigste Merkmal lyrischer Texte ist die Bildlichkeit (v. a. Vergleiche und Metaphern, ▸ S. 243 f.).

a Erarbeiten Sie sich ein erstes Verständnis des Gedichts „Hälfte des Lebens“, indem Sie zunächst die beiden Strophen getrennt betrachten. Analysieren und erläutern Sie jeweils die Bildlichkeit im Hinblick auf ihre Funktion und Wirkung. Berücksichtigen Sie dabei auch die syntaktische Struktur und sonstige sprachliche Auffälligkeiten.

b Setzen Sie die beiden Strophen in Beziehung zueinander und bestimmen Sie die Gedichtaussage.

2 Vergleichen Sie Hölderlins Gedicht mit dem Gedicht „Herbsttag“ von Rilke unter dem Aspekt der „Vergänglichkeit“ und verfassen Sie eine vergleichende Interpretation (▸ S. 254 ff.).

Das Menschenbild in der Weimarer Klassik

Friedrich Schiller: **Die Worte des Glaubens** (1797)

Drei Worte nenn ich euch, inhaltsschwer,
Sie gehen von Munde zu Munde,
Doch stammen sie nicht von außen her,
Das Herz nur gibt davon Kunde,
Dem Menschen ist aller Wert geraubt,
Wenn er nicht mehr an die drei Worte glaubt.

Der Mensch ist frei geschaffen, ist frei,
Und würd er in Ketten geboren,
Lasst euch nicht irren des Pöbels Geschrei,
Nicht den Missbrauch rasender Toren.
Vor dem Sklaven, wenn er die Kette bricht,
Vor dem freien Menschen erzittert nicht.

Und die Tugend, sie ist kein leerer Schall,
Der Mensch kann sie üben im Leben;
Und sollt er auch straucheln überall,
Er kann nach der göttlichen streben,
Und was kein Verstand der Verständigen sieht,
Das übet in Einfalt ein kindlich Gemüt.

Und ein Gott ist, ein heiliger Wille lebt,
Wie auch der menschliche wanke,
Hoch über der Zeit und dem Raume webt
Lebendig der höchste Gedanke,
Und ob alles in ewigem Wechsel kreist,
Es beharret im Wechsel ein ruhiger Geist.

Die drei Worte behaltet euch, inhaltsschwer,
Sie pflanzet von Munde zu Munde,
Und stammen sie gleich nicht von außen her,
Euer Innres gibt davon Kunde,
Dem Menschen ist nimmer sein Wert geraubt,
Solang er noch an die drei Worte glaubt.

Johann Wolfgang von Goethe: **Grenzen der Menschheit** (1789)

Wenn der uralte,
Heilige Vater
Mit gelassener Hand
Aus rollenden Wolken
Segnende Blitze
Über die Erde sät,
Küss ich den letzten
Saum seines Kleides,
Kindliche Schauer
Treu in der Brust.

Denn mit Göttern
Soll sich nicht messen
Irgendein Mensch.
Hebt er sich aufwärts
Und berührt
Mit dem Scheitel die
 Sterne,
Nirgends haften dann
Die unsichern Sohlen,
Und mit ihm spielen
Wolken und Winde.

Steht er mit festen,
Markigen Knochen
Auf der wohlgegründeten
Dauernden Erde;
Reicht er nicht auf,
Nur mit der Eiche
Oder der Rebe
Sich zu vergleichen.

Was unterscheidet
Götter von Menschen?
Dass viele Wellen
Vor jenen wandeln,
Ein ewiger Strom:
Uns hebt die Welle,
Verschlingt die Welle
Und wir versinken.

Ein kleiner Ring
Begrenzt unser Leben
Und viele Geschlechter
Reihen sie dauernd
An ihres Daseins
Unendliche Kette.

Goethe-Schiller-Denkmal (Weimar)

1 Formulieren Sie die drei „Worte des Glaubens" zusammenfassend mit eigenen Worten.

2 **a** Geben Sie den Gedichtinhalt von „Grenzen der Menschheit" strophenweise wieder.

b Fassen Sie zusammen, was der Text zum Verhältnis von Mensch und Gott bzw. Göttern aussagt.

3 Verfassen Sie einen Lexikoneintrag zum Menschenbild der Weimarer Klassik (► S. 420), das in den Gedichten vermittelt wird. Berücksichtigen Sie auch Goethes Gedicht „Das Göttliche" (► S. 418).

4.2 Stadt und Welt – Stadterfahrungen in der Lyrik

Berlin – Gedichte vom Naturalismus bis zur Gegenwart

1 Sammeln Sie in einem Cluster Assoziationen zum Begriff „Großstadt". Verbinden Sie eher positive oder negative Aspekte mit dem Stadtleben?

2 Vergleichen Sie Ihre Assoziationen mit dem Resümee, das im Gedicht „Berlin, Paris, New York" gezogen wird.

Jörg Fauser: **Berlin, Paris, New York** (1978)

Ich habe große Städte gesehen
und habe die großen Städte immer geliebt,
ihre Frauen, ihre Bars, ihre
Dämmerungen vor dem Gebrüll
der Maschinen und dem Sturm
auf die Bastille,

Berlin, Paris, New York,
eine Straßenecke in Schöneberg
erregt mich tiefer
als der Schnee
auf dem Mont Blanc
oder die Wälder
im Untertaunus,

ich habe die Schönheit gesehen
von großen Städten, den Glanz
ihrer Avenuen, das Elend
der Massen und die Vernichtung
von Einzelnen,
ich habe die großen Städte geliebt
und ich liebe sie auch
in ihrem Verfall,

es sind nicht die großen Städte,
die die Menschen zerstören,
sondern die Gesetze,
die das Menschliche nicht formen,
sondern ersticken,

ich wurde von den großen Städten geformt,
was ich sah, was ich litt, was ich wurde,
verdanke ich einer Mutter aus Stein,
der großen Stadt,
und morgen, wenn meine Zeit vorbei ist,
wird es die große Stadt sein,
die mich begräbt.

Georg Heym: **Berlin I** (1910)

Beteerte Fässer rollten von den Schwellen
Der dunklen Speicher auf die hohlen Kähne.
Die Schlepper zogen an. Des Rauches Mähne
Hing rußig nieder auf die öligen Wellen.

Zwei Dampfer kamen mit Musikkapellen.
Den Schornstein kappten sie am Brückenbogen.
Rauch, Ruß, Gestank lag auf den schmutzigen Wogen
Der Gerbereien mit den braunen Fellen.

In allen Brücken, drunter uns die Zille
Hindurchgebracht, ertönten die Signale
Gleichwie in Trommeln wachsend in der Stille.

Wir ließen los und trieben im Kanale
An Gärten langsam hin. In dem Idylle
Sahn wir der Riesenschlote Nachtfanale.

Peter Fox: **Schwarz zu Blau** (2009, Auszüge)

Komm aus'm Club, war schön gewesen
Stinke nach Suff, bin kaputt, ist n schönes Leben
Steig über Schnapsleichen, die auf meinem Weg verwesen
Ich seh die Ratten sich satt fressen im Schatten der Dönerläden [...]
Refrain:
Guten Morgen Berlin
du kannst so hässlich sein
so dreckig und grau
Du kannst so schön schrecklich sein
deine Nächte fressen mich auf
es wird für mich wohl das Beste sein
ich geh nach Hause und schlaf mich aus
Und während ich durch die Straßen laufe
wird langsam schwarz zu blau
[...]
Ich hab 'nen dicken Kopf, ich muss 'nen Saft haben
Ich hab dringlichen Bock auf Bagdads Backwaren
Da ist es warm, da geb ich mich meinen Träumen hin
Bei Fatima, der süßen Backwarenverkäuferin
R&B Balladen pumpen aus 'nem parkenden Benz
Feierabend für die Straßengangs
Ein Hooligan liegt 'ner Frau in den Armen und flennt
Diese Stadt ist eben doch gar nicht so hart, wie du denkst
[...]
Ich bin kaputt
Und reib mir aus meinen Augen deinen Staub
Du bist nicht schön
Und das weißt du auch
Dein Panorama versaut
Siehst nicht mal schön von weitem aus
Doch die Sonne geht gerade auf
Und ich weiß, ob ich will oder nicht
dass ich dich zum Atmen brauch [...]

1 Beschreiben Sie die Stimmung in „Berlin I". Wie wird diese durch die gewählten Nomen vermittelt?
Eindrücke aus einem Binnenhafen …

2 **a** Drücken Sie diese Stimmung in einer Kohle- oder Bleistiftskizze aus.
b Informieren Sie sich über den Expressionismus (▸ S. 491). Vergleichen Sie die Wirkung expressionistischer Kunstwerke (▸ S. 483 ff.) mit der Wirkung des Heym-Gedichts und Ihrer Skizzen.

3 **a** Analysieren Sie Inhalt und Form (▸ S. 238) von Heyms Gedicht.
Inhalt: Schilderung des Verladens und …
Form: … mit zwei … und …
b Erläutern Sie mögliche Gründe für Heyms Wahl einer traditionellen Gedichtform.

Lyrik im geteilten Berlin

Wolf Biermann: **Berlin** (1965)

Berlin, du deutsche deutsche Frau
Ich bin dein Hochzeitsfreier
Ach, deine Hände sind so rau
Von Kälte und von Feuer
Ach, deine Hüften sind so schmal
Wie deine schmalen Straßen
Ach, deine Küsse sind so schal
Ich kann dich nimmer lassen
Ich kann nicht weg mehr von dir gehn
Im Westen steht die Mauer
Im Osten meine Freunde stehn
Der Nordwind ist ein rauer
Berlin, du blonde blonde Frau
Ich bin dein kühler Freier
Dein Himmel ist so hundeblau
Darin hängt meine Leier

Eva Zeller: **Berlin** (1971)

Wachhund
auf Flüchtlinge abgerichtet
zerfleischt Grenzposten

Freiheit
an die große Glocke gehängt
und wissen
was sie geschlagen hat

Amseln polstern ihr Nest
in der Mauer
mit gelassenen Federn

Alte Frauen
reißen die Tage
von der perforierten Zeit
um sie sich
hinter den Spiegel zu stecken

Eine Stadt
lässt sich die Haare wachsen
und tanzt auf ihren Altären
Sie ist so frei

Sarah Kirsch: **Naturschutzgebiet** (1982)

Die weltstädtischen Kaninchen
Hüpfen sich aus auf dem Potsdamer Platz
Wie soll ich angesichts dieser Wiesen
Glauben was mein Großvater sagte
Hier war der Nabel der Welt
Als er in jungen Jahren mit seinem Adler
Ein schönes Mädchen chauffierte.
Durch das verschwundene Hotel
Fliegen die Mauersegler
Die Nebel steigen
Aus wunderbaren Wiesen und Sträuchern
Kaum sperrt man den Menschen den Zugang
Tut die Natur das ihre durchwächst
Noch das Pflaster die Straßenbahnschienen. [R]

1 Vergleichen Sie die Darstellung Berlins in den Gedichten aus der Zeit der „Berliner Mauer" (1961 bis 1989).
Biermann: enges Verhältnis zu ...

2 Informieren Sie sich über die Biografien der drei Autoren. Beziehen Sie Ihre Erkenntnisse in die Textdeutung ein.

3 <u>Materialgestützt einen informierenden Text verfassen:</u> Anlässlich des Jahrestages des Mauerfalls veranstaltet Ihre Schule einen Abend „Lyrik in der DDR". Gestalten Sie ein etwa vierseitiges Programmheft mit Informationen, Gedichten, Autorenfotos usw. Nutzen Sie auch die Materialien auf den Seiten 525 ff.

Nora Bossong: **Hinterhof** (2014)

Am Fenster jene Frau, die seit drei Jahren
mit gepackten Kisten lebt, späht in den Hof,
ob dort nicht grad der Umzugswagen einfährt.
Nur Plastiktonnen und die Vorkriegsbirken
erster Mieter. Zwischen Unkraut kopulieren Katzen.
Im kurzen Mittag, da bis ins Gras die Sonne reicht,
streunen die Hauswartsschritte, verloren wie das Altpapier,
das aus den Hauseingängen weht und mit der Spitze
eines Taschentuchs wischt er die namenlosen Klingelschilder.
Die Sonne wechselt über auf die andre Fensterfront.
Kinderstimmen in der Häuserschneise, doch niemand
ist zu sehen, als ob Septemberluft allein schon klänge.
Eine Stufe knarrt, ein Katzenjunges hinkt hervor. Bald
bleibt auch die Kellertreppe wieder still. Was
ist dann gewesen? Nur Sommer.

1 Begründen Sie anhand von Schlüsselwörtern, warum Bossongs Gedicht ein Großstadtgedicht ist.

2 Stellen Sie dar, welche Stimmung im Gedicht vermittelt wird und mit welchen Mitteln das geschieht.
Gefühl von …, vermittelt durch Aussage über eine Figur im Gedicht: „jene Frau, die seit drei Jahren / mit gepackten Kisten lebt" (V. 1 f.) → Zeit scheint stehen geblieben zu sein …

3 Vergleichen Sie das Gedicht mit den Berlin-Gedichten der Seiten 248 ff. hinsichtlich Form, Bildlichkeit und Darstellung der Großstadt.

4 Verfassen Sie ein Parallelgedicht (▸ S. 51) mit folgendem Ende:
[…] Was / ist dann gewesen? Nur Winter.

Günter Kunert: **Fantasma**[1] (1987)

Das letzte Gedicht über Berlin –
wie wird das wohl sein?
Hymnisch[2]? Oder voll Ironie?
Epitaph[3] auf bröckelndem Stein?

Zum Abschied vielleicht eine Elegie[4]
im Plusquamperfekt[5]: Gewesen war.
Adressiert an den Wind.
Absender: Ein üblicher Narr.

Das letzte Gedicht über Berlin
wär auch das Ende vom Lied:
ein immer unvollendeter Vers,
weil ihn keiner mehr sieht.

1 **Phantasma:** Sinnestäuschung, Trugbild
2 **Hymne:** Gedichtform, die Begeisterung und Verehrung ausdrückt
3 **Epitaph:** Grabinschrift
4 **Elegie:** hier: Klagegedicht
5 Hinweis darauf, dass in der Berliner Mundart als Vergangenheitsform oft das Plusquamperfekt anstelle von Präteritum/Perfekt verwendet wird

1 Formulieren Sie Ihre Leseeindrücke zu Kunerts Gedicht. Was lösen die Gedanken zum „letzten Gedicht über Berlin" bei Ihnen aus, wie stehen Sie dazu?

2 Analysieren Sie den Zusammenhang von Form und Inhalt im Gedicht.
Die Stropheneinteilung spiegelt die inhaltliche …: In der ersten Strophe werden Fragen …

3 Verfassen Sie, ausgehend von Kunerts Gedanken, selbst einige Verse über Berlin.

4 **a** Gleichen Sie die Berlin-Gedichte (▸ S. 248 ff.) mit Ihren auf Seite 247 (Aufg. 1) formulierten Vorstellungen von „Großstadt" ab.
b Gestalten Sie ein Plakat „Berlin in der Lyrik".

Rom im Spiegel von Gedichten

Johann Wolfgang von Goethe: **Römische Elegie VII** (1795)

O wie fühl' ich in Rom mich so froh! gedenk' ich der Zeiten,
Da mich ein graulicher Tag hinten im Norden umfing,
Trübe der Himmel und schwer auf meine Scheitel sich senkte,
Farb- und gestaltlos die Welt um den Ermatteten lag,
Und ich über mein Ich, des unbefriedigten Geistes
Düstre Wege zu spähn, still in Betrachtung versank.
Nun umleuchtet der Glanz des helleren Äthers[1] die Stirne;
Phöbus rufet, der Gott, Formen und Farben hervor.
Sternhell glänzet die Nacht, sie klingt von weichen Gesängen,
Und mir leuchtet der Mond heller als nordischer Tag.
Welche Seligkeit ward mir Sterblichem! Träum ich? Empfänget
Dein ambrosisches[2] Haus, Jupiter Vater, den Gast?
Ach! hier lieg' ich und strecke nach deinen Knien die Hände
Flehend aus. O! vernimm Jupiter Xenius mich!
Wie ich hereingekommen, ich kann's nicht sagen, es fasste
Hebe den Wandrer und zog mich in die Hallen heran.
Hast du ihr einen Heroen[3] heraufzuführen geboten?
Irrte die Schöne? Vergib! Lass mir des Irrtums Gewinn!
Deine Tochter Fortuna, sie auch! die herrlichsten Gaben
Teilt als ein Mädchen sie aus, wie es die Laune gebeut.
Bist du der wirtliche Gott? O dann so verstoße den Gastfreund
Nicht von deinem Olymp[4] wieder zur Erde hinab!
„Dichter! Wohin versteigest du dich?" – Vergib mir; der hohe
Kapitolinische Berg[5] ist dir ein zweiter Olymp.
Dulde mich, Jupiter, hier, und Hermes führe mich später,
Cestius' Mal vorbei, leise zum Orkus[6] hinab.

1 **Äther:** (blauer) Himmel
2 **ambrosisch:** göttlich, himmlisch
3 **Heros:** Held, Halbgott
4 **Olymp:** Sitz der Götter
5 **Kapitolinischer Berg:** einer der sieben Hügel des antiken Rom, Ort der wichtigsten Heiligtümer
6 **Orkus:** Unterwelt, Totenreich

1 Notieren Sie, was Sie über das lyrische Ich anhand des Textes vermuten: Geschlecht, Alter, Stimmung, Art der Rom-Erfahrung im Vergleich zu einem Einwohner, Hoffnungen, Ängste usw.

2 Schlagen Sie nach, was die genannten Gottheiten symbolisieren. Erfassen Sie den Gedichtinhalt mit eigenen Worten.

3 Recherchieren Sie den biografischen Hintergrund von Goethes erster Italienreise (► S. 411 f.). Deuten Sie das Gedicht mit Hilfe Ihrer Erkenntnisse.

4 Goethe verwendet das elegische Distichon (► S. 238).

a Untersuchen Sie die Form dieses Versmaßes anhand des Metrums der ersten vier Verse.

b Setzen Sie Goethes Entscheidung für das antike Metrum in Beziehung zum Inhalt der Elegie und zum Literaturverständnis der Weimarer Klassik (► S. 413).

1 In der Wortwolke sind die in Goethes „Römischen Elegien“ (► S. 251) am häufigsten vorkommenden Wörter frei angeordnet. Je öfter ein Wort vorkommt, umso größer ist es dargestellt.

- **a** Ziehen Sie anhand der Wortwolke Rückschlüsse auf die zentralen Themen der „Römischen Elegien“.
- **b** Recherchieren und lesen Sie weitere Gedichte aus dem Zyklus „Römische Elegien“ (insbesondere I und V) und vergleichen Sie Ihre Rückschlüsse mit dem Inhalt der Gedichte. Notieren Sie stichpunktartig Ihre Beobachtungen.
  - *Inhalt der Elegien: Interesse für … geht einher mit Interesse für …, vgl. Wortwolke: häufigste Wörter sind …*
  - *Selbstbild des lyrischen Ichs als Künstler: …; Selbstbild als Mann: …*
  - *vermitteltes Frauenbild: …*
  - *Rom als Inbegriff von …*
- **c** Schreiben Sie einen zusammenfassenden Text über den Zusammenhang zwischen Kultur und Erotik in Goethes „Römischen Elegien“.

2 Schreiben Sie anhand von Goethes Wortwahl ein eigenes Gedicht oder ein Gegengedicht (► S. 51), z. B. als modernes Gedicht in freien Rhythmen oder als Rap.

Robert Gernhardt: **Roma aeterna** (1987)

Das Rom der Foren, Rom der Tempel
Das Rom der Kirchen, Rom der Villen
Das laute Rom und das der stillen
Entlegnen Plätze, wo der Stempel

Verblichner Macht noch an Palästen
Von altem Prunk erzählt und Schrecken
Indes aus moosbegrünten Becken
Des Wassers Spiegel allem Festen

Den Wandel vorhält. So viel Städte
In einer einzigen. Als hätte
Ein Gott sonst sehr verstreuten Glanz

Hierhergelenkt, um alles Scheinen
Zu steingewordnem Sein zu einen:
Rom hat viel alte Bausubstanz.

Günter Eich: **Fußnote zu Rom** (1963)

Ich werfe keine Münzen in den Brunnen[1],
ich will nicht wiederkommen.

Zu viel Abendland,
verdächtig.

Zu viel Welt ausgespart.
Keine Möglichkeit
für Steingärten.

1 Anspielung auf die Sitte, eine Münze in den Trevi-Brunnen zu werfen, um sicher nach Rom zurückzukehren

1 Welches Bild von Rom wird in den Texten von Gernhardt und Eich vermittelt?

2 Vergleichen Sie die beiden Gedichte.

Durs Grünbein: Lungotevere[1] (2011)

Wer hat den Tiber ermordet? Wann starb dieser Fluß
Der Flüsse in seinem Kerker tief unter den Straßen?
Dies Rinnsal, ein Bild des Verdurstens, erinnert
An alle Verbrechen, die man in Rom je verübte –
Für die Rom, wenig zimperlich, sich hart rächte.
Brücken, tags in der sengenden Sonne, muten einem
Den Gang über Knochenberge zu, saurierhaft groß
Die Pfeiler wie die löchrigen Wirbel, Schulterblätter
Geopferter Stiere ... Die Ufermauern beschmiert
Mit urbanem Geschrei: Fascisti! Anarchia! Giustizia![2]

Platanen am Lungotevere, von Tauben bekleckert,
Und das sinnlose Hin und Her zwischen den Pizzerien
Der einen Seite und denen der andern. Verkehrsstrom
Drängelnder Limousinen mit Blaulicht und Bussen
Voller Pilger: nur das Oberdeck schwimmt obenauf.
Ein Justizpalast, auf dem Dach die Quadriga[3], wacht
Über das Unrecht, die verläßliche Korruption.
Kafkas kakanische[4] Festungsbauten der Bürokratie
Stumpf überbietend, zeigt er, was eine Fassade ist.

Wer den Anblick nicht aushält, sucht den Abstieg
Die Treppen hinab ins Reich der Angler und Penner ...
Unter Plastikplanen, Katzenfraß um sich, die Scherben
Zerschlagener Nächte im Unbehausten, campiert da
Ein eigener Stamm: erdbraune Männer, auch Frauen.
Sie sind die wahren Herren des Tiber. Ihnen gehört,
was den Stadtraum durchschlängelt, den Römer stört –
Die alte abgebundene Vene. Mit der Frühjahrsflut
Färbt sie sich grau, schwillt an. Dann hängt im Geäst
Der Platanen aller Müll, den das Land überläßt
Diesem Strom seiner Manen[5].

R

1 Geben Sie den Inhalt des Gedichts „Lungotevere“ wieder. Klären Sie dazu Begriffe und Anspielungen und übertragen Sie jede Strophe in einen kurzen Prosatext.
1. Strophe: Das Gedicht stellt den Tiber als Leiche und als Mahnmal für ... dar.
2. Strophe: Der Uferbereich und die Brücken sind geprägt von ...

2 Nehmen Sie Stellung zu Grünbeins Rom-Darstellung.

3 Verfassen Sie einen Text von etwa 200 Wörtern, mit dem Sie pointiert über die Wahrnehmung Roms in der deutschen Lyrik von Goethe bis Grünbein informieren.
Das Rom-Bild deutscher Lyriker reicht von ... bis ...

1 **Lungotevere:** Boulevard am Ufer des Tiber in Rom
2 **Fascisti! Anarchia! Giustizia!:** Faschisten! Anarchie! Gerechtigkeit!
3 **Quadriga:** Vierergespann, Streitwagen nach antikem Vorbild
4 **kakanisch:** Anspielung auf die österr.-ungarische Monarchie (k. und k. für „kaiserlich und königlich“), die gelegentlich ironisch-scherzhaft als „Kakanien“ bezeichnet wird
5 **Manen:** Geister der Toten

4.3 Klausurtraining: Gedichte vergleichen

Aufgabenbeispiel

1. Analysieren und interpretieren Sie Christian Hofmann von Hofmannswaldaus Gedicht „Die Welt". Berücksichtigen Sie dabei auch die Epochenzugehörigkeit.
2. Vergleichen Sie – ausgehend von Ihren Interpretationsergebnissen – das Gedicht mit Hugo von Hofmannsthals Gedicht „Was ist die Welt?".

Christian Hofmann von Hofmannswaldau:
Die Welt (1679)

Was ist die Welt und ihr berühmtes Glänzen?
Was ist die Welt und ihre ganze Pracht?
Ein schnöder Schein in kurz gefassten Grenzen,
Ein schneller Blitz bei schwarz gewölkter Nacht,
Ein buntes Feld, da Kummerdisteln grünen,
Ein schön Spital, so voller Krankheit steckt,
Ein Sklavenhaus, da alle Menschen dienen,
Ein faules Grab, so Alabaster[1] deckt.
Das ist der Grund, darauf wir Menschen bauen
Und was das Fleisch für einen Abgott hält.
Komm, Seele, komm und lerne weiter schauen,
Als sich erstreckt der Zirkel dieser Welt!
Streich ab von dir derselben kurzes Prangen,
Halt ihre Lust für eine schwere Last:
So wirst du leicht in diesen Port[2] gelangen,
Da Ewigkeit und Schönheit sich umfasst.

1 **Alabaster:** weiches Mineralgestein, oft für Vasen und Kunst- bzw. Schmuckgegenstände verwendet
2 **Port:** Hafen

Hugo von Hofmannsthal:
Was ist die Welt? (1890)

Was ist die Welt? Ein ewiges Gedicht,
Daraus der Geist der Gottheit strahlt und glüht,
Daraus der Wein der Weisheit schäumt und sprüht,
Daraus der Laut der Liebe zu uns spricht,
Und jedes Menschen wechselndes Gemüt,
Ein Strahl ist's, der aus dieser Sonne bricht,
Ein Vers, der sich an tausend and'r flicht,

Der unbemerkt verhallt, verlischt, verblüht.
Und doch auch eine Welt für sich allein
Voll süß-geheimer, nie vernomm'ner Töne,
Begabt mit eig'ner, unentweihter Schöne,
Und keines Andern Nachhall, Widerschein.
Und wenn Du gar zu lesen d'rin verstündest,
Ein Buch, das Du im Leben nicht ergründest.

Die Aufgabenstellung verstehen

1 Schreiben Sie aus der Aufgabenstellung die Operatoren (► Information, S. 255) heraus und formulieren Sie mit eigenen Worten, was damit jeweils gemeint ist.

2 **a** Vergegenwärtigen Sie sich die Aspekte, auf die Sie bei der Analyse und Interpretation eines Gedichts achten sollten. Erstellen Sie eine Liste.
inhaltliche Aspekte: Thema, …
formale Aspekte: …
sprachliche …
Epoche: …

b Bestimmen Sie die Reihenfolge Ihrer Arbeitsschritte. Vergleichen Sie Ihre Listen in Partnerarbeit.

Information **Operatoren**

Operatoren bezeichnen die **konkreten Anforderungen,** die Sie erbringen müssen, um die Klausuraufgabe zu lösen. Bei der Analyse und Interpretation literarischer Texte sind vor allem die folgenden Operatoren von Bedeutung:

- **analysieren:** einen Text als Ganzes oder aspektorientiert unter Wahrung des funktionalen Zusammenhangs von Inhalt, Form und Sprache erschließen und das Ergebnis der Erschließung darlegen,
- **beurteilen:** einen Sachverhalt, eine Aussage, eine Figur auf Basis von Kriterien bzw. begründeten Wertmaßstäben einschätzen,
- **darstellen:** Inhalte, Probleme, Sachverhalte und deren Zusammenhänge aufzeigen,
- **einordnen:** eine Aussage, einen Text, einen Sachverhalt unter Verwendung von Kontextwissen begründet in einen vorgegebenen Zusammenhang stellen,
- **erläutern:** Materialien, Sachverhalte, Zusammenhänge, Thesen mit zusätzlichen Informationen und Beispielen veranschaulichen,
- **in Beziehung setzen:** Zusammenhänge unter vorgegebenen oder selbst gewählten Gesichtspunkten begründet herstellen,
- **interpretieren:** auf der Grundlage einer Analyse im Ganzen oder aspektorientiert Sinnzusammenhänge erschließen und unter Einbeziehung der Wechselwirkung zwischen Inhalt, Form und Sprache zu einer schlüssigen (Gesamt-)Deutung kommen,
- **(kritisch) Stellung nehmen:** zu einzelnen Meinungen, Textaussagen, Problemstellungen eine fundierte, differenzierte und wertende Einsicht formulieren,
- **(über-)prüfen:** Aussagen und Behauptungen kritisch hinterfragen und ihre Gültigkeit kriterienorientiert und begründet einschätzen,
- **vergleichen:** nach vorgegebenen oder selbst gewählten Gesichtspunkten Gemeinsamkeiten, Ähnlichkeiten und Unterschiede herausarbeiten und gegeneinander abwägen.

Erstes Textverständnis und Ideen formulieren

3 **a** Begründen Sie, welche der folgenden Deutungsthesen auf von Hofmannswaldaus Gedicht „Die Welt" zutreffen. Stützen Sie Ihre Entscheidungen auf Belegstellen im Text.

A Das lyrische Ich ruft dazu auf, die Schönheit des irdischen Lebens zu genießen.

B Das lyrische Ich stellt die Schönheit des diesseitigen Lebens als Täuschung dar.

C Das lyrische Ich ruft dazu auf, der Lust am diesseitigen Leben zu entsagen.

D Das lyrische Ich will die Leser/innen davon überzeugen, dass nur im Jenseits Ewigkeit und echte Schönheit erlangt werden können.

b Formulieren Sie Deutungsthesen zum Gedicht „Was ist die Welt?" von Hugo von Hofmannsthal.

Das im Gedicht „Was ist die Welt?" vermittelte Weltbild entspricht insgesamt dem Bild im Gedicht „Die Welt" / steht im Widerspruch zum Gedicht „Die Welt".

Denn das lyrische Ich stellt die Welt als … dar …

4 **a** Hofmann von Hofmannswaldaus Gedicht „Die Welt" ist auf das Jahr 1679 datiert und fällt damit in die Epoche des Barock (► S. 381). Stellen Sie in einer Mindmap Aspekte des Barock zusammen, die Sie im Gedicht erkennen können. Ordnen Sie in diese Mindmap z. B. die folgenden Begriffe ein: Vergänglichkeit, Vanitas, Memento mori, Antithesen, Diesseits versus Jenseits. Ergänzen Sie die Mindmap in Ihrer weiteren Arbeit.

b Vergleichen Sie das von Hugo von Hofmannsthal entworfene Weltbild mit den in der Mindmap zu von Hofmannswaldau notierten Aspekten. Halten Sie Ähnlichkeiten und Gegensätze mit Hilfe von Pfeilen und unterschiedlichen Farben in der Mindmap fest.

Die Texte analysieren und interpretieren

5 Untersuchen (▸ Information, S. 257) Sie das Gedicht „Die Welt“ (Hofmann von Hofmannswaldau) nun Schritt für Schritt.

a Gliedern Sie das Gedicht in Sinnabschnitte und fassen Sie die inhaltlichen Aussagen der Abschnitte stichpunktartig zusammen. Beginnen Sie z. B. so:
1. Abschnitt (V. 1–2): Fragen nach dem Wesen der Welt
2. Abschnitt (V. 3–8): sechs Antworten auf diese Fragen in Form von Metaphern
...

b Machen Sie sich Notizen zu formalen Aspekten und deren Wirkung in Bezug auf den Inhalt, z. B.:
Reim: durchgehend ...; Metrum: ... mit ... Hebungen und abwechselnd ... und ... Kadenzen, Strophenform: äußerlich nur eine Strophe, anhand des Reimschemas lassen sich darin aber ... strophenartige Einheiten erkennen
→ die äußerst regelmäßige Form bildet einen ... zu der als ... empfundenen Welt; die Form wirkt ...: Die Poesie soll die ... irdischer Pracht vor Augen führen und dabei selbst ... erscheinen.

c Untersuchen Sie die Sprache und deren Wirkung im Gedicht.
- Fassen Sie zusammen, mit welchen Metaphern Hofmann von Hofmannswaldau die Welt charakterisiert. Erfassen Sie das zu Grunde liegende Muster und die beabsichtigte Wirkung auf die Leser/innen.
- Untersuchen Sie den Einsatz von Antithesen, Parallelismen und Anaphern (▸ S. 242 ff.) im Gedicht und deren Wirkung. Dabei können Sie folgende Begriffe verwenden:
  Kontrastierung, Häufung und Anschaulichkeit zur Erhöhung der Eindringlichkeit, ... Bewertung des Diesseits zur Vermittlung einer klaren Orientierung auf das ...
- Charakterisieren Sie die Kommunikationsabsicht, die vor allem ab Vers 11 deutlich wird, z. B. mit folgenden Begriffen:
  direkte Adressierung an ..., Überredung, Appell an ...

6 Untersuchen Sie nun schrittweise das Gedicht „Was ist die Welt?“ (Hugo von Hofmannsthal).

a Bilden Sie Sinnabschnitte und fassen Sie den Inhalt abschnittsweise zusammen.
Verse 1–4: Frage nach dem Wesen der Welt und umgehende Beantwortung mit Hilfe von Metaphern; Metapher für die Welt: „ewiges Gedicht“ (V. 1) ...
Verse 5–8: Aussagen über den Menschen; Metaphern für ihn: ...
...

b Beschreiben Sie die Form des Gedichts und stellen Sie einen Zusammenhang zum Inhalt her, z. B.:
Unterteilung in zwei Strophen, inhaltliche Entsprechung: ...
Metrum: ... (wie im Gedicht „Die Welt“); Reimschema: zwei ... mit dem Reimschema ..., gefolgt von zwei ... mit dem Reimschema ... → Gedichtform des ...
Die durchkomponierte Form unterstützt die Aussage, dass die Welt ...

c Untersuchen Sie die sprachliche Gestaltung von Hofmannsthals Gedicht und ihre Wirkung. Achten Sie z. B. auf Parallelismen, Anaphern (▸ S. 242 ff.), Leseransprache, Verwendung des Konjunktivs.
Welche Wirkung wird durch die Wahl der Wörter (z. B. der Verben) bzw. der Wortfelder und durch die sprachlichen Bilder erzielt?
Verben mit ... Wirkung: „strahlt und glüht“ (V. 2), „schäumt und sprüht“ (V. 3), ...

d Fassen Sie zusammen, wie Hofmannsthal die Welt charakterisiert und wie er dies sprachlich gestaltet. Beschreiben Sie diese Wirkung auch im Vergleich zum Barockgedicht von Hofmann von Hofmannswaldau.

Information **Aspekte einer Gedichtinterpretation**

Folgende **Aspekte** kann man in den Blick nehmen:

- **inhaltliche Aspekte,** wobei der Untersuchungsschwerpunkt ggf. durch die Aufgabenstellung vorgegeben wird, z. B.: Thema; Stimmung (z. B. des lyrischen Ichs); Darstellung der Figuren, ihrer Eigenschaften, Verhaltensweisen und Beziehungen zueinander; Darstellung von (Natur-)Räumen und deren Funktionen,
- **formale Aspekte,** z. B. Reim, Metrum, Strophen- und Gedichtformen (► S. 238 f.),
- **sprachliche Aspekte,** z. B. Satzbau, Wortwahl, rhetorische Figuren (► S. 242 ff.).

Dabei ist es wichtig, dass Inhalt, Form und Sprache aufeinander bezogen werden. In diesem Zusammenhang sollte auch die **Epoche** berücksichtigt werden.

7 **a** Bereiten Sie den Vergleich der Gedichte vor, indem Sie die folgende Tabelle weiter ausfüllen. Nutzen Sie dabei Ihre Vorarbeiten.

Aspekte des Vergleichs	*„Die Welt" (1679)*	*„Was ist die Welt?" (1890)*
Wortfelder (zum Vergleich der Welt)	*Diesseits: Wortfeld „(äußere) Schönheit" (V. 1 „Glänzen", V. 2 „Pracht", V. 3 „schnöder Schein" …)* *Jenseits: …*	…
Gesamtbewertung des irdischen Lebens	…	…
(möglicher) Appell an die Leser/innen	…	…
formale Aspekte, die die inhaltliche Aussage unterstreichen	*betont schmucklose, einfache Gestaltung*	*Komposition als …*

b Markieren Sie in Ihrer Tabelle Gemeinsamkeiten und Unterschiede in verschiedenen Farben.

c Notieren Sie Stichpunkte für eine abschließende Bewertung, z. B.:
Hofmannsthal-Gedicht kann als Antwort und …modell zur barocken Weltdarstellung (Hofmannswaldau) gelesen werden: …

Den Schreibplan erstellen und den Text schreiben

8 Legen Sie für Ihren Aufsatz eine Gliederung an. Orientieren Sie sich dabei an den Arbeitsschritten, die die Aufgabenstellung vorgibt (► S. 254). Bedenken Sie, dass nicht jeder einzelne Schritt in der Aufgabenstellung genannt ist.

9 Verfassen Sie nun auf der Grundlage Ihrer Gliederung Ihren Aufsatz.

a Machen Sie in einem Einleitungssatz wichtige Angaben zu Hofmann von Hofmannswaldaus Gedicht (Autor, Titel, Textsorte, Erscheinungsjahr, Thema). Vervollständigen Sie z. B. den folgenden Satz:
Im Jahr … veröffentlichte … ein … mit dem Titel …, in dem er das Thema …

b Gestalten Sie die von Ihnen ausgewählten und weitere Deutungsthesen (▸ S. 255, Aufg. 3 a und ▸ Information) ausführlich schriftlich aus. Beachten Sie, dass beim Zitieren mehrere Gedichtzeilen durch einen Schrägstrich abgetrennt und grammatische Anpassungen kenntlich gemacht werden. Beispiel:
Hofmann von Hofmannswaldau beschreibt die Welt als „schnöde[n] Schein in kurz gefassten Grenzen, / Ein[en] schnelle[n] Blitz bei schwarz gewölkter Nacht" (V. 3 f.).

Information **Deutungsthesen ausführen**

Mit einer **Deutungsthese** erläutern Sie Ihr persönliches, vertieftes Textverständnis, das Sie bei der systematischen Analyse gewonnen haben. Folgende Vorgehensweise ist dabei sinnvoll:

These	Beispiel: *Betonung der … der Welt*
↓	↓
Beleg dafür (z. B. durch Textzitat und/oder Beschreibung eines Gestaltungsphänomens)	Beispiel: *Reihung von drastischen Vergleichen, die Verfall und/oder Vergänglichkeit ausdrücken (V. 3–8)*
↓	↓
abschließende Deutung des Belegs (als Rückbindung an die These)	Beispiel: *Durch die anschaulichen und drastischen Vergleiche wird … eindrücklich vermittelt.*

c Äußern Sie sich abschließend zum Epochenkontext des ersten Gedichts. Nutzen Sie dabei Ihre Ergebnisse zu Aufgabe 4 a auf Seite 255 und passende Formulierungsbausteine.

Formulierungsbausteine: Werkübergreifende Aspekte

- *Die Aussage dieses Textes/Textauszugs/Gedichts kann vor dem Hintergrund der Epoche … betrachtet werden. Sowohl mit … als auch mit … repräsentiert der Text / der Textauszug / das Gedicht die Epoche …, weil in dieser Epoche …*
- *Der Autor / Die Autorin sah sich zur Entstehungszeit des Textes/Gedichts mit … konfrontiert. Diese Erfahrungen haben sich im Text offensichtlich niedergeschlagen, denn …*
- *Leben und Werk des Autors / der Autorin stehen in einem offensichtlichen Zusammenhang. Es gibt biografische Äußerungen des Autors / der Autorin, die …*
- *Betrachtet man den Text / den Textauszug / das Gedicht im Vergleich zu anderen Werken des Autors / der Autorin, so ergibt sich folgendes Bild: …*
- *Im Vergleich zu anderen Autoren/Texten aus derselben Epoche kann man feststellen, dass …*

d Formulieren Sie nach einer Überleitung (▸ Information, S. 191) auch zum zweiten Gedicht „Was ist die Welt?" Ihre Deutungsthesen (▸ S. 255, Aufg. 3 b) aus. Beginnen Sie z. B. so:
Auch in dem im Jahr … erschienenen Gedicht … von … wird die Frage nach … thematisiert. Allerdings lassen sich bezüglich der gedanklichen Entfaltung und auch im Hinblick auf formale und sprachliche Aspekte … Unterschiede erkennen.

e Verfassen Sie auf der Basis Ihrer Tabelle (▶ S. 257, Aufg. 7) und deren Auswertung mehrere Thesen zum Gedichtvergleich und führen Sie diese aus. Nutzen Sie die Formulierungsbausteine.

Formulierungsbausteine: Vergleich von Texten

- *Die Texte/Gedichte weisen einige Gemeinsamkeiten auf. In beiden steht das Thema ... / die Erfahrung des/der ... im Mittelpunkt. Die Texte/Gedichte stimmen überein in ... Ähnlich wie in ... Text/Gedicht zeigt sich auch in ... Text/Gedicht, dass ... Legt man beide Texte nebeneinander, so ergibt sich ... Beide Autoren ...*
- *Die beiden Texte/Gedichte weisen aber auch deutliche/markante Unterschiede auf. / Bei näherer Betrachtung fallen aber auch einige Unterschiede auf.*
- *Während das lyrische Ich in ... Gedicht ..., äußert sich das lyrische Ich in ... Gedicht eher ... Im ersten Text/Gedicht ..., wohingegen im zweiten Text/Gedicht ...*
- *Ein wesentlicher Unterschied ist auch im Hinblick auf die Sprache / die formale Gestaltung erkennbar, denn ... Ganz anders angelegt ist der zweite Text / das zweite Gedicht, weil ... Unterschiede zeigen sich auch in der Wortwahl der beiden Texte/Gedichte, denn bei ... heißt es ... Demgegenüber wählt ... Formulierungen wie ...*
- *Die Unterschiede lassen sich auch mit Blick auf die Epochenzugehörigkeit erklären ... Zieht man die unterschiedlichen geschichtlichen und literaturhistorischen Hintergründe hinzu, so zeigt sich, dass ...*

f Formulieren Sie im Schlussteil des Aufsatzes ein abschließendes Fazit (▶ S. 257, Aufg. 7 c). Beginnen Sie z. B. so:
Das Gedicht von Hugo von Hofmannsthal wurde um die Wende zum 20. Jahrhundert verfasst. Im Gegensatz zur Darstellung ... bei von Hofmannswaldau wird hier ... betont. Als Fazit des Textvergleichs ergibt sich ...

Den eigenen Text überarbeiten

10 **a** Überarbeiten Sie Ihren Text mit Hilfe der folgenden Checkliste.
b Vergleichen Sie Ihre Aufsätze in Partnerarbeit. Geben Sie sich gegenseitig ein Feedback: Worauf sollten Sie bei Ihrem nächsten Aufsatz besonders achten?

Checkliste **Gedichte vergleichen**

- Hat der Aufsatz einen klaren **Aufbau,** der durch Absätze gegliedert ist?
- Haben Sie **einleitend** Textsorte, Titel, Autor/in, Entstehungsjahr und Thema genannt?
- Haben Sie die in der Aufgabenstellung genannten **Aspekte** (Motiv der Untreue und ihrer Folgen, Epochenzugehörigkeit) in den Mittelpunkt Ihrer **Untersuchung** gestellt?
- Sind Sie auch auf **formale und sprachliche Aspekte** eingegangen? Haben Sie diese zum Inhalt in Bezug gesetzt?
- Haben Sie Ihre **Deutungsthesen** hinreichend durch Belege und deren deutende Kommentierung abgesichert?
- Haben Sie Auszüge aus den beiden Gedichten fachlich korrekt **zitiert?**
- Haben Sie **Gemeinsamkeiten und Unterschiede** der beiden Gedichtaussagen umfassend und klar genug herausgearbeitet?
- Endet Ihr Aufsatz mit einem zusammenfassenden **Fazit?**
- Haben Sie Ihren Aufsatz auf Fehler in den Bereichen **Rechtschreibung, Grammatik** und **Zeichensetzung** durchgesehen?

5 Lebenswelten junger Menschen – Literatur nach 1945

Jugendliche auf Parkbank beim Radiohören (1961)

Protest gegen Arbeitslosigkeit von Jugendlichen, Esslingen (2006)

1 **a** Betrachten Sie die Abbildungen. Notieren Sie, was die Jugendlichen denken und fühlen könnten.
b Überlegen Sie, wie die abgebildeten Jugendlichen als Erwachsene über ihre Jugend denken könnten. Auf welche Weise würden sie das Erlebte schildern?

2 Wogegen lehnen junge Menschen sich heutzutage auf? In welchen Bereichen bzw. Situationen passen sich Jugendliche an? Nennen Sie Themen und Beispiele.

3 Kennen Sie literarische Texte, in denen junge Menschen die handlungstragenden Protagonisten sind? Tauschen Sie sich darüber aus.

In diesem Kapitel erwerben Sie folgende Kenntnisse und Kompetenzen:

- Texte über Wirklichkeitserfahrungen und Lebensgefühle junger Menschen von der Nachkriegszeit bis in die Gegenwart kennen lernen,
- Sprache als Ausdruck veränderter Wirklichkeitserfahrung untersuchen,
- Erzählstrategien kennen, in ihrer Funktion erfassen und reflektieren,
- Figurengestaltung und -konstellation erläutern und reflektieren,
- einen Erzähltext auf außertextliche Informationen beziehen und so eine vertiefte Deutung entwickeln,
- pragmatische Texte zu literarischen Texten in Beziehung setzen,
- schriftlich einen kurzen epischen Text interpretieren.

5.1 Lebensvorstellungen und Sinnentwürfe – Junge Menschen in der Literatur

Poetry-Slam ist ein literarischer Wettstreit bzw. ein Wettreimen vor Publikum. Dabei werden selbst geschriebene Texte innerhalb einer meist vorgegebenen Zeit vorgetragen; die Selbstinszenierung des Poeten bzw. der Poetin auch durch Gestik und Mimik ist integraler Bestandteil des Vortrags. Entstanden in den 1990er-Jahren in den USA, verbreiteten sich Poetry-Slams weltweit. Auch Julia Engelmann (geb. 1992) trug ihren Text mündlich vor, bevor er gedruckt erschien.

Julia Engelmann: **Grüner wird's nicht** (2014)

Da stehst du nun knöcheltief in den Startlöchern drin,
bereit, jetzt loszulegen.
Du sagst: Auch der Startmoment soll stimm',
brauchst Zeit zu überlegen.
Und so wartest du …
Und du wartest schon so lange auf den einen Moment,
ohne eigentlich zu wissen, woran man den erkennt.
Du hast so viele Ziele,
und trotzdem hältst du inn'.
Doch allein dein guter Wille –
der bringt dich dort nicht hin.
Dann sagst du immer,
die anderen blockieren dir das Glück.
Dabei stehst du dir selber im Weg
und hältst dich selber zurück.

Wittgenstein[1] sagt: Sprache schafft Wirklichkeit.
Und du redest und redest, und es tut sich so wenig.
Und die Tage vergehen und sehen sich so ähnlich.
Doch nicht abstraktes Gerede über das, was nicht ist,
sondern praktisches Leben postuliert, wer du bist.

Denn Taten schaffen Wirklichkeit!
„Es gibt nichts Gutes, außer: Man tut es!"[2]
Du wirst nicht gelebt,
sondern du kannst selber leben.
Du wirst nicht bewegt,
sondern kannst auch selber gehen.
Wähle, was du erstrebst,
und dann kannst du's dir nehmen.
Wer zu lang überlegt,
der verpasst ein Stück Leben.

1 **Ludwig Josef Johann Wittgenstein (1889–1951):** österreichisch-britischer Philosoph
2 Aphorismus von Erich Kästner

Frage nicht, was richtig ist,
sondern frag dich, was du fühlst.
Hör auf zu fragen, ob du kannst,
sondern frag doch, ob du willst.

Und wenn ja, dann:
Zieh die Konsequenzen aus deinen Gedanken,
begib dich vom Denken ins einfache Handeln,
red nicht vom Dancen, sondern fang an zu tanzen.

Nimm deine Steine aus dem Weg
und dann feuer einen Startschuss,
lass die Leinen los, fahr auf See
und erneuer deinen Status.
Verlass mal die Metaebene,
veränder mal die Draufsicht,
so sicher es auch scheint:
Leben in Gedanken taugt nicht.

Und du kriegst, was du gibst, wenn du tust, was du liebst.

Grenzen sind Phantome, gebaut von Angst,
bloß in Gedanken.
Wenn du einmal um dich siehst,
stehen da nirgends Schranken.
Dein Weg ist frei, ganz bis zum Horizont,
und bietet klare Sicht,
nur gehen musst du nun alleine,
das übernimmt keiner für dich.
Die beste Zeit ist immer jetzt,
und viel grüner wird es nicht,
nur – du musst dich selbst bewegen,
denn das kann keiner für dich.

Poetry-Slammerin Julia Engelmann (2014)

1 Benennen Sie die Grundaussage des Poetry-Slam-Textes von Julia Engelmann.
Der Text weist darauf hin, dass es nichts bringt, … zu …
Er ermutigt dazu, stattdessen …

2 Bewerten Sie die Aussagen des lyrischen Ichs. Fühlen Sie sich angesprochen?

3 Erläutern Sie stilistische und rhetorische Mittel des Textes, die ihn für das mündliche Vortragen als Poetry-Slam prädestinieren.
– direkte Anrede der Zuhörenden: „Da stehst du nun …“ (V. 1)
– …

4 Diskutieren Sie im Kurs: Gibt es ein gemeinsames Lebensgefühl, das Ihre Generation auszeichnet und von älteren Generationen abgrenzt?

Der lange Schatten der Vergangenheit

Wolfgang Borchert: **Die Kegelbahn** (1947)

Wolfgang Borchert war eine der ersten literarischen Stimmen direkt nach dem Zweiten Weltkrieg. Bekannt wurde er unter anderem durch seine Kurzgeschichten (z. B. „Die Küchenuhr", „Das Brot", „Nachts schlafen die Ratten doch", „Die drei dunklen Könige" ▶ S. 512). Eine angeborene Leberkrankheit, sein Fronteinsatz im russischen Winter und die Strapazen der Heimkehr und der Nachkriegsjahre schwächten Borchert so sehr, dass er 1947 im Alter von nur 26 Jahren starb.

Wir sind die Kegler.
Und wir sind die Kugel.
Aber wir sind auch die Kegel,
die stürzen.
Die Kegelbahn, auf der es donnert,
ist unser Herz.

Zwei Männer hatten ein Loch in die Erde gemacht. Es war ganz geräumig und beinahe gemütlich. Wie ein Grab. Man hielt es aus.

Vor sich hatten sie ein Gewehr. Das hatte einer erfunden, damit man damit auf Menschen schießen konnte. Meistens kannte man die Menschen gar nicht. Man verstand nicht mal ihre Sprache. Und sie hatten einem nichts getan. Aber man musste mit dem Gewehr auf sie schießen. Das hatte einer befohlen. Und damit man recht viele von ihnen erschießen konnte, hatte einer erfunden, dass das Gewehr mehr als sechzig Mal in der Minute schoss. Dafür war er belohnt worden.

Etwas weiter ab von den beiden Männern war ein anderes Loch. Da guckte ein Kopf raus, der einem Menschen gehörte. Er hatte eine Nase, die Parfüm riechen konnte. Augen, die eine Stadt oder eine Blume sehen konnten. Er hatte einen Mund, mit dem konnte er Brot essen und Inge sagen oder Mutter. Diesen Kopf sahen die beiden Männer, denen man das Gewehr gegeben hatte.

Schieß, sagte der eine.

Der schoss.

Da war der Kopf kaputt. Er konnte nicht mehr Parfüm riechen, keine Stadt mehr sehen und nicht mehr Inge sagen. Nie mehr.

Die beiden Männer waren viele Monate in dem Loch. Sie machten viele Köpfe kaputt. Und die gehörten immer Menschen, die sie gar nicht kannten. Die ihnen nichts getan hatten und sie nicht einmal verstanden. Aber einer hatte das Gewehr erfunden, das mehr als sechzig Mal schoss in der Minute, und einer hatte es befohlen.

Allmählich hatten beide Männer so viele Köpfe kaputtgemacht, dass man einen großen Berg daraus machen konnte. Und wenn die beiden Männer schliefen, fingen die Köpfe an zu rollen. Wie auf einer Kegelbahn. Mit leisem Donner. Davon wachten die Männer auf.

Aber man hat es befohlen, flüsterte der eine.

Aber wir haben es getan, schrie der andere.

Aber es war furchtbar, stöhnte der eine.

Aber manchmal hat es auch Spaß gemacht, lachte der andere.

Nein, schrie der Flüsternde.

Doch, flüsterte der andere, manchmal hat es Spaß gemacht. Das ist es ja. Richtig Spaß.

Stunden saßen sie in der Nacht. Sie schliefen nicht. Dann sagte der eine:

Aber Gott hat uns so gemacht.

Aber Gott hat eine Entschuldigung, sagte der andere, es gibt ihn nicht.

Es gibt ihn nicht?, fragte der Erste.

Das ist seine einzige Entschuldigung, antwortete der Zweite.

Aber uns – uns gibt es, flüsterte der Erste.

Ja, uns gibt es, flüsterte der andere.

Die beiden Männer, denen man befohlen hatte,

recht viele Köpfe kaputtzumachen, schliefen nicht in der Nacht. Denn die Köpfe machten leisen Donner.

Dann sagte der eine: Und wir sitzen nun damit an.

Ja, sagte der andere. Wir sitzen damit an.

Da rief einer: Fertig machen. Es geht wieder los.

Die beiden Männer standen auf und nahmen das Gewehr.

Und immer, wenn sie einen Menschen sahen, schossen sie auf ihn. Und immer war das ein Mensch, den sie gar nicht kannten. Und der ihnen nichts getan hatte. Aber sie schossen auf ihn. Dazu hatte einer das Gewehr erfunden. Er war dafür belohnt worden.

Und einer – einer hatte es befohlen.

1 **a** Äußern Sie zunächst erste Eindrücke zum Text.

b Beschreiben Sie die sprachliche Darstellungsweise des Textes und erläutern Sie deren Wirkung (▸ Information).

Wolfgang Borcherts Kurzgeschichte „Die Kegelbahn" zeichnet sich besonders durch die einfache Wortwahl aus, die …

Die einfache Satzstruktur mit überwiegend … Sätzen wirkt …

2 Analysieren Sie den Dialog der beiden Protagonisten. Orientieren Sie sich an den Aspekten einer Dialoganalyse (▸ Information, S. 163) und informieren Sie sich über das rhetorische Mittel der Antithese (▸ S. 242).

3 Erläutern Sie das Sprachbild des „Kegelspiels" und seine Funktion für die Gesamtdeutung des Textes.

4 Setzen Sie sich damit auseinander, inwiefern die besondere sprachliche Gestaltung dieser Kurzgeschichte Ausdruck einer veränderten Lebenswirklichkeit ist.

Information **Die sprachliche Gestaltung untersuchen**

Der bewusste Einsatz der sprachlichen Mittel soll beim Lesen bestimmte Wirkungen erzielen. Entsprechend wichtig ist die Analyse der sprachlichen Gestaltung eines Textes:

- **Wortwahl:**
  Welcher Stilebene (z. B. bildungssprachlich, umgangssprachlich) entstammen die Wörter? Gibt es Wörter, die insbesondere für eine Figur verwendet werden (z. B. bestimmte Adjektive zu ihrer Charakterisierung)? Stammen viele Wörter aus einem bestimmten Wortfeld (z. B. Natur, kindliches Erleben, Berufswelt)?
- **Satzbau:**
  Sind die Sätze verschachtelt (Hypotaxe) oder einfach aufgebaut (Parataxe)? Sind die Sätze lang, kurz oder unvollständig (Ellipsen)? Werden bestimmte Satzarten (Aussage-, Ausrufe-, Fragesätze) bevorzugt?
- **rhetorische Figuren:**
  Werden sprachliche Bilder verwendet (Vergleiche, Metaphern, Personifikationen, Symbole)? Gibt es Lautmalereien (Onomatopoesien), Beschönigungen (Euphemismen), Wiederholungen des Anfangslauts (Alliterationen), Wiederholungen eines Wortes oder einer Wortgruppe am Satzanfang (Anaphern), Wiederholungen gleicher syntaktischer Fügungen (Parallelismen), Übertreibungen (Hyperbeln), inhaltliche Gegenbehauptungen (Antithesen), rhetorische Fragen u. a.? Wird Ironie eingesetzt?

5 Diskutieren Sie, ob „Die Kegelbahn" als Musterbeispiel für eine Kurzgeschichte (▸ Information, S. 265) gelten kann.

Information **Merkmale der Kurzgeschichte**

Die **Kurzgeschichte** hat sich nach dem Vorbild der amerikanischen Short Story entwickelt. In Deutschland wurde sie zu einer wichtigen Gattung der Nachkriegsliteratur. Eine Kurzgeschichte konzentriert sich auf ein wichtiges Ereignis aus dem Leben einer oder mehrerer Figuren und verdichtet das Geschehen auf einen Augenblick, der für die Figuren von besonderer Bedeutung ist. Kennzeichnend sind u.a. folgende **Merkmale:**

- äußere Umstandsbegrenzung / **Kürze,**
- **unvermittelter Beginn** und **offenes Ende,**
- **Wechsel von äußerer und innerer Handlung,**
- Wiedergabe des **inneren Geschehens** durch erlebte Rede, inneren Monolog usw.,
- **Alltäglichkeit** von Thematik und Sprache,
- sprachliche Mittel der **Andeutung**, **Mehrdeutigkeiten** und **Metaphern,**
- **Wendepunkt,**
- **typisierte Charaktere** (im Gegensatz zu individualisierten, z.B. S.268 ff., S.286 ff.).

6 Referatsvorschlag: Stellen Sie die Biografie und das literarische Werk Wolfgang Borcherts in einem Kurzvortrag vor. Nutzen Sie den Informationskasten „Nachkriegszeit" (▶ S.518 f.) und ergänzen Sie Informationen aus dem Internet oder aus einem Autorenlexikon.

Walter Kempowski: **Im Block (1)** (1969)

Die Biografie Walter Kempowskis war durch die Geschichte der beiden deutschen Staaten geprägt. 1948 wurde er als Achtzehnjähriger verhaftet, vom sowjetischen Ministerium für innere Angelegenheiten der Spionage bezichtigt (die sowjetische Besatzungszone wurde 1949 das Staatsgebiet der neu gegründeten DDR) und zu 25 Jahren Zuchthaus verurteilt. Nach acht Jahren wurde Kempowski entlassen. 1969 erschien sein Text „Im Block", in dem er seine Erlebnisse in der berüchtigten Justizvollzugsanstalt Bautzen schildert. Diese wurde bekannt als „Speziallager Nr. 4" der Sowjetischen Militäradministration. In der völlig überbelegten Haftanstalt starben Tausende von Häftlingen infolge der unmenschlichen Bedingungen; viele wurden im nahe gelegenen „Karnickelberg" vergraben.

Im Morgengrauen holten sie mich aus dem Bett. Zwei trugen Lederjacken. Da hast du was zu melden, wenn du wieder rüberkommst[1], dachte ich.
Einer nahm aus dem Wäscheschrank Briefe und Tagebücher. Ein anderer strich über die Tapete. Meinen Ring konnte ich unbemerkt in die Nachttischschublade streifen.

Sie legten mir keine Handschellen an. Beim Hinuntergehen fasste einer mit zwei Fingern meinen Ellbogen.
Oben stand meine Mutter mit aufgelöstem Haar. Auf der Straße Doppelposten mit Gewehr. Im Fenster des Hausmeisters bewegte sich die Gardine. Im Schaufenster der Drogerie Fotos vom Strand.

Wir fuhren ab. Trug der Fahrer eine Pickelmütze[2]?
(In Riga erstach man die Stadtverordneten und warf sie in einen Brunnen.)
Ich hielt mich an der Troddel[3] fest und suchte die Straße nach Bekannten ab. Drüben hatte immer der alte Weltzin in seinem Erker gesessen.

1 **rüberkommst:** in den Westen kommst
2 **Pickelmütze:** Pickelhaube, zuerst rein militärische, später auch polizeiliche Kopfbedeckung, erstmals in der preußischen Armee verwendet
3 **Troddel:** Griff unter dem Autodach für Mitfahrer

Ein Bretterzaun versperrte die verbotene Straße. Glatzköpfige Russenkinder davor. Rasch war der Schlagbaum[4] aufgeseilt, ein Ausweis wurde nicht verlangt. Alle Türen standen offen. Von Offizieren begleitet, schritt ich die Treppe hinauf. Oben ein Posten – unbewegt.
Der Wachhabende saß auf einem Gartenstuhl. Er hatte die Ärmel hochgestreift.

Im Keller nahm mich ein freundlicher Mongole entgegen. Krawatte abbinden – ich trug eine rote –, Schnürsenkel rausziehen, Brieftasche hingeben. (Das einzige Foto von H.) Brille ab.
Mit Stacheldraht umwobene Gitterstäbe: Kette und Schuss[5]. Vor der Nachbarzelle eine Beinprothese.

Erstes Verhör.
An der Wand ein Stalin-Bild. Drei Offiziere mit hängenden Orden um mich herum. Ich antwortete nach allen Seiten. Einer strich mir übers Haar: Guter Junge.
Er stellte ein Bein auf den Stuhl, fummelte an meinem *Identification Pass*[6] und zählte es mir an den Fingern her: Aus dem Westen gekommen, Labor Company der *US Army*, Ami-Hemd – also Spion.
Im Straßenlautsprecher Chopin.

Ich war drei Schritt hinter mir. Große Entfernung trotz Naheinstellung. Zahlenziffern am Fadenkreuz. Kein Hätte-doch, kein Gedanke an Morgen, keinerlei Reim.
Reines Heute.

4 **Schlagbaum:** hier: bewegliche Schranke
5 **Kette und Schuss:** Die stacheldrahtumwickelten Gitter erinnern den Protagonisten an die Fadensysteme beim Weben (Kette/Kettfaden und Schuss/Schussfaden)
6 **Identification Pass:** Personalausweis

1 **a** Beschreiben Sie die Situation, in der sich der Ich-Erzähler befindet.
b Äußern Sie Ihre ersten Eindrücke zur sprachlichen und erzählerischen Gestaltung desTextes.

2 **a** Entwerfen Sie einen inneren Monolog (▶ Information) des Ich-Erzählers für den Moment, als er erfährt, welches Vergehen man ihm vorwirft (Z. 48).
b Begründen Sie Ihre inhaltlichen und sprachlichen Gestaltungsentscheidungen.

Information **Gestaltendes Interpretieren**

Sehr hilfreich für die Analyse bzw. Interpretation literarischer Texte ist der Zugang in Form des **gestaltenden Schreibens.** Dieses vertieft das Textverständnis und ermöglicht größere Einfühlung in Situationen, Figuren und ihre Handlungsmotivationen. Dabei werden Strukturen des Textes aufgegriffen, erweitert und fortgesetzt, z. B. in Form folgender Möglichkeiten:

- **Anschlusstext:** Der Text wird nach seinem Ende weiter- oder ab einer bestimmten Stelle umgeschrieben. Dabei werden offengebliebene Dinge aufgegriffen und weiterentwickelt.
- **Dialog:** Zwei literarische Figuren führen an einer bestimmten Stelle im Text ein Gespräch miteinander. Sie können z. B. einen Konflikt austragen oder einander ins Vertrauen ziehen.
- **Perspektivwechsel:** Hier beleuchten Sie einen Textauszug in Form eines Paralleltextes aus einer anderen Sicht. Sie können z. B. die Erzählform bzw. das Erzählverhalten ändern (▶ S. 201 f.) oder ein Geschehen vom Standpunkt einer anderen Figur aus neu erzählen.
- **Brief:** Figuren schreiben sich Briefe, in denen sie z. B. Beziehungen zu anderen reflektieren, über Ereignisse nachdenken, zu etwas auffordern, Fragen stellen, Vorwürfe machen usw.
- **(innerer) Monolog:** Hier redet die Figur mit sich selbst. Gefühle und Gedanken, die ihr in einem bestimmten Moment durch den Kopf gehen könnten, werden ohne zwischengeschalteten Erzähler aus der Ich-Perspektive dargestellt. Auch auf sprachlicher Ebene können sich Gefühle manifestieren, z. B. in Ellipsen, Wiederholungen, offenen Sätzen.
- **Tagebucheintrag:** Sie schlüpfen in eine literarische Figur hinein und äußern sich in deren Reflexionshorizont. Das Tagebuch ist dabei der stumme Gesprächspartner.

3 Erklären Sie, welche Funktion das Niederschreiben des Haftalltags haben könnte. Welche Erzählstrategie würden Sie verwenden? Begründen Sie Ihre Entscheidung.

4 Erläutern Sie die folgende Aussage im Text:
„Ich war drei Schritt hinter mir. Große Entfernung trotz Naheinstellung. Zahlenziffern am Fadenkreuz. Kein Hätte-doch, kein Gedanke an Morgen, keinerlei Reim. Reines Heute." (Z. 52–56)
Wie fühlt sich der Ich-Erzähler und wie ist seine „Vision" des Scharfschützen gemeint?

5 Der Titel von Kempowskis Buch lautet „Im Block. Ein Haftbericht". Beurteilen Sie, inwiefern es sich um einen Bericht bzw. um fiktionale Literatur handelt. Nutzen Sie dazu den Informationskasten.

Merkmale des Berichts
– basiert auf tatsächlichen …
– …
Merkmale fiktionaler Literatur
– …

Walter Kempowski in seinem Haus in Nartum (2004)

Information **Autobiografisches Erzählen**

Autobiografisch (griech. *autós:* selbst, *bíos:* Leben, *gráphein:* schreiben) erzählte Texte haben immer **rückblickenden Charakter:** Das eigene Leben wird bewertet, gedeutet, in einen historischen Kontext eingeordnet.

- Zwischen **Autor/in, Erzähler/in** und **Protagonist/in** besteht eine enge Verbindung – bis hin zur Identität (bei der klassischen Autobiografie).
- Autobiografische Erzähltexte weisen ein hohes Maß an Authentizität der Gefühle und Meinungen der Hauptfigur auf. Sie stehen in einem **Spannungsfeld zwischen unbedingter Wahrhaftigkeit und künstlerisch-literarischer Strukturierung** (durch Auslassung, Neuordnung der Lebensstationen, Einfügen erfundener Ereignisse, Figurenkonstellation, Raum-Zeit-Struktur, sprachliche Gestaltung). Mit fiktionalen Elementen kann der Autor / die Autorin Möglichkeiten der Hauptfigur zeigen, die in der Realität nicht realisiert wurden – bis hin zur Darstellung des „eigenen" Todes.
- Häufige **Beweggründe für autobiografisches Erzählen** sind die Suche nach der eigenen Identität, der Wunsch nach Selbstergründung (Lebensweg, Einstellungen …), nach Rechtfertigung, nach Enthüllung oder auch erzieherische Impulse.
- Die Darstellung des eigenen Ichs ist auch eine **Analyse der kulturellen und politischen Strömungen der Zeit:** Es wird deutlich, wie sich die Persönlichkeitsbildung im Wechselspiel zwischen Protagonist/in und sozialer Umgebung vollzieht.
- Eine klare Abgrenzung von Autobiografie und **autobiografisch geprägtem Bildungs- und Entwicklungsroman** (z. B. Karl Philipp Moritz: „Anton Reiser", Hermann Hesse: „Unterm Rad") ist nicht immer möglich.
- Spätestens seit Beginn des 20. Jahrhunderts werden die Autonomie und auch die festgefügte Identität des einzelnen Menschen in Frage gestellt. Das beeinflusst auch die **Selbstdeutung und -stilisierung** beim Schreiben über das eigene Leben und deren Rezeption durch die Leser/innen.

Jurek Becker: **Bronsteins Kinder** (1986) – Romanauszug

Wahrscheinlich 1937 in der polnischen Stadt Lodz geboren, überlebte Jurek Becker als kleiner Junge den Holocaust. Bis auf seinen Vater und eine Tante verlor er alle Angehörigen. Sein Roman „Bronsteins Kinder", der als dritter Teil einer Trilogie zu sehen ist, handelt von der Konfrontation der jüdischen Nachkriegsgeneration mit der Vergangenheit ihrer Eltern. Becker thematisierte als einer der Ersten die Folgen des Nationalsozialismus aus der Perspektive der Opfer.

Im Mittelpunkt der Romanhandlung steht der junge Ich-Erzähler Hans Bronstein, dessen jüdische Familie Opfer des Nationalsozialismus wurde. Der Roman hat zwei Zeitebenen: In der Zeitebene der Gegenwart, im Jahr 1974, wohnt Hans nach dem Tod des Vaters bei den Eltern seiner Exfreundin Martha und steht kurz vor Studienbeginn. Die zweite Zeitebene bilden Rückblicke ins Jahr 1973, in dem Hans' Leben durch die Entdeckung von Machenschaften seines Vaters aus den Fugen gerät. Im Sommer dieses Jahres nutzen Hans und Martha ein versteckt gelegenes Häuschen am Rande Berlins als Liebesnest. Es gehört Hans' Vater Arno, der nichts von dieser heimlichen Nutzung und dem Zweitschlüssel seines Sohnes weiß. Als der Abiturient eines Nachmittags dort eintrifft, hört er in dem leer geglaubten Häuschen Stimmen.

Schon aus einiger Entfernung sah ich, dass der Tag verdorben war: Vor dem Eingang des Häuschens stand, widerwärtig gelb, das Auto von Gordon Kwart, einem Freund meines Vaters. Ich verstand nicht, warum Vater mir seinen Besuch verschwiegen und stattdessen meine Prüfung vorgeschoben hatte. Ich durfte mich nicht blicken lassen, denn selbstverständlich würde Kwart meinem Vater von mir berichten. Und von dort bis zur Frage, wozu ich mich ohne Schlüssel beim Haus herumtrieb, war nur ein Katzensprung. Also konnte ich getrost Martha entgegengehen, auf Vater fluchen und überlegen, was aus dem angebrochenen Sonntag werden sollte. Die Brote warf ich in den Wald.

Der Rückweg war noch keine zehn Schritte lang, als ich umzukehren beschloss. Ich trat an die Hauswand heran und horchte. Erstens konnte Martha schon da sein und, ahnungslos wie sie war, im Häuschen auf mich warten. Zweitens war es möglich, dass Kwart nur kurz gekommen war und gleich wieder verschwand. Unter meinem Lieblingsfenster, durch das die Kiefernstämme aussehen wie eine festgefügte Bretterwand, presste ich das Ohr an die Mauer und gab mir Mühe, die Waldgeräusche auszufiltern. Sekunden später hörte ich einen kleinen Schrei, der hatte nichts Fürchterliches an sich. Ich lächelte gewiss, ich dachte: dieser Kwart. Denn der Schrei schien mir einer von der Sorte zu sein, wie sie in Liebschaften vorkommt, und Kwart war kaum jünger als mein Vater, ich schätze ihn auf Ende fünfzig.

Dann schrie es zum zweiten Mal, ein wenig lauter, das hatte nichts mehr mit Zärtlichkeiten zu tun, eher mit Schmerz. Jetzt erschrak ich zu Tode über das Unbekannte, das plötzlich in unserem Häuschen vor sich ging. Eine aufgeregte Stimme, die ich nicht erkannte, rief etwas. Ich nahm den Schlüssel aus der Tasche, öffnete die Tür und stand im dunklen Flur. Die Bewegung kam aus dem großen Raum, dessen Tür aber geschlossen war. Es gab Gründe genug, sie nicht aufzureißen und zu rufen: Was ist hier los? Ich stellte mich in die Ecke hinter den Kleiderschrank, das einzige Möbel im Flur, und erschrak zum zweiten Mal: Es roch nach Urin.

Da war ich schon entschlossen, mit Vater über diese Ungeheuerlichkeit zu sprechen, auch wenn ich damit meinen Vertrauensbruch eingestand. Und wenn ich wirklich dazu bereit bin, dachte ich Augenblicke später, dann könnte ich Kwart auch sofort zur Rede stellen. Verschmutzte unser schönes Haus, dieser liederliche Mensch, dass man es Wochen würde lüften müssen, um ohne Ekel darin zu atmen!

Dann hörte ich Vater sagen: „Können wir endlich weitermachen?"

Das war das Schlimmste: mein Vater hinter der Tür. Die Antwort war ein leises, lang gezogenes Wimmern, das klang, als suchte jemand einen komplizierten Ton.

Ein Mann, dessen Stimme mir fremd war, sagte: „Lass ihm etwas Zeit."

Mein Vater sagte laut und vorwurfsvoll: „Er hat genug Zeit gehabt."

Sie mussten mindestens zu viert im Zimmer sein: mein Vater, der bisher stumme Kwart, die fremde Stimme und schließlich dieser Eine, mit dem sie sprachen. Es konnte doch nicht Gordon Kwart gewesen sein, der so gewimmert hatte.

Mein Vater sagte: „Zum letzten Mal: Reden Sie jetzt weiter?"

„Was wollen Sie denn hören?", fragte jemand furchtsam.

Die erste unbekannte Stimme: „Wie viele gehörten dazu?"

Die Antwort: „Acht oder neun. Das habe ich doch schon gesagt."

„Sie werden es so oft sagen, wie Sie gefragt werden."

„Also acht?", fragte mein Vater. „Oder neun?"

„Acht", war die Antwort nach einer Pause.

„Wer hat die Leute ausgesucht?"

„Das weiß ich nicht."

Ich hörte ein Geräusch, das eindeutig ein Schlag war, ein dumpfer Hieb auf Rücken oder Brust, man erkannte es auch am nachfolgenden Stöhnen. Mein Gott, wer schlug da wen, noch nie im Leben hatte mein Vater mich angerührt. Und wer war das Opfer? Ein paar Greise hatten offenbar den Verstand verloren und gebärdeten sich wie die Heiden eines Albtraums. Die hielten einen gewaltsam fest, verhörten ihn und waren mit den Antworten nicht zufrieden, so viel war klar.

Aus dem Badezimmer kam Gordon Kwart, nein, aus der Küche; mein Kleiderschrank verbarg mich nun zur falschen Richtung hin, Kwart sah mich auf den ersten Blick und machte empörte Augen.

Er fragte: „Was tust du hier?"

„Was ich hier tue?", sagte ich so dreist wie möglich. „Das ist auch mein Haus."

Aber er ließ sich nicht auf Spitzfindigkeiten ein und rief: „Arno!"

Die Hoffnung, in dem Zimmer könnte ein Mann sein, dessen Stimme der meines Vaters verblüffend ähnlich klang, war nun dahin. Es wäre sinnlos gewesen, Kwart über den Haufen zu rennen und zu fliehen, ich hätte ihn schon umbringen müssen.

Mein Vater öffnete die Zimmertür. Er blickte zu Kwart, ich stand noch immer in Deckung und war für Vater kaum sichtbar. Er sah erschöpft und mürrisch aus. Das Stückchen Zimmer, das ich erspähte, war leer. Der Geruch kam von dorther.

Kwart deutete mit dem Kinn auf mich und sagte: „Wir haben Besuch."

Vater trat schnell heran. Ich verwünschte meine Neugier, als ich sah, wie mein Anblick ihn erschreckte. Sein Hemd war stark verschwitzt, Flecken von den Achseln abwärts bis zur Hüfte. Kwart stand unschlüssig da, als wüsste er nicht, ob er Vater und Sohn nicht besser allein lassen sollte.

Mein Vater griff mich beim Kragen. Er tat es so heftig, dass ein Knopf zu Boden fiel und eine Naht hörbar riss. Wir standen uns lange gegenüber, ich einen Kopf größer. Er biss die Zähne wie im Krampf aufeinander. Schließlich stieß er mich gegen die Wand und ließ los. Er vergrub die Hände tief in den Hosentaschen, wie um sich vor einer unbedachten Tat zu schützen. Endlich verschwand Gordon Kwart, vielleicht wollte er auch nur die Zimmertür vor meinen Blicken schließen.

Ich hatte keinen Zweifel, dass Vater vor allem anderen danach fragen würde, auf welche Weise ich ins Haus gekommen war; und ich beschloss, bei der Wahrheit zu bleiben, ich war viel zu verwirrt, um eine gute Geschichte zu erfinden. Auch ich steckte die Hand in die Hosentasche, ich wollte als Antwort auf seine erste Frage den Schlüssel hervorholen. Doch er fragte: „Wie lange stehst du schon hier?"

„Lange genug", sagte ich und ließ den Schlüssel in meiner Tasche los.

„Was heißt das?"

Ich fragte: „Wer hat geschrien?"

Da geschah etwas vollkommen Verrücktes, er umarmte mich. Was hatte ich getan, das mich so liebenswert machte, ich spürte seinen aufgeregten Herzschlag. Ich hörte ihn traurig flüstern: „Ach Hans, Hans …“, das sollte heißen: Welcher Teufel hat dich bloß hergeführt. Als er mich losließ, hatte er wieder das wütende Gesicht.

Er fragte: „Warum sitzt du nicht zu Hause und lernst?“

„Weil ich alles weiß“, sagte ich.

Vater schnitt eine seltsame Grimasse, er saugte die Lippen tief in den Mund und kniff die Augen zu; er nickte lange vor sich hin und wirkte so ratlos, wie ich ihn nie gesehen hatte. Der Entschluss, mich am Arm zu nehmen und in das Zimmer zu führen, muss ihm schwergefallen sein.

Als die Tür geöffnet war, sagte er: „Das ist mein Sohn.“

Die Erklärung galt zwei fremden Männern, die mich anstarrten. Der eine stand neben Kwart am Fenster, er war mindestens siebzig Jahre alt, dick, groß und kahlköpfig, bis auf einen schmalen Kranz schneeweißer Haare. Eine Brille klemmte auf seiner Stirn. Den anderen schätzte ich um ein paar Jahre jünger. Er war es, der so schlecht roch, sein ehemals weißes Hemd starrte vor Speiseresten. Er saß in unbequemer Haltung auf einem Eisenbett: Sie hatten seine Füße mit einem Ledergürtel zusammengebunden, der um einen der eisernen Pfosten geschlungen war. Die Hände konnte er zwar frei bewegen, doch gewiss nur vorübergehend; am Bettgestell hingen Handschellen, in denen ein Schlüssel stecke. Das Eisenbett gehörte nicht zum Zimmer, ich hatte es nie zuvor gesehen.

Der Fremde am Fenster fragte Vater: „Wozu musstest du ihn herholen?“

„Ich habe ihn nicht geholt“, sagte mein Vater.

„Wieso ist er dann hier?“

„Frag ihn selbst.“

Ein Nachttopf stand unter dem Bett. Und auf der Hose des Gefangenen, zwischen seinen Beinen, sah ich Nässe, ich konnte gegen den Blick nichts tun. Auf der Matratze waren dunkle Flecken, wahrscheinlich Blut. Ich dachte daran, dass ich Vater zuletzt vor ein paar Stunden gesehen hatte, zu Hause, und dass mir nichts an ihm aufgefallen war.

[…]

Sie mussten den Mann so eingeschüchtert haben, dass er es nicht wagte, die Fesseln von seinen Füßen zu lösen, obwohl er die Hände doch frei hatte. Er sagte zu mir: „Diese Männer haben mich entführt, und jetzt foltern sie mich.“

Kwart fragte vom Fenster her: „Wer foltert?“

Nach einem Augenblick der Stille trat mein Vater ans Bett, schlug mit dem Handrücken ein paarmal dem Gefangenen gegen die Brust und fragte streng, wie zum letzten Mal:

„Ob wir dich foltern?“

„Nein.“

Vater blickte kurz zu mir, sah mein entsetztes Gesicht und wendete sich wieder dem Mann zu. „Jetzt sagst du ihm, warum du hier bist.“

Der Mann antwortete widerstrebend: „Weil ich …“

In diesem Moment wusste ich, worum es ging. Vaters Finger stieß zu jeder Silbe derb an sein Brustbein, während er ihm vorsagte: „Weil ich ein …“

„… Aufseher gewesen bin“, ergänzte der Mann.

„Und zwar wo?“

„In Neuengamme[1].“

1 **Neuengamme:** Konzentrationslager in Hamburg-Neuengamme

1 Geben Sie wieder, was sich im Waldhäuschen abspielt. Stellen Sie ausgehend von Zeile 221 Vermutungen darüber an, wie es zu dieser Situation gekommen ist.

2 Kurze Zeit später verlässt Hans das Haus, um Martha abzufangen, mit der er vor Ort verabredet ist. Gestalten Sie einen inneren Monolog des jungen Mannes: Was geht ihm in diesen Minuten durch den Kopf (▸ Information, S. 266)?

3 Analysieren Sie den Text hinsichtlich der Vater-Sohn-Beziehung. Notieren Sie hierfür aussagekräftige Textstellen und erklären Sie deren Bedeutung.

Textstelle/Zeile	**Bedeutung für Vater-Sohn-Beziehung**
„Da war ich schon entschlossen, mit Vater über diese Ungeheuerlichkeiten zu sprechen, auch wenn ich damit meinen Vertrauensbruch eingestand.“ (Z. 48 ff.).	*Beziehung war bisher durch Vertrauen geprägt*
...	...

4 Im Rückblick äußert sich Hans wie folgt über die Situation: „Ich hatte geglaubt, nach dreißig Jahren könnten sie wie normale Menschen leben, und plötzlich dieses Zimmer; als hätten sie drei Jahrzehnte lang nur auf eine solche Gelegenheit gewartet. Als hätten sie, wenn sie sich scheinbar normal verhielten, nur eine Maske getragen.“ Erklären Sie, was Hans damit meint. Nutzen Sie auch den Informationskasten.

5 Erläutern Sie, inwiefern sich die Täter- und Opferrollen durch die Festsetzung des NS-Schergen verändern.

6 **a** Nach dem Vorfall im Waldhaus versucht Hans, seinen Vater zur Rede zu stellen. Gestalten Sie einen Dialog der beiden Männer (▶ Information, S. 266).
b Entwickeln Sie ein Standbild (▶ Information, S. 184) zur Verdeutlichung der Vater-Sohn-Beziehung. Überlegen Sie, welche Rolle Kommunikation im Verhältnis der beiden spielt.

7 Das Verhalten Arnos stürzt seinen Sohn in eine tiefe Krise, von der er sich erst ein Jahr später zu erholen beginnt. Erläutern Sie, worin diese Krise begründet liegt.

Information **Jüdisches Leben in Deutschland nach 1945**

Bereits Ende des Zweiten Weltkriegs bildeten sich die ersten jüdischen Gemeinden aus deutschen Juden, die den Holocaust überlebt hatten, und zumeist aus Osteuropa stammenden „Displaced Persons“ (DP). Diese Gemeinden knüpften nur bedingt an die jüdisch-deutsche Tradition der Vorkriegsjahre an. So verzichtete man auf die Vermittlung der jüdisch-deutschen Geschichte und die Entfaltung einer jüdisch-deutschen Identität zu Gunsten von Israelkunde.
Auch nach dem Ende des Nationalsozialismus gab es in Deutschland einen weit verbreiteten **Antisemitismus** (Judenfeindlichkeit, -hass). Dieser nahm erst in den 1950er-Jahren mit dem Einsetzen des Wirtschaftswunders und der voranschreitenden Westintegration der BRD langsam ab; auch der beginnende Ost-West-Konflikt mit der Entstehung neuer Feindbilder trug hierzu bei. Obwohl die Siegermächte im Rahmen des Potsdamer Abkommens 1945 die **Entnazifizierung** Deutschlands beschlossen hatten, erhielten zahlreiche NSDAP-Funktionäre wieder öffentliche Ämter. In der DDR kam es im Zuge der forcierten Stalinisierung Ende der 1940er- bis Anfang der 1950er-Jahre erneut zur Ausgrenzung jüdischer Bürger, sodass viele emigrierten. Zwar fanden die Repressionen mit Stalins Tod 1953 ein Ende. Doch verweigerte die DDR-Führung die Übernahme von Verantwortung für die NS-Zeit, indem man diese allein den Vertretern des Finanzkapitalismus zuschrieb und den Antifaschismus zum Gründungsmythos der DDR stilisierte. Dies verhinderte eine Aufarbeitung der NS-Vergangenheit; bis in die 1980er-Jahre fanden sich in Schulbüchern kaum Ausführungen zu den millionenfachen jüdischen Opfern. Zum Ende der DDR 1989 lebten nur sehr wenige jüdische Bürger in Ostdeutschland.

Jurek Becker: **Bronsteins Kinder** (1986) – Romanauszug

Hans kann mit niemandem über die entdeckten Machenschaften Arnos und seiner Bekannten sprechen. Auch sein Vater blockt Gespräche auf gleicher Augenhöhe ab, sodass Hans sich zunehmend isoliert. Eines Nachts hört er im Zimmer seines alleinstehenden, einzelgängerischen Vaters Stimmen.

Zwischen meines Vaters und meinem Zimmer gab es eine nie benutzte Tür, die von seiner Seite mit einem Bücherregal und von meiner Seite mit einem Kleiderschrank verstellt war. Obwohl ich alles andere als lauschen wollte, hörte ich Stimmen. Sie drangen verschwommen zu mir herüber und brachten nur die eine Information, dass Leute dort saßen. Vaters Stimme war noch die deutlichste, aber auch sie konnte ich nicht verstehen. [...]

Als ich Gordon Kwarts Stimme zu erkennen glaubte, stand für mich fest, dass im Nebenzimmer eine Besprechung der Entführer stattfand. Wie geht das vor sich: man erkennt eine Stimme, ohne ein Wort zu verstehen?

[...]

Ich schob den Kleiderschrank weg von der Tür; in meiner Erinnerung brauchte ich dafür Stunden. Weil die Dielen links neben dem Schrank knarrten und ich weder auf diese Stelle treten noch den Schrank dorthin schieben durfte, zog ich ihn zur Zimmermitte hin. Schon während des Rückens wurden die Stimmen lauter, aber ich hörte nicht hin, bevor ich fertig war. Wenn nebenan geschwiegen wurde, hielt auch ich ein. Dann hatte ich den Schrank weit genug vorgezogen. Ich legte mich auf den Boden, zwischen Tür und Schwelle war ein Spalt, gerade breit genug für einen Lichtschein.

Die ersten Worte, die ich hörte, machten mir klar, warum sie es nicht nötig hatten, leise zu sein: Sie redeten Jiddisch[1]. Es war unfassbar, dass Vater sich in dieser Sprache verständigen konnte, ich wollte glauben, dort säße ein Fremder mit Vaters Stimme. Er hatte es bisher nicht nur vermieden, in meiner Gegenwart Jiddisch zu sprechen, er hatte auch nie angedeutet, dass er dazu imstande war. Er redete ohne Unbeholfenheit, ohne Stocken, von einem Augenblick zum nächsten war ihm die Sprache zugeflogen. Ich fand das schaurig, ich fühlte mich betrogen. Er redete lauter als die anderen, sodass ich mich fragte, ob er wohl mit meinem Lauschen rechnete und mir auf diese Weise sein Geheimnis verraten wollte. Nie zuvor war ich so gegen ihn. Ich kannte fünf oder zehn jiddische Wörter, ich weiß nicht woher; Kwart benutzte manchmal das Wort *Tinnef*[2], Vater das Wort *Massel*[3], irgendwo hatte ich *Chuzpe*[4] aufgeschnappt. Es wäre mir nie in den Sinn gekommen, ein solches Wort zu benutzen, und wenn es ein anderer tat, überlegte ich unwillkürlich, welches Wort normalerweise dort hingehörte. Jiddische Vokabeln in eine Unterhaltung einzustreuen, das wäre mir wie eine aufdringliche Art von Folklore[5] vorgekommen. [...]

Ich brauchte eine Eingewöhnungszeit, um meinen Widerstand gegen die anmutlosen, verwachsenen Töne zu überwinden; dann wunderte ich mich, wie viele der Wörter verständlich waren. Zunächst achtete ich nicht auf den Zusammenhang, ich ließ die Wörter vorbeiziehen und registrierte nur die sinnfälligen. Erst als deren Abstand immer kürzer wurde, begann ich mit dem Verstehen.

Das Resultat verblüffte mich: Sie sprachen nicht von der Entführung; sie sprachen von ihrer Vergangenheit, von Krieg und Lager. Ein jeder erzählte Geschichten, reihum, unterbrochen durch Fragen der beiden anderen und durch gelegentliche Seufzer. [...]

Nun, da ich wusste, wovon im Nebenzimmer die Rede war, hielt mich nichts mehr an der Tür; für dieses Thema war ich zu müde. Ich legte mich ins Bett und dachte darüber nach, warum Vater, der Lagergeschichten nicht ausstehen konnte, so bereitwillig an diesem Erzählen teilnahm.

1 **Jiddisch:** alte Sprache europäischer Juden
2 **Tinnef:** Unsinn; Schund
3 **Massel:** unerwartetes oder unverdientes Glück
4 **Chuzpe:** Dreistigkeit, Unverfrorenheit
5 **Folklore:** hier: Brauchtumspflege

Auch im Bett waren die Stimmen noch zu hören, die unglückseligen Stimmen, nach Vater Kwart, dann Rotstein, dann wieder Vater, ein Potpourri[6] der Leiden. Ich schlief ein, doch nicht versehentlich: Ich entschied mich für die bessere Möglichkeit.

6 **Potpourri:** bunte Mischung

1 Geben Sie die Situation in der nächtlichen Wohnung der Bronsteins wieder.

2 Entwickeln Sie Erklärungen dafür, wie der Erzähler mit seiner jüdischen Identität umgeht.

3 Deuten Sie das Bild der Tür, die im normalen Alltag von Vater und Sohn verschlossen ist. Überlegen Sie auch, welche metaphorische Bedeutung die Tür haben könnte.

Heinz Ludwig Arnold: **Gespräch mit Jurek Becker** (1990)

Der Herausgeber der Literaturzeitschrift „Text + Kritik" fragte Jurek Becker nach dem Anteil von eigenen Erlebnissen und Erfahrungen in seiner Literatur. Becker antwortete darauf:

Das meiste, was ich erlebe, ist nicht gut genug, um es aufzuschreiben. Ich nehme mir davon, was ich brauche. Manchmal erfinde ich Erlebtes so lange um, wie ich es gern erlebt haben möchte. Denn nicht alles, was ich erlebt habe, möchte ich ja gerne erlebt haben. Aber es ist einfach zu sagen, dass das, was ich schreibe, auf Erlebnissen basiert. Ich erfinde mir eine Geschichte zusammen, mache mir eine Geschichte zurecht, und nur insofern von mir Erlebtes für diese Geschichte von Belang ist, taucht es darin partiell auf. Das hat natürlich nichts mit Erfahrung zu tun. Erfahrungen spielen eine größere Rolle in dem, was ich schreibe.

Zur Frage nach den Büchern des „jüdischen Komplexes" antwortete Becker:

[...] Vieles, was in diesen Büchern vorkommt, sowohl Konstellationen wie auch, wenn Sie so wollen, Theorien, sind nicht Resultate von Erleben, sondern Resultate von Interesse, von Recherchen, weil man damit beschäftigt sein will. Also eine Art nachträgliche Anteilnahme und nicht direkte.

4 Erläutern Sie das Verhältnis von autobiografischen Erzähltexten und Fiktion am Beispiel von Jurek Beckers „Bronsteins Kinder". Beziehen Sie die Information auf Seite 267, den Text oben und weitere recherchierte Informationen zum Autor ein.

5 Entwickeln Sie abschließend in Partner- oder Gruppenarbeit eine übersichtliche Mindmap zum Thema „Der lange Schatten der Vergangenheit" in der Literatur.

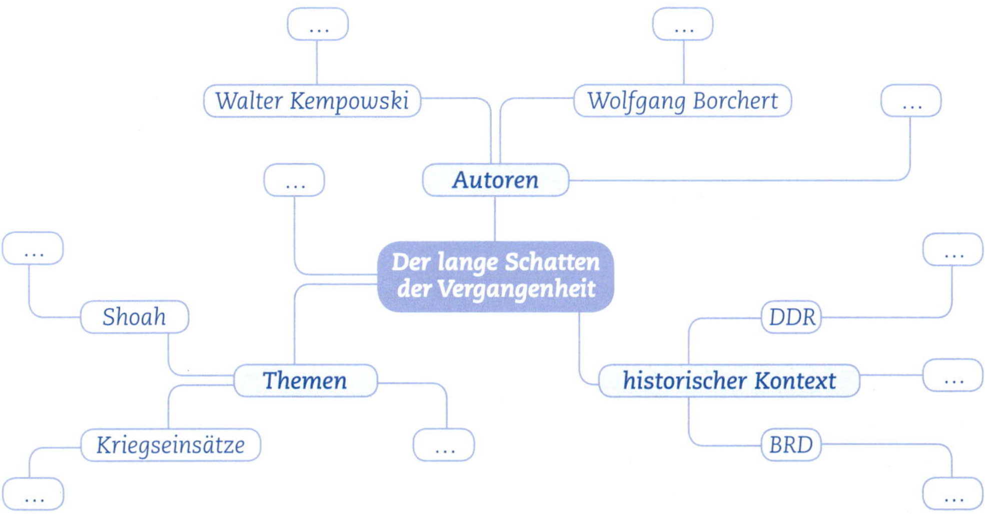

Jugend zwischen Anpassung und Auflehnung

Ralf Rothmann: **Stier** (1991) – Romanauszug

Ralf Rothmann (Jahrgang 1953) wuchs im Ruhrgebiet in Oberhausen auf und zog 1976 nach Berlin. Seine Romane und Erzählungen spielen häufig an diesen beiden Schauplätzen.
Die Handlung seines Romans „Stier“ spielt im Ruhrgebiet der 1960er- und 1970er-Jahre. Der in Berlin wohnende Ich-Erzähler, der Schriftsteller Kai Carlsen, erinnert sich an seine Jugend in einer Bergarbeiterfamilie „im Pott“ und beschreibt seinen durch Sinnsuche, Ausprobieren und Irrwege markierten Weg bis in die Gegenwart hinein. Als Jugendlicher, noch bei seinen Eltern lebend, macht Kai eine Lehre zum Maurer, fühlt sich diesem derben Umfeld allerdings zunehmend fremd.

Mit meinen Freunden, Akkordarbeitern, Fußballfans und Autonarren, über so etwas wie Seele zu reden, hätte ungefähr dasselbe Gelächter hervorgerufen wie das Eingeständnis, dass man Intimspray verwende ... Hunger, Durst und Geilheit, das war die Skala der Gefühle, Zwischentöne gehörten in die Hitparade. Und doch: Wenn ich mir angesichts der Vorgänge in meinem Innern sagte: Das muss meine Seele sein!, hatte ich die beglückende Empfindung, schon kraft dieser Worte eine neue Dimension zu gewinnen. Aber was genau war das? – „Todesschützin: Er trampelte auf meiner Seele herum!“ oder: „Entsetzte Nachbarn: Amokläufer immer Seele von Mensch gewesen!“ stand sogar in der Bild-Zeitung. Es schien also nichts Alltäglicheres zu geben als die Seele, jeder wusste von ihr, alle fühlten sie in sich, nur mir war sie ein Fremdwort und stand nicht mal im Fremdwörterduden. Mein Freund Pogo tippte sich an die Stirn. – Alles, was du in der Schüssel hast, ist Seele, sagte er. Was denn sonst? – Doch das war mir entschieden zu wenig.

Zechensiedlung im Ruhrgebiet (1965)

1 Beschreiben Sie das Umfeld, in dem sich der Ich-Erzähler Kai Carlsen als Jugendlicher bewegt.

2 Vergleichen Sie ausgehend von den Zeilen 5–10 die Welt des Ich-Erzählers mit der Welt seiner Kollegen.

3 Überlegen Sie, welchen Ausweg Kai aus dieser Situation finden könnte.

Ralf Rothmann: **Stier** (1991) – Romanauszug

Ich traf gleichzeitig mit meinen Eltern in der Wohnung ein. Sie kamen von irgendeinem Gewerkschaftsball und hatten sich, ihrem lauten Schweigen zufolge, gerade gestritten, was in letzter Zeit öfter passierte. Meine Mutter, eine Papierblume in der Hand, stand vor dem Garderobenspiegel und zupfte sich Konfetti vom Haar, während mein Vater ein Bier aus dem Kühlschrank nahm. Die festliche Kleidung, polierte Schuhe, dunkler Anzug, silbergrauer Schlips, betonte seine erschöpfte, von der schweren Arbeit gebeugte Körperhaltung, und während er lange aus der Flasche trank, fühlte ich die Aggression, die er neben dem Schnapsgeruch ausdünstete.

Musst so früh arbeiten gehen, sagte meine Mutter wie aus dem Spiegel heraus. – Warum kommst du so spät nach Hause?

Ich öffnete die Tür zum „Kinderzimmer"; mein Vater wischte sich über den Mund. – Und wie blass du bist, sagte sie noch, aber das war schon leiser, vor seiner anhebenden Stimme zurückweichend gesprochen. – Wir müssen wohl froh und dankbar sein, dass er überhaupt noch kommt!

Es stimmte; seit ich das Auto besaß, blieb ich häufiger fort, in Essen und Umgebung, lungerte bis zum Morgengrauen im „Blow up" herum oder parkte am Baldeneysee und schlief im Wagen. – Nicht, dass ich etwas gegen meine Eltern gehabt hätte; bis auf meine Haarlänge und die etwas nachlässige Kleidung gab es wenig Streitpunkte zwischen uns. Doch konnte ich die blitzblanke Ordnung dieses Haushalts einfach nicht mehr ertragen, kriegte Atemnot in dem sterilen Glanz. Zudem hatte die Droge meinen Geruchssinn derart verändert, dass mir immer öfter übel wurde vom Mief der unzähligen Scheuermittel und Raumsprays meiner Mutter, die in ihrer aberwitzigen Putzsucht sogar die Blumen, die mein Vater ihr gelegentlich schenkte und deren Duft sie angeblich müde, zu müde für die Hausarbeit machte, mit einem Deodorant besprühte.

Er sah mich an, drückte die Kühlschranktür zu. – Wo treibst du dich denn neuerdings herum, sagte er und lockerte seine Krawatte, das heißt, er griff mit der ganzen Hand hinter den Knoten und zog ihn auf, einen Ruck. – In irgendwelchen Drogenhöhlen?

Die Streitlust dieses sonst so ruhigen Mannes überraschte mich, und angesichts seiner traurigen Augen, den Lidrändern aus festgewachsenem Kohlenstaub, konnte ich sie zunächst kaum glauben. – Und wenn schon, sagte ich leichthin und warf mein Halstuch aufs Bett.

Und wenn schon?! – Er kam einen Schritt auf mich zu, schwankte etwas, und erstaunt bemerkte ich, dass er aufsah zu mir, dass ich größer geworden war als mein Vater.

Und wenn schon?!, wiederholte er, und meine Mutter, immer noch mit ihrem Spiegelbild beschäftigt, griff nach seinem Arm.

Vermutlich wäre er bis dahin gar nicht darauf gekommen, ihn gegen mich zu erheben, er hatte mich noch nie geschlagen; doch nun trat er einen weiteren Schritt auf mich zu, und ich empfand einmal mehr, wie eng, wie beklemmend winzig diese Wohnung war.

Ist dir eigentlich noch nie eingefallen, dass du deinen Eltern den einen oder anderen Weg abnehmen könntest mit dem Auto? Wie? Hab ich je einen Pfennig Kostgeld verlangt? Möchte mal wissen, wozu man sich all die Jahre krummgelegt hat im Pütt[1]. Damit dann so was herauskommt?

Er wies wegwerfend auf meine Haare, eine Strähne, von seinen Fingerspitzen getroffen, flog auf, und ich wich zurück, in mein Zimmer. Wie lange willst du dir die Zotteln denn noch wachsen lassen? Bis wir endgültig zum Gespött der Nachbarn geworden sind? Auf Zeche fragen mich die Kumpel schon, wann ich dir einen Minirock kaufe. Und deine Karre sieht vielleicht aus! Da kann man mit nackten Finger *Sau* draufschreiben!

Dann tu es!, sagte ich, empört, dass dieser Mensch, den ich doch wegen seiner Schweigsamkeit liebte, seiner melancholischen Güte,

1 **Pütt:** Bergwerk, Zeche

sich wie ein toll gewordener Stammtischler aufführte; er hatte mich nicht verstanden – vielleicht, weil meine Mutter plötzlich zu summen begann, irgendein Lied, demonstrativ.

Wir haben doch weiß Gott alles getan, um dir ein anständiges, sauberes Zuhause zu geben, fuhr er fort. Und du guckst uns an, als wären wir Fremde, rennst rum wie ein Neandertaler, lässt das teure Auto verkommen und machst auch immer öfter blau, wie ich höre. Hast es ja nicht nötig, zu arbeiten. Sollen die anderen ihr Leben auf dem Bau oder unter Tage verplempern, es gibt im Notfall ja uns. Pass bloß auf, dass ich dich und deine Gammlermusik nicht mal auf die Straße setze!

Ich hatte genug. – Tu es doch!, wiederholte ich, schreiend, und er gab meiner Mutter das Bier, drückte sie mit der Flasche zur Seite und ging auf mich los. Seine großen Hände waren zerschrammt, und einige der Fingernägel hatten schwarz-blaue Flecken.

Ich floh in das Zimmer, an die hintere Wand, riss mein altes Lineal vom Schreibtisch, ein lächerliches Schwert, warf es fort und hob den Stuhl. Mein Vater – bei jedem seiner schweren Schritte zitterte das Leselämpchen –, mein Vater knirschte mit den Zähnen wie sonst nur im Schlaf und wischte die Topfpalme, mannshoch, mit einer Armbewegung in die Ecke. In seiner Wut schien er doch bedrückt, ja verzweifelt. Er verengte die Augen, hob die Fäuste – und stolperte plötzlich, schlug fast hin: Ein Stapel Bücher ...

Verdutzt blieb er stehen, griff sich an den Mund. – Mein Gott! – Mit der anderen Hand suchte er am Kleiderschrank Halt und sah mir, zwischen den erhobenen Stuhlbeinen hindurch, ins Gesicht, grübelnd und hilflos zugleich. Hinter ihm, in der Küche, hörte ich das Feuerzeug meiner Mutter klicken. Dann winkte er ab – eine oft vollführte, resignierte Geste, als werfe er irgendwas auf den Müll –, und ich sah noch das feuchte Glänzen in seinen Lidwinkeln, ehe er sich umdrehte und ins Schlafzimmer ging. – Das habe ich geträumt, sagte er leise.

1 **a** Schildern Sie Ihre ersten Eindrücke zum Streit zwischen Kai und seinem Vater. Handelt es sich Ihrer Meinung nach dabei um einen typischen Streit zwischen Vater und Sohn?

b Fassen Sie den Romanauszug zusammen. Erläutern Sie Kais Gefühl seinem Zuhause gegenüber. Nutzen Sie hierzu auch die Information auf Seite 532.

c Sammeln Sie in einer Tabelle, wie sich Kai verhält und wie andere sein Verhalten deuten könnten.

Kais Verhalten	***Deutung des Verhaltens***
selbstständig, frei, ungebunden ...	*faul, vernachlässigt sein Äußeres ...*

2 Schreiben Sie einen Teil des Textes um, indem Sie das Geschehen von einem neutralen Er-Erzähler darstellen lassen. Beurteilen Sie im Anschluss die veränderte Wirkung.
Kai floh, wich zurück, bis sein Rücken an die Wand stieß. Hastig griff er zum alten Lineal, das auf seinem Schreibtisch lag. Doch als Schwert fand er es ziemlich lächerlich, also warf er ...

3 Analysieren und interpretieren Sie die familiäre Situation unter Rückgriff auf Ihre Arbeitsergebnisse.

4 **a** Lesen Sie den Auszug „Ordnung“ aus dem Band „Die wunderbaren Jahre“ von Reiner Kunze (► S. 525) und informieren Sie sich über die Literatur in der DDR (► S. 532 ff., Internetrecherche). Erläutern Sie vor diesem Hintergrund die Situation der Jugendlichen auf dem Bahnhof.

b Vergleichen Sie die Reaktion der Jugendlichen mit dem Verhalten des Protagonisten aus „Stier“. Erläutern Sie Gemeinsamkeiten und Unterschiede.

c Diskutieren Sie, inwiefern die verschiedenen Formen der Auflehnung Ergebnis unterschiedlicher historischer Situationen sind.

Shell-Studie: **Werteorientierungen und Ziele** (2015) – Auszug

Seit 1953 beauftragt der Shell-Konzern in Deutschland Forschungsinstitute alle paar Jahre mit Studien zu den Einstellungen und Erwartungen der Jugend. Auch 2015 wurden 12- bis 25-Jährige befragt.

Die junge Generation in Deutschland zeichnet sich auch weiterhin durch ihre pragmatische Haltung gegenüber den Herausforderungen aus, die Alltag, Beruf und Gesellschaft mit sich bringen. Hierzu gehörten sowohl die Bereitschaft, sich an Leistungsnormen zu orientieren, als auch der Wunsch nach stabilen sozialen Beziehungen im persönlichen Nahbereich. Im Vordergrund steht die individuelle Suche nach einem gesicherten und eigenständigen Platz in der Gesellschaft. Die Jugendlichen versuchen sich den Gegebenheiten so anzupassen, dass sie Chancen, die sich auftun, ergreifen können. Prägend sind das Bedürfnis nach Sicherheit sowie der Wunsch nach positiven sozialen Beziehungen, was ebenfalls die Bereitschaft einschließt, sich im persönlichen Umfeld für die Belange von anderen oder für das Gemeinwesen zu engagieren.

Auffällig ist der große Optimismus, den die Jugendlichen trotz des durchaus schwierigen weltweiten Umfeldes aufrechterhalten und der sogar noch zugenommen hat. Trotz anhaltender Krisen in Europa sowie einer zunehmend unsicher gewordenen Lage in Teilen der Welt mit Terror und steigenden Flüchtlingsströmen haben sich die Jugendlichen in Deutschland nicht von ihrer mehrheitlich positiven persönlichen Grundhaltung abbringen lassen. Dazu trägt auch die im Vergleich zu vielen Ländern der Welt stabile Lage in Deutschland bei.

Die Befunde der neuen 17. Shell-Jugendstudie weisen aber auch auf erste Veränderungen bei der aktuellen Jugendgeneration hin. Neu ist das wieder angestiegene politische Interesse. Weltweite Vorgänge werden von vielen aufgeschlossener zur Kenntnis genommen. [...]

Der Optimismus der Jugendlichen in Deutschland ist ungebrochen. 61 % blicken unserer Untersuchung zufolge optimistisch in die eigene Zukunft, 36 % gemischt „mal so, mal so" und nur 3 % eher düster. Damit erhöht sich der Anteil der optimistischen Jugendlichen gegenüber 2010 (59 %) noch einmal leicht und lässt den entsprechenden Wert aus 2006 (50 %) weit hinter sich.

Von dieser steigenden Zuversicht profitieren Jugendliche aus der sozial schwächsten Schicht allerdings erneut nicht. Wie schon im Jahr 2010 äußert sich von ihnen nur ein Drittel (33 %) optimistisch hinsichtlich der eigenen Zukunft. Leicht rückläufig ist auch der Optimismus in der unteren Mittelschicht von 56 % im Jahr 2010 auf 52 % im Jahr 2015. In allen anderen sozialen Schichten hat sich der Optimismus noch einmal verstärkt. Vor allem in der oberen Schicht fällt der Zuwachs von 68 % im Jahr 2010 auf 74 % im Jahr 2015 besonders hoch aus.

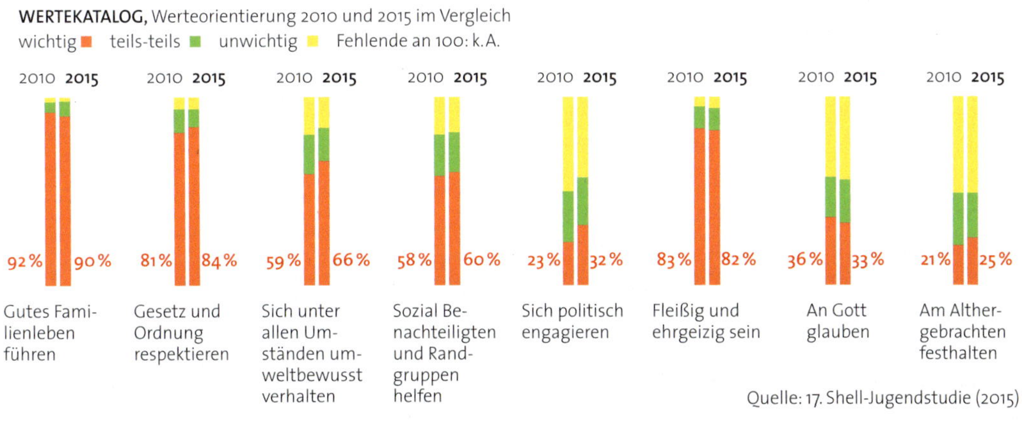

Quelle: 17. Shell-Jugendstudie (2015)

1 Bereiten Sie einen Kurzvortrag vor zum Thema „Werte und Zukunftserwartungen Jugendlicher im Jahr 2015", indem Sie Text und Diagramm auswerten. Stellen Sie Vermutungen darüber an, wie die Ergebnisse im Jahr 2025 aussehen: Welche Unterschiede, welche Gemeinsamkeiten erwarten Sie?

2 Erläutern Sie den Zusammenhang von sozialer Stellung und Zukunftserwartungen.

3 Diskutieren Sie im Kurs: Sind die Ergebnisse der Studie repräsentativ für Sie und Ihre Umgebung?

4 Vergleichen Sie eine Protagonistin / einen Protagonisten aus den Romanauszügen auf den Seiten 263 ff. mit heutigen Jugendlichen, wie sie die Shell-Studie 2015 vorstellt. Wo sehen Sie Gemeinsamkeiten, wo Unterschiede?

Karen Köhler: **Wir haben Raketen geangelt** (2014)

Die Autorin veröffentlichte im Alter von 40 Jahren mit „Wir haben Raketen geangelt" ihre erste Textsammlung. Die Titelerzählung besteht aus 31 nummerierten Kürzestkapiteln mit Erinnerungsfetzen, Telefongesprächen usw.

1

Du hast mir den Siegelring von deinem Nazigroßvater mit der Bitte in die Hand gedrückt, ihn ins Meer zu werfen. Oder in irgendein Wasser. Weil du es nicht konntest. Da hab ich gesagt: *Das mach ich nicht, ist ja nicht mein Arschlochverwandter, ich hab selber Leichen im Keller, der is voll, da passen deine nicht auch noch mit rein.*
Hab den Ring in meine Gruselkiste zur Plastikspinne und anderen Schlimmigkeiten gelegt und ihn für dich aufbewahrt. Da liegt er heute noch. Ist noch ein zweiter dazugekommen.

2

Obwohl wir Namen haben, sogar ganz normale, also keine ultradoofen wie Babsi oder Horst oder so, benutzen wir sie miteinander nicht. Wir haben Kosedinger. Du sagst *Krassiwaja*. Ich *Libero*. Libero, weil ich dich frei denke. Und nicht an Fußball und irgendwelche Verteidigungen, wie du immer behauptest. Ich denke dich italienisch, obwohl du halber Rumäne bist. Italienisch und frei, als Partisane im Gebirge oder so was. Wir brechen manchmal auf dem Grat ein Brot und Käse, ohne das Messer zu benutzen, und schmeißen uns vor den Wolken in Deckung. Hinter uns explodiert's. Die kriegen uns nicht. In tausend Jahren nicht. Krassiwaja, wegen, keine Ahnung warum. Weil ich den Kopf im Weltraum hab und die Füße nur gerade eben noch am Boden. Mein Blick immer schwerelos. Ich wollte Kosmonautin werden und kenne mich mit Fallschirmen aus, da meine Flügel irgendwann unterwegs mal abgebrochen sind. Ich muss damals so zwischen elf und zwölf gewesen sein.

[...]

4

Wir bombardieren mit Boulekugeln jeden Freitag im Sommer zwischen siebzehn und zwanzig Uhr dreißig den Park.

[...]

6

Zigeunerjunge, sagte dein siegelringloser Großvater und meinte dich damit. Wir häkeln die schönsten Heldengirlanden um das Foto von deinem Vater, über den keiner spricht. Wir denken uns aus, dass er zur See fährt, seitdem er deine Mutter verlassen hat. Und sich nicht, wie sie behauptet, im Wald an einen Baum gehängt hat. *Ein Grab, ein Grab, was ist schon ein Grab. Ein Name auf einem Stein, mehr nicht.* Wir trinken auf sein Wohl und deine Wurzeln und schmeißen Gläser an die Wand, bis dein Mitbewohner brüllt, dass wir Arschlöcher sind. *Dreckshure*, sagte dein Naziopa zu seiner eigenen Tochter. Da hast du ausgeholt, gezielt, getroffen und am nächsten Tag das Dorf verlassen. Dafür habe ich dir im Nachhinein eine Ehrenurkunde gebastelt und einen Freischwimmer auf dein rotes T-Shirt gestickt.

7
Gleich am ersten Tag hatte ich dir gesagt, du sollst dich nicht in mich verlieben. Und als du's doch getan hast, hab ich dir eine Ohrfeige verpasst.
[...]

10
Wann heiratet ihr endlich?
Fragen die einen.
Warum seid ihr eigentlich kein Paar?
Fragen die anderen.
[...]

14
Wir streiten uns nur an unserer Streitmaschine, einer alten Olympia, und die Regeln gehen so:
Immer nur eine Person zur selben Zeit an der Tastatur.
Es darf nur geschrieben und nicht gesprochen werden.
Immer nur ein Satz, dann ist wieder der andere dran.
Die Streitprotokolle werden in Ordnern abgeheftet, die mit Jahreszahlen versehen sind.
[...]

17
Halb erfroren standen wir auf der Brücke über den S-Bahn-Gleisen. Deine alte Anglerausrüstung in den Händen. Jeder eine Angel. Der Himmel war längst wieder abgekühlt vom großen Geballer, da haben wir Raketen in leere Flaschen gesteckt und unsere Anglersehnen an das hölzerne Ende der Flugkörper befestigt. *Commencing countdown, engines on*. Synchron hielten wir die Feuerzeuge an die Lunten. Rasch die Angeln in die Hände. Drei. Zwei. Eins. Fauchend sausten die Raketen, von Sehnen gebändigt, mühsam in den Himmel und explodierten. Wir haben Raketen geangelt. Das war letztes Silvester.

18
Die *Warum-ich-nicht-mit-Dir-zusammen-sein-kann* Top 10:

1. Du besitzt nur ein einziges Buch
2. Das Buch trägt den Titel „Excel für Dummies"
3. Du trinkst immer
4. Du riechst nach meinem Vater
5. Du hast keine Ziele
6. Alle deine Socken haben Löcher
7. Immer lässt du Verschlüsse offen
8. Du gehst nicht wählen
9. Deine Küsse schmecken nach Asche
10. Du wirst mich verlassen

19
Gestern hat deine Mutter angerufen. Aus dem Krankenhaus. Mit deinem Handy. Ich dachte, du seiest es und habe mich mit *Wo bleibst du denn, Idiot?* gemeldet, woraufhin deine Mutter anfing zu weinen.
Sie sagte, sie habe einen Brief für mich und dass du im Krankenhaus seist mit ausgepumptem Magen, auf der Intensivstation, und dass dein Mitbewohner dich gefunden habe. Da wusste ich, warum du am Morgen nicht zum verabredeten Treffpunkt gekommen warst, und bin hin zu dir.

20
Tausend Schläuche in deinem Körper. Monitore. Piepen. Hydraulisches. Du im Koma. Der Dienst habende Chefarzt hat mir gesagt, dass du dich mit Tabletten vergiftet habest. Deine Atmung habe ausgesetzt, dein Gehirn sei mehrere Minuten ohne Sauerstoff gewesen, weshalb du jetzt im Koma liegen, künstlich beatmet und künstlich ernährt werden würdest. Ob du je wieder normal werden würdest, sei die Frage. Die Wahrscheinlichkeit gering. Er gab mir folgende Aufgaben:

– Sprechen Sie in ruhigem vertrautem Tonfall mit ihm.
– Erzählen Sie schöne Dinge.
– Muntern Sie ihn auf.
– Berühren Sie sanft seine Haut.
– Erwähnen Sie vertraute Namen und Situationen.

Das soll bewirken, so der Chefarzt, dass du dich für das Leben entscheidest und vielleicht zurückkehrst, wenn auch nicht so wie früher, aber es könnte durchaus sein, dass du nach intensiver Reha, wenn auch mit geistiger Behinderung und im Rollstuhl, doch noch einige schöne Jahre erleben könntest.

Ich habe deine Hand und deinen Arm gestreichelt. An den Stellen, wo ich an die Haut rankam, zwischen den Kanülen und Verbänden. Ich habe dir Erinnerungen aufgetischt, mit ruhigem Tonfall, ich habe dir vorgesungen, dir ein Märchen erfunden und dich dann etwa eine Stunde lang beschimpft. Den ungelesenen Brief habe ich mit nach Hause genommen.

21

Dein Abschiedsbrief:
Krassiwaja,
es tut mir leid.
Libero.

22

Du feiges Arschloch.
Es reicht jetzt.

23

Heute ist Freitag.
Wer bombardiert mit mir heute den Park?
Und nächste Woche?
Und danach?
Ich kenne mittlerweile die Namen aller Schwestern.

24

Ich weiß jetzt, was ein Puppenkopf-Phänomen ist. Und wo ein Stammhirn liegt. Du bist nicht zurückgekehrt. Deine Mutter wollte ein Grab in der Nähe. Ich habe gesagt: *Seebestattung, der gehört ins Meer!*, und ihr wars dann egal. Dein Herz hat man verpflanzt, weil du so einen Ausweis hattest. Den Gedanken ertrag ich kaum: Dass da jetzt einer rumläuft mit einem Liberoherzen.

25

Die Seebestattung war fürn Po. Gemeinsam hätten wir uns schlapp gelacht über deine kotzende Mutter und den leiernden Pastor an Bord. Aber ich stand alleine da und dachte, wie banal alles ist. Mir war elend, weil ich meinte, irgendetwas Feierliches müsste geschehen. *Plumps* machte die Urne und mein Mund wurde schief.
Fühle mich amputiert. Könntest du nicht sein wie Jesus und wieder auferstehen? An einem Freitag, ja, ich fänd das nur anständig.

26

Zeit ist ein Kaugummi, aus dem der Geschmack entwichen ist.
[...]

29

Ich gehe jeden Tag am Meer spazieren. Man kann Dänemark sehen. Manchmal fahre ich mit der Vespa rüber, kaufe salzige Lakritze und esse einen Hot Dog mit einer pinkfarbenen Wurst innen drin. Du würdest *Røde Pølser* lieben. An deinem Todestag habe ich nachts ein Licht aufs Wasser gesetzt und das Meer angebrüllt.
[...]

31

Ich sitze an der Streitmaschine und breche alle Regeln.

1 Was macht Köhlers Text inhaltlich und formal besonders? Formulieren Sie erste Eindrücke.

2 Beschreiben Sie das Lebensgefühl der beiden jugendlichen Protagonisten, bevor Libero Suizid begeht. Was verbindet die beiden?

3 **a** Erklären Sie Liberos familiären Hintergrund.

b Erläutern Sie die Auflehnungs- und Abgrenzungsversuche der Protagonisten gegenüber ihrem Umfeld. Berücksichtigen Sie dabei die sprachlichen Bilder aus dem Bereich des Partisanenkriegs.

4 Analysieren Sie ausgehend vom letzten Satz die Erzählstrategie und Textstruktur unter Rückgriff auf geeignete Textstellen. Nehmen Sie dabei auch deren Wirkung mit in den Blick.

Nadja Einzmann: **An manchen Tagen** (2001)

Der Erzähltext „An manchen Tagen" erschien im Sammelband „Da kann ich nicht nein sagen. Geschichten von der Liebe". Rezensenten merkten an, dass viele der Texte weniger Geschichten seien als vielmehr Momentaufnahmen.

An manchen Tagen warte ich, dass etwas passiert. Auf einen Anruf; dass das Haus einstürzt; oder der Arzt mir sagt, dass ich nur noch wenige Wochen zu leben habe. Ich sitze im Bett und warte, und meine Mutter klopft an die Türe. Zu berichten hat sie nichts. Sei so gut, sagt sie, bring den Müll hinunter, oder: Wie wäre es mit einem Spaziergang, es ist ein wunderbarer Tag, sonnig, und die Spatzen pfeifen es von allen Dächern. Nein, rufe ich ihr zu, durch die geschlossene Tür, mir ist nicht danach, mir ist nicht nach Welt. Und ich sitze im Bett, der Himmel schaut blau durch mein Fenster oder umwölkt sich, oder ein Gewitter zieht auf. Mein Bett ist mein Schiff, mein Bett ist mein Floß, ich treibe dahin, Haie und andere Meerestiere unter mir und Sterne und Himmel über mir.

Was soll ich unternehmen mit dir, sagt meine Mutter, und stellt mir das Abendessen vor die Tür. Keines meiner Kinder, keines meiner Kinder, alle sind sie normal und gehen zur Arbeit, gehen morgens aus dem Haus und kehren abends zurück, nur du nicht. Was soll nur werden mit dir?

Es gab Zeiten, da ich anders war, solche Zeiten hat es gegeben. Ausgesprochen lebhaft war ich. Keine Aufgabe war sicher vor mir, und dann noch zum bloßen Zeitvertreib zeichnete ich und voltigierte[1] und focht und tanzte die Nächte durch. Meine Geschwister sahen müde aus, wenn sie von der Arbeit kamen. Sie hatten sich das Weiß in ihren Augen blutig gesehen über den Tag, und auch ihre Hände waren wund und schmerzten. Mir sah man keine Mühen an. Nie. Ich schwebte über den Boden, wo andere gingen, und dass ich mich bückte, kam nur sehr selten vor. Ja, es hat Zeiten gegeben, da ich anders war, und ich trauere ihnen nicht nach. Packt eure Herzen in Alufolie, dass sie geschützt sind, wenn ihr aus dem Haus geht, und reicht sie nicht frei herum!

Es hat Zeiten gegeben, da ich anders war, und meine Mutter trauert ihnen nach. Kind, sagt sie, willst du nicht aufstehen, dass dein Vater mit dir fischen gehen kann und deine Geschwister dir berichten von ihrem Tag? Nein, sage ich, mir ist nicht nach Welt. In meinem Bett sitze ich, das mein Floß ist, und der Seegang ist hoch. Salziger Wind fährt mir durchs Haar und die Wellen überschlagen sich.

1 **Voltigieren** (frz. *volte:* Bogenschlag, Bogensprung): Sportart, bei der am Pferd geturnt wird, das im Kreis läuft

1 Geben Sie die Stimmung der Hauptfigur wieder.

2 Erläutern Sie unter Bezugnahme auf den Text, warum die Hauptfigur sich zurückgezogen haben könnte.

3 Analysieren und interpretieren Sie den Text. Gehen Sie besonders auf die folgenden Sprachbilder ein:
- das Bett als Schiff/Floß,
- der Wind und die Wellen,
- die „Herzen in Alufolie" (Z. 39).

4 Entwerfen Sie Möglichkeiten, wie die Hauptfigur ihre Lage ändern könnte.

5 Prüfen Sie, ob es sich bei dem Text um eine Kurzgeschichte im klassischen Sinne handelt (► Information, S. 265).

6 Diskutieren Sie: Lässt sich das Verhalten der Hauptfigur besser mit „Anpassung" oder mit „Auflehnung" beschreiben?

Marina Keegan: **Winterferien** (2015) – Auszug

Die Amerikanerin Marina Keegan wollte schon früh Schriftstellerin werden. Sie arbeitete für die „Yale Daily News", machte ein Praktikum in der Literaturredaktion des „New Yorker", schrieb Essays und Kurzgeschichten. Wenige Tage nach ihrem Studienabschluss starb sie 22-jährig durch einen Autounfall. Ihre Eltern veröffentlichten 2014 posthum den Band „Das Gegenteil von Einsamkeit", der ein Bestseller in der Liste der New York Times wurde.

Die Studentin Addie besucht über Weihnachten und Silvester ihre Familie und ihren Freund Sam, der in ihrer Heimatstadt wohnt. Addies Eltern führen nach außen hin ein normales Leben, haben sich jedoch nicht mehr viel zu sagen. Daher zieht sich die Mutter in sportliche Aktivitäten und den Haushalt zurück, während der Vater zunehmend trinkt und der kleine Bruder bis spät nachts am Computer spielt.

Sams Onkel gab jedes Jahr eine Silvesterparty in Kanada, und in einem Anflug von romantischer Förmlichkeit schlug Sam vor, dass wir uns fein machen und hinfahren sollten, statt uns bei irgendwem im Keller zu betrinken. Er zeigte mir Bilder vom Vorjahr, während wir darauf warteten, dass unsere Instant-Cookies im Herd buken. Alle trugen Anzüge und tranken Champagner, und Sam meinte, dass am nächsten Tag vielleicht alle Ski fahren würden. Ich beschloss, einen Teil meines Geldes, das ich mir durch einen Studentenjob verdient hatte, für ein Kleid auszugeben, und ging noch mal in ein Geschäft, das ich in der Hammond Bay Galleria gesehen hatte. Ich stand allein vor dem dreiteiligen Spiegel und konnte mich nicht zwischen einem grünem und zwei schwarzen entscheiden. Also richtete ich die drei Spiegelteile aus, fotografierte jedes Kleid mit meinem Handy und schickte es meiner Mutter per SMS. Ich musste zweimal anrufen, um ihr zu erklären, wie sie das Bild öffnen musste, aber letztlich fand sie, dass meine Beine in dem grünen gut zur Geltung kommen würden, und so entschied ich mich dafür.

An dem Tag, als Sam und ich aufbrechen wollten, war sie wieder unten beim Sockensortieren. Ich hatte mein grünes Kleid angezogen, um es ihr vorzuführen.

„Was meinst du?", fragte ich und drehte mich im Kreis.

„Du siehst schön aus", sagte sie. „Er lässt es dir bestimmt nicht lange an."

„Mom, also wirklich!" Ich lachte und drehte mich um. „Kannst du den Reißverschluss aufmachen?"

Sie öffnete den Reißverschluss, und ich ging wieder nach oben, um es einzupacken, dann kehrte ich in einer Jeans und einem grauen Pullover zurück.

„Ihr fahrt also heute Abend?"

„Heute Nachmittag, ja." Ich griff in den Wäschekorb und suchte nach einer Socke mit zwei schwarzen Streifen.

„Keine Angst, ich fahre."

„Okay."

„Und was machst du?"

„Wahrscheinlich nichts." Sie lächelte. „Irgendwie mag ich Silvester nicht, meistens ist es nur eine Ausrede, um zu trinken."

„Stimmt." Wir schwiegen eine Weile, beide in das Sortieren von Socken vertieft. „Du weißt hoffentlich, dass dein Vater nicht immer so viel getrunken hat." Sie schaute mich unverwandt an, ich musste ihren Blick erwidern.

„Ja", sagte ich. „Aber eigentlich war es gar nicht so schlimm, seit ich hier bin. Ich seh ihn manchmal, wenn du schon schläfst."

„Nett von dir, dass du das sagst", meinte sie, nunmehr nicht mehr lächelnd. „Ich weiß nicht, Addie." Sie stieß einen Seufzer aus. „Ich weiß einfach nicht." Ich hasste diese Art von Gesprächen und hasste mich dafür, dass es so war. Ich überlegte kurz, wem meine Mutter sich sonst anvertrauen könnte, aber ich wusste nicht genau, wie nah ihr die Frauen in ihrer Lesegruppe standen. „Ich weiß nicht, ob ich das noch lange aushalte." Sie senkte wieder den Blick.

„Ja."

„Seit du hier bist, bin ich ins Grübeln gekommen, und du wirkst so ..."

„Ich wollte nicht ..." Aber auch ich ließ den Satz in der Luft hängen. Ich war mir nicht sicher, ob der Unterschied so groß war.

Sie hielt inne. „Jetzt, wo ihr alle groß seid, zweifle ich immer mehr, ob es noch einen Sinn hat."

„Ich weiß nicht." Es war eine dumme Antwort, und ich überlegte, ob ich sie trösten sollte.

Ihre Stimme klang nicht traurig, nur genauso erschöpft, wie ich sie vom Auto aus gesehen hatte. Mein Handy vibrierte, und ich klappte es auf. Es war Sam.

„Du kannst rangehen, wenn du möchtest", sagte meine Mutter mit gesenktem Blick.

„Oh, nein, schon gut, es ist kein Anruf."

„Eine SMS?" Sie war stolz, dass sie den Ausdruck kannte.

„Ja."

Einen Moment lang blieb sie stumm. „Und was steht da?" Ich drückte Öffnen und wartete kurz. Es war ein Herz, gefolgt von „Ich denk an dich." Ich konnte sie ihr nicht zeigen.

„Sie ist von Sarah", sagte ich. „Sie will wissen, was ich heute Abend mache." Sie sah mich wieder an.

„Sie ist nicht von Sarah, Addie. Sie ist von Sam."

„Nein, von Sarah, ehrlich. Sie schreibt: ‚Hey, was hast du später vor?'"

Sie lächelte kurz, aber ihr Blick blieb ernst. „Wann fahrt ihr?" Ihr Tonfall war anders. Aufgekratzt, gut gelaunt. Ich sah auf die Uhr. Es war 13.40 Uhr, Sam wollte mich um zwei abholen.

„Du weißt, Mom, ich muss nicht –" Aber sie fiel mir ins Wort. „Addie, komm schon." Sie zog ihr Haar hinten zu einem Knoten zusammen. „Noch drei Paare, dann entlasse ich dich." Also legte ich noch drei Paare zusammen.

Auf der Fahrt rauchten Sam und ich zwei Joints und hörten seichte Playlists, die mit Kombinationen unserer Namen betitelt waren. Ungefähr fünf Kilometer vor Kanada parkten wir auf einem Feld und lüfteten sicherheitshalber das verqualmte Auto, saßen auf der Haube und hielten Händchen. Die Luft war klar, und der Himmel wollte sich an diesem letzten Tag im Jahr offenbar von seiner blauesten Seite zeigen. Wir konnten die Berge sehen und stiegen erst wieder ein, als die Sonne sich gen Westen neigte.

Ich schickte Sam aus dem Zimmer, bevor ich das grüne Kleid anzog, denn ich wollte ihn damit überraschen. Meine Beine sahen darin wirklich gut aus, und ich musste es ausziehen und vor dem Dinner wieder anziehen. Sam lächelte mir zu, während wir Tanten und alte Highschool-Freunde trafen, und unsere Blicke wechselten währenddessen Tausende von Insiderwitzen. Der Abend war ein Wirbel aus Champagner und albernen Hüten und Erklärungen, warum und wo ich studierte. Kurz vor Mitternacht versammelten sich alle in einem Raum mit Kamin und zählten im traditionellen Sprechchor bis null. Sam legte einen Arm um meine Taille, und ich roch den Alkohol, das Parfüm und das Feuer. Ich blickte auf die Finger hinab, die meine drückten, und etwas am Lärm oder seinem Lächeln machte mir schlagartig bewusst, was unser Händchenhalten angerichtet hatte. Was sie mir hatte sagen wollen, bevor ich in sein Auto stieg. Ich versuchte, mich auf die Lichter zu konzentrieren und auf die kreischenden Gesichter der mir unbekannten Leute. Doch in diesen letzten Sekunden wanderten meine Gedanken zu meinem Vater, der vermutlich allein und betrunken in der Küche saß und den Countdown im Fernsehen verfolgte; zu meinem Bruder, der aus den Tiefen seines Zimmers Zaubersprüche abschoss, sein kleines Gesicht grün im Licht des Computers; und zu meiner Mutter, die mit einer Taschenlampe und meinem Cockerspaniel auf der Straße durch die verschneite Dunkelheit stapfte, während der Zeiger auf die Zwölf glitt.

1 Beschreiben Sie die Protagonistin Addie und ihre Mutter und das Verhältnis der beiden zueinander.

2 Analysieren Sie das Gespräch zwischen Mutter und Tochter (▶ Information, S. 163). Beachten Sie vor allem, was unausgesprochen bleibt.
- *„Du weißt hoffentlich, dass dein Vater nicht immer so viel getrunken hat" (Z. 52 ff.): Mutter spricht ein ihr wichtiges Thema an (Alkoholsucht …)*
- *„ich musste ihren Blick erwidern" (Z. 55): Tochter ist das Thema unangenehm, doch sie kann …*

3 „Doch in diesen letzten Sekunden wanderten meine Gedanken zu …" (Z. 144 ff.) – Ergänzen Sie die Gefühle Addies, die sie beim Gedanken an ihre Familienmitglieder haben könnte.

4 Tauschen Sie sich in Ihrem Kurs über die Protagonisten aus, die Sie bisher in diesem Kapitel kennen gelernt haben. Begründen Sie Ihre jeweilige eigene Einschätzung.
- Wen finden Sie sympathisch, wen finden Sie unsympathisch?
- Wen können Sie gut verstehen, wer bleibt Ihnen eher fremd?
- Wer weist zu Ihnen die größte Nähe oder die größte Distanz auf?

Information **Jugendliche Protagonistinnen/Protagonisten und Hauptfiguren**

Jugendliche oder junge Erwachsene sind häufig die Protagonisten in Romanen, Erzählungen und Dramen, nicht nur in der Jugendliteratur, die explizit eine junge Leserschaft anspricht.

- Das Genre des **Bildungs- und Entwicklungsromans** befasst sich mit der psychologischen, sozialen und moralischen Entwicklung eines Menschen von der Jugend bis zum Erwachsensein.
- Jugendliche Protagonisten haben zu vielem noch **keine vorgefertigte / feste Meinung,** sondern **hinterfragen** vorgefundene Zustände oft kritisch. Die Leser begleiten die jugendlichen Protagonisten beim Hinterfragen und beim Herausbilden von Ansichten und Einstellungen.
- **Typische Themen** sind die Auflehnung gegen überkommene Regeln, Wertmaßstäbe und gesellschaftliche Konventionen und Konflikte mit der Gesellschaft. Über ihre Protagonisten üben Schriftsteller/innen oft **Kritik an gesellschaftlichen Verhältnissen.** So werden z. B. junge Menschen durch ihre schwache Position Opfer der Umstände in der „Erwachsenenwelt".
- **Werke mit jugendlichen Protagonisten in der deutschen Literaturgeschichte:**
  - G. E. Lessing: „Emilia Galotti" („bürgerliches Trauerspiel", 1772),
  - J. W. Goethe: „Die Leiden des jungen Werthers" (Briefroman, 1774), „Wilhelm Meisters Lehrjahre" (Entwicklungsroman, 1795/96),
  - Hermann Hesse: „Unterm Rad" (Roman, 1906),
  - Irmgard Keun: „Das kunstseidene Mädchen" (Roman, 1932),
  - Thomas Mann: „Bekenntnisse des Hochstaplers Felix Krull" (Romanfragment, 1954),
  - Siegfried Lenz: „Die Deutschstunde" (Roman, 1968),
  - Uwe Johnson: „Ingrid Babendererde" (Roman, 1953),
  - Peter Weiss: „Abschied von den Eltern" (autobiografische Erzählung, 1961),
  - Ulrich Plenzdorf: „Die neuen Leiden des jungen W." (Montageroman, 1972),
  - Birgit Vanderbeke: „Das Muschelessen" (Erzählung, 1990),
  - Bernhard Schlink: „Der Vorleser" (Roman, 1995),
  - Benjamin Lebert: „Crazy" (Roman, 1999),
  - Wolfgang Herrndorf: „Tschick" (Roman, 2010),
  - Robert Seethaler: „Der Trafikant" (Roman, 2012).

5 Weiterführende Aufgabe: Stellen Sie einen der im Kasten genannten Protagonisten und das dazugehörige Werk in einem Kurzvortrag vor. Zeigen Sie dabei vor allem Parallelen und Unterschiede zu den von Ihnen bereits behandelten Werken auf.

5.2 Ferne und Fremdheit – Leben in verschiedenen Kulturen

1 **a** Sammeln Sie Ihre Assoziationen zum Begriff „Heimat“.
b Erläutern Sie, inwiefern die Begriffe Ihrer Vorstellung von Heimat nahekommen.

2 Nennen Sie mögliche Gründe, die Heimat zu verlassen.

Alev Tekinay: **Dazwischen** (2001)

Jeden Tag packe ich den Koffer
ein und dann wieder aus.

Morgens, wenn ich aufwache,
plane ich die Rückkehr,
aber bis Mittag gewöhne ich mich mehr
an Deutschland.

Ich ändere mich
und bleibe doch gleich
und weiß nicht mehr,
wer ich bin.

Jeden Tag ist das Heimweh
unwiderstehlicher,
aber die neue Heimat hält mich fest
Tag für Tag noch stärker.

Und jeden Tag fahre ich
zweitausend Kilometer
in einem imaginären Zug
hin und her,
unentschlossen zwischen
dem Kleiderschrank
und dem Koffer,
und dazwischen ist meine Welt.

Gino Chiellino: **Heimat** (1987)

Die Heimat
ist kein Stück Land
das
entwurzelt
hinter der Abfahrt
zurückbleibt.

Die Heimat
ist
ein Teil der Entscheidung
sie kommt mit.

In der Fremde
lebt sie mit ihm zusammen
weiter.

1 Wählen Sie eines der Gedichte aus. Bearbeiten Sie dementsprechend Aufgabe a (Alev Tekinay) oder b (Gino Chiellino).
a Erklären Sie den Grundkonflikt des lyrischen Ichs in „Dazwischen“. Beziehen Sie auch den Gedichttitel sowie das Bild des Koffers und des Kleiderschranks mit ein.
b Erklären Sie, was Heimat für das lyrische Ich bedeutet. Geht es um einen konkreten Ort oder um einen Sehnsuchtsort? Erklären Sie diesbezüglich auch die Pronomen „sie“ und „ihm“ in Vers 12.

2 Vergleichen Sie in Ihrem Kurs die Heimatbegriffe der beiden Gedichte. Wo sehen Sie Gemeinsamkeiten und Unterschiede?

3 Passt das Cover des Magazins der Bundeszentrale für politische Bildung zu den beiden Gedichten? Nehmen Sie Stellung.

Alina Bronsky: **Scherbenpark** (2008) – Romananfang

Alina Bronsky ist das Pseudonym einer russisch-deutschen Autorin, die als 12-Jährige nach Deutschland kam und später Journalistin und Buchautorin wurde. Den Roman „Scherbenpark" veröffentlichte sie im Alter von 30 Jahren.

1 **a** Betrachten Sie die Bilder aus dem Kinotrailer zum Film „Scherbenpark". Formulieren Sie, auch mit Blick auf den Titel, eine erste Leseerwartung: Worum könnte es im gleichnamigen Roman gehen?
b Lesen Sie den Romananfang. Formulieren Sie erste Eindrücke zur Erzählerin, zu ihren Freunden und zu ihrem Umfeld – was erfahren Sie über Sascha?

Manchmal denke ich, ich bin die Einzige in unserem Viertel, die noch vernünftige Träume hat. Ich habe zwei, und für keinen brauche ich mich zu schämen. Ich will Vadim töten. Und ich will ein Buch über meine Mutter schreiben. Ich habe auch schon einen Titel: „Die Geschichte einer hirnlosen rothaarigen Frau, die noch leben würde, wenn sie auf ihre kluge älteste Tochter gehört hätte." Vielleicht ist das nur ein Untertitel. Ich habe Zeit, es mir genau zu überlegen, denn ich habe noch nicht angefangen zu schreiben.

Die meisten Leute, die in unserem Viertel leben, haben gar keine Träume. Ich habe extra gefragt. Und die Träume der wenigen, die welche haben, sind so kläglich, dass ich an deren Stelle lieber gar keine hätte.

Annas Traum zum Beispiel ist, reich zu heiraten. Er soll Richter sein und Mitte dreißig und, wenn es geht, nicht ganz so hässlich.

Anna ist siebzehn, genau wie ich, und sie sagt, sie würde so einen sofort heiraten, wenn er käme. Dann könnte sie endlich aus dem Solitär aus- und in das Penthouse des Richters einziehen. Keiner außer mir weiß, dass Anna manchmal mit der Straßenbahn in die Innenstadt fährt und dreizehn Runden um das Landgericht dreht, in der Erwartung, dass der Richter endlich rauskommt, sie entdeckt, ihr eine rote Rose schenkt, sie erst zum Eis und dann in seine Penthouse-Wohnung einlädt.

Sie sagt, man muss für sein Glück kämpfen, sonst zieht es an einem vorbei.

„Weißt du denn, was Solitär eigentlich heißt, du dumme Kuh?", frage ich. „Das ist ein besonders edler Diamant, der einzeln in der Krone sitzt. Das muss dir doch gefallen. Du wirst nie wieder in einem Solitär wohnen, wenn du hier ausziehst."

„Das hast du dir gerade ausgedacht. Sie hätten nie im Leben diesen Betonklotz nach einem Diamanten benannt", sagt Anna. „Und überhaupt, wenn man zu viel weiß, wird man schnell alt und runzlig.“ Das ist ein russisches Sprichwort. Da Annas Richter auf sich warten lässt, schläft sie gerade mit Valentin, der auch so einen Traum der Kategorie C hat. Er will einen nagelneuen schneeweißen Mercedes. Vorher muss er seinen Führerschein machen, deswegen trägt er vor der Schule Anzeigenblättchen aus. Da das damit verdiente Geld viel zu langsam zusammen- und viel zu mickrig daherkommt, geht Valentin zweimal die Woche zu einem älteren Ehepaar putzen. Das Ehepaar wohnt am anderen Ende der Stadt, und die Putzstelle hat dem Valentin seine Mutter vermittelt, die bei deren Nachbarn sauber macht. Keiner darf wissen, dass Valentin putzen geht, sonst machen ihn die Jungs fertig, und Anna macht Schluss.

Valentin hat meistens einen Gesichtsausdruck, als hätte ihm jemand einen Kaktus in die Hose gesteckt. Ich denke, das kommt daher, dass er weiß: Selbst wenn er irgendwann genug Kohle für einen Führerschein beisammen hat, für einen weißen Mercedes muss er zwei Leben lang putzen gehen. Im dritten Leben kann er dann vielleicht einsteigen.

Peter der Große dagegen träumt von einer echten Blondine mit dunklen Augen. Er war vorher mit Anna zusammen, sie hat braune Augen, ist aber nicht echt – jedenfalls nicht als Blondine. Jetzt hat er eine andere, aus seiner Klasse. Das ist für ihn aber unpraktischer, weil sie in der Innenstadt wohnt und nicht im Solitär. Er flucht seitdem, dass er sein halbes Leben in der Straßenbahn verbringt. Dort hält er nach weiteren Blondinen Ausschau.

An mir war er noch nie interessiert – mein Haar ist zu dunkel.

Ich heiße Sascha Naimann. Ich bin kein Kerl, auch wenn das hierzulande jeder denkt, der meinen Namen hört. Ich habe aufgehört zu zählen, wie oft ich das den Leuten schon erklärt habe. Sascha ist die Kurzform von Alexander UND von Alexandra. Ich bin Alexandra. Mein Rufname ist Sascha, so hat mich meine Mutter immer genannt, so will ich auch heißen. Wenn ich mit Alexandra angesprochen werde, reagiere ich nicht. Das kam früher öfter vor, als ich in der Schule neu war. Jetzt passiert es eigentlich nur noch, wenn ein neuer Lehrer kommt. Manchmal denke ich, dass ich nie wieder neue Menschen kennen lernen will, weil ich es satt habe, jedem das Gleiche von vorn zu erklären. Warum ich Sascha heiße und wie lange ich schon in Deutschland lebe und warum ich so gut Deutsch kann, ungefähr elfmal besser als alle anderen Russlanddeutschen zusammen.

Ich kann Deutsch, weil mein Kopf voll ist mit grauer Substanz, die wie eine Walnuss aussieht und makroskopisch viele Windungen hat, mikroskopisch dagegen eine stolze Menge Synapsen. Ich habe vielleicht ein paar Millionen Synapsen mehr als Anna, bestimmt sogar. Außer Deutsch kann ich auch Physik, Chemie, Englisch, Französisch und Latein. Wenn ich mal eine Zwei kriege, kommt der Lehrer zu mir und entschuldigt sich.

Besonders gut kann ich Mathe. Als wir vor sieben Jahren nach Deutschland kamen, war es das einzige Fach, das ich in der fünften Klasse auf Anhieb konnte. Genau genommen hätte ich auch die Aufgaben der achten Klasse lösen können. In Russland war ich auf einem mathematischen Lyzeum.

In Deutschland konnte ich am Anfang zwar kein Deutsch, aber die Zahlen natürlich trotzdem. Ich habe die Gleichungen als Erste gelöst, und immer richtig. Ich war die Einzige in der Klasse, die mit den Worten Algebra und Geometrie etwas anfangen konnte. Meine Mitschüler haben beides für Krankheiten gehalten.

[...]

Ich bin die Einzige aus unseren Viertel, die auf die Alfred-Delp-Schule geht. Das ist ein privates katholisches Gymnasium, und ich weiß bis heute nicht, warum die mich damals genommen haben – noch weitgehend sprachlos, nicht getauft, im pinkfarbenen Pullover Marke Oma, als noch kein Mensch pinkfarbene Pullover trug. An der Hand einer Mutter, die eben nur ihr blumiges Englisch mit einem furchtbaren Akzent sprach, dafür sehr laut, und ihre flammend roten Haare offen trug. Und in der Hand ein Liter Milch in der Aldi-Plastiktüte.

Außer meiner Mutter hatten noch Hunderte

deutschkatholische Architekten, Ärzte und Anwälte ihre Kinder angemeldet. Alles Leute, auf deren Stirn mit großen Buchstaben „Spende gern und großzügig“ geschrieben stand.

[...]

Ich denke inzwischen, die an der Schule haben mich genommen, um ein bisschen Integration zu proben. Viele Ärzte, Anwälte und Architekten haben nämlich für ihre Kinder Absagen bekommen. Am Ende gab es vier proppevolle fünfte Klassen, und in meiner 5c war ich die Einzige „mit Migrationshintergrund“. In der 5a gab es einen Jungen, dessen Vater Amerikaner war, und in der 5b einen mit einer französischen Mutter. In der ganzen Schule habe ich keinen einzigen Schwarzen gesehen und auch niemanden, der annähernd arabisch aussah. Meine Klasse hatte es also mit mir am heftigsten erwischt.

Meine Mitschüler haben mich am ersten Tag angestarrt, als wäre ich aus einem Ufo geklettert.

1 Erklären Sie, was „Heimat“ für die Ich-Erzählerin bedeuten könnte.

2 Diskutieren Sie, inwiefern die Heimatbegriffe in den Texten auf den Seiten 285–288 vergleichbar sind und in welchen Aspekten sie sich unterscheiden.

3 Vergleichen Sie die Träume der Figuren miteinander. Formulieren Sie anschließend Fragen an den Text „Scherbenpark“.

4 Charakterisieren Sie die Protagonistin. Berücksichtigen Sie Informationen, die die Ich-Erzählerin Sascha direkt (Name, Äußerlichkeiten, Alter usw.) und indirekt (Wortwahl, rhetorische Mittel, Themen, Standpunkt, Kommentare usw.) vermittelt. Nutzen Sie hierzu den Methodenkasten.

Methode Eine literarische Figur charakterisieren

Die **Charakterisierung** dient dem besseren Verständnis einer literarischen Figur. Zu berücksichtigen sind folgende Aspekte:

- **Äußeres und Situation** (Aussehen, Bildung, wirtschaftliches Umfeld ...),
- **Interaktion** mit anderen Figuren (Freunde, Familie ...),
- **Charakterzüge** (Einstellungen, Werte, Umgang mit Konflikten ...),
- **Sprache** (Jargon, Dialekt, Bildungssprache, Eloquenz, Vokabular, Äußerung von Flüchen ...),
- **Ursachen** (Wie kam es laut Text zu einem Charakterzug, zu einer Einstellung einer anderen Figur gegenüber, ...)? und **Wirkungen** (Was folgt daraus für die Figur selbst oder für andere?),
- **Veränderungen bzw. Entwicklungen** der Figur im Handlungsverlauf.

Eine **direkte Charakterisierung** erfolgt, wenn andere Figuren, Erzähler/in oder Regieanweisungen etwas über eine Figur mitteilen. Von **indirekter Charakterisierung** spricht man, wenn man Charaktereigenschaften und Einstellungen erschließen kann anhand von Handlungen, Verhaltensweisen, Dialogen oder Gedankengängen einer Figur.

Alina Bronsky: **Scherbenpark** (2008) – Auszug

Meine Mutter sagte, ich sollte meine Schulfreunde doch mal zu uns nach Hause einladen. Das sagte sie, weil sie keine Ahnung hatte. Sie lud ständig Freunde ein. Ich aber war zwei Mal bei Mädchen aus meiner Klasse zu Hause gewesen, bei Melanie und bei Carla, und konnte mir eine Umkehrung der Situation bei bestem Willen nicht vorstellen.

Keine Ahnung, was mich damals mehr erschüttert hat: die Ordnung in Melanies Zimmer oder die nach Politur riechenden Möbel, von denen ich früher gedacht hatte, dass sie nur im Katalog oder in Annas Fantasien vorkommen, oder die Tatsache, dass im Wohnzimmer an einem ovalen Tisch zu Mittag gegessen wurde und nicht in der Küche, oder die Bettwäsche mit Pferden. Ich hatte nie zuvor bunte Bettwäsche gesehen. Bei uns gab es nur weiße oder hellblau gemusterte, auf jeden Fall uralt und verwaschen. Ich fragte mich, wie man auf und unter diesen Pferden einschlafen sollte, ohne Augenflimmern zu bekommen.

Melanies Mutter stammte übrigens aus Ungarn. Ich war sehr überrascht, denn erstens hatte Melanie das nie erwähnt, und zweitens sah das Mädel so bilderbuchmäßig deutsch aus wie kein anderes Mädchen in meiner Klasse. Eben so, wie man sich als Ausländer eine junge Deutsche vorstellt, vor allem wenn man das Inland noch nie betreten hat.

Sie hatte frisch geschnittenes und ordentlich gekämmtes blondes Haar bis zum Kinn, blaue Augen, rosige Wangen und eine gebügelte Jeansjacke, roch nach Seife und sprach mit piepsiger Stimme Sätze aus überwiegend zweisilbigen Wörtern, die wie Erbsen aus ihrem Mund heraushüpften. Wenn ich sie nicht leibhaftig erlebt hätte, würde ich bis heute nicht glauben, dass es so jemanden wirklich gibt. [...]

Danach sah ich unsere Wohnung mit anderen Augen. Ich stellte mir vor, wie die saubere Melanie in ihrer Jeansjacke mit mir im Aufzug fährt. Wie sie sich dabei genauso hektisch umsieht wie ihre Mutter. Wie ihr Seifenduft mit den Urindämpfen im Treppenhaus in einen aussichtslosen Kampf tritt – und verliert. Wie sie durch die Tür geht. Unsere Sperrmüll-Couch mit dem kleinen Tisch davor sieht, dessen drittes Bein abbricht, wenn man es schief anguckt. Die Bücher auf dem Boden. Den kleinen Fernseher und den Stapel Videokassetten davor. Schon damals hatte kein Mensch mehr Videokassetten! Den Schrank ohne Tür. Die Socken meines Stiefvaters auf der Heizung. Die Strumpfhose meines Bruders über dem Stuhl. Wir hatten fünf Stühle, und keiner war so wie der andere, denn alle kamen vom Sperrmüll.

1 **a** Stellen Sie dar, wie Sascha die Wohnung ihrer Freundin Melanie wahrnimmt.
b Erläutern Sie, wie Sascha den Besuch bei Melanie empfindet und inwiefern er ihre Wahrnehmung des eigenen Zuhauses verändert.

2 Sascha sagt über Melanie, sie sehe „so bilderbuchmäßig deutsch" (Z. 26) aus. Analysieren Sie diese Aussage inhaltlich und sprachlich.

3 Interpretieren Sie das Verhältnis von Sascha zu „ihren Leuten" und zu „den Deutschen".

4 Gestalten Sie einen Dialog zwischen Mutter und Tochter, als Erstere vorschlägt, Sascha solle eine Freundin nach Hause einladen. Beachten Sie dabei auch Saschas Wortwahl sowie ihre ganz persönliche Art, Dinge zu formulieren (▶ Information, S. 266).

5 Vergleichen Sie das Fremdheitsgefühl des lyrischen Ichs aus „Dazwischen" (▶ S. 285) mit der Deutschlanderfahrung der Ich-Erzählerin aus „Scherbenpark".

6 **Weiterführende Aufgabe:**
a Recherchieren Sie das Ende des Romans und schauen Sie sich den Film „Scherbenpark" an. Diskutieren Sie im Anschluss, inwiefern der veränderte Schluss auch den Blick auf Sascha verändert.
b Bewerten Sie das Filmende – gefällt es Ihnen besser als das Romanende? Begründen Sie Ihre Meinung.

7 **Weiterführende Aufgabe:**
Die Münchner Kulturwissenschaftlerin Simone Egger stellt fest, Heimat habe etwas mit Selbstverständlichkeit zu tun: „Wenn ich mich irgendwo zu Hause und wohl fühle, sind die Dinge selbstverständlich. Ich muss nicht immer alles neu erkunden, erforschen und hinterfragen und werde vielleicht nicht permanent in Frage gestellt [...]" – Inwiefern trifft dieses Konzept von Heimat auf die Gedichte, Bild- und Textmaterialien zu, die Sie in diesem Kapitel kennen gelernt haben?

5.3 Klausurtraining: Einen epischen Text interpretieren

Aufgabenbeispiel

1. Interpretieren Sie Jakob Heins Text „Nu werdense nich noch frech" im Hinblick auf die Haltung des Ich-Erzählers zur thematisierten offiziell gewünschten Sozialisation. Gehen Sie auch auf gestalterische Besonderheiten ein.
2. Vergleichen Sie auf der Basis Ihrer Ergebnisse das Verhalten des Ich-Erzählers aus Jakob Heins Text mit den Abgrenzungsversuchen des Protagonisten Kai Carlsen aus Ralf Rothmanns Roman „Stier".

Jakob Hein: **Nu werdense nich noch frech** (2001)

Jakob Hein (Jahrgang 1971) erzählt in seinem 2001 erschienenen Band „Mein erstes T-Shirt" in einzelnen Episoden Szenen seiner Kindheit und Jugend in der DDR.

In der fünften Klasse träumten wir von der ungeheuren Machtfülle eines Siebtklässlers. Doch nur zwei Jahre später mussten wir spüren, wie diese Macht in unseren Händen zur Unzulänglichkeit verging! Das Leben erschien wie ein aussichtsloses Rennen nach einem Platz voller Bedeutung, den immer nur andere hatten. Kräftige Fünftklässler boxten mir aus Spaß in den Bauch, und ich dachte daran, wie wir uns das damals nie getraut hätten. Trotz dieser scheinbaren Gleichförmigkeit bestand unser Leben aus offizieller Sicht jedoch aus lauter Fortschritt. Andauernd: „Heute beginnt für euch ein neuer Lebensabschnitt". Erste Klasse, Jungpioniere[1], dritte Klasse, Thälmannpioniere[2], fünfte Klasse, Jugendweihe[3], Freie Deutsche Jugend. Es hörte gar nicht auf.

Die Überreichung unseres Personalausweises wurde als festliches Ritual gestaltet, das uns als Teil des großen Ganzen DDR fühlen lassen sollte. Allerdings war das Problem, dass alte Leute darüber entschieden, wie dieses Ritual auszusehen hatte. Meines wurde als Diskothek im Kreiskulturhaus gestaltet. Es begann um drei Uhr. Alle Kinder aus meinem Stadtbezirk waren da, die in den letzten Wochen das 14. Lebensjahr vollendet hatten. Wir trafen uns hier zum ersten und zum letzten Mal. Erst hielt eine viereckige Polizistin eine Rede darüber, wie wir den Personalausweis zu behandeln hätten (gut), wann wir den Personalausweis mithaben sollten (nie) und wann wir bereit sein mussten, den Personalausweis vorzuzeigen (immer). Dann machte ein Komiker, der so schlecht war, dass er sich lieber als Kabarettist vorstellen ließ, ein paar faule Witze über den Personalausweis, alle harmlos, die wirklich bei niemandem außer der Polizistin irgendeine Regung hervorriefen. Die schaute wenigstens sauer, wenn der Komiker solche Dinge sagte wie: „Und denn könnta natürlich auch ne dufte Papiertaube aus'm Perso falten." Ich nehme an, er dachte, dass wir so sprechen. Dann ging die Disko los. Dazu wurde das Neonlicht abgeschaltet, und ein professioneller Diskotheker spielte DDR-Rocksongs, die wir vorher noch nie gehört hatten, da wir ja ausschließlich Westradio hörten. Es gab Kekse und Cola, und natürlich tanzte niemand. Jedes zweite Lied wurde die Musik unterbrochen, und die Polizistin rief einige Leute nach vorn, um ihnen den Ausweis auszuhändigen. Dann schüttelten

1 **Erste Klasse, [...] Freie Deutsche Jugend:** In der DDR gab es nach Alter gestufte Massenorganisationen für Kinder und Jugendliche, erkennbar anhand der unterschiedlichen Uniformen.
2 **Ernst Thälmann (1886–1944)** war bis zu seiner Verhaftung 1933 Vorsitzender der Kommunistischen Partei Deutschlands (KPD). Nach über elf Jahren Einzelhaft wurde er im KZ Buchenwald erschossen.
3 **Jugendweihe:** Die Tradition dieser Feier anlässlich des Übergangs zum Erwachsenenalter wurde in der DDR für ideologische Zwecke benutzt: Die Feier wurde zur Pflichtveranstaltung, als Konkurrenz zur Konfirmation und als Instrument zur Erziehung der Jugend. Wer nicht teilnahm, musste mit Nachteilen rechnen.

sie und der Kabarettist die Hand des Neubesitzers, und die Musik spielte wieder. Die nun einen Ausweis hatten, nahmen ihre Jacke und verließen auf schnellstem Weg das Kreiskulturhaus. Die Reihenfolge war alphabetisch, sodass ich relativ lange warten musste. Als ich meinen Personalausweis erhielt, war mir von der Kombination aus Cola und Keksen schon kotzübel. Nur anfangs war der Personalausweis dafür da, in Kinofilme mit nackten Frauenbrüsten zu kommen. Später diente er mir hauptsächlich als Kommunikationsmittel mit der Volkspolizei. Man bekam den Ausweis in einer schönen Plastikhülle überreicht, in die man die Bilder seiner Lieblingsband steckte. Bei jeder einzelnen Überprüfung musste ich die Bilder aus der Schutzhülle entfernen, steckte sie sorgsam in die Arschtasche meiner Hose und hinterher wieder in die Plastikhülle. Die ständigen Überprüfungen ohne jegliche konkrete Konsequenz ließen uns nach und nach den Respekt verlieren. Wer fürchtete sich schon vor einem riesengroßen Hund, der seine Zähne auf dem Nachttisch vergessen hatte. Andauernd wurden wir auf der Straße kontrolliert, bekamen ein Alexanderplatz-Verbot ausgesprochen oder wurden von der Transportpolizei auf einem Bahnhof so lange festgehalten, bis unser Zug zum Punkkonzert abgefahren war. Einmal wurde ich für zwölf Stunden in Polizeigewahrsam genommen, weil ich die Straße diagonal überquert hatte. Mehrere Male wurde ich von Polizisten in Diskussionen über mein „unsozialistisches Aussehen" verwickelt, das aus schwarz gefärbten Haaren und Schnürstiefeln bestand. Wenn ich dann aus der DDR-Verfassung zitierte, dass jeder aussehen darf, wie er will, es nicht auf das Aussehen ankommt, oder darauf hinwies, dass Margot Honecker, unsere Volksbildungsministerin und Frau des Staatsratsvorsitzenden, sogar blau gefärbte Haare hat, oder wenn ich die Genossen in sonstige Widersprüche verstrickte, kam der überzeugende Satz, den sie wohl in ihrer Ausbildung wieder und wieder geübt hatten: „Nu werdense nich noch frech!"

Shanty musste sich seine langen Haare bei einer Party abschneiden lassen, weil der Gastgeber mit ihm gewettet hatte: „Wenn du dreimal gegen diese Wand klopfst, kommt die Polizei." Shanty hätte einen Kasten Bier gewonnen, aber es war sinnlos, der Gastgeber kannte seine Nachbarn besser. Ansammlungen von mehr als drei Personen konnten als „Zusammenrottung" geahndet werden. Die offizielle Form der Festnahme hieß „Zuführung". Man konnte ohne Weiteres bis zu 24 Stunden lang auf irgendeiner Polizeistation „zur Feststellung eines Sachverhaltes" zugeführt sein. Meistens fuhren wir dann auf irgendein Polizeirevier und mussten uns dort ausziehen, damit unsere Sachen genau überprüft werden konnten. Alles Geschriebene wurde gründlich studiert und jede Kassette abgehört, während wir mehr oder weniger nackt danebenstanden. Einmal war ich gemeinsam mit Juri zugeführt worden, der leider zum Zeitpunkt der Festnahme sehr betrunken war. Die Zuführung ernüchterte ihn nicht wesentlich, und als wir in Unterwäsche vor den Polizisten standen, sprang er plötzlich durch das Zimmer, drehte das offizielle Bild von Erich Honecker um und rief: „14,80 Mark! Mehr ist Ihnen unser Parteivorsitzender nicht wert, Genossen?" Es wurde eine besonders lange Zuführung.

Die Aufgabenstellung verstehen

1 **a** Lesen Sie Aufgabe 1 (▶ S. 290) genau und besprechen Sie in Partnerarbeit, unter welchen beiden Aspekten der Text „Nu werdense nich noch frech" analysiert und interpretiert werden soll.

b Markieren Sie wichtige Textstellen auf einer Textkopie.

c Entwickeln Sie gemeinsam eine Struktur des Analyse-Hauptteils. Halten Sie Ihre Überlegungen in Stichpunkten fest. Besprechen Sie Ihre Ergebnisse anschließend im Kurs und beleuchten Sie Vor- und Nachteile der unterschiedlichen Analysestrukturen.

2 **a** Erläutern Sie, was die zweite, über das Material hinausgehende Aufgabe von Ihnen verlangt. Informieren Sie sich über den Operator „vergleichen" (▸ S. 225).
b Entwickeln Sie in Partnerarbeit Vergleichskriterien und halten Sie sie stichpunktartig fest.

Information **Analysieren und Interpretieren**

Die **Interpretation** (lat. *interpretatio*: erklären, auslegen, übersetzen) ist die **Deutung** eines literarischen Textes. Sie kann nur auf der Basis einer vorherigen **Analyse** (griech. *analysis*: auflösen, auseinandernehmen) stattfinden (▸ S. 220 ff.).

- Der **Operator „interpretieren"** für das Fach Deutsch fordert folgende Schritte:
  - ggf. eine Interpretationshypothese formulieren,
  - auf der Grundlage Ihrer Analyse des literarischen Textes sinnhaltige Elemente in ihrer funktionalen Bezogenheit aufeinander deuten,
  - Ihre Ergebnisse in einer Gesamtdeutung des Textteils oder Textes nachvollziehbar und unter Verwendung von Fachsprache darstellen.
- Die **Abituraufgabe Niedersachsen zu literarischen Texten** besteht zumeist aus zwei Teilaufgaben:
  - Die erste Aufgabe ist eine Interpretation. Sie erfordert, im Unterricht erworbene Analyse- und Interpretationskompetenzen auf einen neuen, unbekannten Text anzuwenden.
  - Die zweite Aufgabe fordert auf Basis dieser Interpretation einen **Vergleich** mit einem Unterrichtsgegenstand der vier Semester der Qualifikationsphase.

Erstes Textverständnis und Ideen formulieren

3 Fertigen Sie eine Kopie des Textes an, auf der Sie Markierungen vornehmen können.

4 **a** Lesen Sie den Text zügig und machen Sie sich anschließend Notizen, worum es darin geht.
– Ich-Erzähler kommt in seinen Jugendjahren in der DDR in Konflikt mit …
b Lesen Sie den Text ein weiteres Mal, diesmal mit Blick auf Ihre Analyseschwerpunkte (z. B. die Haltung des Ich-Erzählers, die offiziell gewünschte Sozialisation). Markieren Sie diese Aspekte mit unterschiedlichen Farben im Text.

5 Untersuchen Sie nun die gestalterischen Besonderheiten.
- Zu den erzählerischen Gestaltungsmitteln gehört die Erzählstrategie (Erzählverhalten, -haltung, -form, -perspektive, Darbietungsform ▸ S. 200 ff.).
- Zu den sprachlichen Gestaltungsmitteln gehören z. B. Wortwahl, Syntax (Parataxen, Hypotaxen), rhetorische Figuren (▸ S. 242 ff), Modus (▸ S. 104) und Stil (▸ S. 113).

Den Text analysieren und die Interpretation vorbereiten

6 Sichten Sie die farbig markierten Textstellen (▸ Aufg. 3). Formulieren Sie erste Textbausteine
a zur idealtypischen Sozialisation in der DDR:
Ich-Erzähler: aus „offizieller Sicht" (Z. 12) besteht Leben aus „lauter Fortschritt" (Z. 12 f.); dieser spiegelt sich in Jugendorganisationen …
b zur Haltung des Ich-Erzählers zur offiziell gewünschten Sozialisation:
– Abgrenzung von „offizieller Sicht" (Z. 12) und Fortschrittsgedanken,
– beschreibt Kindheit als durch „Gleichförmigkeit" (Z. 11) bestimmt; „aussichtsloses Rennen" (Z. 6),
– …

7 Untersuchen Sie – wie in der Aufgabenstellung verlangt – auch gestalterische, d.h. erzählerische und sprachliche Besonderheiten. Benennen Sie diese nicht nur, sondern erläutern Sie auch deren Wirkung mit Bezug auf den Inhalt.

- *Einsatz eines Ich-Erzählers: erleichtert Leser-Identifikation mit …*
- *inhaltliche Gegensätze („ungeheure Machtfülle eines Siebtklässlers", Z.2 ↔ „zur Unzulänglichkeit verging", Z.4f.) → verdeutlichen Kluft zwischen (Kinder-)Traum und …*
- *Wahrnehmung des Ich-Erzählers: schmucklose Aufzählungen (Jugendorganisationen) → …*
- *Ironie: „Trotz dieser scheinbaren Gleichförmigkeit […]" (Z.10f.)*

…

8 Notieren Sie aus dem Gedächtnis stichpunktartig Ihr Vorwissen zu Kai Carlsens Äußerem, seinem Lebensumfeld und seinen Vorlieben. Lesen Sie bei Bedarf noch einmal den Textauszug (▸ S.275f.).

- *Kai trifft nachts auf …*
- *sein Vater hat bestimmte Vorstellungen von …*
- *Kai fühlt sich …*
- *auffällig: die Dinge in Kai Carlsens „Kinderzimmer"…*

9 Stellen Sie die Abgrenzungsversuche des Ich-Erzählers aus Heins Text denen des Protagonisten aus Rothmanns Roman (▸ S.274ff.) in einer Tabelle gegenüber. Markieren Sie in der Tabelle Gemeinsamkeiten und Unterschiede.

Vergleichsaspekt	*Ich-Erzähler (bei Hein)*	*Ich-Erzähler Kai Carlsen (bei Rothmann)*
Situation	*Jugendlicher in der DDR*	*Jugendlicher …*
Äußerlichkeiten	*…*	*…*

Den Schreibplan erstellen und den Text schreiben

10 Ordnen Sie die erarbeiteten Aspekte in Stichpunkten einer Gliederung für Aufgabe 1 und 2 zu. Beispiel:

Aufgabe 1	*Aufgabe 2*
Einleitung – *Autor: Jakob Hein* – *Titel, Untertitel: …* – *Erscheinungsjahr: …* – *Textsorte: …* – *Thema: …* – *Deutungsthese: Heins Kurzgeschichte ist Zeugnis für den Versuch einer gleichmacherischen Erziehung mit dem Ziel …* ***Hauptteil*** – *kurze Textzusammenfassung: …* – *Analyseaspekte darstellen, erläutern, mit Zitaten und Belegen veranschaulichen: …* – *Gestaltungsmittel in Zusammenhang mit inhaltlichen Aspekten einbeziehen: …* ***Schluss*** *Deutungsthese im Fazit aufgreifen: …*	***Einleitung*** – *den zum Vergleich bestimmten Text vorstellen (s.o.), sofern Randdaten bekannt: …* – *Szene kurz zusammenfassen: …* – *geeignete Vergleichskriterien entwickeln: …* ***Hauptteil*** *Vergleiche anstellen anhand geeigneter Zitate aus vorliegendem Textmaterial: …* ***Schluss*** *Gemeinsamkeiten und Unterschiede beleuchten: …*

11 Schreiben Sie nun entlang Ihres Schreibplans die Analyse und Interpretation. Achten Sie darauf, dass Sie inhaltliche und gestalterische Aspekte miteinander verknüpfen, z. B.:

Einleitung

Jakob Heins Prosatext „Nu werdense nich noch frech" aus dem Jahr ..., der aus der Ich-Perspektive geschrieben ist, thematisiert die Erfahrungen des Erzählers ...

Hauptteil

Durch den Einsatz des ...-Erzählers wird die Leser-Identifikation mit ... und seiner kritischen Haltung ... gegenüber erleichtert ...

Sprachlich wird seine Wahrnehmung von Gleichförmigkeit unterstrichen durch die schmucklose Aufzählung der ... und die umgangssprachliche, gleichzeitig distanzierte adjektivische Einleitung: „Andauernd: ‚Heute beginnt ein neuer Lebensabschnitt'. Erste Klasse, Jungpioniere, dritte Klasse, Thälmannpioniere, fünfte Klasse [....]" (Z. 13 ff.) ...

Schluss

Die Analyse des vorliegenden Textes hat gezeigt, dass die Haltung des Erzählers zu sozialistischen Erziehungsidealen ...

Information **Ergebnisse belegen – Zitieren**

Ergebnisse müssen immer am Text belegt werden, damit sie nachvollziehbar sind.
Zitate sind wörtliche Übernahmen von Wörtern oder ganzen Sätzen aus dem Text. Dabei gelten folgende Regeln (► S. 606):

- Ein wörtliches Zitat wird immer durch **Anführungsstriche** ein- und ausgeleitet. Hinter dem Zitat wird in Klammern die **Fundstelle** aufgeführt: je nachdem Seitenzahl, ggf. Zeilennummer, bei Gedichten oder Dramentexten ggf. Versnummer, z. B.:
  „Totale Panik: Ich wusste, dass ich das nicht aushalten würde, und rannte zur Tür hinaus." (S. 45)
  Diese Reaktion zeigt deutlich den Mangel an Selbstbewusstsein.
- **Auslassungen:** Wird ein Zitat gekürzt, wird dies durch drei Punkte in eckigen Klammern [...] kenntlich gemacht, z. B.: *„Peter hasste den Hund, weil dieser bissig, aggressiv [...] und nicht zuletzt auch größer als er war." (Z. X)*
- Notwendige **Ergänzungen, Erklärungen** oder **grammatische Anpassungen** an einen eigenen Satz werden ebenfalls durch eckige Klammern kenntlich gemacht, z. B.:
  „Ängstlich wartete er [Peter] auf das bekannte Bellen." (Z. X)
  So können wir hier deutliche Zeichen eines „panische[n] Verhalten[s]" (Z. X) erkennen.

Den eigenen Text überarbeiten

12 Überarbeiten Sie Ihren Text in Partnerarbeit. Nehmen Sie die folgende Checkliste zu Hilfe:

Checkliste **Einen Prosatext interpretieren**

- Hat Ihr Aufsatz einen klaren **Aufbau,** der durch Absätze gekennzeichnet ist?
- Haben Sie sämtliche in den Aufgaben **genannten Aspekte** berücksichtigt?
- Sind Sie auf die **erzählerischen und sprachlichen Gestaltungsmittel** eingegangen?
- Zeigen Sie in Ihrem Text **Bezüge zwischen inhaltlicher und gestalterischer Ebene** auf? (Wie wird das Thema sprachlich gestaltet?)
- Sind genügend **Textzitate** zur Veranschaulichung eingefügt und Belege angeführt?
- Sehen Sie Ihren Text auf **Fehler** durch. **Tipp:** Lesen Sie auch einmal Satz für Satz von hinten.

6 Reflexion über Sprache und Sprachgebrauch – Tendenzen der deutschen Gegenwartssprache

1 **a** Betrachten Sie die drei Buchcover. Stellen Sie Vermutungen dazu an, mit welchen Phänomenen des Sprachwandels sich die Werke befassen.

b Tauschen Sie sich im Kurs darüber aus, was Sie bereits über diese Phänomene wissen. Nennen Sie passende Beispiele.

2 Tragen Sie weitere Beispiele für Sprachwandel zusammen und erläutern Sie diese.

– Veränderungen infolge neuer Medien (SMS- und Chat-Sprache), z.B. …
– Dialekte …, z.B. …
– politisch korrekter Sprachgebrauch, z.B. …

3 **a** Bei der Diskussion um Sprachentwicklung geht es häufig um die Frage, ob es sich dabei um – neutral bis positiv zu bewertenden – Sprachwandel oder um Sprachverfall handelt. Stellen Sie Vermutungen dazu an, wie die drei Autoren der abgebildeten Werke Sprachentwicklung beurteilen und wie sie argumentieren könnten.

Wolf Schneiders Titel enthält eine klare Aufforderung: …

b Tauschen Sie sich im Kurs darüber aus, wie Sie diese Phänomene der Sprachentwicklung spontan bewerten würden.

In diesem Kapitel erwerben Sie folgende Kenntnisse und Kompetenzen:

- exemplarische Phänomene der Sprachentwicklung beschreiben und erklären,
- beurteilen, ob es sich dabei um Sprachwandel oder um Sprachverfall handelt,
- Theorien des Sprachwandels kennen und reflektieren,
- sprachliche Varietäten untersuchen,
- einen argumentativen Informationstext zum Thema „Dialekt an Schulen“ verfassen,
- zwei Sachtexte über Deutsch als Wissenschaftssprache schriftlich vergleichen.

6.1 Sprache in Bewegung – Sprachwandel oder Sprachverfall?

Phänomene und Bedingungen der Sprachentwicklung

Johanna Romberg: **Wie reden wir denn da?** (2012)

Gutes Deutsch ist auch nicht das, was es einmal war. Darüber klagte schon Goethe. Unsere Sprache ändert sich ständig, ohne dass wir Sprecher bewusst darauf hinwirken. Warum ist das so? [...]

No Problem mit Neu-Speak

Das *innovativste Tool der Abteilung Media Sales bildet die gesamte crossmediale Customer Journey ab. Ich muss die Software neu downloaden, weil der Computer gecrasht ist. In der Partie Madrid–Leverkusen sind noch fünf Minuten zu gehen* ... Drei original deutsche Sätze aus dem Jahr 2012. Und, aus Sicht von Sprachschützern, drei Belege für einen bedrohlichen Trend: dass das Deutsche zunehmend zum „Denglischen“ mutiere. Weil unser Wortschatz von Anglizismen überschwemmt wird und unsere Grammatik von Lehnwendungen[1] unterwandert werde – wie *Sinn machen, eine gute Zeit haben* oder die Eins-zu-eins-Übersetzung von *five minutes to go*. Übertriebene Sorgen, sagen Sprachexperten wie der Potsdamer Germanist Peter Eisenberg. Denn viele Wortimporte werden rasch wieder aussortiert: Gut möglich, dass *media sales* und *service points* in einigen Jahren ebenso vergessen sind wie *Luncheon, Knickerbocker, Paraplü* und *Portepee*[2]. Die verbliebenden Fremdwörter werden oft bis zur Unkenntlichkeit assimiliert: *Keks, Streik* und *Gully* sieht man ihre Herkunft ebenso wenig an wie *Engel, Esel, Küche, Fenster* und *Kreuz* – Wörter, die vor 1600 bis 2000 Jahren aus dem Latein importiert wurden. [...]

Das Fräuleinwunder von ehegestern

Wählscheibe und *Lichtspielhaus, Fräuleinwunder* und *Wuchtbrumme, Genüssling, Promenadenhengst, dünken, tirilieren* und *ehegestern*: Alle diese Wörter teilen das traurige Los, aus unserem Alltagswortschatz verschwunden zu sein. Daran können auch Rettungsversuche wie die „Rote Liste der bedrohten Wörter“ wenig ändern. Wie alle lebendigen Sprachen wird auch das Deutsche von seinen Sprechern immer wieder neu erfunden. Zum einen, weil neue Erfindungen und Phänomene nach neuen Begriffen verlangen – wie *Heizpilz, Fanmeile, Analogkäse, Sammelklage, Sudoku*. Zum anderen, weil uns Deutschsprechende nicht nur der Wunsch treibt, verstanden zu werden, sondern auch, originell und zeitgemäß zu wirken. Deshalb meiden wir Wörter, die altmodisch erscheinen, ersetzen *Stelldichein* durch *Date, dufte* durch *endgeil, Blödian* durch *Vollpfosten*. [...]

Deutsch 2.0? HDGDL!

*Hallo, BIDENOWA? Fahr morgn HH. Kommste mit *ganzliebschau*? Ruf an ASAP. CUL8R,:-{)* Sieht so das Deutsch der Zukunft aus? Wird die Generation @, statt durchkomponierter Texte mit komplexen Nebensätzen, nur noch mit „Fetzenliteratur“ schreiben und reden, wie der Vorsitzende des Rats für deutsche Rechtschreibung kürzlich warnte? Keine Sorge, sagt Peter Schlobinski, Experte für Medienlinguistik in Hannover. Zwar bringen E-Mails, Chats, Tweets und SMS neue Kommunikationsformen hervor – mit platzsparenden Kürzeln, entspannter Rechtschreibung und unkonventionellen Wendungen wie *lach, stöhn, schulterzuck* oder *fahr morgen Urlaub, Essen steht Kühlschrank*. Doch selbst solche Konstruktionen – Linguisten sprechen von Inflektiven und Strukturellipsen[3] – folgen brav den deutschen Grammatikregeln. [...]

1 **Lehnwendungen:** Wörter, die aus einer anderen Sprache übernommen wurden, die aber ans Deutsche angepasst sind, z. B. durch eine deutsche Flexion oder Schreibung

2 **Luncheon, Knickerbocker, Paraplü und Portepee:** Mittagessen, Kniehosen, Regenschirm und Säbelquaste

3 **Inflektiv und Strukturellipse:** infinite, unflektierte Verbform und unvollständiger Satz

Klingt voll gut, ey

In einem Berliner Stadtbus klingelt ein Handy. Ein junger Mann greift in die Tasche seiner tief hängenden Sporthose. „Ey Ian, bin isch jetzt Thomas Mann, fahr Kino", teilt er mit. Sprachkenner wissen, dass „Thomas Mann" keine Selbstauskunft ist, sondern eine Ortsangabe, in der außer Präpositionen und Artikel lediglich der Wortteil *Straße* fehlt.

Kiezdeutsch, so die Bezeichnung dieser urbanen Sprechart, ist zum Streitfall geworden – auch unter Wissenschaftlern. Gossenjargon, Verfallserscheinung, schimpfen die einen. Ein neuer Dialekt, versichert hingegen die Potsdamer Germanistin Heike Wiese, die seit Jahren Sprachmuster Kreuzberger Jugendlicher verfolgt. Sie sieht in Wendungen wie *ultrakorregt, Alter* oder *mein Schwester ist voll doof* Innovationen, die womöglich auf das Standarddeutsch der Zukunft verweisen. Der Bamberger Linguist Helmut Glück widerspricht: Beim Kiezdeutsch handele es sich um eine „transitorische Sondersprache", frei übersetzt: eine linguistische Promenadenmischung, die aus der Begegnung zweier oder mehrerer Sprachen entstehe.

Dütsch, i liäbä di!

[...] Auch in 50 Jahren wird man zwischen Basel, Chur und Gstaad noch *Chnörzli, Gipfeli, Flaichkääs* und *Luussalbi*[4] servieren. Die Dialekte der Eidgenossen gehören zu den lebendigsten deutschen Sprachvarianten. Vor allem im Gefolge der beiden Weltkriege erlebten sie eine Renaissance. In Radio und Fernsehen haben sie die Standardsprache weitgehend verdrängt; auch in Chats, Tweets und SMS werden sie ausgiebig verwendet.

Die Deutschen haben, verglichen damit, ein eher zwiespältiges Verhältnis zu ihren Regionalsprachen. Zwar nehmen auch sie diese vermehrt als liebens- und schützenswertes Kulturgut wahr: So werden etwa Plattdeutsch und Friesisch seit einigen Jahren an Grundschulen unterrichtet. Aber zugleich werden Sprecher mit stark regionaler Färbung vor allem in den Medien immer noch als provinziell verspottet. [...]

Macht euch keine Sorgen

[...] Sprachwandel kann schmerzhaft sein, vor allem für jene, die Sprache lieben. Denn jede Veränderung stellt zunächst einen Verstoß gegen geltende Regeln dar. Wer die Entwicklung von Sprachen über längere Zeit verfolgt, stellt jedoch fest: Die Fehler von heute werden früher oder später die Regeln von morgen.

Einer der Motoren des Sprachwandels ist unser aller Drang zur Vereinfachung. Er sorgt dafür, dass *trifft den Menschen* zu *trifft den Mensch* wird; dass starke Verbformen wie *focht* und *buk* zu *fechtete* und *backte* mutieren. Wer aus Liebe zur Tradition auf alten Formen beharrt, läuft Gefahr, bald wie sein eigener Urgroßvater zu klingen: *Er frug Helenen, ob sie noch der Sitte pflog, abends vom Weine zu nehmen.* [...]

4 **Chnörzli, Gipfeli, Flaichkääs und Luussalbi:** Schokoladenbarren, Croissant, Fleischkäse und eine Schweizer Käsespezialität

1 Berichten Sie, welche der im Text beschriebenen Entwicklungen der deutschen Sprache Sie selbst schon beobachtet haben. Nennen Sie eigene Beispiele.

2 Halten Sie die wesentlichen Informationen des Textes zu den Fragen „Wie reden wir?" und „Warum ist das so?" in einer Tabelle fest:

Art der Sprachentwicklung	*Beispiele*	*Bedingungen/Ursachen*
mehr Anglizismen	*Das innovativste Tool der ...*	*Einfluss des Englischen*
Wörter verschwinden aus dem Wortschatz	...	
...	*Heizpilz, Fanmeile, Vollpfosten ...*	...

3 Sprachentwicklung kann sich auf verschiedenen Ebenen vollziehen, z.B. auf der Ebene der Syntax (Satzbau), der Lexik (Wortschatz) oder der Morphologie (Struktur der Wörter). Finden Sie im Text dafür jeweils zwei Beispiele und erläutern Sie diese. Übertragen Sie dafür die folgende Tabelle in Ihr Heft und vervollständigen Sie diese.

Ebene	**Beispiel**	**Erläuterung**
Syntax	*„Essen steht Kühlschrank" (Z.68)* *...*	*In dem Satz fehlen ...* *...*
Lexik	*„Wählscheibe" (Z.34)* *...*	*Das Wort ...* *...*
Morphologie	*„focht" (Z.130)* *...*	*Die starke Verbform ...* *...*

4 Erläutern Sie anhand konkreter Textbeispiele, dass die verschiedenen Phänomene der Sprachentwicklung unterschiedlich bewertet werden.
Der Gebrauch von Anglizismen wird einerseits als ... bewertet, andererseits wird darauf hingewiesen, dass ... SMS- und Chatsprache wird ..., obwohl ...
Kiezdeutsch wird als ..., aber auch als ... bezeichnet.

5 Im Text heißt es „Macht euch keine Sorgen" (Z.119). Verfassen Sie einen Leserbrief, in dem Sie zu diesem Rat Stellung nehmen.

Information **Phänomene und Bedingungen der Sprachentwicklung**

Sprachentwicklung kann sich auf verschiedenen **Ebenen** vollziehen, z.B. auf der Ebene der **Syntax** (des Satzbaus), der **Lexik** (des Wortschatzes) oder der **Morphologie** (der Struktur der Wörter).
In der deutschen Gegenwartssprache lassen sich unterschiedliche **Arten von Sprachentwicklung** beobachten, die sich unter bestimmten Bedingungen vollziehen:

- das **Verschwinden** oder **Hinzukommen** einzelner Wörter, weil bestimmte Phänomene oder Gegenstände verschwinden (z.B. *Wählscheibe*) oder hinzukommen (z.B. *Heizpilz*) oder Sprecher zeitgemäß sprechen möchten,
- die Etablierung von **Anglizismen** durch den Einfluss des Englischen (z.B. *chillen, Computer, shoppen),*
- die **Vereinfachung** der Sprache (z.B. *focht* zu *fechtete),*
- Veränderungen infolge **neuer Medien wie SMS- oder Chatsprache:** Abkürzungen (z.B. *hdl* für *hab dich lieb*), abweichende Rechtschreibung, grafostilistische Mittel (z.B. *;-)*),
- Förderung von **Dialekten,** z.B. in Schulen; Rückgang der Dialekte, z.B. durch den Einfluss der Medien; **Kiezdeutsch** als Sonderform, die aus dem Kontakt des Deutschen mit anderen Sprachen entsteht, z.B. dem Türkischen oder Arabischen (z.B. *Ey, komm mal her, lan! Wallah – das hat er gesagt!*),
- bewusstere Sprachverwendung durch **politisch korrekte** (z.B. *Sinti und Roma* statt *Zigeuner*) und geschlechtergerechte Sprache (z.B. *Schülerinnen und Schüler* statt *Schüler, Lehrkräfte* statt *Lehrer*).

Der Einfluss von Anglizismen auf die deutsche Sprache

Markus Reiter: **Amerika, Amerika: Einige Gedanken zu den Anglizismen** (2007)

Über Denglisch, also jene Mischung aus Deutsch und Englisch, ist schon viel geklagt worden. Ich glaube, dass die deutsche Sprache die Invasion der Anglizismen überleben wird. [...] Deutsch wird sich unter dem Einfluss des Englischen verändern, wird neue Worte auf- und die eine oder andere grammatische Struktur übernehmen. So beobachte ich in der gesprochenen Sprache – übrigens auch bei mir selbst – immer öfter eine Hauptsatzstellung nach dem Bindewort „weil". Viele Deutschsprechende sagen nicht mehr, wie es korrekt wäre: „Ich habe den Anfang des Films verpasst, weil ich durch einen Stau aufgehalten wurde." Sondern sie sagen: „Ich habe den Anfang des Films verpasst, weil ich bin durch einen Stau aufgehalten worden." Damit kopieren sie den englischen Satzbau nach „because". [...] Immer öfter höre ich, dass etwas „einmal mehr" geschehe. Auch das ist eine Wort-für-Wort-Übersetzung des englischen „once more". [...]

Ob damit das Ende der deutschen Sprache in ihrem Glanz und ihrer Schönheit eingeleitet wird, wage ich zu bezweifeln. Apokalyptische Warnungen sind meist fehl am Platze. [...]

Alles, was mit Eisenbahn und Postwesen zu tun hatte, war im späten 19. Jahrhundert mit französischen Fachbegriffen belegt, so wie heute alles, was mit Computern zu tun hat, englische Fachbegriffe hat. Die deutsche Sprache hat diese Gallizismen ausgehalten. Übrigens sind sie auch ein Beweis dafür, dass Eindeutschungen erfolgreich sein können. „Bahnsteig" hat Perron fast vollständig verdrängt und „Briefumschlag" ist heute viel gebräuchlicher als Kuvert. [...]

Kompromisslose Sprachkritiker empfinden es als besonders störend, wenn englische Wörter grammatisch wie deutsche behandelt oder mit deutschen kombiniert werden. Sie sollten sich im Gegenteil darüber freuen: Solange die deutsche Grammatik fremdsprachige Vokabeln vereinnahmen kann, hat sie noch ausreichend Kraft. Sie macht aus Fremdwörtern deutsche Wörter. Deshalb sind „gejoggt" und „recycelt" keine Belege für den Niedergang der deutschen Sprache, sondern für ihre Lebendigkeit. „Die Gewalt einer Sprache ist nicht, dass sie das Fremde abweist, sondern dass sie es verschlingt", heißt es bei Goethe in den „Maximen und Reflexionen".

Griechisch, Latein, Arabisch, Jiddisch, Russisch, Französisch, Italienisch und viele weitere Sprachen haben das Deutsche bereichert. Für jedes Wort, das die Ausdrucksmöglichkeiten einer Sprache vergrößert, sollte man dankbar sein. [...] Es geht also nicht darum, dem Ingenieur, Programmierer oder Marketingexperten seine anglizistisch geprägte Fachsprache zu verbieten. Solange sie präzise ist, also dem besseren Verständnis dient, ist sie sogar vorzuziehen. Die Phrasendrescher aber bedienen sich des fremdsprachigen Ausdrucks, weil sie die Wahrheit verschleiern, weil sie bewusst *unklar* und *unpräzise* bleiben wollen. Die Kritik an den Anglizismen richtet sich also gegen das Verschleiernde. „Wenn ohne Not der Erfolg von Kommunikation gefährdet oder ganze Bevölkerungsgruppen vom gesellschaftlichen Leben ausgegrenzt werden, ist Protest angebracht. Nicht nur die Rentnerin verliert im pseudoglobalen Marketingjargon den Überblick", schreibt der Koblenzer Linguistik-Professor Michael Klemm. [...]

1 **a** Schreiben Sie aus dem Text die verschiedenen Arten von Anglizismen mit Beispielen heraus.
– Wort-für-Wort-Übersetzungen (Lehnübersetzungen), z. B. …

b Finden Sie weitere Beispiele für Anglizismen.

2 **a** Nennen Sie Gründe, die der Text für Übernahmen aus dem Englischen/Amerikanischen anführt.

b Diskutieren Sie, ob die folgenden Anglizismen sich durchgesetzt haben, weil es im Deutschen keine geeignete Bezeichnung gibt oder weil sie modisch klingen: *Smartphone, Buddy, Chatpartner, livetickern, Social Media, User.*

3 **a** Untersuchen Sie, welche Argumente Reiter für und gegen Anglizismen anführt.

b Welche Argumente überzeugen Sie besonders? Begründen Sie.

4 Der „Verein Deutsche Sprache" regt an, für Anglizismen deutsche Begriffe zu verwenden.

a Beurteilen Sie die Eignung folgender Vorschläge: *Voreinstellung* für *default*, *Luftkissen* für *airbag*, *Vollfruchtgetränk* für *smoothie*, *Verkaufsleiter* für *sales manager.*

b Recherchieren Sie im Anglizismen-Index des „Vereins Deutsche Sprache" weitere Vorschläge für deutsche Alternativbegriffe. Diskutieren Sie deren Eignung.

5 Betrachten Sie die Beispiele auf dem Cover der „GEO".

a Erläutern Sie, welche Beispiele auf den Einfluss der englischen Sprache zurückzuführen sind.

b Diskutieren Sie, ob bzw. in welchen Fällen man von einem „Untergang der deutschen Sprache" sprechen kann.

6 Recherchieren Sie weitere Texte zum Thema „Anglizismen". Untersuchen Sie, welche Argumente für und/oder gegen den Gebrauch von Anglizismen in diesen Texten angeführt werden.

Information Anglizismen

Anglizismen sind Übernahmen aus dem Englischen/Amerikanischen in die deutsche Sprache. Man **unterscheidet**:

- **Wortentlehnungen**, die an die deutsche Aussprache, Schrift oder Grammatik angepasst sind, z. B. *shoppen, gemanagt,*
- **Wort-für-Wort-Übersetzungen**, z. B. *Gehirnwäsche* (engl.: *brainwash*), und **Kopien des englischen Satzbaus,**
- **Scheinanglizismen**, die zwar englische Sprachelemente enthalten, in der englischen Sprache aber nicht existieren, z. B. *Handy* (engl: *mobile phone, cell phone*).

Die **Gründe** dafür, dass Anglizismen sich etablieren, sind vielfältig: Manchmal, z. B. in Fachsprachen (▸ S. 318), gibt es für das englische Wort keine geeignete deutsche Bezeichnung. Manche Anglizismen werden allerdings nur verwendet, weil sie besonders professionell oder modern klingen. Die Verwendung von Anglizismen wird u. a. **kritisiert**, weil sie nicht notwendig sei, reinem Imponiergehabe diene oder den Verfall der deutschen Sprache befördere. Ein Kommunikationsproblem wird auch darin gesehen, dass viele Menschen eine mit Anglizismen gespickte Sprache nicht verstehen und ihre Aussagen entsprechend auch nicht inhaltlich beurteilen können. Diese **Kritikpunkte** werden jedoch auch wieder **relativiert**, weil z. B. die Zahl der Anglizismen nicht so groß oder nur auf bestimmte Bereiche beschränkt sei, weil sich ihr Einfluss von selbst wieder reguliere und weil sich Anglizismen gut in die Grammatik des Deutschen einfügten und die deutsche Sprache bereicherten.

Der Rückgang der Dialekte

Anna Schürrmann (dpa): **Deutsche Dialekte sterben aus** (2013) – Auszug

[...] Berlin. Von Alemannisch bis Westfälisch: In Deutschland werden zahlreiche Dialekte gesprochen – allerdings immer weniger. Denn viele Eltern bringen ihren Kindern Mundart nicht mehr bei. „Dialekt wird nach und nach aufgegeben werden, weil man ihn für die Kommunikation nicht mehr braucht", sagt Alexander Werth vom Forschungszentrum Deutscher Sprachatlas der Universität Marburg. Bundesweit gibt es laut Werth rund 20 Dialekträume, die etwa das Fränkische oder das Sächsische umfassen. Jede einzelne Mundart könne man in Deutschland nicht zählen. Was ist überhaupt ein Dialekt? „Wir verstehen darunter eine eigene Sprache, die lokal möglichst klein begrenzt ist und eine eigene Grammatik aufweist", erläutert Werth.

Während der Dialekt allmählich verschwindet, hält sich der so genannte Regiolekt, der zwischen Dialekt und Standardsprache liegt. „Das ist eine regional gefärbte Umgangssprache, die Grammatik ist aber trotzdem Hochdeutsch", sagt Werth. Als Beispiel nennt er den „ich"-Laut, den Menschen etwa in Hessen oder der Pfalz als „isch" aussprechen. [...]

Die drei M sind schuld

Warum die Dialekte schwinden, erklärt Stefan Kleiner vom Institut für Deutsche Sprache in Mannheim mit einem griffigen Motto: „Ich nenne es die drei großen M: Mütter, Medien und Mobilität." Demnach sprechen manche Mütter mit ihren Kindern Hochdeutsch – aus Prestigegründen und damit sie es in der Schule leichter haben. Dabei halten Sprachforscher die Sorge, ein starker Dialekt gehe mit einem niedrigen Bildungsgrad einher, für unbegründet. Angefacht wurde das Dialektsterben seit den 1920er-Jahren. Mit der Einführung des Rundfunks fand das Hochdeutsche Eingang in die Wohnstuben. „Es erscheint logisch, dass eine Sprachform, die uns in einheitlicher Form berieselt, Rückwirkungen auf das hat, was man als vorbildlich ansieht", sagt Kleiner. Auch die zunehmende Mobilität setzt dem Dialekt zu, Dies gilt nicht nur für die heutige Möglichkeit, bundesweit mit Menschen aus allen möglichen Regionen in Kontakt zu treten. Schon nach dem Zweiten Weltkrieg stellten Heimatvertriebene in vielen Regionen bis zu ein Drittel der Bevölkerung. Auch hier diente Hochdeutsch als Kompromiss zur gemeinsamen Verständigung. Unter dem Rückgang des Dialekts leidet vor allem das Platt- oder Niederdeutsche, das in Schleswig-Holstein, Hamburg, Bremen, Niedersachsen, Mecklenburg-Vorpommern gesprochen wird sowie im Norden von Brandenburg, Nordrhein-Westfalen und Sachsen-Anhalt. Den Grund dafür sehen Wissenschaftler vor allem darin, dass das Nieder- und das Hochdeutsche so verschieden sind.

Lautverschiebung

Der Unterschied entwickelte sich im Mittelalter während der so genannten zweiten Lautverschiebung. [...] Die Entwicklung breitete sich von Süden her aus und ebbte ab, je weiter sie nach Norden kam. Am meisten veränderten sich Konsonanten: Aus „p" wurde „pf" (Perd Pferd), aus „t" wurde „s" (etan – essen) und aus „d" wurde „t" (Dag – Tag). [...]

Mundart [muss] jedoch kein Nachteil sein, wie eine Studie der Technischen Universität Dresden zeigt. Überhaupt würden viele Deutsche den Erhalt der Mundarten begrüßen, verbinden sie damit doch Heimatgefühle. Am beliebtesten ist Norddeutsch, gefolgt von Bairisch.

1 Erklären Sie mit eigenen Worten die „drei großen M", die im Text genannt werden.

2 Erläutern Sie die Gründe für den Rückgang der deutschen Dialekte unter Berücksichtigung von regionalen Unterschieden.

3 Im Text heißt es, dass Mütter „aus Prestigegründen" (Z. 32 f.) mit ihren Kindern Hochdeutsch sprechen. Diskutieren Sie im Kurs, ob Sie die Ansicht dieser Mütter teilen.

Astrid Stedje: **Die Sprachen in der Sprache** (2007)

Die überregionale Standardsprache

Die Standardsprache […] ist […] das Resultat einer langen Entwicklung. Ihre grammatischen, stilistischen und orthografischen Normen wurden endgültig erst im vorigen Jahrhundert festgelegt. Sie verändern sich jedoch langsam, indem sie sich an den Sprachgebrauch anschließen. Die Standardsprache nähert sich also allmählich der Umgangssprache […], und sie ist eher eine geschriebene als eine gesprochene Sprache.

Die Mundart

Die Mundart ist die älteste Form der Sprache […]. Aussprache und Wortschatz wechseln stark von Dialekt zu Dialekt, manchmal sogar von Ort zu Ort. Der Dialekt hat deshalb gegenüber der Standardsprache nur eine begrenzte Reichweite. Da die Mundart hauptsächlich gesprochen wird und ihre Orthografie und Grammatik nicht normiert sind, ist sie leichter veränderlich als die geregelte Standardsprache.

Die Aussprache enthält viele Assimilationen und Abschwächungen (ostfränk. *unner* „unser“, schwäb. *ebbes* „etwas“). Durch Analogie ist die Flexion weiter vereinfacht worden. […]

Die Mundarten sind reich an expressiven und anschaulichen Ausdrücken, und der Wortschatz ist teilweise differenzierter und konkreter als in der Standardsprache.

Heute ist die Gesamtzahl der Menschen, die reine Mundart sprechen, stark zurückgegangen, obwohl die meisten Erwachsenen einen Dialekt jedenfalls zum Teil beherrschen. […]

Hauptsächlich drei Faktoren haben während der letzten 150 Jahre den Rückgang der Dialekte verursacht:

- Lange wurden die Mundarten sehr abschätzend bewertet. Die Sprachpfleger stellten sie als Pöbelsprache dar, der Schulunterricht als unkorrekt gegenüber der Hochsprache. Man bemühte sich, nach der Schrift zu sprechen: je höher der soziale Status, umso weniger Dialekt.

- Die Landflucht und die Binnenwanderung (Ortswechsel) haben zur Nivellierung der Mundarten beigetragen. Etwa 1/5 der Mundartsprecher ist durch die große Umsiedlung 1941–45 ausgefallen.
- Durch Massenmedien, Fremdenverkehr und Schule kann ein Mundartsprecher heute nicht mehr isoliert in seinem sprachlichen Bereich bleiben. […].

Andererseits erleben wir wieder eine gewisse Renaissance der Mundarten. […]

Die regionale Umgangssprache

Die Umgangssprache steht zwischen Mundart und Standardsprache. Entstanden in fnhd. [frühneuhochdeutscher] Zeit, hat sie sich in der sozialen Oberschicht der Städte entwickelt, unterschiedlich in den verschiedenen Teilen Deutschlands. Auch die Umgangssprache ist hauptsächlich eine gesprochene Sprache. Sie ist überregional verständlich, weist aber mehr oder weniger starke landschaftliche Züge auf, an denen man die Herkunft des Sprechers erkennt, z. B. an

- der Intonation,
- einer regionalen Färbung der Aussprache (z. B. von *r, st, -ig*),

– dem süddeutschen Gebrauch von *sein* bei *liegen, sitzen, stehen* gegenüber nord- und mitteldeutsch *haben,*

– den wortgeografischen Unterschieden, d.h. in Wörtern und Ausdrücken, die als regionale Varianten der Gemeinsprache nebeneinander gelten [...]. Es sind vor allem Berufsbezeichnungen und Ausdrücke auf den Gebieten Küche und Haushalt usw.

In den letzten Jahren ist jedoch die Tendenz zum überlandschaftlichen Ausgleich im Wortgebrauch stärker geworden. U.a. wirken die Nahrungsmittelindustrie und die Werbung hier vereinheitlichend.

Bezeichnung für Brötchen in den deutschen Umgangssprachen

1 „Umgangssprache": Umschreiben Sie zunächst Ihr eigenes Verständnis dieses Begriffs. Vergleichen Sie dieses dann mit den Aussagen des Textes.

2 Veranschaulichen Sie die Informationen des Textes in Form verschiedener Grafiken.

3 **a** Stellen Sie Bezüge her zwischen den beiden Karten und den Aussagen des Textes.
b Sammeln Sie weitere Beispiele für wortgeografische Unterschiede.

4 **a** Welche Faktoren haben laut Stedje zum Rückgang der Dialekte geführt (vgl. Z. 61 ff.)? Vergleichen Sie mit den auf Seite 301 genannten Faktoren.
b Die Autorin spricht andererseits von einer „Renaissance der Mundarten" (Z. 54): Können Sie diese Einschätzung teilen? Sammeln Sie Belege.

5 **a** Welche Dialekte werden in Niedersachsen gesprochen? Tragen Sie die von Ihnen recherchierten Informationen in eine Karte von Niedersachsen ein.
b Verorten Sie sich selbst in dieser Karte. Sammeln Sie Merkmale Ihres Dialekts/Regiolekts und tauschen Sie sich über dessen Bedeutung in Ihrem aktiven und passiven Sprachgebrauch aus.
c Informieren Sie sich darüber, inwiefern in Ihrer Region ein Rückgang des Dialekts zu beobachten ist und/oder inwiefern Dialekte, z.B. an Schulen, gefördert werden.

6 Führen Sie die Umfrage „Dialekt in der Schule?" (▸ Kasten rechts) in Ihrem Umfeld durch. Gehen Sie so vor:
– Entwickeln Sie einen Fragenkatalog. Formulieren Sie dafür nach Möglichkeit geschlossene Fragen, z.B. Ja-nein-Fragen oder Multiple-Choice-Fragen.
– Befragen Sie Personen unterschiedlichen Alters, unterschiedlicher Herkunft und Bildung und aus verschiedenen Berufsgruppen.
– Werten Sie Ihre Umfrage aus und stellen Sie Ihre Ergebnisse grafisch in Form von Diagrammen (▸ S. 571 f.) dar.

Dialekt in der Schule?
Was halten Sie von einem mundartlichen „bilingualen" Unterricht?

☐ **Nein**, die Schüler sollen Hochdeutsch lernen.
☐ **Egal**, solange man sich verständigen kann.
☐ **Ja**, Dialekte müssen erhalten bleiben.

Karl-Heinz Göttert: **Alles außer Hochdeutsch oder: Versuch eines Fazits** (2011)

[...] Worum aber geht es genau? Um die Verabschiedung einer Illusion. Diese Illusion hängt mit der zwanghaften Vorstellung zusammen, alle Dinge würden oder müssten sich immer höher entwickeln. Am Anfang steht die gemütliche Kutsche, am Ende der im Windkanal getunte Hightech-Schlitten. Die Sprache scheint sich wie die Kutsche vom regionalen Rumpel- zum überregionalen Hochglanzidiom zu entwickeln. Und dann merkt man, dass es hinten und vorne nicht stimmt. Gewiss haben wir viel Einheit erreicht. Aber Sprachen wollen nicht nur Einheit. Sie wollen auch Vielfalt. In der Soziologie hat man es an anderen Phänomenen gefunden: Die Moderne bringt mehr Fremdheit, bietet aber auch mehr Nähe. Im Augenblick merkt man, dass neben Globalisierung Regionalität tritt. Statt Globalisierung Regionalität? Natürlich nicht, aber die Mischung ist möglich, auf Mischung kommt es offenbar an. Einheitssprache oder Dialekte? Das war einmal, heute gibt es beides.

[...] Wahrscheinlich gibt es keinen einzigen Dialektsprecher mehr, der wie noch im 19. Jahrhundert das reine Idiom seiner Region beherrscht. Aber es zeigt sich auch, dass am anderen Ende der Skala, beim Hochdeutschen, nicht wirklich reines Hochdeutsch herauskommt, wenn man einmal von Profis wie Nachrichtensprechern oder Schauspielern absieht. Die deutsche Sprache hat sich vielmehr auf ein Zusammenspiel eingerichtet und lebt gut damit. Hier ein nicht ganz reines Hochdeutsch, dort nicht ganz reine Dialekte: Umgangssprachen mit verschiedener Prägung in die beiden möglichen Hauptrichtungen. Ob man sich einmal in der Mitte trifft?

Möglich, aber auf absehbare Zeit ganz außer Betracht. Die augenblickliche Realität ist die in diesem Buch in vielen Einzelheiten dargelegte Dreiteilung: Zweisprachiger Norden mit (immer mehr) Standard und (immer weniger) Dialekt, beides nicht miteinander vermischt, sondern in abruptem Übergang vom einen zum anderen. In der Mitte ein Kontinuum von Standard zu Dialekt, also gleitender Übergang von ein wenig gefärbtem Standard zu schon arg ramponiertem Dialekt. Im Süden wieder eine Form von Zweisprachigkeit, aber nun ein durchaus kräftig gefärbter Standard neben einem noch recht bodenständigen alten Dialekt, bei insgesamt gleitenden Übergängen wie in der Mitte. Es ist nicht nötig, dies als präzise Beschreibung zu nehmen, die sprachlichen Verhältnisse sind es auch nicht. Man könnte das Ganze auch noch vereinfachen und von einer Zweiteilung sprechen, die statt auf der Sprache mehr auf der Einstellung zu ihr beruht: Im Norden der Dialekt als Privatsprache für das Kämmerlein bei der Möglichkeit, ihn vollständig abzulegen. Im Süden der Dialekt in offener Anwendung, zunehmend nicht versteckt.

1 Geben Sie den Standpunkt, den Göttert im ersten Teil des Textes (bis Z. 22) vertritt, mit eigenen Worten wieder. Belegen oder widerlegen Sie diesen Standpunkt nach Möglichkeit mit eigenen – auch medialen – Erfahrungen.
Göttert lehnt die Frage „Einheitssprache oder Hochdeutsch?" kategorisch ab, weil ...
Seine Position ist, dass ... Er belegt seine Position mit ...

2 **a** Veranschaulichen Sie die im zweiten Teil (ab Z. 23) von Göttert vorgenommene Einteilung an einer Sprachkarte der deutschen Dialekte (vgl. die Karte auf ▸ S. 302).

b Erörtern Sie, in welchen Bereichen des privaten und öffentlichen Sprechens Ihnen der Gebrauch von Dialekt (in-)akzeptabel erscheint: Schule, Medien, Clique, Familie, Universität, Bundestag, Gericht usw.
In der Schule ist der Gebrauch von Dialekten aus meiner Sicht (in-)akzeptabel, weil ...
Außerdem ...
In den Medien hingegen / Auch in den Medien ...

Medieneinflüsse auf die Sprache

1 **a** Prüfen Sie, welche typischen Merkmale der Netzsprache (▶ Information) die abgebildete Nachricht aufweist.
b Welche Gründe sehen Sie für diese Art der Kommunikation über SMS (Short Message Service) oder Instant-Message-Dienste (WhatsApp u.a.)?

2 **a** „Wenn man nur noch verkürzt kommuniziert, leidet die Sprache.“
Erörtern Sie, in welchem Maße die Netzsprache auf den mündlichen oder schriftlichen Sprachgebrauch in Ihrer Generation einen negativen Einfluss ausübt.
b Manche Sprachforscher betrachten die Kurznachricht auch als Ort, an dem sprachliche Kreativität entsteht. Teilen Sie diese Auffassung?

Information **Merkmale der Netzsprache – Konzeptionelle Mündlichkeit**

Als typische Merkmale der Sprache in SMS, Chats usw. gelten:
- Rechtschreibreduktion: zum Teil bewusste Missachtung von Rechtschreibregeln,
- Simulation von Körpersprache durch Emoticons,
- sprachspielerischer Umgang mit Ziffern, Lautmalerei,
- Abkürzungen,
- konzeptionelle Mündlichkeit, d.h., ein an die Mündlichkeit angelehnter Ton. In entsprechenden „getippten Gesprächen“ finden sich häufig Wortauslassungen, umgangssprachliche Wendungen oder auch Andeutungen, die der Leser / die Leserin selbst entschlüsseln muss.

Wolfgang Krischke: **Schreiben in der Schule – booaaa mein dad voll eklich wg schule** (2011)

Simsen macht Schüler nicht dumm. Aber ihre Texte sind heute fehlerhafter als früher.
Kinder lesen zu wenig? Von wegen. Wohl noch nie zuvor haben sie so viel gelesen und geschrieben wie heute. Täglich tippen sie Millionen von Wörtern auf ihren Handy- und Computertastaturen, verbringen Stunden mit der Lektüre von SMS-Nachrichten, Chat-Sprüchen, E-Mails und Internet-Infos. Trotzdem kommt bei Pädagogen und Ausbildern keine rechte Freude auf. Denn den Simsern, Chattern und Twitterern dient die Schrift vor allem als Plaudermedium. Von den Normen der Hochsprache ist ihre Sprechschreibe Lichtjahre entfernt. Gebilde wie „booaaa mein dad voll eklich wg schule *stöhn* haste mo zeit? hdgdl [= hab dich ganz doll lieb]“ lässt Freunde des Dudens und ganzer Sätze noch immer zusammenzucken. [...] Können Jugendliche, die sich in diesen sprachlichen Trümmerlandschaften bewegen, überhaupt noch einen lesbaren Aufsatz, einen präzisen Bericht, ein angemessenes Bewerbungsschreiben verfassen?
Die Germanistik-Professorin Christa Dürscheid von der Universität Zürich ist dieser Frage auf den Grund gegangen. Mit ihrem Team hat sie fast 1000 Deutschaufsätze untersucht, verfasst von 16- bis 18-jährigen Schülern aller Schulformen aus dem Kanton Zürich. Zum Vergleich zog die Sprachwissenschaftlerin über 1100 Texte heran, die dieselben Jugendlichen in ihrer Freizeit als SMS-Meldungen, E-Mails, Chat-Beiträge und Mitteilungen in sozialen Netzwerken geschrieben hatten. Dabei interessierten sich die Linguisten nicht nur für Rechtschreibung, Interpunktion und Grammatik, sondern auch für den Wortschatz, den Stil und den Aufbau der Texte.

Das Ergebnis: In keinem dieser Bereiche haben die sprachlichen Eigenarten der Netzkommunikation nennenswerte Spuren in den Schultexten hinterlassen. Das gilt für Berufsschüler ebenso wie für Gymnasiasten. „Die Schüler können die Schreibwelten durchaus trennen. Sie wissen, dass in der Schule und der formellen Kommunikation andere Regeln gelten als beim Chatten mit Freunden", sagt Christa Dürscheid. [...]

Grund für die Deutschlehrer, sich entspannt zurückzulehnen, liefert die Zürcher Studie trotzdem nicht. Denn auch wenn die elektronische Kommunikation als Verursacher ausscheidet – die Schultexte, die die Germanisten untersucht haben, sind alles andere als fehlerfrei. Vor allem in der Rechtschreibung und Zeichensetzung weisen sie deutliche Defizite auf. [...] Dass es sich hierbei um einen langfristigen Trend handelt, bestätigt Wolfgang Steinig. Der Professor für Sprachdidaktik an der Universität Siegen hat die bislang umfangreichste Längsschnittstudie zur Schreibentwicklung durchgeführt. Im Jahr 1972 besuchte er fünf Grundschulen in Dortmund und Recklinghausen und zeigte den Viertklässlern einen kurzen Film. Danach schrieben die Kinder auf, was sie gesehen hatten. Dreißig Jahre später wiederholte Steinig das Experiment mit demselben Film an denselben Schulen. Das Ergebnis der Studie, die erst unlängst veröffentlicht wurde: Die formalen Schreibfähigkeiten der Kinder hatten

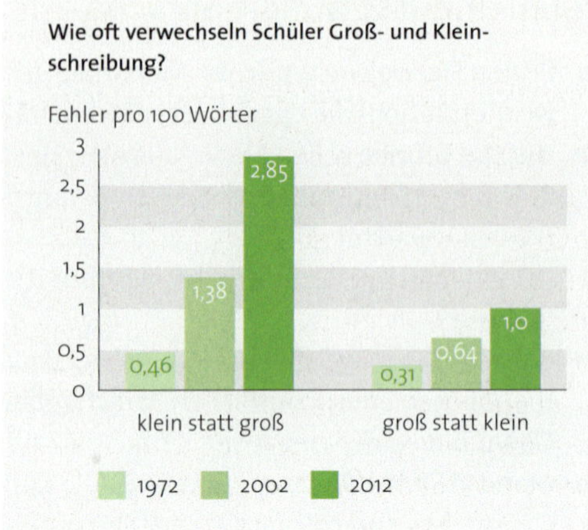

Quelle: Universität Siegen / Wolfgang Steinig, Dirk Betzel

sich seit Anfang der siebziger Jahre nachweisbar verschlechtert. Am deutlichsten zeigte sich das bei der Rechtschreibung: Die Zahl der Fehler war von durchschnittlich sieben auf zwölf pro hundert Wörter gestiegen. Dafür waren die Texte der Kinder im Jahr 2002 nicht nur länger, sondern auch abwechslungsreicher. Und: Der Wortschatz hatte sich stark erweitert. [...]

Die Entwicklung begann in den siebziger Jahren, als Deutschlehrer die Kinder stärker als zuvor zum freien, spontanen Schreiben ermutigten. Dieser eigentlich begrüßenswerte Trend ging jedoch auf Kosten „harter" Sprachfertigkeiten wie der Orthografie. Formale Korrektheit verlor an Bedeutung, geriet zeitweise gar in den Verdacht, bildungsbürgerliche Schikane zu sein. [...]

1 **a** Filtern Sie die zentralen Aussagen der Züricher und der Siegener Forscher aus dem Text heraus.

b Prüfen Sie, welche Ergebnisse sich damit erklären lassen, dass Jugendliche die Fähigkeit zum „Registerwechsel" (▶ Information) besitzen.

2 **a** Diskutieren Sie anhand der Grafik, ob die heutige Kommunikation über das Internet vielleicht doch einen Einfluss auf die Rechtschreibung hat.

b Erörtern Sie, ob auch das abwechslungsreiche Schreiben mit den Einflüssen des Internets erklärbar ist.

c Lebendigere Texte – aber auch mehr Fehler: Halten Sie diesen Trend für positiv oder gefährlich?

Information **Registerwechsel**

Als **Registerwechsel** bezeichnet man den Wechsel zwischen verschiedenen Sprachstilen, etwa zwischen einem umgangssprachlichen Plauderton beim Chatten und der Hochsprache in offiziellen Briefen.

Öffentlich-publizistische Sprachkritik und Sprachwissenschaft

Bastian Sick: **Dem Kaiser seine neuen Kleider** (2010)

[...] In den vergangenen Jahren bin ich mit meinen Büchern oft auf Reisen gewesen, zahlreiche Buchhandlungen haben mich zu Lesungen eingeladen, und so habe ich viel von Deutschland gesehen und erfahren. Eines tristen Tages gelangte ich denn auch in die schöne Stadt Köln. [...] Ein gewisser Herr Schmitz hatte mich für einen Vortrag gebucht.

Und ich hatte mich gut vorbereitet, denn ich wusste, dass ich mich in ein grammatisches Entwicklungsgebiet begab. Herr Schmitz empfing mich auf eine liebenswürdige Art, wie es nur die Kölner können. Kurz bevor es losging, nahm er mich zur Seite und raunte mir ins Ohr: „Eines noch, Herr Sick, das müssen Sie noch wissen. Der Genitiv, der ist bei uns hier in Köln praktisch tot. Den kennt hier keiner, den braucht auch keiner. Ihr Publikum heute Abend, das sind alles Kunden von meiner Firma, alles waschechte Rheinländerinnen und Rheinländer. Die sind auch ohne Genitiv schon jeck, verstehen Sie? Die muss man nicht noch zusätzlich verunsichern. Lesen Sie einfach irgendeine von Ihren lustigen Geschichten, ganz egal welche, aber lassen Sie den Genitiv aus dem Spiel!" [...] Ich trat ans Rednerpult, raschelte etwas nervös in meinen Papieren und räusperte mich: „Guten Abend, meine sehr verehrten Damen und Herren, ich habe Ihnen ein Märchen von Hans Christian Andersen mitgebracht, das ich ein wenig bearbeitet habe, und ich hoffe, es wird Ihnen gefallen." Hastig nahm ich einen Schluck Wasser, um die trockene Kehle zu befeuchten, dann hub ich an: „Es trägt den Titel: *Des Kaisers neue Kleider.*" Bestürzt hielt ich inne. Das war ja ein Genitiv! Was war nur in mich gefahren – wollte ich die Leute etwa schon in der Überschrift kompromittieren? Verunsichert blickte ich zu Herrn Schmitz, der missbilligend den Kopf schüttelte. Ich räusperte mich noch einmal, nahm einen weiteren hastigen Schluck aus dem Wasserglas und begann von Neuem: „Dem Kaiser seine neuen Kleider". Ein „Ah!"-Raunen ging durch den Saal – das Märchen war meinen Zuhörern offenbar bekannt –, und aus Herrn Schmitz' Richtung war ein erleichtertes Seufzen zu vernehmen. Also las ich weiter: *Vor vielen Jahren lebte ein Kaiser, dessen einzige Lust* – pardon: dem seine einzige Lust – *darin bestand, in immer neuen Kleidern zu wandeln und dem Volke seine kostbaren Röcke vorzuführen.*

Ich stockte erneut. Würden die Kölner diese Formulierung womöglich als besitzanzeigenden Dativ auffassen und „dem Volke seine kostbaren Röcke" als „kostbare Volksröcke" deuten? Ich durfte mir meine Verunsicherung nicht allzu sehr anmerken lassen und beschloss daher, zügig weiterzulesen:

Eines Tages – nein, will sagen: an einem Tag –, *da kamen zwei Betrüger in die Stadt, die gaben sich als Weber aus und behaupteten, Meister ihres Faches zu sein.* Meister von ihrem Fach, um es verständlicher zu sagen. *Sie würden die allerbesten Tuche weben, so fein, dass nur derjenige ihrer gewahr würde, der seines Amtes würdig sei.*

Katastrophe! War ich denn des Wahnsinns? Wie konnte ich nur so einen Satz durchgehen lassen! Die Sache bedurfte einer sofortigen Klarstellung: In Wahrheit haben die Weber natürlich nichts anderes behauptet, als dass sie Kleider machen können, die ein dummer Mensch nicht sehen kann. Und ich fuhr fort: *Das erweckte des Kaisers Neugier.*

Und Letzteres wiederum die Missbilligung meines Gastgebers Herrn Schmitz. Flugs verbesserte ich:

Das machte den Kaiser neugierig, und er befahl

ihnen, ihm ein solches Gewand anzufertigen, koste es, was es wolle. Die Weber verlangten von ihm dafür Seide, Silber und Gold. Der Kaiser klatschte in die Hände und trug seinen Ministern auf: „Bringet alles herbei, wessen es bedarf! Des Guten kann es nicht zu viel sein!"

Spätestens an dieser Stelle war klar, dass dieser Kaiser nie und nimmer in Köln gelebt haben konnte.

Schnellen Schrittes gingen die Minister, das Gewünschte zu holen. Frischen Mutes machten sich die Weber ans Werk. Vergessen Sie einfach die letzten beiden Sätze. [...]

Als der Geburtstag gekommen war, erschienen die Weber in des Kaisers Gemach. Sie wissen schon: das Zimmer, wo draußen dransteht: „Dem Kaiser seins". *„Herr, wir bringen euch euer neues Gewand!", verkündeten sie. Der Kaiser erschrak, denn er konnte es nicht sehen. Dabei war er sich seiner Sache so sicher gewesen.* Ja, das kommt davon! Wäre er *von* seiner Sache nicht ganz so sicher gewesen, dann hätte er viel Gold und Silber sparen können!

Der Kaiser durfte sich natürlich nichts anmerken lassen, und so schlüpfte er in die Kleider, die gar nicht da waren, zeigte sich voll des Lobes – also ziemlich voll mit Lob – *und trat erhobenen Hauptes* – um nicht zu sagen mit erhobenem Haupt – *hinaus vor das Schloss.*

Die Menschen, die seines Erscheinens schon seit Stunden geharrt ... die schon seit Stunden auf ihn gewartet *hatten, gerieten in äußerstes Entzücken und riefen: ‚Welche Muster! Welche Farben! Und wie gut die Schleppe sitzt!' Niemand wollte sich anmerken lassen, dass er in Wahrheit gar nichts sah, denn sonst hätte man ihn womöglich der Dummheit geziehen* – oder ihn zum Vollidioten abgestempelt.

Da rief schließlich ein Kind: „Aber er hat ja nichts an! Warum hat der Kaiser denn nichts an?!" Und Kindermund tut bekanntlich Wahrheit kund. Darauf ging ein Raunen durch die Menge: „Das Kind hat Recht! Um Himmels willen! Der Kaiser ist völlig nackt!"

Wie – um Himmels willen – sagt man ‚um Himmels willen' ohne Genitiv? ‚Um dem Himmel seinen Willen'? Weiß der Teufel! Ist auch schnurz, denn wir sind ohnehin gleich am Ende. *Ungeachtet des Raunens* – also ohne das Raunen zu beachten – *setzte der Kaiser seine Prozession fort, aufrechten Ganges* – oder wenigstens aufrecht gehend –, *und die Kammerdiener trugen die Schleppe, die gar nicht da war.*

So endete das Märchen. Und der Geschichte ihre Moral? Genitiv oder Dativ – mir war inzwischen alles egal! Denn ob nach dieser oder jener Art – ist letztlich ein Streit um dem Kaiser seinen Bart. Das Publikum applaudierte höflich, und ein sichtlich bewegter Herr Schmitz kam auf mich zu, tätschelte mir die Schulter und sagte: „Sehen Sie, war doch gar nicht so schwer! Sie waren für alle gut zu verstehen!" [...]

1 Erläutern Sie, an welchem Phänomen des Sprachwandels Sick in seiner Glosse Kritik übt.

2 Untersuchen Sie die Glosse genauer. Beantworten Sie dafür die folgenden Fragen und belegen Sie Ihre Untersuchungsergebnisse am Text.
- An welcher Stelle kritisiert Sick die angeblich fehlenden Grammatikkenntnisse der Kölner direkt?
- Wie kritisiert Sick die Haltung der Kölner zum Genitiv indirekt durch das, was Herr Schmitz sagt und wie er es sagt?
- Inwiefern macht Sick sich beim Erzählen seiner Geschichte „Des Kaisers neue Kleider" über die Kölner lustig?
- Wodurch macht Sick mit seiner Geschichte deutlich, wie wichtig der Genitiv ist?

3 Stellen Sie begründete Vermutungen darüber an, welche Intention Sick mit seiner Glosse verfolgt und an welchen Adressatenkreis er sich richtet.

4 Verfassen Sie selbst eine Glosse zu einem aktuellen Phänomen des Sprachwandels, z. B. zur Verwendung von Anglizismen, zum Rückgang der Dialekte oder zur Netzsprache.

Andreas Frey: **Die Regeln von morgen** (2015)

Wenn über die Zukunft der deutschen Sprache geredet wird, fällt ein Wort garantiert: Verfall. Ischwör! Geklagt wird über die zunehmende Zahl von Anglizismen, über falsche Kasus, übers Kiezdeutsch. Angeblich verlottert das Deutsche, und am besten wäre es, wenn alles bliebe, wie es ist. Dieses Beharrungsstreben kann man sympathisch finden. Kein Mensch muss Box für Strafraum sagen. Kausalsätze verlangen immer noch einen Nebensatz, weil das hat sich halt so entwickelt. Und „Isch geh Schule" ist immer noch eine ziemlich eigentümliche Variante für „Ich gehe in die Schule". Allerdings steht den Sprachhütern ein mächtiger Gegner gegenüber: die Wirklichkeit. Und die ist unberechenbar. Sprache ist ein Prozess. Laute, Wörter, Satzbau und Grammatik sind einem ständigen Wandel unterworfen. Das lehrt schon die Sprachgeschichte [...].

Insofern ist es erstaunlich, wie sich die Bemühungen wiederholen, den Status quo zu konservieren, als ob die Sprache jemals einen idealen Zustand erreichen könnte. Seit etwa zweitausend Jahren wird über den Zustand der Sprache gewettert. Die Zukunft ist dabei immer ein Abgrund, in dem die Muttersprache angeblich zu verschwinden droht. [...]

Wer hingegen mit Linguisten[1] über das Thema redet, erfährt zunächst einmal die Nüchternheit der Wissenschaft. Sie können den Sprachwandel gut erklären. [...]

Die Linguistin Damaris Nübling von der Universität Mainz hält die Sorgen vor dem Verfall der deutschen Sprache für völlig unbegründet. „Die Sprache optimiert sich ständig und passt sich ideal den Verhältnissen an, einfach weil sie das wichtigste Werkzeug zur Kommunikation ist", sagt sie. Nübling erklärt sich die Vorbehalte wie folgt: Viele Menschen hätten in der Schule ein Deutsch gelernt, das sie für das beste halten und mit dem sie meinten, sich über andere erheben zu können, die nicht genau dasselbe Deutsch sprechen und schreiben. [...]

Sprache diene also der sozialen Distinktion[2], wozu eben auch die Definitionshoheit gehöre, was man für richtiges Deutsch hält. „Vor diesem Hintergrund ist jeder Wandel eine Katastrophe, weil er diesen Menschen den vermeintlich festen Boden unter den Füßen wegzieht", sagt sie. Das gilt erst recht für Menschen, die sich die gültige Rechtschreibung mit großer Mühe aneigneten. Ihnen geben die Regeln Halt, jede Abweichung wird als Bruch wahrgenommen. Der Erfolg von Bastian Sick („Der Dativ ist dem Genitiv sein Tod") gründet darauf. Der Autor zeigt lieber auf den Gemüsehändler mit dem Deppenapostroph, anstatt zu erklären, warum eine Regel zur Regel geworden ist und warum es sinnvoll sein könnte, sie einzuhalten. [...]

1 **Linguist:** Sprachwissenschaftler
2 **Distinktion:** Abgrenzung

1 Erläutern Sie die im Text erwähnten Phänomene des Sprachwandels anhand konkreter Beispiele.

2 **a** Untersuchen Sie, welche Haltung gegenüber Phänomenen des Sprachwandels die öffentlich-publizistische Sprachkritik (z. B. Sick) und welche Haltung Sprachwissenschaftler vertreten.
b Stellen Sie Vermutungen darüber an, wie die unterschiedlichen Haltungen zu Stande kommen.

Information **Öffentlich-publizistische Sprachkritik und Sprachwissenschaft**

Die **öffentlich-publizistische Sprachkritik** beklagt häufig den vermeintlichen Verfall der deutschen Sprache und entwickelt auf dieser Grundlage Ratgeber für eine sprachlich interessierte Leserschaft, z. B. Bastian Sick: *Der Dativ ist dem Genitiv sein Tod*, Eike Christian Hirsch: *Deutsch kommt gut. Sprachvergnügen für Besserwisser.* Die **Sprachwissenschaft** verfolgt in der Regel das Ziel, sich differenziert mit Phänomenen des Sprachwandels auseinanderzusetzen, z. B. indem sie diese als oftmals sinnvolle Entwicklung beschreibt und deren Ursachen erforscht.

Theorien des Sprachwandels

Winfried Davies: **Die Geschichte vom „schlechten" Deutsch** (2007)

[...] Die meisten zeitgenössischen SprachwissenschaftlerInnen sind VerfechterInnen der Differenztheorie, die besagt, dass alle Varietäten, solange nicht das Gegenteil bewiesen ist, in ihren Ausdrucksmöglichkeiten und in ihrer logischen Analysekapazität einander funktional äquivalent sind [...]. Barbara Sandig zog aus dieser Theorie folgenden Schluss:

> [D]en richtigen Sprachgebrauch gibt es nicht. Es gibt nur verschiedene Arten von Sprachgebrauch, die als funktionale Stile in bestimmten Kommunikationssituationen kommunikativ angemessen sind und/oder aufgrund sozialer Normen erwartet werden. (Sandig 1973, 53)

Dieser Ansatz hat aber wenig gemeinsam mit der tatsächlichen Praxis vieler „gewöhnlicher" SprecherInnen. Diese tendieren doch stark dazu, Varianten und Varietäten zu bewerten und sie als „schlecht"/„falsch" oder „gut"/„richtig" zu etikettieren. Dieses Hierarchisieren von Varietäten und Varianten scheint in jeder Sprachgemeinschaft vorzukommen [...]: Linguistische Varianten werden eingesetzt, um Menschen zu kategorisieren. In der Bibel kam der „richtigen" Aussprache des Wortes *Schibboleth* eine sehr wichtige Rolle zu, da die falsche Aussprache den Sprecher als Mitglied eines feindlichen Stammes identifizierte, das dann getötet wurde. Wir bedienen uns immer noch sprachlicher Variation, um andere Menschen einzustufen: U. a. fällen wir Urteile über ihre Schichtzugehörigkeit, ihre regionale Herkunft, ihre politischen Bekenntnisse und sogar ihre Charaktereigenschaften – aufgrund ihrer Sprache.

Sprache fungiert als wichtiges Sozialsymbol. In Süddeutschland symbolisieren lokale Varianten Ortsloyalität und Solidarität mit anderen Mitgliedern der Sprachgemeinschaft [...], was dazu führen kann, dass SprecherInnen aus dem Norden, die die Standardvarietät bzw. eine standardnahe Varietät sprechen, als distanziert und arrogant angesehen werden. [...] Andererseits wird die Standardvarietät oft als objektiv besser angesehen, was die Sprachwahl für SprecherInnen einer nicht standardsprachlichen Varietät erschweren kann, wenn sie versuchen, den verschiedenen Anforderungen einer Situation gerecht zu werden. In der Schweiz bedeuten solche ambivalenten Einstellungen, dass viele SprecherInnen Situationen ausweichen, in denen Schweizerhochdeutsch erwartet wird [...].

1 Lesen Sie den Text und klären Sie im Kurs gemeinsam Ihnen unbekannte Begriffe und Wendungen.

2 Im Text wird der Differenztheorie die Standardisierungsideologie gegenübergestellt. Halten Sie fest, von welchen Annahmen diese beiden Theorien ausgehen. Übertragen Sie dafür die folgende Tabelle in Ihr Heft und vervollständigen Sie sie.

Differenztheorie	*Standardisierungsideologie*
– *Varietäten sind funktionale ...* – ...	– *Varietäten werden bewertet als ...* – ...

3 Erläutern Sie, welcher Theorie die Texte von Bastian Sick (S. 307)und Andreas Frey (S. 309) jeweils zuzuordnen sind.

4 Im Text heißt es: „Die meisten zeitgenössischen SprachwissenschaftlerInnen sind VerfechterInnen der Differenztheorie" (Z. 1 ff.), wohingegen „‚gewöhnliche[ ]' SprecherInnen" (Z. 17 f.) der Standardisierungsideologie anhingen. Diskutieren Sie, ob man deshalb davon ausgehen kann, dass die Differenztheorie den „richtigeren" Blick auf Sprachwandel und Sprachvarietäten hat.

Sarah Plahm: **Und ewig wirkt die unsichtbare Hand** (2012)

„Bis ins 20. Jahrhundert hat man diskutiert, ob Sprache ein Naturphänomen ist oder von Menschen gemacht", sagt Rudi Keller, emeritierter[1] Professor für Sprachwissenschaft der Uni Düsseldorf. Um diesem Konflikt ein Ende zu bereiten, stellt er 1990 eine eigene Theorie vor, die sich aus beiden Lagern bedient und sich von beiden abgrenzt. „Die menschliche Sprache ist nicht auf dieselbe Art natürlich wie die Bienensprache, aber auch nicht gemacht wie ein Auto", meint Keller und nennt Sprache deshalb ein Phänomen der dritten Art – von Menschen geformt, aber nicht geplant.

Um das zu verdeutlichen, fand Keller das schöne Bild vom Trampelpfad: Sprachwandel laufe ähnlich ab wie die spontane Entstehung der Pfade auf dem Rasen des Düsseldorfer Universitätscampus. Jeder will so schnell wie möglich von A nach B und kümmert sich dabei nicht um die mühsam geplanten Wege des Architekten. Das Gras wird niedergetreten, und es entsteht ein Netz aus Trampelpfaden. Wie von einer unsichtbaren Hand geleitet, wählen dabei alle Studenten sehr ähnliche Wege – nämlich die effizientesten –, so dass das Ergebnis dieser unkoordinierten Handlungen eine intelligente Struktur ist, die allen nützt.

Die Metapher von der „unsichtbaren Hand" stammt eigentlich aus der Wirtschaftswissenschaft. Bereits 1776 beschrieb der Ökonom Adam Smith in seinem Werk „Der Wohlstand der Nationen", wie Kaufleute „von unsichtbarer Hand geleitet", aber jeder für sich egoistisch handeln und damit letztlich die wirtschaftliche Lage des Landes positiv beeinflussen. [...]

Verwenden also Einzelne den Ausdruck „geil" im Sinne von „super", dann ist das zunächst ein Regelverstoß, der den meisten Zuhörern unangenehm erscheint. Und deshalb wirkt Sprachwandel am Anfang wie Verfall, Verstöße gegen Konventionen sind zunächst einmal Fehler. Missachten aber viele eine Regel, wird aus dem Fehler irgendwann eine neue Konvention.

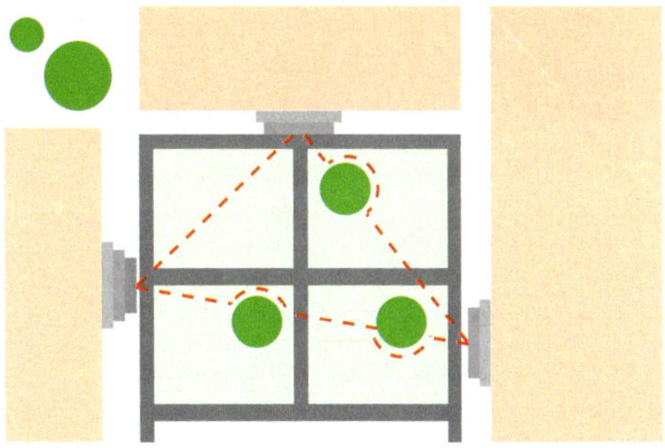

Doch warum kommen Menschen auf die Idee, plötzlich anders zu sprechen? Weil sie, sagt Keller, sich in einer Weise ausdrücken wollen, die ihren Zwecken entspricht. Wollen sich Jugendliche beispielsweise von ihren Eltern und Großeltern abgrenzen, eignen sich dafür unter anderem Tabuwörter wie „geil" – und natürlich gehört es zum Phänomen des Sprachwandels, dass sich dabei das Wort selbst verändert. Je mehr Menschen es benutzen, umso schwächer wird das Tabu. [...]

[Auch Ökonomie ist] eine Triebfeder des Wandels. Das führt dann zu Ausdrücken wie „ham" statt „haben" oder „Nabend" statt „guten Abend". Solche Änderungen können sich in der Grammatik durchsetzen, vorausgesetzt, viele Menschen sprechen über Jahrzehnte so.

[...]

„Die Geschichte mit der unsichtbaren Hand ist eine Bereicherung für die Debatte gewesen", meint Thomas Stolz[2]. Dennoch gab es neben Zustimmung auch Kritik. Denn Keller konzentriert sich vor allem auf den Bedeutungswandel und bleibt eine breite Palette an Erklärungen etwa für die Lautverschiebung schuldig. „Kellers Theorie ist eher eine Sprachhandlungstheorie denn eine Sprachwandeltheorie, mit der Vorhersagen möglich wären", sagt Stolz. Es fragt sich allerdings, ob ein solcher Anspruch eingelöst werden kann.

1 **emeritiert:** in den Ruhestand versetzt
2 **Thomas Stolz:** Sprachwissenschaftler an der Universität Bremen

1 **a** Wie entstehen auf dem Campus der Düsseldorfer Universität Trampelpfade? Erklären Sie Rudi Kellers Theorie. Nutzen Sie dazu auch die Abbildung.

b Erläutern Sie, warum Keller von „der unsichtbaren Hand“ spricht.

2 Untersuchen Sie die Beispiele *geil* und *ham* genauer.

a Warum werden die Wörter *geil* und *ham* verwendet? Benennen Sie Motive.

b Beschreiben Sie mit Hilfe von Kellers Theorie, wie sich die neue Wortverwendung jeweils durchgesetzt hat, wie es also zu einer Sprachentwicklung gekommen ist.

3 Erläutern Sie, inwiefern man Rudi Kellers Theorie nach Ansicht von Thomas Stolz nicht als Sprachwandeltheorie, sondern als Sprachhandlungstheorie bezeichnen sollte.

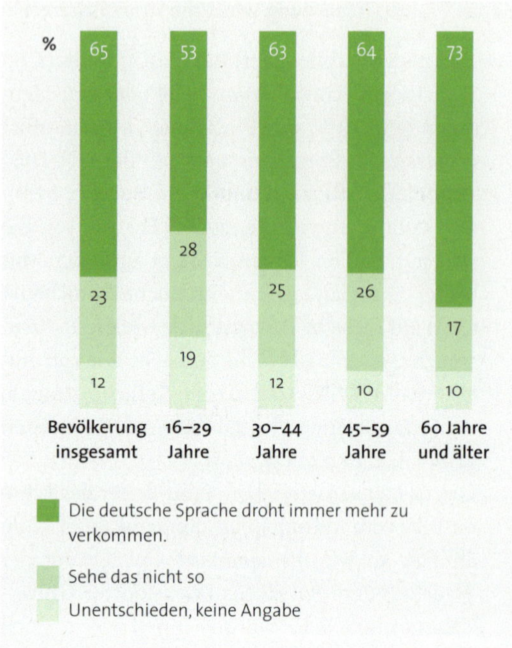

4 **a** Beschreiben Sie mit Hilfe der Grafik die Einstellung der Deutschen zum Thema „Sprachverfall“.

Insgesamt 65 % der Bevölkerung nehmen an, dass …
Je älter die Personen sind, desto …

b Setzen Sie die Grafik in Beziehung zum Text. Berücksichtigen Sie dabei vor allem das Alter der Befragten.

Information **Theorien des Sprachwandels**

Die Kontroverse zwischen Differenztheorie und Standardisierungsideologie ist ein Beispiel dafür, dass Sprachentwicklung und die dabei entstehenden Varietäten unterschiedlich beurteilt werden können:

- Die von Sprachwissenschaftlern häufig vertretene **Differenztheorie** geht davon aus, dass alle sprachlichen Varietäten (z.B. Dialekte oder Umgangssprache) angemessene Ausdrucksmöglichkeiten darstellen. Sie unterscheidet also nicht zwischen einem richtigen und einem falschen Sprachgebrauch, sondern zwischen verschiedenen Varietäten, die funktional sind und gleichberechtigt nebeneinanderstehen.
- Vertreter der **Standardisierungsideologie** bewerten Varietäten im Hinblick auf die Frage, ob es sich dabei um „richtiges“ oder „falsches“ Deutsch handelt. Ihr Maßstab ist dabei die Standardsprache.

In der Sprachwissenschaft gibt es verschiedene **Theorien zu Ursachen des Sprachwandels.** Bis ins 20. Jahrhundert wurde diskutiert, ob Sprachwandel ein Naturphänomen oder bewusst vom Menschen geplant und gemacht ist. Eine neuere Theorie greift beide Ideen auf und erklärt Sprachwandel als das Ergebnis des **Wirkens einer unsichtbaren Hand.** Das bedeutet, dass Sprachwandel aus den individuellen Sprachentscheidungen einzelner Menschen entsteht, die zusammen aber eine Struktur ergeben. Motive dafür können z.B. der Wunsch nach Ökonomie, Höflichkeit oder Abgrenzung von anderen sein.

6.2 Sprachliche Vielfalt – Varietäten untersuchen

Innere Mehrsprachigkeit und nationalsprachliche Varianten

Helmut Henne: **Sprachen in der Sprache** (1986)

In seinem Konzept der „inneren Mehrsprachigkeit des Deutschen" zeigt H. Henne auf, dass Sprachvarietäten nicht nebeneinander, sondern miteinander existieren.

Die deutsche Standardsprache als diejenige sprachliche Existenzform, welche die kulturelle und politische Geschichte und Existenz des Deutschen trägt, ist differenziert in [...] Funktionalstile. Diese sind solche des alltäglichen, arbeitspraktischen, wissenschaftlichen und literarisch-künstlerischen Verkehrs. Quer dazu steht das, was man Mediensprache, also den Funktionalstil der Rundfunk-, Fernseh- und „Printmedien" [...] nennen kann. [...] Die funktionalstilistisch gegliederte, also durch Sprachvielfalt ausgezeichnete Standardsprache ist spätestens seit dem 19. Jahrhundert das Zentrum sprachlicher Kommunikation, (Selbst-)Darstellung und Erkenntnis.
Um dieses Zentrum lagern sich „Kreise": Literatursprache, Fach- und Wissenschaftssprachen, Gruppensprachen, regionale Umgangssprachen, Dialekte. Diese Sprachkreise existieren nur, weil es die Standardsprache gibt. Kommunikation in den Wissenschaften zum Beispiel ist nur mit Hilfe der Standardsprache möglich. Fachinterne Kommunikation ist also solche in der Wissenschaftssprache unter Zugrundelegung der Standardsprache; fachexterne Kommunikation (von Fachmann zu Laie) ist solche in der Standardsprache („wissenschaftlicher Verkehr") mit Hilfe wissenschaftlicher Begriffe.

1 **a** Beschreiben Sie Hennes Modell mit eigenen Worten. Gehen Sie auch auf den Unterschied zwischen einem Funktionalstil (innerer Kreis) und einer Sprachvarietät (äußere Ringe) ein.
b Erläutern Sie, was man in der Regel unter „Mehrsprachigkeit" versteht und warum Henne hier von „innerer Mehrsprachigkeit" spricht.

2 **a** Um welche Sprachvarietät handelt es sich bei den folgenden Sätzen? Begründen Sie.
- „De Kinners maket em hus klamauk."
- „Wat frachse? [...] Aus'n Konsum anne Ecke."
- „Modalpartikel. Semantisch-pragmatisch definierte Teilmenge an Partikeln [...]."
- „Das ist voll chillig."
- „Singe die Gärten, mein Herz, die du nicht kennst." (R. M. Rilke)

b Erläutern Sie den Satz: „Diese Sprachkreise existieren nur, weil es die Standardsprache gibt."

3 **a** Finden Sie weitere Beispiele für die jeweiligen Sprachvarietäten.
b Tauschen Sie sich darüber aus, wo Ihnen die jeweiligen Sprachvarietäten begegnen.

Ulrich Ammon: **Die nationale und regionale Variation des Standarddeutschen** (2004) – Auszüge

Standarddeutsch klingt nach Einheitlichkeit – mehr noch als die früher bevorzugten Termini „Hochdeutsch“ oder „Schriftdeutsch“. Insbesondere erweckt dieser vermutlich aus dem Englischen entlehnte Ausdruck *(standard language)* den Eindruck gleicher Gültigkeit im ganzen deutschen Sprachgebiet, ähnlich dem dafür ebenfalls gelegentlich verwendeten Terminus „Einheitsdeutsch“ *(Einheitssprache)*. Zweifellos ist die regionale Einheitlichkeit auch weit größer als bei den Dialekten. Standarddeutsch wurde ja im Wesentlichen zu dem Zweck aus den Dialekten heraus entwickelt, um die überregionale Kommunikation zu erleichtern. Überregional wird vor allem in der Öffentlichkeit kommuniziert, weshalb die Verwendung des Standarddeutschen (oder zumindest die Annäherung daran) auch die Norm des öffentlichen Sprachgebrauchs ist. Die Verwendung ausgeprägten Dialekts in der Öffentlichkeit ist meist normwidrig, was letztlich funktional ist, aufgrund der dabei auftretenden Verständnisschwierigkeiten. Daher wird für leitende Berufe in der Regel die sichere Kenntnis des Standarddeutschen erwartet, denn die Inhaber solcher Berufe müssen meist auch in der Öffentlichkeit kommunizieren. So begründet sich auch die Beherrschung des Standarddeutschen als vorrangiges Lehrziel des muttersprachlichen Unterrichts [...].

Vor allem unter den Bewohnern Deutschlands scheint die Vorstellung von der Einheitlichkeit des Standarddeutschen weit verbreitet. Sie wurde indes erschüttert zur Zeit der Aufnahmeverhandlungen Österreichs mit der Europäischen Union 1994/95, als die Medien in Deutschland berichteten, dass die österreichische Verhandlungsdelegation die Verwendung spezieller österreichischer Wörter in den deutschsprachigen EU-Texten beantragt hatte. Tatsächlich wurde dem Beitrittsvertrag für Österreich ein Protokoll (Nr. 10) hinzugefügt, das beispielhaft 23 Varianten des österreichischen Standarddeutschs (Austriazismen) nannte, die in EU-Texten zusätzlich zu den in Deutschland geltenden Varianten zu verwenden sind. [...]

Deutsch ist in insgesamt sieben Staaten oder Teilen davon Amtssprache[1]. In den größeren von ihnen weist das Standarddeutsch Besonderheiten auf allen Zeichenebenen und grammatischen Stufen auf. In den kleineren Staaten beschränken sich die standarddeutschen Besonderheiten auf eine verhältnismäßig kleine Zahl von Wörtern. [...]

Als die Medien in Deutschland über das österreichische Begehren bei den EU-Beitrittsverhandlungen berichteten, haben sie sich darüber meist lustig gemacht. Dies ist bezeichnend für das Verhältnis der Deutschen zur nationalen Sprachvariation im Standarddeutschen. Die meisten Deutschen glauben offenbar, dass ihr Standarddeutsch im ganzen deutschen Sprachgebiet, also auch außerhalb Deutschlands, als korrekt gilt.

Sie werden darin auch von den eigenen Nachschlagewerken bestärkt, z. B. von den Dudenbänden, in denen die Sprachvarianten Österreichs und der Schweiz mit ihrer eingeschränkten Geltung markiert sind (als „österr.“ bzw. „schweiz.“), aber die spezifischen Sprachvarianten Deutschlands nicht. Obwohl Wörter wie „Abitur“, „Apfelsine“ oder „Sonnabend“ in ihrem Gebrauch ganz auf Deutschland beschränkt sind, „Apfelsine“ und „Sonnabend“ sogar nur auf dessen nördlichen Teil, sind sie in den Dudenbänden nicht mit einer entsprechenden Einschränkung markiert. Dadurch entsteht der falsche Eindruck, als seien sie gemeindeutsch, also auch in Österreich, der Schweiz und anderen deutschsprachigen Staaten gängig. Hierzu passt, dass es je ein besonderes Duden-Wörterbuch für Österreich und die Schweiz, aber nicht für Deutschland gibt [...]. Dabei betonen die Dudenbände stets, dass sie die deutsche Sprache „im gesamten deutschen Sprachraum“ dokumentieren. Ausgewogen ist

1 gemeint sind: (Ost-)Belgien, Deutschland, Italien (Südtirol), Liechtenstein, Luxemburg, Österreich, (Teil der) Schweiz

diese Dokumentation jedoch offensichtlich nicht. Sie wird von sprachkritischen Österreichern und Schweizern zu Recht als „sprachlicher Alleinvertretungsanspruch“ Deutschlands kritisiert.

Dementsprechend sind den Bewohnern Deutschlands ihre standardsprachlichen Besonderheiten auch nur wenig bewusst. […]

In Österreich sind die standardsprachlichen Besonderheiten des Landes dagegen zumindest für den sprachbewussten Teil der Bevölkerung echte Nationalsymbole. In Österreich gibt es eine jahrzehntelange Tradition, diese Sprachbesonderheiten gegen Entlehnungen aus dem größeren Deutschland zu verteidigen. So wurde in Zeitungen und anderen Medien vielfach gerügt, dass man in den Touristengebieten für Touristen aus Deutschland auf den Speisekarten teilweise „Obers“ durch „Sahne“, „Karfiol“ durch „Blumenkohl“ usw. ersetzt, statt es nur als Variante der besseren Verständlichkeit halber hinzuzufügen. […]

Auch die deutschsprachige Schweiz verfügt über viele Spezifika ihres Standarddeutschs, das so genannte „Schweizerhochdeutsch“. Anders als in Österreich spielen sie jedoch keine so große Rolle für das Nationalbewusstsein der Schweizer. Dieses drückt sich vor allem im Dialekt aus, der in der Schweiz in viel größerem Umfang gebraucht wird als in den übrigen deutschsprachigen Staaten. Dabei sprechen alle Sozialschichten ausgeprägten Dialekt, und zwar auch in vielen öffentlichen Situationen. Ausgenommen sind nur ganz wenige Situationen großer Öffentlichkeit wie die Debatten im Bundesrat in Bern, überregionale Rundfunknachrichten oder Hochschulvorlesungen.

	Österreich	Deutschland	Schweiz
Schreibung	*Kücken*	*die Praline* (sonst das *Praliné*)	Generell kein *ß*
Aussprache	[ʒ̊Iˈʀaf(ɔ)] Giraffe	-[ɔŋ] in *Balkon* usw. (sonst -[oːn])	[ˈalg̊iːr] Algier
Grammatik	*Möser (Moose)*	*Kragen (Krägen)*	*Zubehörden (Zubehöre)*
Wortbildung	*Ferialarbeit (Ferienarbeit)*	*Schweinebraten (Schweinsbraten)*	*Sonnseite (Sonnenseite)*
Wortschatz	*Vogerlsalat*	*Rapunzel*	*Nüsslisalat*

1 Erläutern Sie mit Hilfe des Textes den Unterschied zwischen einem Dialekt und einer Variation.

2 Übersetzen Sie die folgenden Begriffe aus dem Protokoll zum Beitritt Österreichs in die EU. Schlagen Sie sie ggf. im Wörterbuch nach: *Eierschwammerl, Erdäpfel, Kren, Marillen, Paradeiser.*

3 Erläutern Sie mit Hilfe der Tabelle, inwiefern sich das Standarddeutsch in Deutschland, Österreich und der Schweiz unterscheidet.

4 **a** Untersuchen Sie Ammons Text bezüglich der Frage, welche Haltung die Deutschen, die Österreicher und die Schweizer gegenüber ihrer Variation des Standarddeutschen vertreten.

b Diskutieren Sie im Kurs, wie Sie die Haltung der Österreicher zu ihrer Sprache beurteilen.

Information **Innere Mehrsprachigkeit und nationalsprachliche Varianten**

Neben der **Standardsprache** existieren im Deutschen verschiedene **Sprachvarietäten,** z. B. Literatursprachen, Fachsprachen, Umgangssprachen, Gruppensprachen und Dialekte, die die Standardsprache beeinflussen und von dieser beeinflusst werden. Die Fähigkeit zur Nutzung verschiedener sprachlicher Varietäten bezeichnet man als **innere Mehrsprachigkeit.**

Das Standarddeutsch weist verschiedene **nationalsprachliche Varianten** auf. So unterscheiden sich z. B. in den Sprachräumen **Deutschland, Schweiz und Österreich** einige Ausdrücke im Hinblick auf Schreibung, Aussprache, Grammatik, Wortbildung oder Wortschatz.

Fachsprachen

Katja Kessel, Sandra Reimann: **Fachsprache** (2012)

Die Fachsprache ist an den Beruf gebunden und zeichnet sich z. B. durch einen speziellen Wortschatz ([Fachwörter], Fremdwörter aus dem Englischen, Lateinischen oder Griechischen) und bestimmte syntaktische Strukturen (Passivkonstruktionen, präpositionale Fügungen, Substantivierungen, Funktionsverbgefüge und wenige Satzmuster) aus.

Eine Fachsprache strebt nach Ökonomie und Genauigkeit; sie ist vor allem funktional.

Als Beispiele können die Fachsprache der Technik, der Verwaltung, der Medizin oder des Rechts genannt werden.

(1) Vor die Gerichte für Arbeitssachen können auch nicht unter die Absätze 1 und 2 fallende Rechtsstreitigkeiten gebracht werden, wenn der Anspruch mit einer bei einem Arbeitsgericht anhängigen oder gleichzeitig anhängig werdenden bürgerlichen Rechtsstreitigkeit der in den Absätzen 1 und 2 bezeichneten Art in rechtlichem oder unmittelbar wirtschaftlichem Zusammenhang steht und für seine Geltendmachung nicht die ausschließliche Zuständigkeit eines anderen Gerichts gegeben ist. […]

(2) Gray Component Replacement (GCR) beschreibt ein Verfahren, durch welches Unbuntanteile in den Farben teilweise oder ganz durch die Druckfarbe Schwarz ersetzt werden. Weiterhin werden durch Gray Component Replacement auch Farbführungsschwankungen beim Druck vermindert. Die GCR-Kurve beschreibt, welcher Anteil an Farbe aus den Auszügen Cyan, Magenta und Gelb entfernt und durch Schwarz im Schwarzauszug ersetzt wird. Dabei entsteht die horizontale Achse für die Ursprungswerte (dem Grauanteil in der Farbe der Flächenbedeckung) und die vertikale für den gewünschten Anteil, der durch Schwarz ersetzt werden soll.

1 Tragen Sie zusammen, wo Ihnen Fachsprache in Ihrem Alltag begegnet.

2 Untersuchen Sie die beiden Textbeispiele (► Z. 14–38) genauer.

a Um welche Fachsprache handelt es sich jeweils?

b Ergänzen Sie die folgende Tabelle:

	fachsprachliche Besonderheit	***Beispiel***
	Fachwörter	*Gerichte für Arbeitssachen (Z. 14)*
⋮	…	…
	Passivkonstruktionen	…
	Häufung präpositionaler Fügungen	*Vor die Gerichte (Z. 14)*
	…	
	Funktionsverbgefüge	*in … Zusammenhang steht (Z. 20f.)*
Syntax	…	…

3 **a** Wählen Sie einige fachsprachliche Besonderheiten (► Aufgabe 2b) aus und überlegen Sie, welche Funktion sie haben könnten. Sie können dazu den folgenden Wortspeicher nutzen.
Exaktheit • Effizienz der Darstellung (Ökonomie) • Eindeutigkeit • logische Folgerichtigkeit der Ausführungen (Deutlichkeit) • Objektivierung (Anonymität) • Verständlichkeit

b Fassen Sie zusammen, worin der Nutzen von Fachsprachen besteht.

4 Untersuchen Sie arbeitsteilig die verschiedenen Fachsprachen, die Sie in einzelnen Unterrichtsfächern, z. B. Mathematik, Biologie oder Deutsch, verwenden.

a Suchen Sie aus einem Schulbuch einen Text heraus, der besonders viele fachsprachliche Besonderheiten aufweist.

b Notieren Sie Beispiele für die fachsprachlichen Besonderheiten in einer Tabelle (▶ Aufgabe 2b, S. 316).

c Stellen Sie sich gegenseitig Ihre Arbeitsergebnisse vor und benennen Sie Gemeinsamkeiten und Unterschiede zwischen den jeweiligen Fachsprachen.

5 Untersuchen Sie die Sprache auf dem Beipackzettel eines Medikaments.

a Arbeiten Sie heraus, welche fachsprachlichen Besonderheiten Ihnen auffallen.

b Beurteilen Sie, ob es sich dabei um einen Text in Fachsprache handelt.

Sonja Gibis: **So verstehen Sie Ihren Arzt** (2012)

[...] Schon mal von einer „Rhinitis" gehört? Ein harmloser Schnupfen. „Flatulenzen"? Auf Deutsch nannte man das früher auch „Winde". Nur dass diese dem menschlichen Hinterteil entfleuchen. Fragt der Arzt nach der „Miktionsfrequenz", will er wissen, wie oft Sie pinkeln müssen. Und sagt er „idiopathisch", hat er keine Ahnung, was die Ursache Ihrer Probleme ist. Denn idiopathische Krankheiten entstehen „aus sich selbst heraus". Selbst deutsche Wörter klingen im Mediziner-Mund oft fremd. So wird ein Chirurg einen Bauch nicht aufschneiden. Er wird ihn stets „eröffnen", allerdings wenig feierlich. [...] Von den Kranken, die zu ihm kommen, spricht ein Experte gern als „Patientengut". Ist eine Behandlung nötig, ist sie für einen Arzt „angezeigt" – oder besser „indiziert".

Doch warum meiden viele Mediziner Alltagssprache wie der Teufel das Weihwasser? „Dahinter steckt viel Pragmatik", meint Martin Fischer, Professor für Didaktik der Medizin an der Ludwig-Maximilians-Universität (LMU) in München. Fachbegriffe seien präzise und international verständlich. Beispiel: Endokriner Pankreas. Jeder Mediziner weiß sofort, dass die Funktion der Bauchspeicheldrüse als Hormonproduzent gemeint ist – im Gegensatz zum exokrinen Pankreas. Hier geht es um die Verdauungssäfte. Auf einem Kongress können ein deutscher und ein japanischer Mediziner zudem sicher sein, dass sie dieselbe Krankheit meinen und am selben Körperteil operieren wollen. [...]

Dennoch mögen manche finden, dass [...] an dem ausufernden Spezialwortschatz der Medizin etwas faul ist – und dahinter Standesdünkel vermuten. Wer eine besondere Sprache spricht, ist halt auch etwas Besonderes. Den Placebo-Effekt, die Wirkung ohne Wirkstoff, kann dies übrigens durchaus fördern. Dass der Arzt selbst daran großen Anteil hat, belegen viele Studien.

Denn das Vertrauen in den Heiler stärkt den Glauben an die Heilung – und führt dazu, dass selbst Medikamente stärker wirken. So helfen Mittel besser, wenn sie ein Arzt im weißen Kittel verabreicht statt einer im Pulli. Die Kleidung vermittelt Kompetenz. Und das tut auch die Fachsprache. Wer so schwierige Begriffe beherrscht, muss schließlich was auf dem Kasten haben. Und wirkt nicht auch ein Schamane besonders überzeugend, wenn er unverständliche Zauberformeln murmelt? […]

Böse Zungen sagen den Ärzten allerdings auch nach, dass sie manchmal nicht verstanden werden wollen. Etwa wenn sie Kollegen etwas mitteilen, ohne dass „das Patientengut" es merkt. Dann wird das Ärztelatein zur Geheimsprache. Rät der Arzt zu einer „Balneotherapie", meint er: Der Patient sollte sich dringend mal wieder waschen. Schreibt er die Abkürzung „C. p.", hält er Sie für einen „Caput piger", einen faulen Kopf oder Drückeberger. Und diagnostiziert er eine „maligne Logorrhoe", kann er einfach das Geplapper seines Patienten nicht ertragen. Dumm nur, wenn der Patient ein humanistisches Gymnasium besucht hat. Dann heißt es für den Arzt „Cave linguam" – „Hüte deine Zunge!" Sonst könnte er es sein, der vom Patienten einen „Einlauf" verpasst bekommt.

1 **a** Betrachten Sie die Karikatur und beschreiben Sie das dargestellte Problem.
b Haben Sie selbst schon einmal eine ähnliche Situation erlebt? Berichten Sie im Kurs darüber.

2 Arbeiten Sie aus dem Text heraus, in welchen Situationen der Gebrauch einer medizinischen Fachsprache sinnvoll ist und wann dieser zu Problemen führen kann.
Sinnvoll ist der Gebrauch der medizinischen Fachsprache vor allem … Denn es geht dabei darum, … Problematisch ist der Gebrauch der medizinischen Fachsprache vor allem … So werden z. B. komplizierte Fachausdrücke genutzt, obwohl … Hinzu kommt, dass …

3 Diskutieren Sie im Kurs die Vor- und Nachteile medizinischer Fachsprache als „Placebo-Effekt" (Z. 38 f.) und als „Geheimsprache" (Z. 57).
Halten Sie Ihre Überlegungen in einer Tabelle fest:

	Vorteile	**Nachteile**
Placebo-Effekt	*Patienten vertrauen den Ärzten mehr, weil …*	…
Geheimsprache	…	…

4 **a** Nennen Sie eigene Beispiele für Situationen, in denen Ihnen die Verwendung einer Fachsprache notwendig erschien.
b Sammeln Sie Beispiele für Situationen, in denen die Verwendung einer Fachsprache für Sie wenig sinnvoll war.
c Tauschen Sie Ihre Ergebnisse im Kurs aus und fassen Sie Ihre Überlegungen zusammen.

Information **Fachsprachen**

Fachsprache dient der fachsprachlichen Kommunikation (z. B. im Bereich der Medizin, der Technik oder des Rechts) und hat das Ziel, Sachverhalte möglichst exakt und ökonomisch darzustellen. Sie zeichnet sich durch die Verwendung von **Fach- und Fremdwörtern** und **besondere syntaktische Strukturen** (z. B. Passivkonstruktionen, Substantivierungen, präpositionale Fügungen, Funktionsverbgefüge) aus.

Migration und Sprachgebrauch

Uwe Hinrichs: **Hab isch gesehen mein Kumpel – Wie die Migration die deutsche Sprache verändert hat** (2012)

[...] Der deutsche Sprachraum ist seit je und von allen Seiten von fremden Sprachen und Kulturen umgeben. Trotzdem haben die Deutschen in der Nachkriegszeit und zur Zeit des Wirtschaftswunders vor allem die weiche Variante des Sprachenkontakts kennengelernt – nämlich gesteuert, kulturell abgefedert und ohne wirkliche soziale Konsequenzen: Man las englische Autoren, lernte in der Schule Französisch und Latein, reiste in den Ferien nach Ibiza und begegnete später allenfalls ein paar Gastarbeitern, die meistens nur gebrochen Deutsch sprachen. Seit den siebziger Jahren jedoch erleben die Deutschen zum ersten Mal, wie es ist, wenn das Leben im eigenen Land wirklich tiefgreifend von fremden Menschen, Kulturen und Sprachen mitgeprägt und der Alltag auf eine unübersehbare Weise vielsprachig wird. [...]

Wie [...] haben die jüngsten Sprachkontakte das Deutsche verändert? [...]

Das Erste, was eine Sprache verliert, ist das, was sie für einfache Kommunikationszwecke mit fremden Sprechern am allerwenigsten benötigt: Das sind die Fälle, die Endungen und die Regeln ihrer Verknüpfung. Was man nicht braucht, das schleift sich schnell ab. Seit Bastian Sicks Bestsellern weiß man, dass der Genitiv bereits einen aussichtslosen Kampf kämpft („das Haus von meinem Vater"). Aber auch Dativ und Akkusativ müssen Bastionen räumen. Konstruktionen wie „mit diesen Problem", „aus den Lager heraus"; „wer soll den neuen Kabinett angehören"; „wir haben hier ein Rest"; „ich mach dir kein Vorwurf" und so weiter kann man nicht nur überall hören – es wird zum Teil, auch in Examensarbeiten, schon so geschrieben, weil junge Leute oft gar nicht mehr wissen, wie es einmal korrekt lautete: „mit diesem Problem"; „aus dem Lager"; „wer soll dem neuen Kabinett angehören" und so weiter. [...]

Das mehrsprachige Milieu kann auf korrekte Deklination und genaue Endungen durchaus

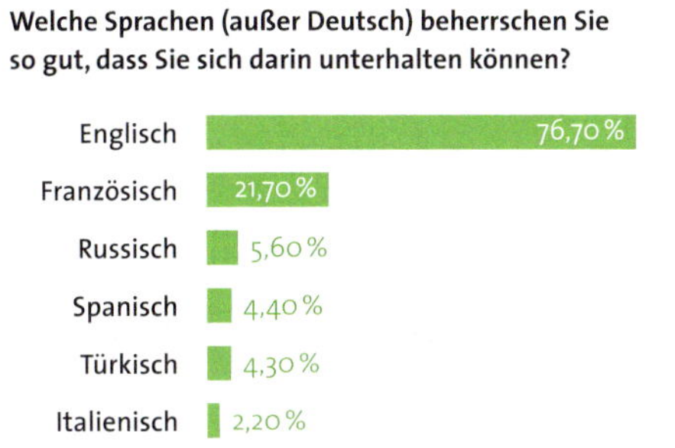

Fremdsprachenkenntnisse von Jugendlichen (Quelle: Shell Jugendstudie)

verzichten, weil diese Art Grammatik nur Kodierungsenergie frisst, die woanders viel dringender gebraucht wird, beispielsweise um Defizite im Wortschatz auszugleichen. Außerdem liefert die Situation meist genug Anhaltspunkte für das, was jeweils gemeint ist. Hinter dem, was Puristen als Verfall, ja Verlotterung anprangern, steckt nur die Strategie, die Sprachstrukturen zu vereinfachen, um das Kommunizieren mit Nichtmuttersprachlern zu erleichtern. Deshalb baut das Deutsche zurzeit viel Grammatik ab; und viele Schulkategorien wie Konjunktiv, Plusquamperfekt oder vollendetes Futur werden in naher Zukunft wahrscheinlich kaum noch gebraucht. [...]

Eine zweite Quelle für Sprachveränderungen liegt in den Herkunftssprachen der Migranten. Einwanderer greifen auch auf Sprachstrukturen zurück, die sie aus ihrer Muttersprache mitbringen. Diese werden ins Deutsche kopiert und im zweisprachigen Milieu gefestigt. Im großstädtischen Kiezdeutsch, das die Potsdamer Linguistin Heike Wiese erforscht, gibt es etwa eine Vielzahl von Satzmustern, die aus dem Arabischen oder Türkischen stammen, etwa die Wortfolge („Hab isch gesehen mein Kumpel gestern!") oder das Fehlen der Präposition („Ich geh Schule"). Auch in der Alltags-Umgangssprache kündigen sich bereits deutlich Tendenzen an, die von vielen Migrantensprachen gestützt werden: eine neue Steigerung mit „mehr" („mehr geeignet", „mehr zuständig") oder der Zusammenfall von Ort und Richtung („die Politiker fuhren letzte Woche auf einem Finanzgipfel") sind Beispiele für neue Strukturen, die ihre Vorbilder in vielen Migrantensprachen haben. Auch die zahlreichen neudeutschen Ausdrücke mit „machen" wie „einen Film machen", „ein Tor machen", „einen Kompromiss machen" haben direkte Parallelen im Türkischen.

In der heißen Phase des kontaktinduzierten Wandels der Sprachstrukturen kommt es nun dazu, dass die „Fehler" der Migranten allmählich von den deutschen Muttersprachlern nachgeahmt werden („foreigner talk") und es irgendwann nicht mehr auszumachen ist, wer nun gerade richtig- oder falschliegt; die Grenzen verschwimmen: Sprachkontakt führt immer zu Sprachvermischung und zu neuen Sprachstrukturen. Gleichzeitig lässt die Bereitschaft der Muttersprachler, die Fehler auch als Fehler wahrzunehmen und spontan zu korrigieren, mit der Zeit nach und verschwindet irgendwann ganz. Auf lange Sicht führt dieser Prozess zu einer neuen, stabileren Situation: Das gesprochene Deutsch wird dann geprägt von neuen Sprachstrukturen, die sich durch Sprachkontakt herausgebildet haben. Die Grammatik ist reduziert, der innere Zusammenhalt der Satzteile gelockert, viele Regeln sind vereinfacht oder lösen sich ganz auf, die Sprache wird einfacher (und wird hier vom Englischen unterstützt). [...]

Die Wissenschaften halten sich mit der Erforschung dieser Prozesse jedoch noch weitgehend zurück. [...] Wahrscheinlich fürchten besonders die Linguisten, dass sie, wenn sie den Einfluss der Migrantensprachen auf das Deutsche analysieren, schnell in eine Diskriminierungsfalle geraten könnten. Dies ist schade, denn gerade die Erforschung von Sprachkontakten böte die Gelegenheit, Deutsche und Migranten in Projekten zusammenzubringen und die Vision einer offenen Gesellschaft mit Leben zu füllen.

Was man nicht braucht, das schleift sich in der Sprache schnell ab.

1 **a** Erläutern Sie, was Hinrichs unter „Sprachkontakt" versteht und wie sich dieses Phänomen in Deutschland in den letzten Jahrzehnten verändert hat. Stellen Sie dabei auch einen Bezug zum Begriff der „Mehrsprachigkeit" her (▸ Information).

b Formulieren Sie eine Definition von „foreigner talk" (Z. 88).

„foreigner talk" ist die Sprache, die entsteht, wenn …

c Beurteilen Sie die Einflussmöglichkeiten fremder Sprachen auf das Deutsche anhand der Grafik.

2 **a** Listen Sie eigene Beispiele für die Sprachveränderungen auf, die Hinrichs beschreibt.

b Welche Veränderungen passen zum letzten Satz des Textes?

c Nehmen Sie Stellung zu den Veränderungen: Welche begrüßen Sie, welche sehen Sie kritisch?

3 Klären Sie, wieso Sprachwissenschaftler hier eine „Diskriminierungsfalle" (Z. 112 f.) fürchten.

Die Diskriminierungsfalle besteht wohl darin, dass Sprachwissenschaftler, die den Einfluss von Migrantensprachen untersuchen, sich dem Verdacht ausgesetzt sehen …

Information **Mehrsprachigkeit**

Neben der individuellen Mehrsprachigkeit **(Bilingualität)** wird der Begriff „Mehrsprachigkeit" auch verwendet, wenn in einem Sprachgebiet mehrere Sprachen verbreitet verwendet werden. In Abgrenzung von der individuellen Mehrsprachigkeit spricht man dann von **territorialer Mehrsprachigkeit.** Unter **institutioneller Mehrsprachigkeit** versteht man die Verwendung unterschiedlicher Sprachen in einer Verwaltung wie in der EU.

6.3.1 Klausurtraining: Materialgestützt einen Text verfassen

Aufgabenbeispiel

Das Land NRW überlegt, im Regierungsbezirk Münster das Westfälische als Dialekt-Varietät des Niederdeutschen zum Wahlpflichtfach an Grundschulen und weiterführenden Schulen zu machen. In einer Münsteraner Tageszeitung soll nun eine Wochenendbeilage erscheinen, in der Eltern, Schüler und Lehrkräfte mit ihren Beiträgen dazu Stellung beziehen sollen. Verfassen Sie anhand der Materialen M1 bis M5 und Ihrer Vorkenntnisse einen Beitrag. Argumentieren Sie darin – Vor- und Nachteile abwägend – für die Förderung von Dialekten und informieren Sie über konkrete Umsetzungsmöglichkeiten von Dialekt als Schulfach.

M1 Wolfgang Krischke: **Schnacken wie die Alten** (2012)

[...] Einmal pro Woche steht in der Hamburger Grundschule Curslack-Neuengamme Niederdeutsch auf dem Stundenplan. [...] Die Schule im dörflichen Stadtteil Curslack ist eine von acht Hamburger Grundschulen, in denen seit Kurzem Plattdeutsch als Wahlpflichtfach unterrichtet wird. Insgesamt mehr als 200 Kinder sind von ihren Eltern dafür angemeldet worden. Zwei weitere Schulen haben ebenfalls Plattdeutsch im Angebot – theoretisch. Praktisch war die Nachfrage bislang zu gering, um Stunden anzubieten. Unterstützt werden die Lehrer von ehrenamtlichen Sprachpaten, den „Plattsnackers". In den ersten beiden Schuljahren stehen Sprechen und Hörverständnis im Vordergrund. Erst später, wenn die Schüler die Grundlagen der hochdeutschen Rechtschreibung gelernt haben, sieht der Lehrplan auch Schreiben und Lesen auf Niederdeutsch vor – aber ohne Diktate und Grammatiktests. Die Unterrichtssprache ist von vornherein Platt, mit hochdeutschen „Ausrutschern" gehen die Lehrer tolerant um. Das Ziel ist nicht nur, das Niederdeutsche zu stärken, sondern auch, das Bewusstsein der Schüler für die sprachlichen Traditionen ihrer Heimat zu schärfen.

Anknüpfungspunkte gibt es genug in einer Stadt, deren berühmtester Park „Planten un Blomen" heißt und deren Straßen Namen wie Schoolmesterkamp (Schulmeisterfeld) oder Kattensteert (Katzenschwanz) tragen. Hamburg ist das erste Bundesland, in dem die regionale Sprache als eigenständiges Fach im Lehrplan verankert ist und von den Schülern aktiv erlernt wird. Wenn sich das Konzept bewährt, sollen den Pilotschulen weitere folgen. Niederdeutsch könnte dann sogar Abiturfach werden.

[...] Ein wesentliches Motiv für den pädagogischen Vorstoß des Stadtstaats liefert das EU-Recht: Dem zufolge gilt Plattdeutsch nämlich nicht als Dialekt, sondern als eine Regionalsprache. Und die fällt unter die Europäische Charta der Regional- oder Minderheitensprachen [...]. In ihr verpflichtet sich Deutschland, neben Friesisch, Sorbisch, Dänisch und Romanes als Minderheitensprachen auch Niederdeutsch zu fördern und in den Schulen zu unterrichten. [...]

„Weil das Niederdeutsche in den Familien nicht mehr weitergegeben wird, ist die Schule der Ausweg", sagt Ingrid Schröder, Niederdeutschprofessorin an der Universität Hamburg und als wissenschaftliche Beraterin an der Planung des neuen Fachs beteiligt. Bis in die achtziger Jahre hinein sahen viele Eltern und Lehrer – nicht nur in Norddeutschland – in den Dialekten Barrieren auf dem Weg zum korrekten Hochdeutsch. „Heute steht man der Mehrsprachigkeit viel positiver gegenüber. Die Vorstellung, die Kinder müssten erst im Hochdeutschen perfekt sein, bevor andere Sprachen dazukommen können, ist verschwunden", sagt Ingrid Schröder. [....]

M2 Charlotte Frank: „Na? Udslopen?“ (2012)

An einigen Hamburger Grundschulen lernen Kinder inzwischen wieder Platt. Doch für das ehrgeizige Pilotprojekt fehlen oft Lernmittel und Lehrer. Erschwerend kommt hinzu, dass manche Schüler schon mit der hochdeutschen Sprache genug Probleme haben. Ein Besuch im Klassenzimmer.

[...] Finkenwerder ist ein Stadtteil von Hamburg, ganz am Rand, am Südufer der Unterelbe. Hier gibt es noch Reetdachhäuser, freie Blicke auf den Deich und Menschen in Trachtengruppen und Kulturvereinen. Und solche, die Platt sprechen, mehr jedenfalls als sonst in Hamburg. Naheliegend also für die Schulbehörde, die Aueschule zur Pilotschule zu machen. Zu einer von zehn, an denen Niederdeutsch mittlerweile auf dem Stundenplan steht.

Das klingt erst mal gut, denn die alte Sprache ist vom Aussterben bedroht – obwohl die Hamburger sie, nachdem sie sie den Alten ausgetrieben haben, heute wieder ehren und lieben und ihr viel Prestige beimessen. Es gibt Bücher auf Platt, Zeitungsartikel, Radioformate, Werbung, Bands – und doch beherrscht die Sprache in Hamburg nur noch etwa jeder Zehnte fließend. Die meisten anderen können sie nur verstehen oder haben von ihren Großeltern ein paar Brocken gelernt. [...] „Goden Morgen. Ik heet Fietje. Ik bün söben Johr old“, sagt Frau Meier. Auf ihrer Hand sitzt eine Stoffpuppe mit Ringelpullover, Schirmmütze und gelben Wollhaaren, die Frau Meier durch die Luft wackeln lässt, auf Emirhan zu: „Un wer büst du?“ Emirhan, nach einem tiefen Gähner, blickt die Puppe erstaunt an. „Die Puppe hat gesagt, dass sie Fietje heißt und sieben Jahre alt ist“, erklärt die Lehrerin. „Und du?“ – „Ik heet Igor. Ik bün sös“, brüllt sein Nachbar dazwischen. Er kennt das mit Fietje schon. Das ist gut, weil Frau Meier Fietje nun klatschen lässt, woraufhin Igor vom Stuhl hüpft und sich auf die Brust trommelt. [...] Bis heute fehlen Bücher, Arbeitshefte, Lernspiele. Erst seit 2011 sind die Fietje-Handpuppe und das dazugehörige „Arbeitsbook 1“ auf dem Markt. Die Stofffigur tanzt nun immer wieder durch den Unterricht – die Pädagogen müssen sich da schon viel einfallen lassen, wenn sie Stunden halbwegs abwechslungsreich gestalten wollen.

Aueschule, Hamburg-Finkenwerder, Plattdeutsch-Unterricht (2012)

Das alles wäre ja zu verkraften – fehlten nicht auch noch: die Lehrer. An der Universität Hamburg können Studenten das Fach Niederdeutsch belegen; Bewerber, die diese Qualifikation mitbringen, werden heute bevorzugt eingestellt. Und doch gibt es zu wenige von ihnen; bis 2010 brauchte sie ja keiner. Einige der Pilotschulen müssen sich deshalb mit „Plattsnackers“ behelfen: Ehrenamtliche, die Niederdeutsch sprechen, aber keine Lehrerausbildung haben.

In Finkenwerder aber haben sie Glück. Anja Meier, 52 Jahre alt, zitronengelbe Bluse, ein Miniatur-Leuchtturm als Kettenanhänger, ist Lehrerin für Englisch, Mathematik und Sport. Und sie sagt über sich: „Plattdüütsch is min Modersprook.“ Ihre Muttersprache. In ihrer Familie werde ausschließlich Plattdeutsch gesprochen, und genauso hält sie es im Unterricht. [...] „Na? Udslopen?“, fragt sie jeden, die Kinder nicken, was bei den meisten gelogen wirkt – „udslopen“ heißt „ausgeschlafen“. [...]

„Das Ziel in der Grundschule ist nicht, dass die Kinder fließend Platt sprechen und schreiben“, sagt Anja Meier. „Sie sollen sich an die Sprache gewöhnen und ein Hörverständnis entwickeln.“ Fast wortgleich steht es im Hamburger Bildungsplan. Kein Wunder: Meier hat im Auftrag der Behörde die Niederdeutsch-Rahmenpläne für Grundschüler federführend entwickelt. Sie ist außerdem Autorin des Fietje-Buchs, sie hat viel für das Niederdeutsche an Hamburgs Schulen getan. Trotzdem sieht sie das ganze Projekt kritisch: „Wenn man wirklich will, dass Kinder Plattdeutsch lernen, dann muss man da richtig Geld reinstecken. Und Zeit.“

M3 Hans Kratzer: **Dialekt macht schlau** (2005)

[...] Jetzt hat die aktuelle Pisa-Studie dem Dialekt überraschend zu neuer Aufmerksamkeit verholfen. Dass im Bildungsvergleich ausgerechnet Dialekt-Regionen wie Bayern, Baden-Württemberg, Sachsen und Österreich ganz oben stehen, hat eine Reihe von Fragen aufgeworfen. Sogar die mundartlich wenig inspirierte Bildzeitung titelte etwas ratlos: Macht uns der Dialekt so schlau?

Größere Sprachkompetenz dank Dialekt

Mundart-Experte Hans Triebel beantwortet diese Frage klipp und klar mit Ja. „Unsere Kinder san ja net so gscheit, weil bei uns die CSU regiert, sondern weil sie von Grund auf zwei Sprachen lernen, den Dialekt als Muttersprache und das Schriftdeutsche als Standardsprache“, sagt Triebel. Tatsächlich lassen wissenschaftliche Untersuchungen den Schluss zu, dass Kinder, die mit dem Dialekt aufwachsen und sich dann erst die Standardsprache aneignen, eine größere Sprachkompetenz entwickeln.
Heinz-Peter Meidinger, der Vorsitzende des Deutschen Philologenverbandes, nennt folgenden Grund für dieses Phänomen: „Dialektsprecher lernen früh, zwischen verschiedenen Sprachebenen zu unterscheiden. Das trainiert die Auffassungsgabe und das abstrakte Denken.“ Nach Ansicht von Josef Kraus, dem Präsidenten des Deutschen Lehrerverbandes, profitieren Dialektsprecher vor allem in Deutsch und Mathematik von ihrem guten sprachanalytischen Verständnis.

Weniger Rechtschreibfehler bei Dialektsprechern

Ludwig Zehetner, der an der Universität Regensburg bairische Dialektologie lehrt, verweist überdies auf jüngste Erkenntnisse in der Hirnforschung. Aus denen gehe hervor, dass sich bei Kindern, die mehrere Sprachen beherrschen, das zuständige Zentrum im Gehirn besser ausbilde.
„Der Dialekt ist für ein Kind die optimale Voraussetzung für jegliche weitere Entfaltung auf sprachlichem Gebiet“, sagt Zehetner. Dazu passt die These von Reinhold Steininger, dass zwar der Gebrauch des Dialekts rapide zurückgehe, die Beherrschung der Schriftsprache aber in gleichem Maße abnehme.

M4 Können Sie den Dialekt Ihrer Region sprechen?

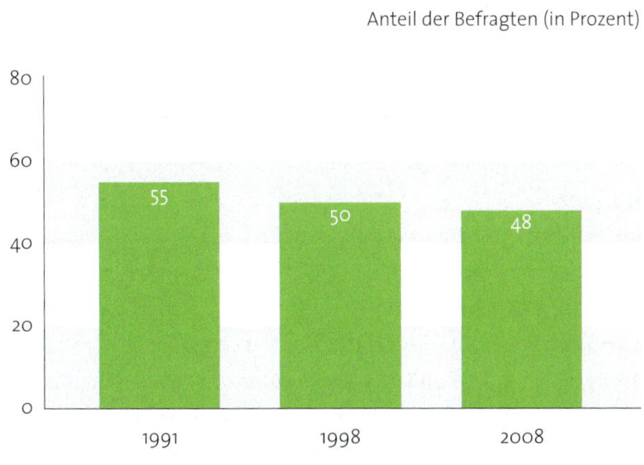

Deutschland; ab 16 Jahre; 1820 Befragte; IfD Allensbach

Die Aufgabenstellung verstehen

1 Lesen Sie die Aufgabenstellung gründlich und machen Sie sich klar, was für ein Text von Ihnen verlangt wird. Halten Sie alle wichtigen Informationen in einer Mindmap fest:

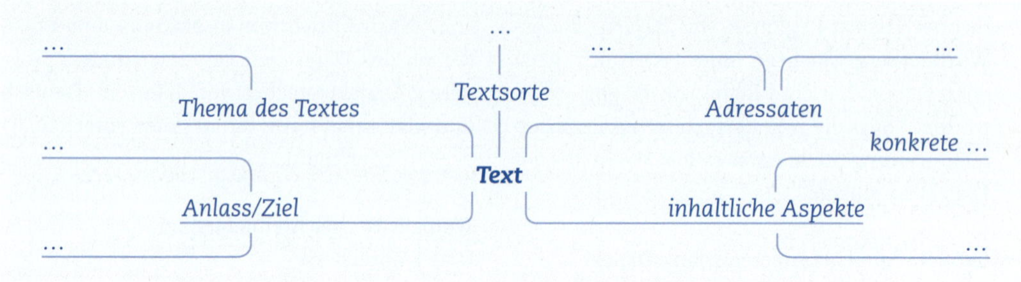

2 Erläutern Sie, was in den vorwiegend argumentierenden und was in den vorwiegend informierenden Teil Ihres Textes gehört. Berücksichtigen Sie dabei die Operatoren in der Aufgabenstellung.

Erstes Textverständnis und Ideen formulieren

3 Lesen Sie die Überschriften der Materialien 1 bis 4 und überfliegen Sie die Texte. Notieren Sie, in welchen Materialien Sie vermutlich Argumente für oder gegen die Förderung von Dialekten und in welchen Sie Informationen zur konkreten Umsetzung von Dialekt als Schulfach finden.

4 Halten Sie mit Hilfe Ihrer Kenntnisse aus dem Unterricht in einer Tabelle erste Argumente für und gegen die Förderung von Dialekten fest.

pro Dialektförderung	***kontra Dialektförderung***
Wer einen Dialekt beherrscht	*In manchen Situationen (z.B. ...) ist es wichtig, Hochdeutsch zu sprechen.* ...

Die Materialien gezielt lesen

5 Schreiben Sie aus den Texten M1 und M2 Informationen zur Umsetzung von Dialekt als Schulfach heraus. Beantworten Sie dabei u.a. die folgenden Fragen:
- Was lernen die Schülerinnen und Schüler in dem Fach?
- Welchen Status könnte das Fach haben?
- Wie kann der Unterricht ablaufen?
- Wer könnte oder sollte das Fach unterrichten?
- Welche Materialien werden für den Unterricht benötigt?

6 **a** Untersuchen Sie die Texte M1, M2 und M3 im Hinblick auf die Argumente, die für und gegen die Förderung von Dialekten angeführt werden. Ergänzen Sie die Tabelle mit Ihren Vorüberlegungen (▸ Aufgabe 4) um neue Argumente.

b Überlegen Sie, wie Sie Kontra-Argumente entkräften können. Beginnen Sie z.B. so: *Auch wenn es an geeigneten Lehrkräften fehlt, heißt das nicht, dass man ...*

7 Nehmen Sie nun das Säulendiagramm (M4) in den Blick:

a Worüber informiert das Diagramm? Worauf beziehen sich die Achsen?
Das Diagramm informiert über die Ergebnisse von Befragungen, in denen es darum ging, …
Es wird dargestellt, wie viel Prozent der Befragten in den Jahren …, … und … angaben, dass …

b Setzen Sie die Angaben für die einzelnen Jahre in Beziehung zueinander und fassen Sie zusammen, welche Entwicklung sich ablesen lässt.

c Begründen Sie, für welchen Aspekt Ihres Themas (Argumente für/gegen die Förderung von Dialekten oder Umsetzungsmöglichkeiten an Schulen) die Grafik relevant ist.

8 Machen Sie sich klar, in welcher Beziehung die Materialien 1 bis 4 stehen. Vervollständigen Sie dazu die folgenden Sätze. Nutzen Sie z.B. diese Verben: *übereinstimmen, ergänzen, widersprechen, zusammenpassen.*
Die Informationen zur Umsetzung des Fachs Dialekt an Schulen in M1 und M2 …, weil …
Die in der Grafik (M4) enthaltenen Informationen … M3, weil …
Die Argumente für Dialekte in M1 und M3 …, weil …

9 Die Materialien 1 bis 4 enthalten auch Informationen, die Sie laut Aufgabenstellung nicht in Ihren Text einbringen sollten. Nennen Sie Beispiele dafür.

Den Schreibplan erstellen und den Text schreiben

10 **a** Wählen Sie für den Hauptteil Ihres Textes eine sinnvolle gedankliche Struktur (▶ Information) aus. Begründen Sie Ihre Entscheidung.

b Erstellen Sie eine Gliederung für Ihren Hauptteil, indem Sie die Informationen und Argumente aus den Materialien und aus dem Unterricht den einzelnen Teilen der gedanklichen Struktur zuordnen.

11 Notieren Sie in Stichpunkten, wie Sie in der Einleitung Ihre Adressaten für das Thema interessieren und Ihren Standpunkt bereits verdeutlichen können. Wählen Sie aus den folgenden Möglichkeiten oder notieren Sie eigene Ideen:
Das Westfälische ist in Münster überall präsent; Schüler/innen sollen die sprachliche Tradition ihrer Heimat kennen; Sprachbewusstsein fördern

12 Halten Sie fest, wie Sie am Schluss ein Fazit ziehen, eine Empfehlung geben oder einen Appell formulieren können.

Information — Die gedankliche Struktur eines argumentierenden Textes entwickeln

Es ist wichtig, argumentierende Texte einer gedanklichen Struktur folgen zu lassen, damit die Informationen und Argumente nicht ohne Bezug nebeneinanderstehen und für die Leser/innen besser nachvollziehbar sind. Beispiele:

- **Ursachen → Wirkungen → Folgen/Vergangenheit → Gegenwart → Zukunft**, z.B.: *Ursache: Ablehnung von Dialekten → Wirkung: Dialekte werden kaum gesprochen → Folge: Aussterben von Dialekten*
- **Problem → Lösung → Umsetzung**, z.B.: *Problem: Ablehnung von Dialekten → Lösung: Interesse wecken → Umsetzung: Werbung für Dialekte*
- **Frage → Antwort → Folgerung**, z.B.: *Frage: Sollen Dialekte gefördert werden? → Antwort: Ja, weil Pro-Argumente (z.B. …) überwiegen → Folgerung: Umsetzung durch …*

Manchmal ist es sinnvoll, die Struktur zu verändern, z.B.: *Folgen → Wirkungen → Ursachen.*
Auch argumentierende Texte unterliegen in der Regel der formalen **Gliederung** in **Einleitung, Hauptteil** und **Schluss**. Zudem haben sie eine **Überschrift**, die das Thema auf den Punkt bringt.

13 Verfassen Sie nun Ihren Zeitungsbeitrag. Nutzen Sie dazu Ihre Vorüberlegungen zur Gliederung.

a Wecken Sie in der Einleitung das Interesse Ihrer Leserinnen und Leser und versuchen Sie, diese bereits für Ihren Standpunkt zu öffnen, z. B.:
Bestmögliche Sprachförderung für Kinder: Ist das nicht ein Anliegen, das ...?

b Verfassen Sie den Hauptteil Ihres Textes. Verbinden Sie Informationen und Argumente in nachvollziehbarer und überzeugender Weise in der von Ihnen gewählten gedanklichen Struktur miteinander. Achten Sie auf eine argumentativ geschickte Sprache, bei der Sie rhetorische Mittel (► S. 242 ff.) einsetzen können, dabei aber dennoch sachlich bleiben sollten.
Tipp: Wenn Sie fremde Informationen oder Argumente mit eigenen Worten, in indirekter Rede oder als Zitat wiedergeben, sollten Sie Ihre Informationsquellen benennen und kurz vorstellen. Zeilenangaben sind allerdings nicht notwendig, z. B.:
Ludwig Zehetner, Dozent für bairische Dialektologie an der Universität Regensburg, weist darauf hin, dass die Hirnforschung zu der neuen Erkenntnis gekommen sei, dass sich bei Kindern das entsprechende Zentrum im Gehirn besser ausbilde, wenn sie mehrere Sprachen sprechen können.

c Formulieren Sie am Schluss ein Fazit, eine Empfehlung oder einen Appell, z. B. an Politikerinnen und Politiker, die über die Frage des Schulfachs Dialekt zu entscheiden haben. Beginnen Sie z. B. so:
Bevor man eine Entscheidung fällt, sollte gut bedacht werden ...
Auf jeden Fall wäre wünschenswert, dass ...

d Formulieren Sie eine interessante und treffende Überschrift, die sowohl das Thema umreißt als auch Ihren Standpunkt deutlich macht. Sie können dafür auch aus den folgenden Vorschlägen einen geeigneten auswählen:
- *Das Westfälische soll Schulfach werden*
- *Westfälisch ist ein schöner Dialekt*
- *Was Schüler in Münster sich wünschen?*
- *Westfälisch als Schulfach – eine Chance*

Den eigenen Text überarbeiten

14 Überarbeiten Sie Ihren Text mit Hilfe der folgenden Checkliste.

15 Notieren Sie abschließend die Aspekte, auf die Sie beim Verfassen Ihres nächsten informierenden Textes besonders achten wollen.

Checkliste Materialgestützt einen Text verfassen

- Wurden **alle relevanten Informationen** mit Blick auf das Thema vollständig ausgewählt, korrekt wiedergegeben und um **zusätzliches Wissen aus dem Unterricht** ergänzt?
- Wurde der geforderte **Standpunkt** mit Hilfe von **Argumenten** aus den Materialien und dem Unterricht überzeugend vertreten?
- Wurde **auf Aspekte verzichtet**, die für das Thema nicht relevant sind?
- Weist der Text eine klare **gedankliche Struktur** auf?
- Gliedert der Text sich in informative **Überschrift, Einleitung, Hauptteil** und **Schluss**?
- Ist der Text **sachlich** und für die Leserinnen und Leser **verständlich** formuliert?
- Werden die **Informationsquellen** kurz vorgestellt und korrekt zitiert bzw. paraphrasiert?
- Haben Sie Ihren Text im Hinblick auf **Rechtschreibung, Grammatik** und **Zeichensetzung** überprüft?

6.3.2 Klausurtraining: Zwei Sachtexte vergleichen

Aufgabenbeispiel

1. Analysieren Sie Alexander Kekulés Text „Der Zug ist abgefahren“ im Hinblick auf die Position des Verfassers, seine Argumentation und die angestrebte Wirkung. Berücksichtigen Sie dabei auch die Funktion sprachlicher und rhetorischer Mittel.
2. Formulieren Sie mit eigenen Worten, welche Position Ralph Mocikat vertritt, und erläutern Sie, wie er argumentiert. Stellen Sie abschließend dar, in welchen Punkten Kekulé und Mocikat übereinstimmen und in welchen sie sich unterscheiden.

Alexander Kekulé: **Der Zug ist abgefahren** (2011)

Alexander Kekulé ist Virologe und Direktor am Institut für Medizinische Mikrobiologie an der Universität Halle-Wittenberg.

Dass die deutsche Alltagssprache von englischen Wortfetzen unterwandert wird, ist eine ästhetische Zumutung und kulturell bedenklich. Gewiss, manchmal sind englische Ausdrücke besonders „cool“ und für Wörter wie „Gadget“ oder „App“ gibt es einfach keine perfekte Übersetzung. Offenbar meinen unsere Werber jedoch, man könnte den deutschen Konsumenten nur noch mit englischen Einsprengseln erreichen.

Mit der englischen Sprache haben die importierten Wortfetzen meist nichts zu tun. Ich nenne sie deshalb „Kontaminationen“, in Anlehnung an Verunreinigungen durch Krankheitserreger.

Die Forderung, Deutsch als Wissenschaftssprache wieder zu beleben, ist jedoch die falsche Antwort auf das Problem, zumindest soweit es Naturwissenschaften und Technik betrifft. Hier ist Englisch seit Jahrzehnten die Lingua franca, und das ist auch gut so. Dass sich Forscher aus allen Erdteilen schnell, präzise und mit einheitlichen Definitionen austauschen können, hat die Wissenschaft erheblich beschleunigt. Für Wissenschaftler aus Entwicklungs- und Schwellenländern eröffnete erst die gemeinsame Sprache – zusammen mit dem Internet – die Chance, am globalen Diskurs teilzunehmen. Zudem werden viele Arbeiten von internationalen Autorenteams verfasst, die nur Englisch als gemeinsame Sprache haben. Auch für Forschungsaufenthalte im Ausland – und für ausländische Gäste bei uns – ist die gemeinsame Arbeitssprache von unschätzbarem Wert. Hinzu kommt, dass es viele neue Fachbegriffe nur auf Englisch gibt. Um sie einzudeutschen, müsste man zwanghaft Entsprechungen erfinden, die nicht einmal für Muttersprachler eindeutig wären. Die absurden Konsequenzen kann man in Frankreich beobachten: Dort stöhnen die Forscher, weil sie per Gesetz verpflichtet wurden, Tagungsbände auf Französisch zu übersetzen. Bei Konferenzen quellen die Mülleimer davon über.

Auch die Forderung, für den sprachlichen Binnenraum Deutsch als „zweite“ Wissenschaftssprache zu etablieren, ist nicht sinnvoll. Die Adressaten naturwissenschaftlicher Originalpublikationen sind zu 90 Prozent im Ausland. Nur an Deutsche gerichtete Medien – wie populärwissenschaftliche Magazine, TV-Sendungen und Fachblätter bestimmter Berufsgruppen – können und sollen dagegen weiterhin auf Deutsch erscheinen. Wenn darin einige englische Fachausdrücke enthalten sind, ist das noch lange kein Grund, sich um den Erhalt des Deutschen Sorgen zu machen. Der beste Schutz vor englischen Kontaminationen der Alltagssprache wäre im Gegenteil, wenn möglichst viele Deutsche sehr gut Englisch sprechen. Wer zwei Sprachen gut beherrscht, hält sie sauber auseinander und findet es ganz und gar nicht „smashing“, wenn in jede gesprochene „line“ massenweise englische „expressions eingemerged“ sind.

Ralph Mocikat: **Deutsch muss als Wissenschaftssprache erhalten bleiben** (2011)

Ralph Mocikat ist Professor für Molekularbiologie in München und Vorsitzender des Arbeitskreises „Deutsch als Wissenschaftssprache" (Adawis).

In der Wissenschaftskommunikation wird zunehmend auch im Inland ausschließlich die englische Sprache verwendet. Das gilt insbesondere für naturwissenschaftliche und technische Disziplinen. Auf Kongressen mit ausschließlich deutschsprachigen Teilnehmern werden Vorträge fast immer nur noch auf Englisch gehalten. Hiesige Drittmittelgeber schreiben oft vor, Förderanträge lediglich in englischer Sprache einzureichen.

Immer mehr Hochschulen stellen Studiengänge komplett auf Englisch um. Dabei haben verschiedene Studien aus den Niederlanden, Schweden oder Norwegen gezeigt, dass das tiefere Verständnis deutlich eingeschränkt ist, wenn Studierende den Stoff in ihrer Disziplin nur in der Lingua franca aufnehmen.

Auch bei uns erleben wir täglich, welche Konsequenzen es mit sich bringt, wenn Seminare oder wissenschaftliche Besprechungen nicht mehr in der Muttersprache abgehalten werden: Sie verflachen. In vielen Seminaren merkt man beispielsweise, wie die Diskussionsbereitschaft dramatisch schwindet, wenn die Fachsprache Englisch ist, selbst wenn alle Teilnehmer das Englische hervorragend beherrschen.

Das liegt daran, dass Sprache nicht nur eine kommunikative, sondern auch eine kognitive Funktion hat. Unsere Denkmuster, das Auffinden von Hypothesen, die Argumentationsketten bleiben – auch in den Naturwissenschaften – stets in dem Denken verwurzelt, das auf der Muttersprache beruht. Wissenschaftliche Theorien arbeiten immer mit Wörtern, Bildern, Metaphern, die der Alltagssprache entlehnt sind. Die ganze Tragweite von Anspielungen und Bildern kann man nur in der jeweiligen Muttersprache voll erfassen und für die Forschung fruchtbar machen. Wenn die Quelle für die Fachsprachen nicht mehr die Alltagssprache ist, werden die Sprachbilder fehlen, die nötig sind, um Neues anschaulich begreiflich zu machen. Da jede Sprache einen anderen Blickwinkel auf die Wirklichkeit zulässt und individuelle Argumentationsmuster bietet, läuft es auf eine geistige Verarmung hinaus, wenn Lehre und Forschung auf das Englische eingeengt werden. Gastwissenschaftler, die mit guten Deutschkenntnissen hierherkommen, dann jedoch von unserer Sprache und Kultur ferngehalten werden und daher nach kurzer Zeit ihre Sprachkenntnisse verlieren, kommen sich ausgegrenzt vor und tragen ein negatives Deutschlandbild in ihre Heimat zurück. Durch den ausschließlichen Gebrauch des Englischen koppelt sich die Wissenschaft auch immer weiter von der Gesellschaft ab, gegenüber der sie rechenschaftspflichtig ist. Natürlich kommen wir ohne Englisch als internationale Kongress- und Publikationssprache nicht aus. Doch unbestritten ist, dass wir im Inland auch das Deutsche als Wissenschaftssprache benutzen und pflegen müssen. Dazu wäre es beispielsweise notwendig, mehr in Übersetzungen zu investieren.

Die Aufgabenstellung verstehen

1 Welche der folgenden Teilaufgaben müssen Sie in Ihrem Text bearbeiten?

- Obwohl in der Aufgabe nicht gefordert, muss ich in der Einleitung bzw. der Überleitung die Texte vorstellen, also Autor, Titel, Textsorte, Erscheinungsjahr und Thema benennen.
- Ich muss in beiden Texten die sprachlichen und rhetorischen Mittel untersuchen.
- Bei der Analyse der Argumentation muss ich auch die Argumenttypen benennen.
- Im zweiten Teil der Klausur muss ich erörtern, welchem Autor ich zustimme.
- Ich muss meine Untersuchungsergebnisse in einem Fazit zusammenfassen.
- In meinen Vergleich soll ich andere mir bekannte Positionen zum Thema „Deutsch als Wissenschaftssprache" mit einbeziehen.

Erstes Textverständnis und Ideen formulieren

2 Lesen Sie beide Texte und notieren Sie knapp, inwiefern Kekulés und Mocikats Positionen sich unterscheiden und was ihre wichtigsten Argumente sind. Beginnen Sie z. B. so:
Kekulé: Englisch sollte …, weil Forscher …
Mocikat: … sollte als Wissenschaftssprache erhalten bleiben, weil …

3 Halten Sie auf einer Kopie Ihre ersten Ideen zu Kekulés Argumentationsweise und den von ihm verwendeten sprachlichen und rhetorischen Mitteln fest, indem Sie Unterstreichungen, Markierungen und Randnotizen vornehmen:

1. These Metapher *Personifikation* *Gegenargumente* *Beispiele*	Dass die deutsche Alltagssprache von englischen Wortfetzen unterwandert wird, ist eine ästhetische Zumutung und kulturell bedenklich. Gewiss, manchmal sind englische Ausdrücke besonders „cool" und für Wörter wie „Gadget" oder „App" gibt es einfach keine perfekte Übersetzung. Offenbar meinen unsere Werber jedoch, man könnte den deutschen Konsumenten nur noch mit englischen Einsprengseln erreichen.
Argument *Metapher*	Mit der englischen Sprache haben die importierten Wortfetzen meist nichts zu tun. Ich nenne sie deshalb „Kontaminationen", in Anlehnung an Verunreinigungen durch Krankheitserreger.

Den Text analysieren

4 Analysieren Sie den Text von Kekulé in den folgenden drei Arbeitsschritten:

a Notieren Sie in Stichpunkten, welche Thesen Kekulé vertritt und wie er diese argumentativ stützt. Vervollständigen Sie dazu die folgende Tabelle.

Thesen	***Argumentation***
Deutsche Sprache wird durch Anglizismen …	***Gegenargument:*** *manche englischen Ausdrücke sind …* ***Beispiele:*** *„Gadget", „App"* ***Argument:*** *„Wortfetzen" haben nichts mit … zu tun, sondern …*
Deutsch sollte nicht …	***Faktenargument:*** *…*

b Suchen Sie aus dem Text Beispiele für sprachliche Auffälligkeiten heraus, benennen Sie diese und notieren Sie die beabsichtigte Wirkung.
Tipp: Achten Sie z. B. auf rhetorische Figuren, Wortwahl, Satzarten, Satzbau und Anklänge an bestimmte Sprachschichten und Stile. Beispiele:
„Wortfetzen" (Z. 2) = Metapher → Wirkung: negative Bewertung von Anglizismen als unvollständige und unschöne Worte
„Lingua franca" (Z. 20), „globale[r] Diskurs" (Z. 28) = Fremdwörter, Fachbegriffe → Wirkung: …

c Überlegen Sie, welche Wirkung Kekulé erreichen möchte, z. B. informieren, belehren, überzeugen, kritisieren, appellieren. Berücksichtigen Sie auch, wer vermutlich die Adressaten sind.

5 Untersuchen Sie Mocikats Position und seine Argumentationsweise. Beginnen Sie z. B. so:
These 1: Deutsch als Wissenschaftssprache …
Argumente: – das tiefere Verständnis … (Beispiel: Studien aus …)
– …

6 **a** Vergleichen Sie die Positionen der beiden Autoren. Übertragen Sie dafür die folgende Tabelle in Ihre Kursmappe und vervollständigen Sie sie:

	Kekulé	**Mocikat**
Fragen/Probleme, mit denen sich nur einer der Autoren befasst	– *Anglizismen im Alltag* – *…*	
Fragen/Probleme, mit denen sich beide Autoren befassen	– *Englisch sollte …* – *…*	
	Gemeinsamkeiten: – *bei internationalen Kongressen und Publikationen …*	

b Stellen Sie Vermutungen dazu an, warum die beiden Autoren so unterschiedliche Positionen vertreten.

Methode **Sachtexte analysieren und vergleichen**

Sachtexte können bezüglich der folgenden Aspekte analysiert und verglichen werden. Dabei ist zu berücksichtigen, dass die Aufgabenstellung ggf. vorgibt, welche dieser Aspekte in den Blick genommen werden sollen.

Analyseaspekte	**Leitfragen zu Analyse und Vergleich**
Thema/Problemstellung	Beschäftigen sich die Texte exakt mit dem gleichen Thema, dem gleichen Problem? Wenn nicht: Inwiefern bietet sich ein Vergleich dennoch an?
Position/Thesen	Welche Ähnlichkeiten, welche Unterschiede weisen die vertretenen Positionen auf?
Argumentation	Welche Argumente/Beispiele tauchen in beiden Texten auf? Welche Unterschiede gibt es bezüglich der Argumente/Beispiele? Wie wird argumentiert (Argumenttypen, Strategien der Beeinflussung, Argumentationsaufbau, ...)?
Darstellungsweisen (Modi ▸ S.104)	Kommen neben argumentativen auch deskriptive oder narrative Darstellungsmodi vor? Wie sind Unterschiede erklärbar?
sprachliche und rhetorische Mittel	Gibt es sprachliche Besonderheiten (rhetorische Figuren, Wortwahl, Satzarten, Satzbau, Anklänge an bestimmte Sprachschichten und Stile)? Worin liegen wichtige Unterschiede?
Intendierte Wirkung	Intention: Welche Wirkung soll der Text auf die Leser/innen haben? Woran lässt sich dies erkennen? Wer ist vermutlich der Adressat des Textes? Inwiefern unterscheiden sich die Texte diesbezüglich?
Deutung der Unterschiede	Lassen sich Begründungen für Unterschiede finden: unterschiedlicher Anlass, unterschiedlicher Hintergrund der Autoren, ...?

Den Schreibplan erstellen und den Text schreiben

7 Planen Sie mit Hilfe des Informationskastens die Gliederung Ihres Aufsatzes.

Information **Gliederung des Sachtextvergleichs**

Für einen Sachtextvergleich hat sich der folgende Aufbau bewährt:
- Die **Einleitung** macht Angaben zu Autor/in, Titel, Textsorte, Erscheinungsjahr und Thema.
- In **Hauptteil I** wird der **erste Text** mit Blick auf die in der Aufgabe vorgegebenen Aspekte (z.B. Position des Autors, Argumentation, rhetorische und sprachliche Figuren, ...) **analysiert**.
- Nach einem **vorläufigen Resümee** macht die **Überleitung** Angaben zu Autor/in, Titel, Textsorte, Erscheinungsjahr und Thema des zweiten Textes und nennt Vergleichsaspekte.
- In **Hauptteil II** wird der **zweite Text** entsprechend der Aufgabenstellung **untersucht**. Anschließend werden die beiden Texte aspektorientiert **verglichen** und ggf. **beurteilt**.
- Am **Schluss** formulieren Sie als Fazit eine Zusammenfassung der Ergebnisse.

8 Schreiben Sie eine erste Fassung Ihres Aufsatzes.

a Formulieren Sie die Einleitung, indem Sie die folgenden Sätze vervollständigen: *Der vorliegende … „…“ von …, erschienen …, beleuchtet die Frage … Dabei vertritt … die Position, dass …*

b Verfassen Sie die Analyse des ersten Textes. Achten Sie dabei auf eine sachliche Sprache und darauf, Ihre Aussagen durch Verweise oder Zitate (▸ Information, S. 606) zu belegen.

c Vervollständigen Sie die folgende Überleitung: *Auch der … „…“ von …, der ebenfalls im Jahr … erschien, befasst sich mit … Allerdings …*

d Bearbeiten Sie nun die zweite Teilaufgabe. Nutzen Sie die folgenden Formulierungsbausteine.

Formulierungsbausteine: Sachtextvergleich
- **Gemeinsamkeiten:** *Beide vertreten die Auffassung, ... Ähnlich wie ... begründet ... seine Position mit ... Die Argumentation weist Übereinstimmungen auf: ...*
- **Unterschiede:** *Während ... die Auffassung vertritt, ..., versucht ... eine Begründung dafür zu liefern, dass ... Im Gegensatz zu ..., der vor allem ... als Argument anführt, begründet ... seine Position mit ... Anders als ... erläutert ...*

e Ziehen Sie am Schluss ein Fazit und begründen Sie ggf. die Unterschiede: *Zusammenfassend lässt sich feststellen, dass … Eine Ursache für die unterschiedlichen Argumentationen …*

Den eigenen Text überarbeiten

9 Entwickeln Sie eine Checkliste nach dem folgenden Muster und lassen Sie Ihren Text überprüfen. Entscheiden Sie, welche Hinweise Sie aufnehmen, und überarbeiten Sie Ihren Text.

Wesentliche Aspekte	*10 = voll erfüllt, 0 = gar nicht erfüllt*	*Verbesserungsidee*
Einleitung enthält …		
Text 1: Position und Argumentation …		
Text 1: sprachliche und rhetorische …		

7 Medien im Wandel – Medien untersuchen und Sachtexte erörtern

1 Medien bestimmen unsere Informations- und Wissensgesellschaft. Sie begegnen uns in unterschiedlichsten Formen. Klären Sie Ihr Vorverständnis des Begriffs „Medien" in Form eines Clusters.

Medien
- *Medienarten, z.B. Buch …*
- *…*
- *Massenmedien versus Individualmedien*
- *Bildung versus …*
- *…*
- *…*
- *…*

2 Erläutern Sie die Hintergründe, vor denen der Cartoon oben seinen Witz entwickelt.

3 Erklären Sie den Unterschied zwischen klassischen und vernetzten, digitalen Medien.
Bei klassischen Medien wie … wird die Information in eine Richtung … Sie sind abhängig von einem Trägermedium. Mit vernetzten … wie Facebook … ist ein … Austausch von …

In diesem Kapitel erwerben Sie folgenden Kenntnisse und Kompetenzen:

- Mediendefinitionen und Medientheorien kennen und vergleichend bewerten,
- die historische Entwicklung der kontroversen Medienkritik erfassen,
- den aktuellen Umgang mit vernetzten, digitalen Medien kritisch reflektieren,
- Besonderheiten der Internet-Kommunikation erläutern und beurteilen,
- Nachrichtensendungen in Fernsehen und Internet, soziale Netzwerke und Scripted-Reality-Formate im Hinblick auf Gestaltung, Aussage und Wirkung untersuchen und vergleichen,
- das schriftliche Erörtern von Sachtexten zum Thema Medienkritik üben.

7.1 Medienkritik – Kontroverse Positionen der Medientheorie

Was sind Medien? – Mediengeschichte und Technologiekritik

Jochen Hörisch: **Mediendefinitionen** (2001)

Kultur und Hochkultur zumal definiert sich nicht zuletzt über ihre Verachtung von Medien. Und wenn ihr zu schwanen beginnt, dass es ohne Medien auch keine Hochkultur geben kann, definiert sie sich eben über ihre Verwerfung von Massenmedien. Hochkulturell ist, wer Journalisten verachtet, wer nicht ins proletarische Kino geht, wer mit schlechtem Gewissen fernsieht, wer Computerspiele für verderblich hält […].

Medienwissenschaft betrat, weil sie als Schmuddelwissenschaft kaum Aussichten hatte, die Aura etwa der klassischen Philologie zu bekommen, erst mit eigentümlicher Verspätung die akademische Bühne. Schwer auszumachen, ob diese Verspätung mit zu den Gründen oder aber zu den Effekten des Umstands zählt, dass es bis heute wohl […] esoterisch-funktionale, aber keine trennscharfen Definitionen des Begriffs „Medien" gibt. Die alltagssprachliche Verwendungsweise des Wortes ist dennoch klar. Medium – das ist ein Mittel, ein Vermittelndes. Und also ist es nachgeordnet. Denn Analysen, die auf Wesentliches zielen, fragen natürlich danach, was denn dort vermittelt wird. […]

Kurzum: Medien haftet der Geruch des Sekundären, Handwerklich-Technischen, Unwesentlichen an.

Wer den Verdacht nährte, dieses Unwesentliche sei das, was eigentlich zähle, geriet schnell in eine Außenseiterposition und wurde, ja wird noch heute ab und an mit dem Vorwurf konfrontiert, den Mitteln beziehungsweise dem Medium mehr Aufmerksamkeit zu schenken als dem eigentlichen Inhalt, dem Zweck beziehungsweise der Botschaft. Die Geburt der neueren Medienwissenschaft lässt sich ebendeshalb präzise datieren. Sie betrat die Bühne mit dem Paukenschlagsatz des Exzentrikers McLuhan: „The medium is the message." […] Das Medium ist die Botschaft. Sinn macht ein Medium nicht so sehr im Hinblick auf die Botschaft, die es transportiert, sondern als das Transportmedium, das es selbst ist. Was schlicht heißt: Die Welt des Analphabeten ist eine andere als die des Bewohners der Gutenberg-Galaxis, als die des Televisionärs, als die des Internetsurfers. Und zwar weitgehend unabhängig davon, was der Bewohner der Gutenberg-Galaxis liest oder der Fern-Seher sieht und hört. Dass jemand liest und nicht fernsieht, macht einen größeren Unterschied, als dass A dieses und B jenes Buch liest beziehungsweise C im TV lieber Sportübertragungen und D lieber Gameshows sieht. McLuhans Grundeinsicht gilt schlicht deshalb, weil die jeweils Dienst habenden Medien für gänzlich unterschiedliche Raum-Zeit-Strukturen, Aufmerksamkeitsfokussierungen und Sinn-Sinne-Konstellationen sorgen.

1 Gleichen Sie Hörischs Mediendefinitionen mit Ihrem Vorverständnis ab (► S. 332, Aufg. 1).

2 Diskutieren Sie die beiden Thesen Hörischs: 1. Hochkultur definiert sich über die Verachtung der Medien (► Z. 1 ff.), 2. Die Art des Mediums ist entscheidender als der Inhalt, der über das Medium transportiert wird (► Z. 59 ff.).

Kathrin Passig: **Standardsituationen der Technologiekritik** (2009)

[...] Die Reaktion auf technische Neuerungen folgt in Medien und Privatleben ähnlich vorgezeichneten Bahnen. Das erste, noch ganz reflexhafte Zusammenzucken ist das „Wozu soll das bloß gut sein?" (Argument eins), mit dem der IBM-Ingenieur Robert Lloyd 1968 den Mikroprozessor willkommen hieß. Schon Praktiken und Techniken, die nur eine Variante des Bekannten darstellen – wie die elektrische Schreibmaschine als Nachfolgerin der mechanischen –, stoßen in der Kulturkritikbranche auf Widerwillen. Noch schwerer haben es Neuerungen, die wie das Telefon oder das Internet ein weitgehend neues Feld eröffnen. Wenn es zum Zeitpunkt der Entstehung des Lebens schon Kulturkritiker gegeben hätte, hätten sie missmutig in ihre Magazine geschrieben: „Leben – wozu? Es ging doch bisher auch so."

[...] Wenn sich herausstellt, dass das neue Ding nicht so überflüssig ist wie zunächst angenommen, folgt das kurze Interregnum[1] von Argument zwei: „Wer will denn so was?" „Eine beeindruckende Erfindung", lobte US-Präsident Rutherford B. Hayes 1876 das Telefon, „aber wer wird jemals eines benutzen wollen?" Und von Filmstudiochef Harry M. Warner ist die um 1927 gestellte Frage überliefert: „Wer zur Hölle will Filmschauspieler sprechen hören?"

Im Angesicht der Faktenlage – irgendwer will das Telefon dann ja doch benutzen – einigt man sich schließlich auf Argument drei: „Die Einzigen, die das Neue wollen, sind zweifelhafte oder privilegierte Minderheiten." In den neunziger Jahren hieß es vom Internet, es werde ausschließlich von weißen, überdurchschnittlich gebildeten Männern zwischen 18 und 45 genutzt. [...] Schon ab den frühen neunziger Jahren wurde regelmäßig darauf hingewiesen, dass insbesondere Terroristen, Nazis sowie Pornografiehersteller und -konsumenten sich des Internets bedienten. Einige Zeit später ist nicht mehr zu leugnen, dass das neue Ding sich einer gewissen Akzeptanz nicht nur unter Verbrechern und Randgruppen erfreut.

Aber vielleicht geht es ja auch einfach wieder weg, wenn man die Augen fest genug zukneift. „Das Pferd wird bleiben, denn das Automobil ist nur ein neue Modeerscheinung", wurde Henry Fords Anwalt Horace Rackham vom Präsidenten seiner Bank in der Frage beraten, ob er in die Ford Motor Company investieren solle. [...] Ines Uusmann, die schwedische Ministerin für Verkehr und Kommunikation, hoffte noch 1996: „Das Internet ist eine Mode, die vielleicht wieder vorbeigeht." So weit das seinerseits nicht sehr langlebige Argument vier.

Statt der Existenz des Neuen kann man danach noch eine Weile (Argument fünf) dessen Auswirkungen leugnen: „Täuschen Sie sich nicht, durch das Maschinengewehr wird sich absolut nichts ändern", wie der französische Generalstabschef im Jahr 1920 vor dem Parlament versicherte. Oder „Das Internet wird die Politik nicht verändern" (*taz*, 2000). [...]

Etwas später ist nicht mehr zu leugnen, dass das Neue sich weiter Verbreitung erfreut, keine Anstalten macht, wieder zu verschwinden, und sogar kommerziell einigermaßen erfolgreich ist. Es ist also im Prinzip ganz gut, aber, so Vorwurf Nummer sechs, *nicht gut genug*. Es ist langsam und umständlich und wird immer langsamer werden: „Experten befürchten, dass das Überlastproblem in wenigen Jahren einen kritischen Punkt erreicht, wenn nicht zuvor eine Lösung gefunden wird. Bis dahin wird die Geschwindigkeit im Netz weiter spürbar zurückgehen", kündigte Peter Glaser 1996 im Spiegel unter dem Titel *World Wide Wait* an. [...]

Den meisten dieser Vorwürfe ist gemein, dass ihre Anhänger die jeweiligen Probleme für naturgegeben und unvermeidlich halten und von einer weiteren Verschlechterung der Lage ausgehen, obwohl dafür historisch gesehen eher wenig spricht. Kühnert beklagte 1996: „Eine dieser (Such-)Maschinen antwortete auf die Frage nach dem Wort *Internet* mit 1881 Antworten. Bei der hundertzwanzigsten Auskunft mochte ich nicht mehr herumklicken." Zwei Jahre später sorgten Larry Page und Sergey Brin für Abhilfe in Form des Google-Suchalgorithmus. [...]

1 **Interregnum:** Zwischenregierung

Spätestens zu diesem Zeitpunkt muss man sich Gedanken darüber machen, was das Neue in den Köpfen von Kindern, Jugendlichen, Frauen, der Unterschicht und anderen leicht zu beeindruckenden Mitbürgern anrichtet. „Schwächere als ich können damit nicht umgehen!“, lautet Argument sieben. Der damals zweiundachtzigjährige Computerpionier Joseph Weizenbaum erklärte 2005: „Computer für Kinder – das macht Apfelmus aus Gehirnen.“ Medizinische oder psychologische Studien werden ins Feld geführt, die einen bestimmten Niedergang belegen und einen Zusammenhang mit der gerade die Gemüter erregenden Technologie postulieren. [...]

Ein Urahn dieser Bedenken ist natürlich die Lesekritik. „[...] Man liest und gefällt sich in diesem behaglichen, geschäftigen Geistesmüßiggang wie in einem träumenden Zustande. Die Zeitverschwendung, die dadurch herbeigeführt wird, ist doch nicht der einzige Nachtheil, welcher aus der Vielleserei entsteht. [...]“, warnt 1844 das *Universallexikon der Erziehungs- und Unterrichtslehre* [...]. Folgerichtig erstand in den neunziger Jahren auch die gefährliche „Bibliomanie“ im neuen Gewand der „Internetsucht“ oder „Onlinesucht“ wieder auf. [...]

Im Zusammenhang mit der Erziehung anderer zur richtigen Nutzung des Neuen stehen die jetzt auftauchenden Etikettefragen (Argument acht), bei denen es sich streng genommen nicht um Fragen handelt, denn sie werden weniger gestellt als ungefragt beantwortet. [...] [G]etippten Privatbriefen haftete bis in die achtziger Jahre ein Beigeschmack des Unhöflichen an. [...]

Das Herumsitzen in Cafés mit aufgeklapptem Computer wird von Gastronomen nicht gern gesehen – es vermittle ein ungeselliges Bild und schmälere die Einkünfte –, während das öffentliche Herumsitzen mit Buch oder aufgeklappter Zeitung schon seit einiger Zeit keinen Anstoß mehr erregt. Unausgesprochen geht es letztlich darum, dass Gegner einer Neuerung nicht ungefragt mit ihr konfrontiert werden wollen. [...]

Hat die neue Technik mit Denken, Schreiben oder Lesen zu tun, dann verändert sie, Argument neun, ganz sicher unsere Denk-, Schreib- und Lesetechniken zum Schlechteren. [...] An der University of Delaware entstand 1990 eine im Journal *Academic Computing* veröffentlichte Studie, derzufolge Studenten am Apple Macintosh wegen dessen grafischer Benutzeroberfläche im Vergleich zu Studenten am PC mehr Rechtschreibfehler machen, nachlässiger schreiben, einfachere Satzstrukturen und ein kindliches Vokabular benutzen. Aktuellere Varianten sind die Klage über die „leicht verdaulichen Texthäppchen und Schaubilder“ der Präsentationssoftware PowerPoint, die zu einer „Verflachung des Denkens“ führen (*Spiegel*, 2004), sowie die angeblich nachlassende Fähigkeit, längeren Texten überhaupt noch zu folgen.

In den seltenen Fällen, in denen der Kritiker erkennt, dass seine Vorwürfe schon mal da waren, argumentiert er, es sei diesmal aber trotzdem ganz anders und viel schlimmer. Der US-Essayist Sven Birkerts schrieb 1994: „Der Unterschied zwischen der Frühen Neuzeit und der Gegenwart ist – drastisch vereinfacht – der, dass der Körper einst Zeit hatte, das transplantierte neue Organ anzunehmen, während wir jetzt Hals über Kopf voranstürzen.“ [...]

1 Welche historische Parallele überrascht Sie am meisten? Tauschen Sie sich in Partnerarbeit aus.

2 Verschaffen Sie sich anhand des Textes einen Überblick über die Argumentation der Technologiekritik: Erklären Sie, wie sich in der aktuellen Medienkritik historische Positionen wiederholen:
Argument 1: Die neue Technologie ist ...
historische Parallelen: Mikroprozessor (1968), elektrische ...

3 Diskutieren Sie in Kleingruppen und tragen Sie Ihre Ergebnisse im Plenum zusammen: Sollte man die Bedenken und Sorgen der Kritiker ernst nehmen? Welche Motive könnten sie leiten?

Fassaden in Fernsehen und Facebook – Das Ende der Privatsphäre?

Umberto Eco: **Der Verlust der Privatsphäre** (2007)

Um es einerseits mit der Konkurrenz des Fernsehens aufzunehmen und andererseits mit der Erfordernis, eine genügend große Anzahl von Seiten zu füllen, um von der Werbung leben zu können, musste auch die so genannte seriöse Presse, einschließlich der Tageszeitungen, sich immer mehr um gesellschaftliche „Events", „Varieties" und „Gossip" kümmern und sah sich vor allem gezwungen, wenn es keine Nachrichten gab, sie zu erfinden. Eine Nachricht zu erfinden heißt aber nicht, über ein Ereignis zu berichten, das nicht stattgefunden hat, sondern etwas zu einer Nachricht zu machen, das vorher noch keine gewesen war, die unbedachte Äußerung eines Politikers in den Ferien, die kleinen Geschichten in der Welt des Spektakels. So wurde der Klatsch zum verallgemeinerten Nachrichtenmaterial und drang sogar bis in Räume vor, die bisher stets für die neugierigen Blicke der Regenbogenpresse tabu gewesen waren – regierende Monarchen, politische und religiöse Führer, Staatspräsidenten, Wissenschaftler. […]

Nam June Paik: Pre-Bell-Man (1990), Museum für Kommunikation Frankfurt

Das Opfer [des Klatsches] war jetzt nicht mehr eine bemitleidenswerte Person, denn es war ja genau in dem Maße Opfer geworden, in dem es berühmt war. Zum Gegenstand öffentlichen Klatsches zu werden erschien mehr und mehr als Statussymbol.

An diesem Punkt ging man zu einer zweiten Phase über, als das Fernsehen Sendungen erfand, in denen nicht mehr die Henker über die Opfer klatschten, sondern die Opfer sich bereitwillig und mit Freude in Klatsch über sich selbst ergingen, überzeugt, auf diese Weise den gleichen sozialen Status wie Schauspieler oder Politiker zu erlangen. […]

Was mir Sorgen macht, ist die Tatsache, dass der durch seinen Auftritt im Fernsehen glorifizierte Tor zu einem universalen Vorbild wird. Er hat sich zur Schau gestellt, also kann jeder andere das auch. Die Zurschaustellung des Toren bringt das Publikum zu der Überzeugung, dass nichts, nicht einmal das schändlichste aller Missgeschicke, das Recht hat, privat zu bleiben, und dass die Zurschaustellung der Deformation selbst prämiert wird. Die Dynamik des Auftritts im Fernsehen bewirkt, dass der Tor, kaum dass er auf dem Bildschirm erscheint, ein berühmter Tor wird, und seine Berühmtheit misst sich in Werbeverträgen, Einladungen zu Kongressen und Festen, manchmal auch in sexuellen Angeboten […]. Ein ähnliches Phänomen spielt sich im Internet ab. Die Durchsicht vieler Homepages zeigt, dass die Erstellung einer Website oft dazu dient, die eigene schale Normalität zur Schau zu stellen. […]

1 **a** Erklären Sie, wie Eco die Veränderung in der seriösen Berichterstattung erläutert und begründet.
b Stellen Sie in einem Flussdiagramm die von Eco aufgezeigte Entwicklung der Privatsphäre dar.

2 Setzen Sie die Videoinstallation Paiks und die Funktion des Fernsehens im Leben des modernen Menschen in Beziehung zueinander. *Die Installation Paiks besteht im Wesentlichen aus …*

3 **a** Bereiten Sie eine Diskussion zum Thema „Öffentliche Darstellung des Privaten in den Medien" vor. Sammeln Sie Beispiele „öffentlicher Selbstausstellung" in den Medien und überlegen Sie, worin der Reiz der Zurschaustellung für die Betroffenen und für das Publikum besteht.
b Entscheiden Sie, welche Diskussionsform (► Methode, S. 119) sich am besten eignet. Klären Sie, wer die Diskutierenden unter welchen Aspekten beobachtet. Führen Sie die Diskussion durch.

Alard von Kittlitz: **Der Traum von einem idealen Leben** (2010)

Als der Facebook-Gründer Mark Zuckerberg verkündete, das Zeitalter der Privatsphäre sei endgültig vorbei, war die Empörung groß. [...]
Allerdings stellt sich die Frage, ob aus den wütenden Reaktionen auf Zuckerbergs These zur Privatsphäre tatsächlich folgen muss, dass sie falsch ist. Denn was Facebook mächtig gemacht hat, war nicht der laxe Umgang mit den Kundendaten. Es war vielmehr die von Beginn an massenhaft vorhandene Bereitschaft der Nutzer, sich digital preiszugeben. Die Seite bedeutet für viele nicht bloß die Angabe von Wohnort, Lieblingsfilm, Lieblingsessen und sexueller Vorlieben wie in einem erwachsenen Poesiealbum, sondern ein von Blackberry und Notebook ständig aktualisiertes Guckloch in ein modifizierbares Idealleben.
Sicher ermöglicht Facebook den Nutzern einen facettenreichen Austausch. [...]
Die Seite hat auch deshalb solchen Erfolg, weil sie komplexe Kommunikation auf einfacher Oberfläche erlaubt. Man kann auf Facebook am echten wie am digitalen, zunehmend gleich wichtigen Leben des eigenen Bekanntenkreises teilhaben. [...]
Die Freunde sind das Publikum, welches das Gelingende der eigenen Existenz bezeugt, in dessen Reaktion und Eigenleben sie sich spiegelt wie in einem doppelten Panoptikum. [...]
Intersubjektivität, selbst wenn sie reduziert wird auf die armselige Oberfläche eines Bildschirms, bedeutet Wahrheit. Facebook erlaubt deren Steuerbarkeit. Hier endet die Sorge um die Privatsphäre und beginnt das Begehren, sich daraus zu befreien. Die von Facebook geförderte Zurschaustellung erfüllt eine existenzielle Funktion. [...]

Das Internet bereitet den Kommentatoren Kopfzerbrechen, weil es wie kein Artefakt zuvor das wirre Aggregat menschlicher Motivationen spiegelt. Das tut im Kleinen auch Facebook. Es stellt sich dennoch die Frage, ob ein wesentlicher Reiz der Seite nicht darin besteht, dass sie dem erschöpften Selbst Ermächtigung verspricht. Sie erlaubt ihren Nutzern die baukastenhafte Konstruktion einer Narrative in der eigenen Existenz. Das Zeugnis der „Freunde" nährt die Hoffnung, dass der Facebook-Avatar seinem Original entsprechen könnte. Dessen Zusammengesetztheit einzig nach den eigenen Bedürfnissen mehrt zwar die Gefahr einer nachhaltigen Spaltung der Nutzer in digitales und real verbliebenes Selbst. Der Verzicht auf Privatsphäre scheint jedoch ein geringer Preis für eine gefundene Identität, und so steht zu befürchten, dass Zuckerberg trotz allem Recht behält.

1 Erläutern Sie die Bedeutung des Titels, indem Sie aussagekräftige Textstellen heranziehen.

2 Der Begriff „Panoptikum" (griech. „Gesamtschau") bezieht sich hier auf einen Gefängnisentwurf des Philosophen Jeremy Bentham (1748–1832), in dem ein einzelner Aufseher gleichzeitig viele Insassen im Blick haben kann (s. Abb.): Führen Sie aus, was der Autor mit dem „doppelten Panoptikum" (Z. 29 f.) in Bezug auf soziale Netzwerke meinen könnte.

3 **a** Erklären Sie, inwiefern soziale Netzwerke den Verzicht auf Privatsphäre erfordern. Nehmen Sie dabei Bezug auf den Text, beziehen Sie aber auch eigene Erfahrungen mit ein.
b „Das Zeitalter der Privatsphäre ist endgültig vorbei." Nehmen Sie Stellung zu der These.

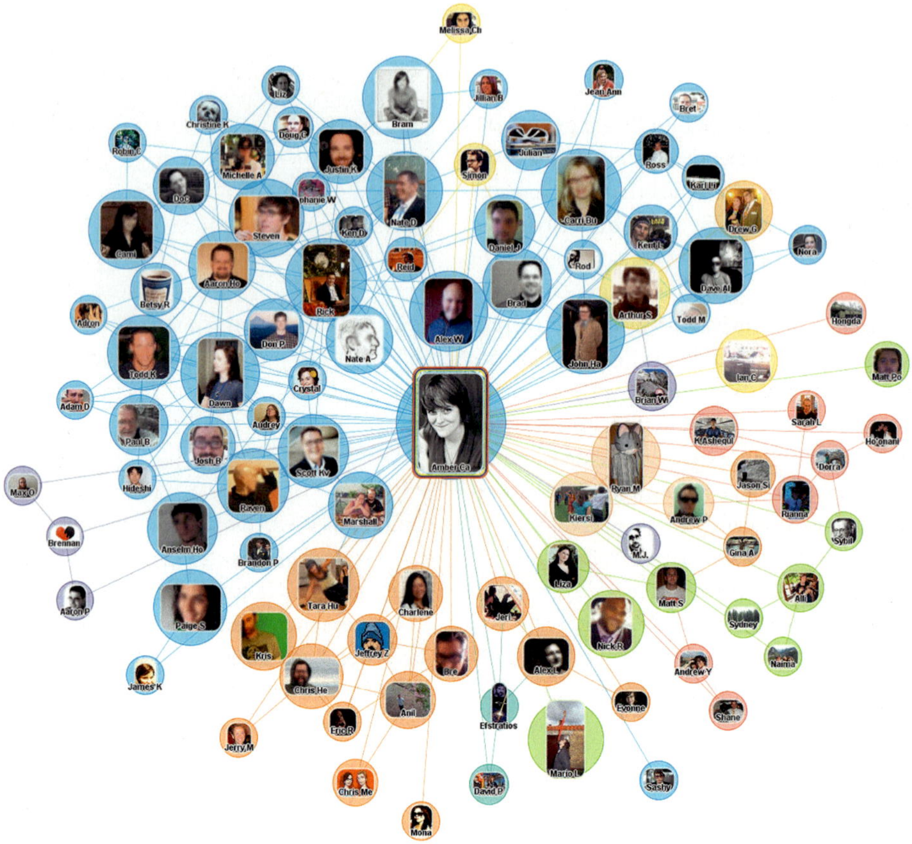

Sozialer Graph eines Facebook-Mitglieds (2012)

Der soziale Graph

Der soziale Graph eines Menschen visualisiert, wie er mit anderen Menschen, Gruppen und Institutionen verbunden ist. Er veranschaulicht meist, wer mit wem kommuniziert. Darüber hinaus kann er verdeutlichen, wer gemeinsame Interessen oder anderweitige Gruppenmerkmale teilt.
Wissenschaftler können soziale Graphen nutzen, um die Ausbreitung von Informationen und Meinungen darzustellen. Sicherheitsdienste verwenden sie, um das Umfeld von Zielpersonen auszuforschen. Kommerzielle soziale Netzwerke wie Facebook oder Google nutzen die Daten ihrer Mitglieder, um ihnen „soziales Suchen" zu erlauben und zielgenaue Werbung zu präsentieren.

1 **a** Beschreiben Sie den sozialen Graphen mit eigenen Worten. Wie wirkt er auf Sie?
b Erläutern Sie, welche Parallelen und Unterschiede Sie zwischen der Kommunikation vor dem Internet (unmittelbar oder per Telefon) und aktuellen sozialen Netzwerken im Internet sehen.

2 Denken Sie über Ihre eigene Vernetzung innerhalb sozialer Medien nach: Welche Vorteile bietet die Mitgliedschaft, welche Nachteile sehen Sie?

3 Überlegen Sie, ob die Veränderung von Kommunikation seit dem letzten Jahrhundert eine soziale oder nur eine technische Entwicklung darstellt.

In der digitalen Zweitwelt – Die Mediennutzung Jugendlicher

Ellis Hamburger (Interview), Danah Boyd: **Die Ära Facebook ist eine historische Ausnahme** (2014)

[...] Die Facebook-Ära ist eine Besonderheit, eine Anomalie. Die Idee, dass sich alle auf einer bestimmten Internetseite treffen, ist schlicht absurd. Nennen Sie mir nur ein Beispiel aus der Geschichte, wo alle Menschen sich im selben sozialen Raum bewegten. Eine Zersplitterung dagegen ist ein viel natürlicherer Zustand. Ist Interesse oder Freundschaft der Motor der eigenen sozialen Dynamik? Geht man an einen Ort, weil man dort Gleichgesinnte für Anime-Filme trifft, oder geht man dorthin, weil sich die Kumpels aus der Schule dort treffen? Ersteres ist eine treibende Kraft. [...]

Ich habe beispielsweise mit einem Mädchen gesprochen, die ein eingefleischter Fan von *One Direction* war. Twitter war ihre Anlaufstelle, um über diese Boygroup zu reden. All ihre Freunde wussten zwar von ihrem Twitter-Account, da sie sich aber nicht sonderlich für *One Direction* interessierten, waren sie auch nicht mit ihr bei Twitter aktiv. Aber sie waren alle gemeinsam auf Instagram, weil sie es dort lustig fanden und sie ihre Fotos austauschen konnten. Bei Instagram ging es nicht um *One Direction*, dafür war es nicht der richtige Ort. Daneben machten sie auch ein paar verrückte Sachen auf Tumblr, wo sie Teil einer kleinen Maker-Community[1] waren.

In der Facebook-Welt muss man dagegen all diese verschiedenen Publika miteinander vereinbaren. Man fragt sich: Ärgert sich dieser oder jener über mich, weil ich ständig was zu *One Direction* poste? Hält man mich für langweilig, weil ich dieses Maker-Zeug poste? Wo passt das jetzt hin? Das halte ich für den Hauptgrund dafür, warum die verschiedenen Gruppen aufbrechen: Man beginnt darüber nachzudenken, wonach man sucht, und man geht dafür in verschiedene Räume. Das entspricht dem, was Erwachsene auch tun: Wir gehen je nach Stimmung in unterschiedliche Kneipen, treffen jeweils andere Leute, wenn wir ein Konzert besuchen oder mit Freunden ruhig etwas trinken gehen. [...]

1 **Maker-Community:** Gemeinschaft von fortgeschrittenen Technikbastlern

1 Boyd macht einen Unterschied zwischen Interesse/Gleichgesinnten und Freundschaft/Kumpels. Nehmen Sie Stellung zu ihrer Behauptung, Ersteres sei die „treibende Kraft" sozialer Interaktion.

2 Facebook, Twitter, Instagram, Tumblr: Erklären Sie, mit welchem Vergleich aus der analogen Welt Boyd die verschiedenen Netzplattformen beschreibt. Überzeugt Sie der Vergleich? Begründen Sie.

Stefan Niggemeier: **Das wahre Leben im Netz** (2011)

[...] Unser Diskurs über das Internet wird von der Prämisse geprägt: Offline-Beziehungen seien richtige Beziehungen; Online-Gespräche seien keine richtigen Gespräche. Es ist, als würden im Internet die Computer miteinander kommunizieren, nicht die Menschen, die sie bedienen. [...]

Die amerikanische Wissenschaftlerin Danah Boyd, die die Nutzung sozialer Netzwerke durch Jugendliche untersucht hat, beschreibt in ihrer Promotionsschrift „Taken Out of Context" anschaulich, wie sie lernen, dass virtuelle Erfindungen wie ein Freundesranking auf MySpace sehr handfeste Auswirkungen auf die tatsächlichen Beziehungen unter den Betroffenen haben. Die meisten Jugendlichen vernetzen sich online vor allem mit ihrem erweiterten Freundes- und Bekanntenkreis aus der Schule. Sie haben sehr realistische Vorstellungen darüber, dass nur ein kleiner Teil derjenigen, mit denen sie dort als „Freunde" verbunden sind, tatsächlich eine enge Beziehung zu ihnen haben, und wissen die anderen dennoch zu schätzen. Und obwohl vieles an der Art, wie digital kommuniziert wird, fundamental anders ist, erfüllt diese Kommunikation dieselben Bedürfnisse: Junge

Leute suchen und finden ihre eigene Rolle, vergewissern sich ihrer Identität, entwickeln Beziehungen. [...]

Das findet an Orten statt, die sich der Kontrolle durch Erwachsene entziehen. Boyd erinnert daran, dass das immer schon so war. Früher verschwendeten die Jugendlichen ihre Zeit nicht in Chatrooms, sie lungerten in Einkaufspassagen oder auf Parkplätzen herum. Aber analog zur Stigmatisierung all dessen, was im Internet stattfindet, wird die vermeintlich reale Welt verklärt. Jeder Kinobesuch ist demnach dem Ansehen von Onlinevideos [überlegen] – das Erste gilt als soziale Aktivität, das Zweite bedeutet, egal wie intensiv der Austausch darüber in Foren oder Chats ist, die Gefahr der Vereinsamung.

Auch die Studie, wonach eine halbe Million Deutsche „internetsüchtig“ seien, beruht auf solchen Unterstellungen. Statt zu differenzieren, worin genau die Abhängigkeit besteht – ob es etwa konkret um Onlinespiele geht oder um virtuellen Sex –, wird der Ort an sich zur Gefahr erklärt. Eine der Schlüsselfragen heißt: „Wie häufig bevorzugen Sie das Internet, statt Zeit mit anderen zu verbringen, z.B. mit Ihrem Partner, Kindern, Eltern, Freunden?“ Die Möglichkeit, im Internet „Zeit mit anderen zu verbringen“, ist nicht vorgesehen. Nähe und Gemeinsamkeit zählen nur in analoger, körperlicher Form, das Internet wird konsequent als wirklichkeitsferner, einsamer Fluchtort definiert. Fragen wie: „Wie häufig setzen Sie Ihren Internetgebrauch fort, obwohl Sie eigentlich aufhören wollten?“ tun ihr Übriges. (Man ersetze Internetgebrauch testweise durch Bücherlesen, Schlafen oder Essen.) [...]

Richtig ist, dass es Facebook und ähnliche Onlineangebote erleichtern, Kontakte auf einem nichtintensiven Niveau aufrechtzuerhalten, lose in Verbindung zu bleiben mit alten Schulfreunden, vage Beziehungen zu haben mit Menschen, mit denen uns nur ein spezielles Interesse verbindet. [...]

Muss man sich sorgen, wenn jemand Kontakte in seinem räumlichen Umfeld zu Gunsten von Kontakten in einem Onlinenetzwerk aufgibt? Oder nur, wenn jemand tiefgründige Beziehungen zu Gunsten oberflächlicher Kontakte kappt? [...]

Wie bizarr ist es, dass im öffentlichen Diskurs ausgerechnet das Medium gering geschätzt wird, das eine Kommunikation möglich macht, die nicht flüchtig ist? Das, zumindest teilweise, eine Renaissance der Kultur des Briefeschreibens nach sich zog? [...]

1 Notieren Sie spontan die beiden Ihrer Ansicht nach wichtigsten Aussagen des Textes.

2 Analysieren Sie die Argumentation in Niggemeiers Text: Benennen Sie Thesen, Argumente, Beispiele und Fazit.

3 Diskutieren Sie, wie bzw. wo das „wahre Leben“ stattfindet: offline, online oder als Mischform.

4 **a** Berichten Sie, wie Sie selbst soziale Netzwerke zur Kommunikation nutzen. Welche Themen sind öffentlich, welche privat?

b Nehmen Sie Stellung zu folgenden Aussagen zum Thema Internet-Kommunikation:

„Wenn es etwas gibt, von dem Sie nicht wollen, dass es irgendjemand erfährt, sollten Sie es vielleicht ohnehin nicht tun.“ *(Eric Schmidt, Google-Chef, 2009)*

„Viele dieser jungen Menschen werden Unternehmen gründen. Sie werden mit Daten und mit dem Netz interagieren. Vor allem wird ihr Verständnis von Privatsphäre ein vollkommen anderes sein. Ihr Bedürfnis, mit ihren Freunden zu interagieren, ist ein ganz anderes. Man muss sich nur einmal 15-Jährige anschauen. Sie dokumentieren jeden ihrer Schritte. Wie wird sich das niederschlagen, wenn sie erst im geschäftsfähigen Alter sind?“

(Harper Reed, Software-Entwickler und technischer Leiter von Obamas Wahlkampagne, 2013)

Medienbeschäftigung in der Freizeit 2005 – täglich / mehrmals pro Woche –

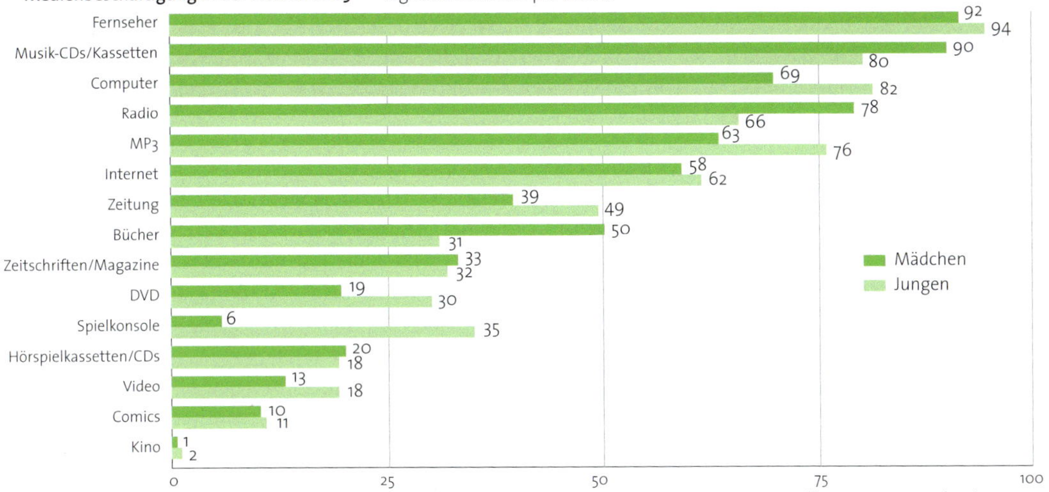

Quelle: JIM 2015, Angaben in Prozent

Medienbeschäftigung in der Freizeit 2015 – täglich / mehrmals pro Woche –

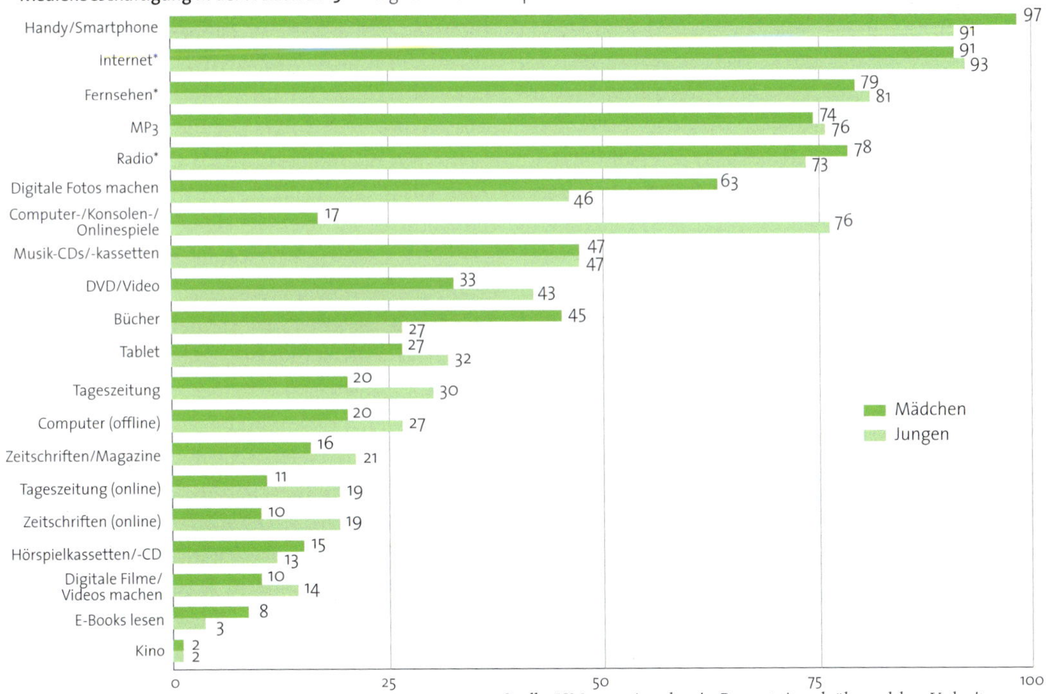

*Quelle: JIM 2015, Angaben in Prozent; * egal, über welchen Verbreitungsweg*

1 Vergleichen Sie die Diagramme aus den JIM-Studien (JIM: Jugend, Information, (Multi-)Media).

a Welche Medien sind zwischen 2005 und 2015 hinzugekommen? Was zeichnet sie aus?

b Werten Sie die Daten aus: Wie haben sich die Angaben in dem Jahrzehnt verändert? Welche Gründe kann es dafür geben? Wie unterscheiden sich die Angaben der Geschlechter?

2 Laden Sie die jüngste JIM-Studie herunter: Was hat sich im Vergleich zu 2015 geändert?

3 Welchen Vorteil hat diese Studie gegenüber der von Niggemeier angeführten (▸ S. 339 f., Z. 44 ff.)?

Thomas Schulz (Interview), Sherry Turkle: **„Schwer in Aufruhr“** (2012) – Auszug

Die US-Soziologin und Technologieexpertin Sherry Turkle im SPIEGEL-Interview:

Spiegel: Ms. Turkle, hat das Smartphone unser Leben verbessert oder verschlechtert?

Turkle: Es hat unser Leben in jedem Fall grundsätzlich verändert. Das Handy ist nicht mehr nur ein Gerät mit Nutzwert. Mit ihm fühle ich mich gut, ich nehme es mit ins Bett, es fühlt sich fast an wie ein Teil des Körpers, es macht mich quasi zu einem Maschinenmenschen [...]

Spiegel: [U]ntergräbt die mobile Internetwelt letztlich Gemeinsinn?

Turkle: Gewissermaßen. Die Technologie ermöglicht uns einen diskreten Ausweg. Wir entscheiden nur noch selbst, wann wir uns für soziale Situationen interessieren. Und das führt uns zum [...] psychologischen Effekt, der sich in ein Motto packen lässt: Ich teile, also bin ich. Das bedeutet, dass viele Menschen inzwischen glauben, nur dann einen wirklich relevanten Gedanken zu haben, wenn sie ihn mitteilen – weil sie es sich angewöhnt haben, alles direkt in dem Moment zu teilen, wenn sie den Gedanken oder das Gefühl haben. Das gilt vor allem für Jugendliche, aber zunehmend auch für ältere Menschen. Diese Entwicklung hat mich überrascht.

Spiegel: Warum?

Turkle: Solche Impulse sind in der Geschichte der Psychologie grundsätzlich nicht unbekannt. Aber bis zu 35 000 Textnachrichten im Monat? Ich habe eine Idee oder ein Gefühl, und deswegen schicke ich eine Nachricht an alle meine Freunde. Ständig, bei jeder Sache, die mir in den Kopf kommt. Und ich spreche nicht von Einzelfällen, sondern von einer allgemeinen Entwicklung. [...]

Spiegel: Gleichzeitig fürchten Sie aber, dass uns die ständige Smartphone-Nutzung einsam macht. Wie passt das zusammen?

Turkle: Weil wir die Fähigkeit verlieren, allein mit uns selbst zu sein. Schauen Sie doch nur mal, was in einer Schlange an der Supermarktkasse passiert. Viele Leute sehen aus, als würden sie gleich eine Panikattacke bekommen, wenn sie mal fünf Minuten da stehen sollen. Also holen sie sofort ihr Handy raus und tippen darauf rum. [...] Und der nächste Schritt ist noch extremer. Bislang dachten wir ja wenigstens, Mobiltelefone wären dazu da, um mit anderen Menschen zu sprechen. [...] Was das iPhone und Siri jetzt bereits machen, ist, uns beizubringen, wie man sich mit Robotern unterhält. [...]

Spiegel: Was sollen wir tun, damit uns diese Entwicklung nicht entgleitet?

Turkle: Mir geht es nicht darum, Technologie schlechtzumachen. Ich [...] bin begeistert von moderner Technologie. Ich nutze Twitter und finde viele Apps brillant. Wir dürfen uns allerdings nicht vormachen, dass Maschinen [...] irgendetwas zu unserer menschlichen Lebenserfahrung beitragen können.

Spiegel: Aber ist es nicht ohnehin zu spät, die technologische Entwicklung noch in andere Bahnen zu lenken?

Turkle: Nein, nein, nein! Ich stemme mich mit aller Macht gegen die Behauptung, die Katze sei aus dem Sack und im Nachhinein lasse sich diese neue Welt nicht mehr nach unserem Belieben formen. [...] Natürlich können wir Gesetze machen und regulieren. Facebook will alles behalten, was jemals in deinem Leben passiert ist. Google archiviert alle Suchanfragen, die jemals abgeschickt wurden. Das alles ist doch absurd!

1 „Ich teile, also bin ich“ (Z. 17) ist eine Anspielung auf die Feststellung „Ich denke, also bin ich“ des Philosophen René Descartes. Welches Bild von der Jugend entwickelt Turkle hier?

2 Setzen Sie Turkles Forderung im letzten Satz in Beziehung zu Niggemeiers Beobachtungen (► S. 339 f.): Kann die digitale Technologie etwas zur „menschlichen Lebenserfahrung“ beitragen?

3 Stellen Sie Bezüge zu Ihren eigenen Erfahrungen im Umgang mit dem Handy/Smartphone her. Tauschen Sie sich darüber in Partner- oder Gruppenarbeit aus.

Spuren im Netz – Der Umgang mit Daten

Norbert Bolz: **Die Welt der Klick-Arbeiter** (2010)

[...] Das Internet ist ein globaler Computer, und wir alle sind die „Clickworker", die Mausklick-Arbeiter seines Programms, das sich evolutionär entwickelt. Jeder Mausklick ist ja eine kleine Transaktion und hinterlässt eine Datenspur. Das heißt aber, dass jeder, der Google nutzt, der Firma hilft, ihre Algorithmen[1] zu verbessern. Wir arbeiten alle mit am Popularitätsalgorithmus von Google. Das macht man sich natürlich nur selten bewusst, und deshalb erscheint Google wie ein Orakel. Sein Algorithmus der Empfehlungen und Bewertungen wirkt wie ein wunderbarer Kurzschluss durch den Informationsdschungel. Niemand kennt diesen Algorithmus, aber was er leistet, ist klar: Suchmaschinen protokollieren unsere Aufmerksamkeit. Sie gehen davon aus, dass wichtig ist, was die wichtigen anderen wichtig finden. Und dass die meisten wollen, was die meisten wollen. Dafür hat sich der Ausdruck „kollaborativer[2] Filter" durchgesetzt. Zu Deutsch: meinesgleichen geschieht. Und weil ich das Urteil von meinesgleichen nutze, um mich im Dschungel der Informationen und Optionen zurechtzufinden, können Firmen wie Amazon ein Marketing der Vorlieben entwickeln. „Kunden, die A kauften, haben auch B und C gekauft."
Zusammen mit dem so genannten Neuromarketing startet das Datensammeln der Suchmaschinen einen Zangenangriff auf den Konsumenten des 21. Jahrhunderts. An Konsumentendaten heranzukommen ist aber nicht nur die Bedingung der Leistungsfähigkeit von Suchmaschinen, sondern auch von sozialen Netzwerken. Suchmaschinen produzieren die Homogenität der Gleichgesinnten in Geschmacksclustern. Hinzu kommt die Selbstselektion der Gleichgesinnten in den Communitys, den virtuellen Gemeinschaften. Das 21. Jahrhundert hat also nicht mehr das Problem des Massenkonformismus durch Massenmedien, sondern das Problem der Gleichgesinntheit in digitalen Echokammern[3]. [...]

1 **Algorithmus:** Handlungsvorschrift zur Lösung eines Problems
2 **kollaborativ:** gemeinschaftlich
3 **Echokammer:** Raum eines Tonstudios, in dem Echo- und Halleffekte erzeugt werden

1 **a** Kennen Sie den „Popularitätsalgorithmus" von Google? Erklären Sie, wie er funktioniert.
b Erläutern Sie, wozu laut Bolz die Nutzung von Suchmaschinen führt. Gehen Sie auf die Individualität von Suchergebnissen ein und auf die Spur, die man selbst im Netz hinterlässt.
c Informieren Sie sich über die Recherchemöglichkeiten mit Google (▸ S. 564). Wie können Sie möglichst spezifische bzw. individuelle Suchergebnisse finden?

2 **a** Bolz spricht von „digitalen Echokammern". Erklären Sie den Begriff und legen Sie dar, welche soziale Realität er damit umschreibt.
b Stellen Sie sich frühere Generationen vor, die nicht über mobile, vernetzte Kommunikationsmöglichkeiten verfügten: Welche Unterschiede zu Ihrem eigenen Leben sehen Sie?

Juli Zeh: **Keine Freiheit unter Beobachtung** (2013)

Die Schriftstellerin im Gespräch mit dem Deutschlandfunk (DLF) zum so genannten NSA-Skandal, bei dem Geheimdienste die vollständigen Kommunikationsdaten deutscher Bürger gesammelt haben.

DLF: Angesichts der aktuellen Debatte stellt sich die Frage nach der Bedeutung der vielen gesammelten Daten. Frau Zeh, inwieweit machen denn solche Daten den Menschen aus?

Juli Zeh: Ich finde den Begriff „Daten" in dem Zusammenhang ein bisschen problematisch, weil das immer suggeriert, es ginge da um etwas rein Virtuelles. Was da gesammelt wird, ist die komplette Information über unser Leben. Dann versteht man sehr gut, dass uns das selbstverständlich ausmacht. Wir sind ja viel mehr als die Summe dessen, was wir tun und denken, und wenn all das bekannt ist, dann ist unser Innerstes nach außen gekehrt.

DLF: Wird man denn durch diese vielen gesammelten Daten oder Informationen irgendwann das Handeln von Personen voraussagen können, wie das zum Beispiel in dem Film „Minority Report"[1] geschieht?

Zeh: Da reden wir nicht mehr über eine Vision, sondern solche Versuche laufen konkret. Das ist verblüffend, was man heutzutage schon auf Grund recht weniger Daten errechnen kann.

DLF: Besteht nicht auch die Gefahr, dass Menschen gesteuert werden, weil die Geheimdienste ihre Daten haben und dann entsprechend nutzen?

Zeh: Das ist eben das Problem, und die Steuerung beginnt ja schon in dem Moment, wo Daten überhaupt erhoben werden. Viele haben das Gefühl, es betrifft sie nicht. Aber man muss das nur mal selber probieren. Wenn man sich vor eine Kamera setzt, verhält man sich völlig anders. Das Beobachtetwerden ist an sich schon eine Einflussnahme. Und was uns durch diese permanente Beobachtung suggeriert wird, ist im Grunde, dass wir uns normenkonform verhalten sollen. Unser Unbewusstes registriert das und erzieht uns dazu, möglichst wenig exzentrisch zu sein, möglichst angepasst.

DLF: Was hat das für Konsequenzen?

Zeh: Da sehe ich einfach die homogene Gesellschaft ohne viel Raum für Persönlichkeitsentwicklung, weil der Mensch seine Freiheit ja nur dann nutzen kann, wenn er einen bestimmten Raum der Intimität zur Verfügung hat. Es gibt für mich keine Freiheit unter Beobachtung. Das widerspricht sich existenziell. Das heißt, wenn wir diesen Weg weitergehen, müssen wir uns klarmachen, dass wir unser gesamtes Freiheitsverständnis, für das 250 Jahre lang in der Aufklärung zum Teil blutig gekämpft wurde, opfern.

DLF: Gibt es denn noch eine Möglichkeit, sich dem ganzen Beobachtetwerden zu entziehen?

Zeh: Die gibt es natürlich! Man kann sagen, wir spielen jetzt Kalter Krieg zwischen Bürger und Behörden. Wir verschlüsseln unsere E-Mails, wir benutzen kein Facebook mehr, wir benutzen alle Portale nicht mehr, von denen wir wissen, die liefern Infos an die NSA. Aber ehrlich gesagt ist das nicht meine Wunschvision. Ich gehe ja auch nicht in einer Ritterrüstung aus dem Haus.

1 **„Minority Report":** In dem Science-Fiction-Film kann eine Polizeibehörde mit Hilfe besonders begabter Mutanten künftige Verbrechen voraussehen und die potenziellen Täter vorsorglich in Gewahrsam nehmen.

1 Erläutern Sie, welche Wirkung laut Zeh die permanente Beobachtung der medialen Kommunikation durch Staatsorgane auf das Verhalten des Individuums und auf unser Freiheitsverständnis hat.

2 Wie schätzen Sie die Idee ein, zum Schutz der Privatsphäre soziale Medien und Netzwerke nicht mehr zu nutzen? Überlegen Sie, welche Konsequenzen das für das öffentliche Leben hätte.

Medienkonsum und Denken – Positionen erörtern

Sascha Lehnartz: **Schlauer schießen** (2007)

Kulturkritiker und Hirnforscher streiten, ob neue Medien ihre Nutzer intelligenter oder dumpfer machen. Wahrscheinlich stimmt beides.

Steven Johnsons Buch „Everything Bad is Good for You" [...] beginnt mit einem Gedankenexperiment: Was wäre, wenn nicht die Bücher zuerst da gewesen wären, sondern Videospiele? Konservative Kulturkritiker, malt der Autor sich aus, würden klagen, Lesen unterfordere die Sinne und treibe in die soziale Isolation. Das traditionelle Computerspiel dagegen öffne eine mehrdimensionale Welt und fördere soziale Beziehungen. Lesen sei eine lineare, fremdbestimmte Angelegenheit, die keine interaktiven Einflussmöglichkeiten biete. Wer zu viel lese, der lerne nicht mehr, sein Geschick selbst in die Hand zu nehmen.

Die Idee ist hübsch, und Johnson legt auf diese Weise die Argumentationsstruktur der Kritiker neuer Medien offen: Problematische Aspekte werden selektiv verstärkt, und eine düstere Zukunftsprognose sagt der jungen Generation den nicht aufzuhaltenden intellektuellen und moralischen Verfall voraus. Aus Überzeugung verteidigt Johnson in seinem Buch Fernsehserien und Computerspiele: Diese seien in den vergangenen Jahrzehnten immer anspruchsvoller und komplexer geworden, man könne sie durchaus als „kognitives Trainingsprogramm", als „Lektionen fürs Leben" begreifen. Die als Verdummungsmaschine verschriene Popkultur mache uns in Wirklichkeit schlauer. [...]

Johnson ist der prominenteste Vertreter einer wachsenden Gemeinde von Medienkritikern, die es wagen, sich der verbreiteten Meinung entgegenzustellen, der Konsum neuer Medien mache zwangsläufig doof, gemein und gefährlich. Ins gleiche Horn stößt der deutsche Journalist David Pfeifer [...]: „Wir alle sind in den letzten fünfzig Jahren nicht dümmer geworden durch das Fernsehen, Computer, Handys, Internet und Videospiele, durch die steigende Menge an Medien, die uns zur Verfügung steht", heißt es dort.

Zu sagen, dass Manfred Spitzer solche Thesen nicht gern hört, ist untertrieben: „Das ist der größte Blödsinn", entrüstet sich der Ulmer Hirnforscher zu den Thesen Johnsons und Pfeifers. [...] „Wären Bildschirme nie erfunden worden, dann gäbe es allein in Amerika jährlich 10 000 Morde und 70 000 Vergewaltigungen weniger sowie 700 000 weniger Gewaltdelikte gegen Personen", lautet eine seiner kühneren Thesen. Spitzer befürwortet ein Verbot von Killerspielen und fordert die Einführung einer Steuer auf Gewaltdarstellungen. Versuche, Kinder zu „Medienkompetenz" zu erziehen, hält er für Unfug: „Das Einzige, was hilft, ist, die Dosis zu reduzieren." [...]

Pfeifer [...] bemüht sich, seine Thesen mit Fakten zu stützen. So erwähnt er etwa den „Flynn-Effekt": Der neuseeländische Politologe James Flynn hatte herausgefunden, dass die Ergebnisse standardisierter IQ-Tests vor allem in westlichen Industrienationen zwischen 1972 und 1989 immer besser geworden waren, vor allem das abstrakte Denken und die visuell-räumliche Vorstellungskraft der Teilnehmer verbesserten sich kontinuierlich. Flynn und nach ihm die Entwicklungspsychologin Patricia M. Greenfield von der University of California in Los Angeles vermuten, dass dieser Anstieg auf die Verbreitung von Computerspielen zurückzuführen sei. [...]

Aber Manfred Spitzer hat keine große Lust, sich mit den Argumenten der Verteidiger von Popkulturtechniken im Detail auseinanderzusetzen. „Der Witz an allen diesen Thesen ist", befindet der Professor, „sie stimmen einfach nicht. Das zeigen nahezu alle wissenschaftlichen Untersuchungen."

Die Fronten sind verhärtet. In ihren jeweiligen Argumentationsgräben verschanzt haben sich auf der einen Seite rigorose Traditionalisten, die glauben, neue Medien beschleunigten den Untergang des Abendlandes; auf der anderen Seite enthusiastische Relativisten, die den Zusammenhang zwischen Medienkonsum und Gewalt vor lauter Pop-Technikbegeisterung gern außer Acht lassen. Moralische, soziologische, neurologische und psychologische Begründungen werden munter aneinander vorbeigereicht, und tatsächlich kann man für jede Position eine hinreichende Anzahl untermauernder wissenschaftlicher Studien finden, wenn man nur lange genug sucht.

1 **a** Fassen Sie die zentralen Thesen und Argumente aus Lehnartz' Artikel zusammen.
b Beziehen Sie Stellung zu den Positionen Johnsons, Pfeifers und Spitzers, indem Sie auch Erfahrungen aus Ihrem eigenen Umgang mit Bildschirmmedien berücksichtigen.

2 **Referat:** Informieren Sie sich über die Veröffentlichungen von Johnson, Pfeifer und Spitzer und halten Sie dazu Kurzvorträge.

Frank Schirrmacher: **Payback. Mein Kopf kommt nicht mehr mit** (2009)

Was mich angeht, so muss ich bekennen, dass ich den geistigen Anforderungen unserer Zeit nicht mehr gewachsen bin. [...] Ohne Google wäre ich aufgeschmissen und nicht mehr im Stande, einen Handwerker zu bestellen oder zu recherchieren. Dabei fühlte ich mich niemals von Computern überfordert. Ich simse am Stück und weiß, wo ich im Internet Antworten auf meine Fragen finde. [...] Aber etwas stimmt nicht mehr. Mein Kopf kommt nicht mehr mit. Zwar bilde ich mir ein, dass ich meinen Gesprächspartnern ebenbürtig bin, und ich habe nicht den Eindruck, dass ich heute weniger von der Welt verstehe als früher. Aber das Problem ist meine Mensch-Computer-Schnittstelle. [...] Ich spüre, dass mein biologisches Endgerät im Kopf nur über eingeschränkte Funktionen verfügt und in seiner Konfusion beginnt, eine Menge falscher Dinge zu lernen.
Aber ich habe auch meinen Stolz. Ich schließe von meinem Kopf auf viele Köpfe und darauf, dass es mir wie vielen geht: Ich glaube, es hat, um ein Lieblingswort der Informatiker zu zitieren, eine Rückkoppelung stattgefunden, die jenen Teil der Aufmerksamkeit, den wir früher uns selbst widmeten, abzapft, auffrisst und als leere Hülle zurücklässt. Man nennt das „feedback", wörtlich: eine Rück-Ernährung. Aber wer ernährt sich von unserer Aufmerksamkeit?
Keine SMS, kein Blog, keine E-Mail wird in den Wind gesendet. Keine Suchanfrage, kein Tweet, kein Click geht verloren. Nichts verschwindet, und alles speist Datenbanken. Wir füttern mit unseren Gedanken, Worten und E-Mails das Wachstum eines gewaltigen synthetischen Hirns.
Mir scheint, dass viele Leute gerade merken, welchen Preis wir zahlen. Buchstäblich. Ich bin unkonzentriert, vergesslich, und mein Hirn gibt jeder Ablenkung nach. Ich lebe ständig mit dem Gefühl, eine Information zu versäumen oder zu vergessen. Und das Schlimmste: Ich weiß noch nicht einmal, ob das, was ich weiß, wichtig ist, oder das, was ich vergessen habe, unwichtig. Kurzum: Ich werde aufgefressen.
Das ist eine so bittere wie peinliche Erkenntnis. Man kann ihr auch nicht entrinnen, wenn man den Bildschirm abschaltet. Ständig begegnet man Menschen, die in jeder Situation per Handy texten, E-Mails abrufen, gleich mit ihrem ganzen Laptop anrücken, und immer häufiger höre ich bei Telefonaten dieses insektenhafte Klicken, weil mein Gesprächspartner tippt, während er telefoniert. Jede Sekunde dringen Tausende Informationen in die Welt, die nicht mehr Resultate melden, sondern Gleichzeitigkeiten. Diese neue Gleichzeitigkeit von Informationen hat eine Zwillingsschwester, die wir „Multitasking" getauft haben. Wir alle, die wir auf die gläsernen Bildschirme starren, sind Menschen bei der Fütterung; wie die stolzen Besitzer von Terrarien, die Nahrungswolken auf die unsichtbaren Tiere in ihren Glaskästen herabregnen lassen. Es ist eine Eile dabei, als könnte etwas verhungern. [...]
Kein Mensch kann mehr daran zweifeln, dass wir in eine neue Ära eingetreten sind, aber die Zweifel, wohin sie uns führt, wachsen. [...]
Die digitale Gesellschaft ist im Begriff, ihr Innenleben umzuprogrammieren. Auf der ganzen Welt haben Computer damit begonnen, ihre Intelligenz zusammenzulegen und ihre inneren Zustände auszutauschen; und seit ein paar Jahren sind die Menschen ihnen auf diesem Weg gefolgt. Solange sie sich von den Maschinen treiben lassen, werden sie hoffnungslos unterlegen sein. Wir werden aufgefressen werden von der Angst, etwas zu verpassen, und von dem Zwang, jede Information zu konsumieren. Wir werden das selbstständige Denken

verlernen, weil wir nicht mehr wissen, was wichtig ist und was nicht. Und wir werden uns in fast allen Bereichen der autoritären Herrschaft der Maschinen unterwerfen. Denn das Denken wandert buchstäblich nach außen; es verlässt unser Inneres und spielt sich auf digitalen Plattformen ab. Das Gefühl, dass das Leben mathematisch vorbestimmt ist und sich am eigenen Schicksal nichts mehr ändern wird, ist einer der dokumentierten Effekte der Informationsüberflutung.

Aber im Internet und den digitalen Technologien steckt auch eine gewaltige Chance. Denn es gibt einen Ausweg, der selten so gangbar schien wie heute: Die Perfektion der entstehenden Systeme hilft uns nur, wenn wir uns erlauben, weniger perfekt zu sein, ja aus unserem Mangel und unserer Unvollständigkeit etwas zu stärken, was Computer nicht haben und worum sie uns beneiden müssten: Kreativität, Toleranz und Geistesgegenwart. [...]

1 **a** Erschließen Sie Schirrmachers Auffassung von der Bedrohung durch das Internet.
b Geben Sie Schirrmachers Argumentation wieder: Benennen Sie seine Thesen, Argumente und Beispiele. Gehen Sie auch auf seine abschließende These ein. Wie stützt er sie argumentativ?
c Beschreiben Sie die sprachliche Gestaltung des Textes. Welche Wirkung wird erzeugt?

2 Nehmen Sie Stellung zu Schirrmachers Position: Bedroht das Internet unser Denken, unsere Kommunikation und unsere Kultur?

Information **Medien und ihr gesellschaftlicher Einfluss**

Medien vermitteln Informationen, Meinungen und Kulturgüter zwischen Sender und Empfänger, sie sind also **Kommunikationsmittel.** Die **Medienwissenschaft** untersucht, wie die Kommunikation bei dem jeweiligen Medium funktioniert und welche Auswirkungen die Nutzung eines Mediums auf den Einzelnen oder die Gesellschaft hat. So stellt sie z. B. die Frage, inwiefern die Beschäftigung mit unterschiedlichen Medien (wie Buch oder Computer) die Wahrnehmung von Wirklichkeit beeinflusst. Sie richtet den Blick auch auf die Produktionsbedingungen von Medien und deren Wirkung auf die Inhalte.

Medienkritik existiert seit der Antike: Ersetzt ein neues Medium die gewohnte Vermittlung von Inhalten, so befürchten Kritiker oft den Verfall traditioneller Werte oder den Verlust bestehender Herrschaftsstrukturen durch die veränderte Weitergabe von Wissen.

Mit dem Aufkommen des **Internets** und der immer stärkeren Verbreitung **mobiler, vernetzter Kommunikation** (z. B. über Smartphones) gerieten besonders die **sozialen Auswirkungen** der neuen Medien in den Brennpunkt von Kontroversen. Hier stehen sich zwei Sichtweisen gegenüber: Nach der einen fördert der Umgang mit neuen Medien (z. B. Computerspiele, soziale Netzwerke) durch seine Komplexität und Interaktivität die Intelligenz und unsere sozialen Beziehungen. Die Vertreter der anderen Sichtweise befürchten dagegen, dass Internet und Computer unsere sozialen Fähigkeiten schädigen, einen negativen Einfluss auf unsere Denkprozesse haben und unsere Privatsphäre aufheben.

Das **Massenmedium Fernsehen** prägt maßgeblich die Entwicklung der Alltagskultur. Es bietet die Möglichkeit, eine große Anzahl von Zuschauerinnen/Zuschauern auf bestimmte Themen zu fokussieren (z. B. Informationssendungen, Sportberichterstattung, anspruchsvolle TV-Serien und Spielfilme). Kritiker des Mediums beklagen, dass das Fernsehen Inhalte vereinfache, um ein Massenpublikum zu bedienen, und dass infolge dieser inhaltlichen Verflachung auch die Fernsehkonsumenten mit der Zeit weniger komplex denken. Ethische Probleme werden darin gesehen, dass nicht Prominente, sondern „Normalbürger" sich in bestimmten TV-Formaten für einen Moment des scheinbaren Ruhms öffentlich zur Schau stellen und demütigen lassen.

7.2 Fernsehen und interaktive Medien – Information und Show

Meldungen im Fernsehen – Nachrichtenformate gegenüberstellen

Martin Weber: **Tagesschau vs. RTL II NEWS: Hohe Mieten, nackte Lady Gaga** (24.07.2013)

Nachrichtensprecherin Judith Rakers

Nachrichtensprecherin Sandra Thier

20.00 Uhr, ARD: Nachrichtenvorleserin des Abends ist Judith Rakers. [...] Wirkt emsig und beflissen, betont sehr gut und verspricht sich fast nie. Ihr Outfit: orangefarbener Blazer, darunter ein weißes T-Shirt. [...] Businesslook. [...]

20.00 Uhr, RTL II: Knappes rotes Kleid, mit dem man auch auf jeder sommerlichen Stehparty auflaufen könnte. Sandra Thier präsentiert die „News" beim Privatsender. [...] Ganz andere Anmutung als im Ersten. Klarer Punkt für Judith Rakers. [...]

20.01 Uhr, ARD: Aufmacher-Meldung: die „Euro-Hawk"-Affäre. Bilder aus dem Untersuchungsausschuss. Ex-Verteidigungsminister Scharping [...] wirft seinem Amtsnachfolger de Maizière vor, nachlässig gehandelt und versagt zu haben. Ein Mensch aus dem Untersuchungsausschuss spricht von „Muss- und Soll-Kriterium". Was das ist, lässt auch der Off-Ton nebulös. Oliver Köhr, ARD-Korrespondent in der Hauptstadt, fasst am Schluss des Einspielers zusammen. [...] Die ARD hat überall in der Welt Korrespondenten. Und in Berlin sogar jede Menge.

20.01 Uhr, RTL II: „Mieten machen arm" ist die Aufmacher-Meldung. Immer mehr Menschen haben nach Abzug der Miete weniger Geld zur Verfügung als Hartz-IV-Empfänger. Wer das herausgefunden hat? Na, die Bertelsmann-Stiftung. Und wer steht hinter dem RTL-II-Muttersender RTL? Na, die Bertelsmann AG. Stichwortgeber Nummer eins zum Thema ist Sybille Rausch aus Jena. Ihre Rolle: einfache Frau aus dem Volke. Hat zwar keine Kohle, sucht eine neue Wohnung aber mittels iPad. [...]

20.04 Uhr, ARD: Zweite Meldung: Die NSA-Affäre. Kamerafahrt aufs Kanzleramt. „Dort oben arbeitet Ronald Pofalla", raunt der Off-Ton bedeutungsschwanger. Ist aber nicht zu sehen, der Kanzleramtsminister. Wie er überhaupt selten zu sehen war in letzter Zeit. Stattdessen: Fassadenbilder. Einspieler. [...] Dann ist wieder ein Korrespondent dran. Diesmal einer, der die schlimme Formulierung „aus gut unterrichteten Kreisen verlautete" verwendet.

20.04 Uhr, RTL II: Zweiter Jahrestag des Massakers von Utöya. „Angehörige und Politiker gedachten den Opfern", sagt die Lady in Red. Unsere Empfehlung an Sandra Thier und die zuständigen Redakteure: www.duden.de. Nächste Meldung: ein Serienmörder in Ohio. [...] Sex and Crime geht immer.

20.05 Uhr, RTL II: Die Kurzmeldungen sind dran: Euro-Hawk, de Maizière, Erdbeben in

China [...]. Alles in maximal 1:20 min. Für Nachrichten hat man bei RTL II schließlich nicht ewig Zeit.

20.06 Uhr, ARD: Die Steuereinnahmen von Bund und Ländern sind gestiegen, die Schulden der Länder in der Euro-Zone steigen wieder. Beides als Kurzmeldung.

20.06 Uhr, RTL II: Wetter geht, genau wie Sex and Crime, ebenfalls immer. „Der Sommer läuft zur Höchstform auf", sagt Sandra Thier. Mein lieber Schwan, das ist mal eine Nachricht! [...]

20.09 Uhr, ARD: Zweiter Jahrestag des Massakers von Utöya. Der Name des Massenmörders wird kurz genannt, dann kommt mit Asmund Aukrust ein Überlebender zu Wort. [...] Dann der Korrespondent mit seiner Einordnung. Angemessene, informative und würdige Zusammenfassung der Gedenkfeier. [...]

20.14 Uhr, ARD: Thomas Lurz hat bei der Schwimm-WM in Barcelona Silber gewonnen; Heinz Meier, in fast allen Sketchen von Loriot dabei und als verwirrter Lottogewinner Erwin Lindemann berühmt geworden, ist im Alter von 83 Jahren gestorben. [...]

20.14 Uhr, RTL II: Endlich ist der Sender ganz bei sich, das Kernkompetenz-Thema ist dran. „Die VIP-News", grinsekatzt Sandra Thier. Okay, da müssen wir jetzt durch. Also: Lady Gaga, nackt und mit gespreizten Beinen. Ihr neues Album erscheint im November als App. Die Backstreet Boys mit neuem Video, ein neues Album wird's auch geben. Selena Gomez hat ihren 21. Geburtstag gefeiert. Ohne Justin Bieber. Beziehungsauszeit, wissen die von RTL II zu berichten. [...] Wer die RTL II News für Nachrichten hält, hat mehr als nur ein Problem. Und was die pudelnackige Lady Gaga angeht: Wir raten dringend ab.

20.15 Uhr, ARD: Das Wetter. Immer noch Sommer. Hurra. Judith Rakers legt die Blätter beiseite, von denen sie sowieso nicht abgelesen hat – da ist der Teleprompter vor. [...] Die gute alte Tante Tagesschau: ein bisschen staatstragend und vorhersehbar, sicher. Aber man hat etwas erfahren, und alle Nachrichten waren auch wirklich welche.

1 Berichten Sie im Kurs: Welche Nachrichtensendungen sehen Sie sich in welchen Medien an?

2 **a** Stellen Sie die einzelnen Beiträge der beiden Nachrichtensendungen in einer Tabelle gegenüber.

Zeit	*Tagesschau (ARD)*	*RTL II News*
20.01	*„Euro-Hawk"-Affäre*	*Mieten machen arm*

b Vergleichen Sie, welche Schwerpunkte in den Nachrichtensendungen gesetzt werden. Markieren Sie dazu farbig, welchen Bereichen die jeweiligen Inhalte zuzuordnen sind: Kultur, Wirtschaft, ...

3 **a** Untersuchen und bewerten Sie, wie Weber die Sprecherinnen und die Beiträge darstellt, z. B.: *„emsig und beflissen", „Businesslook" (Z. 2 ff.) → Darstellung der Sprecherin als ...*

b Wählen Sie einzelne Bewertungen aus und nehmen Sie begründet dazu Stellung.

c Welcher Sender wird in dem Artikel besser bewertet? Begründen Sie mit Bezug auf Textstellen.

4 Bildungsauftrag, Quotenorientierung, Entertainment, Infotainment: Erklären Sie die Begriffe in Bezug auf die Nachrichtenformate öffentlicher und privater Sender.

5 Schauen Sie sich arbeitsteilig zwei weitere Nachrichtensendungen auf verschiedenen Sendern an.

a Stellen Sie die Inhalte in einer Tabelle gegenüber (▸ Aufg. 2 a).

b Untersuchen Sie, welche unterschiedlichen „Textsorten" genutzt werden: Sprechermeldung, Interview, Filmbericht, Korrespondentenbericht, Kommentar.

c Welche auffälligen filmgestalterischen Mittel werden genutzt (▸ S. 89 f.)?

d Vergleichen Sie die beiden Nachrichtensendungen.

Vielfältige Quellen – Nachrichten und Gegenöffentlichkeit

Stefan Niggemeier: **Die 20-Uhr-Wirklichkeit** (2015)

Die Tagesschau inszeniert täglich ihre eigene politische Realität. Zweifel daran sind unerwünscht.

Die Fähigkeit der „Tagesschau", aus Nachrichten ein Ritual zu machen, ist legendär. Die Verpackung hat sich in den vergangenen Jahren geändert, die Kamerafahrt durchs Studio am Anfang täuscht Bewegung vor, die Sprecherinnen und Sprecher dürfen die Zuschauer inzwischen freundlich begrüßen und verabschieden, und der Ton mag nicht mehr ganz so verlautbarungshaft sein. Aber der Kern der Sendung scheint über all die Jahre derselbe geblieben zu sein: vorfahrende Autos, sich hinsetzende Politiker, Bilder vom Krieg. [...] Die Menschen, die in Autos vor irgendwelchen Regierungs- oder Konferenzgebäude vorfahren, scheinen diejenigen zu sein, die die Nachrichten nicht nur machen, sondern von ihnen auch am meisten betroffen sind. Die Menschen, die vorfahren, ändern sich und die Orte. In diesen Tagen sind es vor allem Brüssel und Athen. [...] Wenn alle Autos vor- und wieder abgefahren sind, kommt der Korrespondent ins Bild und sagt, was das zu bedeuten hat. Im Hintergrund sieht man immer die Akropolis, damit der Zuschauer weiß, dass sie in Athen sind. [...] Die Korrespondenten stehen dort nicht, um uns Dinge zu sagen, die wir noch nicht wissen. Sie stehen dort, um uns Dinge zu sagen, die wir schon wissen; die sie uns am Tag vorher schon gesagt haben und am nächsten Tag wieder sagen werden; die unseren Blick auf eine komplexe Entwicklung auf eine einfache, vertraute, im Zweifel bequeme Position verengen. Und Politik oft auf das reduzieren, was sie mit Politikern macht.

Hintergründe, Zusammenhänge, Widersprüche darf man nicht erwarten von der 20-Uhr-„Tagesschau", aber dafür gibt es ja viele andere, weniger gesehene Sendungen, in denen das womöglich gründlich behandelt wird, und tagesschau.de natürlich, worauf die Fernsehsendung seit Jahren auch schon wieder ritualhaft in jeder Sendung einmal hinweist.

Walter van Rossum hat schon 2007 in seinem Buch „Tageshow" geschrieben: „Im Laufe der Jahrzehnte hat man sich Generationen von Zuschauern herangezogen, die behaupten, durch die ‚Tagesschau' gut informiert zu werden. Und umgekehrt glaubt die ‚Tagesschau' deshalb, glänzend zu informieren. (...) Die ‚Tagesschau' macht ihre Zuschauer entschlossen zu Zaungästen einer Welt, indem sie sich ebenso entschlossen weigert, diese Welt auch nur andeutungsweise zu begreifen." Genau darauf beruhe ihr Erfolg.

Aber während die 20-Uhr-„Tagesschau" bleibt, was sie war, hat sich die mediale Welt um sie dramatisch verändert. Plötzlich gibt es so viele Quellen, aus denen das Publikum sich selbst informieren kann, gute und üble, mit denen es die quasiamtliche Fünfzehn-Minuten-Konfektionierung des Tages vergleichen und hinterfragen kann. [...]

1 **a** Wie verdeutlicht der Autor das Ritualhafte der Tagesschau? Führen Sie Textbelege an.
b Erklären Sie, worauf Niggemeier und van Rossum den Erfolg der Tagesschau zurückführen.

2 Der Autor spricht davon, dass sich die mediale Welt „dramatisch verändert" habe (Z. 58). Erläutern Sie, was er damit meint: Welche neuen Möglichkeiten hat das Publikum, sich in den Medien zu informieren?

YouTube, Facebook, Twitter & Co. – Nachrichten im Netz

Alina Fichter: **Da guckst du!** (2013)

Kaum jemand, der älter als 25 Jahre ist, vermutet auf YouTube ernst zu nehmende, durchdachte und vor allem: professionell produzierte Unterhaltungs- oder gar Informationsangebote. Ideen, die den Moment überdauern. Und genau das macht YouTube zum meistunterschätzten Fernsehphänomen dieser Zeit. Hinter der unübersichtlichen Fassade hat sich ein riesiges, buntes Angebot entwickelt, das etablierte Sender in naher Zukunft nicht vollends überflüssig werden lässt, aber doch: für weite Teile der Bevölkerung gänzlich irrelevant. [...]

LeFloid, mit diesem Künstlernamen ist [Florian] Mundt zur Teenie-Berühmtheit geworden: ausgerechnet mit einem Nachrichtenangebot. Mindestens einmal in der Woche veröffentlicht der 26-Jährige einen „LeNews"-Clip, in dem er, manchmal unterlegt mit Nachrichtenbildern, jeweils ein paar Minuten lang in selbst gedrehten Clips über Themen berichtet, die ihn berühren, freuen, nerven oder ärgern, so sagt er selbst. Das kann die Bundestagswahl sein, das Leben in einer Wohngemeinschaft oder der Konflikt in Syrien.

In einem Video steht Mundt mit grünem Käppi vor einer Kulisse aus Skateboards und einer weißen *Star-Wars*-Plastikrüstung und sagt Sätze wie: „Aloha, Freunde, meine Fresse, was passiert denn in der Welt gerade? In Syrien ist gerade richtig Ghetto angesagt." Gut informiert und sehr schnell sprechend, analysiert er, welche Folgen ein militärischer Eingriff der USA haben könnte. Zuletzt fragt er: „Teilt ihr das beschissene Gefühl im Bauch?" Dass er die Zuschauer bei jedem Thema auffordert, die Kommentarfunktion unter den Videos zu nutzen, um mitzudiskutieren, gehört dazu. Genau wie Mundts Anspruch, die dort hinterlassenen Fäden wieder aufzunehmen und ins nächste Video einzuweben. Alle erfolgreichen YouTuber machen das so. Sie nehmen ernst, was ihre Zuschauer ihnen schreiben, auch die manchmal polemischen Kritiker, und setzen sich damit in ihren Clips auseinander. Das ist es, was eine besondere Nähe zwischen YouTuber und Fans entstehen lässt.

„Ich mache das, was mir gefällt, solange auch meine Zuschauer es mögen", sagt Mundt, der eigentlich Psychologie studiert und in Berlin lebt. Schnelle Schnitte, Insiderwitze, Versprecher, manchmal hüpft Mundt als Batman ins Bild oder als Super Mario. Seine Inhalte den Wünschen eines Redakteurs anzupassen, wie es im Fernsehen üblich ist, kann er sich nicht vorstellen. „Das ist mir zu hierarchisch", sagt er. Außerdem – er mag ohnehin nicht, was er im Fernsehen sieht: „In der *Tagesschau* sagt ein Sprecher, der stocksteif dasitzt: ‚Das war es vom Giftchaos in Syrien. Zum Sport.' Völlig trocken und gefühllos – ich finde das absurd", sagt Mundt.

Damit steht er offenbar nicht alleine da; das emotionale, schnelle und radikal subjektive Präsentieren von Nachrichten scheint einen Nerv zu treffen. In den USA hat dieser neue Stil bereits einen eigenen Namen: *New Sincerity*. Mundt erreicht neun Millionen vorwiegend junger Menschen im Monat. Solche Zahlen würden sich auch manche traditionellen TV-Macher für ihre Sendungen wünschen. [...]

1 Haben Sie selbst Erfahrungen mit Nachrichtenclips bei YouTube? Tauschen Sie sich darüber aus.

2 **a** Erläutern Sie, inwiefern sich die Clips (Video-Blogs) von „LeFloid" von Fernsehnachrichtensendungen unterscheiden. Gehen Sie dabei auf den Inhalt und auf filmgestalterische Mittel ein (► S. 89 f.).

b Beschreiben Sie die Kommunikation, die zwischen YouTuber/in und Zuschauer/in stattfindet.

3 Diskutieren Sie, ob Sie eher Nachrichtenclips bei YouTube oder Fernsehnachrichten bevorzugen.

Nina Pauer: **Zum Sandsack, zur Freiheit** (2013)

[...] Ein Blick in die Accounts von Facebook, vor allem aber in die des weniger verbreiteten Twitter genügt, um festzustellen: Deutschland, das ist ein digitales Absurdistan. Ein Ort, an dem sich Massen von Menschen, körper- und namenlose „Avas", Avatare, so benehmen, als seien sie endlos in einem Warteraum eingesperrt, der eigens und allein dazu gemacht ist, Lebenszeit mit gesenktem Kopf vor Smartphones zu verplempern und Scharen von fremden Menschen in SMS-langen Nachrichten unablässig darüber zu informieren, dass man wieder einmal nicht einschlafen kann, die Laune am Montagmorgen wie erwartet grottig und die Milch im Kühlschrank abgelaufen ist. [...]

Doch nun das: Als hätten sich die Twitterer und Facebook-Nutzer in diesen Tagen zu einer Menschenkette aufgestellt, wie man sie von Umzugshelfern im Treppenhaus kennt, zischen auf einmal Nachrichten durch die Timelines, wie man sie dort noch nie gesehen hat: „7 kräftige Jungs suchen noch einen Einsatzort zur Fluthilfe. Wo werden wir gebraucht??", „300 Brötchen – wo sind hungrige Helfer?", so sprechen plötzlich die Menschen hinter den Avataren ihre Unterstützung aus. Und parallel dazu: „Eine große Gruppe marschiert gerade in Richtung Badat-Straße in Kadiköy, gegen Erdoan ...", „Solidemo für Istanbul!" oder auch nur „Resistanbul!".

Zeitgenau haben sich gleich zwei Fronten eröffnet, an denen sich endlich einmal etwas tut und die im Zusammenspiel perfekt ineinandergreifen: Während der deutsche Sandsack zum praktischen Resonanzraum wird, dient die Solidaritätsbekundung mit dem türkischen Protest dem ideellen Statement – jahrelang hatte man beides schmerzlich vermisst. Nun ist der Anschluss auf einmal ganz leicht: Vom Smartphone aus lassen sich fernab vom Geschehen durch Tweets und Postings sowohl die Helfer am Deich koordinieren wie auch türkische Demonstranten orchestrieren, indem man ihre Nachrichten wie aus einer logistischen Funkzentrale vom eigenen Account aus weiterverbreitet, damit sie sich auf den Straßen finden. [...]

[E]ine Konstellation, die man bisher für absolut unwahrscheinlich gehalten hätte.

Denn das politische Twitter, es war immer anderswo. Der Arabische Frühling, dieser bestechende Präzedenzfall, in dem das soziale Netzwerk sich als unabdingbares Tool einer jungen Zivilgesellschaft bewiesen hatte, war fern und einzigartig geblieben. Twitter in Deutschland schien gelähmt von einem Kreislauf aus Privatismen und Eigen-PR [...]. Nicht nur weitestgehend apolitisch, sondern gar destruktiv gab sich der Nachrichtendienst hierzulande. Zusammenschlüsse führten zu negativ aufbrausenden Reflexen, den viel gefürchteten Shitstorms [...]. Auch wenn auf Twitter mehr als bei Facebook aktuelle Tagespolitik und Informationen geteilt wurden, eines verspürte man auch hier so gut wie nie: Solidarität.

1 **a** Fassen Sie zusammen, welche Seiten der Facebook- und Twitter-Nutzer die Autorin darstellt.
b Erklären Sie mit eigenen Worten, inwiefern ein Shitstorm ein „negativ aufbrausender Reflex" ist.

2 Der Autor Harald Martenstein schreibt in seinem Essay „Im Sog der Masse": „Man kann die meisten Leute dazu bringen, öffentlich zu erklären, dass eins plus eins drei ergibt. Kein Problem. Es müssen ihnen nur genügend andere Leute dabei Gesellschaft leisten. [...] Im Mainstream ist man sicher." Erläutern Sie das Phänomen „Shitstorm" vor dem Hintergrund dieser Aussage.

+++ Liveticker +++: In Dresden steigen die Pegel

Die Flut kommt: In Dresden werden am Abend Pegelstände von mehr als acht Metern erwartet. Bei Deggendorf in Bayern wurde der Ort Fischerdorf komplett überflutet. Mehr als 40 000 Feuerwehrleute sind landesweit im Einsatz. Verfolgen Sie die Ereignisse im Liveticker.

Chronologie: Neueste zuerst	Älteste zuerst
18:37 Uhr 4. Juni 2013	Die „Dresdner Neuesten Nachrichten" berichten, an Weißer Elster und Pleiße gehe das Hochwasser zurück. Das bedeutet auch eine „vorsichtige Entwarnung für Leipzig".
18:35 Uhr 4. Juni 2013	In Niederalteich konnte das Hochwasser nicht aufgehalten werden. Der Ort ist komplett überflutet, wie die „Passauer Neue Presse" berichtet. In der Nähe seien rund 250 Kühe ertrunken.

Kilian Trotier: **Süchtig nach dem Augenblick** (2013)

Egal, ob das Weltende der Mayas, die Papstwahl, die Attentate in Boston, der NSU-Prozess, Hochwasser in Bayern, das Finale von Germany's Next Topmodel, Wetten, dass ...? oder Apples Erlösungspressekonferenzen: Es gibt nichts, was auf den großen deutschen Nachrichtenportalen nicht [...] gelivetickert wird. Möglichst schnell, möglichst kurz, möglichst witzig sollen die Happen sein, die dem Leser vorgeworfen werden. Die Zerstückelung von Zeit in Augenblicksfetzen ist leicht bekömmlich. Und eine helle Freude für alle, die der Komplexität der Gegenwart entweichen wollen. [...]

Das Ereignis selbst ist kein Teil von etwas Ganzem, weist auf nichts Größeres hin. Der Liveticker stellt vielmehr eine selbstgenügende Kontinuität her, die die wuselige Welt als fortzusetzenden Gegenwartsfluss taktet und einem bestens bekannten Prinzip verfällt: dem Prinzip der Timeline, das soziale Netzwerke [...], Mikroblogging-Plattformen [...] und Kurznachrichtendienste [...] groß gemacht hat.

1 Beschreiben Sie den Aufbau und die Inhalte des abgebildeten Livetickers.

2 **a** Tragen Sie zusammen, was für Leser/innen den Reiz von Livetickern ausmacht. Erklären Sie dabei auch, was mit der Flucht aus der „Komplexität der Gegenwart" (▸ Z. 13) gemeint ist.

b Erläutern Sie Gemeinsamkeiten und Unterschiede zwischen Livetickern und sozialen Netzwerken.

Information **Nachrichtenvermittlung im Fernsehen und in interaktiven Medien**

Nachrichtenvermittlung findet in verschiedenen Medien statt, setzt unterschiedliche Schwerpunkte und verfolgt unterschiedliche Intentionen (Information, Unterhaltung, Mischformen).

- **Nachrichtensendungen** setzen je nach Sender (z. B. öffentlich-rechtlich oder privat) und Publikum (Zielgruppe) unterschiedliche Schwerpunkte bezüglich der Inhalte (z. B. Politik, Wirtschaft, VIP), der Abfolge der Rubriken, der bevorzugten „Textsorten" (z. B. Interview, Korrespondentenbericht) und der filmgestalterischen Mittel.
- **Online-Nachrichtenmagazine** nutzen zunehmend Möglichkeiten der **Live-Berichterstattung** (Liveticker), welche die Entwicklung eines Ereignisses in einer Timeline veröffentlicht.
- In **Video-Blogs (Vlogs) mit Nachrichten im Internet** bereiten YouTuber Nachrichten individuell auf und kommunizieren mit ihren Fans über Kommentarfunktionen.

- **Mikroblogging-Plattformen** wie Twitter, **soziale Netzwerke** wie Facebook und **Kurznachrichtendienste** wie WhatsApp werden nicht nur zur Kommunikation, sondern auch als **partizipatives Netz** zur Nachrichtenvermittlung genutzt. So wird politische Teilhabe erleichtert.

Der perfekte Talk – Politische Talkshows

Die ideale Talkshow: 60 Minuten, vier Gäste (2013)

ZDF-Talkshow „maybrit illner“ am 04.12.2014 in Berlin

Die ideale politische Talkshow ist 60 Minuten lang, hat vier Gäste und sollte „auch den Mut besitzen, etwas zu riskieren, und unkonventionelle Wege beschreiten“. Zu diesem Schluss kommt die [...] von der Universität Koblenz-Landau veröffentlichte 290 Seiten lange Dokumentation „Die Talk-Republik“. Dort haben 35 Studenten mit der Analyse von 22 Gesprächssendungen im deutschen Fernsehen nach dem Konzept des perfekten Talks gesucht. „Zu viel Gleichförmigkeit bei Köpfen und Konzepten, zu wenig Tiefe bei der Präsentation der Argumente, zu viel Meinungsabfrage und zu wenig echter Gedankenaustausch. Kurz: Zu viel Show und zu wenig Substanz“, teilten die Macher der Studie mit. [...] [D]ie Bilanz der unvoreingenommenen Studentenschaft fällt mäßig aus. Sternstunden seien selten. Die „Gesichtsbekanntheit“ und die „kalkulierte Positionsrolle“ hätten Vorrang, das bewährte Muster „Kasperle und Krokodil“ dominiere.

Die Gefahr, die die Studenten sehen: Politische Talkshows drohen „ins Boulevardeske abzudriften“. Deshalb müsse – gerade der angestrebten Politikvermittlung wegen – die politische immer vor der gesellschaftlichen Relevanz stehen. „Die ideale Polittalkshow muss Selbstinszenierung vermeiden und Dynamik und Meinungsdarstellungen aus dem Thema selbst kreieren. [...] Durch die ideale Talkshow sollte ein kompetenter Moderator führen und für spannende Diskurse sorgen. Die ideale Talkshow unter dem Aspekt der Politikvermittlung behandelt aktuelle politische bzw. gesellschaftspolitische Fragen, die ein breites Themenspektrum aufgreifen.“

„In einer idealen Talkshow“ müsse der Moderator gut informiert sein sowie kritisch, provokant und nachhakend moderieren. Die Inhalte und Themen sollten den Zuschauern verständlich präsentiert und Fachbegriffe erklärt werden. Der Moderator sei zwar das „Gesicht der Sendung“, dürfe aber in seiner Person nicht wichtiger sein als die Inhalte der idealerweise einstündigen Sendung. Die Studenten stellen sich im perfekten Talk vier Gäste vor.

Publikum und Gäste müssten „aktiv“ über verschiedene Medienkanäle eingebunden werden. „Die Themen werden von den Zuschauern durch Feedback aus sozialen Netzwerken beeinflusst.“

1 In **politischen Talkshows** werden aktuelle politische oder gesellschaftspolitische Themen diskutiert. Nennen Sie Aspekte, die die Dokumentation „Die Talk-Republik“ an aktuellen Talkshows kritisiert. Erläutern Sie dabei auch, was mit dem „Muster ‚Kasperle und Krokodil‘“ (Z. 20 f.) gemeint ist.

2 **a** Arbeiten Sie aus dem Text die Kriterien heraus, die die Studie für eine „ideale Talkshow“ anführt.
b Sehen Sie sich verschiedene Talkshows an: Inwiefern werden diese Kriterien umgesetzt?

3 Entwerfen Sie selbst eine „ideale Talkshow“: Was ist das Thema? Wer moderiert? Welche Gäste werden eingeladen? Inszenieren Sie einen interessanten Ausschnitt der Talkshow als Filmbeitrag.

Vorgetäuschte Wahrheiten? – Scripted Reality

Wie wirkt „Scripted Reality“? (2011)

Gibt es immer mehr Gewalt an deutschen Schulen? „Scripted Reality“-Formate wie „Die Schulermittler“ (RTL) könnten scheinbar dafür sorgen, dass dieses Bild vermittelt wird.

„Dicke fette Melissa“, singen die fünf Jungs im Chor und rempeln ein junges Mädchen in ihrer Mitte. Sie humpelt, trägt eine Beinschiene. Ein Pädagoge geht dazwischen, die Kamera immer dabei: „Hey Strumpfhose, föhnst du dich mit 'nem Hammer?“ – „Findest du das witzig, jemand mit 'ner Behinderung zu verarschen?“ So zeigt RTL den Alltag an der Gesamtschule Wildbeck, hier kommt es immer wieder zu Gewaltausbrüchen, erklärt eine Stimme aus dem Off.

Dazu im Bild: streitende Jugendliche, eine Hand greift in die Kamera. Der engagierte Pädagoge heißt Thorsten Heck, ist ein so genannter Schulermittler und unterwegs im Auftrag der Polizei, um an unseren Schulen für Ordnung zu sorgen. Und: Er ist erfunden. Wie die ganze Geschichte. „Alle handelnden Personen sind frei erfunden“, kann der aufmerksame Zuschauer im Vorspann lesen. Wenige Sekunden wird das vor und nach der Sendung eingeblendet.

Scripted Reality heißen solche Sendungen – geschriebene Realität. Reportagen, die aussehen, als wären sie echt, mit wackelnder Kamera und abgesetzten Interviews. Manchmal werden sogar Personen oder Nummernschilder unkenntlich gemacht, als müssten die Persönlichkeitsrechte von irgendjemand geschützt werden. Nur: Alle handelnden Personen sind Schauspieler, die Geschichten erfunden, sie folgen einem Drehbuch. [...]

Die Macher von Scripted Reality behaupten, der Zuschauer erkenne, was echt ist und was nicht. Die Hinweistafeln am Anfang und Ende solcher Sendungen würden ausreichend aufklären. „Man sollte den Zuschauer nicht unterschätzen“, meint Günter Stampf, erfolgreicher Produzent von „Die Schulermittler“. Reichen die wenige Sekunden lang eingeblendeten Hinweise wirklich? Was ist, wenn Zuschauer in solche Formate hineinzappen? Erkennen alle Zuschauer die Formate als gespielt? Und welche Auswirkungen hat das? Kritiker halten solche Formate für problematisch. Der Zuschauer werde getäuscht. [...]

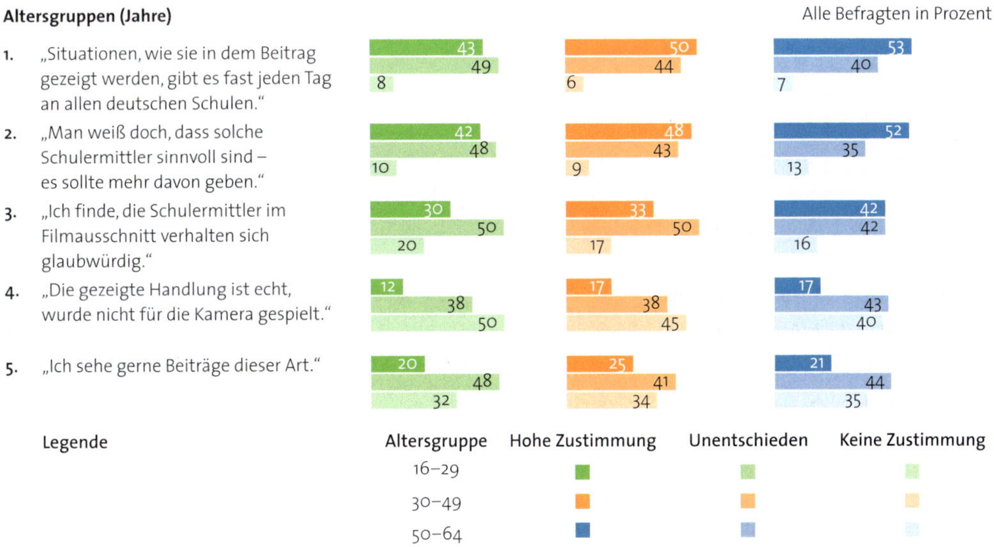

1 **a** Erklären Sie, was man unter „Scripted Reality" versteht.
b Welche Scripted-Reality-Sendungen kennen Sie? Welche schauen Sie sich an? Begründen Sie.

2 **a** Erläutern Sie anhand des Textes, wie „Scripted Reality" Realität vortäuscht.
b Schauen Sie sich eine Scripted-Reality-Sendung an. Prüfen Sie, ob die Textaussagen zutreffen.
c Woran kann man erkennen, dass es sich um eine fiktive Reportage handelt?

3 **a** Fassen Sie die wesentlichen Aussagen der Grafik (► S. 355) zusammen.
b Prüfen Sie: Werden die Textaussagen durch die Grafik jeweils ergänzt, bestätigt oder korrigiert?

4 Diskutieren Sie: Ist der Umgang mit der Realität in Scripted-Reality-Sendungen legitim?

Projektvorschlag: Eine Serienfolge produktiv gestalten

Drehen Sie in arbeitsteiligen Gruppen kurze Folgen einer Scripted-Reality-Serie. Gehen Sie so vor:

1 **a** Sammeln Sie Ideen zu Alltagssituationen, die konfliktträchtig sind und sich damit dramatisieren lassen, z. B.: Familie, Beziehung, Nachbarschaft, Schule. Erfinden Sie eine besondere Rahmensituation, z. B.: Familienfest, Hochzeitsvorbereitungen, Wohnungsrenovierung.
b Strukturieren Sie Ihre Story nach folgendem fünfaktigen Muster: Einführung/Problem – Eskalation des Konflikts – Erscheinen eines Helfers – Konfliktlösung – Happy End.
c Bauen Sie Ihre Story aus, indem Sie
– die Rollen ausgestalten: Wer ist der/die Notleidende; welches Problem liegt vor? Wer sind die Konfliktpartner (z. B. Person mit charakterlichen Schwächen, Fehlverhalten)? Wer ist die helfenden Person (eine vermittelnde Autorität, z. B. Sozialarbeiter/in, Coach, Schlichter/in, Polizist/in)?
– überlegen, wie die Helferin / der Helfer das Problem löst, z. B.: Gespräche mit den Beteiligten, handfestes Eingreifen in Situationen, Analyse der Ursachen, Aufzeigen von Perspektiven für die Zukunft.
– typische Scripted-Reality-Elemente einplanen, z. B. Interviews, überzogenes Verhalten.

2 **a** Erstellen Sie einen Drehplan für Ihre Serienfolge mit Angaben zu Inhalt (Drehort, Figuren), Kamera (Einstellung, Perspektive, Bewegung) und Ton (Text, Geräusche, Musik).
Halten Sie auch filmgestalterische Mittel fest (► S. 89 f.). Beachten Sie das Fünfaktschema und begrenzen Sie sich, z. B.: Jeder Akt darf nur eine Minute Länge haben.
b Schreiben Sie die geplanten Dialoge und Monologe (z. B. Kommentare direkt in die Kamera).
c Verteilen Sie folgende Rollen bzw. Tätigkeiten: Regie, Kamera (Kameraassistenz), Location, Schauspieler/innen, Kostüm/Requisite, Ton/Musik, Schnitt/Montage.

3 **a** Drehen Sie nun Ihre Szenen. Erproben Sie unterschiedliche Einstellungen und Perspektiven.
b Sichten Sie Ihr Filmmaterial und drehen Sie verbesserungswürdige Szenen neu.

4 Schneiden Sie Ihr Filmmaterial mit Hilfe eines Schnittprogramms. Unterlegen Sie einzelne Szenen mit passender dramatisierender Musik und Off-Kommentaren. Blenden Sie Textinformationen ein.

5 Präsentieren Sie Ihre Filme und geben Sie sich gegenseitig ein Feedback. Achten Sie dabei auf folgende Aspekte: Fünfaktschema, Inszenierung von Realität und Fiktionalität, vermitteltes Menschenbild.

Information **Scripted Realities**

Scripted Realities präsentieren gesellschaftlich mehr oder weniger relevante Themen in einem künstlich inszenierten Reportageformat. Dabei folgt die scheinbar dokumentarische Sendung einem festen Drehbuch und wird von authentisch wirkenden Laiendarstellern gespielt, sodass Realität und Fiktion vermischt werden.

7.3 Klausurtraining: Einen Sachtext erörtern

Aufgabenbeispiel

1. Geben Sie den Argumentationsgang des Textes von Jochen Kölsch wieder und erschließen Sie hierbei seine Auffassung von der Dominanz der Bild-Medien gegenüber den Wort-Medien. Beziehen Sie dabei auch die Aussage des eingangs von Kölsch verwendeten Rilke-Gedichts ein.
2. Erörtern Sie, inwieweit Kölschs These von der Dominanz der Bild-Medien gegenüber den Wort-Medien zuzustimmen ist. Gehen Sie dabei auch auf den Umgang mit neuen Medien ein, z.B. Computer/Internet.

Jochen Kölsch: **Vom Aufstieg des Bildes und dem Zerfall des Wortes** (2005)

Im Jahre 1902 schrieb Rainer Maria Rilke ein Gedicht, das nicht nur die literarisch Interessierten kennen.

Der Panther

Im Jardin des Plantes, Paris

Sein Blick ist vom Vorübergehn der Stäbe
so müd geworden, dass er nichts mehr hält.
Ihm ist, als ob es tausend Stäbe gäbe
und hinter tausend Stäben keine Welt.

Der weiche Gang geschmeidig starker Schritte,
der sich im allerkleinsten Kreise dreht,
ist wie ein Tanz von Kraft um eine Mitte,
in der betäubt ein großer Wille steht.

Nur manchmal schiebt der Vorhang der Pupille
sich lautlos auf –. Dann geht ein Bild hinein,
geht durch der Glieder angespannte Stille –
und hört im Herzen auf zu sein.

Rilke wollte in diesem Gedicht, das 1902 entstand und 1903 veröffentlicht wurde und zu seinen klassischen „Dinggedichten“ gezählt wird, in den Dingen ein Leben entdecken, das unser eigenes Leben betrifft, eine Bedeutung aus ihnen locken, die unser Denken, Wollen und Fühlen zu beeinflussen im Stande ist. [...] Ich möchte Rilkes Gedicht in meinen nun folgenden Ausführungen zum Leitfaden einer medientheoretischen und medienkritischen Reflexion benützen.

[...] Trotz oder gerade wegen der unüberschaubaren Zahl medial vermittelter Bilder entsteht keine Welt.

Zuerst muss man sich mit einigen schlichten Zahlen konfrontieren, einfachste Empirie, die das ganze Thema bereits in einer prosaischen Form abbilden können: Der Durchschnittsdeutsche verbringt jeden Tag, so weist es die Medienforschung aus, über 210 Minuten, also ca. 3 1/2 Stunden vor dem Fernsehapparat, dabei sähe er – auch ohne Zappen – ca. 100 Einzelsequenzen oder Geschichten, diese enthalten etwa 2000 Kameraeinstellungen, jeden Tag.

Also tatsächlich eine Dimension, die den Fernsehzuschauer in die Dimension des Rilke'schen Panthers führt.

Diese 2000 Bilder, Kameraeinstellungen bedeuten ca. 100 Geschichten mit vielleicht 500 Einzelaspekten, Einzelgedanken, Nachdenkenswertem, Neuem. 500 am Tag, neben dem anderen normalen Leben, und 2000 verschiedene Bilder, die sich auf der Netzhaut einprägen, im Gehirn irgendetwas auslösen, jedes einzelne dieser Bilder wiederum ein ganzes optisches Universum, das wie ein Gemälde oder eine Fotografie mit tiefem Bedeutungsgehalt angereichert ist.

Entsteht hier eine Dialektik der tausend Bilder dieser Welt, die nahezu unendlich Welt vorzeigen, die doch in der beliebigen Fülle eine ungeordnete Masse an uninterpretierbaren Informationen entstehen lassen, und was entsteht im Medium und beim Rezipienten dann?

Der Begriff der Dialektik wird hier also verstanden im Sinne von Adorno und Horkheimer[1] und ihrer „Dialektik der Aufklärung“ (erschienen in New York 1944), in der eine „Kulturindustrie“ Massenkommunikation produziert im Sinne technologisch-ökonomisch-politischer Zielsetzungen und genau hierdurch zu einer fundamentalen kommunikativen Entfremdung führt.

Oder ergibt sich gar die Paradoxie, dass in der Massenhaftigkeit der Herstellung und Verbreitung von Bildern eben jene Welt gerade zum Verschwinden gebracht wird, und – nach der Idee des kanadischen Medienphilosophen Marshall McLuhan – schließlich nur noch das Medium selbst die Botschaft ist? (Understanding media, 1964 erschienen in New York) Gerade die eine scheinbar vollständige Welt darstellende Medienbilderwelt hat eine derart dominierende Eigenrealität, dass es keine Realität ohne Medium mehr gibt, ja, das Medium selbst die wesentliche Realität ist.

Tausend Bilder, doch welche Welt? Was sich zufällig jeden Tag auf der Netzhaut und im Bildergedächtnis wiederfindet, welche der Bilder werden es sein, welche Informationen, welche Welt? Und dies in einem Gehirn, das im Laufe seines Lebens bereits Millionen von technisch vermittelten Bildern wahrgenommen hat.

Allein diese simple quantitative Darstellung in Bezug auf das gegenwärtige Leitmedium Fernsehen zeigt, was der Begriff der Überwältigungskunst meinen könnte, ein Begriff, den Peter Sloterdijk[2] hauptsächlich auf die monumentalen Hollywood-Produktionen zugeschnitten hatte, der aber auch für die moderne Medienwelt insgesamt Anwendung finden kann. [...]

Der gegenwärtige Entwicklungszustand der Medienwelt und der mit ihr befassten Wissenschaften wird als „iconic turn“[3] definiert – [auch] „pictorial turn“[4] –, dies betont die Dominanz der Bild-Medien über die Wort-Medien, also diejenigen Zeichen-Medien, die spätestens seit der konfuzianischen, der jüdischen, der griechischen und der römischen Welt die Gesellschaftsentwicklung sowie die Wissenschaft wesentlich bestimmt haben. Die Masse der Menschen lebt nun wieder wesentlich geprägt von den Bildern, während sich die intellektuellen Eliten, die Info-Eliten, wie das in jüngerer Zeit genannt wird, immer schneller und weiter vom bildorientierten Unterhaltungsproletariat absondern [...].

1 **Theodor W. Adorno** (1903–1969): deutscher Philosoph, Soziologe und Musiktheoretiker; **Max Horkheimer** (1895–1973): deutscher Sozialphilosoph

2 **Peter Sloterdijk** (*1947): deutscher Philosoph, Kulturwissenschaftler und Essayist

3 **„iconic turn“:** Hinwendung zum Symbol/Bild (engl. icon)

4 **„pictorial turn“:** Hinwendung zum Bild (engl. picture)

Die Aufgabenstellung verstehen

1 Die Klausuraufgabe zur textgebundenen Erörterung (▶ Information, S. 359) besteht aus zwei Teilaufgaben. Ordnen Sie die folgenden Tätigkeiten den beiden Teilaufgaben zu.

- *Kölschs Aussagen zur Dominanz von Bild-Medien in eigenen Worten formulieren*
- *zu Kölschs Thesen Stellung nehmen*
- *Kölschs Argumentationsstrategie untersuchen*
- *Kölschs Thesen und Argumente prüfen*
- *selbst Argumente zum Thema entwickeln*
- *das Rilke-Gedicht zu Kölschs Aussagen in Beziehung setzen*
- *die eigenen Argumente nach Möglichkeit durch Beispiele stützen*
- *den Text in einem Einleitungssatz vorstellen*
- *ein Fazit formulieren*

2 Erläutern Sie, auf welcher der beiden Aufgaben der Schwerpunkt Ihrer Klausur liegen sollte.

Information **Die textgebundene Erörterung**

Die **textgebundene Erörterung** stellt dar, auf welche Weise ein Text ein Problem aufwirft und erschließt. Erfasst werden sollten die **zentrale Problemstellung** des Textes, der gedankliche Zusammenhang der Thesen, Argumente, Erläuterungen und Beispiele, außerdem die Struktur des Textes und ggf. auch seine sprachlich-rhetorische Gestaltung **(Argumentationsstruktur)**. An die Analyse der Textvorlage schließt sich in der Regel eine zweite Aufgabe an, in der Sie aufgefordert werden, auf der Grundlage eigener Kenntnisse (z.B. aus dem Unterricht) zu einer aus dem Text abgeleiteten Problemstellung eine **eigene Stellungnahme** zu entwickeln. Diese soll bestimmten Argumentationsstandards entsprechen.

Erstes Textverständnis und Ideen formulieren

3 Kölsch stellt mehrere Thesen zur Dominanz der Bild-Medien auf. Notieren Sie diese, z.B.:
- *Bilderfluten der modernen Medien vermitteln keine Welterfahrung mehr*
- *diese Form der Massenkommunikation führt zu …*
- *ohne Medium gibt es keine …*
- *Überwältigung des … durch das …*

4 Ergänzen Sie die folgende Mindmap mit ersten Ideen zur Lösung von Aufgabe 2.

Dominieren Bild-Medien über Wort-Medien?

Bilder vermitteln realistischere Sicht auf die Wirklichkeit als Worte.

Zuschauer sind sehr wohl in der Lage, …

Schnelle Bilderfolgen beeinflussen mehr, denn sie lassen kaum Nachdenken zu.

…

…

Die Argumentation analysieren und eigene Argumente entwickeln

5 **a** Bestimmen Sie die Argumenttypen (▸ Information, S. 360). Beginnen Sie z.B. so:
empirische Daten zum Fernsehkonsum (Z. 32 ff.) = Faktenargument
Bezug auf die Sozialphilosophen Adorno und Horkheimer (Z. 62 ff.) = …

b Kölschs Bezüge auf das Rilke-Gedicht haben die Funktion eines analogisierenden Arguments. Notieren Sie in einer Tabelle die Analogien zwischen dem Rilke-Gedicht und Kölschs Aussagen.

Themen	*Zuzuordnender Vers im Gedicht*	*Aussage im Sachtext*
Bilderfluten	*„Sein Blick ist …" (V. 6 f.)*	…
Realitätsverlust	*„keine …" (V. …)*	…
Horizontverengung durch Bilder	…	*„bildorientierte[s] Unterhaltungsproletariat" (Z. 114)*
Überwältigung	*„betäubt ein großer Wille" (V. 13)*	…

Information Argumenttypen und ihre Funktionen – Beschreibungsvokabular

Argumente sollen Zuhörende oder Lesende dazu bewegen, den **Geltungsanspruch einer These** anzuerkennen. Eine These gewinnt besonderes Gewicht, wenn sie von *stichhaltigen,* möglichst *unstrittigen* Argumenten *untermauert* wird. Man unterscheidet folgende Argumenttypen:

- **Faktenargument:** Dieses Argument bringt eine These in Beziehung mit *unstrittigen, verifizierbaren (nachprüfbaren)* **Tatsachenaussagen.** Faktenargumente gelten in der überwiegenden Mehrzahl der Fälle als *überzeugend.* Handelt es sich dabei allerdings um einen Hinweis auf einen bloßen **Einzelfall,** so ist ein solches Argument *nicht* besonders *beweiskräftig.*
- **Autoritätsargument:** Dieser Argumenttyp *stützt* eine These dadurch, dass die **Position einer weithin akzeptierten Autorität** (z. B. Wissenschaftler/in) hinzugezogen wird. Allerdings können andere Autoritäten mit gegenteiligen Positionen entgegengehalten werden.
- **Normatives Argument:** Die These soll *fundiert* werden, indem sie mit **weithin akzeptierten Wertmaßstäben** (Normen) verknüpft wird. In Gesellschaften, in denen Normen stetig an Gültigkeit verlieren, ist ein solches Argument allerdings nicht mehr für jeden einleuchtend.
- **Analogisierendes Argument:** Eine These soll damit *abgesichert* werden, dass ein **Beispiel aus einem anderen Bereich** hinzugezogen wird. Das möglichst *glaubwürdig* gewählte Beispiel wird genutzt, um die zu vertretende These durch eine **Parallelisierung** von Sachverhalten zu *bekräftigen.* Es lässt sich *entkräften,* indem man deutlich macht, dass das Beispiel andere Begleitumstände aufweist und daher als Argument nicht *hieb- und stichfest* ist.
- **Indirektes Argument:** Dieses Argument soll eine These dadurch *plausibel erscheinen lassen,* dass die **gegenteilige Meinung als unstimmig,** *logisch nicht zwingend* oder *realitätsfern* vorgeführt wird. Allerdings: Aus dem Widerspruch einer gegenteiligen Meinung folgt nicht zwangsläufig die Logik oder Richtigkeit der eigenen Meinung.
- **Argumentum ad populum** (Berufung auf die Menge): Mit diesem lateinischen Ausdruck werden Argumente bezeichnet, mit denen eher überredet als überzeugt werden soll. Sie gelten als unseriös und manipulativ, weil sie eher **an Gefühle** als an die Vernunft **appellieren.**

Information Grundtypen kritischer Texterörterung

In einer Erörterung können Sie mit einem vorgelegten Text auf unterschiedliche Weise umgehen, um Ihren Gedankengang zu entwickeln:

I. Begründeter Widerspruch
Sie entkräften argumentativ zentrale Behauptungen des Textes, indem Sie Gegenargumente und Gegenbeispiele anführen.

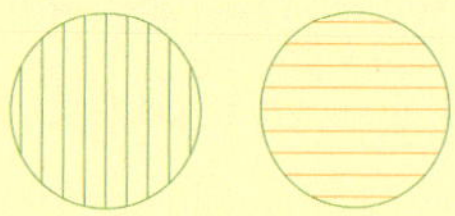

II. Begründete Zustimmung
Sie stärken die im Text vertretene Position, indem Sie weitere Argumente und Beispiele anführen. Dabei sollten Sie mögliche Gegenargumente entkräften.

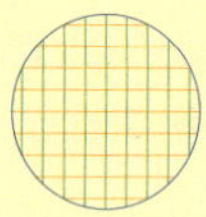

III. Teilweise Übereinstimmung
Sie wägen ab, in welchen Punkten Sie der Textposition zustimmen und welchen Sie widersprechen. Beides begründen Sie argumentativ.

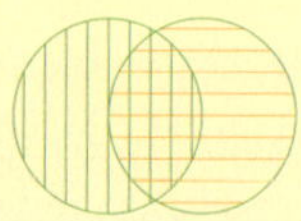

6 Prüfen Sie, ob Sie Kölschs Thesen ganz, teilweise oder gar nicht zustimmen, und wählen Sie entsprechend Ihren Überlegungen einen Grundtyp für Ihre Texterörterung (▸ Information) aus.

7 Notieren Sie zu Kölschs Thesen und Argumenten jeweils Ihre eigenen Argumente. Berücksichtigen Sie dabei auch neue Medien. Nutzen Sie auch Ihre Überlegungen aus Aufgabe 2 (▸ S. 358).

Den Schreibplan erstellen und den Text schreiben

8 Bringen Sie die folgenden Gliederungspunkte für Ihre Klausur in eine sinnvolle Reihenfolge.
Nennung der Position, die Sie in der Erörterung vertreten möchten – Fazit der Erörterung – Nennung der im Text von Kölsch aufgeworfenen Fragestellung – Überleitung zur Erörterung – Einleitungssatz – Darstellung von Kölschs Argumentationsstruktur – geordnete Wiedergabe eigener Argumente – Nennung zentraler Aussagen des Textes von Kölsch

9 Überlegen Sie, wie Sie den Erörterungsteil Ihres Aufsatzes strukturieren möchten.
- **a** Informieren Sie sich über die Möglichkeiten, die Argumente zu ordnen (▸ Methode).
- **b** Tauschen Sie sich in Partnerarbeit über die Vor- und Nachteile der verschiedenen Strukturierungsmöglichkeiten aus.
- **c** Wählen Sie für Ihren Aufsatz ein Aufbauschema aus und begründen Sie Ihre Wahl.

Methode Strukturierung einer Erörterung – Steigender und dialektischer Aufbau

In einer Erörterung können Sie die **Argumente** für und gegen Ihre Position ganz unterschiedlich **anordnen,** z. B.:

Modell I: Linearer Aufbau

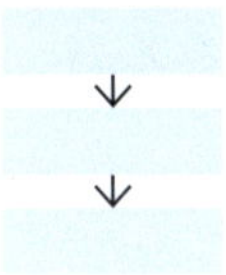

Sie reihen die Argumente für Ihre Position aneinander. Dabei sollten Sie darauf achten, auch mögliche Gegenargumente zu entkräften. Sie können die Argumente so ordnen, dass sich eine Steigerung ergibt, das Ihrer Ansicht nach stichhaltigste Argument also am Ende Ihrer Argumentation steht. Es ist aber je nach Situation auch möglich, das stärkste Argument am Anfang zu nennen.

Modell II: Dialektischer Pro-und-Kontra-Aufbau in Blöcken („Sanduhr-Prinzip")

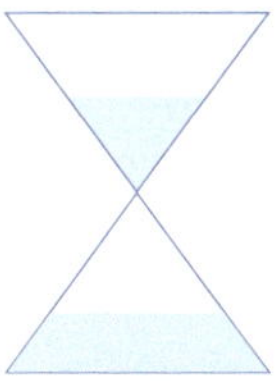

Bei diesem Modell werden zwei sich widersprechende Positionen systematisch aufgearbeitet und blockweise einander gegenübergestellt: Zuerst führen Sie alle Argumente, Beispiele usw. auf, die Ihrer eigenen Position widersprechen. Es folgen Argumente usw., die die Gegenposition entkräften und die eigene Position bestärken. Hierbei kann das für Sie stärkste Argument z. B. am Schluss Ihrer Argumentation stehen.

Modell III: Fortlaufender antithetischer Pro-und-Kontra-Aufbau („Pingpong-Prinzip")

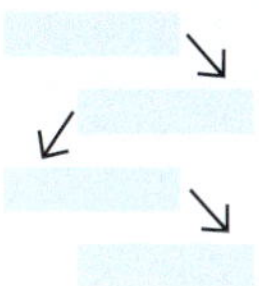

Bei diesem Modell führen Sie abwägend die Argumente, Beispiele usw. gegen und für Ihre Position in laufendem Wechsel auf, wobei die Gegenpositionen sofort entkräftet werden können. Es können vor dem Wechsel ggf. auch mehrere Pro- oder Kontra-Argumente aufeinanderfolgen.

10 Formulieren Sie Ihre Überlegungen zur Klausuraufgabe 1 schriftlich aus. Gehen Sie so vor:
- **a** Schreiben Sie eine Einleitung. Vervollständigen Sie dazu z. B. den folgenden Satz:
  In seinem medienkritischen Text „…", der im Jahr … veröffentlicht wurde, setzt … sich mit der Frage auseinander, …
- **b** Stellen Sie Kölschs Auffassung zur Dominanz der Bild-Medien gegenüber den Wort-Medien dar und erläutern Sie dabei seine Argumentationsweise. Achten Sie dabei darauf, richtig zu zitieren (▸ Information, S. 225) und zu paraphrasieren (▸ Information, S. 362).

Information **Die Paraphrase**

Die **Paraphrase** ist die **Umschreibung einer Textaussage mit eigenen Worten**. Anders als beim **Zitat** (▶ S. 225), das einen Text **wörtlich wiedergibt,** löst sich die Paraphrase von der Formulierung des Textes; dennoch versucht sie, die Aussage des Ausgangstextes so genau wie möglich zu treffen. Positionen des Ausgangstextes werden in **indirekter Rede** oder mit **entsprechenden sprachlichen Signalen** wiedergegeben, z. B.:
Der Autor behauptet ... Er begründet dies mit ... Er unterstreicht die Aussage durch ... Mit Beispielen wie ... untermauert er seine These zur ... Seiner Auffassung nach ist ...

11 Verfassen Sie nun Schritt für Schritt Ihren Erörterungsaufsatz (Klausuraufgabe 2).

a Formulieren Sie eine Überleitung zum zweiten Teil des Aufsatzes. Beispiel:
Schließt man sich Jochen Kölschs Argumentation an, dann führen Bild-Medien ...
Im Folgenden soll geprüft werden, ob ...

b Verfassen Sie den Hauptteil Ihrer Erörterung. Berücksichtigen Sie dabei Ihre Überlegungen zur Strukturierung aus Aufgabe 5 (▶ S. 359) und nutzen Sie die folgenden Formulierungsbausteine.

Formulierungsbausteine: Erörterung

- **These:** *Ich vertrete die Ansicht, dass ... Ich bin der Überzeugung, dass ... Der These ... stimme ich (nicht) zu.*
- **Argumente/Beispiele:** *Im Übrigen gibt es keinen Zweifel daran, dass ... Ich stütze mich auf die Tatsache, dass ... Hinzu kommt, dass ... Erinnert sei auch an ... Dafür lässt sich das Argument anführen, dass ...*
- **Gegenargument:** *Unumstritten ist eine solche Position nicht: ... Eingewendet werden könnte auch, dass ... Bleibt noch der Einwand, dass ... Allerdings sollte auch bedacht werden, dass ...*
- **Entkräftung des Gegenarguments:** *Ich gebe aber zu bedenken, dass ... Allerdings muss man sich fragen ... Dem steht jedoch gegenüber ... Allerdings sollte auch bedacht werden, dass ... Andererseits darf man nicht vergessen, dass ...*

c Formulieren Sie einen Schlusssatz, in dem Sie ein Fazit aus Ihrer Erörterung ziehen. Beispiel:
Als Resümee meiner Ausführungen ergibt sich, dass ...

Den eigenen Text überarbeiten

12 Überprüfen Sie Ihren Aufsatz mit Hilfe der folgenden Checkliste:

Checkliste **Eine textgebundene Erörterung schreiben**

- Haben Sie Ihren Aufsatz für die Leserin / den Leser übersichtlich **gegliedert** (Absätze)?
- Geben Sie Kölschs **Argumentation** vollständig und richtig wieder?
- Haben Sie die Aussagen von Kölsch durch **Zitate bzw. Paraphrasen** kenntlich gemacht?
- Haben Sie die beiden Teile Ihres Aufsatzes durch eine gedankliche **Überleitung** verbunden?
- Enthält Ihr Aufsatz im **Erörterungsteil** eigene gedankliche Ansätze?
- Fassen Sie am Ende Ihre Position in einem **Fazit** zusammen?
- Ist der **Ausdruck** sachlich und genau und die **Gedankenführung** stringent (folgerichtig)?
- Haben Sie in Ihrem Aufsatz **Rechtschreibung, Grammatik** und **Zeichensetzung** korrigiert?

C Epochen der deutschen Literatur

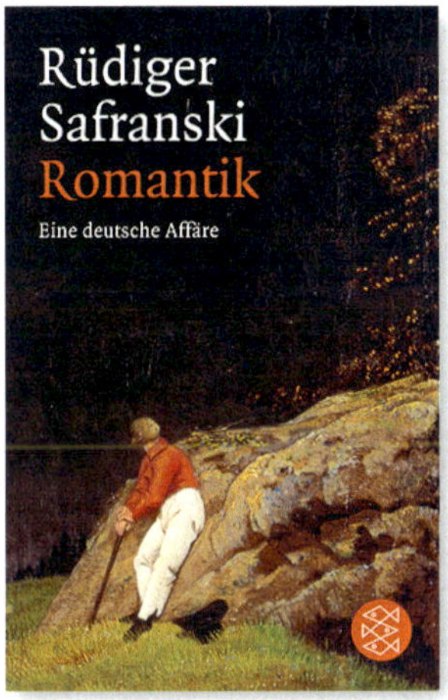

1 Lesen Sie die Titel der abgebildeten Literaturgeschichten und beschreiben Sie, welche unterschiedlichen inhaltlichen Schwerpunktsetzungen Sie den Titeln entnehmen können.

2 Was verbinden Sie mit den Stichworten „Literaturgeschichte“ und „Epochen“? Halten Sie in einer – individuellen oder gemeinsam entworfenen – Mindmap Ihr Wissen in diesen Bereichen fest.

3 Tauschen Sie sich im Kurs darüber aus, welche Epochen und/oder Autorinnen/Autoren Sie schon kennen.

4 Betrachten Sie die Grafik auf den folgenden zwei Seiten. Arbeiten Sie in Partnerarbeit heraus,
- inwiefern diese Darstellung der literarischen Epochen Ihnen hilfreich sein kann,
- auf welche Problematik des Epochenbegriffs die Grafik besonders hinweist.

5 In der Literaturgeschichte wird häufig von einem Epochenumbruch um 1800 oder um 1900 gesprochen. Erläutern Sie anhand der Epochenschlange (▶ S. 364 f.), was damit gemeint ist.

In diesem Kapitel erwerben Sie folgende Kenntnisse und Kompetenzen:

- erkennen, wie literarische Werke unterschiedlicher Epochen und Gattungen Fragen des menschlichen Lebens thematisieren, und Texte unter diesen Fragestellungen vergleichen,
- literarische Texte zueinander und zu anderen Aussageformen (z. B. der Kunst, Philosophie, Wissenschaft) in Gesprächen, Texten und visuellen Darstellungsformen in Beziehung setzen,
- dabei historische Bezüge (Sozial-, Kultur-, politische Geschichte usw.) berücksichtigen,
- literaturgeschichtliches Überblickswissen auf Texte anwenden,
- Epochenbegriffe problematisieren und reflektiert verwenden.

Literarische Epochen und Strömungen im Überblick

750 1450 1470

Anfänge der deutschen Literatur: Mittelalter

- religiöse Dichtung
- höfische Dichtung: Epos, Minnesang, z. B. **Walther von der Vogelweide**

Frühe Neuzeit

- Volksbuch und Schwank
- Fastnachtsspiel, z. B. **Sachs**
- Kirchenlied, z. B. **Luther**

1805 1800 1795 1785

Weimarer Klassik

- Dramen von **Goethe** und **Schiller**
- Distichen, Ideenlyrik, Balladen von **Goethe** und **Schiller**

Romantik

- Roman, z. B. **Tieck**
- Novelle, Erzählung
- Kunstmärchen, z. B. **Hauff**
- Lyrik, z. B. **Novalis**, **Brentano**, **Eichendorff**

1830 1835 18…

Biedermeier

- Novelle, Erzählung, z. B. **Stifter**, **Mörike**
- Lyrik, z. B. **Droste-Hülshoff**

Vormärz

- politische Lyrik, z. B. **Heine**
- Drama, z. B. **Büchner**

1933 1925 1920 1910

Exilliteratur

- Roman, z. B. **Seghers**, **K. Mann**
- episches Theater, z. B. **Brecht**
- Gebrauchslyrik

Literatur der Weimarer Republik

- Roman, z. B. **Keun**
- episches Theater, z. B. **Brecht**
- Gebrauchslyrik

Expressionismus

- Drama, z. B. **Kaiser**
- Lyrik, z. B. **Trakl**, **Heym**, **Benn**

Wichtiger Autor zur Zeit des Expressionismus: **Kafka**

1945 1960

Nachkriegsliteratur

- Kurzgeschichte, z. B. **Böll**, **Borchert**
- Trümmerliteratur
- Lyrik, z. B. **Celan**, **Eich**
- konkrete Poesie, z. B. **Gomringer**

Literatur der Bundesrepublik und der DDR

- postmoderner Roman, z. B. **Süskind**
- politisches Dokumentartheater, z. B. **Weiss**
- politische Lyrik, z. B. **Biermann**

600 — 1720 — 1740

Barock

- Roman, z. B. **Grimmelshausen**
- Emblem, Figurengedicht, Sonett, z. B. **Gryphius**

Aufklärung

- Fabel, Parabel, z. B. **Lessing**
- Bürgerliches Trauerspiel, z. B. **Lessing**
- Erziehungsromane, z. B. **Wieland**

80 — 1770 — 1750

Sturm und Drang

Aufklärung

Empfindsamkeit

- Bürgerliches Trauerspiel, z. B. **Schiller**
- Hymne, z. B. **Goethe**
- politische Lyrik, z. B. **Bürger**

- Brief- und Bildungsroman, z. B. **Goethe**
- Naturlyrik, z. B. **Klopstock**, **Claudius**

Poetischer/bürgerlicher Realismus

- Roman, Novelle, z. B. **Keller**, **Fontane**

1900 — 1890 — 1880

Naturalismus

Vielfalt der Stile: Moderne

- Ästhetizismus/Fin de Siècle: Impressionismus, Jugendstil, Décadence, Sezession, Neoromantik, Surrealismus
- Roman, Erzählung, Novelle, z. B. **Th. Mann**
- Lyrik, z. B. **Rilke**

- Novelle, Roman, z. B. **Holz/Schlaf**
- Drama, z. B. **Hauptmann**

1989

Vielfalt der Stile: Gegenwart

- postmoderne Erzählliteratur, z. B. **Zeh**, **Kehlmann**
- neorealistische Erzählliteratur, z. B. **Grass**, **M. Walser**
- Popliteratur

Literaturgeschichte und Epochenbegriffe – Eine Problematisierung

Geschichtsschreibung ist Aufklärung – Aufklärung über historische Entwicklungen, welche die Gegenwart prägen. In diesem Sinne versteht sich auch die Beschreibung der sechs Jahrhunderte neuerer deutscher Literaturgeschichte [...]: Sie will die literarischen Entwicklungslinien vergegenwärtigen, die in die heutige Zeit hineinführen. *Peter J. Brenner, Neue deutsche Literaturgeschichte, 1996*

Der oberste Zweck einer Literaturgeschichte besteht in der Anregung und Wegeweisung für den Leser zum eigenen Genuss der Literaturwerke. [...] Wer weder das Nibelungenlied noch die wichtigsten Dramen Lessings, Goethes und Schillers kennt, der tut wohl, erst diese zu lesen, ehe er nach geschichtlicher Belehrung über sie sucht.
Eduard Engel, Geschichte der deutschen Literatur von den Anfängen bis in die Gegenwart, 1907

Karl Otto Conrady: **Von der Verführung durch vertraute Epochenbegriffe** (1983)

Es muss zu einem Urbedürfnis des Menschen, zumal des Wissenschaftlers, gehören, ungeordnete Vielfalt zu ordnen und lange zeitliche Abläufe zu gliedern. Anders ist die hingebungsvolle Mühe nicht zu begreifen, die Literaturwissenschaftler aufwenden, um Epochen aufzubauen. Und obgleich längst jeder noch so sorgfältig ausgeführten Konzeption einer Epoche mit triftigen Argumenten widersprochen werden kann, lassen wir von dem geistvoll-nutzlosen Spiel nicht ab. [...]
Offensichtlich bezeichnen Epochenbegriffe etwas, was es so in der Realität überhaupt nicht gibt. Sie sind nachträglich gestanzte Spielmarken kluger Konstrukteure. Epochenbezeichnungen, die mit qualifizierenden Bedeutungen belastet sind (die wir ihnen auch nicht austreiben können), können der realen Fülle und Vielgestaltigkeit des im betreffenden Zeitraum Hervorgebrachten nicht gerecht werden. Immer herrscht die Gleichzeitigkeit des Verschiedenen, der eine Epochenbezeichnung nicht entspricht. [...]
Öffnet eigentlich die Bemühung um Epochenbestimmungen besser begehbare Wege zu den einzelnen Werken, die der Leser dann gern beschreitet? Geht von Epochengliederungen und den Diskussionen über sie Motivation für den Leser aus? Die Frage stellen heißt, sie nicht einfach bejahen zu können. Wenn in bildungspolitischen Erklärungen vom Deutschunterricht gefordert wird, er müsse endlich wieder (wie es heißt) den Schülern die Kenntnis etwa der deutschen Klassik und der anderen wichtigen Epochen der Geschichte der deutschen Literatur beibringen, dann müsste zugleich ernsthaft erwogen werden, wozu solche Kenntnis gut ist, welche Einsichten sie fördert oder vielleicht verstellt und ob sie die Freude am Lesen (für uns etwas allzu Selbstverständliches), die Motivation, sich auf Fernes und Fremdes einzulassen, verstärkt oder vermindert. [...]

1 Welche Funktionen kann bzw. soll eine Literaturgeschichte erfüllen? Diskutieren Sie, welche Erwartungen Sie an ein literaturgeschichtliches (Lehr-)Werk haben.

2 Zeigen Sie mit Hilfe der Texte auf, welcher Nutzen und welche Gefahren in der Verwendung von Literaturgeschichten und Epochenbegriffen liegen.

3 Literaturgeschichte als Spiel, Epochenbegriffe als Spielmarken, Literaturhistoriker als Konstrukteure: Erläutern Sie diese von Conrady verwendeten Metaphern.

4 Sicherlich kennen und benutzen Sie Schüler-Lektürehilfen zu literarischen Werken, die Sie im Deutschunterricht lesen: Überprüfen Sie vor dem Hintergrund der Aussagen Conradys kritisch die Verwendung von Epochenbegriffen und Epochenzuordnungen in solchen Angeboten (exemplarisch).

1 Mittelalter, Frühe Neuzeit und Barock

1 **a** Beschreiben Sie die drei Abbildungen. Heben Sie vor allem die Unterschiede hervor. Entziffern Sie, so weit wie möglich, auch die Textanteile.

b Ordnen Sie die abgebildeten Seiten begründet dem 12., 16. oder 17. Jahrhundert bzw. den Epochen Mittelalter, Frühe Neuzeit und Barock zu.

2 Wie haben Sie eine Vorstellung vom Mittelalter entwickelt? Was wissen Sie ggf. über die Frühe Neuzeit oder das Barock? Denken Sie z. B. an Kinderbücher, Spielzeug, Spielfilme, Fernsehserien, Ausstellungen, Geschichtsunterricht u. Ä.

1.1 Mittelalter

Die Literatur des frühen und hohen Mittelalters (8.–13. Jahrhundert) lässt sich aus heutiger Perspektive in zwei große Bereiche einteilen: geistliche und höfisch-ritterliche Literatur. Dem Adel dienten vor allem Ritterepen (z. B. „Tristan“, s. u.) sowie der Minnesang (▶ S. 370), eine äußerst ritualisierte Liebeslyrik, zur Unterhaltung. Während es im Minnesang um die fiktive Konstellation von Sänger, Dame und Gesellschaft geht, stehen im höfischen Ritterepos neben Liebesbeziehungen Abenteuer und Heldentaten im Mittelpunkt.

Tristan und Isolde – Eine höfisch-mittelalterliche Liebesgeschichte

Gottfried von Straßburg: **Tristan** (vermutlich 1200–1210)

Der junge Adlige Tristan ist am Hof seines Onkels, König Marke, aufgewachsen. Für diesen soll er um Isolde von Irland werben. Indem er einen Drachen besiegt, erlangt er die Hand der Prinzessin für seinen Onkel. Auf der Rückreise trinken Tristan und Isolde einen Liebestrank, der für Marke und seine zukünftige Frau bestimmt war.

Nu daz diu maget unde der man,
Îsôt unde Tristan,
den tranc getrunken beide, sâ
was ouch der werlde unmuoze dâ,
Minne, aller herzen lâgaerin,
und sleich z’ir beider herzen în.
ê sî’s ie wurden gewar,
dô stiez s’ir sigevanen dar
und zôch si beide in ir gewalt.

Dieter Kühn: **Tristan und Isolde des Gottfried von Straßburg** (1991)

Als nun das Mädchen und der Mann,
Isolde und Tristan, *beide*
den Trank getrunken hatten – schon
war der Menschheit Unrast da,
LIEBE, Fallenstellerin der Herzen,
stahl sich hinein in beider Herzen.
Bevor sie etwas davon merkten,
hisste sie die Siegesfahne,
unterwarf sie ihrer Macht.
Die vorher zwei und zwiegeteilt,
sie wurden *eins* und ungeteilt.
Zwischen beiden gab es *nichts* mehr,
das sie voneinander abstieß,
Isoldes Feindschaft war dahin.
Die Friedensstifterin, Frau LIEBE,
hatte ihrer beider Sinne
von Feindschaft so gereinigt,
in Liebe so vereinigt,
dass einer für den anderen
durchklart war wie ein Spiegelglas.
In beiden schlug *ein* Herz.
[...]
Tristan, als er Liebe spürte,
dachte er sofort
ans Ehrenwort, das er gegeben,
und wollte sich entziehn.
Er dachte unablässig: „Nein,
Tristan, lass es sein, besinn dich,
nimm es gar nicht erst zur Kenntnis!“
Doch sein Herz, es wollte halt zu ihr ...
Er kämpfte gegen sein Verlangen,
begehrte gegen sein Begehren auf.
Er wollte zu ihr hin und fort von ihr.
Der Mann, der in der Falle war,
er machte in der Schlinge wiederholt,
sehr oft vergebliche Versuche
und setzte das noch lang so fort.
Der loyale Mann empfand
sehr stark die Qual, die doppelt war:
Schaute er Isolde ins Gesicht,
und begann die süße LIEBE
sein Herz und seine Sinne
mit ihrer Hilfe zu verstören,
so dachte er sehr stark an EHRE,
die zog ihn weg von dort;
[...]

Seine Treue, seine Ehre,
sie forderten ihn sehr;
LIEBE forderte noch mehr,
sie tat ihm mehr als weh:
sie quälte ihn noch stärker
als beide: Treue und die Ehre.
[...]
Auch Isolde ging es so:
Sie machte gleichfalls oft Versuche,
dies Leben wurde ihr zur Plage.
Als sie den Vogelleim der LIEBE,
der Verführerin, entdeckte
und merkte, dass die Sinne
tief schon darin steckten,
da wollte sie auf festen Grund,
sie wollte raus und weg. Jedoch,
es klebte schon der Leim an ihr,
zog sie zurück, hinab.

1 **a** Erläutern Sie das Dilemma, in dem Tristan und Isolde stecken.
b Wie könnte die Geschichte von Tristan und Isolde weitergehen? Vergleichen Sie Ihre Ideen mit den verschiedenen Versionen, die es in der literarischen Überlieferung gibt.

2 Mit welchen sprachlichen Mitteln wird der Zustand des Verliebtseins veranschaulicht?

3 Beschreiben Sie anhand der Verse 1 bis 9, wie Dieter Kühn bei seiner Übertragung vorgegangen ist.

Jacques Le Goff: **Tristan und Isolde** (2005)

Der Mythos von Tristan und Isolde hat die europäische Bildwelt zutiefst geprägt. Eindeutig beeinflusst hat er das Bild des Paares, das Bild der Liebe. Der berühmte Liebestrank wurde zum Symbol des „coup de foudre" und der verhängnisvollen Liebe, wie auch die Dreierkonstellation dazu verleitete, „amour passion" und Ehebruch in enger Verbindung zu sehen. Und schließlich hat der Mythos den Gedanken der fatalen Beziehung zwischen Liebe und Tod in der abendländischen Bildwelt fest verankert. Schon Gottfried von Straßburg schrieb im 13. Jahrhundert: „Und sind sie auch schon lange tot, ihr süßer Name lebet fort, und soll ihr Tod der Welt zum Wohl noch lange und immer leben: [...] ihr Tod muss für uns immer lebendig und neu bleiben. [...] Wir lesen ihr Leben, wir lesen ihren Tod, und das ist uns süßer als Brot." Nicht übersehen sollte man auch das relativ blasse Bild des relativ machtlosen Marke, sowohl als Gatte wie als König. An Tristan und Isolde wird die Begrenztheit der ehelichen, aber auch der königlichen Macht deutlich. Dieser Mythos rückt die Liebe in die Nähe des Außenseitertums, wenn nicht gar des Aufbegehrens gegen jegliche Macht.

Tristan trinkt den Liebestrank. Frz. Buchmalerei (1470)

1 Geben Sie wieder, welche Konstellationen aus der Geschichte von Tristan und Isolde für die europäische Kultur prägend wurden.

2 Vergleichen Sie die Geschichte von Tristan und Isolde mit einer anderen tragisch endenden Liebesgeschichte der Weltliteratur, z. B. „Romeo und Julia".

3 **Referat:** Stellen Sie weitere literarische Beispiele vor, die auf Tristan und Isolde zurückgreifen.

Minnesang – Sänger, Dame und Gesellschaft

Minnesang bezeichnet die Art der Liebeslyrik, die für das Mittelalter typisch ist. Dabei handelt es sich um höfische Gesellschaftskunst, die vor allem von adligen Autoren betrieben wurde. Es ist davon auszugehen, dass bei dieser Rollendichtung keine wirklichen Liebeserlebnisse verarbeitet wurden, sondern immer wieder eine bestimmte Grundkonstellation gestaltet, reflektiert und auch kritisiert wurde. Zu dieser Konstellation gehören: der Sänger, in der Regel als Ich-Sprecher, der „seine" Dame in höchster Kunstfertigkeit für ihre Schönheit und Tugendhaftigkeit rühmt und von seiner dienstbereiten und beständigen Liebe zu ihr spricht; die Dame, die unerreichbar erscheint und anonym bleibt; die Gesellschaft, die den Sänger entweder freundlich unterstützt oder aber als „Wächter" seine Annäherung an die Dame zusätzlich erschwert.

Unter den Sängern gibt es auch eine Konkurrenz darum, wer es am besten versteht, seine Dame zu preisen.

Walther von der Vogelweide (um 1198)

Si wunderwol gemachet wîp,
daz mir noch werde ir habedanc!
Ich setze ir minneclîchen lîp
vil werde in mînen hôhen sanc.
Gern ich in allen dienen sol,
doch hân ich mir dise ûz erkorn.
ein ander weiz die sînen wol:
die lob er âne mînen zorn;
hab ime wîs unde wort
mit mir gemeine: lob ich hie, sô lob er dort.

Ir houbet ist sô wünnenrîch,
als ez mîn himel welle sîn.
Wem solde ez anders sîn gelîch?
es hât ouch himeleschen schîn:
Dâ liuhtent zwêne sternen abe,
dâ müeze ich mich noch inne ersehen,
daz si mirs alsô nâhen habe!
sô mac ein wunder wol geschehen:
ich junge, und tuot si daz,
und wirt mir gernden siechen seneder sühte baz.

Sie vollkommenste Frau,
möge mir noch Dank und Lohn von ihr zufallen!
Denn ihrer Schönheit räume ich ja
den Ehrenplatz in meinem Lobgesang ein.
Wohl wünscht ich, ihnen allen zu dienen,
doch hab ich mir diese auserwählt.
Ein andrer wird die Seine kennen:
Er rühme sie, und mir sei's recht;
mögen wir sogar Melodie und Wort
gemeinsam haben: Sing ich hier den Lobgesang, so soll er's dort tun.

Ihr Haupt ist so schön,
als sei es mein Himmel.
Wem anders sollte es auch gleichen?
Es strahlt ja himmlischen Glanz aus:
Zwei Sterne leuchten aus ihm,
in ihnen möchte ich mich wohl noch spiegeln,
ach, brächte sie sie mir so nahe!
Dann könnte ein Wunder geschehn:
Tut sie das, werde ich wieder jung,
und mir, dem Sehnsuchtskranken, wird Heilung von Sehnsuchtsnot.

Got hât ir wengel hôhen flîz,
er streich sô tiure varwe dar,
Sô reine rôt, sô reine wîz,
hie roeseloht, dort liljenvar.
Ob ichz vor sünden tar gesagen,
sô saehe ichs iemer gerner an
dan himel oder himelwagen.
owê waz lob ich tumber man?
mach ich si mir ze hêr,
vil lîhte wirt mîns mundes lop mîns herzen sêr.

Gott hat große Sorgfalt auf ihre Wangen verwandt,
mit so kostbarer Farbe malte er sie,
so reines Rot, so reines Weiß,
hier rosenleuchtend, dort lilienfarben.
Wär es nicht Sünde, so wagte ich zu sagen,
dass ich inniger sie anzusehen begehre
als den richtigen Himmel und seinen Sternen-Wagen.
Ach, wohin versteig ich mich mit meinem Lob, ich Narr?
Erhebe ich sie zu hoch über mich hinaus,
wie leicht wird dann die Loblust meines Mundes der Schmerz meines Herzens.

Sie hât ein küssen, daz ist rôt.
gewünne ich daz für mînen munt,
Sô stüende ich ûf von dirre nôt
unt waere ouch iemer mê gesunt.
Swâ si daz an ir wengel legt,
dâ waere ich gerne nâhen bî:
ez smecket, sô manz iender regt,
alsam ez vollez balsmen sî:
daz sol si lîhen mir.
swie dicke sô siz wider wil, sô gibe ichz ir.

Sie hat ein Kissen, das ist rot.
Dürft ich das an meinen Mund führen,
dann stünd ich auf von meinem Krankenlager
und wäre gesundet für alle Zeit.
Dort, wo sie es an ihre Wange legt,
wünschte ich ganz nahe zu sein.
Es duftet, wenn man es irgend berührt,
als sei es lauter Balsam:
Das soll sie mir leihen.
Sooft sie es zurückhaben will, geb ich's ihr.

Ir kel, ir hende, ietweder fuoz,
daz ist ze wunsche wol getân.
Ob ich da enzwischen loben muoz,
sô waene ich mê beschouwet hân.
Ich hete ungerne „decke blôz!"
gerüefet, do ich si nacket sach.
si sach mich niht, dô si mich schôz,
daz mich noch sticht als ez dô stach,
swann ich der lieben stat gedenke, dâ si reine ûz einem bade trat.

Ihr Hals, ihre Hände, ihre Füße,
das alles ist bezaubernd schön.
Soll ich preisen, was dazwischen ist,
so meine ich freilich, mehr noch gesehen zu haben.
Ich hatte wenig Neigung, warnend „Bedeck dich!"
zu rufen, als ich sie nackend sah.
Sie sah mich nicht, als sie mich ins Herz traf,
dass es mich heute noch schmerzt wie damals,
sooft ich der lieben Stätte gedenke, da sie, die Reine, aus dem Bade stieg.

1 Beschreiben Sie das Verhältnis des lyrischen Ichs zur besungenen Frau. Vergleichen Sie Ihr Ergebnis mit den Informationen zum Minnesang auf ► S. 370. Ziehen Sie ergänzend einen Artikel zum Stichwort „Minnesang" aus einem Literaturlexikon heran.

2 **a** Analysieren Sie die sprachlichen Bilder des Minnelieds.
b Walther verwendet in diesem Lied den Topos (ein Beschreibungsmuster) der schönen Frau. Leiten Sie aus dem Lied ab, welche Elemente zu diesem Topos gehören.

3 Das Minnelied Walthers ist in mehreren Handschriften überliefert, in denen die Reihenfolge der Strophen teilweise verschieden ist. Probieren Sie verschiedene Strophenfolgen aus und beschreiben Sie die unterschiedliche Wirkung. Für welche Reihenfolge würden Sie sich entscheiden?

4 Informieren Sie sich über Walther von der Vogelweide. Erklären Sie Ihren Mitschülerinnen und Mitschülern in einem Kurzvortrag, warum Walther auch heute noch einer der berühmtesten mittelalterlichen Autoren ist.

Information **Epochenüberblick – Mittelalter (ca. 750 – ca. 1500)**

Allgemeingeschichtlicher Hintergrund: Das frühe Mittelalter war geprägt von der **Christianisierung** der germanischen Stämme. Unter **Karl dem Großen** kam es zu einer ersten Blütezeit. Zugleich entstand die das ganze Mittelalter bestimmende Spannung zwischen **Kaisertum und Papsttum.** Im hohen Mittelalter entwickelte sich unter der Herrschaft der **Staufer** eine zentrale **höfische Kultur** innerhalb des selbstbewussten Ritterstandes. Im späten Mittelalter wurde der Einfluss der **Städte** auf wirtschaftlichem und politischem Gebiet immer bedeutsamer. In der mittelalterlichen **Feudalordnung** lagen politische Macht und Privilegien beim Adel.
Weltbild und Lebensauffassung: Alle Lebensbereiche waren geprägt durch die christliche Religion, durch den Glauben an eine göttlich gegebene Ordnung, in der jeder Einzelne seinen festen Platz hat. Eingebunden in diese Weltauffassung entwickelte sich im hohen Mittelalter im Adel ein Tugendsystem mit festen Leitbildern vom höfischen Ritter und von der höfischen Dame. Diese Verhaltensnormen wurden viel stärker von der Literatur als von der Realität getragen.
Literatur: Die **literarischen Zentren** lagen im Mittelalter zunächst ausschließlich in den **Klöstern und Kirchen** (8.–12. Jh.). Später fand man sie auch an den Höfen (12.–13. Jh.), bevor die **Städte** hinzukamen (14.–16. Jh.). Dabei ist unter **„Literatur“** sowohl alles Geschriebene zu verstehen, also auch Wörterbücher, Geschichtsschreibung, Gebete usw., als auch die **mündlich** realisierte und tradierte Literatur. Letztere war insbesondere neben der schriftlichen Literatur, zu der zunächst nur die geistlich Gebildeten Zugang hatten, für die frühen Jahrhunderte maßgeblich. Neben dem **Lateinischen** musste sich die **deutsche Volkssprache** erst als **Literatursprache** behaupten. In den ersten Jahrhunderten blieben die Dichter bis auf wenige Ausnahmen anonym. Erst mit der Hochschätzung der volkssprachlichen Literatur an den weltlichen Höfen manifestierte sich ein neues Selbstbewusstsein der Autoren, das sich u.a. in der Nennung und Überlieferung ihrer Namen äußerte. Der Wert ihrer Werke maß sich im Mittelalter allerdings nicht an Kriterien wie Individualität und Originalität, sondern an der souveränen und effektvollen Handhabung **überlieferter Stoffe** und **tradierter Formen** sowie an der Erfüllung ihres häufig außerhalb der Literatur selbst liegenden **Zwecks,** zum Beispiel religiöser Unterweisung, Glorifizierung eines Herrschers oder Idealisierung des Ritterstandes.

Weitere wichtige Autorinnen/Autoren und Werke
„Merseburger Zaubersprüche“ (entstanden spätestens Anfang 8. Jh.)
„Hildebrandslied“ (entstanden ca. Mitte des 8. Jh.s) und „Heliand“ (um 830)
Friedrich von Hausen, Heinrich von Morungen, Reinmar der Alte (um 1190/1200): Minnelieder
Hartmann von Aue (um 1200): „Erec“, „Iwein“, „Der arme Heinrich“, „Gregorius“, Lieder
Wolfram von Eschenbach (um 1200/1210): „Parzival“, „Willehalm“, „Titurel“
„Nibelungenlied“ (1190–1200)
Neidhart (ca. 1210–1240): Lieder
Mechthild von Magdeburg (1250–1282): „Das fließende Licht der Gottheit“ (mystische Dichtung)
Meister Eckhart (vor 1260–1328): mystische Literatur
Oswald von Wolkenstein (um 1376–1445): Lieder

1 **a** Wie wurde Literatur vor Erfindung des Buchdrucks überliefert und rezipiert? Formulieren Sie dazu Aussagen, die Sie anhand von literaturgeschichtlichen Werken überprüfen können.
b Erörtern Sie, welchen Unterschied es macht, ob der Autor eines literarischen Werks bekannt ist oder ein Werk anonym überliefert ist.

2 Referat: Wählen Sie aus den genannten Werken ein Beispiel aus und stellen Sie es im Kurs vor.

1.2 Epochenumbruch um 1500 – Frühe Neuzeit

Johannes Gutenberg und der Buchdruck – Die erste Medienrevolution

Zwischen 1440 und 1450 entwickelte Gutenberg den Buchdruck mit beweglichen Lettern, der von Anfang an als Meilenstein für die Entwicklung der modernen Zivilisation gewürdigt wurde.

Die hohen Wohltaten der Buchdruckerei sind mit Worten nicht auszusprechen. Durch sie wird die Heilige Schrift in allen Zungen und Sprachen eröffnet und ausgebreitet, durch sie werden alle Künste und Wissenschaften erhalten, gemehrt und auf unsere Nachkommen fortgepflanzt.
Die Truckerey ist *summum et postremum donum*[1], durch welches Gott die Sache der Evangelii forttreibet. Es ist die letzte Flamme vor dem Auslöschen der Welt [...]. *Martin Luther, 1546*

1 **summum et postremum donum:** (lat.) höchste und äußerste Gabe

Jüngst hat der Geiste und die Kunst im rheinischen Lande Bücher zum Lichte gebracht, höchst beträchtlich an Zahl. Was früher nur der Reiche und der König zu eigen besitzen konnte, selbst im bescheidenen Haus trifft man es jetzt: ein Buch. Dank sei den Göttern zunächst, doch sofort auch den Druckern, die durch ihr rastloses Mühen die treffliche Kunst meistern. Was den Gelehrten von Hellas und römischer Technik verborgen geblieben ist, diese neue Erfindung stammt aus deutschem Geist.

Sebastian Brant, 1498

Der menschliche Geist entdeckte im 15. Jahrhundert, um sich Dauer zu verleihen, ein Mittel, das widerstandsfähiger und beständiger ist als die Baukunst. Der steinernen Schrift folgte die bleierne Letter Gutenbergs. Die Erfindung der Buchdruckerkunst ist [...] die Mutter allen Umsturzes, eine Erneuerung menschlicher Ausdrucksmittel von Grund auf. Die gedruckten Gedanken sind unvergänglich, beflügelt, ungreifbar und unzerstörbar. Sie fliegen wie eine Vogelschar auf, schwirren nach allen vier Winden auseinander und sind zur selben Zeit überall. *Victor Hugo, 1831*

GUTENBERG (zögernd): Vielleicht ist das Buch, wie Gott, eine Idee, an der einige Menschen festhalten werden. [...] Die elektronische Flut, die ihr beschreibt, kennt keine Ufer. Sie überschwemmt alles, aber womit, und für wen? Ihre Inhalte wirken so klein, gemessen am Genius ihrer Technologie. [...] Ihr sprecht von diesem weltumspannenden Internet, als reiche es über das menschliche Gehirn hinaus. Aber der Mensch ist noch immer das Maß aller Dinge.
BILL GATES: Jeder Fehler wird irgendwann behoben. (Er sinkt mit einem Zischen in sich zusammen.)
John Updike, Dialog im Cyberspace, 1996

1 Arbeiten Sie anhand der Zitate heraus, welche Bedeutung Gutenberg jeweils zugemessen wird, und nehmen Sie Stellung dazu.

2 **a** Erläutern Sie die Kritik in dem Cyberspace-Dialog zwischen Gutenberg und Bill Gates.
b Diskutieren Sie, ob man heute vom „Ende des Gutenberg-Zeitalters" sprechen kann.

3 **Referat:** Geben Sie einen Überblick über Ereignisse und Veränderungen um 1500. Inwieweit ist es gerechtfertigt, von einem „Epochenumbruch um 1500" zu sprechen?

Luthers Bibelübersetzung – Auf dem Weg zur deutschen Schriftsprache

Martin Luther: **Sendbrief vom Dolmetschen** (1530)

Ich hab mich des geflissen ym dolmetzschen, das ich rein und klar teutsch geben moͤchte. Und ist uns wol offt begegnet, das wir viertzehen tage, drey, vier wochen haben ein einiges wort gesůcht und gefragt, habens dennoch zu weilen nicht funden. Im Hiob erbeiten wir [...] das wir yn vier tagen zu weilen kaum drey zeilen kundten fertigen. Lieber, nu es verdeutscht und bereit ist, kans ein yeder lesen und meistern, Laufft einer ytzt mit den augen durch drey, vier bletter und stost nicht ein mal an, wird aber nicht gewar, welche wacken und kloͤtze da gelegen sind, da er ytzt uber hin gehet, wie uber ein gehoffelt bret, da wir haben můssen schwitzen und uns engsten, ehe den wir solche wacken und klotze aus dem wege reümeten, auff das man kůndte so fein daher gehen. [...] man mus nicht die buchstaben inn der lateinischen sprachen fragen, wie man sol Deutsch reden, wie diese esel thun, sondern, man mus die mutter jhm hause, die kinder auff der gassen, den gemeinen man auff dem marckt drumb fragen, und den selbigen auff das maul sehen, wie sie reden, und darnach dolmetzschen, so verstehen sie es den und mercken, das man Deutsch mit jn redet.

Als wenn Christus spricht: Ex abundantia cordis os loquitur. Wenn ich den Eseln soll folgen, die werden mir die buchstaben furlegen und also dolmetzschen: Auß dem uberflus des hertzen redet der mund. Sage mir, ist das deutsch geredt? Welcher deutscher verstehet solchs? Was ist uberflus des hertzen fur ein ding? Das kann kein deutscher sagen, Er wolt denn sagen, es sey das einer allzu ein gros hertz habe oder zu vil hertzes habe, wie wol das auch noch nicht recht ist: denn uberflus des hertzen ist kein deutsch, so wenig, als das deutsch ist, Uberflus des hauses, uberflus des kacheloffens, uberflus der banck, sondern also redet die můtter ym haus und der gemeine man: Wes das hertz vol ist, des gehet der mund uber. [...]

1 Luther antwortet im „Sendbrief" auf Kritiker seiner Bibelübersetzung: Wie rechtfertigt er sich?

2 **a** Erläutern Sie mit eigenen Worten die Ansprüche, die Luther an seine Übersetzung gestellt hat.
b Prüfen Sie diese Ansprüche an dem im Text gegebenen Beispiel „Wes das hertz ..." (Z. 55 f.).

3 Informieren Sie sich, ausgehend von dem folgenden Zitat, genauer darüber, wie die Bedeutung Luthers für die Entwicklung einer einheitlichen deutschen Schriftsprache heute eingeschätzt wird:

> Seine Sprache ist neu in dem Sinne, dass sie verschiedene Traditionen und Tendenzen vereinigt. Einerseits schließt er sich einer überlandschaftlichen Sprachform an [...]. Andererseits betrifft dies jedoch nur Rechtschreibung, Lautstand, Formen und teilweise Wortwahl. Er übernimmt aber nicht den vom Latein abhängigen Satzbau und die Wortbildung der Kanzleisprache[1] [...], sondern bemüht sich um einen klaren, verständlichen Stil. Hierbei lernte er viel von der gesprochenen Volkssprache [...].
>
> *Astrid Stedje (2007)*

1 **Kanzleisprache:** auch „Meißner Kanzleideutsch", eine Voraussetzung für ein den Dialekten übergeordnetes Standarddeutsch

Information **Epochenumbruch um 1500 – Frühe Neuzeit**

Allgemeingeschichtlicher Hintergrund: 1453 endete mit der Eroberung Konstantinopels das Oströmische Reich; 1492 entdeckte Kolumbus Amerika, 1497/98 Vasco da Gama den Seeweg nach Indien; durch Nikolaus Kopernikus wurde 1514 das geozentrische Weltbild von einem heliozentrischen abgelöst; ab 1517 verbanden sich in der Reformation neue theologische Ansätze mit politischen, sozialen und kirchlichen Konfliktfeldern und führten über gewaltsame Auseinandersetzungen zur Spaltung der Kirche; 1524/1525 artikulierten sich im Bauernkrieg erstmals die materiellen und rechtlichen Forderungen eines bislang massiv benachteiligten Standes.
Weltbild und Lebensauffassung: Diese epochalen Umbrüche beeinflussten die Welt- und Selbstwahrnehmung der Menschen. Die italienische **Renaissance,** die Vorstellung von einer religiösen, politischen und kulturellen „Wiedergeburt", läutete mit der Wiederentdeckung der römischen Antike eine Hinwendung zum Menschen als einem autonomen Individuum ein und hatte damit in Deutschland großen Einfluss auf die Geisteswissenschaften. Der **Humanismus** setzte auf die Bildungsfähigkeit des Menschen. In diesem Sinne wurden Schulen und Universitäten neu strukturiert oder gegründet. Zwar fand die **Reformation** mit ihren kirchenkritischen Vorstellungen die Zustimmung der Humanisten, hinsichtlich des Menschenbildes (freier oder unfreier Wille) zeichneten sich jedoch Unterschiede in der Auffassung ab.
Literatur: Die Erfindung des **Buchdrucks** mit beweglichen Lettern sowie die Einführung des in China erfundenen **Papiers** als preiswerter Schreibgrund bedeuteten zwei epochale Neuerungen. Erstmals wurden **Flugschriften** in den politischen und theologischen Auseinandersetzungen der Zeit massenhaft eingesetzt. Man verfasste religiös-erbauliche, moralisch-politisch ermahnende, sachlich-belehrende, historiografische, polemisierende, satirische und komödiantische Texte. Lyrische Formen überwogen vor allem in **Kirchenliedern** sowie im **Meistergesang,** d.h. Liedern von Handwerkern, die sich zu Dichtergesellschaften zusammengeschlossen hatten und ihren mittelalterlichen Vorbildern wie z.B. **Walther von der Vogelweide** (▸ S. 370 f.) nacheiferten. Das Drama bekam einerseits in Form des humanistischen, dann auch reformatorischen und gegenreformatorischen **Schuldramas** neue Impulse, andererseits erlebten die geistlichen Spiele, insbesondere aber die **Fastnachtsspiele,** in den Städten einen neuen Aufschwung. Im Bereich der Epik verbreitete sich die Prosaform vor allem durch das **Volksbuch** und die **Schwankliteratur.** Spannung und Unterhaltungswert erzielten die Schwänke, indem markante zwischenmenschliche Konflikte durch List und/oder Gewalt und damit häufig durch eklatante Normverstöße pointiert gelöst werden. Mit dem anonymen „Fortunatus"-Roman (1509) und den Werken **Jörg Wickrams** (um 1505–ca. 1560), wie z.B. „Der Jungen Knaben Spiegel" (1554), begann schließlich der von literarischen Vorlagen unabhängige bürgerliche **Roman** in Deutschland.

Weitere wichtige Autoren und Werke
Hermann Bote (ca. 1450–1520): „Till Eulenspiegel" (um 1510/11)
Sebastian Brant (1457–1521): „Das Narrenschiff" (1494)
Erasmus von Rotterdam (1465 oder 1469–1536): „Lob der Torheit" (1511)
Hans Sachs (1494–1576): Meisterlieder, Fastnachtsspiele

1 Beziehen Sie Stellung: Welchen Wert hat der Umgang mit antiker Literatur in der Schulbildung?
2 **„Humanismus":** Recherchieren Sie, in welchen anderen Zeiten der Kultur-, Philosophie- und Literaturgeschichte der Begriff eine zentrale Rolle spielt.
3 Referat: Eine **Moralsatire** als Bestseller: Sebastian Brants „Narrenschiff".

1.3 Barock

Die Erfahrung des Dreißigjährigen Krieges (1618–1648) prägte das Denken und Handeln der Menschen im 17. Jh. Die Folgen des Krieges, dem durch Kampfhandlungen oder Seuchen und Hungersnöte ca. 30 Prozent der Bevölkerung zum Opfer fielen, waren überall in Deutschland zu bemerken.

Jacques Callot: Radierung aus der Serie „Misères de la guerre" (1632–33)

Hans Jakob Christoffel von Grimmelshausen: **Der Abenteuerliche Simplicissimus Teutsch** (1669)

Im Zentrum des Romans steht der Dreißigjährige Krieg. In fünf Büchern wird der Lebensweg des Helden erzählt, dessen Name „Simplex" der Einfältige bedeutet. In der folgenden Episode wird dargestellt, wie der 10-jährige Junge den Überfall eines Soldatentrupps auf den Bauernhof seiner Eltern miterlebt.

Das Erste, das diese Reuter taten, war, dass sie ihre Pferd einstelleten, hernach hatte jeglicher seine sonderbare Arbeit zu verrichten, deren jede lauter Untergang und Verderben anzeigte, denn obzwar etliche anfingen zu metzgen, zu sieden und zu braten, dass es sah, als sollte ein lustig Bankett gehalten werden, so waren hingegen andere, die durchstürmten das Haus unten und oben, ja das heimlich Gemach war nicht sicher, gleichsam ob wäre das gülden Fell von Kolchis[1] darinnen verborgen; andere machten von Tuch, Kleidungen und allerlei Hausrat große Päck zusammen, als ob sie irgends ein Krempelmarkt anrichten wollten, was sie aber nicht mitzunehmen gedachten, wurde zerschlagen, etliche durchstachen Heu und Stroh mit ihren Degen, als ob sie nicht Schaf und Schwein genug zu stechen gehabt hätten, etliche schütteten die Federn aus den Betten, und fülleten hingegen Speck, andere dürr Fleisch und sonst Gerät hinein, als ob alsdann besser darauf zu schlafen gewesen wäre; andere schlugen Ofen und Fenster ein, gleichsam als hätten sie ein ewigen Sommer zu verkündigen, Kupfer und Zinnengeschirr schlugen sie zusammen, und packten die gebogenen und verderbten Stück ein, Bettladen, Tisch, Stühl und Bänk verbrannten sie, da doch viel Klafter dürr Holz im Hof lag, Hafen[2] und Schüsseln musste endlich alles entzwei, entweder weil sie lieber Gebraten aßen, oder weil sie bedacht waren, nur ein einzige Mahlzeit allda zu halten; unser Magd ward im Stall dermaßen traktiert, dass sie nicht mehr daraus gehen konnte, welches zwar eine Schand ist zu melden! Den Knecht legten sie gebunden auf die Erd, stecketen ihm ein Sperrholz ins Maul, und schütteten ihm einen Melkkübel voll garstig Mistlachenwasser in Leib, das nannten Sie ein schwedischen Trunk, wodurch sie ihn zwangen, eine Partei anderwärts zu führen, allda sie Menschen und Vieh hinwegnahmen, und in unsern Hof brachten, unter welchen mein Knan[3], meine Meuder und unser Ursele auch waren.

1 **gülden Fell von Kolchis:** das Goldene Vlies, das in der griech. Sage die Argonauten aus Kolchis holen
2 **Hafen:** Behälter, Töpfe
3 **Knan:** Vater

1 Vergleichen Sie die Wirkung von Radierung und Roman:
- Welche Empfindungen und Gedanken löst das Bild, welche der Text aus?
- Mit welchen Mitteln werden diese Wirkungen erreicht?

„Memento mori“, „carpe diem“, „vanitas“ – Schlüsselmotive der Barocklyrik

Die im Zeitalter der Renaissance und des Humanismus (▸ S. 375) wiederentdeckte Antike war eine der prägenden Kräfte für das barocke Kunst- und Lebensverständnis. Insbesondere die drei in der Überschrift genannten Schlagworte aus der Tradition der römischen Philosophie entwickelten sich zu miteinander verwobenen Leitvorstellungen. Das Motto „memento mori“ (frei übersetzt: „bedenke, dass du sterben musst“) führte zum Gedanken der „vanitas“ („Eitelkeit“ im Sinne von „Nichtigkeit“) alles Irdischen. In der Konsequenz konnte man entweder sein Leben ganz auf das Jenseits ausrichten oder aber sich dem „carpe diem“ („pflücke den Tag“, d. h. „nutze/genieße den Tag“) hingeben. Diese Vorstellungen kommen u. a. in Gedichtformen zum Ausdruck, die aus einer im Barock sehr beliebten Bild-Text-Kombination bestehen (▸ **Emblem und Figurengedicht**).

Ex maximo minimum (um 1609)
Aus dem Größten (wird) das Kleinste

Dies sind die Überreste des Tempels, in dem
Das lebendige Bild Gottes gewesen sein soll.
Dies ist auch die Ruine jenes Hauses,
In dem einst die Vernunft residierte.
Und nun ist es das schreckliche Bild des Todes.
Ein luftiges Haupt ohne Hirn.

Theodor Kornfeld: **Eine Sand=Uhr** (1686)

Die Zeit vergehet /
Und bald entstehet
Der Rechnungs=Tag
Von aller Sach;
Sey fromm /
Und kom.

Der Sand versincket /
Uns damit wincket /
Wir sollen fort
Zum andern Orth /
Gott uns leite /
und bereite!

Das du in letzter Stund kanst gute Rechnung machen
Miß alle Stunde woll / und richte deine Sachen;

1 Beschreiben Sie die Komposition der beiden Bild-Texte.

2 Geben Sie die Aussage des Emblems („Ex maximo minimum“) und des Figurengedichts („Eine Sand=Uhr“) wieder und vergleichen Sie die Wirkung der beiden Kunstgebilde.

3 **a** Das barocke Figurengedicht hat in der „konkreten Poesie“ der 1950er-Jahre Nachfolger gefunden. Tragen Sie dafür Beispiele zusammen und vergleichen Sie diese mit barocken Figurengedichten.
b Versuchen Sie selbst, solche Figurengedichte bzw. Texte konkreter Poesie zu entwerfen.

Information **Emblem und Figurengedicht**

Emblem: Eine im Barock beliebte Kunstform, die aus einer dreiteiligen Kombination aus Bild und Text besteht. Im Zentrum steht ein **Bild (Pictura),** das Motive aus der Natur, dem menschlichen Leben, der Geschichte, der Bibel oder Mythologie mit meist symbolhafter Bedeutung zeigt. Darüber befindet sich eine Überschrift (**Motto** oder **Inscriptio**), häufig in lat. oder griech. Sprache. Den dritten Teil bildet die **Erklärung** unter dem Bild (**Subscriptio**), die den Bildgehalt in Versen, seltener auch in Prosa erläutert. Später verstand man unter einem Emblem allgemein ein Sinnbild.
Figurengedicht: Aus der Antike übernommene Gedichtform, bei der das **Schriftbild** des Textes einen **Gegenstand nachahmt,** der in direkter oder symbolischer Beziehung zum Inhalt steht.

Christian Hofmann von Hofmannswaldau: **Vergänglichkeit der Schönheit** (1695)

Es wird der bleiche tod mit seiner kalten hand
Dir endlich mit der zeit umb deine Brüste streichen /
Der liebliche corall der lippen wird verbleichen;
Der schultern warmer schnee wird werden kalter sand /

Der augen süsser blitz / die kräffte deiner hand /
Für welchen solches fällt / die werden zeitlich weichen /
Das haar / das itztund kan des goldes glantz erreichen /
Tilgt endlich tag und jahr als ein gemeines band.

Der wohlgesetzte fuß / die lieblichen gebärden /
Die werden theils zu staub / theils nichts und nichtig werden
Denn opfert keiner mehr der gottheit deiner pracht.

Diß und noch mehr als diß muß endlich untergehen /
Dein hertze kan allein zu aller zeit bestehen /
Dieweil es die natur aus diamant gemacht.

Hans Baldung, genannt Grien: Die drei Lebensalter und der Tod (um 1510)

1 **a** Üben Sie eine Rezitation des Gedichts ein und tragen Sie es möglichst wirkungsvoll vor.
b Welchen Eindruck haben Sie beim Hören des Gedichts gewonnen?

2 **a** Untersuchen Sie das Verhältnis von lyrischem Sprecher und Adressaten.
b Beschreiben Sie, welche Intention der Sprecher verfolgt. Beachten Sie dabei, dass der Diamant (V. 14) hier als Metapher für die Hartherzigkeit der Geliebten dient, die ihren Liebhaber nicht erhören will.

3 Beschreiben Sie den formalen und inhaltlichen Aufbau des Gedichts.

4 Welche Bezüge können Sie zwischen dem Gedicht und Hans Baldungs Bild herstellen?

5 Suchen Sie auffällige Metaphern aus dem Gedicht heraus und entschlüsseln Sie ihre Bedeutung (▸ Metaphern im Barock).

Information **Metaphern im Barock**

Metaphern (▸ S. 56) wenden sich an die Findigkeit des Lesers, seinen „Witz“, wie es im Barock heißt. Da es sich im Grunde genommen um verkürzte Vergleiche handelt, kann man zum leichteren Verständnis das Vergleichswort „wie“ einfügen. „Der schultern warmer schnee“ (Vers 4 in „Vergänglichkeit der Schönheit“) bedeutet: Die Schultern der angesprochenen Dame sind so weiß wie Schnee (eine weiße Haut galt als Schönheitsideal). Zudem ist die Metapher als **Oxymoron** (Verbindung zweier sich ausschließender Vorstellungen, ▸ S. 243) gestaltet, indem die warme Haut mit dem kalten Schnee zu einem Bild verknüpft wird.

Friedrich von Logau: **Das Beste der Welt** (1654)

Weißt du, was in dieser Welt
Mir am meisten wohl gefällt?
Dass die Zeit sich selbst verzehret
Und die Welt nicht ewig währet.

Andreas Gryphius

Georg Philipp Harsdörffer: **Das Leben ist** (1659)

Ein *Laub*, das grunt und falbt[1] geschwind.
Ein *Staub*, den leicht vertreibt der Wind.
Ein *Schnee*, der in dem Nu vergehet.
Ein *See*, der niemals stille stehet.
Die *Blum*, so nach der Blüt verfällt.
Der *Ruhm*, auf kurze Zeit gestellt.
Ein *Gras*, so leichtlich wird verdrucket.
Ein *Glas*, so leichter wird zerstucket.
Ein *Traum*, der mit dem Schlaf aufhört.
Ein *Schaum* [...].
Ein *Heu*, das kurze Zeite bleibet.
Die *Spreu* [...].
Ein *Kauf*, den man am End bereut. [...]

1 falben: gelb werden

Andreas Gryphius: **Es ist alles eitel** (1636)

Du siehst / wohin du siehst nur Eitelkeit auf Erden.
Was dieser heute baut / reißt jener morgen ein:
Wo itzund Städte stehn / wird eine Wiese sein /
Auf der ein Schäferskind wird spielen mit den Herden.

Was itzund prächtig blüht / soll bald zertreten werden,
Was itzt so pocht und trotzt / ist morgen Asch und Bein /
Nichts ist / das ewig sei / kein Erz / kein Marmorstein.
Itzt lacht das Glück uns an / bald donnern die Beschwerden.

Der hohen Taten Ruhm muss wie ein Traum vergehn.
Soll denn das Spiel der Zeit / der leichte Mensch bestehn?
Ach! / was ist alles dies / was wir vor köstlich achten /

Als schlechte Nichtigkeit / als Schatten / Staub und Wind;
Als eine Wiesenblum / die man nicht wiederfind't.
Noch will was ewig ist kein einig Mensch betrachten!

1 Beschreiben Sie das Bild von der Welt und vom Leben darin, das die drei Texte vermitteln.

2 Erläutern Sie unter Heranziehung von Wörterbüchern und Lexika den Begriff „Eitelkeit", wie er in Gryphius' Text verstanden wird.

3 Veranschaulichen Sie die Struktur des Gedichts von Gryphius in einem Schaubild. Berücksichtigen Sie dabei folgende Elemente: Strophenbau, Bau des Alexandriner-Verses (sechshebiger Jambus, Zäsur in der Mitte, oft antithetische Aussage), Parallelismus, Klimax, gedanklicher Aufbau von These – Argumentation/Belegen – Schlussfolgerung.

4 **a** Ergänzen Sie die Verse 10 und 12 in Harsdörffers Gedicht und setzen Sie die Metaphernkette um weitere Verse fort. Finden Sie einen passenden Abschlussvers.

b Schreiben Sie ein Gegengedicht mit Metaphern, die das Leben positiv bewerten.

5 Verfassen Sie ein Resümee, in dem Sie anhand der Gedichte (▶ S. 378 und 379) das Verhältnis der drei Schlüsselmotive zueinander darstellen.

Barocke Naturlyrik – Zwei Frühlingsgedichte

Sigmund von Birken: **Willkommen Lenz** (1645)

Willkommen / Lenz! du Freuden-Wiederbringer /
des Jahres Mann / du Blumen-Vater du /
du der Natur ihr Pinsel und ihr Finger /
mit dem sie mahlt die schöne Erden-Zwinger[1] /
der du zerschmelzst des Winters Eise-Schuh /
willkommen / Lenz! durch den die Erde jünger
und schöner wird / du warmer Kältbezwinger /
du Auen-Freund / du Geber neuer Ruh /
der Flora Buhl[2] / du Leid- und Schnee-Verschlinger!
Nim an die Ehr / die ich dir hier anthu /
du unsrer Lust und Schäferspiel[3] bezünger[4].
Willkommen / Lenz!

1 **Zwinger:** freier Raum zwischen innerer und äußerer Burg- oder Stadtmauer; hier: Garten
2 **der Flora Buhl:** Geliebter der Flora (röm. Göttin der Pflanzenwelt)
3 **Schäferspiel:** das Hirtenleben idealisierendes Rollenspiel
4 **bezünger:** von „bezungen", mit einer neuen Sprache beleben

Giuseppe Arcimboldo: Der Frühling (1563)

Georg Philipp Harsdörffer: **Der Frühling** (1644) – Auszug

1.
Der froh Frühling kommet an,
der Schnee dem Klee entweichet:
Der Lentz, der bunte Blumen-Mann,
mit linden Winden häuchet:
Die Erd' eröffnet ihre Brust,
mit Safft und Krafft erfüllet:
der zarte West, der Felderlust,
hat nun den Nord gestillet.

2.
Es hat der silberklare Bach
den Harnisch ausgezogen:
es jagt die Flut der Flute nach,
durch bunten Kiess gesogen.
Das Tauen nun die Auen frischt
die weiße Wollen-Herde
auf neubegrünten Tepicht tischt
und dantzet auf der Erde.
[...]

6.
Ach GOtt, der du mit so viel Gut
bekrönst deß Jahres Zeiten,
lass uns auch mit erfreutem Mut
zum Paradeiß bereiten:
Da wir dich werden für und für
die schönste Schönheit finden,
dagegen diese schnöde Zier
ist eitler Koth der Sünden.

1 Arbeiten Sie in einer vergleichenden Interpretation heraus, wie das Thema „Frühling" in den beiden Gedichten behandelt wird. Beachten Sie dabei,
- wie der Frühling dargestellt wird,
- welche Reaktionen er im Denken oder Fühlen des Sprechers hervorruft,
- welche Wirkungsabsicht verfolgt wird.

2 **a** Analysieren Sie arbeitsteilig in Kleingruppen die Form der Gedichte: Strophen- und Versbau, Reimschemata, Metaphorik und andere sprachliche Mittel (▸ S. 238 f., 242 ff.).
b Erarbeiten Sie ausgehend von der Formanalyse den inhaltlichen Aufbau und die Gesamtaussage.

3 Setzen Sie die Gedichte in Beziehung zu dem Bild von Arcimboldo.

Information **Epochenüberblick – Barock (ca. 1600 – ca. 1750)**

Allgemeingeschichtlicher Hintergrund: Das zentrale Ereignis in Deutschland war der **Dreißigjährige Krieg** (1618–1648). Er hinterließ verödete Landstriche und zerstörte Städte. Ein Drittel der Bevölkerung fiel ihm zum Opfer, in manchen Landstrichen mehr als die Hälfte. Der Wiederaufbau, bei dem die gesellschaftlichen Kräfte gebündelt werden mussten, förderte in den einzelnen deutschen Fürstentümern die Entwicklung zum **Absolutismus**. Diese Herrschaftsform ist durch die Regierung eines aus eigener Machtvollkommenheit handelnden Herrschers ohne Mitwirkung ständischer Institutionen bestimmt. Im Frankreich Ludwigs XIV. erfuhr sie ihre deutlichste Ausprägung. Der Hof von Versailles, von dem aus das Land zentralistisch verwaltet wurde, galt mit seiner prunkvoll-ausladenden Architektur, die die Macht des „Sonnenkönigs" demonstrativ zur Schau stellte, als Vorbild für die deutschen Fürsten. Obwohl rechtlich betrachtet jeder Fürst als Souverän einen einheitlichen Untertanenverband regierte, blieb die Gesellschaft weiterhin in **Stände** gegliedert, unter denen der Adel weitreichende Privilegien genoss.
Weltbild und Lebensauffassung: Die religiöse Einheit des Mittelalters war durch Reformation und Gegenreformation zerstört. Die Glaubensspaltung, der Dreißigjährige Krieg, der zunächst einmal ein Religionskrieg war, und die Bestimmung der Konfession der Bevölkerung eines Landes durch den absolutistischen Fürsten hatten die Macht der Kirche erschüttert. Zwar spielte die Religion im Bewusstsein und im Leben der Menschen weiterhin eine dominierende Rolle, musste jedoch mehr und mehr mit einer genussvollen Hinwendung zum Irdischen konkurrieren. Entsprechend ist auf die **Widersprüchlichkeit und Zerrissenheit** im Denken und Fühlen der Menschen jener Zeit hinzuweisen: Neben strenger Jenseitsorientierung stand eine unverblümte Diesseitszugewandtheit. Neben Werken, die den Tod und das Vanitas-Motiv in den Mittelpunkt stellen, drückte sich etwa in der **barocken Mode** mit ihren auf Repräsentation hin angelegten, reich ausgestatteten Gewändern und riesigen Perücken und in vielen Werken der **barocken Kunst** mit ihrem Schwelgen in Prunk offene Lebenslust aus. Getragen wurde die neue Hinwendung zur Welt auch von dem Aufschwung der Mathematik und der Naturwissenschaften. Der **Rationalismus** René Descartes (1596–1650) und Isaac Newtons (1642–1727) Grundlagen der neuzeitlichen Physik begannen, das Weltbild der Zeit zu prägen. Die Natur wurde primär als alles umfassender Mechanismus gesehen, der in Formeln fassbaren Gesetzen folgt. Der Geist der Geometrie herrschte und man erfreute sich an Gartenanlagen, in denen die Natur auf geometrische Grundformen zurechtgestutzt wurde, was gleichermaßen dem rationalistischen Zeitgeist wie dem Gestaltungswillen absolutistischer Herrschaft entsprach.
Literatur: In der Barockzeit fand die deutsche Literatur Anschluss an den hohen kulturellen Standard der west- und südeuropäischen Länder, deren Autoren den deutschen Dichtern zunächst als Vorbilder dienten. Literarische Zentren bildeten zum einen die Fürstenhöfe mit ihrem glanzvollen geselligen Leben, zu dessen Personal häufig auch ein Hofpoet gehörte, zum anderen die Städte mit ihren Schulen und Universitäten. Hier fanden die adligen und bürgerlichen Verwaltungsbeamten und Gelehrten, die in ihren Mußestunden literarische Texte schrieben, ihr Publikum. Die Leistung der barocken Dichtergenerationen bestand zunächst einmal in der Weiterentwicklung der neuhochdeutschen Literatursprache, die in der Luther-Zeit entstanden war. In einigen Städten wurden **Sprachgesellschaften** in Nachahmung der italienischen Sprachakademie von Florenz gegründet, deren oberstes Ziel die **Sprachpflege** war. Im Schaffen der Barockschriftsteller entfaltete sich aber auch das Spektrum der bis heute wichtigen literarischen Gattungen und Formen. In **Poetiken**, einer Art Anleitung zum Dichten, wurden diese Formen genau beschrieben und in Regeln gefasst.

Die bekanntesten Poetiken waren Martin Opitz' **„Buch von der deutschen Poeterey"** und Georg Philipp Harsdörffers **„Poetischer Trichter"**. Darin wurde das barocke Kunstverständnis deutlich, nach dem die **Produktion von Kunst als erlernbare Fähigkeit verstanden** wurde. Nach diesem Kunstverständnis entsteht Dichtung nicht in einem originären Schaffensprozess zur Formulierung einer individuellen Aussage, sondern in der gekonnten Beherrschung tradierter formaler Schemata (z. B. der Form des Sonetts). Die Aufgabe des Dichters bestand dann darin, bestimmte Stoffe und Themen, die als literaturwürdig galten (z. B. die Standhaftigkeit des christlichen Märtyrers in der Dramatik, die Idylle in der Epik oder das Vanitasmotiv in der Lyrik), in ein möglichst brillantes, den Kunstverstand des Publikums ansprechendes Gewand zu kleiden. Die so geschaffene Poesie wandte sich also primär an den (Kunst-)Verstand des Lesers, nicht an sein Gefühl. Hinzu kam, dass in Anknüpfung an die Theologie die belebte und unbelebte Welt nicht als eigenständiger Wert, sondern nur in Bezug auf die Heilsgeschichte bzw. eine höhere, göttliche Ordnung gesehen wurde. Die Natur war demnach kein Erlebnisraum, sondern ein Kosmos an Zeichen und Sinnbildern **(mundus symbolicus)**, sodass Dichtung zu einem Spiel des Verschlüsselns (auf Seiten des Dichters) und Entschlüsselns (auf Seiten des Lesers) wurde. Die Vorliebe der Dichter für Metaphern, Allegorien und Embleme ist von daher leicht zu erklären. Mit der Vorstellung von **Dichtung als kunstfertiger Einkleidung von Inhalten** verband sich zugleich auch die Gefahr, dass die Dichter, um ihr handwerkliches Können unter Beweis zu stellen, die Ausschmückung durch Wortspiele, Metaphern und rhetorische Mittel auf die Spitze trieben. Zum Teil ist der so genannte barocke Schwulst, der heute vielfach als typisches Kennzeichen des Zeitalters betrachtet wird, so zu erklären.

Wichtige Autorinnen/Autoren und Werke

Martin Opitz (1577–1639): „Buch von der deutschen Poeterey"
Simon Dach (1605–1659): Gedichte
Friedrich von Logau (1605–1655): Gedichte
Paul Gerhardt (1607–1676): Kirchenlieder und Gedichte
Georg Philipp Harsdörffer (1607–1658): Poetischer Trichter
Paul Fleming (1609–1640): Gedichte
Christian Hofmann von Hofmannswaldau (1616–1679): Gedichte
Andreas Gryphius (1621–1664): Gedichte
Hans Jakob Christoffel von Grimmelshausen (1621–1676): „Der Abenteuerliche Simplicissimus Teutsch" (Roman)
Sigmund von Birken (1626–1689): Schäferdichtungen
Catharina Regina von Greiffenberg (1633–1694): Gedichte

Autoren des Übergangs zur Aufklärung:

Barthold Heinrich (Hinrich) Brockes (1680–1747): „Irdisches Vergnügen in Gott" (Lyriksammlung)
Johann Christian Günther (1695–1723): Gedichte

1 Visualisieren und erläutern Sie die zur Epoche gehörigen Schlüsselbegriffe.

2 Referat: Stellen Sie einzelne Barockdichter mit ihrer Biografie und Beispielen aus ihrem Werk vor.

3 Erstellen Sie eine Text-Bild-Ton-Collage zur Epoche des Barock:
- a Stellen Sie eine Sammlung von Fotos barocker Schloss- und Gartenanlagen, barocker Kirchen und barocker Gemälde zusammen.
- b Sammeln Sie Texte aus Anthologien barocker Literatur, die zu den Bildern passen oder auch mit ihnen kontrastieren.
- c Nehmen Sie auf Tonträger Beispiele barocker Musik auf.
- d Vereinigen Sie das gesamte Material zu einer Collage und präsentieren Sie Ihr Ergebnis.

2 Von der Aufklärung zum Sturm und Drang

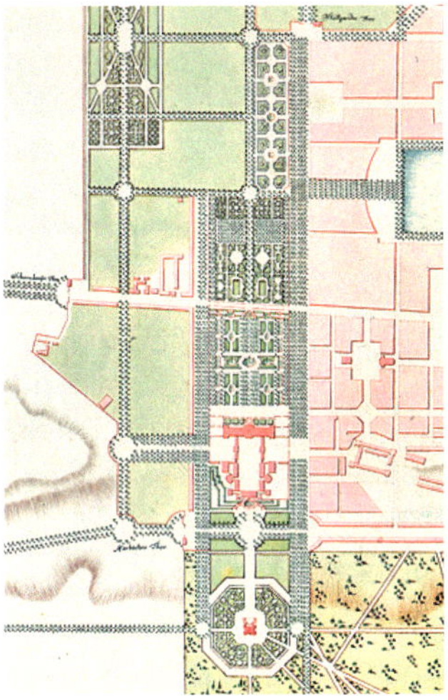

Ludwigsburg, Schlossgarten (um 1775)

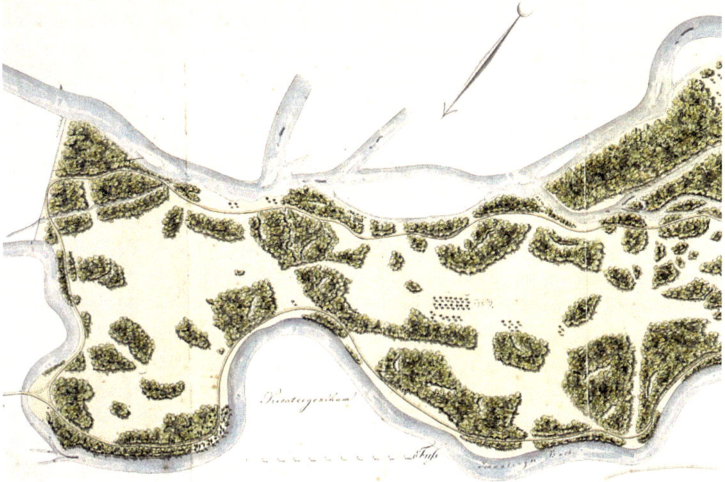

München, Englischer Garten (1803)

Stichwörter der Epoche zu Themen der Zeit um 1770–1780

Ich bin **der erste Diener** meines Staates.
Friedrich II., preußischer König (1712–1786)

Freiheit ist die Autonomie des Willens, sich selbst ein Gesetz zu sein.
Immanuel Kant (1724–1804)

Die unwiderstehliche Gewalt der **Liebe**, uns durch einen Gegenstand entweder höchst glücklich oder höchst unglücklich zu machen, ist poetische Faselei junger Leute, bei denen der Kopf noch im Wachsen begriffen ist.
Georg Christoph Lichtenberg (1742–1799)

Die Natur hat gewollt, dass der Mensch [...] keiner anderen Glückseligkeit oder Vollkommenheit teilhaftig werde, als die er sich selbst, frei von Instinkt, durch eigene Vernunft, verschafft hat.
Immanuel Kant (1724–1804)

In **tyrannos** *Friedrich Schiller (1759–1805)*, Motto des Dramas „Die Räuber"

O **Freyheit**, Silberton dem Ohre!/Licht dem Verstande!/Dem Herzen groß Gefühl/Und freier Flug zu denken!
Friedrich Gottlieb Klopstock (1724–1803)
Christian Friedrich Schubart (1739–1791)

Du gingst, ich stund und sah zur Erden,
Und sah dir nach mit nassem Blick.
Und doch, welch Glück, geliebt zu werden;
Und **lieben, Götter, welch ein Glück**!
Johann Wolfgang Goethe (1749–1832)

Schön ist, **Mutter Natur**, deiner Erfindungen Pracht./Auf den Fluren verstreut, schöner ein froh Gesicht,/Das den großen Gedanken/Deiner Schöpfung noch einmal denkt.
Friedrich Gottlieb Klopstock (1724–1803)

1 Beschreiben Sie die beiden Parkanlagen. Ordnen Sie den Bildern einige der Zitate zu.

2 **a** Schlagen Sie in einem literarischen Lexikon die Begriffe „Aufklärung" und „Sturm und Drang" nach. Stellen Sie die Kernbegriffe der Artikel einander tabellarisch gegenüber.

b Welche Text-Bild-Gruppe passt eher zu „Aufklärung", welche eher zu „Sturm und Drang" (soweit Sie diese über die Lexikonartikel kennen gelernt haben)?

2.1 Aufklärung

Das Denken der Aufklärung nahm seinen Ausgang von Frankreich. Dort entstand das groß angelegte Projekt der „Enzyklopädie", in der das gesamte damals bekannte Wissen in 35 Bänden gesammelt und vorgestellt wurde.
Die Enzyklopädie propagierte, manchmal an versteckten Stellen, das Denken der Aufklärung. In „harmlosen" Artikeln wie z.B. **Denis Diderots** „L'art d'écrire" geht es nicht nur um die technische Seite des Schreibens, sondern auch um Inhalte und Prinzipien der in Schriften geführten Auseinandersetzung mit der gesellschaftlichen Wirklichkeit der Zeit.

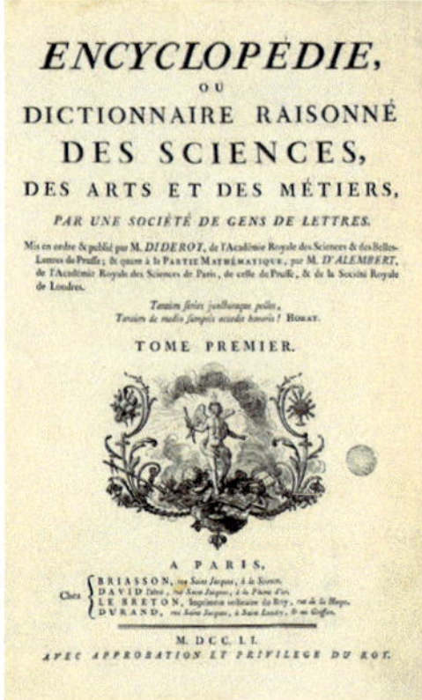
ENCYCLOPÉDIE,
OU
DICTIONNAIRE RAISONNÉ
DES SCIENCES,
DES ARTS ET DES MÉTIERS,
PAR UNE SOCIÉTÉ DE GENS DE LETTRES.
TOME PREMIER.
A PARIS,
M. DCC. LI.
AVEC APPROBATION ET PRIVILEGE DU ROY.

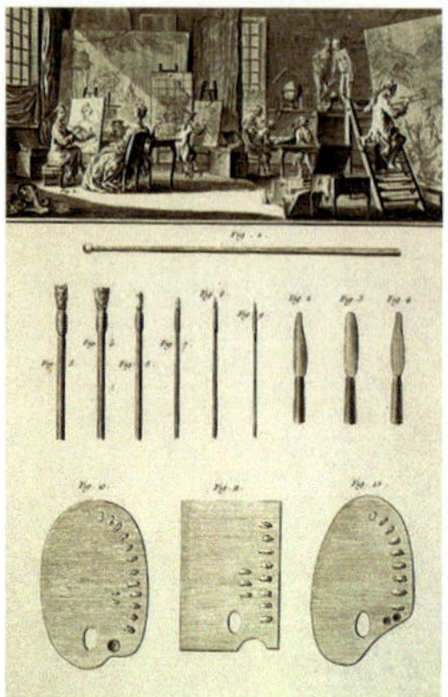

1 Machen Sie sich sachkundig über das Projekt der „Enzyklopädie". Klären Sie,
- warum sie im Untertitel ein „Dictionnaire raisonné des Sciences, des Arts et des Métiers" genannt wird,
- wie die Unternehmung der Enzyklopädie von den verschiedenen Kräften der Gesellschaft aufgenommen wurde und welchen Erfolg sie hatte.

Dieses Werk wird sicher mit der Zeit eine Umwandlung der Geister mit sich bringen, und ich hoffe, dass die Tyrannen, die Unterdrücker, die Fanatiker und die Intoleranten dabei nicht gewinnen werden. Wir werden der Menschheit gedient haben.

Jean-Baptiste d'Alembert, verantwortlicher Redakteur des Werkes

2 Nehmen Sie Stellung zu dieser Selbsteinschätzung der „Enzyklopädisten".

Die Verstandeskultur – Eine Hoffnung damals und heute?

1784 schrieb die Preußische Akademie der Wissenschaften einen Wettbewerb aus. Die Preisfrage lautete: „Was ist Aufklärung?" Zahlreiche Intellektuelle der Zeit reichten ihre Antworten ein.

Christoph Martin Wieland: **Sechs Antworten auf sechs Fragen zur Aufklärung** (1784)

Christoph Martin Wieland, geboren 1733 als Sohn eines Pfarrers in Oberholzheim bei Biberach, starb 1813 in Weimar. 1772 wurde er als Prinzenerzieher an den Weimarer Hof berufen. 1773 gründete Christoph Martin Wieland die Zeitschrift „Der Teutsche Merkur".
Von 1775 an lebte er als freier Schriftsteller.

I Was ist Aufklärung?
Antwort: Das weiß jedermann, der vermittelst eines Paars sehender Augen erkennen gelernt hat, worin der Unterschied zwischen Hell und Dunkel, Licht und Finsternis besteht. Im Dunkeln sieht man entweder gar nichts oder wenigstens nicht so klar, dass man die Gegenstände recht erkennen und

voneinander unterscheiden kann; sobald Licht gebracht wird, klären sich die Sachen auf, werden sichtbar und können voneinander unterschieden werden – doch wird dazu zweierlei notwendig erfordert: 1) dass Licht genug vorhanden sei und 2) dass diejenigen, welche dabei sehen sollen, weder blind noch gelbsüchtig seien noch durch irgendeine andere Ursache verhindert werden, sehen zu können oder sehen zu wollen.

4 Durch welche sicheren Mittel wird sie befördert?

Antwort: [...] Alle Gegenstände unsrer Erkenntnis sind entweder geschehene Dinge oder Vorstellungen, Begriffe, Urteile und Meinungen. Geschehene Dinge werden aufgeklärt, wenn man bis zur Befriedigung eines jeden unparteiischen Forschers untersucht, ob und wie sie geschehen sind. Die Vorstellungen, Begriffe, Urteile und Meinungen der Menschen werden aufgeklärt, wenn das Wahre vom Falschen daran abgesondert, das Verwickelte entwickelt, das Zusammengesetzte in seine einfachern Bestandteile aufgelöst, das Einfache bis zu seinem Ursprunge verfolgt und überhaupt keiner Vorstellung oder Behauptung, die jemals von Menschen für Wahrheit ausgegeben worden ist, ein Freibrief gegen die uneingeschränkteste Untersuchung gestattet wird. Es gibt kein anderes Mittel, die Masse der Irrtümer und schädlichen Täuschungen, die den menschlichen Verstand verfinstert, zu vermindern, als dieses, und es kann kein anderes geben.

1 **a** Untersuchen Sie die sprachliche Gestaltung des Textes: Wie versucht Wieland, seinen Lesern eine Vorstellung von „Aufklärung“ zu geben?

b Wie bringt man Ihrer Meinung nach Klarheit in dunkle „Vorstellungen, Begriffe, Urteile und Meinungen der Menschen“? Suchen Sie Beispiele und erklären Sie sie.

Immanuel Kant: **Beantwortung der Frage: Was ist Aufklärung?** (1784)

Immanuel Kant (1724–1804), geboren in Königsberg, war dort Professor für Philosophie. Seine Hauptwerke „Kritik der reinen Vernunft“ (1781) und „Kritik der praktischen Vernunft“ (1788) untersuchen die Grenzen der vernunftgeleiteten Erkenntnis und die Prinzipien des vernunftgeleiteten Handelns.

Aufklärung ist der Ausgang des Menschen aus seiner selbst verschuldeten Unmündigkeit. Unmündigkeit ist das Unvermögen, sich seines Verstandes ohne Leitung eines anderen zu bedienen. *Selbstverschuldet* ist diese Unmündigkeit, wenn die Ursache derselben nicht am Mangel des Verstandes, sondern der Entschließung und des Mutes liegt, sich seiner ohne Leitung eines andern zu bedienen! Sapere aude! Habe Mut, dich deines *eigenen* Verstandes zu bedienen!, ist also der Wahlspruch der Aufklärung.

Faulheit und Feigheit sind die Ursachen, warum ein so großer Teil der Menschen, nachdem sie die Natur längst von fremder Leitung freigesprochen (naturaliter majorennes[1]), dennoch gerne zeitlebens unmündig bleiben; und warum es anderen so leicht wird, sich zu deren Vormündern aufzuwerfen. Es ist so bequem, unmündig zu sein. Habe ich ein Buch, das für mich Verstand hat, einen Seelsorger, der für mich Gewissen hat, einen Arzt, der für mich die Diät beurteilt usw., so brauche ich mich ja nicht selbst zu bemühen. Ich habe nicht nötig zu denken, wenn ich nur bezahlen kann; andere werden das verdrießliche Geschäft schon für mich übernehmen. Dass der bei Weitem größte

1 **naturaliter majorennes** (lat.): von Natur aus volljährig/mündig; erwachsen

Teil der Menschen (darunter das ganze schöne Geschlecht) den Schritt zur Mündigkeit außer dem, dass er beschwerlich ist, auch für sehr gefährlich halte: Dafür sorgen schon jene Vormünder, die die Oberaufsicht über sie gütigst auf sich genommen haben [...].

Zu dieser Aufklärung aber wird nichts erfordert als *Freiheit;* und zwar die unschädlichste unter allem, was nur Freiheit heißen mag, nämlich die: von seiner Vernunft in allen Stücken *öffentlichen Gebrauch* zu machen. Nun höre ich aber von allen Seiten rufen: *Räsoniert*[2] *nicht!* Der Offizier sagt: Räsoniert nicht, sondern exerziert! Der Finanzrat: Räsoniert nicht, sondern bezahlt! Der Geistliche: Räsoniert nicht, sondern glaubt! (Nur ein einziger Herr in der Welt sagt: *Räsoniert,* so viel ihr wollt und worüber ihr wollt; *aber gehorcht!*[3])

Hier ist überall Einschränkung der Freiheit. Welche Einschränkung aber ist der Aufklärung hinderlich? Welche nicht, sondern ihr wohl gar beförderlich? – Ich antworte: Der *öffentliche* Gebrauch seiner Vernunft muss jederzeit frei sein, und der allein kann Aufklärung unter Menschen zu Stande bringen; der *Privatgebrauch* derselben aber darf öfters sehr enge eingeschränkt sein, ohne doch darum den Fortschritt der Aufklärung sonderlich zu hindern. Ich verstehe aber unter dem öffentlichen Gebrauche seiner eigenen Vernunft denjenigen, den jemand als Gelehrter von ihr vor dem ganzen Publikum der Leserwelt macht. Den Privatgebrauch nenne ich denjenigen, den er in einem gewissen ihm anvertrauten *bürgerlichen Posten* oder Amte von seiner Vernunft machen darf. [...]

Wenn denn nun gefragt wird: Leben wir jetzt in einem *aufgeklärten Zeitalter?* So ist die Antwort: Nein, aber wohl in einem Zeitalter der *Aufklärung.* Dass die Menschen, wie die Sachen jetzt stehen, im Ganzen genommen, schon im Stande wären oder darin auch nur gesetzt werden könnten, in Religionsdingen sich ihres eigenen Verstandes ohne Leitung eines andern sicher und gut zu bedienen, daran fehlt noch sehr viel. Allein, dass jetzt ihnen doch das Feld geöffnet wird, sich dahin frei zu bearbeiten und die Hindernisse der allgemeinen Aufklärung oder des Ausganges aus ihrer selbst verschuldeten Unmündigkeit allmählich weniger werden, davon haben wir doch deutliche Anzeigen.

2 **räsonieren** (franz.): nachdenken, seinen Verstand gebrauchen (und das öffentlich und kritisch bekunden); negativ: nörgeln
3 Anspielung auf den „aufgeklärten" preußischen König Friedrich II.

1 Erschließen Sie den Auszug aus Kants Abhandlung. Arbeiten Sie dazu die wesentlichen Informationen aus Kants Aussagen zum Begriff der Aufklärung in ein Schaubild um. Sie können das nachstehende Muster nutzen.

Wie ist der Zusammenhang von ***Aufklärung und Freiheit*** *zu sehen?*
...

Was heißt: Sich des eigenen Verstandes ***ohne Hilfe*** *bedienen?*
...

Entwicklung des Denkens in der 2. Hälfte des 18. Jh.s

Was ist ***„öffentlicher Gebrauch*** *der Vernunft"?*
...

Was besagt: Die ***öffentliche Aufgeklärtheit*** *nimmt zu?*
...

2 Erklären Sie an einem selbst gewählten Beispiel, was Kant unter dem öffentlichen und dem privaten Gebrauch der Vernunft versteht.

Rüdiger Safranski: Schiller oder die Erfindung des Deutschen Idealismus (2004)

Der Graf Cagliostro[1], er musste ein Betrüger mit Genie sein. Gewiss konnte er nicht zaubern, aber er konnte Menschen verzaubern. [...] Auch Schiller war vom Geheimnisvollen angerührt. Er konnte sich der allgemeinen Stimmung nicht entziehen. Die Lust am Geheimnis hatte nämlich damals Konjunktur. Das Licht der Aufklärung verlor an Glanz. Bis in die einfachen Volksschichten war es sowieso nicht vorgedrungen, und in aristokratischen Kreisen spielte man mit der Vernunft und übte sich im Tischrücken. Am Ende des Jahrhunderts tauchen wieder die Wunderheiler auf, die man zuvor in die Arbeitshäuser gesperrt hatte, wieder laufen in den Städten die Menschen zusammen, um Propheten anzuhören, die den Weltuntergang oder die Wiederkehr des Messias predigen. In Sachsen und Thüringen trieb der Teufelsaustreiber Gaßner sein Wesen [...]. In der gewitterschwülen Atmosphäre des Umbruchs wurden die vom Schicksal und der eigenen Geschicklichkeit wundersam emporgeschleuderten Hochstapler vom Schlage eines Cagliostro zu mythischen Figuren. Kometenhaft ziehen sie ihre Bahnen, für kurze Augenblicke konnte man sie am Himmel der Gesellschaft sehen.

In einem Ausmaß, das wir uns heute im Zeichen der Terrorismushysterie und der Verschwörungstheorien ganz gut vorstellen können, erregten die Fantasien über Geheimbünde und geheime Komplotte die Öffentlichkeit. Diese Atmosphäre begünstigt ein literarisches Genre, zu dessen Erfindern Schiller mit seinem „Geisterseher"-Roman[2] gehört. [...] Es gab ein stereotypes Schema, als dessen Miterfinder Schiller gelten kann: Ein harmloser Mensch gerät in geheimnisvolle Verstrickungen; er wird verfolgt; Menschen kreuzen seinen Weg, die alles über ihn zu wissen scheinen: Allmählich bemerkt er, dass er sich in dem Netz einer unsichtbaren Organisation verfangen hat. Oft dient auch eine schöne Frau als Lockvogel. Zum bedrohlichen gesellt sich das süße Geheimnis [...].

F. Goya: El sueño de la razón produce monstruos (1797/98)

Die vom Verschwörungsverdacht stimulierten Fantasien sind die trivialen Vorformen der Geschichtsphilosophie. Man will dem Betriebsgeheimnis der Geschichte auf die Spur kommen, will die „unsichtbare Hand" ergreifen, welche die Geschichte lenkt. [...]

Dieses Motiv der heimlichen und unheimlichen Lenkung eines Geschicks wird für Schiller zur Brücke, über die er vom „Geisterseher"-Roman wieder in „Don Karlos"[3] zurückfindet. Karlos wird, wie der Prinz[4], ein Instrument in den Händen eines überlegenen Geistes sein, und der Marquis Posa, diese Lichtgestalt, wird die Rolle der unsichtbaren Hand spielen wollen. [...]

1 Cagliostro (1743–1795, eigentlich Giuseppe Balsamo): Der Hochstapler hatte mit magischen Séancen, alchimistischen Experimenten und mysteriösen Prophezeiungen das Publikum in der aristokratischen Welt verzaubert.

2 „Der Geisterseher": Schiller verfasste den Roman kurz vor Ausbruch der Französischen Revolution 1789.

3 Zu Schillers „Don Karlos" s. S. 414.

4 der Prinz: Hauptfigur im „Geisterseher"

Der Marquis wünscht kein Amt. *Ich kann nicht Fürstendiener sein!* [...] Er beansprucht das Königsrecht auf ungeteilten Selbstbesitz, jeder soll König werden – über sein eigenes Leben. Im Auftritt vor dem König nimmt er sich jene Freiheit, die er für die Menschheit insgesamt fordert: *Geben Sie/Gedankenfreiheit!* [...] Gedankenfreiheit bedeutet: freier Gebrauch der individuellen Vernunft in Religion, Moral, Staat und Wissenschaft – in allen wichtigen Angelegenheiten des Lebens also. Gedacht war dabei an eine Vernunft, die in jedem Individuum angelegt ist und sich dort, bei richtiger Erziehung, entwickeln kann. In diesem Sinne ist Gedankenfreiheit nichts anderes als Selbstbestimmung der Person durch die eigene Vernunft.

Mit der so verstandenen Gedankenfreiheit war mehr gefordert, als ein aufgeklärter Monarch wie Friedrich II. zu geben bereit war. Friedrich hatte bekanntlich erklärt: „Räsoniert, wie ihr wollt, aber gehorcht." Demgegenüber verlangt die „Gedankenfreiheit" nicht nur das freie Räsonnement, sondern die praktische Selbstbestimmung aus räsonablen Gründen. [...] Jeder soll, sobald die Vernunft in ihm herangereift ist, nur sich selbst gehorchen und einem fremden Befehl nur dann, wenn er mit der Stimme der eigenen Vernunft übereinstimmt.

Diese Idee setzt ein positives Menschenbild voraus. *Der Mensch ist mehr, als Sie von ihm gehalten,* erklärt Posa, und der König entgegnet ihm: *Ich weiß/Ihr werdet anders denken, kenntet Ihr/Den Menschen erst, wie ich.* Der König argumentiert: Die Menschen sind bösartig und eigensüchtig, es wird niemals Ruhe und Frieden zwischen ihnen geben, wenn sie nicht einen Herrn über sich haben. Der hält sie im Zaum und gibt Sicherheit, unter deren Schutz es sich gut leben lässt: *hier blüht/Des Bürgers Glück in nie bewölktem Frieden.* [...] Philipps Argument ist auf die Person des Marquis gemünzt: Wenn alle Menschen so wären wie er, könnte man ihnen Selbstbestimmung zubilligen. Doch der Marquis ist ein Ausnahmemensch. Man kann von ihm nicht auf die Beschaffenheit des Menschengeschlechts schließen. Und darum müssen auch weiterhin die Prinzipien der Sicherheit und des Friedens Vorrang haben vor dem gefährlichen Prinzip der Freiheit und der Selbstbestimmung. Darum ist die Inquisition, das Verbot der Gedankenfreiheit also, nötig.

1 Zeichnen Sie in Form eines Flussdiagramms nach, wie Rüdiger Safranski Schillers Überlegungen zum Thema „Aufklärung, Gedankenfreiheit" entwickelt und die Entstehung des Gegenthemas von „Sicherheit und Frieden" begründet.

2 Ab Zeile 61 geht Safranski auf die zentrale Szene in Schillers Drama „Don Karlos" ein. Lesen Sie den Auszug aus dieser Szene (▶ S. 414). Arbeiten Sie heraus, wie der Marquis Posa hier argumentiert, und stellen Sie einen Bezug zu Kants Thesen (▶ S. 385 f.) her.

3 Safranski vertritt die Ansicht, dass wir es uns „heute im Zeichen der Terrorismushysterie und der Verschwörungstheorien ganz gut vorstellen können", wie Freiheit und Vernunft durch die Machenschaften von Geheimgesellschaften unterminiert werden, sodass Kontrollen, Überwachungen und Einschränkungen der Freiheit als notwendige Abwehrmaßnahmen erscheinen können.
Diskutieren Sie diese Aktualisierung der anti-aufklärerischen Haltung König Philipps vor dem Hintergrund der öffentlichen Diskussion um die Einschränkung von Grundrechten zugunsten von Sicherheitsgarantien.

4 Francisco de Goyas Bild „El sueño de la razón produce monstruos" [= Der Schlaf/Traum der Vernunft gebiert Ungeheuer] aus den Jahren 1797/98 kann im Sinne Schillers gedeutet werden: *„Wo die Vernunft schläft, entstehen monströse Gedanken."* Oder aber: *„Im Traum schafft (auch) die Vernunft Ungeheuer."* Überlegen Sie, wie Sie diese Aussage über wache und schlafende Vernunft mit Beispielen belegen könnten.

Die Wahrheit durch ein Bild sagen – Fabeln über die beste Staatsform

Die öffentliche Diskussion um die beste Staatsform – absolute Monarchie, konstitutionelle Monarchie, Republik, Diktatur – war in der Aufklärung ein wichtiges Thema. Die griechisch-römische Antike lieferte die unterschiedlichsten Beispiele. Man konnte aber, da die Fürsten energisch den Machterhalt der Monarchie betrieben, nicht wirklich offen diskutieren. Fabeln boten die Möglichkeit, in literarischer Verfremdung einzelne Modelle zu kommentieren und die Position des Einzelnen in der Gesellschaft zu erörtern.

Gotthold Ephraim Lessing: **Die Wasserschlange** (1759)

Gotthold Ephraim Lessing (1729–1781) war als Autor von Theaterstücken geschätzt und als Literaturkritiker gefürchtet. Seine Fabeln enthalten oftmals neben einer Moral auch eine politische Botschaft.

Der folgenden Fabel liegt eine ältere von Äsop zugrunde: Die Frösche bitten den Göttervater Zeus, ihnen einen König zu geben, der sie regieren könnte. Zeus, amüsiert durch diesen Wunsch, wirft einen Holzklotz in ihren Teich. Weil der aber nichts tut, haben die Frösche keinen Respekt vor ihm und verlangen einen anderen König. Da schickt Zeus den Fröschen die Hydra, die sie der Reihe nach frisst. Äsops Moral: „Habt euer Gutes ihr nicht tragen mögen, so tragt das Schlimme nun. – Ihr auch, Bürger, […] seid zufrieden, sonst kommt größeres Unheil."

Zeus hatte nunmehr den Fröschen einen andern König gegeben; anstatt eines friedlichen Klotzes eine gefräßige Wasserschlange.

Willst du unser König sein, schrien die Frösche, warum verschlingst du uns? – Darum, antwortete die Schlange, weil ihr um mich gebeten habt. –

Ich habe nicht um dich gebeten!, rief einer von den Fröschen, den sie schon mit den Augen verschlang. – Nicht?, sagte die Wasserschlange. Desto schlimmer! So muss ich dich verschlingen, weil du nicht um mich gebeten hast.

1 Der Monarch erhielt, nach der Staatstheorie des Absolutismus, sein Amt „von Gottes Gnaden". Die Frösche bei Äsop handeln wie nach dieser Theorie die Bürger: Sie bitten den Göttervater um einen König, der sie regiere.
- **a** Überlegen Sie, in welcher Absicht der Autor die Äsop'sche Fabel für seine Zeit umerzählt hat.
- **b** Erfinden Sie einen kurzen Dialog zwischen dem lebenserfahrenen Lessing und dem jungen Theaterdichter Friedrich Schiller, in dem Lessing seine Absicht erläutert.

2 Weiterführende Aufgabe: Ab 1782 entstand Friedrich Schillers „Die Verschwörung des Fiesco zu Genua". In diesem „republikanischen Trauerspiel" setzt sich der Titelheld an die Spitze einer Verschwörung Genueser Adeliger gegen die tyrannische Herrschaft des Dogen Doria. Im zweiten Akt (II/8) erzählt Fiesco den Bürgern Genuas eine Fabel.
Stellen Sie diese vor.
- **a** Untersuchen Sie dazu Fiescos rhetorische Strategie: Wie setzt er in seiner Rede die Tiernamen ein? Was setzt er bei seinem Publikum als Fabel-Vorwissen über einzelne Tiere voraus?
- **b** Fiesco spielt in seiner Rede verschiedene Staatsformen durch. Benennen Sie sie.
- **c** Übersetzen Sie Fiescos Fabel in politische Statements, die auf Tiervergleiche verzichten.

Gottlieb Konrad Pfeffel: **Die Reichsgeschichte der Tiere** (1783)

Die Tiere lebten viele Jahre
in friedlicher Demokratie;
doch endlich kamen sie einander in die Haare,
und ihre Republik versank in Anarchie.
Der Löwe machte sich den innern Streit zu Nutze
und bot sich ohne Sold dem kleinern Vieh,
als dem gedrückten Teil, zum Schutze,
zum Retter seiner Freiheit an.
Er wollte bloß des Volkes Diener heißen,
und brauchte weislich seinen Zahn
im Anfang nur, die Räuber zu zerreißen.
Als dies die frohen Bürger sahn,
ernannten sie zum wohlverdienten Lohne
den Diener feierlich zum Chan[1],
versicherten die Würde seinem Sohne
und gaben ihm die Macht, die Ämter zu verleihn,
um kräftiger beschützt zu sein.
Nun sprach der neue Fürst aus einem andern Tone:
Er gürtete sein Haupt mit einer Eisenkrone,
erhob Tribut, und wer ihm widerstand,
fiel als Rebell in seine Pranke.
Der Tiger und der Fuchs, der Wolf, der Elefant
ergaben sich aus List, und jeder ward zum Danke
zum königlichen Rat ernannt.
Itzt halfen sie dem Chan die schwächern Tiere hetzen,
bekamen ihren Teil an den erpressten Schätzen,
und raubten endlich trotz dem Chan.
„Ha", rief das arme Volk mit tief gesenkten Ohren
und mit geschundner Haut, „was haben wir getan!"
Allein der Freiheit Kranz war nun einmal verloren,
der Löwe war und blieb Tyrann;
er ließ von jedem Tier sich stolz die Pfote lecken,
und wer nicht kroch, der musste sich verstecken.

W. v. Kaulbach, Illustrationen zu Goethe, Reineke Fuchs (1846)

1 **Chan:** Oberhaupt eines Klans

1 Zeichnen Sie „Die Reichsgeschichte der Tiere" in eigenen Worten nach und erläutern Sie, wie Pfeffel diese Entwicklung eines Staates bewertet.

2 Überlegen Sie, welche Menschen(typen) sich bei den Fabeln (► S. 389 f.) hinter den verschiedenen Tieren verbergen. Entwickeln Sie dann für eine der Fabeln eine Deutung, die sich auf die Zustände der Epoche bezieht.

3 Setzen Sie Kaulbachs Illustrationen zu Goethes Tierepos „Reineke Fuchs" aus dem Jahre 1846 zu Pfeffels Fabel in Beziehung:
Welche Bewertung der Fürstenherrschaft wird im Text, welche in den Bildern sichtbar?

4 Lessing hat in einer seiner Abhandlungen zur Fabel (1759) vorgeschlagen, dass der Autor alte Fabeln umarbeiten solle, um andere Prioritäten zu setzen. Verändern Sie die Diskussion der Tiere in einer der Fabeln so, dass sie am Ende eine demokratische Staatsform fordern.

Kurz und pointiert: Maximen des richtigen Denkens

Immanuel Kant: **Kritik der praktischen Vernunft** (1778) – Der kategorische Imperativ

Handle stets so, dass die Maxime[1] deines Willens jederzeit zugleich als Prinzip einer allgemeinen Gesetzgebung gelten könnte.

1 **Maxime:** Leitsatz, hier Grundsätze, Regeln, nach denen das eigene Handeln ausgerichtet wird

Georg Christoph Lichtenberg: **Aus den „Sudelbüchern"** (1765–1799) – Aphorismen

Georg Christoph Lichtenberg (1742–1799) war Naturwissenschaftler und Professor für Philosophie in Göttingen. In seinen Aphorismen zeigt er sich als scharfsinniger (zumeist satirischer) Beobachter und als Vertreter der Aufklärung. Lichtenberg schrieb vor allem gegen religiöse Intoleranz, aber auch gegen den Geniekult des Sturm und Drang. Die Prinzipien des aufgeklärten Denkens waren für ihn die des Wissenschaftlers: Rationalität, Beweisbarkeit der Beobachtungen, Logik der Schlussfolgerungen, Zweifel gegenüber allen einfachen Behauptungen und gegenüber der unhinterfragten Berufung auf Autoritäten (der Antike, der Kirche).

1. *[Selbstständig denken – beobachten]* Lasst euch euer Ich nicht stehlen, das euch Gott gegeben hat, nichts vordenken und nichts vormeinen, aber untersucht euch auch erst selbst recht und widersprecht nicht aus Neuerungssucht. Hierzu ist Gelegenheit überall, ohne Griechisch und ohne Latein und ohne Englisch. Die Natur steht euch allen offen, mehr als irgendein Buch, wozu ihr die Sprache 25 Jahre getrieben habt. Ihr seid's selbst. Dieses hat man so oft gesagt, dass es jetzt fast so gut ist, als wäre es niemals gesagt worden …
2. *[Der Zweifel als Methode – offen und frei Meinungen handeln]* Seine Zweifel zu sagen, ist einem frei geborenen Menschen erlaubt; er darf mit seinen Meinungen handeln, […] nur biete er sie solchen Leuten an, die sie brauchen können, zwinge sie niemandem auf […]. Offen und frei getragen, wer Augen hat zu sehen, der sieht, und wer Ohren hat zu hören, der hört. Es ist heutzutage Mode geworden, das Bücherschreiben als den Endzweck des Studierens anzusehen, daher studieren so viele, um zu schreiben, anstatt dass sie studieren sollten, um zu wissen. Was man nur ankauft, um es bei der ersten Gelegenheit wieder anzubringen, vermischt sich nie recht mit uns und war nie recht unser.
3. *[Auf die Stimme der Erfahrung hören]* Man soll seinem Gefühl folgen und den ersten Eindruck, den eine Sache auf uns macht, zu Wort bringen. Nicht als wenn ich Wahrheit so zu suchen riete, sondern weil es die unverfälschte Stimme unserer Erfahrung ist, das Resultat unserer besten Bemerkungen, da wir leicht in pflichtmäßiges Gewäsch verfallen, wenn wir erst nachsinnen.
4. *[Erziehung ist: Vernunft in Stufen aufbauen]* Sogar aus den Hunden lässt sich etwas machen, wenn man sie recht erzieht; man muss sie nur nicht mit vernünftigen Leuten, sondern mit Kindern umgehen lassen, so werden sie menschlich. Dieses ist eine Bestätigung von meinem Satz, dass man Kinder immer zu Leuten halten müsse, die nur *um ein Weniges weiser* sind als sie selbst.

1 Welche Grundsätze des Denkens, Schreibens, Lernens und Handelns können Sie Lichtenbergs Aphorismen entnehmen? Prüfen Sie, ob Kants „kategorischer Imperativ" auf diese Grundsätze anzuwenden wäre.

2 Kants „kategorischer Imperativ" ist nicht nur eine konkrete Handlungsanweisung, aus ihm lässt sich auch eine rational und vernunftmäßig zu begründende Lebenseinstellung ableiten. Entwerfen Sie eine solche Begründung.

Die Bühne als Kanzel – Ein literarisches Plädoyer für Toleranz

Gotthold Ephraim Lessing: **Die Ringparabel** (1779) – aus: Nathan der Weise (III, 7)

Die letzten elf Jahre seines Lebens war Lessing Bibliothekar des Herzogs von Braunschweig in der berühmten Bibliothek in Wolfenbüttel. In dieser Eigenschaft gab er die aufklärerischen Schriften des Hamburger Gymnasialprofessors Hermann Samuel Reimarus heraus, geriet dadurch in einen theologischen Streit mit dem Hamburger Hauptpastor (= Bischof) Götze, wurde mit Publikationsverbot belegt und verfasste daraufhin sein programmatisches Drama „Nathan der Weise", in dessen Zentrum die „Ringparabel" mit ihrer Botschaft der grundsätzlichen Gleichwertigkeit der drei monotheistischen Weltreligionen steht.

NATHAN:
Vor grauen Jahren lebt' ein Mann in Osten,
Der einen Ring von unschätzbarem Wert'
Aus lieber Hand besaß. Der Stein war ein
Opal, der hundert schöne Farben spielte,
Und hatte die geheime Kraft, vor Gott
Und Menschen angenehm zu machen, wer
In dieser Zuversicht ihn trug. Was Wunder,
Dass ihn der Mann in Osten darum nie
Vom Finger ließ und die Verfügung traf,
Auf ewig ihn bei seinem Hause zu
Erhalten? Nämlich so: Er ließ den Ring
Von seinen Söhnen dem geliebtesten;
Und setzte fest, dass dieser wiederum
Den Ring von seinen Söhnen dem vermache,
Der ihm der liebste sei; und stets der liebste,
Ohn' Ansehn der Geburt, in Kraft allein
Des Rings, das Haupt, der Fürst des Hauses werde. –
Versteh mich, Sultan.

SALADIN:
Ich versteh dich. Weiter!

NATHAN:
So kam nun dieser Ring, von Sohn zu Sohn,
Auf einen Vater endlich von drei Söhnen;
Die alle drei ihm gleich gehorsam waren,
Die alle drei er folglich gleich zu lieben
Sich nicht entbrechen konnte. Nur von Zeit
Zu Zeit schien ihm bald der, bald dieser, bald
Der dritte – so wie jeder sich mit ihm
Allein befand, und sein ergießend Herz
Die andern zwei nicht teilten – würdiger
Des Ringes; den er denn auch einem jeden
Die fromme Schwachheit hatte, zu versprechen.
Das ging nun so, so lang es ging. – Allein
Es kam zum Sterben, und der gute Vater
Kömmt in Verlegenheit. Es schmerzt ihn, zwei
Von seinen Söhnen, die sich auf sein Wort
Verlassen, so zu kränken. – Was zu tun? –
Er sendet in geheim zu einem Künstler,
Bei dem er, nach dem Muster seines Ringes,
Zwei andere bestellt, und weder Kosten
Noch Mühe sparen heißt, sie jenem gleich,
Vollkommen gleich zu machen. Das gelingt
Dem Künstler. Da er ihm die Ringe bringt,
Kann selbst der Vater seinen Musterring
Nicht unterscheiden. Froh und freudig ruft
Er seine Söhne, jeden insbesondre;
Gibt jedem insbesondre seinen Segen –
Und seinen Ring – und stirbt. – Du hörst doch, Sultan?

SALADIN *(der sich betroffen von ihm gewandt):*
Ich hör, ich höre! – Komm mit deinem Märchen
Nur bald zu Ende. – Wirds?

NATHAN:
Ich bin zu Ende.
Denn was noch folgt, versteht sich ja von selbst. –
Kaum war der Vater tot, so kömmt ein jeder
Mit seinem Ring, und jeder will der Fürst
Des Hauses sein. Man untersucht, man zankt,
[...] die Söhne
Verklagten sich; und jeder schwur dem Richter,
Unmittelbar aus seines Vaters Hand
Den Ring zu haben. – Wie auch wahr! – Nachdem
Er von ihm lange das Versprechen schon
Gehabt, des Ringes Vorrecht einmal zu
Genießen. – Wie nicht minder wahr! – Der Vater,
Beteu'rte jeder, könne gegen ihn
Nicht falsch gewesen sein; und eh' er dieses

Von ihm, von einem solchen lieben Vater,
Argwohnen lass': eh' müss' er seine Brüder,
So gern er sonst von ihnen nur das Beste
Bereit zu glauben sei, des falschen Spiels
Bezeihen; und er wolle die Verräter
Schon auszufinden wissen; sich schon rächen.

Saladin:
Und nun, der Richter? – Mich verlangt zu hören,
Was du den Richter sagen lässest. Sprich!

Nathan:
Der Richter sprach: Wenn ihr mir nun den Vater
Nicht bald zur Stelle schafft, so weis' ich euch
Von meinem Stuhle. Denkt ihr, dass ich Rätsel
Zu lösen da bin? Oder harret ihr,
Bis dass der rechte Ring den Mund eröffne? –
Doch halt! Ich höre ja, der rechte Ring
Besitzt die Wunderkraft, beliebt zu machen,
Vor Gott und Menschen angenehm. Das muss
Entscheiden! Denn die falschen Ringe werden
Doch das nicht können! – Nun; wen lieben zwei
Von euch am meisten? – Macht, sagt an! Ihr schweigt?
Die Ringe wirken nur zurück? und nicht
Nach außen? Jeder liebt sich selber nur
Am meisten? – O so seid ihr alle drei
Betrogene Betrüger! Eure Ringe
Sind alle drei nicht echt. Der echte Ring
Vermutlich ging verloren. Den Verlust
Zu bergen, zu ersetzen, ließ der Vater
Die drei für einen machen.

Saladin:
Herrlich! herrlich!

Nathan:
Und also, fuhr der Richter fort, wenn ihr
Nicht meinen Rat, statt meines Spruches, wollt,
Geht nur! – Mein Rat ist aber der: Ihr nehmt
Die Sache völlig, wie sie liegt. Hat von
Euch jeder seinen Ring von seinem Vater,
So glaube jeder sicher seinen Ring
Den echten. – Möglich, dass der Vater nun
Die Tyrannei des einen Rings nicht länger
In seinem Hause dulden wollen! – Und gewiss,
Dass er euch alle drei geliebt, und gleich
Geliebt: indem er zwei nicht drücken mögen,
Um einen zu begünstigen. – Wohlan!
Es eifre jeder seiner unbestochnen,
Von Vorurteilen freien Liebe nach!
Es strebe von euch jeder um die Wette,
Die Kraft des Steins in seinem Ring an Tag
Zu legen! komme dieser Kraft mit Sanftmut,
Mit herzlicher Verträglichkeit, mit Wohltun,
Mit innigster Ergebenheit in Gott,
Zu Hülf'! Und wenn sich dann der Steine Kräfte
Bei euern Kindes-Kindeskindern äußern,
So lad' ich über tausend tausend Jahre
Sie wiederum vor diesen Stuhl. Da wird
Ein weisrer Mann auf diesem Stuhle sitzen
Als ich und sprechen. Geht! – So sagte der
Bescheidne Richter.

1 Erläutern Sie mit eigenen Worten die Botschaft, die Nathan mit seiner Parabel dem Sultan vermitteln will.

2 Diskutieren Sie darüber, ob und inwieweit das von Nathans Richter empfohlene Verhalten dem von Kant im „kategorischen Imperativ" verlangten Verhalten entspricht.

3 Wenden Sie den Aphorismus Lichtenbergs auf Lessings „Ringparabel" an.

Über den Menschen und seinen Geist

Eine goldene Regel: Man muss die Menschen nicht nach ihren Meinungen beurteilen, sondern nach dem, was diese Meinungen aus ihnen machen. *Georg Christoph Lichtenberg*

4 **a** Schreiben Sie die Szene in ein Plädoyer um, das Lessing gegen die orthodoxen christlichen Eiferer seiner Zeit hätte halten können.

b Vergleichen Sie Ihr Plädoyer mit der Textvorlage: Wodurch unterscheidet sich Ihre Lösung von der Lessing'schen?

5 Lessing schrieb den „Nathan", als eine Kabinettsorder ihm verboten hatte, zu Fragen der Religion öffentlich Stellung zu nehmen. Recherchieren Sie die Entstehungsgeschichte des Dramas.

Information **Epochenüberblick – Aufklärung (ca. 1720–1800)**

Allgemeingeschichtlicher Hintergrund:
Nach dem Ende des Dreißigjährigen Krieges galt es in Deutschland, Aufbauarbeit zu leisten. Diese wurde zum Großteil durch die erstarkten Territorialfürsten organisiert und betrieben. Gleichzeitig bauten sie ihre Macht aus (**Absolutismus**): Alle staatliche Gewalt war auf diese Herrscher konzentriert, sowohl das Militär als auch der Beamtenapparat hingen direkt von ihnen ab. Den absoluten Herrschern ging es darum, ihre Macht öffentlich zu demonstrieren. Sie ließen prächtige Schlossanlagen bauen und gaben dadurch einer ganzen Generation von Künstlern, Bauleuten und Handwerkern Arbeit. Durch die Bautätigkeit kamen Handel und Produktion (Manufakturen) in Schwung, die Einführung des Wirtschaftssystems des **Merkantilismus** unterstützte diese Entwicklung. Vorbild der neu entstehenden Schlösser war Versailles, das Schloss des französischen „Sonnenkönigs". Adel und Klerus waren Nutznießer und Stützen der überkommenen ständischen Gesellschaftsordnung. Nur Adelige konnten als Diplomaten oder Offiziere Karriere machen. Am Hof sprach man französisch.
Weltbild und Lebensauffassung:
Von Frankreichs Hauptstadt Paris gingen aber auch Impulse eines neuen Denkens aus. Dessen Träger waren bürgerliche Intellektuelle. Zu ihnen gehörten z. B. die Herausgeber der großen Enzyklopädie, **Diderot** und **D'Alembert**. Im Zentrum ihrer Reflexionen stand das Individuum, sein Begehren nach Freiheit im Denken und im wirtschaftlichen Handeln. Das Bürgertum erstarkte sowohl in den großen Städten (Hamburg, Berlin, Frankfurt) wie in den Residenzen an den Fürstenhöfen. Dem absolutistischen Staat gegenüber wurden die (Menschen-)Rechte des Einzelnen gefordert, gegenüber dem Machtanspruch der Kirche Toleranz. In Philosophie und Wissenschaft berief man sich auf Erfahrung (**Empirismus**) und Verstand (**Rationalismus**). Beide Richtungen des Denkens stimmten darin überein, dass es allein die Fähigkeiten und Talente des Einzelnen sind, die dessen Rang in der Gesellschaft bestimmen, nicht aber Geburt und Stand.
Entwicklungstendenzen in der Literatur:
Literatur sollte unterhalten (was schon immer ihre Hauptaufgabe an den Höfen war), sie sollte aber auch belehren und erziehen (was als ihre vornehmste Aufgabe bei der Bildung des bürgerlichen Individuums galt). Eine einfache, vorwiegend **belehrende Form** war die **Fabel,** komplexere, den Verstand ansprechende Formen waren **Parabeln** und **Dramen** wie „Nathan der Weise" (▸ S. 24 ff.).
Erziehungsromane, wie Christoph Martin Wielands „Geschichte des Agathon" (1776), zeigten die Entwicklung eines naiven Jünglings zu einem realistischen, erfolgreichen und glücklichen Menschen. Die Aufgabe des **Theaters als Bildungsstätte** war es schließlich, das Nacherleben eines fremden Schicksals zu ermöglichen. (▸ Bürgerliches Trauerspiel, S. 160 f.).
Vor allem Frauen der gebildeten Stände lasen viel. In Lese- und Gesprächszirkeln, den so genannten **„Salons"**, trafen sich überwiegend bürgerliche Intellektuelle, Künstler, Literaten. 1771 erschien **Sophie von La Roches** Roman „Geschichte des Fräuleins von Sternheim". Es war der erste bedeutende Frauen- und Bildungsroman.

Wichtige Autorinnen/Autoren und Werke. Siehe auch Grafik (▸ S. 397).
Immanuel Kant (1724–1804): Philosophische Schriften
Gotthold Ephraim Lessing (1729–1781): Dramen, Fabeln, „Hamburgische Dramaturgie"
Christoph Martin Wieland (1733–1813): „Die Abderiten" (Roman)

1 Stellen Sie die gesellschaftlichen Widersprüche zwischen Absolutismus und Bürgertum in einem Poster dar.

2.2 Zum Verstand tritt das Gefühl – Empfindsamkeit

Die Aufklärung kann als die „hegemoniale“ (führende) Strömung der Kultur im 18. Jahrhundert angesehen werden. Aber nicht alle Menschen waren Anhänger der Idee, dass der Verstand der alleinige Regent ihres Verhaltens sein sollte. Es gab daneben energische Vertreter der überkommenen Glaubenssätze. Diese Anhänger der Tradition waren dogmatisch und intolerant. Unter ihrer starren Sicht litten Aufklärer wie Lessing, aber auch diejenigen, die dem **Gefühl** und der **Empfindung persönlicher Frömmigkeit** zu ihrem Recht verhelfen wollten. Diese „Pietisten“ suchten Glaubens- und Lebensformen neben den von der Amtskirche geregelten. Von ihnen übernahmen Dichter wie Matthias Claudius eine gefühlsbetonte, „fromme“ Sicht auf die Natur und den Menschen. Lessing schlug für ihre Haltung den Begriff der **Empfindsamkeit** vor.

Natur als Spiegel der Seele

Friedrich Gottlieb Klopstock: **Der Zürchersee** (1750) – 1. Strophe

Schön ist, Mutter Natur, deiner Erfindung Pracht
Auf die Fluren verstreut, schöner ein froh Gesicht,
Das den großen Gedanken
Deiner Schöpfung noch einmal denkt.

Matthias Claudius

Matthias Claudius: **Abendlied** (1778, Str. 1–5)

Der Mond ist aufgegangen,
Die goldnen Sternlein prangen
Am Himmel hell und klar;
Der Wald steht schwarz und schweiget,
Und aus den Wiesen steiget
Der weiße Nebel wunderbar.

Wie ist die Welt so stille,
Und in der Dämmrung Hülle
So traulich und so hold!
Als eine stille Kammer,
Wo ihr des Tages Jammer
Verschlafen und vergessen sollt.

Seht ihr den Mond dort stehen?
Er ist nur halb zu sehen,
Und ist doch rund und schön!
So sind wohl manche Sachen,
Die wir getrost belachen,
Weil unsre Augen sie nicht sehn.

Wir stolze Menschenkinder
Sind eitel arme Sünder
Und wissen gar nicht viel;
Wir spinnen Luftgespinste
Und suchen viele Künste
Und kommen weiter von dem Ziel.

Gott, lass uns dein Heil schauen,
Auf nichts Vergänglichs trauen,
Nicht Eitelkeit uns freun!
Lass uns einfältig werden
Und vor dir hier auf Erden
Wie Kinder fromm und fröhlich sein!

1 Analysieren Sie die abgedruckten Strophen des „empfindsamen“ Dichters Matthias Claudius: Welche Sicht auf die Welt, in der wir leben, wird hier deutlich?

2 Fassen Sie die Abweichungen von der damals herrschenden Sichtweise der Aufklärer Kant und Lichtenberg (▸ S. 385 f., 391) zusammen. Beachten Sie dabei besonders die Botschaft der dritten und vierten Strophe.

3 Spüren Sie den Quellen der Empfindsamkeit im Pietismus nach, indem Sie die theologische Seite der Aufklärungskritik herausstellen.

4 Recherche: Klopstock hat in seiner Ode „Der Zürchersee“ eine Schiffsfahrt mit Freunden im August 1750 beschrieben. Suchen Sie das komplette Gedicht im Internet oder in einer Anthologie. Untersuchen Sie, wie der Sprecher die zentralen Werte der Empfindsamkeit – Natur, Liebe, Freundschaft – zu einem umfassenden Glücksgefühl zusammenführt.

Information **Epochenüberblick – Empfindsamkeit (ca. 1740–1780)**

Zentrale Werte der „Empfindsamen“ waren die Verehrung der Natur als göttliche Schöpfung, Freundschaft, Friedensliebe, allgemein Menschenfreundlichkeit.
Die Literatur der Empfindsamkeit ist außerordentlich sprachschöpferisch. In Liedern und erbaulichen Schriften kommen zum ersten Mal Worte vor wie „zärtlich“, „lieblich“, „Gemüt“, „Gewissen“ und Metaphern wie „Mutter Natur“, „Meer der Empfindungen“, „Sturm der Begeisterung“.
Die empfindsame Literatur erschließt auch neue Themenfelder. Dazu gehören das **autobiografische Schreiben**, etwa in **Johann Heinrich Jung-Stillings** (1740–1817) Roman „Heinrich Stillings Jugend, Jünglingsjahre, Wanderschaft“. Eine empfindsame Briefkultur verdichtete sich zum **Briefroman**, dessen bekanntestes Beispiel **Goethes** „Die Leiden des jungen Werthers“ werden sollte.
Gotthold Ephraim Lessings **Mitleidstheorie des „bürgerlichen Trauerspiels“** ist Ausfluss dieser Hochschätzung der Gefühlsfähigkeit des Menschen (▸ S. 174). Das Publikum leidet mit den Heldinnen und Helden mit, anstatt sie zu bewundern oder zu verabscheuen, wie es das barocke Theater vorsah. Lessing begründete seine Theorie mit einer neuen Auslegung des Aristoteles. Der antike griechische Philosoph hatte für die Tragödie des Altertums festgelegt, dass sie den tiefen Fall hochgestellter Personen durch große Leidenschaften (Hochmut, Ehrgeiz, Jähzorn, Eifersucht ...) so zeigen sollte, dass der Schrecken über die Unberechenbarkeit der Götter, des Schicksals, des Glücks die Menschen dauerhaft beeindruckt. Lessing hingegen setzt auf Identifikation und Empathie, auf Mitleiden mit dem Helden, der Heldin. Dafür, schlug er vor, müssten die Personen des Trauerspiels Menschen sein, die den Zuschauern als ihnen ähnliche Figuren erscheinen, mittlere Charaktere, keine absolut Bösen und keine Heiligen. Die Nähe zwischen Bühnengeschehen und bürgerlicher Wirklichkeit sollte das Mitempfinden der Zuschauer so ansprechen, dass es zu einer nachhaltigen Wirkung (Katharsis oder Reinigung der Leidenschaften) komme. Gleichzeitig bot das bürgerliche Trauerspiel ihm – z. B. in seinem eigenen Beispiel „Emilia Galotti“ – die Möglichkeit, die bürgerliche Welt und deren Normen gegenüber der des Adels hervorzuheben. Schillers frühes Drama „Kabale und Liebe“ kann als Fortführung dieses Typs des Trauerspiels im „Sturm und Drang“ angesehen werden.

Wichtige Autorinnen/Autoren und Werke siehe Grafik (▸ S. 397).

1 Stellen Sie Lessings Dramenkonzeption der Konzeption der barocken Tragödie in einer Tabelle gegenüber. Vergleichen Sie dabei die Eigenschaften des Helden, die Besonderheiten des Schicksals und die Rolle/Aufgabe des Zuschauers.

2.3 Aufbruch der Jugend, Enthusiasmus und Protest – Sturm und Drang

Die generelle Ausrichtung der bürgerlichen Gesellschaft auf Vernunft und Rationalität führte nicht geradlinig in eine humanere Zukunft. Im Gegenteil. Rationales Planen und Entscheiden wurden auch zum Ausbau von Herrschaftssystemen eingesetzt. Gegen die Reduzierung von Menschen auf ihre Nützlichkeit als Verwaltungsfachleute, Soldaten, Ökonomen, Höflinge richtete sich die bürgerliche Gefühlskultur. Im Zentrum des emotionalen Protestes gegen überkommene Autoritäten stand die „Jugendbewegung" des Sturm und Drang, stand das zu großen Gefühlen fähige Individuum.

Information **Die Ausbildung einer bürgerlichen Kultur in der zweiten Hälfte des 18. Jahrhunderts**

Aufbruch der bürgerlichen Gesellschaft durch Verstandeskultur (**Aufklärung**)

Entfaltung der bürgerlichen Familie/Freundschaft durch Gefühlskultur (**Empfindsamkeit**)

Geistige und politische Emanzipation des bürgerlichen Ich-Bewusstseins (**Sturm und Drang**)

1730 *Gotthold Ephraim Lessing* (1729–1781)

Johann Wolfgang Goethe (1749–1832)

Johann Christoph Gottsched (1700–1766):
Sterbender Cato (1732)
Christian Fürchtegott Gellert (1715–1769):
1750 Fabeln und Erzählungen (1746/48)

Friedrich Schiller (1759–1805)

Friedrich Gottlieb Klopstock (1724–1803):
Der Messias (1748–1773)
Der Zürchersee. Ode (1750)

Gotthold Ephraim Lessing:
Hamburgische Dramaturgie (1767–69)
Minna von Barnhelm (1767)

Sophie von La Roche (1730–1807):
Geschichte des Fräuleins von Sternheim.
Briefroman (1771)

Gotthold Ephraim Lessing:
1770 Emilia Galotti (1772)

Johann Wolfgang Goethe:
Götz von Berlichingen (1773)
Prometheus (1774), Ganymed (1774)
Die Leiden des jungen Werthers (1774)

Friedrich Nicolai (1733–1811):
1775 Die Freuden des jungen Werthers (1775)

Matthias Claudius (1740–1815):
Der Wandsbecker Bote
(1771–1775)

Jakob Michael Reinhold Lenz
(1751–1792):
Der Hofmeister (1774)
Die Soldaten (1776)

Friedrich Leopold Graf zu Stolberg
(1750–1819):
Über die Fülle des Herzens (1778)

Gotthold Ephraim Lessing: Nathan der Weise (1779)
Christoph Martin Wieland (1733–1813):
1780 Die Abderiten (1774/80)

Christian Friedrich Daniel Schubart
(1739–1791):
Die Fürstengruft (1780)

Immanuel Kant (1724–1804):
Beantwortung der Frage:
Was ist Aufklärung? (1784)

Friedrich Schiller:
Die Räuber (1781)
Kabale und Liebe (1784)

1785

Karl Philipp Moritz (1756–1893):
Anton Reiser (1785/90)

1 Goethe hat in seiner „Farbenlehre" (1810) der Farbe Gelb den Verstand, dem Orange das Engagement, dem Rot die Leidenschaft, dem Blauviolett die Fantasie und dem Grün, der Mischung aus Gelb und Blau, die der Vorstellungskraft entspringende Tatkraft zugeordnet.

a Erklären Sie anhand der abgedruckten Grafik (▸ S. 397) die Zuordnung der Werke und Autoren zu den Farben.

b Benutzen Sie die Zeitleiste, um eine Ordnung in die Zusammenhänge von Aufklärung, Empfindsamkeit sowie Sturm und Drang zu bringen. Erklären Sie dann, warum man heute von einem „Epochenumbruch" spricht.

2 **Referat:** Wählen Sie eines der in der Tabelle genannten Werke und recherchieren Sie dessen Entstehungshintergrund.

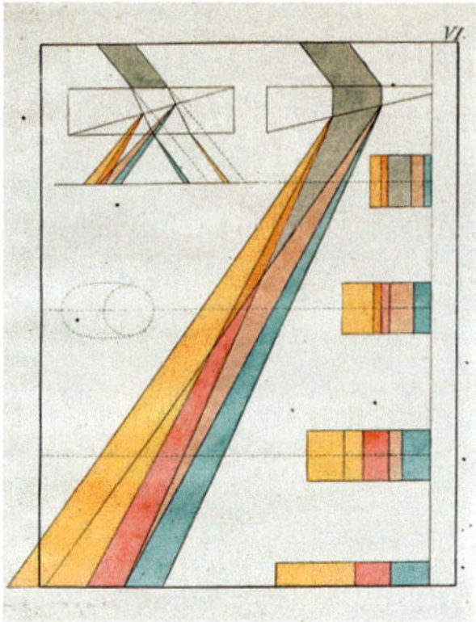

Goethes Farbenlehre: Sechste Tafel (1810)

Naturenthusiasmus – Mutter Natur

Johann Wolfgang Goethe: **Die Leiden des jungen Werthers** (1774) – Briefe vom 10. Mai und 18. August

Johann Wolfgang Goethe (1749–1832) sollte in Straßburg sein juristisches Studium abschließen, interessierte sich aber mehr für Literatur und Philosophie. Er sammelte Gleichgesinnte um sich (Herder, Lenz), verliebte sich in die Pfarrerstochter Friederike Brion und verarbeitete später diese und andere Liebeserfahrungen im Briefroman „Die Leiden des jungen Werthers". Er traf die Stimmung weiter Kreise der Jugend und wurde berühmt. Der junge Herzog von Weimar, Anhänger der Ideen des Sturm und Drang, holte ihn an seinen Hof.
Der Protagonist des Romans, Werther, berichtet in Briefen an seinen Freund Wilhelm über seinen Aufenthalt in dem kleinen Ort Walheim. Die Briefe beginnen im Mai. Im Juni lernt er auf einem Ball Lotte kennen. Er verliebt sich, muss aber später erkennen, dass Lotte nicht für ihn frei ist. Sie ist mit Albert verlobt und wird ihn heiraten.

am 10. Mai.

Eine wunderbare Heiterkeit hat meine ganze Seele eingenommen, gleich denen süßen Frühlingsmorgen, die ich mit ganzem Herzen genieße. Ich bin so allein und freue mich so meines Lebens, in dieser Gegend, die für solche Seelen geschaffen ist, wie die meine. Ich bin so glücklich, mein Bester, so ganz in dem Gefühl von ruhigem Dasein versunken, dass meine Kunst darunter leidet. Ich könnte jetzo nicht zeichnen, nicht einen Strich, und bin niemalen ein größerer Maler gewesen als in diesen Augenblicken. Wenn das liebe Tal um mich dampft, und die hohe Sonne an der Oberfläche der undurchdringlichen Finsternis meines Waldes ruht, und nur einzelne Strahlen sich in das innere Heiligtum stehlen, und ich dann im hohen Grase am fallenden Bache liege, und näher an der Erde tausend mannigfaltige Gräsgen mir merkwürdig werden. Wenn ich das Wimmeln der kleinen Welt zwischen Halmen, die unzähligen, unergründlichen Gestalten, all der Würmgen, der Mückgen, näher an meinem Herzen fühle, und fühle die Gegenwart des Allmächtigen, der uns all nach seinem Bilde schuf, das Wehen des Allliebenden, der uns in ewiger Wonne schwebend trägt und erhält. Mein Freund, wenn's denn um meine Augen dämmert, und die Welt um mich her und Himmel ganz in meiner Seele ruht, wie die Gestalt einer Geliebten; dann sehn ich mich oft und denke: Ach könntest du das wieder ausdrücken, könntest du dem Papier das einhauchen, was so voll, so warm in dir lebt, dass es würde der Spiegel deiner Seele, wie deine Seele ist der Spiegel des unendlichen Gottes. Mein Freund – Aber ich gehe darüber zu Grunde, ich erliege unter der Gewalt der Herrlichkeit dieser Erscheinungen.

am 18. Aug.

Musste denn das so sein? dass das, was des Menschen Glückseligkeit macht, wieder die Quelle seines Elends würde.

Das volle warme Gefühl meines Herzens an der lebendigen Natur, das mich mit so viel Wonne überströmte, das ringsumher die Welt mir zu einem Paradiese schuf, wird mir jetzt zu einem unerträglichen Peiniger, zu einem quälenden Geiste, der mich auf allen Wegen verfolgt. Wenn ich sonst vom Fels über den Fluss bis zu jenen Hügeln das fruchtbare Tal überschaute, und alles um mich her keimen und quellen sah, wenn ich jene Berge, vom Fuße bis auf zum Gipfel, mit hohen, dichten Bäumen bekleidet, all jene Täler in ihren mannigfaltigen Krümmungen von den lieblichsten Wäldern beschattet sah, und der sanfte Fluss zwischen den lispelnden Rohren dahingleitete, und die lieben Wolken abspiegelte, die der sanfte Abendwind am Himmel herüberwiegte, wenn ich denn die Vögel um mich, den Wald beleben hörte, und die Millionen Mückenschwärme im letzten roten Strahle der Sonne mutig tanzten, und ihr letzter zuckender Blick den summenden Käfer aus seinem Grase befreite und das Gewebere um mich her mich auf den Boden aufmerksam machte und das Moos, das meinem harten Felsen seine Nahrung abzwingt, und das Geniste, das den dürren Sandhügel hinunterwächst, mir alles das innere glühende heilige Leben der Natur eröffnete, wie umfasst' ich das all mit warmem Herzen, verlor mich in der unendlichen Fülle, und die herrlichen Gestalten der unendlichen Welt bewegten sich alllebend in meiner Seele. Ungeheure Berge umgaben mich, Abgründe lagen vor mir, und Wetterbäche stürzten herunter, die Flüsse strömten unter mir, und Wald und Gebürg erklang. Und ich sah sie würken und schaffen ineinander in den Tiefen der Erde, all die Kräfte unergründlich. [...]

Friedrich Leopold Graf zu Stolberg: **Über die Fülle des Herzens** (1778)

Friedrich Leopold Graf zu Stolberg (1750–1819) war Schriftsteller, Diplomat und Verwaltungsbeamter. Mit ihm (und seinem Bruder) unternahm Goethe die erste Reise in die Schweiz. Alle drei jungen Männer trugen dabei Werthers charakteristische Kleidung (blauer Frack mit Messingknöpfen, gelbe Weste, braune Stulpenstiefel, runder Filzhut).

O Natur! Natur! Gott rief dir zu, als du in bräutlicher Schönheit aus dem Schoße der Schöpfung hervorgingst: Sei schön! Verkünde meine Herrlichkeit und bilde des Menschen Herz!

Dir dank ich, Natur, die seligsten Augenblicke meines Lebens! Du zeigtest mir deine erhabnen Schönheiten am Ufer deines Rheins und im Schatten deiner Alpen, wo du einem glücklichen Volke Freiheit schenktest und Einfalt der Sitte.

Groß und hehr erscheinest du mir auch hier am Gestade des Meeres. Oh, wie gern hebt und senkt sich mein Blick mit der krummen Woge, indem mein Ohr lauschet dem Geräusch seiner Wellen! Wenn im feierlichen Anblicke des unermesslichen Ozeans mein Auge sich verliert, dann umschweben mich Gedanken vom Unendlichen, von der Ewigkeit und meiner eignen Unsterblichkeit. Meine Seele entfleucht dieser Welt. Ich werfe dann einen Blick auf das grüne Ufer, die ruhenden Haine, die Saaten, die Triften mit hin und her irrendem Vieh, und vergnügt kehrt mein Geist zur mütterlichen Erde wieder zurück. Die ganze Natur ist Harmonie, und wir sind geschaffen, mit ihr zu harmonieren. Jede einzelne Schönheit der Natur, alle verschiedne Schönheiten der Natur in ihren mannigfaltigen Zusammensetzungen wurden vom Schöpfer bestimmt, die Saiten des menschlichen Herzens zu berühren und erklingen zu machen. Wie entzücken den Schössling der Natur diese Seelenmelodien! Wie sanft sind sie! Wie kühn! Wie erheben sie das Herz zum Himmel! Wie tauchen sie es in die süßesten Empfindungen!

1 **a** Vergleichen Sie das Bild der Natur und das Bild des Menschen in Werthers Briefen vom 10. Mai und 18. August (▸ S. 398 f.). Wie spiegelt sich der Stimmungsumschwung Werthers in seiner Naturbeschreibung?

b Suchen Sie Bilder, die Werthers Naturbeschreibungen illustrieren könnten, und stellen Sie eine Text-Bild-Collage her.

2 Untersuchen Sie die Sprache, mit der das Bild der Natur in Werthers Briefen und in Stolbergs Text entworfen wird.

a Wie erlebt Stolberg die Natur? Formulieren Sie mit eigenen (nüchternen) Worten, was er am Rhein, in den Alpen und am Meer sieht und wie er das Gesehene versteht.

b Vergleichen Sie Ihren Text mit dem Stolbergs und beschreiben Sie dessen Sprechweise.

c Welche Beziehungen sehen Sie zwischen der Sprache Werthers und der Sprache Stolbergs? Halten Sie Gemeinsamkeiten und Unterschiede fest.

3 Klopstock gilt als Vorbild und Wegbereiter der „Stürmer und Dränger". Untersuchen Sie, wie in der ersten Strophe seiner Ode (▸ S. 395) Natur, Schöpfung und Mensch aufeinander bezogen sind.

4 **a** Erläutern Sie ausgehend von der unten stehenden Grafik epochentypische Gemeinsamkeiten des Naturbilds in Klopstocks Ode, Goethes Briefroman und Stolbergs Hymnus.

b Schreiben Sie das Schaubild in einen kontinuierlichen Text (z. B. einen Lexikonartikel zum Thema „Naturauffassungen in der zweiten Hälfte des 18. Jahrhunderts") um. Ergänzen Sie den Aspekt „Begeisterung für die Natur" (in den genannten Texten) durch Hinweise auf die neu entstehende Norm der Natürlichkeit (z. B. keine Perücke tragen, stattdessen die eigenen Haare zeigen). Ziehen Sie weitere Quellen hinzu. Vergessen Sie nicht, diese auch anzugeben.

Natur und **Natürlichkeit**

natura naturata
(„geschaffene Natur")

- die Welt der natürlichen Dinge
- Schöpfung
- den Naturgesetzen unterworfen
- ein Kosmos, der staunen macht

natura naturans
(„schöpferische Natur")

- das in der Natur wirksame schöpferische Prinzip: göttlich/genial
- unerschöpflich
- Bewunderung auslösend

die soziale Norm

- Leben nach der Natur (einfache Kleidung, kein Putz, keine Künstlichkeit)
- Leben im Einklang mit der Natur, den spontanen Regungen des Gefühls folgen

Mutter Natur

Johann Wolfgang Goethe: **Ganymed** (1774)

Wie im Morgenrot
Du rings mich anglühst,
Frühling, Geliebter!
Mit tausendfacher Liebeswonne
Sich an mein Herz drängt
Deiner ewigen Wärme
Heilig Gefühl,
Unendliche Schöne!

Dass ich dich fassen möcht'
In diesen Arm!

Ach, an deinem Busen
Lieg' ich, schmachte,
Und deine Blumen, dein Gras
Drängen sich an mein Herz.
Du kühlst den brennenden
Durst meines Busens,
Lieblicher Morgenwind!
Ruft drein die Nachtigall
Liebend nach mir aus dem Nebeltal.

Ich komme! Ich komme!
Wohin? Ach, wohin?

Anton Raphael Mengs: Jupiter und Ganymed (1758)

Hinauf, hinauf strebt's.
Es schweben die Wolken
Abwärts, die Wolken
Neigen sich der sehnenden Liebe.
Mir, mir!
In eurem Schoße
Aufwärts,
Umfangend umfangen!
Aufwärts
An deinem Busen,
Allliebender Vater!

Information **Ganymed**

Ganymedes, dt. Ganymed, in der griech. Sage Schönster der Sterblichen. Sohn des Königs **Tros;** von **Zeus** auf den Olymp entführt, damit er dort Mundschenk für die Götter sei. Nach späteren Versionen ließ Zeus ihn durch seinen Adler rauben (oder raubte ihn in Adlergestalt) und machte ihn zu seinem Geliebten.

1 **a** Klären Sie Ihr Verständnis des Gedichts: Wer ist der Sprecher? Zu wem spricht er?
b Arbeiten Sie heraus, was dieser Sprecher über die frühlingshafte Natur und was er über die eigenen Empfindungen sagt.
c Beschreiben Sie, wie die Beziehung zwischen lyrischem Ich und Natur dargestellt wird. Wie verändert sie sich im Verlauf des Gedichts?

2 Charakterisieren Sie die Sprache der Hymne. Ersetzen Sie zu diesem Zweck auffällige Formulierungen (z. B. „anglühst", V. 2) durch geläufige (z. B. „anblickst" ...) und vergleichen Sie.

3 Beschreiben Sie vor dem Hintergrund der antiken Sage von Zeus und Ganymed die Beziehung des Jünglings zum Schöpfergott in Goethes Hymne. Gehen Sie dabei von den Widersprüchen zwischen Titel und Text aus und versuchen Sie zu klären:
– Welche Ähnlichkeit besteht zwischen der Beziehung von Ganymed und Zeus (im alten Mythos) und der Beziehung des Sprechers zum Frühling (in Goethes Hymne)?
– Was bedeutet Liebe in der Ganymed-Geschichte, was im Kontext des Naturgefühls, das den Sprecher der Hymne bewegt?
– Wo sehen Sie in der Hymne Goethes pantheistische Gedanken (▸ S. 402) ausgesprochen?

Information **Pantheismus**

Pantheismus (griech. „überall ist Gott"): die Auffassung der Einheit von Gott und (der schöpferischen) Natur, am konsequentesten vertreten von dem Philosophen **Spinoza** (1632–1677) und dem Dominikanermönch **Giordano Bruno** (1548–1600). Spinozas Formel „Deus sive natura" (Gott ist Natur) wird von Goethe mit einem All-Einheitsgefühl verknüpft.

Johann Wolfgang Goethe: **An den Mond** (1777/89)

Füllest wieder Busch und Tal
Still mit Nebelglanz,
Lösest endlich auch einmal
Meine Seele ganz;

Breitest über mein Gefild
Lindernd deinen Blick,
Wie des Freundes Auge mild
Über mein Geschick.

Jeden Nachklang fühlt mein Herz
Froh' und trüber Zeit,
Wandle zwischen Freud' und Schmerz
In der Einsamkeit.

Fließe, fließe, lieber Fluss!
Nimmer werd' ich froh,
So verrauschte Scherz und Kuss,
Und die Treue so.

Ich besaß es doch einmal,
Was so köstlich ist!
Dass man doch zu seiner Qual
Nimmer es vergisst!

Rausche, Fluss, das Tal entlang,
Ohne Rast und Ruh,
Rausche, flüstre meinem Sang
Melodien zu,

Wenn du in der Winternacht
Wütend überschwillst
Oder um die Frühlingspracht
Junger Knospen quillst.

Selig, wer sich vor der Welt
Ohne Hass verschließt,
Einen Freund am Busen hält
Und mit dem genießt,

Was, von Menschen nicht gewusst
Oder nicht bedacht,
Durch das Labyrinth der Brust
Wandelt in der Nacht.

Johann Wolfgang Goethe: Aufgehender Mond am Fluss (1779)

1 Untersuchen Sie in Goethes Gedicht die Beziehung zwischen der seelischen Gestimmtheit des Sprechers, seinen sozialen Erfahrungen und seinem Naturerleben.

2 Vergleichen Sie Goethes „An den Mond" mit dem nahezu zeitgleich entstandenen „Abendlied" von Matthias Claudius (▶ S. 395). Welche Beobachtungen und Empfindungen, welche Reflexionen werden mit der Natur verbunden? Können Sie die Begriffe „Pietismus", „Empfindsamkeit" und „Pantheismus" für den Vergleich heranziehen?

Volker Braun: **Im Ilmtal** (1976)

Den Himmel verwildert der Sturm
Voll Wolken grau, das Feld
Ist dunkel am Tag, mein Sinn.

In der gebauten Natur
Geh ich allein, und den Wald schüttelt er,
Wie meine Fäuste möchten die steife Welt!

Einmal lebte ich so, freudig
Mit den Genossen. Gebraucht
Zu ändern Flüsse und Städte allmählich
Und die ich brauchte.

Auf die Wiese schwärzer tritt, *lieber Fluß*
Schlage, wie einst einem andern hier
Die Worte aus meiner Brust!

Und ich kannte sie lange, die Tage
Füllte Arbeit zum Rand
In die Nacht ging das laute Gespräch.

Aufwälze, Fluß, den dunklen Grund:
Ich kann nicht leben ohne die Freunde
Und lebe und lebe hin!

Und nicht langt mir, nicht ruhig
Macht nun der eine mich;
Nicht glücklich kann ich verschließen
Mich mit ihm vor der Welt.

Bäume dich, in den befestigten
Ufern, reiß dich los
Flüßchen, gib so, gib den Gefühlen deinen
Raum!

Zu den verstreuten, tätigen
Gefährten, wer es auch sei, muß ich kommen,
und nie
Verlassen den großen Kreis

Und was ich beginne, mit ihnen
Bin ich erst ich
Und kann leben, und fühle wieder
Mich selber in meiner Brust. R

3 **a** Volker Braun bezieht sich 200 Jahre später ausdrücklich auf Goethes Gedicht (▶ S. 402). Vergleichen Sie die beiden „Spaziergänge" in der Natur und die Gedankengänge, die sie auslösen, miteinander.

b Überlegen Sie, warum der „moderne" Dichter sich das Goethe-Gedicht zur Vorlage genommen haben mag.

4 Schreiben Sie selbst einen lyrischen Text über einen abendlichen Gang am Fluss.

Liebeserfahrung – Selbsterforschung und Ekstase

Johann Wolfgang Goethe: **Die Leiden des jungen Werthers** (1774)

Lotte vertritt als älteste Tochter bei den zahlreichen Geschwistern die Stelle der Mutter. Werthers Glückstaumel verwandelt sich in Qual, als ihr Verlobter Albert hinzukommt, der kein Schwärmer, sondern ein eher vernünftiger und lebenspraktischer Charakter ist. Werther ist sicher, dass Lotte um seine unglückliche Liebe zu ihr weiß. Für alle Beteiligten wird die Situation immer unerträglicher (ihre Gemüter „verhetzen sich immer mehr"). Werther sucht Lotte in Alberts Abwesenheit auf.

Er warf sich vor Lotten nieder in der vollen Verzweiflung, fasste ihre Hände, drückte sie in seine Augen, wider seine Stirn, und ihr schien eine Ahndung seines schröcklichen Vorhabens durch die Seele zu fliegen. Ihre Sinne verwirrten sich, sie drückte seine Hände, drückte sie wider ihre Brust, neigte sich mit einer wehmütigen Bewegung zu ihm, und ihre glühenden Wangen berührten sich. Die Welt verging ihnen, er schlang seine Arme um sie her, presste sie an seine Brust und deckte ihre zitternden, stammelnden Lippen mit wütenden Küssen. – Werther!, rief sie mit erstickter Stimme, sich abwendend, Werther!, und drückte mit schwacher Hand seine Brust von der ihrigen! Werther!, rief sie mit dem gefassten Tone des edelsten Gefühls; er widerstand nicht, ließ sie aus seinen Armen und warf sich unsinnig vor sie hin. – Sie riss sich auf, und in ängstlicher Verwirrung, bebend zwischen Liebe und Zorn, sagte sie: Das ist das letzte Mal! Werther! Sie sehn mich nicht wieder. Und mit dem vollsten Blick der Liebe auf den Elenden eilte sie ins Nebenzimmer und schloss hinter sich zu. Werther streckte ihr die Arme nach, getraute sich nicht, sie zu halten. Er lag an der Erde, den Kopf auf dem Kanapee, und in dieser Stellung blieb er über eine halbe Stunde, bis ihn ein Geräusch zu sich selbst rief.

Tony Johannot: Werther und Lotte (1845)

Lotte wird durch Werthers Gefühlsausbruch in tiefe seelische Konflikte gestürzt. Der Erzähler (und Herausgeber von Werthers Briefen) beschreibt, was Goethe selbst in Wetzlar im Falle des Legationssekretärs Jerusalem erlebt hatte: Der unglücklich Liebende leiht sich bei Kästner, dem „Albert“ des Romans, Pistolen, um sich damit zu erschießen.

Gegen eilfe fragte Werther seinen Bedienten, ob wohl Albert zurückgekommen sei. Der Bediente sagte: ja, er habe dessen Pferd dahinführen sehn. Drauf gibt ihm der Herr ein offenes Zettelgen des Inhalts: Wollten Sie mir wohl zu einer vorhabenden Reise Ihre Pistolen leihen? Leben Sie recht wohl.

Die liebe Frau hatte die letzte Nacht wenig geschlafen, ihr Blut war in einer fieberhaften Empörung, und tausenderlei Empfindungen zerrütteten ihr Herz. Wider ihren Willen fühlte sie tief in ihrer Brust das Feuer von Werthers Umarmungen, und zugleich stellten sich ihr die Tage ihrer unbefangenen Unschuld, des sorglosen Zutrauens auf sich selbst in doppelter Schöne dar, es ängstigten sie schon zum Voraus die Blicke ihres Manns, und seine halb verdrüsslich halb spöttische Fragen, wenn er Werthers Besuch erfahren würde; sie hatte sich nie verstellt, sie hatte nie gelogen, und nun sah sie sich zum ersten Mal in der unvermeidlichen Notwendigkeit; der Widerwillen, die Verlegenheit, die sie dabei empfand, machte die Schuld in ihren Augen größer, und doch konnte sie den Urheber davon weder hassen, noch sich versprechen, ihn nie wieder zu sehn. Sie weinte bis gegen Morgen, da sie in einen matten Schlaf versank, aus dem sie sich kaum aufgerafft und angekleidet hatte, als ihr Mann zurückkam, dessen Gegenwart ihr zum ersten Mal ganz unerträglich war.

Werther verfasst einen Abschiedsbrief an Lotte, versichert ihr, dass er sicher wisse, dass sie ihn liebt.

Zum letzten Male denn, zum letzten Male schlag ich diese Augen auf, sie sollen, ach, die Sonne nicht mehr sehn, ein trüber, neblichter Tag hält sie bedeckt. So traure denn, Natur, dein Sohn, dein Freund, dein Geliebter naht sich seinem Ende. Lotte, das ist ein Gefühl ohnegleichen, und doch kommt's dem dämmernden Traume am nächsten, zu sich zu sagen: Das ist der letzte Morgen. Der letzte! [...]

O vergib mir! Vergib mir! Gestern! Es hätte der letzte Augenblick meines Lebens sein sollen. O du Engel! Zum ersten Male, zum ersten Male ganz ohne Zweifel durch mein innig Innerstes durchglühte mich das Wonnegefühl: Sie liebt mich! Sie liebt mich. Es brennt noch auf meinen Lippen das heilige Feuer, das von den deinigen strömte, neue, warme Wonne ist in meinem Herzen. Vergib mir, vergib mir.

Ach, ich wusste, dass du mich liebtest, wusste es an den ersten seelenvollen Blicken, an dem ersten Händedruck, und doch, wenn ich wieder weg war, wenn ich Alberten an deiner Seite sah, verzagt' ich wieder in fieberhaften Zweifeln.

[...]

Alles das ist vergänglich, keine Ewigkeit soll das glühende Leben auslöschen, das ich gestern auf deinen Lippen genoss, das ich in mir fühle. Sie liebt mich! Dieser Arm hat sie umfasst, diese Lippen haben auf ihren Lippen gezittert, dieser Mund am ihrigen gestammelt. Sie ist mein! Du bist mein! Ja, Lotte, auf ewig.

Und was ist das? Dass Albert dein Mann ist! Mann? – Das wäre denn für diese Welt – und für diese Welt Sünde, dass ich dich liebe, dass ich dich aus seinen Armen in die meinigen reißen möchte? Sünde? Gut! Und ich strafe mich davor: Ich habe sie in ihrer ganzen Himmelswonne geschmeckt, diese Sünde, habe Lebensbalsam und Kraft in mein Herz gesaugt, du bist von diesem Augenblicke mein! Mein, o Lotte! Ich gehe voran! Gehe zu meinem Vater, zu deinem Vater. Dem will ich's klagen, und er wird mich trösten, bis du kommst, und ich fliege dir entgegen und fasse dich und bleibe bei dir vor dem Angesicht des Unendlichen in ewigen Umarmungen.

1 Lotte überlegt, ob und wie sie Albert von Werthers Gefühlsausbruch in Kenntnis setzen soll. Erklären Sie den „Widerwillen“ (Z. 63 f.), den sie empfindet.

2 Lotte weist Werthers Erklärung „mit dem gefassten Tone des edelsten Gefühls“ (Z. 19–21) zurück. Was für ein Gefühl ist dieses „edelste“ Gefühl Ihrer Meinung nach? Stellen Sie Belege aus dem Text zusammen, in denen der Erzähler/Herausgeber von Werthers Briefen über Lottes Empfindungen berichtet.

3 Die hier abgedruckte Textstelle stammt aus der ersten Fassung von 1774. 1787 erschien eine zweite, bearbeitete Fassung, insbesondere schrieb Goethe Lottes inneren Monolog ganz neu. Besorgen Sie sich die zweite Fassung und untersuchen Sie vergleichend die beiden Darstellungen der Gefühle, die die junge Frau zerrütten.

4 Informieren Sie sich in einer Literaturgeschichte über die Folgen des „Wertherfiebers“ und verfassen Sie aus der Sicht eines nüchternen Vertreters der Aufklärung (z. B. Lichtenberg oder Lessing) eine Stellungnahme, z. B. einen offenen Brief in einer der Literaturzeitschriften der Zeit.

Rebellion – Schöpferisches Genie, edler Verbrecher, politischer Protest

Johann Wolfgang Goethe: **Prometheus** (1774)

Bedecke deinen Himmel,
Zeus,
Mit Wolkendunst!
Und übe, dem Knaben gleich,
Der Disteln köpft,
An Eichen dich und Berges-
höhn!
Musst mir meine Erde
Doch lassen stehn,
Und meine Hütte,
Die du nicht gebaut,
Und meinen Herd,
Um dessen Glut
Du mich beneidest.

Piero di Cosimo: Prometheus schafft Menschen (1515)

Ich kenne nichts Ärmer's
Unter der Sonn' als euch Götter.
Ihr nähret kümmerlich
Von Opfersteuern
Und Gebetshauch
Eure Majestät
Und darbtet, wären
Nicht Kinder und Bettler
Hoffnungsvolle Toren.

Da ich ein Kind war,
Nicht wusst', wo aus, wo ein,
Kehrte mein verirrtes Aug'
Zur Sonne, als wenn drüber wär'
Ein Ohr, zu hören meine Klage,
Ein Herz wie meins,
Sich des Bedrängten zu erbarmen.

Wer half mir wider
Der Titanen Übermut?
Wer rettete vom Tode mich,
Von Sklaverei?
Hast du's nicht alles selbst vollendet,
Heilig glühend Herz?
Und glühtest, jung und gut,
Betrogen, Rettungsdank
Dem Schlafenden da droben?

Ich dich ehren? Wofür?
Hast du die Schmerzen gelindert
Je des Beladenen?
Hast du die Tränen gestillet
Je des Geängsteten?
Hat nicht mich zum Manne geschmiedet
Die allmächtige Zeit
Und das ewige Schicksal,
Meine Herrn und deine?

Wähntest du etwa,
Ich sollte das Leben hassen,
In Wüsten fliehn,
Weil nicht alle Knabenmorgen-
Blütenträume reiften?

Hier sitz' ich, forme Menschen
Nach meinem Bilde,
Ein Geschlecht, das mir gleich sei,
Zu leiden, weinen,
Genießen und zu freuen sich,
Und dein nicht zu achten,
Wie ich.

1 Untersuchen Sie das Gedicht „Prometheus": Wie stellt der Sprecher den Göttervater Zeus, wie sich selbst dar?

2 Erkennen Sie Bezüge zum Autor Goethe? Erläutern Sie sie.

3 Informieren Sie sich über den Mythos von Prometheus und suchen Sie Erklärungen für die Veränderungen, die Goethe an der Geschichte vornimmt.

4 „Prometheus" und „Ganymed" (▸ S. 401) sind immer wieder als Belege für zwei sich wechselseitig ergänzende Haltungen Goethes beschrieben worden. Wo sehen Sie Verbindungspunkte, wo Trennungslinien? Diskutieren Sie.

5 Vergleichen Sie das Gottes- und Menschenbild in Goethes Prometheus-Hymne mit dem in den biblischen Berichten über die Erschaffung des Menschen in der „Genesis" (1. Buch Mose).

Friedrich Schiller: **Die Räuber** (1781) – I/2

[Schillers Erstlingswerk führt an zwei feindlichen Brüdern die beiden in seiner Zeit vorherrschenden Denkrichtungen vor: Karl, der ältere der beiden, wird als edel denkender, seinem Gefühl folgender Mensch dargestellt (Bedürfnis nach Freiheit, Gefühl für Gerechtigkeit, enthusiastische Liebe, Freundschaft). Franz, der jüngere, ist hingegen ein kalter Rationalist, ein Machtmensch ohne Glauben und moralische Skrupel. Die Sympathie des Autors Friedrich Schiller gehört eindeutig seinem „edlen Verbrecher" und Rebellen gegen die Gesellschaft, Karl Moor.]

Schänke an den Grenzen von Sachsen. Karl von Moor in ein Buch vertieft. Spiegelberg trinkend am Tisch.

Karl von Moor *legt das Buch weg:* Mir ekelt vor diesem tintenklecksenden Säkulum[1], wenn ich in meinem Plutarch[2] lese von großen Menschen.

Spiegelberg *stellt ihm ein Glas hin und trinkt:* Den Josephus[3] musst du lesen.

Moor: Der lohe Lichtfunke Prometheus' ist ausgebrannt, dafür nimmt man itzt die Flamme von Bärlappenmehl – Theaterfeuer, das keine Pfeife Tabak anzündet. Da krabbeln sie nun wie die Ratten auf der Keule des Herkules und studieren sich das Mark aus dem Schädel, was das für ein Ding sei, das er in seinen Hoden geführt hat? Ein französischer Abbé[4] doziert, Alexander sei ein Hasenfuß gewesen, ein schwindsüchtiger Professor hält sich bei jedem Wort ein Fläschchen Salmiakgeist vor die Nase und liest ein Kollegium über die *Kraft*. Kerls, die in Ohnmacht fallen, wenn sie einen Buben gemacht haben, kritteln über die Taktik des Hannibals – feuchtohrige Buben fischen Phrases aus der Schlacht bei Cannä und greinen über die Siege des Scipio, weil sie sie exponieren[5] müssen. [...] Da verrammeln sie sich die gesunde Natur mit abgeschmackten Konventionen, haben das Herz nicht, ein Glas zu leeren, weil sie Gesundheit dazu trinken müssen – belecken den Schuhputzer, dass er sie vertrete bei Ihro Gnaden, und hudeln[6] den armen Schelm, den sie nicht fürchten. Vergöttern sich um ein Mittagessen und möchten einander vergiften um ein Unterbett, das ihnen beim Aufstreich[7] überboten wird. – Verdammen den Sadduzäer[8], der nicht fleißig genug in die Kirche kommt, und berechnen ihren Judenzins am Altare – fallen auf die Knie, damit sie ja ihren Schlamp[9] ausbreiten können – wenden kein Aug von dem Pfarrer, damit sie sehen, wie seine Perücke frisiert ist. – Fallen in Ohnmacht, wenn sie eine Gans bluten sehen, und klatschen in die Hände, wenn ihr Nebenbuhler bankerott von der Börse geht – – So warm ich ihnen die Hand drückte: – Nur noch einen Tag! – Umsonst! – Ins Loch mit dem Hund! – Bitten! Schwüre! Tränen! *Auf den Boden stampfend:* Hölle und Teufel! [...]

Victor von Heideloff: Schiller liest Freunden aus den „Räubern" vor (1856)

Schwarz: Komm mit uns in die böhmischen Wälder! Wir wollen eine Räuberbande sammeln, und du – *Moor stiert ihn an.*

Schweizer: Du sollst unser Hauptmann sein! Du musst unser Hauptmann sein!

Spiegelberg *wirft sich wild in einen Sessel:* Sklaven und Memmen!

Moor: Wer blies dir das Wort ein? Höre, Kerl! *Indem er Schwarzen hart ergreift:* Das hast du nicht aus deiner Menschenseele hervorgeholt! Wer blies dir das Wort ein? Ja, bei dem tausendarmigen Tod! Das wollen wir, das müssen wir! Der Gedanke verdient Vergötterung – *Räuber und Mörder!* – So wahr meine Seele lebt, ich bin euer Hauptmann!

Alle *mit lärmendem Geschrei:* Es lebe der Hauptmann!

Spiegelberg *aufspringend, vor sich:* Bis ich ihm hinhelfe!

Moor: Siehe, da fällt's wie der Star von meinen Augen! Was für ein Tor ich war, dass ich in den Käfig zurückwollte! – Mein Geist dürstet nach Taten, mein Atem nach Freiheit. – *Mörder, Räuber!* – mit diesem Wort war das Gesetz unter meine Füße gerollt. – Menschen haben Mensch-

1 **Säkulum:** Jahrhundert
2 **Plutarch** (ca. 40–120 n. Chr.): griech. Schriftsteller
3 **Josephus** (37–100 n. Chr.): jüd. Geschichtsschreiber
4 **Abbé:** Titel der weltlichen Geistlichen in Frankreich
5 **exponieren:** grammatisch erklären und übersetzen
6 **hudeln:** quälen, plagen
7 **Aufstreich:** Versteigerung, Auktion
8 **Sadduzäer:** Angehöriger einer altjüdischen Partei
9 **Schlamp:** Schleppe

heit vor mir verborgen, da ich an Menschheit appellierte, weg dann von mir Sympathie und menschliche Schonung! – Ich habe keinen Vater mehr, ich habe keine Liebe mehr, und Blut und Tod soll mich vergessen lehren, dass mir jemals etwas teuer war! Kommt, kommt! – Oh ich will mir eine fürchterliche Zerstreuung machen – es bleibt dabei, ich bin euer Hauptmann! Und Glück zu dem Meister unter euch, der am wildesten sengt, am grässlichsten mordet, denn ich sage euch, er soll königlich belohnet werden – tretet her um mich ein jeder und schwöret mir Treu und Gehorsam zu bis in den Tod! – Schwört mir das bei dieser männlichen Rechte.

1 **a** Karl Moor und seine Freunde diskutieren über menschliche Größe in Vergangenheit und Gegenwart. Welches sind ihre Urteile und wie begründen sie sie?
b Formulieren Sie die Einwände Moors gegen das eigene Jahrhundert in Form von Thesen.

2 **Referat:** Informieren Sie Ihren Kurs über Schillers Landesvater Karl Eugen und über die Zustände in Württemberg vor der Französischen Revolution.

3 **Facharbeit:** Lesen Sie Schillers Erzählung „Der Verbrecher aus verlorener Ehre“ und vergleichen Sie die Hauptfigur mit der aus dem Drama „Die Räuber“.
Zeigen Sie Parallelen zwischen den Protagonisten Christian Wolf und Karl Moor auf.

Gottfried August Bürger: **Für wen, du gutes deutsches Volk** (1793)

Die folgenden Verse wagte Gottfried August Bürger (1747–1794) nicht zu veröffentlichen. Er verlieh darin der Ansicht vieler Deutscher Ausdruck, als sich eine preußisch-österreichische Koalitions-Armee im Frühjahr 1792 anschickte, der Revolution in Frankreich ein gewaltsames Ende zu bereiten. Goethe berichtet darüber in der „Campagne in Frankreich“.

Für wen, du gutes deutsches Volk
Behängt man dich mit Waffen?
Für wen lässt du von Weib und Kind
Und Herd hinweg dich raffen?
Für Fürsten- und für Adelsbrut
Und fürs Geschmeiß der Pfaffen.

War's nicht genug, ihr Sklavenjoch
Mit stillem Sinn zu tragen?
Für sie im Schweiß des Angesichts
Mit Fronen dich zu plagen?
Für ihre Geißel sollst du nun
Auch Blut und Leben wagen?

Sie nennen's Streit fürs Vaterland,
In welchen sie dich treiben.
O Volk, wie lange wirst du blind
Beim Spiel der Gaukler bleiben?
Sie selber sind das Vaterland
Und wollen gern bekleiben[1].

Was ging uns Frankreichs Wesen an,
Die wir in Deutschland wohnen?
Es mochte dort nun ein Bourbon,
Ein Ohnehose[2] thronen.
– – – – – – – – – – – – – – – – – –
– – – – – – – – – – – – – – – – – –

1 bekleiben: haften bleiben, fortdauern
2 Ohnehose: Übersetzung von „Sansculottes“, der spottenden Bezeichnung für die französischen Revolutionäre, die keine „culottes“, Kniebundhosen der Adeligen und Vornehmen, trugen

1 Analysieren Sie das Gedicht Gottfried August Bürgers zur „Campagne in Frankreich“ als politische Stellungnahme eines deutschen Bürgers zum Krieg der Fürsten gegen das (französische) Volk.

2 Vergleichen Sie die unterschiedlichen Formen des Protests gegen die eigene Zeit, die Sie in Goethes Hymne „Prometheus“ (▸ S. 405 f.), in der Szene aus Schillers „Räubern“ (▸ S. 406–408) einerseits und in Bürgers Gedicht andererseits beobachten können.

Information Epochenüberblick – Sturm und Drang (1770–1785)

Der Sturm und Drang ist eine literarische Jugendbewegung innerhalb der Epoche der Aufklärung (zum **Allgemeinen geschichtlichen Hintergrund** und zu **Weltbild und Lebensauffassung** vgl. die Information zur **Aufklärung,** ▶ S. 394, 24 ff.). Der Begriff „Sturm und Drang" stammt vom Titel eines Dramas des Goethe-Freunds **Maximilian Klinger** (1752–1831), in dem sich ein tugendhafter junger Mann kraftgenialisch gegen die Vätergeneration auflehnt. Einige der am Sturm und Drang beteiligten Autoren (z. B. **Jakob Michael Reinhold Lenz**, 1751–1792) verfechten in ihren Werken aufklärerische Gedanken, aber Emotion, Affekt, Gefühl gelten ihnen als Grundlage humaner Selbstverwirklichung. Am deutlichsten kommt dieser neue Humanismus in der Philosophie des Pantheismus zum Ausdruck. Gott wird nicht mehr, wie in der christlichen Tradition, als ein personaler Gott und Weltenlenker vorgestellt, sondern als die überall in der Natur wirkende schöpferische Kraft. Der Mensch erfährt das Göttliche über sein Gefühl für die Wunder der Natur im unendlich Großen und unendlich Kleinen. Diese gefühlsbetonte Weltsicht und Selbstwahrnehmung speisen den Protest der jungen Autoren gegen die verkrustete Welt der vernünftigen Väter. Sie sind auch die Grundlage einer neuen Sprache mit neuen Wörtern und Metaphern. Das Pathos des Natur- und Freundschaftsenthusiasmus hat religiöse Wurzeln im Pietismus und in der Empfindsamkeit (▶ Information, S. 396).

Die wesentlichen Charakteristika der **Sturm-und-Drang-Literatur** sind

- der **Geniegedanke:**
  Der schöpferische Mensch ist ein Kind der Natur, wie dieses folgt er Regeln, die er in sich spürt, er hält sich nicht an Autoritäten, er rebelliert gegen Dogmatismus, Zwang und Reglement (vgl. **Goethe:** „Prometheus"),
- der **Naturenthusiasmus:**
  Die „Mutter Natur" gilt als schöpferisches und göttliches Prinzip (Pantheismus), das Leben nach und in der Natur (Kleidung, Wandern, Bergbesteigung, Schwimmen) gilt als Lebensideal und gesellschaftliche Norm (z. B. Goethes Wanderungen über die Alpen = Schweizer Reisen, Besteigung des Brockens, des Vesuvs),
- der **Liebes- und Freundschaftskult**
  (vgl. z. B. **Schiller:** „Die Räuber", „Die Bürgschaft"),
- das **Freiheitspathos**
  (vgl. z. B. **Schiller:** „Don Karlos"),
- **gefühlsbetonter Patriotismus,**
  gemischt mit scharfer Polemik gegen „Mode" und „französisches [= höfisches] Wesen".

Wichtige Autorinnen/Autoren und Werke siehe Grafik (▶ S. 397).

1 <u>Referat:</u> Bereiten Sie ein Referat über den Sturm und Drang vor.
 a Fassen Sie die zentralen Merkmale der Sturm-und-Drang-Literatur in einer Mindmap übersichtlich zusammen. Sehen Sie zu diesem Zweck das Teilkapitel C2.3 (▶ S. 397–409) noch einmal durch. Denken Sie daran, Ihre Thesen durch Beispiele zu belegen.
 b Ergänzen Sie die Mindmap durch weitergehende Aspekte: Was denken z. B. Aufklärer wie Lessing oder Lichtenberg über die „Empfindsamen"?
 c Arbeiten Sie auf der Grundlage Ihrer Recherche einen foliengestützten Vortrag aus, in dem Sie auch Ihre Mindmap einsetzen können.

3 Klassik und Romantik

Leo von Klenze: Walhalla bei Regensburg (1836)

Caspar David Friedrich: Junotempel in Agrigent (um 1880)

1 a Kopieren Sie jeweils eines der Bilder auf die Mitte eines Blattes und schreiben Sie um das Bild herum alles auf, was Ihnen beim Betrachten durch den Kopf geht.

b Verfassen Sie auf der Basis Ihrer Stichworte eine Deutung der Bilder. Beginnen Sie Ihren Text mit den Worten: *„In dem Bild sehe ich …“*

2 Welches der Bilder assoziieren Sie eher mit dem Begriff „Klassik“, welches mit dem Begriff „Romantik“? Begründen Sie Ihre Zuordnung.

3 Halten Sie in einem kurzen Text fest, was Sie unter den Begriffen „Klassik“ und „Romantik“ verstehen. Gehen Sie dabei auch darauf ein, wie Sie zu Ihrem Verständnis der Begriffe gekommen sind.

3.1 Klassik

Joseph Wright: Sir Brooke Boothby (1781)

Johann Heinrich Wilhelm Tischbein: Goethe in der Campagna di Roma (1786/87)

1 Vergleichen Sie die beiden Bilder. Welche Ähnlichkeiten, welche Unterschiede fallen Ihnen auf? Gehen Sie auf die Figuren (Größe, Haltung, Kleidung) und ihre Umgebung ein.

2 Deuten Sie die Bilder. Wie wirken sie auf Sie und was vermitteln sie Ihnen?

Das Kunstprogramm: Wahrheit und Schönheit

Johann Wolfgang Goethe: **Italienische Reise** (1786/1829)

Im September 1786 ließ Goethe sich vom Herzog von Sachsen-Weimar, in dessen Dienst er als Minister stand, auf unbegrenzte Zeit Urlaub geben und brach heimlich zu einer Reise in das Land auf, zu dem er sich längst hingezogen fühlte: Italien. Er reiste über den Brenner und die Stationen Verona, Venedig, Ferrara, Bologna und Perugia nach Rom, seinem Hauptziel.

Tief prägend für ihn war die Begegnung mit der Antike, aber auch mit der mediterranen Natur und der Lebensart der Italiener. Aus Tagebuchaufzeichnungen und Briefen dieser Zeit stellte er später seinen Reisebericht „Italienische Reise" zusammen. In Rom war sein Führer der Maler J. H. W. Tischbein, mit dem ihn eine tiefe Freundschaft verband. (▸ *dessen Porträt Goethes oben*)

Rom, den 10. November 1786

Ich lebe nun hier mit einer Klarheit und Ruhe, von der ich lange kein Gefühl hatte. Meine Übung, alle Dinge, wie sie sind, zu sehen und abzulesen, meine Treue, das Auge licht sein zu lassen, meine völlige Entäußerung von aller Prätention[1] kommen mir einmal wieder recht zustatten und machen mich im Stillen höchst glücklich. Alle Tage ein neuer merkwürdiger Gegenstand, täglich frische, große, seltsame Bilder und ein Ganzes, das man sich lange denkt und träumt, nie mit der Einbildungskraft erreicht.

Heute war ich bei der Pyramide des Cestius[2] und abends auf dem Palatin[3], oben auf den Ruinen der Kaiserpaläste, die wie Felsenwände dastehn. Hievon lässt sich nun freilich nichts überliefern! Wahrlich, es gibt hier nichts Kleines, wenn auch wohl hier und da etwas Scheltenswertes und Abgeschmacktes; doch auch ein solches hat teil an der allgemeinen Großheit genommen.

Kehr' ich nun in mich selbst zurück, wie man doch so gern tut bei jeder Gelegenheit, so entdecke ich ein Gefühl, das mich unendlich freut, ja, das ich sogar auszusprechen wage. Wer sich mit Ernst hier umsieht und Augen hat zu sehen, muss solid werden, er muss einen Begriff von Solidität fassen, der ihm nie so lebendig ward.

Der Geist wird zur Tüchtigkeit gestempelt, gelangt zu einem Ernst ohne Trockenheit, zu einem gesetzten Wesen mit Freude. Mir wenigstens ist es, als wenn ich die Dinge dieser Welt nie so richtig geschätzt hätte als hier. Ich freue mich der gesegneten Folgen auf mein ganzes Leben.

1 Prätention: Anmaßung
2 Pyramide des Cestius: pyramidenförmiges Grabmal des röm. Staatsmanns Caius Cestius
3 Palatin: einer der sieben Hügel Roms; hier befanden sich die Palastanlagen der röm. Kaiser.

1 Geben Sie mit eigenen Worten wieder, wie Rom auf den Reisenden wirkt.
2 Charakterisieren Sie die Sprache, in der der Reisebericht abgefasst ist. Was bringt sie zum Ausdruck?
3 Lesen Sie andere Reiseberichte, z.B. Heinrich Heines „Reise von München nach Genua", und vergleichen Sie diese in Schreibweise und Wirkungsabsicht mit Goethes Schilderungen.

Johann Joachim Winckelmann: **Gedanken über die Nachahmung der griechischen Werke in der Malerei und Bildhauerkunst** (1755)

Goethe wurde in der Rezeption der Antike inspiriert und beeinflusst von den Schriften des Archäologen und Kunsthistorikers J. J. Winckelmann, der in Rom als erster Ausländer mit der Aufsicht über die antiken Denkmäler beauftragt worden war.

Der einzige Weg für uns, groß, ja, wenn es möglich ist, unnachahmlich zu werden, ist die Nachahmung der Alten, und was jemand vom Homer gesagt, dass derjenige ihn bewundern lernt, der ihn wohl verstehen gelernt, gilt auch von den Kunstwerken der Alten, sonderlich der Griechen. Die Kenner und Nachahmer der griechischen Werke finden in ihren Meisterstücken nicht allein die schönste Natur, sondern noch mehr als Natur, das ist gewisse idealische Schönheiten derselben, die, wie uns ein alter Ausleger des Plato[1] lehrt, von Bildern, bloß im Verstande entworfen, gemacht sind. Die sinnliche Schönheit gab dem Künstler die schöne Natur, die idealische Schönheit die erhabenen Züge; von jener nahm er das Menschliche, von dieser das Göttliche. Ich glaube, ihre Nachahmung könne lehren, geschwinder klug zu werden, weil sie hier in dem einen den Inbegriff desjenigen findet, was in der ganzen Natur ausgeteilt ist, und in dem anderen, wie weit die schönste Natur sich über sich selbst, kühn, aber weislich, erheben kann. Sie wird lehren, mit Sicherheit zu denken und zu entwerfen, indem sie hier die höchsten Grenzen des menschlich und zugleich des göttlich Schönen bestimmt sieht. Die edle Einfalt und stille Größe der griechischen Statuen ist zugleich das wahre Kennzeichen der griechischen Schriften aus den besten Zeiten, der Schriften aus Sokrates'[2] Schule.

Laokoon-Gruppe (um 200 v. Chr.)

1 Platon: griech. Philosoph (427–347 v. Chr.), Schüler des Sokrates
2 Sokrates: griech. Philosoph (470–399 v. Chr.)

Friedrich Schiller: **Idealisierung als Aufgabe des Dichters** (1791)

Eine der ersten Erfordernisse des Dichters ist Idealisierung, Veredlung, ohne welche er aufhört, seinen Namen zu verdienen. Ihm kommt es zu, das Vortreffliche seines Gegenstandes (mag dieser nun Gestalt, Empfindung oder Handlung sein, *in* ihm oder *außer* ihm wohnen) von gröbern, wenigstens fremdartigen Beimischungen zu befreien, die in mehrern Gegenständen zerstreuten Strahlen von Vollkommenheit in einem einzigen zu sammeln, einzelne, das Ebenmaß störende Züge der Harmonie des Ganzen zu unterwerfen, das Individuelle und Lokale zum Allgemeinen zu erheben. Alle Ideale, die er auf diese Art im Einzelnen bildet, sind gleichsam nur Ausflüsse eines innern Ideals von Vollkommenheit, das in der Seele des Dichters wohnt. Zu je größerer Reinheit und Fülle er dieses innere allgemeine Ideal ausgebildet hat; desto mehr werden auch jene Einzelnen sich der höchsten Vollkommenheit nähern.

Johann Wolfgang Goethe: **Natur und Kunst** (1800)

Natur und Kunst, sie scheinen sich zu fliehen
Und haben sich, eh' man es denkt, gefunden;
Der Widerwille ist auch mir verschwunden,
Und beide scheinen gleich mich anzuziehen.

Es gilt wohl nur ein redliches Bemühen!
Und wenn wir erst in abgemessnen Stunden
Mit Geist und Fleiß uns an die Kunst gebunden,
Mag frei Natur im Herzen wieder glühen.

So ist's mit aller Bildung auch beschaffen:
Vergebens werden ungebundne Geister
Nach der Vollendung reiner Höhe streben.

Wer Großes will, muss sich zusammenraffen;
In der Beschränkung zeigt sich erst der Meister,
Und das Gesetz nur kann uns Freiheit geben.

1 Arbeiten Sie die Texte auf den ►Seiten 412–413 durch und suchen Sie dabei nach Belegen für das in der folgenden Information zusammengefasste Kunst- und Literaturprogramm der Klassik.

Information — Das Kunst- und Literaturprogramm der Klassik

Dem klassischen Verständnis nach steht die **Natur** für den **Bereich des sinnlich Wahrnehmbaren**, den Bereich der Gegenstände in ihrer ganzen Vielfalt.
Kunst zu schaffen heißt nun nicht, die Natur in ihren konkreten Einzelerscheinungen und in ihrer sinnlichen Schönheit einfach abzubilden. Im künstlerischen Prozess muss noch etwas hinzukommen. Der Künstler soll das Angeschaute, die konkreten Einzelerscheinungen von allen zufälligen Beimengungen reinigen und **einem Idealbild annähern**. Diese **Idealisierung** schafft erst die über die sinnliche Schönheit hinausgehende erhabene Schönheit, die das echte Kunstwerk ausmacht, wie es die antiken Beispiele lehren.
Um die erhabene Schönheit zu erreichen, genügt es nicht, der individuellen Schöpferkraft freien Lauf zu lassen. Erst nachdem der Künstler sich in den Gesetzmäßigkeiten der Kunst, zum Beispiel am **Vorbild der antiken Werke**, gebildet hat, überwindet er die Willkürlichkeiten seines individuellen Schöpfertums und gelangt zur wahren **künstlerischen Freiheit** und der Hervorbringung vollendeter **Schönheit**.

2 Stellen Sie Beispiele aus dem Bereich von Bildhauerkunst, Architektur, Malerei und Literatur vor, die der Epoche der Klassik zugeordnet werden, und versuchen Sie zu bestimmen, worin deren Schönheit besteht.

Das politische Programm: Weltbürgertum und Revolutionsskepsis

Friedrich Schiller: Don Karlos. Infant von Spanien (1783–1787) – Aus III/10 (V. 3194–3252)

[Schillers Drama spielt am Hofe des spanischen Königs Philipps II. (1556–1598). Marquis Posa, der Jugendfreund des Kronprinzen Karlos, ist von seinen Reisen durch Europa an den spanischen Königshof zurückgekehrt. Er erinnert Karlos an ihre gemeinsamen Utopien von einem freiheitlichen, die Bürgerrechte achtenden Staat und beschwört ihn, die grausame Unterdrückung der Protestanten in den spanischen Niederlanden zu verhindern.
Als der Marquis vom König empfangen wird, trägt er, von Philipp dazu ermutigt, seine Gedanken vor.]

MARQUIS *(mit Feuer)*: Ja, beim Allmächtigen!
Ja – ja – ich wiederhol es. Geben Sie,
Was Sie uns nahmen, wieder! Lassen Sie,
Großmütig, wie der Starke, Menschenglück
Aus Ihrem Füllhorn strömen – Geister reifen
In Ihrem Weltgebäude! Geben Sie,
Was Sie uns nahmen, wieder. Werden Sie
Von Millionen Königen ein König.
(Er nähert sich ihm kühn, indem er feste und feurige Blicke auf ihn richtet)
O, könnte die Beredsamkeit von allen
Den Tausenden, die dieser großen Stunde
Teilhaftig sind, auf meinen Lippen schweben,
Den Strahl, den ich in diesen Augen merke,
Zur Flamme zu erheben! – Geben Sie
Die unnatürliche Vergöttrung auf,
Die uns vernichtet. Werden Sie uns Muster
Des Ewigen und Wahren. Niemals – niemals
Besaß ein Sterblicher so viel, so göttlich
Es zu gebrauchen. Alle Könige
Europens huldigen dem spanschen Namen.
Gehn Sie Europens Königen voran.
Ein Federzug von dieser Hand, und neu
Erschaffen wird die Erde. Geben Sie
Gedankenfreiheit. –
(Sich ihm zu Füßen werfend)
KÖNIG *(überrascht, das Gesicht weggewandt und dann wieder auf den Marquis geheftet)*:
Sonderbarer Schwärmer!
Doch – stehet auf – ich –
MARQUIS: Sehen Sie sich um
In seiner herrlichen Natur! Auf Freiheit
Ist sie gegründet – und wie reich ist sie
Durch Freiheit! [...]
KÖNIG: Und wollet Ihr es unternehmen, dies
Erhabne Muster in der Sterblichkeit
In meinen Staaten nachzubilden?
MARQUIS: Sie,
Sie können es. Wer anders? Weihen Sie
Dem Glück der Völker die Regentenkraft,
Die – ach so lang – des Thrones Größe nur
Gewuchert hatte – stellen Sie der Menschheit
Verlornen Adel wieder her. Der Bürger
Sei wiederum, was er zuvor gewesen,
Der Krone Zweck – ihn binde keine Pflicht
Als seiner Brüder gleich ehrwürdge Rechte.
Wenn nun der Mensch, sich selbst zurückgegeben,
Zu seines Werts Gefühl erwacht – der Freiheit
Erhabne, stolze Tugenden gedeihen –
Dann, Sire, wenn Sie zum glücklichsten der Welt
Ihr eignes Königreich gemacht – dann ist
Es Ihre Pflicht, die Welt zu unterwerfen.

1 Erarbeiten Sie sich ein möglichst genaues Textverständnis, indem Sie die einzelnen Äußerungen des Marquis und des Königs mit eigenen Worten wiedergeben.

2 Beschreiben Sie, was der Marquis unter „Freiheit" versteht und wie er sich die Herrschaft in einer Monarchie nach seinen Idealen vorstellt.

3 Schiller hat seinen Marquis Posa immer wieder als „Weltbürger" bezeichnet. Erläutern Sie, durch welche Stellen dieses Textauszugs eine solche Charakterisierung berechtigt erscheint.

4 Schiller hat das Drama von einer Prosafassung in eine Versfassung umgearbeitet. Untersuchen Sie, welche Wirkung die in Verse gebundene Sprache hat und inwieweit die Umarbeitung mit seinen literaturprogrammatischen Äußerungen (▶ S. 413) zusammenhängen könnte.

Friedrich Schiller: **Briefe über Don Karlos** (1788) – Aus dem elften Brief

In einer Reihe von Briefen hat Schiller sich mit den Kritikern seines Dramas auseinandergesetzt und dabei sein Werk selbst kommentiert. Ein vielfach vorgebrachter Kritikpunkt war die Charaktergestaltung des Marquis Posa. Man warf Schiller vor, dass diese Idealfigur, die der Träger der aufklärerischen politischen Ideen des Autors ist, zur Erreichung seiner hehren politischen Ziele zum Mittel der am Hofe üblichen Intrige greife und damit nicht besser sei als die Vertreter des absolutistischen Herrschaftssystems. Posa weiht seinen Freund Karlos in diese Intrige nicht ein und verschuldet dadurch letztendlich dessen und auch seinen eigenen Untergang.

Unstreitig! der Charakter des Marquis von Posa hätte an Schönheit und Reinigkeit gewonnen, wenn er durchaus *gerader* gehandelt hätte und über die unedlen Hülfsmittel der Intrige immer erhaben geblieben wäre. Auch gestehe ich, dieser Charakter ging mir nahe, aber, was ich für Wahrheit hielt, ging mir näher. Ich halte für Wahrheit, „dass *Liebe* zu einem *wirklichen Gegenstande* und Liebe zu einem Ideal sich in ihren Wirkungen ebenso ungleich sein müssen, als sie in ihrem Wesen voneinander verschieden sind – dass der uneigennützigste, reinste und edelste Mensch aus enthusiastischer Anhänglichkeit an *seine Vorstellung* von Tugend und hervorzubringendem Glück sehr oft ausgesetzt ist, ebenso willkürlich mit den Individuen zu schalten als nur immer der selbstsüchtigste Despot, weil der Gegenstand von beider Bestrebungen *in* ihnen, nicht *außer* ihnen wohnt und weil jener, der seine Handlungen nach einem innern Geistesbilde modelt, mit der Freiheit anderer beinahe ebenso im Streit liegt als dieser, dessen letztes Ziel *sein eigenes Ich* ist“. Wahre Größe des Gemüts führt oft nicht weniger zu Verletzungen fremder Freiheit als der Egoismus und die Herrschsucht, weil sie um der Handlung, nicht um des einzelnen Subjekts willen handelt. Eben weil sie in steter Hinsicht auf das Ganze wirkt, verschwindet nur allzu leicht das kleinere Interesse des Individuums in diesem weiten Prospekte[1].

1 **Prospekt:** Ansicht, Blickwinkel

1 Wie rechtfertigt Schiller die Charaktergestaltung des Marquis Posa? Zeichnen Sie den Argumentationsgang des Autors nach.

2 Nehmen Sie die Interpretation der Figur des Marquis Posa zum Ausgangspunkt eines kleinen Aufsatzes zum Thema „Die Dialektik politischer Aufklärung“. Gehen Sie dabei der Frage nach: Welche Gefahren begleiten häufig die Durchsetzung aufklärerischer Ideale wie Freiheit, Gleichheit, Menschenwürde usw. besonders dann, wenn diese Durchsetzung durch einzelne, revolutionäre Führer erfolgt? Suchen Sie nach Beispielen in der Geschichte, die diese Gefahren verdeutlichen.

Friedrich Schiller: **Brief an den Herzog Friedrich Christian von Augustenburg** – Jena, den 13. Juli [Sonnabend] 1793

In diesem Brief an den schleswig-holsteinischen Herzog, der den Dichter über lange Zeit mit einem jährlichen Geschenk von tausend Talern finanziell unterstützte, legte Schiller seine Auffassung von den revolutionären Ereignissen in Frankreich dar.

Der Versuch des französischen Volks, sich in seine heiligen Menschenrechte einzusetzen und eine politische Freiheit zu erringen, hat bloß das Unvermögen und die Unwürdigkeit desselben an den Tag gebracht, und nicht nur dieses unglückliche Volk, sondern mit ihm auch einen beträchtlichen Teil Europens und ein ganzes Jahrhundert, in Barbarei und Knechtschaft zurückgeschleudert.

[...]

Soll man also aufhören, darnach zu streben? Soll man gerade die wichtigste aller menschlichen Angelegenheiten einer gesetzlichen Willkür, einem blinden Zufall anheimstellen, während dass das Reich der Vernunft nach jeder andern Seite zusehends erweitert wird? Nichts weniger, Gnädigster Prinz. Politische und bürgerliche Freiheit bleibt immer und ewig das heiligste aller Güter, das würdigste Ziel aller Anstrengungen und das große Zentrum aller Kultur – aber man wird diesen herrlichen Bau nur auf dem festen Grund eines veredelten Charakters aufführen, man wird damit anfangen müssen, für die Verfassung Bürger zu erschaffen, ehe man den Bürgern eine Verfassung geben kann.

[...]

Dies dringendere Bedürfnis unseres Zeitalters scheint mir die Veredlung der Gefühle und die sittliche Reinigung des Willens zu sein, denn für die Aufklärung des Verstandes ist schon sehr viel getan worden. Es fehlt uns nicht sowohl an der Kenntnis der Wahrheit und des Rechts, als an der Wirksamkeit dieser Erkenntnis zur Bestimmung des Willens, nicht sowohl an Licht als an Wärme, nicht sowohl an philosophischer als an ästhetischer Kultur. Diese Letztere halte ich für das wirksamste Instrument der Charakterbildung, und zugleich für dasjenige, welches von dem politischen Zustand vollkommen unabhängig und also auch ohne Hülfe des Staats zu erhalten ist.

1 Fassen Sie den Inhalt des Briefs in seinen Kernaussagen zusammen.

2 **a** Formulieren Sie in eigenen Worten Schillers politische Überzeugung: Welche Ziele strebt er an? Wann und wie können nach seiner Überzeugung diese Ziele erreicht werden? Wie beurteilt er die Französische Revolution in diesem Zusammenhang?

b Arbeiten Sie heraus, wie Schiller seine Rolle als Schriftsteller im politischen Prozess sieht, und setzen Sie das hier geäußerte Selbstverständnis mit den literaturprogrammatischen Äußerungen des Autors (▶ S. 413) in Beziehung.

3 Vergleichen Sie Schillers politische Position, die er in dem Brief einnimmt, mit denen, die er in den Auszügen aus dem „Don Karlos" (▶ S. 414) und den „Räubern" (▶ S. 406 ff.) gestaltet.

Johann Wolfgang Goethe/Friedrich Schiller: **Deutscher Nationalcharakter** (1796)

Zur Nation euch zu bilden, ihr hoffet es, Deutsche, vergebens;
Bildet, ihr könnt es, dafür freier zu Menschen euch aus.

1 Welche politische Zielsetzung wird in dem Xenion deutlich? Wie passt es zu Schillers Brief an den Herzog von Augustenburg?

2 **Referat/Facharbeit:** Recherchieren Sie Goethes politische Laufbahn am Fürstenhof in Weimar und stellen Sie sein politisches Wirken sowie die Überzeugungen, die sich daraus ablesen lassen, dar.

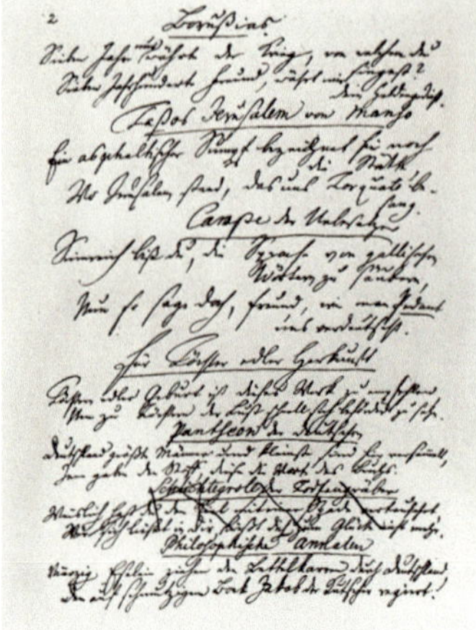

Xenien-Handschrift: Friedrich Schiller

Das Ideal der Menschenbildung: „Edel sei der Mensch …“

Johann Wolfgang Goethe/Friedrich Schiller: **Xenien** (1796)

Der Name „Xenien“ nimmt Bezug auf die „Xenia“ des römischen Dichters Martial aus dem Jahr 85 n. Chr. Goethe gebrauchte die Bezeichnung für kurze Gedichte, die er und Schiller gemeinsam entwarfen. Formal übernahmen Goethe und Schiller Martials **Distichen** *(**▸ S. 238**), also daktylische Doppelverse.*

Würde des Menschen
Nichts mehr davon, ich bitt euch. Zu essen gebt ihm, zu wohnen,
Habt ihr die Blöße bedeckt, gibt sich die Würde von selbst.

Das Höchste
Suchst du das Höchste, das Größte? Die Pflanze kann es dich lehren:
Was sie willenlos ist, sei du es wollend – das ists!

Aufgabe
Keiner sei gleich dem andern, doch gleich sei jeder dem Höchsten.
Wie ist das zu machen? Es sei jeder vollendet in sich.

Schöne Individualität
Einig sollst du zwar sein, doch *eines* nicht mit dem Ganzen,
Durch die Vernunft bist du eins, einig mit ihm durch das Herz.
Stimme des Ganzen ist deine Vernunft, dein Herz bist du selber,
Wohl dir, wenn die Vernunft immer im Herzen dir wohnt.

1 Legen Sie Ihr Verständnis der Xenien dar, indem Sie sie mit eigenen Worten in Prosatexte umformen.

2 Welches Xenion überzeugt Sie am meisten? Begründen Sie Ihre Entscheidung.

Friedrich Hölderlin: **Hyperions Schicksalslied** (1799)

Ihr wandelt droben im Licht
Auf weichem Boden, selige Genien[1]!
Glänzende Götterlüfte
Rühren euch leicht,
Wie die Finger der Künstlerin
Heilige Saiten.

Schicksallos, wie der schlafende
Säugling, atmen die Himmlischen;
Keusch bewahrt
In bescheidener Knospe,
Blühet ewig
Ihnen der Geist,
Und die seligen Augen
Blicken in stiller
Ewiger Klarheit.

Doch uns ist gegeben,
Auf keiner Stätte zu ruhn,
Es schwinden, es fallen
Die leidenden Menschen
Blindlings von einer
Stunde zur andern,
Wie Wasser von Klippe
Zu Klippe geworfen,
Jahrlang ins Ungewisse hinab.

1 **Genien:** (röm., Sing.: Genius) Schutzgeister für einzelne Menschen, hier wohl als Synonym für die griechischen Götter

Johann Wolfgang Goethe: **Das Göttliche** (1783)

Edel sei der Mensch,
Hilfreich und gut!
Denn das allein
Unterscheidet ihn
Von allen Wesen,
Die wir kennen.

Heil den unbekannten
Höhern Wesen,
Die wir ahnen!
Ihnen gleiche der Mensch!
Sein Beispiel lehr' uns
Jene glauben.

Denn unfühlend
Ist die Natur:
Es leuchtet die Sonne
Über Bös' und Gute,
Und dem Verbrecher
Glänzen wie dem Besten
Der Mond und die Sterne.

Wind und Ströme,
Donner und Hagel
Rauschen ihren Weg
Und ergreifen
Vorübereilend
Einen um den andern.

Auch so das Glück
Tappt unter die Menge,
Fasst bald des Knaben
Lockige Unschuld,
Bald auch den kahlen
Schuldigen Scheitel.

Nach ewigen, ehrnen,
Großen Gesetzen
Müssen wir alle
Unseres Daseins
Kreise vollenden.

Nur allein der Mensch
Vermag das Unmögliche:
Er unterscheidet,
Wählet und richtet;
Er kann dem Augenblick
Dauer verleihen.

Er allein darf
Den Guten lohnen,
Den Bösen strafen,
Heilen und retten,
Alles Irrende, Schweifende
Nützlich verbinden.

Und wir verehren
Die Unsterblichen,
Als wären sie Menschen,
Täten im Großen,
Was der Beste im Kleinen
Tut oder möchte.

Der edle Mensch
Sei hilfreich und gut!
Unermüdet schaff' er
Das Nützliche, Rechte,
Sei uns ein Vorbild
Jener geahneten Wesen!

1 **a** Zeichnen Sie zu den beiden Gedichten eine grafische Darstellung, in der Sie die jeweilige Situation des Menschen und sein Verhältnis zu den überirdischen Wesen abbilden.

b Hängen Sie Ihre Darstellungen im Klassenraum aus. Markieren Sie bei einem Rundgang die beiden Darstellungen, die Ihnen am überzeugendsten scheinen, z. B. mit Klebepunkten.

c Erläutern Sie mit Bezug auf die Texte, warum die ausgewählten Darstellungen Sie überzeugen.

2 **a** Wählen Sie eines der Gedichte und schreiben Sie eine Interpretation. Zeichnen Sie dabei den Gedankengang des Textes nach; beschreiben Sie die Rolle des Sprechers und die Haltung, die er einnimmt; kennzeichnen Sie die Sprache und ihren Tonfall; fassen Sie die Lehre zusammen, die der Text vermittelt.

b Vergleichen Sie die Interpretationsergebnisse zu den beiden Gedichten: Wo ergeben sich Ähnlichkeiten oder gar Übereinstimmungen, wo Unterschiede oder gar Gegensätze?

3 Fassen Sie zusammen, was Sie aus den Xenien (► S. 417) und dem Gedicht „Das Göttliche" über das Menschenbild der Klassik erfahren.

Johann Wolfgang Goethe: **Faust I** – Nacht (V. 354–385)

Goethes Faust-Tragödie nimmt unter den Dramen der Zeit eine Sonderstellung ein (▸ S. 176 ff.). Sie ist im wahrsten Sinne des Wortes ein Lebenswerk des Dichters, da er sein gesamtes Leben hindurch in Etappen immer wieder daran gearbeitet hat. 1808 erschien auf der Basis des „Urfaust", der 1772–1775 entstand, der „Tragödie Erster Teil" und erst in seinem Todesjahr 1832 schloss Goethe den zweiten Teil ab. Das Gesamtwerk lässt sich daher auch keiner der literarischen Strömungen bzw. Epochen um 1800 zuordnen, sondern hat teil an allen. Die titanische, alle Grenzen überschreitende Titelfigur aus dem „Urfaust" ist geprägt vom Geist des Sturm und Drang. Die Überarbeitung und Erweiterung, die Goethe um 1800 vornimmt, trägt die Handschrift der Klassik, da Faust jetzt als exemplarischer Mensch erscheint, der einen Entwicklungs- und Reifungsprozess durchläuft. Der zweite Teil schließlich enthält mit seiner überbordenden Fantastik auch Züge der Romantik.
„Der Tragödie Erster Teil" beginnt mit der Szene „Nacht". Sie wird eröffnet mit einem Monolog Fausts in seinem Studierzimmer.

Faust I am Deutschen Schauspielhaus (2004) in der Regie von Jan Bosse

FAUST:
Habe nun, ach! Philosophie,
Juristerei und Medizin,
Und leider auch Theologie
Durchaus studiert, mit heißem Bemühn.
Da steh' ich nun, ich armer Tor,
Und bin so klug als wie zuvor!
Heiße Magister, heiße Doktor gar
Und ziehe schon an die zehen Jahr'
Herauf, herab und quer und krumm
Meine Schüler an der Nase herum –
Und sehe, dass wir nichts wissen können!
Das will mir schier das Herz verbrennen.
Zwar bin ich gescheiter als alle die Laffen,
Doktoren, Magister, Schreiber und Pfaffen;
Mich plagen keine Skrupel noch Zweifel,
Fürchte mich weder vor Hölle noch Teufel –
Dafür ist mir auch alle Freud' entrissen,
Bilde mir nicht ein, was Rechts zu wissen,
Bilde mir nicht ein, ich könnte was lehren,
Die Menschen zu bessern und zu bekehren.
Auch hab' ich weder Gut noch Geld,
Noch Ehr' und Herrlichkeit der Welt;
Es möchte kein Hund so länger leben!
Drum hab' ich mich der Magie ergeben,
Ob mir durch Geistes Kraft und Mund
Nicht manch Geheimnis würde kund;
Dass ich nicht mehr mit sauerm Schweiß
Zu sagen brauche, was ich nicht weiß;
Dass ich erkenne, was die Welt
Im Innersten zusammenhält,
Schau' alle Wirkenskraft und Samen,
Und tu' nicht mehr in Worten kramen.

1 a Üben Sie in Kleingruppen eine szenische Lesung des Eingangsmonologs ein. Achten Sie dabei auf Körperhaltung, Gestik, Mimik und Sprechweise, um die Figur lebendig werden zu lassen.
b Lassen Sie dann jeweils ein Gruppenmitglied die Szene präsentieren. Vergleichen Sie die Ergebnisse und tauschen Sie sich über Ihre Eindrücke von der Titelfigur aus.

2 Verfassen Sie im Stile eines Tagebucheintrags eine Selbstreflexion Fausts, in der er auf seine äußere Situation, seine berufliche Selbsteinschätzung, sein Wissenschaftsverständnis, seine Ziele und Wünsche eingeht.

3 a Beschreiben Sie, welches Menschenbild die Faust-Figur des Eingangsmonologs widerspiegelt.
b Bestimmen Sie, welcher literarischen Strömung der Zeit sich dieses Menschenbild am ehesten zuordnen lässt, und begründen Sie Ihre Zuordnung.

4 a Getrieben von einem unbändigen Erkenntnisstreben verbindet sich Faust mit Mephisto (▸ S. 177 f.) und verstrickt sich im Lauf der Gretchenhandlung in immer weitere Verbrechen. Lesen Sie die Zusammenfassung des ersten Teils (▸ S. 179 f.) und das Ende der Gretchentragödie (▸ S. 182 f.).

b Der zweite Teil des Dramas beginnt mit dem „Heilschlaf des Vergessens". Faust werden alle Erinnerungen an seine Schuld genommen und er setzt sein Streben nach Erkenntnis – auf einer anderen, höheren Ebene – fort. Diskutieren Sie diesen Übergang zwischen „Faust I" und „Faust II". Erscheint er Ihnen plausibel? Was hätten Sie für einen Fortgang der Handlung erwartet?

5 Informieren Sie sich in einem Literaturlexikon über die Handlung von „Faust II". Notieren Sie, welche inhaltlichen Parallelen es zu „Faust I" gibt und wie die Fausthandlung insgesamt abgerundet wird.

Information Epochenüberblick – Weimarer Klassik (1786–1805)

Allgemeingeschichtlicher Hintergrund: Die Zeit um 1800 war außerordentlich bewegt und führte zu großen politischen Umwälzungen in ganz Europa. Ausgangspunkt dafür war 1789 die **Französische Revolution**, in der versucht wurde, die republikanischen und demokratischen Ideen der Aufklärung Wirklichkeit werden zu lassen. Sie durchlief eine sich beschleunigende Radikalisierung, die in der Schreckensherrschaft der Jakobiner ihren Höhepunkt erreichte. Wurde die Revolution im Nachbarland von den fortschrittlichen Kreisen des deutschen Bürgertums zunächst begrüßt – es kam 1792/93 sogar zum Experiment einer Mainzer Republik –, so kehrte man sich doch überwiegend nach der Hinrichtung Ludwigs XVI. und der jakobinischen Schreckensherrschaft unter Führung Robespierres von dem französischen Vorbild ab. Die europäischen Monarchien scheiterten mit ihrem Versuch, durch kriegerisch-gewaltsames Eingreifen die alte feudalabsolutistische Ordnung in Frankreich wiederherzustellen. Ihre Söldnerarmeen wurden von den französischen Volksheeren geschlagen. Einer der Generäle der Revolutionstruppen, **Napoleon Bonaparte**, riss angesichts der chaotischen Verhältnisse in Paris die Macht an sich und ließ sich 1804 zum Kaiser krönen.

Weltbild und Lebensauffassung: Im Kontext der Literaturgeschichte hat der Begriff **„Klassik"** in Deutschland eine andere Bedeutung als zum Beispiel in Italien oder Spanien. Diese Länder hatten ihre als Klassik bezeichneten Epochen, in der eine Fülle von Werken hohen dichterischen Ranges erschienen, die eine wichtige Bedeutung im kulturellen Selbstverständnis des jeweiligen Landes haben, in der Renaissance und im Barock erlebt. Die deutsche Klassik weicht von diesem Muster auf zweifache Weise ab: Sie umfasst nur eine sehr kurze Zeitspanne und wird im Ausland häufig gar nicht als eigene Epoche wahrgenommen, sondern der Romantik zugeordnet, und sie bleibt auf die Werke zweier Autoren, **Goethe** und **Schiller**, beschränkt. Zeitgleich entstandene Werke anderer Autoren (**Wieland, Hölderlin, Jean Paul, Kleist**) werden in der Regel der **Aufklärung** (▸ S. 394) oder der **Romantik** (▸ S. 433) zugerechnet. Im politisch zersplitterten Deutschland gab es kein hauptstädtisches Zentrum; am **„Musenhof" in Weimar** wurden jedoch von dem dort regierenden Herzog die Künste gefördert. So entwickelte sich die kleine Residenzstadt mit den Dichtern **Johann Wolfgang Goethe**, **Johann Gottfried Herder** (1744–1803) und **Christoph Martin Wieland** (1733–1813), zu denen in den 1790er Jahren noch **Friedrich Schiller** kam, zu einer Kulturmetropole, die die Intellektuellen aus ganz Europa anzog. 1794 schlossen **Goethe** und **Schiller** nähere Bekanntschaft, aus der eine enge literarische Zusammenarbeit und Freundschaft erwuchsen.

Schiller begeisterte sich anfangs für die Französische Revolution, später stand er ihr, wie auch **Goethe**, mit Skepsis und Ablehnung gegenüber. Nicht dass die beiden Dichter als apolitisch zu bezeichnen wären: Sie hielten ihre Zeit und die Zustände in Deutschland für nicht reif für eine grundlegende gesellschaftliche Umwälzung gemäß den Ideen der Aufklärung. Vielmehr sahen sie die Notwendigkeit, zunächst einmal den einzelnen Menschen zu erziehen und zu bilden, um ihn zu einer auf Freiheit und Gleichberechtigung basierenden Ordnung zu befähigen. Bereits 1786 war **Goethe** zu einer eineinhalbjährigen **Italienreise** aufgebrochen. Der **Kontakt mit der Kunst und den Bauwerken der Antike,** das Gefühl von Erhabenheit und Allgültigkeit, das sie ihm vermittelten, hatten sein künstlerisches und wissenschaftliches Bewusstsein (s. u.) verändert. Seine **Antikenbegeisterung,** die v.a. durch die Schriften **Johann Joachim Winckelmanns** (1717–1768) geweckt und vermittelt wurde, teilte er mit zahlreichen Intellektuellen seiner Zeit. Werte der antiken Philosophie lagen auch **Schillers** und **Goethes** **Menschenbild** zugrunde: Durch die Ausbildung von Vernunft und Selbstkontrolle sowie durch sittliche Läuterung sollte eine allseits gebildete, alle humanen Kräfte und Fähigkeiten harmonisch in Einklang bringende Persönlichkeit geformt werden. Die Werke **Goethes** und **Schillers**, die diese „Erziehungsarbeit" vollbringen sollten, machen die deutsche Klassik aus, die damit eine Weimarer Klassik war.

Literatur: Das neue, an der Antike geschulte Kunst- und Menschenbild führt zu einer Abkehr vom Gefühlskult des Sturm und Drang, der Naturschwärmerei und der Verehrung der großen Genies und Rebellen. Die nur dem individuellen Ausdruck verpflichtete Prosa des Dramas und die liedhaft einfachen Strophen und freien Rhythmen der Lyrik des Sturm und Drang wichen einer **metrisch regelmäßig gebundenen, kunstvoll durchformten Verssprache,** die sich formal an antiken Vorbildern orientierte. Einige ältere Texte wurden entsprechend überarbeitet, „Iphigenie" und „Egmont" von **Goethe**, „Don Karlos" von **Schiller**. Durch Maß, Gesetz und Formstrenge wollten beide Klassiker das vollendet Schöne formen. Die Anschauung des Schönen sollte den Menschen zum **Wahren und Guten,** zur Veredelung seines Denkens und seines Charakters führen. Schönheit wird dabei als Harmonie zwischen dem Sinnlichen, das dem Bereich der Triebe zugehört, und dem Gesetz der Vernunft, das Freiheit bedeutet, verstanden. Es geht also in den Werken der Klassik nicht um eine möglichst naturgetreue Abbildung der Wirklichkeit oder die Wiedergabe eines gefühlsstarken Erlebnisses, auch nicht um die kunstreiche Einkleidung eines Lehrsatzes oder einer Moral, sondern um die **Wahrheit.** Wahrheit erreicht der Künstler nach klassischer Theorie **im Weg über die Schönheit.** Wenn er Einzelerscheinungen der Wirklichkeit, die er mit seinen Sinnen wahrnimmt, in seiner ästhetischen Gestaltung so bearbeitet, dass ein Betrachter „hinter" ihnen das Allgemeine, also eine Idee, erkennen kann, und wenn er andererseits dem Allgemeinen, der Idee, die er in sich selbst trägt, durch die individuelle Gestaltung seines Werks die Lebendigkeit des sinnlich Erfahrbaren verleiht, so wird sein Kunstwerk „klassisch", weil es wirklicher und schöner ist als die Wirklichkeit selbst. Schiller nennt diesen Vorgang der ästhetischen Durchformung von Wirklichkeit **„Idealisieren".** Durch das „Herausheben des Gegenstands aus einer Wirklichkeit" (**Goethe**) wird ihm „in einer idealen Welt Maß, Grenze, Realität und Würde gegeben" (**Winckelmann**). Vorbilder für eine solchermaßen vollendete künstlerische Gestaltung sahen die deutschen Klassiker in den Werken der Antike.

1 Recherchieren Sie andere Epochendarstellungen zur Weimarer Klassik und vergleichen Sie sie. Welche inhaltlichen Ergänzungen und Abweichungen finden Sie?

2 Stellen Sie ein Werk Schillers oder Goethes vor, das als beispielhaft für die Klassik gilt.

3 Informieren Sie sich über die klassische Epoche in Italien, England und Spanien. Wählen Sie eines dieser Länder aus und stellen Sie die wichtigsten Autoren mit ihren Hauptwerken im Kurs vor.

3.2 Romantik

Caspar David Friedrich: Der Wanderer über dem Nebelmeer (um 1818)

1 Beschreiben Sie das Bild. Gehen Sie dabei auf den Bildaufbau, die Farbgebung und die Gestaltung der Figur des Wanderers ein.

2 Schreiben Sie einen inneren Monolog in der Rolle des Wanderers.

3 „Der Maler soll nicht bloß malen, was er vor sich sieht, sondern auch, was er in sich sieht. Sieht er aber nichts in sich, so unterlasse er auch zu malen, was er vor sich sieht."
Wenden Sie diese kunstprogrammatische Äußerung Friedrichs auf das Bild an und kennzeichnen Sie daraufhin seine Art von Landschaftsmalerei.

„Ach, wer da mitreisen könnte" – Fernweh und Heimweh

Ludwig Tieck: **Franz Sternbalds Wanderungen** (1798) – Auszug aus dem ersten Kapitel

In dem Fragment gebliebenen Roman verbindet Tieck (1773–1853) ein idealisierendes Bild des deutschen Mittelalters mit einem ebenso idealen Bild Italiens. Franz und sein Freund Sebastian sind Schüler in der Werkstatt des Malers Albrecht Dürer (1471–1528). Franz bricht zu einer Reise auf. Sebastian begleitet ihn vor das Stadttor Nürnbergs, wo die Freunde Abschied nehmen wollen.

Albrecht Dürer: Ansicht der Stadt Nürnberg von Westen (um 1495)

Sie erinnerten sich nun daran, wie sie schon oft von dieser Reise gesprochen hätten, wie sie ihnen also nichts weniger als unerwartet käme, wie sehr sie Franz gewünscht und sie immer als sein höchstes Glück angesehn habe. Sebastian konnte nicht begreifen, warum sie jetzt so traurig wären, da im Grunde nichts vorgefallen sei, als dass nun endlich der lang gewünschte Augenblick wirklich herbeigekommen sei. Aber so ist das Glück des Menschen, er kann sich dessen nur freuen, wenn es aus der Ferne auf ihn zuwandelt; kömmt es ihm nahe und ergreift seine Hand, so schaudert er oft zusammen, als wenn er die Hand des Todes fasste.

„Soll ich dir die Wahrheit gestehn?", fuhr Franz fort. „Du glaubst nicht, wie seltsam mir gestern Abend zu Sinne war. Ich hatte meinen Gedanken so oft die Pracht Roms, den Glanz Italiens vorgemalt, ich konnte mich bei der Arbeit ganz darin verlieren, dass ich mir vorstellte, wie ich auf unbekannten Fußsteigen, durch schattige Wälder wanderte, und dann fremde Städte und nie gesehene Menschen meinem Blicke begegneten; ach, die bunte, ewig wechselnde Welt mit ihren noch unbekannten Begebenheiten, die Künstler, die ich sehn würde, das hohe gelobte Land der Römer, wo einst die Helden wirklich und wahrhaftig gewandelt, deren Bilder mir schon Tränen entlockt hatten; sieh, alles dies zusammen hatte oft so meine Gedanken gefangen genommen, dass ich zuweilen nicht wusste, wo ich war, wenn ich wieder aufsah. ‚Und das alles soll wirklich werden!', rief ich dann manchmal aus. ‚Es soll eine Zeit geben können, sie tritt schon näher und näher, in der du nicht mehr vor der alten, so wohlbekannten Staffelei sitzest, eine Zeit, wo du in alle die Herrlichkeit hineinleben darfst und immer mehr sehn, mehr erfahren, nie aufwachen, wie es dir jetzt wohl geschieht, wenn du so zuzeiten von Italien träumst; – ach, wo, wo bekömmst du Sinne, Gefühle genug her, um alles treu und wahr, lebendig und urkräftig aufzufassen?' – Und dann war es, als wenn sich Herz und Geist innerlich ausdehnten und wie mit Armen jene zukünftige Zeit erhaschen, an sich reißen wollten; und nun –"

„Und nun, Franz?"

„Kann ich es dir sagen?", antwortete jener. „Kann ich es selber ergründen? Als wir gestern Abend um den runden Tisch unsers Dürers saßen und er mir noch Lehren zur Reise gab, als die Hausfrau indes den Braten schnitt und sich nach dem Kuchen erkundigte, den sie zu meiner Abreise gebacken hatte, als du nicht essen konntest, und mich immer von der Seite betrachtetest; o Sebastian, es wollte mir ganz mein armes ehrliches Herz zerreißen. [...] Ach! lass uns hier einen Augenblick stille stehen, horch, wie schön die Gebüsche flüstern; wenn du mir gut bist, so singe mir hier noch einmal das Lied vom Reisen."

Sebastian stand sogleich still und sang, ohne alle Vorbereitung, folgende Verse:

„Willt du dich zur Reis bequemen
Über Feld,
Berg und Tal,
Durch die Welt,
Fremde Städte allzumal,
Musst Gesundheit mit dir nehmen.

Neue Freunde aufzufinden
Lässt die alten du dahinten,
Früh am Morgen bist du wach,
Mancher sieht dem Wandrer nach
Weint dahinten,
Kann die Freud nicht wiederfinden.

Eltern, Schwester, Bruder, Freund,
Auch vielleicht das Liebchen weint,
Lass sie weinen, traurig und froh
Wechselt das Leben bald so, bald so,
Nimmer ohne Ach! und Oh!
Heimat bleibt dir treu und bieder,
Kehrst du nur als Treuer wieder,
Reisen und Scheiden
Bringt des Wiedersehens Freuden."

Franz hatte sich ins hohe Gras gesetzt und sang die letzten Verse inbrünstig mit, er stand auf und sie kamen an die Stelle, wo Sebastian hatte umkehren wollen.
„Grüße noch einmal", rief Franz aus, „alle, die mich kennen, und lebe du recht wohl."
„Und du gehst nun?", fragte Sebastian. „Muss ich denn nun ohne dich umkehren?"
Sie hielten sich beide fest umschlossen.

1 Franz Sternbald bricht zu seiner „Traumreise" auf.
- **a** Untersuchen Sie den Text daraufhin, welche Vorstellungen bei ihm mit diesem Begriff verbunden sind und welche Gefühle sich bei ihm einstellen.
- **b** Vergleichen Sie mit Ihren Vorstellungen und Gefühlen angesichts einer Traumreise.

2 Kommentieren Sie Sebastians „Lied vom Reisen" (Z. 65–85) in seiner Funktion für den Erzählzusammenhang.

3 Die Erzählung besteht hier weitgehend aus der Innensicht der Figuren bzw. aus der Figurenrede. Nur an einer Stelle meldet sich der Erzähler mit einem Kommentar zu Wort. Suchen Sie diese Stelle heraus und erläutern Sie die Bedeutung dieses Kommentars.

4
- **a** Vergleichen Sie die Vorstellungen, die mit der geplanten Italienreise bei Ludwig Tiecks Romanfigur verbunden sind, mit den Wirkungen, die Italien auf den Klassiker Goethe hat (▸ S. 411 f.).
- **b** Lesen Sie die folgende Information zur Mittelalterbegeisterung der romantischen Künstler und stellen Sie einen Bezug zu Tiecks Roman-Fragment her.

Information **Mittelalterbegeisterung**

Das Denken vieler Romantiker war geprägt von der Suche nach den Wurzeln der deutschen Geschichte und Kultur. Das führte zu einer Wiederentdeckung des Mittelalters und seiner Interpretation als einer Zeit der Einheit, Ordnung und kulturellen Blüte. Zugleich wurde die Reformation, die den Übergang vom Mittelalter (▸ S. 368 f.) zur Frühen Neuzeit (▸ S. 373 f.) markiert, als ein für die deutsche Kultur wichtiges Ereignis empfunden, das sie bis in die Gegenwart hinein bestimmte.

Der Nürnberger **Maler Albrecht Dürer** (1471–1528) steht zwischen den beiden Epochen. Die Romantiker verherrlichten in ihm den mittelalterlichen Maler und zugleich den Repräsentanten einer europäischen Kultur, die von der Antike bis in die Gegenwart reichte. Dürer war in seinem Leben zweimal nach Venedig gereist, um sich an der zeitgenössischen italienischen Renaissance-Kunst zu schulen.

Joseph von Eichendorff: **Sehnsucht** (1830/31)

Joseph von Eichendorff (1788–1857) wuchs als Sohn einer katholischen Adelsfamilie auf dem elterlichen Gut in Schlesien auf, studierte Jura und Geisteswissenschaften. Nach seiner Teilnahme an den Befreiungskriegen trat er in den preußischen Staatsdienst ein. Eichendorff verfasste Lyrik, Prosa und Dramen.

Es schienen so golden die Sterne,
Am Fenster ich einsam stand
Und hörte aus weiter Ferne
Ein Posthorn im stillen Land.
Das Herz mir im Leib entbrennte,
Da hab ich mir heimlich gedacht:
Ach, wer da mitreisen könnte
In der prächtigen Sommernacht!

Zwei junge Gesellen gingen
Vorüber am Bergeshang,
Ich hörte im Wandern sie singen
Die stille Gegend entlang:
Von schwindelnden Felsenschlüften,
Wo die Wälder rauschen so sacht,
Von Quellen, die von den Klüften
Sich stürzen in die Waldesnacht.

Sie sangen von Marmorbildern,
Von Gärten, die überm Gestein
In dämmernden Lauben verwildern,
Palästen im Mondenschein,
Wo die Mädchen am Fenster lauschen,
Wann der Lauten Klang erwacht
Und die Brunnen verschlafen rauschen
In der prächtigen Sommernacht. –

Caspar David Friedrich: Frau am Fenster (1822)

1 **a** Lesen Sie das Gedicht laut vor und erklären Sie, wie der Klang (Rhythmus, Reim, Vokalität, Alliterationen und Wiederholungen) die inhaltliche Aussage unterstützt.

b Beschreiben Sie den inhaltlichen Aufbau des Gedichts. Gehen Sie dabei auf die Situation des lyrischen Ichs, seine Wahrnehmungen, Gedanken und Gefühle ein.

2 „Am Fenster": In Friedrichs Bild und gleich zweimal in Eichendorffs Gedicht werden Figuren in dieser Position dargestellt. Entwickeln Sie schriftlich Ihre Gedanken zu der Bedeutung dieses Motivs; gehen Sie dabei auch der Frage nach, warum es gerade in der Romantik eine so wichtige Rolle spielt. Beziehen Sie Hintergrundwissen über die **Romantik** (▸ S. 433 f.) in Ihre Überlegungen ein.

3 **a** Klären Sie mit Hilfe von Wörterbüchern und Lexika den Gefühlsbegriff „Sehnsucht".

b Erläutern Sie vor diesem Hintergrund die Korrespondenz von Titel und Text des Gedichts.

„Beisammen konnten sie dir nit kommen" – Liebe und Tod

Volkslied: **Edelkönigs-Kinder**

Volkslieder und Volksmärchen wurden von den Romantikern gesammelt, weil sie darin die Mentalität des eigenen Volkes zu erfassen glaubten. Das folgende stammt aus der Sammlung „Des Knaben Wunderhorn" von Clemens Brentano und Achim von Arnim (1806/08).

Es waren zwei Edelkönigs-Kinder,
Die beiden, die hatten sich lieb,
Beisammen konnten sie dir nit kommen,
Das Wasser war viel zu tief.

„Ach Liebchen, könntest du schwimmen,
So schwimme doch her zu mir,
Drei Kerzlein wollt ich dir anstecken,
Die sollten auch leuchten dir."

Da saß ein loses[1] Nönnechen,
Das tat, als wenn es schlief,
Es tat die Kerzlein ausblasen,
Der Jüngling versank so tief.

„Ach Mutter, herzliebste Mutter,
Wie tut mir mein Häuptchen so weh,
Könnt ich eine kleine Weile
Spazieren gehn längst der See." [...]

Die Mutter und die ging schlafen,
Die Tochter ging ihren Gang,
Sie ging so lange spazieren,
Bis sie ein Fischer fand.

Den Fischer sah sie fischen:
„Fisch mir ein verdientes rot Gold,
Fisch mir doch einen Toten,
Er ist ein Edelkönigs-Kind."

Der Fischer fischte so lange,
Bis er den Toten fand,
Er griff ihn bei den Haaren
Und schleift ihn an das Land.

Sie nahm ihn in ihre Arme
Und küsst ihm seinen Mund:
„Adie, mein Vater und Mutter,
Wir sehn uns nimmermehr."

1 lose: hier: hinterlistig, falsch

Frontispiz der Erstausgabe von „Des Knaben Wunderhorn", Kupferstich (1808)

Heinrich Heine: **Ich weiß nicht, was soll es bedeuten** (1823)

Ich weiß nicht was soll es bedeuten,
Dass ich so traurig bin;
Ein Märchen aus alten Zeiten,
Das kommt mir nicht aus dem Sinn.

Die Luft ist kühl und es dunkelt,
Und ruhig fließt der Rhein;
Der Gipfel des Berges funkelt
Im Abendsonnenschein.

Die schönste Jungfrau sitzet
Dort oben wunderbar;
Ihr goldnes Geschmeide blitzet,
Sie kämmt ihr goldenes Haar.

Sie kämmt es mit goldenem Kamme
Und singt ein Lied dabei;
Das hat eine wundersame,
Gewaltige Melodei.

Den Schiffer im kleinen Schiffe
Ergreift es mit wildem Weh;
Er schaut nicht die Felsenriffe,
Er schaut nur hinauf in die Höh.

Ich glaube, die Wellen verschlingen
Am Ende Schiffer und Kahn;
Und das hat mit ihrem Singen
Die Lore-Ley getan.

Die Loreley ist ein steil aufragender Schieferfelsen am Rhein. Clemens Brentano erzählte in seinem Kunstmärchen Lore Lay von einer Nixe auf diesem Felsen, die mit ihrem zauberhaften Gesang und ihrer Schönheit die Rheinschiffer anzieht und an den Felsenriffen zu Tode bringt. Heinrich Heine griff das Thema auf. Sein wohl bekanntestes Gedicht wurde im 19 Jahrhundert über 40-mal vertont.

„Die Loreley erscheint einem Rheinschiffer"
(Postkarte, um 1910)

Heinrich Heine: **Der Asra** (1851)

Täglich ging die wunderschöne
Sultanstocher auf und nieder
Um die Abendzeit am Springbrunn,
Wo die weißen Wasser plätschern.

Täglich stand der junge Sklave
Um die Abendzeit am Springbrunn,
Wo die weißen Wasser plätschern;
Täglich ward er bleich und bleicher.

Eines Abends trat die Fürstin
Auf ihn zu mit raschen Worten:
Deinen Namen will ich wissen,
Deine Heimat, deine Sippschaft!

Und der Sklave sprach: Ich heiße
Mohamet, ich bin aus Yemmen,
Und mein Stamm sind jene Asra,
Welche sterben, wenn sie lieben.

1 Alle drei Gedichte auf den Seiten 426 f. erzählen eine Geschichte. Geben Sie ihren inhaltlichen Aufbau wieder. Bestimmen Sie, wer die Geschichte erzählt, und beschreiben Sie, in welcher Weise das geschieht.

2 Erläutern Sie,
- **a** wie in den drei Gedichten die Motive „Liebe" und „Tod" verknüpft werden,
- **b** was diese Motivverknüpfung für das Konzept einer „romantischen Liebe" bedeutet.

3 Suchen Sie in Gedichtsammlungen nach weiteren Beispielen romantischer Liebeslyrik. Stellen Sie fest, wie dort die Liebe dargestellt wird, und vergleichen Sie mit den Eindrücken, die Sie aus den Texten (▸ S. 426 f.) gewonnen haben.

4 Gesang und Musik spielen in der romantischen Literatur eine besondere Rolle, in den Inhalten, aber auch in der Musikalität der Sprache.

a Sammeln Sie Beispiele für beides in den romantischen Texten der Seiten 423–427.

b Worin sehen Sie die Besonderheit der Ausdrucksform Musik? Erklären Sie, warum die Musik als die romantischste aller Künste gilt.

Heinrich von Kleist: **Die Verlobung in St. Domingo** (1811) – Auszug

Kleists Novelle spielt zur Zeit des Aufstands der aus Afrika verschleppten schwarzen Sklaven gegen die weißen Kolonialherren auf Haiti (früher Santo Domingo genannt) in der Folge der Französischen Revolution. Gustav von der Ried, ein aus der Schweiz stammender Siedler, sucht auf der Flucht vor den Aufständischen Unterschlupf in einem Haus, das von zwei farbigen Frauen, Mutter und Tochter, bewohnt wird. Während die Mutter plant, den Flüchtling an die Aufständischen auszuliefern, verliebt sich die Tochter Toni in Gustav, der von ihrem Anblick tief gerührt erscheint. Nach dem Grund gefragt, gesteht Gustav, dass Toni ihn an seine frühere Verlobte erinnert, und er erzählt ihr deren Geschichte.

„Sie starb […] und ich lernte den Inbegriff aller Güte und Vortrefflichkeit erst mit ihrem Tode kennen. Gott weiß […], wie ich die Unbesonnenheit so weit treiben konnte, mir eines Abends an einem öffentlichen Ort Äußerungen über das eben errichtete furchtbare Revolutionstribunal zu erlauben. Man verklagte, man suchte mich; ja, in Ermangelung meiner, der glücklich genug gewesen war, sich in die Vorstadt zu retten, lief die Rotte meiner rasenden Verfolger, die ein Opfer haben musste, nach der Wohnung meiner Braut, und durch ihre wahrhaftige Versicherung, dass sie nicht wisse, wo ich sei, erbittert, schleppte man dieselbe, unter dem Vorwand, dass sie mit mir im Einverständnis sei, mit unerhörter Leichtfertigkeit statt meiner auf den Richtplatz. Kaum war mir diese entsetzliche Nachricht hinterbracht worden, als ich sogleich aus dem Schlupfwinkel, in welchen ich mich geflüchtet hatte, hervortrat, und indem ich, die Menge durchbrechend, nach dem Richtplatz eilte, laut ausrief: Hier, ihr Unmenschlichen, hier bin ich! Doch sie, die schon auf dem Gerüste der Guillotine stand, antwortete auf die Frage einiger Richter, denen ich unglücklicher Weise fremd sein musste, indem sie sich mit einem Blick, der mir unauslöschlich in die Seele geprägt ist, von mir abwandte: diesen Menschen kenne ich nicht! – worauf unter Trommeln und Lärmen, von den ungeduldigen Blutmenschen angezettelt, das Eisen, wenige Augenblicke nachher, herabfiel, und ihr Haupt von seinem Rumpfe trennte. – Wie ich gerettet worden bin, das weiß ich nicht; ich befand mich, eine Viertelstunde darauf, in der Wohnung eines Freundes, wo ich aus einer Ohnmacht in die andere fiel, und halb wahnwitzig gegen Abend auf einen Wagen geladen und über den Rhein geschafft wurde."

1 **a** Beschreiben Sie, wie die Motive „Liebe" und „Tod" hier zusammengeführt werden.

b Vergleichen Sie mit der Behandlung der Motive in den Gedichten der Seiten 426 f.

2 **a** Untersuchen Sie die Art und Weise, wie der Protagonist seine Geschichte vorträgt. Achten Sie dabei besonders auf den Satzbau.

b Welche Wirkung wird durch die Erzählweise erreicht?

3 **a** Skizzieren Sie, wie die Liebesgeschichte zwischen Gustav und Toni verlaufen könnte.

b Vergleichen Sie Ihre Entwürfe mit einer Inhaltsangabe der Novelle, die Sie im Internet finden.

„Poesie ist Darstellung […] der inneren Welt in ihrer Gesamtheit" – Aspekte eines romantischen Poesieprogramms

Die „mechanische Ente" von Jacques de Vaucanson
Der französische Ingenieur und Erfinder Jacques de Vaucanson (1709–1782) konstruierte dem Menschen nachgeahmte Automaten. Seine „mechanische Ente" faszinierte viele Menschen im ausgehenden 18. Jahrhundert. Seine Konstruktion konnte „watscheln", schnattern, trinken, mit den Flügeln flattern, Körner aufpicken, in einer chemischen Reaktion „verdauen" und ausscheiden. Vaucanson bezog sich dabei auf philosophische Überlegungen des Frühaufklärers René Descartes (1596–1650) zu den Grundlagen der Naturwissenschaften.

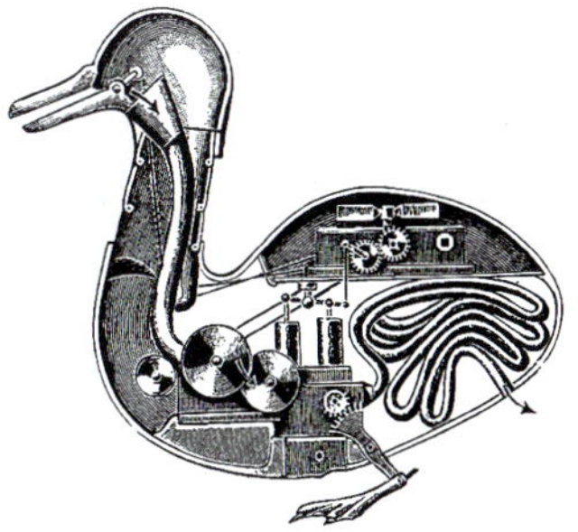

1 Sammeln Sie Assoziationen zur „mechanischen Ente" anhand der Abbildung und der Informationen.

2 Gehen Sie der Frage nach, inwieweit das Interesse für die Konstruktion typisch für die Zeit des ausgehenden 18. Jahrhunderts war. Beziehen Sie die Informationen auf Seite 394 ein.

Novalis: **Wenn nicht mehr Zahlen und Figuren** (1800)

Georg Friedrich von Hardenberg (1772–1801) studierte Bergbau. „Novalis" ist sein Pseudonym als Dichter.

Wenn nicht mehr Zahlen und Figuren
Sind Schlüssel aller Kreaturen,
Wenn die, so singen oder küssen,
Mehr als die Tiefgelehrten wissen,
Wenn sich die Welt ins freie Leben
Und in die Welt wird zurückbegeben,
Wenn dann sich wieder Licht und Schatten
Zu echter Klarheit werden gatten,
Und man in Märchen und Gedichten
Erkennt die ew'gen Weltgeschichten,
Dann fliegt vor einem geheimen Wort
Das ganze verkehrte Wesen fort.

Joseph von Eichendorff: **Wünschelrute** (1838)

Eichendorff (1788–1857) studierte Jura und arbeitete im preußischen Staatsdienst.

Schläft ein Lied in allen Dingen,
Die da träumen fort und fort,
Und die Welt hebt an zu singen,
Triffst du nur das Zauberwort.

1 Lesen Sie Eichendorffs Gedicht „Wünschelrute". Erläutern Sie mit eigenen Worten, wie der Mensch die Welt der Dinge wahrnehmen und wie er sich dazu verhalten soll.

2 **a** Zeigen Sie anhand der Satzstruktur in Novalis' Gedicht, wie hier ein Gedanke entfaltet wird.
b Zwei Möglichkeiten, der Welt zu begegnen, werden in dem Gedicht gegenübergestellt. Erläutern Sie diese unterschiedlichen Haltungen zur Welt.

3 Setzen Sie sich mit der These auseinander, das Gedicht von Novalis ziele auf eine Kritik an der Aufklärung (▸ S. 394). Verfassen Sie eine Stellungnahme zu dieser These.

Novalis: **Romantisieren – Fragmente zur Poetik** (1798–1800) – Auszug

Indem ich dem Gemeinen einen hohen Sinn, dem Gewöhnlichen ein geheimnisvolles Ansehn, dem Bekannten die Würde des Unbekannten, dem Endlichen einen unendlichen Schein gebe, so romantisiere ich es –

- Literatur muss nicht immer verständ[…] sein u. Sinn ergeben
- man verschönert Dinge
- kann einfach Unterhalten

Erzählungen, ohne Zusammenhang, jedoch mit Assoziation, wie *Träume.* Gedichte – bloß *wohlklingend* und voll schöner Worte – aber auch ohne allen Sinn und Zusammenhang – höchstens einzelne Strophen verständlich – sie müssen wie lauter Bruchstücke aus den verschiedenartigsten Dingen [sein]. Höchstens kann wahre Poesie einen *allegorischen* Sinn im Großen haben und eine indirekte Wirkung wie Musik usw. tun –

Das Märchen ist gleichsam der Kanon der Poesie – alles Poetische muss märchenhaft sein. Der Dichter betet den Zufall an.

- Poesie muss voller Fantasie sein

Poesie ist *Darstellung des Gemüts* – der *innern Welt in ihrer Gesamtheit.* Schon ihr Medium, die Worte, deuten es an, denn sie sind ja die äußre Offenbarung jenes innern Kraftreichs.

- stellt Gefühle dar
- Sichtweisen

Friedrich Schlegel: **116. Athenäum-Fragment** (1798) – Auszug

Die romantische Poesie ist eine progressive Universalpoesie. Ihre Bestimmung ist nicht bloß, alle getrennten Gattungen der Poesie wieder zu vereinigen und die Poesie mit der Philosophie und Rhetorik in Berührung zu setzen. Sie will und soll auch Poesie und Prosa, Genialität und Kritik, Kunstpoesie und Naturpoesie bald mischen, bald verschmelzen, die Poesie lebendig und gesellig und das Leben und die Gesellschaft poetisch machen, den Witz poetisieren und die Formen der Kunst mit gediegnem Bildungsstoff jeder Art anfüllen und sättigen und durch die Schwingungen des Humors beseelen. Sie umfasst alles, was nur poetisch ist, vom größten wieder mehrere Systeme in sich enthaltenden Systeme der Kunst bis zu dem Seufzer, dem Kuss, den das dichtende Kind aushaucht in kunstlosen Gesang.

verbindet
- nicht nur
- soll genial und kritisch sein
- lebendig

1 **a** Verfassen Sie mit Hilfe der Texte auf den Seiten 429 und 430 ein Manifest, das ein romantisches Literaturprogramm entwirft.

b „Idealisieren“ – „romantisieren“: Vergleichen Sie die Literaturkonzepte der Klassik (► S. 420 f.) und Romantik.

Novalis: **Heinrich von Ofterdingen** (1802)

Das Romanfragment „Heinrich von Ofterdingen" schildert die Lebens- und Bildungsgeschichte eines (fiktiven) mittelalterlichen Sängers und Dichters. Zu Beginn des Romans hört Heinrich Geschichten über ferne Länder und eine wundervolle blaue Blume. Diese erscheint ihm bald darauf im Traum.

Endlich gegen Morgen, wie draußen die Dämmerung anbrach, wurde es stiller in seiner Seele, klarer und bleibender wurden die Bilder. Es kam ihm vor, als ginge er in einem dunkeln Walde allein. Nur selten schimmerte der Tag durch das grüne Netz. Bald kam er vor eine Felsenschlucht, die bergan stieg. Er musste über bemooste Steine klettern, die ein ehemaliger Strom heruntergerissen hatte. Je höher er kam, desto lichter wurde der Wald. Endlich gelangte er zu einer kleinen Wiese, die am Hange des Berges lag. Hinter der Wiese erhob sich eine hohe Klippe, an deren Fuß er eine Öffnung erblickte, die der Anfang eines in den Felsen gehauenen Ganges zu sein schien. Der Gang führte ihn gemächlich eine Zeit lang eben fort, bis zu einer großen Weitung, aus der ihm schon von fern ein helles Licht entgegenglänzte. Wie er hineintrat, ward er einen mächtigen Strahl gewahr, der wie aus einem Springquell bis an die Decke des Gewölbes stieg und oben in unzählige Funken zerstäubte, die sich unten in einem großen Becken sammelten; der Strahl glänzte wie entzündetes Gold; nicht das mindeste Geräusch war zu hören, eine heilige Stille umgab das herrliche Schauspiel. [...] Er tauchte seine Hand in das Becken und benetzte seine Lippen. Es war, als durchdränge ihn ein geistiger Hauch, und er fühlte sich innigst gestärkt und erfrischt. Ein unwiderstehliches Verlangen ergriff ihn, sich zu baden, er entkleidete sich und stieg in das Becken. Es dünkte ihn, als umflösse ihn eine Wolke des Abendrots; eine himmlische Empfindung überströmte sein Inneres; mit inniger Wollust strebten unzählbare Gedanken in ihm sich zu vermischen; neue, nie gesehene Bilder entstanden, die auch ineinanderflossen und zu sichtbaren Wesen um ihn wurden, und jede Welle des lieblichen Elements schmiegte sich wie ein zarter Busen an ihn. Die Flut schien eine Auflösung reizender Mädchen, die an dem Jünglinge sich augenblicklich verkörperten.
Berauscht von Entzücken und doch jedes Eindrucks bewusst, schwamm er gemach dem leuchtenden Strome nach, der aus dem Becken in den Felsen hineinfloss. Eine Art von süßem Schlummer befiel ihn, in welchem er unbeschreibliche Begebenheiten träumte und woraus ihn eine andere Erleuchtung weckte. Er fand sich auf einem weichen Rasen am Rande einer Quelle, die in die Luft hinausquoll und sich darin zu verzehren schien. Dunkelblaue Felsen mit bunten Adern erhoben sich in einiger Entfernung; das Tageslicht, das ihn umgab, war heller und milder als das gewöhnliche, der Himmel war schwarzblau und völlig rein. Was ihn aber mit voller Macht anzog, war eine hohe lichtblaue Blume, die zunächst an der Quelle stand und ihn mit ihren breiten, glänzenden Blättern berührte. Rund um sie her standen unzählige Blumen von allen Farben und der köstlichste Geruch erfüllte die Luft. Er sah nichts als die blaue Blume und betrachtete sie lange mit unnennbarer Zärtlichkeit. Endlich wollte er sich ihr nähern, als sie auf einmal sich zu bewegen und zu verändern anfing; die Blätter wurden glänzender und schmiegten sich an den wachsenden Stängel, die Blume neigte sich nach ihm zu und die Blütenblätter zeigten einen blauen, ausgebreiteten Kragen, in welchem ein zartes Gesicht schwebte.

1 **a** Lesen Sie den Text effektvoll vor: Achten Sie auf Sprechgeschwindigkeit, Lautstärke, Modulation usw. Wählen Sie eine passende Hintergrundmusik aus der Zeit der Romantik.
b Benennen Sie einzelne Stationen des Traums. Welche Erfahrungen macht Heinrich jeweils?
c Wie würden Sie den Textausschnitt verfilmen? Überlegen Sie, wie Sie die verschiedenen Wahrnehmungsebenen und Sinneseindrücke darstellen könnten (▸ S. 89 f.).

2 Formulieren Sie mögliche Deutungen für das Symbol der „blauen Blume".

E. T. A. Hoffmann: **Nachrichten von den neuesten Schicksalen des Hundes Berganza** (1814)

Ernst Theodor Amadeus Hoffmann (1776–1822) war Jurist, zugleich Musiker, Musikkritiker, Zeichner und Karikaturist. Seine Versuche, als Kapellmeister Fuß zu fassen, verliefen allerdings erfolglos. Der Erzähler dieser Geschichte trifft auf seinem Heimweg aus dem Wirtshaus den sprechenden Hund Berganza, der ursprünglich aus einer Novelle des spanischen Dichters Miguel de Cervantes stammt. Der Hund berichtet von seinem abenteuerlichen Leben bei „unmenschlichen Menschen", aber auch von seinen poetischen Studien bei dem Kapellmeister Kreisler.

Berganza: Ihr Deutsche kommt mir vor wie jener Mathematiker, der, nachdem er Glucks „Iphigenia in Tauris"[1] gehört hatte, den entzückten Nachbar sanft auf die Achsel klopfte und lächelnd fragte: „Aber was ist dadurch nun bewiesen?" – Alles soll noch außer dem, was es ist, was anderes bedeuten, alles soll zu einem außerhalb liegenden Zweck führen, den man gleich vor Augen hat, ja selbst jede Lust soll zu etwas anderm werden, als zur Lust und so noch irgendeinem andern leiblichen oder moralischen Nutzen dienen, damit nach der alten Küchenregel immer das Angenehme mit dem Nützlichen verbunden[2] bleibe.

Ich: Aber der Zweck der bloßen vorübergehenden Belustigung ist so kleinlich, dass du doch der Bühne gewiss einen höheren einräumen wirst?

Berganza: Es gibt keinen höheren Zweck der Kunst, als in dem Menschen diejenige Lust zu entzünden, welche sein ganzes Wesen von aller irdischen Qual, von allem niederbeugenden Druck des Alltagslebens wie von unsaubern Schlacken befreit und ihn so erhebt, dass er, sein Haupt stolz und froh emporrichtend, das Göttliche schaut, ja mit ihm in Berührung kommt. – Die Erregung dieser Lust, diese Erhebung zu dem poetischen Standpunkte, auf dem man an die herrlichen Wunder des Rein-Idealen willig glaubt, ja mit ihnen vertraut wird und auch das gemeine Leben mit seinen mannigfaltigen bunten Erscheinungen durch den Glanz der Poesie in allen seinen Tendenzen verklärt und verherrlicht erblickt – das nur allein ist nach meiner Überzeugung der wahre Zweck des Theaters.

1 **Christoph W. Gluck** (1714–1787): Reformer der Oper. „Iphigenie auf Tauris" ist eines der bedeutendsten Bühnenwerke. Hoffmanns erste Novelle heißt „Ritter Gluck".

2 **die alte Küchenregel:** Anspielung auf ein Zitat des antiken römischen Dichters Horaz: „Aut prodesse volunt aut delectare poetae / aut simul et iucunda et idonea dicere vitae." Zu deutsch: „Die Dichter wollen entweder nützen oder erfreuen / oder zugleich Erfreuliches und Nützliches über das Leben sagen." (De arte poetica, V. 333)

1 a Arbeiten Sie heraus, was für den Hund Berganza der „Zweck der Kunst" ist.
b Untersuchen Sie die Gedanken zur Aufgabe der Kunst auf romantische Ironie (▸ Information) hin. Bedenken Sie, dass ein Hund (und Spanier) mit einem Deutschen (und Romantiker) spricht.

Information **Romantische Ironie**

„Ironie" meint für gewöhnlich, dass das Gegenteil dessen gemeint ist, was gesagt wird. „Romantische Ironie" dagegen bedeutet: Ein Kunstwerk macht sich selbst zum Thema (seine Entstehung, seine Machart). Die Paradoxie besteht in der Tatsache, dass das eigentlich unmöglich ist, denn das Wesen der Kunst ist nicht einfach mit den Mitteln der Sprache zu erfassen. Indem der Leser die Erfahrung macht, dass er gegenüber dem Werk keine „sichere Position" aufbauen kann, dass er zum Beispiel ständig seine Vorstellungen über Figuren, Handlungen, Konflikte revidieren muss, erhält er eine Vorstellung von der Aufgabe der Kunst, etwas Unsagbares mitteilen zu wollen.

2 Stellen Sie Bezüge zwischen den Texten zum romantischen Poesieprogramm (▸ S. 429–432) und der Definition der romantischen Ironie her.

Information **Epochenüberblick – Romantik (ca. 1795 – ca. 1835)**

Allgemeingeschichtlicher Hintergrund:
Bestimmt wurde die Zeit durch die **Revolutions- und die napoleonischen Kriege.** Zunächst waren die Volksarmeen des neuen Frankreich siegreich und ermöglichten es Napoleon, West- und Mitteleuropa unter französischer Vormacht weitgehend umzugestalten. Das galt besonders für Deutschland, das mit dem Ende des Heiligen Römischen Reiches Deutscher Nation und der Niederlage Preußens 1806 unter französischer Oberhoheit stand und nach den Gesetzen des „Code Napoléon“ regiert wurde. Infolge der Niederlage der Grande Armée in Russland und infolge der bis dahin größten Schlachten der Militärgeschichte bei Leipzig (1813) und Waterloo (1815) brach das Imperium Napoleons zusammen. Mit dem **Wiener Kongress** (1815) begann eine Epoche der **Restauration,** die die alte Staatenordnung neu etablierte. Das bedeutete, dass in die deutschen Fürstentümer das absolutistische Regime zurückkehrte, zwar abgemildert durch einzelne Reformen wie die Aufhebung der Leibeigenschaft in Preußen, jedoch mit dem Bemühen, alle freiheitlichen Bestrebungen zu unterdrücken. Viele patriotisch gesinnte Bürger und Studenten hatten sich an den „Befreiungskriegen“ beteiligt. Ihre Hoffnungen auf die Bildung eines deutschen Nationalstaates mit liberaler Verfassung wurden bitter enttäuscht.

Weltbild und Lebensauffassung:
Die fortschrittlichen Kräfte in der Gesellschaft erlebten die gesamte Epoche als Krisenzeit. Alle Hoffnungen auf eine Umgestaltung der politischen Verhältnisse gemäß den Ideen der Aufklärung zerschlugen sich. Hinzu kam die Erfahrung, dass in der fortschreitenden Industrialisierung der Mensch zunehmend in seinem ökonomischen Nutzwert gesehen wurde. Die Utopie der Selbstverwirklichung des Individuums in der Gesellschaft, die die Klassik propagiert hatte, verblasste angesichts der Verhältnisse. Das romantische Ich suchte den Weg nach innen. Es schuf sich Fluchträume in einer idyllisch verklärten Natur, in der Fiktion eines ursprünglichen Lebens in der geordneten, heilen Welt des Mittelalters.
Die Beschäftigung mit mittelalterlicher Dichtung (▸ S. 367 ff.) wie Minnesang und Nibelungenlied ließ die philologische Erforschung der deutschen Sprache und Literatur entstehen, die Germanistik bildete sich neben den Philologien der klassischen Sprachen als Wissenschaft heraus.
Sehnsucht war das bestimmende Gefühl der Epoche. **Romantische Sehnsucht** richtete sich nicht auf ein fest umrissenes Ziel, sie verlangte nach dem Unbekannten und Unendlichen, ohne dabei Erfüllung finden zu können.

Literatur:
Das Heilmittel gegen das Leiden an den Zeitumständen sahen die Dichter in der **Poetisierung** oder mit einem anderen Wort **Romantisierung** der Welt. Einer von ihnen, **Novalis**, beschrieb das Verfahren so: „Indem ich dem Gemeinen einen hohen Sinn, dem Gewöhnlichen ein geheimnisvolles Aussehen, dem Bekannten die Würde des Unbekannten, dem Endlichen einen unendlichen Schein gebe, so romantisiere ich es.“
Von daher erklärt sich die Vorliebe der Romantiker für **Märchen** (Sammlung der „Kinder- und Hausmärchen“ durch die Brüder Grimm; Produktion von Kunstmärchen) und **fantastische Erzählungen**. Daneben war die **Lyrik** mit ihrer Tendenz zur Innerlichkeit und zum Gefühlsausdruck die bevorzugte Gattung.

Themen, die häufig aufgegriffen wurden, waren das vom Fernweh bestimmte **Reisen**, bei dem es sich letztlich um die Sehnsucht nach dem Aufbruch in ein von Unbegrenztheit und Freiheit bestimmtes Leben handelt, die durch Unerreichbarkeit der geliebten Person gekennzeichnete romantisch schmachtende **Liebe** und die **Nacht**, die Zeit, in der die festen Umrisse sich auflösen, Erde und Himmel ineinanderfließen und der freigesetzten Fantasie alles geheimnisvoll und wunderbar erscheint. Die Nacht ist aber zugleich auch die Zeit der **Träume**, in denen nicht nur Bilder der Sehnsucht, sondern auch die Schreckensbilder der Albträume aus den Tiefen des Unbewussten aufsteigen. Letztere spielen eine wichtige Rolle in den **Schauerromanen** der so genannten **Schwarzen Romantik**.
Mit dem hier vorgestellten literarischen Programm ist die Romantik in ihrer Gesamtheit nicht erfasst, obwohl sie in ihrer Rezeptionsgeschichte, zumal in populären Vereinfachungen, häufig auf dieses Literaturkonzept verengt worden ist. Zum literarischen Repertoire der Romantik, besonders der Frühromantik, gehören auch scharfsinnig kritische und geistreich witzige, von Ironie und Selbstironie geprägte Texte.
Hervorzuheben ist schließlich noch, dass in der Epoche der Romantik Frauen eine wichtige Rolle im literarischen Leben zu spielen beginnen. Sie treten als Vermittlerinnen und Produzentinnen von Literatur hervor. In den Lese- und Gesprächszirkeln der so genannten **Salons** intellektueller Bürgerinnen trafen sich Philosophen, Künstler, Schriftsteller und Verleger. Einigen Frauen gelang es auch, als Autorinnen die Aufmerksamkeit der literarischen Öffentlichkeit zu gewinnen.

Die Eingrenzung der Romantik als Epoche ist aus mehreren Gründen schwierig: Zum einen ist die Romantik eine gesamteuropäische Bewegung, die in den verschiedenen Nationalkulturen unterschiedliche Zeiträume umfasst. In der Betrachtungsweise der europäischen Nachbarländer fällt auf, dass der deutschen Romantik auch die Epochen der Empfindsamkeit bzw. des Sturm und Drang und der Weimarer Klassik zugerechnet werden. Zum anderen deckt sich die literarische Romantik nicht mit der gleichnamigen Epoche in den anderen Künsten. In der Musik versteht man die Romantik als eine Epoche, die nahezu das gesamte 19. Jahrhundert umfasst.

Weitere wichtige Autorinnen/Autoren und Werke
Jean Paul, d. i. Johann Paul Friedrich Richter (1763–1825): „Siebenkäs", „Flegeljahre" (Romane)
Friedrich Hölderlin (1770–1843): „Hyperion" (Briefroman); Hymnen und Gedichte
Rahel Varnhagen von Ense (1771–1833): Briefe und Tagebuchaufzeichnungen
Ernst Theodor Amadeus Hoffmann (1776–1822): „Die Elixiere des Teufels", „Lebensansichten des Katers Murr" (Romane); „Nachtstücke", „Die Serapionsbrüder" (Erzählsammlungen)
Karoline von Günderrode (1780–1806): „Gedichte und Fantasien" (Gedichtsammlung)
Achim von Arnim (1781–1831): „Des Knaben Wunderhorn" (Volksliedersammlung mit C. Brentano)
Bettina von Arnim (1785–1859): „Goethes Briefwechsel mit einem Kinde"
Jacob Grimm (1785–1863) und **Wilhelm Grimm** (1786–1859): „Kinder- und Hausmärchen"

1 Bearbeiten Sie die Epochendarstellung, indem Sie Bilder, Schaubilder, Begriffsdefinitionen und Zusatzinformationen ergänzen.

2 Suchen Sie in Lyrikanthologien und Bildbänden nach weiteren Gedichten und Bildern aus der Zeit der Romantik und stellen Sie diese im Kurs mit erläuternden Kommentaren vor.

3 Referat/Facharbeit: Stellen Sie Leben und Werk von Schriftstellern und Schriftstellerinnen der Romantik vor (Beispiele: die Geschwister Clemens und Bettina Brentano, Novalis, Joseph von Eichendorff, E. T. A. Hoffmann, Karoline von Günderrode, Rahel Varnhagen von Ense, Sophie Mereau).

Eugène Delacroix: Die Freiheit führt das Volk an (1830)

Adolph Menzel: Abreise König Wilhelms I. zur Armee am 31. Juli 1870 (1871)

1 Die beiden Gemälde können als Illustrationen der „zwei Gesichter" des 19. Jahrhunderts gelten. Beschreiben Sie, was Sie sehen. Legen Sie sich zu jedem der Gemälde eine Karteikarte an und tragen Sie im Verlauf des Unterrichts ein, was Sie zu den beiden „Gesichtern" des 19. Jahrhunderts in Erfahrung bringen.

4.1 Frührealismus: Junges Deutschland und Vormärz

Nach den Siegen der Koalition aus Österreich, Preußen, Russland und England über Napoleon war es das wichtigste Anliegen der Herrscher und ihrer Regierungen, die vorrevolutionären Strukturen und Machtverhältnisse wiederherzustellen. Führender Kopf dieser „Restauration" war der österreichische Kanzler Fürst Metternich.

Kritik an der deutschen Misere – Die Literatur wird politisch

Ganz jedoch konnten auch Metternich und seine Helfer die Zeit nicht zurückdrehen. Die Gedanken der Französischen Revolution waren durch die Niederlage Napoleons nicht aus der Welt geschafft. Überall in Europa meldeten sich liberale Stimmen, die nationale Einheit, bürgerliche Freiheiten, vor allem Presse- und Versammlungsfreiheit, forderten.
1830 blickte man erneut nach Frankreich, wo die 1815 wieder eingesetzten Bourbonen davongejagt worden waren (Julirevolution). Eugène Delacroix' Gemälde „Die Freiheit führt das Volk an"(▸ S. 435) heroisiert den Aufstand der Pariser Bevölkerung.
Die Publizisten **Siebenpfeiffer** und **Wirth** gründeten den „Deutschen Press- und Vaterlandsverein". Da politische Kundgebungen verboten waren, organisierten sie ein „Volksfest". Ca. 25 000 Menschen demonstrierten auf dem „Hambacher Fest" vom 27. bis 30. Mai 1832 für bürgerliche Freiheit und die nationale Einheit, für einen „föderativen" deutschen Staat, für eine Allianz demokratischer Kräfte in Europa und gegen die restaurativen Kräfte der Heiligen Allianz. Siebenpfeiffer hielt eine viel beachtete Rede:

Philipp Jakob Siebenpfeiffer: Aus der Rede auf dem Hambacher Fest (27. 5. 1832)

Wir widmen unser Leben der Wissenschaft und der Kunst, wir messen die Sterne, prüfen Mond und Sonne, wir stellen Gott und Mensch, Höll' und Himmel in poetischen Bildern dar, wir durchwühlen die Körper- und Geisteswelt: Aber die Regungen der Vaterlandsliebe sind uns unbekannt, die Erforschung dessen, was dem Vaterlande nottut, ist Hochverrat, selbst der leise Wunsch, nur erst wieder ein Vaterland, eine freimenschliche Heimat zu erstreben, ist Verbrechen. Wir helfen Griechenland befreien vom türkischen Joche, wir trinken auf Polens Wiedererstehung, wir zürnen, wenn der Despotismus der Könige den Schwung der Völker in Spanien, in Italien, in Frankreich lähmt, wir blicken ängstlich nach der Reformbill Englands, wir preisen die Kraft und die Weisheit des Sultans, der sich mit der Wiedergeburt seiner Völker beschäftigt, wir beneiden den Nordamerikaner um sein glückliches Los, das er sich mutvoll selbst erschaffen: Aber knechtisch beugen wir den Nacken unter das Joch der eigenen Dränger […].

Und es wird kommen der Tag, der Tag des edelsten Siegstolzes, wo der Deutsche vom Alpengebirg und der Nordsee, vom Rhein, der Donau und der Elbe den Bruder im Bruder umarmt, wo die Zollstöcke und die Schlagbäume, wo alle Hoheitszeichen der Trennung und Hemmung und Bedrückung verschwinden, samt den Konstitutiönchen, die man etlichen mürrischen Kindern der großen Familie als Spielzeug verlieh; wo freie Straßen und freie Ströme den freien Umschwung aller Nationalkräfte und Säfte bezeugen; wo die Fürsten die bunten Hermeline feudalistischer Gottstatthalterschaft mit der männlichen Toga deutscher Nationalwürde vertauschen und der Beamte, der Krieger, statt mit der Bedientenjacke des Herrn und Meisters, mit der Volksbinde sich schmückt; wo nicht 34 Städte und Städtlein, von 34 Höfen das Almosen empfangend, um den Preis hündischer Unterwerfung, sondern wo alle Städte, frei emporblühend aus eigenem Saft, um den Preis patriotischer Tat ringen; wo jeder Stamm, im Innern frei und selbstständig,

zu bürgerlicher Freiheit sich entwickelt und ein starkes, selbst gewobenes Bruderband alle umschließt zu politischer Einheit und Kraft, wo die deutsche Flagge, statt Tribut an Barbaren zu bringen, die Erzeugnisse unseres Gewerbefleißes in fremde Weltteile geleitet und nicht mehr unschuldige Patrioten für das Henkerbeil auffängt, sondern allen freien Völkern den Bruderkuss bringt [...].

Ja, er wird kommen der Tag, wo ein gemeinsames deutsches Vaterland sich erhebt, das alle Söhne als Bürger begrüßt und alle Bürger mit gleicher Liebe, mit gleichem Schutz umfasst; wo die erhabene Germania dasteht auf dem erzenen Piedestal[1] der Freiheit und des Rechts, in der Hand die Fackel der Aufklärung, welche zivilisierend hinausleuchtet in die fernsten Winkel der Erde [...].

Es lebe das freie, das einige Deutschland! [...]
Hoch leben die Franken, der Deutschen Brüder, die unsere Nationalität und Selbstständigkeit achten! [...]
Vaterland – Volkshoheit – Völkerbund hoch!

1 **Piedestal:** Sockel, hier: Grundlage

1 Welches Bild des gegenwärtigen, welches des zukünftigen Deutschland zeichnet Siebenpfeiffer? Welche Bilder und Vergleiche verwendet er, um die politische Einheit des Vaterlands als Aufgaben der Zukunft auszuweisen?

2 Stellen Sie Siebenpfeiffers politische Rhetorik auf den Prüfstand. Wo werden jeweils Auf-, wo Abwertungen vorgenommen?

3 Am Schluss seiner Rede entwirft der Verfasser eine politische Utopie. Was sind deren wesentliche Merkmale?

4 Verfassen Sie einen Zeitungsartikel über Siebenpfeiffers Rede auf dem Hambacher Fest. Was kritisiert und was fordert er?

Literatur als soziales Gewissen – Georg Büchner, Heinrich Heine, Georg Weerth

In den 1840er Jahren traten neue Autoren auf den Plan. Sie griffen auf die Ideen von Hambach zurück, kritisierten scharf die obrigkeitsstaatlichen Bevormundungen der Bürger und forderten Reformen. Sie bereiteten damit der Märzrevolution von 1848 den Weg. Deswegen nennt man die Epoche auch „Vormärz".

Einer der jungen Autoren, die aus der Revolution in Paris (und auch ihrem blutigen Scheitern) Schlussfolgerungen für Formen der Auseinandersetzung mit der politischen Gegenwart zogen, war Georg Büchner. Seine Werke zeigen, wie viele junge Bürgerliche der Zeit dachten, die Börne und Heine lasen, die Herwegh (d.h. dem Jungen Deutschland) zujubelten und die sich selbst als „Männer der Bewegung" empfanden.

Georg Büchner: **Woyzeck** (1836/37)

[Georg Büchner (1813–1837) stammte aus Darmstadt, studierte 1831 in Straßburg Medizin und wurde dort mit republikanischen Ideen bekannt. Er war der erste deutsche Autor, der einen Mann aus der Unterschicht zum Helden eines Dramas machte: Woyzeck. Es ist die Geschichte eines einfachen Soldaten, der am Ende zum Mörder seiner Geliebten wird].

Hauptmann auf einem Stuhl, Woyzeck rasiert ihn.

HAUPTMANN: Langsam, Woyzeck, langsam; eins nach dem andern. Er macht mir ganz schwindlich. Was soll ich dann mit den zehn Minuten anfange, die Er heut zu früh fertig wird? Woyzeck, bedenk' Er, Er hat noch seine schöne dreißig Jahr zu leben, dreißig Jahr! macht 360 Monate, und Tage, Stunden, Minuten! Was will Er denn mit der ungeheuren Zeit all anfangen? Teil Er sich ein, Woyzeck.

WOYZECK: Jawohl, Herr Hauptmann.

HAUPTMANN: Es wird mir ganz angst um die Welt, wenn ich an die Ewigkeit denke. Beschäftigung, Woyzeck, Beschäftigung! Ewig, das ist ewig, das ist ewig, das siehst du ein; nun ist es aber wieder nicht ewig, und das ist ein Augenblick, ja, ein Augenblick – Woyzeck, es schaudert mich, wenn ich denk, dass sich die Welt in einem Tag herumdreht, was 'ne Zeitverschwendung, wo soll das hinaus? Woyzeck, ich kann kein Mühlrad mehr sehn, oder ich werd' melancholisch.

WOYZECK: Jawohl, Herr Hauptmann.

HAUPTMANN: Woyzeck, Er sieht immer so verhetzt aus. Ein guter Mensch tut das nicht, ein guter Mensch, der sein gutes Gewissen hat. – Red' Er doch was Woyzeck. Was ist heut für Wetter?

WOYZECK: Schlimm, Herr Hauptmann, schlimm; Wind.

HAUPTMANN: Ich spür's schon, s' ist so was Geschwindes draußen; so ein Wind macht mir den Effekt wie eine Maus. *Pfiffig.* Ich glaub' wir haben so was aus Süd-Nord.

WOYZECK: Jawohl, Herr Hauptmann.

HAUPTMANN: Ha! Ha! Ha! Süd-Nord! Ha! Ha! Ha! Er ist dumm, ganz abscheulich dumm. *Gerührt.* Woyzeck, Er ist ein guter Mensch, ein guter Mensch – aber *mit Würde* Woyzeck, Er hat keine Moral! Moral, das ist, wenn man moralisch ist, versteht Er. Es ist ein gutes Wort. Er hat ein Kind, ohne den Segen der Kirche, wie unser hochehrwürdiger Herr Garnisonsprediger sagt, ohne den Segen der Kirche, es ist nicht von mir.

WOYZECK: Herr Hauptmann, der liebe Gott wird den armen Wurm nicht drum ansehn, ob das Amen drüber gesagt ist, eh' er gemacht wurde. Der Herr sprach: Lasset die Kindlein zu mir kommen.

HAUPTMANN: Was sagt Er da? Was ist das für 'ne kuriose Antwort? Er macht mich ganz konfus mit seiner Antwort. Wenn ich sag: Er, so mein ich Ihn, Ihn.

WOYZECK: Wir arme Leut. Sehn Sie, Herr Hauptmann, Geld, Geld. Wer kein Geld hat. Da setz eimal einer seinsgleichen auf die Moral in die Welt. Man hat auch sein Fleisch und Blut. Unseins ist doch einmal unselig in der und der andern Welt, ich glaub', wenn wir in Himmel kämen, so müssten wir donnern helfen.

HAUPTMANN: Woyzeck, Er hat keine Tugend, Er ist kein tugendhafter Mensch. Fleisch und Blut? Wenn ich am Fenster lieg, wenn's geregnet hat, und den weißen Strümpfen so nachsehe, wie sie über die Gassen springen – verdammt Woyzeck –, da kommt mir die Liebe. Ich hab auch Fleisch und Blut. Aber Woyzeck, die Tugend, die Tugend! Wie sollte ich dann die Zeit herumbringen? Ich sag' mir immer: Du bist ein tugendhafter Mensch, *gerührt* ein guter Mensch, ein guter Mensch.

WOYZECK: Ja, Herr Hauptmann, die Tugend! Ich hab's noch nicht so aus. Sehn Sie, wir gemeine Leut, das hat keine Tugend, es kommt einem nur so die Natur, aber wenn ich ein Herr wär und hätt ein Hut und eine Uhr und eine Anglaise[1] und könnt vornehm reden, ich wollt schon tugendhaft sein. Es muss was Schöns sein um die Tugend, Herr Hauptmann. Aber ich bin ein armer Kerl.

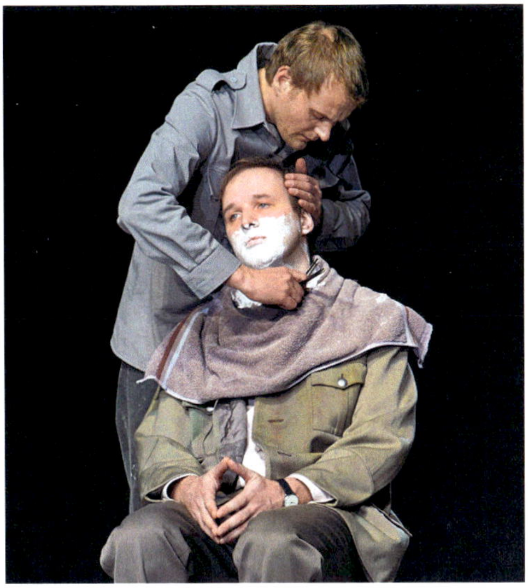

Deutsches Schauspielhaus Hamburg, „Woyzeck" (2005), Regie: Laurent Chetouane. Im Bild: Stephan Grossmann und David Striesow

HAUPTMANN: Gut Woyzeck. Du bist ein guter Mensch, ein guter Mensch. Aber du denkst zu viel, das zehrt, du siehst immer so gehetzt aus. Der Diskurs hat mich ganz angegriffen. Geh' jetzt, und renn nicht so; langsam, hübsch langsam die Straße hinunter.

1 **Anglaise:** tailliertes, vornehmes Kleidungsstück (Rock, Mantel) des 18. Jh.s

1 Vergleichen Sie die Redeweise des Hauptmanns mit derjenigen Woyzecks.

2 **a** Rekonstruieren Sie aus der Rede des Hauptmanns dessen Vorstellung von Moral.
b Vergleichen Sie die Vorstellung des Hauptmanns mit der Woyzecks: Was will Woyzeck sagen, wenn er „Tugend" und „Natur" einander gegenüberstellt und „Tugend" mit Reichtum verbindet?

3 Halten Sie die Szene für eine realistische Schilderung der Wirklichkeit in einer kleinen Garnisonsstadt der Zeit oder für eine Satire? Begründen Sie.

4 Die Szene Woyzeck – Hauptmann eignet sich gut für eine szenische Interpretation (▸ S. 184). Probieren und präsentieren Sie eine eigene Umsetzung.

Georg Büchner: **Der hessische Landbote** (1834)

Büchner kam 1833 von Straßburg nach Gießen zurück. Er gründete die „Gesellschaft für Menschenrechte", eine revolutionäre Geheimgesellschaft, die den politischen Umsturz in Hessen zum Ziel hatte. Um die Landbevölkerung zu gewinnen, verfasste er die Flugschrift „Der hessische Landbote". Es existieren zwei Drucke, zusammen etwa 1000 Exemplare, die heimlich verteilt wurden. Beide wurden von Büchners Mitstreiter, dem Theologen Ludwig Weidig, redigiert. Büchner hatte die Fakten und materiellen Interessen der Bauern im Blick, Weidig das soziale Unrecht, das der göttlichen Ordnung widerspreche. Die Polizei wurde auf die Aktion aufmerksam gemacht. Büchner konnte im letzten Moment fliehen. Weidig wurde verhaftet, verhört und nahm sich in der Haft das Leben.

ERSTE BOTSCHAFT Darmstadt, im Nov. 1834

Friede den Hütten! Krieg den Palästen!

Im Jahr 1834 siehet es aus, als würde die Bibel Lügen gestraft. Es sieht aus, als hätte Gott die Bauern und Handwerker am 5ten Tage und die Fürsten und Großen am 6ten gemacht, und als hätte der Herr zu diesen gesagt: Herrschet über alles Getier, das auf Erden kriecht, und hätte die Bauern und Bürger zum Gewürm gezählt. Das Leben der Fürsten ist ein langer Sonntag; das Volk aber liegt vor ihnen wie Dünger auf dem Acker. Der Bauer geht hinter dem Pflug, der Beamte des Fürsten geht aber hinter dem Bauer und treibt ihn mit den Ochsen am Pflug; der Fürst nimmt das Korn und lässt dem Volke die Stoppeln. Das Leben des Bauern ist ein langer Werktag; Fremde verzehren seine Äcker vor seinen Augen, sein Leib ist eine Schwiele, sein Schweiß ist das Salz auf dem Tische des Zwingherren.

Im Großherzogtum Hessen sind 718 373 Einwohner, die geben an den Staat jährlich an 6 363 364 Gulden, als

1. Direkte Steuern	2 128 131 fl.[1]
2. Indirekte Steuern	2 478 264 fl.
3. Domänen	1 547 394 fl.
4. Regalien	46 938 fl.
5. Geldstrafen	98 511 fl.
6. Verschiedene Quellen	64 198 fl.
	6 363 363 fl.

Dies Geld ist der Blutzehnte, der von dem Leib des Volkes genommen wird. An 700 000 Menschen schwitzen, stöhnen und hungern dafür. Im Namen des Staates wird es erpresst, die Presser berufen sich auf die Regierung, und die Regierung sagt, das sei nötig, die Ordnung im Staat zu erhalten. [...]

Hebt die Augen auf und zählt das Häuflein eurer Presser, die nur stark sind durch das Blut, das sie euch aussaugen, und durch eure Arme, die ihr ihnen willenlos leihet. Ihrer sind vielleicht 10 000 im Großherzogtum, und Eurer sind es 700 000, und also verhält sich die Zahl des Volkes zu seinen Pressern auch im übrigen Deutschland. Wohl drohen sie mit dem Rüstzeug und den Reisigen[2] der Könige, aber ich sage euch: Wer das Schwert erhebt gegen das Volk, der wird durch das Schwert des Volkes umkommen. Deutschland ist jetzt ein Leichenfeld, bald wird es ein Paradies sein. Das deutsche Volk ist Ein Leib, ihr seid ein Glied dieses Leibes. Es ist einerlei, wo die Scheinleiche zu zucken anfängt. Wann der Herr euch seine Zeichen gibt durch die Männer, durch welche er die Völker aus der Dienstbarkeit zur Freiheit führt, dann erhebet euch, und der ganze Leib wird mit euch aufstehen.

Ihr bücktet euch lange Jahre in den Dornäckern der Knechtschaft, dann schwitzt ihr einen Sommer im Weinberge der Freiheit und werdet frei sein bis ins tausendste Glied.

1 **fl.:** Abkürzung für Florin (franz. für Gulden)
2 **Reisige:** Söldner, Soldaten

1 **a** Was in Büchners/Weidigs Flugblatt erinnert Sie sprachlich an eine Informationsbroschüre, was an eine Predigt? Belegen Sie die rhetorischen Mittel (▸ S. 242 ff.) dieser beiden Textsorten durch Textzitate (▸ S. 606).

b Ziehen Sie aus Ihren Beobachtungen Rückschlüsse auf Büchners und Weidigs Einschätzungen der Adressaten des Flugblatts.

2 Es gibt zahlreiche Analysen des „Hessischen Landboten“.

a Wählen Sie eine der folgenden Fragestellungen aus und machen Sie sich sachkundig. Geben Sie einen Überblick über die verschiedenen Einschätzungen und Meinungen:
- Wer ist der Verfasser? Hat Büchner sich in die Rolle eines Predigers begeben oder ist der Pfarrer Weidig der Verantwortliche?
- Was ist die Absicht des Flugblatts: direkte revolutionäre Aktion oder Aufklärung der Landbevölkerung?
- Wie wird der Erfolg des Blattes bewertet?

b Ergänzen Sie Ihre eigenen Beobachtungen am Text durch die Bewertungen des „Landboten“, die Sie bei Ihrer Recherche gefunden haben.

Georg Büchner wurde steckbrieflich gesucht. Er floh nach Frankreich. Heinrich Heine ging bereits 1831 nach Paris, nachdem das preußische Oberzensurkollegium den vierten Teil seiner Reisebilder verboten hatte. 1835 beschloss die deutsche Bundesversammlung das Verbot seiner sämtlichen Bücher.
Dennoch schrieb Heine in Paris als Journalist für die „Augsburger Allgemeine Zeitung" über Frankreich und gleichzeitig für die Franzosen über deutsche Philosophie und deutsche Literatur. Er wollte Vermittler zwischen den „beiden auserwählten Völkern der Humanität" sein.
Heine sah in Frankreich den Weg vorgezeichnet, den seiner Meinung nach auch Deutschland gehen würde. Frankreich bedeutete für ihn eine Hoffnung und ein Versprechen: Die Erneuerung Europas würde sich von Frankreich aus über den Kontinent verbreiten, so wie das schon einmal unter Napoleon der Fall gewesen war.

Heinrich Heine: **Anno 1839**

O, Deutschland, meine ferne Liebe,
Gedenk' ich deiner, wein' ich fast!
Das muntre Frankreich scheint mir trübe,
Das leichte Volk wird mir zur Last.

Nur der Verstand, so kalt und trocken,
Herrscht in dem witzigen Paris –
O, Narrheitsglöcklein, Glaubensglocken,
Wie klingelt ihr daheim so süß!

Höfliche Männer! Doch verdrossen
Geb' ich den art'gen Gruß zurück. –
Die Grobheit, die ich einst genossen
Im Vaterland, das war mein Glück!

Lächelnde Weiber! Plappern immer,
Wie Mühlenräder stets bewegt!
Da lob' ich Deutschlands Frauenzimmer,
Das schweigend sich zu Bette legt.

Und alles dreht sich hier im Kreise,
Mit Ungestüm, wie'n toller Traum!
Bei uns bleibt alles hübsch im Gleise,
Wie angenagelt, rührt sich kaum.

Mir ist, als hört' ich fern erklingen
Nachtwächterhörner, sanft und traut;
Nachtwächterlieder hör' ich singen,
Dazwischen Nachtigallenlaut.

Dem Dichter war so wohl daheime,
In Schildas teurem Eichenhain!
Dort wob ich meine zarten Reime
Aus Veilchenduft und Mondenschein.

1 Heines Gedicht wird von den einen als Kritik an Deutschland, von anderen als ironisch formulierte Liebeserklärung an sein Heimatland angesehen.

- **a** Stellen Sie die Bilder von Frankreich, den Franzosen und Paris gegen das Bild, das von Deutschland gezeichnet wird.
- **b** Überlegen Sie, welche Reaktionen von einem national, welche von einem liberal eingestellten Publikum in Deutschland zu erwarten waren. Begründen Sie Ihre Einschätzung (möglichst) nah am Text.

2 Prüfen Sie die Ernsthaftigkeit und/oder Ironie der einzelnen Aussagen Heines zu Deutschland und Frankreich, indem Sie aus dem Gedicht „Anno 1839" ein fiktives Frage-und-Antwort-Interview entwickeln:
FRAGE: Herr Heine, Sie sind nach 13 Jahren Exil in Paris heute zum ersten Mal in die Stadt Ihrer Jugend zurückgekehrt. Hier in Hamburg haben Sie Ihr berühmtes „Buch der Lieder" zusammengestellt, hier wohnen Ihre Mutter, Ihr Verleger Campe …
HEINE: …

Im Spätherbst 1843 (im dreizehnten Jahr seines Pariser Exils) reiste Heine inkognito durch Preußen, von Aachen und Köln über Paderborn und Minden nach Hamburg, wo seine Mutter wohnte. In seinem satirischen Reiseepos „Deutschland. Ein Wintermärchen" zeichnet er ein Land in politischer Winterstarre. Gleich im berühmten ersten Kapitel formuliert er aber auch ein politisches Manifest:

Heinrich Heine: **Deutschland. Ein Wintermärchen** (1844)

Ein neues Lied, ein besseres Lied,
O Freunde, will ich euch dichten!
Wir wollen hier auf Erden schon
Das Himmelreich errichten.

Wir wollen auf Erden glücklich sein,
Und wollen nicht mehr darben;
Verschlemmen soll nicht der faule Bauch,
Was fleißige Hände erwarben.

Es wächst hienieden Brot genug
Für alle Menschenkinder,
Auch Rosen und Myrten, Schönheit und Lust,
Und Zuckererbsen nicht minder.

Ja, Zuckererbsen für jedermann,
Sobald die Schoten platzen!
Den Himmel überlassen wir
Den Engeln und den Spatzen.

[...]

Die Jungfer Europa ist verlobt
Mit dem schönen Geniusse
Der Freiheit, sie liegen einander im Arm,
Sie schwelgen im ersten Kusse.

Und fehlt der Pfaffensegen dabei,
Die Ehe wird gültig nicht minder –
Es lebe Bräutigam und Braut,
Und ihre zukünftigen Kinder!

1 Welche Forderungen stellt Heine in seinem „neuen Lied"? Überlegen Sie, welche Aspekte der Zeit-Diskussion um soziale Gerechtigkeit er aufgreift. Welches Verhältnis zur Autorität der Kirche wird zudem deutlich?

2 Setzen Sie Heines Verse in einen Zeitungsartikel mit dem Titel „Utopisches Denken im Vormärz" um. Beachten Sie dabei, dass Heine für sein auf Erden zu errichtendes Himmelreich nicht nur Brot genug, sondern auch Schönheit, Lust und Zuckererbsen fordert.

Als im Jahr 1844, kurz nach Heines Deutschlandreise, in Schlesien ein Hungeraufstand der Leinweber ausbrach und bald darauf vom preußischen Militär blutig niedergeschlagen wurde, verfasste Heine für die Pariser Exil-Zeitschrift „Vorwärts“ (damaliger Chefredakteur war Karl Marx) das Gedicht „Die armen schlesischen Weber“, das sogleich auch als Flugblatt mit dem Titel „Weberlied“ nach Deutschland geschmuggelt wurde und weite Verbreitung fand.

Heinrich Heine: **Weberlied** (1844)

Weberlied.

Im düstern Auge keine Thräne,
Sie sitzen am Web'stuhl und fletschen die Zähne;
Alt-Deutschland, wir weben dein Leichentuch,
Wir weben hinein den dreifachen Fluch.
Wir weben, wir weben!

Ein Fluch dem Gotte, dem blinden, dem tauben,
Zu dem wir gebetet mit kindlichem Glauben.
Wir haben vergeblich gehofft und geharrt,
Er hat uns geäfft und gefoppt und genarrt.
Wir weben, wir weben!

Ein Fluch dem König, dem König der Reichen,
Den unser Elend nicht konnte erweichen,
Der uns den letzten Groschen erpreßt
Und uns, wie die Hunde, erschießen läßt.
Wir weben, wir weben!

Ein Fluch dem falschen Vaterlande,
Wo nur gedeihen Trug und Schande,
Wo nur Verwesung und Todtengeruch;
Alt-Deutschland, wir weben dein Leichentuch.
Wir weben, wir weben!

Heinrich Heine.

1 „Für König, Gott und Vaterland“ war ein Motto des preußischen Militärs. Stellen Sie dar, wie die Weber in Heines Gedicht König, Gott und Vaterland bewerten.

2 Passt der „dreifache Fluch“ der Weber eher zu den hungernden Webern oder eher zu den bürgerlichen Oppositionellen um Heine? Entwerfen Sie einen fiktiven Dialog zwischen einem der aufständischen Weber und einem Journalisten, der den Ideen Heines nahesteht:
- Klären Sie in diesem Dialog die beiden Positionen. Was will welche Gruppe erreichen?
- Verdeutlichen Sie aus Sicht des Webers, wie der Protest der bürgerlichen Opposition auf die Aufständischen wirkt.

3 **Referat:** Neben Heines „Weberlied“ griffen auch Reportagen, Zeitungsartikel und weitere politische Gedichte die Parteinahme der preußischen Regierung für Besitzbürger und Industrie scharf an. Recherchieren Sie in Geschichtsbüchern und im Internet und verfassen Sie ein Referat über die Ereignisse in Schlesien und deren Bedeutung für die politische Entwicklung hin zur Revolution von 1848.

Seit den Protesten des Hambacher Fests im Jahr 1832 hatte sich in Deutschland für die arme Bevölkerung wenig zum Besseren geändert. Noch immer schufteten die Bauern auf den Feldern für Steuern und Abgaben, arbeiteten Kinder und Frauen mehr als sechzig Wochenstunden in Textilfabriken. Die liberalen Besitzbürger hingegen hatten ihren Frieden mit der Regierung gemacht. Handel, Bergbau und Industrie erlebten einen Aufschwung und brachten ihnen Profite. Gleichzeitig entstand in schnell wachsenden Städten die Schicht der lohnabhängigen Arbeiterschaft, des so genannten Proletariats.

Georg Weerth: **Die rheinischen Weinbauern** (1846)

Georg Weerth, 1822 in Detmold geboren, starb 1856 in Havanna (Kuba). Nach einer Kaufmannslehre wurde er Kontorist einer Textilfirma in England. Er schrieb Gedichte, lernte Friedrich Engels und Karl Marx kennen. 1848/49 war er Redakteur bei der von Marx herausgegebenen „Neuen Rheinischen Zeitung". Der Publizist Friedrich Engels bezeichnete ihn in einem Nachruf als den „ersten deutschen Dichter des Proletariats".

An Aar und Mosel glänzten
Die Trauben gelb und rot;
Die dummen Bauern meinten,
Sie wären aus jeder Not.

Da kamen die Handelsleute
Herüber aus aller Welt:
„Wir nehmen ein Drittel der Ernte
Für unser geliehenes Geld!"

Da kamen die Herren Beamten
Aus Koblenz und aus Köln:
„Das zweite Drittel gehöret
Dem Staate an Steuern und Zölln!"

Und als die Bauern flehten
Zu Gott in höchster Pein,
Da schickt er ein Hageln und Wettern
Und brüllte: „Der Rest ist mein!"

Viel Leid geschieht jetzunder,
Viel Leid und Hohn und Spott,
Und wen der Teufel nicht peinigt,
Den peinigt der liebe Gott!

Neue
Rheinische Zeitung
Organ der Demokratie.

№ 301. Köln, Samstag den 19. Mai. 1849.

Abschiedswort der Neuen Rheinischen Zeitung.

Kein offner Hieb in offner Schlacht
Es fallen die Nücken und Tücken,
Es fällt mich die schleichende Niedertracht
Der schmutzigen West-Kalmücken!
Aus dem Dunkel flog der tödtende Schaft,
Aus dem Hinterhalt fielen die Streiche –
Und so lieg' ich nun da in meiner Kraft,
Eine stolze Rebellenleiche!

Auf der Lippe den Trotz und den zuckenden Hohn
In der Hand den blitzenden Degen,
Noch im Sterben rufend: „Die Rebellion!" –
So bin ich mit Ehren erlegen.
O, gern wohl bestreuten mein Grab mit Salz
Der Preuße zusammt dem Czare
Doch es schicken die Ungarn, es schickt die Pfalz
Drei Salven mir über die Bahre!

Und der arme Mann im zerriss'nen Gewand,
Er wirft auf mein Haupt die Schollen;
Er wirft sie hinab mit der fleißigen Hand,
Mit der harten, der schwielenvollen.
Einen Kranz auch bringt er aus Blumen und Mai'n,
Zu ruh'n auf meinen Wunden;
Den haben sein Weib und sein Töchterlein
Nach der Arbeit für mich gewunden.

Nun Ade, nun Ade, du kämpfende Welt,
Nun Ade, ihr ringenden Heere!
Nun Ade, du pulvergeschwärztes Feld,
Nun Ade, ihr Schwerter und Speere!
Nun Ade – doch nicht für immer Ade!
Denn sie tödten den Geist nicht, ihr Brüder!
Bald richt' ich mich rasselnd in die Höh',
Bald kehr' ich reisiger wieder!

Wenn die letzte Krone wie Glas zerbricht,
In des Kampfes Wettern und Flammen,
Wenn das Volk sein letztes „Schuldig!" spricht,
Dann stehn wir wieder zusammen!
Mit dem Wort, mit dem Schwert, an der Donau, am Rhein, –
Eine allzeit treue Gesellin
Wird dem Throne zerschmetternden Volke sein
Die Geächtete, die Rebellin!

F. FREILIGRATH.

An die Arbeiter Kölns.

Wir warnen Euch schließlich vor jedem Putsch in Köln. Nach der militärischen Lage Kölns wäret ihr rettungslos verloren. Ihr habt in Elberfeld gesehen, wie die Bourgeoisie die Arbeiter ins Feuer schickt und sie hinterher aufs Niederträchtigste verräth. Der Belagerungszustand in Köln würde die ganze Rheinprovinz demoralisiren und der Belagerungszustand wäre die nothwendige Folge jeder Erhebung von Eurer Seite in diesem Augenblicke. Die Preußen werden an Eurer Ruhe verzweifeln.

Die Redakteure der Neuen Rheinischen Zeitung danken Euch beim Abschiede für die ihnen bewiesene Theilnahme. Ihr letztes Wort wird überall und immer sein: Emancipation der arbeitenden Klasse!

Die Redaktion der Neuen Rhein. Zeitung.

1 **a** Beschreiben Sie Form und Inhalt des Gedichts.

b Ist der Text Ihrer Meinung nach eine politische Satire gegen Gott, Staat und frühe kapitalistische Unternehmer, ein Volkslied, in dem Erfahrungen der Bevölkerung volkstümlich vorgetragen werden oder „Elendspoesie", d. h. literarische (und zumeist sentimentale) Darstellung von Armut?
Wählen Sie eine der drei Deutungen aus und begründen Sie Ihre Sicht möglichst nahe am Text, aber auch durch Heranziehung historischer Informationen, die Sie sich beschaffen müssen.

2 Benennen Sie Gemeinsamkeiten zwischen Heines „Weberlied" (▶ S. 443) und Weerths Gedicht. Wie werden die Verhältnisse in Deutschland dargestellt? Gibt es Hoffnung auf eine bessere Zukunft?

4.2 Frührealismus: Biedermeier – Erfüllte Augenblicke statt politischer Tageszeiten

Die Metternich'sche Restauration hatte die Hoffnungen auf eine demokratische Entwicklung in Deutschland sinken lassen. Der wenig erfolgreiche Versuch, es auch in Deutschland „Tag" werden zu lassen (Hambacher Fest 1832, ▶ S. 436 f.), verstärkte bei vielen Dichtern die Tendenz, sich aus den politischen Auseinandersetzungen herauszuhalten. **Adalbert Stifter** und **Eduard Mörike** können als Beispiele dienen. Ihre Gedichte, Erzählungen und Romane nehmen keine politischen Themen auf.

Eduard Mörike: **Septembermorgen** (1827)

Im Nebel ruhet noch die Welt,
Noch träumen Wald und Wiesen:
Bald siehst du, wenn der Schleier fällt,
Den blauen Himmel unverstellt,
Herbstkräftig die gedämpfte Welt
In warmem Golde fließen.

Georg Herwegh: **Morgenruf** (1841) – Erste Strophe

Die Lerche war's, nicht die Nachtigall,
Die eben am Himmel geschlagen:
Schon schwingt er sich auf, der Sonnenball,
Vom Winde des Morgens getragen.
Der Tag, der Tag ist erwacht!
    Die Nacht,
Die Nacht soll blutig verenden. –
Heraus, wer ans ewige Licht noch glaubt!
Ihr Schläfer, die Rosen der Liebe vom Haupt
Und ein flammendes Schwert um die Lenden!

Heinrich Heine: **An Georg Herwegh** (1842)

Georg Herwegh war mit seinen „Gedichten eines Lebendigen" 1841 schlagartig berühmt geworden. Nach einer erfolgreichen Vortragsreise durch Deutschland führte das Bekanntwerden eines Protestbriefs an König Friedrich Wilhelm IV. zur Ausweisung aus Preußen. Im Pariser Exil hatte Herwegh auch Umgang mit Heinrich Heine, der ihn mit dem folgenden Gedicht begrüßte:

Herwegh, du eiserne Lerche,
Mit klirrendem Jubel steigst du empor
Zum heilgen Sonnenlichte!
Ward wirklich der Winter zunichte?
Steht wirklich Deutschland im Frühlingsflor?

Carl Spitzweg: Der Sonntagsspaziergang (1841)

Herwegh, du eiserne Lerche,
Weil du so himmelhoch dich schwingst,
Hast du die Erde aus dem Gesichte
Verloren – Nur in deinem Gedichte
Lebt jener Lenz, den du besingst.

1 **a** Untersuchen Sie in den Gedichten Mörikes und Herweghs die Bedeutung des „Morgens".
b Beziehen Sie die Ergebnisse Ihrer Textbeobachtung auf den Unterschied zwischen der später „Biedermeier" genannten literarischen Strömung und der des Vormärz.

2 Wie charakterisiert Heine Herweghs politische Poesie und welche Haltung nimmt er selbst gegenüber den politischen Hoffnungen des Vormärz-Autors ein?

Adalbert Stifter: **Aus der Vorrede zu „Bunte Steine"** (1853)

Adalbert Stifter (1805–1868) studierte Jura in Wien, er war Hauslehrer (u.a. bei der Familie Metternich), Zeitungen druckten seine ersten Erzählungen (z.B. „Der Kondor"). 1849 veröffentlichte er die Erzählung „Die Landschule" und wurde selbst Schulrat. Seine Prosa ist typisch für den biedermeierlichen Realismus.

Die Kraft, welche die Milch im Töpfchen der armen Frau emporschwellen und übergehen macht, ist es auch, die die Lava in dem Feuer speienden Berge emportreibt und auf den Flächen der Berge hinabgleiten lässt. Nur augenfälliger sind diese Erscheinungen und reißen den Blick des Unkundigen und Unaufmerksamen mehr an sich, während der Geisteszug des Forschers vorzüglich auf das Ganze und Allgemeine geht und nur in ihm allein Großartigkeit zu erkennen vermag, weil es allein das Welterhaltende ist. Die Einzelheiten gehen vorüber, und ihre Wirkungen sind nach Kurzem kaum noch erkennbar. [...] Da die Menschen in der Kindheit waren, ihr geistiges Auge von der Wissenschaft noch nicht berührt war, wurden sie von dem Nahestehenden und Auffälligen ergriffen und zu Furcht und Bewunderung hingerissen: Aber als ihr Sinn geöffnet wurde, da der Blick sich auf den Zusammenhang zu richten begann, so sanken die einzelnen Erscheinungen immer tiefer, und es erhob sich das Gesetz immer höher, die Wunderbarkeiten hörten auf, das Wunder nahm zu.

So wie es in der äußeren Natur ist, so ist es auch in der inneren, in der des menschlichen Geschlechtes. Ein ganzes Leben voll Gerechtigkeit, Einfachheit, Bezwingung seiner selbst, Verstandesgemäßheit, Wirksamkeit in seinem Kreise, Bewunderung des Schönen, verbunden mit einem heiteren gelassenen Sterben, halte ich für groß: Mächtige Bewegungen des Gemütes, furchtbar einherrollender Zorn, die Begier nach Rache, den entzündeten Geist, der nach Tätigkeit strebt, umreißt, ändert, zerstört und in der Erregung oft das eigene Leben hinwirft, halte ich nicht für größer, sondern für kleiner, da diese Dinge so gut nur Hervorbringungen einzelner und einseitiger Kräfte sind, wie Stürme, Feuer speiende Berge, Erdbeben. Wir wollen das sanfte Gesetz zu erblicken suchen, wodurch das menschliche Geschlecht geleitet wird.

Das sanfte Gesetz: Im Kleinen die Gesetze erkennen, die auch das Große regieren

In der „äußeren Natur": das Gesetz der Eruption durch Überhitzung	Die Milch im Topf 	Die Lava im Berg 
In der „inneren Natur" der Menschen: Regeln des menschlichen Zusammenlebens	Der Einzelne im nahen Umfeld der Familie: Gelassenheit, Vertrauen, Einfachheit, Gerechtigkeit mit Blick auf einzelne Erfahrungen	Der Blick auf große (z.B. politische) Zusammenhänge, auf „mächtige Bewegungen des Gemüts", „furchtbar einherrollender Zorn"
In der Entwicklung der menschlichen Gesellschaft: der Gegensatz der beharrenden und vorwärtsdrängenden Kräfte	Das Nahestehende und Auffällige wahrnehmen und als „Wunderbarkeit" erfassen	Furcht und Bewunderung auslösende große Kräfte und „Wunder" der Wissenschaft erforschen

1 Fassen Sie ausgehend von Text und Grafik in eigenen Worten zusammen, was Stifter unter dem „sanften Gesetz" versteht.

2 Suchen Sie weitere Beispiele, an denen das „sanfte Gesetz" erläutert werden könnte.

Eduard Mörike: **Mozart auf der Reise nach Prag** (1856)

Zum hundertsten Geburtstag Mozarts verfasste Eduard Mörike die Novelle „Mozart auf der Reise nach Prag“. Er erfindet hier eine Episode in Mozarts Biografie, die die Gesetze des schöpferischen Genies in dem Spiegel einer beiläufigen Begebenheit demonstriert: Auf seiner Reise von Wien nach Prag machen Mozart und seine Frau Konstanze Halt in einem böhmischen Dorf. Mozart geht im nahe gelegenen Schlossgarten spazieren.

Von der Mitte zweier großen, noch reichlich blühenden Blumenparterre ging unser Meister nach den buschigen Teilen der Anlagen zu, berührte ein paar schöne dunkle Piniengruppen und lenkte seine Schritte auf vielfach gewundenen Pfaden, indem er sich allmählich den lichteren Partien wieder näherte, dem lebhaften Rauschen eines Springbrunnens nach, den er sofort erreichte. [...] Das Ohr behaglich dem Geplätscher des Wassers hingegeben, das Aug' auf einen Pomeranzenbaum von mittlerer Größe geheftet, der außerhalb der Reihe, einzeln, ganz dicht an seiner Seite auf dem Boden stand und voll der schönsten Früchte hing, ward unser Freund durch diese Anschauung des Südens alsbald auf eine liebliche Erinnerung aus seiner Knabenzeit geführt. Nachdenklich lächelnd reicht er hinüber nach der nächsten Frucht, als wie um ihre herrliche Ründe, ihre saftige Kühle in hohler Hand zu fühlen. Ganz im Zusammenhang mit jener Jugendszene aber, die wieder vor ihm aufgetaucht, stand eine längst verwischte musikalische Reminiszenz, auf deren unbestimmter Spur er sich ein Weilchen träumerisch erging. Jetzt glänzen seine Blicke, sie irren da und dort umher, er ist von einem Gedanken ergriffen, den er sogleich eifrig verfolgt. Zerstreut hat er zum zweiten Mal die Pomeranze angefasst, sie geht vom Zweige los und bleibt ihm in der Hand. Er sieht und sieht es nicht; ja so weit geht die künstlerische Geistesabwesenheit, dass er, die duftige Frucht beständig unter der Nase hin und her wirbelnd und bald den Anfang, bald die Mitte einer Weise unhörbar zwischen den Lippen bewegend, zuletzt instinktmäßig ein emailliertes Etui aus der Seitentasche des Rocks hervorbringt, ein kleines Messer mit silbernem Heft daraus nimmt und die gelbe kugelige Masse von oben nach unten langsam durchschneidet. Es mochte ihn dabei entfernt ein dunkles Durstgefühl geleitet haben, jedoch begnügten sich die angeregten Sinne mit Einatmung des köstlichen Geruchs. Er starrt minutenlang die beiden innern Flächen an, fügt sie sachte wieder zusammen, ganz sachte, trennt und vereinigt sie wieder.
Da hört er Tritte in der Nähe, er erschrickt, und das Bewusstsein, wo er ist, was er getan, stellt sich urplötzlich bei ihm ein. Schon im Begriff, die Pomeranze zu verbergen, hält er doch gleich damit inne, sei es aus Stolz, sei's, weil es zu spät dazu war. Ein großer, breitschulteriger Mann in Livree, der Gärtner des Hauses, stand vor ihm.

1 Analysieren Sie diesen Auszug aus der Novelle „Mozart auf der Reise nach Prag“:
  a Beschreiben Sie, wie Mörike den Komponisten und Menschen Mozart darstellt. Gehen Sie dabei auf Mozarts Sinneseindrücke, Erinnerungen und seine geistige Verfassung ein.
  b Welche Korrespondenzen zwischen innen (Mozarts Gemütszustand) und außen (dem Park, dem Brunnen, dem südlichen Ambiente der Orangerie) können Sie beobachten?

2 Vollziehen Sie nach, wie Mörike den Augenblick der musikalischen Inspiration darstellt:
- Wie versteht er die „künstlerische Geistesabwesenheit“?
- Welche Bedeutung hat die „Einatmung des köstlichen Geruchs“?
- Warum zerschneidet Mozart die Orange und starrt auf die „inneren Flächen“?
- Warum fügt er die beiden Teile immer wieder zusammen?

Annette von Droste-Hülshoff: **Am Turme** (1842)

Annette von Droste-Hülshoff (1797–1848) stammte aus dem westfälischen Adel und führte ein sehr zurückgezogenes Leben. 1842 schrieb sie die Novelle „Die Judenbuche". Berühmt wurde die Dichterin vor allem durch ihre Lyrik, in der sie auch zu den Lebensbedingungen einer Frau zu ihrer Zeit Stellung nahm.

Ich steh' auf hohem Balkone am Turm,
Umstrichen vom schreienden Stare,
Und lass' gleich einer Mänade[1] den Sturm
Mir wühlen im flatternden Haare;
O wilder Geselle, o toller Fant,
Ich möchte dich kräftig umschlingen
Und, Sehne an Sehne, zwei Schritte am Rand
Auf Tod und Leben dann ringen!

Und drunten seh' ich am Strand, so frisch
Wie spielende Doggen, die Wellen
Sich tummeln rings mit Geklaff und Gezisch
Und glänzende Flocken schnellen.
O, springen möcht' ich hinein alsbald,
Recht in die tobende Meute,
Und jagen durch den korallenen Wald
Das Walross, die lustige Beute!

Droste-Hülshoff auf Schloss Meersburg (Holzstich, undatiert)

Und drüben seh' ich ein' Wimpel wehn
So keck wie eine Standarte,
Seh' auf und nieder den Kiel sich drehn
Von meiner luftigen Warte;
O, sitzen möcht' ich im kämpfenden Schiff,
Das Steuerruder ergreifen
Und zischend über das brandende Riff
Wie eine Seemöwe streifen.

Wär' ich ein Jäger auf freier Flur,
Ein Stück nur von einem Soldaten,
Wär' ich ein Mann doch mindestens nur,
So würde der Himmel mir raten;
Nun muss ich sitzen so fein und klar,
Gleich einem artigen Kinde,
Und darf nur heimlich lösen mein Haar
Und lassen es flattern im Winde!

1 **Mänade (auch: Bacchantin):** wilde Anhängerin des Weingottes Bacchus

1 **a** Stellen Sie die Haltung der Sprecherin, ihre Gedanken, Wünsche und Gesten, dem Verhalten eines „artigen Kinde[s]" (V. 30) gegenüber.
b Die Sprecherin steht in Meersburg am Turm und blickt auf den Bodensee, das Schwäbische Meer. Übersetzen Sie ihre Gedanken in einen inneren Monolog.

2 Vergleichen Sie das Manifest-Gedicht Louise Astons (▸ S. 449) mit dem Annette von Droste-Hülshoffs. Welches Frauenbild wird jeweils entworfen?

3 Annette von Droste-Hülshoff wird von den Literaturgeschichten dem Biedermeier, Louise Aston dem Vormärz zugerechnet. Nehmen Sie Stellung zu dieser Zuordnung.

Louise Aston: **Lebensmotto** (1846) – Auszug

Louise Aston (1814–1871), Tochter eines evangelischen Pfarrers, wurde im Alter von 17 Jahren zur Heirat mit einem englischen Geschäftsmann gezwungen. Nach einer unglücklichen Ehe ließ sie sich scheiden und lebte in Berlin. Sie nahm aktiv an der Revolution von 1848 teil, schrieb Romane, gab eine Zeitschrift heraus und gründete einen Club emanzipierter Frauen.

[...]
Leben – Meer, das endlos rauschend
Mich auf weiten Fluten trägt:
Deinen Tiefen freudig lauschend
Steh' ich sinnend, stummbewegt.
Stürzt Gewittersturm, der wilde,
Jauchzend sich in's Meer hinein,
Schau' ich in dem Flammenbilde
Meines Lebens Widerschein.
Freiem Leben, freiem Lieben,
Bin ich immer treu geblieben!

Liebe – von der Welt geächtet,
Von dem blinden Wahn verkannt,
Oft gemartert, oft geknechtet,
Ohne Recht und Vaterland;
Fester Bund von stolzen Seelen
Den des Lebens Glut gebar,
Freier Herzen freies Wählen,
Vor der Schöpfung Hochaltar!
Freiem Leben, freiem Lieben,
Bin ich immer treu geblieben!

Und solang' die Pulse beben,
Bis zum letzten Atemzug,
Weih' der Liebe ich dies Leben,
Ihrem Segen, ihrem Fluch!
Schöne Welt, du blühend Eden,
Deiner Freuden reicher Schatz
Gibt für alle Schicksalsfehden
Vollen, köstlichen Ersatz!
Freiem Lieben, freiem Leben,
Hab' ich ewig mich ergeben!

Information **Epochenüberblick – Frührealismus: Junges Deutschland, Vormärz, Biedermeier (1830–1848)**

Geschichte, gesellschaftliche Entwicklung: Nach dem Sturz Napoleons sollten in Europa die vorrevolutionären Verhältnisse wiederhergestellt werden (**Restauration**). Unter Preußens und Österreichs Führung wurde ein deutscher Staatenbund mit Sitz in Frankfurt gegründet. Gleich nach dem Wiener Kongress (1814/15) sorgte der österreichische Kanzler Fürst **Metternich** dafür, dass keiner der deutschen Fürsten die Versprechungen einhielt, mit denen sie ihre Völker in den Krieg gegen Napoleon gelockt hatten (vor allem das Versprechen einer „Verfassung", die bürgerliche Freiheiten und eine Beteiligung der Bürger an der Regierung garantierte). Um die Forderungen des liberal denkenden Bürgertums und der nach nationaler Einheit strebenden bürgerlichen „Patrioten" zu unterbinden, wurde eine strenge Zensur eingeführt. Die Maßnahmen wurden verschärft, nachdem 1830 die Julirevolution in Frankreich erneut auch in Deutschland zu Unruhen geführt hatte. 1835 wurden die Schriften des so genannten „Jungen Deutschland" verboten.

Gemeint waren die Autoren **Heinrich Heine**, **Ludolf Wienbarg**, **Karl Gutzkow**, **Heinrich Laube**. Den journalistisch und politisch führenden Kopf, **Ludwig Börne**, hatte man in der Eile vergessen mit aufzulisten. Diese Autoren bildeten zwar keine zusammenhängende Gruppe, aber sie verstanden sich alle als politische Schriftsteller und Gegner der 36 Landesherren und ihrer Regierungen. Während Deutschland politisch so zu einem „Wintermärchen" (Heine) erstarrte, nahmen Handel und Gewerbe, Industrie, insbesondere Bergbau und Eisenbahnbau, zu. Der Aufstieg der Bourgeoisie und die Verelendung der arbeitenden Bevölkerung in den schnell wachsenden Städten (Pauperismus) nahmen ihren Anfang.

Weltbild: Die politischen und ökonomischen Prozesse hinterließen auch im Denken der Zeit ihre Spuren. Nun sah man die Abhängigkeit des Einzelnen von den Lebensumständen, in die er hineingeboren wird, und man dachte darüber nach, wie Fortschritte hin zu mehr sozialer Gerechtigkeit und mehr Freiheit in persönlichen, wissenschaftlichen oder religiösen Dingen erzielt werden könnten. Auch Fragen der Emanzipation benachteiligter Gruppen (Bauern, Juden, Frauen) wurden diskutiert.

Literatur: Einige der bedeutenden Autoren (**Eduard Mörike**, **Annette von Droste-Hülshoff**, **Adalbert Stifter**) hielten sich aus der Politik heraus und konzentrierten sich auf das „Innenleben" der bürgerlichen Familie und des bürgerlichen Individuums (**Literatur des Biedermeier**). Mit dieser Einstellung gelten sie als Fortführer der Tradition der deutschen Klassik und Wegbereiter des poetischen Realismus. Andere Autoren engagierten sich politisch (**Heinrich Heine**, **Georg Büchner**, **Georg Herwegh**, **Georg Weerth**), um Bewegung in das erstarrte System der Restauration zu bringen (**Literatur des Vormärz**). Sie arbeiteten fast alle auch als Journalisten. Denn die Presse war eine entscheidende politische Macht geworden.

Als 1848 Frankreich wieder Republik wurde, kam es in Deutschland zur so genannten Märzrevolution. Ein erstes deutsches Parlament, die Frankfurter Nationalversammlung, wurde eröffnet. Einige bedeutende Dichter waren Abgeordnete dieses Parlaments (z. B. **Ludwig Uhland**).

Die großen politischen Themen der Zeit, wie Bürgerfreiheit, nationale Einheit, Pressefreiheit, allgemeines Wahlrecht und konstitutionelle Verfassungen, wurden in der Frankfurter Nationalversammlung und von den Dichtern des Vormärz in der Presse gleichermaßen diskutiert.

Nach dem Scheitern der Revolution mussten viele Autoren ins Exil gehen. Sie lebten in der Schweiz, in Frankreich, Belgien, den USA. Nach einer Amnestie 1864 kehrten einige in die Heimat zurück, nur wenige betätigten sich noch politisch (als Journalisten).

Weitere wichtige Autorinnen/Autoren und Werke

Carl Ludwig Börne (1786–1838): „Briefe aus Paris" (Sammlung kritischer Briefe über Zustände in Deutschland und Frankreich nach der Revolution von 1830)
August Heinrich Hoffmann von Fallersleben (1789–1874): Gedichte („Deutschlandlied")
Johann Nestroy (1801–1862): Komödien; Volksstücke
Nikolaus Lenau (1802–1850): Gedichte
Ferdinand Freiligrath (1810–1876): „Ça ira" (politische Gedichte)
Karl Gutzkow (1811–1878): „Wally die Zweiflerin" (Roman)

1 Vormärz und Biedermeier werden, was das politische Engagement der Autorinnen und Autoren angeht, für gegensätzliche Strömungen gehalten. Beide Strömungen gehören indes zum frühen Realismus. Stellen Sie in Form eines Essays (▸ S. 111) den nach innen gerichteten Realismus des Biedermeier und den auf öffentliche Wirksamkeit abgestellten Realismus des Vormärz einander gegenüber.

4.3 Poetischer oder bürgerlicher Realismus

Adolph Menzel: Das Eisenwalzwerk (Moderne Cyklopen, 1875)

Theodor Fontane: **Was verstehen wir unter Realismus?** (1853)

Vor allen Dingen verstehen wir nicht darunter das nackte Wiedergeben alltäglichen Lebens, am wenigsten seines Elends und seiner Schattenseiten. Traurig genug, dass es nötig ist, derlei sich von selbst verstehende Dinge noch erst versichern zu müssen. Aber es ist noch nicht allzu lange her, dass man (namentlich in der Malerei) Misere mit Realismus verwechselte [...]. Diese Richtung verhält sich zum echten Realismus wie das rohe Erz zum Metall: Die Läuterung fehlt. Wohl ist das Motto des Realismus der Goethe'sche Zuruf:

Greif nur hinein ins volle Menschenleben,
Wo du es packst, da ist's interessant,

aber freilich, die Hand, die diesen Griff tut, muss eine künstlerische sein. Das Leben ist doch immer nur der Marmorsteinbruch, der den Stoff zu unendlichen Bildwerken in sich trägt [...].
Er [der Realismus] ist die Widerspiegelung alles wirklichen Lebens, aller wahren Kräfte und Interessen im Elemente der Kunst [...]. Er umfängt das ganze reiche Leben, das Größte wie das Kleinste: den Kolumbus, der der Welt eine neue zum Geschenk machte, und das Wassertierchen, dessen Weltall der Tropfen ist; den höchsten Gedanken, die tiefste Empfindung zieht er in seinen Bereich, und die Grübeleien eines Goethe wie Lust und Leid eines Gretchen sind sein Stoff. Denn alles das ist wirklich. Der Realismus will nicht die bloße Sinnenwelt und nichts als diese; er will am allerwenigsten das bloß Handgreifliche, aber er will das Wahre.

1 **a** Seit der Antike stehen sich zwei Aspekte künstlerischer Tätigkeit gegenüber, einerseits die Mimesis, die Nachahmung der Wirklichkeit, und andererseits die Poiesis, das künstlerisch-schöpferische Gestalten. Arbeiten Sie heraus, wie Fontane das Verhältnis der beiden Aspekte im Realismus sieht, welche Schlüsselwörter er dafür verwendet und was für ihn das Ziel realistischer Kunst ist.

b Verfassen Sie auf der Basis von Fontanes Text für ein Schülerlexikon eine Definition des Begriffs „poetischer Realismus“.

2 Untersuchen Sie, ob und inwiefern Menzels Gemälde Fontanes Realismusverständnis entspricht. Beziehen Sie dabei den Untertitel „Moderne Cyklopen“ in Ihre Betrachtung mit ein.
Hinweis: In der griechischen Mythologie sind Zyklopen einäugige Riesen. Sie werden auch als Helfer des Schmiedgottes Hephaistos angesehen.

3 Recherchieren Sie Adolph Menzels Biografie und Künstlerkarriere und deuten Sie vor diesem Hintergrund seine beiden Gemälde „Das Eisenwalzwerk“ und „Abreise König Wilhelms I.“ (▸ S. 451 und 435).

Milieus und Figuren – Merkmale realistischen Erzählens

Wilhelm Raabe: **Der Hungerpastor** (1864) – Antrittsbesuch des Hauslehrers

Wilhelm Raabe (1831–1910) stammt aus dem Weserbergland. Nachdem er die Schule und eine Buchhandelslehre abgebrochen hatte, ging er nach Berlin, wo er Philosophie, Literatur und Geschichte studierte. Ab 1854 lebte Raabe als freier Schriftsteller.

Hans Unwirrsch, der Sohn eines Schuhmachers, besucht die kleinstädtische Armenschule, wie es für Kinder seines Standes üblich ist. Der Vater stirbt früh und die Mutter arbeitet als Wäscherin. Dank des kleinen väterlichen Erbes und der eisernen Sparsamkeit der Mutter gelingt es Hans, auf das Gymnasium überzuwechseln und später Theologie zu studieren. Nach dem Examen arbeitet er zunächst als Hauslehrer. Seine zweite Anstellung hofft er bei der Familie des Geheimen Rates Götz, eines hohen Regierungsbeamten, zu finden. Vermittelt hat Hans die neue Stelle der Bruder des Geheimen Rates, ein Offizier, der ihn nun zu der Villa der Familie Götz führt.

Sie hatten erst die lebensvolle, lärmvolle Geschäftsstadt hinter sich gelassen, hatten dann ein stilleres Viertel, vornehmeres Viertel, durchwandert und gelangten jetzt durch einen Teil des Parkes zu der letzten Häuserreihe eines noch vornehmeren Viertels, welche sich den Park entlangzog und von demselben durch Fahr- und Reitwege getrennt war. Durch kleine, aber selbst in dieser frühen Jahreszeit zierlich gehaltene Gärten gelangte man zu den Häusern dieser „Parkstraße“; und vor einem eleganten eisernen Gartentor stand jetzt der Leutnant und deutete grimmig auf das elegante Gebäude jenseits des runden Rasenfleckens und des leeren Fontänenbeckens. Grimmig zog der Leutnant die Glocke des Gartentores, Sesam tat sich auf[1], um den Rasen und das Fontänenbecken schritten die beiden Herren. Drei Treppenstufen – eine reich geschnitzte Tür, die sich ebenfalls von selbst zu öffnen schien – eine dämmerige, vornehme Flur – bunte Glasscheiben – die Töne eines Fortepianos[2] – ein kreischender Papagei irgendwo in einem Zimmer – ein Bedienter in Grün und Gold, welchem Hans Unwirrsch in der Verwirrung auf den Fuß trat und welcher es verachtete, von den gestammelten Entschuldigungen Notiz zu nehmen.

1 **Sesam tat sich auf:** Anspielung auf die Zauberformel „Sesam, öffne dich“ aus dem Märchen „Ali Baba und die 40 Räuber“
2 **Fortepiano:** alte Bezeichnung für Klavier

Als erstes Familienmitglied begrüßt Kleophea, die erwachsene Tochter des Geheimen Rates, Unwirrsch und begleitet ihn zum Zimmer ihres Vaters.

Durch einen eleganten Salon führte Kleophea den Kandidaten in ein anderes Gemach voll Bücher- und Aktenschränke. Drei Verbeugungen machte Hans Unwirrsch gegen einen umfangreichen, mit grünem Tuch überzogenen Tisch, der auch mit Büchern und Akten bedeckt war. Ein Herr saß hinter dem Tisch und erhob sich bei dem Gruß aus seinem Sessel, wuchs lang, lang, immer länger – dünn, schwarz, schattenhaft – empor und stand zuletzt lang, dünn und schwarz, zugeknöpft bis an die weiße Halsbinde, hinter seinen Akten da, gleich einem Pfahl mit der Warnungstafel: An diesem Ort darf nicht gelacht werden.
Kleophea lachte aber dennoch.
„Der Herr Kandidat Unwirrsch, Papa", sagte sie; wieder verbeugte sich Hans, und der Herr Geheime Rat Götz räusperte sich, schien es sehr zu bedauern, aufgestanden zu sein, blieb jedoch, da er einmal stand, stehen und fuhr mit dem rechten Arm schnell nach dem Rücken, welches in jedem andern als dem Kandidaten die Vermutung erregt hätte, jetzt drücke er auf eine Feder oder drehe eine Schraube oder ziehe an einem Faden.

Das Gespräch verläuft recht einsilbig. Schließlich meldet der Diener Jean, dass die Gattin des Geheimen Rates, eine geborene von Lichtenhahn, heimgekehrt sei.

„Es ist mein Wunsch, dass Sie in diesem Hause bleiben. Sie gefallen mir, soweit sich Ihre Personalakte bis jetzt übersehen ließ, sehr gut, ich wünsche, dass Sie auch meiner Frau gefallen mögen. Tun Sie das Ihrige dazu, und nun kommen Sie."
Durch den schon erwähnten Salon führte der Geheime Rat jetzt den Kandidaten zu dem gegenüberliegenden Zimmer, an dessen Tür eine bemerkliche Veränderung über den Mann kam. Die Federn in seinem Innern schienen plötzlich ihre Spannkraft zu verlieren, das Räder- und Zugwerk versagte seinen Dienst, die ganze Gestalt schien kleiner zu werden; – der Herr Geheime Rat klopfte an die Tür seiner Gemahlin und schien Lust zu haben, vorher durch das Schlüsselloch zu sehen oder doch an demselben zu horchen. Einen Augenblick später stand Hans Unwirrsch vor der *Herrin* des Hauses.
Eine stattliche Dame in Schwarz mit Adlernase und Doppelkinn – ernst wie eine sternenlose Nacht, auf einem dunkelfarbigen Diwan, hinter einem dunkelfarbig behängten Tische! Feierlicher Eindruck des ganzen Gemaches! Jeder Stuhl und Sessel ein Altar der Würde. Ernst, keusch, feierlich und würdig Wände, Plafond[3] und Teppiche, Bilder und Vorhänge – alles in stattlicher Ordnung und Gesetztheit bis auf den siebenjährigen, kaffeegesichtigen, geschwollenen kleinen Schlingel, welcher beim Anblick des Präzeptors[4] ein entsetzliches, widerliches, wütendes Geheul erhob und mit einer Kinderpeitsche Angriffe auf die Beine des Kandidaten Unwirrsch machte!
„O Aimé, welch ein Betragen!", sagte die Dame in Schwarz. „Komm zu mir, mein Liebling, rege dich nicht so schrecklich auf. Kleophea, willst du nicht dem Kind das Peitschchen fortnehmen?"
Kleophea zuckte wiederum die Achseln:
„Ich danke, Mama. Aimé und ich –"
Die gnädige Frau, mit der Hand winkend, rief:
„Schweige nur; ich weiß schon, was jetzt kommen wird. Sieh, mein Püppchen, was ich dir für deine Peitsche gebe!"
Einer Bonbontüte konnte das liebliche Kind nicht widerstehen, es gab sein Marterinstrument in die Hände der Mutter, die dadurch alles erhielt, was ihr noch zur letzten Vollendung ihrer imponierenden Erscheinung fehlte.
Mit der Peitsche in der Hand widmete sich jetzt die Geheime Rätin gänzlich dem neuen Hauslehrer. Sie unterwarf ihn einem strengen Examen und erbat sich die allergenaueste Auskunft über die „Führung" seines Lebens. Moral und Dogma[5] des jungen Mannes, welchem ein so

3 Plafond: Zimmerdecke
4 Präzeptor: Lehrer, Erzieher
5 Dogma: Glaubenslehre

kostbares Juwel anvertraut werden sollte, war ihr sehr wichtig, und nicht ganz ging's bei einigen Einzelheiten ohne Stirnrunzeln ab. Im Ganzen jedoch fiel das Examen zu Gunsten des Examinanden aus, und der Schluss war sogar sehr befriedigend.

„Ich freue mich, hoffen zu können, dass Ihr Wirken in diesem Hause ein gesegnetes sein werde", sagte die gnädige Frau. „Sie werden finden, Herr Kandidat, dass der Herr Sie unter ein christliches Dach geführt hat. Sie werden finden, dass der Same des Heils in dem Herzen dieses kleinen, sensitiven[6] Engels bereits ausgestreut ist. Unter meiner speziellen mütterlichen Aufsicht werden Sie zur Entfaltung aller schönen Blüten in diesem jungen Herzen nach Kräften beitragen, und der Herr wird Ihr Werk zum Segen gereichen lassen. Demütigen und einfältigen Herzens werden Sie unter uns wirken und sich nicht durch weltliches Lächeln und Spötteln" (hier traf ein Blick und ein imaginierter Peitschenhieb die schöne Kleophea) „beirren lassen. Aimé, mein süßes Blümchen, du darfst jetzt dem Herrn Kandidaten die Hand geben."

Das süße Blümchen musste die Aufforderung jedenfalls falsch verstanden haben. Statt dem Herrn Kandidaten die Hand zu geben, brach es von Neuem in jenes vorhin erwähnte, Mark und Bein durchdringende Geschrei aus; und als der Hauslehrer es wagte, sich ihm zu nähern, stieß es mit den Füßen nach den Schienbeinen desselben, sodass er schmerzlich bewegt zurückwich und nur aus der Ferne die Hoffnung aussprach, dass Aimé und er bald vertrauter miteinander werden würden.

„Ich hoffe es auch", sagte die gnädige Frau. „Ich hoffe, dass Sie alles aufbieten werden, sich die Liebe und Zuneigung meines Knaben zu erwerben. Durch ein kindlich einfältigliches und demütiges Wesen lässt sich leicht die Liebe eines Kindes erlangen. O welch einen Schatz lege ich in Ihre Hände, Herr Unwirrsch!"

6 sensitiv: empfindlich, feinnervig

Theodor Fontane: **Frau Jenny Treibel** (1893) – Die Kommerzienrätin besucht ihr Elternhaus

An einem der letzten Maitage, das Wetter war schon sommerlich, bog ein zurückgeschlagener Landauer[1] vom Spittelmarkt her in die Kur- und dann in die Adlerstraße ein und hielt gleich danach vor einem trotz seiner Front von nur fünf Fenstern ziemlich ansehnlichen, im Übrigen aber altmodischen Hause, dem ein neuer, gelbbrauner Ölfarbenanstrich wohl etwas mehr Sauberkeit, aber keine Spur von gesteigerter Schönheit gegeben hatte, beinahe das Gegenteil. Im Fond des Wagens saßen zwei Damen mit einem Bologneserhündchen, das sich der hell und warm scheinenden Sonne zu freuen schien. Die links sitzende Dame von etwa dreißig, augenscheinlich eine Erzieherin oder Gesellschafterin, öffnete, von ihrem Platz aus, zunächst den Wagenschlag und war dann der anderen, mit Geschmack und Sorglichkeit gekleideten und trotz ihrer hohen fünfzig noch sehr gut aussehenden Dame beim Aussteigen behilflich. Gleich danach aber nahm die Gesellschafterin ihren Platz wieder ein, während die ältere Dame auf eine Vortreppe zuschritt und nach Passierung derselben in den Hausflur eintrat. Von diesem aus stieg sie, so schnell ihre Korpulenz es zuließ, eine Holzstiege mit abgelaufenen Stufen hinauf, unten von sehr wenig Licht, weiter oben aber von einer schweren Luft umgeben, die man füglich als eine Doppelluft bezeichnen konnte. Gerade der Stelle gegenüber, wo die Treppe mündete, befand sich eine Entréetür[2] mit Guckloch und neben diesem ein grünes, knittriges Blechschild, darauf „Professor Wilibald Schmidt" ziemlich undeutlich zu lesen war. Die ein wenig asthmatische Dame fühlte zunächst das Bedürfnis, sich auszuruhen, und musterte bei der Gelegenheit den ihr übrigens von langer Zeit her bekannten Vorflur, der vier gelb gestrichene Wände mit etlichen Haken und Riegeln und dazwischen einen höl-

1 Landauer: viersitzige Kutsche mit klappbarem Verdeck
2 Entrée: (franz.) Eingang

zernen Halbmond zum Bürsten und Ausklopfen der Röcke zeigte. Dazu wehte, der ganzen Atmosphäre auch hier den Charakter gebend, von einem nach hinten zu führenden Korridor her ein sonderbarer Küchengeruch heran, der, wenn nicht alles täuschte, nur auf Rührkartoffeln und Karbonade[3] gedeutet werden konnte, beides mit Seifenwrasen[4] untermischt. „Also kleine Wäsche", sagte die von dem allen wieder ganz eigentümlich berührte stattliche Dame still vor sich hin, während sie zugleich weit zurückliegender Tage gedachte, wo sie selbst hier, in eben dieser Adlerstraße, gewohnt und in dem gerade gegenübergelegenen Materialwarenladen ihres Vaters mit im Geschäft geholfen und auf einem über zwei Kaffeesäcke gelegten Brett kleine und große Düten geklebt hatte, was ihr jedes Mal mit „zwei Pfennig fürs Hundert" gutgetan worden war. „Eigentlich viel zu viel, Jenny", pflegte dann der Alte zu sagen, „aber du sollst mit Geld umgehen lernen." Ach, waren das Zeiten gewesen! Mittags, Schlag zwölf, wenn man zu Tisch ging, saß sie zwischen dem Kommis[5] Herrn Mielke und dem Lehrling Louis, die beide, so verschieden sie sonst waren, dieselbe hochstehende Kammtolle und dieselben erfrorenen Hände hatten. Und Louis schielte bewundernd nach ihr hinüber, aber wurde jedes Mal verlegen, wenn er sich auf seinen Blicken ertappt sah. Denn er war zu niedrigen Standes, aus einem Obstkeller in der Spreegasse. Ja, das alles stand jetzt wieder vor ihrer Seele, während sie sich auf dem Flur umsah und endlich die Klingel neben der Tür zog. Der überall verbogene Draht raschelte denn auch, aber kein Anschlag ließ sich hören, und so fasste sie schließlich den Klingelgriff noch einmal und zog stärker. Jetzt klang auch ein Bimmelton von der Küche her bis auf den Flur herüber, und ein paar Augenblicke später ließ sich erkennen, dass eine hinter dem Guckloch befindliche kleine Holzklappe beiseitegeschoben wurde. Sehr wahrscheinlich war es des Professors Wirtschafterin, die jetzt, von ihrem Beobachtungsposten aus, nach Freund oder Feind aussah, und als diese Beobachtung ergeben hatte, dass es „gut Freund" sei, wurde der Türriegel ziemlich geräuschvoll zurückgeschoben, und eine ramassierte[6] Frau von ausgangs vierzig, mit einem ansehnlichen Haubenbau auf ihrem vom Herdfeuer geröteten Gesicht, stand vor ihr.

„Ach, Frau Treibel ... Frau Kommerzienrätin ... Welche Ehre ..."

„Guten Tag, liebe Frau Schmolke. Was macht der Professor? Und was macht Fräulein Corinna? Ist das Fräulein zu Hause?"

„Ja, Frau Kommerzienrätin. Eben wieder nach Hause gekommen aus der Philharmonie. Wie wird sie sich freuen."

Und dabei trat Frau Schmolke zur Seite, um den Weg nach dem einfenstrigen, zwischen den zwei Vorderstuben gelegenen und mit einem schmalen Leinwandläufer belegten Entrée freizugeben. Aber ehe die Kommerzienrätin noch eintreten konnte, kam ihr Fräulein Corinna schon entgegen und führte die „mütterliche Freundin", wie sich die Rätin gern selber nannte, nach rechts hin, in das eine Vorderzimmer.

3 **Karbonade:** Rippenstück vom Schwein, Kotelett
4 **Wrasen:** Ausdünstung, Dunst
5 **Kommis:** Handelsgehilfe
6 **ramassiert:** untersetzt

1 Formulieren Sie erste Leseeindrücke zu den Auszügen von Raabe und Fontane. Vergleichen Sie.

2 **a** Gehen Sie in einer vergleichenden Analyse der Romanauszüge auf folgende Aspekte ein:
- Handlungsverlauf und inhaltlicher Aufbau der dargestellten Szene,
- Zeit, Ort, Atmosphäre, Milieu,
- Figuren (Aussehen, Verhalten, Bedeutung des gesellschaftlichen Standes in diesem Kontext),
- Erzählperspektive und Haltung des Erzählers zu den Figuren und Vorgängen.

b Prüfen Sie, ob/inwiefern die Texte dem „poetischen Realismus" (▸ S. 451) zuzurechnen sind.

3 Skizzieren Sie schriftlich, wie Hans Unwirrschs Geschichte als Hauslehrer weiter verlaufen könnte.

4 **Referat:** Besorgen Sie sich Inhaltsangaben der beiden Romane (Literaturlexika, Internet) und arbeiten Sie die jeweiligen Themen, Problemstellungen und Figurenkonstellationen heraus.

Theodor Fontanes „Effi Briest“ – Thema, Stoff und Motive untersuchen

Die Ardenne-Affäre als Stoff für Fontanes Roman

Theodor Fontanes Roman „Effi Briest“ gehört zu den großen europäischen Gesellschaftsromanen des Realismus im 19. Jahrhundert. Fontane holte sich den Stoff für seine Werke immer wieder aus der Wirklichkeit, wobei er seinem realistischen Schreibkonzept (▸ S. 451) folgte. In der Berliner Gesellschaft hatte 1886 eine Ehebruchs- und Duellaffäre für Aufsehen gesorgt. Fontane ließ sich die ganze Begebenheit von einer Bekannten berichten, in deren Haus die Betroffenen verkehrt hatten. Armand von Ardenne, Offizier und Mitglied des Kriegsministeriums in Berlin, hatte den Juristen Emil Hartwich in einem Duell tödlich verwundet. Er hatte Briefe Hartwichs an seine Frau Else entdeckt, aus denen hervorging, dass die beiden ein Verhältnis hatten. Die Ehe der Ardennes wurde auf Armands Antrag geschieden, die Kinder wurden dem Vater zugesprochen. Etwa zehn Jahre später ließ sich Fontane durch den Vorfall zu seinem Roman „Effi Briest“ anregen.

„Ardenne-Affäre“

- Else heiratet nach langer Werbungs- und zweijähriger Verlobungszeit mit 19 Jahren den fünf Jahre älteren Ardenne, den sie zunächst entschieden abgelehnt, dann aber auf Drängen der Mutter akzeptiert hatte.
- Nach über 10 Jahren Ehe begeht Else Ehebruch aus Liebe und macht Pläne, ihren Mann zu verlassen, um den Geliebten zu heiraten.
- Während der Affäre verschafft sich der argwöhnische Ehemann mit einem Nachschlüssel die belastenden Briefe aus einer Kassette; Duellforderung und Scheidung folgen.
- Nach einem kurzen Aufenthalt im Haus ihrer Schwester lässt sich Else zur Krankenschwester ausbilden und beginnt ein neues, selbstständiges Leben. Sie stirbt 1952 im Alter von 99 Jahren.
- Ardenne geht ein Jahr nach der Scheidung eine zweite Ehe ein und macht als Offizier weiter Karriere.

„Effi Briest“

- Effi heiratet mit 17 Jahren den 22 Jahre älteren Innstetten, kurz nachdem er bei ihren Eltern um ihre Hand angehalten hat; sie kennt Innstetten nur als ehemaligen Bewerber um die Hand ihrer Mutter.
- Nach anderthalb Ehejahren begeht Effi aus Enttäuschung und Langeweile Ehebruch mit dem Major Crampas, einem Mann, den sie nicht liebt und zu dem sie bald wieder die Beziehung löst.
- Sechs Jahre nach dem Ende der Affäre entdeckt der betrogene Ehemann zufällig die verräterischen Briefe, fordert den Major Crampas zum Duell und lässt sich von Effi scheiden.
- Effi lebt von allen verstoßen zunächst allein in Berlin, nach einer Erkrankung nehmen die Eltern sie bei sich auf; sie zerbricht an ihrem Schicksal und stirbt als 30-Jährige.
- Innstetten, dem die gemeinsame Tochter Annie zugesprochen wird, empfindet sein Leben als gescheitert und führt ein freudloses Dasein.

1 Verschaffen Sie sich mit Hilfe der Texte einen Überblick über die „Ardenne-Affäre“ und Fontanes Roman „Effi Briest“. Benennen Sie das gemeinsame **Thema** (▸ Information, S. 460).

2 Erläutern Sie Fontanes Änderungen vor dem Hintergrund seines Realismuskonzepts (▸ S. 451).
- Wo hat er den historischen **Stoff** (▸ Information, S. 460) konzentriert und verdichtet?
- Inwiefern hat er den Stoff zugespitzt und dramatisiert?

Manfred Franke: **Leben und Roman der Elisabeth von Ardenne. Fontanes „Effi Briest"** (1994) – Sachbuchauszug

Manfred Frankes Biografie der Else von Ardenne, geborene von Plotho, stützt sich auf verschiedene Unterlagen und Aufzeichnungen z. B. aus dem Archiv der Familie von Ardenne.
Zu Beginn der Biografie geht der Autor Franke auf die Kindertage seiner Protagonistin auf dem elterlichen Schloss Zerben ein, ihrem Geburtsort bei Parey an der Elbe.

Am 24. November 1853 wurde die Jüngste von Plotho, Tochter des Rittergutsbesitzers und Kgl. preuß. Deichhauptmanns Carl Albert Heinrich Felix Otto Waldemar Freiherr von Plotho und seiner Frau Maria Franziska Mathilde, geb. von Welling, auf den Namen Elisabeth getauft[1]. Ein Onkel Elisabeths erklärte den Namen für viel zu lang. Welcher Teufel diesen Mann geritten hat, welcher Laune er nachgab, eine viersilbige Elisabeth auf die zweisilbige Else zu verkürzen und sich damit durchzusetzen – der Nichte ist nur in Erinnerung geblieben, dass sie „zu ihrem Leidwesen [ihr] ganzes Leben so gerufen wurde"[2].
Von Else wird kein Aufhebens gemacht. Sie ist ein Kind, zu dem man freundlich ist. Was sie zu Hause nicht lernte, dem Bruder, den Schwestern nicht abgucken konnte, brachte ihr der Gärtner bei: „auf seinen Knien sitzend, habe ich das Pfeifen gelernt."[2] Das ließ sich gut gebrauchen, wenn sie „mit den von mir bevorzugten 5 Buben herum[tobte], die auf einen Pfiff von mir eilfertig erschienen. Im Dorf hieß ich nun unser Elseken"[2], ein temperamentvolles, in Freiheit dressiertes Kind, beileibe keine Stubenhockerin. Zeitlebens fühlte sie sich in der Natur am wohlsten, zumal wenn sie, kaum ein paar Jahre älter geworden, reiten konnte.

Schloss Zerben

Elsekens Zerbener Spiele endeten, als ihre Buben „ein Jahr vor [ihr] konfirmirt [wurden. Sie] mussten dann gleich die Kühe ... hüten, wobei ich ihnen gerne half, bis der brave Schultheiß es dem Lehrer petzte, der unserem noch vortrefflicheren Inspektor, der es der ollen Baronschen, meiner guten Mutter [sagte], die mir beibringen musste, dass diese Rendezvous für ein so großes Mädchen nicht mehr statthaft waren. Weshalb nicht, konnte sie mir, u[nd] ich mir noch weniger sagen."[2] Die Mutter wird gewusst haben, warum sie die Zügel anzog. Ein Mädchen, kein kleines Kind mehr und eine Edle und Freiin noch dazu, mit den Hütejungen hinter Büschen und Sträuchern allein lassen ...? Viktorianisch wird die Zeit genannt, in der man das unterband, ohne dazu plausible Erklärungen abzugeben.

1 Geburts- und Taufbescheinigung. Auszug aus dem Kirchenbuche der evangelischen Gemeinde Zerben.
2 Else Baronin von Ardenne erzählt aus ihrem Leben; handschriftliche Aufzeichnungen in 2 Teilen, 1931 u. 1934; Bl. 1; 12; 1; 1

1 Lesen Sie die Eingangsszene des Romans „Effi Briest" (▸ S. 193 f.) und Frankes Ausführungen.
a Vergleichen Sie z. B. Handlungsort, Milieu, familiäre Situation, Erziehung und Charakter.
b Stellen Sie Vermutungen darüber an, warum Fontane einige Details geändert hat.

2 Erläutern Sie die Bedeutung des **Motivs** (▸ Information, S.460) des Schaukelns, das Fontane in seinen Roman aufgenommen hat. Was sagt dies über Effi und ihre Charaktereigenschaften aus?

Die Schuldfrage im Roman – Die historische und gesellschaftliche Bedingtheit untersuchen

Eine zentrale Fragestellung des Romans ist die nach der persönlichen und gesellschaftlichen Bewertung des Ehebruchs, an deren Folgen Fontanes Effi zerbricht.

Friedrich Carl von Savigny: **Zur Strafbarkeit des Ehebruchs beider Geschlechter** (1848)

In den Beratungen des Vereinigten ständischen Ausschusses im vorrevolutionären Berlin wurde unter Leitung des „Ministers für Revision der Gesetzgebung" Friedrich Carl von Savigny, der als einer der bedeutendsten deutschen Juristen des 19. Jahrhunderts gilt, auch das Ehe- und Familienrecht überprüft.

Minister von Savigny:

Wenn jetzt in Frage steht, ob beide Geschlechter [bei Ehebruch] gleich zu strafen sind, oder eine Verschiedenheit der Strafe angenommen werden soll, wie ich glaube, so erlaube ich mir, darauf Folgendes zu sagen: Der Entwurf ist von der Ansicht ausgegangen, dass der Ehebruch der Frau eine schwerere Strafe verdiene als der Ehebruch des Mannes. Die Gründe, welche diesem Teile des Entwurfs zum Grunde liegen, sind folgende: 1) die Überzeugung, dass durch den Ehebruch die Frau tiefer sinkt als der Mann, weil sie vorzugsweise vor dem Manne ihren Lebensberuf in der Familie hat, während der Mann in vielen anderen Beziehungen der Welt angehört. Dazu kommt 2) ein diese Überzeugung bestätigendes allgemeines Gefühl, das Gefühl nämlich, welches dahin geht, dass der Mann in seiner Stellung, in seiner Ehre ungleich tiefer verletzt sei durch den Ehebruch der Frau als umgekehrt. Das ist ein Gefühl, welches allgemein anerkannt ist. Es ist die allgemeine Ansicht, dass der Mann, welcher wissentlich einen fortgesetzten Ehebruch der Frau duldet, gering geschätzt wird, während die den Ehebruch des Mannes still duldende Frau häufig Anspruch auf besondere Achtung und auf Mitgefühl haben wird. So entscheidet das allgemeine Gefühl zwischen beiden Handlungen. Es erkennt an, dass die Verletzung des Mannes und der Ehe durch den Ehebruch der Frau viel höher steht. [...]

Ich bitte um die Erlaubnis, noch einen Grund anführen zu dürfen, das ist nämlich der: die große Unsicherheit der Paternität[1], welche durch den Treubruch der Frau entsteht, während diese durch den Treubruch des Ehemannes nicht hervorgerufen wird, und diese Unsicherheit ist es, welche das Wesen der Ehe und das natürliche Verhältnis zu den Kindern in hohem Grade gefährdet.

1 **Paternität:** Vaterschaft

1 Geben Sie den Gang der Argumentation Friedrich Carl von Savignys wieder.
2 Setzen Sie sich aus heutiger Sicht argumentativ mit Savignys Äußerungen auseinander.

Theodor Fontane: **Effi Briest** (1895) – Effis Auseinandersetzung mit der Schuldfrage

Aus dem 32. Kapitel

Drei Jahre nach der Scheidung ist in Effi der Wunsch, ihre Tochter Annie wiederzusehen, zu einem alles beherrschenden Verlangen geworden.

[...] das Verlangen nach einer Begegnung mit Annie steigerte sich bis zum Krankhaften. An Innstetten schreiben und ihn darum bitten, das war nicht möglich. Ihrer Schuld war sie sich wohl bewusst, ja, sie nährte das Gefühl davon mit einer halb leidenschaftlichen Geflissentlichkeit; aber inmitten ihres Schuldbewusstseins fühlte sie sich andererseits auch von einer gewissen Auflehnung gegen Innstetten erfüllt.

Sie sagte sich: Er hatte Recht und noch einmal und noch einmal, und zuletzt hatte er doch Unrecht. Alles Geschehene lag so weit zurück, ein neues Leben hatte begonnen, – er hätte es können verbluten lassen, stattdessen verblutete der arme Crampas.

Aus dem 33. Kapitel

Durch die Vermittlung einer Bekannten, der Frau eines Ministers, ist der ersehnte Besuch zustande gekommen. Effi muss erkennen, dass Innstetten die kleine Annie gegen ihre Mutter erzogen hat: Auf alle Fragen und Angebote Effis, sie jetzt öfter zu besuchen, hat Annie mit der stereotypen Höflichkeitsfloskel „O gewiss, wenn ich darf" reagiert. Enttäuscht hat Effi die Tochter nach Hause geschickt.

Sie [Effi] legte Bibel und Gesangbuch auf den Tischrand, gerade da, wo Annie gestanden hatte, und mit einem heftigen Ruck warf sie sich davor nieder und sprach halblaut vor sich hin: „O du Gott im Himmel, vergib mir, was ich getan; ich war ein Kind ... Aber nein, nein, ich war kein Kind, ich war alt genug, um zu wissen, was ich tat. Ich *hab'* es auch gewusst, und ich will meine Schuld nicht kleiner machen, ... aber das ist zu viel. Denn das hier, mit dem Kind, das bist nicht du, Gott, der mich strafen will, das ist er, bloß er! Ich habe geglaubt, dass er ein edles Herz habe und habe mich immer klein neben ihm gefühlt; aber jetzt weiß ich, dass *er* es ist, *er* ist klein. Und weil er klein ist, ist er grausam. Alles, was klein ist, ist grausam. Das hat er dem Kinde beigebracht, ein Schulmeister war er immer, Crampas hat ihn so genannt, spöttisch damals, aber er hat Recht gehabt. ‚O gewiss, wenn ich darf.' Du *brauchst* nicht zu dürfen; ich will euch nicht mehr, ich hass euch, auch mein eigen Kind. Was zu viel ist, ist zu viel. Ein Streber war er, weiter nichts. – Ehre, Ehre, Ehre ... und dann hat er den armen Kerl totgeschossen, den ich nicht einmal liebte und den ich vergessen hatte, weil ich ihn nicht liebte. Dummheit war alles und nun Blut und Mord. Und ich schuld. Und nun schickt er mir das Kind, weil er einer Ministerin nichts abschlagen kann, und ehe er das Kind schickt, richtet er's ab wie einen Papagei und bringt ihm die Phrase bei ‚wenn ich darf'. Mich ekelt, was ich getan; aber was mich noch mehr ekelt, das ist eure Tugend. Weg mit euch. Ich muss leben, aber ewig wird es ja wohl nicht dauern."

Als Roswitha[1] wiederkam, lag Effi am Boden, das Gesicht abgewandt, wie leblos.

1 **Roswitha:** Effis Haushälterin

Aus dem 36. Kapitel

Effi ist in ihr Elternhaus zurückgekehrt. Auf dem Sterbebett führt sie ein letztes Gespräch mit der Mutter.

„Nein, nein; etwas von der Seele heruntersprechen, das regt mich nicht auf, das macht still. Und da wollt' ich dir denn sagen: Ich sterbe mit Gott und Menschen versöhnt, auch versöhnt mit *ihm*."

„Warst du denn in deiner Seele in so großer Bitterkeit mit ihm? Eigentlich, verzeihe mir, meine liebe Effi, dass ich das jetzt noch sage, eigentlich hast du doch euer Leid heraufbeschworen."

Effi nickte. „Ja, Mama. Und traurig, dass es so ist. Aber als dann all das Schreckliche kam, und zuletzt das mit Annie, du weißt schon, da hab' ich doch, wenn ich das lächerliche Wort gebrauchen darf, den Spieß umgekehrt und habe mich ganz ernsthaft in den Gedanken hineingelebt, er sei schuld, weil er nüchtern und berechnend gewesen sei und zuletzt auch noch grausam. Und da sind Verwünschungen gegen ihn über meine Lippen gekommen."

„Und das bedrückt dich jetzt?"

„Ja. Und es liegt mir daran, dass er erfährt, wie mir hier in meinen Krankheitstagen, die doch fast meine schönsten gewesen sind, wie mir hier klar geworden, dass er in allem recht gehandelt. In der Geschichte mit dem armen Crampas – ja, was sollt' er am Ende anders tun? Und dann, womit er mich am tiefsten verletzte, dass er mein eigen Kind in einer Art Abwehr gegen mich erzogen hat, so hart es mir ankommt und so weh es mir tut, er hat auch darin

Recht gehabt. Lass ihn das wissen, dass ich in dieser Überzeugung gestorben bin. Es wird ihn trösten, aufrichten, vielleicht versöhnen. Denn er hatte viel Gutes in seiner Natur und war so edel, wie jemand sein kann, der ohne rechte Liebe ist."

Frau von Briest sah, dass Effi erschöpft war und zu schlafen schien oder schlafen wollte. Sie erhob sich leise von ihrem Platz und ging. Indessen, kaum dass sie fort war, erhob sich auch Effi und setzte sich an das offene Fenster, um noch einmal die kühle Nachtluft einzusaugen. Die Sterne flimmerten, und im Parke regte sich kein Blatt. Aber je länger sie hinaushorchte, je deutlicher hörte sie wieder, dass es wie ein feines Rieseln auf die Platanen niederfiel. Ein Gefühl der Befreiung überkam sie. „Ruhe, Ruhe."

1 Notieren Sie zu jeder Textpassage, wie der Erzähler Effis Auseinandersetzung mit ihrem Schuldbewusstsein darstellt.

2 a Erläutern Sie, in welchem Verhältnis Effis Umgang mit der Schuldfrage zu den gesellschaftlichen Gegebenheiten steht.

b Untersuchen Sie, welche Position der Erzähler durch seine Erzählweise und seine Erzählhaltung in der Schuldfrage einnimmt und welche Reaktion er dadurch bei der Leserschaft hervorruft.

3 Erläutern Sie unter Berücksichtigung des Textes von Friedrich Carl von Savigny: Inwiefern hatte die historische und gesellschaftliche Situation Einfluss auf Fontanes Umgang mit dem Stoff im Hinblick auf die Thematisierung der Schuldfrage?

4 Anhänger eines kritischen Realismus haben Fontane vorgeworfen, sein Roman „Effi Briest" ende mit dem resignierten Schuldbekenntnis seiner Protagonistin und damit letztlich mit einer Hinnahme der gesellschaftlichen Zustände. Erörtern Sie in einer Stellungnahme diesen Vorwurf.

5 Referat/Facharbeit: Eine weitere Version des Stoffs hat die Regisseurin Hermine Huntgeburth mit ihrem Film „Effi Briest" (2009) geboten. Worin unterscheidet sich der Plot von dem Leben Else von Ardennes und dem der Romanfigur Effi? Stellen Sie den Film vor und arbeiten Sie heraus, welche Auswirkungen die Änderungen des Stoffs oder einzelner Motive auf die Gesamtaussage haben.

6 Referat/Facharbeit: Analysieren Sie folgende Verfilmungen von Fontanes Roman und zeigen Sie anhand ausgewählter Szenen auf, inwiefern auch Literaturverfilmungen Interpretationen der Textvorlage sind. Verwenden Sie Fachbegriffe der Filmanalyse (▸ S. 85–90).
Gustav Gründgens: „Der Schritt vom Wege" (1938/39); Rudolf Jugert: „Rosen im Herbst" (1955); Wolfgang Luderer: „Effi Briest" (1968); Rainer Werner Fassbinder: „Fontane Effi Briest" (1974).

Information **Thema, Stoff und Motiv**

Das **Thema** ist der Gegenstand oder Hauptgedanke eines Werks, z. B.: *das Thema „Ehebruch", das Thema der Geschlechterverhältnisse.*
Der **Stoff** ist eine Geschichte, eine herauslösbare Handlung (auch Fabel oder Plot genannt), die dichterisch bearbeitet werden kann. Der zugrunde liegende Stoff kann eine historische Begebenheit (z. B. *der Faust-Stoff*) oder aber auch ein anderes dichterisches Werk (z. B. *Sophokles' „Antigone"*) sein.
Das **Motiv** ist eine typisierte Grundsituation eines Werks, die mit dem Stoff verbunden ist, z. B. *das Motiv des Dreiecksverhältnisses, das Doppelgängermotiv, das Motiv der verfeindeten Brüder, das Motiv der bösen Stiefmutter.*
Stoffe und Motive können epochenübergreifend verglichen werden (**diachroner Vergleich**, z. B. von der Antike bis zur Gegenwart). Die Vergleichende Literaturwissenschaft stellt **synchrone Vergleiche** an (z. B. die Behandlung des universellen Themas „Liebe" in der Literatur verschiedener Länder).

Eine bürgerliche Familienkatastrophe – Drama des Realismus

Friedrich Hebbel: **Maria Magdalene** (1844)

Klara, die Tochter des Tischlermeisters Anton, hat sich mit dem Schreiber Leonhard verlobt, obwohl sie ihn im Grunde ihres Herzens nicht liebt. Aus Eifersucht und um sich die scheinbar gute Partie zu sichern, hat Leonhard Klara dazu gedrängt, mit ihm zu schlafen. Als Karl, Klaras Bruder, eines Diebstahls verdächtigt wird, beginnt die Katastrophe über die Familie hereinzubrechen. Bei der Verhaftung Karls stirbt die Mutter an einem Herzanfall und Leonhard, der zuvor von Meister Anton erfahren hat, dass für Klara keine große Mitgift zu erwarten ist, nutzt die Gelegenheit, sich von ihr loszusagen, da er sich nicht mit der Schwester eines Verbrechers verbinden könne. Klara versucht ihren Vater zu beruhigen, der durch die Verhaftung seines Sohnes und den Tod seiner Frau außer sich geraten ist.

Goldenes A.B.C. für Jungfrauen. Bilderbogen (1850)

Auszug aus II/1

KLARA: Werd Er doch wieder ruhig!

MEISTER ANTON: Werd Er doch wieder gesund! Warum ist Er krank! Ja, Arzt, reich mir nur den Trunk der Genesung! dein Bruder ist der schlechteste Sohn, werde du die beste Tochter! [...] Werde du ein Weib, wie deine Mutter war, dann wird man sprechen: An den Eltern hats nicht gelegen, dass der Bube abseits ging, denn die Tochter wandelt den rechten Weg, und ist allen andern vorauf. *Mit schrecklicher Kälte.* Und ich will das Meinige dazu tun, ich will dir die Sache leichter machen, als den übrigen. In dem Augenblick, wo ich bemerke, dass man auch auf dich mit Fingern zeigt, werd ich – *mit einer Bewegung an den Hals* mich rasieren, und dann, das schwör ich dir zu, rasier ich den ganzen Kerl weg, du kannst sagen, es sei aus Schreck geschehen, weil auf der Straße ein Pferd durchging oder weil die Katze auf dem Boden einen Stuhl umwarf oder weil mir eine Maus an den Beinen hinauflief. Wer mich kennt, wird freilich den Kopf dazu schütteln, denn ich bin nicht sonderlich schreckhaft, aber was tuts? Ich kanns in einer Welt nicht aushalten, wo die Leute mitleidig sein müssten, wenn sie nicht vor mir ausspucken sollen.

Auszug aus III/2 und III/4

[Klaras Verzweiflung über ihre Schwangerschaft und die Schande, die sie damit über ihren Vater bringen wird, wird dadurch kaum gemindert, dass der Verdacht gegen ihren Bruder sich als falsch erweist. Sie hofft jetzt jedoch, Leonhard zur Rücknahme seines Trennungsbriefes bewegen zu können. Als sie ihn aufsucht, verhält er sich abweisend und nimmt den Hinweis auf die Selbstmorddrohung des Meisters Anton nicht ernst.]

Klara: Er hats geschworen – heirate mich, nachher bring mich um, ich will dir für das eine noch dankbarer sein wie für das andere!

Leonhard: Liebst du mich? Kommst du, weil dich dein Herz treibt? Bin ich der Mensch, ohne den du nicht leben und sterben kannst?

Klara: Antworte dir selbst!

Leonhard: Kannst du schwören, dass du mich liebst? Dass du mich so liebst, wie ein Mädchen den Mann lieben muss, der sich auf ewig mit ihr verbinden soll?

Klara: Nein, das kann ich nicht schwören! Aber dies kann ich schwören: Ob ich dich liebe, ob ich dich nicht liebe, nie sollst dus erfahren! Ich will dir dienen, ich will für dich arbeiten, und zu essen sollst du mir nichts geben, ich will mich selbst ernähren, ich will bei Nachtzeit nähen und spinnen für andere Leute, ich will hungern, wenn ich nichts zu tun habe, ich will lieber in meinen eignen Arm hineinbeißen, als zu meinem Vater gehen, damit er nichts merkt. Wenn du mich schlägst, weil dein Hund nicht bei der Hand ist, oder weil du ihn abgeschafft hast, so will ich eher meine Zunge verschlucken, als ein Geschrei ausstoßen, das den Nachbarn verraten könnte, was vorfällt. Ich kann nicht versprechen, dass meine Haut die Striemen deiner Geißel[1] nicht zeigen soll, denn das hängt nicht von mir ab, aber ich will lügen, ich will sagen, dass ich mit dem Kopf gegen den Schrank gefahren[2], oder dass ich auf dem Estrich, weil er zu glatt war, ausgeglitten bin, ich wills tun, bevor noch einer fragen kann, woher die blauen Flecke rühren. Heirate mich – ich lebe nicht lange. Und wenns dir doch zu lange dauert, und du die Kosten der Scheidung nicht aufwenden magst, um von mir loszukommen, so kauf Gift aus der Apotheke, und stells hin, als obs für deine Ratten wäre, ich wills, ohne dass du auch nur zu winken brauchst, nehmen und im Sterben zu den Nachbaren sagen, ich hätts für zerstoßenen Zucker gehalten!

Leonhard: Ein Mensch, von dem du dies alles erwartest, überrascht dich doch nicht, wenn er nein sagt?

Klara: So schaue Gott mich nicht zu schrecklich an, wenn ich komme, ehe er mich gerufen hat! Wärs um mich allein – ich wollts ja tragen, ich wollts geduldig hinnehmen, als verdiente Strafe für, ich weiß nicht was, wenn die Welt mich in meinem Elend mit Füßen träte, statt mir beizustehen, ich wollte mein Kind, und wenns auch die Züge dieses Menschen trüge, lieben, ach, und ich wollte vor der armen Unschuld so viel weinen, dass es, wenns älter und klüger würde, seine Mutter gewiss nicht verachten, noch ihr fluchen sollte. Aber ich bins nicht allein, und leichter find ich am Jüngsten Tag noch eine Antwort auf des Richters Frage: Warum hast du dich selbst umgebracht?, als auf die: Warum hast du deinen Vater so weit getrieben?

Leonhard: Du sprichst, ab ob du die Erste und Letzte wärst! Tausende haben das vor dir durchgemacht und sie ergaben sich darein, Tausende werden nach dir in den Fall kommen und sich in ihr Schicksal finden: Sind die alle Nickel[3], dass du dich für dich allein in die Ecke stellen willst? Die hatten auch Väter, die ein Schock[4] neue Flüche erfanden, als sies zuerst hörten, und von Mord und Totschlag sprachen; nachher schämten sie sich, und taten Buße für ihre Schwüre und Gotteslästerungen, sie setzten sich hin und wiegten das Kind, oder wedelten ihm die Fliegen ab!

Klara: O, ich glaube gern, dass du nicht begreifst, wie irgendeiner in der Welt seinen Schwur halten sollte!

[...]

1 **Geißel:** Peitsche
2 **gegen den Schrank gefahren:** gestoßen
3 **Nickel:** Münze von geringem Wert
4 **Schock:** ein altes Zählmaß: 60 Stück

Leonhard: Ja, siehst du, Klara, du sprachst von Worthalten. Eben weil ich ein Mann von Wort bin, muss ich dir antworten, wie ich geantwortet habe. Dir schrieb ich vor acht Tagen ab, du kannst es nicht leugnen, der Brief liegt da. *Er reicht ihr den Brief, sie nimmt ihn mechanisch.* Ich hatte Grund, dein Bruder – Du sagst, er ist freigesprochen, es freut mich! In diesen acht Tagen knüpfte ich ein neues Verhältnis an; ich hatte das Recht dazu, denn du hast nicht zur rechten Zeit gegen meinen Brief protestiert, ich war frei in meinem Gefühl, wie vor dem Gesetz. Jetzt kommst du, aber ich habe schon ein Wort gegeben und eins empfangen, ja – *für sich* ich wollt, es wär so – die andere ist schon mit dir in gleichem Fall, du dauerst mich, *er streicht ihr die Locken zurück, sie lässt es geschehen, als ob sie es gar nicht bemerkte* aber du wirst einsehen – mit dem Bürgermeister ist nicht zu spaßen![5]

5 Leonhard ist derweil ein Verhältnis mit der Tochter des Bürgermeisters eingegangen.

1 Analysieren Sie den Gesprächsverlauf und das Gesprächsverhalten der Figuren in den beiden Szenenausschnitten.

2 **a** Beschreiben Sie Klaras äußere und innere Situation und die Gründe, die dazu geführt haben. Welche Verhaltensnormen, Wertvorstellungen und gesellschaftlichen Konventionen spielen dabei eine Rolle?

b Kommentieren Sie das Verhältnis von individueller Schuld der beteiligten Figuren und gesellschaftlichen Zwängen.

3 Wählen Sie sich in Kleingruppen einen Szenenmoment aus und bauen Sie dazu ein Standbild (▸ S. 184).

4 Entwerfen Sie den weiteren Verlauf und das Ende des Dramas. Begründen Sie Ihren Entwurf.

5 Hebbel nannte das Drama im Untertitel „ein bürgerliches Trauerspiel“. Vergleichen Sie den Auszug aus seinem Stück mit den bürgerlichen Trauerspielen der Aufklärung und der Sturm-und-Drang-Zeit (▸ S. 160 f.) im Hinblick auf die Figuren, die Konfliktgestaltung und die Sprache.

Information **Epochenüberblick – Poetischer oder bürgerlicher Realismus (ca. 1850–1890)**

Allgemeingeschichtlicher Hintergrund: Die Spaltung des Bürgertums in einen konservativen und einen radikaldemokratischen Flügel hatte mit dazu beigetragen, dass die bürgerliche Revolution von 1848/49 ihr Ziel eines einheitlichen und demokratisch verfassten Nationalstaates nicht erreichen konnte. Nun wurde die Initiative zur Bildung eines Nationalstaates von der Regierung Preußens, des mächtigsten deutschen Einzelstaates, ergriffen. Mit den klassischen Mitteln der Machtpolitik – geschickte Diplomatie und Kriege – setzte der preußische Ministerpräsident Otto von Bismarck die **Proklamation des Deutschen Reiches** mit dem preußischen König Wilhelm I. als Kaiser durch (1871). Weite Teile des Bürgertums söhnten sich rasch mit dieser Politik aus. Sie akzeptierten den Mangel an demokratischen Freiheiten und huldigten dem neuen, erfolgreichen Ideal der so genannten „Realpolitik“. Vor allem die **wirtschaftliche Expansion** mit dem Aufschwung von Industrie, Technik und Handel in dem neu entstandenen Großraum des Reiches trug dazu bei.
An der Spitze der Gesellschaft stand im Kaiserreich weiterhin der **Adel,** der die führenden Positionen bei Hof, in der Diplomatie, in der Verwaltung und beim Militär einnahm. Daneben entwickelte sich mit der Industrialisierung eine neue Oberschicht, die sich in ihrem Lebensstil stark am Adel orientierte: das wirtschaftlich erfolgreiche Großbürgertum, die **Bourgeoisie,** zu der Unternehmer, Bankiers und Geschäftsleute gehörten.

Auch das **Bildungsbürgertum,** also höhere Beamte und Universitätsprofessoren, Ärzte, Rechtsanwälte, Architekten und Ingenieure, zählte sich zu den besseren Kreisen. Es verstand sich als Wahrer der kulturellen Tradition und prägte die Mentalität der Gesellschaft, verlor aber seine Bedeutung als treibende Kraft der gesellschaftlichen Entwicklung.
Immer größer und wichtiger wurde dagegen die **Industriearbeiterschaft** im unteren Bereich der Gesellschaftshierarchie. Ihrem Kampf für bessere Arbeits- und Lebensbedingungen sowie für Teilnahme am gesellschaftlichen und politischen Leben begegnete die Regierung unter Bismarck einerseits mit Unterdrückungsmaßnahmen (1878 „Gesetz gegen die gemein-gefährlichen Bestrebungen der Sozialdemokratie"), andererseits mit den Anfängen einer Sozialgesetzgebung (Krankenversicherung 1883, Unfallversicherung 1884, Alters- und Invalidenversicherung 1889).

Weltbild und Lebensauffassung: Der Siegeszug von Naturwissenschaften, Technik und industrieller Produktion, die Nationalstaatsgründung und der ökonomische Aufschwung führten zu **Fortschrittsoptimismus**, aber auch zu Erfahrungen des Verlusts traditioneller Werte und Orientierungen. Die **Religionskritik** Ludwig Feuerbachs definiert Gott als bloße Projektion des menschlichen Vollkommenheitsstrebens, Friedrich Nietzsche schockiert mit dem Schlagwort: „Gott ist tot." Karl Marx erklärt in seinem **philosophischen Materialismus** den gesamten Bereich der Kultur zum bloßen „Überbau", der von der Basis der Produktionsverhältnisse in einer Gesellschaft abhängig ist, vollzieht also einen radikalen Bruch mit dem Idealismus der Klassik. In der **Evolutionstheorie** Charles Darwins verliert die Spezies Mensch, bisher als Krone der Schöpfung betrachtet, ihre biologische Sonderstellung. Die traditionellen bürgerlichen Humanitäts- und Bildungsideale begannen sich aufzulösen, **Pessimismus und Skeptizismus** als geistige Haltungen widersprachen dem weiterhin propagierten Fortschrittsoptimismus.

Literatur: Der Begriff **„Realismus"** bezeichnet einen großen Teil der europäischen Kunst und Literatur des 19. Jahrhunderts. Der Realismus macht die gesellschaftlichen Verhältnisse, in denen der Mensch lebt, zum zentralen Gegenstand seiner Darstellung. Nicht die einfache Wiedergabe und Nachahmung der Wirklichkeit, sondern die Produktion von glaubwürdigen und in sich stimmigen Fiktionen ist das Ziel der Autoren des Realismus.
In Frankreich, England und Russland wandten sich die realistischen Schriftsteller wie **Gustave Flaubert**, **Honoré de Balzac**, **Charles Dickens**, **Fjodor M. Dostojewski** oder **Leo Tolstoi** umfassender und genauer der gesellschaftlichen Wirklichkeit in all ihren Facetten zu. Der Arbeitsweise eines analysierenden Wissenschaftlers vergleichbar, zeichneten sie in ihren Werken ein scharfes Bild vom Menschen, von seiner Umwelt und seinem sozialen Milieu. Der bürgerliche Realismus in Deutschland wich davon tendenziell ab und wird deshalb auch als **poetischer Realismus** bezeichnet.
Der **poetisch-verklärenden Bearbeitung der Wirklichkeit** kommt eine besondere Bedeutung zu (vgl. Fontanes „Was verstehen wir unter Realismus?"; ► S. 451). Die Haltung des Erzählers zu seinen Figuren und ihrer Welt ist weniger distanziert-kritisch als in den anderen europäischen Ländern, zuweilen nicht frei von einer gewissen Sentimentalität, häufig von versöhnlichem **Humor** begleitet und damit letztlich resignativ.
Charakteristisch für die Stoff- und Themenauswahl der deutschen Realisten ist die Tendenz zum **Regionalismus,** also der Hinwendung zur engeren, oft ländlich-dörflichen Heimat, oder zum **Historismus,** dem Ausweichen in die Vergangenheit.

Deswegen wird in Literaturgeschichten **Theodor Storm**, der lange in Husum an der Nordsee lebte, als Dichter der norddeutschen Küsten, **Theodor Fontane**, der Berliner, als Brandenburgs beliebtester Autor, **Gottfried Keller** als Züricher und Schweizer Schriftsteller vorgestellt. Der Historismus findet sich vor allem in den historischen Novellen **Conrad Ferdinand Meyers**.

Weitere wichtige Autoren und Werke
Gustav Freytag (1816–1895): „Soll und Haben", „Die Ahnen" (Romane)
Theodor Storm (1817–1888): „Der Schimmelreiter" (Novelle); Gedichte
Gottfried Keller (1819–1890): „Der grüne Heinrich" (Roman); „Die Leute von Seldwyla", „Züricher Novellen" (Novellen)
Theodor Fontane (1819–1898): „Irrungen, Wirrungen", „Effi Briest", „Der Stechlin" (Romane); „Wanderungen durch die Mark Brandenburg" (Reiseschilderungen); Balladen
Conrad Ferdinand Meyer (1825–1898): „Das Amulett" (Novelle); „Jürg Jenatsch" (Roman); Gedichte
Friedrich Spielhagen (1829–1911): „Problematische Naturen" (Roman)
Wilhelm Raabe (1831–1910): „Stopfkuchen" (Roman)
Wilhelm Busch (1832–1908): „Max und Moritz", „Die fromme Helene" (Bildergeschichten); humoristische Gedichte

Wichtige ausländische Autoren und Werke
Stendhal (d. i. Henri Beyle, Franzose, 1783–1843): „Rot und Schwarz" (Roman)
Honoré de Balzac (Franzose, 1799–1850): „Eugenie Grandet", „Das Chagrinleder" (Romane)
William Makepeace Thackeray (Engländer, 1811–1863): „Jahrmarkt der Eitelkeit" (Roman)
Charles Dickens (Engländer, 1812–1870): „Oliver Twist", „David Copperfield" (Romane)
George Elliot, eig. Mary Ann Evans (Engländerin, 1819–1880): „Middlemarch" (Roman)
Fjodor Dostojewski (Russe, 1821–1881): „Verbrechen und Strafe", „Der Idiot", „Die Brüder Karamasow" (Romane)
Gustave Flaubert (Franzose, 1821–1880): „Madame Bovary" (Roman)
Lew Tolstoi (Russe, 1828–1920): „Krieg und Frieden", „Anna Karenina" (Romane)

1 Veranstalten Sie ein Gruppenpuzzle zur Epoche des bürgerlichen Realismus.
- **a** Setzen Sie sich in Gruppen zusammen, die sich mit den folgenden Themen beschäftigen: „Verlauf der politischen Geschichte", „Gesellschaftliche Verhältnisse", „Weltbild und Lebensauffassung", „Literatur", „Kunst".
- **b** Mischen Sie die Gruppen, sodass nun jeweils mindestens ein Experte zu jedem Thema in der neuen Gruppe sitzt. Referieren Sie Ihre Expertenergebnisse, tauschen Sie sich über Ihre Beobachtungen und Eindrücke aus und versuchen Sie, in einem Fazit der Zeit des bürgerlichen Realismus ein Profil zu geben.

2 Stellen Sie eine deutsche Novelle aus der Epoche des poetischen Realismus vor, die Sie im Deutschunterricht der Sekundarstufe I kennen gelernt haben, und arbeiten Sie dabei epochentypische Merkmale heraus.
Beispiele:
- **Theodor Storm:** „Der Schimmelreiter"
- **Gottfried Keller:** „Kleider machen Leute" oder „Romeo und Julia auf dem Dorfe"
- **Theodor Fontane:** „Unterm Birnbaum"

3 Besorgen Sie sich einen der bedeutenden europäischen Romane des Realismus, z. B. von Dickens, Flaubert, Dostojewski oder Tolstoi (▸ Information), und lesen Sie Auszüge daraus vor. Tauschen Sie sich anschließend über Ihre Eindrücke aus.

5 Die Moderne – Vom Naturalismus bis zur Neuen Sachlichkeit

Alfons Maria Mucha: Plakat für Theaterstück mit Sarah Bernhardt (um 1886)

Pablo Picasso: Les Desmoiselles d'Avignon (1907)

Architektur der Gründerjahre (1892)

Bauhaus-Architektur: Stuttgart, Weißenhofsiedlung, Apartment-Häuser (erb. 1927)

1 In der traditionellen, vormodernen Kunst ging es um Naturwiedergabe, um wirklichkeitsgetreue Abbildungen, auch wenn diese Wiedergabe vom individuellen Temperament der Künstlerin/des Künstlers geprägt war. Beschreiben Sie, inwiefern die Bilder von Mucha und Picasso auf je eigene Weise mit dieser Tradition brechen und welches neue Kunstverständnis jeweils erkennbar wird.

2 Welches Frauenbild passt zu welchem Haus? Begründen Sie Ihre Zuordnung.

3 **a** Beschreiben Sie die beiden Hausfassaden und stellen Sie Vermutungen darüber an, welche Ideen und Vorstellungen vom Wohnen sich in der Architektur widerspiegeln.

b Informieren Sie sich über die „Bauhaus"-Programmatik im Hinblick auf Architektur und Design.

4 **a** Recherchieren Sie, was in der Kunst- und Literaturgeschichte unter dem Begriff „Moderne" verstanden wird: zeitliche Eingrenzung, typische Merkmale …

b Erstellen Sie in Gruppenarbeit ein Poster zum Thema „Die Moderne" mit Texten und Bildern.

5.1 Naturalismus (1880–1900)

Giuseppe Pellizza da Volpedo: Der vierte Stand (1901)

1 Formulieren Sie in Form der Blitzlicht-Methode (▸ S. 598) Ihre Bildeindrücke.

2 Erläutern Sie, wie diese Eindrücke durch die Komposition, die Farbgebung, die Figurengestaltung und die Malweise erzeugt werden.

3 Vergleichen Sie die Darstellung der Menschenmassen mit den Bildern auf den Seiten 435 und 451 aus der Epoche des Realismus.

Die Masse – Ein neuer Protagonist und ein neues Menschenbild

Émile Zola: **Germinal** (1895) – Auszug 4. Kapitel, 5. Teil

In diesem Roman thematisiert Zola (1840–1902), Vorbild der deutschen Naturalisten, die Verelendung der Arbeiter im nordfranzösischen Kohlenrevier. Nach Lohnkürzungen ist das nackte Überleben der Bergleute kaum mehr gewährleistet. In einem der Arbeiterdörfer wird der Streik ausgerufen und man bricht spontan auf, um gemeinsam die Kohlengruben zu stürmen. „Germinal" (= Keimmonat) ist im Kalender der Französischen Revolution der Name für den Monat April.

Es galt jetzt einen Marsch von guten fünf Kilometern. Sie wurden von einer solchen Wut gejagt, dass sie die tödliche Müdigkeit, ihre völlig erschöpften, wie gebrochenen Beine nicht fühlten. Der Zug wurde immer länger, verstärkt durch die Kameraden, die man unterwegs in allen Arbeiterdörfern an sich zog. Als sie auf der Magache-Brücke den Kanal überschritten hatten und vor la Victoire[1] erschienen, zählten sie an die zweitausend Köpfe. Aber drei Uhr war vorüber, die Leute waren ausgefahren, kein Mann war mehr in der Grube. Ihre Enttäuschung machte sich in eitlen Drohungen Luft; sie mussten sich begnügen, die eben ankommenden Erdarbeiter mit Ziegelsteinen zu bewerfen. In regellose Rotten sich auflösend, ergriff die Bande Besitz von dem Werke. In ihrer Wut darüber, dass es keine Gesichter zu ohrfeigen gab, fielen sie über die Sachen her. Giftige Rachsucht platzte in ihnen. Der Jahre hindurch erduldete Hunger hatte eine tolle Gier nach Zerstörung in ihnen gereift. Étienne bemerkte hinter einem Schuppen einige Arbeiter, die einen Kohlenkarren beladen wollten. „Wollt ihr euch davonmachen", rief er ihnen zu. „Nicht ein Stück Kohle wird da hinauskommen." Auf seinen Befehl eilten etwa hundert Ausständige

1 **la Victoire:** Ort, in dem sich eine Kohlengrube befindet

herbei; die Arbeiter hatten knapp Zeit, sich zu entfernen. Einige Männer spannten die Pferde aus, die, in die Flanken gestochen, scheu davonrannten. Andere stürzten den Karren um und zerbrachen die Gabeldeichsel. Levaque fiel mit einer Hacke über die Gestelle her, um die Brückenstege zu vernichten. Doch sie widerstanden seiner Zerstörungswut und so kam er auf den Gedanken, die Schienen aufzureißen, das Geleise von dem einen Ende des Werkhofes bis zum anderen zu zerstören. Bald warf sich die ganze Bande auf diese Arbeit. Mit seiner Eisenstange bewaffnet, deren er sich wie eines Hebels bediente, riss Maheu die gusseisernen Schienenstühle los. Inzwischen führte die Brulé die Weiber in die Lampenkammer; mit ihren Stöcken richteten sie eine gräuliche Verwüstung an; bald lagen sämtliche Lampen in Scherben am Boden. Auch die Maheu hatte alle Besonnenheit verloren und schlug ebenso wütend drein wie die Levaque. Sie wateten ordentlich im Öl; die Mouquette wischte ihre Hände in ihren Röcken ab und lachte, weil sie so schmutzig war. Jeanlin machte sich den Spaß, den Inhalt einer Lampe in ihren Nacken zu leeren. Aber alle diese Verwüstungen sättigten nicht. Die Bäuche schrien noch lauter und der Tumult war von einem unaufhörlichen Rufe übertönt: „Brot, Brot, Brot ...“

In la Victoire gab es einen ehemaligen Aufseher, der eine Kantine hielt. Er war von Angst ergriffen, sein Laden war verlassen. Als die Weiber zurückkehrten und die Männer das Schienengeleise vollends zerstört hatten, belagerten sie die Kantine, deren Fensterläden dem ersten Ansturm nachgaben. Man fand kein Brot; es war nichts anderes da als zwei Stücke rohes Fleisch und ein Sack Kartoffeln. Aber während der Plünderung entdeckte man etwa fünfzig Flaschen Wacholderbranntwein, die wie ein Tropfen Wasser im Sande verschwanden.

1 Beschreiben Sie, welche Stimmung der Textausschnitt Ihnen vermittelt.

2 Arbeiten Sie heraus, welche Haltung der Erzähler seinem Protagonisten, der Masse der streikenden Arbeiter, gegenüber einnimmt. Würden Sie diese Haltung eher als „neutral“, „affirmativ“ oder „kritisch“ (▸ **Erzählstrategie**, S. 200 f.) bezeichnen? Begründen Sie Ihre Einordnung durch passende Textstellen.

3 Der Roman endet mit dem Satz: „Und es gediehen Menschen, eine schwarze Rächerarmee, die langsam in den Furchen keimte, für die Ernte des künftigen Jahrhunderts emporwachsend, und deren Keimen sollte die Erde sprengen.“ Analysieren Sie den Textauszug vor dem Hintergrund dieses Schlusssatzes und des symbolischen Romantitels.

Gerhart Hauptmann: **Die Weber** (1892) – Auszug 4. Akt

[Das Drama schildert den Weberaufstand von 1844 in der schlesischen Heimat des Autors Gerhart Hauptmann (1862–1946). Die in Heimarbeit groben Wollstoff herstellenden Weber erhalten von ihren Auftraggebern so wenig Lohn, dass sie ihre Familien nicht mehr ernähren können. Eine Hungerrevolte bricht aus und die verzweifelten Weber stürmen die Villen ihrer Ausbeuter. Die folgende Szene spielt im Hause des Fabrikanten Dreißiger.]

Einige Sekunden bleibt der Raum leer. Im Salon zerklirren Fenster. Ein starker Krach durchschallt das Haus, hierauf brausendes Hurra, danach Stille. Einige Sekunden vergehen, dann hört man leises und vorsichtiges Trappen die Stufen zum ersten Stock empor, dazu nüchterne und schüchterne Ausrufe:

links! – oben nuf! – pscht! – langsam! langsam! – schipp ock nich! – hilf schirjen! – praatz, hab ich a Ding! – macht fort, ihr Wirgebänder! – mir gehn zur Hochzeit! – geh nu nei! – o geh du!

Es erscheinen nun junge Weber und Webermädchen in der Flurtür, die nicht wagen einzutreten und eines das andere hereinzustoßen suchen. Nach einigen Sekunden ist die Schüchternheit überwunden und die ärmlichen, magern, teils kränklichen, zerlumpten oder geflickten Gestalten verteilen sich in Dreißigers Zimmer und im Salon, alles zunächst neugierig und scheu betrachtend, dann betastend. Mädchen versuchen die Sofas; es bilden sich Gruppen, die ihr Bild im Spiegel bewundern. Es steigen einzelne auf Stühle, um die Bilder zu betrachten und herabzunehmen, und dazwischen strömen immer neue Jammergestalten vom Flur herein.

Ein alter Weber: *kommt.* Nee, nee, da lasst mich aber doch zufriede! Unten da fangen se gar schonn an und richten an Sache zu Grunde. Nu die Tollheet! Da is doch kee Sinn und kee Verstand o nich drinne. Ums Ende wird das noch gar sehr a beese Ding. Wer hie an hellen Kopp behält, der macht ni mit. Ich wer mich in Obacht nehmen und wer mich an solchen Untaten beteiligen!

Jäger, Bäcker, Wittig mit einem hölzernen Eimer, der alte Baumert und eine Anzahl junger und alter Weber kommen wie auf der Jagd nach etwas hereingestürmt, mit heiseren Stimmen durcheinanderrufend.

Jäger: Wo is a hin?

Bäcker: Wo is der Menschenschinder?

Der alte Baumert: Kenn mir Gras fressen, friss du Sägespäne.

Wittig: Wenn m'r 'n kriegen, knippen mer 'n uf.

Erster junger Weber: Mir nehmen 'n bei a Been'n und schmeißen 'n zum Fenster naus, uf de Steene, dass a bald fer immer liegen bleibt.

Zweiter junger Weber *kommt:* A is fort ieber alle Berge.

Alle: Wer denn?

Zweiter junger Weber: Dreißicher.

Bäcker: Feifer[1] o?

Stimmen: Sucht Feifern! Sucht Feifern!

Der alte Baumert: Such, such, Feiferla, 's is a Weberschmann auszuhungern. *Gelächter.*

Jäger: Wenn mersch o ni kriegen, das Dreißicherviech ... arm soll a wern.

Der alte Baumert: Arm soll a wern wie 'ne Kirchenmaus. Arm soll a wern.

Alle stürmen in der Absicht zu demolieren auf die Salontür zu.

Käthe Kollwitz: Weberzug (1893)

1 **Feifer:** Angestellter Dreißigers, der die Abgabe der Ware durch die Weber beaufsichtigt und ihre Löhne drückt

1 Schreiben Sie die Szene in einen Erzähltext um, in dem die Situation und der Inhalt der Dialoge deutlich werden.

2 Erläutern Sie, welche Funktion der Dialekt hat.

3 Die „Masse" hat im Naturalismus eine besondere Bedeutung. Vergleichen Sie die Darstellung der Masse in den beiden Textauszügen (▸ S. 467–469) und auf den Bildern (▸ S. 467 u. 469).

4 „Die Weber" wurden zunächst von der zuständigen Berliner Behörde nicht zur Aufführung zugelassen und Kaiser Wilhelm II. kündigte seine Loge im Deutschen Theater, als das Stück nach einem Prozess dann doch zur Aufführung freigegeben wurde. Welche Befürchtungen lassen sich dem Aufführungsverbot entnehmen? Wie erklärt sich die Reaktion des Kaisers?

Was bedeutet „Naturalismus"? – Leitsätze einer Kunstprogrammatik

Wie die Natur das einzig Reale und darum das einzige Gebiet des Künstlers ist, so ist auch kein Winkel, kein Fleck, kein Geschöpf, kein Vorgang in derselben, der nicht der künstlerischen Verkörperung würdig und fähig wäre.

Conrad Alberti (1889)

Ich habe nichts getan, als an [...] lebendigen Körpern die analytische Arbeit durchzuführen, die die Chirurgen an Leichen vornehmen.

Émile Zola (1867)

Für den Dichter aber scheint mir in der Tatsache der Willensunfreiheit der höchste Gewinn zu liegen. Ich wage es auszusprechen: Wenn sie nicht bestände, wäre eine wahre realistische Dichtung überhaupt unmöglich. Erst indem wir uns dazu aufschwingen, im menschlichen Denken Gesetze zu ergründen, erst indem wir einsehen, dass eine menschliche Handlung, wie immer sie beschaffen sei, das restlose Ergebnis gewisser Faktoren, einer äußeren Veranlassung und einer inneren Disposition, sein müsse und dass auch diese Disposition sich aus gegebenen Größen ableiten lasse – erst so können wir hoffen, jemals zu einer wahren mathematischen Durchdringung der ganzen Handlungsweise eines Menschen zu gelangen und Gestalten vor unserm Auge aufwachsen zu lassen, die logisch sind wie die Natur.

Wilhelm Bölsche (1887)

Kunst = Natur – x

Arno Holz (1891/92)[1]

1 Unter x versteht Holz die Unzulänglichkeit in der Abbildung der Wirklichkeit (Natur) aufgrund der Gestaltung durch den Künstler.

1 Formulieren Sie mit eigenen Worten ein naturalistisches Kunstprogramm auf der Basis der Äußerungen von Alberti, Zola, Bölsche und Holz.

2 Untersuchen Sie die Texte auf den Seiten 467–469 daraufhin, ob und inwiefern sie als Beispiele für die programmatischen Äußerungen herangezogen werden können. Wo gibt es Abweichungen?

3 **a** Vergleichen Sie das naturalistische Kunstprogramm mit den literaturtheoretischen Ausführungen Fontanes zum Realismus (▸ S. 451). Arbeiten Sie die entscheidenden Unterschiede heraus.

b Entwickeln Sie Ihre eigenen Vorstellungen davon, was Sie von einer „realistischen" Kunst erwarten.

Information Epochenüberblick – Naturalismus (ca. 1880 – ca. 1900)

Allgemeingeschichtlicher Hintergrund: Das 1871 gegründete Deutsche Reich war keinesfalls so stabil, wie es sich nach außen darstellte. In der Außenpolitik vollzog sich gegen Ende des Jahrhunderts eine verhängnisvolle Wende. Die vorsichtig-diplomatische Bündnispolitik Bismarcks, die auf eine Akzeptanz der deutschen Reichsgründung bei den europäischen Mächten und damit auf eine friedliche Sicherung des Erreichten abzielte, wich einem **aggressiven Großmachtstreben im Zeichen des Imperialismus**. Man wollte mit England und Frankreich gleichziehen und erwarb Kolonialgebiete in Afrika, China und in der Südsee. Repräsentant dieser Politik war der seit 1888 regierende, politisch unerfahrene, ehrgeizige Kaiser Wilhelm II., der Bismarck zur Aufgabe des Kanzleramts bewegte. Innenpolitisch verschärfte sich die so genannte **soziale Frage**, also die Auseinandersetzung um die Verbesserung der Lebensbedingungen der Arbeiterschaft und deren Integration in die Gesellschaft, zum Hauptproblem.

Weltbild und Lebensauffassung: Das Jahrhundertende wurde allgemein als Anbruch einer neuen Zeit empfunden, für die sich das Schlagwort „**Moderne**" einbürgerte. Während in weiten Kreisen des Besitzbürgertums, das zunehmend von einem expansiven materialistischen Wirtschaftsdenken geprägt war, diese neue Zeit voller **Fortschrittsoptimismus** begrüßt wurde, blickten ihre bildungsbürgerlichen Kritiker mit Pessimismus auf den **Verlust tradierter Werte.**

Der **Glaube an die Allmacht der Naturwissenschaften,** von der die Lösung aller Welträtsel erwartet wurde, verlieh religiösen Weltdeutungen den Anstrich des Altmodischen. Die Theorien von **Darwin, Marx und Freud** begründeten ein neues Denken. Der Mensch erschien als Produkt der Evolution, seines gesellschaftlichen Milieus und der sein Ich formenden Instanzen.
Prägend für das neue, moderne Lebensgefühl wurde nicht nur die ungeheure **Beschleunigung auf allen Gebieten,** von den Verkehrsmitteln bis zur Kommunikation (1881 erstes deutsches Fernsprechnetz), sondern auch die rasant anwachsenden **Großstädte** mit ihrem Nebeneinander von repräsentativen staatlichen und privaten Prachtbauten und elenden Mietskasernen.
Literatur: Die Künstler, die als Erste auf die Moderne reagierten und der Epoche auch diesen Namen gaben, waren die Naturalisten. Sie verstanden sich als literarische Avantgarde, die sich auf Vorbilder in Frankreich (den Romancier **Émile Zola**) und Skandinavien (die Dramatiker **Henrik Ibsen** und **August Strindberg**) beriefen. Sie setzten sich bewusst von der herrschenden bürgerlichen Kunstauffassung ab, die an Klassik, Romantik und poetischem Realismus geschult war, und hoben die mit dieser Tradition verbundenen Grenzen des so genannten „guten Geschmacks" auf. Was die Naturalisten anstrebten, war eine möglichst genaue Wiedergabe der Wirklichkeit ohne jede poetische Verklärung oder Läuterung (vgl. das Literaturprogramm des poetischen Realismus, S. 451), eine **Deckungsgleichheit zwischen Realität und Abbild**. **Arno Holz** (1863–1929) brachte diese Forderung auf die Formel: „**Kunst = Natur – x**". Um Kunst und Wirklichkeit („Natur") in Übereinstimmung zu bringen, wurde oft der „**Sekundenstil**", die Deckung von Erzählzeit und erzählter Zeit (▸ S. 200), gewählt. Entsprechend wurde **Wahrheit** zur Parole dieser Kunst, die sich allen Bereichen des Lebens, besonders auch seinen hässlichen und schockierenden Seiten, den Elendsquartieren der Unterschichten, tristen Außenseiterexistenzen und psychischen Deformationen, als Stoff zuwandte und damit den Begriff des Ästhetischen entschieden ausweitete. Zur geforderten Wahrheit gehörte, dass die Literatur die neuen **wissenschaftlichen Erkenntnisse** aus Soziologie, Psychologie und Biologie verarbeitete. Im Mittelpunkt der Erzählungen und Dramen steht nicht mehr der individuelle Held, der autonome Einzelne, der sich frei entscheiden kann, sondern der durch **Herkunft, psychische Dispositionen, Milieu und Zeitumstände** determinierte Mensch oder eine **Menschenmasse,** ein Kollektiv. Solche Menschenmassen werden jedoch nicht im Sinne einer Parteinahme für den in jener Zeit politisch an Bedeutung gewinnenden Sozialismus idealisiert, sondern nach genauer Beobachtung bzw. Recherche möglichst objektiv dargestellt. Zur wirklichkeitsgetreuen Menschendarstellung gehörte für die Naturalisten auch die **Verwendung** der entsprechenden **Jargons und Dialekte.**

Weitere wichtige Autorinnen/Autoren und Werke

Henrik Ibsen (Norwegen, 1828–1906): „Nora oder ein Puppenheim" (Drama)
August Strindberg (Schweden, 1849–1912): „Der Vater", „Fräulein Julie" (Dramen)
Clara Viebig (1860–1952): „Kinder der Eifel", „Rheinlandstöchter" (Erzählbände)
Wilhelm Bölsche (1861–1939): „Die naturwissenschaftlichen Grundlagen der Poesie" (Poetik)
Gerhart Hauptmann (1862–1946): „Bahnwärter Thiel" (Novelle); „Der Bieberpelz" (Drama)
Arno Holz (1863–1929) / **Johannes Schlaf** (1862–1941): „Papa Hamlet" (Roman)
Arno Holz: „Phantasus" (Gedichte)
Maxim Gorki (1868–1936): „Nachtasyl" (Drama)

1 Entwerfen Sie eine Mindmap, in deren Zentrum der Begriff „Naturalismus" steht.

2 Suchen Sie Beispiele in der heutigen Literatur, Malerei, Fotografie und im Film, die nach Ihrem Verständnis naturalistische Züge aufweisen. Zeigen Sie diese Bezüge auf, beschreiben Sie deren Wirkung und versuchen Sie, solche naturalistischen Kunstkonzepte begründet zu bewerten.

5.2 Fin de Siècle – Symbolismus (1890–1920)

Das Geheimnis hinter der Wirklichkeit – „Nerven, Nerven, Nerven“

Carlos Schwabe: Der Schmerz (1893)

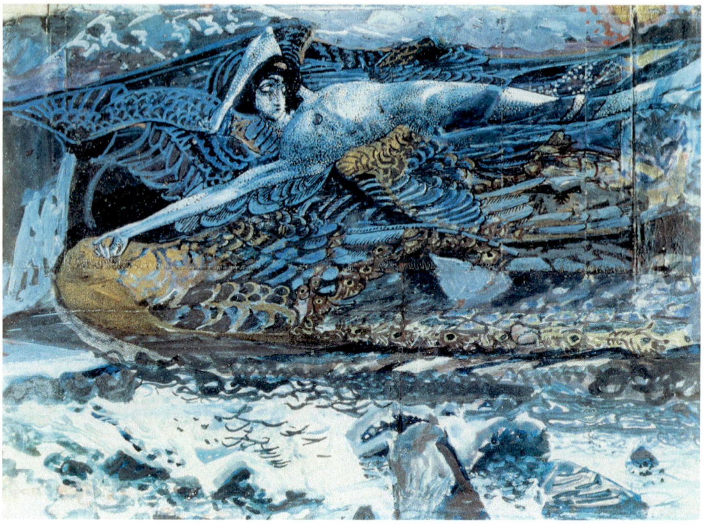

Michail Alexandrowitsch Wrubel: Jähzorniger Dämon (1901)

1 a Notieren Sie, wie die beiden Bilder jeweils auf Sie wirken.
b Setzen Sie Ihre Eindrücke mit dem jeweiligen Titel der Bilder in Beziehung.
c Wählen Sie sich ein Bild aus und beschreiben Sie es in Bezug auf Farbgebung, Linienführung, Raum- und Figurengestaltung. Suchen Sie sich in Ihrem Kurs jemanden, der dasselbe Bild gewählt hat, und vergleichen Sie Ihre Ergebnisse miteinander.

2 Welche Auffassungen von Wirklichkeit zeigen die Bilder Ihrer Meinung nach?

3 a Die beiden Bilder werden der Stilrichtung des Symbolismus zugeordnet. Gehen Sie zunächst von Ihrem Verständnis des Begriffs „Symbol“ aus und tragen Sie Symbole aus Ihrem Alltag zusammen, z.B. die Taube als Symbol des Friedens oder das Herz als Symbol der Liebe.
b Verfassen Sie Texte, die diese Symbole in ihrer Bedeutung erläutern.

Hermann Bahr: **Symbolisten** (1894)

Die Kunst will jetzt aus dem Naturalismus fort und sucht Neues. Niemand weiß noch, was es werden möchte; der Drang ist ungestalt und wirr; er tastet ohne Rat nach vielen Dingen und findet sich nirgends. Nur fort, um jeden Preis fort aus der deutlichen Wirklichkeit, ins Dunkle, Fremde und Versteckte – das ist heute die eingestandene Losung für zahlreiche Künstler.

Man hat manchen Namen. Die einen nennen es Décadence, als ob es die letzte Flucht der Wünsche aus einer sterbenden Kultur und das Gefühl des Todes wäre. Die anderen nennen es Symbolismus. [...]

Der neue Symbolismus braucht die Symbole ganz anders. Er will auch ins Unsinnliche, aber er will es durch ein anderes Mittel. Er schickt nicht dürftige Boten aus, von seinen unsinnlichen Freuden zu stammeln, bis ihre Ahnungen erwachsen. Sondern er will die Nerven in jene Stimmungen zwingen, wo sie von selber nach dem Unsinnlichen greifen, und will das durch sinnliche Mittel. Und er verwendet die Symbole als Stellvertreter und Zeichen nicht des Unsinnlichen, sondern von anderen ebenso sinnlichen Dingen. Das Symbol gilt dem neuen Symbolismus sehr viel, aber es gilt ihm nur als eine Bereicherung des Handwerks. Er hat aus den Symbolen eine neue Technik gewonnen.

1 **a** Geben Sie wieder, wie der Begriff „Symbol" im Sinne des Symbolismus verstanden werden soll.
b Vergleichen Sie diesen Symbolbegriff mit Ihren Erläuterungen (▸ Aufgabe 3 a/b, S. 472).

2 Der Symbolismus wird auch als „Nervenkunst" bezeichnet. Erläutern Sie diese neue Kunstauffassung in Abgrenzung zum Naturalismus (▸ S. 470 f.).

Angst und Lebenskrise – Symbole des Verfalls und Todes

Arthur Schnitzler: **Fräulein Else** (1924) – Auszug

Else T. ist die 19-jährige Tochter eines Wiener Advokaten, der Gelder veruntreut hat und kurz vor der Verhaftung steht. Als Else in einem Kurhotel in den Dolomiten einige Ferientage verbringt, erhält sie einen Brief ihrer Mutter mit der dringenden Bitte, den wohlhabenden Kunsthändler Dorsday um eine hohe Geldsumme für ihren Vater zu ersuchen. Dorsday stellt die Bedingung, sie „nur von Sternenlicht bekleidet" anschauen zu dürfen. Else sieht keinen Ausweg: Nackt, nur mit einem Mantel bekleidet, findet sie Dorsday im Konzertsaal des Hotels, lässt vor der Gesellschaft ihren Mantel fallen und bricht zusammen. Bekannte bringen sie auf einer Trage in ihr Zimmer.

Ich schwebe, ich schwebe. Sie sollen mich nur hinauftragen, immer weiter, bis zum Dach, bis zum Himmel. Das wäre so bequem. – *„Ich habe es ja kommen sehen, Paul."* – Was hat die Tante kommen gesehen? – *„Schon die ganzen letzten Tage habe ich so etwas kommen gesehen. Sie ist überhaupt nicht normal. Sie muss natürlich in eine Anstalt."* – *„Aber Mama, jetzt ist doch nicht der Moment, davon zu reden."* – Anstalt –? Anstalt –?! [...]
Das ist ja die Tante. Was will sie denn da? – – *„Noch immer ohnmächtig?"* – Auf den Zehenspitzen schleicht sie heran. Sie soll zum Teufel gehen. Ich lass mich in keine Anstalt bringen. Ich bin nicht irrsinnig. – *„Kann man sie nicht zum Bewusstsein erwecken?"* – *„Sie wird bald wieder zu sich kommen, Mama. Jetzt braucht sie nichts als Ruhe. Übrigens du auch, Mama. Möchtest du nicht schlafen gehen? Es besteht absolut keine Gefahr. Ich werde zusammen mit Frau Cissy bei Else Nachtwache halten."* – – *„Jawohl, gnädige Frau, ich bin die Gardedame. Oder Else, wie man's nimmt."* – Elendes Frauenzimmer. Ich liege hier ohnmächtig und sie macht Späße. – *„Und ich kann mich darauf verlassen, Paul, dass du mich wecken lässt, sobald der Arzt kommt?"* – – *„Aber Mama, der kommt nicht vor morgen früh."* – – *„Sie sieht aus, als wenn sie schliefe. Ihr Atem geht ganz ruhig."* – *„Es ist ja auch eine Art von Schlaf, Mama."* – *„Ich kann mich noch immer nicht fassen, Paul ein solcher Skandal! – Du wirst sehen, es kommt in die Zeitung!"* – *„Mama."* – *„Aber sie kann doch nichts hören, wenn sie ohnmächtig ist. Wir reden doch ganz leise."* – – *„In diesem Zustand sind die Sinne manchmal unheimlich geschärft."* – *„Sie haben einen so gelehrten Sohn, gnädige Frau."* – *„Bitte dich, Mama, geh zu Bette."* – *„Morgen reisen wir ab unter jeder Bedingung. Und in Bozen nehmen wir eine Wärterin für Else."* – Was? Eine Wärterin? Da werdet ihr euch aber täuschen. – *„Über all das reden wir morgen, Mama. Gute Nacht, Mama."* – *„Ich will mir einen Tee aufs

Zimmer bringen lassen und in einer Viertelstunde schau ich noch einmal her." – „Das ist doch absolut nicht notwendig, Mama." – Nein, notwendig ist es nicht. Du sollst überhaupt zum Teufel gehen. Wo ist das Veronal? Ich muss noch warten. Sie begleiten die Tante zur Türe. Jetzt sieht mich niemand. Auf dem Nachttisch muss es ja stehen, das Glas mit dem Veronal. Wenn ich es austrinke, ist alles vorbei. Gleich werde ich es trinken. Die Tante ist fort. Paul und Cissy stehen noch an der Tür. Ha. Sie küsst ihn. Sie küsst ihn. Und ich liege nackt unter der Decke. Schämt ihr euch denn gar nicht? Sie küsst ihn wieder. Schämt ihr euch nicht? – *„Siehst du, Paul, jetzt weiß ich, dass sie ohnmächtig ist. Sonst wäre sie mir unbedingt an die Kehle gesprungen."* – *„Möchtest du mir nicht den Gefallen tun und schweigen, Cissy?"* […] *„Es hat geklopft, Cissy."* – *„Mir kam es auch so vor"* – *„Ich will leise aufmachen und sehen wer es ist. – Guten Abend, Herr von Dorsday."* – *„Verzeihen Sie, ich wollte nur fragen, wie sich die Kranke …"* – Dorsday! Dorsday! Wagt er es wirklich? Alle Bestien sind losgelassen. Wo ist er denn? Ich höre sie flüstern vor der Tür. Paul und Dorsday. Cissy stellt sich vor den Spiegel hin. Was machen Sie vor dem Spiegel dort? Mein Spiegel ist es. Ist nicht mein Bild noch drin? Was reden sie draußen vor der Tür, Paul und Dorsday? Ich fühle Cissys Blick. Vom Spiegel aus sieht sie zu mir her. Was will sie denn? Warum kommt sie denn näher? Hilfe! Hilfe! Ich schreie doch, und keiner hört mich. Was wollen Sie an meinem Bett, Cissy?! Warum beugen Sie sich herab? Wollen Sie mich erwürgen? Ich kann mich nicht rühren. – *„Else!"* – Was will sie denn? – *„Else! Hören Sie mich, Else?"* – Ich höre, aber ich schweige. Ich bin ohnmächtig, ich muss schweigen. – *„Else, Sie haben uns in einen schönen Schreck versetzt."* – Sie spricht zu mir. Sie spricht zu mir, als wenn ich wach wäre. Was will sie denn? – *„Wissen Sie, was Sie getan haben, Else? Denken Sie, nur mit dem Mantel bekleidet sind Sie ins Musikzimmer getreten, sind plötzlich nackt dagestanden vor allen Leuten und dann sind Sie ohnmächtig hingefallen. Ein hysterischer Anfall wird behauptet. Ich glaube kein Wort davon. Ich glaube auch nicht, dass Sie bewusstlos sind. Ich wette, Sie hören jedes Wort, das ich rede."* – Ja, ich höre, ja, ja, ja. Aber sie hört mein Ja nicht. Warum denn nicht? Ich kann meine Lippen nicht bewegen. Darum hört sie mich nicht. Ich kann mich nicht rühren. Was ist denn mit mir? Bin ich tot? Bin ich scheintot? Träume ich? Wo ist das Veronal? Ich möchte mein Veronal trinken. Aber ich kann den Arm nicht ausstrecken. Gehen Sie fort, Cissy. Warum sind Sie über mich gebeugt? Fort, fort! Nie wird sie wissen, dass ich sie gehört habe. Niemand wird es je wissen. Nie wieder werde ich zu einem Menschen sprechen. Nie wache ich wieder auf. Sie geht zur Türe. Sie wendet sich noch einmal nach mir um. Sie öffnet die Türe. Dorsday! Dort steht er. Ich habe ihn gesehen mit geschlossenen Augen. Nein, ich sehe ihn wirklich. Ich habe ja die Augen offen. Die Türe ist angelehnt. Cissy ist auch draußen. Nun flüstern sie alle. Ich bin allein. Wenn ich mich jetzt rühren könnte. Ha, ich kann ja, kann ja. Ich bewege die Hand, ich rege die Finger, ich strecke den Arm, ich sperre die Augen weit auf. Ich sehe, ich sehe. Da steht mein Glas. Geschwind, ehe sie wieder ins Zimmer kommen. Sind es nur Pulver genug?! Nie wieder darf ich erwachen. Was ich zu tun hatte auf der Welt, habe ich getan. Der Papa ist gerettet. Niemals könnte ich wieder unter Menschen gehen. Paul guckt durch die Türspalte herein. Er denkt, ich bin noch ohnmächtig. Er sieht nicht, dass ich den Arm beinahe schon ausgestreckt habe. Nun stehen sie wieder alle drei draußen vor der Tür, die Mörder! – Alle sind sie Mörder. Dorsday und Cissy und Paul, auch Fred ist ein Mörder und die Mama ist eine Mörderin. Alle haben sie mich gemordet und machen sich nichts wissen. Sie hat sich selber umgebracht, werden sie sagen. Ihr habt mich umgebracht, ihr alle, ihr alle! Hab ich es endlich? Geschwind, geschwind! Ich muss. Keinen Tropfen verschütten. So. Geschwind. Es schmeckt gut. Weiter, weiter. Es ist gar kein Gift. Nie hat mir was so gut geschmeckt. Wenn ihr wüsstet, wie gut der Tod schmeckt! Gute Nacht, mein Glas. Klirr, klirr! Was ist denn das? Auf dem Boden liegt das Glas. Unten liegt es. Gute Nacht. –

1 Dieser Textauszug erfordert ein aufmerksames, auch mehrmaliges Lesen. Woran liegt das?

2 **a** Erläutern Sie, in welchem psychischen Zustand sich Else befindet.

b Paul äußert, dass in diesem Zustand die Sinne geschärft sein können (vgl. Z. 34 f.). Inwiefern kommt dies zum Ausdruck? Reflektieren Sie bei Ihrer Antwort auch die Aussagen Hermann Bahrs (► S. 472 f.).

3 „Fräulein Else" wird auch als „Monolognovelle" bezeichnet. Prüfen Sie diese Zuordnung.

Rainer Maria Rilke: **Die Aufzeichnungen des Malte Laurids Brigge** (1910) – Romanbeginn

Malte Laurids Brigge, ein 28-jähriger Schriftsteller, gerät in Paris in eine tiefe seelische und geistige Krise. – So beginnen seine Aufzeichnungen:

11. September, rue Toullier

So, also hierher kommen die Leute, um zu leben, ich würde eher meinen, es stürbe sich hier. Ich bin aus gewesen. Ich habe gesehen: Hospitäler. Ich habe einen Menschen gesehen, welcher schwankte und umsank. Die Leute versammelten sich um ihn, das ersparte mir den Rest. Ich habe eine schwangere Frau gesehen. Sie schob sich schwer an einer hohen, warmen Mauer entlang, nach der sie manchmal tastete, wie um sich zu überzeugen, ob sie noch da sei. Ja, sie war noch da. Dahinter? Ich suchte auf meinem Plan: Maison d'Accouchement. Gut. Man wird sie entbinden – man kann das. Weiter, rue Saint-Jacques, ein großes Gebäude mit einer Kuppel. Der Plan gab an Val-de-grâce, Hôspital militaire. Das brauchte ich eigentlich nicht zu wissen, aber es schadet nicht. Die Gasse begann von allen Seiten zu riechen. Es roch, soviel sich unterscheiden ließ, nach Jodoform, nach dem Fett von Pommes frites, nach Angst. Alle Städte riechen im Sommer. Dann habe ich ein eigentümlich starblindes Haus gesehen, es war im Plan nicht zu finden, aber über der Tür stand noch ziemlich leserlich: Asyle de nuit. Neben dem Eingang waren die Preise. Ich habe sie gelesen. Es war nicht teuer.

Und sonst? Ein Kind in einem stehenden Kinderwagen: Es war dick, grünlich und hatte einen deutlichen Ausschlag auf der Stirn. Er heilte offenbar ab und tat nicht weh. Das Kind schlief, der Mund war offen, atmete Jodoform, Pommes frites, Angst. Das war nun mal so. Die Hauptsache war, dass man lebte. Das war die Hauptsache.

1 **a** Gehen Sie mit dem Ich-Erzähler durch Paris, durch die „rue Toullier". Was sehen, was riechen Sie?

b Mit welcher emotionalen Haltung nimmt der Ich-Erzähler die Stadt und die Menschen wahr?

c Deuten Sie insbesondere den Beginn dieser Aufzeichnung und die beiden letzten Sätze. Welche Wirklichkeit erkennt der Ich-Erzähler hinter der „gesehenen" Wirklichkeit?

2 Verfassen Sie aus der Ich-Perspektive ähnliche Großstadtskizzen. Örtlichkeiten könnten sein: Einkaufsmeilen, Restaurants, Bahnhöfe usw. Beziehen Sie dabei möglichst alle Sinne mit ein.

Thomas Mann: **Der Tod in Venedig** (1912) – Novellenauszug, 3. Kapitel

Als der renommierte alternde und einsame Schriftsteller Gustav von Aschenbach unter einer Schreibhemmung leidet, bricht er aus seinem arbeitsamen Leben aus und reist nach Venedig.

Wer hätte nicht einen flüchtigen Schauder, eine geheime Scheu und Beklommenheit zu bekämpfen gehabt, wenn es zum ersten Male oder nach langer Entwöhnung galt, eine venezianische Gondel zu besteigen? Das seltsame Fahrzeug, aus balladesken Zeiten ganz unverändert überkommen und so eigentümlich schwarz, wie sonst unter allen Dingen nur Särge es sind, – es erinnert an lautlose und verbrecherische Abenteuer in plätschernder Nacht, es erinnert noch mehr an den Tod selbst, an Bahre und düsteres Begängnis und letzte, schweigsame Fahrt. Und hat man bemerkt, dass der Sitz einer solchen Barke, dieser sargschwarz lackierte, mattschwarz gepolsterte Armstuhl, der weichste, üppigste, der erschlaffendste Sitz von der Welt ist? Aschenbach ward es gewahr, als er zu Füßen des Gondoliers, seinem Gepäck gegenüber, das am Schnabel reinlich beisammenlag, sich niedergelassen hatte. Die Ruderer zankten immer noch; rau, unverständlich, mit drohenden Gebärden. Aber die besondere Stille der Wasserstadt schien ihre Stimmen sanft aufzunehmen, zu entkörpern, über der Flut zu zerstreuen. Es war warm hier im Hafen. Lau angerührt vom Hauch des Scirocco[1], auf dem nachgiebigen Element in Kissen gelehnt, schloss der Reisende die Augen im Genusse einer so ungewohnten als süßen Lässigkeit. Die Fahrt wird kurz sein, dachte er, möchte sie immer währen! In leisem Schwanken fühlte er sich dem Gedränge, dem Stimmengewirr entgleiten. Wie still und stiller es um ihn wurde! Nichts war zu vernehmen als das Plätschern des Ruders, das hohle Aufschlagen der Wellen gegen den Schnabel der Barke, der steil, schwarz und an der Spitze hellebardenartig[2] bewehrt über dem Wasser stand, und noch ein drittes, ein Reden, ein Raunen, – das Flüstern des Gondoliers, der zwischen den Zähnen, stoßweise, in Lauten, die von der Arbeit seiner Arme gepresst waren, zu sich selber sprach. Aschenbach blickte auf, und mit leichter Befremdung gewahrte er, dass um ihn her die Lagune sich weitete und seine Fahrt gegen das offene Meer gerichtet war. Es schien folglich, dass er nicht allzu sehr ruhen dürfe, sondern auf den Vollzug seines Willens ein wenig bedacht sein müsse.

„Zur Dampferstation also“, sagte er mit einer halben Wendung rückwärts. Das Raunen verstummte. Er erhielt keine Antwort.

„Zur Dampferstation also!“, wiederholte er, indem er sich vollends umwandte und in das Gesicht des Gondoliers emporblickte, der hinter ihm, auf erhöhtem Borde stehend, vor dem fahlen Himmel aufragte. Es war ein Mann von ungefälliger, ja brutaler Physiognomie, seemännisch blau gekleidet, mit einer gelben Schärpe gegürtet und einen formlosen Strohhut, dessen Geflecht sich aufzulösen begann, verwegen schief auf dem Kopfe. Seine Gesichtsbildung, sein blonder, lockiger Schnurrbart unter der kurz aufgeworfenen Nase ließen ihn durchaus nicht italienischen Schlages erscheinen. Obgleich eher schmächtig von Leibesbeschaffenheit, sodass man ihn für seinen Beruf nicht sonderlich geschickt geglaubt hätte, führte er das Ruder, bei jedem Schlage den ganzen Körper einsetzend, mit großer Energie. Ein paarmal zog er vor Anstrengung die Lippen zurück und entblößte seine weißen Zähne. Die rötlichen Brauen gerunzelt, blickte er über den Gast hinweg, indem er bestimmten, fast groben Tones erwiderte: „Sie fahren zum Lido.“

Aschenbach entgegnete: „Allerdings. Aber ich habe die Gondel nur genommen, um mich nach San Marco übersetzen zu lassen. Ich wünsche den Vaporetto[3] zu benutzen.“

„Sie können den Vaporetto nicht benutzen, mein Herr.“

„Und warum nicht?“

„Weil der Vaporetto kein Gepäck befördert.“

Das war richtig; Aschenbach erinnerte sich. Er schwieg. Aber die schroffe, überhebliche, einem Fremden gegenüber so wenig landesübliche Art des Menschen schien unleidlich. Er sagte: „Das ist meine Sache. Vielleicht will ich mein Gepäck in Verwahrung geben. Sie werden umkehren.“

Es blieb still. Das Ruder plätscherte, das Wasser schlug dumpf an den Bug. Und das Reden und Raunen begann wieder: Der Gondolier sprach zwischen den Zähnen mit sich selbst.

Was war zu tun? Allein auf der Flut mit dem sonderbar unbotmäßigen, unheimlich entschlossenen Menschen, sah der Reisende kein Mittel, seinen Willen durchzusetzen. Wie weich er übrigens ruhen durfte, wenn er sich nicht empörte! Hatte er nicht gewünscht, dass die Fahrt lange, dass sie immer dauern möge? Es war das Klügste, den Dingen ihren Lauf zu lassen, und es war hauptsächlich höchst angenehm. Ein Bann der Trägheit schien auszugehen von sei-

1 **Scirocco:** heißer Südwind, der von der Sahara in Richtung Mittelmeer weht
2 **Hellebarde:** Hieb- und Stoßwaffe
3 **Vaporetto:** „Dampfschiffchen“, die in Venedig als öffentliche Verkehrsmittel genutzten Schiffe

nem Sitz, von diesem niedrigen, schwarz gepolsterten Armstuhl, so sanft gewiegt von den Ruderschlägen des eigenmächtigen Gondoliers in seinem Rücken. Die Vorstellung, einem Verbrecher in die Hände gefallen zu sein, streifte träumerisch Aschenbachs Sinne, – unvermögend, seine Gedanken zu tätiger Abwehr aufzurufen. Verdrießlicher schien die Möglichkeit, dass alles auf simple Geldschneiderei angelegt sei. Eine Art von Pflichtgefühl oder Stolz, die Erinnerung gleichsam, dass man dem vorbeugen müsse, vermochte ihn, sich noch einmal aufzuraffen. Er fragte: „Was fordern Sie für die Fahrt?“

Und über ihn hinsehend, antwortete der Gondolier: „Sie werden bezahlen.“

1 **a** Untersuchen Sie in Kleingruppen den Novellenauszug unter besonderer Berücksichtigung der Symbolik. Gehen Sie dabei auf die Erzählperspektive, die Gesprächssituation, die Beschreibung der Gondel und die Wahrnehmung der Überfahrt nach Venedig ein.

b Analysieren Sie die Bedeutung des Gondoliers im Text mit Hilfe des folgenden Hintergrundwissens:
Fährmann: Gestalt aus der griechischen Mythologie, der die Toten für einen Obolus (Münze) über den Acheron bzw. Styx und Lethe (Flüsse der Unterwelt) ins Schattenreich geleitete.

2 Berühmt geworden ist die Verfilmung der Novelle durch Luchino Visconti: „Morte a Venezia“ (1971). Schauen Sie sich die Verfilmung an. Vergleichen Sie die Darstellung der Szene mit dem Textauszug.

Information **Novelle und Dingsymbol**

Die Novelle ist eine Prosaerzählung, kürzer als der Roman. Sie erzählt insgesamt straff von dramatischen bzw. „**unerhörten Begebenheiten**“ (Goethe), die eine besondere Bedeutung im Leben eines Menschen haben und z. B. zu einem biografischen Wendepunkt führen können. Die Handlung entwickelt sich oft um ein zentrales Motiv (► S. 53, 460), ein **Dingsymbol.** Das Dingsymbol kann über die Handlung der Novelle hinausweisen und Hinweise auf den Charakter einer Figur, ihren Lebensweg, auf besondere Gefühle, seelische Zustände und Wünsche geben.

Friedrich Nietzsche: **Venedig** (1888)

An der Brücke stand
jüngst ich in brauner Nacht.
Fernher kam Gesang;
goldener Tropfen quoll’s
über die zitternde Fläche weg.
Gondeln, Lichter, Musik –
trunken schwamm’s in die Dämmrung hinaus …
Meine Seele, ein Saitenspiel,
sang sich, unsichtbar berührt,
heimlich ein Gondellied dazu,
zitternd vor bunter Seligkeit.
– Hörte jemand ihr zu? …

Claude Monet: Der Palazzo da Mula (1908)

1 Setzen Sie das Gedicht in Beziehung zu Thomas Manns „Tod in Venedig“. Vergleichen Sie die Gestaltung, z. B. Symbole, Synästhesien usw. Welche Venedig-Bilder entstehen? Wofür steht die Stadt?

2 Beschreiben Sie das Gemälde von Monet. Wie wirkt es auf Sie? Welche Gemeinsamkeiten und Unterschiede in der Darstellung Venedigs sehen Sie zwischen dem Bild und den Texten (► S. 475 ff.)?

Hugo von Hofmannsthal: **Ballade des äußeren Lebens** (1896)

Und Kinder wachsen auf mit tiefen Augen,
Die von nichts wissen, wachsen auf und sterben,
Und alle Menschen gehen ihre Wege.

Und süße Früchte werden aus den herben
Und fallen nachts wie tote Vögel nieder
Und liegen wenig Tage und verderben.

Und immer weht der Wind, und immer wieder
Vernehmen wir und reden viele Worte
Und spüren Lust und Müdigkeit der Glieder.

Und Straßen laufen durch das Gras, und Orte
Sind da und dort, voll Fackeln, Bäumen, Teichen,
Und drohende, und totenhaft verdorrte ...

Wozu sind diese aufgebaut? und gleichen
Einander nie? und sind unzählig viele?
Was wechselt Lachen, Weinen und Erbleichen?

Was frommt das alles uns und diese Spiele,
Die wir doch groß und ewig einsam sind
Und wandernd nimmer suchen irgend Ziele?

Was frommt's, dergleichen viel gesehen haben?
Und dennoch sagt der viel, der „Abend" sagt,
Ein Wort, daraus Tiefsinn und Trauer rinnt

Wie schwerer Honig aus den hohlen Waben.

Stefan George: **komm in den totgesagten park** (1897)

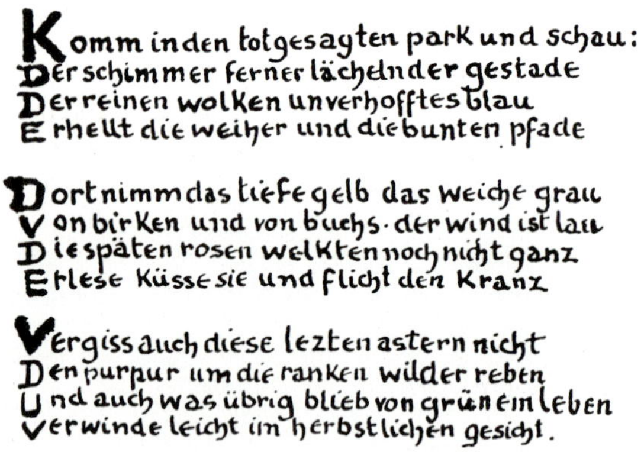
Komm in den totgesagten park und schau:
Der schimmer ferner lächelnder gestade
Der reinen wolken unverhofftes blau
Erhellt die weiher und die bunten pfade

Dort nimm das tiefe gelb das weiche grau
Von birken und von buchs · der wind ist lau
Die späten rosen welkten noch nicht ganz
Erlese küsse sie und flicht den kranz

Vergiss auch diese lezten astern nicht
Den purpur um die ranken wilder reben
Und auch was übrig blieb von grünem leben
Verwinde leicht im herbstlichen gesicht.

Stanislaw Wyspianski: Park bei Nacht (1890/99)

1 **a** Legen Sie jeweils einen Cluster zu den Begriffen „Abend" und „Herbst" an.
b Vergleichen Sie Ihre Assoziationen zu dieser Tages- bzw. Jahreszeit mit den Bildern bei Hofmannsthal und George.

2 Deuten Sie eines der Gedichte unter Berücksichtigung der Epoche (Information, ► S. 479).
Tipp: Beachten Sie bei George die von ihm bevorzugte Schrift und Schreibweise.

3 Zeigen Sie die Unterschiede zwischen Naturalismus und Symbolismus auf. Sie können dabei auf die Texte und Bilder in diesem Buch (► S. 467–479) zurückgreifen oder auch eigenes Material recherchieren.

Information **Gegenströmungen zum Naturalismus – Fin de Siècle/Symbolismus (1890–1920)**

Der Begriff **„Fin de Siècle"** ist mehr als eine Zeitangabe. Das „Ende des Jahrhunderts" wurde zugleich als eine Endzeit, eine Zeit des Niedergangs empfunden. Dieselbe Stimmungslage drückt sich in dem Wort **„Décadence"** (von lat. *cadere:* fallen) aus, das einen kulturellen Verfall benennt. Die Zeit der Jahrhundertwende war geprägt durch eine Vielzahl von Stilrichtungen, die sich nicht immer trennscharf voneinander unterscheiden lassen. **Symbolismus, Jugendstil, Impressionismus** und **Neuromantik** lassen sich jedoch alle als eine **Gegenbewegung zum Naturalismus** begreifen. Es geht hier nicht wie bei den Naturalisten um eine möglichst objektive Abbildung der Wirklichkeit, sondern um das Ich und seine **subjektiven Eindrücke**. Prägend ist der Zustand einer erhöhten Sensibilität: Nervenreize, Empfindungen, Stimmungen, Visionen und Träume werden dargestellt. Gemeinsam ist den genannten Stilrichtungen auch eine Tendenz zum **Ästhetizismus**. In allen Bereichen des Lebens galt es, das Schöne zu sehen. Auch einfache, alltägliche, ja sogar grauenhafte Dinge wurden ästhetisiert. **Hugo von Hofmannsthal** hat in seinem berühmten Prosatext „Ein Brief" (▸ S. 210 ff.) das literarische Manifest zu dieser Anschauung der Wirklichkeit geliefert.

Ästhetizismus bedeutet auch, dass ein Kunstwerk kein äußeres Ziel, keinen Nutzen und keine Botschaft verfolgt, sondern sich selbst genügt. Das Schlagwort für diese Form der künstlerischen Autonomie und Weltabgewandtheit war „l'art pour l'art" (sinngemäß: Kunst um der Kunst willen). Dazu gehörte auch, dass der Künstler sich von der Welt zurückzog, was im Bild des „Elfenbeinturms" beschrieben wurde.

Im **Symbolismus** finden sich die typischen Tendenzen des Fin de Siècle. Einer technikbestimmten Gesellschaft wird das Spirituelle entgegengehalten.

Nicht die wissenschaftliche Logik, sondern die Intuition, das Unbewusste, die Vorstellungskraft, der Traum und das Geheimnisvolle einer anderen Welt sollen vorherrschen. Aufgabe der Kunst ist es, den tieferen Sinn in jedem Phänomen symbolhaft zu zeigen. Beispielhaft lässt sich das anhand der Darstellung der Stadt Venedig nachverfolgen. Als eine unwirklich-märchenhafte, von exotischer und morbider Schönheit geprägte, aber zum Untergang bestimmte Stadt zeigt sie, wie das Leben dem Verfall und dem Tod geweiht ist. Auch die Stimmungslagen der Figuren bei **Arthur Schnitzler** und **Thomas Mann** (▸ S. 473 f. u. 475 f.) spiegeln diese Sicht wider. Sie zeichnen sich durch Feinfühligkeit, Kränklichkeit, Nervenschwäche, (Lebens-)Müdigkeit, Melancholie und Skepsis dem Leben gegenüber aus.

Weitere wichtige Autorinnen/Autoren und Werke

Stéphane Mallarmé (1842–1898): Gedichte
Paul Verlaine (1844–1896): Gedichte
Joris-Karl Huysmans (1848–1907): „Gegen den Strich" (Roman)
Arthur Rimbaud (1854–1891): Gedichte
Richard Dehmel (1863–1920): „Erlösungen. Eine Seelenwandlung in Gedichten und Sprüchen" (Gedichtband)
Ricarda Huch (1864–1947): Gedichte

1 Erstellen Sie eine Wandzeitung zum Thema „Venedig in Literatur und Kunst von gestern bis heute".

2 Referate/Kurzvorträge: Recherchieren Sie zu einem der folgenden Begriffe und stellen Sie dessen Besonderheiten anhand von Beispielen dar: Jugendstil, Impressionismus, Surrealismus, Sezession, Neuromantik.
Tipp: Nutzen Sie zur näheren Einordnung und Beschreibung die in der Information verwendeten Begrifflichkeiten.

Krise und Erneuerung des Erzählens – Weltanschauungen um 1900

Information **Die Krise des Ichs und die Erneuerung des Erzählens** (▸ S. 209–215)

Als grundlegend für die Schriften vieler Autoren des Epochenumbruchs um 1900 – z. B. für **Schnitzler** (▸ S. 473 ff.) oder **George** (▸ S. 478) – können die Werke des Psychoanalytikers **Sigmund Freud** (1856–1939) und des Philosophen **Friedrich Nietzsche** (1844–1900) angesehen werden. Sowohl Nietzsche als auch Freud arbeiteten mit der Vorstellung, dass im „manifesten Seelenleben des Menschen", seinem Bewusstsein, oft nur Verschleierungen und Verzerrungen der tatsächlichen Motive seiner individuellen Gefühle und Handlungen präsent sind. Als Motor menschlicher Handlungen und Haltungen sahen sie das Unbewusste, das von den unmittelbaren Trieben beherrscht wird. Die **Infragestellung des vernünftigen Subjekts,** das nicht mehr „Herr im eigenen Hause" (▸ S. 481, Z. 31) ist, fand in Freud und Nietzsche ihre Epoche machenden Vertreter.
Entsprechend spiegelte sich diese Krise des Subjekts auch im Erzählen wider. Gleichzeitig war der Epochenumbruch um 1900 durch eine Gemengelage von Strömungen gekennzeichnet, die nicht alle dem Begriff „Krise" zugeordnet werden können, sondern im Gegenteil daraus **neue Formen des Erzählens** entwickelten, v. a. Montagetechniken, erlebte Rede und innere Monologe, Multiperspektivität, Verzicht auf kontinuierliche Geschichte, fragile Heldenfiguren oder Verzicht auf zentrale Helden.

Sigmund Freud: **Trieblehre** (1938) – Auszug

Die im Jahre 1900 erscheinende „Traumdeutung" von Sigmund Freud legt die Basis für seine psychoanalytischen Lehren, die er im Laufe der nächsten Jahrzehnte ausdifferenzierte. In einem Drei-Instanzen-Modell der menschlichen Psyche stellt er einem Es ein Über-Ich gegenüber, das die Instanz des Gewissens darstellt, in dem die anerzogenen und gesellschaftlich vermittelten Normen beständig innerpsychisch zum Gegenspieler der ursprünglichen Triebe und Regungen werden.

Die Macht des Es drückt die eigentliche Lebensabsicht des Einzelwesens aus. Sie besteht darin, seine mitgebrachten Bedürfnisse zu befriedigen. Eine Absicht, sich am Leben zu erhalten und sich durch Angst vor Gefahren zu schützen, kann dem Es nicht zugeschrieben werden. Dies ist die Aufgabe des Ichs, das auch die günstigste und gefahrloseste Art der Befriedigung mit Rücksicht auf die Außenwelt herauszufinden hat. Das Über-Ich mag neue Bedürfnisse geltend machen, seine Hauptleistung bleibt aber die Einschränkung der Befriedigungen. Die Kräfte, die wir hinter den Bedürfnisspannungen des Es annehmen, heißen wir Triebe. Wir haben uns entschlossen, nur zwei Grundtriebe anzunehmen, den Eros und den *Destruktionstrieb*.

Sigmund Freud: **Das Ich und das Es** (1923) – Auszug

Die funktionelle Wichtigkeit des Ichs kommt darin zum Ausdruck, dass ihm normalerweise die Herrschaft über die Zugänge der Motilität[1] eingeräumt ist. Es gleicht so im Verhältnis zum Es dem Reiter, der die überlegene Kraft des Pferdes zügeln soll, mit dem Unterschied, dass der Reiter dies mit eigenen Kräften versucht, das Ich mit geborgten. Dieses Gleichnis trägt ein Stück weit. Wie dem Reiter, will er sich nicht vom Pferd trennen, oft nichts anderes übrig bleibt, als es dahin zu führen, wohin es gehen will, so pflegt auch das Ich den Willen des Es in Handlung umzusetzen, als ob es der eigene wäre. [...] Aber anderseits sehen wir dasselbe Ich als armes Ding, welches unter dreierlei Dienstbarkeiten steht und demzufolge unter den Drohungen von dreierlei Gefahren leidet, von der Außenwelt her, von der Libido des Es und von der Strenge des Über-Ichs. Dreierlei Arten von Angst entsprechen diesen drei Gefahren, denn Angst ist der Ausdruck eines Rückzugs vor der Gefahr. Als Grenzwesen will das Ich zwischen der Welt und dem Es vermitteln, das Es der Welt gefügig machen und die Welt mittels seiner Muskelaktionen dem Es-Wunsch gerecht machen.

1 **Motilität:** Bewegungsfähigkeit, Beweglichkeit

1 Stellen Sie die Beziehungen zwischen „Es", „Ich" und „Über-Ich" grafisch dar.

2 **a** Interpretieren Sie unter Heranziehung der Freud'schen Kategorien das folgende Zitat aus Arthur Schnitzlers Novelle „Fräulein Else" (▶ S. 473 f.). In welchem Konflikt befindet sich Else?
„Was ich zu tun hatte auf der Welt, habe ich getan. Der Papa ist gerettet. Niemals könnte ich wieder unter Menschen gehen." (▶ S. 474, Z. 115 ff.)

b Erläutern Sie, welche Funktion der Erzählstrategie (▶ S. 200 f.) in der Novelle zukommt. Beachten Sie v. a. die Darbietungsform.

3 Analysieren Sie die erzählerische Gestaltungsweise in Th. Manns „Der Tod in Venedig" (▶ S. 475 f.). In welcher Weise werden jeweils das innere Erleben und äußere Geschehen dargestellt?

Sigmund Freud: **Die Entdeckung des Unbewussten** (1913) – Auszug

Nach Freud sei der Mensch mit „drei schwere(n) Kränkungen von Seiten der wissenschaftlichen Forschung" konfrontiert. Die erste bestehe in der „kosmologischen Kränkung" durch die Erkenntnis des Kopernikus, dass die Erde nicht der Mittelpunkt des Universums sei. Die zweite, „biologische Kränkung" habe Darwin formuliert. Dessen Forschung zeige, dass der Mensch – einst Kreatur Gottes – von affenähnlichen Wesen abstamme. Die dritte Kränkung aber sei die empfindlichste:

Der Mensch, ob auch draußen erniedrigt, fühlt sich souverän in seiner eigenen Seele. Irgendwo im Kern seines Ichs hat sich ein Aufsichtsorgan geschaffen, welches seine eigenen Regungen und Handlungen überwacht, ob sie mit seinen Anforderungen zusammenstimmen. Tun sie das nicht, so werden sie unerbittlich gehemmt und zurückgezogen. Seine innere Wahrnehmung, das Bewusstsein, gibt dem Ich Kunde von allen bedeutungsvollen Vorgängen im seelischen Gebilde […]. Für gewöhnlich, ich will es zugeben, reicht der Nachrichtendienst an dein Bewusstsein für deine Bedürfnisse aus. Du darfst dich in der Illusion wiegen, dass du alles Wichtige erfährst. Aber in manchen Fällen, z. B. in dem eines solchen Triebkonflikts, versagt er und dein Wille reicht dann nicht weiter als dein Wissen. In allen Fällen aber sind diese Nachrichten deines Bewusstseins unvollständig und häufig unzuverlässig; auch trifft es sich oft genug, dass du von den Geschehnissen erst Kunde bekommst, wenn sie bereits vollzogen sind und du nichts mehr an ihnen ändern kannst […]. Aber die beiden Aufklärungen, dass das Triebleben der Sexualität in uns nicht voll zu bändigen ist und dass seelische Vorgänge an sich unbewusst sind und nur durch eine unvollständige und unzuverlässige Wahrnehmung dem Ich zugänglich und ihm unterworfen werden, kommen der Behauptung gleich, dass das *Ich nicht Herr sei in seinem eigenen Haus*. Sie stellen miteinander die dritte Kränkung der Eigenliebe dar, die ich die *psychologische* nennen möchte.

1 Erläutern Sie, worin die dritte Kränkung besteht. Weshalb könnte diese die empfindlichste sein?

2 Freud spricht jeweils von Kränkungen. Inwieweit lässt sich dieser Begriff auf die folgende Einschätzung der Moderne durch Nietzsche übertragen?

Friedrich Nietzsche: **Götzen-Dämmerung oder Wie man mit dem Hammer philosophiert** (1888) – Auszug

Was kann allein *unsre* Lehre sein? – Dass niemand dem Menschen seine Eigenschaften *gibt,* weder Gott noch die Gesellschaft noch seine Eltern und Vorfahren noch er *selbst* [...]. *Niemand* ist dafür verantwortlich, dass er überhaupt da ist, dass er so und so beschaffen ist, dass er unter diesen Umständen, in dieser Umgebung ist. [...] Er ist *nicht* die Folge einer eigenen Absicht, eines Willens, eines Zwecks, mit ihm wird *nicht* der Versuch gemacht, ein „Ideal von Mensch" oder ein „Ideal von Glück" oder ein „Ideal von Moralität" zu erreichen – es ist absurd, sein Wesen in irgendeinen Zweck hin *abwälzen* zu wollen. *Wir* haben den Begriff „Zweck" erfunden: In der Realität *fehlt* der Zweck [...]. Man ist notwendig, man ist ein Stück Verhängnis, man gehört zum Ganzen, man ist im Ganzen – es gibt nichts, was unser Sein richten, messen, vergleichen, verurteilen könnte, denn das hieße, das Ganze richten, messen, vergleichen, verurteilen [...]. *Aber es gibt nichts außer dem Ganzen!* – Dass niemand mehr verantwortlich gemacht wird, dass die Art des Seins nicht mehr auf eine causa prima[1] zurückgeführt werden darf, dass die Welt weder als Sensorium[2] noch als „Geist" eine Einheit ist, *dies erst ist die große Befreiung* – damit erst ist die *Unschuld* des Werdens wiederhergestellt [...]. Der Begriff „Gott" war bisher der größte Einwand gegen das Dasein [...]. Wir leugnen Gott, wir leugnen die Verantwortlichkeit in Gott: *Damit* erst erlösen wir die Welt.

1 **causa prima:** erste Ursache, auf die alles andere zurückgeht
2 **Sensorium:** Empfindungsvermögen, Bewusstsein

Friedrich Nietzsche: **Also sprach Zarathustra** (1883–1885) – Auszug

Und Zarathustra sprach also zum Volke: *Ich lehre euch den Übermenschen.* Der Mensch ist etwas, das überwunden werden soll. Was habt ihr getan, ihn zu überwinden? Alle Wesen bisher schufen etwas über sich hinaus: Und ihr wollt die Ebbe dieser großen Flut sein und lieber noch zum Tiere zurückgehn als den Menschen überwinden? Was ist der Affe für den Menschen? Ein Gelächter oder eine schmerzliche Scham. Und eben das soll der Mensch für den Übermenschen sein: Ein Gelächter oder eine schmerzliche Scham.

Ihr habt den Weg vom Wurme zum Menschen gemacht, und vieles in euch ist noch Wurm. Einst wart ihr Affen, und auch jetzt noch ist der Mensch mehr Affe als irgendein Affe. [...]

Der Mensch ist ein Seil, geknüpft zwischen Tier und Übermensch – ein Seil über einem Abgrunde. [...]. Was groß ist am Menschen, das ist, dass er eine Brücke und kein Zweck ist, was geliebt werden kann am Menschen, das ist, dass er ein *Übergang* und ein *Untergang* ist.

1 Versuchen Sie, anhand Ihrer bisherigen Beschäftigung mit dem Thema „Krise und Erneuerung" Zarathustras These zu erläutern: „Der Mensch ist etwas, das überwunden werden soll" (Z. 2 f.).

2 **a** Prüfen Sie anhand der folgenden Definition des Begriffs „Nihilismus", ob Nietzsche dieser philosophischen Richtung zugerechnet werden kann.

b Begründen Sie, welche Ihnen bekannten Autoren und Texte Sie dem Nihilismus zuordnen würden. Geben Sie entsprechende Kontexte wieder und zitieren Sie Textstellen.

Information **Nihilismus**

Der Begriff „Nihilismus" (lat. *nihil:* nichts) steht für eine philosophische Strömung. Nihilisten sind davon überzeugt, dass es weder allgemeingültige ethische Normen noch eine objektiv erkennbare Wirklichkeit oder Wahrheit gibt. In der Kunst bezeichnet der Nihilismus ein Bewusstsein der Leere und Sinnlosigkeit, des Ausgeliefertseins an ein übermächtiges, anonymes Schicksal. Provokativ steht der Begriff auch für die Ablehnung von Kirche und Religion.

5.3 Expressionismus (1910–1925)

Edvard Munch: Der Schrei (1893)

George Grosz: Explosion (1917)

1 **a** Bilder können „laut“ sein. Bilden Sie Vierergruppen und entwerfen Sie zu einem der Bilder mit Stimmen und Instrumenten eine passende Klangcollage.
b Präsentieren Sie Ihre Klangcollagen. Begründen Sie Ihre Gestaltungsentscheidungen.

2 Vergleichen Sie die beiden Bilder mit denen der Symbolisten (► S. 472). Welche Unterschiede fallen Ihnen auf? Stellen Sie Vermutungen darüber an, wie sich die Unterschiede erklären lassen.

Margarete Susman: **Expressionismus** (1918)

Solange wir nicht im Stande sind, die Welt aus ihren Angeln zu heben, den alten verrotteten Lebensformen neue, reinere entgegenzusetzen, sind wir ihr verfallen. Und doch ertragen wir es nicht, sie hinzunehmen: Das Rasen gegen sie erfüllt uns bis zum Zerspringen; wir wollen handeln, wirken, ändern. Was ist zu tun? Nur eines! Nur schreien können wir – schreien mit aller Kraft unserer armen, erstickten Menschenstimme – schreien, dass wir den grauenhaften Lärm des Geschehens übertönen – schreien, dass wir gehört werden von den Menschen, von Gott.

Dieser Schrei, der zum Himmel gellende Schrei, der nicht mehr wie noch der einsame Sehnsuchtsschrei Stefan Georges[1] „durch güldne Harfe sausen“ will, den keine an den Mund gesetzte Flöte mehr zum Klang verschönt, der nur gehört werden will, gehört werden soll um jeden Preis als lebendige menschliche Entscheidung – er allein ist die Antwort der wachen Seele auf die furchtbare Umklammerung unserer Zeit. Wo das Entsetzliche uns überwältigt, sodass wir es nicht anschauen, nicht gestaltend beherrschen, uns ihm weder hingeben noch auch entreißen können, da bleibt uns allein, uns ihm entgegenzustemmen mit aller Kraft; es bleibt uns als Tat allein die Entscheidung. Wollen wir Befreiung? Wollen wir Erneuerung? Wollen wir, dass es anders werde? Wollen wir heraus aus diesem Strudel, aus diesem grauenvollen Mischmasch von niederstem Machtwillen und verworrenem, verratenem Idealismus? Wollen wir heraus aus dieser schwersten, wehesten Verfinsterung des Geistes, die je auf Erden war? Dies ist die einzige Frage an unser Leben. Heraus, gleichviel ob in Schönheit oder Hässlichkeit, in Ehre oder Schmach, ja selbst ob

1 **Stefan George** (1868–1933): bedeutender Lyriker des Symbolismus und der Neuromantik

in Liebe oder Hass. Nur heraus: den großen, gellenden Schrei ausstoßen, der uns auf ewig trenne von dem Wollen der dumpf hinnehmenden Menge, der jede Gemeinschaft mit den dumpf treibenden Mächtigen unserer Zeit verwirft. Entscheidung für oder wider – dies ist heute die einzige Frage an unser Menschentum. Und diese Entscheidung, dieser Aufschrei der sich entscheidenden Seele ist Expressionismus. Er ist die Antwort auf eine Wirklichkeit, die anzuschauen, der sich hinzugeben unmöglich geworden ist. Entscheidung lebendiger Persönlichkeit gegen das blinde Rasen sinnfremder Gewalten, das ist die Seele des Expressionismus. Auch im scheinbar verrenktesten, verzerrtesten Bild der Welt, sofern es unsere geistige Welt nicht annimmt, sie anders will, sofern es sich mit innerster Kraft zur Wehr setzt gegen das Überkommene, sofern es ein Aufschrei wider die zur Unmöglichkeit gewordene Welt ist, lebt etwas von der Freiheit, die unsere Zeit uns heutigen Menschen gestohlen hat für Zeit und Ewigkeit. Denn anders als in Krämpfen kann unserer Welt die Erneuerung nicht kommen, anders können wir sie nicht herbeirufen. Die Zeiten der Stille, der Anmut, der Verschlossenheit und Scham sind vorüber. Uns Unseligen kommt Gott nicht im sanften Säuseln. Der Expressionismus hat eine Sendung, die nichts mehr von Schönheit weiß.

1 Begründen Sie, welches der beiden Bilder (▸ S. 483) Sie eher wählen würden, um den Inhalt des Textes zu veranschaulichen.

2 **a** Bei Susmans Text handelt es sich um ein Manifest, also eine Grundsatzerklärung. Notieren Sie, wozu in diesem Manifest programmatisch aufgerufen wird.

b Der Begriff „Expressionismus“ ist von lat. *Expression:* Ausdruck abgeleitet. Untersuchen Sie, wie sich das neue Kunstkonzept in der Sprache des Manifestes (z. B. durch Fragenhäufungen) niederschlägt.

3 Vergleichen Sie Expressionismus und Symbolismus in Bezug auf ihr Kunstverständnis und ihre Intention (▸ S. 479).

Apokalypse und Krieg – Motive expressionistischer Lyrik I

Else Lasker-Schüler: **Weltende** (1905)

Es ist ein Weinen in der Welt,
Als ob der liebe Gott gestorben wär,
Und der bleierne Schatten, der niederfällt,
Lastet grabesschwer.

Komm, wir wollen uns näher verbergen …
Das Leben liegt in aller Herzen
Wie in Särgen.

Du! wir wollen uns tief küssen –
Es pocht eine Sehnsucht an die Welt,
An der wir sterben müssen.

Jakob van Hoddis: **Weltende** (1911)

Dem Bürger fliegt vom spitzen Kopf der Hut,
In allen Lüften hallt es wie Geschrei,
Dachdecker stürzen ab und gehn entzwei
Und an den Küsten – liest man – steigt die Flut.

Der Sturm ist da, die wilden Meere hupfen
An Land, um dicke Dämme zu zerdrücken.
Die meisten Menschen haben einen Schnupfen.
Die Eisenbahnen fallen von den Brücken.

1 Wie würden Sie Lasker-Schülers Gedicht bildlich darstellen? Begründen Sie Ihre Vorstellung am Text.

2 Hoddis' Gedicht karikiert die Angst vor dem Halleyschen Kometen (1910) und wurde mit seiner Vision vom Ende bürgerlicher Ordnung zugleich zu einem Kultgedicht des Expressionismus. Gestalten Sie Stimmskulpturen (Methode, ▸ S. 485).

3 Welches Weltverständnis, welches Kunstverständnis spiegelt sich in den Gedichten jeweils wider?

Alfred Lichtenstein: **Doch kommt ein Krieg** (1914)

Doch kommt ein Krieg. Zu lange war schon Frieden.
Dann ist der Spaß vorbei. Trompeten kreischen
Dir tief ins Herz. Und alle Nächte brennen.
Du frierst in Zelten. Dir ist heiß. Du hungerst.
Ertrinkst. Zerknallst. Verblutest. Äcker röcheln.
Kirchtürme stürzen. Fernen sind in Flammen.
Die Winde zucken. Große Städte krachen.
Am Horizont steht der Kanonendonner.
Rings aus den Hügeln steigt ein weißer Dampf
Und dir zu Häupten platzen die Granaten.

Alfred Kubin: Der Krieg (1903)

Georg Trakl: **Grodek**[1] (1915)

Am Abend tönen die herbstlichen Wälder
Von tödlichen Waffen, die goldnen Ebenen
Und blauen Seen, darüber die Sonne
Düstrer hinrollt; umfängt die Nacht
Sterbende Krieger, die wilde Klage
Ihrer zerbrochenen Münder.
Doch stille sammelt im Weidengrund
Rotes Gewölk, darin ein zürnender Gott wohnt,
Das vergossne Blut sich, mondne Kühle;
Alle Straßen münden in schwarze Verwesung.
Unter goldnem Gezweig der Nacht und Sternen
Es schwankt der Schwester Schatten durch den schweigenden Hain,
Zu grüßen die Geister der Helden, die blutenden Häupter;
Und leise tönen im Rohr die dunkeln Flöten des Herbstes.
O stolzere Trauer! ihr ehernen Altäre,
Die heiße Flamme des Geistes nährt heute ein gewaltiger Schmerz,
Die ungebornen Enkel.

1 **Grodek** (Gródek): Ort einer Kriegsschlacht in der Ukraine

August Stramm: **Patrouille** (1915)

Die Steine feinden
Fenster grinst Verrat
Äste würgen
Berge Sträucher blättern raschlig
Gellen
Tod.

Methode **Stimmskulptur**

Bilden Sie Gruppen mit je einem Dirigenten. Die übrigen Mitglieder wählen sich je einen Vers, um ihn mit verschiedener Betonung immer wieder neu vorzutragen. Die Dirigentin/Der Dirigent gibt an, wer seinen Vers wann spricht.

1 Vergleichen Sie die drei Gedichte zum Thema „Krieg“ inhaltlich und sprachlich.

2 **Referate:** Stellen Sie das Leben der drei Dichter im Kurs vor. Gehen Sie dabei besonders auf die Einstellung der Dichter zum Krieg vor und während des Ersten Weltkriegs ein. Welche Veränderungen stellen Sie fest?

Psychischer und körperlicher Verfall – Motive expressionistischer Lyrik II

Alfred Lichtenstein: **Punkt** (1914)

Die wüsten Straßen fließen lichterloh
Durch den erloschnen Kopf. Und tun mir weh.
Ich fühle deutlich, dass ich bald vergeh –
Dornrosen meines Fleisches, stecht nicht so.

Die Nacht verschimmelt, Giftlaternenschein
Hat, kriechend, sie mit grünem Dreck be-
schmiert.
Das Herz ist wie ein Sack. Das Blut erfriert.
Die Welt fällt um. Die Augen stürzen ein.

Georg Heym: **Die Irren** (1910)

Der Mond tritt aus der gelben Wolkenwand.
Die Irren hängen an den Gitterstäben,
Wie große Spinnen, die an Mauern kleben.
Entlang den Gartenzaun fährt ihre Hand.

In offnen Sälen sieht man Tänzer schweben.
Der Ball der Irren ist es. Plötzlich schreit
Der Wahnsinn auf. Das Brüllen pflanzt sich
weit,
Dass alle Mauern von dem Lärme beben.

Mit dem er eben über Hume[1] gesprochen,
Den Arzt ergreift ein Irrer mit Gewalt.
Er liegt im Blut. Sein Schädel ist zerbrochen.

Der Haufe Irrer schaut vergnügt. Doch bald
Enthuschen sie, da fern die Peitsche knallt,
Den Mäusen gleich, die in die Erde krochen.

1 **Hume**: britischer Staatsphilosoph des 18. Jahrhunderts

Ludwig Meidner:
Ich und die Stadt (1913)

1 Beschreiben Sie, wie der Mensch in diesen beiden Gedichten und in dem Bild dargestellt wird.

2 Georg Heym verwendet in seinem Gedicht das Motiv des Irrsinns.

a Arbeiten Sie Aspekte dieses Motivs heraus.

b Übertragen Sie das Motiv des Irrsinns auf die Gesellschaft. Wie lautet die Diagnose des Expressionisten Georg Heym?

Information **Ich-Zerfall und Ästhetik des Hässlichen**

Der Wahrnehmung einer aus den Fugen geratenen, hinfälligen Welt entspricht auf der subjektiven Ebene der Ich-Zerfall, den die Expressionisten als geistigen und körperlichen Verfall, als Irrsinn und Tod inszenieren. Todes- und Verwesungsmotive werden dabei künstlerisch mit einer gebrochenen Aura der Schönheit umgeben. So entsteht in bewusster Opposition zur bürgerlichen Ästhetik eine provozierende Ästhetik des Hässlichen.

Georg Heym: **Ophelia I**[1] (1910)

Ein Motiv, das die Expressionisten besonders faszinierte, war die Figur der Ophelia aus Shakespeares Drama „Hamlet“ (um 1601). Die wahnsinnig gewordene Ophelia sucht den Tod im Wasser.

Im Haar ein Nest von jungen Wasserratten,
Und die beringten Hände auf der Flut
Wie Flossen, also treibt sie durch den Schatten
Des großen Urwalds, der im Wasser ruht.

Die letzte Sonne, die im Dunkel irrt,
Versenkt sich tief in ihres Hirnes Schrein.
Warum sie starb? Warum sie so allein
Im Wasser treibt, das Farn und Kraut verwirrt?

Im dichten Röhricht steht der Wind. Er scheucht
Wie eine Hand die Fledermäuse auf.
Mit dunklem Fittich, von dem Wasser feucht
Stehn sie wie Rauch im dunklen Wasserlauf,

Wie Nachtgewölk. Ein langer, weißer Aal
Schlüpft über ihre Brust. Ein Glühwurm scheint
Auf ihrer Stirn. Und eine Weide weint
Das Laub auf sie und ihre stumme Qual.

1 Unter dem Titel „Ophelia II“ wird in acht weiteren Strophen beschrieben, wie Ophelia den Strom hinabtreibt.

Gottfried Benn: **Schöne Jugend** (1912)

Der Mund eines Mädchens, das lange im
    Schilf gelegen hatte,
sah so angeknabbert aus.
Als man die Brust aufbrach, war die
    Speiseröhre so löcherig.
Schließlich in einer Laube unter dem
    Zwerchfell
fand man ein Nest von jungen Ratten.
Ein kleines Schwesterchen lag tot.
Die andern lebten von Leber und Niere,
tranken das kalte Blut und hatten
hier eine schöne Jugend verlebt.
Und schön und schnell kam auch ihr Tod:
Man warf sie allesamt ins Wasser.
Ach, wie die kleinen Schnauzen quietschten!

R

Edvard Munch: Liebespaar in Wellen (1896)

Alfred Kubin: Sumpfpflanzen (1903/04)

1 Beschreiben Sie Ihre ersten Leseeindrücke.

2 Untersuchen Sie die Darstellung der Mädchenleiche und der Verfallsprozesse in den Gedichten:

a Stellen Sie in einer Wortfeldarbeit das konkrete Sprachmaterial zusammen, z. B. für „Ophelia I“:
– *Körper: „Haar“ = „Nest von jungen Wasserratten“ (Vers 1); „Hände“ = …*

b Vergleichen Sie die Gedichte. Wie wirkt die Darstellung des Ich-Zerfalls jeweils? Wie werden Schönheit und Tod miteinander verknüpft?

3 Benns Gedicht erschien 1912 in der Gedichtsammlung „Morgue“, zu deutsch „Leichenschauhaus“. Beschaffen Sie sich eine Ausgabe, wählen Sie ein weiteres Gedicht daraus aus und präsentieren Sie es im Zusammenhang der Ästhetisierung des Hässlichen.

4 Informieren Sie sich über Arthur Rimbauds Ophelia-Gedicht.

Mörder und Verlorene – Beispiele expressionistischer Prosa

Franz Kafka: **Ein Brudermord** (1917)

Es ist erwiesen, dass der Mord auf folgende Weise erfolgte:

Schmar, der Mörder, stellte sich gegen neun Uhr abends in der mondklaren Nacht an jener Straßenecke auf, wo Wese, das Opfer, aus der Gasse, in welcher sein Büro lag, in jene Gasse einbiegen musste, in der er wohnte.

Kalte, jeden durchschauernde Nachtluft. Aber Schmar hatte nur ein dünnes blaues Kleid angezogen; das Röckchen war überdies aufgeknöpft. Er fühlte keine Kälte; auch war er immerfort in Bewegung. Seine Mordwaffe, halb Bajonett, halb Küchenmesser, hielt er ganz bloßgelegt immer fest im Griff. Betrachtete das Messer gegen das Mondlicht; die Schneide blitzte auf; nicht genug für Schmar; er hieb mit ihr gegen die Backsteine des Pflasters, dass es Funken gab; bereute es vielleicht; und um den Schaden gutzumachen, strich er mit ihr violinbogenartig über seine Stiefelsohle, während er, auf einem Bein stehend, vorgebeugt, gleichzeitig dem Klang des Messers an seinem Stiefel, gleichzeitig in die schicksalsvolle Seitengasse lauschte.

Warum duldete das alles der Private Pallas, der in der Nähe aus seinem Fenster im zweiten Stockwerk alles beobachtete? Ergründe die Menschennatur! Mit hochgeschlagenem Kragen, den Schlafrock um den weiten Leib gegürtet, kopfschüttelnd, blickte er hinab.

Und fünf Häuser weiter, ihm schräg gegenüber, sah Frau Wese, den Fuchspelz über ihrem Nachthemd, nach ihrem Manne aus, der heute ungewöhnlich lange zögerte.

Endlich ertönt die Türglocke vor Weses Büro, zu laut für eine Türglocke, über die Stadt hin, zum Himmel auf, und Wese, der fleißige Nachtarbeiter, tritt dort, in dieser Gasse noch unsichtbar, nur durch das Glockenzeichen angekündigt, aus dem Haus; gleich zählt das Pflaster seine ruhigen Schritte.

Pallas beugt sich weit hervor; er darf nichts versäumen. Frau Wese schließt, beruhigt durch die Glocke, klirrend ihr Fenster. Schmar aber kniet nieder; da er augenblicklich keine anderen Blößen hat, drückt er nur Gesicht und Hände gegen die Steine; wo alles friert, glüht Schmar.

Gerade an der Grenze, welche die Gassen scheidet, bleibt Wese stehen, nur mit dem Stock stützt er sich in die jenseitige Gasse.

Eine Laune. Der Nachthimmel hat ihn angelockt, das Dunkelblaue und das Goldene. Unwissend blickt er es an, unwissend streicht er das Haar unter dem gelüpften Hut; nichts rückt dort oben zusammen, um ihm die allernächste Zukunft anzuzeigen; alles bleibt an seinem unsinnigen, unerforschlichen Platz. An und für sich sehr vernünftig, dass Wese weitergeht, aber er geht ins Messer des Schmar.

„Wese!", schreit Schmar, auf den Fußspitzen stehend, den Arm aufgereckt, das Messer scharf gesenkt. „Wese! Vergebens wartet Julia!" Und rechts in den Hals und links in den Hals und drittens tief in den Bauch sticht Schmar. Wasserratten, aufgeschlitzt, geben einen ähnlichen Laut von sich wie Wese.

„Getan", sagt Schmar und wirft das Messer, den überflüssigen blutigen Ballast, gegen die nächste Hausfront. „Seligkeit des Mordes! Erleichterung, Beflügelung durch das Fließen des fremden Blutes! Wese, alter Nachtschatten, Freund, Bierbankgenosse, versickerst im dunklen Straßengrund. Warum bist du nicht einfach eine mit Blut gefüllte Blase, dass ich mich auf dich setzte und du verschwändest ganz und gar. Nicht alles wird erfüllt, nicht alle Blütenträume reiften, dein schwerer Rest liegt hier, schon unzugänglich jedem Tritt. Was soll die stumme Frage, die du damit stellst?"

Pallas, alles Gift durcheinanderwürgend in seinem Leib, steht in seiner zweiflügelig aufspringenden Haustür. „Schmar! Schmar! Alles bemerkt, nichts übersehen." Pallas und Schmar prüfen einander. Pallas befriedigt's, Schmar kommt zu keinem Ende.

Frau Wese mit einer Volksmenge zu ihren beiden Seiten eilt mit vor Schrecken ganz gealtertem Gesicht herbei. Der Pelz öffnet sich, sie stürzt über Wese, der nachthemdbekleidete Körper gehört ihm, der über dem Ehepaar sich wie der Rasen eines Grabes schließende Pelz gehört der Menge.
Schmar, mit Mühe die letzte Übelkeit verbeißend, den Mund an die Schulter des Schutzmannes gedrückt, der leichtfüßig ihn davonführt.

1 Bilden Sie Gruppen: Machen Sie dem Mörder Schmar den Prozess:
- Konstruieren Sie mögliche Handlungsmotive des Mörders. Was sagt er vor Gericht aus?
- Was sagt der Augenzeuge Pallas aus?
- Wie präsentiert sich Frau Wese vor Gericht?
- Was erläutert ein möglicher Verteidiger Schmars?
- Wie entscheidet der Richter?

2 Analysieren Sie Kafkas Erzählung, besonders den **Erzähler** und die **Erzählweise** (▸ S. 201 ff.).

Gottfried Benn: **Gehirne** (1915)

Rönne, ein junger Arzt, der früher viel seziert hatte, fuhr durch Süddeutschland dem Norden zu. Er hatte die letzten Monate tatenlos verbracht; er war zwei Jahre lang an einem pathologischen Institut angestellt gewesen, das bedeutet, es waren ungefähr zweitausend Leichen ohne Besinnen durch seine Hände gegangen, und das hatte ihn in einer merkwürdigen Weise erschöpft. […]
Erschüttert saß er eines Morgens vor seinem Frühstückstisch; er fühlte so tief: Der Chefarzt würde verreisen, ein Vertreter würde kommen, in dieser Stunde aus dem Bette steigen und das Brötchen nehmen: Man denkt, man ißt, und das Frühstück arbeitet an einem herum. Trotzdem verrichtete er weiter, was an Fragen und Befehlen zu verrichten war; klopfte mit einem Finger der rechten Hand auf einen der linken, dann stand eine Lunge darunter; trat an Betten: Guten Morgen, was macht Ihr Leib? Aber es konnte jetzt hin und wieder vorkommen, daß er durch die Hallen ging, ohne jeden einzelnen ordnungsgemäß zu befragen, sei es nach der Zahl seiner Hustenstöße, sei es nach der Wärme seines Darms.
Wenn ich durch die Liegehallen gehe – dies beschäftigte ihn zu tief –, in je zwei Augen falle ich, werde wahrgenommen und bedacht. Mit freundlichen und ernsten Gegenständen werde ich verbunden; vielleicht nimmt ein Haus mich auf, in das sie sich sehnen, vielleicht ein Stück Gerbholz, das sie einmal schmeckten. Und ich hatte auch einmal zwei Augen, die liefen rückwärts mit ihren Blicken; jawohl, ich war vorhanden: fraglos und gesammelt. Wo bin ich hingekommen? Wo bin ich? Ein kleines Flattern, ein Verwehn. Er sann nach, wann es begonnen hätte, aber er wußte es nicht mehr. […]
Es war Sommer; Otternzungen schaukelten das Himmelsblau, die Rosen blühten, süß geköpft. Er spürte den Drang der Erde: bis vor seine Sohlen, und das Schwellen der Gewalten: nicht mehr durch sein Blut. Vornehmlich aber ging er Wege, die im Schatten lagen, und solche mit vielen Bänken; häufig mußte er ruhen vor der Hemmungslosigkeit des Lichtes, und preisgegeben fühlte er sich einem atemlosen Himmel.
Allmählich fing er an, seinen Dienst nur noch unregelmäßig zu versehen; namentlich aber, wenn er sich gesprächsweise zu dem Verwalter oder der Oberin über irgendeinen Gegenstand äußern sollte, wenn er fühlte, jetzt sei es daran, eine Äußerung seinerseits dem in Frage stehenden Gegenstand zukommen zu lassen, brach er förmlich zusammen. Was solle man denn zu einem Geschehen sagen? Geschähe es nicht so, geschähe es ein wenig anders. Leer würde die Stelle nicht bleiben. Er aber mochte nur leise vor sich hinsehn und in seinem Zimmer ruhn.
Wenn er aber lag, lag er nicht wie einer, der erst vor ein paar Wochen gekommen war, von einem See und über die Berge, sondern als wäre

er mit der Stelle, auf der sein Leib jetzt lag, emporgewachsen und von den langen Jahren geschwächt; und etwas Steifes und Wächsernes war an ihm lang, wie abgenommen von den Leibern, die sein Umgang gewesen waren.

Auch in der Folgezeit beschäftigte er sich viel mit seinen Händen. Die Schwester, die ihn bediente, liebte ihn sehr; er sprach immer so flehentlich mit ihr, obschon sie nicht recht wußte, um was es ging. Oft fing er etwas höhnisch an: Er kenne diese fremden Gebilde, seine Hände hätten sie gehalten. Aber gleich verfiel er wieder: Sie lebten in Gesetzen, die nicht von uns seien, und ihr Schicksal sei uns so fremd wie das eines Flusses, auf dem wir fahren. Und dann ganz erloschen, den Blick schon in einer Nacht: Um zwölf chemische Einheiten handele es sich, die zusammengetreten wären nicht auf sein Geheiß, und die sich trennen würden, ohne ihn zu fragen. Wohin solle man sich dann sagen? Es wehe nur über sie hin.

Er sei keinem Ding mehr gegenüber; er habe keine Macht mehr über den Raum, äußerte er einmal; lag fast ununterbrochen und rührte sich kaum. Er schloß sein Zimmer hinter sich ab, damit niemand auf ihn einstürmen könne; er wollte öffnen und gefaßt gegenüberstehen. Anstaltswagen, ordnete er an, möchten auf der Landstraße hin und her fahren; er hatte beobachtet, es tat ihm wohl, Wagenrollen zu hören: Das war so fern, das war wie früher, das ging in eine fremde Stadt.

Er lag immer in einer Stellung: steif auf dem Rücken. Er lag auf dem Rücken, in einem langen Stuhl, der Stuhl stand in einem geraden Zimmer, das Zimmer stand im Haus und das Haus auf einem Hügel. Außer ein paar Vögeln war er das höchste Tier. So trug ihn die Erde leise durch den Äther und ohne Erschüttern an allen Sternen vorbei.

Eines Abends ging er hinunter zu den Liegehallen; er blickte die Liegestühle entlang, wie sie alle still unter ihren Decken die Genesung erwarteten; er sah sie an, wie sie dalagen: alle aus Heimaten, aus Schlaf voll Traum, aus Abendheimkehr, aus Gesängen von Vater und Sohn, zwischen Glück und Tod – er sah die Halle entlang und ging zurück. Der Chefarzt wurde zurückgerufen, er war ein freundlicher Mann, er sagte, eine seiner Töchter sei erkrankt. Rönne aber sagte: Sehen Sie, in diesen meinen Händen hielt ich sie, hundert oder auch tausend Stück; manche waren weich, manche waren hart, alle sehr zerfließlich; Männer, Weiber, mürbe und voll Blut. Nun halte ich immer mein eigenes in meinen Händen und muß immer darnach forschen, was mit mir möglich sei. Wenn die Geburtszange hier ein bißchen tiefer in die Schläfe gedrückt hätte ...? Wenn man mich immer über eine bestimmte Stelle des Kopfes geschlagen hätte? Was ist es denn mit den Gehirnen? Ich wollte immer auffliegen wie ein Vogel aus der Schlucht; nun lebe ich außen im Kristall. Aber nun geben Sie mir bitte den Weg frei, ich schwinge wieder – ich war so müde – auf Flügeln geht dieser Gang – mit meinem blauen Anemonenschwert – in Mittagsturz des Lichts – in Trümmern des Südens – in zerfallendem Gewölk – Zerstäubungen der Stirne – Entschweifungen der Schläfe. R

1 a Beschreiben Sie, wie der Text auf Sie wirkt.
b Begründen Sie, wie Sie die Überschrift verstehen.

2 Untersuchen Sie in Partnerarbeit:
- die Figur des Arztes (Veränderungen des Verhaltens, der Wahrnehmung, der Gefühle),
- die Erzählstrategie (▶ S. 200 ff.; achten Sie auf den Wechsel der Erzählform vom „Er“ zum „Ich“),
- sprachliche Besonderheiten (besonders Wortwahl und Syntax).

Der Arzt und Schriftsteller Gottfried Benn

Information Epochenüberblick – Expressionismus (ca. 1910 – ca. 1925)

Allgemeingeschichtlicher Hintergrund: Der deutsche Kaiser Wilhelm II. vertrat die Ansicht, dass dem neu gegründeten Deutschen Reich ein „Platz an der Sonne" gebühre. Die Kolonialpolitik und der Ausbau der deutschen Flotte wurden vorangetrieben. Als 1914 der österreichische Thronfolger und seine Frau ermordet wurden und Österreich diese Tat Serbien anlastete, kam es zum Krieg, der sich auf Grund verschiedener Staatenbündnisse zum **Ersten Weltkrieg** ausweitete. In „Materialschlachten" wurden durch technisch-militärische Neuerungen wie Maschinengewehre, Flugzeuge, Panzer und den Einsatz von Giftgas in nie da gewesenem Maße Menschen verstümmelt und getötet. 1918 endete der Krieg mit der Niederlage Deutschlands und seiner Verbündeten.

Weltbild und Lebensauffassung: Die Zeit um 1900 wurde von der um 1880 geborenen Generation oft als verkrustet und unbeweglich begriffen. Den Neuerungen, die der enorme technische Fortschritt mit sich gebracht hatte, stand sie skeptisch gegenüber. Man meinte, dass das Alte zu Grunde gehen müsse, damit Neues entstehen könne. Verschiedene Ereignisse galten als Vorboten einer nahenden **Apokalypse,** wie das Erscheinen des Halleyschen Kometen (1910) und der Untergang der Titanic (1912), des seinerzeit größten und modernsten Schiffs der Welt. Mit dem Ersten Weltkrieg brach die erwartete Apokalypse besonders über die junge Generation herein, viele verloren durch den Krieg ihr Leben.

Literatur: Während im Naturalismus die wahrnehmbare Wirklichkeit nachgebildet werden sollte (► S. 470 f.) und im Fin de Siècle diese symbolisch überhöht wurde, um eine dahinterliegende Wirklichkeit zu zeigen (► S. 479), vollziehen expressionistische Künstlerinnen und Künstler einen **radikalen Bruch mit den bisherigen ästhetischen Darstellungsweisen.** Ins Zentrum rückte der „Ausdruck" (= Expression) der Gefühle, der möglichst drastisch und radikal inszeniert werden sollte – fast mehr Ausbruch als Ausdruck. Kennzeichen expressionistischer Literatur sind insbesondere **Wortneuschöpfungen,** das **Aufbrechen grammatischer Strukturen** bis hin zum Stammeln, der **Reihungsstil** und eine **starke, einprägsame Bildlichkeit** sowie eine **drastische Farbsymbolik.** Darüber hinaus orientierte man sich an der bildenden Kunst und ihrer Abwendung von der Gegenständlichkeit hin zur **Abstraktion.** Die damit zusammenhängende **Simultaneität** als Symbol für die Dynamik der Zeit im Umbruch gestaltet sich in der expressionistischen Literatur in der möglichst gleichzeitigen Darstellung verschiedenster Eindrücke, Empfindungen, Gedanken usw.

Weitere wichtige Autoren und Werke

Ferdinand Hardekopf (1876–1954): Gedichte
Ernst Stadler (1883–1914): „Der Aufbruch" (Gedichtsammlung)
Georg Kaiser (1878–1945): „Die Bürger von Calais", „Gas I und II" (Dramen)
Franz Werfel (1890–1945): „Wir sind" (Gedichtsammlung)
Ernst Blass (1890–1939): „Die Straßen komme ich entlanggeweht" (Gedichtsammlung)
Ernst Toller (1893–1939): „Die Wandlung", „Masse Mensch" (Dramen); Gedichte; Autobiografie: „Eine Jugend in Deutschland"

1 Untersuchen Sie Kafkas „Brudermord" (► S. 488 f.) im Hinblick auf Merkmale des Expressionismus. Erläutern Sie die Wirkung verwendeter Stilmerkmale.

2 Suchen Sie nach Gedichten zum Thema „Krieg" aus anderen Epochen (z. B. Barock: Andreas Gryphius' „Thränen des Vaterlandes/Anno 1636") und vergleichen Sie diese mit der Darstellung des Krieges in der expressionistischen Lyrik (► S. 485; Gedichtvergleich, ► S. 254 ff.).

5.4 Neue Sachlichkeit – Literatur der Weimarer Republik (1919–1933)

Otto Dix: Großstadt (Triptychon, 1927/28)

1 **a** Beschreiben Sie den Aufbau und den Inhalt des Bildes. Beachten Sie dabei die dargestellten Räume, die Figuren und das Geschehen.

b Was macht für den Maler offenbar das Wesen der Großstadt in den 1920er-Jahren aus?

2 Otto Dix wird innerhalb der „Neuen Sachlichkeit" der Richtung des Verismus (von lat. *verus:* wahr) zugeordnet. Inwieweit trifft dieser Begriff seine Darstellungsweise und deren Wirkung?

In Berlin und anderswo – Alltagsbilder

Alfred Döblin: **Berlin Alexanderplatz** (1929) – Romanauszug

Eisige Luft, Februar. Die Menschen gehen in Mänteln. Wer einen Pelz hat, trägt ihn, wer keinen hat, trägt keinen. Die Weiber haben dünne Strümpfe und müssen frieren, aber es sieht hübsch aus. Die Penner haben sich vor der Kälte verkrochen. Wenn es warm ist, stecken sie wieder ihre Nasen raus. Inzwischen süffeln sie doppelte Ration Schnaps, aber was für welchen, man möchte nicht als Leiche drin schwimmen. Rumm rumm haut die Dampframme auf dem Alexanderplatz. Viele Menschen haben Zeit und gucken sich an, wie die Ramme haut. Ein Mann oben zieht immer eine Kette, dann pafft es oben, und ratz hat die Stange eins auf den Kopf. Da stehen die Männer und Frauen und besonders die Jungens und freuen sich, wie das geschmiert geht: Ratz kriegt die Stange eins auf den Kopf. Nachher ist sie klein wie eine Fingerspitze, dann kriegt sie aber noch immer eins, da kann sie machen, was sie will. Zuletzt ist sie weg. Donnerwetter, die haben sie fein eingepökelt, man zieht befriedigt ab. Alles ist mit Brettern belegt. Die Berolina stand vor Tietz[1], eine Hand ausgestreckt, war ein kolossales Weib, sie haben sie weggeschleppt. Vielleicht schmelzen sie sie ein und machen Medaillen draus. Wie die Bienen sind sie über den Boden her. Die basteln und murksen zu Hunderten rum den ganzen Tag und die Nacht. […] Von Osten her, Weißensee, Lichtenberg, Friedrichshain, Frankfurter Allee, türmen die gelben Elektrischen auf

1 **„Berolina … vor Tietz":** Bronzestatue vor dem Kaufhaus Tietz am Alexanderplatz; wurde nach ihrem Abbau vermutlich eingeschmolzen; die weibliche Figur stand allegorisch für die Stadt Berlin.

den Platz durch die Landsberger Straße. Die 65 kommt vom Zentralviehhof, der Große Ring Weddingplatz, Luisenplatz, die 76 Hundekehle über Hubertusallee. An der Ecke Landsberger Straße haben sie Friedrich Hahn, ehemals Kaufhaus, ausverkauft, leer gemacht und werden es zu den Vätern versammeln. Da halten die Elektrischen und der Autobus 19 Turmstraße. Wo Jürgens war, das Papiergeschäft, haben sie das Haus abgerissen und dafür einen Bauzaun hingesetzt. Da sitzt ein alter Mann mit Arztwaage: Kontrollieren Sie Ihr Gewicht, 5 Pfennig. O liebe Brüder und Schwestern, die ihr über den Alex wimmelt, gönnt euch diesen Augenblick, seht durch die Lücke neben der Arztwaage auf diesen Schuttplatz, wo einmal Jürgens florierte, und da steht noch das Kaufhaus Hahn, leer gemacht, ausgeräumt und ausgeweidet, dass nur die roten Fetzen noch an den Schaufenstern kleben. Ein Müllhaufen liegt vor uns. Von Erde bist du gekommen, zu Erde sollst du wieder werden, wir haben gebauet ein herrliches Haus, nun geht hier kein Mensch weder rein noch raus. So ist kaputt Rom, Babylon, Ninive, Hannibal, Cäsar, alles kaputt, oh, denkt daran. Erstens habe ich dazu zu bemerken, dass man diese Städte jetzt wieder ausgräbt, wie die Abbildungen in der letzten Sonntagsausgabe zeigen, und zweitens haben diese Städte ihren Zweck erfüllt, und man kann nun wieder neue Städte bauen.

1 Halten Sie in Form eines **Ideensterns** (▸ Methode) fest, aus welchen Einzelaspekten sich die dargestellte Szene auf dem Alexanderplatz in Berlin zusammensetzt.

2 Beschreiben Sie die erzähltechnischen und sprachlichen Besonderheiten des Textausschnitts.

3 Verfassen Sie im Stil Döblins eine Großstadtszene. Begeben Sie sich dazu an einen belebten Ort und notieren Sie möglichst alle Eindrücke. Verarbeiten Sie dann Ihre Notizen zu einer Gesamtdarstellung, in die Sie auch Zusatzinformationen und Gedankensplitter einfügen.

Methode Ideenstern

- Schreiben Sie das Thema (die Frage) mittig auf ein großes Blatt, kreisen Sie es ein und legen Sie das Blatt in die Mitte eines Gruppentisches.
- In Stillarbeit notiert jedes Gruppenmitglied eine Idee/einen Gedanken zum Thema, kreist seine Idee ein und verbindet sie durch eine Linie mit dem Thema.
- Drehen Sie anschließend das Blatt im Uhrzeigersinn, sodass jedes Gruppenmitglied die Idee eines anderen lesen kann. Diese Idee wird nun ergänzt, erweitert oder es wird eine gänzlich neue Idee hinzugefügt. Die weiterführenden und neuen Gedanken werden eingekreist und durch eine Linie mit der ursprünglichen Idee verbunden.
- Drehen Sie das Blatt so lange, bis die meisten Ideen ergänzt worden sind.
- Besprechen Sie Ihr Ergebnis in der Gruppe.

Irmgard Keun: **Das kunstseidene Mädchen** (1932) – Romanauszüge

Doris, die 18-jährige Ich-Erzählerin, hat nur ein Ziel im Leben: Sie will wie ein Star, ein „Glanz“ sein. Dazu zieht sie in die Metropole Berlin. Durch die finanzielle Hilfe ihrer zahlreichen Verehrer und mit einem gestohlenen Pelzmantel, ihrem Feh, meint sie, dass ihr der Weg nach oben ganz offensteht.

Ich bin in Berlin. Seit ein paar Tagen. Mit einer Nachtfahrt und noch neunzig Mark übrig. Damit muss ich leben, bis sich mir Geldquellen bieten. Ich habe Maßloses erlebt. Berlin senkte sich auf mich wie eine Steppdecke mit feurigen Blumen. Der Westen ist vornehm mit hochprozentigem Licht – wie fabelhafte Steine ganz teuer und mit so gestempelter Einfassung. Wir haben hier ganz übermäßige Lichtreklame. Um mich war ein Gefunkel. Und ich mit dem Feh. Und schicke Männer wie Mädchenhändler, ohne dass sie gerade mit Mädchen handeln, was es ja nicht mehr gibt – aber sie sehen danach aus, weil sie es tun würden, wenn was bei rauskäme. Sehr viel glänzende schwarze Haare und Nachtaugen so tief im Kopf. Aufregend. Auf dem Kurfürstendamm sind viele Frauen. Die gehen nur. Sie haben sehr egale Gesichter und viel Maulwurfpelze – also nicht ganz erste Klasse – aber doch schick – [...] Ich gehe nachher in eine Jockeybar, mit einem Mädchenhändlerartigen, an dem mir sonst nichts liegt. Aber ich komme dadurch in Milieu, das mir Aussichten bietet. Tilli[1] sagt auch, ich sollte. Jetzt bin ich auf der Tauentzien[2] bei Zuntz, was ein Kaffee ist ohne Musik, aber billig – und viele eilige Leute wie rasender Staub, bei denen man merkt, dass Betrieb ist in der Welt. Ich habe den Feh an und wirke. [...]

Berlin verursacht mir Müdigkeit. Wir haben gar kein Geld, Tilli und ich. Wir liegen im Bett wegen Hunger. Und ich habe Verpflichtungen an Therese. Und arbeiten kann ich nicht, weil ich ja keine Papiere habe und darf auf keiner Polizei gemeldet werden, denn ich bin doch auf der Flucht. Und man wird schlecht behandelt und ganz billig, wenn man sich anmerken lässt, dass es einem schlecht geht. Ein Glanz will ich werden. Heute gehen wir ins „Resi" – ich bin eingeladen von Franz, der arbeitet in einer Garage. [...] – und am Nebentisch lernen zwei Männer und eine Dame sich kennen und machen sich bekannt und gucken sich an mit freundlichem Misstrauen und glauben zuerst mal alles Schlechte von sich gegenseitig.

Ich rede mit ihm[3] und will nu' mal endlich ein Wort finden, mit dem ich dann bei ihm bin – ach, ich kann nicht mehr – gehen wir weg – was ist denn in mir? – ich will das totmachen. Betrunken sein, mit Männern schlafen, viel Geld

„Das kunstseidene Mädchen" an den Hamburger Kammerspielen 2011

haben – das muss man wollen, und nichts anderes denken, wie hält man es sonst denn aus – was ist denn wohl nur kaputt auf der Welt? [...]

Ist ja alles nicht so wichtig – ich bin etwas betrunken – vielleicht geh ich auch nicht zu Wartesaal Zoo – und in eine schicke und dunkle Bar, wo man nicht sieht, dass meine Augen totgeweint sind – und lasse mich einladen von einem und nichts sonst – und tanze und trinke und tanze – ich hab so Lust – tanze – das ist die Liebe der Matrosen[4] – wir sind ja doch nur gut aus Liebe und böse oder gar nichts aus Unliebe – und wir verdienen auch keine Liebe, aber wir haben ja sonst kein Zuhause.

Ist ja alles nicht so wichtig – ich habe gar keine große Lust mehr, ein Glanz zu werden –

1 **Tilli:** Freundin der Ich-Erzählerin Doris
2 **Tauentzien:** Einkaufsstraße in Berlin
3 Gemeint ist der Begleiter von Doris.
4 **„das ist die Liebe der Matrosen":** Zeile aus einem Schlager der Zeit

1 Schildern Sie die Situation der Ich-Erzählerin in Berlin. Gehen Sie dabei auf folgende Stichworte ein: Erlebnisse, Schauplätze und ihre Atmosphäre, Beziehungen zu anderen Figuren, Lebensgefühl.

2 Zeigen Sie auf, welche Merkmale eines inneren Monologs (► S. 202) der Text aufweist.

Joseph Roth: **Hiob** (1933) – Romanauszug

Der jüdische Bibellehrer Mendel Singer hat sein Heimatdorf in Galizien (Landschaft am östlichen Rand des Habsburger Kaiserreiches, gehört heute teils zur Ukraine, teils zu Polen) verlassen und ist mit seiner Frau Deborah und seiner Tochter Mirjam nach Amerika ausgewandert. Mendels Sohn Schemarja hat diesen Schritt schon zuvor getan und seine Familie nun nachkommen lassen. Er nennt sich in den USA Sam. Zusammen mit seinem Freund Mac holt er die Ankömmlinge aus dem Quarantänelager in New York in einem Leiterwagen ab. Die beiden jungen Männer fahren sie in der Stadt herum, um ihnen einen Eindruck von der neuen Heimat zu vermitteln.

Es war ein heller und heißer Tag. Mendel und Deborah saßen in der Fahrtrichtung, ihnen gegenüber Mirjam, Mac und Sam. Der schwere Wagen ratterte über die Straßen mit einer wütenden Wucht, wie es Mendel Singer schien, als wäre es seine Absicht, Stein und Asphalt für ewige Zeiten zu zertrümmern und die Fundamente der Häuser zu erschüttern. Der lederne Sitz brannte unter Mendels Körper wie ein heißer Ofen. Obwohl sie sich im düstern Schatten der hohen Mauern hielten, glühte die Hitze wie graues, schmelzendes Blei durch die alte Mütze aus schwarzem Seidenrips auf den Schädel Mendels, drang in sein Gehirn und verlötete es dicht, mit feuchter, klebriger, schmerzlicher Glut. Seit seiner Ankunft hatte er kaum geschlafen, wenig gegessen und fast gar nichts getrunken. Er trug heimatliche Galoschen aus Gummi an den schweren Stiefeln, und seine Füße brannten wie in einem offenen Feuer. Krampfhaft zwischen die Knie geklemmt hatte er seinen Regenschirm, dessen hölzerner Griff heiß war und nicht anzufassen, als wäre er aus rotem Eisen. Vor den Augen Mendels wehte ein dicht gewebter Schleier aus Ruß, Staub und Hitze. Er dachte an die Wüste, durch die seine Ahnen vierzig Jahre gewandert waren. Aber sie waren wenigstens zu Fuß gegangen, sagte er sich. Die wahnsinnige Eile, in der sie jetzt dahinrasten, weckte zwar einen Wind, aber es war ein heißer Wind, der feurige Atem der Hölle. Statt zu kühlen, glühte er. Der Wind war kein Wind, er bestand aus Lärm und Geschrei, es war ein wehender Lärm. Er setzte sich zusammen aus einem schrillen Klingeln von hundert unsichtbaren Glocken, aus dem gefährlichen, metallenen Dröhnen der Bahnen, aus dem tutenden Rufen unzähliger Trompeten, aus dem flehentlichen Kreischen der Schienen an den Kurven der Streets, aus dem Gebrüll Macs, der durch einen übermächtigen Trichter seinen Passagieren Amerika erläuterte, aus dem Gemurmel der Menschen ringsum, aus dem schallenden Gelächter eines fremden Mitreisenden hinter Mendels Rücken, aus den unaufhörlichen Reden, die Sam in des Vaters Angesicht warf, Reden, die Mendel nicht verstand, zu denen er aber fortwährend nickte, ein furchtsames und zugleich freundliches Lächeln um die Lippen, wie eine schmerzende Klammer aus Eisen. Selbst wenn er den Mut gehabt hätte, ernst zu bleiben, wie es seiner Situation entsprach, er hätte das Lächeln nicht ablegen können. Er hatte nicht die Kraft, eine Miene zu verändern. Die Muskeln seines Angesichts waren erstarrt. Er hätte lieber geweint wie ein kleines Kind. Er roch den scharfen Teer aus dem schmelzenden Asphalt, den trockenen und spröden Staub in der Luft, den ranzigen und fetten Gestank aus Kanälen und Käsehandlungen, den beizenden Geruch von Zwiebeln, den süßlichen Benzinrauch der Autos, den fauligen Sumpfgeruch aus Fischhallen, die Maiglöckchen und das Chloroform von den Wangen seines Sohnes. Alle Gerüche vermengten sich im heißen Brodem, der ihm entgegenschlug, mit dem Lärm, der seine Ohren erfüllte und seinen Schädel sprengen wollte. Bald wusste er nicht mehr, was zu hören, zu sehen, zu riechen war. Er lächelte immer noch und nickte mit dem Kopfe. Amerika drang auf ihn ein, Amerika zerbrach ihn, Amerika zerschmetterte ihn. Nach einigen Minuten wurde er ohnmächtig.

1 Beschreiben und erläutern Sie die Eindrücke, Empfindungen und Gedanken Mendels bei seiner ersten Begegnung mit New York.

2 Untersuchen Sie, mit welchen sprachlichen Mitteln es im Romanauszug gelingt, ein lebendiges Bild von der Stadt und ihrer Atmosphäre zu vermitteln.

3 **a** Vergleichen Sie die Großstadtdarstellungen in den Romanauszügen von Döblin, Keun und Roth.
b Die Auseinandersetzung mit Andersartigkeit (Alterität) kann Identität stiften. – Setzen Sie das Bild, das die verschiedenen Autoren von der Großstadt zeichnen, in Beziehung zu Ihren eigenen Großstadterfahrungen.

Erich Kästner: **Sachliche Romanze** (1929)

Als sie einander acht Jahre kannten
(und man darf sagen: sie kannten sich gut),
kam ihre Liebe plötzlich abhanden.
Wie andern Leuten ein Stock oder Hut.

Sie waren traurig, betrugen sich heiter,
versuchten Küsse, als ob nichts sei,
und sahen sich an und wussten nicht weiter.
Da weinte sie schließlich. Und er stand dabei.

Vom Fenster aus konnte man Schiffen winken.
Er sagte, es wäre schon Viertel nach vier
und Zeit, irgendwo Kaffee zu trinken.
Nebenan übte ein Mensch Klavier.

Sie gingen ins kleinste Café am Ort
und rührten in ihren Tassen.
Am Abend saßen sie immer noch dort.
Sie saßen allein, und sie sprachen kein Wort
und konnten es einfach nicht fassen.

1 Kennzeichnen Sie den Ton, den der Sprecher im Gedicht anschlägt.

2 Erzählen Sie den Inhalt des Gedichts als Kurzgeschichte. Versuchen Sie, den Ton der Vorlage zu treffen.

3 Diskutieren Sie in Kleingruppen, ob und inwiefern die Bezeichnung „Neue Sachlichkeit" auf die Texte der Seiten 492–496 zutrifft. Halten Sie die Ergebnisse fest und stellen Sie sie im Kurs vor.

Demokratie ohne Demokraten – Eine Satire auf die wilhelminische Gesellschaft

Heinrich Mann: **Der Untertan** (1918) – Romanauszug

Entstanden ist diese satirische Kritik an der wilhelminischen Gesellschaft in den Jahren 1906–1914. Erst nach dem Ersten Weltkrieg und dem Zusammenbruch des Kaiserreichs veröffentlicht, wurde Manns Roman in der Zeit der Weimarer Republik zu einem der ersten literarischen Höhepunkte. Am Beispiel des Fabrikanten Diederich Heßling wird das Psychogramm des für die wilhelminische Zeit repräsentativen „autoritären Charakters" entlarvt. Dieser sollte in der Weimarer Zeit weiter bestehen und der Akzeptanz der neuen Demokratie erheblichen Schaden zufügen. Der folgende Romanauszug setzt nach der Hochzeit Diederichs mit Guste an. Da sich die Hochzeitsreise nach Italien mit einem Staatsbesuch Wilhelms II. überschneidet, setzt Diederich alles daran, das Besuchsprogramm des deutschen Kaisers auf jedem Schritt zu begleiten.

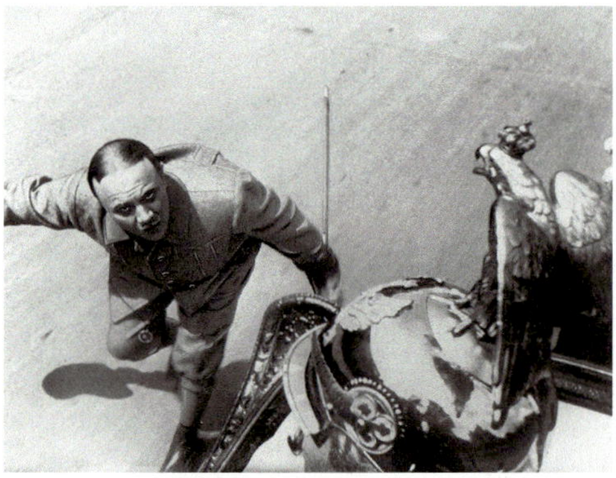
Szene aus der Romanverfilmung (1951)

Da kam man an – aber ganz anders, als die Gatten es erträumt hatten. In größter Verwirrung wurden die Reisenden von Beamten aus dem Bahnhof gedrängt, bis an den Rand eines weiten Platzes und in die Straßen dahinter, die sofort wieder abgesperrt wurden. Aber Diederich, in entfesselter Begeisterung, durchbrach die Schranken. Guste, die entsetzt die Arme reckte, ließ er mit allem Handgepäck dastehen und stürzte drauflos. Schon war er inmitten des Platzes; zwei Soldaten mit Federhüten jagten ihm nach, dass ihre bunten Frackschöße flogen. Da schritten die Bahnhofsrampe mehrere Herren herab und alsbald fuhr ein Wagen auf Diederich zu. Diederich schwenkte den Hut, er brüllte auf, dass die Herren im Wagen ihr Gespräch unterbrachen. Der rechts neigte sich vor – und sie sahen einander an, Diederich und sein Kaiser. Der Kaiser lächelte kalt prüfend mit den Augenfalten, und die Falten am Mund ließ er ein wenig herab. Diederich lief ein Stück mit, die Augen weit aufgerissen, immer schreiend und den Hut schwenkend, und einige Sekunden waren sie, indes ringsum dahinten eine fremde Menge ihnen Beifall klatschte, in der Mitte des leeren Platzes und unter einem knallblauen Himmel ganz miteinander allein, der Kaiser und sein Untertan. [...]

[Am nächsten Morgen mietet sich Diederich eine Droschke. Er hetzt den Kutscher von einem Ort zum nächsten, um stets vor dem Kaiser dort einzutreffen und die Zuschauer zu animieren, mit ihm „Es lebe der Kaiser!" zu schreien.]

Die Sonne stieg hoch und höher; vor den brennenden Marmorquadern der Fassaden, hinter denen sein Kaiser weltumspannende Unterredungen pflog, litt Diederich, ohne zu wanken, Hitze und Durst. So stramm er sich hielt, war es ihm doch, als sinke sein Bauch unter der Last des Mittags bis auf das Pflaster herab und als schmelze ihm auf der Brust sein Kronenorden vierter Klasse ... Der Kutscher, der immer häufiger die nächste Kneipe betrat, empfand endlich Bewunderung für das heldenhafte Pflichtgefühl des Deutschen und brachte ihm Wein mit. Neues Feuer in den Adern, machten sich beide an das nächste Rennen. Denn die kaiserlichen Renner liefen scharf; um ihnen vorauszukommen, musste man Gassen durchjagen, die aussahen wie Kanäle und deren spärliche Passanten sich schreckensvoll gegen die Mauern drückten; oder es hieß aussteigen und Hals über Kopf eine Treppe nehmen. Dann aber stand Diederich pünktlich an der Spitze seines Häufleins, sah die siebente Uniform aussteigen und schrie. Und dann wandte der Kaiser den Kopf und lächelte. Er erkannte ihn wieder, seinen Untertan!

Kurt Tucholsky: **Rezension zu Heinrich Manns Roman „Der Untertan"** (1919)

Dieses Buch Heinrich Manns, heute, Gott sei Dank, in aller Hände, ist das Herbarium[1] des deutschen Mannes. Hier ist er ganz: in seiner Sucht, zu befehlen und zu gehorchen, in seiner Roheit und in seiner Religiosität, in seiner Erfolganbeterei und in seiner namenlosen Zivilfeigheit. Leider: es ist der deutsche Mann schlechthin gewesen; wer anders war, hatte nichts zu sagen, hieß Vaterlandsverräter und war kaiserlicherseits angewiesen, den Staub des Landes von den Pantoffeln zu schütteln. [...]

R

1 **Herbarium:** Sammlung getrockneter und gepresster Pflanzen

1 **a** Versetzen Sie sich in die Lage eines Zeitungsreporters, der Heßlings Verhalten während des Staatsbesuchs beobachtet hat. Beschreiben und kommentieren Sie es in einer Reportage (▸ S. 111).

b Informieren Sie sich über den sozialpsychologischen Begriff des „autoritären Charakters". Zeigen Sie auf, inwiefern Heßling diesem Charaktertyp entspricht.

2 Vergleichen Sie die Szene auf dem Bahnhofsvorplatz in Rom, wie sie im Textauszug und im Filmbild dargestellt wird (Analyse der Erzählstrategie, ▸ S. 200 f.; Analyse von Filmbildern, ▸ S. 89 f.).

3 Erläutern Sie, warum der Schriftsteller und Journalist Kurt Tucholsky (1890–1935) den Roman für so wichtig hält und seinen Erfolg zu Beginn der Weimarer Republik begrüßt.

Information **Epochenüberblick – Die Literatur der Weimarer Republik (1919–1933)**

Allgemeingeschichtlicher Hintergrund: Die 14 Jahre dieses ersten Versuchs, Deutschland als demokratischen Staat zu organisieren, waren von großen politischen, gesellschaftlichen und wirtschaftlichen Belastungen geprägt. Die ökonomischen und psychosozialen Folgen der **Niederlage im Ersten Weltkrieg,** die sich gleich zu Beginn in den Wirren der **Novemberrevolution von 1918/19** mit ihren Nachwehen in Putschversuchen, Generalstreiks und Separationsbestrebungen zeigten, ließen eine Entwicklung und Konsolidierung des Staates nicht zu.
Es folgten die wirtschaftlichen Katastrophen von **Inflation** (1924) und **Weltwirtschaftskrise** (1929) mit dem Abrutschen vieler Existenzen innerhalb des Bürgertums und der Arbeiterschaft. Das begünstigte den Links- und Rechtsextremismus und die **Radikalisierung der politischen Auseinandersetzung** bis hin zu bürgerkriegsähnlichen Straßenkämpfen. Die Erosion der demokratischen Parteien, die für die Weimarer Verfassung standen, mündete 1933 in der „Machtergreifung" Hitlers, der als Reichskanzler das den Nazis verhasste demokratische System beseitigte.
Weltbild und Lebensauffassung: Ein wesentlicher Grund für das Scheitern der Demokratie lag in ihrer Ablehnung durch große Teile der Bevölkerung. Besonders in den führenden, öffentlich einflussreichen Kreisen in Verwaltung, Sicherheitsorganen, Justiz und Bildungseinrichtungen trauerte man dem Kaiserreich und seiner gesellschaftlichen Verfassung nach. So blieb der Nährboden für die **Untertanenmentalität** des so genannten „autoritären Charakters" in Deutschland in hohem Maße erhalten. Die als Kennzeichnung der Zeit häufig benutzten Begriffe der „**Roaring Twenties**" oder „**Goldenen Zwanziger**" lassen an die beliebt werdenden Jazzlokale, Kinos und Kabaretts und an einen neuen, modernen Lebensstil denken. Der zeigte sich v. a. im Ausprobieren bisher verpönter Lebensformen. Dabei sollte nicht vergessen werden, dass dies alles nur für eine begrenzte Szene im Großstadtmilieu galt und keinen mentalitätsgeschichtlichen Wandel anzeigte.
Literatur: Der **Pluralismus der Stile,** der schon für die Literatur der Jahrhundertwende kennzeichnend war, hatte sich fortgesetzt. Dichtungen neuromantischer Innerlichkeit und eines ästhetizistischen „l'art pour l'art" (▶ S. 479) standen neben solchen in der Tradition des Expressionismus (▶ S. 491), dessen Verständnis von Sprache als frei verfügbarem Material, losgelöst von den Konventionen der Alltagsverständigung und den grammatischen Normen, im **Dadaismus** mit seinem Spiel der Sprachlaute und vom Zufall bestimmten Wortkombinationen auf die Spitze getrieben wurde. Besondere Bedeutung errangen daneben Schreibweisen eines neuen Realismus. Sie werden unter dem Begriff „**Neue Sachlichkeit**" zusammengefasst und stehen für eine **kritische Sichtung der Wirklichkeit** zwischen kühl-distanzierter Betrachtung und satirischer Zuspitzung. Es war die Zeit der großen **Gesellschaftsromane,** die in aufklärerischer Absicht die Kräfte und Entwicklungen aufzeigten, die in der Gesellschaft und im Individuum wirksam sind, ohne dabei tradierte Sinndeutungen und Wertsetzungen als verbindlich übernehmen zu wollen. Das moderne, komplex vielschichtige, von Reflexionen durchzogene Erzählen erlebte hier seine erste Blütezeit. Das **Theater politisierte sich** und sollte gesellschaftliche Mechanismen aufdecken und zur Veränderung aufrufen wie **Bertolt Brechts** „**episches Theater**" (▶ S. 172 ff.). Die Schreiber von Gedichten gingen mit ihrer Forderung nach einer „**Gebrauchslyrik**" deutlich auf Distanz zu den Nachfolgern eines klassisch-romantischen Bildes vom Dichter. **Erich Kästner** (1899–1974) betonte den alltagstauglichen Nutzen seiner Gedichte, die entstanden seien „im Umgang mit den Freuden und Schmerzen der Gegenwart" und bestimmt seien „für jeden, der mit der Gegenwart geschäftlich zu tun hat". Die ideologische Zersplitterung der Gesellschaft und die daraus erwachsenden Kämpfe, in die auch die Schriftsteller/innen zu einem großen Teil eingriffen, führten zu einem starken **Anwachsen des publizistischen Marktes.** So wurde die Weimarer Republik zur hohen Zeit literarisch anspruchsvoller Zeitungen und Zeitschriften, für die beispielhaft die „Weltbühne" stand.

Weitere wichtige Autorinnen/Autoren und Werke

Egon Erwin Kisch (1885–1948): „Der rasende Reporter“ (Reportagen)
Hans Fallada (1893-1947): „Kleiner Mann – was nun?“ (Roman)
Erich Maria Remarque (1898–1970): „Im Westen nichts Neues“ (Roman)
Bertolt Brecht (1898–1956): „Die Dreigroschenoper“, „Die heilige Johanna der Schlachthöfe“ (Theaterstücke); Gedichte
Ödön von Horváth (1901–1938): „Geschichten aus dem Wiener Wald“ (Theaterstück)
Marieluise Fleißer (1901–1974): „Pioniere in Ingolstadt“ (Theaterstück)

1 Schreiben Sie die fett gedruckten Stichworte des Informationskastens heraus und geben Sie dazu Erläuterungen in eigenen Worten.

2 Überprüfen Sie, ob und inwiefern Kästners Gedicht „Sachliche Romanze“ seiner Forderung nach einer „Gebrauchslyrik“ entspricht.

3 „Neue Sachlichkeit“ war der Titel einer Ausstellung in der Mannheimer Kunsthalle im Jahre 1925.
a Tragen Sie anhand der Bilder Merkmale der Kunst der „Neuen Sachlichkeit“ zusammen.
b Stellen Sie ausgehend von den Bildern Bezüge zur Literatur in diesem Kapitel (▸ S. 492 ff.) her.

Georg Schrimpf:
Bahnübergang (1932)

Rudolf Schlichter:
Bildnis von Bert Brecht (1926)

Alexander Kanoldt:
Stillleben mit Gummibaum (1921)

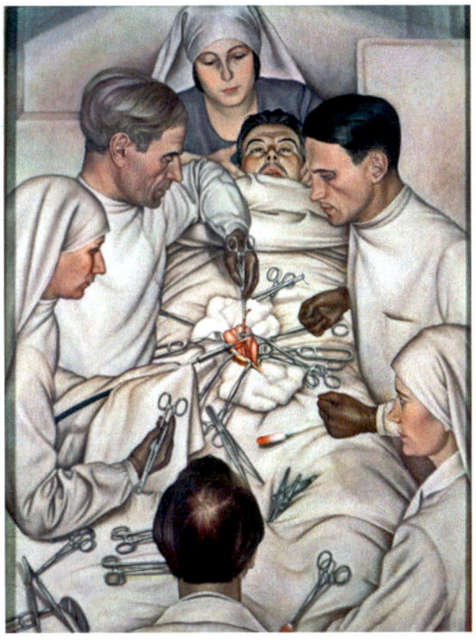

Christian Schad:
Operation (1929)

5.5 Exilliteratur (1933–1945)

1 Beschreiben Sie Gestaltung und Wirkung der Fotomontage.

2 Informieren Sie sich über die Ereignisse zu Beginn der Naziherrschaft, die in der Fotomontage verarbeitet werden, und über deren Folgen.

John Heartfield:
Fotomontage (1933)

Lion Feuchtwanger: **Der Schriftsteller im Exil** (1943)

Die ökonomischen Schwierigkeiten und der aufreibende Kampf mit Nichtigkeiten, die nicht aufhören, sind das äußere Kennzeichen des Exils. Viele Schriftsteller sind davon zermürbt worden. Viele zogen den Selbstmord dem tragikomischen Leben im Exil vor.

Wer Glück hat, wer um all das herumkommt, der sieht sich bei seiner Arbeit inneren Schwierigkeiten gegenüber, von denen er sich in der Heimat nichts träumen ließ. Da ist zunächst die bittere Erfahrung, abgespalten zu sein vom lebendigen Strom der Muttersprache. Die Sprache ändert sich von Jahr zu Jahr. In den zehn oder elf Jahren unseres Exils ist das Leben sehr schnell weitergegangen, es hat für tausend neue Erscheinungen tausend neue Worte und Klänge verlangt. Wir hören die neuen Worte für diese neuen Erscheinungen zuerst in der fremden Sprache. Immer und für alles haben wir den Klang der fremden Sprache im Ohr, ihre Zeichen dringen täglich, stündlich auf uns ein, sie knabbern an unserem eigenen Ausdrucksvermögen. Einem jeden unter uns kommt es vor, dass sich manchmal das fremde Wort, der fremde Tonfall an die oberste Stelle drängt. Einige von uns haben es mit einigem Erfolg versucht, in der fremden Sprache zu schreiben: Wirklich geglückt ist es keinem. Es kann keinem glücken. Gewiss, man kann lernen, sich in einer fremden Sprache auszudrücken; die letzten Gefühlswerte des fremden Tonfalls lernen kann man nicht. In einer fremden Sprache dichten, in einer fremden Sprache gestalten kann man nicht. Einen Barbaren nannten die Griechen und Römer jeden, der sich nicht in ihrer Sprache ausdrücken konnte. Der Dichter Ovid, zu solchen Barbaren verbannt, hat in ihrer barbarischen Sprache gedichtet und wurde von ihnen hoch geehrt. Dennoch hat er geklagt: „Hier bin ich der Barbar, denn keiner versteht mich."

Hilde Domin: **Hier** (1964)

Ungewünschte Kinder
meine Worte
frieren.

Kommt
ich will euch
auf meine warmen
Fingerspitzen
setzen
Schmetterlinge im Winter.

Die Sonne
blass wie ein Mond
scheint auch hier
in diesem Land
wo wir das Fremdsein
zu Ende kosten.

Mascha Kaléko: **Der kleine Unterschied** (1945)

Es sprach zum Mister Goodwill
ein deutscher Emigrant:
„Gewiß, es bleibt dasselbe,
sag ich nun *land* statt Land,
sag ich für Heimat *homeland*
und *poem* für Gedicht.
Gewiß, ich bin sehr happy:
Doch glücklich bin ich nicht.“ [R]

1 Stellen Sie zusammen, von welchen Erfahrungen das Exil in der Schilderung des Romanautors Lion Feuchtwanger (1884–1958) geprägt ist.

2 Welche der von Feuchtwanger beschriebenen Erfahrungen werden in den Gedichten der beiden Lyrikerinnen Domin (1909–2006) und Kaléko (1907–1975) aufgegriffen? Wie werden sie vermittelt?

3 **Referat/Facharbeit:** Wie der Hinweis auf den antiken römischen Dichter Ovid in Feuchtwangers Text zeigt (vgl. ▸ S. 500, Z. 36), ist das Exil von Schriftstellern kein Einzelfall im Laufe der Geschichte. Berichten Sie anhand ausgewählter Beispiele über exilierte Autorinnen und Autoren aus verschiedenen Zeitaltern.

Bertolt Brecht: **Schlechte Zeit für Lyrik** (1939)

Ich weiß doch: nur der Glückliche
Ist beliebt. Seine Stimme
Hört man gern. Sein Gesicht ist schön.

Der verkrüppelte Baum im Hof
Zeigt auf den schlechten Boden, aber
Die Vorübergehenden schimpfen ihn einen Krüppel
Doch mit Recht.

Die grünen Boote und die lustigen Segel des Sundes[1]
Sehe ich nicht. Von allem
Sehe ich nur der Fischer rissiges Garnnetz.
Warum rede ich nur davon
Daß die vierzigjährige Häuslerin[2] gekrümmt geht?
Die Brüste der Mädchen
Sind warm wie ehedem.

In meinem Lied ein Reim
Käme mir fast vor wie Übermut.

In mir streiten sich
Die Begeisterung über den blühenden Apfelbaum
Und das Entsetzen über die Reden des Anstreichers[3].
Aber nur das zweite
Drängt mich zum Schreibtisch. [R]

1 Sund: Meerenge in Dänemark; Brechts erstes Exil
2 Häuslerin: Dorfbewohnerin, Lohnarbeiterin; besitzt ein kleines Haus, aber kein eigenes Land
3 Anstreicher: spöttische Bezeichnung für den gescheiterten Kunstmaler Hitler

1 Beschreiben Sie den inhaltlichen Aufbau des Gedichts, z. B. durch Zwischenüberschriften, und stellen Sie einen gedanklichen Zusammenhang zwischen den einzelnen Abschnitten her.

2 Kommentieren Sie das Paradox, das aus dem Verhältnis von Titel und Text entsteht.

3 Arbeiten Sie heraus, welche Rolle Brecht sich als Schriftsteller zuweist, und erörtern Sie das Schriftstellerbild, das hier erkennbar wird.

4 **a** Untersuchen Sie, ob und inwiefern die drei Gedichte dieses Kapitels mit Brechts Ablehnung der traditionellen Gedichtform (Reim und Metrum) übereinstimmen.

b Spricht Sie eher die traditionelle Form der Lyrik oder der Verzicht darauf an?

Anna Seghers: **Das siebte Kreuz** (1942)

Anna Seghers hat ihren Roman 1938 im französischen Exil begonnen und 1942 in einem Exilverlag in Mexiko veröffentlicht. Obwohl „von außen" verfasst, gilt er als ein erstaunliches Beispiel für eine äußerst wirklichkeitsnahe Innensicht der deutschen Gesellschaft unter der Nazidiktatur. Erzählt wird die Flucht von sieben Häftlingen aus dem fiktiven KZ Westhofen. Anhand der Geschichte ihrer Flucht wird das Alltagsleben unter dem Terrorregime, wird das Verhalten der Täter, Opfer, Mitläufer und Widerständler, werden der feige Verrat und die mutige Hilfsbereitschaft anschaulich deutlich. Komponiert ist der Roman aus mehreren Erzählsträngen, deren einzelne Szenen wie in einer filmischen Montage ineinandergeschnitten sind.
In der folgenden Szene wartet Frau Bachmann auf ihren Mann. Das Ehepaar unterstützt einen der KZ-Geflohenen. Was sie nicht weiß: Ihr Mann wurde gerade von der Gestapo verhört.

Als die Bachmann jetzt still und allein saß, fing das Herumgezucke in ihren Gliedern an. Sie holte sich etwas zum Nähen. Das beruhigte sie. Niemand kann uns was nachweisen, sagte sie sich. Es ist ein Einbruch.
Jetzt kam der Mann die Treppe herauf. Also doch noch. Sie stand auf und richtete ihm sein Abendessen. Er kam herein in die Küche, ohne ein Wort zu sagen. Noch bevor sich die Frau nach ihm umdrehte, hatte sie nicht nur im Herzen, sondern über die ganze Haut weg ein Gefühl, als sei mit seinem Eintritt die Temperatur im Zimmer um ein paar Grad gefallen. „Hast du was?", fragte sie, als sie sein Gesicht sah. Der Mann erwiderte nichts. Sie stellte den vollen Teller hin zwischen seine Ellenbogen. In sein Gesicht stieg der Suppendampf. „Otto", sagte sie, „bist du denn krank?"
Darauf erwiderte er auch nichts.
Der Frau wurde himmelangst. Aber, dachte sie, mit der Laube[1] kann es nichts sein, denn er ist

Spielfilmszene aus „Das siebte Kreuz" (1944)

ja hier. Sicher bedrückt es ihn; wenn nur die Sache vorüber wäre. „Willst du denn nichts mehr essen?", fragte sie. Der Mann erwiderte nichts. „Du musst nicht immer dran denken", sagte die Frau, „wenn man immer dran denkt, kann man verrückt werden." Aus den halbgeschlossenen Augen des Mannes schossen ganze Strahlen von Qual. Aber die Frau hatte wieder zu nähen begonnen. Als sie aufsah, hatte der Mann die Augen geschlossen. „Hast du denn was?", sagte da die Frau. „Was hast du?" – „Nichts", sagte der Mann.
Aber wie er das sagte! So, als habe die Frau ihn gefragt, ob er denn auf der Welt gar nichts mehr hätte, und als habe er wahrheitsgemäß erwidert: Nichts. – „Otto", sagte sie, und sie nähte, „du hast vielleicht doch was." Aber der Mann erwiderte leer und ruhig: „Gar, gar nichts." Wie sie ihm ins Gesicht sah, rasch einmal von der Näherei weg in seine Augen, wusste sie, dass er wirklich nichts hatte. Alles, was er je gehabt hatte, war verloren.
Da wurde der Frau eiskalt. Sie zog die Schultern ein und setzte sich schräg, als säße nicht ihr Mann am Tischende, sondern ... Sie nähte und nähte; sie dachte nichts und sie fragte nichts, weil sonst die Antwort kommen konnte, die ihr Leben zerstörte.

1 Bachmanns besitzen eine Laube in Worms, in der sie Kleider und Geld für den Flüchtling Wallau verstecken.

[Die nächste Szene, die den Erzählstrang um Wallau fortsetzt, spielt im Dienstraum der Polizeikommissare Fischer und Overkamp.]

Fischer rief: „Sie haben den Wallau.“ Overkamp langte sich den Hörer, er kritzelte. „Ja, alle vier“, sagte er. Dann sagte er: „Wohnung versiegeln.“ Dann: „Herbringen.“ Dann las er Fischer vor: „Also: Als man vorgestern in den in Betracht kommenden Städten die in Betracht kommenden Serien durchging, kamen außer den Angehörigen Wallaus eine beträchtliche Anzahl Personen in sämtlichen Städten in Betracht. Diese Personen wurden gestern alle noch einmal in Verhör genommen. Machte sich unter den fünf anderen, die aber jetzt natürlich alle ausscheiden, die man im zweiten Verhör aus der letzten Serie herauszog, ein gewisser Bachmann verdächtig, Trambahnschaffner, dreiunddreißig, zwei Monate im Lager, freigelassen zur Beobachtung des Verkehrs, [...] hat sich seitdem politisch nicht mehr betätigt, – hat beim ersten und beim zweiten Verhör alles geleugnet, ist unter Drohung gesetzt gestern weich geworden. Wallaus Frau hat Sachen in seiner Laube bei Worms untergestellt, will nicht gewusst haben wozu und was, unter Beobachtung wieder heim gelassen worden zwecks Beobachtung weiteren Verkehrs. Wallau um dreiundzwanzig Uhr zwanzig auf diesem Laubengrundstück verhaftet, verweigert bis jetzt jede Aussage. Bachmann Haus bis jetzt nicht verlassen, Dienst um sechs nicht angetreten, besteht Selbstmordverdacht, von Familie noch keine Meldung. – Halt!“, sagte Overkamp.

[Später wird dieser Erzählstrang mit einer Szene im Dienstraum der Kommissare Fischer und Overkamp fortgesetzt.]

Spielfilmszene aus „Das siebte Kreuz“ (1944)

„Man hat die Bachmann in Worms noch verhaften müssen.“ – „Warum?“, fragte Overkamp grob. Er hatte sich gegen diese Verhaftung ausgesprochen, durch die man nur die Neugier und Erregung der Bevölkerung weckte, während offenkundige Schonung seitens der Polizei die Familie Bachmann am besten isoliert hätte. – „Als man den Bachmann auf der Mansarde abgeknüpft hat, da hat die Frau gebrüllt, er hätte es gestern tun sollen, vor dem Verhör, und ihr Wäscheseil sei ihr zu schade. Sie hat sich auch nicht beruhigt, als man den Mann weggebracht hat. Sie hat die ganze Umgebung verrückt gemacht, geschrien, sie sei unschuldig, und so weiter, und so weiter.“ – „Wie hat sich denn da die Umgebung verhalten?“ – „Teils, teils. Soll ich die Berichte anfordern?“ – „Nee, nee“, sagte Overkamp, „das hat mit uns nichts mehr zu tun, das gehört ins Ressort der Kollegen in Worms. Wir haben genug Beschäftigung.“

1 **a** Fassen Sie das Schicksal des Ehepaars Bachmann, das in die Geschichte um den KZ-Flüchtling Wallau verwickelt ist, zusammen.

b Kommentieren und beurteilen Sie das Verhalten und die Beziehung der Bachmanns. Gehen Sie auch der Frage nach, welchen Einfluss die politischen Verhältnisse auf das Leben der beiden haben.

2 Analysieren Sie die **Erzählstrategie** (▶ S. 200 f.). Achten Sie besonders auf die jeweils eingenommene Perspektive, das Erzählverhalten, die Darbietungsform und den Einsatz sowie die Funktion von Leerstellen (d.h. Stellen, die die Erzählerin/der Erzähler in der Darstellung der Außen- und Innenwelt und in der Verknüpfung der Handlungsmomente offen lässt).

Information Epochenüberblick – Exilliteratur und „innere Emigration“ (1933–1945)

Geschichtlicher Hintergrund: Nach der so genannten „Machtergreifung“ Hitlers 1933 ging die neue Regierung zügig daran, die demokratischen Grundrechte einzuschränken bzw. abzuschaffen. Alle Institutionen des politischen und gesellschaftlichen Lebens sollten nationalsozialistisch ausgerichtet und gleichgeschaltet werden. Der Widerstand dagegen in der Bevölkerung war insgesamt recht gering. Im Gegenteil, in den ersten drei Monaten ihrer Herrschaft verzeichnete die NSDAP über eineinhalb Millionen Parteieintritte. Propagandaminister Goebbels äußerte sein Erstaunen darüber, „dass so schnell und so radikal in Deutschland [im Sinne seiner Partei] aufgeräumt werden“ konnte. Zu diesem „Aufräumen“ gehörte die groß angelegte Aktion der **Bücherverbrennung am 10. Mai 1933.** Der Verband der „Deutschen Studentenschaft“, angeführt vom „NS-Studentenbund“, sammelte in Berlin und fast allen anderen Universitätsstädten aus öffentlichen und privaten Büchereien die Werke von 131 Autoren, die auf einer schwarzen Liste standen, und verbrannte die Bücher öffentlich in Anwesenheit vieler Professoren und einer Masse von Schaulustigen. Dies war das Fanal, das das Ende des vielfältigen Geisteslebens aus der Zeit der Weimarer Republik anzeigte. Kunst, Literatur, Presse, Film und Rundfunk wurden der Zensur des neu gegründeten „Reichsministeriums für Volksaufklärung und Propaganda“ unterworfen bzw. in dessen Dienst gestellt. Über 2000 in ihrem Schaffen eingeschränkte, aber auch an Leib und Leben bedrohte Künstlerinnen und Künstler flohen ins Exil.
Literatur: Nach dem Exodus der Schriftsteller, an die man dachte, wenn von der deutschen Literatur die Rede war, blieben unter dem Hakenkreuz die regimetreuen völkischen „Blut-und-Boden“-Schreiber zurück sowie einige Autorinnen und Autoren, die sich als Vertreter einer **„inneren Emigration“** verstanden wissen wollten. Sie konnten und wollten das Land ihrer Sprache nicht verlassen. Sie stellten ihre literarische Produktion ein, wichen in ihren Texten in politikferne, harmlose Themen und Genres, z. B. Drehbücher für Unterhaltungsfilme, aus oder verschlüsselten ihre Botschaften des Nichteinverständnisses mit dem Regime so, dass die Zensur – aber häufig auch das Publikum – dies nicht bemerkte.

Weitere wichtige Autorinnen/Autoren und Werke
Else Lasker-Schüler (1869–1945): „Mein blaues Klavier“ (Gedichtsammlung)
Thomas Mann (1875–1955): „Joseph und seine Brüder“, „Doktor Faustus“ (Romane)
Stefan Zweig (1881–1942): „Sternstunden der Menschheit“, „Schachnovelle“
Nelly Sachs (1891–1970): „In den Wohnungen des Todes“, „Sternenverdunkelung“, „Flucht und Verwandlung“ (Gedichtbände)
Hans Fallada (1893–1947): „Wolf unter Wölfen“ (Roman)
Joseph Roth (1894–1939): „Radetzkymarsch“ (Roman); „Die Legende vom heiligen Trinker“ (Novelle)
Bertolt Brecht (1898–1956): „Leben des Galilei“, „Furcht und Elend des Dritten Reiches“, „Mutter Courage und ihre Kinder“ (Dramen)
Erich Kästner (1899–1974): „Doktor Erich Kästners Lyrische Hausapotheke“ (Gedichtsammlung)
Klaus Mann (1906–1949): „Mephisto“, „Der Vulkan“ (Romane)
Erich Fried (1921–1988): „Deutschland“, „Höre, Israel“, „Was es ist“ (Gedichtbände)

1 Informieren Sie sich über den gesamten Romaninhalt von Anna Seghers' „Das siebte Kreuz“ und arbeiten Sie die symbolische Bedeutung des siebten Kreuzes heraus.

2 Referat/Kurzvortrag: Recherchieren Sie die Biografie einer Exilautorin/eines Exilautors oder eines Malers, Musikers usw. und stellen Sie diese im Kurs vor.

Die 1950er-Jahre – „Keine Experimente“

Die 1960er- und 1970er-Jahre – „Mehr Demokratie wagen“

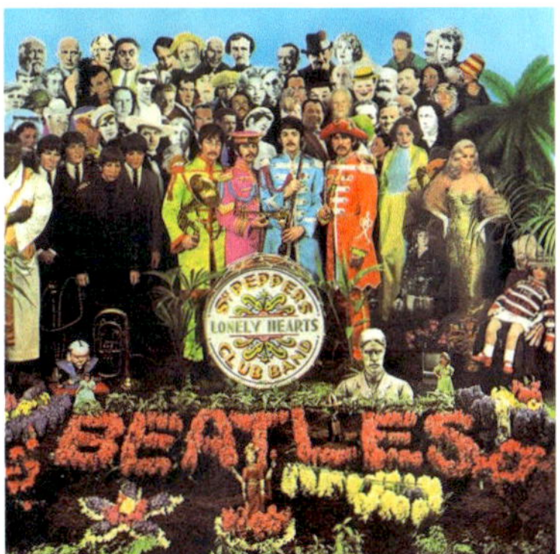

Die 1980er-Jahre bis heute – „Anything goes“

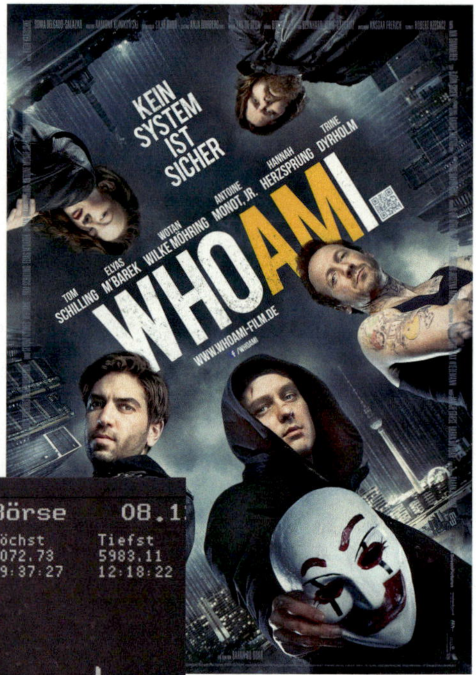

1 **a** Beschreiben Sie die Zusammenstellung der Bilder für jeden Zeitabschnitt. Was fällt Ihnen an den Bildern und den Texten der Produkt- und Kinowerbung auf? Welcher Eindruck vermittelt sich? Gehen Sie auch auf die Slogans in den Überschriften zu den Zeitabschnitten ein.

b Vergleichen Sie die Zeitabschnitte miteinander. Welche Änderungen fallen Ihnen auf? Welche Entwicklungen in der Alltagskultur und im Lebensgefühl können Sie daraus ablesen?

2 **a** Zeigen Sie die Bildzusammenstellungen Personen (z. B. Ihren Eltern oder Großeltern), die die verschiedenen Zeitabschnitte miterlebt haben. Interviewen Sie Ihre Zeitzeugen zu den Erinnerungen und Assoziationen, die die Bilder bei ihnen auslösen.

b Recherchieren Sie weitere Bilder und erstellen Sie aus dem gesamten Bildmaterial und den Interviewäußerungen eine Wandzeitung zu jedem Zeitabschnitt.

6.1 Nachkriegsliteratur (1945–1960)

Das zerstörte Rotterdam, Mai 1940

Ossip Zadkine: Die zerstörte Stadt (1951–1953); Rotterdam

1 **a** Sehen Sie sich beide Bilder lange und intensiv an. Notieren Sie danach zu jedem der beiden Bilder alle Eindrücke, Gedanken und Gefühle, ohne den Stift abzusetzen und ohne auf Schreibregeln zu achten.

b Tauschen Sie sich über Ihre Schreibergebnisse aus.

c Formulieren Sie, was Ossip Zadkines künstlerische Darstellung von der Fotografie des zerstörten Rotterdam unterscheidet.

d Diskutieren Sie, ob Ihnen der Versuch, Zerstörungen dieses Ausmaßes in einem Kunstwerk gestalten zu wollen, generell sinnvoll erscheint und ob er hier gelungen ist.

Die Shoah – Gedichte über das Unsagbare

Nach einem viel zitierten, allerdings verkürzt wiedergegebenen Urteil des Philosophen **Theodor W. Adorno** (1903–1969) aus dem Jahre 1951 sei es unmöglich geworden, nach Auschwitz noch Gedichte zu schreiben. Im Widerspruch zu diesem Urteil, das Adorno selbst später revidierte, gab es aber schon bald nach der Befreiung der nationalsozialistischen Vernichtungslager und dem Bekanntwerden des ganzen Ausmaßes der dort verübten Verbrechen literarische Versuche, dem vermeintlich Unsagbaren Ausdruck zu verleihen. Die beiden folgenden Gedichte von **Nelly Sachs** (1891–1970) und **Paul Celan** (1920–1970) sind der Shoah (auch: Schoah) gewidmet, wie der Holocaust im Hebräischen genannt wird.

Nelly Sachs: Chor der Geretteten (1947)

Wir Geretteten,
Aus deren hohlem Gebein der Tod schon seine Flöten schnitt,
An deren Sehnen der Tod schon seinen Bogen strich –
Unsere Leiber klagen noch nach
Mit ihrer verstümmelten Musik.
Wir Geretteten,
Immer noch hängen die Schlingen für unsere Hälse gedreht
Vor uns in der blauen Luft –
Immer noch füllen sich die Stundenuhren mit unserem tropfenden Blut.
Wir Geretteten,
Immer noch essen an uns die Würmer der Angst.
Unser Gestirn ist vergraben im Staub.
Wir Geretteten
Bitten euch:
Zeigt uns langsam eure Sonne.
Führt uns von Stern zu Stern im Schritt.
Lasst uns das Leben leise wieder lernen.
Es könnte sonst eines Vogels Lied,
Das Füllen des Eimers am Brunnen
Unseren schlecht versiegelten Schmerz aufbrechen lassen
Und uns wegschäumen –
Wir bitten euch:
Zeigt uns noch nicht einen beißenden Hund –
Es könnte sein, es könnte sein
Dass wir zu Staub zerfallen –
Vor euren Augen zerfallen in Staub.
Was hält denn unsere Webe zusammen?
Wir odemlos gewordene,
Deren Seele zu Ihm floh aus der Mitternacht
Lange bevor man unseren Leib rettete
In die Arche des Augenblicks.
Wir Geretteten,
Wir drücken eure Hand,
Wir erkennen euer Auge –
Aber zusammen hält uns nur noch der Abschied,
Der Abschied im Staub
Hält uns mit euch zusammen.

Paul Celan: Todesfuge (1948)

Schwarze Milch der Frühe wir trinken sie abends
wir trinken sie mittags und morgens wir trinken sie nachts
wir trinken und trinken
wir schaufeln ein Grab in den Lüften da liegt man nicht eng
Ein Mann wohnt im Haus der spielt mit den Schlangen der schreibt
der schreibt wenn es dunkelt nach Deutschland dein goldenes Haar Margarete
er schreibt es und tritt vor das Haus und es blitzen die Sterne er pfeift seine Rüden herbei
er pfeift seine Juden hervor lässt schaufeln ein Grab in der Erde
er befiehlt uns spielt auf nun zum Tanz

Schwarze Milch der Frühe wir trinken dich nachts
wir trinken dich morgens und mittags wir trinken dich abends
wir trinken und trinken
Ein Mann wohnt im Haus der spielt mit den Schlangen der schreibt
der schreibt wenn es dunkelt nach Deutschland dein goldenes Haar Margarete
Dein aschenes Haar Sulamith wir schaufeln ein Grab in den Lüften da liegt man nicht eng

Er ruft stecht tiefer ins Erdreich ihr einen ihr andern singet und spielt
er greift nach dem Eisen im Gurt er schwingts seine Augen sind blau
stecht tiefer die Spaten ihr einen ihr andern spielt weiter zum Tanz auf

Schwarze Milch der Frühe wir trinken dich nachts
wir trinken dich mittags und morgens wir trinken dich abends
wir trinken und trinken
ein Mann wohnt im Haus dein goldenes Haar Margarete
dein aschenes Haar Sulamith er spielt mit den Schlangen

Er ruft spielt süßer den Tod der Tod ist ein Meister aus Deutschland
er ruft streicht dunkler die Geigen dann steigt ihr als Rauch in die Luft
dann habt ihr ein Grab in den Wolken da liegt man nicht eng

Schwarze Milch der Frühe wir trinken dich nachts
wir trinken dich mittags der Tod ist ein Meister aus Deutschland
wir trinken dich abends und morgens wir trinken und trinken
der Tod ist ein Meister aus Deutschland sein Auge ist blau
er trifft dich mit bleierner Kugel er trifft dich genau
ein Mann wohnt im Haus dein goldenes Haar Margarete
er hetzt seine Rüden auf uns er schenkt uns ein Grab in der Luft
er spielt mit den Schlangen und träumet der Tod ist ein Meister aus Deutschland

dein goldenes Haar Margarete
dein aschenes Haar Sulamith

1 Sprechen Sie darüber, welches der beiden Gedichte Sie nach der ersten Lektüre stärker berührt.

2 Erarbeiten Sie sich ein Verständnis der beiden Gedichte. Bestimmen Sie, aus welchen Motiven und Bildern sich die Inhalte zusammensetzen, welche Figuren (Sprecher, Adressaten, dritte Personen) zu erkennen sind und wie sie dargestellt werden und welche formalen Merkmale die Gedichte prägen und ihre Wirkung bestimmen.

3 Vergleichen Sie die Wirkung des jeweiligen Gedichts mit anderen künstlerischen Versuchen (literarische Texte, Bilder, Filme), die Shoah zu thematisieren.

4 **Referat:** Stellen Sie die Biografien und ausgewählte Gedichte von Nelly Sachs und Paul Celan vor.

Bestandsaufnahme und Aufbruch – Literarische Orientierungsversuche

Das folgende Gedicht **Günter Eichs** (1907–1972), das 1945 in einem amerikanischen Kriegsgefangenenlager entstand, ist eines der ersten Zeugnisse einer neuen deutschen Literatur nach dem Krieg und wurde als eine Art lyrisches Manifest der „**Trümmerliteratur**" (▸ S. 512 ff., 518 ff.) verstanden. Einen Neubeginn anderer Art markiert auch das 1949 entstandene Gedicht „Auferstanden aus Ruinen" **Johannes R. Bechers** (1891–1958). Es ist eine Auftragsarbeit für eine neue Nationalhymne, die die DDR-Staatsführung erteilt hatte, um das in Verruf geratene „Deutschland, Deutschland über alles" **Hoffmann von Fallerslebens** (1798–1874) zu ersetzen.

Günter Eich: **Inventur** (1945/46)

Dies ist meine Mütze,
dies ist mein Mantel,
hier mein Rasierzeug
im Beutel aus Leinen.

Konservenbüchse:
Mein Teller, mein Becher,
ich hab in das Weißblech
den Namen geritzt.

Geritzt hier mit diesem
kostbaren Nagel,
den vor begehrlichen
Augen ich berge.

Im Brotbeutel sind
ein Paar wollene Socken
und einiges, was ich
niemand verrate,

so dient es als Kissen
nachts meinem Kopf.
Die Pappe hier liegt
zwischen mir und der Erde.

Die Bleistiftmine
lieb ich am meisten:
Tags schreibt sie mir Verse,
die nachts ich erdacht.

Dies ist mein Notizbuch,
dies meine Zeltbahn,
dies ist mein Handtuch,
dies ist mein Zwirn.

Johannes R. Becher: **Auferstanden aus Ruinen** (1949)

Auferstanden aus Ruinen
Und der Zukunft zugewandt,
Lass uns dir zum Guten dienen,
Deutschland, einig Vaterland.
Alte Not gilt es zu zwingen,
Und wir zwingen sie vereint,
Denn es muss uns doch gelingen,
Dass die Sonne schön wie nie
Über Deutschland scheint.

Glück und Frieden sei beschieden
Deutschland, unserm Vaterland!
Alle Welt sehnt sich nach Frieden!
Reicht den Völkern eure Hand.
Wenn wir brüderlich uns einen,
Schlagen wir des Volkes Feind.
Lasst das Licht des Friedens scheinen,
Dass nie eine Mutter mehr
Ihren Sohn beweint!

Lasst uns pflügen, lasst uns bauen,
Lernt und schafft wie nie zuvor,
Und der eignen Kraft vertrauend,
Steigt ein frei Geschlecht empor.
Deutsche Jugend, bestes Streben
Unsres Volks in dir vereint,
Wirst du Deutschlands neues Leben,
Und die Sonne schön wie nie
Über Deutschland scheint.

1 Verständigen Sie sich darüber, welche Orientierung die beiden Gedichte den Menschen der Nachkriegszeit bieten konnten und welche politische Botschaft sie enthielten.

2 **a** Beschreiben Sie den inhaltlichen Aufbau beider Gedichte. Untersuchen Sie dann, wie die jeweilige Gedichtform und die sprachliche Gestaltung die Inhalte transportieren.

b Hören Sie sich Bechers Gedicht in der Vertonung von Hanns Eisler an und geben Sie in Form der **Blitzlicht-Methode** (▶ S. 598) Ihren Wirkungseindruck wieder.

3 Schreiben Sie ein Parallelgedicht zu Eichs „Inventur“, in dem Sie eine ähnliche Bestandsaufnahme aus Ihrer derzeitigen Situation heraus vornehmen und diese kritisch reflektieren.

Als zwei literarische Leitgestirne und Symbolfiguren im Nachkriegsdeutschland kann man die Dichter **Gottfried Benn** (1886–1956) und **Bertolt Brecht** (1898–1956) ansehen. Beide waren in den Jahren der Weimarer Republik zu literarischen Größen aufgestiegen. Ihre Lebenswege und ihre Haltung zum Nationalsozialismus bildeten jedoch einen fundamentalen Gegensatz. Nach dem Krieg wurde Benn in der Bundesrepublik neben **Thomas Mann** (1875–1955) als Garant für das Fortbestehen einer kulturellen Tradition über die Nazizeit hinweg angesehen und als Dichter gefeiert. Sein geistiger Antipode Brecht ließ sich hingegen in Ost-Berlin nieder. Dort gründete er sein weltweit beachtetes Theater und diente als – häufig nicht linientreues – Aushängeschild der DDR-Literatur.

Gottfried Benn: **Nur zwei Dinge** (1953)

Durch so viele Formen geschritten,
durch Ich und Wir und Du,
doch alles blieb erlitten
durch die ewige Frage: wozu?

Das ist eine Kinderfrage.
Dir wurde erst spät bewußt,
es gibt nur eines: ertrage
– ob Sinn, ob Sucht, ob Sage –
dein fernbestimmtes: Du mußt.

Ob Rosen, ob Schnee, ob Meere,
was alles erblühte, verblich,
es gibt nur zwei Dinge: die Leere
und das gezeichnete Ich.

R

Bertolt Brecht: **Ich habe dies, du hast das** (ca. 1950)

Ich habe dies. Du hast das.
Mir wurde mein Buch gestohlen.
Dir wurde dein Halstuch entrissen.
Ich nehme nichts von dem an.
Er hat mich nicht eingeladen.
Mir schuldet man Geld.
Mir schuldet man Dank.
Ich kann dies und das verlangen.
Ich verweigere es.

Genossen, laßt uns nicht ICH sagen
Auch wenn wir so oft ICH zu hören bekommen!
Laßt uns den Zustand der Gesellschaft
bekämpfen
In der all diese Sätze wahr sind!

R

1 **a** Setzen Sie zu jedem der beiden Gedichte folgende Satzanfänge fort:
In dem Gedicht geht es um …
Das Gedicht enthält für mich folgende Botschaft: …
b Vergleichen und diskutieren Sie Ihre Lösungen.

2 Erstellen Sie im Kurs ein Meinungsbild dazu, welches Gedicht Ihnen in den Aussagen über Ich und Gesellschaft und in der Lebensauffassung stärker zusagt.

3 Die beiden Autoren verkörpern auf geradezu repräsentative Weise unterschiedliche Lebenswege und Schreibintentionen deutscher Schriftsteller in NS-, Kriegs- und Nachkriegszeit.
Erstellen Sie arbeitsteilig für jeden der beiden Autoren eine Präsentation, in der Sie die Biografie, den literarischen Werdegang und die Rolle, die die beiden Autoren im Nachkriegsdeutschland spielten, darstellen.

Trümmerliteratur – Die Kurzgeschichte als literarische Neuentdeckung

Für die Literatur der Nachkriegsjahre bürgerte sich bald der Begriff „**Trümmerliteratur**“ oder „**Kahlschlagliteratur**“ ein. Nicht nur die Städte waren in Schutt und Asche gelegt, sondern durch die Nazi- und Kriegszeit waren auch die herkömmlichen Werte und Ideale zerstört. Autoren wie **Wolfgang Borchert** (1921–1947) und **Heinrich Böll** (1917–1985) schildern in vielen ihrer Arbeiten diese neue Realität ungeschminkt; sie misstrauten, abgeschreckt durch den dröhnend-pompösen Jargon der Nazipropaganda, jedem sprachlichen Pathos und rhetorischen Schmuck.

Als besonders geeignet für den literarischen Neubeginn erwies sich die Form der **Kurzgeschichte** (▶ S. 265) nach dem amerikanischen Vorbild der **Short Story.** Von geringem Umfang und in Zeitungen abgedruckt, liegt ihr Vorteil darin, ohne den Umweg über Verlage ein großes Publikum zu erreichen.

Wolfgang Borchert: **Die drei dunklen Könige** (1946)

Er tappte durch die dunkle Vorstadt. Die Häuser standen abgebrochen gegen den Himmel. Der Mond fehlte, und das Pflaster war erschrocken über den späten Schritt. Dann fand er eine alte Planke. Da trat er mit dem Fuß gegen, bis eine Latte morsch aufseufzte und losbrach. Das Holz roch mürbe und süß. Durch die dunkle Vorstadt tappte er zurück. Sterne waren nicht da.

Als er die Tür aufmachte (sie weinte dabei, die Tür), sahen ihm die blassblauen Augen seiner Frau entgegen. Sie kamen aus einem müden Gesicht. Ihr Atem hing weiß im Zimmer, so kalt war es. Er beugte sein knochiges Knie und brach das Holz. Das Holz seufzte. Dann roch es mürbe und süß ringsum. Er hielt sich ein Stück davon unter die Nase. Riecht beinahe wie Kuchen, lachte er leise. Nicht, sagten die Augen der Frau, nicht lachen. Er schläft.

Der Mann legte das süße mürbe Holz in den kleinen Blechofen. Da glomm es auf und warf eine Hand voll warmes Licht durch das Zimmer. Die fiel hell auf ein winziges rundes Gesicht und blieb einen Augenblick. Das Gesicht war erst eine Stunde alt, aber es hatte schon alles, was dazugehört: Ohren, Nase, Mund und Augen. Die Augen mussten groß sein, das konnte man sehen, obgleich sie zu waren. Aber der Mund war offen, und es pustete leise daraus. Nase und Ohren waren rot. Er lebt, dachte die Mutter. Und das kleine Gesicht schlief.

Da sind noch Haferflocken, sagte der Mann.

Ja, antwortete die Frau, das ist gut. Es ist kalt.

Der Mann nahm noch von dem süßen weichen Holz. Nun hat sie ihr Kind gekriegt und muss frieren, dachte er. Aber er hatte keinen, dem er dafür die Fäuste ins Gesicht schlagen konnte. Als er die Ofentür aufmachte, fiel wieder eine Hand voll Licht über das schlafende Gesicht. Die Frau sagte leise: Kuck, wie ein Heiligenschein, siehst du? Heiligenschein!, dachte er, und er hatte keinen, dem er die Fäuste ins Gesicht schlagen konnte.

Dann waren welche an der Tür. Wir sahen das Licht, sagten sie, vom Fenster. Wir wollen uns zehn Minuten hinsetzen.

Aber wir haben ein Kind, sagte der Mann zu ihnen. Da sagten sie nichts weiter, aber sie kamen doch ins Zimmer, stießen Nebel aus den Nasen und hoben die Füße hoch. Wir sind ganz leise, flüsterten sie und hoben die Füße hoch. Dann fiel das Licht auf sie.

Drei waren es. In drei alten Uniformen. Einer hatte einen Pappkarton, einer einen Sack. Und der Dritte hatte keine Hände. Erfroren, sagte er und hielt die Stümpfe hoch. Dann drehte er dem Mann die Manteltaschen hin. Tabak war drin und dünnes Papier. Sie drehten Zigaretten. Aber die Frau sagte: Nicht, das Kind.

Da gingen die vier vor die Tür, und ihre Zigaretten waren vier Punkte in der Nacht. Der eine hatte dicke umwickelte Füße. Er nahm ein Stück Holz aus einem Sack. Ein Esel, sagte er, ich habe sieben Monate daran geschnitzt. Für das Kind. Das sagte er und gab es dem Mann. Was ist mit den Füßen?, fragte der Mann. Wasser, sagte der Eselschnitzer, vom Hunger. Und der andere, der Dritte?, fragte der Mann und befühlte im Dunkeln den Esel. Der Dritte zitterte in seiner Uniform: Oh, nichts, wisperte er, das sind nur die Nerven. Man hat eben zu viel Angst gehabt. Dann traten sie die Zigaretten aus und gingen wieder hinein.

Sie hoben die Füße hoch und sahen auf das kleine schlafende Gesicht. Der Zitternde nahm aus seinem Pappkarton zwei gelbe Bonbons und sagte dazu: Für die Frau sind die.

Die Frau machte die blassen blauen Augen weit auf, als sie die drei Dunklen über das Kind gebeugt sah. Sie fürchtete sich. Aber da stemmte das Kind seine Beine gegen ihre Brust und schrie so kräftig, dass die drei Dunklen die Füße aufhoben und zur Tür schlichen. Hier nickten sie noch mal, dann stiegen sie in die Nacht hinein.

Der Mann sah ihnen nach. Sonderbare Heilige, sagte er zu seiner Frau. Dann machte er die Tür zu. Schöne Heilige sind das, brummte er und sah nach den Haferflocken. Aber er hatte kein Gesicht für seine Fäuste.

Aber das Kind hat geschrien, flüsterte die Frau, ganz stark hat es geschrien. Da sind sie gegangen. Kuck mal, wie lebendig es ist, sagte sie stolz. Das Gesicht machte den Mund auf und schrie.

Weint er?, fragte der Mann.

Nein, ich glaube, er lacht, antwortete die Frau.

Beinahe wie Kuchen, sagte der Mann und roch an dem Holz, wie Kuchen. Ganz süß.

Heute ist ja auch Weihnachten, sagte die Frau.

Ja, Weihnachten, brummte er, und vom Ofen her fiel eine Hand voll Licht hell auf das kleine schlafende Gesicht.

Heinrich Böll: **Mein teures Bein** (1950)

Sie haben mir jetzt eine Chance gegeben. Sie haben mir eine Karte geschrieben, ich soll zum Amt kommen, und ich bin zum Amt gegangen. Auf dem Amt waren sie sehr nett. Sie nahmen meine Karteikarte und sagten: „Hm.“ Ich sagte auch: „Hm.“ – „Welches Bein?“, fragte der Beamte.

„Rechts.“

„Ganz?“

„Ganz.“

„Hm“, machte er wieder. Dann durchsuchte er verschiedene Zettel. Ich durfte mich setzen.

Endlich fand der Mann einen Zettel, der ihm der richtige zu sein schien. Er sagte: „Ich denke, hier ist etwas für Sie. Nette Sache. Sie können dabei sitzen. Schuhputzer in einer Bedürfnisanstalt auf dem Platz der Republik. Wie wäre das?“

„Ich kann nicht Schuhe putzen; ich bin immer schon aufgefallen wegen schlechten Schuhputzens.“

„Das können Sie lernen“, sagte er. „Man kann alles lernen. Ein Deutscher kann alles. Sie können, wenn Sie wollen, einen kostenlosen Kursus mitmachen.“

„Hm“, machte ich.

„Also gut?“

„Nein“, sagte ich, „ich will nicht. Ich will eine höhere Rente haben.“

„Sie sind verrückt“, erwiderte er sehr freundlich und milde.

„Ich bin nicht verrückt, kein Mensch kann mir mein Bein ersetzen, ich darf nicht einmal mehr Zigaretten verkaufen, sie machen jetzt schon Schwierigkeiten.“

Der Mann lehnte sich weit in seinen Stuhl zurück und schöpfte eine Menge Atem. „Mein lieber Freund“, legte er los, „Ihr Bein ist ein verflucht teures Bein. Ich sehe, dass Sie neunundzwanzig Jahre sind, von Herzen gesund, überhaupt vollkommen gesund, bis auf das Bein. Sie werden siebzig Jahre alt. Rechnen Sie sich bitte aus, monatlich siebzig Mark, zwölfmal im Jahr, also einundvierzig mal zwölf mal siebzig. Rechnen Sie das bitte aus, ohne die Zinsen, und denken Sie doch nicht, dass Ihr Bein das einzige Bein ist. Sie sind auch nicht der Einzige, der wahrscheinlich lange leben wird. Und dann Rente erhöhen! Entschuldigen Sie, aber Sie sind verrückt."

„Mein Herr", sagte ich, lehnte mich nun gleichfalls zurück und schöpfte eine Menge Atem, „ich denke, dass Sie mein Bein stark unterschätzen. Mein Bein ist viel teurer, es ist ein sehr teures Bein. Ich bin nämlich nicht nur von Herzen, sondern leider auch im Kopf vollkommen gesund. Passen Sie mal auf."

„Meine Zeit ist sehr kurz."

„Passen Sie auf!", sagte ich. „Mein Bein hat nämlich einer Menge von Leuten das Leben gerettet, die heute eine nette Rente beziehen. Die Sache war damals so: Ich lag ganz allein irgendwo vorne und sollte aufpassen, wann sie kämen, damit die anderen zur richtigen Zeit stiften gehen konnten. Die Stäbe hinten waren am Packen und wollten nicht zu früh, aber auch nicht zu spät stiften gehen. Erst waren wir zwei, aber den haben sie totgeschossen, der kostet nichts mehr. Er war zwar verheiratet, aber seine Frau ist gesund und kann arbeiten, Sie brauchen keine Angst zu haben. Der war also furchtbar billig. Er war erst vier Wochen Soldat und hat nichts gekostet als eine Postkarte und ein bisschen Kommissbrot. Das war einmal ein braver Soldat, der hat sich wenigstens richtig totschießen lassen. Nun lag ich aber da allein und hatte Angst, und es war kalt, und ich wollte auch stiften gehen, ja, ich wollte gerade stiften gehen, da ..."

„Meine Zeit ist sehr kurz", sagte der Mann und fing an, nach seinem Bleistift zu suchen.

„Nein, hören Sie zu", sagte ich, „jetzt wird es erst interessant. Gerade, als ich stiften gehen wollte, kam die Sache mit dem Bein. Und weil ich doch liegen bleiben musste, dachte ich, jetzt kannst du's auch durchgeben, und ich hab's durchgegeben, und sie hauten alle ab, schön der Reihe nach, erst die Division, dann das Regiment, dann das Bataillon, und so weiter, immer hübsch der Reihe nach. Eine dumme Geschichte, sie vergaßen nämlich, mich mitzunehmen, verstehen Sie? Sie hatten's so eilig. Wirklich eine dumme Geschichte, denn hätte ich das Bein nicht verloren, wären sie alle tot, der General, der Oberst, der Major, immer schön der Reihe nach, und Sie brauchten ihnen keine Rente zu zahlen. Nun rechnen Sie mal aus, was mein Bein kostet. Der General ist zweiundfünfzig, der Oberst achtundvierzig und der Major fünfzig, alle kerngesund, von Herzen und im Kopf, und sie werden bei ihrer militärischen Lebensweise mindestens achtzig, wie Hindenburg. Bitte rechnen Sie jetzt aus: einhundertsechzig mal zwölf mal dreißig, sagen wir ruhig durchschnittlich dreißig, nicht wahr? Mein Bein ist ein wahnsinnig teures Bein geworden, eines der teuersten Beine, die ich mir denken kann, verstehen Sie?"

„Sie sind doch verrückt", sagte der Mann.

„Nein", erwiderte ich, „ich bin nicht verrückt. Leider bin ich von Herzen ebenso gesund wie im Kopf, und es ist schade, dass ich nicht auch zwei Minuten, bevor das mit dem Bein kam, totgeschossen wurde. Wir hätten viel Geld gespart."

„Nehmen Sie die Stelle an?", fragte der Mann.

„Nein", sagte ich und ging.

1 a Charakterisieren Sie die Protagonisten beider Geschichten und beschreiben Sie ihre Situation.
b Welche inhaltlichen Übereinstimmungen können Sie entdecken? Gibt es ein gemeinsames Thema?

2 Arbeiten Sie gemeinsame Merkmale im Aufbau, in der **Erzählstrategie** (▸ S. 200 f.) und in der Sprache heraus.

3 Untersuchen Sie, ob und inwiefern beide Geschichten mit dem Etikett „Trümmerliteratur" versehen werden können. Gehen Sie dabei auf die Bezüge zur Weihnachtsgeschichte in Borcherts Text ein. Erläutern Sie die Wirkung dieses Bezugs.

4 **Referat:** Recherchieren und referieren Sie die Biografie und den literarischen Werdegang Bölls.

Sprachartistik und Zeitkritik – Literatur ab Mitte der 1950er-Jahre

Eugen Gomringer (1953)

das schwarze geheimnis
ist hier
hier ist
das schwarze geheimnis

Eugen Gomringer (1960)

w w
d i
n n n
i d i d
w w

Mark Rothko: Magenta, Black, Green on orange tree (1949)

1 **a** Die beiden Bildgedichte Gomringers sind Beispiele der konkreten Poesie, die in den 1950er-Jahren viel Beachtung fand. Beschreiben Sie das besondere Verhältnis von Inhalt und Form dieser Gedichte und erläutern Sie, worin das Ungewöhnliche der Sprachverwendung besteht.

b Recherchieren Sie Genaueres über die konkrete Poesie und verfassen Sie darüber einen Artikel, z. B. für ein Schülerlexikon. Nutzen Sie die beiden Beispiele Gomringers, um die Machart und Wirkung der konkreten Poesie zu beschreiben und zu erklären.

2 Vergleichen Sie die Bildgedichte mit den Figurengedichten der Barockzeit in Aufbau und Intention (▶ S. 377).

3 Stellen Sie in Bezug auf die Darstellungsweise Parallelen zwischen der konkreten Poesie und dem Gemälde Rothkos her.

4 Gestalten Sie eigene Bildgedichte nach dem Vorbild Gomringers. Stellen Sie sie im Kurs aus.

Ingeborg Bachmann: **Anrufung des Großen Bären** (1956)

Großer Bär, komm herab, zottige Nacht,
Wolkenpelztier mit den alten Augen,
Sternenaugen,
durch das Dickicht brechen schimmernd
deine Pfoten mit den Krallen,
Sternenkrallen,
wachsam halten wir die Herden,
doch gebannt von dir, und misstrauen
deinen müden Flanken und den scharfen
halbentblößten Zähnen,
alter Bär.

Ein Zapfen: eure Welt.
Ihr: die Schuppen dran.
Ich treib sie, roll sie
von den Tannen im Anfang
zu den Tannen am Ende,
schnaub sie an, prüf sie im Maul
und pack zu mit den Tatzen.

Fürchtet euch oder fürchtet euch nicht!
Zahlt in den Klingelbeutel und gebt
dem blinden Mann ein gutes Wort,
dass er den Bären an der Leine hält.
Und würzt die Lämmer gut.

's könnt sein, dass dieser Bär
sich losreißt, nicht mehr droht
und alle Zapfen jagt, die von den Tannen
gefallen sind, den großen, geflügelten,
die aus dem Paradiese stürzten.

Hans Magnus Enzensberger: An alle Fernsprechteilnehmer (1958)

Etwas, das keine Farbe hat, etwas,
das nach nichts riecht, etwas Zähes,
trieft aus den Verstärkerämtern,
setzt sich fest in die Nähte der Zeit
und der Schuhe, etwas Gedunsenes,
kommt aus den Kokereien, bläht
wie eine fahle Brise die Dividenden
und die blutigen Segel der Hospitäler,
mischt sich klebrig in das Getuschel
um Professuren und Primgelder[1], rinnt,
etwas Zähes, davon der Salm stirbt,
in die Flüsse, und sickert, farblos,
und tötet den Butt auf den Bänken.

Die Minderzahl hat die Mehrheit,
die Toten sind überstimmt.

In den Staatsdruckereien
rüstet das tückische Blei auf,
die Ministerien mauscheln, nach Phlox[2]
und erloschenen Resolutionen riecht
der August. Das Plenum ist leer.
An den Himmel darüber schreibt
die Radarspinne ihr zähes Netz.

Die Tanker auf ihren Helligen[3]
wissen es schon, eh der Lotse kommt,
und der Embryo weiß es dunkel
in seinem warmen, zuckenden Sarg:

Es ist etwas in der Luft, klebrig
und zäh, etwas, das keine Farbe hat
(nur die jungen Aktien spüren es nicht):
Gegen uns geht es, gegen den Seestern
und das Getreide. Und wir essen davon
und verleiben uns ein etwas Zähes,
und schlafen im blühenden Boom,
im Fünfjahresplan, arglos
schlafend im brennenden Hemd,
wie Geiseln umzingelt von einem zähen,
farblosen, einem gedunsenen Schlund.

1 **Primgeld:** Prämie für den Kapitän eines Frachtschiffes
2 **Phlox:** Flammenblumen
3 eigentlich **Helling:** die schräg abfallende Fläche, auf der ein Schiff beim Stapellauf zu Wasser gelassen wird

1 Beide Gedichte reagieren auf die öffentliche Stimmung im Wirtschaftswunderland BRD, die in den späten 1950er-Jahren von Wohlstandsstreben und Selbstzufriedenheit geprägt ist, indem sie ein Gefühl von Bedrohung vermitteln:

a Arbeiten Sie für beide Gedichte heraus, wovon diese Bedrohung ausgeht. Tragen Sie dazu Assoziationen zusammen, die Sie mit den zentralen Bildern verbinden. Beispiel:

Anrufung des Großen Bären

Bilder	**Assoziationen**
Bär (Pfoten, Krallen, Maul)	*Raubtier, Gefahr*
Bär an der Leine	*Schaustück zum Gruseln auf Jahrmärkten*
Großer Bär	…

b Untersuchen Sie in einem zweiten Schritt, wer das lyrische Ich bzw. der Sprecher ist, wer angesprochen wird (Adressaten), welche Haltung der Sprecher zu den Angesprochenen einnimmt und in welchem Ton er spricht. Beispiel: *In Ingeborg Bachmanns Gedicht erscheint als Sprecher in der ersten Strophe eine Gruppe, die an Hirten erinnert und in der ersten Person Plural den Großen Bären anspricht. Sie betet ihn an („komm herab", V. 1), fürchtet ihn aber auch („misstrauen […] den scharfen […] Zähnen", V. 8–10). In der zweiten Strophe wechselt die Sprecherrolle …*

c Fassen Sie Ihre Ergebnisse in einem schriftlichen Vergleich der beiden Gedichte zusammen.

Günter Grass: **Die Blechtrommel** (1959) – Romanauszug

Der Roman „Die Blechtrommel" bildet den ersten Teil der „Danziger Trilogie", zu der noch die Novelle „Katz und Maus" und der Roman „Hundejahre" gehören. Der Autor, der als Sohn einer polnischen Mutter und eines deutschen Vaters in Danzig aufwuchs, verarbeitet in seinem Erstlingsroman seine Erfahrungen aus den Jahren der heraufziehenden Naziherrschaft, des Zweiten Weltkriegs und der ersten Nachkriegszeit. Haupt- und Erzählerfigur ist Oskar Matzerath, Insasse einer Heil- und Pflegeanstalt, der sein Leben in weit ausgreifenden Rückblicken bis hin zu Szenen um seine polnischen Großeltern erzählt. Das geschieht im höchst komplexen Stil eines fantastischen Realismus, der ein buntes Kaleidoskop aus wirklichkeitsnahen Zeitbildern, gemischt mit Fantastereien und Absurdem, aus verschiedenen Handlungsebenen und -strängen und einer Fülle unterschiedlichster Figuren entfaltet. Der entscheidende Kunstgriff ist, dass Grass seinen Helden Oskar aus radikalem Misstrauen gegenüber der Erwachsenenwelt als Dreijährigen sein Wachstum einstellen lässt. Da seine Umwelt Oskar als Kind betrachtet und nicht ernst nimmt, offenbart sie ihm, der durchaus über den Verstand eines Erwachsenen verfügt, all ihre Geheimnisse und Machenschaften. Kommunikationsmittel Oskars wird eine Blechtrommel, die er zu seinem dritten Geburtstag geschenkt bekommt.
Mit ihr erzählt er Geschichten, lässt aber auch trommelnd Szenen in seiner Vorstellung entstehen.
Bei seinem Erscheinen war der Roman, der für das Publikum inhaltlich und formal gleichermaßen ungewohnt war, umstritten. Heute gilt er als herausragendes Werk der deutschen Literatur des 20. Jahrhunderts. 1999 erhielt Grass dafür den Nobelpreis für Literatur.

Mama kam zu Hause nieder. Als die Wehen einsetzten, stand sie noch im Geschäft und füllte Zucker in blaue Pfund- und Halbpfundtüten ab. Schließlich war es für den Transport in die Frauenklinik zu spät; eine ältere Hebamme, die nur noch dann und wann zu ihrem Köfferchen griff, mußte aus der nahen Hertastraße gerufen werden. Im Schlafzimmer half sie mir und Mama, voneinander loszukommen.
Ich erblickte das Licht dieser Welt in Gestalt zweier Sechzig-Watt-Glühbirnen. Noch heute kommt mir deshalb der Bibeltext „Es werde Licht und es ward Licht" wie der gelungenste Werbeslogan der Firma Osram vor. Bis auf den obligaten Dammriß verlief meine Geburt glatt. Mühelos befreite ich mich aus der von Müttern, Embryonen und Hebammen gleichviel geschätzten Kopflage.
Damit es sogleich gesagt sei: Ich gehörte zu den hellhörigen Säuglingen, deren geistige Entwicklung schon bei der Geburt abgeschlossen ist und sich fortan nur noch bestätigen muß. So unbeeinflußbar ich als Embryo nur auf mich gehört und mich im Fruchtwasser spiegelnd geachtet hatte, so kritisch lauschte ich den ersten spontanen Äußerungen der Eltern unter den Glühbirnen. Mein Ohr war hellwach. Wenn es auch klein, geknickt, verklebt und allenfalls niedlich zu benennen war, bewahrte es dennoch jede jener für mich fortan so wichtigen, weil als erste Eindrücke gebotenen Parolen. Noch mehr: Was ich mit dem Ohr einfing, bewertete ich sogleich mit winzigstem Hirn und beschloß, nachdem ich alles Gehörte genug bedacht hatte, dieses und jenes zu tun, anderes gewiß zu lassen.

Filmszene aus „Die Blechtrommel" mit David Bennent

„Ein Junge", sagte jener Herr Matzerath, der in sich meinen Vater vermutete. „Er wird später einmal das Geschäft übernehmen. Jetzt wissen wir endlich, wofür wir uns so abarbeiten."
Mama dachte weniger ans Geschäft, mehr an die Ausstattung ihres Sohnes: „Na, wußt' ich doch, daß es ein Jungchen ist, auch wenn ich manchmal jesagt hab', es wird ne Marjell."
So machte ich verfrühte Bekanntschaft mit weiblicher Logik und hörte mir hinterher an:

„Wenn der kleine Oskar drei Jahre alt ist, soll er eine Blechtrommel bekommen."

Längere Zeit mütterliches und väterliches Versprechen gegenseitig abwägend, beobachtete und belauschte ich, Oskar, einen Nachtfalter, der sich ins Zimmer verflogen hatte. Mittelgroß und haarig umwarb er die beiden Sechzig-Watt-Glühbirnen, warf Schatten, die in übertriebenem Verhältnis zur Spannweite seiner Flügel den Raum samt Inventar mit zuckender Bewegung deckten, füllten, erweiterten. Mir blieb jedoch weniger das Licht- und Schattenspiel als vielmehr jenes Geräusch, welches zwischen Falter und Glühbirne laut wurde: Der Falter schnatterte, als hätte er es eilig, sein Wissen loszuwerden, als käme ihm nicht mehr Zeit zu für spätere Plauderstunden mit Lichtquellen, als wäre das Zwiegespräch zwischen Falter und Glühbirne in jedem Fall des Falters letzte Beichte und nach jener Art von Absolution, die Glühbirnen austeilen, keine Gelegenheit mehr für Sünde und Schwärmerei.

Heute sagt Oskar schlicht: Der Falter trommelte. [...]

Äußerlich schreiend und einen Säugling blaurot vortäuschend, kam ich zu dem Entschluß, meines Vaters Vorschlag, also alles, was das Kolonialgeschäft betraf, schlankweg abzulehnen, den Wunsch meiner Mama jedoch zu gegebener Zeit, also anläßlich meines dritten Geburtstages, wohlwollend zu prüfen.

Neben all diesen Spekulationen, meine Zukunft betreffen, bestätigte ich mir: Mama und jener Vater Matzerath hatten nicht das Organ, meine Einwände und Entschlüsse zu verstehen und gegebenenfalls zu respektieren. Einsam und unverstanden lag Oskar unter den Glühbirnen, folgerte, daß das so bleibe, bis sechzig, siebenzig Jahre später ein endgültiger Kurzschluß aller Lichtquellen Strom unterbrechen werde, verlor deshalb die Lust, bevor dieses Leben unter den Glühbirnen anfing; und nur die in Aussicht gestellte Blechtrommel hinderte mich damals, dem Wunsch nach Rückkehr in meine embryonale Kopflage stärkeren Ausdruck zu geben.

Zudem hatte die Hebamme mich schon abgenabelt; es war nichts mehr zu machen.

R

1 Beschreiben Sie, welches Bild der Ich-Erzähler von sich als Neugeborenem entwirft.

2 Ein Kritiker schrieb über Oskar, die Hauptfigur des Romans, er protestiere gegen die Existenz schlechthin. Können Sie in diesem Auszug Belege für diese Aussage finden?

3 An zwei Textstellen wechselt der Erzähler von der Ich-Form in die Er-Form. Suchen Sie diese Stellen heraus und erläutern Sie die Bedeutung dieses Wechsels, der im Roman immer wieder vorgenommen wird.

4 Untersuchen Sie die Szene zwischen Falter und Glühbirnen auf ihre sprachlichen Mittel hin und versuchen Sie von da aus eine Kennzeichnung des Erzählstils.

5 Schauen Sie sich die Verfilmung des Romans unter der Regie von Volker Schlöndorff aus dem Jahr 1979 auf DVD an. Wie wird die hier abgedruckte Szene im Film verarbeitet? Wie unterscheiden sich Romantext und Filmszene in ihrer Wirkung?

Information **Epochenüberblick – Nachkriegszeit (1945 – ca. 1960)**

Allgemeingeschichtlicher Hintergrund: Das Ende des Zweiten Weltkriegs markierte einen tiefen Einschnitt in der deutschen Geschichte. Das in Trümmern liegende, in **Besatzungszonen** aufgeteilte Deutschland stand vor der Aufgabe, in Auseinandersetzung mit der Schuld an Krieg und Völkermord einen politisch-gesellschaftlich-kulturellen Neuanfang zu finden. Schon bald stand dieser Neuanfang unter dem Zeichen des **Kalten Krieges,** der die Siegermächte entzweite und zwischen die westlichen Zonen und die Ostzone den **Eisernen Vorhang** zog.

Auf die **Gründung der Bundesrepublik Deutschland** im Jahre 1949 als parlamentarische, föderale Demokratie mit sozialer Marktwirtschaft folgte in Ostdeutschland im gleichen Jahr die **Gründung der DDR** als sozialistischer Einheitsstaat mit staatlich gelenkter Planwirtschaft. Zementiert wurde die Teilung Deutschlands durch die Einbindung der beiden Staaten in die Bündnissysteme von westlicher NATO und östlichem Warschauer Pakt 1955.
Weltbild und Lebensauffassung: Die amerikanische Aufbauhilfe und die Einführung der sozialen Marktwirtschaft führten in **Westdeutschland** zu einer raschen Verbesserung der Lebensbedingungen und einem breiten Einverständnis der Bevölkerung mit dem neuen Staatswesen. Das so genannte **Wirtschaftswunder** und der überraschende Weltmeistertitel der deutschen Fußballmannschaft 1954 ließen das Gefühl „Wir sind wieder wer" aufkommen. Privater wirtschaftlicher Erfolg und das Ausschöpfen der immer umfassenderen Konsummöglichkeiten bestimmten Leben und Denken weiter Bevölkerungsschichten. Davon beeinflusst nahm man die **Restauration der gesellschaftlichen Strukturen aus der Vorkriegszeit** hin und war bereit, die Rückkehr von treuen Dienern des NS-Systems in ihre alten Positionen und Ämter zu verdrängen. Unruhe in die überwiegend von traditionellen Anschauungen und Konventionen geprägte Alltagskultur brachte seit Mitte der 1950er-Jahre in zunehmendem Maße die Jugend, die nach dem Vorbild ihrer amerikanischen Altersgenossen den Rock 'n' Roll entdeckte.
Ganz anders verlief die Entwicklung in der **DDR.** Die von den Interessen der Sowjetunion bestimmte Planwirtschaft und das Bemühen der Sozialistischen Einheitspartei Deutschlands (SED), die Bevölkerung zu einer nach ihren ideologischen Vorstellungen ausgerichteten Gesellschaft zu formieren, befriedigten weder die materiellen Bedürfnisse noch den Wunsch nach freiheitlich-selbstbestimmter Lebensführung. Der **Antifaschismus,** in dessen Folge Verwaltungs- und Justizapparat weitgehend von ehemaligen Nazis gesäubert und über die Hälfte der Lehrer mit entsprechender Vergangenheit entlassen wurden, gewann dem kommunistischen Regime trotz aller Zwangsmaßnahmen das Vertrauen auch vieler fortschrittlich denkender bürgerlicher Kreise. Die Zwangskollektivierungen in Landwirtschaft, Gewerbe und Industrie sowie die alle Lebensbereiche erfassende Erziehungsdiktatur zum „richtigen" Denken, das in der Errichtung einer immer größer und mächtiger werdenden politischen Geheimpolizei, der Stasi, gipfelte, ließ Millionen von Bürgerinnen und Bürgern die DDR verlassen.
Literatur: In **Westdeutschland** beherrschten zunächst keineswegs die zurückkehrenden Exilautoren (▸ S. 504) die literarische Szene. Zu ihrer Enttäuschung waren ihre Erfahrung und ihr Beitrag zum Aufbau einer neuen demokratischen Kultur nicht gefragt. Das Interesse des Lesepublikums wandte sich stärker den Schriftstellern der „inneren Emigration" (▸ S. 504) zu, die während des Naziregimes Deutschland nicht verlassen hatten. Eine Ausnahme unter den Exilrückkehrern war Thomas Mann (1875–1955), dessen Werk in den 1950er-Jahren fester Bestandteil des Literaturkanons wurde und als deutscher Beitrag zur Weltliteratur gilt. Die neue Generation der Nachkriegsautoren sah sich vorerst außer Stande, Bilanz ziehende Zeit- und Gesellschaftsromane vorzulegen, wie sie in der Weimarer Republik (▸ S. 498 f.) entstanden waren. Ihre bevorzugte Form war die **Kurzgeschichte** in Anlehnung an die amerikanische Short Story. Sie wurde zur dominierenden Gattung der **Trümmer- oder Kahlschlagliteratur** (▸ S. 512 f.). Zu den Ausnahmeerscheinungen in diesem literarischen Umfeld der frühen 1950er-Jahre gehören Wolfgang Koeppens (1906–1996) Romane („Tauben im Gras", „Das Treibhaus", „Der Tod in Rom"), die sich mit Hilfe moderner und ungewohnter Erzähltechniken kritisch mit der politisch-sozialen Entwicklung in der Bundesrepublik auseinandersetzen. Sie waren damit Vorläufer einer neuen Literatur, die seit Ende der 1950er-Jahre entstand und Zeitkritik mit avantgardistischer Sprachartistik verband.

Herausragende Beispiele dafür waren auch die Gedichte von **Hans Magnus Enzensberger** (*1929) und **Günter Grass** (1927–2015) sowie dessen 1959 erschienener Roman „Die Blechtrommel" (▸ S. 517 f.). Diese Schriftsteller gehörten zu einer Gruppe von Autorinnen und Autoren, die sich einmal jährlich mit Literaturkritikern zu Lesungen und Diskussionen traf. Sie blieb zwar ein informeller, loser Zusammenschluss, hatte aber dennoch großen Einfluss auf das literarische Leben in der Bundesrepublik. Nach ihrem Gründungsjahr nannte sie sich **Gruppe 47.**
In der **DDR** versuchte der Staat die Schriftsteller in den Dienst zum Aufbau einer sozialistischen Gesellschaft zu stellen und deklarierte ihr Schreiben in den 1950er-Jahren offiziell zur **Aufbauliteratur.** Vorbild sollten die politisch dem Marxismus nahestehenden Exilautoren wie z. B. **Bertolt Brecht** (1898–1956), **Johannes R. Becher** (1891–1958), **Arnold Zweig** (1887–1968) oder **Anna Seghers** (1900–1983) sein, die – anders als die Exilanten in Westdeutschland – bei ihrer Rückkehr mit größter Wertschätzung aufgenommen wurden. Das mit Veröffentlichungsverboten verbundene Bemühen der SED-Kultusbürokratie, die Schriftsteller auf einen **sozialistischen Realismus** verbindlich festzulegen, führte zu ständigen Auseinandersetzungen und der Flucht vieler Autoren in den Westen. Leitende Prinzipien dieses verordneten Realismus waren: direkte Widerspiegelung der gesellschaftlichen Realität, Verständlichkeit der Literatur für jedermann, Darstellung einer positiven Zukunftsperspektive mit einem vorbildlichen Helden im Zentrum, Primat des Inhalts und Ablehnung aller Formexperimente als Formalismus und Subjektivismus.

Weitere wichtige Autorinnen/Autoren und Werke
West:
Marie Luise Kaschnitz (1901–1974): Gedichte; Kurzgeschichten und Erzählungen
Max Frisch (Schweiz, 1911–1991): „Stiller", „Homo faber" (Romane); „Andorra" (Drama)
Alfred Andersch (1914–1980): „Sansibar oder Der letzte Grund" (Roman)
Friedrich Dürrenmatt (Schweiz, 1921–1990): „Der Richter und sein Henker", „Der Verdacht" (Romane); „Romulus der Große", „Der Besuch der alten Dame" (Dramen)
Ost:
Bruno Apitz (1900–1979): „Nackt unter Wölfen" (Roman)
Erwin Strittmatter (1912–1994): „Katzgraben" (Komödie)
Erich Loest (1926–2013): „Das Jahr der Prüfung" (Roman)
Heiner Müller (1929–1995): „Der Lohndrücker" (Drama)

1 Viele der in diesem Kapitel vertretenen Autoren gehörten zur oben genannten „Gruppe 47". Stellen Sie in Referaten diese Gruppe vor: Ablauf und Funktion der Treffen; wichtige Mitglieder und ihre literarische Bedeutung; Beispiele politisch-gesellschaftlichen Engagements; Rolle und Ansehen der Gruppe in der Öffentlichkeit; das Ende ihres Bestehens und die Gründe für die Auflösung.

2 Informieren Sie in einem Gruppenreferat über Wolfgang Borcherts Kriegsheimkehrerdrama „Draußen vor der Tür" und lesen Sie eine ausgewählte Szene mit verteilten Rollen vor.

3 Präsentieren Sie in einer Buchvorstellung einen von Wolfgang Koeppens Romanen.
Tipp: „Das Treibhaus" ist in der Verfilmung von Peter Goedel auch als DVD erhältlich.

6.2 Kritische Literatur und Neue Subjektivität (1960er- bis 1980er-Jahre)

1 **a** Beschreiben Sie das Gemälde und seine Wirkung auf Sie. Beachten Sie besonders die Farbgebung und wie die Stadt Berlin räumlich dargestellt ist.
b Erläutern Sie, wie Sie den Titel verstehen. Setzen Sie ihn mit Ihrem Wissen zum Entstehungsjahr in Beziehung.

2 Tauschen Sie sich im Kurs über weitere Werke aus (Literatur, Filme, Bilder usw.), die Sie zum Thema „Geteiltes Deutschland“ kennen.

Rainer Fetting: Durchgang Südstern (1988)

Umgang mit Verantwortung – Das Dokumentartheater

Peter Weiss: **Die Ermittlung** (1965) – Gesang von der Rampe II

Das Material zu diesem Dokumentarstück stammt aus dem Auschwitz-Prozess in Frankfurt a. M. (1963–1965), an dem Peter Weiss (1916–1982) als Beobachter teilnahm. Die Aussagen der Zeugen und Angeklagten hat er sprachlich nur leicht überarbeitet und in Verse gesetzt.

ZEUGE 3: Wir fuhren 5 Tage lang
Am zweiten Tag
war unsere Wegzehrung verbraucht
Wir waren 89 Menschen im Waggon
Dazu unsere Koffer und Bündel
Unsere Notdurft verrichteten wir
in das Stroh
Wir hatten viele Kranke
und 8 Tote [...]
Wir fuhren durch eine flache Gegend
die von Scheinwerfern beleuchtet wurde
Dann näherten wir uns einem lang gestreckten
scheunenähnlichen Gebäude
Da war ein Turm
und darunter ein gewölbtes Tor
Ehe wir durch das Tor einfuhren
pfiff die Lokomotive
Der Zug hielt
Die Waggontüren wurden aufgerissen
Häftlinge in gestreiften Anzügen erschienen
und schrien zu uns herein
Los raus schnell schnell
Es waren anderthalb Meter herab zum Boden
Da lag Schotter
Die Alten und Kranken fielen

in die scharfen Steine
Die Toten und das Gepäck wurden herausgeworfen
Dann hieß es
Alles liegen lassen
Frauen und Kinder rüber
Männer auf die andere Seite
Ich verlor meine Familie aus den Augen
Überall schrien die Menschen
nach ihren Angehörigen
Mit Stöcken wurde auf sie eingeschlagen
Hunde bellten
Von den Wachtürmen waren Scheinwerfer
und Maschinengewehre
auf uns gerichtet
Am Ende der Rampe war der Himmel
rot gefärbt
Die Luft war voll von Rauch
Der Rauch roch süßlich und versengt
Dies war der Rauch
der fortan blieb
Zeugin 4: Ich hörte meinen Mann noch
nach mir rufen
Wir wurden aufgestellt
und durften den Platz nicht mehr wechseln
Wir waren eine Gruppe
von 100 Frauen und Kindern
Wir standen zu fünft in einer Reihe
Dann mussten wir an ein paar Offizieren
vorbeigehn
Einer von ihnen hielt die Hand in Brusthöhe
und winkte mit dem Finger
nach links und nach rechts
Die Kinder und die alten Frauen
kamen nach links
ich kam nach rechts
Die linke Gruppe musste über die Schienen
zu einem Weg gehen
Einen Augenblick lang sah ich meine
Mutter
bei den Kindern
da war ich beruhigt und dachte
wir werden uns schon wiederfinden
Eine Frau neben mir sagte
Die kommen in ein Schonungslager
Sie zeigte auf die Lastwagen
die auf dem Weg standen
und auf ein Auto vom Roten Kreuz
Wir sahen
wie sie auf die Wagen geladen wurden
und wir waren froh dass sie fahren durften
Wir andern mussten zu Fuß weiter
auf den aufgeweichten Wegen [...]
Ankläger: Angeklagter Hofmann[1]
wussten Sie
was mit den ausgesonderten Menschen
geschehen sollte
Angeklagter 8: Herr Staatsanwalt
Ich persönlich hatte gar nichts
gegen diese Leute
Die gab es ja auch bei uns zu Hause
Ehe sie abgeholt wurden
habe ich immer zu meiner Familie gesagt
Kauft nur weiter bei dem Krämer
das sind ja auch Menschen
Ankläger: Hatten Sie diese Einstellung noch
als Sie Dienst auf der Rampe taten
Angeklagter 8: Also
von kleinen Übeln abgesehen
wie sie solch ein Leben von vielen
auf engem Raum
nun einmal mit sich bringt
und abgesehen von den Vergasungen
die natürlich furchtbar waren
hatte durchaus jeder die Chance
zu überleben
Ich persönlich
habe mich immer anständig benommen
Was sollte ich denn machen
Befehle mussten ausgeführt werden
Und dafür habe ich jetzt
dieses Verfahren auf dem Hals
Herr Staatsanwalt
ich habe ruhig gelebt
wie alle andern auch
und da holt man mich plötzlich raus
und schreit nach Hofmann
Das ist der Hofmann
sagt man
Ich weiß überhaupt nicht
was man von mir will

1 Der frühere Schutzhaftlagerführer Franz Johann Hofmann wurde zu lebenslangem Zuchthaus verurteilt.

1 Geben Sie Ihren ersten Leseeindruck von dem Dokumentarstück wieder. Welche Passagen finden Sie besonders eindrucksvoll?

2 Stellen Sie Vermutungen darüber an, weshalb Weiss die Aussagen in Versform gesetzt hat.

3 Beziehen Sie Weiss' folgende Aussage auf den Textauszug. Inwieweit entspricht ihr der Text?

4 **a** Vergleichen Sie den Auszug mit den Gedichten von Sachs und Celan (▶ S. 508 f.) im Hinblick auf Intention und Wirkung.

b Vergleichen Sie die Wirkung des Textauszugs mit der Wirkung anderer Medien (Augenzeugenberichte, Filme, Bilder, Ausstellungen usw.), die Sie zum Thema „Shoah" kennen.

5 Erarbeiten Sie für Weiss' Text Darbietungsmöglichkeiten, die Sie im Hinblick auf Thema und Intention für angemessen halten.

Das dokumentarische Theater kann die Form eines Tribunals annehmen. Auch hier hat es nicht Anspruch darauf, der Authentizität eines Gerichtshofs von Nürnberg, eines Auschwitzprozesses in Frankfurt [...] nahezukommen, doch kann es die im wirklichen Verhandlungsraum zur Sprache gekommenen Fragen und Angriffspunkte zu einer neuartigen Aussage bringen [...]. Die auftretenden Figuren werden in einen geschichtlichen Zusammenhang versetzt. [...] Anhand ihrer Tätigkeiten wird der Mechanismus demonstriert, der weiterhin in die Wirklichkeit eingreift.

Peter Weiss: Notizen zum dokumentarischen Theater (1981)

Information **Dokumentartheater**

Das dokumentarische Theater, dessen Form im Wesentlichen in den 1960er-Jahren entstand, behandelt historische oder aktuelle politische oder soziale Ereignisse. **Juristische oder historische Reportagen, Berichte, (Bild-)Dokumente sowie Interviews dienen dabei als Quellen.**
Je nach Inszenierung werden diese Dokumente auch während der Aufführung, z. B. per Projektion, präsentiert. In der Regel wird das originale Material unverändert wiedergegeben, wobei es allerdings in ein Ereignis der Geschichte eingewoben und entsprechend zusammengestellt wird. Wesentliche Intentionen sind die politische Aufklärung und Beeinflussung – oft durch Verurteilung einer der betroffenen Parteien.
Neben **Peter Weiss'** (1916–1982) „Ermittlung" (1965) gehören zu den bedeutenden Dokumentartheaterstücken der Zeit **Rolf Hochhuths** (*1931) „Der Stellvertreter" (1963) und **Heinar Kipphardts** (1922–1982) „In der Sache J. Robert Oppenheimer" (1964).

Auflehnung oder Anpassung? – Politische Lyrik in der Bundesrepublik

In den 1960er-Jahren entstanden in vielen Ländern Westeuropas vor allem in der Studentenschaft Protestbewegungen gegen die als „spießig" empfundene Elterngeneration. Insbesondere die Kritik am Vietnamkrieg der USA führte zu teils gewalttätigen Protesten. Westlich des Eisernen Vorhangs wurden zuvorderst die „Konsumgesellschaft" und die „Bewusstseinsindustrie" der Massenmedien kritisiert.

Günter Grass: **In Ohnmacht gefallen** (1967)

Wir lesen Napalm und stellen Napalm uns vor.
Da wir uns Napalm nicht vorstellen können,
lesen wir über Napalm, bis wir uns mehr
unter Napalm vorstellen können.
Jetzt protestieren wir gegen Napalm.
Nach dem Frühstück, stumm,
auf Fotos sehen wir, was Napalm vermag.
Wir zeigen uns grobe Raster
und sagen: Siehst du, Napalm.
Bald wird es preiswerte Bildbände
mit besseren Fotos geben,
auf denen deutlicher wird,
was Napalm vermag.
Wir kauen Nägel und schreiben Proteste.
Aber es gibt, so lesen wir,
Schlimmeres als Napalm.
Schnell protestieren wir gegen Schlimmeres.
Unsere berechtigten Proteste, die wir jederzeit
verfassen falten frankieren dürfen, schlagen zu
Buch.
Ohnmacht, an Gummifassaden erprobt.
Ohnmacht legt Platten auf: ohnmächtige
Songs.
Ohne Macht mit Guitarre. –
Aber feinmaschig und gelassen
wirkt sich draußen die Macht aus.

R

Vietnamkrieg: Explosion einer Napalmbombe (1966)

Erich Fried: **Gezieltes Spielzeug**[1] (1966)

Abwurf
von Spielzeug
statt Bomben
zum Fest der Kinder

sagten die Marktforscher
das
macht zweifellos
großen Eindruck

Es hat sehr großen
Eindruck
gemacht
auf die ganze Welt

Hätte das Flugzeug
lieber vor vierzehn Tagen
Spielzeug heruntergeworfen
und jetzt erst die Bomben

hätten meine zwei Kinder
noch vierzehn Tage
durch eure Güte
etwas zum Spielen gehabt

1 Zum vietnamesischen „Fest der Kinder" warfen US-Flugzeuge Spielzeug ab, auch auf Dörfer, in denen ihre Bomben noch kurz zuvor Kinder getötet hatten.

1 Lesen Sie beide Gedichte. Notieren Sie erste Eindrücke und Untersuchungsaspekte.

2 Analysieren Sie die Gedichte inhaltlich und sprachlich unter den von Ihnen zuvor formulierten Aspekten.

3 Wie werden politische Anliegen in den Gedichten „transportiert"? Bereiten Sie einen entsprechenden Gedichtvortrag vor und begründen Sie Ihre gestalterischen Entscheidungen.

4 Welche Themen sind heute relevant? Verfassen Sie selbst ein politisches Gedicht.

Systemkritik in der DDR

In der DDR-Literatur der 1970er- und 1980er-Jahre geht es häufig um Themen wie „Mangelwirtschaft“, „Leben im Sozialismus“ und die enttäuschten Hoffnungen nach der Niederschlagung des „Prager Frühlings“ 1968. Solange die Schriftsteller/innen sich grundsätzlich zum Sozialismus bekannten, hatten sie eine gewisse Meinungsfreiheit, die jedoch nach der Ausbürgerung Wolf Biermanns 1976 wieder eingeschränkt wurde. Dennoch wurden – im Untergrund – auch weiterhin systemkritische Texte verfasst.

Reiner Kunze: Auszüge aus dem Prosaband **„Die wunderbaren Jahre“** (1976)

Ordnung

Die Mädchen und Jungen, die sich auf die Eckbank der leeren Bahnhofshalle setzten, kamen aus einem Jazz-Konzert. Ihr Gespräch verstummte rasch. Einer nach dem anderen legten sie den Kopf auf die Schulter ihres Nebenmanns. Der erste Zug fuhr 4:46 Uhr.

Zwei Transportpolizisten, einen Schäferhund an der Leine, erschienen in der Tür, wandten sich der Bank zu und zupften die Schlafenden am Ärmel. „Entweder Sie setzen sich gerade hin, oder Sie verlassen den Bahnhof, Ordnung muß sein!“

„Wieso Ordnung?“, fragte einer der Jungen, nachdem er sich aufgerichtet hatte. „Sie sehen doch, daß jeder seinen Kopf gleich wiedergefunden hat.“

„Wenn Sie frech werden, verschwinden Sie sofort, verstanden?“

Die Polizisten gingen weiter.

Die jungen Leute lehnten sich nach der anderen Seite. Zehn Minuten später kehrte die Streife zurück und verwies sie des Bahnhofs.

Draußen ging ein feiner Regen nieder. Der Zeiger der großen Uhr wippte auf die Eins wie ein Gummiknüppel. [...] R

Handschellen

Nach einer letzten Inspektion ... wurden wir, jeder von einem Soldaten begleitet, aber ohne Handschellen, am 19. November 1945 zum erstenmal in den Gerichtssaal geleitet ...

(Albert Speer, Angeklagter im Nürnberger Kriegsverbrecherprozeß)

„Ich war nur vier Monate inhaftiert, dann kam die Amnestie“, sagte S., Pfleger in einer thüringischen Heilanstalt. „Ich hatte Flugblätter gegen den Einmarsch in die Tschechoslowakei hergestellt und in der Nacht vom 25. zum 26. August an Bäume und Klingelbretter gezweckt. Ungefähr acht. Aber ich hatte noch mehr. Den Text weiß ich nicht mehr genau. Am Schluß hieß es: Bürger, erwacht! ...

Schlecht bin ich während der Haft nicht behandelt worden. Nur vor dem Untersuchungsgefängnis haben sie mich an den Haaren aus dem Auto gezogen ... Und dann mußte ich nackt vor den Polizisten stehen und die Anstaltsordnung lesen ... Einmal haben die Schließer mit mir Fangball gespielt – das heißt, ich war der Ball. Da wird man von einem zum anderen gestoßen, und manche stehen so, daß man sie nicht sieht; dann denkt man, man stürzt. Hinterher zittern einem ganz schön die Knie ... Zur Verhandlung bin ich in Handschellen und unter zwei Mann Bewachung über den Gefängnishof geführt worden. Das Urteil lautete auf anderthalb Jahre Jugendgefängnis. Das ist nicht Werkhof[1], sondern schärfer. Aber in der Begründung hieß es, das Gericht habe mein Alter berücksichtigt, und deshalb sei die Strafe so mild ausgefallen. Ich war fünfzehn.“ R

1 **Werkhof:** Heim mit Ausgangssperre für Jugendliche, die aus DDR-Sicht schwer erziehbar waren

1 **a** Erläutern Sie die Situation, in der sich die Jugendlichen in Kunzes kurzen Prosatexten finden.
b Setzen Sie die Texte in Beziehung zum Titel „Die wunderbaren Jahre“.

2 Stellen Sie Vermutungen darüber an, warum
- der DDR-Schriftsteller Kunze seinen Prosaband nur in der Bundesrepublik veröffentlichen konnte,
- Kunze im Anschluss daran aus dem Schriftstellerverband der DDR ausgeschlossen wurde.

Uwe Kolbe: **Hineingeboren** (1975, veröffentlicht 1980)

Hohes weites grünes Land,
zaundurchsetzte Ebene.
Roter
Sonnenbaum am Horizont.
Der Wind ist mein
Und mein die Vögel.

Kleines grünes Land enges,
Stacheldrahtlandschaft.
Schwarzer
Baum neben mir.
Harter Wind.
Fremde Vögel.

1 **a** Untersuchen Sie, mit welchen Gegensatzpaaren in den beiden Strophen der Sprecher des Gedichts „sein" Land beschreibt, z. B. *hoch, weit (V. 1) – klein (V. 7)*.
b Erläutern Sie die Bedeutung der Farben im Gedicht.

2 Stellen Sie Vermutungen dazu an, wie sich die gegensätzliche Sicht auf die DDR erklären lässt.

Monika Maron: **Flugasche** (1981) – Romanauszug

Die Journalistin Josefa Nadler kritisiert in einer Reportage die massiven Umweltverschmutzungen eines Kohlekraftwerks, doch ihr Artikel darf in der DDR nicht erscheinen. In einer Szene tauschen sich Josefa und ihre ältere Kollegin Luise über ihre Gedanken und Gefühle zum Leben in der DDR aus.

„Manchmal fühle ich mich um mein Leben betrogen", sage ich. Luise sieht auf, mit leichter Abwehr in den Augen. „Nun übertreib mal nicht."

„Ich übertreibe nicht. Ich werde um mich selbst betrogen. Ich rede gar nicht davon, dass ich im Zeitalter der Weltraumforschung sterben werde, ohne auf dem Montmartre spazieren gegangen zu sein, ohne zu wissen, wie es in einer Wüste riecht oder wie eine frische Auster schmeckt. Darüber kann ich mich trösten. In ihren Postkutschen sind unsere Vorfahren auch nicht allzu weit gekommen und haben trotzdem etwas begriffen von ihrer Welt. Der größte Betrug ist: Sie betrügen mich um mich, um meine Eigenschaften. Alles, was ich bin, darf ich nicht sein. Vor jedes meiner Attribute setzen sie ein „zu": Du bist zu spontan, zu naiv, zu ehrlich, zu schnell im Urteil ... [...]."

„Ich weiß nicht, ob du Recht hast. Mit manchem sicher. Aber ich muss das anders sehen, verstehst du. Ich habe den Faschismus erlebt. Euer Grunderlebnis ist ein anderes, ich weiß. Ihr könnt die Vorteile des Sozialismus nicht an der Vergangenheit messen, die habt ihr nicht erlebt. Aber wenn du von einem perfekten System zur Nivellierung sprichst, muss ich dir sagen: Das kenne ich unvergleichlich schlimmer. Für mich ist das, was wir hier haben, das Beste, was ich erlebt habe. Nicht, was ich mir vorstellen kann, weiß Gott nicht, aber was ich erlebt habe. Aber vielleicht müsst ihr das einfach als Ausgangspunkt für etwas Besseres betrachten. Vielleicht muss man die Gegenwart an der Zukunft messen, solange man keine Vergangenheit hat. Und es ist nichts als Sentimentalität des Alters, die Gegenwart als das Ziel zu deklarieren, weil einem viel Zukunft nicht mehr bleibt. Trotzdem, Josefa, es tut weh, wenn du mir sagst, du wirst um dein Leben betrogen, wenn du einfach vergisst, wie viel brutaler alle Generationen vor dir betrogen wurden."

„Willst du ernstlich, dass wir unsere Vorzüge im Vergleich mit dem Faschismus beweisen? Als ihr angefangen habt 45, da hattet ihr doch ganz andere Ansprüche, oder? Als du plötzlich, antifaschistisch und sozialdemokratisch, für die Kommunisten Zeitung machen wolltest, haben sie dich nicht mit offenen Armen empfangen? Sie konnten dich gebrauchen, so wie du warst. Ich weiß das alles: Ihr hattet wenig zu essen, ihr habt bis nachts gearbeitet, und am Sonntag habt ihr auch noch Steine geklopft. Und warum bekommt ihr alle trotzdem leuchtende Augen, wenn ihr von dieser Zeit erzählt? Warum nicht, wenn ihr von 55 sprecht oder von 65? Weil irgendwann die Jahre begannen, einander zu gleichen, von einer Wahl zur anderen, von einem Parteitag zum nächsten Parteitag, Wettbewerbe, Jahrestage, Kampagnen. Aber die ersten drei Jahre, da kennt ihr jeden Tag, jedes Gesicht habt ihr behalten, das euch damals begegnet ist. Warum damals? Warum nicht später?" [...]

1 In Marons Romanauszug sprechen beide Figuren von Betrug.
a Fassen Sie zusammen, inwieweit Josefa sich betrogen fühlt und worin Luise einen Betrug sieht.
b Erläutern Sie, warum Josefa und Luise zu völlig unterschiedlichen Bewertungen ihrer Situation kommen.

2 Vergleichen Sie die in der DDR entstandenen Texte von Kunze, Kolbe und Maron mit den Gedichten von Grass und Fried (▶ S. 524). Arbeiten Sie Gemeinsamkeiten und Unterschiede im Hinblick auf Thema bzw. Problemstellung und sprachliche Gestaltung heraus.

Fortgehen oder bleiben?

Günter Kunert: **Die Schreie der Fledermäuse** (1974)

Während sie in der Dämmerung durch die Luft schnellen, hierhin, dorthin, schreien sie laut, aber ihr Schreien wird nur von ihresgleichen gehört. Baumkronen und Scheunen, verfallene Kirchtürme werfen ein Echo zurück, das sie im Fluge vernehmen und das ihnen meldet, was sich an Hindernissen vor ihnen erhebt und wo ein freier Weg ist. Nimmt man ihnen die Stimme, finden sie keinen Weg mehr; überall anstoßend und gegen Wände fahrend, fallen sie tot zu Boden. Ohne sie nimmt, was sonst sie vertilgen, überhand und großen Aufschwung: das Ungeziefer.

1 Geben Sie den Inhalt der Parabel (Bildteil ▶ S. 219) mit eigenen Worten wieder.

2 Mit den Fledermäusen könnten im Sachteil der Parabel DDR-Autorinnen und -Autoren gemeint sein, die sich gegenüber dem Staat kritisch äußern. Erläutern Sie, was Sie über die Situation der Autorinnen und Autoren erfahren und inwiefern das Bild der Fledermäuse passend ist.

3 Fortgehen oder bleiben? Stellen Sie Vermutungen dazu an, welche Gründe Autoren in der DDR dazu gebracht haben könnten, das Land zu verlassen, und welche Gründe dafür sprachen, in der DDR zu bleiben.

Wolf Biermann: **Ballade vom preußischen Ikarus** (1976)

Der Lyriker und Liedermacher Wolf Biermann übte in seinen Texten harte Kritik am DDR-Regime. Daher erhielt er im Jahr 1965 ein komplettes Auftritts- und Publikationsverbot. Im November 1976 unternahm er eine Konzertreise in die Bundesrepublik. Währenddessen erhielt er die Nachricht des Verbots der Wiedereinreise in die DDR und der Ausbürgerung. Dieses Ereignis sorgte für große Protestwellen in der Bundesrepublik und in der DDR und hatte weitere Ausreisen und Ausbürgerungen aus der DDR zur Folge.

1.
Da, wo die Friedrichstraße sacht
Den Schritt über das Wasser macht
da hängt über der Spree
Die Weidendammer Brücke. Schön
Kannst du da Preußens Adler sehn
wenn ich am Geländer steh

dann steht da der preußische Ikarus
mit grauen Flügeln aus Eisenguss
dem tun seine Arme so weh
er fliegt nicht weg – er stürzt nicht ab
macht keinen Wind – und macht nicht schlapp
am Geländer über der Spree

2.
Der Stacheldraht wächst langsam ein
Tief in die Haut, in Brust und Bein
ins Hirn, in graue Zelln
Umgürtet mit dem Drahtverband
Ist unser Land ein Inselland
umbrandet von bleiernen Welln

da steht der preußische Ikarus
mit grauen Flügeln aus Eisenguss
dem tun seine Arme so weh
er fliegt nicht hoch – und er stürzt nicht ab
macht keinen Wind – und macht nicht schlapp
am Geländer über der Spree

3.
Und wenn du wegwillst, musst du gehn
Ich hab schon viele abhaun sehn
aus unserm halben Land
Ich halt mich fest hier, bis mich kalt
Dieser verhasste Vogel krallt
und zerrt mich übern Rand

dann bin ich der preußische Ikarus
mit grauen Flügeln aus Eisenguss
dann tun mir die Arme so weh
dann flieg ich hoch – dann stürz ich ab
mach bisschen Wind – dann mach ich schlapp
am Geländer über der Spree

1 Untersuchen Sie das Gedicht mit Blick auf die Frage, wie der Sprecher die Situation in Ost-Berlin beschreibt.

2 Erläutern Sie, welche Wirkung der Wechsel der Personalpronomen in dem Gedicht hat.

3 Lesen Sie die Sage von Ikarus und Dädalus nach. Stellen Sie dar, inwiefern die Kenntnis der Sage bei der Interpretation des Gedichts hilfreich ist.

4 Lesen Sie den Vorspann über die Ausbürgerung Wolf Biermanns. Erläutern Sie, inwiefern man die „Ballade vom preußischen Ikarus“ als Vorahnung der künftigen Ereignisse deuten kann.

5 **Referat:** Recherchieren Sie weitere Informationen zur Ausbürgerung Biermanns und zu den damit verbundenen Folgen in der Bundesrepublik und in der DDR. Stellen Sie diese im Kurs vor.

Volker Braun: **Hinzes Bedingung** (1983) – Aus „Berichte von Hinze und Kunze"

Als Hinze einmal im andern Teil des Landes war, wurde er gefragt, warum er denn nicht, der drüben Schwierigkeiten habe, bleiben wolle. Hinze antwortete so: Ich saß heute morgen auf der Alm über der Stadt und sah in das liebliche Land hinein. Ich hatte gerade diesen Wunsch, den Sie vermuten. Es muß fabelhaft sein, aufblickend von der Arbeit da hinabzublicken. Ich bleibe sofort. Aber, fügte er hinzu, ich stelle eine kleine Bedingung. Ich bin anspruchslos, der Rat muß diese weißen Fabriken im Tal, die den Drahtfabrikanten gehören, bekanntlichen Milliardären, enteignen. Nur diese Bedingung; es gehört zu meinen primitivsten Lebensvoraussetzungen, nicht auf privates Eigentum zu sehn. Man musterte Hinze mürrisch. Sehen Sie, sagte er, es ist mir schon physisch zuwider. Es bereitet mir körperliches Unbehagen. Ich kann nicht auf dem Stuhl sitzen, es setzt mich in Unruhe, eines alten Hutes wegen! Mir bricht der Schweiß aus bei diesem Anblick. Ich habe keine Lust, mich so alten Problemen gegenüberzusehen, vom schönsten Berg herab nicht! Ich kann womöglich keine andern Gedanken mehr fassen, jedenfalls nicht solche, die Schwierigkeiten machen. – Man sah jetzt verlegen an ihm vorbei und gab der Bitte nicht statt. Hinze stieg ohne weiteres in die Bahn. R

Herta Müller: **Herztier** (1994) – Romanauszug

*Herta Müller (*1953) entstammt der deutschsprachigen Minderheit im rumänischen Banat. Unter der Diktatur Nicolae Ceauşescus (hingerichtet 1989) konnte sie ihre Werke nur in zensierter Fassung veröffentlichen. Sie reiste 1987 in die Bundesrepublik aus.*

Wir wollten das Land nicht verlassen. Nicht in die Donau, nicht in die Luft, nicht in Güterzüge steigen. Wir gingen in den struppigen Park. Edgar sagte: Wenn der Richtige gehen müsste, könnten alle anderen im Land bleiben. Er glaubte es selber nicht. Niemand glaubte, dass der Richtige gehen muss. Man hörte jeden Tag Gerüchte über die alten und neuen Krankheiten des Diktators. Auch ihnen glaubte niemand. Dennoch flüsterten alle in ein nächstes Ohr. Auch wir gaben die Gerüchte weiter, als wäre der Schleichvirus des Todes drin, der den Diktator zuletzt doch erreicht: Lungenkrebs, Rachenkrebs, flüsterten wir, Darmkrebs, Gehirnschwund, Lähmung, Blutkrebs.

Er musste wieder weg, flüsterten die Leute: Frankreich oder China, Belgien, England oder Korea, Libyen oder Syrien, Deutschland oder Kuba. Jede seiner Reisen war im Geflüster gepaart mit dem Wunsch, selber zu fliehen.

Jede Flucht war ein Angebot an den Tod. Deshalb hatte das Geflüster diesen Sog. Jede zweite Flucht scheiterte an den Hunden und Kugeln der Wächter.

Das fließende Wasser, die fahrenden Güterzüge, die stehenden Felder waren Todesstrecken. Im Maisfeld fanden Bauern beim Ernten zusammengedorrte oder aufgeplatzte, von Krähen leergepickte Leichen. Die Bauern brachen den Mais und ließen die Leichen liegen, weil es besser war, sie nicht zu sehen. Im Spätherbst ackerten die Traktoren.

Die Angst vor der Flucht machte aus jeder Reise des Diktators eine Dringlichkeitsreise zum Arzt: fernöstliche Luft gegen Lungenkrebs, Wildwurzeln gegen Rachenkrebs, Heizbatterien gegen Darmkrebs, Akupunktur gegen Gehirnschwund, Bäder gegen Lähmung. Nur für eine Krankheit, hieß es, fährt er nicht weg: Das Kinderblut gegen Blutkrebs bekommt er im Land. In den Geburtskliniken wird es den Neugeborenen mit japanischen Saugnadeln aus der Stirn gepumpt.

Die Gerüchte über die Krankheiten des Diktators ähnelten den Briefen, die Edgar, Kurt, Georg und ich von den Müttern bekamen. Das Geflüster mahnte zum Abwarten mit der Flucht. Jedem wurde von der Schadenfreude heiß, ohne dass der Schaden jemals kam. Jedem schlich die Leiche des Diktators wie das eigene, verdorbene Leben durch die Stirn. Alle wollten ihn überleben.

1 Wie behandeln Volker Braun und Herta Müller den Konflikt „Fortgehen oder bleiben"? Analysieren Sie das Verhalten der Protagonisten. Was könnte ein Regimekritiker Hinze antworten?

2 Erläutern Sie, welche Bedeutung den Krankheiten (vgl. Z. 13–15) in Müllers Text zukommt. Welche Rolle spielen sie als Metaphern im Text?

Gestörte Beziehungen – Lyrik der Neuen Subjektivität

Die politische Literatur wurde in den 1970er- und den frühen 1980er-Jahren durch die Strömung der „Neuen Subjektivität" oder „Neuen Innerlichkeit" abgelöst. Worum geht es in diesen Texten?

Ulla Hahn: **Ich bin die Frau** (1983)

Ich bin die Frau
die man wieder mal anrufen könnte
wenn das Fernsehen langweilt

Ich bin die Frau
die man wieder mal einladen könnte
wenn jemand abgesagt hat

Ich bin die Frau
die man lieber nicht einlädt
zur Hochzeit

Ich bin die Frau
die man lieber nicht fragt
nach einem Foto vom Kind

Ich bin die Frau
die keine Frau ist
fürs Leben.

Frida Kahlo: Die Zeit fliegt (1929)

Karin Kiwus: **Fragile** (1979)

Wenn ich jetzt sage
ich liebe dich
übergebe ich nur
vorsichtig das Geschenk
zu einem Fest das wir beide
noch nie gefeiert haben

Und wenn du gleich
wieder allein
deinen Geburtstag
vor Augen hast
und dieses Päckchen
ungeduldig an dich reißt
dann nimmst du schon
die scheppernden Scherben darin
gar nicht mehr wahr

1 Welches der beiden Gedichte würden Sie eher dem Bild von Frida Kahlo (▸ S. 530) zuordnen?
2 Vergleichen Sie die zwei Gedichte inhaltlich und formal.
3 Verfassen Sie einen Tagebucheintrag zu einem der beiden Gedichte.

Jürgen Theobaldy: **Schnee im Büro** (1976)

Eine gewisse Sehnsucht nach Palmen. Hier
ist es kalt, aber nicht nur. Deine Küsse
am Morgen sind wenig, später sitze ich
acht Stunden hier im Büro. Auch du
bist eingesperrt, und wir dürfen nicht
miteinander telefonieren. Den Hörer
abnehmen
und lauschen? Telefon, warum schlägt
dein Puls nur für andere? Jemand fragt:
„Wie geht's?", wartet die Antwort nicht ab
und ist aus dem Zimmer.
Was kann Liebe bewegen? Ich berechne
Preise und werde berechnet. All die Ersatzteile,
die Kesselglieder, Ölbrenner, sie gehen
durch meinen Kopf als Zahlen, weiter nichts.
Und ich gehe durch jemand hindurch
als Zahl. Aber am Abend komme ich zu dir
mit allem, was ich bin. Lese von
Wissenschaftlern: auch die Liebe ist
ein Produktionsverhältnis. Und wo sind
die Palmen? Die Palmen zeigen sich am Strand
einer Ansichtskarte, wir liegen auf dem
Rücken
und betrachten sie. Am Morgen kehren wir
ins Büro zurück, jeder an seinen Platz.
Er hat eine Nummer, wie das Telefon.

Wolf Wondratschek: **Im Sommer** (1976)

Einsam sein im Sommer
und hundemüde auf einen Liebesbrief warten,
das ist schlimm;
und abends zuschauen, wie sich Lana Turner
in Robert Mitchum[1] verliebt;
und wenn morgens die Sonne aufgeht,
hast du niemand getroffen,
in der Tür steckt kein Zettel „Ruf mich an".
Ein Maler würde das Blau imitieren,
eine Flugzeugladung Menthol;
ein Dichter würde lieben
oder sterben;
ich starre, ohne hinauszuschauen,
aus dem Fenster,
frühmorgens,
und sage „Ich liebe Dich",
ohne irgendetwas
oder irgendwen
zu meinen.

1 **Lana Turner, Robert Mitchum:** Hollywood-Stars, insbesondere der 1940er- bis 1960er-Jahre

Sarah Kirsch: **Die Luft riecht schon nach Schnee** (1974)

Die Luft riecht schon nach Schnee, mein Geliebter
Trägt langes Haar, ach der Winter, der Winter der uns
Eng zusammenwirft steht vor der Tür, kommt
Mit dem Windhundgespann. Eisblumen
Streut er ans Fenster, die Kohlen glühen im Herd, und
Du Schönster Schneeweißer legst mir deinen Kopf in den Schoß
Ich sage das ist
Der Schlitten, der nicht mehr hält, Schnee fällt uns
Mitten ins Herz, er glüht
Auf den Aschekübeln im Hof Darling flüstert die Amsel R

1 Vergleichen Sie die drei Gedichte inhaltlich und formal. Benennen und kommentieren Sie dabei insbesondere die Gemeinsamkeiten.

2 Erläutern Sie, was die drei Texte von herkömmlichen Gedichten über Jahreszeiten unterscheidet.

3 a Verfassen Sie selbst ein Gedicht zu einem Alltagsthema. Orientieren Sie sich an hier vorgestellten Beispieltexten.

b Tragen Sie Ihr Gedicht vor und begründen Sie Ihre inhaltlichen und formalen Entscheidungen.

Information **Epochenüberblick – Deutschsprachige Literatur zwischen 1960 und 1989**

Allgemeingeschichtlicher Hintergrund: Die frühen 1960er-Jahre bildeten einen Höhepunkt des atomaren Wettrüstens und in der ideologischen Auseinandersetzung im „**Kalten Krieg**" zwischen den USA und der Sowjetunion. Der von der DDR-Regierung befohlene **Mauerbau** quer durch Berlin (August 1961), die Stationierung sowjetischer Raketen auf Kuba (Okt./Nov. 1962) und der **„Stellvertreterkrieg" in Vietnam** (1965–1975) heizten die Konfrontation der Blöcke an. Die Entspannungspolitik ab Mitte der 1960er-Jahre erlaubte den Abschluss von Abkommen zur Rüstungskontrolle zwischen den Großmächten. In der Bundesrepublik schloss die seit 1969 amtierende sozialliberale Regierung unter Bundeskanzler Willy Brandt **Verträge zum Gewaltverzicht** mit der Sowjetunion und Polen („Ostverträge") und begann Gespräche mit der DDR-Führung mit dem Ziel der Verbesserung der Beziehungen der beiden deutschen Staaten. Durch den Einmarsch sowjetischer Truppen in **Afghanistan** 1979 begann eine neue „Eiszeit" in den Ost-West-Beziehungen. Der allmähliche wirtschaftliche Niedergang der sozialistischen Staaten durch die immensen Rüstungsausgaben bei anhaltenden Versorgungsengpässen mit Gütern des täglichen Bedarfs führte zu wachsender Unzufriedenheit in der Bevölkerung, die sich zunächst in Polen durch die Gewerkschaft „Solidarność" Bahn brach. Der Kurswechsel der Sowjetregierung unter Parteiführer **Gorbatschow** ab Mitte der 1980er-Jahre beendete das Zeitalter der „bipolaren Welt", erlaubte die **Öffnung des Eisernen Vorhangs** und führte zum Ende der kommunistischen Regierungen in Osteuropa und der Sowjetunion.

Weltbild und Lebensauffassung: In der **Bundesrepublik** stockte in der Mitte der 1960er-Jahre die lange Phase des Wirtschaftsaufschwungs und läutete eine Periode des gesellschaftlichen Wandels auf allen Gebieten ein. Besonders unter der jungen Generation nahm das **Unbehagen an den kleinbürgerlichen Idealen** des „motorisierten Biedermeier" (Erich Kästner) zu. Die Studenten solidarisierten sich mit den Befreiungsbewegungen in der Dritten Welt, demonstrierten gegen die deutsche Unterstützung von Diktaturen wie dem Regime des Schahs von Persien und kritisierten die amerikanische Kriegsführung in Vietnam. Im Innern forderten sie die Abschaffung der als autoritär empfundenen staatlichen und gesellschaftlichen Strukturen und eine wirkliche Auseinandersetzung mit der nationalsozialistischen Diktatur und ihren Verbrechen. Die sozialliberale Regierung Brandt/Scheel trat 1969 mit dem Motto „Mehr Demokratie wagen" ihr Amt an; in der Folgezeit entstanden zahlreiche Bürgerinitiativen als „Demokratie von unten". Die Frauenbewegung setzte sich für die Gleichstellung der Frauen auf allen Ebenen ein; die Akzeptanz der Anti-Baby-Pille trug zur **Emanzipation** bei. Der nach der ersten Energiekrise 1973 verstärkte Ausbau der Atomkraft stützte die ökologische Bewegung und führte zur Gründung der neuen Partei „Die Grünen". Die Anschläge und Morde der terroristischen RAF drohten 1977 die Gesellschaft zu spalten. Auch in der **DDR** kam es Anfang der 1960er-Jahre zu einer tief greifenden Zäsur: Die „Aufbauphase des Sozialismus" mit der Kollektivierung der Landwirtschaft und der Verstaatlichung der Industrie galt als beendet, es wurde der **Beginn der „entwickelten sozialistischen Gesellschaft"** ausgerufen.

Die **Niederschlagung des „Kommunismus mit menschlichem Antlitz"** in der Tschechoslowakei („Prager Frühling") durch Truppen des Warschauer Pakts (aus historischen Überlegungen durfte die an der Grenze aufmarschierte Nationale Volksarmee der DDR nicht eingreifen) zeigte das **Auseinanderklaffen von kommunistischer Utopie und Wirklichkeit.** Mit dem Machtwechsel von Walter Ulbricht zu Erich Honecker im Jahre 1971 verbesserte sich die Versorgungslage der Bevölkerung. Die Entspannung in der Kulturpolitik dauerte bis zur Mitte der 1970er-Jahre an. 1976 wurde der Liedermacher Wolf Biermann während einer Konzertreise in der Bundesrepublik von der Regierung der DDR ausgebürgert, wogegen zahlreiche Autorinnen und Autoren erfolglos protestierten. Etliche von ihnen verließen das Land. Ab den 1980er-Jahren formierten sich im Gefolge der „Konferenz für Sicherheit und Zusammenarbeit in Europa" **Bürgerrechtsbewegungen** in vielen kommunistischen Ländern. In der DDR versuchten diese, mit Unterstützung der Kirchen eine Demokratisierung zu erreichen. Doch das Regime erwies sich bis zum Schluss als unfähig, die erforderlichen Reformen einzuleiten.

Literatur: Die um 1960 einsetzende **Politisierung der Literatur in der Bundesrepublik** zeigte sich nicht nur in den zeitkritischen Romanen einiger Autorinnen und Autoren der Gruppe 47 (▶ S. 520 f.), die damit der neuen deutschen Literatur auch international Ansehen verschafften, sondern auch in der Lyrik und im Drama. Das **politische Gedicht** gewann wieder wie in den 1920er-Jahren, zur Zeit der „Neuen Sachlichkeit" (▶ S. 492 f.), an Bedeutung. Auf den Bühnen hielten zwei wichtige Neuerungen Einzug: das **Dokumentartheater,** in dem zeitgeschichtliche Themen unter Verwendung von authentischem Material aufgearbeitet wurden, und das **kritisch-realistische Volksstück.**

Ende der 1960er-Jahre wurde in dem von **Hans Magnus Enzensberger** (*1929) herausgegebenen Kulturmagazin „Kursbuch" der **Tod der politisch ohnmächtigen Literatur** verkündet und zur direkten gesellschaftsverändernden Aktion aufgerufen. Zum ersten Mal wandte sich eine Gruppe von Autoren auch gezielt der **Arbeitswelt** zu, den Fabriken und Großraumbüros, die bis dahin in der Literatur kaum thematisiert worden waren (**Günter Wallraff**, *1942).

Im Jahre 1959 fand in der DDR die 1. Bitterfelder Kulturkonferenz (benannt nach dem Chemiestandort Bitterfeld) statt, in deren Folge sich eine neue Spielart des **sozialistischen Realismus** entwickelte. Bis 1964 folgte die Literatur dem **Bitterfelder Weg.** Die Arbeiter selbst wurden zum Schreiben ermuntert („Greif zur Feder, Kumpel – die sozialistische Nationalliteratur braucht dich!", A. Kurella). Berufsschriftsteller forderte man auf, sich durch Betriebsaufenthalte mit der realen Arbeitswelt vertraut zu machen und darüber zu schreiben.

Im April 1964 fand in der **DDR** die 2. Bitterfelder Konferenz statt. Unter den Schriftstellerinnen und Schriftstellern meldete sich jetzt verstärkt die junge Generation zu Wort. Es entstanden Werke, die oftmals die Eingliederung Jugendlicher in die Gesellschaft sowie das alltägliche Leben in der DDR kritisch beschrieben. **Brigitte Reimanns** (1933–1973) programmatische Erzählung „Ankunft im Alltag" (1961) gab dieser Literatur den Namen **Ankunftsliteratur.** Ihre Generation fragte ungeduldig nach der Verwirklichung der sozialistischen Ideale und erinnerte immer wieder an die marxistische Utopie einer herrschaftsfreien Gesellschaft. Bevorzugte Themen der **Lyrik** waren das Verhältnis des Menschen zur Natur, die wissenschaftlich-technische Revolution, Hoffnung und Realisierung der kommunistischen Ideale, aber auch diesbezügliche Resignation, das Konsumdenken und nicht zuletzt das Thema „Liebe". Ab Mitte der 1960er-Jahre löste sich die Literatur zunehmend von den ästhetischen Vorgaben des sozialistischen Realismus (s. o.), experimentierte mit Erzählstrategien und sprachlichem Material.

In den 1970er-Jahren bestand in **beiden deutschen Staaten** weiterhin eine politisch-kritische Literatur bei zunehmender Rückbesinnung auf das eigene Ich. Die Texte („Alltagsgedichte") der

„**Neuen Subjektivität**" behandeln Kommunikations- und Beziehungsprobleme.
In den 1980er-Jahren setzte sich in der **Bundesrepublik** die Tendenz, die eigene Lebensgeschichte schreibend zu verarbeiten, in Werken fort, in denen eine Auseinandersetzung mit der Väter-Generation stattfand („Väter-Literatur"). Das auffallendste Schlagwort für die Literatur dieser Zeit war indessen „**Postmoderne**" (▸ S. 542). Typisch für die als postmodern aufgefasste Literatur ist das Spiel mit tradierten Mustern, Mythen und Motiven.
In der **DDR wie in der Bundesrepublik** entstanden in den 1980er-Jahren Werke mit deutlicher erkennbarem politischen Inhalt: wachsendes Katastrophenbewusstsein angesichts der fortschreitenden Umweltzerstörung, Angst vor atomarer Bedrohung und gesellschaftliche Widersprüche. Andererseits wurde die Tendenz zum Rückzug in die Innerlichkeit fortgeschrieben.

Weitere wichtige Autorinnen/Autoren und Werke

West:

Max Frisch (Schweiz, 1911–1991): „Mein Name sei Gantenbein" (Roman); „Andorra" (Drama)
Friedrich Dürrenmatt (Schweiz, 1921–1990): „Die Physiker" (Komödie); „Justiz" (Roman)
H. C. Artmann (1921–2000): „Ein lilienweißer Brief aus Lincolnshire" (Gedichtsammlung)
Heinar Kipphardt (1922–1982): „In der Sache J. Robert Oppenheimer" (Dokumentarstück)
Ernst Jandl (Österreich, 1925–2000): „Laut und Luise" (Gedichte)
Dieter Wellershoff (*1925): „Die Schattengrenze" (Roman); „Die Sirene" (Novelle)
Siegfried Lenz (1926–2014): „Deutschstunde" (Roman); „So zärtlich war Suleyken" (Kurzgeschichten)
Martin Walser (*1927): „Ein fliehendes Pferd" (Novelle); „Das Schwanenhaus" (Roman)
Peter Rühmkorf (1929–2008): „Haltbar bis Ende 1999" (Gedichte)
Rolf Dieter Brinkmann (1940–1975): „Was fraglich ist wofür", „Rolltreppen im August" (Gedichte)
Peter Handke (Österreich, *1942): „Publikumsbeschimpfung" (Theaterstück)
Elfriede Jelinek (Österreich, *1946): „Die Klavierspielerin" (Roman)
Patrick Süskind (*1949): „Das Parfum" (Roman)

Ost:

Jurek Becker (1937 – 1997, Übersiedlung in die BRD 1977): „Jakob der Lügner" (Roman)
Stefan Heym (1913–2001): „5 Tage im Juni", „Der König David Bericht" (Romane)
Peter Hacks (1928–2003): „Die Sorgen und die Macht" (Drama)
Erwin Strittmatter (1912–1994): „Ole Bienkopp" (Roman); Kurzprosa
Hermann Kant (*1926): „Die Aula" (Roman)
Christa Wolf (1929–2011): „Der geteilte Himmel", „Nachdenken über Christa T.", „Kassandra" (Romane)
Heiner Müller (1929–1995): „Die Umsiedlerin oder das Leben auf dem Lande" (Drama)
Günter Kunert (*1929): „Unschuld der Natur" (Gedichte)
Uwe Johnson (1934–1984): „Mutmaßungen über Jakob", „Zwei Ansichten" (Romane)
Sarah Kirsch (1935–2013): „Landaufenthalt", „Zaubersprüche" (Gedichte)
Ulrich Plenzdorf (1934–2007): „Die neuen Leiden des jungen W." (Roman)
Christoph Hein (*1944): „Drachenblut" (Novelle); „Die Ritter der Tafelrunde" (Drama)
Eine Ausnahme bildet **Walter Kempowski** (1929–2007), der in Rostock geboren wurde und 1956 die DDR verließ (u. a. Romane wie „Im Block", „Tadellöser & Wolff").

1 Stärker als in der Bundesrepublik war das literarische Schaffen der DDR in den frühen Jahren von der Politik geprägt. Erarbeiten und präsentieren Sie wichtige Stationen der Kulturpolitik der DDR in den 1950er- bis 1970er-Jahren.

2 Politisches Engagement oder Ausdruck der Subjektivität: Erörtern Sie Ihr Verständnis von der Aufgabe von Literatur. Sie können auf die Texte des Teilkapitels 6.2 (▸ S. 521 ff.) zurückgreifen.

6.3 Literatur nach 1989

Reaktionen auf die „Wende“ – Beispiele der Lyrik

In der Nacht des 9. Novembers 1989 wurden überraschend die Grenzübergänge in Berlin und an der innerdeutschen Grenze geöffnet. Zehntausende DDR-Bürgerinnen und -Bürger strömten nach West-Berlin und in die Bundesrepublik; in den folgenden Tagen waren es um die drei Millionen Menschen. Die politischen Veränderungen nach der Maueröffnung und die Vereinigung der beiden deutschen Staaten am 3. Oktober 1990 verlangten auch nach einer literarischen Verarbeitung.

Ursula Schwirzer: „Go West“ (2009)

1 Beschreiben Sie die beiden Abbildungen jeweils für sich:

- **a** Welche Stimmung vermittelt das Bild zur Maueröffnung? Was wissen Sie von diesem Ereignis?
- **b** Wie wirkt die heutige Architektur des Potsdamer Platzes auf Sie? Berücksichtigen Sie in einem zweiten Schritt die folgende Definition des Begriffs „postmoderne Architektur“.

Die postmoderne Architektur lehnt einen Einheitsstil ab und zitiert viele Stilelemente vergangener Epochen. Bei postmodernen Gebäuden handelt es sich in der Regel um eine Mischung zwischen der entfremdenden und ironischen Verwendung von historischen Elementen und den individuellen Schöpfungen des Architekten mit eigener Formsprache. Sie sollen Geschichten erzählen. Das soll durch die Verwendung von Schmuck, Ornamenten und Symbolen erreicht werden. Der verwendete Beton ist meist durch verschiedenste Materialien verdeckt. Neben den oft provozierend bunten Farben wird auch Glas gerne verwendet.

2 Der Herbst 1989 war der Beginn einer historischen Umbruchsituation für zwei deutsche Staaten:

- **a** Informieren Sie sich über das Ereignis und tragen Sie im Kurs Ihre Kenntnisse zusammen.
- **b** Legen Sie gemeinsam eine Zeitleiste an, in der Sie entscheidende Informationen eintragen. Lassen Sie Platz für Ihre Notizen zu literarischen Beispielen.

Durs Grünbein: **Novembertage I. 1989** (1999)

An diesem Abend brach ein Stottern die Gesetze,
Ein Lesefehler hob die heiligen Verbote auf.
So nüchtern wie die Meldung in die Welt ging
Vor Mikrofon und Kamera, war jener Spuk vorbei,
Den sie verordnet hatten. Erstmals sah man
Die kommunistischen Auguren[1] zögernd lächeln
Wie Spieler, die verlieren, und jetzt wissen sie,
Was sie, gewiegt in Sicherheit, vergessen hatten.
Mit einer letzten Drohung, einer Atempause,
Erklärten Greise meine Geiselnahme für beendet.
In dieser Nacht, als man die Schleusen aufzog,
Ergoß ein Menschenstrom sich in den hellen Teil
Der Stadt, die eine Festung war seit dreißig Jahren,
Geschleift von einem falschen Wort im Protokoll.
Bevor die Eisentore widerriefen, hob die Menge
Den Bann auf, der hier alle Muskeln lähmte.
Mit offnem Mund am Straßenrand ein Offizier
Stand wie verrenkt, weil kein Befehl mehr lenkte,
Das Machtwort ausblieb wie seit Jahren nie.
Als gegen Morgen auf den Boulevards im Westen,
Nach Feuerwerk und Kreisverkehr und Tränen,
Das Freibier ausging, war das Glück vollkommen.
Bei einer Kreuzung stand verlassen, abgebrannt
Bis zu den Rädern, ein *Trabant*[2], und die Besitzer
Hatten den Autoschlüssel an den Baum gehängt.
Von ihren Kindern angetrieben, ganze Clans
Zogen durchs Zentrum, orientierungslos und still.
Die Ersten schliefen schon, sie lagen eingerollt
Vorm Kaufhaus selig unter den Vitrinen,
Auf teurem Pflaster träumend freien Grund. R

Pressekonferenz mit Günter Schabowski am 9. November 1989. Diese Konferenz, die über das Fernsehen live übertragen und von vielen Menschen gesehen wurde, wurde zum Auslöser für die Maueröffnung.

1 Augur: römischer Beamter, der zu ergründen hatte, ob ein vom Staat geplantes Unternehmen den Göttern genehm sei; Verkünder des Götterwillens
2 Trabant: ostdeutsches PKW-Modell, Synonym für „Auto"; bedeutet auch „der Begleiter, Gefolgsmann"

Volker Braun: **Das Eigentum** (1990)

Da bin ich noch: mein Land geht in den Westen.
KRIEG DEN HÜTTEN FRIEDE DEN PALÄSTEN[1].
Ich selber habe ihm den Tritt versetzt.
Es wirft sich weg und seine magre Zierde.
Dem Winter folgt der Sommer der Begierde.
Und ich kann *bleiben wo der Pfeffer wächst*.
Und unverständlich wird mein ganzer Text
Was ich niemals besaß, wird mir entrissen.
Was ich nicht lebte, werd ich ewig missen.
Die Hoffnung lag im Weg wie eine Falle.
Mein Eigentum, jetzt habt ihrs auf der Kralle.
Wann sag ich wieder *mein* und meine alle. R

1 eigentlich: „Friede den Hütten! Krieg den Palästen!" nach Georg Büchners „Hessischem Landboten" (1834) (▶ S. 439 f.)

Sarah Kirsch: Aus dem Haiku-Gebiet (1991)

Das neue Jahr: Winde
Aus alten Zeiten
Machen mir Zahnweh.

Unter dem Himmel des
Neuen Jahrs gehen die
Alten Leute.

Wie der Schnee sie auch
Verklärt – meine Heimat
Sieht erbärmlich aus.

Den Mond über der Havel
Hatte Schalck[1] wohl
Zurückgelassen.

Heul, sag ich, heul! Der Hund
Hilft mir das Jahr
Zu Ende zu bringen.

Normannenstraße[2]: ich sehe
Den Leuten zu beim
Reinemachen fürs neue Jahr.

Das Jahr geht hin
Noch immer trage ich
Reisekleider. R

1 Alexander Schalck-Golodkowski war Außenhandelsbeauftragter der DDR
2 Normannenstraße: war Sitz des DDR-Ministeriums für Staatssicherheit

1 Setzen Sie die drei Gedichte mit dem Bild zur Maueröffnung (▸ S. 535) in Beziehung.

2 **a** Untersuchen Sie je Gedicht:
- welche Perspektiven die jeweiligen lyrischen Sprecher/innen einnehmen,
- welche Intention zum Ausdruck gebracht wird, z. B.: *Klage, (Selbst-)Anklage, Hoffnung, Resignation, (politische) Botschaft, Zukunftsvision, ...*
- wie diese Intention durch die sprachliche Gestaltung vermittelt ist, z. B.: *durch Wahl der Metaphorik.*

b Ordnen Sie die Gedichte in Ihre Zeitleiste ein (▸ Aufgabe 2 b, S. 535).

3 **Referat/Facharbeit:** Untersuchen Sie, wie das Thema „Wende" in Gedichten ostdeutscher und westdeutscher Autorinnen und Autoren aufgegriffen und dargestellt wird.

Tendenzen in der Literatur – Zwischen Postmoderne und neuem Realismus

In zahlreichen Prosatexten ab Mitte der 1980er-Jahre werden Lebensgeschichten erzählt, deren zumeist junge Protagonisten auf der Suche nach ihrem Platz in der Gesellschaft, nach dem Sinn im Leben, nach ihrer Identität sind. Auffällig ist eine Hinwendung zum historisch-biografischen Schreiben.

Hans-Ulrich Treichel: Der Verlorene (1998) – Romanauszug

Die Romanhandlung spielt in den 1950er-Jahren in einer deutschen Kleinstadt. Im Mittelpunkt steht die verzweifelte Suche nach dem Bruder des etwa zehnjährigen Ich-Erzählers, Arnold, den seine Mutter im Osten auf der Flucht vor den Sowjets verloren hatte. Aus der Sicht des Bruders erscheint er als der „Untote", der die eigentliche Hauptrolle in der Familie spielt.

Der Vater kümmerte sich sieben Tage in der Woche um das Geschäft, und die Mutter half ihm sieben Tage in der Woche dabei. Eines Abends, der Vater war nicht „auf Tour" gewesen und hatte den Tag mit Büroarbeiten verbracht, erlitt die Mutter einen Schwächeanfall und stürzte so unglücklich auf den Küchenboden, dass sie sich eine Schädelfraktur zuzog. Es dauerte viele Wochen, bis die Fraktur so weit verheilt war, dass die Mutter wieder ihren täglichen Verrichtungen nachgehen konnte. Doch hatte sie ihre Zeit im Krankenhaus mit nichts anderem verbracht, als an die Vergangenheit zu denken, den Krieg, die Flucht und das Schreckliche, das ihr zugestoßen war. Wohl war der Schädelbruch verheilt, doch war die Mutter nach ihrer Entlassung aus dem Krankenhaus mehr denn je in sich versunken, schweigsam und still.
Der Vater suchte sie aufzumuntern, er machte ihr Geschenke und überraschte sie damit, dass er ihr einen Autokauf ankündigte. Er hatte, ohne es die Mutter oder mich wissen zu lassen, die schwarze Limousine mit den Haifischzähnen

verkauft und einen Wagen bestellt, den es bisher noch nicht gegeben hatte und bei dem es sich um einen so genannten Opel Admiral handelte. Mit dem Wagen beförderte er gewissermaßen sich selbst vom Kapitän zum Admiral, und er glaubte, auch die Familie damit auszeichnen zu können.

Nun war der Wagen beim Händler eingetroffen, er musste nur noch bezahlt und abgeholt werden. Der Vater wollte den Wagen bar bezahlen. Auch das Fleisch, das er beim Bauern kaufte, bezahlte er bar, schließlich hatte er auch in Rakowiec, wenn er auf den Viehmarkt gegangen war, seine Geschäfte in bar abgewickelt. Barzahlung war Ehrensache und brachte einen auf handgreifliche Weise sowohl in den Besitz der Dinge, die man erwarb, als auch um das Geld, das man dafür opfern musste. Wäre es nach dem Vater gegangen, hätte er seine Geschäfte ausnahmslos in bar abgewickelt. Besonders bei der Lohnauszahlung hätte er es vorgezogen, den Fahrern am Monatsende ihren Lohn direkt aus einer Geldkassette in die Hand zu zählen, statt das Geld auf ein Konto zu überweisen.

Auch das Geld für den Admiral wollte der Vater dem Autohändler direkt in die Hand zählen. Es handelte sich um ein dickeres Bündel von Hundertmarkscheinen, das er am Tag vor dem Autokauf von der Bank geholt hatte. Er deponierte das Geld am Nachmittag in einer leeren Zigarrenkiste auf dem Küchentisch, und die schwermütige Mutter warf es am Abend, noch ehe der Vater einschreiten konnte, in den brennenden Küchenherd. Sie wolle keinen Admiral, sagte die Mutter. Sie wolle ihr Kind. Dann setzte sie sich an den Tisch und sagte nichts mehr; nur ihr Kopf zitterte wieder, wie er schon einmal gezittert hatte. Hätte ich die Untat begangen, der Vater hätte mich gewiss halbtot geprügelt. Die Mutter aber rührte er nicht an. Er schrie nicht einmal, sondern besann sich, griff nach der Brikettzange und holte so viele der brennenden Hundertmarkscheine aus dem Feuer, wie er nur greifen konnte. Einen Teil des Geldes konnte er retten, die Bank ersetzte ihm alle die Scheine, die nur bis zu einem gewissen Teil verbrannt und eindeutig zu identifizieren waren. Der Rest, ungefähr ein Drittel der Summe, war verloren, doch bewahrte er noch lange die Aschereste in einem Einmachglas auf.

Ich habe seit diesem Vorfall den Vater nie wieder mit der Mutter streiten hören. Und auch das verbrannte Geld wurde nie wieder erwähnt. Den Admiral kaufte er trotzdem. Doch am selben Tag, an dem der Wagen auf den Hof rollte und neben dem Kühlhaus geparkt wurde, verfasste er je ein Schreiben an das zuständige Jugendamt und an den Suchdienst des Roten Kreuzes, in dem er ein anthropologisch-erbbiologisches Abstammungsgutachten beantragte. Der Suchdienst unterstützte den Antrag, das zuständige Jugendamt aber wollte, wie es den Eltern schrieb, das Mündel mit der Kennziffer 2307 vor weiteren Enttäuschungen bewahren, schließlich sei mit ihm schon einmal ein anthropologisch-erbbiologisches Abstammungsgutachten durchgeführt worden, welches sich, wie schon gesagt, seelisch nicht gut auf den Jungen ausgewirkt habe. Speziell die im Rahmen des gutachterlichen Verfahrens vorgenommene Gegenüberstellung mit den möglichen Eltern habe ihn außerordentlich belastet. Inzwischen habe er sich aber, so das Jugendamt, mit seinem Schicksal abgefunden, und ein weiteres negatives Gutachten würde den Jungen nur erneut beunruhigen.

Der Vater schaltete einen Rechtsanwalt ein und erstritt auf gerichtlichem Wege das Recht, ein weiteres Gutachten machen zu lassen. Die Daten des Findelkindes 2307 lagen bereits vor, die Daten des Vaters, der Mutter und von mir mussten noch erhoben werden. Das Jugendamt vereinbarte einen Termin mit einem Dr. phil. et med. Freiherr von Liebstedt, Professor für Anthropologie und Erbbiologie an der Universität Heidelberg und Leiter des Gerichtsanthropologischen Laboratoriums, der das Gutachten erstellen sollte.

Seit der Untersuchungstermin den Eltern mitgeteilt worden war, besserte sich der Zustand der Mutter. Das Zittern des Kopfes verschwand, sie sprach wieder mehr und lachte sogar gelegentlich, sie freute sich auf die Reise nach Heidelberg, und sie freute sich nun auch über den Admiral, der uns dorthin bringen sollte.

Ich freute mich nicht auf die Reise. Auch der neue Wagen freute mich nicht, denn kaum saß ich in dem Wagen, verstärkten sich die Symptome meiner Reisekrankheit wieder. Schon der kürzeste Aufenthalt im Admiral bereitete mir Übelkeit, und wahrscheinlich lag dies an dem Geruch, der von der Innenausstattung des Wagens ausging. Der Admiral war gänzlich mit Kunststoff ausgestattet, die Sitze waren mit künstlichem Leder bezogen, die Türen und Armaturen mit grauem Kunststoff verkleidet, und selbst das Wagendach war von innen mit einer gepolsterten und gesteppten Kunststoffdecke bespannt. Sobald der Wagen rollte und sich die Maschine erwärmte, erwärmte sich auch der Innenraum des Wagens und löste einen süßlichen Geruch aus dem Kunststoff, gegen den sich meine Geruchs-, Geschmacks- und Magennerven so sehr sträubten, dass ich mich binnen kürzester Zeit zu übergeben drohte.

Der Vater hatte für meine körperlichen Reaktionen kein Verständnis, er empfand sie als Angriff gegen seine Person und als Undankbarkeit. Schließlich hatte er hart gearbeitet und für Wohlstand gesorgt, und zum Dank erbrach ich mich. Glücklicherweise hatte ich es bisher vermeiden können, mich direkt in den neuen Wagen zu erbrechen, fürchtete mich aber vor einer längeren Autobahnfahrt.

Da auch die Eltern fürchteten, dass ich eine Autobahnfahrt nicht durchstehen würde, versorgten sie mich mit Tabletten, mit deren Einnahme ich schon einige Tage vor der Reise beginnen musste. Anscheinend wirkten sie wie eine Schutzimpfung. Ich wurde gegen die Reise nach Heidelberg geimpft, und ich hatte das Gefühl, dass ich auch gegen Arnold geimpft wurde. Die Tabletten wirkten, und ich überstand die Fahrt, ohne mich ein einziges Mal übergeben zu müssen. Allerdings trat die Trigeminusneuralgie während der Reise wieder auf, sodass mein Gesicht des Öfteren von heftigen Schmerzattacken durchzuckt wurde, welche mir wiederum das krampfartige Grinsen aufnötigten, das den Vater schon früher geärgert hatte und ihn auch diesmal in Rage brachte. Wir erreichten darum in angespannter Atmosphäre die Stadt und bezogen auch sogleich, ohne etwas von Heidelberg gesehen zu haben, das Zimmer einer Privatpension ganz in der Nähe des Gerichtsanthropologischen Instituts.

1 a Beschreiben Sie die Familiensituation. Welchen Eindruck macht diese auf Sie?
b Arbeiten Sie die unterschiedlichen (traumatischen) Erlebnisse der Familienmitglieder heraus.
c Erläutern Sie den Satz: „[I]ch hatte das Gefühl, dass ich auch gegen Arnold geimpft wurde" (Z. 153 ff.).

2 Untersuchen Sie, inwiefern dieser Textauszug einer realistischen Schreibweise (▸ S. 451 ff.) folgt.

Daniel Kehlmann: **F** (2013) – Romanauszug

Der Roman „F" erzählt am Beispiel von drei Brüdern eine Geschichte von Wahrheit und Fälschung, Fakten und Fiktionen, Sein und Schein. Martin ist ein katholischer Priester, ohne an Gott zu glauben, Iwan ein Kunstkenner, der Bilder fälscht, und Eric ein betrügerischer Finanzberater. So spiegelt sich in den Biografien der Brüder eine Krise von Religion, Kultur und Wirtschaft. – Noch vor dem Einsetzen der Finanzkrise von 2007 spielt die folgende Szene, in der Eric verzweifelt versucht, seinem alten Kunden Adolf riskante Papiere aufzudrängen:

Wie auch immer, sagt er dann. Er wolle sein Vermögen neu aufstellen. „Adolf!" Ich schlage ihm so fest auf die Schulter, dass der Körper des Alten bebt. Für einen Moment verliere ich den Faden; das liegt wohl an seinen Augenbrauen. Bei so buschigen Brauen ist es kein Wunder, wenn man konfus wird. „Wir beide haben zusammen viel verdient. Und es wird mehr werden. Die Immobilienpreise steigen und steigen! Wer sich jetzt zurückzieht, wird es bedauern." Wie auch immer, wiederholt er und reibt sich die Schulter. Seine Frau, er und sein Sohn hätten gemeinsam beschlossen, die Assets neu zu streuen. Sein Sohn meine, das ganze System bewege sich auf einen Kollaps zu. Alle seien verschuldet. Kapital sei viel zu billig. Es könne nicht gut gehen.

„Assets[1] streuen? Du weißt doch nicht mal, was das heißt!“ Nein, jetzt bin ich zu weit gegangen. „Ich meine, natürlich weißt du das, aber es klingt nicht nach dir, das sind nicht deine Worte, das ist nicht der Adolf, den ich kenne.“ Sein Sohn, sagt er, habe gerade seinen MBA gemacht, und –

„Adolf! Die Universität ist eine Sache, aber die Wirklichkeit ...!“ Was soll denn das, was mischt dieser Sohn sich ein! Ich schweige kurz, dann hole ich Luft und rede lange. Es kommt nicht darauf an, was ich sage, Klüssen versteht wenig und merkt noch weniger. Es kommt darauf an, dass gesprochen wird, ohne Unterbrechung und Zaudern, es kommt darauf an, dass er meine Stimme hört und einsieht, dass er es mit einer größeren Kraft zu tun hat als der seinen und mit einem Intellekt, dem er nicht gewachsen ist. Bald werde ich so vor Gericht sprechen müssen. Mein Anwalt wird mir raten, keine Aussage zu machen, das raten sie immer. Sie haben Angst, man verwickelt sich in Widersprüche. Womöglich werde ich mich dann von meinem Anwalt trennen müssen, was mitten im Verfahren einen schauderhaften Eindruck machen wird. Vielleicht ist es besser, ich verteidige mich gleich selbst. Aber Leute, die sich selbst verteidigen, hält man für Narren, ein respektabler Angeklagter muss auch einen teuren Verteidiger haben, einen pompösen, raumgreifenden Menschen. Daran führt kein Weg vorbei. Aber das Aussagen lasse ich mir nicht nehmen.

„Wieso?“, fragt Klüssen. „Bitte?“ „Wo willst du aussagen?“ Er sieht mich an, ich sehe ihn an. Es kann nicht sein, dass ich das laut gesagt habe, es muss ein Missverständnis sein. Also mache ich eine wegwerfende Handbewegung und spreche weiter: von Derivaten[2] und Derivaten zweiter Ordnung, von unterbewerteten Immobilienfonds, von Risikostreuung und statistischer Arbitrage[3]. Ich zitiere die Fachzeitschrift *Econometrica*, von der ich ein einziges Exemplar besitze, erwähne Spieltheorie und Nash-Gleichgewicht[4] und unterlasse auch nicht die Andeutung, dass ich Verbindungen zu Leuten in Spitzenpositionen unterhalte, die mir Insiderinformationen geben – am Rand der Legalität, aber sehr profitabel.

Schließlich verstumme ich. Man muss einem Gegner die Möglichkeit geben, sich zu besinnen. Er muss zu sich kommen und begreifen können, dass er verloren hat. Ich falte die Hände, beuge mich vor und sehe ihm in die Augen. Er holt ein Taschentuch hervor und putzt sich umständlich die Nase. „Handschlag, Adolf!“ Ich strecke die Hand aus. „Ein Mann, ein Wort, wir machen zusammen weiter. Ja?“ Er sei verwirrt, sagt er. „Handschlag!“ Er sei verwirrt. Mit meiner Linken fasse ich seinen rechten Arm und versuche, seine Hand in meine zu legen. Er widersteht. Ich ziehe, er widersteht weiterhin, er ist überraschend stark. Er müsse nachdenken, sagt er. Er werde mit seinem Sohn sprechen, er werde mir einen Brief schreiben. „Denke nur nach!“, rufe ich mit belegter Stimme. „Solange du willst! Nachdenken ist wichtig.“ Nun schütteln wir einander doch die Hände, aber nicht zur Besiegelung unserer Geschäftsbeziehung, sondern zum Abschied.

1 **Assets:** Vermögen
2 **Derivate:** Finanzinstrument, das Preisschwankungen nachvollzieht
3 **Arbitrage:** Kursunterschiede im Börsengeschäft
4 **Nash-Gleichgewicht:** Begriff aus der Spieltheorie

1 **a** Beschreiben Sie das Gespräch zwischen dem Ich-Erzähler Eric und seinem Kunden Adolf Klüssen. Welche Ziele verfolgen die beiden? Wie versucht Eric, seinen Kunden zu überzeugen?
b Fassen Sie in einem Satz zusammen, wie das Gespräch für Eric ausgeht.

2 Belegen Sie am Text, dass Eric verzweifelt ist und sich kaum noch kontrollieren kann. Achten Sie auf Inhalt, Sprache und Erzählweise, z.B. den inneren Monolog.

3 Recherchieren Sie, ausgehend von dem Stichwort „Lehman Brothers“, wie es 2007/2008 zu einer Finanzkrise mit globalen Auswirkungen kam.

Juli Zeh: **Spieltrieb** (2004) – Romanauszug

Seit Kurzem umgab ein Bauzaun das Gelände der Villa Kahn. Der neue Hausherr hatte als Schüler selbst in den Gewölben und auf den Zinnen des seltsamen Schlösschens das Kiffen und Küssen erlernt und hielt deshalb bis zum Aufmarsch der ersten Baufahrzeuge ein Loch in der Absperrung offen, durch das die jungen Gäste weiterhin Einlass in sein Grundstück fanden.

Sie sprangen durch ein Kellerfenster ins Haus. Drinnen war alles wie immer. Die Mauern atmeten einen Dunst wie von schlechten Zähnen und Verdauungsstörungen, wenig Licht fiel durch die Schächte unter der gewölbten Decke herein. In den Wänden waren auf Hüfthöhe starke Eisenringe angebracht, von denen niemand wissen wollte, was einst an ihnen befestigt gewesen war. Alev hob ein paar zerknüllte Taschentücher und Bierflaschen auf und räumte sie in eine Ecke. Er war ein Anhänger des selbst verwalteten Chaos. Wie im Inneren eines Schneckenhauses stiegen sie die eng gewundene Wendeltreppe zum Turm hinauf. Oben zwang der Wind sie dicht zusammengekauert in einen Winkel. Die Brüstung war an einigen Stellen heruntergebrochen und gab den Blick frei auf den trägen Fluss in seinem Nachthemd aus Lichtern. Wegen der guten Akustik im Rheintal drang der schnelle Herzschlag der Dampfer in voller Lautstärke herauf.

„Wenn du weitermachen willst, musst du umdenken“, sagte Alev, während er die Hüfte vom Boden hochstemmte, um in seinen Hosentaschen zu kramen. Er förderte einen Tabaksbeutel und ein Filmdöschen mit grünem Deckel zu Tage. „Das Nichts ist eine Bedrohung, der Verstand lernt schnell, es vor sich selbst zu verstecken. Du musst lernen, es freizulegen.“

„Moment mal. Weitermachen womit?“ „Auf diese Frage habe ich noch immer keine Antwort. Einstweilen spielt es auch keine Rolle. Willst du oder nicht?“

Es klang, als ob er Ada auffordern wollte, eine obligatorische Mutprobe abzulegen, um Mitglied in einer Bande zu werden. Dass sie lächeln musste, konnte er nicht sehen, weil er den Blick beim Sprechen auf die kleine Baustelle zwischen seinen Knien gerichtet hielt, auf der seine Finger drei Zigarettenpapiere pyramidenförmig miteinander verklebten. Konzentriert wie beim Entschärfen einer Bombe sah er sich selbst bei der Arbeit zu.

„Ja, ich will. Sag mir, wie man etwas freilegt, das nicht vorhanden ist.“

„Durch Gedankenspiele. Stell dir eine Leiche vor.“

Ada strengte sich an und erschuf einen Toten, der gleich am Ende ihrer ausgestreckten Beine auf dem Steinboden lag. Der Mann war Mitte vierzig und nur mit einer Unterhose bekleidet. Er war mit schwarzen Flecken gescheckt wie eine Kuh und musste schon lange dort liegen. Die Kälte hatte die Aufgabe der Totenstarre übernommen. Beim bloßen Betrachten war die Steifheit seiner Glieder zu spüren, die sich nicht mehr biegen, sondern nur noch brechen ließen.

„Was empfindest du?“, fragte Alev.

„Ekel und Faszination.“

„Das ist eine Reaktion der Instinkte. Jedes Tier schreckt vor toten Artgenossen zurück. Jetzt stell dir vor, das sei dein Stiefvater.“

„Hab ich schon.“

Alevs Lachen kam von den Mauern zurück. Während er das dreiblättrige Papier mit der Zunge befeuchtete und samt Inhalt zur Form einer kleinen Schultüte rollte, betrachtete er Ada mit nach oben gedrehten Augen wie ein Tier, das aus einer Pfütze trinkt. Für gewöhnlich mied sie den Anblick seiner Zungenspitze, die über den Kleberand des Blättchens fuhr. Er brachte sie aus dem Gleichgewicht. Als die überdimensionierte Zigarette brannte, bot Alev ihr an. Es schmeckte nach Waldboden, vor lauter Würzigkeit ließ sich nicht beurteilen, was alles darin herumgekrochen war.

„Siehst du!“ Alevs Augen röteten sich nach wenigen Zügen, während Ada überhaupt nichts spürte. „Es gibt Menschen, für die das Grauen einer Beerdigung darin besteht, dass sie nicht im Stande sind, etwas zu empfinden. Sie erschrecken zu Tode vor dieser Leerstelle, sie schämen sich, und ihre Verwirrung wird von den Angehörigen als natürlicher Ausdruck des Verlustschmerzes missverstanden. Man spricht ihnen das herzlichste Beileid aus. Sie tragen *Nothing* in sich."

„Und das sind alles Teufel?"

„Nein. Aber ihnen wurde beigebracht, dass das, was sie da fühlen, oder besser, nicht fühlen, böse sei."

Alev nahm noch ein paar schnelle Züge und drückte die Zigarette aus. Als er zurück gegen die Schlossmauer sank, legte Ada den Kopf auf seinen Oberschenkel und eine Hand am Hosenbund über sein Geschlecht, von dem sie wusste, dass er es auf der linken Seite trug.

„Und wenn sie es nutzten", fragte sie versonnen, „wären sie Mörder, Räuber und Vergewaltiger?"

„Möglich, aber nicht notwendig", nuschelte Alev. „Ein Mord kann ebenso viele Gründe haben wie ein Akt der Güte, und ebenso wie jener kann er grundlos geschehen. Diese Menschen wären vor allem eins." Er gähnte, was nicht zu seiner enthusiastischen Art des Sprechens passte. „Sie wären Spieler." Seine Rede wurde langsam und schwerfällig wie bei einem Betrunkenen, der Verstand aber spazierte leichtfüßig auf verschlungenen Wegen, die keine gerade Verbindung zwischen zwei Punkten zogen und dennoch verblüffend schnell zu den anvisierten Zielen führten. Ada las von seinen Lippen und verstand ihn wie eine Mutter ihr sprachgestörtes Kind. Nur im Spiel sei dem Menschen echte Freiheit möglich. Das Spielen verpflichte zur Gleichheit, da allen Spielern dieselben Voraussetzungen eingeräumt würden, und verwirkliche außerdem den Gedanken der Rechtssicherheit, weil ein Spiel nur innerhalb der eigenen Regeln stattfinden könne. „Freiheit, Gleichheit, Rechtssicherheit", lallte Alev. „Das Spiel ist der Inbegriff demokratischer Lebensart. Es ist die letzte uns verbliebene Seinsform. Der Spieltrieb ersetzt die Religiosität, beherrscht die Börse, die Politik, die Gerichtssäle, die Pressewelt, und er ist es, der uns seit Gottes Tod mental am Leben erhält."

„Das also bist du", sagte Ada auf Alevs Oberschenkel. „Spieler."

Mit den letzten Sätzen war Alevs Kraft zu Ende gegangen, er antwortete nicht mehr und hing mit offenen Augen Gedanken und Träumen nach, die er nicht im Gedächtnis behalten würde und die deshalb nur für die jeweilige Sekunde bestimmt waren. Ada strich ihm mit der flachen Hand über die Stirn, ganz leicht, als sollte er es nicht bemerken. Ab diesem Moment gehörten seine Nase, sein Mund, sein Körper, der Geruch seines Scheitels und die Wärme seiner Handflächen für eine Stunde ihr allein.

1 Erläutern Sie, wie Alev einen „Spieler" definiert, und stellen Sie einen Bezug zum Romantitel her.

2 Sprechen Sie darüber, inwieweit Sie gern einen „Spieler" als Freund hätten.

3 Beziehen Sie die folgende Information auf die Auszüge von „F" und „Spieltrieb" (▸ S. 539–542).

Information **Postmoderne**

Der Begriff **Postmoderne** bezeichnet den Zustand der abendländischen Gesellschaft, Kultur und Kunst **„nach" der Moderne**. Überlieferte religiös-weltanschauliche Orientierungsrahmen, die dem Einzelnen einen festen Halt geben konnten, entfallen. Auch das Subjekt (Geist und Körper) wird als feste Größe in Frage gestellt. Alles – Weltanschauungen, Geschichte, Literatur und Subjekt – darf in der Postmoderne als Spiel-Material verwendet werden und verliert oder verändert damit seine ursprüngliche Bedeutung. Kennzeichnend für die Literatur ist entsprechend der Wegfall von Grenzen, oder anders ausgedrückt: das Mischen von Erzählmodellen, Stilebenen und Genres. Auch die Literatur selbst thematisiert sich als ein Spiel mit der Fiktionalität.

Zweisprachige Schriftsteller/innen – Schreiben in Deutschland

Seit vielen Jahren publizieren Schriftsteller/innen in der Bundesrepublik, deren Muttersprache nicht Deutsch ist oder die in Familien mit einer Migrationsgeschichte zweisprachig aufgewachsen sind. Die Erfahrungen mit der zweiten fremden Sprache und dem neuen Land sind oft Thema ihrer Texte.

Rafik Schami: **Sieben Doppelgänger** (1999)

[...] Ich hatte als Student nie Zeit und Geld für Reisen, und daher lernte ich Deutschland durch meine Tourneen so intensiv kennen, dass ich das Land bald besser als viele Deutsche kannte. Aber Reisen ist bei aller Belastung auch ein Abenteuer.

Am Anfang, als ich noch jung war, ließ ich mich auf jedes Abenteuer ein. Doch die geselligen, erotischen, geistigen und abenteuerlichen Begegnungen waren Oasen in einer Wüste der Einsamkeit. Wie oft erlebte ich eine verregnete Nacht allein auf der Straße, die Lesung und der Beifall lagen nicht einmal eine Stunde zurück, und ich streifte einsam durch die Fremde. Zu viel Verehrung hindert das Publikum häufig, mit dem Gast Kontakt aufzunehmen. Der arme Teufel aber langweilt sich dann auf irgendeinem Empfang oder hockt am Ende der Nacht in einer Ecke seines Hotelzimmers und liest, sieht fern. Oft war mein Herz eine Wüste, ein nächtlicher Himmel ohne Mond und Sterne. Wie oft stand ich an der Tür eines Lesesaals, draußen regnete es, die Traube der Zuhörerinnen löste sich in der Dunkelheit auf, und der Buchhändler ließ mich für einen Augenblick allein, um die Bücherkartons in seinem Wagen zu verstauen. In der Ferne hörte ich den Anlasser eines Autos, und ein Lachen wurde von der Kurve verschluckt. Paare gingen Hand in Hand davon, und die Schöne, die sich mir die ganze Zeit gewidmet hatte, wurde von ihrem Ehemann am Eingang abgeholt. Schnell drückte sie mir die Hand: „Ich rufe dich an“, flüsterte sie und stieg in einen schweren Wagen. Ich hätte ihr viele Zitate von Woody Allen nachschicken können, aber was hätte es gebracht? [...]

Und all diese Abenteuer sollte und wollte ich nun freiwillig aufgeben? Ja, es musste sein. Und es gab noch einen anderen Grund, der mich in meinem Entschluss bestärkte: meine Unfähigkeit, Nein zu sagen. Hätte ich mir die Fähigkeit erworben, bei Anfragen, die mein Limit von fünfzig Vorträgen überschritten, konsequent Nein zu sagen, so hätte ich mir meine jetzige Misere erspart. Mein Nein, dieses faule Ferkel, das sich mit Mühe aus dem Hirn bis zum Mund schleppte, räkelte sich oft auf meiner weichen Zunge und wollte nicht mehr in die Kälte hinaus.

Nun war ich nach so vielen Jahren in einen See der Bewunderung geraten, und die Wellen schlugen immer höher, ich konnte sie kaum noch aushalten. Deshalb erschien mir die Idee der Doppelgänger wie ein Rettungsseil. Mit den Doppelgängern konnte ich alle bedienen. Von den Mitarbeitern würde außer einem guten Gedächtnis und Selbstdisziplin auch wirklich nicht viel verlangt. Dafür würden sie mit bester Bezahlung belohnt. Ja, ich war bereit, so viel in ihre Schulung zu investieren und so großzügig wie möglich zu sein, dass sie sich bei ihrer Arbeit nicht nur wohl fühlen, sondern immer besser werden sollten. Und auch wenn ich am Ende dabei nichts verdienen würde, so hätte ich doch einen unendlichen Gewinn, der von keinem Finanzamt verringert werden kann: die Sympathie meiner Leserschaft.

Bis heute werde ich jene Nacht in dem Karlsruher Hotel nicht vergessen. Als ich dort ankam, war ich völlig nüchtern. Als hätte ich nicht mindestens anderthalb Liter Wein getrunken. Ich war aufgedreht und konnte lange nicht schlafen. Ich setzte mich hin und schrieb auf, wie ich alles organisieren würde.

Dieses Heft mit dem Titel *Doppelgänger* besitze ich noch heute. Es liegt jetzt vor mir. Auf der ersten Seite steht: Doppelgänger aussuchen, die mir so ähnlich wie möglich sehen. Aufteilen der

Bundesrepublik, Österreichs und der Schweiz in Reisegebiete. Harte Schulung der Kandidaten und nur die besten unter ihnen nehmen. Alles selbst zentral verwalten. Ich muss mich mit allen technischen Möglichkeiten (Computer, Telefax, Handy) ausrüsten, sodass die Kommunikation vom Büro aus zu jeder Zeit funktioniert und ich immer genauestens die Kontrolle über die Finanzen habe. Von Steuerberater und Anwalt einen Vertrag ausfertigen lassen, der mich schützt. Keine Halbheiten akzeptieren und lieber mit wenigen perfekten Doppelgängern als mit vielen Dilettanten arbeiten. Sie müssen nicht nur perfekt arbeiten, sondern auch eine gute Erinnerung hinterlassen. Dafür werden sie majestätisch bezahlt und dürfen den schönsten Beruf ausüben, den man sich vorstellen kann. Alles korrekt gegenüber dem Finanzamt halten. Hier wäre eine Nachlässigkeit ärgerlich. Mache dir selber alles klar und überwinde deine eigenen Hemmungen. Die Männer, die dich spielen, sind Spiegelbilder, die du ganz genau dirigieren musst. Du musst ihnen klarmachen, dass ihnen das Geld nicht geschenkt wird. Eine einzige Schweinerei gegenüber einem Buchhändler oder dem Publikum und er fliegt raus. [...]

1 Angenommen, Sie würden nach dem Besuch einer Lesung erfahren, Sie hätten es mit einem Doppelgänger des Vortragenden zu tun gehabt. Verfassen Sie dazu in Partnerarbeit eine Erzählung.

2 Begründen Sie, worin Ihres Erachtens die Bedeutung des Doppelgänger-Motivs in Schamis Text liegt.

3 Stellen Sie weitere Texte mit einem Doppelgänger-Motiv vor, z. B. E. T. A. Hoffmanns „Die Elixiere des Teufels“ (► S. 134 ff.) oder O. Wildes „Das Bildnis des Dorian Gray“.

Feridun Zaimoglu: **Leyla** (2006) – Romanende

Leyla wächst mit ihren Schwestern und Brüdern in der Türkei auf. Früh wird sie verheiratet. Ihr Mann Metin, den sie stets „den Schönen“ nennt, geht nach Deutschland, um dort zu lernen, wie man Leder färbt. Leyla bekommt zu Hause das erste gemeinsame Kind, einen Sohn, wird kurz darauf ein zweites Mal schwanger und treibt ab. Sie lebt mit ihrem „Sohn“, einen Namen soll er erst in Deutschland bekommen, unter einem Dach mit Metins Vater, Schafak Bey. Metin schickt Geld aus Deutschland und kommt zwischendurch zu Besuch. Schließlich will er die Familie zu sich holen. Schafak Bey fühlt sich zu alt für die Fremde. Leyla, ihr „Sohn“ und ihre Mutter, deren Mann Halid kurz vorher verstorben ist, treten die Reise gemeinsam an. Der Roman endet mit ihrer Zugreise nach Deutschland.

Schafak Bey, Djengis, Tolga und auch die Großtante begleiten uns zum Istanbuler Hauptbahnhof, sie sprechen mich gelegentlich an, doch ich sehe durch sie hindurch, als seien sie Gespenster. Mein bisheriges Leben steckt in zwei Koffern, denke ich, nicht viel, um vor anderen Menschen bestehen zu können. Ich öffne das Zugfenster, Djengis ergreift meine freie Hand. Geh dort nicht verloren, sagt er. Ich werde auf uns alle aufpassen, sage ich, wir stehen alle unter Gottes Schutz. [...]

Der Reiseproviant geht uns am zweiten Tag aus, ich traue mich nicht, die Passagiere in den anderen Abteilen um Brot und Käse zu fragen. Ich übergebe meiner Mutter das Kind und mache mich auf die Suche nach dem Schaffner. Doch ich kann ihn nicht finden, bestimmt hat er sich zu einer seiner vielen Mittagspausen zurückgezogen. Auf dem Weg zum Abteil bleibt der Zug auf der freien Strecke stehen, ich schaue hinaus und sehe nur weites verdorrtes Land. Der Schaffner tritt aus einem Abteil hinaus, er kaut noch an dem großen Bissen in seinem Mund. Herr, ich brauche heißes Wasser für die Babynahrung, sage ich, und außerdem haben meine Mutter und ich nichts mehr zu essen. Er hört schlagartig auf zu kauen, starrt mich nur kurz an, tritt wieder in das Abteil, in dem sein Schaffnerkollege an einem kleinen Tisch mit

Brot, Käse und Oliven sitzt. Er erklärt ihm, dass „die Dame und ihre Mutter“ am Verhungern seien, der zweite Schaffner steht sofort auf und packt eine Papiertüte voll, die mit Hackfleisch gefüllten Auberginen und Paprikaschoten müsse ich auch unbedingt probieren. Der Heizkessel sei defekt, ich müsse wegen des heißen Wassers leider etwas warten.

Meine Mutter wartet ab, bis ich das Essen in zweieinviertel Portionen teile, sie brockt den salzigen Käse in das Brot und beißt hinein, eine Tasse Tee würde ihre Laune heben, aber wir müssen geduldig sein, wie wir immer Geduld aufbringen mussten, um einen Brocken dessen zu bekommen, das wir uns gewünscht hatten. Ich bette meinen Sohn in meine linke Achselhöhle, meine Körperwärme soll auf ihn übergehen, ich reinige sein Gesicht, traue mich aber wegen der Kälte im Abteil nicht, sein Leibchen und seine Hose zu wechseln. Plötzlich muss ich auflachen, meine Mutter schaut mich verwundert an. Mein Gott, sind wir naiv, sage ich, wir haben unsere Festtagskleider angezogen. Ich bin beim Friseur gewesen und habe mich geschminkt. Wir haben gedacht, es gehe auf eine kurze Reise. Jetzt sehen wir aus wie zwei zerrupfte Raben. Du wirst langsam irre, sagt meine Mutter. Ich habe wirklich geglaubt, dass der Zug uns sehr schnell hinbringen wird, ich zeige meinen Pass vor und entsteige dem Zug mit dem Kind, so schön und so gepflegt wie beim Einstieg. Du wusstest doch, dass wir drei Tage und drei Nächte fahren. Ja, sage ich, ich habe gehofft, dass es schnell geht. Wir sind da, wenn wir da sind, sagt sie und starrt aus dem Fenster.

Sie ist diesem Leben entrückt, meine Mutter, meiner schönen Mutter Seele verfängt sich in ihren Träumen, ein unheimlich feiner Schleier hat sich auf ihre Augen gelegt. Bereust du deine Entscheidung?, frage ich. Erst habe ich mein Leben einem Mann geopfert, sagt sie, jetzt schenke ich mein Leben meinem Enkelkind. Und die Söhne, die du zurückgelassen hast? Ich werde sie vermissen, sagt sie, genauso, wie ich den Duft der regengetränkten Erde vermissen werde ... Dafür sehe ich meine Töchter wieder. Bist du froh, dass ... du ihn losgeworden bist? Wirst du froh sein, wenn du mich loswirst?, fragt sie zurück. Kümmere dich um deinen Sohn. Ich schließe die Augen, lehne meinen Kopf gegen die harte Sitzstütze, mein Kind ist in meiner Achselhöhle eingeschlafen. Ich bin unendlich müde. [...] Und endlich fährt der Zug im Bahnhof der deutschen Stadt ein. Die Schienenstränge ordnen sich zu geraden Linien, auf den Bahnsteigen verharren die Menschen reglos wie Statuen.

Ist das Deutschland?, frage ich mit leiser Stimme. Meine Mutter starrt eine Weile hinaus und sagt: Deutschland ist außerhalb des Bahnhofs. Als die Türen schließlich aufgehen, lasse ich vor Angst meiner Mutter den Vortritt, der Schaffner reicht uns die Koffer herunter, und dann stehen wir auf dem kleinen Fleck deutsches Land, die Menschen um uns herum zerren und schleppen an ihren Mitbringseln, ich erblicke die Frauen, die uns aus sicherer Entfernung mustern, sie scheinen in tiefe Gedanken versunken zu sein. Plötzlich steht der Schöne vor mir, nimmt mir das Kind ab und drückt es an seine Brust. Endlich seid ihr da, ruft er aus, dem Herrn sei Dank. Die Heizung war defekt, und wir sind halb erfroren, sage ich und schäme mich sofort meiner Worte, und um die Verlegenheit zu übergehen, umarme ich meinen Mann, der mich am Ohrläppchen fasst, und jetzt schäme ich mich wegen meiner Mutter, das gehört sich nicht in ihrer Gegenwart. Der Schöne küsst ihre Hand und führt sie an die Stirn. Ich habe Hunger, mein Sohn, sagt sie. Natürlich, ich besorge uns sofort heiße Suppe, sagt der Schöne, wir haben ja noch eine lange Zugfahrt vor uns. Was?, sage ich. Ich dachte, wir sind schon angekommen. Das seid ihr auch, aber in München. Es geht weiter nach Berlin. Das dauert zehn Stunden. Bewegt euch nicht vom Fleck, ermahnt er uns und verschwindet in der Menschenmenge.

Ich bin so unendlich müde, mein Sohn fängt an zu weinen, er ist das Geschrei nicht gewöhnt. Mir fallen die Frauen auf, die ohne männliche Begleitung in der großen Bahnhofshalle unterwegs sind, sie schreiten auf hohen Absätzen voran, als kennten sie ihr Ziel genau. Ich bewundere ihren blassen Teint, ihre zu Turmfrisuren hochgesteckten Haare, ihre Halstücher in schreiend bunten Farben. Sie gehen an den Männern achtlos vorbei, die Männer schauen ihnen nicht nach. Der Schöne kommt zurück und verteilt deutsche Kekse an uns, heiße Suppe sei ausgegangen, sagt er [...].

Sind wir so weit?, sagt mein Mann. Ja, sage ich und umfasse den Koffergriff, wir können weiterfahren. Ich will dieses Land lieben, weil es vermisst werden will. Ich werde den Wolf streicheln, und er wird vielleicht die Hand nicht beißen, die ihm über das Rückenfell fährt.

1 Erläutern Sie, mit welchen Erinnerungen, Befürchtungen, Hoffnungen, Wünschen Leyla nach Deutschland fährt. Belegen Sie Ihre Aussagen am Text.

2 Die Ankunft ist mit ersten Eindrücken von Deutschland verbunden. Was wird wahrgenommen?

3 Deuten Sie die beiden letzten Sätze des Romans.

Literaturgeschichte im 21. Jahrhundert – Wohin steuert die Literatur?

Der Literaturtheoretiker und Romancier Dieter Wellershoff (*1925) beschäftigt sich in seinen Frankfurter Poetik-Vorlesungen (1995/96) mit der existenziellen Dimension eines literarischen Textes. Poetik, die Lehre von der Dichtkunst, handle nach Wellershoff nicht nur von der Erschaffung eines literarischen Werkes, sondern zugleich von unserer Selbsterschaffung, Selbstverwirklichung, Selbsterkenntnis und von der Erschaffung der Welt. Auf der Bühne des Textes würden Leben und Welt mit dem ganzen Spielraum ihrer Möglichkeiten, Spannungen und Differenzen inszeniert.

Dieter Wellershoff: **Das Schimmern der Schlangenhaut – Zufall, Mehrdeutigkeit, Transzendenz** (1996)

Am Ursprung unseres Lebens wird Lotterie gespielt. Wir werden gezeugt und geboren als Ergebnis einer unabsehbaren, von Zufällen oder fremden Randbedingungen durchwirkten Vorgeschichte, die in allen Verzweigungspunkten anders hätte verlaufen können, bevor das hoch Unwahrscheinliche geschah, dass unsere Eltern zusammenfanden und wir gezeugt und geboren wurden. Wir, das Ende einer unabsehbaren Zufallskette, hätten also eher nicht sein können oder, wegen der Variationsbreite des genetischen Potenzials der Eltern, ein anderer werden können, wie ein Blick auf die Geschwister zeigt. So ist der Anfang unseres individuellen Lebens das Fremdeste und Unwahrscheinlichste, was geschehen ist. Wir haben uns nicht selbst gewählt, nicht selbst gemacht, sondern sind ein blinder Wurf des blinden Lebensprozesses, der mit ungeheurer Streubreite immer neue, anders gemischte, individuelle Lebenspotenziale hervorbringt, die sich auf den zeitlich begrenzten Weg durch das widerständige, unüberschaubare Terrain der Realität machen, um im Austausch und in der Auseinandersetzung mit der umgebenden Lebenswelt die eigenen Möglichkeiten zu entfalten. In dem Maße, wie der Organismus sich selbst als Individuum begreift und sein Leben zu steuern und zu gestalten beginnt, wechselt das Lebensspiel sein Modell. Aus der Lotterie wird das Kartenspiel. Jeder Spieler bekommt blind gemischte Karten in die Hand, die im Extremfall Glück und Unglück, Leben und Tod bedeuten und dazwischen eine weite Skala verschiedener Möglichkeiten andeuten. Er muss versuchen, aus dieser Zufallsmischung sein eigenes Muster zu machen, indem er schaut, was zusammenpasst und einen Ansatz von Sinn ergibt. Er muss diesen Sinn verstärken, indem er unpassende Karten ablegt, um neue, bessere in die Hand zu bekommen. Das kann natürlich ständig durchkreuzt werden, indem er erneut unbrauchbare, störende Karten aus dem verdeckten Stapel zieht. Vielleicht aber hat er auch Glück und zieht einen Joker, der neue, überraschende Kombinationen möglich macht, durch die bisher unlösbare Probleme lösbar werden. Ich will die Analogie von Kartenspiel und menschlichem Leben nicht überzeichnen. Doch das Modell veranschaulicht am Beispiel der blind gemischten und zufällig gezogenen Karten die Komplexität des Lebens und die Unvorhersehbarkeit seiner Möglichkeiten und macht zugleich die Notwendigkeit deutlich, im Rahmen eines Entwurfs, eines Wunschtraums, eines Lebensplans unter verschiedenen Möglichkeiten zu wählen. Die Unentrinnbarkeit dieses Zwangs ist begründet in der Tatsache, dass man nur ein Leben hat [...]. Der Gedanke, dass unser einmaliges Leben umgeben ist von einem Hof unverwirklichter, vielleicht auch versäumter, nicht erkannter Möglichkeiten, wird alltäglicherweise durch den Vorrang der Nähe und die normative Kraft des Faktischen verdrängt. Doch wenn das Gefüge unserer Anpassung sich lockert oder ins Wanken gerät, kann dem seiner Evidenzen beraubten Blick das Leben außen und innen als etwas unheimlich Komplexes und Bedrohliches erscheinen und die eigene Lage als so prekär, als überquere man auf einem ausgespannten Seil einen Abgrund und müsse strikt geradeaus blicken, um nicht zu straucheln. Was sich in diesen labilen Augenblicken in der aufgedeckten Tiefe zeigt, möchte ich „das Schimmern der Schlangenhaut" nennen. Mythologisch gesehen ist die Schlange, die das Göttliche und das Dämonische, das Leben und den Tod bedeutet, ein Phänomen des Hell-Dunkels und der unheimlichen Gleichzeitigkeit von Verführung und tödlicher Bedrohlichkeit. Lange Zeit hat der kontrastreich gezeichnete Leib, unsichtbar für unser Auge, im Halbschatten oder Halblicht gelegen. Dann auf einmal, lautlos hervorkriechend, zeigt er sich uns in seiner zweideutigen Schönheit. Dieses lautlose und unerwartete Auftauchen einer verborgenen Gefahr ist ein Bild für Lebensaugenblicke, in denen Menschen erkennen, dass sie ein Problem haben, unabweisbar und nicht absehbar in seinen Konsequenzen. Das sind die Augenblicke, in denen Spannung auftritt, weil ein Lebensmuster vor seiner Revision oder vor seinem Zusammenbruch steht. Es hat sich vielleicht lange abgedichtet gegen einen dunklen exterritorialen Bereich verdrängter Motive, verleugneter Erkenntnisse, der nun einbricht in das gewohnte, möglicherweise schon ängstlich gehütete Gehege. Solche destabilisierenden Augenblicke oder Situationen können sich, auch wenn sie zunächst harmlos erscheinen, rasch zu Krisen und Katastrophen auswachsen und sind deshalb hervorragende literarische Expositionen.

1 **a** Gliedern Sie den Textausschnitt aus Wellershoffs Vorlesung, formulieren Sie zusammenfassende Zwischenüberschriften. Vergleichen Sie Ihre Arbeitsergebnisse im Kurs.
b Erläutern Sie die Metaphorik des Kartenspiels (vgl. Z. 30 ff.), wie sie hier verwendet wird.
c Umschreiben Sie mit eigenen Worten das Bild vom „Schimmern der Schlangenhaut" (Z. 74 ff.).

2 Inwieweit lassen sich diese Metaphern auf die literarischen Texte in diesem Kapitel beziehen?

Thomas Kraft: **13 Thesen zur Gegenwartsliteratur** (2008)

1 Von den Rändern kommt die Erneuerung. Europa wächst weiter zusammen, so scheint es zumindest, und Menschen und Geschichten machen nicht vor Grenzen halt.

2 Die Pop-Literatur ist mittlerweile ebenso tot wie die Avantgarde, Pop ein inflationär gebrauchter Begriff für viele allzu anspruchslose Texte, in denen es irgendwie um Musik, Partys und ein bisschen Lebensgefühl geht.

3 Die experimentellen Dichter leben in ihren Klüngeln in Köln und Wien und freuen sich über jeden Feuilleton-Artikel, ihre Bücher existieren quasi unter Ausschluss der kaufenden und lesenden Öffentlichkeit.

4 Selbstreferenzielle und hermetische Literatur hat keine Chance mehr; die Leser erwarten sich realistische, gesellschaftsbezogene, irgendwie „authentisch" erscheinende Literatur.

5 Niemand wartet mittlerweile mehr auf den großen Berlin-Roman oder gar auf den lange und nachhaltig geforderten „Roman der Einheit“, das hat sich alles längst erledigt.

6 Die großen Visionen sind verloren gegangen, das (erzählende) Subjekt fühlt sich etwas orientierungslos, da blickt man in der Not gerne zurück, entweder in die eigene Kindheit und die Zeit des Erwachsenwerdens und reanimiert den guten alten Familienroman. Oder schreibt mal wieder über die NS-seligen Väter und Söhne, über alte Kolonialzeiten, den Luftkrieg und die Nachkriegszeit.

7 Der junge Osten entdeckt sich als Himmelsrichtung, Ort und Vergangenheit, findet zur Sprache und kehrt zum Tatort seiner Kindheit zurück. Die meisten, in der Regel realistisch erzählten Geschichten handeln von Jungpionieren, Kinderhort, Kosmonauten und Intershop. Es sind Erinnerungstexte von ein paar bekannten und vielen unbekannten Autoren, Zeugnisse einer Adoleszenz in der DDR und Dokumente einer allmählichen Selbstvergewisserung.

8 Schreiben hat in Deutschland einen neuen Stellenwert bekommen, gerade die Jungen suchen mit ihren Debüts in wichtigen deutschen Verlagen den Weg in die Öffentlichkeit. Auffallend ist dabei, mit welcher Vehemenz man sich auf Spurensuche begibt und die eigenen Lebenserinnerungen schon in diesem Alter niederschreibt.

9 Eine neue Qualität ist in das Genre des Schul- und Internatsromans eingezogen. Die Beschreibung krimineller Aktionen – Erpressung, Körperverletzung, Mord – reflektiert die gegenwärtige Problematik, der sich Lehrer, Schüler und Eltern in Deutschland ausgesetzt sehen.

10 Einblicke in die Alltags- und Arbeitswelt der Normalen und Randständigen sind eher die Ausnahme, Autoren interessieren sich heute für die IT-Branche, für Banken und Werbeagenturen, Unternehmensberatungen und Medien, für die fiebrige Welt des Glanzes und der Versprechen. Fast alle dieser Geschichten aus der neuen Arbeitswelt erzählen von Verlusten, Niederlagen, Abstürzen, Grenzsituationen.

11 Die Diskussionen um E- und U-Literatur Anfang der neunziger Jahre haben unter anderem bewirkt, dass nun viele „unterhaltend“ sein wollen. Was in Deutschland lange verpönt schien, nimmt eine junge Generation nun als selbstverständlich an.

12 Wir leben gewissermaßen im 3. Weltkrieg, der Terrorismus ist eine globale Gefahr. Doch befinden sich auf dem deutschen Buchmarkt kaum literarische Auseinandersetzungen mit dieser Erfahrungswelt. Die Bild-Medien sind zum entscheidenden Faktor der Politik avanciert, nicht erst seit den Fernsehbildern aus dem Golfkrieg. Während die aktuellen Krisenherde auf unserem Globus von deutschsprachigen Autoren kaum beachtet werden, bleiben Zweiter Weltkrieg, Nationalsozialismus und Holocaust auch nach dem sich allmählich vollziehenden Generationswechsel zentrale Themen.

13 Die neuen „Reiseromane“ sind Beispiele für eine allegorische Aneignung von Wirklichkeit, ohne deren irdische Beschaffenheit aus Schmutz, Ekel und Tod zu übersehen. Sie zeugen alle von einem Interesse, den Spannungsbogen von einem Ursprung hin zu einer Endlichkeit zu schlagen und dabei die Dimensionen individueller Erfahrung zu reflektieren. Es geht nicht um die Erkundung exotischer Regionen, sondern um Konfrontationen mit fremden und eigenen Grenzen. Daher spielen sich diese Reisen zu einem guten Teil auch im Kopf der Figuren ab.

1 a Formulieren Sie zu jeder These eine Überschrift und notieren Sie einen ersten Kommentar.
b Tauschen Sie in Gruppen Ihre Kommentare aus und finden Sie zu jeder These ein Beispiel.
c Diskutieren Sie Krafts Thesen im Kurs, auch mit Blick auf ihre Aktualität.

2 Führen Sie eine **Podiumsdiskussion** (▶ S. 119) zu folgender Fragestellung durch: „Was erwarten Sie von der Gegenwartsliteratur?“

Information **Tendenzen der Gegenwartsliteratur – 1989 bis heute**

Eingrenzung und Problematisierung: Die Gegenwartsliteratur bleibt immer im Fluss. Beginnt sie für die Literaturgeschichte heute mit der **Wiedervereinigung Deutschlands**, so wird man im Jahr 2050 mit großer Wahrscheinlichkeit einen anderen Anfangspunkt finden müssen. Dann wird eine neue Autorengeneration für eine neue Lesergeneration schreiben. Die **Zeitgenossenschaft** von Autor/in und Leser/in ist also ein wesentliches Kriterium für die Gegenwartsliteratur. Die Schriftstellerinnen und Schriftsteller der Gegenwart schreiben für ein Lesepublikum, das **zeitgeschichtliche und persönliche Erfahrungen** mit ihnen teilt, z.B. den Fall der Mauer, die mediale Revolution des Internets, die europäische Finanzkrise, den Klimawandel, den „gläsernen Menschen“, auch soziale Entwicklungen wie die Patchwork-Familie, Hartz IV oder Facebook. Aktuelle Entwicklungstendenzen einer Gesellschaft werden auch von **Bestsellern**, die sich viele tausend Mal, manchmal millionenfach verkaufen, aufgegriffen und gespiegelt. Der internationale Markterfolg von **Vampir-Romanen und Frauen-Erotik-Literatur** („Feuchtgebiete“, „Shades of Grey“) oder auch der Boom der **Kriminalliteratur**, von „Schwedenkrimis“ und ihren Verfilmungen, verraten also durchaus etwas über den Zustand unserer westlichen Kultur.
Aus der beschriebenen Zeitgenossenschaft, der zeitlichen Nähe von Produktion (Autor/in) und Rezeption (Leser/in), ergibt sich für die Literaturgeschichtsschreibung ein Problem. Aufgrund unserer **mangelnden historischen Distanz** können wir die einzelnen Werke der Gegenwartsliteratur weder endgültig einordnen noch abschließend bewerten. Die Umrisse einer Epoche und die Schlüsselwerke, die diese Epoche prägen, lassen sich fast immer erst in der Rückschau mit einiger Sicherheit ausmachen. Ein **Rezeptionsproblem** speziell unserer Zeit liegt in der **Fülle der Publikationen**. Allein **7000 deutschsprachige Romane** drängen jährlich auf den **Buchmarkt**. „Hochliteratur“, die sich an eine eher kleine Zielgruppe einer speziell interessierten Leserschaft (z.B. Kritiker, „gebildete“ Leser) richtet, spielt dabei für den Markt eine untergeordnete Rolle. So liegen die Auflagen von „Hochliteratur“ oft nur bei wenigen Tausend Exemplaren.

Kontinuitäten und Entwicklungen in der Literatur: Der politisch-historischen Zäsur von 1989 entspricht auf Seiten der Literatur kein glatter Schnitt. Autorinnen und Autoren **mehrerer Schriftstellergenerationen** verfassen heute Gegenwartsliteratur. Generationsübergreifend gibt es neben bemerkenswerten Neuerungen und Entwicklungen auch zahlreiche formal-ästhetische und thematische Kontinuitäten:

1. Die Literatur der Gegenwart ist in hohem Maße **Erinnerungsliteratur**. Sie beschäftigt sich mit einer Vergangenheit, die auf die eine oder andere Weise bis in die Gegenwart hineinwirkt. Dabei wird aber nicht in erster Linie die Vergangenheit zum Gegenstand der Beschreibung, sondern die **Erinnerung selbst rückt ins Zentrum der Reflexion**. Zum Erinnern gehört jemand, der sich erinnert und einen mehr oder weniger einfachen, mehr oder weniger schmerzlichen Erinnerungsprozess durchläuft, der z.B. auch auf eigene Erinnerungslücken stoßen oder dem Schweigen von Zeitzeugen begegnen kann. **Uwe Timm** etwa erzählt in seinem autobiografischen Buch „Am Beispiel meines Bruders“ (2003) von der Erinnerung an seinen Bruder, der als junger SS-Mann im Krieg gefallen ist. Dabei fragt sich der Autor, was sein Bruder empfunden haben mag und ob er etwas wie Täterschaft, Schuldigwerden oder Unrecht kannte. Auch viele andere Bücher setzen sich mit der Zeit des **Nationalsozialismus, mit Krieg, Vertreibung** und **Holocaust** auseinander. Einige wichtige sind: **Marcel Beyers** Collage- und Medienroman „Flughunde“ (1995), **Günter Grass**’ Novelle „Im Krebsgang“ (2002), in deren Mittelpunkt das historische Ereignis der Versenkung des Flüchtlingsschiffs „Wilhelm Gustloff“ steht, und

Katja Petrowskajas Buch „Vielleicht Esther“ (2014), in dem die Protagonistin sich auf eine Reise in die eigene Familiengeschichte begibt.
Ein weiterer Gegenstand gegenwärtiger Erinnerungsliteratur ist das **Leben in der DDR**. Große Erfolge erzielten Uwe Tellkamp mit seinem Gesellschaftsroman „Der Turm“ (2008), der die letzten Jahre der DDR aus der Perspektive einer bildungsbürgerlichen Familie darstellt, und Eugen Ruges Generationenroman „In Zeiten des abnehmenden Lichts. Roman einer Familie“ (2011).

2. Ein zentrales Thema für die Literatur nach 1989 war die **Wiedervereinigung Deutschlands**. Ingo Schulze zeigt in „Simple Storys“ (1998), wie das Leben nach dem Zusammenbruch der DDR für die Ostdeutschen unter westlichen Bedingungen weiterging. Dabei entsteht das ebenso skurrile wie bittere Porträt einer desorientierten und entwurzelten Gesellschaft. Ebenfalls in der **Nachwendezeit** angesiedelt ist Clemens Meyers Roman „Als wir träumten“ (2006). Seine Helden sind die Gescheiterten und Gestrandeten, Kleinkriminelle und Drogenabhänge, denen – wie der Titel andeutet – nicht einmal ihre Träume bleiben.
3. Multikulturelle Hoffnungen werden in Deutschland und Europa zunehmend zurückgedrängt und weichen einer viel diskutierten **Integrationskrise**. Besonders deutschsprachige Schriftstellerinnen und Schriftsteller, die im europäischen Ausland geboren sind, stellen die Frage, was in einem **multiethnischen und vielsprachigen Europa** verbindend und trennend ist. Herta Müller reflektiert in Erzählungen, Romanen und Essays, welche Veränderungen die rumäniendeutsche Gesellschaft, Kultur und Literatur unter wechselnden politischen Machtkonstellationen zu durchlaufen hatte. In ihrem Roman „Atemschaukel“ (2009) verbindet sie eigene Erfahrungen mit Motiven aus der Biografie des jungen Lyrikers Oskar Pastior (1927–2006), der nach 1945 als Zwangsarbeiter eingesetzt wurde. Terezia Mora erzählt in ihrem Roman „Alle Tage“ (2004) die Geschichte einer interkulturellen Katastrophe. Einem Mann aus dem ehemaligen Jugoslawien misslingt es, in seiner neuen Umgebung Fuß zu fassen. Trotz der zehn Sprachen, die er fließend spricht, kann er keine zwischenmenschliche Kommunikation mehr herstellen. Feridun Zaimoglu protokolliert in seinem ersten Buch „Kanak Sprak“ (1995) im Stile der Dokumentarliteratur die Sprache türkischstämmiger junger Männer in Deutschland. Jenny Erpenbeck greift mit ihrem Roman „Gehen, ging, gegangen“ (2015) eines der drängendsten gesellschaftspolitischen Themen ihrer Zeit auf: Ein emeritierter Professor nimmt afrikanische Flüchtlinge bei sich auf.
4. Das **Internet** tritt als Veröffentlichungsort in **Konkurrenz zum gedruckten Buch und generiert neue Schreibformen**. Elfriede Jelineks Privatroman „Neid“ entsteht zwischen 2004 und 2008 im Internet und ist auf ihrer Homepage abrufbar. Als Blog für Freunde führte der schwer erkrankte Autor Wolfgang Herrndorf von 2010 bis 2013 ein digitales Tagebuch unter dem Titel „Arbeit und Struktur“, das nach seinem Tod auch in Buchform erschienen ist. Grundsätzlich können an die Stelle des einzelnen bekannten Autors (ggf. anonyme) Autorenkollektive treten.
5. Ein charakteristisches Beispiel für ein **postmodernes Arrangement** von Identitäten ist Daniel Kehlmanns „Ruhm“ (2009), ein „Roman in neun Geschichten“, in dem neun fiktive Biografien so miteinander verwoben werden, dass die Grenze zwischen Erfindung und Wirklichkeit verschwimmt und den Leserinnen und Lesern immer wieder bewusst gemacht wird, dass Literatur denkbare und mögliche und nicht wirkliche Lebensschicksale entwirft.
6. Die **Popliteratur** bedient sich thematisch der Medien- und Warenwelt, nicht zuletzt um eine gewisse Nähe und Vertrautheit zwischen Literatur und Leserschaft herzustellen. Die Verweise auf Marken, aktuelle Musik oder TV-Sendungen, die dabei zunächst als Bindeglied dienen, sind allerdings nur von begrenzter Halbwertzeit.

D Richtig schreiben, Arbeitstechniken und Methoden

1 **a** Definieren Sie in Partnerarbeit den Begriff „Werkzeug".
b Auch im Deutschunterricht braucht man verschiedene „Werkzeuge". Welche kennen Sie?

2 Sehen Sie sich die Begriffe im Kasten an.
a Welche Begriffe können Sie erklären? Welche sind Ihnen unbekannt?
b Benennen Sie Oberbegriffe und ordnen Sie alle Begriffe mit Hilfe einer Mindmap zu Gruppen. Schreiben Sie in die Mitte den zentralen Begriff *Arbeitstechniken*, davon ausgehend *lesen, präsentieren, Projekt* usw. Manche Begriffe lassen sich mehrfach zuordnen.

Bewerbung · Bewerbungsportfolio · Bibliothek · Blitzlicht · Dokumente · exzerpieren · Evaluationsphase · Facharbeit · Fachterminologie · Feedback · Galeriegang · Grafik · Grammatik · Informationsphase · informieren · Internet · Kartenabfrage · Kurzvortrag · Leseabsicht · Lesekompetenz · Lesemethode · lesen · Medien · Methoden · mitschreiben · Placemat · Planungskompetenz · Portfolio · PowerPoint · Präsentationsphase · präsentieren · Projekt · protokollieren · Prüfungsgespräch · Quellen · Referate · Rechtschreibung · sprechen · recherchieren · Referate · schreiben · Schreibkonferenz · Schreibplan · Schreibziel · Suchmaschine · Textverarbeitung · Textverständnis · überarbeiten · visualisieren · Vorstellungsgespräch · Vortragstechniken · Wikipedia · Zeichensetzung · zitieren · zuhören

3 Beschreiben Sie Ihre Erfahrungen mit einzelnen Arbeitstechniken: Welche beherrschen Sie gut? Wo haben Sie Nachholbedarf?

1 Wiederholungskurs – Grammatik, Rechtschreibung, Zeichensetzung

In diesem Kapitel erwerben Sie folgende Kenntnisse und Kompetenzen:

- Wortarten voneinander abgrenzen,
- Fachbegriffe im Bereich der Deklination und Konjugation festigen,
- Wissen über den einfachen und zusammengesetzten Satz festigen,
- den Konjunktiv I und II bilden und anwenden können,
- schwierige Bereiche der Rechtschreibung und Zeichensetzung beherrschen.

Tipp: Legen Sie sich für Zweifelsfälle je ein Nachschlagewerk für Rechtschreibung und für Grammatik zu, z. B.: *Duden: Die deutsche Rechtschreibung; Schülerduden Grammatik.*

Die Wortarten – Fachbegriffe und Funktionen

Der Wortschatz einer Sprache wird in Wortarten eingeteilt. Im Deutschen lässt sich jedes der etwa 350 000 Wörter einer Wortart zuordnen. Unterscheidungskriterien sind die
- Bedeutungsinhalte (semantische Funktion),
- unterschiedliche Formbarkeit (morphologische Funktion) wie Konjugation der Verben, Deklination z. B. der Nomen/Substantive,
- syntaktischen und textgrammatischen Funktionen von Wörtern.

Die Terminologie zur Beschreibung von Wortarten, so wie sie in den nachstehenden Informationen zusammengestellt ist, können Sie für Ihre Textanalysen nutzen.

Information **Die Wortarten im Überblick**

flektierbar (veränderlich)		**nicht flektierbar** (unveränderlich)
konjugierbar	**deklinierbar**	
Verb (Zeit-/Tätigkeitswort) z. B. „lesen“, „gehen“, „lachen“, „wachsen“; „sein“/„werden“ *(Hilfsverben zur Bildung mehrteiliger Tempusformen des Vollverbs, z. B. des Perfekts)*	**Nomen/Substantiv** (Hauptwort) z. B. „Buch“, „Computer“, „Peter“; auch: *Zahlnomen,* z. B.: „Dutzend“, „Hälfte“ **Artikel** (Geschlechtswort) z. B. „der“, „die“, „das“, „ein“, „eine“ **Adjektiv** (Eigenschaftswort) z. B. „groß“, „rot“, „bedeutsam“; auch: *Zahladjektive,* z. B. „drei“, „dritte/r/s“, „dreifache/r/s“, „hundert“, „wenig“ **Pronomen** (Fürwort) z. B. „ich“, „du“, „er“ (Personalpronomen) z. B. „mein“, „unser“ (Possessivpronomen) z. B. „diese“, „jene“ (Demonstrativpronomen) z. B. „der“, „welcher“ (Relativpronomen) z. B. „wer?“, „was?“ (Interrogativpronomen)	**Adverb** (Umstandswort) z. B. „dort“, „hier“ (lokal); „heute“, „bald“ (temporal); „sehr“ (modal); auch: *Zahladverb,* z. B. „erstens“ **Präposition** (Verhältniswort) z. B. „an“, „auf“, „in“ (lokal); „vor“, „nach“ (temporal); „wegen“ (kausal) **Konjunktion** (Bindewort, S. 529) z. B. „und“, „aber“, „denn“, „als“, „dass“, „weil“ **Interjektion** (Ausrufewort) z. B. „ach?“, „oh!“, „aua!“

Flexion

Wortarten übernehmen in Sätzen verschiedene Funktionen. Dazu werden sie im Rahmen der Flexion, d.h. der Konjugation bei Verben und der Deklination bei Nomen/Substantiven, Adjektiven und Pronomen (z.B. durch verschiedene Endungen), grammatisch verändert.

Information **Verb und Nomen/Substantiv – Übersicht über ihre grammatischen Funktionen**

Verb

Tempus (Futur, Präsens, Perfekt, Präteritum, Plusquamperfekt)

Person (1., 2., 3.)

Numerus (Singular, Plural)

Wortstamm

Modus (Indikativ, Konjunktiv, Imperativ)

Genus Verbi (Aktiv/Passiv)

Nomen/Substantiv

Genus (Maskulinum, Femininum, Neutrum)

Numerus (Singular, Plural)

Wortstamm

Kasus (Nominativ, Genitiv, Dativ, Akkusativ)

Satzglieder und Nebensätze – Abwechslungsreich formulieren

Das **Prädikat** bildet den Kern eines Satzes, mit ihm wird die **Satzaussage** gemacht. Von ihm sind die (anderen) Satzglieder abhängig. Einfache Satzglieder können in **Gliedsätze** (▸ Information) verwandelt werden. So kann aus einer einfachen adverbialen Bestimmung des Grundes ein Adverbialsatz (Kausalsatz) werden, z.B.:

Wegen des schlechten Wetters bleibt er zu Hause.
→ *Weil das Wetter schlecht ist,* bleibt er zu Hause.] Die jeweilige Frage bleibt: *Warum?*

Auch ein **Attribut** (Satzgliedteil) kann aus einem Wort, einer Wortgruppe oder aus einem ganzen Satz (**Attributsatz**, **Relativsatz**) bestehen, z.B.:

Das *gelb angestrichene* Haus wurde verkauft.
→ Das Haus, *das gelb angestrichen ist,* wurde verkauft.] Die jeweilige Frage bleibt: *Was für ein ...?*

Entsprechend kann man den Satzbau variieren bzw. abwechslungsreicher schreiben und durch bewusste Wahl des Satztyps Inhalte hervorheben.

Information **Merkmale und Funktionen von Satzgliedern und Nebensätzen**

Frage	Satzglied	Nebensatz (Gliedsatz)
Was geschieht? Was ist?	**Prädikat** (= Satzkern) Das *freut* mich.	–
Wer? Was?	**Subjekt** *Das* regt mich auf.	Subjektsatz (Inhaltssatz) *Dass wir gehen müssen,* regt mich auf. *Was wir vorhaben,* regt mich auf.

▼

Frage	**Satzglied**	**Nebensatz (Gliedsatz)**
Wen? Was?	**Akkusativobjekt** Er weiß *das* genau.	Objektsatz (Inhaltssatz) Er weiß genau, *dass es nicht stimmt.* Er weiß genau, *was nicht stimmt.* Er weiß genau, *ob es stimmt.* (indirekter Fragesatz/Interrogativsatz)
Wem?	**Dativobjekt** Sie half *jedem.*	Objektsatz (Inhaltssatz) Sie half, *wem immer sie begegnete.*
Wessen?	**Genitivobjekt** (sehr selten) Wir waren uns *dessen* bewusst.	Objektsatz (Inhaltssatz) Wir waren uns bewusst, *dass das ungerecht war.*
Für/auf ... wen, was?	**Präpositionalobjekt** Er freut sich *über das Buch.*	Objektsatz (Inhaltssatz) Er freut sich darüber, *dass er das Buch bekommen hat.*
	adverbiale Bestimmung	
Wo? Woher/ Wohin?	**... des Ortes** *Am Bach* ist es kühl.	Lokalsatz (Adverbialsatz) *Wo der Bach ist,* ist es kühl.
Wann? Wie lange?	**... der Zeit** *Am Morgen* ging es los. *Vor dem Essen* trinken sie etwas.	Temporalsatz (Adverbialsatz) *Als es Morgen war,* ging es los. *Bevor sie essen,* trinken sie etwas.
Wie?	**... der Art und Weise** Wir können das Problem *durch Diskussionen* lösen.	Modalsatz (Adverbialsatz) Wir können das Problem lösen, *indem wir diskutieren.*
Warum? Wieso?	**... des Grundes** *Wegen des Regens* fällt das Spiel aus. *Aus Angst* blieb sie stehen.	Kausalsatz (Adverbialsatz) *Weil es regnet,* fällt das Spiel aus. *Da sie Angst hatte,* blieb sie stehen.
Wozu?	**... des Zwecks** Sie liest *zum Vergnügen.*	Finalsatz (Adverbialsatz) Sie liest, *damit sie sich vergnügt.*
Unter welcher Bedingung?	**... der Bedingung** *Bei Feuer* geht die Alarmanlage los.	Konditionalsatz (Adverbialsatz) *Wenn Feuer ausbricht,* geht die Alarm-anlage los.
Trotz wessen/ wem?	**... der Einräumung** *Trotz des Regens* spielt das Kind draußen.	Konzessivsatz (Adverbialsatz) *Obwohl es regnet,* spielt das Kind draußen.
Mit welcher Folge?	**... der Folge** *Zu meiner Beruhigung* ging das Licht wieder an.	Konsekutivsatz (Adverbialsatz) Das Licht ging wieder an, *sodass ich mich beruhigte.*

Frage	Satzglied	Nebensatz (Gliedsatz)
Statt wessen/ wem?	**... der Entgegensetzung** *Statt eines Geschenks* bekam er einen Verweis.	Adversativsatz (Adverbialsatz) Er bekam einen Verweis, *während er mit einem Geschenk gerechnet hatte.*
Wie was?	**Prädikatsnomen/Prädikativ** Er will *das* bleiben.	Prädikativsatz Er will bleiben, *was er ist.*

Frage	Satzgliedteil	Nebensatz (Relativsatz/Attributsatz)
Was für ein? Was für welche?	**Attribut** Sie liest Bücher *über Goethe.* Siehst du den Mann *mit dem Roman?* Er hat ein *blaues* Auto.	Relativsatz/Attributsatz Sie liest Bücher, *die von Goethe handeln.* Siehst du den Mann, *der einen Roman liest?* Er hat ein Auto, *das blau ist.*

Zur Unterscheidung: **Relativsätze** werden durch **Relativpronomen** (der, die, das, welcher, welche, welches) eingeleitet, **Adverbialsätze** durch **unterordnende Konjunktionen**.
Unterordnende Konjunktionen (falls, obwohl, seitdem, weil, wenn ...) verknüpfen Haupt- und Nebensatz. Nebenordnende Konjunktionen (aber, denn, oder, sondern, und ...) verbinden gleichrangige Wörter, Wortgruppen oder Teilsätze miteinander. ▸ Konjunktionen, S. 593

1 Bilden Sie zu jeder Frage eigene Nebensätze (Gliedsatz bzw. Attributsatz).

2 Bestimmen Sie in einem Ihrer eigenen Texte die Satzglieder/Attribute und formen Sie diese zur Probe um. Entscheiden Sie sich für eine Variante. Welche sorgt für mehr Abwechslung im Text?

Information **Das Satzfeldmodell**

Die **Satzklammer** (finite Verbform vorne, infinite Form/en hinten im Satz) ist typisch für den deutschen Hauptsatz. Beim **Satzfeldmodell** dient sie als Orientierung: Die **Satzklammer** umschließt das **Mittelfeld**; vor dieser Klammer steht ein **Vorfeld**, dahinter das **Nachfeld** (oft mit einem Nebensatz gefüllt), z. B.:

Vorfeld	linke Klammer	Mittelfeld	rechte Klammer	Nachfeld
Der Bus	*fuhr*	*viel zu früh von der Haltestellte*	*ab.*	–
Heute	*sind*	*wir beiden spät*	*gekommen.*	–
Ich	*habe*	*nicht*	*behauptet,*	*dass das stimmt.*

1 Untersuchen Sie die folgenden Sätze mit dem Satzfeldmodell. Übertragen Sie dafür die Tabelle aus dem Informationskasten in Ihre Kursmappe und tragen Sie die Sätze entsprechend ein.
(a) In diesem Fall haben wir noch einmal Glück gehabt.
(b) Natürlich werde ich unbedingt noch einmal nachfragen, wo der Bus abfährt.
(c) Sie parkt den Wagen dort drüben ein.

Der Konjunktiv der indirekten Rede – Verwendung und Bildung

Information Verwendung und Bildung des Konjunktivs

Konjunktivformen des Verbs können im Textzusammenhang verschiedene Funktionen übernehmen, und zwar:

- **Aufforderungen oder Wünsche** auszudrücken, z. B.: *Er lebe hoch!* (Konjunktiv I),
- zu formulieren, dass etwas **irreal** ist, z. B.: *Wenn wir um 1500 gelebt hätten, ...* (Konjunktiv II),
- **höflich** zu sein, z. B.: *Könnten Sie mir den Text vorlesen?* (Konjunktiv II),
- in der **indirekten Rede** zu verdeutlichen, dass man nicht selbst, sondern ein anderer etwas gesagt hat (► Zitieren und Paraphrasieren, S. 606), z. B.: *Er sagte, das sei richtig.* (Konjunktiv I); *Sie sagten, sie hätten Angst.* (Konjunktiv II).

  Im gesprochenen Deutsch wird zur Wiedergabe von Fremdäußerungen oft eine Umschreibung mit würde verwendet, z. B.: *Sie sagten, sie würden jetzt losfahren.* Dagegen wird in standardisierten Texten wie Nachrichtentexten im Fernsehen oder schulischen Aufsätzen in der Regel der Konjunktiv der indirekten Rede verwendet, z. B.: *Sie sagten, dass sie jetzt losführen.*

Bildung der Konjunktivformen

- **Konjunktiv I:** vom Infinitiv abgeleitet, z. B.:
  gehen → *Sie sagte, sie gehe nach Hause.*
  sein → *Er sagte, sie sei krank.*

- **Konjunktiv II:** vom Präteritum abgeleitet
  Bei starken Verben werden aus den Vokalen a, o, u die Umlaute ä, ö und ü:

  haben (stark) → Prät.: *hatten* → *Er meint, sie hätten Angst.*
  liegen (stark) → Prät.: *lagen* → *Sie meint, sie lägen auf dem Tisch.*
  machen (schwach) → Prät.: *machten* → *Er sagt, sie machten Urlaub.*

Verwendungsregeln

- Für Aussagen im Präsens, die in die indirekte Rede verwandelt werden sollen, gilt:
  - In der indirekten Rede wird – wenn möglich – der Konjunktiv I verwendet. Er kann aber nur gewählt werden, wenn er sich von der entsprechenden Indikativform unterscheidet, z. B.: *er sieht* ↔ *er sehe.*
  - Sind Indikativ und Konjunktiv I nicht zu unterscheiden, wird der Konjunktiv II verwendet, z. B.: *wir sehen* (= Indikativ und Konjunktiv I) → *wir sähen* (Konjunktiv II von Prät.: *sahen*)

- Wenn aber auch der Konjunktiv II (im Textzusammenhang) nicht vom Indikativ zu unterscheiden ist, greift man auf die Ersatzform mit „würde“ zurück, z. B.:
  Er sagte, die Läden machten schon um 7.00 Uhr auf.
  → *würden schon um 7.00 Uhr aufmachen.*

- Für Aussagen über Vergangenes gilt:
  Für alle Vergangenheitsformen (Präteritum, Perfekt, Plusquamperfekt) gibt es nur eine gemeinsame Form des Konjunktivs der indirekten Rede, z. B.:
  Er war hier. →
  Er ist hier gewesen. → *Er sei hier gewesen.*
  Er war hier gewesen. →

- **Einleitungssatz und Inhaltssatz** können in verschiedenen zeitlichen Verhältnissen zueinander stehen, z.B.:

Er sagt,	vorzeitig	*er habe sich aufgeregt.*
	gleichzeitig	*er rege sich auf.*
	nachzeitig	*er werde sich aufregen.*

Dabei wird der Konjunktiv der indirekten Rede nicht vom Tempus des Einleitungssatzes beeinflusst, z.B.:
Sie sagt,/Sie sagte,/Sie wird sagen, er sei hier gewesen.

1 **a** Lesen Sie das Interview mit Sherry Turkle (► S. 342).
Wählen Sie aus diesem Interview mindestens vier Aussagen und geben Sie diese in der indirekten Rede wieder.
b Stellen Sie Ihre Ergebnisse im Kurs vor. Benennen Sie dabei die jeweilige Konjunktivform.

2 **a** Bilden Sie eigene Sätze mit dem Konjunktiv II.
b Prüfen Sie, in welcher Funktion Sie den Konjunktiv verwendet haben.

„dass“ oder „das“? – Konjunktion oder Pronomen?

1 Begründen Sie anhand der nachstehenden Tabelle, ob ein „dass“ und/oder ein „das“ in die Beispielsätze (a) bis (e) eingefügt werden muss.

(a) Er war so müde, ... er sofort einschlief.
(b) Er weiß, ... viel Geld kostet.
(c) ... lasse ich mir nicht bieten.
(d) ... sie siegen würden, war zu erwarten.
(e) ... Buch, ... sofort verkauft wurde, hatte vorher einen Preis gewonnen.
(f) ... ist ein Geheimnis, ... du für dich behalten solltest.

Wortart	**Gliedsatzart/Satzglied**	**Frage**
Konjunktion: **dass**	Inhaltssatz (Subjekt- oder Objektsatz)	Wer oder was? Wen oder was?
Konjunktion: **dass**	Konsekutivsatz	Mit welcher Folge?
Relativpronomen: **das**	Relativsatz/Gliedteilsatz	Was für ein ...?
Demonstrativpronomen: **das**	Subjekt oder Objekt	Was?
Artikel: **das**		

Rechtschreibung I – „s“, „ß“ oder „ss“?

Information **Schreibung des s-Lauts – Wenige einfache Regeln**

Vorfeld des Lauts: nach ...	Aussprache	Schreibung	Anmerkungen
kurzem und **betontem** Vokal		*ss* z.B.: *Hass*	Ausnahme: Kurzwörter *das* und *was*

lang gesprochenem Vokal inkl. Diphthong (au, eu, ei)	stimmhaft	*s* z. B.: *Apfelmus, Gras, Eisen*	Manchmal wird ein Laut erst durch eine Verlängerungsprobe stimmhaft, z. B.: *Gras* → *Gräser*
lang gesprochenem Vokal inkl. Diphthong (au, eu, ei)	stimmlos	*ß* z. B.: *beißen, Spaß*	Steht der s-Laut am Wortende, bleibt er auch in der Verlängerungsprobe stimmlos.

1 Tragen Sie die folgenden Begriffe in „Zielscheiben" (▸ S. 559, Aufg. 2) ein und ergänzen Sie weitere Beispiele: ***üß**: süßen, Füße … ; **üss**: Schlüssel, Küsse … ; **eiß**: reißen, weiß …*

2 Entwerfen Sie zur Übung weitere Zielscheiben dieser Art.

Rechtschreibung II – Großschreibung von Nomen/Substantiven

Methode **Nomen/Substantive erkennen – Artikelprobe**

Nomen/Substantive werden immer großgeschrieben. Sie erkennen sie daran, dass Artikel, Pronomen, Zahlwörter, Adjektive (Wortarten, ▸ S. 552 f.) oder Partizipien sie begleiten können, z. B.: ***der** Schüler, **eine** Schülerin; **dieses** Fest, **jenes** Ereignis; **mein/dein/sein** Computer; **etwas** Mühe, **viele** Regeln, **kein** Benehmen; **großes** Vertrauen, **schönes** Tor; **laufende** Kamera, **geballte** Aufmerksamkeit.*

Tipp: Findet sich kein Artikel oder Pronomen, ist die Artikel- bzw. Einsetzprobe hilfreich, z. B.: *Wörterbücher helfen Schülern* → ***Die/Viele** Wörterbücher helfen **den/vielen/allen** Schülern.*

- Ein **Artikel** kann **mit** einer **Präposition verschmelzen** und seine Funktion als Begleiter des Nomens/Substantivs erfüllen, z. B.: ***Am** Dienstag fahren wir.* → ***An dem** Dienstag fahren wir.*
- **Präpositionen** stehen oft **ohne Artikel** vor Nomen/Substantiven und verändern deren Kasus (Fall), z. B.: *Wir hörten **mit** Begeisterung zu.* → *Wir hörten **mit der** Begeisterung zu.*
- Begleiten Artikel oder Pronomen Wörter anderer Wortarten, so werden diese **nominalisiert/substantiviert** und entsprechend großgeschrieben, z. B.: *das Lernen, das Schönste, das Für und Wider, dieses Warten, beim Gehen, im Allgemeinen, im Einzelnen, im Übrigen, im Wesentlichen.*

Information **Ausnahmen – Kleinschreibung erforderlich**

- *die/diese/alle beiden, einer von beiden*
- in Verbindung mit *„sein"* bei: *spitze, angst, bange, klasse, schuld, pleite* (z. B.: *Du bist spitze!)*
- Nomen/Substantive, die zu Präpositionen geworden sind, z. B.: *dank seines Einsatzes, kraft des Gesetzes, laut Zeitungsbericht, zeit ihres Lebens.*
- abgeleitete Zeitadverbien: *nachts, vormittags, mittwochs* (**aber:** *heute Nacht, gestern Vormittag, am Mittwoch)*

1 **a** Verfassen Sie einen Text, in dem Sie möglichst viele der in der Methode bzw. Information genannten Beispiele aufnehmen und eigene ergänzen.

b Lassen Sie Ihren Text durch Ihre/n Lernpartner/in überprüfen.

Rechtschreibung III – Getrennt- und Zusammenschreibung

Information **Regeln zur Getrennt- und Zusammenschreibung**

- Verbindungen mit „sein“ werden immer getrennt geschrieben, z. B.: *beisammen sein, fertig sein.*
- Verbindungen aus zwei Verben werden in der Regel getrennt geschrieben, z. B.: *spazieren gehen.*
- Zusammensetzungen aus einem Verb und einem kaum noch als Nomen/Substantiv erkennbaren Bestandteil haben oft nur noch zusammen eine Bedeutung. Dementsprechend werden sie zusammen- und kleingeschrieben, z. B.: *leidtun, teilnehmen, standhalten, stattfinden, nottun, kopfstehen, eislaufen.*
  Achtung! Die Zusammenschreibung kann durch eine veränderte Stellung des Verbs im Satz zur Getrenntschreibung werden, z. B.: *Es tut mir leid; du nimmst teil; ich stehe kopf; er hält stand; das Fest findet statt* usw.
- Verbindungen aus Verben mit Präpositionen oder Adverbien werden meist zusammengeschrieben, z. B.: *abfahren, zwischenrufen, durchsagen, hereinkommen, voraussagen, rückwärtslaufen* usw.
- Adjektiv und Verb bzw. Verb und Verb werden zusammengeschrieben, wenn sich daraus eine neue Gesamtbedeutung ergibt, z. B.: *schwerfallen/leichtfallen (Mühe haben/keine Mühe haben), schwarzfahren (ohne Fahrschein sein), sitzenbleiben (nicht versetzt werden), sich gehenlassen (sich vernachlässigen)* usw.

1 Erfinden Sie Sätze mit den in der Information genannten Beispielen und geben Sie schriftlich zu jedem Satz die dazugehörige Regel zur Getrennt- und Zusammenschreibung an.

Rechtschreibung IV – „wieder-“ oder „wider-“, „end-“ oder „ent-“?

1 **a** Sammeln Sie möglichst viele Zusammensetzungen mit „w*ie*der-“ und „w*i*der-“.
b Ordnen Sie Ihre Zusammensetzungen mit Hilfe der Symbole **o=o** für „wieder-“ und **→←** für „wider-“ in eine Tabelle ein. Korrigieren Sie dabei evtl. die Schreibung.

***wieder-/Wieder-* (o=o)**	***wider-/Wider-* (→←)**
Wiederholung, ...	Widerstand, ...

2 Sammeln Sie Zusammensetzungen mit „en*d*-“ (wie „en*d*lich“ von „Ende“) und Ableitungen mit dem Präfix „en*t*-“ (wie „en*t*saften“ oder „en*t*täuschen“) und ordnen Sie diese mit Hilfe der Symbole **→|** für „en*d*-“ und **◊** für „en*t*-“ den beiden Zielscheiben zu.

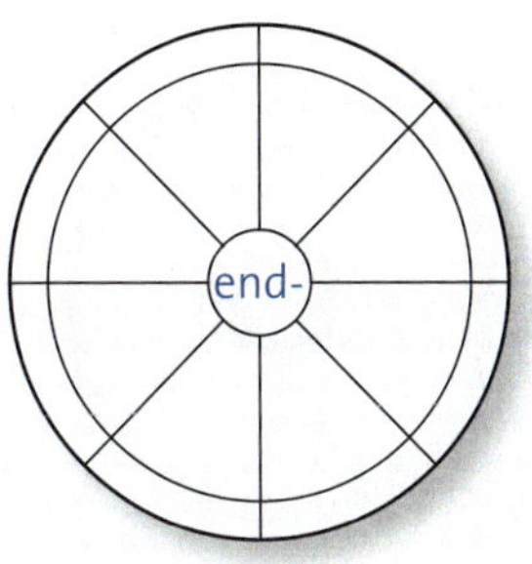

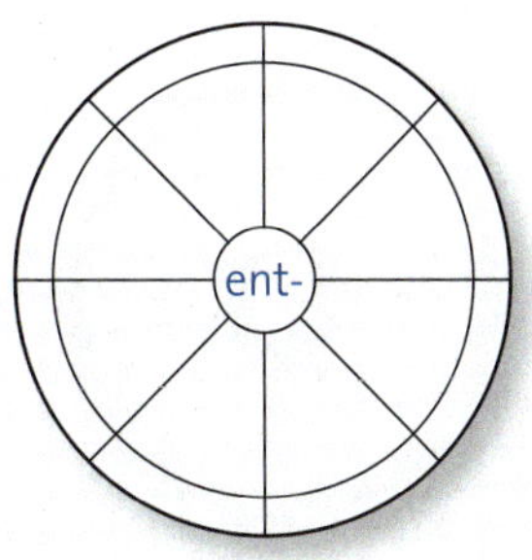

Zeichensetzung – Muss- und Kann-Bestimmungen

Die amtlichen, für Schulen verbindlichen Regeln zur Zeichensetzung nach der im Jahr 2006 in Kraft getretenen Fassung sehen eine Reihe von Muss- und Kann-Bestimmungen vor.

Information **Ein Komma *muss* stehen ...**

Regelungsbereich	Beispiel
▪ zwischen Haupt- und Nebensatz	*Sie wussten, dass es vorbei war.* *Die Frau, die sie sahen, trug ihr Kind ...*
▪ zwischen Nebensätzen unterschiedlichen Grades	*Er ahnte, dass das Kind, das da saß, bald ...*
▪ bei aufgezählten Satzteilen	*Er kam, sah und siegte.* Hinweis: Es steht kein Komma, wenn die aufgezählten Satzteile durch „und", „oder" usw. verbunden sind.
▪ bei wörtlicher Rede zur Abtrennung des Begleitsatzes	*„Wie geht das?", fragte er.* *„Ich bin", stieß er hervor, „wirklich wütend."*
▪ bei Appositionen mitten im Satz	*Friedrich Schiller, der Dramatiker, wurde ...*
▪ bei Anreden	*Dies alles, liebe Frau Schmidt, ist ...*
▪ bei entgegensetzenden Konjunktionen *(aber, jedoch, sondern ...)*	*Das Buch war dick, aber wenig informativ.*
▪ bei nachgestellten näheren Bestimmungen	*Er hatte Geld verloren, und zwar 200 Euro.*
▪ bei herausgehobenen Satzgliedern	*Die Aufführung, die war fantastisch.*

Methode **Komma bei Infinitivsätzen (Infinitivgruppen) und Partizipialsätzen (Partizipgruppen)**

Infinitivsätze darf man immer durch Komma vom Hauptsatz trennen.
Ein Komma **muss** stehen, wenn der Infinitivsatz

- durch *als, anstatt, außer, ohne, statt, um* eingeleitet wird, z. B.:
  Sie ging, um das Rad zu reparieren.
- von einem Nomen/Substantiv abhängt, z. B.:
  Der Vorschlag, das Rad zu reparieren, war gut.
- mit einem hinweisenden Wort angekündigt wird, z. B.:
  Ihr Ziel ist es, das Rad zu reparieren.

Partizipialsätze darf man immer durch Komma vom Hauptsatz trennen.
Ein Komma **muss** stehen, wenn der Partizipialsatz

- mit einem hinweisenden Wort oder einer Wortgruppe angekündigt bzw. wieder aufgenommen wird, z. B.:
  Auf diese Weise, das halbe Fahrrad zerlegend, verbrachten wir den Vormittag.
- eine nachgestellte Erläuterung ist, z. B.:
  Das ist richtig, logisch betrachtet.

Information **Ein Komma *darf nicht* stehen …**

Regelungsbereich	Beispiel
▪ bei Satzgliedern	*Mit seinem aufwändig gestylten Wagen aus amerikanischer Produktion fuhr er …* Hinweis: Lange Satzglieder, nach denen man Luft holen muss, verleiten manchmal zu der Annahme, dass ein Komma gesetzt werden müsse. Nach Satzgliedern steht jedoch kein Komma.
▪ bei anreihenden Konjunktionen, die Wörter bzw. Wortgruppen verbinden	*Er hatte sowohl das Thema als auch die Gestaltungsmittel herausgearbeitet.* Hinweis: Konjunktionen, bei denen kein Komma steht, sind außerdem „entweder … oder“, „weder … noch“, „beziehungsweise“, „wie“, „und“, „oder“. Dagegen muss ein Komma vor den Konjunktionen „aber“, „sondern“, „andererseits“ stehen.
▪ bei einfachen Vergleichen	*Er ist stärker als ein Bär.* **Aber:** *Er ist stärker, als ich gedacht hatte.* (Vergleichssatz)

1 Schreiben Sie den folgenden Text ab und tragen Sie dabei alle Kommas ein, die Sie für notwendig halten.

2 Begründen Sie jede Kommasetzung. Greifen Sie dabei ggf. auf die Informationen und die Methode auf den Seiten 560–561 zurück.

VORSICHT FEHLER!

John Lennon der kreative Kopf der erfolgreichsten Band aller Zeiten der Beatles starb infolge eines Attentats. Als er am 8. Dezember 1980 in New York zusammen mit seiner Frau der Künstlerin Yoko Ono sein Haus verließ wurde er erschossen. Kurz zuvor hatte der Musiker noch einem Fan ein Autogramm gegeben ohne zu ahnen dass dieser sein späterer Mörder sein würde. Während John Lennon seinen Verletzungen erlag blieb seine Frau unverletzt. Der Attentäter floh nach den Schüssen nicht sondern blieb am Tatort und stellte sich sogar in Pose als Polizei und Presse eintrafen. Wenn schon Mörder dann wollte er offenbar ein netter freundlicher ein medientauglicher Mörder sein. Warum er John Lennon den großen Musiker umgebracht hat das wird wohl für immer sein Geheimnis bleiben. Sicher ist dass auch das amerikanische Waffenrecht es dem Einzelnen recht leicht macht an Waffen heranzukommen. Fast jedem ist es erlaubt eine Pistole oder ein Gewehr zu erwerben.

Darüber hinaus sagte ein Politiker nach dem Attentat: „Es muss auch angenommen werden dass der Täter ein Produkt der unersättlichen Darstellung von Gewalt in den Medien ist. Er mordete“ so betonte der Politiker „weil er berühmt werden wollte um sich in Szene zu setzen. Ich bin einfach entsetzt!“ schloss er.

Es ist furchtbar genug doch solche Aktionen werden immer wieder nachgeahmt und zwar leider zunehmend wie aktuelle Ereignisse zeigen. Dies betrifft nicht nur Prominente sondern auch ganz einfache Menschen die zufällig zur falschen Zeit am falschen Ort waren.

2 Sprechen, Zuhören, Lesen und Schreiben

1 Beschreiben Sie die dargestellten Situationen. Auf welche Probleme wird aufmerksam gemacht?

2 Formulieren Sie Vorschläge dazu, wie sich die dargestellten Fehler vermeiden lassen.

In diesem Kapitel erwerben Sie folgende Kenntnisse und Kompetenzen:

- in Internet und Bibliothek gründlich recherchieren, Suchstrategien anwenden und Informationen bewerten,
- mediengestützte Referate und Kurzvorträge planen, strukturiert erarbeiten und präsentieren,
- Arbeitsergebnisse mit Hilfe von Software darstellen, Sachverhalte visualisieren,
- verschiedene Arten des Protokollierens kennen und anwenden,
- ein Bewerbungsportfolio mit Deckblatt und Lebenslauf zusammenstellen,
- ein Vorstellungsgespräch vorbereiten,
- den Schreibprozess strukturieren: Texte planen, schreiben und überarbeiten,
- Portfolios und Facharbeiten sachgerecht erstellen und dabei Techniken wissenschaftlichen Arbeitens perfektionieren,
- Lesetechniken und -strategien zum vertieften Textverständnis gezielt anwenden,
- Projektarbeiten professionell erledigen: Arbeitsabläufe planen und strukturiert durchführen.

2.1 Recherchieren in Internet und Bibliothek

Gründliche medienübergreifende Recherche

„Sterben Sprachen unter dem Einfluss von Anglizismen?" Wollen Sie einen Text hierzu verfassen, müssen Sie sich zunächst gründlich in unterschiedlichen Medien informieren.

Methode Basisrecherche mit Wikipedia

- Klären Sie zunächst den Rechercheauftrag. Formulieren Sie eine Basis aus **Schlagwörtern** (engl. *tags*), die sich daraus ableiten lassen (z. B. „Sprachensterben", „Anglizismen"). Diese sollten das Thema allgemein umreißen. Fragen Sie sich hierzu, in welchen Lexikoneinträgen Sie voraussichtlich Informationen zu Ihrer Recherchefrage finden.
- Starten Sie bei **Wikipedia** eine Suche nach den entsprechenden Schlagwörtern. Der Wikipedia-Artikel, den Sie finden, erläutert das Schlagwort und liefert Zusatzinformationen, die es in einen thematischen Kontext stellen. Zudem weist der Artikel auf Quellen zum „Tag" hin.
- Überlegen Sie, welche neuen Schlagwörter sich aus den Informationen bilden lassen. Überprüfen Sie die angegebenen **Online-Quellen** und suchen Sie dort nach weiteren „Tags", mit denen das Recherchethema verbunden ist. Notieren Sie sich ggf. angegebene **Offline-Quellen** (z. B. Bücher) für später. Achten Sie auf das „Nicht-belegt"-Icon: .
Informationen aus solchen Artikeln müssen Sie besonders sorgfältig mit anderen Quellen abgleichen.
- Mit sinnvollen Schlagwörtern aus dem thematischen Kontext und den Quellen lässt sich nun eine weiterführende Recherche mit Hilfe von **Suchmaschinen** (► S. 564) durchführen.

Artikel Diskussion Lesen Bearbeiten Versionsgeschichte Suchen

Anglizismus

Als **Anglizismus** bezeichnet man den Einfluss der englischen Sprache auf andere Sprachen. […]

Anglizismen in der deutschen Sprache

Erscheinungsformen: …

Kritik [Bearbeiten]

…

Literatur [Bearbeiten]

…

Weblinks [Bearbeiten]

…

Einzelnachweise [Bearbeiten]

…

Hauptseite
Themenportale
Von A bis Z
Zufälliger Artikel
► Mitmachen
► Drucken/exportieren
▼ Werkzeuge
Permanenter Link
Seite zitieren

1 Erklären Sie, wie die Wikipedia-Seite aufgebaut ist, und erläutern Sie einzelne Elemente genauer. Nutzen Sie dazu auch eigene Erfahrungen im Umgang mit dem Online-Lexikon.

2 Starten Sie eine Basisrecherche mit Wikipedia zu einem von Ihnen gewählten Thema. Formulieren Sie zunächst sinnvolle Schlagwörter. Beachten Sie die Hinweise im Methodenkasten.

3 Wie funktioniert die „freie Enzyklopädie" Wikipedia und kann sie als verlässliche Quelle dienen? Informieren Sie sich über Nutzen und Grenzen des Projekts auf der Wikipediaseite und auf anderen Webseiten, z. B. unter den Stichwörtern „Qualitätskontrolle", „Kritik", „Meinungshoheit".

Feinrecherche – Spuren verfolgen

Vertiefen Sie Ihre Recherche mit den „Tags“ aus der Basisrecherche. Wichtig ist, dass Sie sich nicht verzetteln, sondern mit zielführenden Begriffen suchen und Ihre Ergebnisse sinnvoll verknüpfen.

Methode Feinrecherche mit Suchmaschinen

Die besten Ergebnisse bei der Suche erhalten Sie, wenn Sie sich den **Inhalt** des Dokuments **vorstellen**, nach dem Sie suchen. Formulieren Sie dann die Tags, die ein solches Dokument enthalten müsste. Beispiel: Wenn Anglizismen für das Sprachensterben verantwortlich sind, sollte das Dokument die Begriffe „Sprachensterben“, „Englisch“ und „Globalisierung“ enthalten. Nutzen Sie die Möglichkeiten der **Suchmaschine**, **Ergebnisse** zu **beeinflussen** und zu **filtern**:

- Verwenden Sie die Suchoptionen, um Ergebnisse auf einen **Zeitraum** einzuschränken. Ändern Sie die Sortierung von Relevanz auf Datum, um die jüngsten Dokumente zu sichten.
- Das **Minus-Zeichen** soll Begriffe von der Suche **ausschließen**. Zielführender ist aber oft die **Eingrenzung mit Zusatzbegriffen**, z. B.: *Jaguar Tier* (statt: *Jaguar – Auto*).
- Definieren Sie mit ... einen gesuchten **Zahlenbereich**, z. B. *Schiller Werk 1785...1805*.
- Mit dem **„site:“-Befehl** schränken Sie die Suche auf bestimmte Websites ein, z. B. *site: spiegel.de*, um nur „Spiegel online“ und *site:*.de*, um nur deutsche Seiten zu durchsuchen.
- Geben Sie sich nicht mit den Ergebnissen auf der ersten Seite zufrieden. Sie sollten die **Ergebnisse** in der Regel mindestens **bis Seite 5** überfliegen.
- Wenn Sie **Grafiken** zu Ihrer Recherche benötigen, bietet sich die **Bildersuche** an. Auch hier gibt es sinnvolle Optionen zur Filterung der Ergebnisse. Ruft man die zum Bild gehörende Website auf, lassen sich oft wertvolle Informationen entdecken.
- Setzen Sie gesuchte Wortgruppen oder Zitate in **Anführungszeichen**, z. B.: *„aussterbende Sprachen“*.
- Suchresultate und Quellenangaben zu **Büchern** können Sie z. B. durch eine Suche bei Online-Versandhändlern wie Amazon einer ersten Sichtung unterziehen.

1 **a** Beschreiben und beurteilen Sie die abgebildeten Suchergebnisse aus Google. Welche Aspekte Ihres Themas werden beleuchtet? Sind die Seiten für Ihr Thema unterschiedlich brauchbar?
b Erläutern Sie die Hinweispfeile im Screenshot. Ziehen Sie dazu das Methodenwissen heran.
c Beschreiben Sie Ihre eigenen Erfahrungen im Umgang mit Suchmaschinen.

2 Informieren Sie sich über die Unterschiede, Vor- und Nachteile verschiedener Suchmaschinen.

3 Setzen Sie Ihre Recherche zu Ihrem Thema mit Suchmaschinen fort.

Quellenrecherche in Internet und Bibliothek – Die Recherchespirale

Immer noch liegen viele wertvolle Informationen nur in gedruckter Form vor. Deshalb ist es wichtig, sich zu den im Netz gefundenen Quellen auch die Autorennamen zu notieren. Experten für bestimmte Sachgebiete sind oft (Mit-)Autoren von Büchern.

Methode Online-Recherche in Bibliotheken und Archiven

- Verschaffen Sie sich einen ersten Überblick über das Werk eines **Autors**/einer **Autorin**. Identifizieren Sie dann ein Buch, das für Ihre Recherche interessant sein könnte. Bei „Amazon“ etwa finden Sie eine **Kurzbeschreibung** und **Leserkommentare**. Zudem liegen aus vielen Büchern auch mehrseitige **Auszüge** vor, die sich online durchstöbern lassen. Aufschlussreich sind auch die Hinweise darauf, wofür sich andere interessiert haben.
- Sie können sich gefundene Buchtitel möglicherweise bei Ihrer **Stadtbibliothek** ausleihen bzw. in einem **Archiv** ansehen. Die meisten Bibliotheken verfügen über einen **Online-Katalog**, der sich per Internet abfragen lässt (OPAC, Online Public Access Catalogue). Ermitteln Sie mit der Suchmaschine die Web-Adresse Ihrer Stadtbibliothek und geben Sie dort Autorennamen, Buchtitel oder Tags in die Suchmaske ein. Recherchieren Sie neben Büchern auch Zeitschriften- und Zeitungsartikel.

Methode Die Recherchespirale

Auf jeder Stufe der Recherche müssen Sie das gefundene **Material beurteilen**. Sortieren Sie Unwichtiges aus, fassen Sie die relevanten Informationen zusammen und verknüpfen Sie sie im Sinne der Recherche. Zum Schluss sollte ein **Extrakt** übrig bleiben, aus dem sich je nach Rechercheziel ein Ergebnis formulieren lässt, das **gedanklich schlüssig** und einwandfrei **mit Quellen belegt** ist. Dann haben Sie die **Recherchespirale** erfolgreich absolviert.

1 Berichten Sie von Ihren Erfahrungen mit der Recherche in Bibliotheken.

2 Schließen Sie die Recherche zu Ihrem Thema ab, indem Sie interessante Bücher und andere Print-Dokumente wie z. B. Zeitschriften- und Zeitungsartikel suchen.

3 **a** Erklären Sie die nebenstehende Grafik.

b Zeichnen Sie zu Ihrem eigenen konkreten Vorgehen eine Recherchespirale.

4 Kontrollieren Sie die Qualität Ihrer verschiedenen Informationsquellen. Orientieren Sie sich dabei an der Methode auf ▸ S. 604.

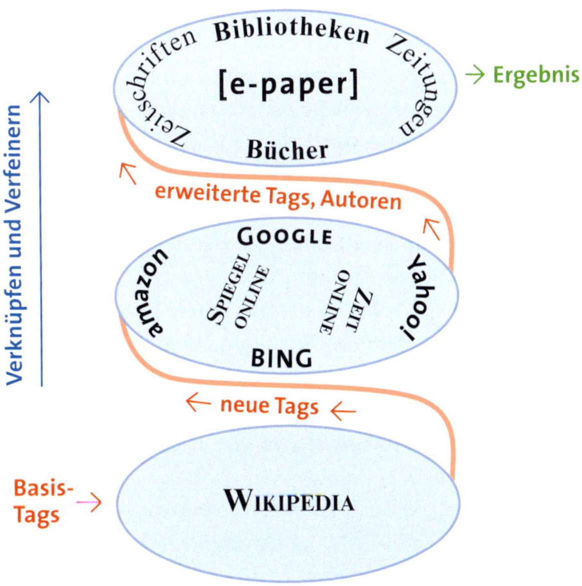

2.2 Referate und Kurzvorträge erarbeiten und präsentieren

Zentrale Fragen klären – Die Arbeit planen: Inhalt und Form

Mit einem Referat oder Kurzvortrag vermitteln Sie Informationen an eine bestimmte Gruppe von Zuhörerinnen und Zuhörern. Diese Informationen entstammen entweder einer Recherche zu einem Thema oder sind das Ergebnis eigener Untersuchungen bzw. Forschungen. Bei einem Referat behandeln Sie ein Thema ausführlich; der Schwerpunkt liegt dabei auf dem Referatstext, der meist auch ausformuliert wird. Bei Kurzvorträgen und Präsentationen liegt der Fokus auf der knappen mündlichen Vermittlung. Bei allen Typen wird der Inhalt in der Regel durch zusätzliche Medien verdeutlicht. Zur Übersicht liegen den Zuhörern Thesenpapiere bzw. Stichpunktnotizen (Handouts) vor.

Methode **Referat und Kurzvortrag planen**

Struktur entwickeln: Ein gut strukturierter Vortrag ist wesentlich leichter zu verstehen und bleibt Ihren Zuhörerinnen und Zuhörern besser im Gedächtnis. Ein guter Einstieg für das Erstellen eines strukturierten Vortrags besteht stets darin, sich drei Fragen zu stellen: **Was** will ich vermitteln? **Wie** vermittle ich es? **Welche Werkzeuge** benötige ich dazu? Aus diesen Fragen ergibt sich die **inhaltliche** (das „Was") und die **vermittelnde Struktur** (das „Wie" und die „Werkzeuge").

- Indem Sie Ihre **Inhalte gedanklich strukturieren**, schaffen Sie ein zusammenhängendes Bild dessen, was Sie sagen wollen. Dieses Bild teilen Sie mit den Zuhörern; es sorgt dafür, dass sie die Informationen im Zusammenhang sehen und Ihren Argumenten folgen können. Die gedankliche Struktur hilft Ihnen auch beim Vortragen: Sie müssen keinen vorformulierten Text ablesen, weil Sie mit Hilfe strukturierter Stichpunkte den Inhalt des Vortrags leichter im Gedächtnis behalten können. Dadurch wird Ihr Vortrag lebendiger. Sie können auf Ihre Zuhörerschaft reagieren und laufen weniger Gefahr, während des Vortragens steckenzubleiben.
- Die **vermittelnde Struktur** gibt Ihrem Vortrag ein äußeres Gerüst. Hier müssen Sie planen, wie Sie vortragen wollen (ausführlich oder knapp, frei oder vorformuliert, mediengestützt oder rein mündlich). Gleichzeitig sollten Sie überlegen, wie Sie das Publikum einbeziehen können und welche Medien, Geräte und Materialien Sie zur Unterstützung und Verdeutlichung Ihrer inhaltlichen Aussagen heranziehen wollen.
  Welchen Aufwand Sie dabei betreiben müssen, hängt stark von der Komplexität des Vortragsthemas ab, aber auch vom Vorwissen und der Erwartungshaltung des Publikums.

1 Sie sollen einen mediengestützten Vortrag halten: Welche Punkte müssen Sie klären bzw. mit Ihrer Lehrkraft besprechen, bevor Sie mit der Arbeit beginnen?

2 Sie recherchieren für Ihren Vortrag: Überlegen Sie, welchen Vorteil Sie haben, wenn Sie die Recherche von vornherein strukturiert durchführen (▸ S. 565).

3 **a** Beantworten Sie als Ausgangspunkt Ihrer Planung das „Was" und „Wie" Ihres Vortrags, z. B.:
Was? *Im Zentrum meines Vortrags soll die Frage nach … stehen. Dazu gehören folgende Aspekte …*
Wie? *An zentralen Stellen des Vortrags möchte ich …/Um frei vortragen zu können, werde ich …*

b Notieren Sie in Stichwörtern Werkzeuge, die Sie benötigen:
Medien: *OHP-Folie, …;* ***Geräte:*** *Overheadprojektor, …;* ***Materialien:*** *Handout, …*

Den Vortrag inhaltlich strukturieren – Haftnotizen nutzen

Methode Vorträge mit Haftnotizen strukturieren

In vielen Fällen sollen Sie für Ihren Vortrag nicht selbst recherchieren, sondern über ein **Thema** mit Hilfe vorgegebener Quellen referieren. Diese Quellen liegen in der Regel ohne inhaltliche Struktur vor. Da gut verständliche, fachlich orientierte Vorträge stets eine **klare gedankliche Struktur** aufweisen (den so genannten „roten Faden"), müssen Sie zur Vorbereitung Ihres Vortrags eine **zum Material passende Struktur** erstellen. Eine typische Struktur folgt dabei einem gedanklichen Schema, das sich grob mit den drei Abschnitten **Ursachen → Wirkungen → Folgen** beschreiben lässt (vgl. auch die Struktur beim schriftlichen Informieren, ▶ S. 231). Beispiel: *Aufstieg der Wissenschaften → Epochenumbruch um 1900 (Thema) → Orientierungslosigkeit*
Dem entspricht implizit eine zeitliche Aufteilung in **Vergangenheit → Gegenwart → Zukunft**. Diese Aufteilung wird oft für historische Darstellungen verwendet, wobei die „Gegenwart" in der Regel den Zeitraum des zu untersuchenden Themas darstellt. Beispiel: *Vorläufer → Goethes „Faust" (Thema) → Rezeption*. Eine ähnliche Aufteilung, **Herkunft → Entwicklung → Wirkung**, kann man für die Struktur biografischer Vorträge verwenden. Beispiel: *Friedrich Schiller: unglücklicher Militärarzt → Suche nach Geistesverwandten → Weimarer Klassik*
Selbst ein komplexes Thema wie „Goethes Einfluss auf die deutsche Romantik" lässt sich leichter greifen, wenn man das Material zuerst in eine zeitliche bzw. kausale Struktur einordnet.
Die inhaltliche Struktur unterliegt einer **übergeordneten Gliederung**, die sich aus der menschlichen Erwartungshaltung an den Verlauf von Geschichten ableiten lässt. Deshalb wählt man in der Regel die klassische Aufteilung **Einleitung, Hauptteil, Schluss** als formale Klammer, innerhalb derer sich die inhaltliche Struktur entfalten kann.
Zum Aufbau dieser Strukturen bietet sich die Arbeit mit **beschrifteten Haftnotizen** an.

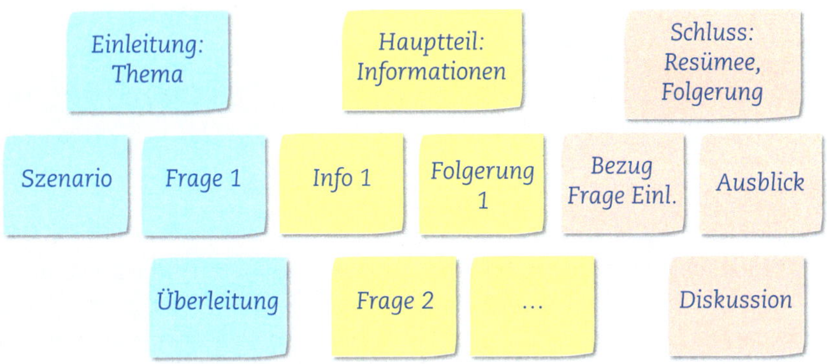

Der Vorteil dieser Methode besteht darin, dass man die inhaltliche Struktur variieren und die Blöcke jederzeit neu anordnen kann. Das Erstellen einer Grundstruktur fällt oft leichter, wenn man schon weiß, wie man beginnen will, und wenn klar ist, auf welchen Schluss der Vortrag zielt. Im Hauptteil beleuchtet man das Thema anhand der inhaltlichen Struktur. Der Anschluss an die Einleitung gelingt, wenn man hier z. B. auf die Frage, die Problemstellung oder das Szenario aus der Einleitung eingeht. Die Informationen müssen im Hauptteil logisch verknüpft werden (aus Information 1 lässt sich die Folgerung 1 ziehen; das führt zu Frage 2, die sich mit Information 2 beantworten lässt ...). Sachverhalte, die zum Thema nur wenig beitragen, lässt man weg oder fasst sie mit anderen Fakten sinnvoll zusammen.

1 Überlegen Sie, welcher Eindruck sich für die Zuhörer/innen jeweils ergibt, wenn man die Reihenfolge der oben genannten Strukturen, z. B. von Ursachen – Wirkungen – Folgen, variiert.

Franz Kafka – Kurzbiografie

Der deutschsprachige Schriftsteller Franz Kafka gilt als einer der einflussreichsten Autoren des 20. Jahrhunderts. Sein in viele Sprachen übersetztes Werk gehört zum Kanon der Weltliteratur und ist bis heute in den großen Buchhandlungen und Bibliotheken aller Kontinente präsent. Man muss sich Kafka als Wanderer zwischen den Kulturen vorstellen: Er wuchs als Kind deutscher Juden in Prag auf. In seiner tschechisch-christlichen Umgebung musste er sich daher in zweifacher Weise fremd fühlen. Diese Grunderfahrung hat sein Werk geprägt. Die Stationen seines relativ kurzen Lebens sind schnell aufgelistet: Kafka wurde 1883 in Prag geboren und besuchte dort zunächst die „Deutsche Knabenschule" und dann das ebenfalls deutschsprachige humanistische Staatsgymnasium in der Prager Altstadt; im selben Gebäude betrieben seine Eltern ein Geschäft für Galanteriewaren[1]. Von 1901 bis 1906 studierte Kafka an der Universität Prag zunächst Chemie und dann Jura und Germanistik; sein Studium der Rechtswissenschaften schloss er mit der Promotion ab. Er arbeitete kurz für eine private Versicherung und dann von 1908 bis 1922 in der staatlichen „Allgemeinen Unfallversicherungsanstalt für das Königreich Böhmen" in Prag. Viele Jahre lang führte er ein gespaltenes Leben; während er tagsüber seinem eher ungeliebten Beruf nachging, verfasste er – in der Regel nachts – seine Prosawerke. 1917 erkrankte Kafka an der damals unheilbaren Lungentuberkulose, an der er 1924 starb. Bereits 1922 war er vorzeitig pensioniert worden. Kafkas Verhältnis zu seinem Vater war von Konflikten geprägt. Der sensible Schriftsteller litt unter der „tyrannischen Macht", mit welcher der Patriarch die Familie regierte, und empfand ihn als grobianische Kaufmannsnatur. In seinem Werk finden sich daher vielfältige Metaphern, die sich auf diesen Konflikt beziehen. Kafka gelang nie eine stabile Liebesbeziehung; er ging mehrere Verlobungen ein, blieb jedoch unverheiratet, weil er die Verlobungen – meist nach kurzer Zeit – wieder auflöste. Kafkas Ruhm als Schriftsteller entwickelte sich erst nach seinem Tod; zu seinen Lebzeiten war er der breiten Öffentlichkeit unbekannt. Er selbst hatte wenig Zutrauen zu seinem Talent. So verpflichtete er seinen besten Freund und Nachlassverwalter, den Schriftsteller Max Brod, die noch nicht veröffentlichten Schriften nach seinem Tod zu verbrennen. Brod machte Kafkas Werke nach dessen Tod jedoch der Öffentlichkeit zugänglich. Unter diesen Werken befanden sich auch die heute berühmten Romane „Der Prozess" und „Das Schloss". Breiten Erfolg hatten diese erst nach 1945, zunächst in den USA und in Frankreich, dann auch in Deutschland.

1 **Galanteriewaren:** (veraltet): modisches Zubehör zur Kleidung, Accessoires

1 **a** Planen Sie mit Hilfe des Textes einen biografischen Kurzvortrag über Franz Kafka. Entwickeln Sie dafür mit Haftnotizen eine inhaltliche Struktur. Sie können die Vorlage unten ergänzen.

b Experimentieren Sie mit der Struktur, indem Sie Reihenfolge und Anordnung der Notizen verändern. Überlegen Sie jeweils, welche Wirkungen Sie damit erzielen können.

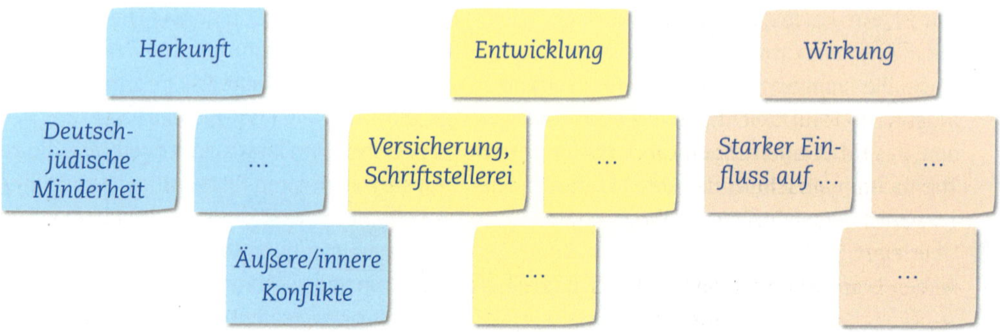

Den Ablauf des Vortrags planen – Moderationskarten gestalten

1 Entwickeln Sie die äußere, vermittelnde Struktur Ihres Vortrags:

a Überlegen Sie, wie Sie Ihren Vortrag möglichst interessant einleiten und abschließen können.

b Finden Sie Punkte im Vortragsverlauf, an denen Sie das Publikum z. B. durch Fragen einbeziehen können. Ergänzen Sie dazu die folgenden Formulierungen und entwickeln Sie eigenständig weitere Fragen: *Welche Lebensumstände könnten sich …? Was glaubt ihr, hat Max Brod …? Wer von euch hat schon einmal von … gehört?*

2 Überlegen Sie, an welchen Stellen Sie Bilder und Grafiken (auf Folie bzw. per Beamer) einsetzen können. Bilder, die Sie selbst gestaltet oder im Rahmen Ihrer Recherche (► S. 563 ff.) ausgewählt haben, lockern Ihren Vortrag nicht nur auf, sie können Inhalte auch verdeutlichen.

Einleitung	**1**
Um ein Haar wären uns die berühmtesten Romane	
Kafkas gar nicht bekannt.	
Wieso das so ist, erfahrt ihr in di	

Schluss	**9**
Wirkung II	**OHP-Folie 5**
– zu Lebzeiten: weitgehend	*(Foto kurz vor seinem Tod)*
unbekannt	
– Nachlassverwalter:	***Frage ans Publikum:***
Schriftstellerfreund Max Brod	*Wie ist die Entscheidung*
– sollte Manuskripte verbrennen	*Brods eurer Meinung nach*
– hielt sich nicht an Anweisung	*zu bewerten?*
im Testament	

3 **a** Erklären Sie, wie die Moderationskarten aufgebaut sind.

b Wie gelingt es, die Aufmerksamkeit der Zuhörer/innen zu erregen und bis zum Ende aufrechtzuerhalten?

4 Übertragen Sie Ihre inhaltliche Struktur stichwortartig auf Moderationskarten. Notieren Sie auch die Fragen, mit denen Sie Ihr Publikum einbeziehen (Aufgabe 1b) wollen, und vermerken Sie, wann Sie welche Medien einsetzen möchten.

Methode **Moderationskarten erstellen**

- Auf verschiedenfarbigen Moderationskarten notiert man in **Stichworten** die zentralen Aussagen sowie alle wichtigen Informationen (Zahlen, Daten, schwierige Namen, Zitate usw.).
- **Ein- und Überleitungen** kann man auch vorformulieren und wörtlich aufschreiben.
- Für jeden **Abschnitt** des Referats wird eine eigene Karteikarte angelegt und mit einer **Überschrift** versehen. Die zugehörigen Daten und Informationen werden stichpunktartig darunter notiert.
- Der **Einsatz von Medien** und **Fragen ans Publikum** werden seitlich notiert.
- Die Karteikarten werden **durchnummeriert** und in der richtigen Reihenfolge sortiert.

Visualisierungstypen – Grafiken mit Office & Co. erstellen

Methode Informationen, Ideen und Konzepte visualisieren

Informationen und Daten erschließen sich durch eine Visualisierung oft leichter als in Textform. Um herauszufinden, welche Art von Grafik oder Diagramm sich zur Visualisierung Ihrer Daten besonders gut eignet, können Sie sich der folgenden **W-Fragen** bedienen.

- **Wer?/Was?** Diese Fragen lassen sich am besten mit einem **Strukturdiagramm** beantworten, das den Aufbau oder die Anordnung eines Sachverhalts wiedergibt. Das können die Familienmitglieder in einem Stammbaum, die Fußballmannschaften in einem Turnierplan oder auch strukturierende Elemente eines Films oder Buchs sein. Im Unterschied zum Flussdiagramm geht es weniger um die Darstellung eines Ablaufs (z. B. der Generationsfolge im Stammbaum), sondern um eine Wiedergabe des Gesamtbilds (z. B. der ganze Familie). In Strukturdiagrammen können Sie mit **Symbolen** arbeiten und inhaltliche Einheiten durch Rahmen/Blöcke verdeutlichen.
- **Wie viel?** Diese Form kommt bei der Visualisierung von Zahlen und Größenvergleichen zum Einsatz. Sehr gut verständlich sind **Balken-, Säulen- und Kreisdiagramme**.
- **Wann?** Bei diesem Typ geht es um zeitliche Abläufe. Dazu gehören **Zeitleisten** und zeitliche Schrittfolgen, etwa im Bereich der Projektplanung.
- **Wo?** Zur Beantwortung dieser Frage bieten sich nicht nur einfache **Landkarten**, sondern auch **Zuordnungen von Daten zu Orten** (z. B. Dialektkarte) und **Grundrisse** (z. B. Bühnenbilder) an.
- **Wie?** Dieser Typ visualisiert alle Arten von **logischen Abläufen und Schrittfolgen**. Typische Vertreter sind **Flussdiagramme**. Es kann sich aber auch um Storyboards oder Bauanleitungen handeln.
- **Warum?** Solche Grafiken visualisieren mehr oder weniger komplexe **Beziehungen** zwischen einzelnen Einheiten **(„Erklärgrafik")**. Dazu gehören etwa Illustrationen von Ökosystemen, aber auch **Planskizzen, Concept- und Mindmaps**.

1 **a** Sehen Sie sich diese und die beiden folgenden Grafiken (S. 571) an und erklären Sie, wie sie aufgebaut sind und welche Funktion sie haben.

b Ordnen Sie die Grafiken mit Hilfe des Methodenwissens einer Klasse von Visualisierungen zu.

2 Entscheiden Sie, welche Schaubilder bzw. Diagramme sich für einen Kurzvortrag zu Autorenbiografien oder zu Epochen eignen.

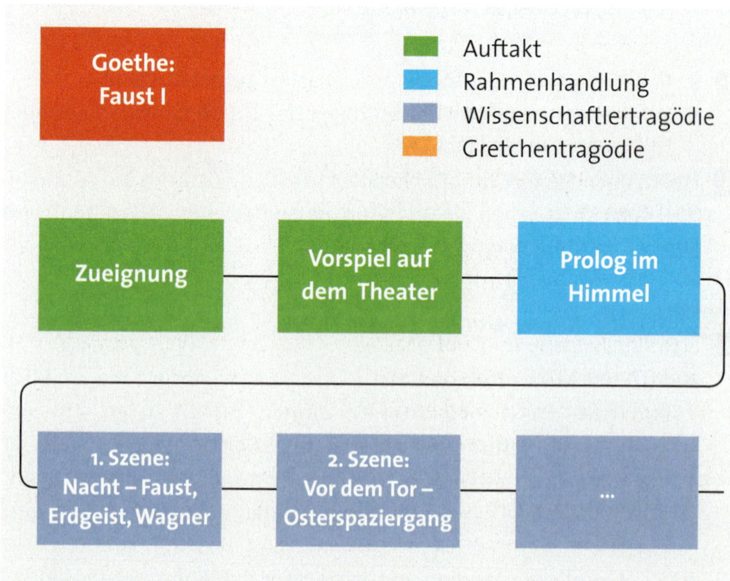

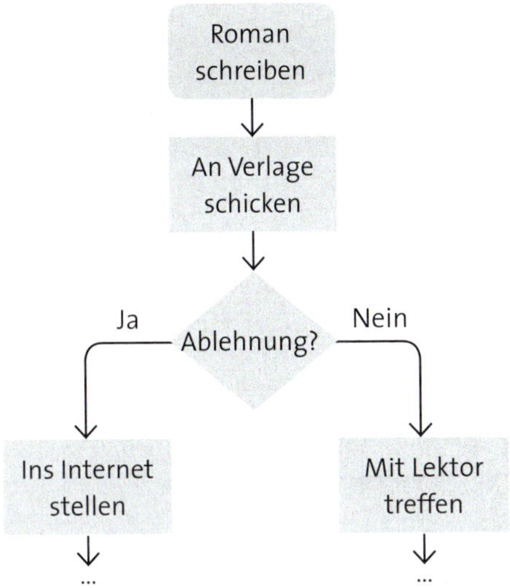

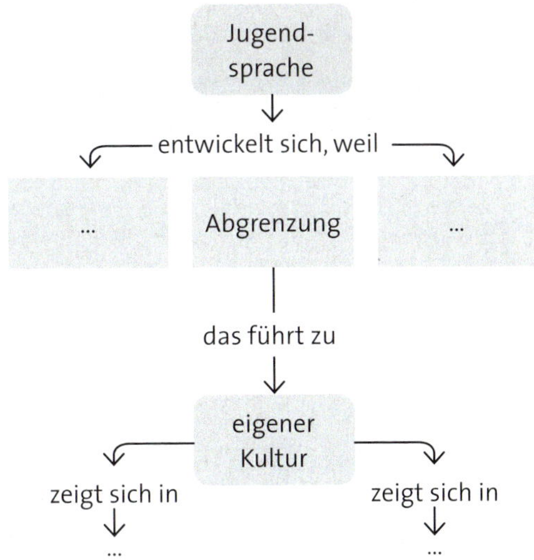

Methode **Diagramme am Computer erstellen**

Mit Computerhilfe lässt sich leicht eine Vielzahl von **Diagrammtypen** erstellen.

- **Office-Pakete** wie Microsoft Office oder das kostenlose LibreOffice bieten umfangreiche Möglichkeiten zur Erstellung zahlenbezogener Diagramme. Werkzeuge für einfache Strukturdiagramme sind in alle Teilprogramme von MS-Office integriert. Für komplexere Typen bieten sich MS-Visio oder Draw von LibreOffice an.
- **Onlinedienste:** Im Internet existieren diverse freie Dienste, mit deren Hilfe man eine Vielzahl unterschiedlicher Visualisierungen erstellen kann.

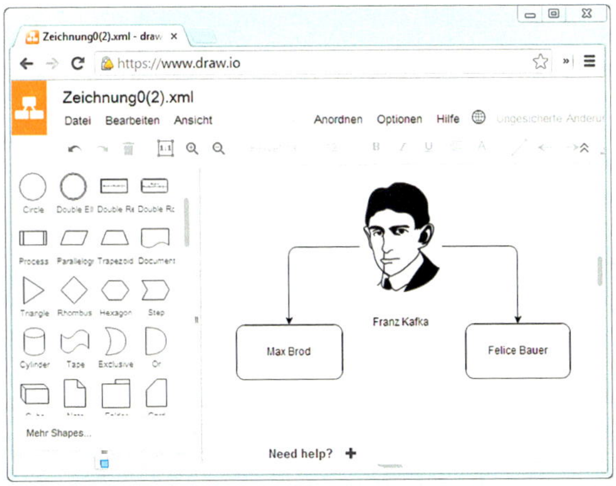

Tipp: Eine Grafik wie der hier erstellte „soziale Graph" (▶ S. 338) Kafkas lässt sich im PNG-Format auf dem eigenen Computer speichern und dann in den Text oder die Präsentation einfügen.

1 Erstellen Sie eine Concept-Map (d. h. eine Darstellung von Begriffen und ihren Zusammenhängen) zum Thema „Soziale Netzwerke".

a Rufen Sie den Onlinedienst Draw.io auf und wählen Sie einen geeigneten Diagrammtyp.

b Ergänzen und nutzen Sie die folgenden Begriffe, um die Grafik zu erstellen:
gehören zu …   entstehen, weil …   führen zu …   zeigen sich in …   bedingen, dass …; Freundschaft, Gruppendruck, Privatsphäre, Kontakte, Mobbing, Status, Beziehung, Eigenleben, Publikum, Kommunikation, Zurschaustellung, Nachteile bei …

2 Vollziehen Sie mit Ihrem Textverarbeitungsprogramm anhand der Markierungen im Screenshot (Word) Schritt für Schritt nach, wie Sie ein Säulendiagramm erstellen können.

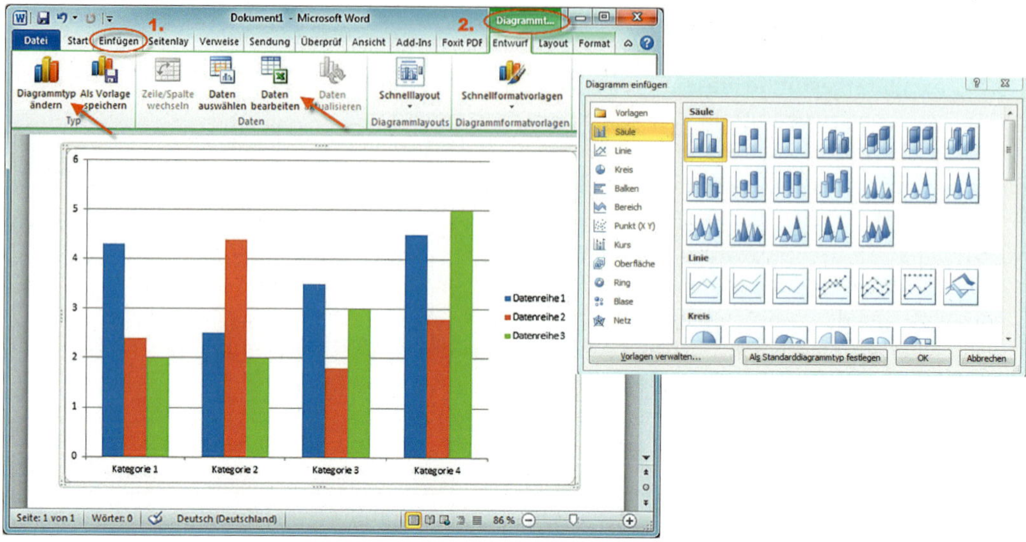

3 Nutzen Sie die Daten zum Umgang Jugendlicher mit Medien in der folgenden Tabelle (aus der so genannten JIM-Studie), um ein Balkendiagramm zu erstellen.

Online-Communitys: Durchschnittliche Anzahl an Freunden in sozialen Netzwerken

	12–13 Jahre	14–15 Jahre	16–17 Jahre	18–19 Jahre
2011	134	201	249	224
2012	148	265	329	313
2013	162	253	381	316
2014	150	253	278	290

Fotos und Grafiken für die Präsentation recherchieren

Methode **Bild-Suchmaschinen nutzen**

Solange Sie Ihren Vortrag **nicht öffentlich** (also z. B. nur im Kursraum) halten, können Sie ohne Probleme alle Bilder aus der Online-Recherche verwenden. Wird der Vortrag **öffentlich**, müssen Sie bei allen Bildern das **Copyright** beachten. Sicher gehen Sie immer, wenn Sie nur nach **frei verwendbaren Bildern** suchen. Mit einer **Meta-Suchmaschine** können Sie die Suche bei diversen Bild-Suchmaschinen auf frei verwendbare Bilder eingrenzen. Vergessen Sie nicht, die URL der Grafik für Ihre **Quellenangabe** (z. B. für Handouts) zu kopieren.

1 **a** Recherchieren Sie frei verwendbare Bilder für einen Vortrag über soziale Netzwerke.
b Wählen Sie ein bis zwei aussagekräftige Bilder aus und speichern Sie sie mit ihrer Quelle.

Einen mediengestützten Vortrag halten – Folien erstellen

Methode Typen von Präsentationsfolien

Eine **computergestützte Präsentation** ist die einfachste und zugleich anschaulichste Methode, Informationen zu vermitteln. Präsentationsfolien lassen sich vielfältig gestalten und leicht bearbeiten. Zudem kann man Fotos, Diagramme und Medien ohne großen Aufwand integrieren. Präsentationen haben aus diesen Gründen den Vortrag im Berufsalltag abgelöst. Dennoch bestehen weitreichende Parallelen zwischen Präsentation und Vortrag.
Wie der Vortrag benötigt auch die **Präsentation** eine vorab geplante Struktur. Die **Folien** entsprechen im Wesentlichen den Moderationskarten, haben jedoch andere Funktionen. Die Rolle des Vortragenden bleibt hingegen gleich. Nur er – nicht die Folie – kann eine Geschichte erzählen. Folien vorzulesen, führt in der Regel zur schnellen Ermüdung der Zuhörerschaft. Eine Folie erstellt man daher nur zur Unterstützung der Präsentation, und zwar mit folgenden Typen:

- **Strukturierungsfolien:** Sie dienen als Gedächtnisstütze für Vortragende und Publikum: Die Überschrift der Folie nennt das jeweils behandelte Thema. Kurze Sätze und Stichpunkte fassen die vorgetragene Information zusammen. Hier gilt: Neben der Überschrift nicht mehr als vier (wichtige) Stichpunkte pro Folie. Bei mehr als vier zusammengehörenden Stichpunkten sollte man die Punkte besser mit erläuternden Beispielen auf mehrere Folien hintereinander verteilen.
- **Vergleichsfolien:** Eine oder mehrere Folien, die zeitliche Entwicklungen darstellen (vorher → nachher, Vergangenheit → Gegenwart → Zukunft)
- **Beispielfolien:** Solche Folien enthalten entweder Beispielmedien zum behandelten Thema, z. B. digitalisierte Zeitungsausschnitte, Screenshots, Video- und Audioclips, Fotos und Zitate, oder sonstige konkrete Umsetzungen des Themas.
- **Visualisierungsfolien:** Komplexe Sachverhalte und Daten lassen sich mündlich nur schwer erklären. Deshalb setzt man sie in anschauliche Grafiken um.
- **Einstiegs-, Motivations- und Auflockerungsfolien:** Sie zeigen aussagekräftige Zitate, Grafiken, Fotos, um das Publikum emotional in das Thema einzuführen, in eine Diskussion zu locken, es zum Lachen zu bringen oder zu provozieren.

Ein weiterer Vorteil von Präsentationsfolien besteht darin, dass man sie über **Animationen** dynamisch aufbauen kann. Das ist besonders hilfreich zur Illustration von Schrittfolgen und zum genaueren Blick auf Details (Gesamtschau – Lupenansicht). Zudem bieten sich Animationen an, um das **Publikum zu aktivieren** (z. B. Frage einblenden → Publikum antwortet → Lösung einblenden). Der Einsatz von Animationen muss stets inhaltlich begründet sein, sonst wirkt die Präsentation unseriös.
Oft lässt sich die Präsentation nur mit Mischtypen von Folien sinnvoll unterstützen. So kann eine Visualisierungsfolie auch eine Vergleichsfolie sein und Strukturierungsfolien können Fotos oder Grafiken enthalten.
In jedem Fall gilt: Es kommt auf den **Inhalt** an. Verwirrende **Hintergründe** (z. B. Fotos) stören ebenso wie grafische Spielereien und Ornamente. Kästen sollte man nur verwenden, wenn man auf einen besonderen Inhalt hinweisen will. Man wählt eine gut lesbare **Schriftart** ohne Serifen (z. B. *Trebuchet* oder *Arial* statt *Times New Roman*) und eine ausreichende **Schriftgröße** (Schriftgrad mindestens 18 p.).

1 Notieren Sie, nach welchen Kriterien die Folien auf der folgenden Seite gestaltet sind.

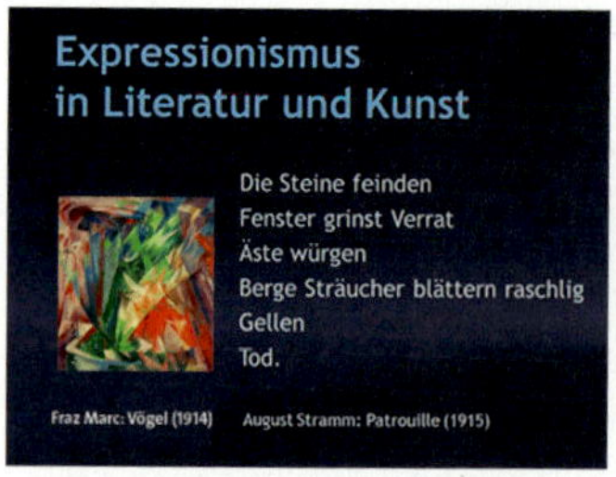

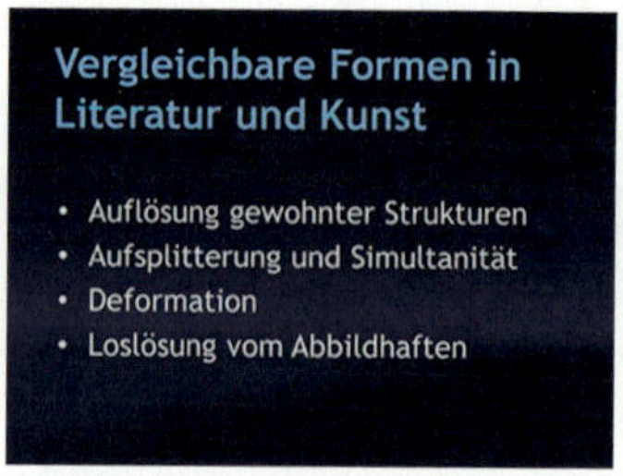

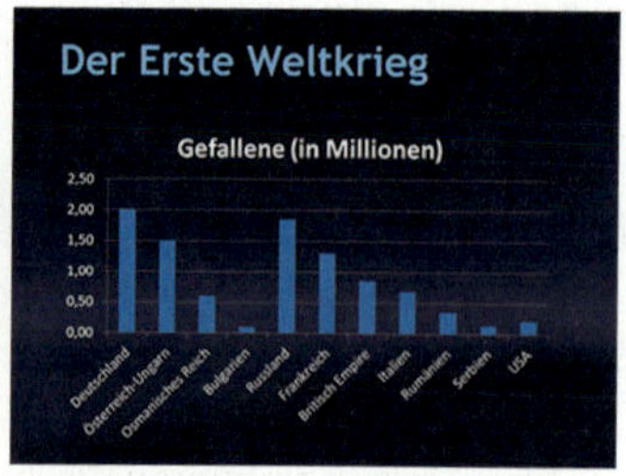

2 Entwickeln Sie Folien zu Ihrem Vortrag, indem Sie die Kriterien beachten.

Erfolgreich vortragen – Die Zuhörerschaft einbeziehen

Methode **Ansprechend präsentieren**

Für das Gelingen von Präsentationen gibt es einfache Grundregeln:

- **Thesenpapier austeilen:** Ein **Handout** oder Thesenpapier erleichtert den Zuhörerinnen und Zuhörern die Informationsaufnahme. Es sollte enthalten: Fach, Datum, Namen der Vortragenden, Thema, wichtige Inhalte (in Stichworten), Quellenangaben.
- **Klarheit:** Das Publikum erwartet in erster Linie klare Informationen. Beschränken Sie sich auf die wichtigen Aussagen und verwenden Sie dazu eine **einfache, klare Sprache** mit möglichst kurzen Sätzen. Denken Sie vom Ende her: Versetzen Sie sich in einen Zuhörer/eine Zuhörerin und formulieren Sie, was diese/r am Ende der Präsentation gelernt und im Gedächtnis behalten haben soll.
- **Authentizität:** Die Rolle des schlagfertigen, witzigen, eloquenten Redners (bzw. der Rednerin) erfordert jahrelanges Training. Setzen Sie sich daher nicht durch zu hohe Ansprüche unter Druck. Bleiben Sie authentisch: Tragen Sie so vor, wie Sie auch sonst sprechen und sich bewegen. Aber: Versuchen Sie, **halb so schnell und doppelt so klar** zu sprechen, wie Sie es gewöhnlich tun. Halten Sie **Blickkontakt.** Tipp: Lassen Sie sich für Ihr Auftreten z.B. von den am meisten gesehenen Vorträgen auf www.ted.com inspirieren.
- **Publikum aktivieren:** Wecken Sie die natürliche Neugier Ihrer Zuhörer/innen. Formulieren Sie auf Ihren Folien nicht die Antwort, sondern die Frage, nicht die Lösung, sondern das Problem und lassen Sie das Publikum darüber **diskutieren**. Provozieren Sie: Entwickeln Sie „Was-wäre-wenn-Szenarien“ zu Ihrem Thema oder zeigen Sie Fotos mit überraschenden bzw. unerwarteten Implikationen. Aber: Lassen Sie die Diskussion nicht abgleiten. Führen Sie rechtzeitig zum Thema und zum geplanten Vortragsverlauf zurück.
- **Feedback einholen:** Üben Sie Ihren Vortrag und nutzen Sie die Rückmeldung: Hatte der Vortrag eine klare gedankliche Struktur? Konnten Sie sicher auf Fragen eingehen? War der Einsatz der Medien funktional?

1 Erstellen Sie zu Ihrem Vortrag ein Handout. Achten Sie dabei auf eine übersichtliche Gestaltung.

2 Halten Sie Ihren Vortrag/Ihre Präsentation vor einem kleinen Kreis (Mitschüler oder Freunde). Lassen Sie den Vortrag auf Video aufzeichnen. Bitten Sie das Publikum um sofortige Rückmeldung, wenn es dem Vortrag nicht folgen kann oder sonstige Anmerkungen hat.

3 Notieren Sie das **Feedback**. Schauen Sie sich die **Videoaufzeichnung** an. Versuchen Sie nachzuvollziehen, wie Ihre Zuhörer/innen zu ihrer Beurteilung gekommen sind.

2.3 Inhalte und Ergebnisse festhalten – Mitschriften und Protokolle

Mitschriften – Aktiv zuhören

Information **Mitschriften**

Mitschriften trainieren das aktive Zuhören. Sie dienen zugleich dazu, mündliche Unterrichtsabläufe wie **Diskussionen oder Vorträge für eine spätere Nutzung festzuhalten.** Mitschriften können Sie zur persönlichen Vorbereitung einer Klausur verwenden oder sie zur **Grundlage eines Ergebnis- oder Verlaufsprotokolls** (► S. 576) machen, das der gesamte Kurs erhält.

1 **a** Tauschen Sie sich über Ihre bisherigen Erfahrungen mit Mitschriften aus. In welchem Fach und zu welchem Thema haben Sie schon einmal eine Mitschrift erstellt?
b Erläutern Sie, wann es besonders sinnvoll ist, eine Mitschrift zu erstellen.

2 **a** Prüfen Sie, welche der folgenden methodischen Hinweise Sie bei Mitschriften bisher beachtet haben.
b Klären Sie, welchen Nutzen die einzelnen Hinweise haben, z. B.: *nichts Wichtiges vergessen, schnell arbeiten, …*

Methode **Mitschriften anfertigen: Stichwortprotokoll**

Mit einem Stichwortprotokoll bereitet man die spätere Ausarbeitung eines Ergebnis- oder Verlaufsprotokolls vor. Dabei sollte man Folgendes beachten:

- Wichtige Fakten für den **Kopf** eines Protokolls (Thema, Mitwirkende, Uhrzeit usw.) bereits vor Beginn der Mitschrift festhalten.
- **Alle wichtigen Aspekte** in Stichworten notieren, z. B.:
  - Text-/Materialgrundlage der Stunde
  - steuernde Fragestellungen (der Lehrperson oder von Mitschülerinnen/Mitschülern)
  - Hauptergebnisse (z. B. Tafelanschrieb, von der Lehrperson hervorgehobene Ergebnisse usw.)
  - offengebliebene Fragen
  - Hausaufgabe
- Seiten nur teilweise füllen **(breiter Rand)**, um nach der Mitschrift oder in Gesprächspausen etwas ergänzen zu können
- **Kürzel oder Symbole** verwenden, z. B.: *Def* für „Definition"

3 Stellen Sie sich eine eigene Liste von Kürzeln zusammen, die Sie bei Mitschriften verwenden können.

4 **a** Fertigen Sie mit Hilfe der Methode die Mitschrift einer Unterrichtsstunde an.
b Tauschen Sie sich darüber aus, welche methodischen Hinweise für das Erstellen der Mitschrift besonders hilfreich waren.

5 **a** Mindmap und Flussdiagramm (► S. 570) sind alternative Methoden zur Stichwortmitschrift. Wenden Sie auch diese Möglichkeiten an.
b Diskutieren Sie im Kurs, welche Vorteile und welche Nachteile diese Methoden haben.

Das Ergebnisprotokoll – Resultate festhalten

Methode **Ein Ergebnisprotokoll anfertigen**

Protokolle sind **Sonderformen des Berichts.** Sie stehen im **Präsens.** Im Unterschied zu Mitschriften, die meist zum Eigengebrauch angefertigt werden, richten sich Protokolle an andere. Sie sollen **neutral und sachlich** informieren. Im Ergebnisprotokoll werden **ohne Namensnennungen nur** die **Resultate** von Diskussionen (► S. 119) und Beratungen festgehalten; nicht erfasst wird der Ablauf einer Sitzung. Über deren Ergebnisse hinaus darf nichts, z. B. aus späteren Gesprächen, hinzugefügt werden. Protokolle sollten generell zeitnah und auf umfangreiche Notizen gestützt fertiggestellt werden (► Stichwortprotokoll), damit nicht wichtige Zusammenhänge aus dem Gedächtnis verloren gehen.

1 Entwickeln Sie aus einem Stichwortprotokoll (► S. 575) ein Ergebnisprotokoll:

a Entscheiden Sie, wie Sie Ihr Protokoll inhaltlich gliedern möchten. Stützen Sie sich evtl. auf die „steuernden Fragestellungen" (► Methode: Mitschriften anfertigen, S. 575) innerhalb der Unterrichtsstunde.

b Formulieren Sie Ihre Notizen in ganzen Sätzen aus und beziehen Sie Ihre Notizen gedanklich aufeinander.

Ergebnisprotokoll der Deutschstunde am 17.2.20..

Thema:	*Goethes „Faust I" als Drama der geschlossenen und offenen Form*
Teilnehmer/innen:	*Deutschkurs 1*
Leitung:	*Herr Dr. Wichtig*
Zeit:	*9.35–10.25 Uhr*
Protokoll:	*Clara Klar*

In Goethes „Faust I" lassen sich Elemente des geschlossenen und des offenen Dramas nachweisen:

- *Das „Vorspiel auf dem Theater" und …*
- *Die Gretchentragödie …*
- *…*

Das Verlaufsprotokoll – Den Hergang festhalten

Methode **Ein Verlaufsprotokoll anfertigen**

In einem Verlaufsprotokoll wird der **Gang einer Diskussion oder eines naturwissenschaftlichen Experiments** bis zum Ergebnis bzw. bis zum zuletzt erreichten Diskussionsstand wiedergegeben. **Diskutanten** werden **namentlich** genannt. Der/die Protokollierende muss eine **Auswahl aus den Äußerungen treffen,** also entscheiden, welche Äußerungen dem Gespräch besondere Impulse gegeben haben.

1 Nutzen Sie bei der Abfassung und Gliederung eines Verlaufsprotokolls ein Stichwortprotokoll.

2 Geben Sie Äußerungen, namentlich zugeordnet, im Konjunktiv der indirekten Rede wieder (► S. 556 f.), z. B.: *Paul Maier erklärt, dass er „Faust I" für ein aktuelles Stück halte, da es zeige, dass …*

2.4 Bewerbungsportfolio und Vorstellungsgespräch

Das Bewerbungsportfolio – Werbung in eigener Sache

Für die meisten Bewerbungen sind Bewerbungsportfolios oder -mappen Standard. Wichtig ist, dass durch das Portfolio ein positives Bild von Ihnen entsteht. Daher sollte die Mappe ansprechend aussehen und gut handhabbar sein. Die zusammengestellten Unterlagen sollten leicht entnommen und wieder eingefügt werden können. Entsprechende Heftmappen lassen sich in Schreibwarenläden erwerben.

Judith Engst: **Professionelles Bewerben – leicht gemacht** (2005)

Für drei Viertel aller Bewerbungen wendet der Personalentscheider zunächst nicht mehr als 30 Sekunden auf. Dabei prüft er zunächst, ob die Bewerbung formalen Kriterien gerecht wird. Bewerbungen, die einfachste Formalkriterien nicht erfüllen, werden am schnellsten aussortiert. Oft sichtet noch nicht einmal der Personalverantwortliche selbst die eingehenden Bewerbungen, sondern ein/e Assistent/in. Hier stehen die Chancen noch schlechter, mit Inhalten zu überzeugen, wenn schon die Form nicht stimmt.

Information **Bewerbungsportfolio – Vollständige Unterlagen und ihre Reihenfolge**

- **Anschreiben** (► S. 577): maximal eine Seite in fehlerlosem Deutsch; nicht eingeheftet, sondern lose auf der Portfoliomappe liegend
- **Deckblatt** (► S. 579): in die Mappe eingeheftet, mit Anschrift, E-Mail und Telefonnummer/n (Festanschluss, Mobil), damit alle Kontaktdaten für den Arbeitgeber schnell greifbar sind
- **Bewerbungsfoto:** zwischen 4,5 × 6,5 und 9 × 13 cm; kein Automaten-, Urlaubs- oder Ganzkörperfoto; auf dem Deckblatt oder rechts oben auf dem Lebenslauf fixiert; bei internationalen Bewerbungen ist kein Foto üblich
- **Lebenslauf** (► S. 580): maximal zwei Seiten
- **Kopie des Schulzeugnisses:** letzter erreichter Abschluss bzw. letztes Versetzungszeugnis; in späteren Bewerbungen: Studien- bzw. Ausbildungszeugnis
- **Bescheinigungen:** Kopien sonstiger Leistungsnachweise oder außerschulischer Engagements, z. B.: Praktika, ehrenamtliche Tätigkeiten, Vereinsarbeit

1 Bereiten Sie für zukünftige Bewerbungen ein solches Portfolio vor. Besorgen Sie sich in einem Fachmarkt eine Bewerbungsmappe und fügen Sie die derzeit für Sie relevanten Unterlagen ein.

Das Anschreiben

Methode **Das Anschreiben entwickeln – Leitfragen**

Im Anschreiben eines Bewerbungsportfolios „werben“ Sie für Ihre eigene Person und stellen zugleich einen Bezug zu dem Unternehmen, der Behörde oder Institution her, bei dem/der Sie sich bewerben. Das sollte in wenigen Sätzen geschehen. Orientieren Sie sich an den folgenden Fragen:

- Welche Anforderungen stellt das Unternehmen an die ausgeschriebene Stelle?
- Über welche Qualifikationen (z.B. Schulabschluss) verfüge ich?
- Welche meiner Kompetenzen, Interessen und Vorlieben kann ich konkret einbringen?
- Warum passen meine Kompetenzen und Interessen zum Stellenangebot?

2 Suchen Sie im Internet oder in der Regionalpresse die Ausschreibung einer Ausbildungs- oder Arbeitsstelle, die Ihnen zusagen könnte. Simulieren Sie für diese Stelle eine Bewerbung. Verfassen Sie zunächst ein Anschreiben für ein Bewerbungsportfolio. Orientieren Sie sich an dem folgenden Strukturmuster und den anschließenden Hinweisen zur Fehlervermeidung (► Methode, S. 579).

Vorname, Name
Straße und Hausnummer
Postleitzahl und Ort
Telefonnummer/n
E-Mail-Adresse

Name der Firma
Ansprechpartner
Straße und Hausnummer
Postleitzahl und Ort

Ort, Datum

Bewerbung um einen Ausbildungsplatz als Fotografin zum 03.07.20..

Sehr geehrte/r Frau/Herr ...,

im Internet/in der „Westdeutschen Zeitung" vom 4. Dezember ... bin ich auf Ihre Ausschreibung einer Ausbildungsstelle zur Fotografin gestoßen. Für dieses ansprechende Ausbildungsangebot interessiere ich mich sehr.

Ich bin 18 Jahre alt und besuche zurzeit das St.-Wolfhelm-Gymnasium in Schwalmtal, das ich im kommenden Jahr mit dem Abitur abschließen werde. Im Prüfungsfach Kunst sowie in den Leistungskursen Deutsch und Pädagogik habe ich bisher überwiegend gute Leistungen erzielt.

Seit mehreren Jahren beschäftige ich mich mit Fotografie. Ich habe an einer schulischen Foto-AG teilgenommen und bei einem landesweiten Fotowettbewerb einen Preis erhalten. Am Computer sammle ich Erfahrungen mit der digitalen Bildgestaltung.

Meine Interessen und Erfahrungen möchte ich in Ihrem Unternehmen gerne in eine Berufsausbildung zur Fotografin einbringen. Auf Ihrer Homepage haben mich die vorgestellten Arbeitsfelder in besonderer Weise angesprochen.

Auf die Gelegenheit zu einem persönlichen Vorstellungsgespräch freue ich mich.

Mit freundlichen Grüßen

Unterschrift

Anlagen
Lebenslauf
Zeugnisse

Name und Adresse

vollständige Anschrift der Firma, möglichst Ansprechpartner/in und/oder Abteilung angeben

Ort und Datum

Betreffzeile: Hinweis auf Anlass/Gegenstand des Briefs

Anrede: möglichst namentlich, sonst „Sehr geehrte Damen und Herren"

Hinweis auf den Auslöser der Bewerbung

Angaben zur derzeitigen Tätigkeit und zum angestrebten Schulabschluss

Stichhaltige und persönliche Begründung für den Ausbildungswunsch: Aufzeigen individueller Eignung, Bezug auf Anzeige

Hinweis auf ein erwünschtes Vorstellungsgespräch

Grußformel, Unterschrift

Anlagen

Methode **Fehler im Bewerbungsanschreiben vermeiden**

- Verfassen Sie für jede Bewerbung ein individuelles, möglichst passgenaues Anschreiben.
- Berücksichtigen Sie die in der Anzeige genannten Bewerbungsbedingungen.
- Vermeiden Sie übertriebenes Selbstlob, zeigen Sie aber auch Selbstbewusstsein.
- Informieren Sie über Ihre persönlichen Qualifikationen und Kompetenzen.
- Prüfen Sie Rechtschreibung, Zeichensetzung und Grammatik (▶ S. 552 ff.).
- Setzen Sie Ihre Unterschrift unter das Anschreiben.
- Listen Sie unter dem Stichwort „Anlagen" Ihre im Portfolio enthaltenen Unterlagen auf.
- Entfallen können nach den neueren Briefstandards folgende Kürzel und Floskeln:
  - „Betreff:" oder „Betr.": Diese Einleitung der Betreffzeile gilt als veraltet.
  - „z. Hd.": Dieser Hinweis in der Empfängeranschrift wird nicht mehr verwendet.
  - „Hiermit bewerbe ich mich als ...": überflüssig; wird bereits in der Betreffzeile deutlich.
  - „AMG": Abkürzungen (hier z. B. für „Albertus-Magnus-Gymnasium") sind zu vermeiden.
- Für geschäftlichen Briefverkehr und E-Mails gilt die DIN 5008, die Sie leicht im Internet finden.

Information **Initiativbewerbungen**

Initiativbewerbungen sind **Bewerbungen, die auf keine ausgeschriebene Stelle Bezug nehmen;** vielmehr bekunden Sie einem Unternehmen, einer Behörde bzw. Institution gegenüber von sich aus Interesse an einer Ausbildung oder Zusammenarbeit. Hier muss die Einleitung des Anschreibens entsprechend geändert werden. Bevor Sie sich auf diese Weise bewerben, ist es sinnvoll, ein/e Ansprechpartner/in in dem Unternehmen usw. zu finden und zu kontaktieren.

Das Deckblatt

Bewerbungsunterlagen
für eine Lehrstelle zum Industriekaufmann

Herrn
Rüdiger Schmidt
Klick-up Software AG
Dürener Str. 23
50123 Köln

Niklas Scheerers
Goethestr. 114
41163 Mönchengladbach
Tel.: 92161/171819
Mobil: 0123/456789
E-Mail: N_Scheerers@scheerers.de

Inhalt:
Anschreiben
Lebenslauf
Zeugnis
Sonstige Leistungsnachweise

3 Gestalten Sie am Computer nach dem obigen Muster ein Deckblatt für Ihre Portfoliomappe.

Der Lebenslauf

Ein Lebenslauf für eine Portfoliomappe sollte übersichtlich und gut gegliedert sein. Bei einer Bewerbung ist ein tabellarischer Lebenslauf üblich, aber auch ein ausformulierter Text ist möglich. Von der **Chronologie** her kann man **entweder wie im Muster unten mit der Schullaufbahn** beginnen **oder umgekehrt mit der Gegenwart,** was v.a. bei länger zurückliegenden Schul- und Studienzeiten sinnvoll und üblich ist. Der Lebenslauf sollte folgende Elemente enthalten:

Lebenslauf

Persönliche Daten

Name	Niklas Scheerers
Anschrift	Goethestr. 114 41163 Mönchengladbach
Geburtsdatum	7. April 1998
Geburtsort	Viersen
Staatsangehörigkeit	deutsch
Familienstand	ledig

(Geburtsort, Staatsangehörigkeit, Familienstand: freiwillige Angaben)

Schulischer Werdegang

08/2004–07/2008	Gemeinschaftsgrundschule Mönchengladbach-Hardt
08/2008–07/2016	Gymnasium Am Geroweiher in Mönchengladbach angestrebter Abschluss: allgemeine Hochschulreife

Praktika und Auslandsaufenthalte

09/2014–06/2015	Auslandsaufenthalt mit Schulbesuch an einer Highschool in Lincoln (USA)
07/2016	Praktikum bei der „Westdeutschen Zeitung“

Weitere Tätigkeiten und Qualifikationen

04/2013–12/2015	Leitung einer Jugendgruppe der Katholischen Jungen Gemeinde (KJG)
9/2013	Erwerb der Juleica (Jugendleiter-Card) als Abschluss einer Qualifizierung zum Gruppenleiter in der Jugendverbandsarbeit

Sonstige Kenntnisse

Sprachen	Englisch fließend in Wort und Schrift, Schulkenntnisse in Französisch
Computer	alle gängigen Anwendungen eines Office-Programms

Persönliche Interessen

Gitarre, Computer, Lesen

Mönchengladbach, 20.11.2016

Niklas Scheerers

4 Legen Sie am Computer eine Lebenslauf-Datei nach dem obigen Gliederungsmuster an, in die Sie alle für Sie relevanten Daten eingeben.

Das Vorstellungsgespräch – Strategien der Vorbereitung

In einem Vorstellungsgespräch möchten sich Arbeitgeber/innen in der Regel ein Bild über Ihre Persönlichkeit und Ihre Kompetenzen machen. Um sich in kurzer Zeit einen Eindruck zu verschaffen, sind gezielte, für die Befragten z.T. auch unangenehme Fragen üblich. Nach deutschem Arbeitsrecht sind (soweit nicht für die Stelle relevant) unzulässig: Fragen nach Partei-, Religions- und Gewerkschaftszugehörigkeit, Heiratsplänen, Kinderwünschen, Schwangerschaft, Vorstrafen und Vermögensverhältnissen. Sie haben das Recht, solche Fragen nicht oder nicht wahrheitsgemäß zu beantworten.

Information **Mögliche Fragen im Vorstellungsgespräch**

- Sie haben sich ja sicher schon über unser Unternehmen/unsere Behörde/unsere Institution kundig gemacht. Was wissen Sie über uns?
- Warum bewerben Sie sich ausgerechnet hier bei uns? Was interessiert Sie an uns?
- Warum möchten Sie gerade in diesem Tätigkeitsbereich arbeiten?
- Sagen Sie doch einmal, was passiert, wenn Sie in Stress geraten? Wie gehen Sie mit Stress um?
- Was macht Ihnen im Moment in der Schule Spaß?
- Was empfinden Sie in der Schule als besondere Belastung?
- Was ist aus Ihrer Sicht entscheidend für eine gute Zusammenarbeit?
- Wann haben Sie den Eindruck, dass Sie eine gute Arbeit geleistet haben?
- Was sind Ihre größten persönlichen Stärken?
- Was sind Ihre größten Schwächen?
- Was sind Ihre weiteren Ziele? Was möchten Sie in den nächsten fünf bis zehn Jahren erreichen?

1 Gehen Sie in Gedanken ein Vorstellungsgespräch durch, in dem Sie mit den in der Information oben genannten Fragen konfrontiert werden.

2 Klären Sie, wo Sie recherchieren können, um auf einige dieser Fragen besser vorbereitet zu sein.

3 Einige dieser Fragen erfordern ein offenes, aber auch geschicktes Verhalten. Proben Sie in Rollenspielen die folgenden Verhaltensempfehlungen (▸ Methode).

Methode **Strategien im Vorstellungsgespräch – Verhaltensempfehlungen**

- Achten Sie darauf, dass Sie pünktlich, ausgeruht und in angemessener Kleidung erscheinen.
- Nehmen Sie Kopien Ihrer Bewerbungsunterlagen mit, sodass Sie diese einsehen können, sofern Nachfragen zu diesen erfolgen.
- Gehen Sie auf Fragen zu Ihren Schwächen ein, indem Sie sich beispielhaft mit nur einer dieser Schwächen kritisch auseinandersetzen und darstellen, wie Sie diese positiv behoben haben.
- Antworten Sie auf Fragen zu Ihrer Person offen, vermeiden Sie jedoch zu große Offenheit in privaten Dingen.
- Stellen Sie eigene Fragen. Überlegen Sie sich im Vorfeld mindestens eine Frage zu den erwartbaren Arbeitsabläufen bei der angestrebten Ausbildung bzw. Tätigkeit.

2.5 Die mündliche Abiturprüfung – Vortrag und Prüfungsgespräch

Mündliche Prüfungen sind besondere Situationen, in denen viele Menschen Aufregung und innere Anspannung empfinden. Ein gewisses Maß an Stress ist aber sinnvoll, weil man in solchen Situationen erfahrungsgemäß besonders konzentriert und aufmerksam ist.
Unmittelbar vor der mündlichen Abiturprüfung müssen Sie in einer festgelegten Vorbereitungszeit von ca. 30 Minuten – meist materialgestützt – Aufgabenstellungen wie die folgende erarbeiten. Ihre Ergebnisse präsentieren Sie im ersten Prüfungsteil in einem etwa zehnminütigen Vortrag.
Das sich anschließende Prüfungsgespräch knüpft an Ihren Vortrag an. In diesem Gespräch werden aber vor allem andere Themen und Fragen aus den vorausgegangenen Kurshalbjahren behandelt.

Die Aufgabenstellung erarbeiten – Den Vortrag vorbereiten

Joseph von Eichendorff:
Mondnacht (1837)

Es war, als hätt' der Himmel
Die Erde still geküsst,
dass sie ...

Aufgabenstellung
1. Analysieren Sie das Gedicht „Mondnacht" im Hinblick auf seine Form, seine sprachliche Gestaltung sowie die Haltung, die das lyrische Ich zur Natur einnimmt.
2. Ordnen Sie das Gedicht einer Epoche zu und begründen Sie Ihre Entscheidung.

1 **a** Lesen Sie das Eichendorff-Gedicht „Mondnacht" auf Seite 130 und bearbeiten Sie für eine mündliche Abiturprüfung die Aufgabenstellung innerhalb von 30 Minuten. Machen Sie sich zur Vorbereitung stichwortartige Notizen.
b Formulieren und strukturieren Sie Ihre Notizen auf einem Konzeptpapier so, dass Ihr Vortrag übersichtlich gegliedert ist.

2 Vergleichen Sie Ihr Konzept mit dem folgenden Beispiel. Überarbeiten Sie ggf. Ihren Entwurf.

Einleitung
Nennung von Aufgabenstellung, Autor, Textsorte, Titel, Erscheinungsjahr, Thema des Gedichts, z.B.: Traumatmosphäre → Geborgenheit/Harmonie – Natur/Seele

Hauptteil
- *Aspekte der Analyse:* — *3 Strophen – Konjunktiv als Klammer: „hätt" (V. 1), „flöge" (V. 12)*
  - *Aufbau/Struktur/Gedankengang* — *„Himmel" und Schluss: ... allumfassende Harmonie*
  - *Metrik + Reim → Harmonie ...*
  - *...*
  - *Besonderheiten Form/Sprache: → Bilder und ihre Wirkung*
  - *...*

  - *Rolle und Haltung des lyrischen Ichs: …*
- *Deutung: …*

Schluss
- *Einordnung in die Epoche der …: → Sehnsucht nach …*

Den ersten Prüfungsteil simulieren – Einen Beobachtungsbogen einsetzen

Prüfungen zu simulieren, ist eine gute Möglichkeit, sich der Anforderungen der realen Prüfung bewusst zu werden und den freien Vortrag weiter einzuüben.

1 Simulieren Sie – ggf. vor Freunden oder vor Ihrer Familie – den ersten Prüfungsteil:

a Kopieren und verteilen Sie den nachstehenden Beobachtungsbogen, wobei Sie einzelne Beobachtungsaspekte unter den Zuhörenden aufteilen sollten, sodass diese sich jeweils auf einen Bereich konzentrieren können.

Beobachtungsbogen

Teilbereiche	Der Prüfling …	++	+	–	– –
Verstehensleistung	… hat die Aufgabenstellung richtig verstanden.				
	… zeigt ein sicheres Textverständnis (inhaltlich).				
	… zeigt ein sicheres Textverständnis (Textstruktur).				
	… benennt thematische Zusammenhänge.				
	… bezieht sein Wissen aus dem Unterricht (z. B. zu Epochenmerkmalen) richtig ein.				
Argumentationsleistung	… belegt seine Aussagen am Text.				
	… stellt sachliche und logische Zusammenhänge her.				
	… begründet Deutungen und eigene Bewertungen.				
	… bezieht mögliche Gegenargumente ein.				
Darstellungsleistung	… gliedert die Ausführungen sinnvoll und präsentiert diese entsprechend.				
	… teilt die Zeit für die einzelnen Aspekte der Aufgabenstellung sinnvoll ein.				
	… verwendet fachliche Methoden.				
	… verwendet die korrekten Fachbegriffe.				
	… verwendet ein angemessenes Vokabular und vollständige Sätze.				

b Halten Sie Ihren Vortrag. Nehmen Sie ihn, wenn möglich, auf Video auf (Video-Feedback, ▶ S. 574).

c Äußern Sie zunächst eine eigene Einschätzung Ihrer Leistung und besprechen Sie anschließend auf Grundlage Ihrer Beobachtungsaufträge und ggf. der Videoaufnahme, welche Möglichkeiten der Verbesserung bestehen.

d Überarbeiten Sie je nach Kritik Ihren Vortrag und üben Sie ihn erneut vor Publikum.

2 Unabhängig vom inhaltlichen Gehalt Ihres Vortrags kann das nonverbale Verhalten (Gestik, Mimik, Körperhaltung) die Prüfungskommission positiv beeinflussen. Überlegen Sie, in welcher Weise das durch die folgenden Ratschläge gelingen könnte:
- Sitzen Sie bequem, aber aufrecht.
- Lösen Sie sich, wann immer möglich, von Ihrer Textvorlage und nehmen Sie Blickkontakt zu Ihren Prüferinnen und Prüfern auf.
- Kontrollieren Sie die Haltung Ihrer Hände.

Den zweiten Prüfungsteil reflektieren – Das Gesprächsverhalten beobachten

Aus zwei Prüfungsgesprächen

Beispiel A

[...]

PRÜFER: Wir haben uns ja im Unterricht mit expressionistischer Lyrik beschäftigt. Könnten Sie uns bitte die literarische Strömung des Expressionismus kurz umreißen, typische Themen nennen, vielleicht auch Autoren?

SCHÜLER: Ja, gerne. Also, ich will mal mit den Autoren anfangen. Kafka, also Franz Kafka, ist keiner Epoche richtig zuzuordnen. Er ist quasi eine ganz eigene Epoche für sich. Geboren wurde Kafka, der Probleme mit seinem Vater hatte, in Prag – und zwar im Jahre, ich weiß nicht mehr genau, aber ...

PRÜFER: Entschuldigung, dass ich unterbreche. Vielleicht gehen Sie besser auf das Thema „Expressionismus“ ein.

SCHÜLER: Ja, also die Expressionisten gab es auch in der Malerei, sie malten in sehr grellen Farben und etwas abstrakten Formen. (Pause)

PRÜFER: Sehen Sie da Parallelen zur Literatur dieser Zeit?

SCHÜLER: Auf jeden Fall. (Pause)

PRÜFER: Welche denn?

SCHÜLER: In den Texten, die wir im Unterricht besprochen haben, drehte sich vieles um Krieg und Zerstörung. Es war ja die Zeit vor dem Ersten Weltkrieg (1914 bis 1918) und viele hatten Angst vor dem Weltende. [...]

Beispiel B

[...]

PRÜFER: Wir haben im Unterricht über den Begriff der literarischen Epoche gesprochen. Man spricht ja auch z. B. vom Epochenumbruch um 1900. Würden Sie uns bitte erläutern, inwiefern Sie es für sinnvoll halten, von Epochen zu sprechen, und inwiefern dies aus Ihrer Sicht problematisch ist?

SCHÜLER: Ich hoffe, ich habe die Frage richtig verstanden: Ich soll also dazu Stellung nehmen, ob ich Epochenbegriffe für hilfreich, sinnvoll usw. halte, ja?

PRÜFER: Ja, und Sie sollen sagen, wo Sie Schwierigkeiten sehen.

SCHÜLER: Gut, danke. Epochenzuordnungen sind, wenn man so sagen kann, Erfindungen der Literaturwissenschaft, die im Nachhinein Gemeinsamkeiten von Texten verschiedener Autoren feststellen; und dann sagt man: Diese Epoche zeichnet sich durch folgende Themen und durch folgende Stilmerkmale aus. Die Frage ist nun: Ist das sinnvoll? Ist das überhaupt möglich?

PRÜFER: Moment. Es gibt doch auch Epochen, oder sagen wir besser: literarische Strömungen, die ein eigenes literarisches Schreibverständnis entwickelt haben, sich selbst als Teil einer literarischen Bewegung gesehen haben ...

SCHÜLER: ... natürlich, Sie meinen z. B. die Expressionisten, da wollte ich gleich als Beispiel noch drauf eingehen. Ich wollte erst zunächst grundsätzlich etwas zum Begriff „Epoche“ sagen.

PRÜFER: Schön. [...]

1 Tragen Sie die Dialoge aus den beiden Prüfungsgesprächen vor. Versuchen Sie dabei, die jeweiligen Reaktionen der Prüflinge auch durch nonverbales Verhalten (► S. 166) auszudrücken.

2 Erläutern Sie an einigen Beispielen aus den Gesprächen, wie die Prüflinge auf die ihnen gestellten Fragen antworten, und bewerten Sie diese Reaktion bzw. Strategie.

3 Überlegen Sie, wie man Ihres Erachtens vorgehen sollte, wenn man in einer mündlichen Prüfung auf eine Frage keine Antwort weiß. Diskutieren Sie verschiedene Lösungsmöglichkeiten.

4 Simulieren Sie auch diesen zweiten Prüfungsteil – am besten, nachdem Sie Ihren Vortrag vor Freunden oder Ihrer Familie gehalten haben (Aufgabe 2, ► S. 574).

2.6 Lesetechniken und Lesestrategien

Die folgenden Informationen und Aufgaben beziehen sich vor allem auf das Lesen von Sachtexten (▸ Information, S. 104 f.). Um dafür geeignete Lesestrategien anzuwenden, ist es wichtig, sich bewusst zu werden, wann man welchen Text mit welchem Ziel liest. Sie lernen dabei schrittweise grundlegende Methoden zur Erschließung von Sachtexten kennen und zu erproben.

Wozu lese ich? – Die Leseabsicht klären

1 Notieren Sie Situationen, in denen Sie lesen. Welche Textsorten lesen Sie jeweils?

2 Klären Sie im Plenum: Wozu lesen Sie z. B. Zeitungs- oder Zeitschriftenartikel, Spielregeln, Fachliteratur, Tabellen, Fahrpläne, das Kleingedruckte in einem Vertrag, einen Roman oder eine Erzählung, einen Lexikonartikel, eine Gebrauchsanweisung, Blogs im Netz usw.?

3 Formulieren Sie: Wann ist Ihr Lesen Selbstzweck, wann ist es Mittel zum Zweck?

Das Leseziel bestimmt die Lesetechnik

Lesen Sie Texte zu einem bestimmten Zweck mit einem bestimmten Ziel, dann legt Ihr individuelles Leseziel die jeweilige Lesetechnik fest. Das Ziel bestimmt, ob ein Text z. B. überflogen, nur an einigen Stellen genau wahrgenommen oder Satz für Satz gründlich gelesen wird.

Lesetechnik

Überfliegendes (diagonales, kursorisches) Lesen	**Gezieltes (selektives) Lesen**	**Intensives (detailliertes) Lesen**	**Navigierendes Lesen**
Der gesamte Text wird überflogen, um einen Überblick über Thema, Inhalt und Aufbau zu gewinnen.	Einzelne interessierende Textstellen werden genauer gelesen, das Übrige wird nur überflogen.	Mit dem Stift in der Hand wird der Text gründlich unter Beachtung aller Details mehrmals gelesen.	Durch Querverweise im Text, z. B. Lexikon, oder Links im Internet wird das Lesen gesteuert. Man kann dabei von (Hyper-)Text zu (Hyper-)Text „springen".

1 **a** Welche Lesetechniken haben Sie bereits praktiziert? Wie sind Sie damit zurechtgekommen?
b Wie gehen Sie insbesondere zur Erschließung eines Sachtextes vor?

2 Erproben Sie die **erweiterte „Fünf-Schritt-Lesemethode"** anhand des Textes auf S. 586 f.

Methode **Die erweiterte Fünf-Schritt-Lesemethode**

Die „Fünf-Schritt-Lesemethode", auch als „SQ3R-Methode" (Survey, Question, Read, Recite, Review) bekannt, ist eine effektive Lesemethode, die mehrere Lesestrategien miteinander verbindet. Sie stammt aus den 1950er-Jahren. Mittlerweile ist die Leseforschung allerdings zu neueren Erkenntnissen gelangt, die eine Erweiterung um zwei zusätzliche Schritte erfordern: einen vorher und einen zum Schluss (Schritt 1 und 7). Aus den ursprünglich fünf Schritten (Schritt 2 bis 6) werden also **sieben Schritte:**

▼

1. Schritt: Vorwissen aktivieren – Den erwarteten Inhalt antizipieren
2. Schritt: Sich einen Überblick verschaffen
3. Schritt: Fragen an den Text stellen
4. Schritt: Den Text gründlich und „aktiv" lesen
5. Schritt: Den Text abschnittweise rekapitulieren
6. Schritt: Den ganzen Text rekapitulieren
7. Schritt: Das Gelesene mit dem Vorwissen verknüpfen

1. Schritt: Vorwissen aktivieren – Den erwarteten Inhalt antizipieren

1 Lesen Sie zunächst nur den Titel des folgenden Textes – der Titel verweist oft schon auf zentrale Inhalte – und tauschen Sie sich in Partnerarbeit darüber aus, worum es in dem Text gehen könnte.

2 Machen Sie sich bewusst, was Sie möglicherweise bereits über das Thema denken und wissen.

3 Schreiben Sie in Stichpunkten Ihre Leseerwartung auf. Beziehen Sie auch Textsorte, Titel usw. mit ein.

2. Schritt: Sich einen Überblick verschaffen

1 Begründen Sie, welcher Lesetechnik Sie sich bedienen wollen, um einen ersten Eindruck von Inhalt und Aufbau des nachstehenden Textes zu gewinnen und rasch erfassbare Informationen aufzunehmen.

2 Lesen Sie den Text zügig durch. Konzentrieren Sie sich zunächst auf die Überschrift, den ersten und den letzten Satz, die Textabschnitte und deren erste Sätze.

Christoph Scheuermann: **Facebooktussies. Warum wir durch Social Media zu unsozialen Wesen geworden sind** (2013)

[...] Neulich war zu lesen, dass Facebook jeden Monat Millionen Nutzer verliere, vor allem in westlichen Ländern. Zeit, sich Gedanken über ein untergehendes Phänomen zu machen. Wäre Facebook eine Party, dann wäre es jetzt drei Uhr morgens, und die interessanten Gäste hätten sich verabschiedet. Zurück bleiben diejenigen, die heimlich hoffen, dass sie doch noch jemanden zum Knutschen finden, was auch unterhaltsam sein kann, aus Beobachterperspektive.

Am Anfang ging es auf der Seite anarchisch zu, weil man unter Freunden war. Man hackte Frechheiten in den Statusschlitz, verschickte digitale Küsse und teilte in frühen Fällen von *over-sharing* allen mit, dass man gerade Suppe kochte oder Tee trank. Als Verwandte, ältere Kollegen und Leute aus dem weiteren Bekanntenkreis dazukamen, die nicht alles sehen mussten, nahm die Lockerheit ab. Das eine oder andere Foto wurde versteckt, Einträge wurden redigiert oder gelöscht. Ein Mensch ist immer nur so mutig wie sein gewagtestes Status-Update.

Im Alltag hatte der steigende Facebookkonsum heikle Folgen. Es entwickelte sich ein Phänomen, das wir Facebooktussis nannten – junge Frauen, umhüllt von der blassen Aura eines leuchtenden Mobiltelefons, die wie zerstreute Heilige auf Partys herumstanden und ihre Aufmerksamkeit denjenigen schenkten, die gerade anderswo mit ihrem Handy beschäftigt waren.

Facebook war immer eine Übung in simulierter Lässigkeit, Raum für ein schöneres, glänzenderes Ich. Plötzlich konnte man mangelnde Schlagfertigkeit dadurch kompensieren, dass man minutenlang über einen originellen Kommentar nachdachte. Im Alltag ist das schwierig. [...] Partys, Schnappschüsse, Zufallsbekanntschaften, angetrunkene Ideen um zwei Uhr früh klopfe ich darauf ab, ob sie es wert sind, anderen übermittelt zu werden. Das große Selbstüberwachungszeitalter beginnt, in dem ein Ereignis nicht mehr stattfindet, wenn es nicht geteilt wird. [...]
Allmählich begann sich etwas zwischen mir und meinen Freunden zu verschieben. Wir wurden ungeduldiger, unkonzentrierter miteinander, wenn wir uns sahen, vielleicht in der Befürchtung, etwas zu verpassen, was parallel im Internet passiert. Wir stellten einander weniger Fragen, denn unsere Leben synchronisierten sich ja online. [...] Wenn ich mich mit Freunden traf, wusste ich manchmal nicht, was ich erzählt und was ich nur gepostet hatte. Morgens griff ich als Erstes zum Handy neben dem Bett, um zu schauen, was das Leben der anderen machte. Mit dem Schlafzimmer war auch der letzte analoge Ort in der Wohnung entweiht, der bislang für Bücher, Träume und Liebe reserviert war. [...]
Facebook wollte die Bindung zwischen Menschen im digitalen Universum weiterführen. Inzwischen geben die meisten dort nichts mehr von sich preis, ihre Einträge lesen sich wie Meldungen eines außer Kontrolle geratenen Livetickers: „Träumte, ich war in San Francisco letzte Nacht.“ – „Beachparty.“ – „Sonne & Home Office.“ – „Rügen-Nord.“
Das ist kein schlechtes Zeichen. Die Chance wächst, dass wir uns endlich wieder mit den wichtigen Dingen befassen. Wir müssen reden.

3 Formulieren Sie mit eigenen Worten erste Leseeindrücke zum Thema des Textes und zur Absicht des Autors, z. B.: *Scheuermann befasst sich mit einem aktuellen gesellschaftlichen Thema: den so genannten Social Media und ihren Auswirkungen auf … Scheuermanns Einschätzung der sozialen Netzwerke wird deutlich, als er ihren momentanen Zustand mit … vergleicht. Absicht des Autors ist es offensichtlich, die Leserinnen und Leser davon zu überzeugen, dass … Mit dem Schlusssatz „Wir müssen reden“ deutet der Autor an, wie er sich die gesellschaftliche Kommunikation …*

3. Schritt: Fragen an den Text stellen

1 Rekapitulieren Sie Ihre Ergebnisse aus Schritt 1 und 2, um Fragen an den Text zu stellen. Diese können ausgelöst werden durch den ersten Leseeindruck, durch Ihr persönliches Vorwissen zum Gegenstand des Textes, durch Ihre Leseabsicht bzw. Ihr Erkenntnisinteresse oder auch durch weitere W-Fragen (Was? Wer? Wo? Wann? Wie? Warum?).
Tipp: Dieser Schritt kann auch als Gruppenarbeit erfolgen (▸ Methode: **Reziprokes Lesen**).

Methode **Reziprokes Lesen – Texte abschnittweise in Einzel- und Teamarbeit erschließen**

- Lesen Sie den ersten Abschnitt des Textes in Einzelarbeit.
- Bilden Sie Vierer-Teams mit folgender Aufgabenstellung:
  Mitglied A: Trägt eine Zusammenfassung des Textabschnitts vor, die Teammitglieder beraten über Ergänzungen und gegebenenfalls Korrekturen.
  Mitglied B: Stellt Fragen zum Textabschnitt; die Teammitglieder beantworten sie.
  Mitglied C: Lässt von den anderen Teammitgliedern Begriffe und Textstellen erläutern, die ihm nicht ganz klar sind.
  Mitglied D: Formuliert eine Vorhersage darüber, wie der Text (im nächsten Abschnitt) weitergehen könnte.

- Lesen Sie den nächsten Abschnitt wieder in Einzelarbeit. Die Aufgabenverteilung innerhalb des Teams wechselt dann im Uhrzeigersinn. Mit den folgenden Abschnitten verfahren Sie ebenso.

4. Schritt: Den Text gründlich und „aktiv" lesen

1 Lesen Sie den Text auf einer Kopie des Textes gründlich und „aktiv", d.h. mit dem Stift in der Hand (► Methode).

Methode **Aktiv lesen – Stifte oder Textmarker verwenden**

- **Stifte** „kreativ" verwenden: Sie können den Text mit unterschiedlichen Symbolen, Farben, Zeichen markieren. Unterstreichen Sie z.B. einfach, doppelt, gestrichelt, geschlängelt; umkreisen Sie einzelne Begriffe, streichen Sie für Sie Unwichtiges. Trennen Sie Sinnabschnitte durch Querlinien. Achtung: Diese müssen nicht mit Druckabsätzen übereinstimmen.
- **Textmarker:** Sie können verschiedene Farben zur Unterscheidung einsetzen, z.B. für:
  - verschiedene Textebenen (Thesen, Einleitung, Zusammenfassungen, Schlüsselwörter, Zitate, Oberbegriffe usw.),
  - Angaben (Namen, Jahres- und andere Zahlen ...) und
  - semantische, syntaktische und strukturelle Besonderheiten (z.B. Aufzählungen, Schachtelsätze, Metaphern und Vergleiche, Anglizismen, antithetische Konstruktionen, provokante Aussagen usw.).
- **Notizen am Rand (Randglossen, Marginalien):** Arbeiten Sie mit einem persönlichen System an Symbolen, Zeichen und Abkürzungen, z.B.:
  - Ausrufe-, Frage-, Plus- und Minuszeichen, Ziffern zur Kennzeichnung der Textgliederung: **?** (Klärung notwendig), **+** (gute Idee, übernehmen), **( )** (zitierbarer Text), **!**, *****, **~**
  - Stichworte und Abkürzungen, z.B.: **vgl. Z.13–15** (Verweis), **Lex.** (nachschlagen), **Th.** (These), **Arg.** (Argument), **Bsp.** (Beispiel), **Def.** (Definition), **I.** (Ironie), **Folg.** (Folgerung), **prov.** (provokant), **;o)** (nicht ganz ernst gemeint), **Sb** (Satzbau), **FA** (wichtiger Fachausdruck) usw.

Tipp: Bei allen Möglichkeiten sollten Sie sich auf Ihre Leseabsicht konzentrieren. Markieren Sie nicht zu viel, sonst verfehlen die Markierungen ihren Zweck als Hervorhebung.

5. Schritt: Den Text abschnittweise rekapitulieren

1 Ordnen Sie die folgenden Notizen in der richtigen Reihenfolge den ersten beiden Absätzen des Textes „Facebooktussies" zu:
- *später auch entferntere Bekannte als Adressaten*
- *Vergleich mit der Endphase einer Party*
- *kontrollierterer Umgang mit Informationspreisgabe*
- *sinkende Nutzerzahlen*
- *am Anfang viel Spontanes im Austausch mit Freunden*

2 Machen Sie sich auch für die folgenden (Sinn-)Abschnitte bewusst, was Sie inhaltlich verstanden haben, indem Sie die Hauptaussagen in eigenen Worten wiedergeben.

3 Formulieren Sie abschnittweise **Exzerpte** (▶ Information), und zwar in eigenen Worten, um deutlich zu machen, dass Sie die Aussagen gedanklich verarbeitet haben.

Information **Techniken wissenschaftlicher Informationsaufbereitung: Exzerpt und Konspekt**

Beim **Exzerpieren** (lat. „herausklauben, auslesen") werden gezielt Informationen aus einem Text ausgewählt und in komprimierter Form aufgeschrieben. Wichtig ist, dass Sie die Vielzahl der Textinformationen reduzieren und sie mit eigenen Worten formulieren. Der **Konspekt** stellt zentrale Inhalte in einer übersichtlichen Zusammenfassung, oft mit visuellen Hilfsmitteln (Symbole, Pfeile) dar.

6. Schritt: Den ganzen Text rekapitulieren

1 Gewinnen Sie zum Schluss einen Gesamtüberblick über den Text. Vergegenwärtigen Sie sich dazu den Inhalt des ganzen Textes, indem Sie die Schritte 2 bis 5 gedanklich noch einmal durchgehen.

2 **a** Machen Sie sich für ein vertieftes und ganzheitliches Verständnis des Textes seine gedankliche Struktur bewusst, also das Verhältnis, in dem die einzelnen Aussagen und Abschnitte zueinander stehen. Zur besseren Orientierung eignet sich besonders gut ein Strukturdiagramm (▶ Beispiel unten).

b Prüfen Sie das folgende Strukturdiagramm eines Schülers und überarbeiten bzw. ergänzen Sie es in Ihrem Heft mit Ihren eigenen Ergebnissen.

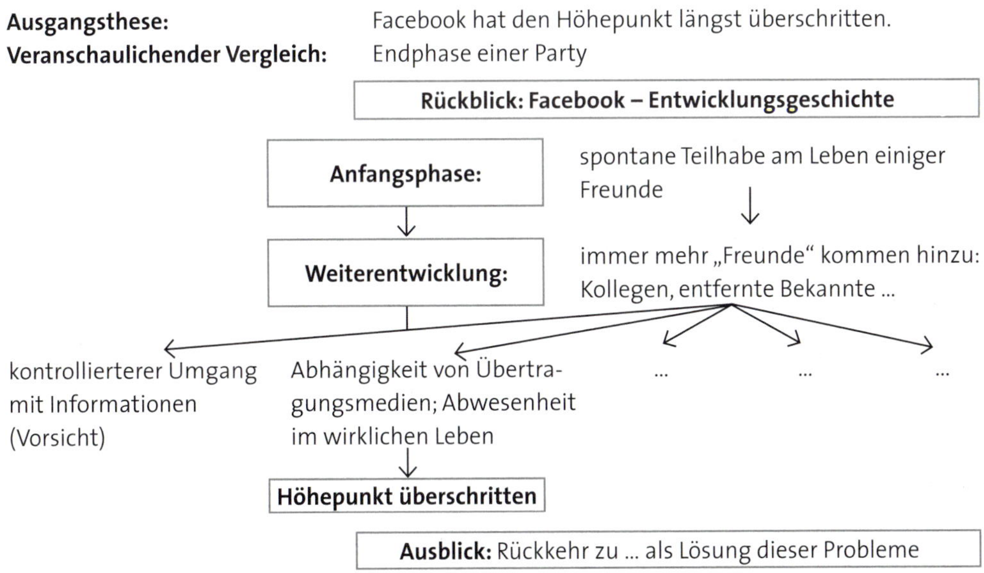

7. Schritt: Das Gelesene mit dem Vorwissen verknüpfen

1 Vergegenwärtigen Sie sich Ihre Notizen zu Schritt 1 (Vorwissen aktivieren).

2 Verknüpfen Sie die Informationen, die Sie durch den Text bekommen haben, mit Ihrem Vorwissen und Ihrer Einstellung zum Thema. Inwiefern hat sich Ihr Vorwissen/Ihre Einstellung verändert?

2.7 Texte planen, schreiben und überarbeiten – Die Schreibkompetenz verbessern

Schreiben als eine komplexe Fähigkeit – Fragen im Schreibprozess reflektieren

Ihre Schreibfähigkeiten können Sie erweitern, wenn Sie Grundlegendes über das Schreiben wissen und regelmäßig Texte verfassen. Damit Sie **schulische Schreibaufgaben** erfolgreich bearbeiten können, sollte Ihnen bewusst sein, dass sich Ihre Schreibkompetenz aus vielen Teilfähigkeiten zusammensetzt:

Was schreibe ich?
→ Inhaltliche Kompetenz

Warum und für wen schreibe ich?
→ Pragmatische Kompetenz

Fragen im Schreibprozess

Wie formuliere und überarbeite ich?
→ Formulierungskompetenz

Wie baue ich den Text auf?
→ Strukturierungskompetenz

Besonders hilfreich ist es, wenn Sie sich beim **Schreiben in einer Gruppe** sowohl über das Aufgabenverständnis als auch über vermutete Schreibschwierigkeiten verständigen und dann den **Schreibprozess** in Schritten vollziehen. Vor dem Schreiben werden geeignete Hilfsmittel beschafft; nach dem Schreiben wird eine gründliche Kontrolle der entstandenen Texte angestrebt und durchgeführt.

1 Machen Sie sich eigene Schreiberfahrungen und -schwierigkeiten bewusst. Schreiben Sie dazu in der Ich-Form Fragen oder Aussagesätze auf ein gesondertes Blatt, z. B.:
Wie fange ich an? Wie kann ich ein Formulierungsproblem beseitigen? Diesen Text kann ich ähnlich gliedern wie …, nämlich … Am besten ist es, den fertigen Text zunächst beiseitezulegen und ihn später auf Fehler hin durchzusehen. Andere können mir helfen bei …

2 Welche Ihrer Fragen weist auf eigene Stärken oder Schwächen bei welcher Teilkompetenz hin?

Schreibziele und -anlässe unterscheiden

1 **a** Listen Sie frühere Schreibanlässe auf und ordnen Sie diesen Schreibziele zu, z. B. jemanden über etwas informieren, jemanden überzeugen, Analyseergebnisse vermitteln, ...
b Überlegen Sie, welche Unterschiede Sie sehen zwischen schulischem und außerschulischem Schreiben.

Information **Schreibziele und -anlässe**

Wenn man einen Text schreibt, sollt man sich zunächst klarmachen, welche **Schreibziele** man damit verfolgt, ob man also z. B. über etwas berichten, Analyseergebnisse vermitteln, über etwas informieren, jemanden von etwas überzeugen oder einen poetischen Text verfassen möchte. In einem engen Zusammenhang damit steht auch der jeweilige **Schreibanlass**, z. B. eine Prüfung oder der Auftrag, ein Protokoll zu schreiben.

Schritt für Schritt eine Schreibaufgabe bearbeiten

Ein Schreibprozess besteht aus Phasen der Planung, des Schreibens und der Überarbeitung. Dabei empfiehlt sich generell die folgende Schrittfolge.

Erster Schritt: Die Aufgabenstellung verstehen

1 Klären Sie beispielhaft zu Nadja Einzmanns Erzähltext „An manchen Tagen" (► S. 281) sowie zu Marina Keegans „Winterferien" (► S. 282 ff.), was genau die dazu formulierten Aufgaben von Ihnen verlangen:

a Lesen Sie zunächst beide Erzähltexte aufmerksam durch.

b Notieren Sie Ihre Antworten zu folgenden Fragen:

- Wie verstehe ich die Aufgaben bzw. die einzelnen Aufgabenformulierungen? Was fordern die Operatoren (► S. 255) von mir (z. B.: untersuchen, beschreiben, analysieren, erläutern, Stellung nehmen)?
- Welche Arbeitsschritte bzw. welche inhaltlichen und formalen Aspekte sind durch die Aufgabenstellung jeweils vorgegeben?
- Was sollte ich darüber hinaus berücksichtigen?

2 Tauschen Sie sich über Ihre Antworten im Kurs aus.

Methode **Anforderungen an schulische Schreibaufgaben – Vorgehensweise**

Für schulische Schreibaufgaben gilt in der Regel, dass Texte bearbeitet bzw. aufbereitet sowie Ideen gesichert und Inhalte strukturiert werden müssen. Erst danach entwickelt man Leitlinien für die schriftliche Darstellung der eigenen Lösungen/Ergebnisse. Man sollte je nach Aufsatzform und Aufgabenstellung die nachstehend skizzierten Tätigkeiten ausführen:

- **Analysierendes Schreiben:** Erste Verstehenseindrücke schriftlich festhalten; dazu ein Notizblatt anlegen; Markierungen im Text vornehmen; Randnotizen machen; einzelne analytische Befunde den in der Aufgabenstellung genannten Aspekten zuordnen
- **Erörterndes Schreiben:** Zusätzlich zur Textanalyse: Ideen entwickeln (Cluster, Mindmap); Fachkenntnisse rekonstruieren; Argumente sammeln und ordnen usw.
- **Produktiv-gestaltendes Schreiben:** Assoziationen notieren; Bilder bzw. Vorstellungen zu Figuren/Situationen festhalten; den Text spontan weiterschreiben und später mit Untersuchungsergebnissen vergleichen usw.
- **Informierendes Schreiben:** Materialien auswerten, Informationen strukturieren, für bestimmte Adressaten einen Text verfassen

Zweiter Schritt: Erstes Textverständnis und Ideen formulieren

1 Beachten Sie den Titel des jeweiligen Textes. Formulieren Sie ein erstes Verständnis:

a Welchen Zusammenhang sehen Sie zwischen dem Titel der Erzählung von Einzmann und dem Inhalt der Erzählung?

b Welchen Zusammenhang sehen Sie zwischen dem Titel des Textes von Keegan und dem Inhalt des gelesenen Textauszugs?

2 Notieren Sie für beide Geschichten alle Textstellen, in denen Sie etwas über die jeweilige Protagonistin erfahren. Welches Bild von der jeweiligen Figur entsteht bei Ihnen?

3 Halten Sie in wenigen Sätzen Ihr erstes Textverständnis fest.

Dritter Schritt: Den Text schriftlich (im Team) analysieren

1 Teilen Sie den Kurs in zwei Gruppen. Die eine Gruppe bearbeitet die schriftlich zu lösenden Aufgaben zur Erzählung „An manchen Tagen" (► S. 281), die andere zum Auszug aus „Winterferien" (► S. 282 f.).

2 **a** Lesen Sie je Gruppe den Erzähltext und die Arbeitsaufträge noch einmal „aktiv" (► S. 588).
b Untersuchen und deuten Sie „Ihren" Erzähltext. Nutzen Sie die Informationen „Die sprachliche Gestaltung untersuchen" (► S. 264) und „Eine literarische Figur charakterisieren" (► S. 288).

Vierter Schritt: Einen Schreibplan erstellen und schreiben

1 Fassen Sie zusammen, was Sie über Inhalt, Form und Funktion von Einleitung, Hauptteil und Schluss eines Aufsatzes wissen.
Erläutern Sie Ihr Wissen am Beispiel des analysierenden Schreibens.

2 Notieren Sie je Gruppe, wie Sie Ihre Untersuchungsergebnisse systematisch darstellen wollen. Halten Sie Ihre geplante Gliederung schriftlich fest.

3 Verfassen Sie in Einzelarbeit Ihren Analyseaufsatz. Achten Sie dabei besonders auf die gedankliche Folgerichtigkeit Ihrer Ausführungen (► Methode).

Methode **Globale Kohärenz – Inhaltliche Zusammenhänge deutlich machen**

Als Kohärenz (lat. *cohaerere:* zusammenhängen) bezeichnet man den **inhaltlichen Zusammenhang** eines Textes. Mit Hilfe der folgenden Leitfragen können Sie prüfen, ob Ihr **Text insgesamt** inhaltlich schlüssig ist und einem „roten Faden" folgt **(globale Kohärenz)**:

- Sind meine Ausführungen in sich **stimmig, logisch und widerspruchsfrei?**
- Folgen die von mir verfassten Textteile (z. B. einzelne Abschnitte, Ausführungen zu Teilaufgaben) einer klaren **Struktur?**
- Sind die einzelnen Textteile sinnvoll miteinander **verknüpft?** Kann die Verknüpfung durch Rückbezüge oder Vorverweise optimiert werden?
- Habe ich bei Verbesserungen, Umstellungen und Ergänzungen beachtet, dass meine Ausführungen **schlüssig** bleiben müssen?
- Habe ich Wichtiges deutlich hervorgehoben und am Schluss noch einmal **zusammengefasst?**

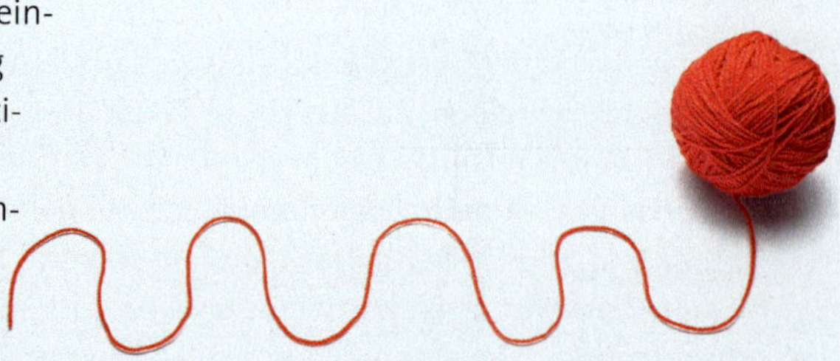

Fünfter Schritt: Den eigenen Text überarbeiten – Aussagen verknüpfen und Schreibkonferenz

1 Überlegen Sie zunächst für sich:
a Inwiefern ist es Ihnen gelungen, mit Hilfe Ihrer Gliederung einen schlüssigen Text zu verfassen?
b Wo hatten Sie beim Verfassen größere Schwierigkeiten?

2 **a** Lesen Sie Ihren Aufsatz und beurteilen Sie ihn. Legen Sie dazu die in der Methode oben genannten Fragen zur globalen Kohärenz bei der Beurteilung des Textes an.
b Überarbeiten Sie die Textteile, die Ihnen verbesserungswürdig erscheinen.

3 Prüfen Sie, ob Sie die lokale Kohärenz zwischen den einzelnen Sätzen sprachlich genügend unterstützt haben.

a Markieren Sie Textstellen in Ihrem Aufsatz, an denen die Verknüpfung von Aussagen verbessert werden könnte.

b Setzen Sie besser passende Verknüpfungen ein. Für entsprechende Ergänzungs- oder Ersatzproben können Sie das folgende „Rad der Gelenkwörter" nutzen.

c Tauschen Sie Ihren Aufsatz mit einem Lernpartner oder einer Lernpartnerin. Geben Sie sich gegenseitig eine Rückmeldung, ob die lokale Kohärenz zwischen einzelnen Sätzen noch weiter verbessert werden kann.

Methode **Lokale Kohärenz – Satzzusammenhänge deutlich machen**

Die **Kohärenz zwischen Sätzen** (lokale Kohärenz) lässt sich besonders gut durch **verknüpfende Konjunktionen** und **Adverbien** herstellen:

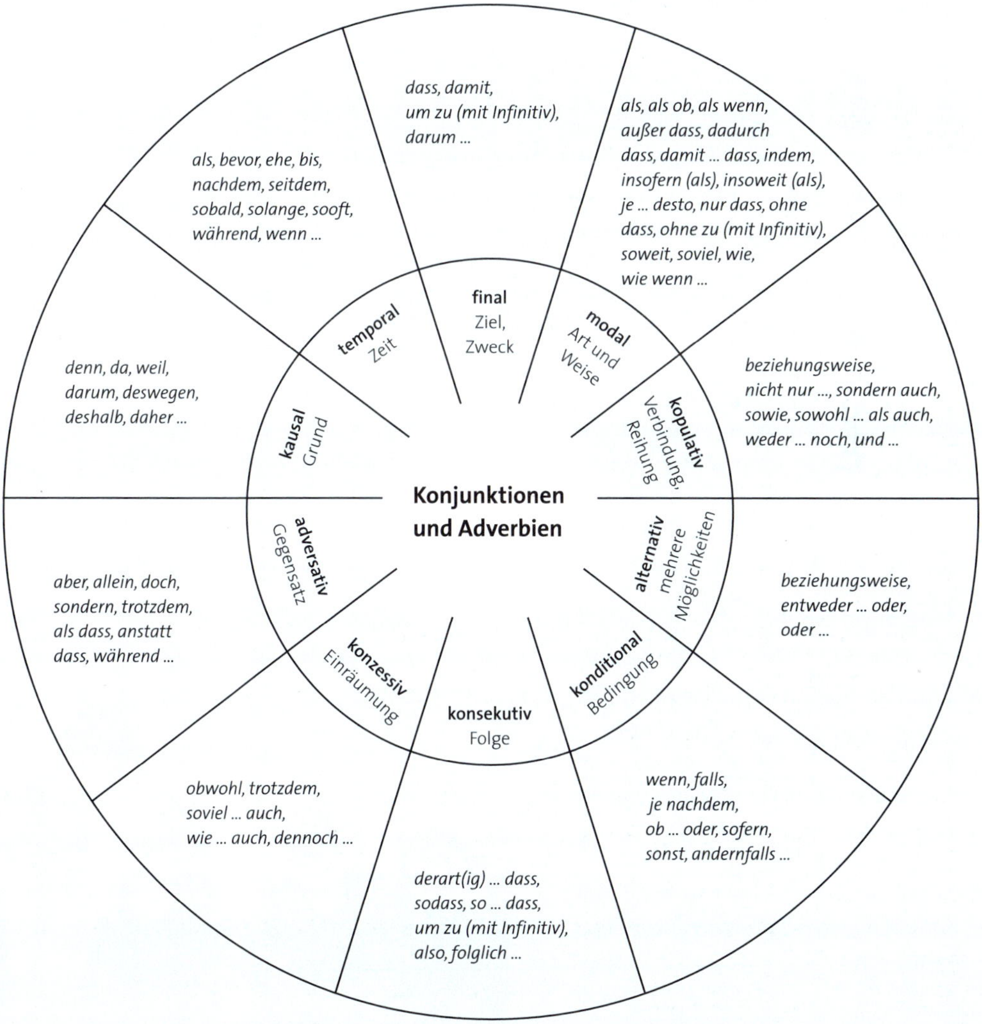

4 Diskutieren und überarbeiten Sie Ihre Aufsätze in einer Schreibkonferenz (▸ Methode).

Methode **Schreibkonferenz**

In einer Schreibkonferenz erfolgt eine **Textüberarbeitung in der Gruppe.** Dazu werden eigene Texte einem kritischen Publikum vorgestellt, um Textqualitäten und -schwächen genau zu bezeichnen und Fehlerhaftes sowie Unpassendes gezielt zu verbessern. Gehen Sie so vor:

- Bilden Sie Gruppen mit drei bis fünf Mitgliedern. Die Stärken der Mitglieder sollten sich ergänzen.
- Kleben Sie Ihren Text auf ein DIN-A3-Blatt, falls Sie nicht beim Schreiben Ihres Textes bereits einen breiten Rand für Anmerkungen gelassen haben.
- Lesen Sie sich Ihre Texte gegenseitig vor. Danach können Einschätzungen bezüglich Wirkung, Kernaussage, Verständlichkeit gegeben und Verbesserungsvorschläge am Textrand notiert werden. Eine andere Möglichkeit ist, dass alle Texte rundgegeben werden und jeder jeden Text liest und mit Randkommentaren versieht.
  Beachten Sie bei Ihrer Einschätzung folgende Aspekte, die Sie unter die **„Textlupe"** nehmen sollten:
  - Textaufbau,
  - Textkohärenz (▸ Methoden „Globale und lokale Kohärenz"),
  - Qualität einzelner Formulierungen („Haus der Stile", ▸ S. 113),
  - Vermeiden von Monotonie, z. B. mit Hilfe von Umstell- und Ersatzproben,
  - Prägnanz und Stimmigkeit der verwendeten Begriffe und Aussagen,
  - Vermeiden von Widersprüchen, Ungenauigkeiten in der Gedankenführung (Inhalt),
  - Grammatik (z. B. Kongruenz, Satzbau, Verwendung des Konjunktivs), Rechtschreibung und Zeichensetzung (▸ S. 552 ff.). Nutzen Sie die bekannten Korrekturzeichen: Sb, Gr, Bz, A/W ...
  - Verweise und Zitiertechnik (▸ S. 606 f.)
- Überarbeiten Sie Ihren eigenen Text unter Berücksichtigung der Verbesserungsvorschläge, sofern Sie diese als begründet ansehen. Es können auch weitere Konferenzrunden einberufen werden, bis die Ansprüche an die Überarbeitung Ihnen und der Gruppe genügen.
  Tipp: Bei der handschriftlichen Überarbeitung, z. B. einer Klausur, müssen Sie durch geeignete Zeichen (etwa *) oder Nummerierungen am unteren Textrand das Verbesserte bzw. Hinzugefügte eindeutig markieren.
- Präsentieren Sie Ihre überarbeiteten Texte im Kurs (Vorlesen, Plakat usw.).

5 **a** Ermitteln Sie auf Grundlage der Überarbeitungsergebnisse der Schreibkonferenz oder Ihrer letzten Klausuren Ihre Stärken und Fehlerschwerpunkte. Formulieren Sie diese mit den genannten Fachbegriffen.

b Erstellen Sie mit Hilfe Ihrer Texte und Materialien ein Unterrichtsportfolio (▸ S. 595 ff.).

6 Tauschen Sie sich in der Gruppe darüber aus, worauf Sie beim Schreiben Ihres nächsten Aufsatzes besonders achten möchten.

2.8 Die Portfolioarbeit – Sechs Phasen

Information **Das Unterrichtsportfolio**

Portfolios (von lat. *portare:* tragen und *folium:* Blatt) sind zielgerichtete Sammlungen von eigenen und fremden Materialien zu einem bestimmten Thema und nach einem vorher konzipierten Arbeitsplan. Im Unterschied zum Arbeitsjournal und Lerntagebuch hat das Portfolio einen eindeutigen Fokus (Kernthema). Ein **Unterrichtsportfolio** gibt Auskunft über Ihre Leistungen und Fortschritte im Hinblick auf das zu Beginn der Portfolioarbeit formulierte Erkenntnisinteresse. Wichtig ist, dass Sie notieren, welche Inhalte Sie warum ausgewählt haben, welche Schwierigkeiten sich möglicherweise ergaben, welche Beurteilungskriterien von wem festgelegt wurden und wie Sie Ihren Lernprozess selbst einschätzen.

1 Vergleichen Sie das Portfolio mit anderen Formen der Materialsammlung in der Schule (z. B. Lesetagebuch, Kursheft) und bestimmen Sie die besonderen Merkmale der Portfolioarbeit.

Methode **Portfolioarbeit – Phase 1: Vereinbarungen**

Legen Sie im Kurs zunächst fest:

- Zu welcher **Fragestellung** soll mit welcher Aufgabenstellung gearbeitet werden?
- Welches **Ziel** wollen Sie mit der Portfolioarbeit erreichen? Welchem Zweck dient sie?
- Wie viel **Zeit** haben Sie zur Verfügung?
- Welchen **Anforderungen** soll das Portfolio genügen? Wie soll es **aufgebaut** sein? Z. B.: a) Deckblatt, b) Vorwort (Thema, Themenfindung, Erkenntnisinteresse/Ziel, Vorgehensweise), c) Inhaltsverzeichnis, d) eigene Texte (z. B. Zusammenfassungen, Kommentare, Bilder, Grafiken), e) fremde Texte, Bilder, Interview, f) persönliche Einschätzungen zum Gelingen der jeweiligen Arbeitsschritte, Auswahl von Beispielen zu einzelnen Schritten mit Begründung der Auswahl, g) Nachwort, Ausblick
- An welche **Adressaten** ist es gerichtet? Wer darf Einsicht nehmen?

2 Überlegen Sie gemeinsam, welche Möglichkeiten der Selbst- und Mitbestimmung Sie in der Portfolioarbeit sehen und welche Kompetenzen von Ihnen erwartet werden.

3 **a** Lesen Sie das folgende Vorwort aus einem Portfolio. Was halten Sie für gelungen, was nicht?
b Überarbeiten Sie das Vorwort so, dass es den Hinweisen in der Methode entspricht.

Lieber Leser meines Portfolios! Mein Name ist Felicitas Th. Im Rahmen unserer Arbeit zu Schillers „Kabale und Liebe" fiel mir die Ähnlichkeit zu einem Drama auf, das ich kürzlich im Schauspielhaus gesehen hatte: Lessings „Emilia Galotti". Schnell wurde mir klar, dass mich von allen Figuren des Stücks die beiden „Schurken hinter den Schurken" – Wurm und Marinelli – am meisten interessieren, da sie die wesentlichen Intriganten sind. So lautet die zentrale Frage meiner Arbeit: „Marinelli oder Wurm – wer ist der ‚bessere' Intrigant?" Zur Beantwortung werde ich zunächst klären, was eine „Intrige" ist, ihre Bedingungen und Umstände erforschen, ihr jeweiliges Ziel und ihren Verlauf darstellen, um abschließend die Machenschaften der beiden zu vergleichen und zu bewerten. Ich wünsche viel Spaß beim Lesen meines Portfolios!

Methode **Portfolioarbeit – Phase 2 u. 3: Materialrecherche und -auswertung**

Suchen Sie Materialien zum Thema und werten Sie diese stichwortartig aus:

- Welchen **inhaltlichen Beitrag** leistet das Material zum Lernfortschritt?
- Was lässt sich über das **eigene Lernen** bzw. die Lernbedingungen anhand des Materials sagen? Ist es zu umfangreich für den gesetzten Zeitrahmen? Ist es inhaltlich ergiebig oder unergiebig?

4 Welche Möglichkeiten der Materialrecherche kennen Sie? (► S. 563 ff.)

5 Belegen Sie Ihren Lernfortschritt und Ihre Lernbedingungen stichwortartig.

Methode **Portfolioarbeit – Phase 4 u. 5: Reflexion des Arbeitsprozesses – Nachwort, Ausblick**

Die folgenden Reflexionsanregungen können Sie an unterschiedlichen Stellen in Ihrem Portfolio verorten: im Vorwort, im Nachwort und/oder in Form von Zwischenüberlegungen.
Geben Sie Auskunft darüber:

- auf welche **Art und Weise** Sie gelernt haben,
- wie Sie mit der **Zeit** zurechtgekommen sind (Aspekt der Zeitökonomie),
- welche **Irr- und Umwege** Sie gegebenenfalls genommen haben,
- wie Sie mögliche **Schwierigkeiten** lösen konnten,
- welche **Ziele** Sie **erreicht** haben und was diese Ziele für Sie bedeuten,
- welche **zukünftigen Arbeits- und Lernziele** sich für Sie aus der Arbeit ergeben.

6 Notieren Sie, worüber Sie im folgenden Schülerbeispiel eines Nachworts informiert werden:

Intrigen und ihre Drahtzieher in den beiden Dramen „Kabale und Liebe“ und „Emilia Galotti“ miteinander zu vergleichen und zu bewerten, ist zwar eine spannende Aufgabe, doch auch eine sehr schwierige: Zunächst musste ich mir überlegen, inwiefern man die Texte überhaupt vergleichen kann. Dazu habe ich mir folgende Fragen gestellt: Was macht die Kunst des Intrigenspinnens aus? Für wen behaupten Wurm und Marinelli jeweils ihre Intrige zu planen? Welche eigenen Absichten verfolgen sie? Wie gehen sie vor? usw.
Trotz der beschriebenen Schwierigkeiten bin ich der Meinung, die im Vorwort gestellte Frage nach dem „besseren“ Intriganten fundiert beantworten zu können: Wurm ist der „Sieger“. Er kennt sich in der Welt des Adels aus und ist auf Grund seiner bürgerlichen Herkunft in der Lage, das Verhalten seiner bürgerlichen Opfer erfolgreich zu manipulieren. Marinelli hingegen kennt nur die Welt des Adels, weshalb ihm das nötige Verständnis für die betroffenen Bürger fehlt. … Ich bin neugierig auf weitere Beispiele von List und Täuschung in der Literatur geworden – …

Methode **Portfolioarbeit – Phase 6: Präsentation**

Je nach Absprache kann das Portfolio gemeinsam mit den Kursmitgliedern und Lehrkräften, ggf. auch mit den Eltern und anderen Kursen betrachtet werden.
Vielleicht planen Sie gemeinsam eine Ausstellung, organisieren eine Matinee oder gestalten eine Seite auf der Website Ihrer Schule.

2.9 Projektarbeit im Team – Planen, durchführen und vorstellen

1 **a** Beschreiben und erläutern Sie die Fotos vor dem Hintergrund Ihrer Erfahrungen und Vorkenntnisse zum Projektlernen bzw. zum projektorientierten Arbeiten. Welche Prinzipien der Teamarbeit, welche Zielsetzungen und Arbeitsphasen sowie Dokumentations- und Präsentationsformen kennen Sie?

b Reflektieren Sie, welche Fähigkeiten man im Rahmen einer Projektarbeit erwerben kann, die auch außerschulisch bedeutsam sind.

2 Formulieren Sie eine eigene Definition des Begriffs „Projektarbeit". Verwenden Sie Begriffe wie „Vorhaben", „Projektmethode", „komplexe Aufgaben", „Produkt- oder Handlungsorientierung" und „Portfolioarbeit".

Projektarbeit – Phasen und Arbeitsformen

Üblicherweise werden fünf Phasen eines Projekts unterschieden:
1. Initiativ- und Informationsphase, 2. Planungsphase, 3. Arbeits- oder Produktionsphase, 4. Präsentations- bzw. Aktionsphase, 5. Evaluationsphase. In allen Phasen geht es darum, dass die Arbeits- bzw. Projektgruppen lernen, eigenverantwortlich und selbstständig im Team zu arbeiten.

Phase I: Initiativ- und Informationsphase

Wenn sich ein Kurs für ein Projekt entscheidet, muss gewährleistet sein, dass die Interessen, Kenntnisse und Problemsichten aller einfließen können. Häufig sind dabei noch Rahmenbedingungen zu berücksichtigen wie z.B. Lehrplan- und Abiturvorgaben, Anschluss an bisherige Lernergebnisse, Lernerfolgskontrollen, Zeitrahmen. Andere Entscheidungen, etwa zu den Arbeitsweisen und Materialien oder zur Form der Präsentation, können durch die Projektgruppen selbst getroffen werden. Ist eine Thematik komplex, so ist es ratsam, sich in mehreren Gruppen arbeitsteilig mit ihr zu beschäftigen.

1 Welche Möglichkeiten kennen Sie, um Arbeitsgruppen zu bilden? Welche Erfahrungen haben Sie mit diesen Möglichkeiten gemacht? Formulieren Sie ggf. Regeln für eine gute Gruppenarbeit.

2 **a** Stellen Sie die Verfahren vor, die Sie zum vorläufigen, noch ungeordneten Sammeln von Ideen kennen. Wie kann erreicht werden, dass die Perspektiven aller einfließen?

b Studieren Sie das nachfolgende Beispiel eines Notizblatts zum Projektthema „Expressionismus in der Literatur und Malerei". Wie sind die Notizen formuliert? Woran wird das Vorläufige erkennbar?

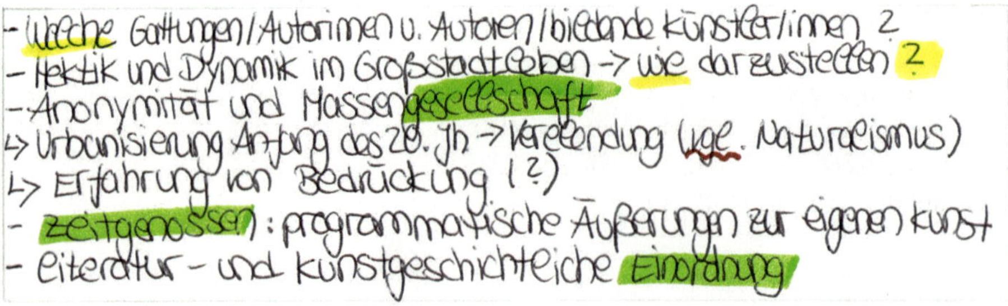

- Welche Gattungen/Autorinnen u. Autoren/bildende Künstler/innen ?
- Hektik und Dynamik im Großstadtleben -> wie darzustellen ?
- Anonymität und Massengesellschaft
↳ Urbanisierung Anfang des 20. Jh -> Verelendung (vgl. Naturalismus)
↳ Erfahrung von Bedrückung (?)
- Zeitgenossen: programmatische Äußerungen zur eigenen Kunst
- Literatur- und kunstgeschichtliche Einordnung

3 **a** Sammeln Sie, sofern Ihnen kein Projektthema vorgegeben ist, Ideen für ein eigenes Thema.
b Wählen Sie ein gemeinsames Thema und bilden Sie ggf. arbeitsteilige Gruppen.
c Entscheiden Sie, in welcher Form Sie Ihre ersten gemeinsamen Überlegungen so festhalten können, dass sie auch für längere Zeit im Unterrichtsraum und/oder in einem Projektportfolio präsent und verfügbar bleiben.

4 Beginnen Sie Ihre Gruppenarbeit mit einem **Blitzlicht** (▶ Methode). Sie können auch ein **Brainwriting** durchführen, wobei zunächst jede/r für sich Ideen zum Thema auf eine Karte schreibt. Danach werden diese Ideen kritisch besprochen und die besten ausgewählt.

Methode **Blitzlicht**

Äußern Sie spontan reihum Ihre Erwartungen und Wünsche zum Thema, zum Vorgehen oder zum angekündigten Vorhaben. Niemand nimmt dabei Bezug auf den/die Vorredner/in.

5 Organisieren Sie Ihre Arbeit, indem Sie Fragen zu den anstehenden Aufgaben in Ihrer Gruppe klären: *„Welche Schlüsselbegriffe und Teilaspekte hat unser Thema?“ – „Was brauchen wir an Informationen?“ – „Was können wir relativ leicht herausfinden?“ – „Was übernehme ich, was kann ich mitbringen?“ – „Ich möchte (nicht) gerne …“ – „Da kenne ich mich kaum aus …“*

Methode **Fragen stellen – Erste Buch- und Internetrecherche**

Es empfiehlt sich am Ende der ersten Gruppenbesprechungen, die anstehenden **Aufgaben in Frageform** zu erfassen und erste Rechercheaufgaben arbeitsteilig anzugehen. Auch die ersten Recherchen im Internet und/oder in der Schul- oder Stadtbibliothek müssen systematisch und gezielt durchgeführt werden. Das bedeutet etwa, dass man die Qualität der Informationsquellen prüfen und alle Fundorte sowie die ermittelten Sachverhalte genau festhalten muss (▶ S. 603 f.).

Phase II: Planungsphase

1 Bereiten Sie Ihre Projektarbeit in Form der **Kartenabfrage** vor (▶ Methode).

Methode **Kartenabfrage**

- Jede/r schreibt auf eine oder mehrere **Karteikarten**, welche Meinung er/sie zum Thema hat, was man wissen möchte und was man bereits weiß.
- Vergleichen Sie Ihre Einträge und bündeln Sie die Karten zu **Themenkomplexen**.

2 **a** Informieren Sie nach Ihren ersten Recherchen über Ihre Ergebnisse und entwickeln Sie daraus ein Gruppenergebnis. Nutzen Sie dazu die **Placemat-Methode** (► Methode).

b Stellen Sie Überlegungen zum angestrebten Projektprodukt bzw. zur Art der Präsentation an. Bedenken Sie dabei, worin sich Präsentationsmedien wie Wandzeitung, Vortrag, PowerPoint-Darstellung unterscheiden. Lassen Sie sich ggf. durch Ihre Lehrkraft beraten.

c Planen Sie auf der Grundlage Ihrer gemeinsamen Überlegungen Zeit- und Arbeitsabläufe.

Methode **Placemat**

- In die **äußeren Felder** (► Abb. unten) eines DIN-A3-Blatts wird von **jedem Gruppenmitglied** das Resultat des eigenen Denkens bzw. Erarbeitens so eingetragen, dass es für alle anderen Mitglieder gut lesbar ist. Drehen Sie das Blatt zur besseren Lektüre gegebenenfalls im Uhrzeigersinn.
- Tauschen Sie sich über die einzelnen Einträge aus.
- Schreiben Sie Ihre im **Austausch** gewonnenen Einsichten, Erkenntnisse, Themen und Absichten in das **Zentrum des Blatts**. Sie stellen Ihr erstes Gruppen- bzw. Arbeitsergebnis dar.
- In das mittlere Placemat-Feld kann auch ein Impuls oder ein Zitat notiert werden, wozu alle dann in die äußeren Felder ihre Assoziationen schreiben. Aus diesen wiederum wird dann eine gemeinsame Formulierung/Interpretation entwickelt, die erneut im Mittelfeld untergebracht wird.

Hier das Beispiel eines Placemats, das nach ersten Recherchen im Rahmen des Themas „Expressionismus“ zum expressionistischen Maler, Zeichner und Literaten Ludwig Meidner erstellt wurde:

1884 als Sohn jüdischer Eltern in Schlesien geboren; Maler, Grafiker, Dichter; Wohnorte u.a.: Dresden, Berlin, Köln, England (Frage: von Nazis verfolgt?), † 1966 Darmstadt (Frage: heute noch bekannt?)

Themen in Malerei und Prosa: Apokalypse und Großstadterleben; Krieg; Moderne …

1. vergleichbare Ausdrucksmittel und -absichten in „Ich und die Stadt“ (1913) sowie andere apokalyptische Darstellungen untersuchen; 2. Dazu programmatische Aussagen Meidners analysieren; 3. Mögliche Bezüge zu anderen „expressionistischen Künstlern“ herstellen; 4. Präsentationsform: Wandzeitung oder Gruppenportfolio

expressionistische Prosa während des 1. Weltkriegs …

Stil beeinflusst durch in- und ausländische Maler (Kubismus, Futurismus, v.a. Delaunay) (Frage: wer sonst noch?); eigene Entwicklung als Grafiker, Buchillustrator und Maler; auch Theoretiker; Manifest: „Anleitung zum Malen von Großstadtbildern“ (1914) (Frage: warum welche Techniken?)

Phase III: Arbeits- oder Produktionsphase

Eine Gruppe hat ihre Materialien zu Meidner in ihrem Portfolio gesammelt und knapp kommentiert:

1. *Programmatische Schrift „Das neue Programm“: verdeutlicht u.a. den „Umbruch“ zwischen Impressionismus und Expressionismus; stellt neue zentrale Darstellungsmittel vor, ist gut verständlich*

2. Zwei Prosa- bzw. Tagebuchtexte Meidners: enthalten Selbstaussagen zu Themen und Perspektiven und können als Beleg für „expressiven Sprachgebrauch“ und moderne Weltsicht genutzt werden
3. Charakterisierung Meidners durch seinen Freund G. Grosz: Malerpersönlichkeit, Fremdbild …
4. Auszug aus einer Bildanalyse zu „Ich und die Stadt“: Farben, Formen/Strukturen, „Bildknoten“ …
→ Zwei Bilder: Welches Gemälde, welche Zeichnung bzw. Lithografie können wir am besten analysieren, und zwar vor dem Hintergrund von Material 1 bis 4?

1 Beschreiben Sie die Art der Materialzusammenstellung und die Kommentare im Hinblick darauf, wie sie die Themenaspekte und das Arbeitsprogramm der Gruppe verdeutlichen.

2 **a** Beurteilen Sie die Eignung des Materials für den Fall, dass eine Wandzeitung erstellt werden soll.
b Was müsste ergänzt werden, wenn eine digitale Präsentationsform angestrebt wird?

Methode **Die Arbeit dokumentieren**

- **Wandzeitungen:** Im Klassenraum ausgehängt, informieren sie alle Gruppen über die Arbeitsstände.
- **Gruppenportfolio:** In einer gemeinsamen Mappe werden alle Materialien und Analysen sowie Gruppenprotokolle aufbewahrt und ggf. kommentiert, z. B. zum Fortgang der Arbeit im Hinblick auf das angestrebte Produkt.
  Tipp: Das Gruppenportfolio kann auch selbst das angestrebte Arbeitsprodukt sein und zur Bewertung des Arbeitsprozesses und -ergebnisses der jeweiligen Gruppenarbeit herangezogen werden.

Phase IV: Präsentations- bzw. Aktionsphase

Methode **Galeriegang, Markt der Möglichkeiten, mediengestützte Darbietung**

- **Galeriegang:** Alle Arbeitsergebnisse werden so in einem Raum verteilt bzw. ausgehängt und ausgelegt, dass man sie im Vorbeigehen betrachten kann.
- **Markt der Möglichkeiten:** Es werden je Gruppe Infostände eingerichtet, an denen man sich mit den Mitgliedern über ihre Ergebnisse austauschen kann.
- **mediengestützte Darbietung:** z. B. Vortrag und PowerPoint-Präsentation

1 Erläutern Sie, welche Vor- und Nachteile die in der Methode genannten Präsentationsformen Ihrer Erfahrung nach haben.

2 Präsentieren Sie Ihre Gruppenergebnisse in der von Ihnen gewählten Präsentationsform (► Aufgabe 2 b, S. 599).

Phase V: Evaluationsphase

Wichtig ist, am Ende der Projektarbeit ein Gespräch über die geplanten und tatsächlich erreichten Ziele zu führen, um auf diese Weise die eigene Arbeit einzuschätzen und für spätere Aufgaben zu lernen. Auch hierfür haben sich unterschiedliche Dokumentationsformen bewährt.

1 Welche Erfahrungen haben Sie mit der Auswertung und Beurteilung von Projekten gesammelt? Was wissen Sie über Anforderungen an gute Feedback- und Kritikgespräche?

2 Reflektieren Sie Ihre geleistete Projektarbeit, indem Sie folgende Fragen beantworten:
- Wurden die gesetzten Ziele erreicht?
- Was haben wir als Team, Gruppe oder Kurs, was habe ich als Einzelperson gelernt?
- Wie funktionierte die Arbeit in der Gruppe? Wie haben wir Entscheidungen getroffen?
- War unsere Arbeitszeit gut geplant? Wo haben wir uns aus welchem Grund mit der Zeit verschätzt?
- Was nehmen wir uns für die nächste Gruppenarbeit konkret vor?

Tipp: Sie können auch einen Fragebogen erstellen, um Unterschiede im Hinblick auf die Wahrnehmung und Beurteilung herauszufinden, z. B.:
Habe ich … vs. Hat er/sie Ideen eingebracht? Bin ich … vs. Ist er/sie bei der Sache geblieben? …

2.10 Die Facharbeit – Besondere Lernleistung

Mit einer Facharbeit oder einer anderen umfangreichen schriftlichen Arbeit erproben Sie an einem anspruchsvollen Gegenstand das selbstständige wissenschaftliche Arbeiten. Von einer Lehrkraft beraten, aber ansonsten auf sich allein gestellt, beschaffen Sie sich Informationen, werten diese aus, verarbeiten sie gedanklich und gestalten Ihre Erkenntnisse in Form eines umfangreichen Textes. Dieser Text muss bestimmten wissenschaftlichen Standards genügen. Zu diesen Standards gehören z. B. die korrekte Angabe der Quellen, die richtige Technik des Zitierens sowie ein systematischer Arbeitsprozess, der von der Themenfestsetzung über die gezielte Recherche bis hin zur Gliederung des Materials und der Präsentation der Arbeit reicht.

Themen finden – Bereiche abgrenzen

Information **Fach Deutsch – Mögliche Themenbereiche**

- Leben und Werk zeitgenössischer Autorinnen und Autoren
- eine Autorin oder ein Autor aus früheren Epochen der Literaturgeschichte
- Entstehung und Rezeption eines Theaterstücks, Romans usw.
- die Geschichte eines Motivs nachverfolgen, z. B. das Motiv der Nacht in der Romantik (▸ S. 130 ff)
- Untersuchungen zur Sprache, zur Sprachgeschichte oder einem lokalen Dialekt
- (lokale/regionale) Medien
- aktuelle Theaterinszenierungen
- …

1 Wählen Sie einen Themenbereich aus, der Sie besonders interessiert.

2 Grenzen Sie den Themenbereich ein, z. B. durch Festlegung auf:
- eine bestimmte Autorin oder einen bestimmten Autor,
- einen gerade erschienenen Roman, Gedichtband oder eine aktuelle Theaterinszenierung,
- eine bestimmte Epoche,
- ein sprachliches Phänomen usw.

Trainieren Sie diese Themeneingrenzung am Beispiel der folgenden Themenvorschläge zum Werk Franz Kafkas. Klären Sie, welche Vorschläge in sinnvoller Weise eingegrenzt sind und welche nicht:

(a) Franz Kafkas Verhältnis zu seiner Familie – Einfluss auf sein literarisches Werk
(b) Verfilmungen von Kafkas Werken
(c) Franz Kafkas Erzählung „Die Verwandlung" – Bezüge zu seinen Familienerfahrungen
(d) Michael Hanekes Verfilmung von Kafkas „Das Schloss" (1997)
(e) Vater- und Mutterfiguren in Kafkas Romanen
(f) Kafkas Verhältnis zum Vater als Hintergrund für die kurze Erzählung „Vor dem Gesetz"
(g) Kafkas „Vor dem Gesetz" und Botho Strauß' „Wann merkt ein Mann" – intertextuelle Bezüge
(h) Funktionen des literarischen Schreibens bei Kafka

3 **a** Legen Sie Ihren Themenvorschlag Ihrer betreuenden Lehrkraft vor, damit diese das Thema evtl. weiter eingrenzen und im Hinblick auf die Berücksichtigung fachlicher Anforderungen prüfen kann.

b Besprechen Sie auch den Umfang der Arbeit, den Zeitrahmen, die formalen Vorgaben (Schrifttyp und -größe, Seitenränder usw.) sowie das methodische Vorgehen zur Informationsbeschaffung und Auswertung (z. B. Literaturrecherche in Bibliotheken, Suche im Internet, Experteninterview usw.).

Die Arbeitszeit planen – Phasen der Facharbeit

Methode **Arbeitsphasen einer Facharbeit**

Für Facharbeiten gibt es in der Regel einen festen Abgabetermin. Um am Ende des Arbeitsprozesses nicht in Schwierigkeiten zu geraten, sollten Sie die Phasen der Erarbeitung gründlich planen und für jede Phase den zeitlichen Umfang festlegen, und zwar für
- die Erkundung von Informationsquellen (Wo? Wann? Wer? Materialbestände?),
- die konkrete Recherche,
- die Dokumentation und Prüfung der Informationen,
- die Informationsauswertung und Stoffgliederung,
- das Schreiben des Textentwurfs und die Einarbeitung von Zitaten usw.,
- das Erstellen einer Bibliografie,
- die Gestaltung der Arbeit inkl. Materialanhang,
- die Textüberarbeitung,
- den Ausdruck der gesamten Arbeit.

Arbeitsphasen	geplante Zeit	benötigte Zeit
1. *Erkundung von Informationsquellen*	*½ Tag*	*1½ Tage*
2. …		

1 Nutzen Sie die in der Methode (► S. 602) genannten Phasen für Ihr Zeitmanagement. Legen Sie eine dreispaltige Tabelle an und ordnen Sie im Rahmen der Ihnen vorgegebenen Gesamtzeit jeder Arbeitsphase eine Anzahl von Tagen zu.
<u>Tipp:</u> Planen Sie genügend Zeit (bis zu einer Woche) für die Überarbeitung und den Ausdruck ein.

2 Legen Sie den Zeitplan Ihrer betreuenden Lehrkraft vor und bitten Sie um kritische Kommentierung.

3 Prüfen Sie während der Erarbeitung laufend, ob Sie im Zeitplan sind. Tragen Sie in einer weiteren Spalte die tatsächlich benötigte Zeit ein. Berechnen Sie die Differenz zwischen geplanter Zeit und benötigter Zeit und ziehen Sie Konsequenzen für die restlichen Arbeitsphasen.

Informationen beschaffen – Quellen prüfen und protokollieren

Für die Informationsbeschaffung stehen Ihnen verschiedene Möglichkeiten zur Verfügung – nicht nur das Internet. Bei der Vorbereitung einer Facharbeit sollten Sie sich auf ein breites Quellenspektrum stützen. Je nach Informationsquelle ist allerdings ein unterschiedlich hoher Zeitaufwand einzuplanen.

1 Entscheiden Sie, welche Quellen Sie für Ihr Thema sinnvoll und effizient nutzen könnten.

2 **a** Erkunden Sie die konkreten Zugangsbedingungen der in Frage kommenden Quellen, z. B. Standorte und Öffnungszeiten von Bibliotheken sowie Archiven.
b Stellen Sie im Falle notwendiger Befragungen Kontakte her. Sprechen Sie Termine ab.

3 Führen Sie Ihre Recherchen durch:
- Internetrecherche über Suchmaschinen (► S. 564),
- Recherche in Bibliotheken (auch Online-Recherche über den OPAC-Katalog, ► S. 565),
- Befragungen usw.

4 **a** Nutzen Sie die Strategie des überfliegenden (diagonalen) und gezielten (selektiven) Lesens (► S. 585), um eine erste Quellenauswahl für Ihre Arbeit zu treffen.
b Kopieren bzw. exzerpieren (► S. 589) Sie wichtige Seiten. Speichern Sie Informationen aus dem Internet in einem eigenen Ordner ab, indem Sie im Browser „Datei speichern" auswählen.

5 **a** Prüfen Sie die Qualität Ihrer Quellen – besonders die der Internetquellen – mit Hilfe der folgenden Methode (► S. 604).

b Suchen Sie eine weitere vergleichbare Informationsquelle im Internet oder im Printbereich, falls eine von Ihnen gefundene Quelle nicht den Anforderungen entspricht.

Methode **Einschätzung und Bewertung von Print- und Internetquellen**

Folgende Hinweise helfen, die Zuverlässigkeit von Quellen und Informationen einzuschätzen:

- **Mehrfach belegt:** Eine Information ist in der Regel umso zuverlässiger, je mehr Belege aus unterschiedlichen Quellen für sie existieren.
- In **Behörden**, **Verlagen** und **Medienhäusern** überprüfen in der Regel Lektorate und Redaktionen die Richtigkeit der veröffentlichten Informationen (Print oder Online). Deshalb sind Informationen aus diesen Quellen meist verlässlich. Bei der Internet-Enzyklopädie **Wikipedia** beruht die inhaltliche Qualitätssicherung auf der Erwartung, dass sich die freiwillig beitragenden Teilnehmer gegenseitig kontrollieren und ihre Fehler zügig gegenseitig berichtigen.
- **Experten** für ein bestimmtes Fachgebiet sind meist vertrauenswürdige Quellen. Man erkennt sie daran, dass sie zu ihrem Gebiet oft eine **Vielzahl von Veröffentlichungen** – gedruckt oder online – vorweisen können. Zudem werden Experten häufig von anderen Experten zitiert und als Quelle angegeben. Seiten von **Universitäten** bieten zuverlässiges Expertenwissen.
- Bei **Kommentaren**, **Einschätzungen** und **Satiren** gilt die **Meinungs- und Kunstfreiheit**. Hier geht es nicht um korrekte Fakten.

Grundsätzlich gilt speziell für den Online-Bereich: Es gibt viele wertvolle Informationen, aber auch fragwürdige oder falsche Darstellungen. Dies betrifft z. B. Veröffentlichungen in Blogs, Foren und sozialen Netzwerken, aber auch in Hausaufgabenportalen. Bei derartigen Inhalten ist daher stets Vorsicht geboten.

6 Notieren Sie zu jedem Text die für wissenschaftliche Arbeiten nötigen Quellenangaben. Achten Sie auf deren Vollständigkeit. Nutzen Sie z. B. Quellenprotokolle der folgenden Art:

Quellenprotokoll

Bibliografische Angaben	**Notizen**
▪ Alt, Peter-André: Der ewige Sohn. Eine Biografie. Beck-Verlag, München 2005, S. 320–366, S. 706.	*Erfahrungen mit dem übermächtigen Vater, Einsamkeit, eingeschränkter Lebensraum, Bindungsangst*
▪ Jähn, Adina: Vater-Sohn-Konflikte http://www.planet-wissen.de/alltag_gesundheit/familie/vaeter/vater_sohn_konflikte.jsp (Zugriff am 05.02.2015)	*kurzer Text zu Kafkas Verhältnis zum Vater, Hinweis auf „Brief an den Vater“*

Informationen auswerten – Die Gliederung

1 Arbeiten Sie die von Ihnen zusammengetragenen Texte kritisch durch:

a Nutzen Sie die Strategie des intensiven Lesens (► S. 588).

b Notieren Sie inhaltliche Beziehungen (Thesen und Gegenthesen) zwischen den Texten. Nutzen Sie dabei evtl. die Methoden der Aspekte- und Stoffsammlung (► S. 603).

c Ergänzen Sie Ihr Textstudium durch eigene Gedanken.

d Formulieren Sie gliedernde Überschriften, die Ihnen helfen, das gesamte Material zu ordnen.

2 Entwerfen Sie mit einem Textverarbeitungsprogramm eine Gesamtgliederung: entweder als gemischte Gliederung (Großbuchstaben und arabische Ziffern, ▸ S. 3 ff.) oder numerisch, z. B.:

Lebensspuren im literarischen Werk – Möglichkeiten und Grenzen biografischer Zugänge zu Franz Kafkas Erzählung „Die Verwandlung"

1 Familienerfahrungen Franz Kafkas
1.1 Franz Kafka, der „ewige Sohn"
1.1.1 Erdrückende Übermacht des Vaters
1.1.2 Lieblosigkeit und Tyrannei
1.1.3 …
1.2 Die Rolle der Schwestern in Kafkas Leben
1.3 Kafkas enger Lebenskreis
1.3.1 Kontaktarmut, Schüchternheit und Vereinsamung
1.3.2 Der Wunsch nach Freundschaft und Gemeinschaft

2 „Die Verwandlung"
2.1 Veröffentlichungsdaten, Vorstellung des Textes
2.2 Drastische Einschränkung des Bewegungsraumes
2.3 Die literarischen Figuren
2.3.1 Der Vater
2.3.2 …
2.4 Darstellungsweise
2.4.1 Kühle Realistik
2.4.2 …

3 Literatur und Leben: Erzählen als Verarbeitung biografischer Erfahrungen
3.1 …

Textentwürfe schreiben – Schreibstrategien

1 **a** Schreiben Sie auf der Grundlage Ihrer Vorarbeiten die erste Fassung Ihres Textes.
b Legen Sie Ihren Text einer Freundin/einem Freund zur kritischen Durchsicht vor.

Methode **Die erste Fassung – Schreibstrategien**

- **Beginnen** Sie mit denjenigen Kapiteln, die Sie gedanklich am besten vorbereitet haben. Formulieren Sie Ihre Überlegungen jeweils unter den vorbereiteten Überschriften (s. o.).
- Schreiben Sie die einzelnen Textteile zunächst **ins „Unreine"**.
- Beim Schreiben stellen sich ab und zu wichtige neue Einsichten zum Thema ein. Prüfen Sie dann Ihre notierten Überlegungen und überarbeiten Sie sie bei Bedarf.
- Nutzen Sie **Formulierungsbausteine**, v. a. zur Wiedergabe von Sachtexten und zur Gestaltung argumentierender Textpassagen (▸ S. 361 f.).
- **Überarbeiten** Sie Ihre Entwürfe, z. B. mit Hilfe der „Textlupe" (▸ S. 594).
- Stellen Sie Ihre einzelnen Textbausteine zu einem **Gesamttext** zusammen. Achten Sie auf einen einheitlichen Stil (▸ S. 113) und auf eine konsequente Verwendung der Fachbegriffe.

Fremdaussagen integrieren – Zitieren und Paraphrasieren

Information **Richtiges Zitieren**

- Zitate sind wörtliche Übernahmen eines Wortes, mehrerer Wörter, ganzer Sätze oder Abschnitte. Wortlaut und Rechtschreibung dürfen dabei nicht verändert werden.
- Zitate werden am Anfang und Ende durch **Anführungszeichen** kenntlich gemacht.
- Nach jedem Zitat ist in runden Klammern die **Zeilen- oder Versangabe** anzugeben.
- **Auslassungen** werden durch drei Punkte in eckigen Klammern kenntlich gemacht: *[...]*.
- Zitiert man einen Text, in dem sich selbst wiederum ein Zitat oder wörtliche Rede befindet, wird dies durch **eingestrichene Anführungszeichen** kenntlich gemacht, z. B. *„‚Gregor', rief es – es war die Mutter –, ‚es ist drei viertel sieben. Wolltest du nicht wegfahren?'" (Z. 132 ff.)*
- Zitate, die in den eigenen Satzbau integriert sind, werden **grammatisch angepasst**, wobei die **Veränderungen in eckigen** Klammern kenntlich zu machen sind, z. B.: *Gregor Samsa ist in ein „ungeheure[s] Ungeziefer" (Z. 3) verwandelt, das sechs „kläglich dünne[ ] Beine" (Z. 11) hat.*

1 In einer Facharbeit werden Sie in der Regel andere Autoren zitieren. Dabei sollten Sie bestimmte Regeln beachten. Ordnen Sie den folgenden Zitaten jeweils passende Regeln des Zitierens zu.

Zitatbeispiele	Regeln des Zitierens
(a) Kafka betont die „Verschiedenheit" zwischen sich und dem Vater (Wagenbach: Kafka, S. 403).	**I** Zitate, die in einen eigenen Satz eingefügt werden, müssen evtl. grammatisch angepasst werden. Veränderungen sind in eckigen Klammern anzuzeigen.
(b) Kafka teilt dem Vater mit, er habe immer befürchtet, dieser werde ihn „einfach niederstampfen" (ebd., S. 42).	**II** Vollständig zitierte Sätze werden allein gestellt und durch einen Doppelpunkt abgetrennt. Werden in solchen Zitaten Wörter ausgelassen, ist das durch drei Punkte in eckigen Klammern zu kennzeichnen.
(c) Kafka bekennt außerdem: „[...] offen gesprochen habe ich mit dir niemals" (ebd., S. 700).	**III** Zitate werden am Anfang und am Ende durch Anführungszeichen kenntlich gemacht. Nach einem Zitat wird am Ende des Satzes oder Abschnitts in einer Klammer die Quelle in Kurzform angegeben.
(d) Kafka gesteht dem Vater zu, er habe „[s]ein ganzes Leben lang schwer gearbeitet" (ebd., S. 699).	**IV** Kurze Zitate werden in einen selbst formulierten Satz integriert. Wird eine Quelle wiederholt, kann der Kurztitel durch „ebd." ersetzt werden.

Tipp: Die vollständige Quelle ist in der Bibliografie (▸ S. 609 ff.) anzugeben. Sie können aber auch hinter das Zitat (wie bei den Begriffserläuterungen in diesem Buch) eine hochgestellte Zahl einfügen und die Quelle in einer Fußnote am Seitenende vermerken.

2 Vermeiden Sie beim Zitieren die auf der folgenden Seite aufgeführten, häufig auftretenden Fehler. Prüfen Sie in Ihrem Text, ob Ihre Zitierweise den Regeln entspricht.

Checkliste **Fehler beim Zitieren vermeiden**

- **Verfälschung:** Durch Herauslösung einzelner Begriffe oder Schlagwörter aus dem Zusammenhang besteht die Gefahr der Veränderung der ursprünglichen Aussage. Das Zitat muss auch außerhalb seines originalen Kontextes seinen Sinn bewahren.
- **Nicht korrekte Grammatik:** Das eingefügte Zitat passt nicht in den Satzzusammenhang. Zitate und eigener Fließtext sollten stets vollständige und richtige Sätze ergeben.
- **Fehlende Kommentierung:** (Lange) Zitate werden nicht ausführlich kommentiert. Zitate können nicht die eigene gedankliche Leistung ersetzen.
- **Unnötiges Zitieren:** Eher selbstverständliche Äußerungen bzw. nebensächliche Aussagen brauchen in der Regel nicht zitiert zu werden. Zitate sollten die Kernaussagen des Textes beinhalten.

3 Anstelle von Zitaten können Sie Fremdpositionen auch in Form einer Paraphrase (einer Umschreibung, einer sinngemäßen Übernahme, ▸ S. 362) in Ihren Text einfügen. Wählen Sie einige Informationen aus und übernehmen Sie diese unter Beachtung der folgenden Regeln in Ihre Arbeit.

Checkliste **Texte wiedergeben**

- Sind die Aussagen der Autorin/des Autors **sinngemäß richtig** wiedergegeben?
- Wird die **Aussageabsicht** der Autorin/des Autors deutlich?
- Sind Gedankenübernahmen **sprachlich gekennzeichnet**, z. B. durch den Konjunktiv der indirekten Rede (▸ S. 556 f.) oder Formulierungen wie *Nach Ansicht des Autors ist ...*?
- Wird auf die **Quelle** verwiesen? Dies erfolgt in der Regel durch ein „vgl." (Abkürzung für „vergleiche", z. B.: *vgl. Maier 2005, S. 12*).

Bibliografieren – Quellen vollständig angeben

Zum wissenschaftlichen Arbeiten gehört der Nachweis der verwendeten Quellen in Form einer nach Nachnamen alphabetisch sortierten Bibliografie (Literaturverzeichnis). Damit stellen Sie Literatur zum Thema zusammen und bieten die Möglichkeit, Zitate und Textverweise zu überprüfen. Innerhalb der Bibliografie sollte man Primär- (z. B. Texte von Kafka) und Sekundärliteratur (z. B. Texte über Kafka) sowie verschiedene Quellentypen (▸ Information) unterscheiden. Nutzen Sie Ihre **Quellenprotokolle** (▸ S. 604).

Information **Quellentypen**

Häufig verwendete Quellentypen sind: Buchveröffentlichung einer Autorin/eines Autors, Buchveröffentlichung einer Autorengruppe, Text aus einem Sammelwerk, Sammelwerk mit Herausgeber/n (z. B. gesammelte Werke einer Autorin/eines Autors), Zeitschriftenaufsatz (Fachzeitschrift), Zeitungstext, Internetquelle.

1 Untersuchen Sie das Autoren- und Quellenverzeichnis dieses Buches (▸ S. 609 ff.): Wie werden Fundstellen in Büchern, Zeitschriften usw. angegeben?
Tipp: Beachten Sie, dass in Bibliografien außerhalb von schulischen Lehrwerken Lebensdaten von Autorinnen und Autoren in der Regel nicht angegeben werden.

2 Stellen Sie anhand des Quellenverzeichnisses (► S. 609 ff.) für die verschiedenen Quellentypen eine Gliederungssystematik nach dem folgenden Muster zusammen.
Tipp: Titel wie *Dr.* oder *Prof.* gehören bei Nennung der jeweiligen Autorinnen und Autoren nicht in die Bibliografie.

Gliederungssystematik – Bibliografische Angaben
1. Buchveröffentlichung einer Autorin/eines Autors
Nachname der Autorin/des Autors, Vorname: Titel des Buches. Untertitel (evtl. Verlag), Verlagsort und Publikationsjahr, Seite(n), z. B.: Franz Kafka: Tagebücher 1910–1923. S. Fischer Verlag, Frankfurt 1983, S. 108.
2. ...
3. Text aus einem vom Autor/von der Autorin selbst veröffentlichten Sammelwerk
Nachname der Autorin/des Autors, Vorname: Titel des Textes. Aus: Titel des Buches ...

Die Facharbeit überarbeiten – Ergebnisse präsentieren

1 Überprüfen Sie Ihre Textfassung mit Hilfe der Checkliste (► Methode).

Checkliste **Eine Facharbeit prüfen und überarbeiten**

- Ist mein **methodisches Vorgehen** begründet und in der Arbeit benannt?
- Berücksichtige ich **wichtige Veröffentlichungen** zum Thema? Bin ich – im Rahmen meiner Möglichkeiten – auf der Höhe der fachlichen Diskussion?
- Stelle ich den Gegenstand meiner Arbeit **sachlich** und **aus kritischer Distanz** dar?
- Ist das Material meiner Arbeit übersichtlich **gegliedert?**
- Habe ich die von mir zusammengetragenen **Materialien gedanklich intensiv verarbeitet?**
- Weise ich alle **Quellen** nach?
- Verwende ich **Fachbegriffe**, die zur Darstellung des Gegenstandes sinnvoll sind, korrekt?
- Gebe ich **Zitate** wortgetreu und mit genauen Quellenangaben wieder? Sind sie fachgerecht in meinen Text integriert?
- **Fasse** ich die Ergebnisse meiner Untersuchung am Ende prägnant **zusammen?**
- Ist die Arbeit **vollständig**: Inhaltsverzeichnis, Bibliografie, Selbstständigkeitserklärung, in der ich versichere, dass ich die Arbeit selbstständig verfasst habe, usw.?
- Sind **Schriftbild, Seitenaufbau, Systematik der (Zwischen-)Überschriften** usw. einheitlich und entsprechen sie den schulischen Vorgaben?
- Ist meine Arbeit in der **Standardsprache** und in einem angemessenen **Stil** verfasst?
- Habe ich **Ausdruck, Rechtschreibung, Grammatik** und **Zeichensetzung** überprüft?

2 Wählen Sie für die Präsentation Ihrer Facharbeit eine der angegebenen Möglichkeiten aus:
- Einstellen der Arbeit in die Schulbibliothek (evtl. Präsentation auf einem Novitäten-Regal),
- Veröffentlichung auf der Website der Schule (evtl. in Teilen),
- Veröffentlichung im Schuljahrbuch (evtl. in Auszügen),
- freier Vortrag zur Facharbeit im eigenen Kurs,
- Ausstellung von Teilergebnissen an Präsentationswänden in der Schule,
- Vorstellung in der Lokalzeitung bzw. im Lokalradio, falls die Arbeit einen lokalen Bezug hat.

Autoren- und Quellenverzeichnis

Ackermann, Lutz; Brockhausen, Christian von; Reschke, Anja: *Wie wirkt „Scripted Reality"?*, S. 355. http://daserste.ndr.de/panorama/archiv/2011/luegenfernsehen131.html (2011)
Alberti, Conrad (1862–1918): Auszug aus *Die zwölf Artikel des Realismus. Ein literarisches Glaubensbekenntnis*, S. 469. In: Literarische Manifeste des Naturalismus 1880–1892. Hg. v. E. Ruprecht. J. B. Verlag, Stuttgart 1962, S. 129 ff.
Althen, Michael: *Ich will doch nur, dass ihr mich liebt*, S. 91 f. In: Frankfurter Allgemeine Zeitung Nr. 214 (14. 09. 2006)
Ammon, Ulrich: *Die nationale und regionale Variation des Standarddeutschen*, S. 314 f. In: Der Deutschunterricht H. 1/2004: „Sprachvariation im heutigen Deutsch". Friedrich Verlag, Seelze 2004, S. 12–16
Aristoteles (384–322 v. Chr.): *Kennzeichen der Tragödie*, S. 171. In: Theorie des Dramas: Aristoteles. Hg. v. Ulrich Staehle. Reclam, Stuttgart 1973, S. 8–12
Arnold, Heinz Ludwig: *Gespräch mit Jurek Becker*, S. 273. In: Text und Kritik. Zeitschrift für Literatur. Hg. v. H. L. Arnold. Heft 116: Jurek Becker. edition text + Kritik, München 1990, S. 4
Aston, Louise (1814–1871): *Lebensmotto*, S. 449. Aus: Wilde Rosen. In: Louise Aston. Ein Lesebuch. Gedichte, Romane, Schriften in Auswahl (1846–1849). Hg. v. Karlheinz Fingerhut. Akademischer Verlag, Stuttgart 1983, S. 24 f.
Ausländer, Rose (1901–1988): *Kindheit I*, S. 235. In: Gesammelte Gedichte. Bd. 2. Fischer, Frankfurt/M. 1985
Bachmann, Ingeborg (1926–1973): *Anrufung des Großen Bären*, S. 515. In: Werke. Hg. v. C. Koschel, I. v. Weidenbaum, C. Münster. Bd. I: Gedichte, Hörspiele, Libretti, Übersetzungen. Piper, München 1978, S. 95
Bahr, Hermann (1863–1934): *Symbolisten*, S. 472 f. In: Literarische Manifeste der Jahrhundertwende 1890–1910. Hg. v. E. Ruprecht u. D. Bänsch. Metzler, Stuttgart 1970, S. 170 f.
Becher, Johannes R. (1891–1958): *Auferstanden aus Ruinen (auch: Nationalhymne der Deutschen Demokratischen Republik)*, S. 510. C. F. Peters Musikverlag, Frankfurt/M.
Becker, Jurek (1937–1997): *Bronsteins Kinder*, S. 268 ff., 272 f. In: Bronsteins Kinder. Suhrkamp Basis Bibliothek 1996 (© Suhrkamp, Frankfurt/M. 2008), S. 19–25, 27, 201–206
Becker, Kristin: *Looking for Kafka*, S. 227. www.theatertreffen-blog.de/tt09/gastspiele/der-prozess/looking-for-kafka/ (2009)
Bendzko, Tim (*1985): *Wenn Worte meine Sprache wären*, S. 209. Rückbank Musikverlag, Hamburg
Benn, Gottfried (1886–1956): *Ein Wort*, S. 213. In: Der neue Conrady. Das große deutsche Gedichtbuch. Artemis & Winkler, Düsseldorf/Zürich 2000, S. 685; *Schöne Jugend*, S. 487. In: Gesammelte Werke. Hg. v. Bruno Hillebrand. Fischer, Frankfurt/M. 1982, S. 11; *Gehirne*, S. 489 f. In: Ebd., S. 1185–1191; *Nur zwei Dinge*, S. 511. In: Sämtliche Werke. Stuttgarter Ausgabe. Hg. v. Gerhard Schuster (Bde I–V) u. Holger Hof (Bd. VI). Klett-Cotta, Stuttgart 1987, Bd. 1, S. 320
Bernzen, Anna Katharina: *Vertrauen in Medien*, S. 108. www.zeit.de/2015/39/medienwissenschaften-medien-vertrauen-uni-mannheim (Stand: 02. 06. 2016)
Biermann, Wolf (*1936): *Berlin*, S. 249. In: Großstadtlyrik. Hg. v. Waltraut Wende. Reclam, Stuttgart 1999, S. 219; *Ballade vom preußischen Ikarus*, S. 528. In: Preußischer Ikarus. Lieder/Balladen/Gedichte/Prosa. Kiepenheuer & Witsch, Köln 1978, S. 103 f.
Birken, Sigmund von (1626–1681): *Willkommen Lenz*, S. 380. In: Die deutsche Literatur. Bd. 4. Hg. v. Renate Fischetti, Otto F. Best u. Hans Jürgen Schmitt. Reclam, Stuttgart 1975, S. 99 f., behutsam modernisiert
Birkin, Andrew; Eichinger, Bernd; Tykwer, Tom: *Das Parfum* (Drehbuch), S. 80–84. In: Das Parfum. Das Buch zum Film. Diogenes, Zürich 2006, S. 32 ff., 42
Böll, Heinrich (1917–1985): *Mein teures Bein*, S. 513 f. In: Erzählungen. Hg. v. Viktor Böll u. Karl Heiner Busse. Kiepenheuer & Witsch, Köln 1994, S. 226 ff.
Bölsche, Wilhelm (1861–1939): Auszug aus *Die naturwissenschaftlichen Grundlagen der Poesie. Prolegomena einer realistischen Ästhetik*, S. 470. Neu hg. v. Johannes J. Braakenburg. Niemeyer, Tübingen 1976, S. 24 f.
Bolz, Norbert: *Die Welt der Klick-Arbeiter*, S. 343. In: Süddeutsche Zeitung 29. 08. 2010
Borchert, Wolfgang (1921–1947): *Die Kegelbahn*, S. 263 f. In: Das Gesamtwerk. Rowohlt Taschenbuch Verlag, Reinbek 2009 (© 1947, 1949, 1961, 1996, 2007 Rowohlt); *Die drei dunklen Könige*, S. 512 f. In: Das Gesamtwerk. Rowohlt, Hamburg 1959, S. 304–308
Bossong, Nora (*1982): *Besuch*, S. 236. In: Reglose Jagd. Gedichte. Hg. v. Heinz Kattner. Dietrich zu Klampen Verlag, Springe 2007, S. 39; *Hinterhof*, S. 250. In: ebd., S. 8
Boyd, Danah: *Die Ära Facebook ist eine historische Ausnahme*, S. 339. http://cloud.irights.info/artikel/danah-boyd-die-aera-facebook-ist-eine-historische-ausnahme/22580 (Stand: 02. 06. 2016)
Brant, Sebastian (1457–1521): *Jüngst hat der Geiste ...*, S. 373. In: Gedicht über die Trefflichkeit der Druckkunst. Basel 1498
Braun, Volker (*1939): *Durchgearbeitete Landschaft*, S. 62. In: Deutsche Naturlyrik. Vom Barock bis zur Gegenwart. Hg. v. G. E. Grimm. Reclam, Stuttgart 1995, S. 416; *Im Ilmtal*, S. 403. In: Gedichte. Reclam, Leipzig 1976, S. 92–93; *Hinzes Bedingung*, S. 529. Aus: Berichte von Hinze und Kunze. Suhrkamp, Frankfurt/M. 1983, S. 19 f.; *Das Eigentum*, S. 536. In: DIE ZEIT, 10. 06. 1990
Brecht, Bertolt (1898–1956): *Erinnerung an die Marie A.*, S. 50. In: Bertolt Brecht: Die Gedichte in einem Band. Suhrkamp, Frankfurt/M. 1981; *Über das Frühjahr*, S. 59. In: Bertolt Brecht: Werke. Große kommentierte Berliner und Frankfurter Ausgabe in 30 Bänden. Hg. v. Werner Hecht, Jan Knopf, Werner Mittenzwei, Klaus-Detlef Müller. Bd. 14: Gedichte 4. Gedichte und Gedichtfragmente 1928–1939. Bearb. v. Jan Knopf und Brigitte Bergheim unter Mitarb. v. Annette Ahlborn, Günter Berg u. Michael Duchardt. Suhrkamp, Frankfurt/M. 1993, S. 7; *Von der Freundlichkeit der Welt*, S. 235. In: Bertolt Brecht: Werke. Bd. 11. Gedichte. I. Sammlungen 1918–1938. Hg. v. Werner Hecht u. a., bearb. v. Jan Knopf u. Gabriele Knopf. Aufbau, Berlin u. a., Suhrkamp, Frankfurt/M.: 1988, S. 68; *Der gute Mensch von Sezuan*, S. 161 f., 188. In: Gesammelte Werke in 20 Bänden. Suhrkamp, Frankfurt/M. 1967. Bd. 4, S. 1489 ff.; *Was ist mit dem epischen Theater gewonnen?*, S. 175. In: Ebd. Bd. 15, S. 302 f.; *Weise am Weisen ist die Haltung*, S. 218. In: Ebd. Bd. 12, S. 375; *Schlechte Zeit für Lyrik*, S. 501. Ebd., Bd. 9, S. 743 f.; *Ich habe dies, du hast das*, S. 511. Ebd., Bd. 10, S. 964
Brenner, Peter J.: *Geschichtsschreibung ist Aufklärung ...*, S. 366. In: Neue Deutsche Literaturgeschichte. Vom „Ackermann" zu Günter Grass. Niemeyer, Tübingen 1996
Brentano, Clemens (1778–1842): *Der Spinnerin Nachtlied*, S. 131. In: Werke. Hg. v. Wolfgang Frühwald u. a. Hanser, München 1968, Bd. 1, S. 131
Breuer, Dieter: *Zensur im 18. Jahrhundert: die Rechtslage*, S. 43. In: Geschichte der literarischen Zensur in Deutschland. UTB für Wissenschaft (Quelle & Meyer), Heidelberg 1982, S. 86 ff.
Bronsky, Alina (*1978): *Scherbenpark*, S. 286 ff. In: Alina Bronsky: Scherbenpark. Klett, Stuttgart 2014, S. 7 ff., 11 ff.
Buber, Martin (1878–1965): *Die Legende des Baalschem*, S. 217. In: Die Legende des Baalschem. Manesse, Zürich 1955, S. 30 f.
Büchner, Georg (1813–1837): *Woyzeck*, S. 438 f. In: Ebd., Bd. 1, S. 171 f.; *Der hessische Landbote*, S. 439 f. In: Sämtliche Werke und Briefe. Hg. v. Werner R. Lehmann. Wiss. Buchgesellschaft, Darmstadt 1967, Bd. 2, S. 35 f.
Bürger, Gottfried August (1747–1794): *Für wen, du gutes deutsches Volk*, S. 408. In: Bürgers Werke in 1 Bd. Hg. v. Lore Kaim-Klook. Aufbau, Berlin u. a. 1973, S. 222 f.
Celan, Paul (1920–1970): *Weggebeizt*, S. 214. In: Gedichte. Suhrkamp, Frankfurt/M. 1975, Bd. 2; *Todesfuge*, S. 508 f. In: Gedichte. Suhrkamp, Frankfurt/M. 10. Aufl. 1991, Bd. 1, S. 41 f.
Chiellino, Gino (*1946): *Heimat*, S. 285. In: Sehnsucht nach Sprache. Neuer Malik Verlag, München 1987, S. 34
Claudius, Matthias (1740–1815): *Wir Menschen gehen doch wie im Dunkeln*, S. 66. In: Asmus Omnia sua secum portans, vierter Teil. Zit. nach: Sämtliche Werke. Deutscher Bücherbund, Stuttgart 1972, S. 216. © Winkler, München 1968; *Der Mensch*, S. 234. In: Sämtliche Werke. Winkler, München 1984; *Abendlied*, S. 395. In: Von guten Mächten wunderbar geborgen. Die 100 schönsten geistlichen Lieder und Gedichte. Hg. v. Dirk Ippen, München 2. Aufl. 2006, S. 53 f.
Conrady, Karl Otto (*1926): *Von der Verführung durch vertraute Epochenbegriffe*, S. 366. In: Literatur und Sprache im historischen Pro-

zess. Vorträge des Deutschen Germanistentages Aachen 1982, Bd. 1. Hg. v. Thomas Cramer. Niemeyer, Tübingen 1983, S. 19 f.
Davies, Winfried: *Die Geschichte vom „schlechten" Deutsch*, S. 310. In: Der Deutschunterricht 59 (2007), S. 52–62
Döblin, Alfred (1878–1957): *Berlin Alexanderplatz. Die Geschichte vom Franz Biberkopf*, S. 198 f., 492 f. In: Berlin Alexanderplatz. Suhrkamp, Franfkurt/M. 1980, S. 13–15, 144 f. Lizenzausgabe der Walter-Verlags AG, © Walter-Verlag AG, Olten 1961; *Jeder Roman hat einen Fonds Realität nötig*, S. 208. In: Schriften zur Ästhetik, Poetik und Literatur: Der historische Roman und wir. Walter-Olten, Freiburg i. Br. 1989, S. 291–295
Domin, Hilde (1909–2006): *Hier*, S. 500. In: Gesammelte Gedichte. Fischer, Frankfurt/M. 1987, S. 253
Droste-Hülshoff, Annette von (1797–1848): *Am Turme*, S. 448. In: Sämtliche Werke. Hg. v. Clemens Heselhaus. Wiss. Buchgesellschaft, Darmstadt 1966, S. 124 f.
Eco, Umberto (1932–2016): *Der Verlust der Privatsphäre*, S. 336. In: Im Krebsgang voran. Heiße Kriege und medialer Populismus. Aus dem Ital. v. Burkhart Kroeber. Hanser, München 2007, S. 79–84
Eich, Günter (1907–1972): *Fußnote zu Rom*, S. 252. In: Großstadtlyrik. Hg. v. Waltraut Wende. Reclam, Stuttgart 1999, S. 211; *Inventur*, S. 510. In: Gedichte. Ausgew. v. Ilse Aichinger. Suhrkamp, Frankfurt/M. 1973, S. 10 f.
Eichendorff, Joseph von (1788–1857): *Neue Liebe*, S. 53. In: Eichendorffs Werke in vier Bänden. Hg. v. W. v. Scholz. Bd. 1: Gedichte. Walter Hädecke, Stuttgart 1924, S. 208; *Der Abend*, S. 63. In: Werke und Schriften. Hg. v. G. Baumann. Bd. 1: Gedichte. Epen. Dramen. Cotta, Stuttgart 1953; *Zwielicht*, S. 63. In: Sämtliche Werke. Historisch-kritische Ausgabe. Bd. I,1: Gedichte. Hg. v. Harry Fröhlich u. Ursula Regener. Kohlhammer, Stuttgart u. a. 1993, S. 11 f.; *Lied / Das zerbrochene Ringlein*, S. 68. In: Der ewige Brunnen der Liebe. Hg. v. Albert von Schirnding, C. H. Beck, München 2007, S. 103; *Mondnacht*, S. 130. In: Werke und Schriften, Bd. 2. Hg. v. Gerhart Baumann. Cotta'sche Buchhandlung, Stuttgart o. J., S. 306; *Die zwei Gesellen*, S. 240. Nach: Werke und Schriften. Hg. v. G. Baumann. Bd. 1: Gedichte. Epen. Dramen. Cotta, Stuttgart 1953; *Sehnsucht*, S. 425. In: Ausgewählte Werke. Sonderausgabe die Tempel-Klassiker, Bd. 1. Hg. v. Paul Stapf. Vollmer, Wiesbaden o. J., S. 35; *Wünschelrute*, S. 429. In: Werke. Bd 1: Gedichte, Versepen. Hg. v. Hartwig Schultz. Deutscher Klassiker Verlag, Frankfurt/M. 1987, S. 328
Einzmann, Nadja (*1974): *An manchen Tagen*, S. 281. In: Da kann ich nicht nein sagen. Fischer, Frankfurt/M. 2001, S. 41
Engelmann, Julia (*1992): *Grüner wird's nicht*, S. 261 f. In: Julia Engelmann: Eines Tages, Baby. Goldmann, München 2014, S. 81–83
Engst, Judith: *Professionelles Bewerben – leicht gemacht*, S. 577. In: Duden – Professionelles Bewerben – leicht gemacht. Dudenverlag, Mannheim 2007, S. 48
Enzensberger, Hans Magnus (*1929): *An alle Fernsprechteilnehmer*, S. 516. In: Landessprache. Suhrkamp, Frankfurt/M. 1960, S. 28 f.
Fauser, Jörg (1944–1987): *Berlin, Paris, New York*, S. 247. In: Großstadtlyrik. Hg. v. Waltraut Wende. Reclam, Stuttgart 1999, S. 291
Feuchtwanger, Lion (1884–1958): *Der Schriftsteller im Exil*, S. 500. Aus: Ein Buch für meine Freunde. Fischer, Frankfurt/M. 1984
Fichter, Alina: *Da guckst du!*, S. 351. In: DIE ZEIT 42/2013, S. 21
Fontane, Theodor (1819–1898): *Effi Briest*, S. 193 f., 458 ff. In: Große Brandenburgische Ausgabe. Das erzählerische Werk. Hg. v. Gotthard Erler u. Christine Hehle. Aufbau, Berlin 1998; *Was soll ein Roman?*, S. 207. Zit. nach: Romanpoetik in Deutschland: von Hegel bis Fontane. Hg. v. Hartmut Steinecke. Gunter Narr Verlag, Tübingen 1984, S. 186 f.; *Was verstehen wir unter Realismus?*, S. 451. In: Sämtliche Werke. Romane. Erzählungen. Gedichte. Hg. v. Walter Keitel. Wiss. Buchgesellschaft, Darmstadt 1963; *Frau Jenny Treibel*, S. 454 f. In: Romane und Erzählungen in 8 Bänden. Hg. v. Peter Golammer u. a. Aufbau, Berlin u. a. 4. Aufl. 1993, Bd. 6, S. 258 ff.
Fox, Peter (*1971): *Schwarz zu Blau*, S. 248. Text: Baigorry, Pierre/ Conen, David, © BMG Rights Management GmbH, Berlin / Fixx & Foxy Publ. Pierre, Krajewski / Hanseatic Musikverlag GmbH & Co. KG, Hamburg
Frank, Charlotte: *„Na? Udslopen?"*, S. 322. www.sueddeutsche.de/bildung/plattdeutsch-an-grundschulen-na-udslopen-1.1483772 (2012)
Franke, Manfred: *Leben und Roman der Elisabeth von Ardenne*, S. 457. In: Leben und Roman der Elisabeth von Ardenne. Fontanes „Effi Briest". Droste, Düsseldorf 1994, S. 18
Freud, Sigmund (1856–1939): *Trieblehre*, S. 480. In: Abriss der Psychoanalyse. Fischer, Frankfurt/M. 1972, S. 12; *Das Ich und das Es*, S. 480 f. In: Werke aus den Jahren 1904–1905. Fischer, Frankfurt/M. 1989, Bd. 5, S. 253, 286; *Die Entdeckung des Unbewussten*, S. 481. In: Darstellungen der Psychoanalyse, Frankfurt/M. 1969, S. 132 ff.
Frey, Andreas: *Die Regeln von morgen*, S. 309. www.sueddeutsche.de/wissen/linguistik-die-regeln-von-morgen-1.2705006 (Stand: 23.05.2016)
Fried, Erich (1921–1988): *Gezieltes Spielzeug*, S. 524. In: Gesammelte Werke, Gedichte Bd. 1. Klaus Wagenbach, Berlin 1993, S. 371
Frisch, Max (1911–1991): *Das Unaussprechliche*, S. 212. In: Stiller. Suhrkamp, Frankfurt/M. 5. Aufl. 1975, S. 330 f.
George, Stefan (1868–1933): *komm in den totgesagten Park*, S. 478. Aus: Werke. Ausgabe in 2 Bänden. Bd. I. Küpper, München 1958, S. 121
Gernhardt, Robert (1937–2006): *Roma aeterna*, S. 252. In: Gesammelte Gedichte 1954–2004. Fischer, Frankfurt/M. 3. Aufl. 2006, S. 234
Gibis, Sonja: *So verstehen Sie Ihren Arzt*, S. 317 f. www.tz-online.de/service/gesundheit/allgemein/verstehen-ihren-arzt-me-ta-1555341.html (2012)
Göbel, Helmut: *Lessings „Nathan"*, S. 31. In: Helmut Göbel: Der Autor, der Text, seine Umwelt, seine Folgen. Klaus Wagenbach, Berlin 1977, S. 11
Goethe, Johann Wolfgang (1749–1832): *Neue Liebe, neues Leben*, S. 52. In: Werke. Hamburger Ausgabe. Durchges. u. komm. v. Erich Trunz. Deutscher Taschenbuch Verlag, München 1998. Bd. 1, S. 96; *Früh, wenn Tal, Gebirg und Garten ...*, S. 59. In: Werke, Bd. 1: Gedichte und Epen. Hg. v. E. Trunz (Hamburger Ausgabe). Beck, München 11. Aufl. 1978 (1–20). Nach: Gedenkausgabe der Werke, Briefe und Gespräche. Hg. v. E. Beutler. Artemis, Zürich 1950 ff.; *Über das Verfassen von Gedichten*, S. 60. Zit. nach: Walther Killy: Wandlungen des lyrischen Bildes. Vandenhoeck und Ruprecht, Göttingen 7. Aufl. 1978, S. 18; *Faust I*, S. 176–178, 181–183, 419. In: Ebd., Bd. 3; *Gesang der Geister über den Wassern*, S. 237. Ebd., Bd. 1, S. 143; *Grenzen der Menschheit*, S. 246. In: Sämtliche Werke. Bd. 2: Die Gedichte 1800–1832. Hg. v. Karl Eibl. Deutscher Klassiker Verlag, Frankfurt/M., S. 301 f.; *Römische Elegie VII*, S. 251. In: Goethe: Gedichte. Hg. u. kommentiert v. Erich Trunz. C. H. Beck, München 1999, S. 162 f.; *Die Leiden des jungen Werthers*, S. 398 f., 403 ff. In: Sämtliche Werke. Artemis/dtv, Zürich/München 1977, Bd. 4; *Ganymed*, S. 401. Ebd., S. 46 f.; *An den Mond*, S. 402, Bd. 1, S. 129 f.; *Prometheus*, S. 405 f. Ebd., Bd. 1, S. 44 ff.; *Italienische Reise*, S. 411 f. In: Ebd., Bd. 11, S. 150; *Natur und Kunst*, S. 413. Ebd., Bd. 1, S. 245; *Das Göttliche*, S. 418. Ebd., S. 147 ff.
Goethe, Johann Wolfgang; Schiller, Friedrich: *Deutscher Nationalcharakter*, S. 416. In: Sämtliche Werke. Hg. v. Gerhard Fricke u. a. Hanser, München 1965, Bd. 1, S. 267; *Xenien*, S. 417. Ebd., S. 248, 243, 309
Goethe, Johann Wolfgang (Übers.) / **Scott, Walter:** *Das Übernatürliche in fabelhaften Erzählungen*, S. 154. In: J. W. Goethe: Gedenkausgabe der Werke, Briefe und Gespräche. Hg. v. Ernst Beutler, Bd. 14, Artemis, Zürich 1950, S. 927 f.
Goos, Hauke; Voigt, Claudia: *Lesen und lesen lassen*, S. 105 f. In: Der Spiegel, 08.12.2014, S. 64 f.
Göttert, Karl-Heinz: *Alles außer Hochdeutsch oder Versuch eines Fazits*, S. 304. In: Alles außer Hochdeutsch. Ein Streifzug durch unsere Dialekte. Ullstein, Berlin 2011, S. 343–347
Gomringer, Eugen (*1925): *das schwarze Geheimnis*, S. 515. In: worte sind schatten. Die konstellationen 1951–1968. Hg. v. H. Rein. Rowohlt, Reinbek 1969; *wind*, S. 515. In: Ebd., S. 58
Gottfried von Straßburg († um 1215): *Tristan*, S. 368. Aus: Tristan. Nach dem Text v. Friedrich Ranke. Neu hg., ins Nhd. übers. v. Rüdiger Krohn. Reclam, Stuttgart 3. Aufl. 1985, Bd. 2, S. 110
Gottsched, Johann Christoph (1700–1766): *Versuch einer Critischen Dichtkunst*, S. 40. In: Versuch einer Critischen Dichtkunst. Wissenschaftliche Buchgesellschaft, Darmstadt 1982, S. 611 ff.
Grass, Günter (1927–2015): *Die Blechtrommel*, S. 517 f. Luchterhand-Literaturverlag, Frankfurt/M. 1991; *In Ohnmacht gefallen*, S. 524. In: Gedichte und Kurzprosa. Kommentar und Materialien v. Werner Frizen. Steidl, Göttingen 2007, S. 174

Grimmelshausen, Hans Jakob Christoffel von (1621–1676): *Der Abenteuerliche Simplicissimus Teutsch,* S. 376. In: Der Abenteuerliche Simplicissimus Teutsch. Winkler, München o. J., S. 11–15

Groenewold, Anke (Interview), **Simone Egger:** *„Heimat ist heute vielfältig",* S. 289. http://www.nw.de/kultur_und_freizeit/kultur/11033692_Simone-Egger-Heimat-ist-heute-vielfaeltig.html?em_cnt=11033692 (Stand: 11. 07. 2016)

Grünbein, Durs (*1962): *Lungotevere,* S. 253. In: Rom im Gedicht – Roma in Poesia. Hg. v. D. Grünbein u. P. Matt. Online-Publikation des Istituto svizzero, Rom 2011; *Novembertage I. 1989,* S. 536. In: Nach den Satiren. Suhrkamp, Frankfurt/M. 1999, S. 64 f.

Gryphius, Andreas (1616–1664): *Abend,* S. 64. In: Andreas Gryphius: Freuden- und Trauerspiele, auch Oden und Sonnette. Trescher, Breslau 1663. – Lyrische Gedichte. Hg. v. H. Palm. Bibliothek des literarischen Vereins in Stuttgart, Tübingen 1884 (Nachdruck 1961); *Menschliches Elende,* S. 239. In: Ebd.; *Es ist alles eitel,* S. 379. In: Werke in einem Band. Aufbau, Berlin u. a. 1969, S. 5

Günderrode, Karoline von (1780–1806): *Liebe,* S. 56. In: Sämtliche Werke und ausgewählte Studien. Bd. I: Texte. Hg. v. W. Morgenthaler unter Mitarb. v. K. Obermeier u. M. Graf. Basel 1990; *Der Kuss im Traume,* S. 132. In: Der Schatten eines Traums. Gedichte, Prosa, Zeugnisse von Zeitgenossen. Hg. v. Christa Wolf. Luchterhand, Darmstadt/Neuwied 1979, S. 68

Günther, Markus: *Nur noch Analphabeten,* S. 102 f. In: Frankfurter Allgemeine Sonntagszeitung, 25. 05. 2014

Hahn, Ulla (*1946): *Ein Gedicht für dich?,* S. 57. In: So offen die Welt. Deutsche Verlagsanstalt, München 2004; *Ich bin die Frau,* S. 530. Aus: Spielende. Deutsche Verlagsanstalt, Stuttgart 1983, S. 63

Hamburger, Ellis (Interview), **Danah Boyd:** *Die Ära Facebook ist eine historische Ausnahme,* S. 339. http://cloud.irights.info/artikel/danah-boyd-die-aera-facebook-ist-eine-historische-ausnahme/22580 (Stand: 02. 06. 2016)

Harsdörffer, Georg Philipp (1607–1658): *Das Leben ist,* S. 379. In: Die Pegnitz Schäfer: Georg Philipp Harsdörffer, Johann Klaj, Sigmund von Birken. Gedichte. Hg. v. Gerhard Rühm. gerhardt Verlag, Berlin 1964, S. 51; *Der Frühling,* S. 380. In: Texte deutscher Literatur 1500– 1800. Hg. v. Karl Otto Conrady. Lyrik des Barock I. Hg. v. Marian Szyrocki. Rowohlt, Reinbek 1971, S. 189 f., behutsam modernisiert

Hauptmann, Gerhart (1862–1946): *Die Weber,* S. 468 f. Aus: Die Weber. Dichtung und Wirklichkeit. Hg. v. Hans Schwab-Felisch. Ullstein, Berlin 1997, S. 54 f.

Hauschild, Jana: *Neue Lesegewohnheiten: In F-Form durch Texte springen,* S. 124 f. www.spiegel.de/wissenschaft/mensch/lesen-im-internet-veraenderungen-der-gewohnheiten-a-971179.html (Stand: 02. 06. 2016)

Hebbel, Friedrich (1813–1863): *Maria Magdalene,* S. 461 ff. In: Werke. Hg. v. Gerhard Fricke. Wissen. Buchgemeinschaft, Darmstadt 1963, Bd. I, S. 354 f., 368 ff.

Hein, Jakob (*1971): *Nu werdense nicht noch frech,* S. 290 f. In: Jakob Hein: Mein erstes T-Shirt. Piper, München 2001, S. 129 f.

Heine, Heinrich (1797–1856): *Ich weiß nicht, was soll es bedeuten,* S. 427. In: Sämtliche Schriften in 12 Bänden. Hg. zv. Klaus Briegleb. Ullstein, Frankfurt/M. 1981, Bd. 1., S. 107; *Der Asra,* S. 427. In: ebd., Bd. 11, S. 41; *Anno 1839,* S. 441. In: ebd., Bd. 7, S. 379; *Deutschland. Ein Wintermärchen,* S. 442. Ebd., Bd. 7, S. 597; *An Georg Herwegh,* S. 445. In: ebd., Bd. 7, S. 485 f.; *Weberlied,* Flugblatt aus dem Jahr 1844, S. 443. www.deutsche-digitale-bibliothek.de/ item/EAEZ56P4H2AIBXD5HY4N4UXYFO5NL27P (Stand: 03. 03. 2014)

Henne, Helmut: *Sprachen in der Sprache,* S. 313. In: Jugend und ihre Sprache. Darstellung, Materialien, Kritik. Berlin, New York: Walter de Gruyter 1986, S. 220. Georg Olms Verlag, Hildesheim, Zürich, New York 2. Aufl. 2009, S. 220

Herbold, Astrid: *Wenn Jugendliche einfach nur noch „kp" haben,* S. 114 f. www.morgenpost.de/familie/article121479804/Wenn-Jugendliche-einfach-nur-noch-kp-haben.html (Stand: 02. 06. 2016), *Chats belegen das Gegenteil von Sprachverfall,* S. 120 f. www.zeit.de/digital/internet/2013-01/chat-sprache-forschung/komplettansicht (Stand: 02. 06. 2016)

Herwegh, Georg (1817–1875): *Morgenruf,* S. 445. In: Herweghs Werke in einem Band. Ausgew. v. Hans-Georg Werner. Aufbau, Berlin u. a. 1967, S. 94

Hesse, Hermann (1877–1962): *Stufen,* S. 234. In: Sämtliche Werke. Bd. 10. Die Gedichte. Suhrkamp, Frankfurt/M 2002, S. 366

Hettner, Hermann (1821–1882): *Über das Verhältnis von Kunst und Wirklichkeit in der deutschen Klassik und Romantik,* S. 143. Zit. nach: Literaturgeschichte zwischen Revolution und Reaktion 1830–1870. Hg. v. Bernd Hüppauf. Athenäum, Frankfurt/M. 1972, S. 111, 116–119

Heym, Georg (1887–1912): *Berlin I,* S. 248. In: G. Heym: Gedichte. Hg. v. Stephan Hermlin. Suhrkamp, Frankfurt/M. 1966, S. 10; *Die Irren,* S. 486. In: Phantasien über den Wahnsinn. Expressionistische Texte. Hg. v. Thomas Anz. C. Hanser, München u. a. 1980, S. 21; *Ophelia I,* S. 487. In: Lyrik des Expressionismus. Hg. v. Silvio Vietta. Niemeyer, Tübingen 2. Aufl. 1985, S. 77

Hickethier, Knut: *Der Film nach der Literatur ist Film,* S. 94. In: Literaturverfilmung. Hg. v. Franz-Josef Albersmeier u. Volker Roloff. Suhrkamp, Frankfurt/M. 1989, S. 183 f.

Hinrichs, Uwe: *Hab isch gesehen mein Kumpel – Wie die Migration die deutsche Sprache verändert hat,* S. 319 f. In: Der Spiegel, 7/2012. www.spiegel.de/spiegel/print/d-83977255.html (Stand: 22. 09. 2016)

Hoddis, Jakob van (1887–1942): *Weltende,* S. 484. In: Menschheitsdämmerung. Hg. v. Kurt Pinthus. Rowohlt, Berlin 1984, S. 39

Hoffmann, Friedrich G.; Rösch, Herbert: *Die Schaffung einer literarischen Öffentlichkeit; Lessings Streit mit der orthodoxen Theologie,* S. 44 f. In: Grundlagen, Stile, Gestalten der deutschen Literatur. Neubearb. von Wieland, Zirbs u. a. Cornelsen, Berlin 1996, S. 124 f.

Hölderlin, Friedrich (1770–1843): *Hälfte des Lebens,* S. 245. In: Werke in einem Band. Hanser, München u. Wien 1990, S. 163; *Hyperions Schicksalslied,* S. 417. In: Sämtliche Werke. Hg. v. Friedrich Beißner (Kleine Stuttgarter Ausgabe). Kohlhammer, Stuttgart 1953, Bd. 1, S. 260

Hörisch, Jochen: *Mediendefinitionen,* S. 333. In: Der Sinn und die Sinne. Eine Geschichte der Medien. Die Andere Bibliothek / Eichborn, Frankfurt/M. 2001, S. 69 f.

Hofmann von Hofmannswaldau, Christian (1616–1679): *Die Welt,* S. 254. In: Gedichte. Fischer, Frankfurt/M. 1972, S. 110; *Vergänglichkeit der Schönheit,* S. 378. In: Gedichte. Ausgew. v. Helmut Heißenbüttel. Fischer, Frankfurt/M. 1968, S. 68

Hoffmann, E. T. A. (Ernst Theodor Amadeus, 1776–1822): *Das Fräulein von Scuderi,* S. 75. In: E. T. A. Hoffmann: Das Fräulein von Scuderi. Reclam, Stuttgart 1969, S. 8 f., 22; *Die Elixiere des Teufels,* S. 134 ff. In: Sämtliche poetischen Werke. Hg. v. Hannsludwig Geiger. Deutsche Buch-Gemeinschaft, Berlin u. a. 1963, Bd. 1, S. 419 f., 423 f., 431 ff.; *Der goldne Topf,* S. 137 ff. In: E. T. A. Hoffmann: Der goldne Topf. Ein Märchen aus der neuen Zeit. Reclam, Stuttgart 1953, S. 5 ff., 10 ff.; *Nachrichten von den neuesten Schicksalen des Hundes Berganza,* S. 432. In: Sämtliche Werke in drei Bänden. Hg. v. Rainer Schönhaar und Alexander Heine. Phaidon, Essen o. J., S. 80

Hofmannsthal, Hugo von (1874–1929): *Ein Brief,* S. 210 ff. In: Erzählungen. Fischer, Frankfurt/M. 1986, S. 126–140; *Was ist die Welt?,* S. 254. In: Sämtliche Werke I. Gedichte I. Hg. v. Eugene Weber. Fischer, Frankfurt/M. 1984, S. 7; *Ballade des äußeren Lebens,* S. 478. Sämtliche Werke. Hg. v. R. Hirsch u. a. Bd. 1: Gedichte. Fischer, Frankfurt/M. 1984, S. 48

Holz, Arno (1863–1929): *Die Kunst. Ihr Wesen und ihre Gesetze,* S. 470. In: Das Werk. Hg. v. Hans W. Fischer. Dietz, Berlin 1925, Bd. 10, S. 277

Hugendick, David: *Buch-Magazin: Gregor Samsa hat Rücken,* S. 228. www.zeit.de/kultur/literatur/2013-04/das-buch-magazin-kafka (2013)

Hugo, Victor (1802–1885): *Der menschliche Geist entdeckte,* S. 373. Aus: Notre-Dame de Paris, o. O. 1831

Jacobs, Steffen (*1968): *Begegnung,* S. 50. In: Der Alltag eines Abenteurers. Gedichte. Fischer Taschenbuchverlag, Frankfurt/M. 1996, S. 17

Kästner, Erich (1899–1974): *Sachliche Romanze,* S. 496. In: Kästner für Erwachsene. Hg. v. Rudolf Walter Leonhardt. Fischer, Frankfurt/M. 1966, S. 40

Kafka, Franz (1883–1924): *Der Prozess,* S. 195 ff. In: Die Romane: Amerika; Der Prozess; Das Schloss, Fischer, Frankfurt/M. 1972; *Vor dem Gesetz,* S. 216. In: Werke. Hg. v. Max Brod. Fischer, Frankfurt/M. 1986, Bd. 4, S. 120 f.; *Der Kreisel,* S. 218. In: Gesammelte Werke. Beschreibungen eines Kampfes. Hg. v. Max Brod. Fischer, Frankfurt/M. 1983, S. 90; *Die Verwandlung,* S. 220 f. In: Die Verwandlung. Anaconda Verlag, Köln 2013; *Ein Brudermord,* S. 488 f. In: Die Erzählungen und andere ausgewählte Prosa. Hg. v. Roger Hermes. Fischer, Frankfurt/M. 1999, S. 261 ff.

Kaléko, Mascha (1907–1975): *Großstadtliebe*, S. 58. In: Das lyrische Stenogrammheft / Kleines Lesebuch für Große. Rowohlt, Reinbek 1956, S. 20; *Interview mit mir selbst*, S. 241. In: Verse für Zeitgenossen. Hg. v. Gisela Zoch-Westphal. Rowohlt, Reinbeck 1980; *Post scriptum*, S. 241. In: Ebd.; *Der kleine Unterschied*, S. 501. In: In meinen Träumen läutet es Sturm. Deutscher Taschenbuch Verlag 1977

Kant, Immanuel (1724–1804): *Beantwortung der Frage: Was ist Aufklärung?*, S. 385 f. In: Was ist Aufklärung? Thesen und Definitionen. Hg. v. Erhard Bahr. Reclam, Stuttgart 1974, S. 9 ff.; *Der kategorische Imperativ*, S. 391. Aus: Kritik der praktischen Vernunft. §7 Grundgesetz der reinen praktischen Vernunft. In: Werke, Bd. 6. Hg. v. Wilhelm Weischedel. Wiss. Buchgesellschaft, Darmstadt 1968, S. 110

Keegan, Marina (1989–2012): *Winterferien*, S. 282 f. In: Marina Keegan: Das Gegenteil von Einsamkeit. Fischer, Frankfurt/M. 2015, S. 81 ff.

Kehlmann, Daniel (*1975): *F*, S. 539 f. In: Rowohlt, Reinbek 2013

Kekulé, Alexander: *Der Zug ist abgefahren*, S. 327. www.zeit.de/wissen/2010-04/deutsch-forschungssprache (2011)

Kempowski, Walter (1929–2007): *Im Block*, S. 265 f. Fischer Taschenbuch Verlag, Frankfurt/M. 1972 (Lizenzausgabe © Hanser, München 1971), S. 7 f.

Kessel, Katja; Reimann, Sandra: *Fachsprache*, S. 316. In: Basiswissen deutsche Gegenwartssprache. Francke, Tübingen u. a. 2012, S. 143, 148

Keun, Irmgard (1905–1982): *Das kunstseidene Mädchen*, S. 493 f. In: Das kunstseidene Mädchen. Claassen, Berlin 2005, S. 65–67, 86, 114, 204

Kirsch, Sarah (1935–2013): *Im Sommer*, S. 61. In: Werke in fünf Bänden. Hg. v. Franz-Heinrich Hackel. Bd. 1: Gedichte I. Deutsche Verlagsanstalt , Stuttgart 1999; *Die Luft riecht schon nach Schnee*, S. 531. In: Ebd., S. 152; *Naturschutzgebiet*, S. 249. In: Erdreich. Gedichte. Deutsche Verlagsanstalt, Stuttgart 1982, S. 48; *Aus dem Haiku-Gebiet*, S. 537. In: Erlkönigs Tochter. Gedichte. Deutsche Verlagsanstalt, Stuttgart 2. Aufl. 1992, S. 5

Kittlitz, Alard von: *Der Traum von einem idealen Leben*, S. 337. In: Frankfurter Allgemeine Zeitung 06. 08. 2010

Kiwus, Karin (*1942): *Fragile*, S. 528. Aus: Angenommen später, Suhrkamp, Frankfurt/M. 1979, S. 15

Kleist, Heinrich von (1777–1811): *Michael Kohlhaas*, S. 75. In: Sämtliche Werke. 6. Aufl., nach d. Text d. Ausg. letzter Hand unter Berücks. d. Erstdr. u. Hs. – Winkler, München 1982; *Brief an Wilhelmine von Zenge (22. März 1801)*, S. 145. In: Sämtliche Werke und Briefe. Hg. v. Helmut Semdner. Hanser, München 1977. Bd. 4, S. 633 f.; *Brief an Adolfine von Werdeck (28./29. Juli 1801)*, S. 146. In: Ebd., S. 678 f.; *Brief an Wilhelmine von Zenge (10. Okt. 1801)*, S. 146. In: Ebd., S. 693; *Anekdote aus dem letzten preußischen Kriege*, S. 147 f. In: Ebd., Bd. 3, S. 263 ff.; *Mutterliebe*, S. 148. In: Ebd., Bd. 3, S. 277; *Das Erdbeben in Chili*, S. 150–153. In: Ebd., Bd. 3, S. 144 ff., 149 ff.; *Die Verlobung in St. Domingo*, S. 428. Aus: Das Erdbeben in Chili, Die Marquise von O…, Die Verlobung in St. Domingo. Mit einem Kommentar von Helmut Nobis. Suhrkamp, Frankfurt/M. 2009

Klopstock, Friedrich Gottlieb (1724–1803): *Das neue Jahrhundert*, S. 383. In: Walter Hinderer: Von der Idee des Menschen. Über Friedrich Schiller. Königshausen und Neumann, Würzburg 1998, S. 145; *Der Zürchersee*, S. 395. In: Deutsche Dichtung im 18. Jh. Hg. v. Adalbert Elschenbroich. Wiss. Buchgesellschaft, Darmstadt 1968, S. 280

Knipp, Kersten: *Franz Kafka – ein literarisches Rätsel*, S. 226 f. www.dw.com.de/franz-kafka-ein-literarisches-rätsel/a-16903170 (2013)

Köhler, Karen (*1974): *Wir haben Raketen geangelt*, S. 278 ff. Hanser, München 2014, S. 125–136

Kolbe, Uwe (*1957): *Hineingeboren*, S. 526. In: Hineingeboren. Aufbau, Berlin/Weimar 1980, S. 48

Kölsch, Jochen: *Vom Aufstieg des Bildes und dem Zerfall des Wortes*, S. 357 f. In: Und hinter tausend Bildern keine Welt – Dialektik und Paradoxien der Medien. kopaed, München 2005, S. 9 ff.

Körte, Peter: *Du spürst kaum einen Hauch*, S. 91. In: Frankfurter Allgemeine Sonntagszeitung Nr. 36, 10. 09. 2006, S. 27

Kornfeld, Theodor (1636–1698): *Eine Sand=Uhr*, S. 377. In: Die Deutsche Literatur. Hg. v. Albrecht Schöne. C. H. Beck, München, 2. Aufl. 1978, Bd. 3, S. 739

Kraft, Thomas: *13 Thesen zur Gegenwartsliteratur*, S. 547 f. In: Deutschmagazin. Ideen und Materialien für die Unterrichtspraxis 5–13. 2008, Heft 1, S. 8

Kratzer, Hans: *Dialekt macht schlau*, S. 323. In: Süddeutsche Zeitung, 18. 07. 2005. www.italianieuropei.de/ds/documenti/20050718-sprache_sz.html (Stand: 30. 01. 2009)

Krischke, Wolfgang: *Schreiben in der Schule – booaaa mein dad voll eklich wg schule*, S. 305 f. In: DIE ZEIT, 24. 02. 2011; *Schnacken wie die Alten*, S. 321. www.zeit. de/2012/03/Plattdeutsch-Unterricht, (2012)

Kühn, Dieter (*1935): *Tristan und Isolde des Gottfried von Straßburg*, S. 368 f. Aus: Gottfried von Straßburg: Tristan und Isolde. In der Übertragung von Dieter Kühn, Fischer, Frankfurt/M. u. a. 2003, S. 303–306

Kunert, Günter (*1929): *Mondnacht*, S. 67. In: Stilleben. Gedichte. Hanser, München 1977, S. 25; *Fantasma*, S. 250. In: Großstadtlyrik. Hg. v. Waltraut Wende. Reclam, Stuttgart 1999, S. 185; *Die Schreie der Fledermäuse*, S. 527. In: Tagträume in Berlin und andernorts. Fischer, Frankfurt/M. 1974, S. 23

Kunze, Reiner (*1933): *Die Liebe ist eine Rose*, S. 54. In: Gespräch mit der Amsel. Fischer, Frankfurt/Main 1984, S. 7 f.; *Ordnung*, S. 525. In: Die wunderbaren Jahre. Fischer, Frankfurt/M. 1976; *Handschellen*, S. 525. In: ebd.

Langhans, Kathrin: *Juhu, niemand versteht mich!*, S. 112. www.spiegel.de/unispiegel/studium/schwere-wissenschafts- sprache-warum-komplizierte-saetze-faszinieren-a-827862.html (2013)

Lasker-Schüler, Else (1869–1945): *Weltende*, S. 484. In: Sämtliche Werke. Hg. v. Friedhelm Kemp. Kösel, München 1966, Bd. 1, S. 88

Le Goff, Jacques (*1924): *Tristan und Isolde*, S. 369. In: Ritter, Einhorn, Troubadoure. Helden und Wunder des Mittelalters. C. H. Beck, München 2005, S. 216

Leffers, Jochen: *Bürosprech*, S. 112. www.spiegel. de/karriere/berufsleben/bueroleben-11-saetze-fuer-das-phrasen-schwein-a-827417.html (2013)

Lehnartz, Sascha: Schlauer schießen, S. 344 f. In: Frankfurter Allgemeine Sonntagszeitung Nr. 8, 25. 02. 2007, S. 51

Lenz, Jakob Michael Reinhold (1751–1792): *An das Herz*, S. 52. In: Werke und Briefe in 3 Bänden. Hg. v. Sigrid Damm. Hanser, München 1987, Bd. 3, S. 105 f.

Lessing, Gotthold Ephraim (1729–1781): *Nathan der Weise*, S. 25 f., 28 ff., 32 f. In: Nathan der Weise. Reclam, Stuttgart 1964, S. 16–19, 51–56, 98–102; *Die Nachtigall*, S. 38. In: Werke. Hg. v. G. Göpfert, Hanser, München 1973, Bd. 5, S. 606; *Über die Wahrheit*, S. 39. In: Ebd., Bd. 8, S. 100; *Briefe, die neueste Literatur betreffend – Elfter Brief*, S. 39. In: Werke und Briefe in 12 Bänden. Hg. v. W. Barner u. a., Deutscher Klassiker Verlag, Frankfurt/M. 1997. Bd. 4, S. 478 ff.; *Hamburgische Dramaturgie, 14. Stück*, S. 41 f. In: Werke in drei Bänden. Hg. v. G. Göpfert. Hanser, München, Wien 1982. Bd. 11, S. 93, 377; *Briefe, die neueste Literatur betreffend – Siebzehnter Brief*, S. 41. In: Ebd., S. 623 f.; *Brief an Friedrich Nicolai über das Trauerspiel*, S. 174. In: Ausgewählte Werke. Ausgew. v. Wolfgang Stammler. Hanser, München o. J., Bd. 3, S. 269 f.; *Die Wasserschlange*, S. 389. In: Werke in 5 Bänden. Ausgew. v. Karl Balser. Hg. v. der Nationalen Forschungs- und Gedenkstätte der klassischen deutschen Literatur in Weimar. Aufbau, Berlin u. a. 1978, Bd. 5, S. 137 f.; *Die Ringparabel*, S. 392 f. Aus: Nathan der Weise. In: Ebd., Bd. 2, S. 5

Leszczynski, Ulrike von: *„Gehst du Bus?“ Kiezdeutsch gibt's bald ohne Kiez*, S. 116 f. www.welt.de/vermischtes/article129589372/Gehst-du-Bus-Kiezdeutsch-gibts-bald-ohne-Kiez.html (Stand: 02. 06. 2016)

Lichtenberg, Georg Christoph (1742–1799): *Die Aufklärung*, S. 37; In: Göttinger Taschen Calender für das Jahr 1792. Hg. v. G. Ch. Lichtenberg. Göttingen 1792, S. 307 f.; *Aus den „Sudelbüchern“*, S. 391. In: Werke in 1 Bd. Hg. v. Peter Plett. Hoffmann und Campe, Hamburg o. J., S. 68, 160, 38, 75, 44 f.; *Über die Macht der Liebe*, S. 383. Aus: Schriften und Briefe. Bd. 3. Hanser, München 1967, S. 517

Lichtenstein, Alfred (1889–1914): *Doch kommt ein Krieg*, S. 485. In: Lyrik des Expressionismus. Hg. v. Silvio Vietta. Niemeyer, Tübingen 2. Aufl. 1985, S. 124; *Punkt*, S. 486. In: Harald Neumeyer: Der Flaneur. Konzeptionen der Moderne. Königshausen und Neumann, Würzburg 1999, S. 185

Lindenberg, Udo (*1946): *Ein Herz kann man nicht reparie'n*, S. 49. www.songtexte.com/songtext/udo-lindenberg/ein-herz-kann-man-nicht-reparieren-13da7501.html (Stand: 02. 06. 2016)

Logau, Friedrich von (1605–1655): *Das Beste der Welt*, S. 379. In: Sämtliche Sinngedichte. Hg. v. Gustav Eitner. Georg Olms, Hildesheim u. a. 1974, S. 45

Lukács, Georg (1885–1971): *Die Romantik als Wendung in der deutschen Literatur*, S. 143. In: Romantikforschung seit 1945. Hg. v. Klaus Peter. Verlagsgruppe Athenäum, Hain, Scriptor, Hanstein, Königstein/Ts. 1980, S. 40–45
Luther, Martin (1483–1546): *Die hohen Wohltaten der Buchdruckerei*, S. 373. In: Johannes Aurifaber: Tischreden oder Colloquia Doctor Martin Luthers. Frankfurt/M. 1566; *Sendbrief vom Dolmetschen*, S. 374. In: D. Martin Luthers Werke. Kritische Gesamtausgabe. Böhlau, Weimar 1909, Bd. 30, S. 636 f.
Mairowitz, David Zane; Montellier, Chantal: *Der Process: Nach Franz Kafka*, S. 228. In: Der Process: Nach Franz Kafka. Knesebeck, München 2013
Mann, Heinrich (1871–1950): *Der Untertan*, S. 496 f. In: Der Untertan. Fischer, Frankfurt/M. 1995, S. 364 f., 367
Mann, Thomas (1875–1955): *Der Tod in Venedig*, S. 475 ff. In: Die Erzählungen. Fischer, Frankfurt/M. 1997, S. 455–458
Maron, Monika (*1941): *Flugasche*, S. 526 f. Fischer, Frankfurt/M. 1981, S. 78–81
Matthies, Bernd: *„Smombie" gibt es nicht – es ist eine Erfindung*, S. 118. www.tagesspiegel.de/weltspiegel/jugendwort-des-jahres-smombie-gibt-es-nicht-es-ist-eine-erfindung/12586028.html (Stand: 02.06.2016)
Mayröcker, Friederike (*1924): *Falsche Bewegung*, S. 57. In: Gute Nacht, guten Morgen. Gedichte 1978–1981. Suhrkamp, Frankfurt/M. 1982
Mocikat, Ralph: *Deutsch muss als Wissenschaftssprache erhalten bleiben*, S. 328. www.zeit.de/wissen/2010-04/deutsch-forschungssprache (2011)
Mörike, Eduard (1804–1875): *Septembermorgen*, S. 445. In: Gedichte. Auswahl v. Bernhard Zeller. Reclam, Stuttgart 1977, S. 65; *Mozart auf der Reise nach Prag*, S. 447. In: Werke. Sonderausgabe. Die Tempel-Klassiker. Hg. v. Hannsludwig Geiger. Vollmer, Wiesbaden o. J., S. 970 ff.
Mülder, Benedict: *Holt eure Kinder da raus!*, S. 110 f. www.tagesspiegel.de/medien/kolumne-holt-eure-kinder-da-raus/4545036.html (Stand: 02.06.2016)
Müller, Herta (*1953): *Herztier*, S. 529 f. In: Die deutsche Geschichte in Text und Darstellung. Hg. v. Otto F. Best u. Hans-Jürgen Schmitt. Bd. II: Gegenwart. Reclam, Stuttgart 2000, S. 249 f.
Musil, Robert (1880–1942): *Die Verwirrungen des Zöglings Törleß*, S. 209. In: Die Verwirrungen des Zöglings Törleß. Rowohlt, Reinbek 1983, S. 62 f.
Nietzsche, Friedrich (1844–1900): *Vereinsamt*, S. 240. In: Kritische Studienausgabe. Bd. 11. Hg. v. Giorgio Colli, Mazzino Montinari. De Gruyter, München 1988, S. 329; *Venedig*, S. 477. In: Ecce homo. Wie man wird, was man ist. Insel, Frankfurt/M. 1977, S. 67; *Götzen-Dämmerung oder Wie man mit dem Hammer philosophiert*, S. 482. In: Götzen-Dämmerung oder Wie man mit dem Hammer philosophiert. Hg v. Karl Schlechta. Insel, Frankfurt/M. 1985, S. 48 f.; *Also sprach Zarathustra*, S. 482. In: Ein Buch für alle und Keinen. Hg v. Karl Schlechta. Insel, Frankfurt/M. 1976, S. 13 ff.
Niggemeier, Stefan: *Das wahre Leben im Netz*, S. 339 f. In: Frankfurter Allgemeine Zeitung, 01.08.2011; *Die 20-Uhr-Wirklichkeit*, S. 350. In: Frankfurter Allgemeine Sonntagszeitung, 01.02.2015, S. 37
Novalis (d. i. **Georg Philipp Friedrich von Hardenberg**, 1772–1801): *Hymnen an die Nacht*, S. 131. In: Werke, Tagebücher und Briefe Friedrich von Hardenbergs. Hg. v. H.-J. Mähl und R. Samuel. Hanser, München u. a. 1978, S. 152; *Wenn nicht mehr Zahlen und Figuren*, S. 429. In: Werke in einem Band. Aufbau, Berlin u. a. 1984, S. 264 f; *Romantisieren – Fragmente zur Poetik*, S. 430. In: Die deutsche Literatur. Ein Abriss in Text u. Darstellung. Hg. v. Otto F. Best u. Hans Jürgen Schmitt. Bd. 8: Romantik I. Reclam, Stuttgart 1974; S. 57, 257 f.; *Heinrich von Ofterdingen*, S. 431. In: Werke in einem Band. Aufbau, Berlin/Weimar 1984, S. 112 ff.
Passig, Kathrin: *Standardsituationen der Technologiekritik*, S. 334 f. In: Merkur, Nr. 727, Dezember 2009
Pauer, Nina: *Zum Sandsack, zur Freiheit*, S. 352. In: DIE ZEIT 25/2013, S. 47. www.zeit.de/2013/25/tuerkei-proteste-solidaritaet-social-media (Stand: 12.07.2016).
Pfeffel, Gottlieb Konrad (1736–1809): *Die Reichsgeschichte der Tiere*, S. 390. In: Deutsche Fabeln und Lieder der Aufklärung. Hg. v. Ingrid Sommer. Insel, Frankfurt/M. 1976, S. 246 ff.
Plahm, Sarah: *Und ewig wirkt die unsichtbare Hand*, S. 311. In: Frankfurter Allgemeine Sonntagszeitung, 12.08.2012, S. 56
Raabe, Wilhelm (1831–1910): *Der Hungerpastor*, S. 452 ff. In: Ausgewählte Werke in 6 Bänden. Hg. v. Peter Goldammer u. Helmut Richter. Aufbau, Berlin 1964–1966, Bd. 3, S. 219, 222 ff.
Reiter, Markus: *Amerika, Amerika: Einige Gedanken zu den Anglizismen*, S. 299. In: Die Phrasendrescher. Wie unsere Eliten uns sprachlich verblöden. Gütersloher Verlagshaus, Gütersloh 2007, S. 83–91
Rilke, Rainer Maria (1875–1926): *Liebes-Lied*, S. 55. In: Werke in drei Bänden. Bd 2. Insel, Frankfurt/M. 1955, S. 89; *Ich fürchte mich so vor der Menschen Wort*, S. 213. In: Werke. Bd. 1: Gedichte 1895–1910. Hg. v. Manfred Engel. Insel, Frankfurt/M. 1996, S. 106; *Herbsttag*, S. 245. In: Gedichte 1895–1910. Hg. v. Manfred Engel u. Ulrich Fülleborn. Insel, Frankfurt/M. u. Leipzig 1996; *Der Panther*, S. 357. Zit. nach: Kölsch, a. a. O.; *Die Aufzeichnungen des Malte Laurids Brigge*, S. 475. In: Die Aufzeichnungen des Malte Laurids Brigge. Deutscher Taschenbuch Verlag, München 1962, S. 71
Romberg, Johanna: *Wie reden wir denn da?*, S. 296 f. In: Geo 11/2011, S. 136 ff.
Roth, Joseph (1894–1933): *Hiob*, S. 495. In: Hiob. Cornelsen, Berlin 2013, S. 103 f.
Rothmann, Ralf (*1953): *Stier*, S. 274 ff. In: Ralf Rothmann: Stier. Suhrkamp Taschenbuch, Frankfurt/M. 1993 (© Suhrkamp 1991), S. 79, 108 ff.
Sachs, Nelly (1891–1970): *Chor der Geretteten*, S. 508. In: Gedichte. Hg. v. Hilde Domin. Suhrkamp, Frankfurt/M. 1988, S. 27 f.
Safranski, Rüdiger (*1945): *Heinrich von Kleist und die Romantik*, S. 149. In: Romantik – eine deutsche Affäre. Fischer, Frankfurt a. M. 2009, S. 188 ff.; *Schiller oder die Erfindung des Deutschen Idealismus*, S. 387 f. In: Schiller oder die Erfindung des Deutschen Idealismus. Hanser, München 2004, S. 243–253
Savigny, Friedrich Carl von (1779–1861): *Zur Strafbarkeit des Ehebruchs beider Geschlechter*, S. 458. In: Verhandlungen des im Jahre 1848 zusammenberufenen Vereinigten ständischen Ausschusses. Zusammengestellt v. Eduard Bleich. Bd. III. Verlag der Deckerschen Geheimen Ober-Hofbuchdruckerei, Berlin 1848, S. 411–414
Schami, Rafik (*1946): *Sieben Doppelgänger*, S. 543 f. Aus: Sieben Doppelgänger. Hanser, München u. a. 1999, S. 20–24
Scheuermann, Christoph: *Facebooktussis. Warum wir durch Social Media zu unsozialen Wesen geworden sind*, S. 586 f. In: Der Spiegel 33/2013, S. 59
Schiffer, Christian: *Computerspiele als Kulturgut?*, S. 109 f. http://diskurs.dradio.de/2012/07/04/computerspiele-als-kulturgut (Stand: 02.06.2016)
Schiller, Friedrich (1759–1805): *Kabale und Liebe*, S. 160 ff. In: Sämtliche Werke. Hg. v. G. Fricke. Hanser, München 1965, Bd. 5, S. 765 ff., 852 ff., 837 ff.; *Die Schaubühne als moralische Anstalt betrachtet*, S. 174 f. Aus: Was kann eine gute stehende Schaubühne eigentlich bewirken? In: Sämtliche Werke. Hg. v. G. Fricke u. H. G. Göpfert in Verb. mit Herbert Stubenrauch. Hanser, München 1965, Bd. 5, S. 823–831; *Die Worte des Glaubens*, S. 246. In: Sämtliche Werke. Hg. v. G. Fricke u. H. G. Göpfert. Hanser, München 3. Aufl. 1962; *Die Räuber*, S. 406 ff. In: Ebd., Bd. 1, S. 491 ff.; *Idealisierung als Aufgabe des Dichters*, S. 413. In: dtv-Gesamtausgabe. Hg. v. G. Fricke. Deutscher Taschenbuch Verlag, München 1966, Bd. 20, S. 166; *Don Karlos. Infant von Spanien*, S. 414 f. In: Sämtliche Werke. Hg. v. G. Fricke. Hanser, München 1965, Bd. 2, S. 125–127; *Briefe über Don Karlos*, S. 415. In: Ebd., Bd. 2, S. 259 f.; *Brief an Herzog Friedrich Christian von Augustenburg vom 13.07.1793*, S. 415 f. Aus: Über die ästhetische Erziehung des Menschen. In: Schillers Briefe. Kritische Gesamtausgabe. Hg. v. Fritz Jonas. Deutsche Verlagsanstalt, Stuttgart u. a. 1982–1996, Bd. 3, S. 709 f.
Schirrmacher, Frank (1959–2014): *Payback. Mein Kopf kommt nicht mehr mit*, S. 346 f. Nach dem ersten Kapitel aus *Payback*, in: Der Spiegel 47/2009, S. 126 ff.
Schlegel, Friedrich (1772–1829): *116. Athenäum-Fragment*, S. 430. In: Kritische Schriften und Fragmente. Studienausgabe. Hg. v. Ernst Behler u. Hans Eichner. Schöningh, Paderborn u. a. 1988, Bd. 2, S. 114
Schmitt, Hans-Jürgen: *Romantik*, S. 142. In: Die deutsche Literatur. Ein Abriß in Text und Darstellung. Hg. v. Otto F. Best u. Hans-Jürgen Schmitt. Reclam, Stuttgart 1974, S. 9 ff.
Schnell, Ralf: *Literarischer Film*, S. 93. In: Ralf Schnell: Medienästhetik. Metzler, Stuttgart u. a. 2000, S. 157 ff.

Schnitzler, Arthur (1862–1931): *Fräulein Else*, S. 473 f. In: Fräulein Else. Novelle. Hg. v. Johannes Pankau. Reclam, Stuttgart 2002, S. 73–77
Schulz, Thomas (Interview), **Sherry Turkle**: *„Schwer in Aufruhr"*, S. 342. In: Der Spiegel 27/2012, S. 66 f.
Schulz von Thun, Friedemann (*1944): *Das Kommunikationsquadrat*, S. 164 f. www.schulz-von-thun.de/mod-komquad.html
Schürrmann, Anna/dpa: *Deutsche Dialekte sterben aus*, S. 301. www.fnp.de/nachrichten/wissenschaft/Deutsche-Dialekte-sterben-aus;art746,174371 (Stand: 11. 07. 2016)
Seghers, Anna (1900–1983): *Das siebte Kreuz*, S. 502 f.: In: Anna Seghers: Das siebte Kreuz. Aufbau, Berlin 2000, S. 142 f., 151 f.
Shell-Studie: *Werteorientierungen und Ziele*, S. 277. In: Jugend 2015. 17. Studie. Hg. v. Shell Deutschland. Fischer e-book 2015, S. 13
Sick, Bastian: *Dem Kaiser seine neuen Kleider*, S. 307 f. http://bastiansick.de/kolumnen/zwiebelfisch/dem-kaiser-seine-neuen-kleider/ (Stand: 23. 05. 2016)
Siebenpfeiffer, Philipp Jakob (1789–1845): *Aus der Rede auf dem Hambacher Fest*, S. 436 f. In: Johann Georg August Wirth: Das Nationalfest der Deutschen zu Hambach. Neustadt a. H. 1832 (Nachdruck Neustadt 1881), S. 31 ff.
Stedje, Astrid: *Die Sprachen in der Sprache*, S. 302 f., 374. In: Deutsche Sprache gestern und heute. Einführung in Sprachgeschichte und Sprachkunde. Wilhelm Fink, Paderborn 6. Aufl. 2007, S. 235–238
Stein, Peter: *Interview*, S. 185. www.faz.net/aktuell/feuilleton/buehne-und-konzert/theater-verdammter-faust-1195392.html (2007)
Stephan, Inge: *Romantik als Lebens- und Schreibform*, S. 144. In: Deutsche Literaturgeschichte. Metzler, Stuttgart 5. Aufl. 1994, S. 175 f.
Stifter, Adalbert (1805–1868): *Aus der Vorrede zu Bunte Steine*, S. 446. In: Bunte Steine. Späte Erzählungen. Hg. v. Max Stefl. Kraft, Augsburg 1954, S. 7 ff.
Stiftung Digitale Spielekultur (Pressemitteilung): *Deutsche Computerspiele auf Welttournee: Goethe-Institut und Stiftung Digitale Spiele-Kultur kooperieren*, S. 109. http://deutscher-computerspielpreis.de/presse/deutsche-computerspiele-auf-welttournee-goethe-institut-und-stiftung-digitale-spielekultur (Stand: 02. 06. 2016)
Stolberg, Friedrich Leopold Graf zu (1750–1819): *Über die Fülle des Herzens*, S. 399. In: Über die Fülle des Herzens. Frühe Prosa. Hg. v. Jürgen Behrens. Reclam, Stuttgart 1970, S. 9 f.
Storm, Theodor (1817–1888): *Meeresstrand*, S. 65. In: Sämtliche Werke. Hg. v. A. Köster. Insel, Leipzig 1923
Stramm, August (1874–1915): *Patrouille*, S. 485. In: Lyrik des Expressionismus. Hg. v. Silvio Vietta. Niemeyer, Tübingen 2. Aufl. 1985, S. 129
Strittmatter, Eva (1930–2011): *Liebe*, S. 55. In: Ich mach ein Lied aus Stille. Gedichte. Aufbau, Berlin/Weimar 1980, S. 30
Süskind, Patrick (*1949): *Das Parfum. Die Geschichte eines Mörders*, S. 73 f., 76 ff., 95 f. In: Das Parfum. Die Geschichte eines Mörders. Diogenes, Zürich 1985, S. 5–9, 55 f., 158 ff., 304 ff.
Susman, Margarete (1874–1966): *Expressionismus*, S. 483 f. In: Expressionismus. Hg. v. Paul Raabe. Deutscher Taschenbuch Verlag, München 1965, S. 156 f.
Tekinay, Alev (*1951): *Dazwischen*, S. 285. In: Die Deutschprüfung. Erzählungen. Brandes & Apsel, Frankfurt/M. 1989, S. 7
Theobaldy, Jürgen (*1944): *Schnee im Büro*, S. 531. In: Zweiter Klasse. Rotbuch, Berlin 1976, S. 23
Tieck, Ludwig (1773–1853): *Franz Sternbalds Wanderungen*, S. 423 f. In: Werke in 4 Bänden. Hg. v. Marianne Thalmann. Bd. I: Frühe Erzählungen und Romane. Wiss. Buchgesellschaft, Darmstadt 1968, S. 703–706
Trakl, Georg (1887–1914): *Grodek*, S. 485. In: Lyrik des Expressionismus. Hg. v. Silvio Vietta. Niemeyer, Tübingen 2. Aufl. 1985, S. 130
Treichel, Hans-Ulrich (*1952): *Der Verlorene*, S. 537 ff. Aus: Der Verlorene. Suhrkamp, Frankfurt/M. 2003, S. 79–86
Trotier, Kilian: *Süchtig nach dem Augenblick*, S. 353. In: DIE ZEIT 24/2013, S. 48
Tucholsky, Kurt (1890–1935): *Rezension zu Heinrich Manns „Der Untertan"*, S. 497. In: Ausgewählte Werke, Bd. 2. Rowohlt, Reinbek 1965, S. 364, 366 f.
Updike, John (*1932): *Dialog im Cyberspace*, S. 373. In: Wenn ich schon gefragt werde. Essays. Übers. v. Susanne Höbel. Rowohlt, Reinbek 2001
Wagenbach, Klaus (*1930): *Kafka – ein sehr moderner Autor?* Interview, S. 226. www.tv/de/interview-klaus-wagenbach/1459760, CmC=1459762.html (2007)
Walther von der Vogelweide (um 1170 – um 1230): *Si wunderwol gemachet wîp*, S. 370. In: Gedichte. Mittelhochdeutscher Text und Übertragung. Ausgew., übersetzt v. Peter Wapnewski. Fischer, Frankfurt/M. 1962, S. 20–23
Watzlawick, Paul u. a. (1921–2007): *Menschliche Kommunikation. Formen, Störungen, Paradoxien*, S. 165 f. In: Menschliche Kommunikation. Formen, Störungen, Paradoxien. Ueberreuter, Bern u. a. 1969/70, S. 52–70
Weber, Martin: *Tagesschau vs. RTL II: Hohe Mieten, nackte Lady Gaga*, S. 348 f. www.ksta.de/kultur/tagesschau-vs--rtl-ii-hohemieten--nackte-lady-gaga-942544 (Stand: 13. 10. 16)
Weerth, Georg (1822–1856): *Die rheinischen Weinbauern*, S. 444. In: Ausgewählte Werke. Hg. v. Bruno Kaiser. Insel, Frankfurt/M. 1966, S. 39
Weinrich, Harald: *Linguistische Bemerkungen zur modernen Lyrik*, S. 215. In: Literatur für Leser. Essays und Aufsätze zur Literaturwissenschaft. Kohlhammer, Stuttgart u. à. 1971, S. 117 f.
Weinzierl, Hubert: *Die Welt liegt schwarz und schweiget*, S. 67. In: Im Gewitter der Geraden. Deutsche Ökolyrik 1950–1980. Hg. v. P. C. Meyer-Tasch. C. H. Beck, München 1981, S. 236
Weiss, Peter (1916–1982): *Die Ermittlung*, S. 521 f. Aus: Die Ermittlung. Suhrkamp, Frankfurt/M. 1965, S. 14–23; *Notizen zum dokumentarischen Theater*, S. 523. In: Rapporte. Suhrkamp, Frankfurt/M. 1981, S. 91 f.
Wellershoff, Dieter (*1925): *Das Schimmern der Schlangenhaut*, S. 546 f. In: Das Schimmern der Schlangenhaut. Frankfurter Vorlesungen. Suhrkamp, Frankfurt/M. 1996. Vierte Vorlesung, S. 87 ff.
Wieland, Christoph Martin (1733–1813): *Sechs Antworten auf sechs Fragen zur Aufklärung*, S. 384 f. In: Wielands Werke in 4 Bänden. Ausgew. v. Hans Böhm. Aufbau, Berlin u. a. 1969, Bd. 4, S. 144, 146
Winckelmann, Johann Joachim (1717–1768): *Gedanken über die Nachahmung der griechischen Werke in der Malerei und Bildhauerkunst*, S. 412. In: Winckelmanns Werke in einem Band. Hg. v. Helmut Holtzhauer. Aufbau, Berlin u. a. 1969, S. 17–18
Wondratschek, Wolf (*1943): *Im Sommer*, S. 531. In: Das leise Lachen am Ohr eines andern. Zweitausendeins, Frankfurt/M. 1976, S. 21
Zaimoglu, Feridun (*1964): *Leyla*, S. 544 ff. Aus: Leyla. Fischer, Frankfurt/M. 2008, S. 520–525
Zeller, Eva (*1923): *Berlin*, S. 249. In: Großstadtlyrik. Hg. v. Waltraut Wende. Reclam, Stuttgart 1999, S. 242
Zeh, Juli (*1974): *Keine Freiheit unter Beobachtung. Interview mit dem Deutschlandfunk*, S. 343 f. www.dradio.de/dlf/sendungen/kulturheute/2188827/ (2013); *Spieltrieb*, S. 541 f. In: Spieltrieb. Schöffling, Frankfurt/M. 5. Aufl. 2005, S. 257 ff.
Zola, Émile (1840–1902): *Germinal*, S. 467 f. Aus: Germinal. Aus dem Französischen v. Armin Schwarz. Insel, Frankfurt/M. u. a. 1983, S. 360 ff.; *Auszug aus dem Vorwort zur 2. Auflage von „Thérèse Raquin"*, S. 470. In: Thérèse Raquin. Übers. v. Ernst Sander. Reclam, Stuttgart 1975, S. 276

Unbekannte/Unbenannte Autorinnen und Autoren

Die ideale Talkshow: 60 Minuten, vier Gäste, S. 354. www.focus.de/kultur/kino_tv/medien-die-ideale-talkshow-60-minuten-vier-gaeste_aid_893054.html (2013)
Edelkönigs-Kinder, S. 426. In: Des Knaben Wunderhorn. Hg. v. Achim von Arnim u. Clemens Brentano. Nachdruck von 1806, besorgt v. Willi A. Koch. Winkler, München 1966, S. 471 ff.
Ex maximo minimum, S. 377. Aus: Emblemata. Handbuch zur Sinnbildkunst des XVI. und XVII. Jh.s. Hg. v. Arthur Henkel u. Albrecht Schöne. Metzler, Stuttgart 1996, Spalte 997

Graphic Novel / Comic

Interviews

Kurzgeschichten/Kurzprosa

Literaturtheoretische und literaturhistorische Texte

Medientheoretische Texte

S. 3, 24: © Tanja Dorendorf/T+T Fotografie
S. 4, 49: Bridgeman Images/© Christie's Images/© Banco de México Diego Rivera Frida Kahlo Museums Trust/VG Bild-Kunst, Bonn 2016
S. 5, 72 links: © Diogenes Verlag, Zürich 1994
S. 6, 105: DER SPIEGEL 50/2014. www.spiegel.de/spiegel
S. 7, 131 unten: bpk/Museum der bildenden Künste Leipzig | Ursula Gerstenberger
S. 8, 159 links, 160 oben: Reiner Pfisterer, Ludwigsburg/Ludwigsburger Schlossfestspiele
S. 9, 192 rechts: akg-images/Nimatallah/© Succession Picasso/VG Bild-Kunst Bonn, 2016
S. 10, 233, 239, 378, 477: akg-images/Erich Lessing
S. 11, 262: imago/STAR-MEDIA
S. 12, 295 Mitte: © Verlag Kiepenheuer & Witsch GmbH & Co KG, 2015
S. 13, 336: Look-foto/H. & D. Zielske
S. 14, 15, 16, 61, 131 oben, 131 Mitte, 132, 135, 183, 213, 236, 237, 245, 367 oben links, 367 Mitte, 370, 373, 374, 379, 384 oben rechts, 384 unten, 385, 387, 389, 390, 395, 397, 398, 401, 402, 404, 405, 410, 411 links, 416, 422, 423, 426, 435, 437, 442, 444, 445, 447, 448, 451, 452, 466 oben links, 473, 499 oben, 499 unten Mitte, 574: akg-images
S. 17, 467: akg-images/Andrea Jemolo
S. 18, 505 3. Reihe rechts: A.P.L./© Deutschland im Herbst/FILMVERLAG DER AUTOREN
S. 22, 575, 579, 581, 586, 594, 600: Stephan Röhl, Berlin
S. 23, 597: Thomas Schulz, Teupitz
S. 34 links: Birgit Hupfeld Fotografie, **rechts:** © Landestheater Coburg/Henning Rosenbusch
S. 37, 456: INTERFOTO/Sammlung Rauch
S. 38: Herzog August Bibliothek Wolfenbüttel
S. 40: akg-images/Imagno/k. A.
S. 50: Fotolia/Olesia Bilkei
S. 54, 114, 208, 526, 527: Sulu Trüstedt, Berlin
S. 55: Interfoto/IMAGNO/Austrian Archives
S. 58: Bridgeman Images/© Christie's Images/© Tamara Art Heritage/VG Bild-Kunst Bonn, 2016
S. 59: Fotolia/doris oberfrank-list
S. 63: Bridgeman Images/Yale Center for British Art, Paul Mellon Collection, USA
S. 72 rechts: Kinoplakat „Das Parfum", © Regie Tom Tykwer, Produktion Bernd Eichinger, Constantin Film, München
S. 80, 82, 84, 86, 87, 88: Szenenfotos aus „Das Parfum", © Regie Tom Tykwer, Produktion Bernd Eichinger, Constantin Film, München
S. 98, 101: Graham, M., De Sabbata, S., Zook, M. 2015. Towards a study of information geographies: (im)mutable augmentations and a mapping of the geographies of information Geo: Geography and Environment.2(1) 88-105. doi:10.1002/geo2.8
S. 108: Fotolia/mekcar
S. 109: Fotolia /julypluto
S. 118, 407, 490, 494, 505 4. Reihe links, 509, 536: picture-alliance/dpa
S. 124: "F-Shaped Pattern For Reading Web Content" by Jakob Nielsen, www.nngroup.com/articles/f-shaped-pattern-reading-web-content/
S. 128: Fotolia/Thomas Reimer
S. 129: bpk/Nationalgalerie, SMB/Andres Kilger
S. 159 rechts, 162: Klaus Lefebvre, Hagen/SCHAUSPIEL KÖLN im DEPOT
S. 165, 562, 582: Nils Fliegner, Hamburg
S. 174 oben: akg-images/Imagno, **unten:** akg-images/Quagga Media UG
S. 175: akg-images/Electa
S. 176: Faust, 1960, Regie: PETER GORSKI, Kineos GmbH, Oberhaching/Allstar/Gloria Film
S. 178, 449: bpk
S. 181 links, 186 links: Faust, 1960, Regie: PETER GORSKI, Kineos GmbH, Oberhaching,
S. 181 rechts, 186 rechts: Bavaria Film GmbH
S. 185 links: Birgit Hupfeld Fotografie/Inszenierung am Grillo Theater Essen, rechts: bpk/Willi Saeger
S. 192 links: Bridgeman Images/Österreichische Galerie Belvedere, Wien
S. 210: Fotolia/Fiedels
S. 214: Écriture – Schrift, Stich von Gisèle Celan-Lestrange, © Eric Celan (Paris) und Suhrkamp Verlag (Berlin)
S. 218: mauritius images/United Archives/M.C. Escher's „Relativity" © 2016 The M. C. Escher Company – The Netherlands. All rights reserved. www.mcescher.com
S. 228: Aus der Graphic Novel „Der Process" von Chantal Montellier und David Zane Mairowitz, Knesebeck Verlag 2013
S. 246: Interfoto/Wilfried Wirth
S. 247: picture-alliance/Arco Images
S. 251: mauritius images/Rainer Mirau
S. 252: © wordle.net
S. 253: Fotolia/fabiomax
S. 260 links: SZ Photo
S. 260 rechts, 376: imago
S. 263: Interfoto/IFPAD
S. 267: ddp images/dapd
S. 268: SZ Photo/Brigitte Friedrich
S. 274 oben: ddp images/Jens-Ulrich Koch, **unten:** picture-alliance/Klaus Rose
S. 285: bpb/Cover: Hussam Sara
S. 286: Foto: Mathias Schöningh/Eyeworks Film Gemini GmbH
S. 295 links: © Rowohlt Verlag GmbH, 2009, **rechts:** © Verlag C.H.Beck oHG 2012
S. 300: GEO 11/Nov. 2012/G+J Wissen GmbH
S. 302: Carlos Borell, Berlin
S. 303: Matthias Höppener-Fidus, Werkstatt für Gebrauchsgrafik, Berlin
S. 305: Shutterstock/Kraska
S. 307: Katharina M. Ratjen
S. 317: Erich Rauschenbach, Berlin,
S. 322: Samuel Zuder/laif
S. 332: © Greser & Lenz
S. 333: Fotolia/Colorlife
S. 337: Interfoto/Mary Evans/Peter Higginbotham Collection
S. 338: © caseorganic.com and NetDraw
S. 346: picture-alliance/Maximilian Schönherr
S. 348 links: © ARD-aktuell/tagesschau.de, **rechts:** © 2013 RTL II News
S. 350: © SWR | ARD.de
S. 352, 353: picture-alliance/Andreas Franke
S. 354: picture alliance/Eventpress
S. 363 links: © J.B. Metzler'sche Verlagsbuchhandlung und Carl Ernst Poeschel Verlag GmbH, Stuttgart, Mitte: Romantik. Rüdiger Safranski. S. FISCHER Verlag, Frankfurt am Main, **rechts:** Geschichte der deutschen Lyrik. Dirk von Petersdorff. Verlag C.H.Beck, München
S. 367 oben rechts: imago/imagebroker
S. 369: akg-images/COLLECTION MAGNARD
S. 377 links: bpk/Staatsbibliothek zu Berlin/Dietmar Katz, **rechts:** bpk/Staatsbibliothek zu Berlin
S. 380: akg-images/André Held
S. 383 links: Foto: H. Zwietasch; Landesmuseum Württemberg, Stuttgart, **rechts:** © Bayerische Schlösserverwaltung
S. 384 oben links: akg-images/Album/Oronoz
S. 411 rechts, 412: akg-images/De Agostini Picture Library
S. 419, 506 2. Reihe Mitte: picture-alliance
S. 427: bpk/Dietmar Katz
S. 429: INTERFOTO/Sammlung Dieter Meinhardt
S. 439: action press/Anke Teschner
S. 443: © Heinrich-Heine-Institut, Düsseldorf
S. 446: Reto Flückiger, Winterthur
S. 457: Wolfgang Freiherr von Plotho, Bonn
S. 461: © Museum Neuruppin
S. 466 oben rechts: akg-images/André Held/© Succession Picasso/VG Bild-Kunst, Bonn 2016, **unten links:** akg-images/Stefan Drechsel, **unten rechts:** akg-images/Hilbich
S. 469: bpk/Kupferstichkabinett, SMB/Jörg P. Anders
S. 472 links: © Musée d'art et d'histoire, Ville de Genève, inv. n° CR 0159, Photo: Bettina Jacot-Descombes, **rechts:** The Pearl, 1904, pastel and gouache on cardboard/De Agostini Picture Library/M. E. Smith/Bridgeman Images

S. 478: Muzeum Narodowe w Warszawie/Nationalmuseum, Warschau
S. 483 links: Interfoto/Bildarchiv Hansmann, **rechts:** Digital image, The Museum of Modern Art, New York/Scala, Florenz/© Estate of George Grosz, Princeton, N. J./VG Bild-Kunst, Bonn 2016
S. 485: akg-images/© Eberhard Spangenberg, München/VG Bild-Kunst, Bonn 2016
S. 486: Ludwig Meidner-Archiv, Jüdisches Museum der Stadt Frankfurt am Main
S. 487 oben: © ARTOTHEK/Städel Museum, **unten:** Oberösterreichisches Landesmuseum, Linz/© Eberhard Spangenberg, München/VG Bild-Kunst, Bonn 2016
S. 492, 535 rechts: akg-images/© VG Bild-Kunst, Bonn 2016
S. 496: © DEFA-Stiftung/Eduard Neufeld
S. 499 unten links: akg-images/Städtische Galerie im Lenbachhaus, München/© Viola Roehr von Alvensleben, München, **unten rechts:** Bridgeman Images/Städtische Galerie im Lenbachhaus, München/Christian Schad Stiftung Aschaffenburg/© VG Bild-Kunst, Bonn 2016
S. 500: ullstein bild/Photo12/© The Heartfield Community of Heirs/VG Bild-Kunst, Bonn 2016
S. 501: Archiv der sozialen Demokratie der Friedrich-Ebert-Stiftung, Bonn
S. 502: ullstein bild/United Archives
S. 503: action press/Rex Features
S. 505 1. Reihe links: picture-alliance/ZB, **Mitte:** Imago/United Archives International, **rechts:** A.P.L./Union-Film, **2. Reihe links:** akg-images/epd-bild, Mitte: Interfoto/LP, **rechts:** picture-alliance/dieKLEINERT.de/Bruce Emmett, **3. Reihe links:** picture-alliance/The Advertising Archives/Apple Corps./Universal Music, Mitte: Schamoni Film & Medien GmbH, München, **4. Reihe Mitte:** Coca-Cola, Deutschland
S. 506 1. Reihe links: F1online, **rechts:** Interfoto/NG Collection/© 2014 WIEDEMANN & BERG FILM GMBH & CO. KG, DEUTSCHE COLUMBIA PICTURES FILMPRODUKTION GMBH, SEVENPICTURES FILM GMBH. ALL RIGHTS RESERVED, **3. Reihe links:** action press/Stefan Gregorowius, **rechts:** Photoshot; **S. 507 links:** ullstein bild/Roger-Viollet, **rechts:** picture-alliance/KPA/Andres
S. 512: ullstein bild/Oskar Poss
S. 515: akg-images/Andrea Jemolo/© Kate Rothko-Prizel & Christopher Rothko/VG Bild-Kunst, Bonn 2016
S. 517: Imago /AGD
S. 520: akg-images/Renate von Mangoldt
S. 521: akg-images/© Rainer Fetting
S. 523: akg-images/Abraham Pisarek
S. 524: picture-alliance/AP
S. 528: Magnum Photos/Agentur Focus/Thomas Hoepker
S. 530: © Banco de México Diego Rivera Frida Kahlo Museums Trust/VG Bild-Kunst, Bonn 2016
S. 535 links: akg-images/AP
S. 551: Shutterstock/gresei
S. 571: Fotolia/vyskoczilova
S. 592: Shutterstock/Picsfive

Sachregister

Redaktion: Verena Walter
Umschlaggestaltung: Studio SYBERG, Berlin (Foto: © Gina Sanders – Fotolia.com)
Layout und technische Umsetzung: zweiband.media, Berlin

www.cornelsen.de

Dieses Werk berücksichtigt die Regeln der reformierten Rechtschreibung und Zeichensetzung. Bei den mit [R] gekennzeichneten Texten haben die Rechteinhaber einer Anpassung widersprochen.

Alle Drucke dieser Auflage sind inhaltlich unverändert und können im Unterricht nebeneinander verwendet werden.

Druck und Bindung: Livonia Print, Riga

Ausgabe mit CD Klausurentraining
1. Auflage, 1. Druck 2017
ISBN 978-3-06-061358-8

Ausgabe ohne CD
1. Auflage, 2. Druck 2018
ISBN 978-3-06-061355-7

ISBN 978-3-06-061364-9 (E-Book)

PEFC
PEFC/12-31-006

PEFC zertifiziert
Dieses Produkt stammt aus nachhaltig bewirtschafteten Wäldern und kontrollierten Quellen.

www.pefc.de

Allgemeine Geschichte

1849 Ende der Frankfurter Nationalversammlung
1866 Preußisch-österreichischer „Bruderkrieg“; Gründung des Norddeutschen Bundes unter preußischer Führung
1870–1871 **Deutsch-Französischer Krieg,** 1871 wird der preuß. König Wilhelm I. in Versailles zum dt. Kaiser proklamiert („klein-dt. Lösung“)
1871 **O. v. Bismarck** dt. Reichskanzler (bis 1890); „Kulturkampf“ mit dem Ziel der Trennung Kirche – Staat
1878 „Gesetz gegen die Ausschreitungen der Sozialdemokratie“
1888 Wilhelm II. dt. Kaiser; im Zeitalter des Imperialismus Bemühungen des Dt. Reiches um einen „Platz an der Sonne“ (Kolonien)

1905/06 und 1911 Erste und zweite Marokkokrise; in der Folge zunehmende Isolation des Dt. Reichs im Kreis der Großmächte
1914–1918 **Erster Weltkrieg**
1917 Oktoberrevolution in Russland
1918 revolutionäre Unruhen in Deutschland

1918 allgemeines Wahlrecht für Frauen
1919 Weimarer Nationalversammlung/**Weimarer Republik**; Unterzeichnung des Friedensvertrages in Versailles
1920 Kapp-Putsch (von rechts) in Berlin, Freikorps, kommunistische Aufstände
1929 **„Schwarzer Freitag“** an der New Yorker Börse; Weltwirtschaftskrise

1933 **Hitlers „Machtergreifung“**
1939–1945 **Zweiter Weltkrieg**
Potsdamer Abkommen: Deutschland wird in vier Besatzungszonen unterteilt
1945 **Atombombenabwürfe** über Hiroshima und Nagasaki durch die USA

1948 UNO-Erklärung der Menschenrechte
1949 **Gründung der Bundesrepublik Deutschland und der Deutschen Demokratischen Republik**
1958 EWG (Europ. Wirtschaftsgemeinschaft)-Verträge treten in Kraft
1961 **Bau der Berliner Mauer**
1968 Studentenunruhen in der Bundesrepublik
1970 **„Ostpolitik“** (Willy Brandt)
ab 1985 pol. Liberalisierung Osteuropas (Gorbatschow)
ab 1989 Reformprozess auch in der DDR, Maueröffnung
1990 **3. Oktober 1990 Deutsche Einheit**
1991 Golfkrieg; Zerfall der UdSSR und des Ostblocks
1999 **Europäische Währungsunion**
2001 Terroranschläge am 11. Sept. in den USA; „Kampf gegen den Terror“ (ab 2001 Afghanistan, ab 2003 Irak)
2002 Einführung des Euro als gesetzliches Zahlungsmittel
2007 Ausbruch der globalen Finanz- und Wirtschaftskrise
2009 Ausweitung auf die Euro-Zone, v. a. Griechenland
2011 „Arabischer Frühling“; Bürgerkrieg in Syrien, Folge: Flüchtlingskrise
2016 Wähler im Vereinigten Königreich votieren mehrheitlich für den Austritt aus der Europäischen Union

Deutsche Literaturgeschichte (Groborientierung)

Poetischer Realismus 1848–1890

F. Hebbel (1813–1863): „Maria Magdalene“; G. Freytag; **Th. Storm** (1817–1888): „Der Schimmelreiter“; **Th. Fontane** (1819–1898): „Effi Briest“; **G. Keller** (1819–1890): „Der grüne Heinrich“; C.F. Meyer; W. Raabe; W. Busch

Naturalismus 1880–1900

G. Hauptmann: „Die Weber“ (1892); A. Holz, J. Schlaf
Nobelpreis: G. Hauptmann (1912)

Ästhetizismus – Fin de Siècle (1890–1920)

A. Schnitzler (1862–1931); H. v. Hofmannsthal (1874–1929);
St. George (1868–1933); **R.M. Rilke** (1875–1926); H. Hesse (1877–1962);
Th. Mann erste Werke: „Buddenbrooks“ (1901), „Der Tod in Venedig“ (1912)

Expressionismus 1910–1925

E. Lasker-Schüler, A. Stramm, G. Benn, G. Heym, G. Trakl, F. Werfel; 1919: **„Menschheitsdämmerung“** als expressionist. Gedichtsammlung; **Franz Kafka** (1883–1924)

seit 1926 entwickelt **Bertolt Brecht** (1898–1956) das **„epische Theater“**; E.M. Remarque: „Im Westen nichts Neues“ (1929); große **Romane der Moderne** von H. Mann (1871–1950), **Th. Mann** (1875–1955), A. Döblin (1878–1957), R. Musil (1880–1942); Reportagen von Egon Erwin Kisch (1889–1948); Literatur der sozialistischen Bewegung: W. Bredel, E. Mühsam
Nobelpreis: Th. Mann (1929)

„Literatur unterm Hakenkreuz“: W. Vesper u. a.; **„Innere Emigration“:** E. Kästner, W. Bergengruen, Benn u. a.; **Exilliteratur:** Th. u. H. Mann, B. Brecht, L. Feuchtwanger; M. Horkheimer/Th.W. Adorno: „Dialektik der Aufklärung“ (ersch. 1947 in Amsterdam); **„Trümmerliteratur“:** W. Borchert: „Draußen vor der Tür“ (1947), H. Böll

Zwei deutsche Literaturen: BRD – DDR (1949–1989)

Gruppe 47 (–1967) Richter, Eich, Bachmann, Böll u. a.;
Sozialistischer Realismus der DDR-Literatur;
F. Dürrenmatt (Schweiz): „Besuch der alten Dame“ (1956);
M. Frisch (Schweiz): „Homo faber“ (1957);
G. Grass: „Die Blechtrommel“ (1959);
1960–1970: **Politisierung** der bundesdeutschen Literatur;
seit 1970: **„Neue Subjektivität und Innerlichkeit“;**
1972: **H. Böll Nobelpreis**

Vielfalt der Stile (seit 1980): Postmoderne, Neorealismus, Popliteratur

Thomas Brussig, Durs Grünbein, Rainald Götz, Julia Franck, Ulla Hahn, Judith Hermann, Daniel Kehlmann, Sarah Kirsch, Heiner Müller, Bernhard Schlink, Ingo Schulze, Botho Strauß, Uwe Tellkamp, Uwe Timm, Hans-Ulrich Treichel, Christa Wolf, Feridun Zaimoglu, Juli Zeh;
Nobelpreis: G. Grass (1999) und **Herta Müller** (2009)

Kultur	Naturwissenschaften, Technik, Medien
Karolingische Renaissance: Pflege antiker Bildung am Hofe Karls des Großen (Alkuin); Klöster als Kultur- und Bildungsträger; **Bildung einer höfischen** (Ritter-)**Kultur;** Universitäten Heidelberg (1368), Köln (1388); Dante: Göttl. Komödie (1336); Petrarca (1304–1374); **Herausbildung einer bürgerlichen Kultur** (Anfänge in Oberitalien, Venedig)	**1452 Johannes Gutenberg** (um 1397–1468) druckt die Bibel; **1492 Christoph Kolumbus** betritt Amerika; 1497/98 Vasco da Gama entdeckt den Seeweg nach Indien (um Afrika)
Machiavelli: „Der Fürst“ (1513); 517 Paracelsus Stadtarzt in Basel; **Maler:** Hieronymus Bosch, Leonardo da Vinci, T. Riemenschneider, Albrecht Dürer, L. Cranach, Michelangelo	1514 **Kopernikus** behauptet, dass sich die Erde um die Sonne dreht; Flugschriften (des Bauernkrieges)
h. Hobbes (1588–1679); Descartes (1596–1650): **„Cogito ergo sum“**; ervantes: Don Quijote (1605/15); P. P. Rubens (1577–1640) 523 Shakespeares Werke erstmals in London erschienen; embrandts „Nachtwache“ (1642); C. Thomasius hält 1687 erste niversitätsvorlesung in deutscher Sprache; olière leitet ab 1689 das Théâtre de la Comédie Française S. Bach (1685–1750): Fuge; G. F. Händel (1685–1759)	1633 Inquisitionsprozess gegen **Galileo Galilei;** 1650 erste deutsche Tageszeitung (Leipzig); 1656 Erfindung der Pendeluhr; 1667 entwickelt **Newton** die Differenzial- und Integralrechnung (Streit mit dem deutschen Philosophen **Leibniz** um die Urheberschaft)
lmähliche Durchsetzung der **allgemeinen Schulpflicht;** omponisten: Joseph Haydn (1732–1809); Volfgang Amadeus Mozart (1756–1791); efoe: „Robinson Crusoe“ (1719); Rousseau: „Émile“ (1762); **reier Schriftsteller“ als Beruf** (Lessing); 87 malt J. H. W. Tischbein „Goethe in der Campagna“; nton Raphael Mengs (1728–1779), angeregt durch Johann Joachim inckelmann (1717–1768), bedeutendster Maler des Klassizismus; r Philosoph **Immanuel Kant** (1724–1804) als Vollender und erwinder der Aufklärung; Voltaire als französischer Aufklärer am e Friedrichs des Großen	1768 **James Watt** erfindet die **Dampfmaschine,** die wesentlich zur industriellen Revolution beiträgt; 1770 entdeckt James Cook erneut Australien; 1771 Galvani entdeckt die galvanische Elektrizität; 1775 erste Nähmaschine in England gebaut; 5. 6. 1783 Heißluftballon der **Brüder Montgolfier;** 1791/92 C. Chappe erfindet den optischen Flügeltelegrafen (bewegliche Flügel an einem Mast); 1796 Erfindung der Lithografie
o Gründung der Universität Berlin (Bildungskonzeption W. v. mboldts; der Philosoph Fichte wird erster Rektor); Fichte, Schelling Hegel formulieren die **klass. idealistische deutsche Philosophie;** hopenhauer schreibt dagegen 1818 „Die Welt als Wille und rstellung“ Nietzsche: „Wille zur Macht“, → Freud: Das Unbewusste); ann Gottfried Schadow (1764–1850): Luther-Denkmal, Plastik edrich der Große (1821); **spar David Friedrich** (1774–1840) als Maler der Romantik; l Friedrich Schinkel als klassischer Baumeister und Maler 31–1841): Berlin, Schauspielhaus; siker: **Ludwig van Beethoven** (1770–1827) vertont im Schlusschor ner 9. Symphonie Schillers „Ode an die Freude“ (1823); ubert (1797–1828); Schumann (1810–1856); Chopin (1810–1849)	1807 erste Straßengasbeleuchtung in London; 1809 beschreibt T. Sömmening einen elektr. Telegrafen; 1811 Friedr. Krupp gründet ein Stahlwerk in Essen; 1812 F. Koenig erfindet die **Buchdruck-Schnellpresse,** mit der ab 1814 die Londoner „Times“ gedruckt wird; 1817 K. F. Drais entwickelt das Laufrad (→ Fahrrad); 1819 der Raddampfer „Savannah“ überquert als erstes Dampfschiff den Atlantik in 26 Tagen; 1821 M. Faraday erfindet das Grundprinzip des Elektromotors; ab 1824 Druck einer Berliner Zeitung auf einer Schnellpresse (von Koenig); 1827 Ohm'sches Gesetz entdeckt
o Delacroix malt „Die Freiheit auf der Barrikade“; **Darwin** beginnt seine Weltreise; 5 Johann Strauß (Vater) wird Hofballmusikdirektor in Wien; 6 Gogol schreibt „Der Revisor“; **rnalist als eigenständiger Beruf;** rles Dickens: „Oliver Twist“ (1838/39); zweg (1808–1885): „Der arme Poet“, auch Gedichte; ne und Marx treffen sich 1843 in Paris; **mmunistisches Manifest“** von Marx/Engels (1848); gardus baut ab 1848 „Wolkenkratzer“ in New York	1832 C. F. Gauß benutzt den Elektromagnetismus für Fernverständigung; 1835 optischer Telegraf von Koblenz nach Berlin; 1835 **Erfindung der Fotografie** (Daguerre) bis 1841 (Talbot); 7. 12. 1835 Eröffnung der Eisenbahnstrecke Nürnberg–Fürth; ab 1837 entwickelt Morse den elektromagnetischen Schreibtelegrafen (Morseapparat); 1843 Telegrafenlinie Washington–Baltimore (Morse-Technik)

Fortsetzung auf den letzten Seiten